FRANCE

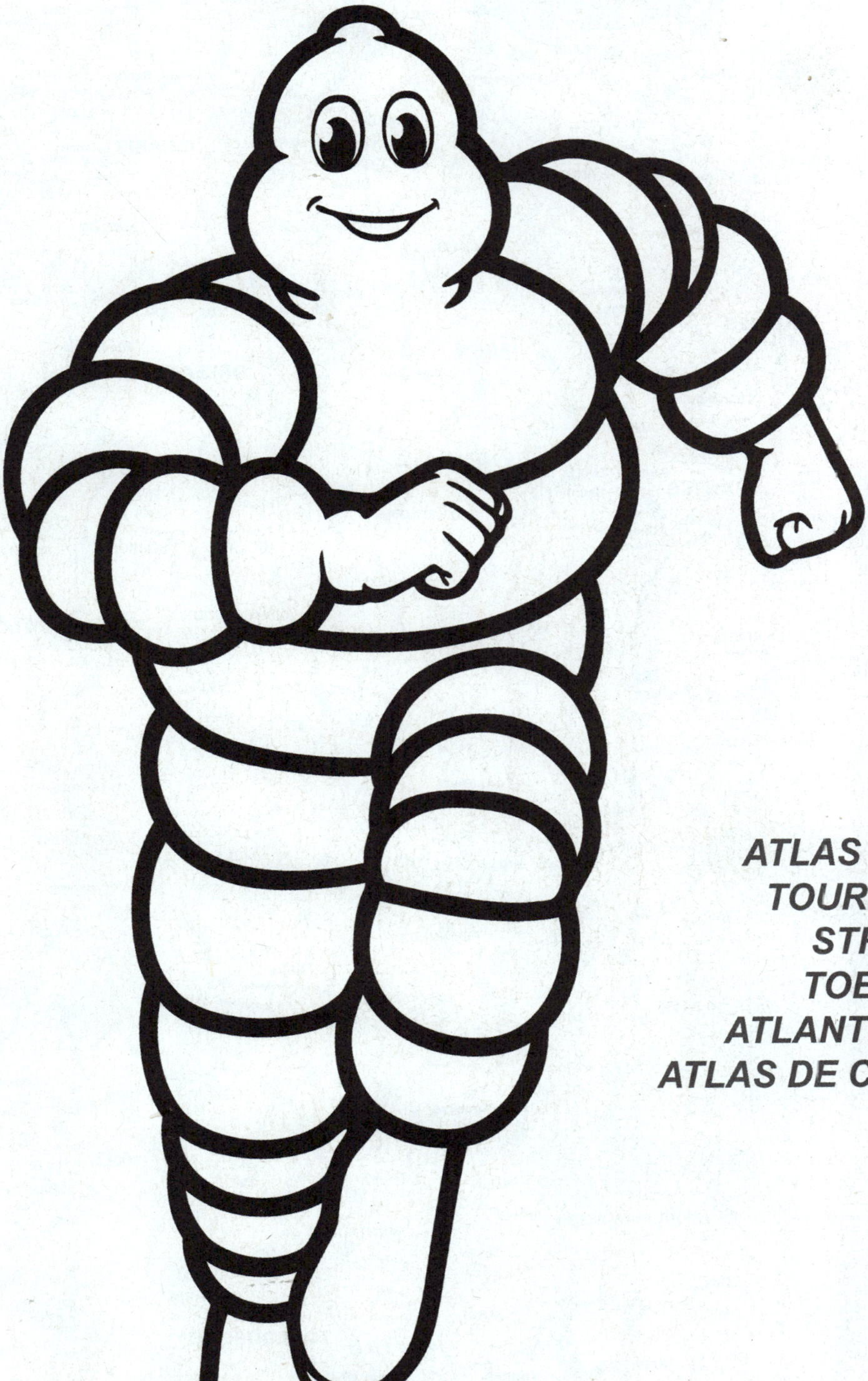

ATLAS ROUTIER et TOURISTIQUE
TOURIST and MOTORING ATLAS
STRASSEN- und REISEATLAS
TOERISTISCHE WEGENATLAS
ATLANTE STRADALE e TURISTICO
ATLAS DE CARRETERAS y TURÍSTICO

Grands axes routiers
Main road map
Durchgangsstraßen
Grote verbindingswegen
Grandi arterie stradali
Carreteras principales

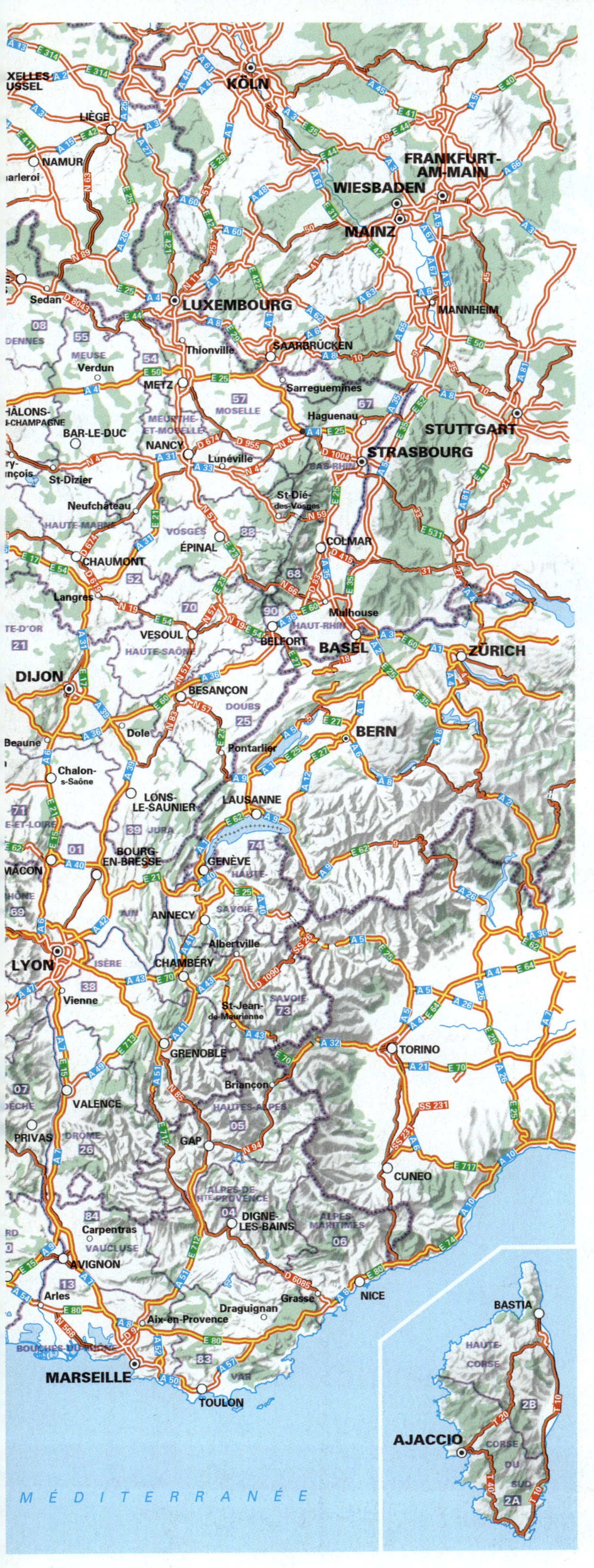

Sommaire

Contents / Inhaltsübersicht
Inhoud / Sommario / Sumario

Intérieur de couverture : tableau d'assemblage

Inside front cover: key to map pages
Umsschlaginnenseite: Übersicht
Binnenzijde van het omslag: overzichtskaart
Copertina interna: quadro d'insieme
Portada interior : mapa índice

1 - 351

Légende — **1**
Key / Zeichenerklärung
Verklaring van de tekens
Legenda / Signos convencionales

France 1/200 000 — **2 - 351**
Frankreich 1: 200 000 / Frankrijk 1: 200 000
Francia 1: 200 000

352 - 424

Index complet des communes
Complete index of communes
Komplettes Ortsregister
Register van alle gemeenten
Indice completo dei comuni
Índice completo de municipios

426 - 476

Plans de ville — **426 - 475**
Town plans / Stadtpläne / Plattegronden
Piante di città / Planos

Paris et environs — **458 - 463**
Paris and suburbs / Paris und Umgebung
Omstreken van Parijs
Parigi e dintorni / Paris y alrededores

Plans de ville sur votre smartphone — **476**
Town maps on your smartphone
Stadtpläne auf Ihrem Smartphone
Stadsplattegronden op uw smartphone
Piante di città sul tuo smartphone
Planos de ciudades en su smartphone

477 - 491

France 1/1 200 000
Frankreich - 1: 1 200 000 / Frankrijk - 1: 1 200 000
Francia - 1: 1 200 000

En fin de volume : distances et temps de parcours
Back of the guide: distances and journey timest
Am Ende des Buches: Entfernungen und Fahrtzeiten
Achter in het boek: afstanden en rijtijden
Alla fine del volume: distanze e tempi di percorrenza
Al final del volumen: distancias y tiempos de recorrido

MICHELIN INNOVE
SANS CESSE POUR
UNE MEILLEURE
MOBILITÉ
PLUS SÛRE,
PLUS ÉCONOME,
PLUS PROPRE
ET PLUS
CONNECTÉE.
MICHELIN

Les pneus s'usent plus vite sur les petits trajets en ville...

VRAI !

La fréquence des freinages et des accélérations en ville use davantage vos pneus ! Dans les embouteillages, armez-vous de patience et conduisez en douceur.

La pression des pneus agit uniquement sur la sécurité...

FAUX !

Au-delà de la tenue de route et de la consommation de carburant, une sous pression de 0,5 Bar diminue de 8 000 km la durée de vie de vos pneus. Pensez à vérifier la pression environ une fois par mois, surtout avant un départ en vacances ou un long trajet.

Si vous êtes confrontés à des conditions hivernales occasionnelles, allant de la pluie soudaine, aux chutes de neige ou au verglas, vous pouvez opter pour un seul type de pneu.
?
VRAI !
Le pneu révolutionnaire MICHELIN CrossClimate vous garantit mobilité et praticité quels que soient les aléas climatiques. C'est le tout premier pneu été avec une certification hiver !

Équiper ma voiture avec 2 pneus hiver me garantit une sécurité maximum...

FAUX !

En hiver, en dessous de 7°C notamment, pour une meilleure tenue de route, vos quatre pneus doivent être identiques et changés en même temps.

2 PNEUS HIVER SEULEMENT = la tenue de route de votre véhicule n'est pas optimale.

4 PNEUS HIVER = c'est le choix d'une meilleure sécurité dans les virages, en descente et en cas de freinage.

Si vous êtes régulièrement confrontés à la pluie, à la neige ou au verglas, optez pour un pneu de la gamme MICHELIN Alpin. Cette gamme vous offre confort et précision de conduite pour affronter les obstacles de l'hiver.

MICHELIN

MICHELIN S'ENGAGE

▶ *MICHELIN EST LE **N°1 MONDIAL DES PNEUS ÉCONOMES EN ÉNERGIE** POUR LES VÉHICULES LÉGERS.*

▶ *POUR **SENSIBILISER LES PLUS JEUNES À LA SÉCURITÉ ROUTIÈRE**, MÊME EN DEUX-ROUES : DES ACTIONS DE TERRAIN ONT ÉTÉ ORGANISÉES DANS **16 PAYS** EN 2015.*

1 POURQUOI BIBENDUM, LE BONHOMME MICHELIN, EST BLANC ALORS QUE LE PNEU EST NOIR ?

Le personnage de Bibendum a été imaginé à partir d'une pile de pneus, en 1898, à une époque où le pneu était fabriqué avec du caoutchouc naturel, du coton et du soufre et où il est donc de couleur claire. Ce n'est qu'après la Première guerre mondiale que sa composition se complexifie et qu'apparaît le noir de carbone. Mais Bibendum, lui, restera blanc !

2 SAVEZ-VOUS DEPUIS QUAND LE GUIDE MICHELIN ACCOMPAGNE LES VOYAGEURS ?

Depuis 1900, il était dit alors que cet ouvrage paraissait avec le siècle, et qu'il durerait autant que lui. Et il fait encore référence aujourd'hui, avec de nouvelles éditions et la sélection sur le site MICHELIN Restaurants - Bookatable dans quelques pays.

3 DE QUAND DATE « BIB GOURMAND » DANS LE GUIDE MICHELIN ?

Cette appellation apparaît en 1997 mais dès 1954 le Guide MICHELIN signale les « repas soignés à prix modérés ». Aujourd'hui, on le retrouve sur le site et dans l'application mobile MICHELIN Restaurants - Bookatable.

Si vous voulez en savoir plus sur Michelin en vous amusant, visitez l'Aventure Michelin et sa boutique à Clermont-Ferrand, France :
www.laventuremichelin.com

Légende — Key — Zeichenerklärung

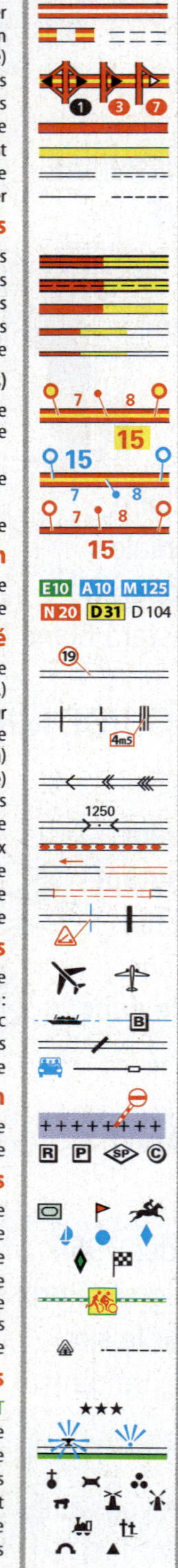

Légende	Key	Zeichenerklärung
Routes	**Roads**	**Straßen**
Autoroute - Station-service - Aire de repos	Motorway - Petrol station - Rest area	Autobahn - Tankstelle - Tankstelle mit Raststätte
Double chaussée de type autoroutier	Dual carriageway with motorway characteristics	Schnellstraße mit getrennten Fahrbahnen
Autoroute - Route en construction	Motorway - Road under construction	Autobahn - Straße im Bau (ggf. voraussichtliches
(le cas échéant : date de mise en service prévue)	(when available : with scheduled opening date)	Datum der Verkehrsfreigabe)
Échangeurs : complet - partiels	Interchanges: complete, limited	Anschlussstellen: Voll- bzw. Teilanschlussstellen
Numéros d'échangeurs	Interchange numbers	Anschlussstellennummern
Route de liaison internationale ou nationale	International and national road network	Internationale bzw. nationale Hauptverkehrsstraße
Route de liaison interrégionale ou de dégagement	Interregional and less congested road	Überregionale Verbindungsstraße oder Umleitungsstrecke
Route revêtue - non revêtue	Road surfaced - unsurfaced	Straße mit Belag - ohne Belag
Chemin d'exploitation - Sentier	Rough track - Footpath	Wirtschaftsweg - Pfad
Largeur des routes	**Road widths**	**Straßenbreiten**
Chaussées séparées	Dual carriageway	Getrennte Fahrbahnen
4 voies	4 lanes	4 Fahrspuren
2 voies larges	2 wide lanes	2 breite Fahrspuren
2 voies	2 lanes	2 Fahrspuren
1 voie	1 lane	1 Fahrspur
Distances (totalisées et partielles)	**Distances** (total and intermediate)	**Entfernungen** (Gesamt- und Teilentfernungen)
Section à péage sur autoroute	Toll roads on motorway	Mautstrecke auf der Autobahn
Section libre sur autoroute	Toll-free section on motorway	Mautfreie Strecke auf der Autobahn
sur route	on road	auf der Straße
Numérotation - Signalisation	**Numbering - Signs**	**Nummerierung - Wegweisung**
Route européenne - Autoroute - Route métropolitaine	European route - Motorway - Metropolitan road	Europastraße - Autobahn - Straße der Metropolregion
Route nationale - départementale	National road - Departmental road	Nationalstraße - Departementstraße
Alertes Sécurité	**Safety Warnings**	**Sicherheitsalerts**
Limites de charge : d'un pont, d'une route	Load limit of a bridge, of a road	Höchstbelastung einer Straße/Brücke
(au-dessous de 19 t.)	(under 19 t)	(angegeben, wenn unter 19 t)
Passages de la route : à niveau - supérieur - inférieur	Level crossing: railway passing, under road, over	Bahnübergänge: Schienengleich, Unterführung,
Hauteur limitée	road. Height limit	Überführung. Beschränkung der Durchfahrtshöhe
(au-dessous de 4,50 m)	(under 4.50 m)	(angegeben, wenn unter 4,50 m)
Forte déclivité (flèches dans le sens de la montée)	Steep hill (ascent in direction of the arrow)	Starke Steigung (Steigung in Pfeilrichtung)
de 5 à 9%, de 9 à 13%, 13% et plus	5 - 9%, 9 -13%, 13% +	5-9%, 9-13%, 13% und mehr
Col et sa cote d'altitude	Pass and its height above sea level	Pass mit Höhenangabe
Parcours difficile ou dangereux	Difficult or dangerous section of road	Schwierige oder gefährliche Strecke
Route à sens unique - Route réglementée	One way road - Road subject to restrictions	Einbahnstraße - Straße mit Verkehrsbeschränkungen
Route interdite	Prohibited road	Gesperrte Straße
Pont mobile - Barrière de péage	Swing bridge - Toll barrier	Bewegliche Brücke - Mautstelle
Transports	**Transportation**	**Verkehrsmittel**
Aéroport - Aérodrome	Airport - Airfield	Flughafen - Flugplatz
Transport des autos : par bateau - par bac	Transportation of vehicles: by boat - by ferry	Schiffsverbindungen: per Schiff - per Fähre
Bac pour piétons et cycles	Ferry (passengers and cycles only)	Fähre für Personen und Fahrräder
Covoiturage - Voie ferrée - Gare	Carpooling - Railway - Station	Mitfahrzentrale - Bahnlinie - Bahnhof
Administration	**Administration**	**Verwaltung**
Frontière - Douane	National boundary - Customs post	Staatsgrenze - Zoll
Capitale de division administrative	Administrative district seat	Verwaltungshauptstadt
Sports - Loisirs	**Sport & Recreation Facilities**	**Sport - Freizeit**
Stade - Golf - Hippodrome	Stadium - Golf course - Horse racetrack	Stadion - Golfplatz - Pferderennbahn
Port de plaisance - Baignade - Parc aquatique	Pleasure boat harbour - Bathing place - Water park	Yachthafen - Strandbad - Badepark
Base ou parc de loisirs - Circuit automobile	Country park - Racing circuit	Freizeitanlage - Rennstrecke
Piste cyclable / Voie Verte	Cycle paths and nature trails	Radwege und autofreie Wege
Source : Association Française des Véloroutes et Voies Vertes	Source : Association Française des Véloroutes et Voies Vertes	Source : Association Française des Véloroutes et Voies Vertes
Refuge de montagne - Sentier de randonnée	Mountain refuge hut - Hiking trail	Schutzhütte - Markierter Wanderweg
Curiosités	**Sights**	**Sehenswürdigkeiten**
Principales curiosités : voir LE GUIDE VERT	Principal sights: see THE GREEN GUIDE	Hauptsehenswürdigkeiten: siehe GRÜNER REISEFÜHRER
Table d'orientation - Panorama - Point de vue	Viewing table - Panoramic view - Viewpoint	Orientierungstafel - Rundblick - Aussichtspunkt
Parcours pittoresque	Scenic route	Landschaftlich schöne Strecke
Édifice religieux - Château - Ruines	Religious building - Historic house, castle - Ruins	Sakral-Bau - Schloss, Burg - Ruine
Monument mégalithique - Phare - Moulin à vent	Prehistoric monument - Lighthouse - Windmill	Vorgeschichtliches Steindenkmal - Leuchtturm - Windmühle
Train touristique - Cimetière militaire	Tourist train - Military cemetery	Museumseisenbahn-Linie - Soldatenfriedhof
Grotte - Autres curiosités	Cave - Other places of interest	Höhle - Sonstige Sehenswürdigkeit
Signes divers	**Other signs**	**Sonstige Zeichen**
Puits de pétrole ou de gaz - Carrière - Éolienne	Oil or gas well - Quarry - Wind turbine	Erdöl-, Erdgasförderstelle - Steinbruch - Windkraftanlage
Transporteur industriel aérien	Industrial cable way	Industrieschwebebahn
Usine - Barrage	Factory - Dam	Fabrik - Staudamm
Tour ou pylône de télécommunications	Telecommunications tower or mast	Funk-, Sendeturm
Raffinerie - Centrale électrique - Centrale nucléaire	Refinery - Power station - Nuclear Power Station	Raffinerie - Kraftwerk - Kernkraftwerk
Phare ou balise - Moulin à vent	Lighthouse or beacon - Windmill	Leuchtturm oder Leuchtfeuer - Windmühle
Château d'eau - Hôpital	Water tower - Hospital	Wasserturm - Krankenhaus
Église ou chapelle - Cimetière - Calvaire	Church or chapel - Cemetery - Wayside cross	Kirche oder Kapelle - Friedhof - Bildstock
Château - Fort - Ruines - Village étape	Castle - Fort - Ruins - Stopover village	Schloss, Burg, Fort, Festung - Ruine - Übernachtungsort
Grotte - Monument - Altiport	Grotte - Monument - Mountain airfield	Höhle - Denkmal - Landeplatz im Gebirge
Forêt ou bois - Forêt domaniale	Forest or wood - State forest	Wald oder Gehölz - Staatsforst

Verklaring van de tekens

Wegen
Autosnelweg - Tankstation - Rustplaats
Gescheiden rijbanen van het type autosnelweg
Autosnelweg - Weg in aanleg
(indien bekend: datum openstelling)
Aansluitingen: volledig, gedeeltelijk
Afritnummers
Internationale of nationale verbindingsweg
Interregionale verbindingsweg
Verharde weg - Onverharde weg
Landbouwweg - Pad

Breedte van de wegen
Gescheiden rijbanen
4 rijstroken
2 brede rijstroken
2 rijstroken
1 rijstrook

Afstanden (totaal en gedeeltelijk)
Gedeelte met tol op
autosnelwegen

Tolvrij gedeelte op autosnelwegen

op andere wegen

Wegnummers - Bewegwijzering
Europaweg - Autosnelweg - Stadsweg
Nationale weg - Departementale weg

Veiligheidswaarschuwingen
Maximum draagvermogen: van een brug, van een
weg (indien minder dan 19 t)
Wegovergangen: gelijkvloers, overheen,
onderdoor.
Vrije hoogte (indien lager dan 4,5 m)
Steile helling (pijlen in de richting van de helling)
5 - 9%, 9 - 13%, 13% of meer
Bergpas en hoogte boven de zeespiegel
Moeilijk of gevaarlijk traject
Weg met eenrichtingsverkeer - Beperkt opengestelde weg
Verboden weg
Beweegbare brug - Tol

Vervoer
Luchthaven - Vliegveld
Vervoer van auto's:
per boot - per veerpont
Veerpont voor voetgangers en fietsers
Carpoolplaats - Spoorweg - Station

Administratie
Staatsgrens - Douanekantoor
Hoofdplaats van administratief gebied

Sport - Recreatie
Stadion - Golfterrein - Renbaan
Jachthaven - Zwemplaats - Watersport
Recreatiepark - Autocircuit
Fietspad / Wandelpad in de natuur
Source : Association Française
des Véloroutes et Voies Vertes
Berghut - Afstandswandelpad

Bezienswaardigheden
Belangrijkste bezienswaardigheden: zie DE GROENE GIDS
Oriëntatietafel - Panorama - Uitzichtpunt
Schilderachtig traject
Kerkelijk gebouw - Kasteel - Ruïne
Megaliet - Vuurtoren - Molen
Toeristentreintje - Militaire begraafplaats
Grot - Andere bezienswaardigheden

Diverse tekens
Olie- of gasput - Steengroeve - Windmolen
Kabelvrachtvervoer
Fabriek - Stuwdam
Telecommunicatietoren of -mast
Raffinaderij - Elektriciteitscentrale - Kerncentrale
Vuurtoren of baken - Molen
Watertoren - Hospitaal
Kerk of kapel - Begraafplaats - Kruisbeeld
Kasteel - Fort - Ruïne - Dorp voor overnachting
Grot - Monument - Landingsbaan in de bergen
Bos - Staatsbos

Legenda

Strade
Autostrada - Stazione di servizio - Area di riposo
Doppia carreggiata di tipo autostradale
Autostrada - Strada in costruzione
(data di apertura prevista)
Svincoli: completo, parziale
Svincoli numerati
Strada di collegamento internazionale o nazionale
Strada di collegamento interregionale o di disimpegno
Strada rivestita - non rivestita
Strada per carri - Sentiero

Larghezza delle strade
Carreggiate separate
4 corsie
2 corsie larghe
2 corsie
1 corsia

Distanze (totali e parziali)
Tratto a pedaggio
su autostrada

Tratto esente da pedaggio su autostrada

su strada

Numerazione - Segnaletica
Strada europea - Autostrada - Strada metropolitane
Strada nazionale - dipartimentale

Segnalazioni stradali
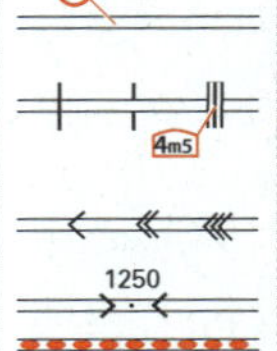
Limite di portata di un ponte, di una strada
(inferiore a 19 t.)
Passaggi della strada: a livello, cavalcavia,
sottopassaggio
Limite di altezza (inferiore a 4,50 m)
Forte pendenza (salita nel senso della freccia)
da 5 a 9%, da 9 a 13%, superiore a 13%
Passo ed altitudine
Percorso difficile o pericoloso
Strada a senso unico - Strada a circolazione regolamentata
Strada vietata
Ponte mobile - Casello

Trasporti
Aeroporto - Aerodromo
Trasporto auto:
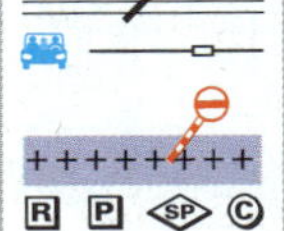
su traghetto - su chiatta
Traghetto per pedoni e biciclette
Carpooling - Ferrovia - Stazione

Amministrazione

Frontiera - Dogana
Capoluogo amministrativo

Sport - Divertimento

Stadio - Golf - Ippodromo
Porto turistico - Stabilimento balneare - Parco acquatico
Area o parco per attività ricreative - Circuito automobilistico
Pista ciclabile / Viottolo
Source : Association
Française des Véloroutes et Voies Vertes
Rifugio - Sentiero per escursioni

Mete e luoghi d'interesse

Principali luoghi d'interesse, vedere LA GUIDA VERDE
Tavola di orientamento - Panorama - Vista
Percorso pittoresco
Edificio religioso - Castello - Rovine
Monumento megalitico - Faro - Mulino a vento
Trenino turistico - Cimitero militare
Grotta - Altri luoghi d'interesse

Simboli vari

Pozzo petrolifero o gas naturale - Cava - Centrale eolica
Teleferica industriale
Fabbrica - Diga
Torre o pilone per telecomunicazioni
Raffineria - Centrale elettrica - Centrale nucleare
Faro o boa - Mulino a vento
Torre idrica - Ospedale
Chiesa o cappella - Cimitero - Calvario
Castello - Forte - Rovine - Paese tappa
Grotta - Monumento - Altiporto
Foresta o bosco - Foresta demaniale

Signos convencionales

Carreteras
Autopista - Estación servicio - Área de descanso
Autovía
Autopista - Carretera en construcción
(en su caso : fecha prevista de entrada en servicio)
Enlaces: completo, parciales
Números de los accesos
Carretera de comunicación internacional o nacional
Carretera de comunicación interregional o alternativo
Carretera asfaltada - sin asfaltar
Camino agrícola - Sendero

Ancho de las carreteras
Calzadas separadas
Cuatro carriles
Dos carriles anchos
Dos carriles
Un carril

Distancias (totales y parciales)
Tramo de peaje
en autopista

Tramo libre en autopista

en carretera

Numeración - Señalización
Carretera europea - Autopista - Carretera metropolitana
Carretera nacional - provincial

Alertas Seguridad
Carga límite de un puente, de una carretera
(inferiore a 19 t)
Pasos de la carretera: a nivel, superior, inferior
Altura limitada
(inferior a 4,50 m)
Pendiente pronunciada (las flechas indican el sentido
del ascenso) de 5 a 9%, 9 a 13%, 13% y superior
Puerto y su altitud
Recorrido difícil o peligroso
Carretera de sentido único - Carretera restringida
Tramo prohibido
Puente móvil - Barrera de peaje

Transportes
Aeropuerto - Aeródromo
Transporte de coches :
por barco - por barcaza
Barcaza para el paso de peatones y vehículos dos ruedas
Coche compartido - Línea férrea - Estación

Administración
Frontera - Puesto de aduanas
Capital de división administrativa

Deportes - Ocio
Estadio - Golf - Hipódromo
Puerto deportivo - Zona de baño - Parque acuático
Parque de ocio - Circuito automovilístico
Pista ciclista / Vereda
Source : Association Française
des Véloroutes et Voies Vertes
Refugio de montaña - Sendero balizado

Curiosidades
Principales curiosidades: ver LA GUÍA VERDE
Mesa de orientación - Vista panorámica - Vista parcial
Recorrido pintoresco
Edificio religioso - Castillo - Ruinas
Monumento megalítico - Faro - Molino de viento
Tren turístico - Cementerio militar
Cueva - Otras curiosidades

Signos diversos
Pozos de petróleo o de gas - Cantera - Parque eólico
Transportador industrial aéreo
Fábrica - Presa
Torreta o poste de telecomunicación
Refinería - Central eléctrica - Central nuclear
Faro o baliza - Molino de viento
Fuente - Hospital
Iglesia o capilla - Cementerio - Crucero
Castillo - Fortaleza - Ruinas - Población-etapa
Cueva - Monumento - Altipuerto
Bosque - Patrimonio Forestal del Estado

2
0 2 4 6 8 10 km
A   B   C   D
1
2
3
4
5
6
PAS DE CALAIS
Phare de Walde
Les Hemmes
Waldam
TERMINAL TRANSMANCHE
CALAIS
Le Fort-Vert
Tunnel sous la Manche
d'Opale
Blériot-Plage
Le P'tit Courgain
Marck
Sangatte
Fort Nieulay
Mon
Coquelles
Le Beau-Marais
Offekerque
Côte
Mon¹ Latham
TERMINAL DU TUNNEL
Le Pont du Leu
Guemps
**Cap Blanc-Nez
Mont d'Hubert
Fréthun
Le Pont de-Coulogne
Coulogne
Escalles
Le Pont de-Briques
Peuplingues
Nielles-lès-C.
Les Attaques
Tappecul
Sombre
Bonningues-lès-Calais
St-Tricat
Le Pont d'Ardres
*Wissant
Hervelinghen
Wadenthun
Pihen-lès-Guînes
Hames-Boucres
Bois-en-Ardres
**Cap Gris-Nez
(50)
Le Châtelet
Hardinghen
St-Inglevert
Hauteville
Guînes
Le Marais
Ardres
Framzelle
Audembert
Mont de Couple
Les deux Caps
Andres
Balinghem
Brêmes
Cran-aux-Oeufs
Audinghen
Warcove
Leubringhen
Mimoyecques
Camp du drap d'Or
Colonie Blanchard
Autingues
Onglevert
Bernes
Landrethun-Nord
Campagne-lès-Guînes
Rodelinghem
Audresselles
Bazinghen
Leulinghen-Bernes
Ferques
Elinghem
Fiennes
Landrethun-lès-Ardres
Ecottes
Crézecques
Raventhun
Blecquenecques
Marbre
Locquinghen
Bouquehault
Le Val
St-Louis
Ambleteuse
Ledquent
Marquise
Hydrequent
Bœucres
Hermelinghen
Yeuse
Beuvrequen
Bouquinghen
Hardinghen
Rety
Le Ventus-d'Alembon
Clerques
Slack
Rinxent
Connincthun
PARC NATUREL REGIONAL DES
Pointe aux Oies
Rebertingue
Mont Cornet
Alembon
Sanghen
Licques
Hem
*Wimereux
Offrethun
Wacquinghen
Wierre-Effroy
Le Caraquet
Boursin
Herbinghen
Hocquinghem
Audenfort
Bonn-lès-Ardres
Le Héricar
Le Poirier
Wimille
Maninghen-Henne
Pittefaux
Houllefort
Mont Dauphin
Bainghen
Rebergues
Journy
Terlincthun
Souverain-Moulin
Le Wast
Colembert
Nabringhen
Haut-Loquin
Alquines
*Colonne de la Gr de Armée
Brit
Rupembert
Le Moulin
Belle-et-Houllefort
Surques
Quingoie
**NAUSICAA
St-Martin-Boulogne
Conteville-lès-B.
Le Plouy
Longueville
Henneveux
Escœuilles
Bouvelingh
**BOULOGNE-SUR-MER
Ostrohove
La Capelle-lès-B.
Mont-Lambert
Bellebrune
Alincthun
Brunembert
Ques
Coulomby
A Le Portel
Maquinghen
La Culbute
Boumonville
Sen
Le Verval
Cap d'Alprech
Outreau
Bainethun
Baincthun
Crémarest
Selles
Velinghen
Watterlau
Ningles
Échinghen
St-Léonard
Le Cantinau
Choquel
Nielles-
Équihen-Plage
St-Étienne
Pont-de-Briques
La Courcotte
Menneville
Wirwignes

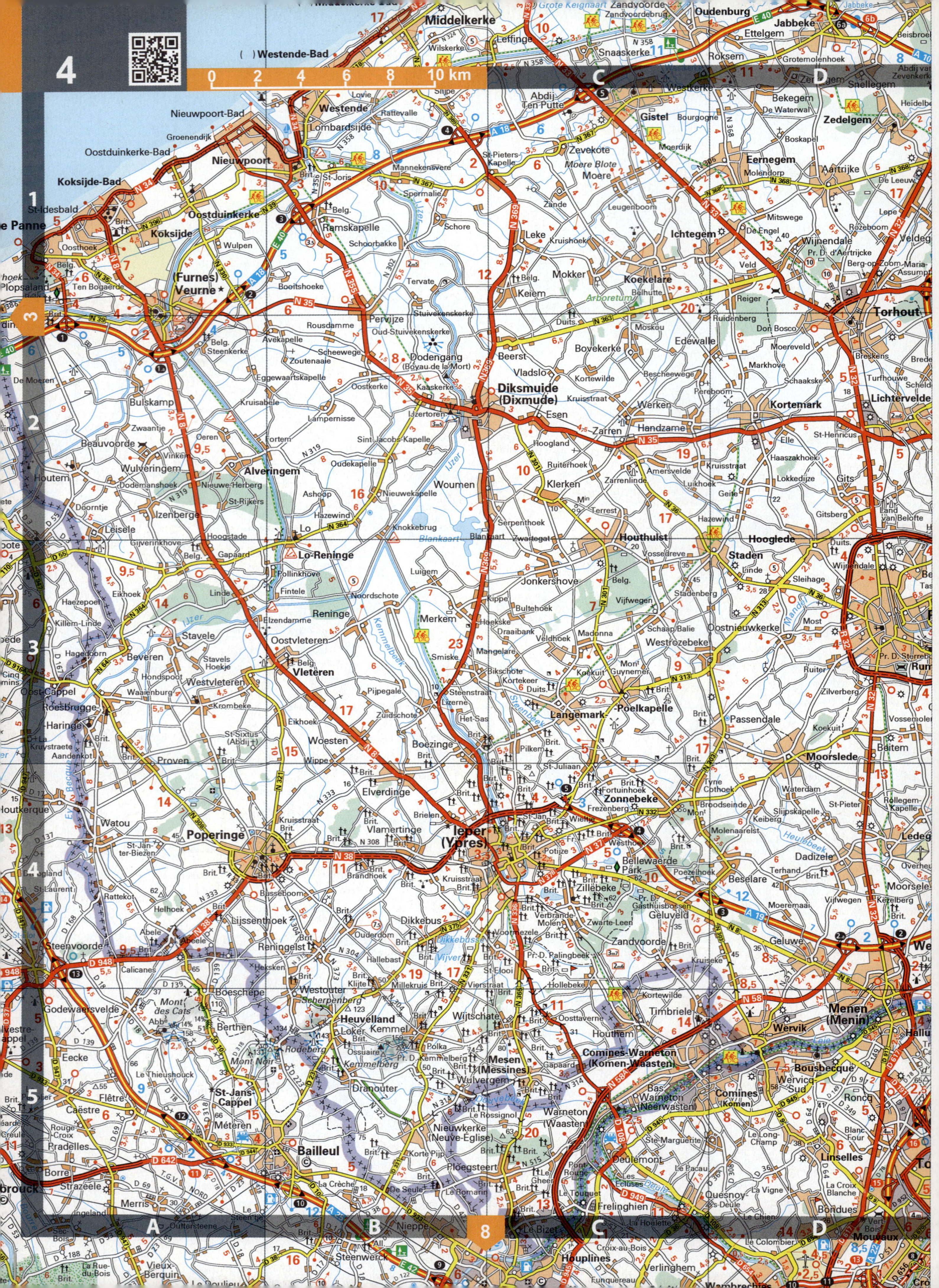
Middelkerke
Westende-Bad
Oudenburg
Jabbeke
Ettelgem
Roksem
Snaaskerke
Wilskerke
Leffinge
Nieuwpoort-Bad
Westende
Lombardsijde
Abdij Ten Putte
Bekegem
Gistel
Bourgogne
Zedelgem
De Waterval
Nieuwpoort
Groenendijk
Mannekensvere
St-Pieters-Kapelle
Zevekote
Moerdijk
Eernegem
Aartrijke
Oostduinkerke-Bad
St-Joris
Spermalie
Zande
Moere Blote Moere
Molendorp
Koksijde-Bad
St-Idesbald
La Panne
Oosthoek
Koksijde
Oostduinkerke
Wulpen
Ramskapelle
Schore
Leke
Kruishoek
Ichtegem
De Engel
Wijnendale
Furnes Veurne
Schoorbakke
Tervate
Mokker
Koekelare
Belhutte
Reiger
Torhout
Avekapelle
Zoutenaaie
Pervijze
Oud-Stuivekenskerke
Beerst
Bovekerke
Edewalle
Don Bosco
Moereveld
Bulskamp
Eggewaartskapelle
Dodengang
Vladslo
Kortewilde
Markhove
Schaakske
Kortemark
Beauvoorde
Wulveringem
Dodemanshoek
Nieuwe Herberg
Oostkerke
Kaaskerke
Diksmuide (Dixmude)
Esen
Zarren
Handzame
Elle
St-Henricus
Houtem
Deren
Vinkem
Alveringem
Ashoop
Nieuwekapelle
Woumen
Hoogland
Ruiterhoek
Amersvelde
Luikhoek
Leisele
Izenberge
Hoogstade
St-Rijkers
Hazewind
Klerken
Zarrenlinde
Gits
Giverinkhove
Lo
Knokkebrug
Serpenthoek
Houthulst
Hooglede
Staden
Eikhoek
Lo-Reninge
Pollinkhove
Fintele
Noordschote
Luigem
Kippe
Jonkershove
Vijfwegen
Stadenberg
Oostnieuwkerke
Haezepoel
Killem-Linde
Stavele
Reninge
Merkem
Draaibank
Madonna
Koekuit
Westrozebeke
Hagebrok
Beveren
Stavels Hoekje
Oostvleteren
Smiske
Bikschote
Kortekeer
Moorslede
Baitem
Oost-Cappel
Roesbrugge
Haringe
Westvleteren
Vleteren
Pijpegale
Lizerne
Steenstraat
Poelkapelle
Passendale
Koekuit
Zilverberg
Aandenkot
Proven
Eikhoek
Zuidschote
Het Sas
Langemark
Krombeke
Woesten
Wippe
Boezinge
Pilkem
St-Juliaan
Fortuinhoek
Broodseinde
Slijpskapelle
Watou
Elverdinge
Brielen
Frezenberg
Zonnebeke
Keiberg
St-Pieter
Poperinge
Vlamertinge
Ieper (Ypres)
Potize
Westhoek
Bellewaerde Park
Dadizele
Kruisstraat
Brandhoek
Vlamertinge
Zillebeke
Poezelhoek
Beselare
Terhand
Moorslede
Abele
Bassesboom
Dikkebus
Ouderdom
Geluveld
Zandvoorde
Geluwe
Reningelst
Hallebast
Zwarte-Leen
Molenaarelst
Steenvoorde
Boeschepe
Westouter
Scherpenberg
Millekruis
Vierstraat
St-Elooi
Hollebeke
Kortewilde
Menen (Menin)
Godewaarsvelde
Berthen
Heuvelland
Kemmel
Wijtschate
Oosttaverne
Houthem
Timbriele
Wervik
Eecke
Mont Noir
Loker
Ossuaire
Kemmelberg
Messines (Mesen)
Comines-Warneton (Komen-Waasten)
Bousbecque
Wervico Sud
St-Jans-Cappel
Méteren
Dranouter
Wulvergem
Warneton (Waasten)
Comines (Komen)
Caëstre
Flêtre
Nieuwkerke (Neuve-Eglise)
Ste Marguerite
Le Long-Champ
Linselles
Bailleul
Ploegsteert
Frelinghien
Quesnoy
Bondues
Strazeele
Merris
Nieppe
Steenwerck
Houplines
Verlinghem
Wambrechies
0   2   4   6   8   10 km

Audresselles
Raventhun
Bazinghen
Ferques
Blecquenecques
Elinghem
Fiennes
Rodelinghem
lès-Ardres
Crézecques
Ledquent
Marquise
Hydrequent
Marbre
Locquinghem
Bouquehault
Ecottes
Le Val
St-Louis
Pointe aux Oies
Offrethun
Wierre-Effroy
Mont Cornet
Le Caraquet
Alembon
Sanghen
Licques
Audenfort
Audrehem
Le Poirier
Quingoie
Wimereux
Wimille
Maninghen-Henne
Pittefaux
Houlleford
Le Wast
Bainghen
Rebergues
Colonne de la Grde Armée
St-Martin-Boulogne
Souverain Moulin
Pernes-lès-B.
Le Moulin
Belle-et-Houllefort
Colembert
Mont Dauphin
Nabringhen
Surques
NAUSICAÁ
BOULOGNE-SUR-MER
La Capelle-lès-B.
Mont-Lambert
Cauchie
Maquinghen
Conteville-lès-B.
Le Plouy
Bellebrune
Alincthun
Longueville
Henneveux
Brunembert
Escœuilles
Bullescamps
Le Portel
Outreau
Echinghen
Bainethun
La Culbute
Bournonville
Quesques
Coulomby
Cap d'Alprech
St-Léonard
Questinghen
Crémarest
Le Verval
Le Lusquet
Ningles
St-Étienne-au-Mont
Pont-de-Briques
La Courcelotte
Wirwignes
Menneville
Choquel
St-Martin-Choquel
Lottinghen
Équihen-Plage
Isques
Brucquedal
Questrecques
Le Hamel
Desvres
Vieil-Moutier
Condette
Hesdin-l'Abbé
Fontaine-du-Bousa
Longfossé
Mont Hulin
La Calique
Campagnette
Seplecques
Ecault
Carly
Wierre-au-Bois
Courteaux
Ledinghen
Neuf-Manoir
Hardelot-Plage
Neles
Menty
Tingry
Samer
Campagne
Course
La Gaverie
Bécourt
Les Trois-Marquets
Hameau-du-Chemin
Mont
Violette
Haut-Pichot
Le Breuil
Beaucorroy
Doudeauville
La Houssoye
La Folie
Bout-Dessous
Mieurles
Neufchâtel-Hardelot
Mont St-Frieux
Moyén-Bois
Dalles
Mutelette
Zoteux
Bourthes
Dannes
Widehem
Halinghen
La Vertevoie
Séquières
Hmmetz
Hédicq
Bezinghem
Grigny
Séhen
Le Catelet
Ergny
Aix-en-Ergny
Ste-Cécile-Plage
Le Turne
Thubeauville
Parenty
Enguin-sur-Baillons
Preures
Wicquinghen
St-Gabriel-Plage
Camiers
Frencq
Rolet
Hubersent
Enguinehaut
Zérables
Le Bois-Ratel
Hucqueliers
Pointe de Lornel
Les Quatre Vents
Rosamel
Cormont
Bernieulles
Le Favel
Avesnes
Baie de Canche
Les Trembles
Lefaux
Le Motte
Longvilliers
Maresville
Beussent
Enguidsent
Etab. de pisciculture
Bimont
Maninghem
Verdure
Brit.
Fromessent
Courteville
Recques-s-Course
Toutendal
Remortie
Quilen
Maisoncel
LE TOUQUET-PARIS-PLAGE
Étaples
Tubersent
Montcavrel
Estréelles
Les Étenettes
Alette
Clenleu
La Motte
St-Michel-sous-Bois
Hénoville
Rimboval
Bréxent-Énocq
Estrée
Humbert
St-Wandrille
Stella-Plage
Trépied
Beutin
Attin
Neuville-sous-Montreuil
Aix-en-Issart
St-Denœux
Embry
Torcy
Royon
Cucq
Le Moulinel
Valencendre
La Calotterie
Chartreuse N.D. des Prés
Marant
Sempy
Pottier
Boubers-lès-Hesmond
Lebiez
Merlimont-Plage
Capelle
St-Josse
La Madelaine s/s Montreuil
Sorrus
Montreuil
Marles-s-Canche
Le But
Marenla
Hesmond
Haut-de-Lebiez
Merlimont
St-Justin
Campigneulles les-Ptes
Beaumerie St-Martin
Brimeux
Loison-s-Créquoise
Offin
Parc de Bagatelle
Airon-N-Dame
Airon-St-Vaast
Campigneulles les-Grdes
St-Nicolas
Ménage
Ecuires
Lespinoy
Beaurainville
Wambercourt
Cavron-St-Martin
Contes
Bellevue
Rang-du-Fliers
Pt-St-Vaast
Le Mouflet
Blovillé
Brunehaut-Pré
Le Valivon
Maresquel-Ecquemicourt
Aubin-St-Vaast
Berck-sur-Mer
Verton
Le Bahot
Le Val
Boisjean
L'Aiguille
Beaurainchâteau
Neuvillette
Berck-Plage
Waben
Ebruyères
Wailly-Beaucamp
Romont
La Houssoye
Les Maisonnettes
Equennecourt
Guisy
Groffliers
Lépine
Puits Bérault
Buire-le-Sec
St-Rémy-au-Bois
St-André
Bouin-Plumoison
Baie d'Authie
La Madelon
Conchil le Temple
Nempont-St-Firmin
Roussent
Maintenay
St-André
Marconnelle
Fort-Mahon-Plage
Le Pont-à-Caillouxs
Colline Beaumont
Tigny Noyelle
Vampont
Abbé Valloire
Saulchoy
St-Josse
Mouriez
Capelle-lès-Hesdin
Quend-Plage-les-Pins
Le Royon
Fresne
Avesnes
Vieux-Quend
Argoules
Dominois
Douriez
Tortefontaine
Guigny

Velgem
Roubaix
Tourcoing
Mouscron (Moeskroen)
Wattrelos
Estaimpuis
Dottignies (Dottenijs)
Spiere-Helkijn (Espierres-Helchin)
Pecq
Avelgem
Kluisbergen
Ronse (Renaix)
Ellezelles
Flobecq (Vloesberg)
Frasnes-lez-Anvaing
Leuze-en-Hainaut
Beloeil
Tournai (Doornik)
Antoing
Péruwelz
Bon-Secours
Bernissart
Condé-sur-l'Escaut
Vieux-Condé
Hensies
Crespin
Quiévrain
Quiévrechain
Onnaing
Saint-Saulve
Valenciennes
Marly
Anzin
Denain
Aniche
Somain
Lallaing
Orchies
Flines-lez-Raches
Marchiennes
Saint-Amand-les-Eaux
Raismes
Bruay-sur-l'Escaut
Vred
Auberchicourt
Pecquencourt
Montigny-en-Ostrevent
Bruille-lez-Marchiennes
Haveluy
Mont-de-l'Enclus
Celles
Brunehaut
Bléharies
Mortagne-du-Nord
Hergnies
Templeuve
Willems
Baisieux
Chéreng
Camphin-en-Pévèle
Bouvines
Cysoing
Bourghelles
Taintignies
Rumes
Froyennes
Marquain
Vaulx
Kain
Leers
Nechin
PARC NATUREL
PLAINES DE L'ESCAUT
PARC NATUREL RÉGIONAL

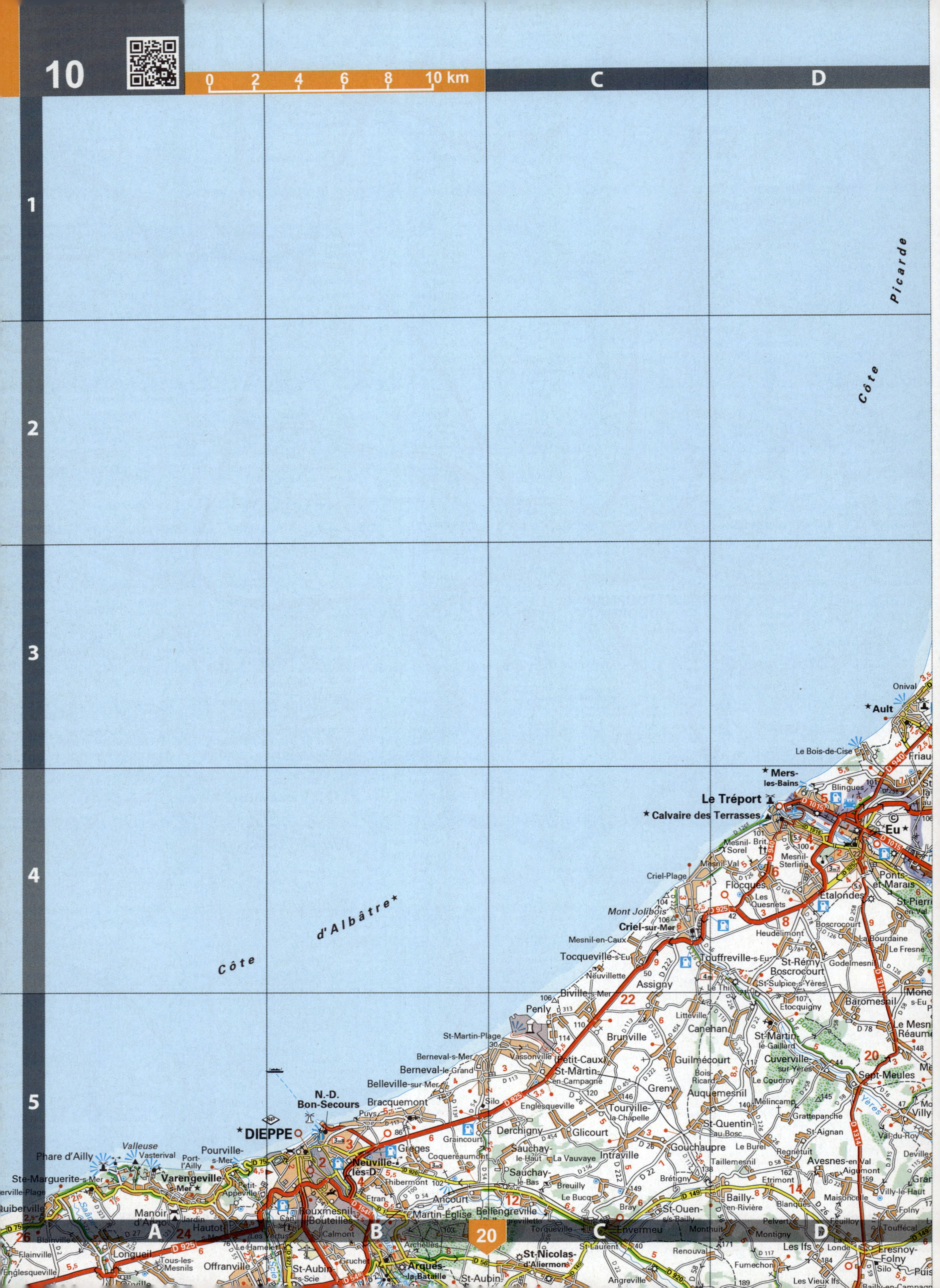

10
0 2 4 6 8 10 km
C
D
Côte Picarde
Onival
Ault
Le Bois-de-Cise
Friau
Mers-les-Bains
Blingues
Le Tréport
Calvaire des Terrasses
Eu
Mesnil-Brit-Sorel
Mesnil-Sterling
Criel-Plage
Flocques
Les Quesnets
Etalondes
Ponts et Marais
Mont Jolibois
Criel-sur-Mer
Heudelimont
La Bourdaine
Le Fresne
Mesnil-en-Caux
Tocqueville-s-Eu
Touffreville-s-Yères
St-Rémy-Boscrocourt
Godelmesnil
Côte
d'Albâtre
Neuvillette
Assigny
St-Sulpice-s-Yères
Baromesnil
Biville-s-Mer
Le Thil
Etocquigny
Penly
Litteville
Canehan
Le Mesnil Réaume
St-Martin-Plage
Brunville
St-Martin-le-Gaillard
Berneval-s-Mer
Vassonville (Petit-Caux)
Guilmécourt
Cuverville-sur-Yères
Berneval-le-Grand
St-Martin-en-Campagne
Sept-Meules
Belleville-sur-Mer
Greny
Auquemesnil
Le Coudroy
Mélincamp
Grattepanche
N.-D. Bon-Secours
Puys
Silo
Englesqueville
Tourville-la-Chapelle
St-Quentin-au-Bosc
St-Aignan
Val-du-Roy
Deville
DIEPPE
Derchigny
Glicourt
Le Burel
Regnetil
Avesnes-en-Val
Phare d'Ailly
Valleuse Vasterival
Pourville-s-Mer
Gréges
Coquereaumont
Sauchay-le-Haut
Intraville
Gouchaupre
Taillemesnil
Aigumont
Villy-le-Bas
Ste-Marguerite-s-Mer
Port-l'Ailly
Neuville-lès-D.
Sauchay-le-Bas
Breuilly
Brétigny
Etrimont
Bailly-en-Rivière
Folny
Quiberville-Plage
Varengeville-Mer
Petit-Appeville
Thibermont
Ancourt
Le Bucq
Blanquets
Maisoncelle
Quiberville
Manoir d'Archelles
Jardin Hautot
Etran
Martin-Eglise
Bellengreville
Bray
St-Ouen-s/s Bailly
Feuilloy
Touffécal
Blainville
Longueil
Tous-les-Mesnils
Frouxmesnil-Bouteilles
Calmont
Archelles
Grucheville
Envermeu
Monthuit
Montigny
Les Ifs
Londe
Fresnoy-Folny
Englesqueville
Offranville
St-Aubin-s-Scie
St-Aubin
St-Nicolas-d'Aliermont
St-Laurent
Renouval
Angreville
Fumechon
Les Vieux Ifs
Bailly-en-Campagne
Grand
20

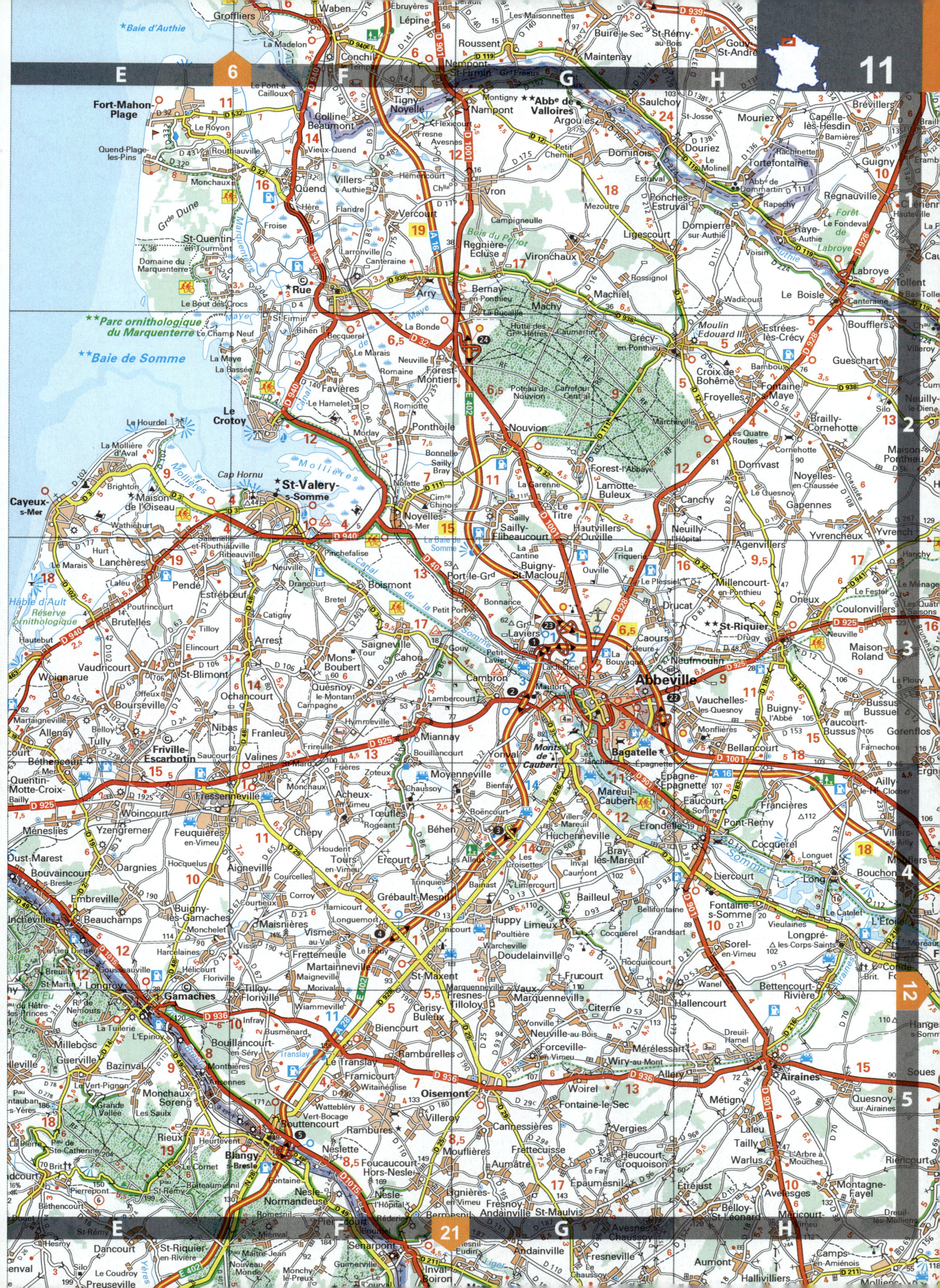

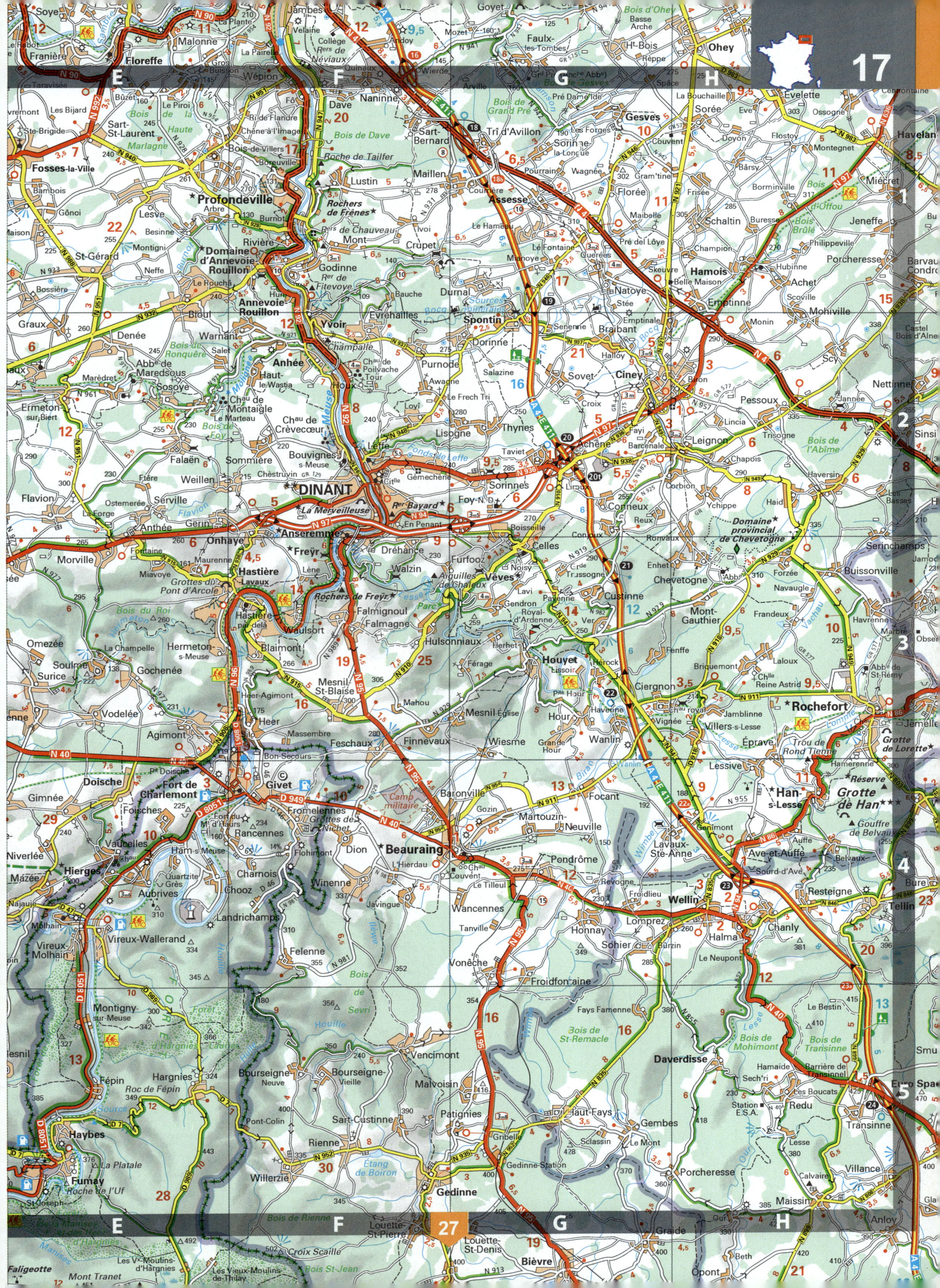
17
E F G H
DINANT
La Merveilleuse
Profondeville
Floreffe
Fosses-la-Ville
St-Gérard
Anhée
Yvoir
Spontin
Ciney
Assesse
Gesves
Ohey
Hamois
Evelette
Havelange
Miécret
Jeneffe
Achet
Mohiville
Natoye
Sorinnes
Foy-N.
Onhaye
Anseremme
Freyr
Hastière
Lavaux
Falmignoul
Falmagne
Blaimont
Waulsort
Hermeton-s-Meuse
Gochenée
Vodelée
Agimont
Heer
Mesnil-St-Blaise
Mesnil Église
Celles
Yves
Furfooz
Houyet
Ciergnon
Mont-Gauthier
Chevetogne
Buissonville
Rochefort
Han-s-Lesse
Grotte de Han
Grotte de Lorette
Jemelle
Ave-et-Auffe
Wellin
Tellin
Doische
Givet
Fort de Charlemont
Fromelennes
Rancennes
Dion
Beauraing
Baronville
Focant
Neuville
Honnay
Froidfontaine
Wancennes
Pondrôme
Revogne
Chanly
Halma
Daverdisse
Gedinne
Willerzie
Rienne
Sart-Custinne
Patignies
Malvoisin
Vencimont
Bourseigne-Neuve
Bourseigne-Vieille
Louette-St-Pierre
Louette-St-Denis
Bièvre
Graide
Oizy
Porcheresse
Maissin
Transinne
Villance
Redu
Fumay
Haybes
Vireux-Molhain
Vireux-Wallerand
Hierges
Aubrives
Chooz
Montigny-sur-Meuse
Fépin
Hargnies
Landrichamps
Charnois
Winenne
Javingue
Felenne
Vonêche
Tanville
Lomprez
Barvaux
Leignon
Chapois
Haversin
Serinchamps
Forzée
Frandeux
Laloux
Lavaux-Ste-Anne
Lessive
Éprave
Resteigne
Bure
Opont
N 90 N 97 N 94 N 40 N 95 N 86
17 27

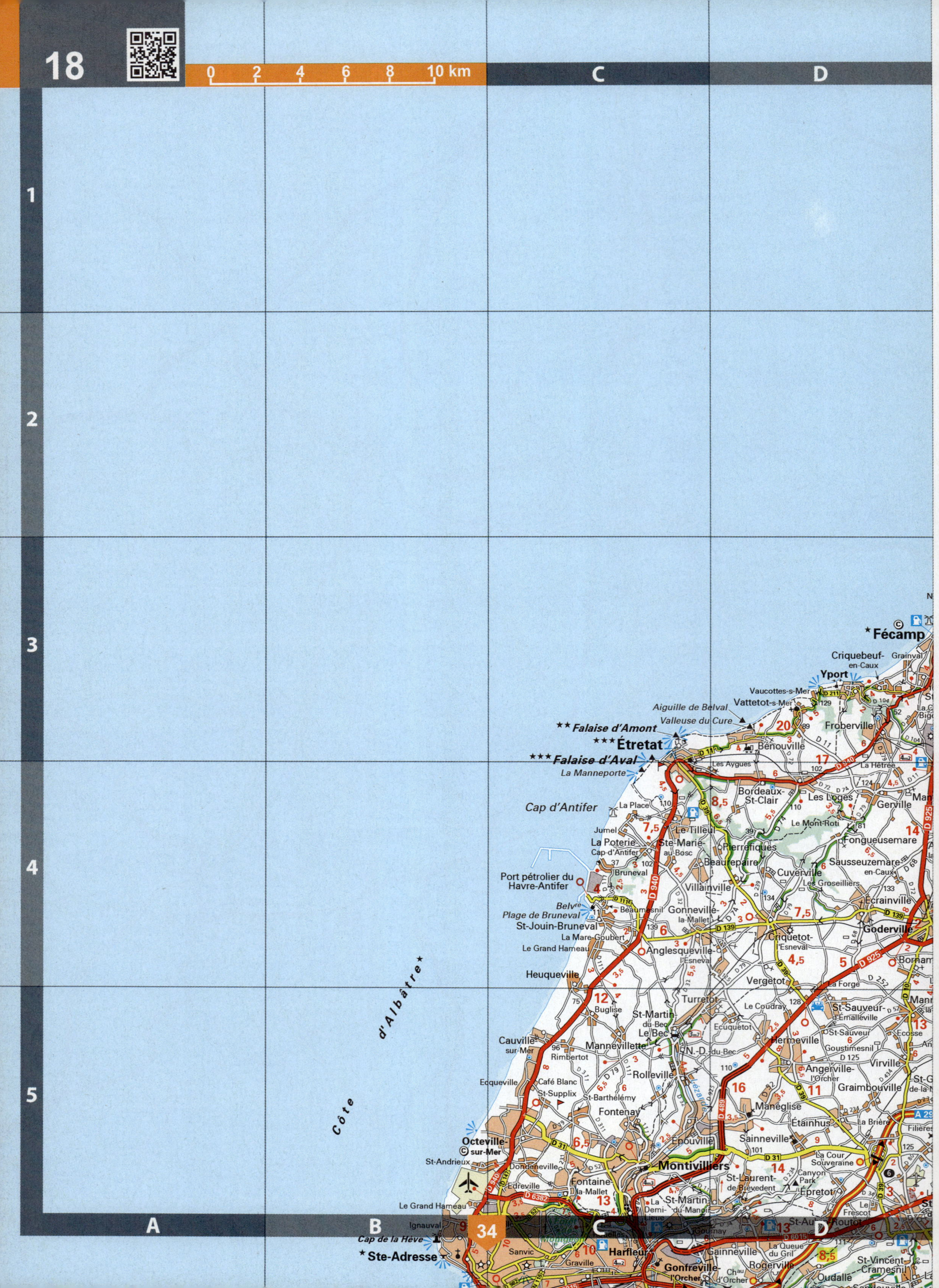

18
0 2 4 6 8 10 km
C
D
1
2
3
Fécamp
Criquebeuf-en-Caux
Grainval
Yport
Vaucottes-s-Mer
Vattetot-s-Mer
Aiguille de Belval
Valleuse du Cure
Froberville
Falaise d'Amont
20
Étretat
Falaise d'Aval
17
La Manneporte
Les Aygues
La Hêtrée
Bordeaux-St-Clair
Les Loges
Gerville
Cap d'Antifer
La Place
8,5
Le Tilleul
Le Mont-Roti
14
Jumel
7,5
La Poterie
Ste-Marie au Bosc
Fongueusemare
Cap d'Antifer
Pierrefiques
Sausseuzemare-en-Caux
Port pétrolier du Havre-Antifer
Beaurepaire
Cuverville
Bruneval
Villainville
Les Groseilliers
Écrainville
Belv
Plage de Bruneval
Beaumesnil
Gonneville-la-Mallet
7,5
Goderville
St-Jouin-Bruneval
La Mare-Goubert
Criquetot-l'Esneval
Le Grand Hameau
Anglesqueville-l'Esneval
Bornam
Heuqueville
4,5
Vergetot
La Forge
Côte d'Albâtre
12
Buglise
Turretot
Le Coudray
St-Sauveur-d'Émalléville
Cauville-sur-Mer
St-Martin du-Bec
Écuquetot
13
Le Bec
Mannevillette
St-Sauveur
Hermeville
Goustimesnil
Rimbertot
N.-D.-du-Bec
Virville
Ecqueville
Rolleville
Angerville-l'Orcher
Café Blanc
St-Barthélémy
16
Maneglise
11
Graimbouville
St-Supplix
Fontenay
Étainhus
Épouville
La Brière
5
Octeville-sur-Mer
Sainneville
Filières
St-Andrieux
La Cour Souveraine
Dondaneville
14
Canyon Park
Montivilliers
St-Laurent-de-Brévedent
Épretot
Fontaine-la-Mallet
Edreville
La St-Martin du Manoir
Le Grand Hameau
13
La Demi-
A
B
Ignauval
9
34
C
D
Cap de la Hève
Harfleur
13
Ste-Adresse
Sanvic
Graville
Gainneville
La Queue du Gril
8,5
St-Vincent-Cramesnil
Gonfreville-l'Orcher
Rogerville
Oudalle

20
0 2 4 6 8 10 km
d'Albâtre
Côte
DIEPPE
N.-D. Bon-Secours
Phare d'Ailly
Ste-Marguerite-s-Mer
Varengeville-sur-Mer
Pourville-sur-Mer
Neuville-lès-D.
Criel-sur-Mer
Mont Jolibois
Penly
Biville-s-Mer
St-Martin-Plage
Berneval-le-Grand
Berneval-s-Mer
Belleville-sur-Mer
Bracquemont
Puys
Vasterival
Port
d'Ailly
Valleuse
Manoir
d'Ango
Hautot
Longueil
Offranville
Les Vertus
Martin-Église
Bellengreville
Bellengreville
Envermeu
Arques-la-Bataille
St-Aubin-le-Caûf
St-Aubin-sur-Scie
Martigny
St-Nicolas-d'Aliermont
Graincourt
Derchigny
Glicourt
Gouchaupre
Tourville-la-Chapelle
Greny
Auquemesnil
Brunville
Canehan
Guilmécourt
Cuverville-sur-Yères
St-Martin-le-Gaillard
Sept-Meules
Baromesnil
Le Mesnil-Réaume
Monchy
Villy
Assigny
Biville-sur-Mer
Intraville
Sauchay-le-Haut
Sauchay-le-Bas
Breuilly
Le Bucq
Auquemesnil
Bailly-en-Rivière
St-Ouen-sous-Bailly
Pelvert
Grébault
Londinières
Fréauville
Croixdalle
St-Vaast-d'Equiqueville
Bailleul-Neuville
Mesnières-en-Bray
Neufchâtel-en-Bray
Esclavelles
Quièvrecourt
Massy
Pommeréval
Bures-en-Bray
Follemprise
Ardouval
Val-Ygot
Bellencombre
Ventes-St-Rémy
Rosay
Maucomble
St-Saëns
Bosc-Mesnil
Bradiancourt
Neufbosc
Sommery
Montérolier
Bosc-Bérenger
Rocquemont
Mathonville
Buchy
Bois-Héroult
Bosc-Roger-sur-Buchy
Rouvray-Catillon
Bois-Guilbert
Beaumont-le-Hareng
Grigneuseville
Cottévrard
Cressy
Auffay
St-Victor-l'Abbaye
Tôtes
Val-de-Saâne
Bacqueville-en-Caux
Luneray
Avremesnil
Brachy
Gueures
Thil-Manneville
Auppegard
Hermanville
Ambrumesnil
Sauqueville
Colmesnil-Manneville
Tourville-sur-Arques
Aubermesnil-Beaumais
Manéhouville
Anneville-sur-Scie
La Chapelle-du-Bourgay
St-Germain-d'Étables
Torcy-le-Grand
Torcy-le-Petit
Dénestanville
Longueville-sur-Scie
Crosville-sur-Scie
Lammerville
Bertreville-St-Ouen
Lintot-les-Bois
Belmesnil
Criquetot-sur-Longueville
Les Cent-Acres
Muchedent
Le Catelier
St-Honoré
Les Grandes-Ventes
Freulleville
Ste-Agathe-d'Aliermont
St-Vaast-d'Equiqueville
Osmoy-St-Valery
Meulers
Dampierre-St-Nicolas
St-Jacques-d'Aliermont
N.-D. d'Aliermont
St-Pierre-des-Jonquières
Fresnoy-Folny
Freulleville
Wanchy-Capval
Béthencourt
Vieux-Manoir
Cailly
Yquebeuf
Claville-Motteville
St-Germain-sous-Cailly
Bosc-le-Hard
Ste-Geneviève
Grigneuseville
Cottévrard
Montville
Clères
Parc Zoo
Sierville
Anceaumeville
Fresquiennes
Pavilly
Barentin
Malaunay
Houppeville
Roumare
Quincampoix
Héronchelles
Biville
Blainville
St-Denis-d'Aclon
Le Bourg-Dun
Ouville-la-Rivière
Offranville
Gruchet-St-Siméon
Greuville
Sassetot
Ancourteville
Ancretiéville-St-Victor
Gueutteville
Beautot
Bosc-Guérard-St-Adrien
Montigny
St-Saire

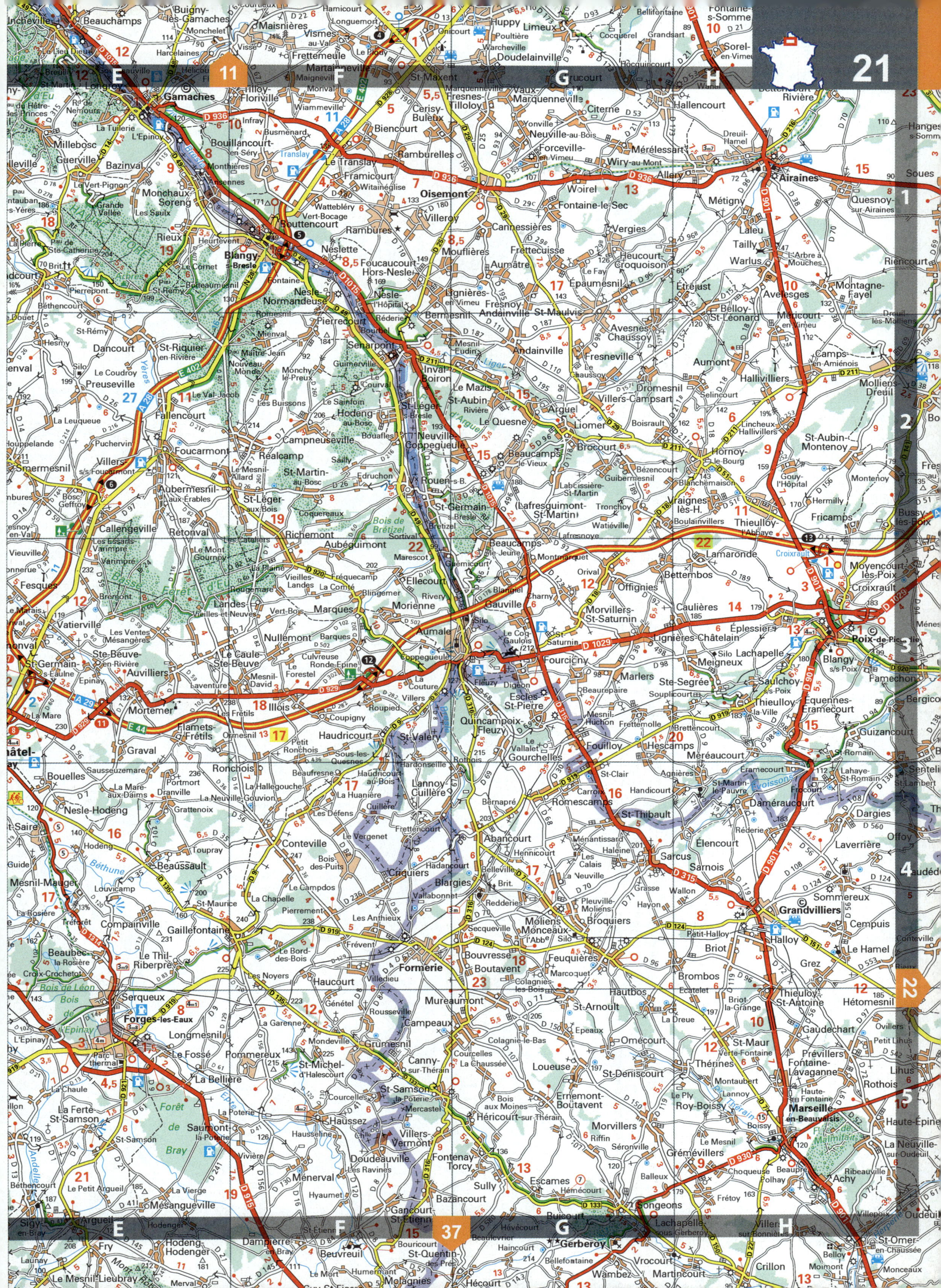

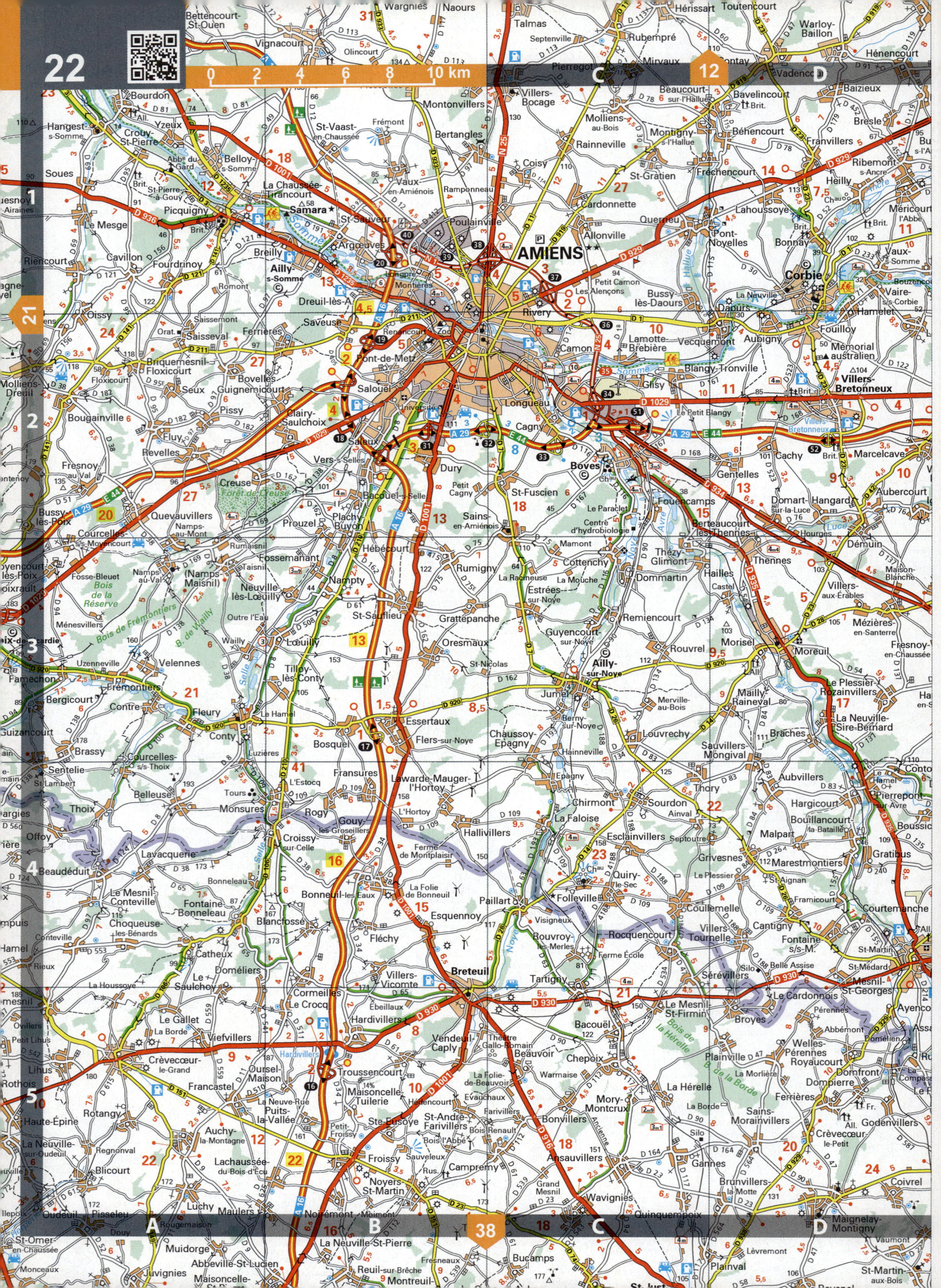

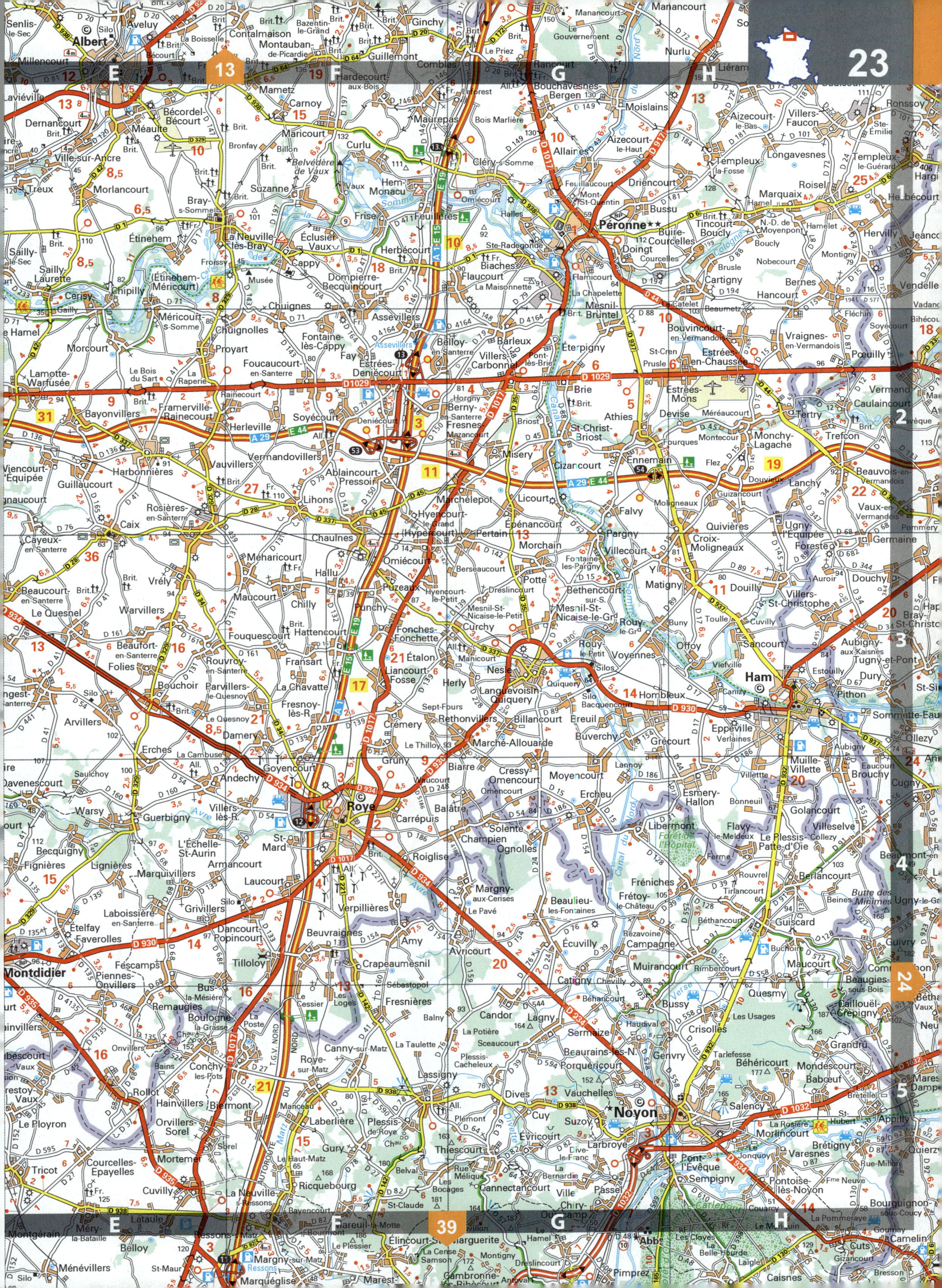

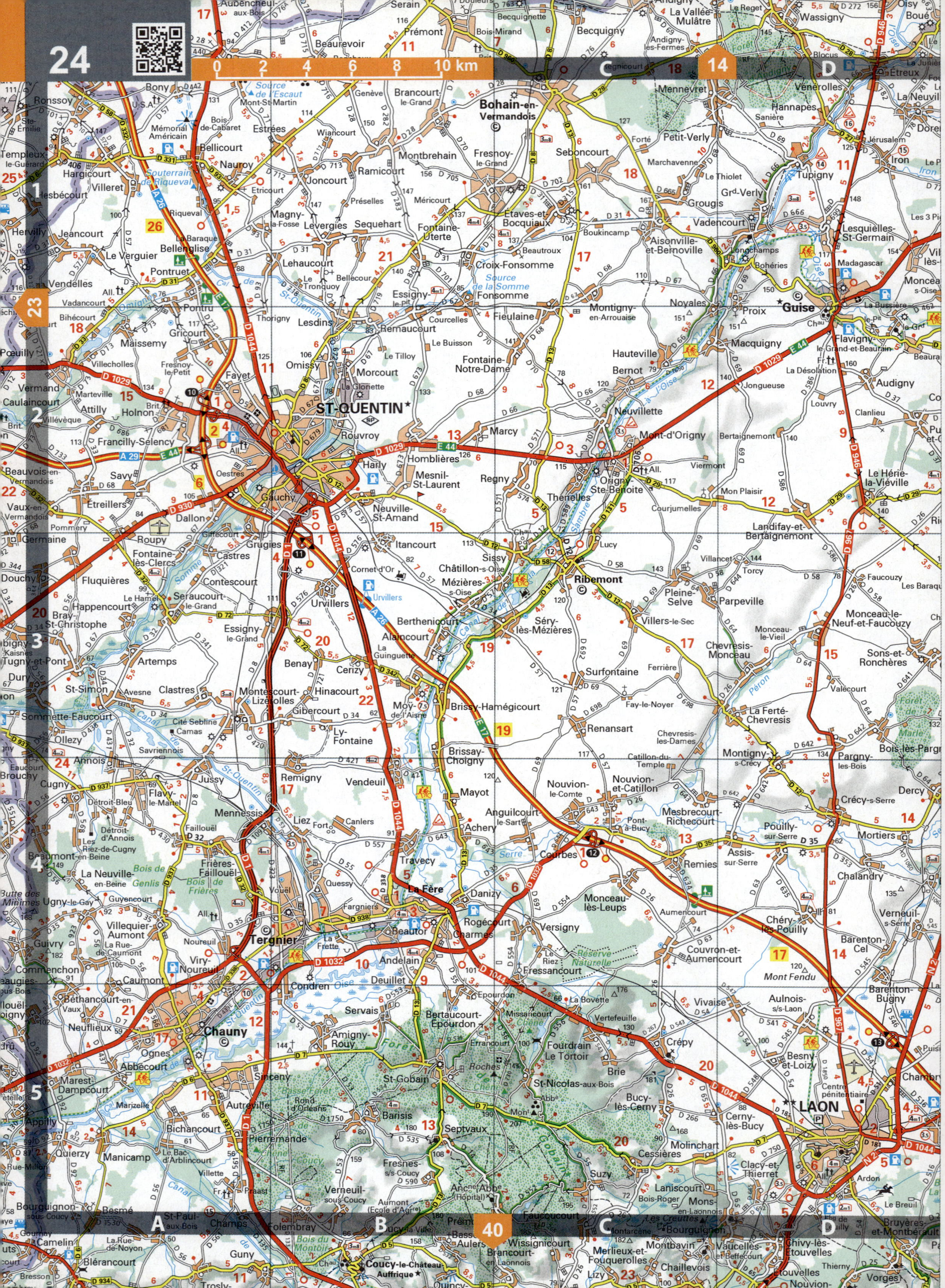

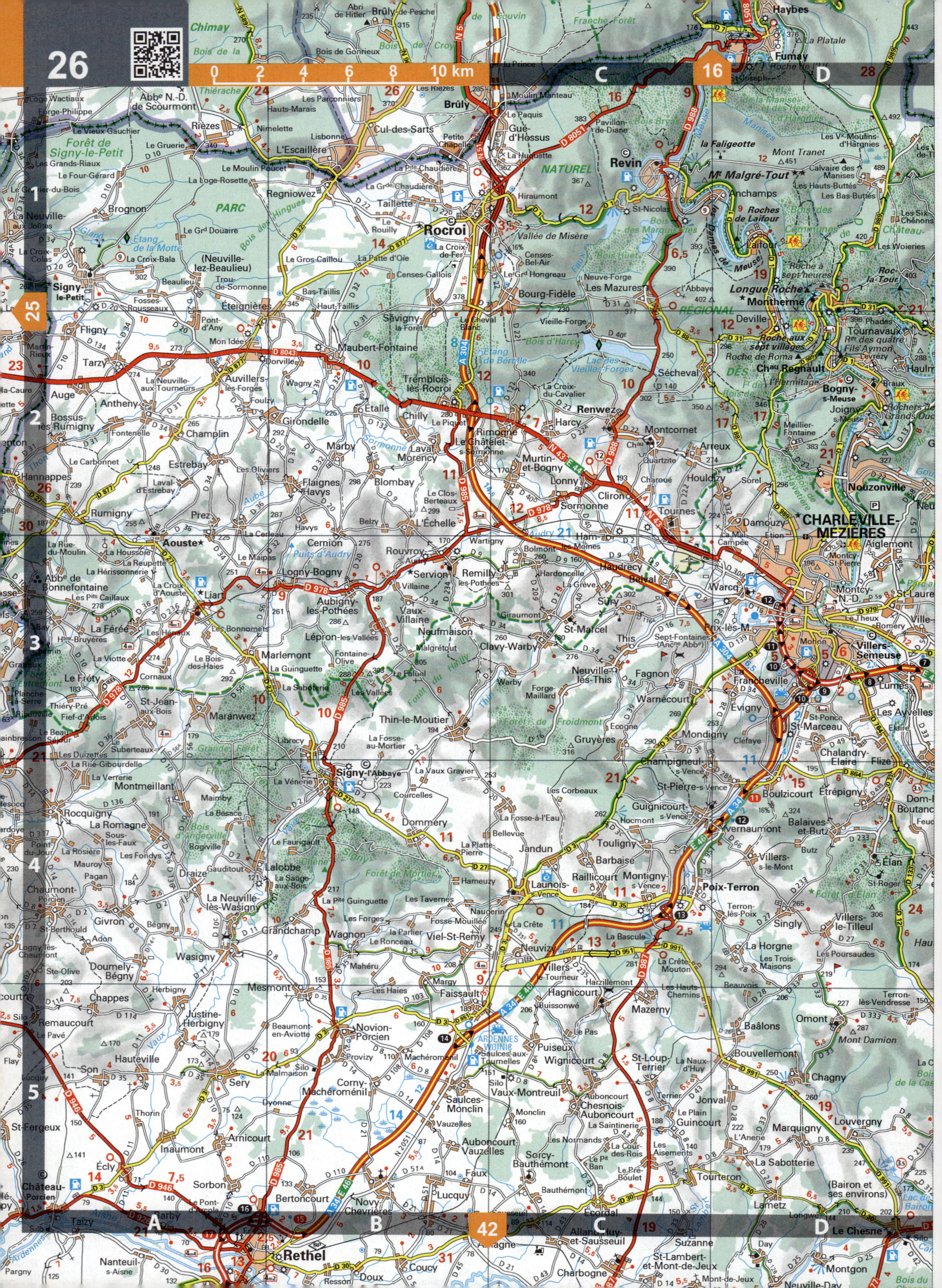

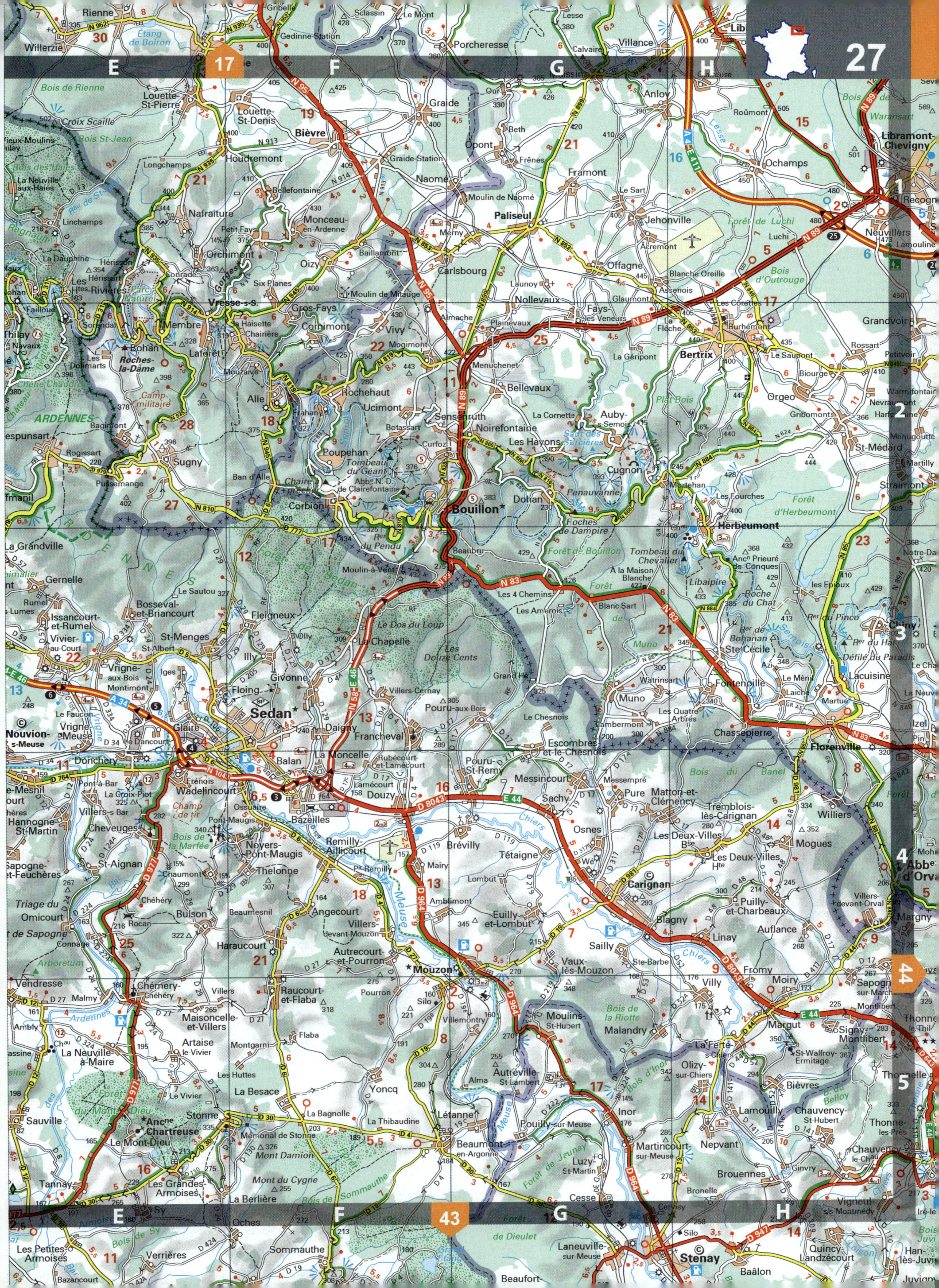

28
0 2 4 6 8 10 km
C
D
1
Renonquet
Quesnard
Braye Bay
Burhou
Saline Bay
Braye
Newtown
Longis Bay
Clonque Bay
St-Anne
Essex
Raz Island
Trois Vaux
Hanging Rock
Tête de Judemarre
Telegraph Bay
Alderney
(Aurigny)
2
Raz Blanchard
Cap de la Hague
Sémaphore
Roche Gélétan
Les Herbeuses
Gros du Raz
St-Germain-
des-Vaux
Anse
St-Martin
La Coque
Pointe Jardeheu
Goury
Port-Racine
Sémaphore
La Roche
Le Hâble
Auderville
Omonville-la-Rogue
Baie
d'Écalgrain
Omonville-la-Petite
Rue-Désert
Digulleville
Manoir
du Tourp
Jobourg
Mont Pâlis
Éculleville
Rocher du
Castel-Vendon
Nez de Voidries
C.R.O.S.S.
Gruchy
Landemer
Dannery
Gréville-
Hague
Dur-Écu
Urville
Nacqueville
Nez de
Jobourg
Herqueville
La Rue-de
Beaumont
Beaumont-Hague
Branville
Nacqueville
Herquemoulin
Baie du Houguet
Hague-
Léveillé
Rue-
d'Ozouville
Pierres Pouquelées
Prieuré
(La Hague)
Vauville
Jardin
botanique
Ste-Croix-
Hague
28
3
Anse de Vauville
Le Petit Thot
Centre
Scientifique
Tonne
Camp Maneyrol
La Croix-
Frimot
Flottemanville
29
Calvaire
des Dunes
Biville
Gourbesville
Acqueville
Carref-des
Pelles
Le Val-de-Bas
31
Champ
de Tir
Pénitot
Vasteville
Herquetot
Teurthéville-
Hague
Clairefontaine
Héauville
Le
Manoir
Siouville-Hague
La Viesville
Craville
Quetteville
Virande
Les Contes
Helleville
St-Christoph
du-Foc
4
Flamanville
Couvert
Dielette
La Petite
Siouville
Les Pipets
15
Diverte
Sotteville
Arthur
Bretantot
La
Croix-Georges
Bricq
Sémaphore
Flamanville
Tréauville
Cap de Flamanville
Bonnemains
Quesney
Benoîtville
Le Point
du-Jour
Houel
Les Pleux
Grosville
Anse de
Sciotot
Fme de Becqueville
Le Comte
Longueville
15
Le Rozel
Bernay
Fritot
St-Germain-le Gaillard
Pierreville
Pointe du Rozel
Le
Poux
Hauteville
17
La Croix
Morain
Surtainville
La Mare
du-Parc
Le Vr
Béghin
Scye
St-Paul
Sénoville
513
5
Baubigny
Bastard
15
La Vallée
Sortosville-en-
Beaumont
Le Meudenaville
Barrières
Hatainville
St-Pierre
d'Arthéglise
Les Moitiers-d'Allonne
Masse
de-Remond
La-Haye-
d'Ectot
Roches du Rit
Carteret
Carteret
Barneville-Carteret
Cap de Carteret
Roualle
St-Jean-de
Barneville-Plage
St-Georges de-la-Rivière
30
A
B
C
D

ILES ANGLO-NORMANDES
(CHANNEL ISLAND)
MANCHE
ALDERNEY
Cherbourg-en-Contentin
GUERNSEY
Diélette
SARK
Carteret
JERSEY
Chausey
Granville
Dinard
St. Malo
Liaison maritime:
passant les autos
ne les passant pas
Liaison aérienne

Basses du Renier
Basses du Sen
Raz du Cap Lévi
Anse de la Mondrée
Cap Lévi
Raz de Barfleur
Pointe de Barfleur **
Fermanville
Cosqueville
Angoville-en-Saire
Néville-s-Mer
Gatteville-le-Phare
Pointe du Brulay
Le Perrey
Le Tot d'Inthéville
Gouberville
Roville
Barfleur *
Pointe de Querqueville
Ft-Central
Ft de l'Ouest
Ft de l'Est
Île Pelée
Grande Rade
Anse du Brick
Carneville
St-Pierre-Église
Varouville
Denneville
La Bretonne
Querqueville
Hameau-de-la-Mer
CHERBOURG-EN-COTENTIN
Cité de la Mer
Maupertus
Bretteville
Belvédère
Théville
Clitourps
Tocqueville
Ingleville
Tronville
Barville
Landemer
Pointe du Moulard
Équeurdreville
Hainneville
Octeville
Tourlaville
Fort-du-Roule
Digosville
Gonneville-le-Theil
Canteloup
Ste-Geneviève
Montfarville
Maltot
La Crasvillerie
La Froide-Rue
Martinvast
Hardinvast
Tollevast
La Glacerie
Le Mesnil-au-Val
Brillevast
Blanqueville
Val de Saire
Le Vast
Le Vicel
La Pernelle
Réville
Jonville
Pointe de Saire
Renievast
Valognes
Les Quesnés
Viquesney
Le Tronquet
La Buhotterie
Le Bourg Neuf
St-Martin-le-Gréard
Brix
Bonhomme Bois de Barnavast
Gallis
Mouchel
Teurthéville-Bocage
Brevole
Bois du Rabey
Le Rivage
Île de Tatihou *
Fort de l'Îlet
Rochemont
L'Entreprise
La Blanche Maison
Vaudechou
St-Vaast-la-Hougue
Fort de la Hougue
Parc à huîtres
Brillsett
Samson
Chiffrevast
Saussemesnil
Montaigu-la-Brisette
Videcosville
Crasville
Gonneville
Mont-à-la-Quesne
St-Joseph
Belauniay
La Brévière
St-Germain-de-Tournebut
Octeville-l'Avenel
St-Martin-d'Audouville
Aumeville-Lestre
Rauville-la-Bigot
Sottevast
Croix-Jacob
Tamerville
Typhaigne
Verbisson
Lestre
La Caudière
La Viéville
St-Martin-le-Hébert
Les Sources
Huberville
Vaudreville
Quartzila
Bourg de Lestre
Rocheville
Alleaume
Valognes
Carro des Vergers
Quartzin
Quinéville
Abb N.D. de Grâce
Négreville
Yvetot-Bocage
St-Cyr
St-Floxel
Ozeville
Roches St-Floxel
Hameau-du-Nord
Les Gougins
Quettetot
Le Foyer
La Campionnerie
Fontaines
Montebourg
Fontenay-sur-Mer
Dangueville
Hameau-du-Sud
Îles St-M
accès interdit
Bricquebec-en-Cotentin
L'Étang Bertrand
Morville
Lieusaint
Flottemanville
Sortosville
Vaudreuil
Crisbecq
Ravenoville-Plage
Le Valdécie
Le Mesnil
Colomby
Hémevez
Écausseville
Joganville
Azeville
St-Marcouf
Ravenoville
Mont Leclerc
Les Dunes-de-Varreville
Magneville
Golleville
Mulac
Urville
Le Ham
Magneville
Émondeville
Cibranctot
Batterie
Foucarville
Néhou
Biniville
Hauteville-Bocage
Fresville
Baudienville
Beuzeville-au-Plain
St-Germain-de-Varreville
St-Jacques-de-Néhou
Bretteville
Ste-Colombe
Crosley
Neuville-au-Plain
St-Martin-de-Varreville
La Madeleine
Orglandes
Gourbesville
Amfreville
Reuville
Mésières
Audouville-la-Hubert
Musée du Débarquement
La Loge
Reigneville-Bocage
La Bonneville
Ste-Mère-Église
Cauquigny
Turqueville
Banc du Grand Vey
St-Sauveur
Mont-l'Abbé
Fierville-les-Mines
Rauville-la-Place
Crosville-sur-Douve
Écoquenéauville
Sébeville
La Galie
Utah Beach
Picauville
Chef-du-Pont
Houtteville
Ste-Marie-du-Mont
Pouppeville
Étienville
Hôp. spécialisé
St-Côme
Blosville
Hiesville
Brucheville
Carentan

0 2 4 6 8 10 km
ILES ANGLO-NORMANDES
(CHANNEL ISLAND)
MANCHE
ALDERNEY
Cherbourg-en-Contentin
GUERNSEY
Diélette
SARK
Carteret
JERSEY
Chausey
Granville
Dinard
St. Malo
Liaison maritime:
passant les autos
ne les passant pas
Liaison aérienne
Renonquet
Quesnard
Braye Bay
Burhou
Saline Bay
Braye
Newtown
Longis Bay
Clonque Bay
St-Anne
Essex
Raz Island
Trois Vaux
101
Hanging Rock
Tête de Judemarre
Telegraph Bay
Alderney
(Aurigny)
Pointe du Rozel
Sur
Roches du Rit
Cap de Carter
GUERNSEY
(GUERNESEY)
Pembroke Bay
Fort le Marchant
La Varde
Fort-Doyle
Grand-Havre
Beaucette Marina
Grᵈᵉ Anfroque
La Passée
Clos-du-Vallée
Déhus
Longue Pierre
Grandes Rocques
Vale
Bordeaux Harbour
Côbo Bay
Vale Castle
Saumarez Park
Capelles
St-Sampson
Côbo
Chau
Le Gᵈ Monceau
Vazon Bay
15
Brehon
Perelle Bay
Saumarez
Les Marais
Herm
Fort Saumarez
St-Apolline's
Le Villocq
St-Tugual's
Lihou
32
Belle Grève Bay
70
Le Creux-ès-Faies
Catel
St-Peter-Port
L'Erée Headland
Trépied
King's-Mills
(St-Pierre-Port)
Jethou
Rocquaine Bay
St-Saviour
Little
St-
75
Pezeries Point
St-Peter-
Chapel
Andrew
Castle
in the Wood
Cornet
Les Hanois
Portelet
Fort George
Great Sark
Pleinmont Pᵗ
Torteval
St-Martin
Port du Moulin
La Seigneurie
Forest
Fermain Bay
La Forge Bay
Le Gouffre
Monument
Brecqhou
114
La Collinette
Petit Bôt
Moulin
St-Martin Point
Pilcher Mon
Creux Harbour
Bay
Huet
Bay
Sark
Moye Point
Icart Point
Jerbourg Point
(Sercq)
Hog's Back
Little Sark
La Coupée
Port Gorey
Venus'Pool
L'Etac de Sercq
Grand Russel
Petit Russel
Grève au
Plémont Pᵗ
JERSEY
Lanchon
Sorel Point
Grosnez Pᵗ
Plémont
Bonne Nuit
Belle Hougue Pᵗ
Grosnez Castle
Portinfer
Grève
Devil's
Bay
de Lecq
Hole
84
St-John
Pᵗ Etacquerel
Puits-Leoville
La Falaise
Tour
L'Etacq
Le
Hautes
Bouley
Gondin
Croix
Bay
△78
St-Ouen
Carref
Trinity
Rozel Bay
Kempt Tower
La Hague
Selous
La Coupe Pᵗ
99
Zoo
Fliquet Bay
St-Mary
St-Lawrence
104
Rozel
95
St-Peter
Augres
St-Martin
St-Catherine's Bay
Quetivel
Becquet
Orchid
Archirondel Tour
Vincent
Foundation
La Rocco Tour
Five-Oaks
Faldouet
Anne Port
La Pulente
Beaumont
67
St-Saviour
La
Millbrook
Hougue-Bie
St-Brelade
First
Mont-Orgueil
64
St-Aubin
Tower
Gorey
Corbière Pᵗ
St-Aubin's Bay
Victoria-
Ville-es-Renauds
Collège
Grouville
Pᵗ la Moye
Noirmont
St-Clément
Royal Bay
Elizabeth
Samares
of Grouville
St-Brelade's
Le Croc
La Rocque
Bay
Noirmont Pᵗ
Pontac
Portelet
La Rocque Pᵗ
Bay
St-Clément's
Bay
Seymour Tour

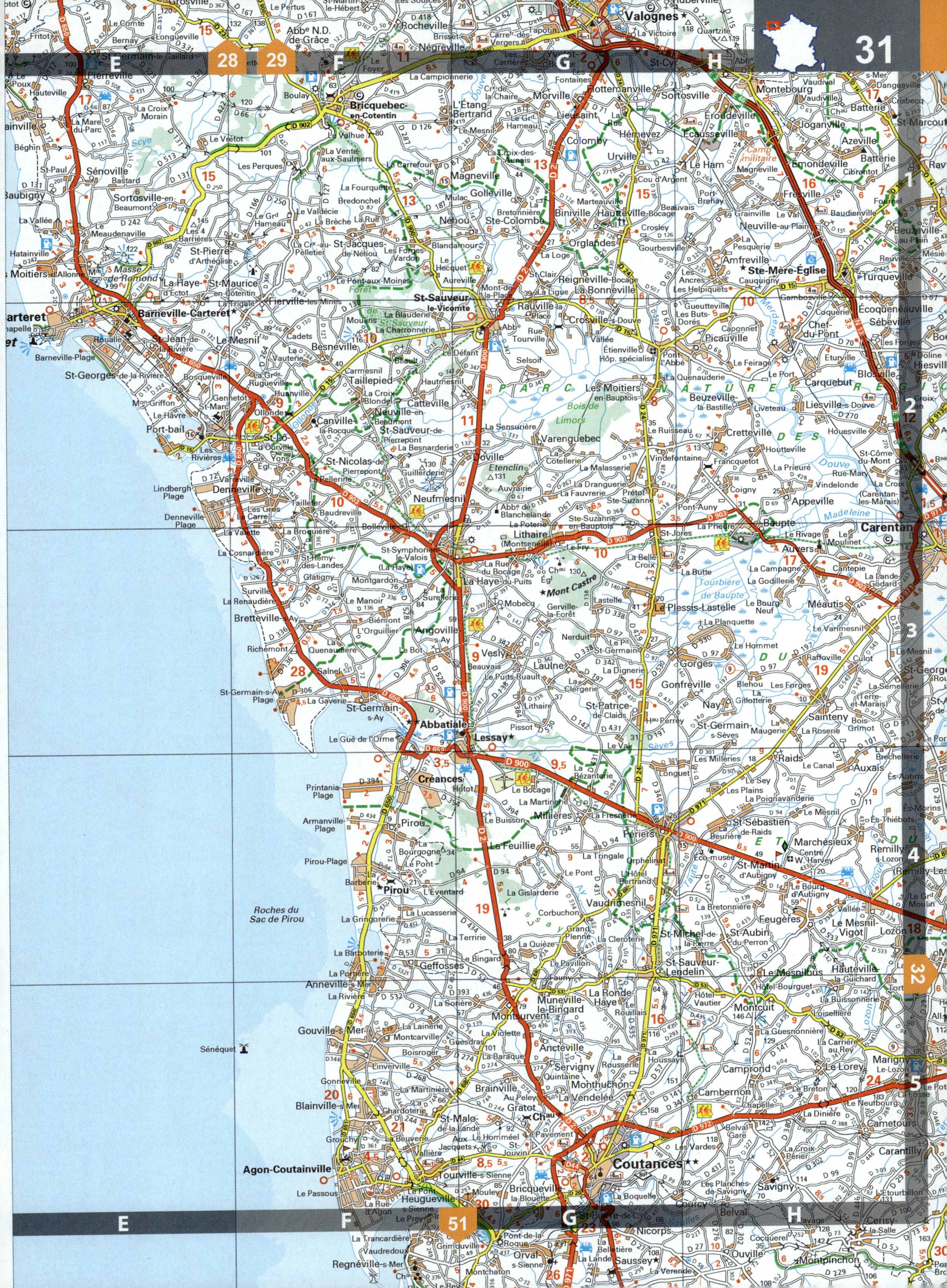

E F G H
33
1
2
du Côte de Nacre
Débarquement
Le Chaos Batterie Cap Manvieux
Arromanches-les-Bains
Gold Beach Centre Juno Beach Juno Beach
St-Côme-de-Fresné Paisty-Vert
La Rivière
Courseulles-s-Mer
St-Aubin-s-Mer
Langrune-s-Mer
Luc-s-Mer
Petit-Enfer
Sword Beach
Rade de Caen
Lion-s-Mer
La Brèche-d'Hermanville
Ouistreham
Riva-Bella
Colleville-Montgomery-Plage
Ca
3
le Hôme
BAYEUX
Merville Franceville Plage
24
Hermanville-s-Mer
Colleville Montgomery
Sallenelles
Gonneville-en-Auge
Amfreville
Pegasus Bridge
Bénouville
Ranville
Arbre-Martin
Breville
Bavent
Hérouvillette
Escoville
Bois de Bavent
Ronceville
Bois de Bures
4
13
Bures
(Saline)
Hérouville-St-Clair
Colombelles
Cuverville
Touffreville
Giberville
Sannerville
Démouville
Mondeville
Banneville-la-C.
St-Pair
Guillerville
Troarn
34
CAEN
Cormelles-le-Royal
Le Mesnil-Frémentel
Manneville
Cagny
Émiéville
Grentheville
Frénouville
Le Fresne
5
Argences
Vimont
Soliers
Bourguébus
Bellengreville
Hubert-Folie
Ifs
St-André
St-Martin-de-Fontenay
Verrières
Tilly-la-Campagne
La Hogue
Chicheboville
Beneauville
Moult
Billy
Valmeray
May-s-Orne
Rocquancourt
Garcelles-Secqueville
Conteville
Poussy-la-Campagne
Fontenay
Fierville-Bray
St-Aignan-de-Cramesnil
Poussy-la-Campagne
Cinq-Autels
E F G H
53
St-Sylvain
Cauvicourt

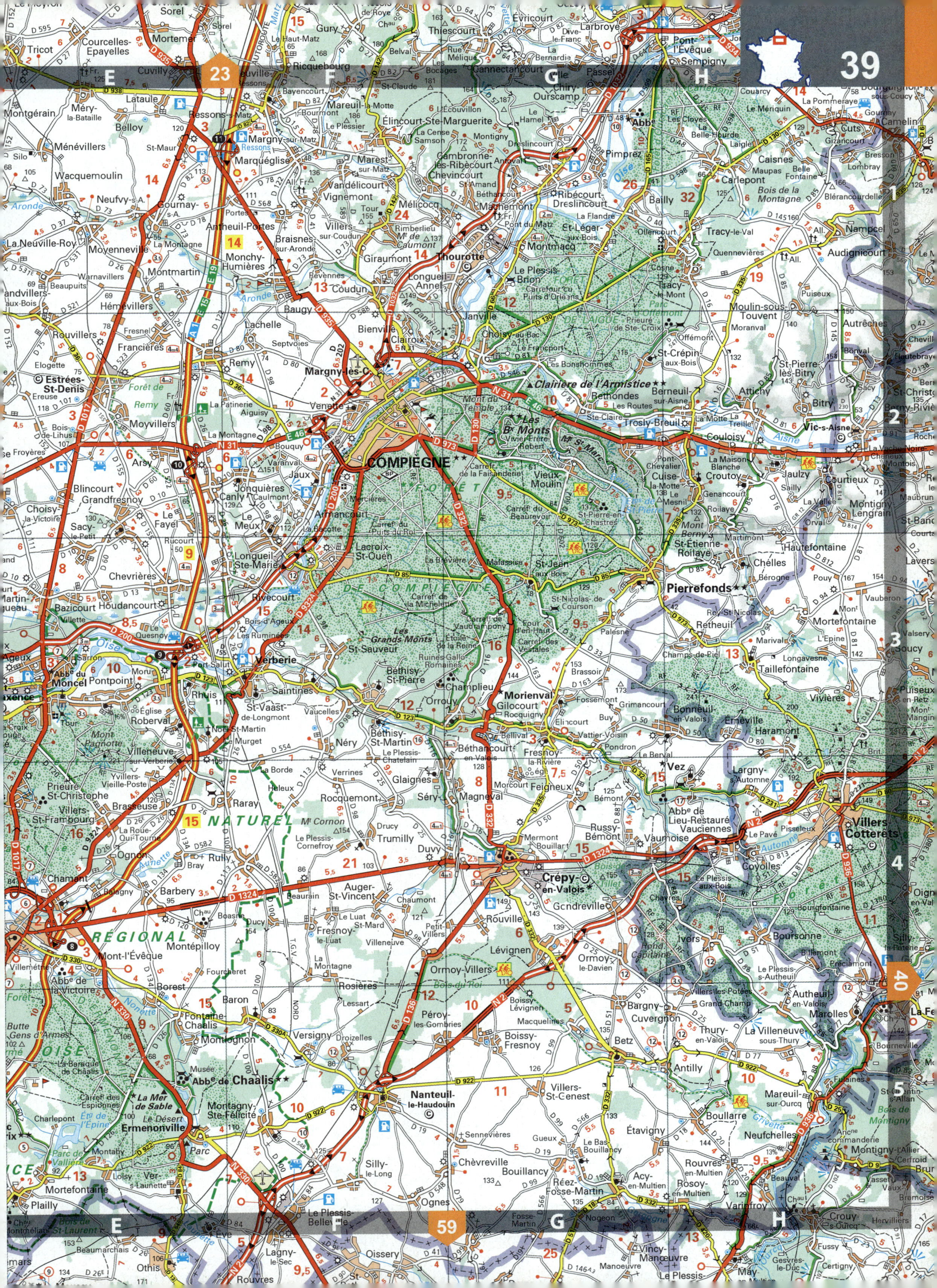

44
0 2 4 6 8 10 km
Margny
Merlanville
Limes
Lahage
Gérouville
Meix-devant-Virton
Fagny
Robelmont
St-Léger
Bois du Bon Lieu
Ermitage de Wachet
Châtillon
Villy
Moiry
Sapogne-sur-Marche
Montlibert
Thonne-le-Thil
Breux
Sommethonne
Thonne-la-Loue
Berchiwez
Houdrigny
Dampicourt
Virton
Ethe
Mussy-la-Ville
Bleid
Musson
Longwy
Margut
Signy-Montlibert
St-Walfroy Ermitage
Avioth
Thonnelle
Thonne-les-Prés
Chenois
Latour
St-Mard
Ruette
St-Rémy
Ville-Houdlémont
Grandcourt
Gorcy
Cosnes-et-Romain
Bièvres
Lamouilly
Chauvency-St-Hubert
Fresnois
Écouviez
Lamorteau
Harnoncourt
Houvroy
Montquintin
Bois de Guéville
Allondrelle-la-Malmaison
Tellancourt
Fresnois-la-Montagne
Lexy
Cutry
Nepvant
Brouennes
Chauvency-le-Château
Montmédy
Vélosnes
Torgny
Pont-Camus
Étang de Pisciculture
Longuyon
Montigny
Martincourt-sur-Meuse
Stenay
Baâlon
Vigneul-s/s-Montmédy
Iré-les-Prés
Villécloye
Bazeilles-sur-Othain
Othe
Épiez-sur-Chiers
Charency-Vezin
Villette
Colmey
Viviers-sur-Chiers
Ugny
Fort de Fermont
Wiseppe
Mouzay
Quincy-Landzécourt
Han-lès-Juvigny
Iré-le-Sec
Flassigny
Vezin
Flabeuville
Rêvemont
Doncourt-lès-Longuyon
Saulmory-Villefranche
Louppy-sur-Loison
Remoiville
Marville
St-Hilaire
Villers-le-Rond
St-Jean-lès-Longuyon
Petit-Failly
Grand-Failly
Noërs
Arrancy-sur-Crusne
Pierrepont
Sassey-sur-Meuse
Lion-devant-Dun
Milly-sur-Bradon
Murvaux
Brandeville
Bréhéville
Lissey
Peuvillers
Delut
Dombras
St-Laurent-sur-Othain
Sorbey
Châtillon
Han-devant-Pierrepont
Belles-Fontaines
St-Pierrevillers
St-Supplet
Dun-sur-Meuse
Cléry-le-Petit
Fontaines-St-Clair
Écurey-en-Verdunois
Réville-aux-Bois
Étraye
Vittarville
Dimbley
Merles-sur-Loison
Villers-lès-Mangiennes
Pillon
Duzey
Rouvrois-sur-Othain
Nouillonpont
Liny-devant-Dun
Breuilles-sur-Meuse
Vilosnes-Haraumont
Haraumont
Damvillers
Mureau
Mangiennes
Bois de Merles
Handeville
Muzeray
Spincourt
Sivry-sur-Meuse
Monument Américain
Romagne-sous-les-Côtes
Côte de Morimont
Billy-sous-Mangiennes
Rampont
Dannevoux
Consenvoye
Wavrille
Gibercy
Crépion
Montaubé
Ville Forêt
Vaudoncourt
Loison
Houdelaucourt-sur-Othain
Domremy-la-Canne
Gercourt-et-Drillancourt
Brabant-sur-Meuse
Haumont-près-Samogneux
Moirey-Flabas-Crépion
Flabas
Chaumont-devant-Damvillers
Azannes-et-Soumazannes
Les Crocs
Bois d'Arc
Baroncourt
Cuisy
Forges-sur-Meuse
Samogneux
Gremilly
Pierreville
Maucourt-sur-Orne
Amel-à-l'Étang
Dommary-Baroncourt
Éton
Béthincourt
Regnéville-sur-Meuse
Beaumont-en-Verdunois
Ornes
Mogeville
L'Épina
Naumoncel
Cumières-le-mort-homme
le Mort-Homme
Cote 304
Champneuville
Louvemont-Côte-du-Poivre
Bezonvaux
Dieppe-sous-Douaumont
Gincrey
Foameix-Ornel
Rouvres-en-Woëvre
Chattancourt
Vacherauville
Ossuaire
Douaumont
Fort de Douaumont
Morgemoulin
Étain
Lanhères
Marre
Charny-sur-Meuse
Bras-sur-Meuse
Fleury-devant-Douaumont
Haraigne
Abaucourt-Hautecourt
Herméville-en-Woëvre
Montzéville
Fort de Marre
Froideterre
Fort de Vaux
Damloup
Souppleville
Hautecourt-lès-Broville
St-Maurice-sous-les-Côtes
Warcq
Boinville-en-Woëvre
Esnes-en-Argonne
La Claire
Belleville-sur-Meuse
Vaux-devant-Damloup
Eix
Moranville
Gussainville
Béthelainville
Thierville-sur-Meuse
Côte St-Michel
Fort de Souville
Abaucourt
Blanzée
Le Bourbeau
Buzy-Darmont
Parfondrupt
Vignéville
Germonville
Jardin Fontaine
Gloieux
Camp militaire
Moulainville
Châtillon-sous-les-Côtes
Braquis
Verrières-en-Hesse
Fromeréville-les-Vallons
Verdun
Haudainville
Grimaucourt-en-Woëvre
Dombasle-en-Argonne
Sivry-la-Perche
Baleycourt
Belleray
Belleville
Watronville
Ronvaux
Ville-en-Woëvre
Pintheville
Jouy-en-Argonne
Frana
Billemont
Haudiomont
Manheulles
Hennemont
Pareid

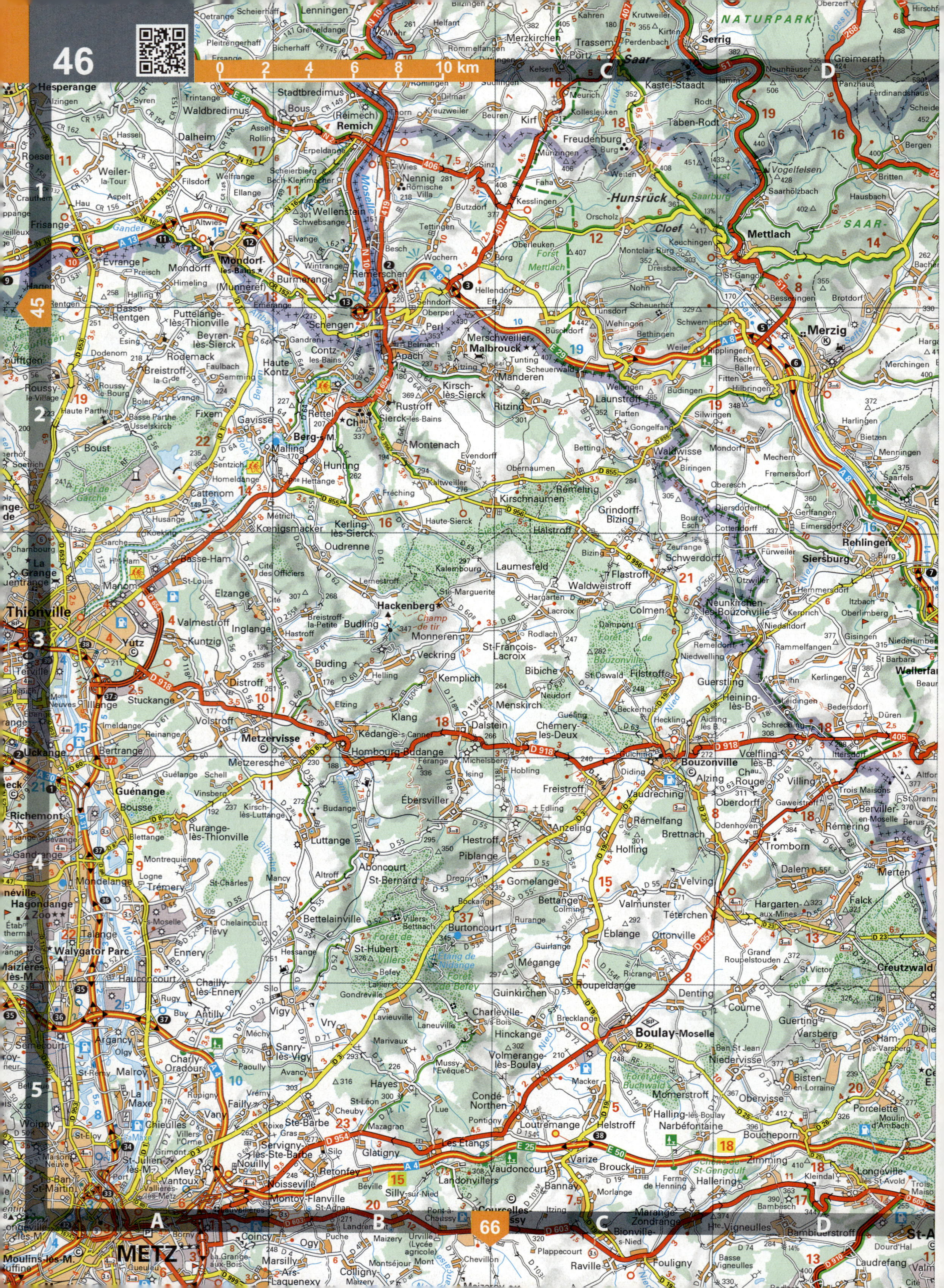

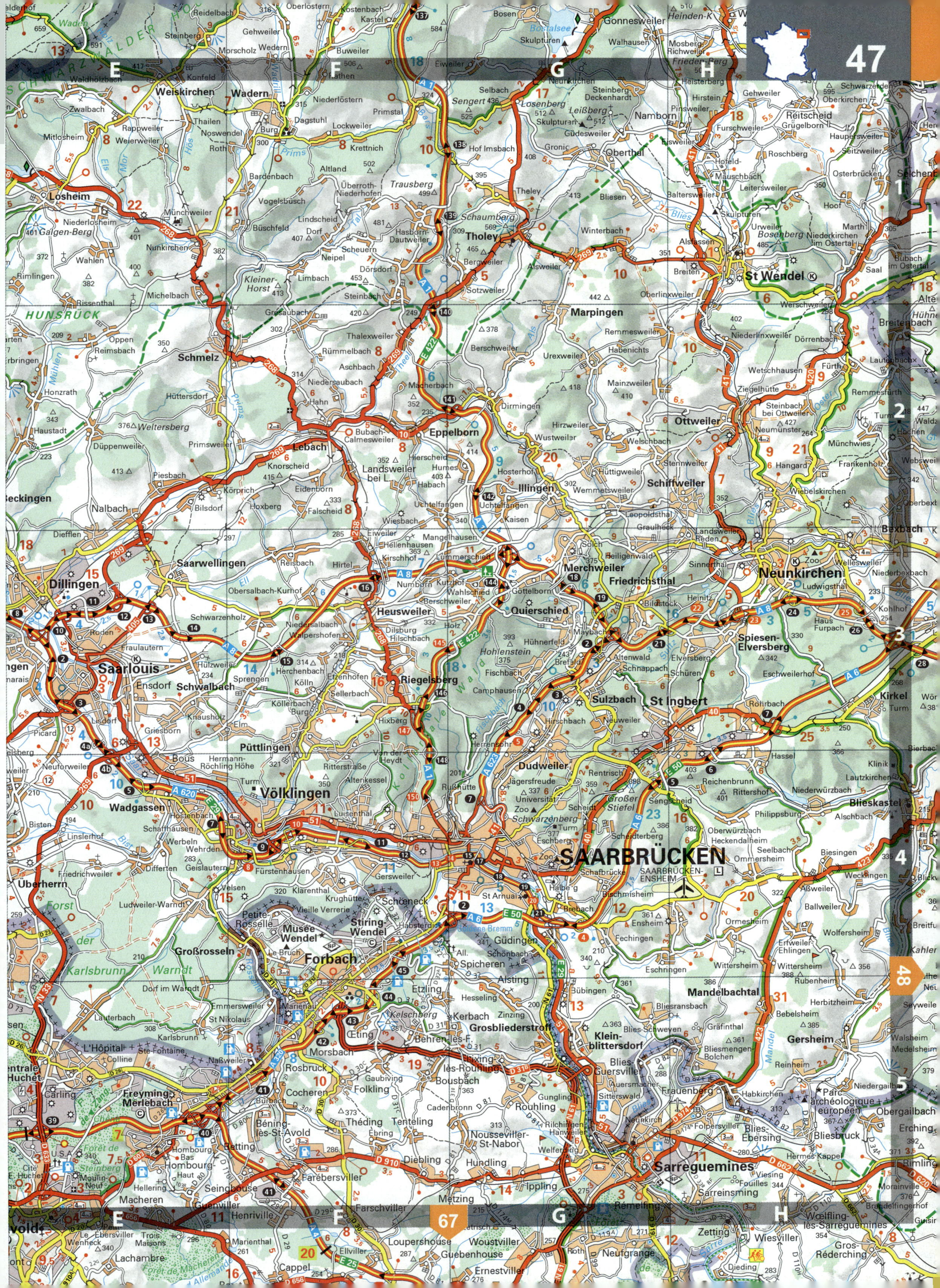

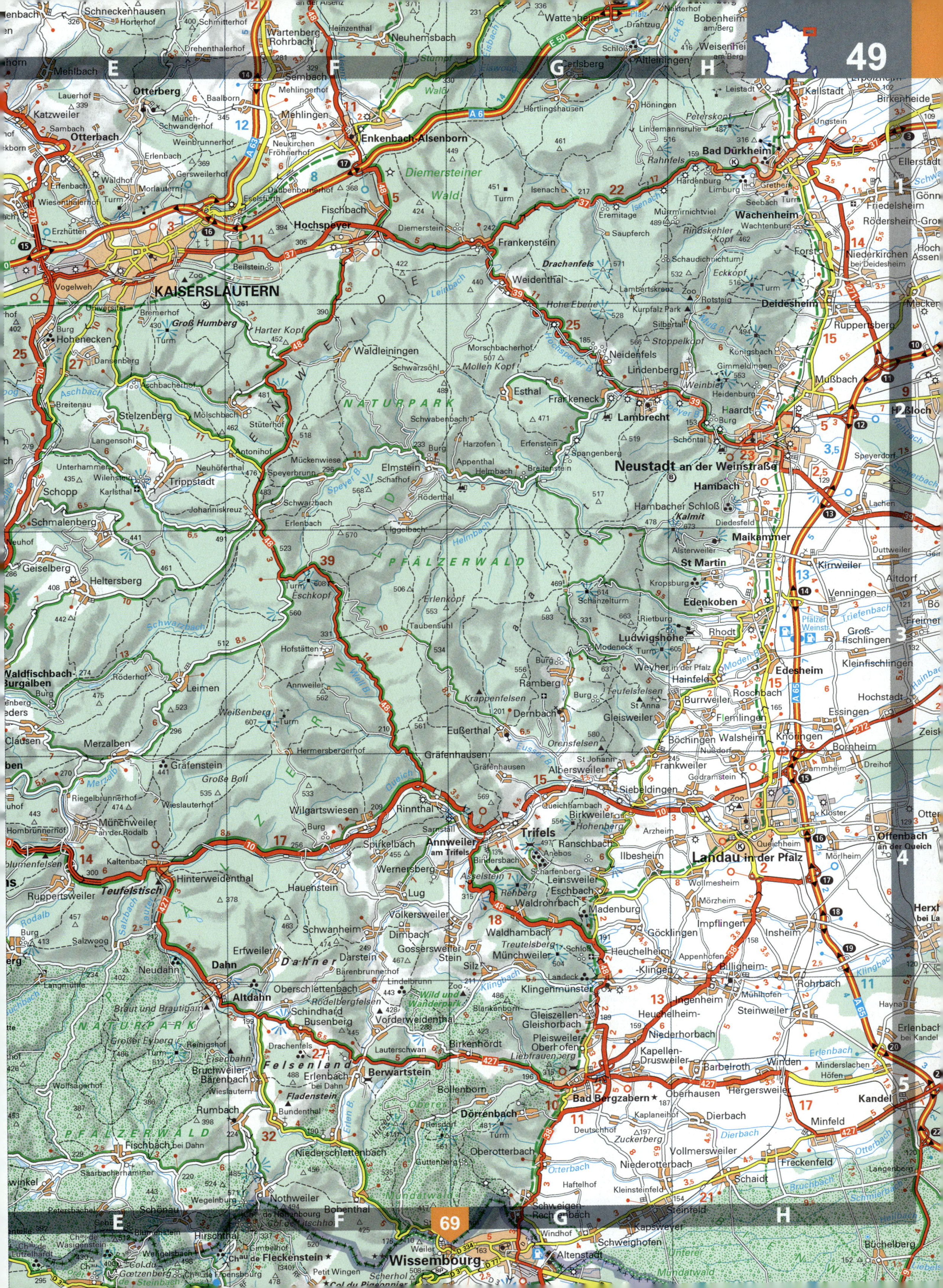

50
0 2 4 6 8 10 km
C
D
1
2
Chenal
Grd Romont
Grande Île
Île Long
★ Île
3
CÔTE   D'ÉMERAUDE
La Pierre de Herp
Cap Fréhel ★★★
Pte du Grouin
4
Pte du Meinga
Les Tintiaux
Île Du Guesclin
Îles des Landes
Les Haies de la Conchée
Le Verger
Port-Mer
Basse-Cancale
La Guimorais
Port-Briac
Rothéneuf
Rochers sculptés
Fort la Latte ★★
Le Lupin
Le Ht Pays
St-Jouan
Îles des Rimains
Île de Cézembre
Pte de la Varde
La Maré
Pointe de la Chaîne
La Latte
Roche-Lossoye
Le Minihic
St-Vincent
Pointe du Hock
Plévenon
St-Géran
Le Grd Jardin
St-Malo
St-Coulomb
Cancale ★
Île Harbour
St-Ideuc
Pointe de St-Cast ★★
Passage du Décollé
Paramé
St-Gué
La Croix-Desilles
Le Meurtel
L'Isle
Pte de la Garde Guérin
Pte du Décollé ★★
DINARD
Grd Bé
La Croix Blanche
Les Portes Rouges
La Ville-Norme
Île Agot
Plage du Port-Hue
St-Lunaire ★
St-Enogat
La Massuère
La Coudre
La Baillie
St-Germain
Notre-Dame de la Garde ★★
Île Ébihens
La Fosse
Fourberie
La Buzardière
Terrelabouët
St-Cast-le-Guildo ★
La Chapelle
Plage du Pont
La Ville-Agan
Grand-Frotu
St-Méloir-des-Ondes
Trecaradeuc
Pen-Guen
Pte du Cheyet
St-Briac-s-Mer ★
Pte de la Vicomté ★★
La Roche
Blessin
Plébou...
La Cour
La Chesnay
Lancieux
La Ville Nizan
St-Servan-s-M. ★
Grd Aquarium ★★
La Gouesnière
Malignon
L'Hôpital
Quatre Vaux
Plage du Rougeret
La Prévotais
La Ville-aux-Monniers
La Richardais
Usine marémotrice
Le Bos
Château-Malo
Magdelène
La Chapelle-de-la-Lande
Vildé-la-Marine
St-Gâllery
La Croix aux-Merles
Ste-Brigitte
St-Jacut-de-la-Mer ★
Biord
La Métrie
Montmarin
La Jouvente
La Passagère
La Quémière
Hirel
Le Vivier-s-Mer
Les Mauffries
La Brousse
Jaguel
Pierres Sonnantes
Beaussais
La Ruais
St-Jouan-des-Guérets
St-Père
Bonaban
La Fresnais
Mirlange
La Guéhairie
La Hauguemarais
N-D du Guildo
Ville-Brien
Le Guildo
Ploubalay
Kergoat
Pleurtuit
Le Minihic-s-Rance
St-George
Les Quatre Croix
La Pigassière
Le Roblin
Les Turmeaux
St-Pôtan
La Ville-Robert
St-Pierre
Pont-Arson
Villou
Trégondé
St-Suliac
St-Guinoux
La Saudraie
Créhen
(Beaussais-s-Mer)
Trémereuc
79
Langrolay-sur-Rance
Mont Garrot
Châteauneuf-d'Ille-et-Vilaine
Le Havre
Lillemer
Le Fédeuil
Le Clos-Noël
La Rougerais
St-Lormel
Port Cornou
La Rocharderais
La Gretay
Les Bagais
La Motte
La Mare
L'Angle
Mesnil-des-Aulnays
Dol-de-Bretagne
Rompaie
Pluduno
Ville-Oger
Le Chesnay
Trébéfou
Le Gray
La Ville ès Nonais
Plerguer
La Ville Oreux
La Ville Beuve
Plessix-Balisson
La Croix Janet
La Rouxière
Pleslin-Trigavou
Les Chiennais
Roz-Landrieux
A
B
C
D

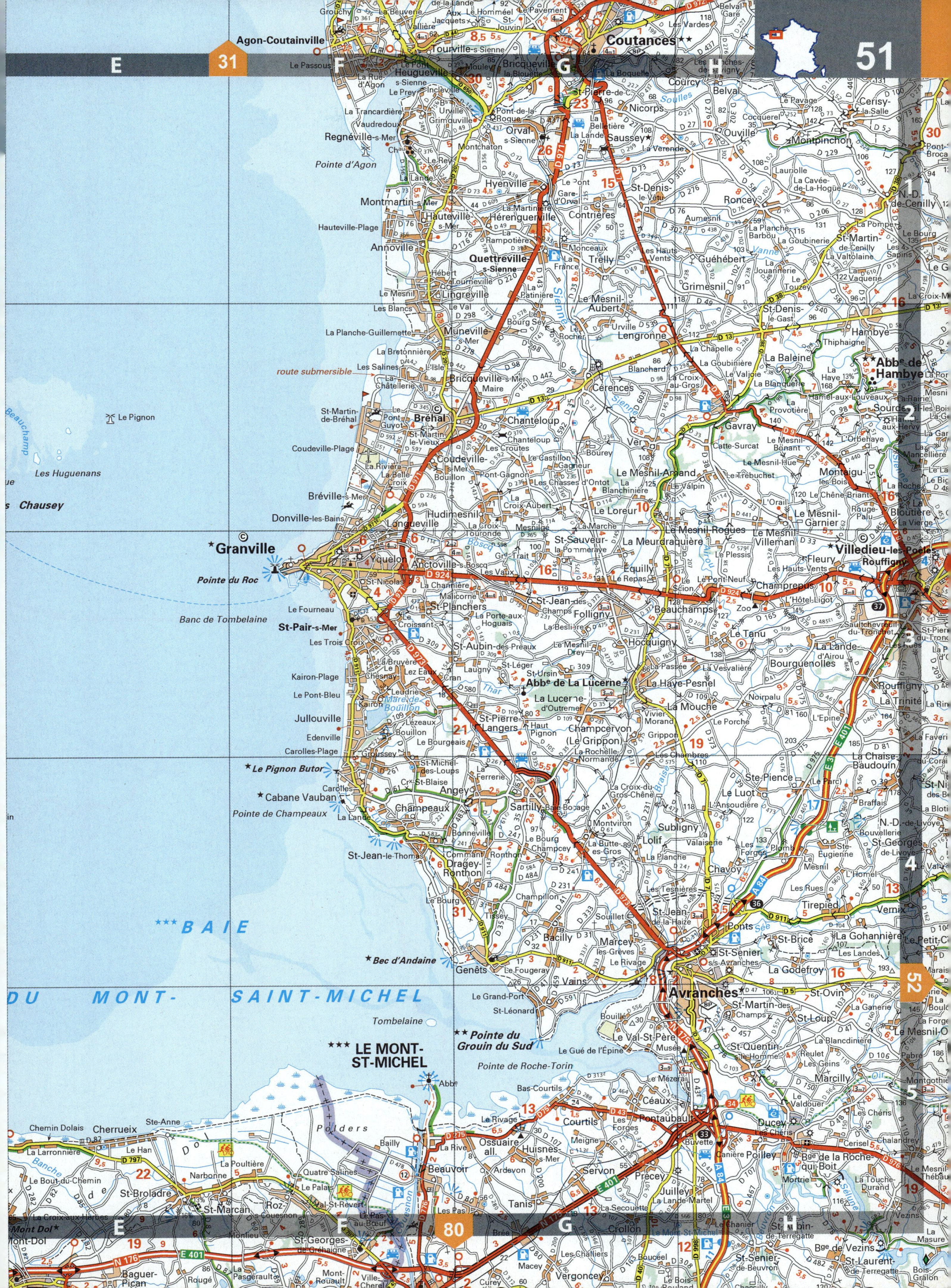

Villers-Bocage
Parfouru-s-Odon
Landes-s-Ajon
Amayé-s-Orne
Maizet
Clinchamps-s-Orne
Fontenay-le-Marmion
Garcelles-Secqueville
Épinay-s-Odon
Vacognes-Neuilly
Ste-Honorine-du-Fay
E
33
F
G
H
Maisoncelles-Pelvey
Longvillers
Maisoncelles-s-Ajon
Préaux-Bocage
Trois-Monts
Mutrécy
Fresney-le-Puceux
Cintheaux
St-Sylvain
Fierville-Bray
St-Georges-d'Aunay
Bauquay
Le Mesnil-au-Grain
Courvaudon
Montigny
Gouppillières
Grimbosq
Boulon
Bretteville-s-Laize
Gouvix
Cauvicourt
Aunay-s-Odon
Les Moutiers-en-Cinglais
Urville
Bretteville-le-Rabet
Soignolles
Condé-s-Ifs
Ouffières
Grainville-Langannerie
Estrées-la-Campagne
Maizières
Roucamps
Boucle du Hom
Espins
Fresney-le-Vieux
Barbery
Croisilles
Thury-Harcourt
St-Germain-le-Vasson
Ouilly-le-Tesson
Assy
Rouvres
Mont d'Ancre
Cesny-Bois-Halbout
Moulines
Campandré-Valcongrain
Mont Pinçon
Acqueville
Placy
Mesnil
Soumont-St-Quentin
Tournebu
Le Plessis-Grimoult
Esson
Donnay
Potigny
Brèche au Diable
Olendon
Bons-Tassilly
Cauville
Culey-le-Patry
Combray
Martainville
Ussy
St-Lambert
Angoville
Villers-Canivet
Soulangy
Pain de Sucre
St-Omer
Bonnœil
St-Pierre-Canivet
Périgny
St-Rémy
Mont du Père
St-Pierre-la-Vieille
Clécy
Le Vey
St-Germain-Langot
Aubigny
Versainville
Lassy
La Villette
Pierrefitte-en-Cinglais
St-Vigor-des-Mézerets
Rochers des Parcs
Hommeraye
Leffard
Martigny-s-l'Ante
Eraines
Pontécoulant
Crête de la Fuverie
Cossesseville
Tréprel
Noron-l'Abbaye
La Rocque
Le Bô
Pierrepont
Falaise
Proussy
St-Denis-de-Méré
Pont-d'Ouilly
Le Mesnil-Jacquet
La Hoguette
Pontécoulant
Les Loges-Saulces
Fourneaux-le-Val
St-Martin-de-Mieux
St-Pierre-du-Bû
Condé-s-Noireau
Cahan
Le Détroit
Vassy
Berjou
Ménil-Hubert-s-Orne
Le Mesnil-Villement
Rapilly
Cordey
Les Isles-Bardel
Ménil-Vin
St-Pierre-du-Regard
St-Philbert-s-Orne
La Bardellière
Moncly
Roche d'Oëtre
Ménil-Hermei
Ste-Honorine-la-Chardonne
Gorges de St-Aubert
Neuvy-au-Houlme
Rouffigny
La Lande-St-Siméon
Bazoches-au-Houlme
Caligny
Athis-Val-de-Rouvre
Rabodanges
Cerisy-Belle-Étoile
Champcerie
Mont de Cerisy
N.-D.-du-Rocher
Aubusson
St-Georges-des-Groseillers
Ste-Honorine-la-Guillaume
Habloville
La Lande-Patry
Le Repas
Putanges-le-Lac
Landisacq
Flers
Landigou
Durcet
Ste-Opportune
Craménil
Ménil-Gondouin
Montgaroult
St-Paul
La Selle-la-Forge
Échalou
Ménil-Glaise
Chanu
La Chapelle-Biche
St-André-de-Briouze
La Chapelle-au-Moine
Messei
Bellou-en-Houlme
Briouze
St-Hilaire-de-Briouze
Les Yveteaux
St-Ouen-sur-Maire
54
Forêt de Halouze
St-André-de-Messei
Pointel
La Lande-de-Lougé
Lougé-sur-Maire
St-Clair-de-Halouze
Le Châtellier
Saires-la-Verrerie
Le Ménil-de-Briouze
Montreuil-au-Houlme
St-Brice-sous-Rânes
Banvou
La Ferrière-aux-Étangs
Lignou
Faverolles
Bois de Rânes
Mont Brûlé
Lonlay-le-Tesson
Rânes
Les Forges
La Coulonche
Mont d'Hère
St-Bômer-les-Forges
Dompierre
La Sauvagère
Le Grais
St-Georges-d'Annebecq
Ste-Marie-la-Robert
Champsecret
82
Beauvais
St-Martin-l'Aiguillon
Domfront-en-Poiraie
La Ferté-Macé
Ste-Marguerite-de-Carrouges

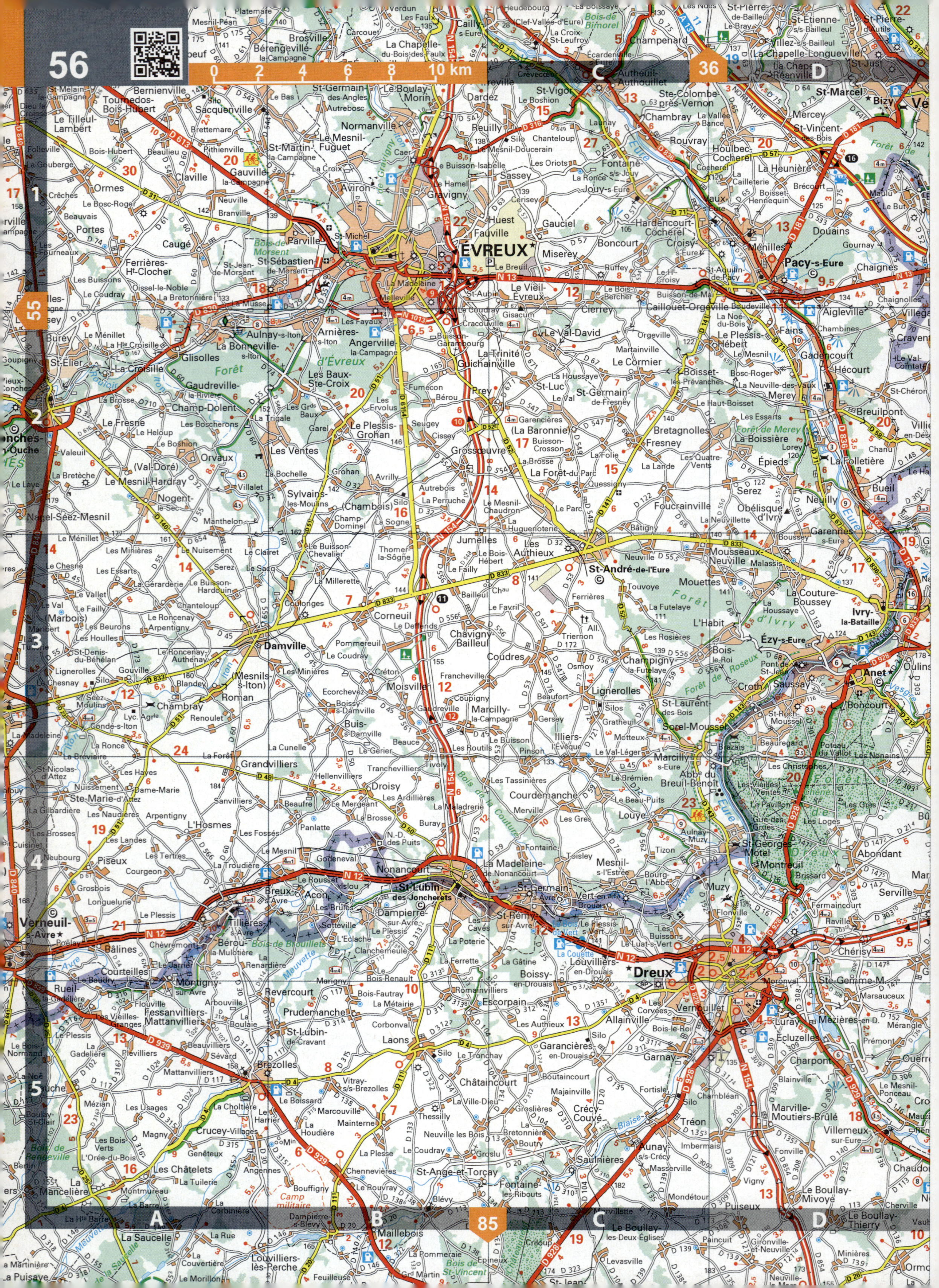

56
36
85
55
ÉVREUX
Pacy-s-Eure
Dreux
Verneuil-sur-Avre
Anet
Damville
St-André-de-l'Eure
Ivry-la-Bataille
Nonancourt
St-Lubin-des-Joncherets
Ézy-s-Eure
Forêt d'Évreux
Forêt de Merey
Forêt d'Ivry
Forêt de Roseux
Bois de Bihorel
0 2 4 6 8 10 km

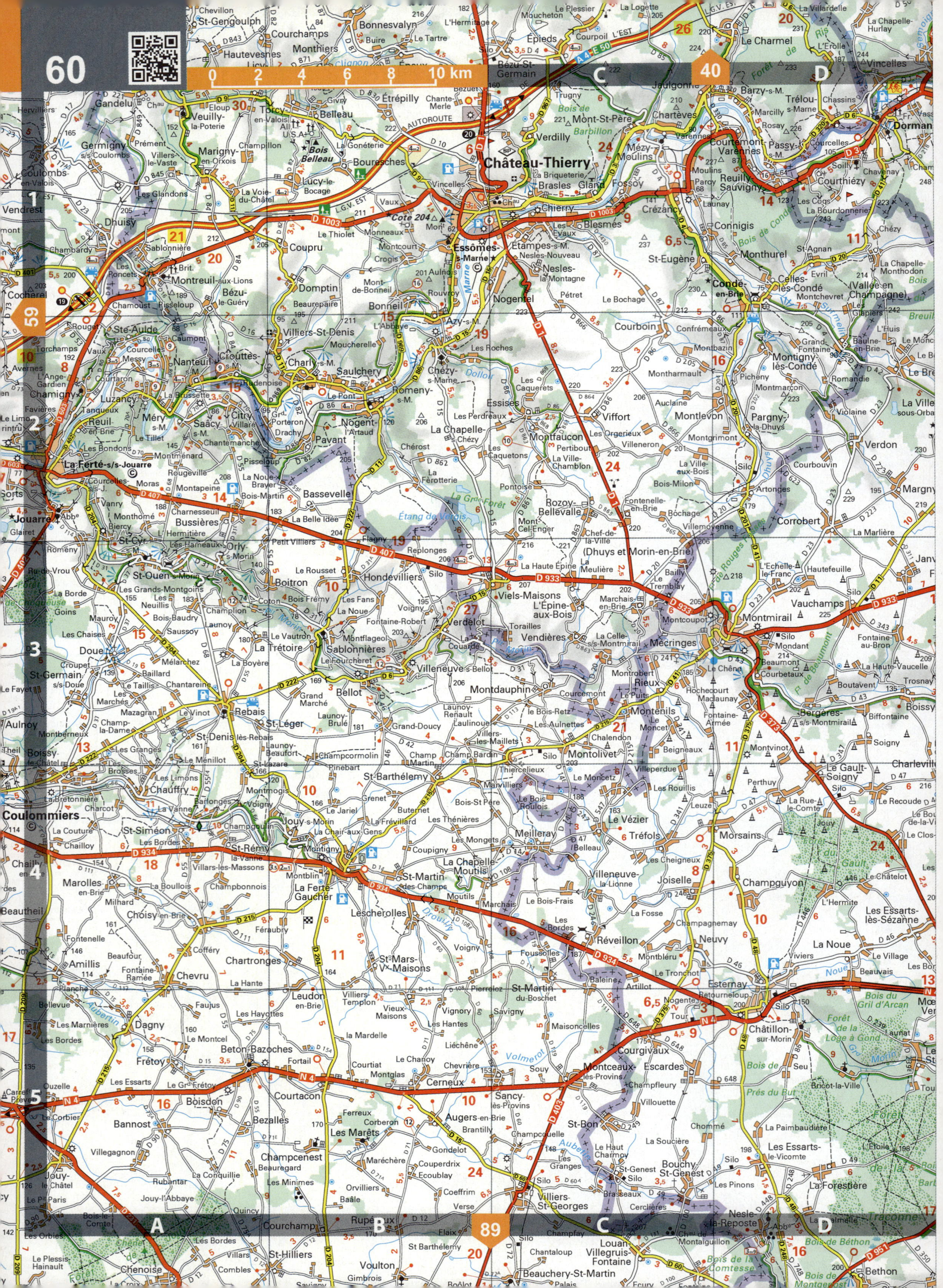

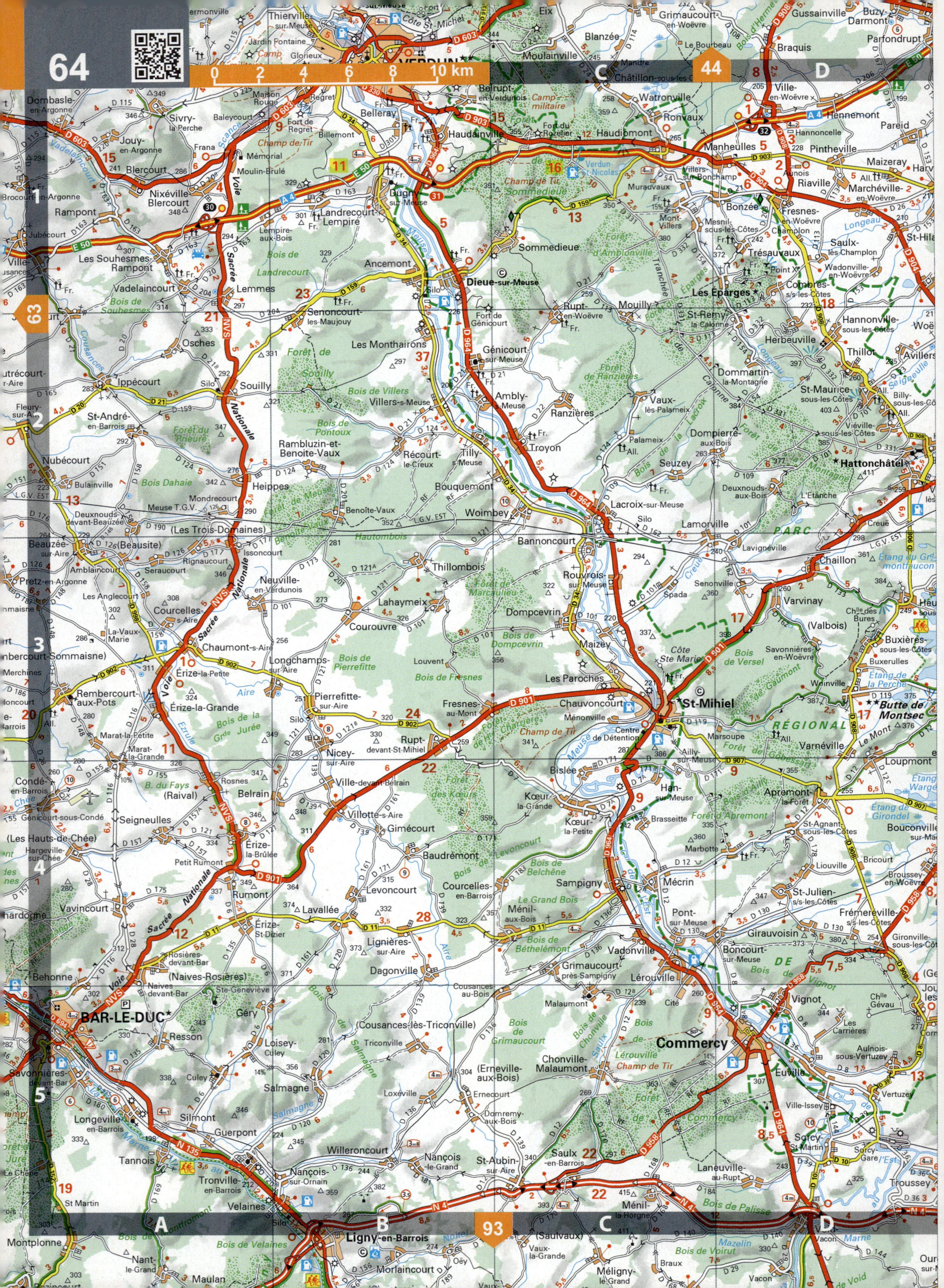

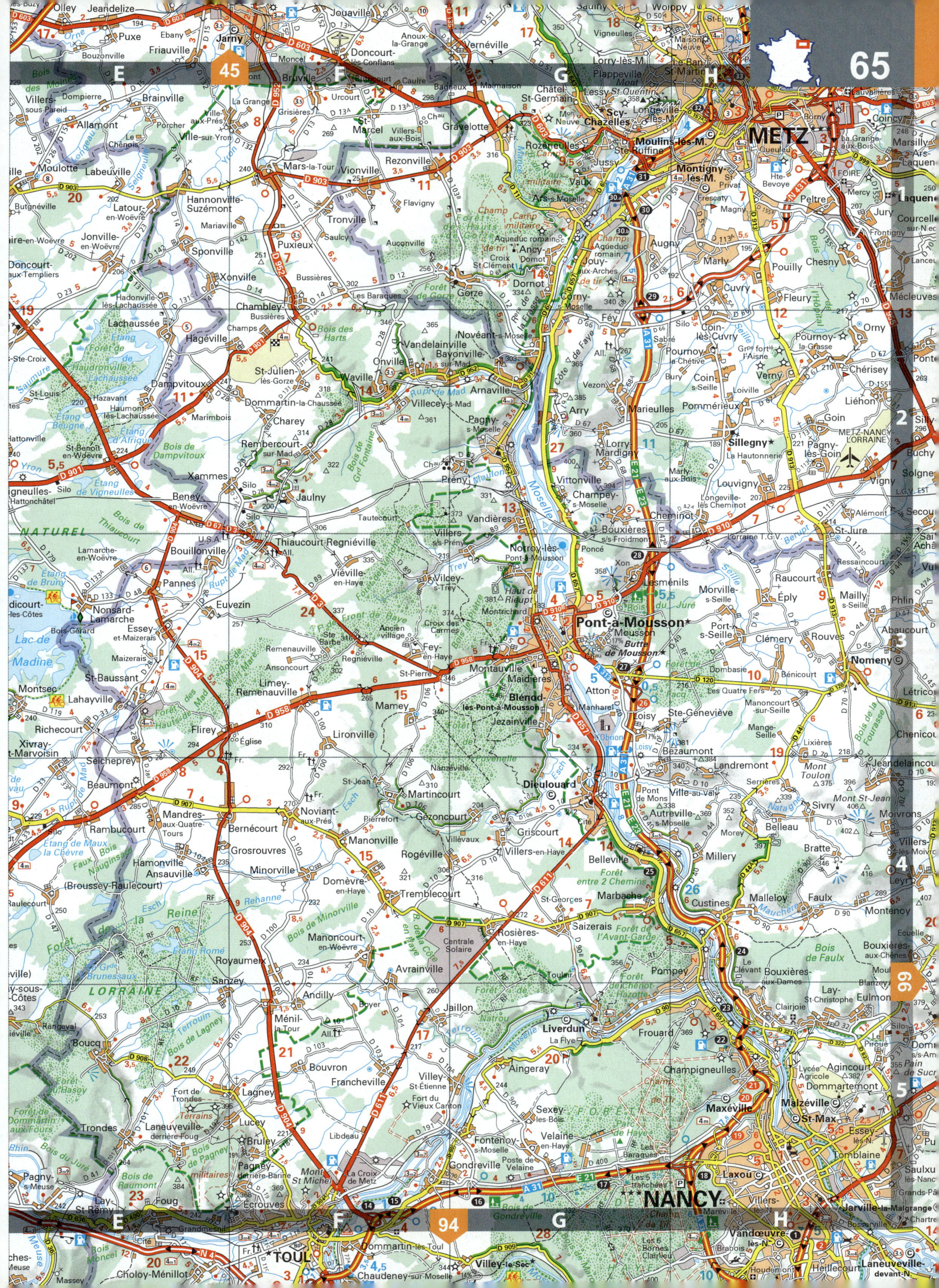

66
46
0 2 4 6 8 10 km
METZ
NANCY
Montigny-lès-M
Moulins-lès-M
Marly
Pouilly
Chesny
Cuvry
Silegny
Pommérieux
Goin
METZ-NANCY-LORRAINE
Pagny-lès-Goin
Vigny
Buchy
Solgne
Secourt
St-Jure
Raucourt
Eply
Mailly-s-Seille
Phlin
Clémery
Rouves
Abaucourt
Nomeny
Bénicourt
Lixières
Létricourt
Jeandelaincourt
Ajoncourt
Bey-sur-Seille
Bioncourt
Attilloncourt
Pettoncourt
Château-Salins
Morville-lès-Vic
Vic-sur-Seille
Moyenvic
Marsal
Laquenexy
Courcelles-Chaussy
Faulquemont
St-Avold
Bambiderstroff
Laudrefang
Longéville-lès-St-Avold
Zimming
Pange
Rémilly
Herny
Vatimont
Holacourt
Delme
Château-Bréhain
Morhange
Baronville
Destry
Vannecourt
Château-Voué
Dédeling
Obreck
Gerbécourt
Amelécourt
Salonnes
Lezey
Xanrey
Juvelize
Bezange-la-Grande
Arracourt
Bathelémont
Parroy
Bures
Coincourt
Réchicourt-la-Petite
Valhey
Einville-au-Jard
Raville
Hénaménil
Bauzemont
Serres
Drouville
Courbesseaux
Réméréville
Hoéville
Velaine-s/Amezule
Champenoux
Erbéviller-sur-Amezule
Laneuvelotte
Seichamps
Cerville
Pulnoy
St-Max
Malzéville
Maxéville
Laxou
Tomblaine
Saulxures-lès-Nancy
Jarville-la-Malgrange
Vandœuvre-lès-N
Heillecourt
Laneuveville-devant-N
Houdemont
Fléville
Art-s-Meurthe
Varangéville
Saint-Nicolas
Dombasle
Rosières-aux-Salines
Crévic
Maixe

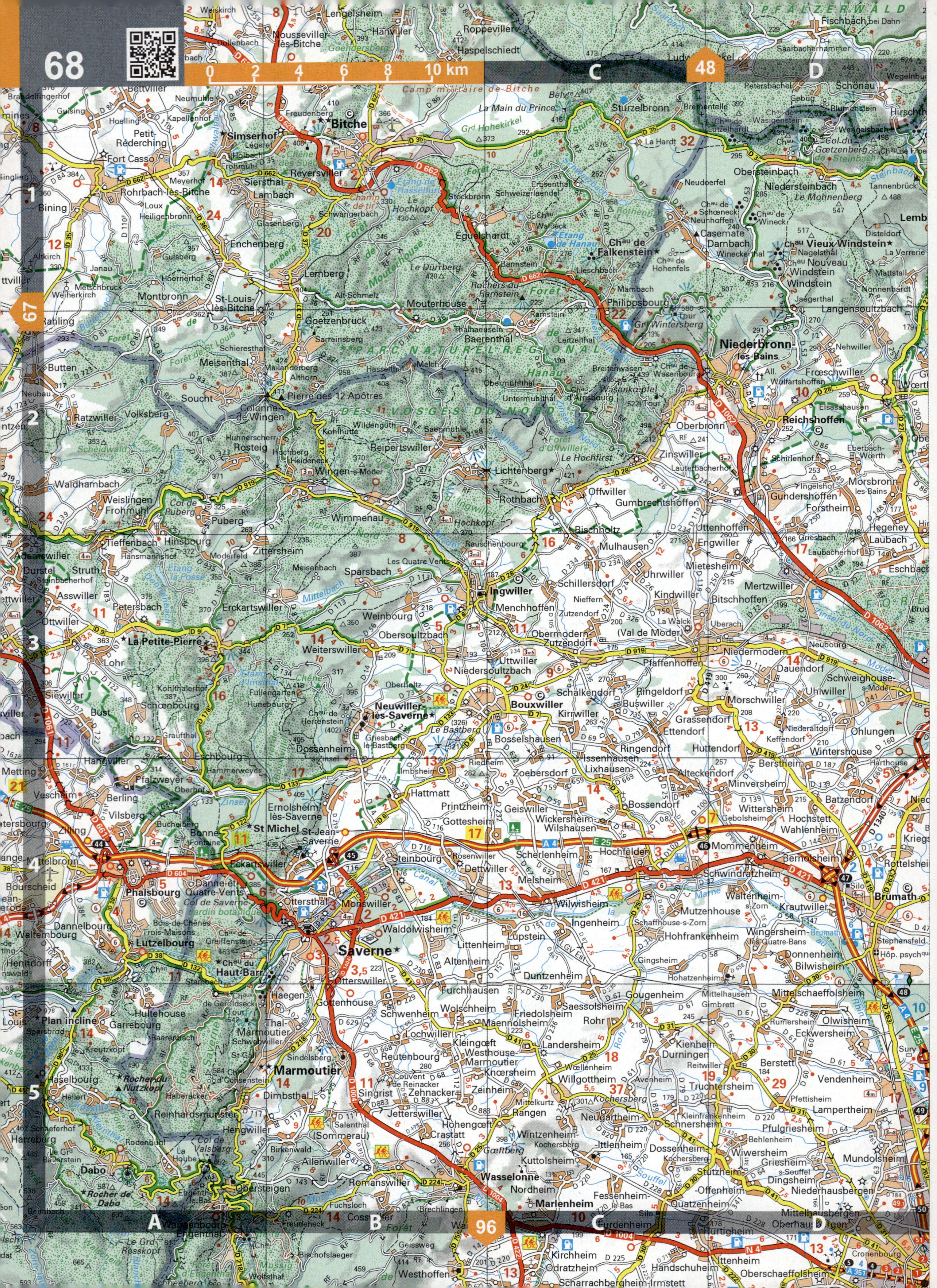

71
E F G H
Brignogan-Plages
Plage des Chardons Bleus
Plage du Lividic
Plouénour-
Brignogan-plages
Trez de Goulven
Grève des Dunes
Goulven
Tréflez
Plounévez-Lochrist
Lesneven
Trégarantec
St-Méen
Kérilien
Plougar
Trémagon
St-Derrien
Bodilis
St-Servais
Landivisiau
La Roche-Maurice
Landerneau
Ploudiry
La Martyre
St-Antoine
Plouédern
Lanneuffret
Plouescat
Cléder
Sibiril
Tronjoly
Kérouzéré
St-Maudez
Plounéventer
St-Vougay
Kerjean
Lanhouarneau
Plouzévédé
Berven
Trézilidé
Tréflaouénan
Ste-Catherine
Mespaul
Plougoulm
St-Pol-de-Léon
Santec
Île de Sieck
an Annec
Théven-Kerbrat
Bougourouan
Moguériec
Dossen
Roscoff
Île-de-Batz
Le Ru
Trou du Serpent
Chapelle Ste-Anne
Jardin exotique
Pnte de Perharidy
Le Pouldu
L'Aber
Jardin exotique
Kerderné
Kersaint
Croissant-de-Plougoulm
Kersaliou
Keragon
Keradennec
Rocher Ste-Anne
Pempoul
Kernevez
La Madeleine
Île Callot
Route submersible
Chaise du Curé
Baie de Morlaix
Pnte de Diben
Le Diben
Rochers
Primel-
Plougasn
St-Samson
Carantec
Cairn de Barnenez
Rade de Morlaix
Pnte de Pen-al-Lann
Henvic
Taulé
Penzé
Locquénolé
St-Martin-des-Champs
Morlaix
Pleyber-Christ
St-Thégonnec
Loc-Eguiner
Lampaul-Guimiliau
Guimiliau
Ste-Sève
Guiclan
72
Plouvorn
Lambader
Plougourvest
Trézilidé
Flouénan
Plouzoc'h
Moulin-Neuf
Forêt de Lannuzouarn
Trébabu
Plougoumelen
1
2
3
4
5
75 76

72
0 2 4 6 8 10 km
A B C D
71
Île Rouzic
Île Plate
Île Malban
Île aux Moines
Île Bono
Les Sept Îles
(Réserve naturelle)
Rose
Granit
Le Four
Île St-Gildas
Île Illiec
Île Renote
Pnte de Squéouel
Rochers
St-Guirec
Île Tomé
Rochers
Ploumanach
Port-Blanc
Buguélès
Trégastel-Plage
PERROS-GUIREC
Le Royau
Trestel
Pellin
Sémaphore
Ste-Anne
Trestraou
Côte
de
Côte
Bretonne
La Clarté
Kerguntuil
Port-l'Épine
Kériec
Trévou-Tréguignec
St-Guénolé
Île Grande
Landrellec
Trégastel
Pnte du Château
Trélévern
Nantouar
Penn
Île Aganton
Penvern
St-Samson
Louannec
Ker-Ham
Menhir
Cité des télécoms
St-Quay
Perros
Kervoasdoué
St-Nicolas
Le Castel
St-Uzec
Guéradur
Mabilies
Camlez
Île Milliau
Planétarium
Barac'h
Kermaria-Sulard
Trébeurden
Pleumeur-Bodou
Kerduel
Le Rhu
Cruguil
Petit Camp
Coatréven
Pnte de Bihit
Porz Mabo
Servel
Le Rusquet
Ploulec'h
La Ville-Blanche
Trézény
Lochrist
Côte
des
Bruyères
Baie de Lannion
Pnte de Dourvin
Beg Léguer
Loguivy-lès-L.
LANNION
Kerivon
St-Dogmel
Lanmérin
La Roche Derrien
Pointe de Primel
Rochers
Pnte de Séhar
Le Yaudet
Locquémeau
Bel-Air
Hospez
Kervosquer
Quemperven
Primel-Trégastel
Pointe Run Glas
Christ
Ploulech
St-Herbot
Pont-Keriel
Buhulien
Lanvézéac
Le Cosquer
Quatre-
Ste-Barbe
Pointe de Beg-an-Fry
Trédrez
Locquémeau
Kéruel
Caouënnec-Lanvézéac
Berhet
Plougasnou
Marc'h Sammet
Les Sables Blancs
Pointe de Locquirec
Kéranglas
Ploubezre
Confort
St-Jean-du-Doigt
Moulin de la Rive
Locquirec
Pnte de Beg-ar-forn
Pnte de Plestin
Kerblat
Cinq Croix
Kerfons
Château de Tonquédec
Poul-Rodou
St-Michel en-Grève
La Lande
Cavan
Guimaëc
N.D. de la Joie
St-Efflam
Ploumilliau
Kergrist
Tonquédec
Prat
Plouezoc'h
Poul-an-Héry
Grd Rocher
Coatascorn
Kerauzern
Lanmeur
Le Hellès
Tréduder
St-Sébastien
Lanascol
Kéraudy
Coatreven
Run
Kernalégan
Crec'h-Allain
St-Antoine
Pen Ar Guer
Pont-Menou
Coat-ar-Sal
Plouzélambre
Kervern
St-Idunet
Trézélan
Croissant
Ste-Anne
St-Jagut
St-Yves
Bernantec
Pluzunet
Bégard
St-André
Le Bois-de-la-Roche
Plouégat-Guérand
Lézormel
Rosanbo
Lanvellec
Les Sept-Saints
Loc
Guénézan
Armor
Parc d'a
Garlan
Kermouster
Trébriand
Plufur
Plouaret
Botlézan
Ste-Geneviève
Kerozar
Ste Anne
Lanleya
Trémel
St-Maurice
Le Vieux Marché
St-Éloi
Quinquis
Trévou
Pédernec
Morlaix
Kerlécun
Lescoat
Encrémer
Usell
Trudujou
Plouégat-Moysan
La Gare
St-Carré
Trinité
Trégrom
St-Conéry
Lorette
Maudez
La Chapelle-du-Mûr
Luzivilly
Le Ponthou
Roche de Kiriou
Plounérin
Beg-ar-C'hra
Loguivy-Plougras
Manaty
Ménez-Bré
St-Efflam
St-Hervé
St-Fiacre
Rosampoul
Kerstrad
Pen-Ar-Parc-Hir
Keramanac'h
Plounévez-Moëdec
Locmaria
Louargat
Gollot
Plourin-lès-Morlaix
Étang du Moulin Neuf
Ar-Réchou
Porz an Park
La Vieille Côte
Belle-Isle-en-Terre
Loc-Envel
Tréglamus
Le Cloître
St-Thégonnec
Coadon
Guerguiniou
St-Maudez
Coat-Guégan
Guernalin
Plougonven
Botsorhel
Christ
Guerlesquin
Kerroué
Loguivy-Plougras
Forêt de Coat-an-Hay
Gurunhuel
Lannéanou
Plougras
Goatilan
Kerguelven
Panfourby
Quélern
Keranguéven
Croix Joncourt
Loc-Envel
St-Théophile
Kerariou
Forêt de Beffou
Scalon
Forêt de Beffou
Gloan
Penmergués
Launay
Coat-ar-Herno
Les Avrégan
Beffou
Plougonver
Kerambuan
Dourdu
Kerambellec

73
E F G H
Pointe du Château
Le Gouffre
Pors-Bugalez
Pors-Hir
Îles d'Er
Anse de
Pors Scaff
Créac'h
Maout
Québo
Lanéros
Île Maudez
Le Rosédo
Le Paon
Plougrescant
Île Loaven
Larmor-
Pleubian
Sémaphore
St-Michel
Île de Bréhat
Gouermel
Plage
Le Roudour
Kermagen
Port-Béni
Le Bourg
Kergrec'h
L'Île
à la Poule
Pleubian
St-Antoine
Phare de
la Croix
Île
Béniguet
Île Logodec
St-Gonéry
Kerbors
Lanmodez
Pors-Guyon
Quatre
Vents
Le Launay
Kermassac'h
Pommelin
Port-Clos
Grève du
Guerzido
Keralio
La Roche
Jaune
Bellevue
Kerdalec
Kermouster
Île à Bois
Pointe de l'Arcouest
Plouguiel
Pleumeur
Gautier
Le Bodic
Loguivy-
de-la-Mer
L'Arcouest
Launay
Côte
La Bilo
Jardins
de Kerdalo
Le Bot
Le Guiler
Lannevez
Perros-Hamon
Roches du Roho
Tréguier
Trédarzec
Kermenguy
Ploubazlanec
Kerloury
Kerroc'h
Pors-Éven
Île St-Riom
Minihy-T.
St-Nicolas
La Croix-Neuve
Lézardrieux
École de
Trieux
Kérity
Paimpol
Île Lemenez
Mez de Goëlo
Langazou
Camarel
Plouez
Tour
de Paimpol
Ste-Anne
Pouldouran
Pleudaniel
Abbé de
Beauport
Pointe de Bilfot
Anse
Troguéry
Pors-
Lec'h
Lancerf
Ste-Barbe
Port-Lazo
L'Armorizel
Pointe de Minard
Henggat
Lanceff
Plourivo
Ruclé
Vieux-Bourg
St-Riom
Pommerit-
Jaudy
Kerléau
Bourg
Blanc
Plouezec
Pointe Berjule
La Roche-Jagu
Kergorlay
St-Jean
Kerfot
Barafot
Leun-ar-Lan
Pors Pin
Le Taureau
Ploëzal
Kerguen
Fenhoat
Kermaria
St-Paul
La Madeleine
Bréhec-en-Plouha
Pabu
Briantel
Yvias
Danot
Pointe de la Tour
Kerrot
Penlan
Quemper-
Guézennec
Tumulus
Petit-
St-Loup
Lanloup
Plage Bonaparte
Runan
Pontrieux
Kervic
La Noë-Verte
Port-Moguer
Plouëc-
du-Trieux
La Corderie
Kervorgan
Temple
La Trinité
Pléhédel
Port-Goret
Brélidy
La Belle-Église
Le Faouët
Lanleff
Chile
La Trinité
Pnte de Plouha
St-Clet
Le Cabaret
St-Jacques
Kermaria
D 786
Kerouziel
Le Palus-Plage
Port-Goret
Kerrien
Kerouzever
Kergrist
Tréméven
Kergresquen
Plouha
Pnte du Bec de Vir
Île Harbour
Landebaëron
Clérin
St-Gilles
les-Bois
Kérognan
St-Laurent
Lanneber
Pludual
St-Yves
Roches
de St-Quay
St-Laurent
Kerhon
Gommenec'h
Liscorno
Trévérec
Croix
Kérizel
Tréveneuc
Pnte de St-Quay
Squiffiec
Le Restmeur
Pommerit-
le-Vicomte
Lanvollon
Nonen
Pléguien
Beaugouyen
Froideville
St-Quay-
Portrieux
Kermoroc'h
Rangaré
Coat-Aroa
Kerbellec
Le Roha
St-Barnabe
Le Moulin
N.-D. de l'Espérance
Trégonneau
La Croix Blanche
Kerbellec
Plourhan
Étables-sur-Mer
Le Vieux-Poirier
Paradis
St-Yves
Les Godelins
Étables-s-Mer
Kermarc
Kerfolgoat
La Croix
Pierre
Tressignaux
Catroual
Tréguicel
Lantic
St-Roch
Plouisy
Kerhre
Kerlan
La Ribeté
Prido
Binic
Pnte de la Rognouze
Runévarec
Pabu
St-Patern
La Grandville
Trévenais
Graces
St-Jean
St-Agathon
Le Merzer
Bringolo
Zoo de
Trégomeur
Les
Courtil ens
La Corderie
Ste-Marguerite
Guingamp
Le Traou
Goudelin
St-Quay
Le Vaudic
Pnte de Pordic
Kernilien
Malaunay
La Ville-Chevalier
La Ville
Louais
Plouagat
Piélo
Trégomeur
Trémélan
Pordic
Tournemine
Les Rosaires
Ploumagoar
Châtelaudren
L'Isle
St-Éloi
Rocher des Tablettes
Danouët
Lautremen
St-Blaise
St-Nicolas
Goëlo
St-Mathurin
Les Rampes
Martin-Plage
St-Hernin
Kerguiniou
St-Brigitte
Plouagat
La Ville-Agan
St-Laurent-
de-la-Mer
Coadout
Lanrodec
Le Sépulcre
Péri
Sous-la-Tour
Cesson
Réserve
Groas
Prigent
Kerguillerm
Resmarec
Ville-Pie
Les
Mines
Plérin
Le Vallet
Cesson
St-Adrien
Kerbaëlen
Goudemail
Kerhamon
Seignaux
Plerneuf
Trémuson
St-Hervé
Hillic
Avaugour
La Croix
des Maisons
Pont-
Camp
Plouvara
La Méaugon
St-Ilan

74
0 2 4 6 8 10 km
Roches d'Arz
Pointe de Landunvez
St-Samson
Bar-ar-Lan
Straat Vëur
Portsall
Chenal
Kerlanou
Kerlannou
Ploudalmézeau
70
C
10
D
St-Gonvel
Île d'Iock
Landunvez
St-Roch
Kernevez
Le Four
Argenton
Keroustat
Kergastel
14
D 717
Presqu'île St-Laurent
Porspoder
Kerstan
Plourin
13
Larret
St-Roch
Kergadiou
Coulouduarn
Tre
Les Liniou
Île Melon
Melon
Pen-an-Dref
15
Lanildut
Brélès
15
Kergroadès
Lanrivoaré
Rocher du Crapaud
Porscave
Brescanvel
Lanvenec
Kéranflech
Grève de Gouérou
Lampaul-Plouarzel
Erragmagnan
St-Eloi
Keramaze
Lokornou-Vian
Porspaul
2,5
9,5
Pointe de Cadoran
Île de Keller
Trézien
Trézien
Plouarzel
Kervéatoux
St-Re
Côte sauvage
Stiff
Pnte de Bac'haol
Ruscumunoc
Kerloas
Lamber
Ty
Niou-Uhella
Porz Yusin
Frugullou
Kergadou
Baie du Stiff
Porsmoguer
Kerouzien
Cohars
Pont L'Hôpital
Langongar
Bac'h
Penn-Arlan
Mèn-Korn
Kervadézec
D 67
Le Bon
Loqueltas
ÎLE D'OUESSANT
Grève de Porsmoguer
Kernornou
Ploumoguer
Lédénès de Molène
Illien
Kerzévéon
vidic
Lampaul
Feunteun Velen
Porsguen
Pointe de Pen-ar-Roc'h
Kéréon
Petit Port
Île-Molène
Plage des Blancs Sablons
13
Lanfeust
16
Moguérou
Kerscao
Plouzané
Perr
Pointe de Porz Doun
PARC
Passage du Fromveur
Île de Bannec
Île de Balanec
Les Trois Pierres
Lédénès de Quéménès
Kergounan
St-Sébastien
La Jument
La Helle
Le Faix
Chenal de la Helle
Fromveur
L'Ilette
Grande-Vinotière
Gosmeur
Kerfili
Locmaria-Plouzané
la Trinité
NATUREL
Les Pierres Vertes
Île de Trielin
Île de Quéménès
Île de Lytiry
Île de Morgol
Pnte de Kermorvan
Le Conquet
Trébabu
Berbouguis
Les Serroux
RÉGIONAL
Île de Béniguet
Pnte des Renards
Plage de Porsliogan
Lochrist
Kérinou
D 789
Porsmilin
Trez-Hir
Frégana
Kersaiauh
Pointe de Corsen
Les Plâtresses
Île Ségal
Les Pierres Noires
Kervouroc
Pointe de St-Mathieu
Stèles
D 85
Plougonvelin
Anse de Bertheaume
Toulbroc'h
Chaussée des Pierres Noires
St-Mathieu
Abbatiale
Les Vieux Moines
Pointe de Creac'h-Meur
Pointe du Petit Minou
Pointe du Grand Minou
Kervir
Pointe des Capucins
Champ militaire
Goulet
Pointe du Grand Gouin
Anse de Camaret
Notre-D de Roc
La Parquette
Pointe du Toulinguet
Alignements de Lagatjar
Camaret-s-Mer
Varyec'h
3,5
Pointe de Penhir
Les Tas de Pois
PARC
Lannilien
Château de Dinan
Pointe de Dinan
(65)
Lost-M
MER
D'IROISE
Plage de la Pal
Cap de la Chu
Tévennec
Pointe de Brézellec
Pnte de Penharn
Réserve du Cap Sizun
Pointe Lugué
A
Ar Men
PARC
NATUREL
B
98
C
Pointe du Van
D
St-They
Île-de-Sein
RÉGIONAL
la Vieille
Baie des Trépassés
Raz de
Pointe de Castelmeur
Kermeur
Moulin de Kerharo
Goulien
Mescran
Cléden-Cap-Sizun
Lanvourec
Lesven
3 90

78
73
C
D
0 2 4 6 8 10 km
77
Kermaria
Plouha
St-Quay-Portrieux
Étables-sur-Mer
Binic
BAIE DE SAINT-BRIEUC
Erquy
Plage de Caroual
Le Val-André
Pléneuf-Val-André
Pnte du Roselier
ST-BRIEUC
Plérin
Trégueux
Langueux
Yffiniac
Lamballe
Ploufragan
Plaintel
Quintin
Moncontour
Uzel
Forêt de Boquen
Plestan
Lanfains
La Harmoye
Plœuc-L'Hermitage
Plouguenast
Langast
Plessala
A B C D
102

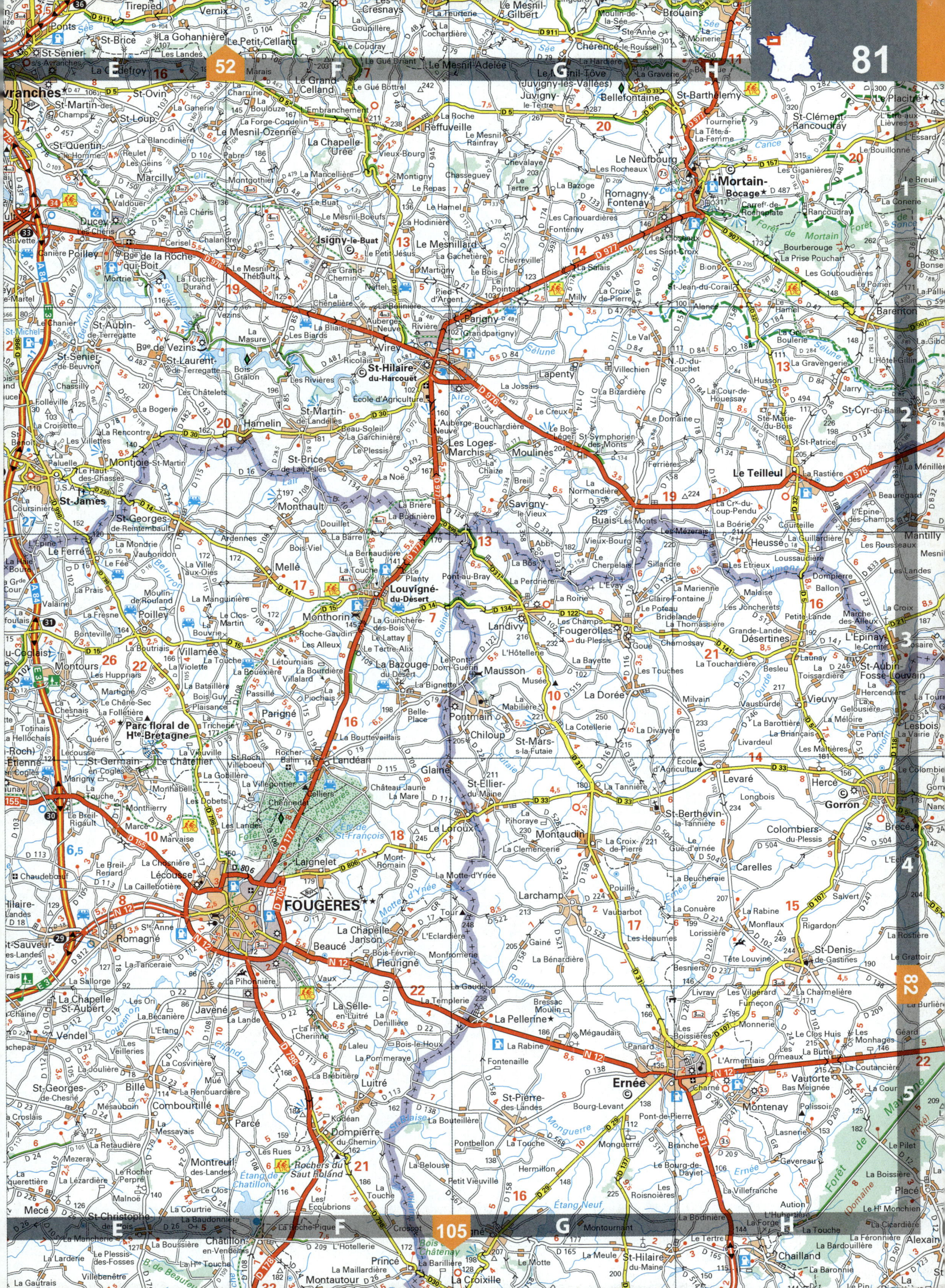

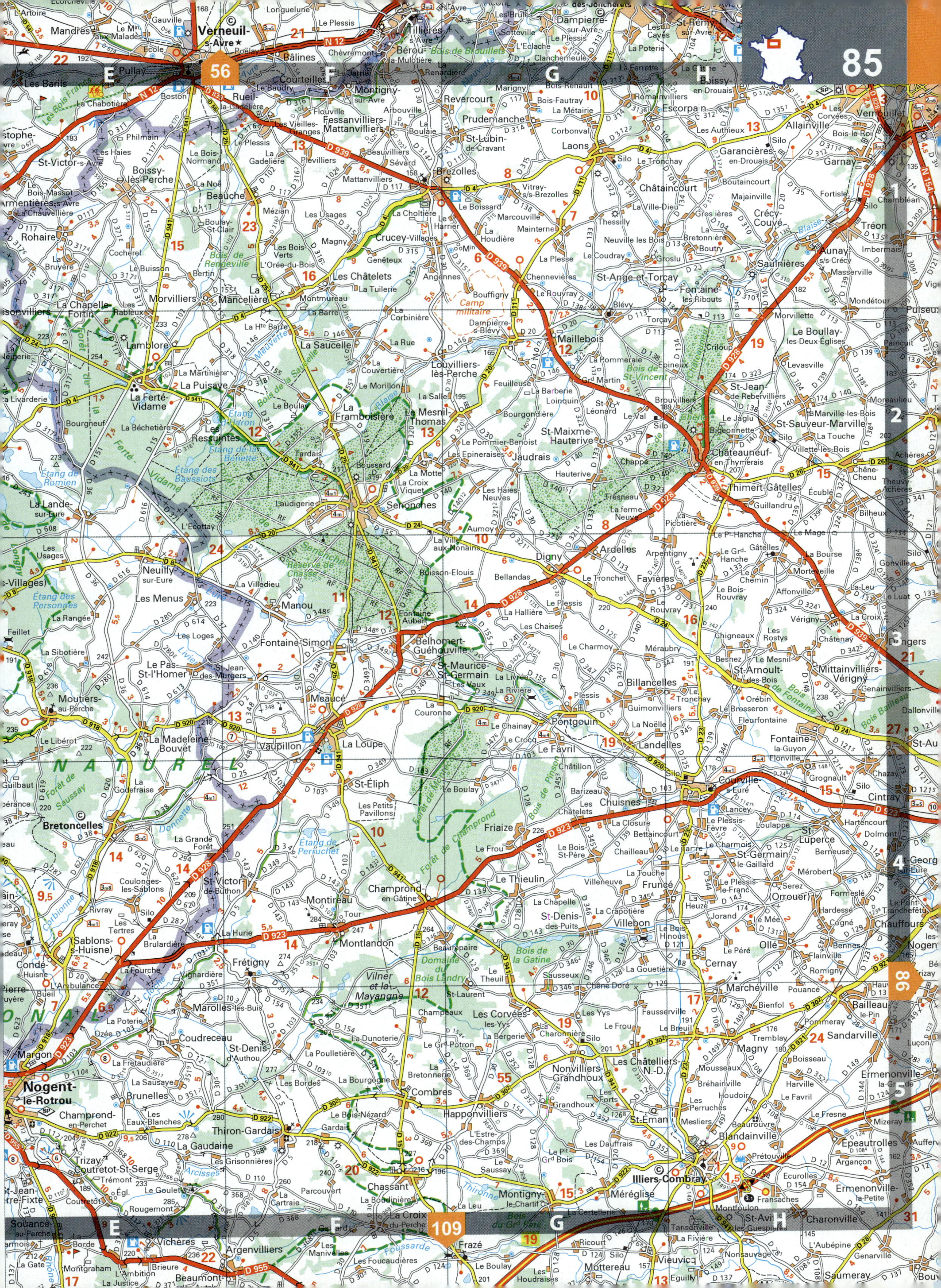

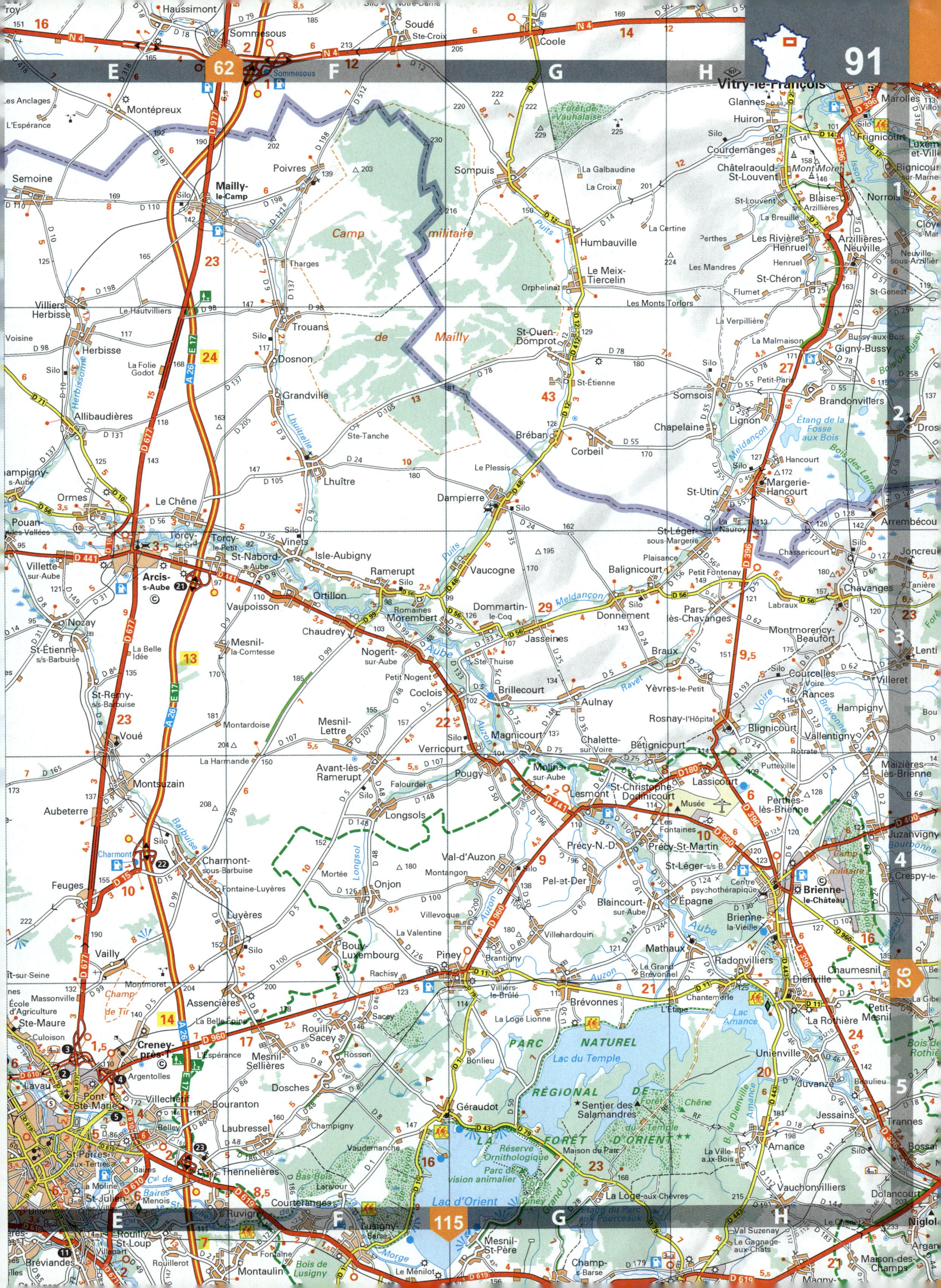

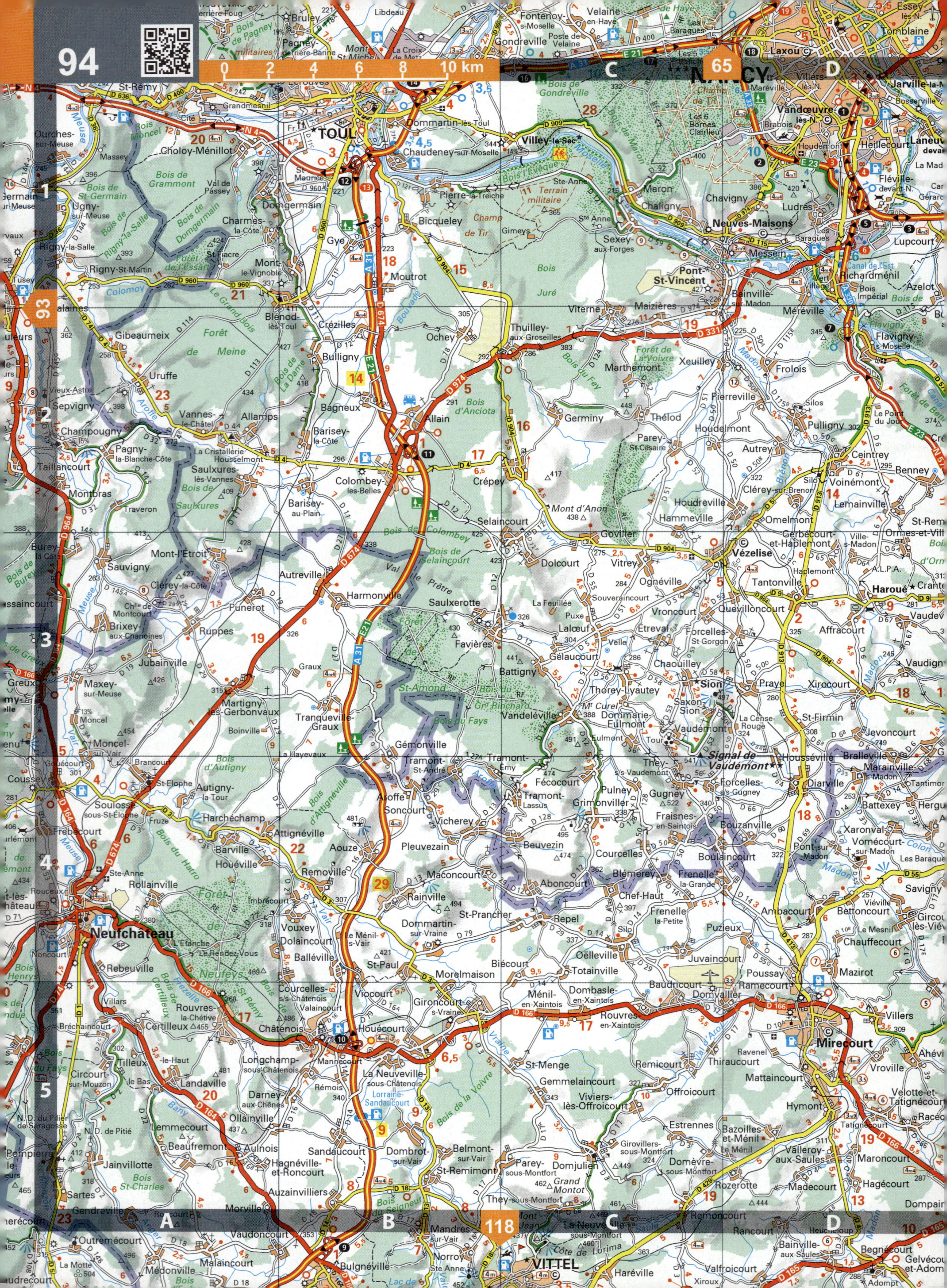

68
F
G
H
97
STRASBOURG
Kehl
Schiltigheim
La Robertsau
Neudorf
Königshoffen
Lingolsheim
Ostwald
Illkirch-Graffenstaden
Eckbolsheim
Oberhausbergen
Mittelhausbergen
Hangenbieten
Holtzheim
STRASBOURG ENTZHEIM INTERNATIONAL
Molsheim
Mutzig
Dorlisheim
Rosheim
Obernai
Barr
Andlau
Mt Ste-Odile
Le Hohwald
Neuntelstein
Sélestat
Ribeauvillé
Kœnigsbourg
St-Hippolyte
Bergheim
Guémar
Marckolsheim
Europa-Park
Rust
Neuried
Schwanau
Herbolzheim
Kenzingen
Willstätt
Schutter
Friesenheim
Dinglingen
Mahlberg
Ettenheim
Wagenstadt
121

98
0 2 4 6 8 10 km
D'IROISE
Plage de la Pal
*Cap de la Che
C
D
1
Pointe
Luguér
*Pointe de
Brézellec
*Réserve du
Cap Sizun
Pnte de
Penharn
△76
Tévennec
** Pointe du Van
Pointe de
Castelmeur
Kermeur
83
Moulin
de Kerharo
△85
90
Lesven
Ar Men
PARC   NATUREL
St-They
3
Mescran
Goulien
Lannourec
M
Ca
RÉGIONAL
Île-de-Sein
18
Cléden-Cap-Sizun
79
Chaussée de Sein
Raz de Sein
D 7
Quilivic
D 43
3
la Vieille
Baie des
Trépassés
71
15%
D 43
Quatre-Vents
D'ARMORIQUE
Sémaphore
Lescoff
St-Tremeur
4,5
** Pointe du Raz
Plogoff
Trevenouen
2,5
Pont des Chats
Port de
Bestrée
2
2,5
D 784
2,5
Landrer
Lézurec
Kéraudier
2,5
Pendreff
56
72
Pointe de
Feunteunod
Penneach
13
Esquibien
2
Pointe de
Custren
Primelin
*St-Tugen
Audierne
Ste-Evette
Poul
50
Anse du Loch
4
Pointe de Lervily
Plage
Pl
2
3
BAIE
4
D'AUDI
5
A   B   C   D

99
75
BAIE DE DOUARNENEZ
Pointe de St-Hernot
Kerdreux
Pointe du Millier
Pointe de la Jument
Pointe de Leydé
Les Sables Blancs
Anse d'Ar-Vechen
Île Tristan
Pointe de Beuzec
Pointe de Talagrip
Pointe de Tréfeuntec
Ste-Anne-la-Palud
Trez-Bellec-Plage
Pentrez-Plage
St-Nic
Ménez Hom
Plomodiern
Lestrevet
Ploéven
Cast
Douarnenez
Tréboul
Ploaré
Poullan-s-Mer
Pouldavid
N.-D. de Kérinec
St-They
Locronan
Le Juch
Plogonnec
Forêt de Nevet
St-Pierre
Quéménéven
Plonévez-Porzay
Kergoat
Landrévarzec
Quilinen
Briec
La Magdeleine
Beuzec-Cap-Sizun
Pors-Piron
Coat-Pin
Confort-Meilars
Mahalon
Pont-Croix
Larrin
Lanfiacre
Pouldergat
Guengat
Ploneis
Gourlizon
Plouhinec
Plozévet
La Trinité
Poul-ar-Marquis
Landudec
Guiler-s-Goyen
QUIMPER
Plogastel-St-Germain
Notre-Dame-des-Grâces
Plonéour-Lanvern
Pouldreuzic
Penhors
Peumerit
Languivoa
Tréogat
Plovan
Plomelin
Étang de Kergalan
Étang de Trunvel
Tréméoc
Combrit
Gouesnach
Bénodet
Plomeur
Pont-l'Abbé
Kérazan
Île-Tudy
Loctudy
N.-D. de Tronoën (Calvaire)
Pointe de la Torche
Plage de Pors-Carn
St-Jean-Trolimon
St-Guénolé
Penmarch
N.-D. de la Joie
St-Pierre
Eckmühl
Pointe de Penmarc'h
Guilvinec
Lechiagat
Treffiagat
Lesconil
Pointe de St-Oual
Palue du Cosquer
Roches de Penmarc'h
Île aux Moutons
Île de Glénan
Côte de Cornouaille
La Forêt-Fouesnant
Fouesnant
Bénodet
E F G H

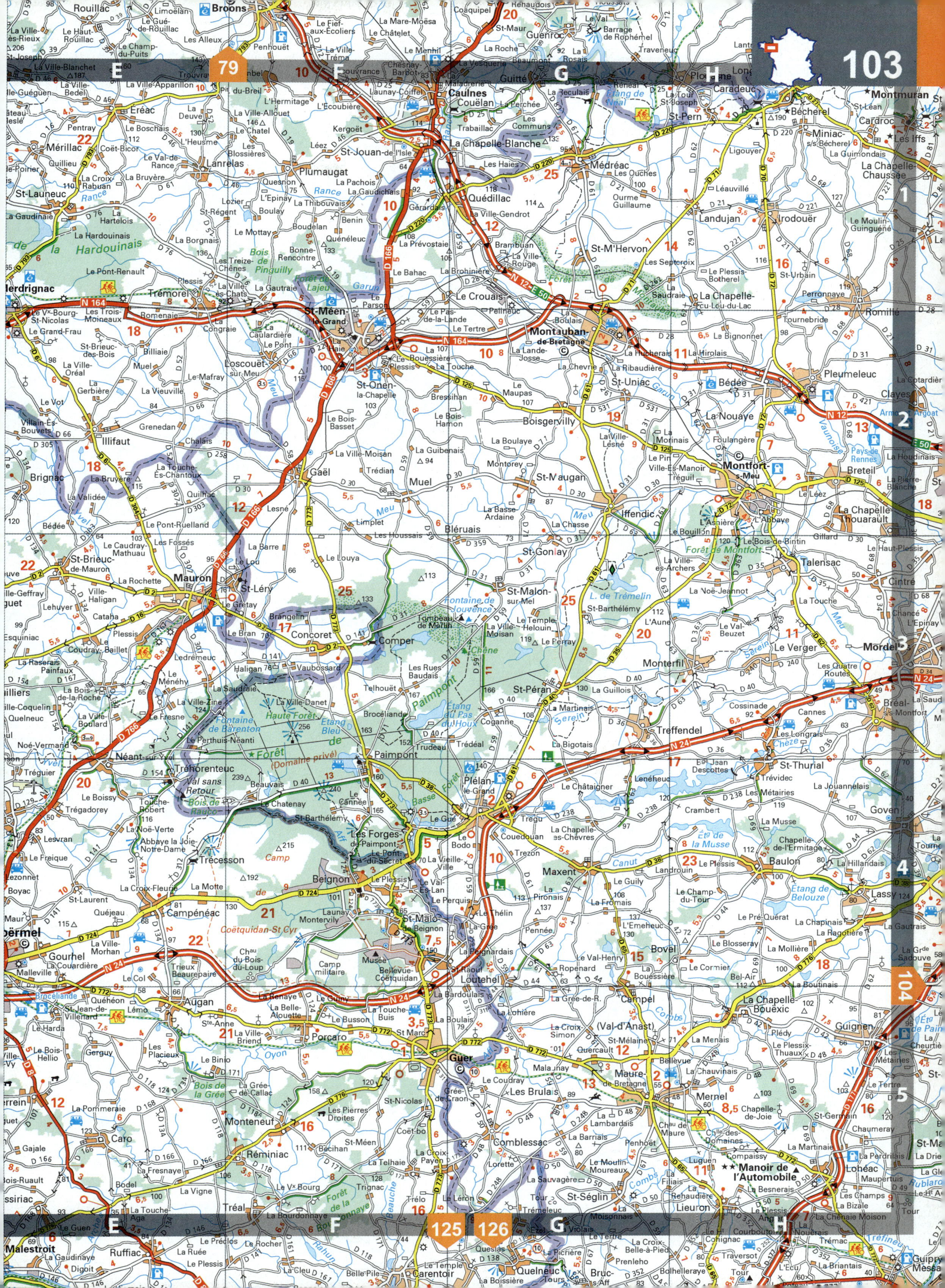

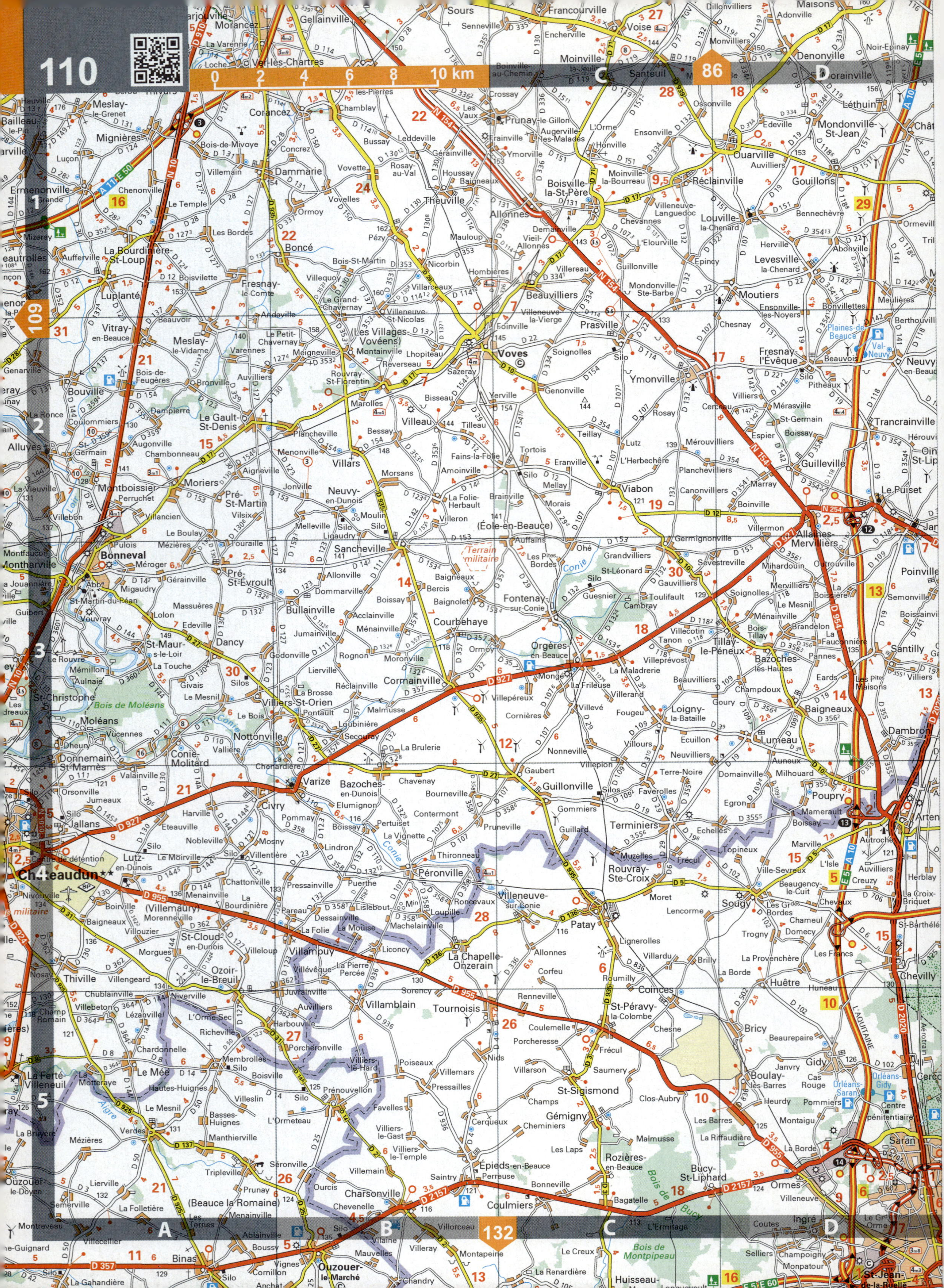

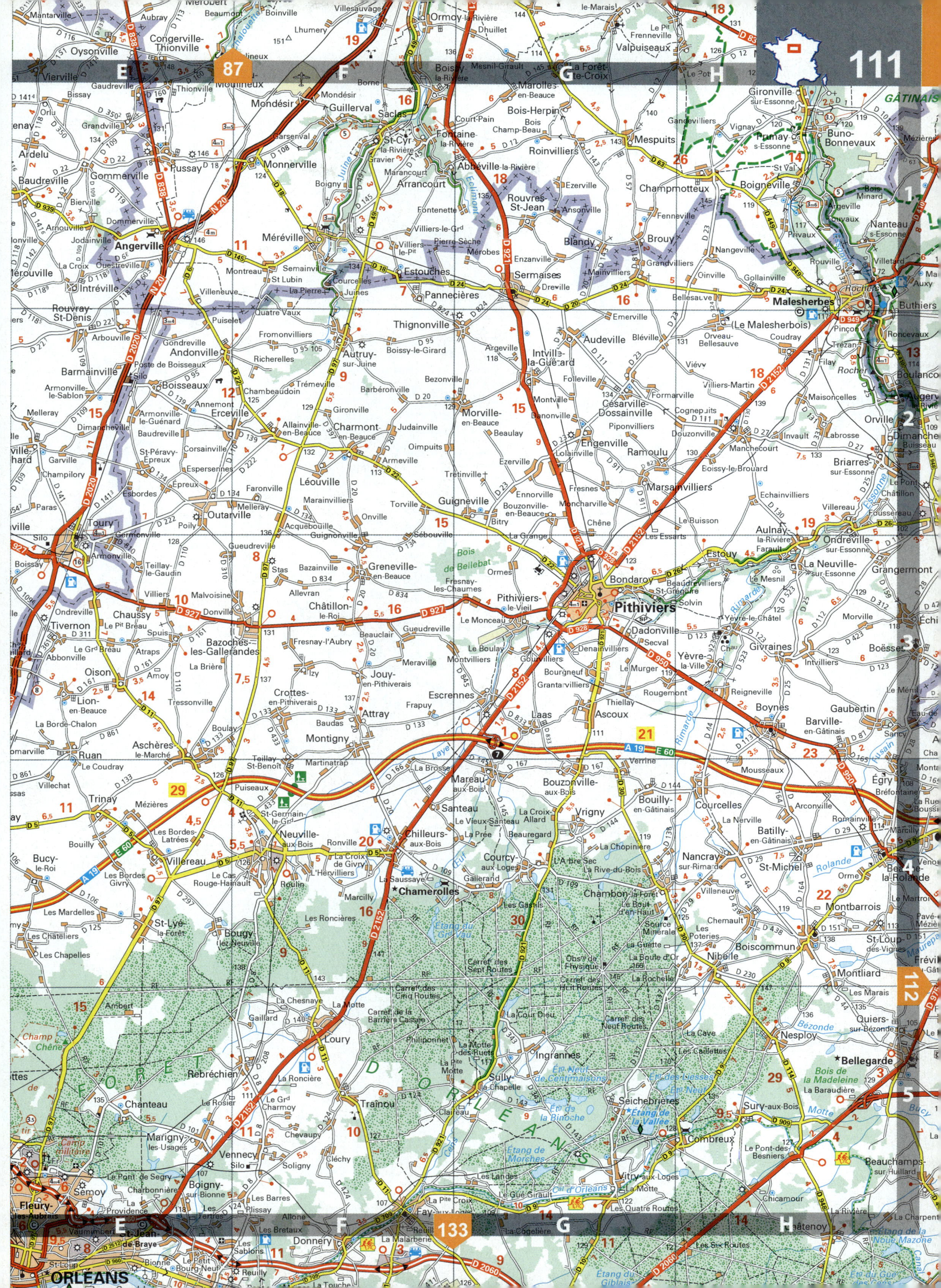

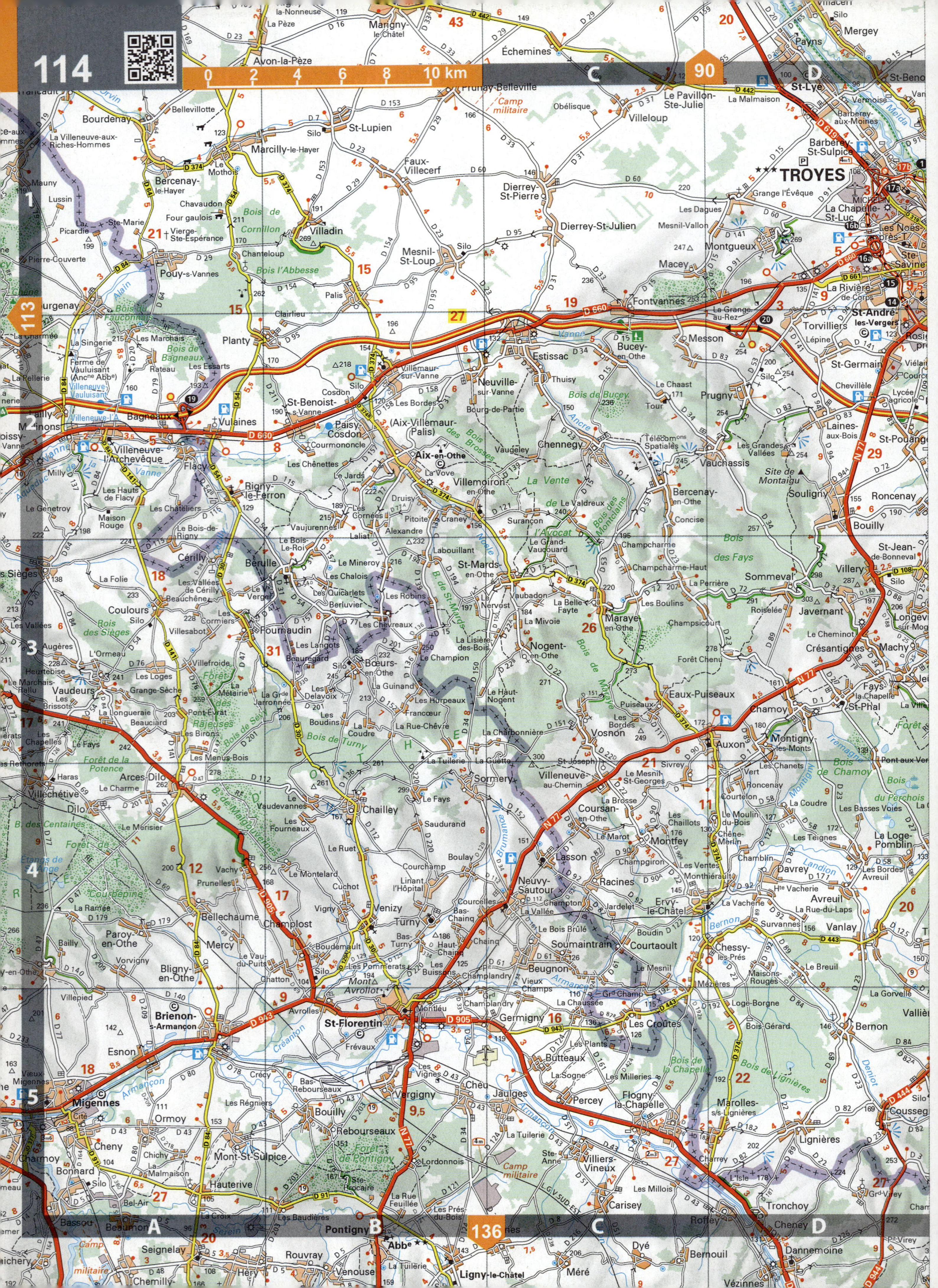

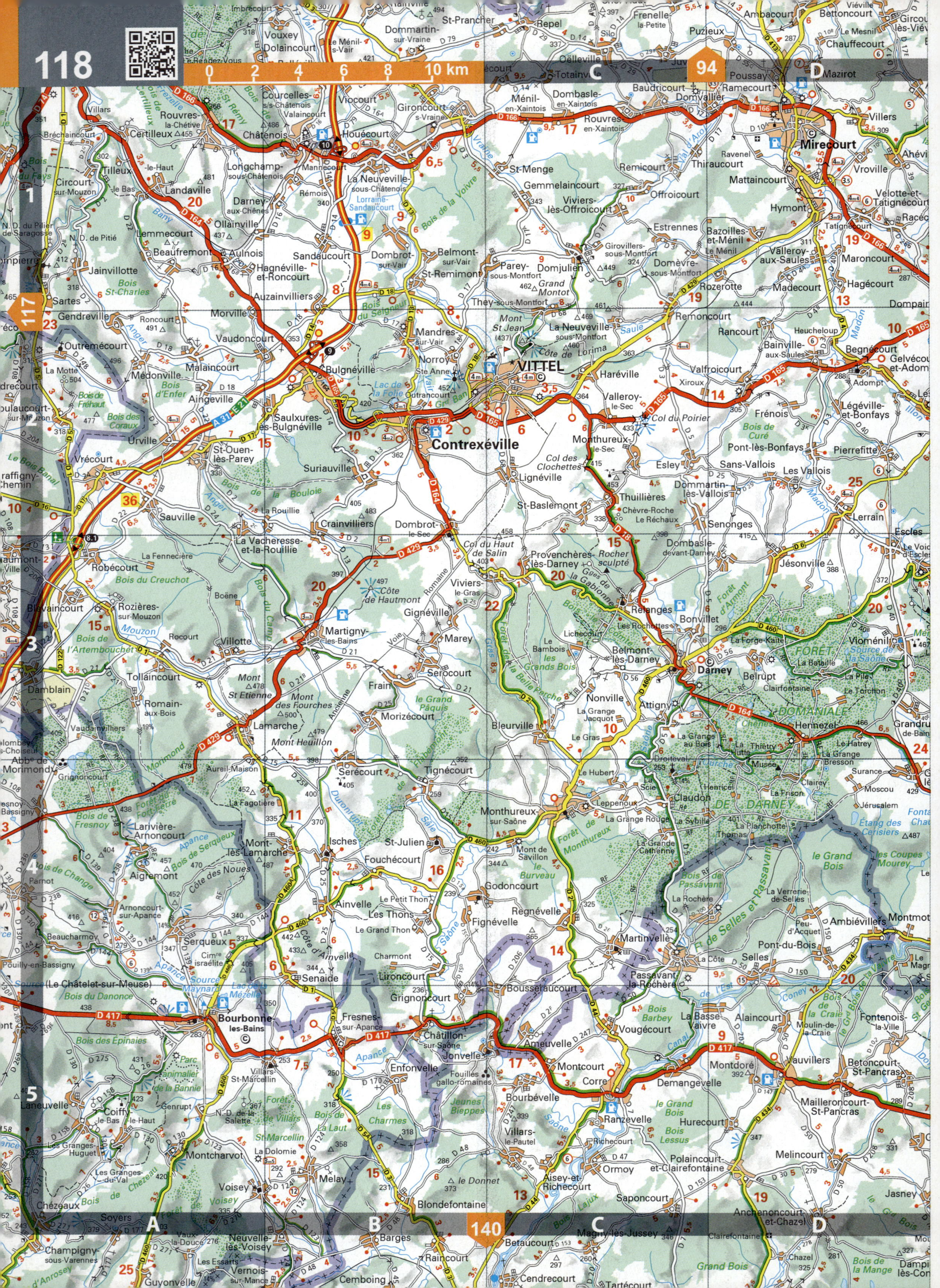

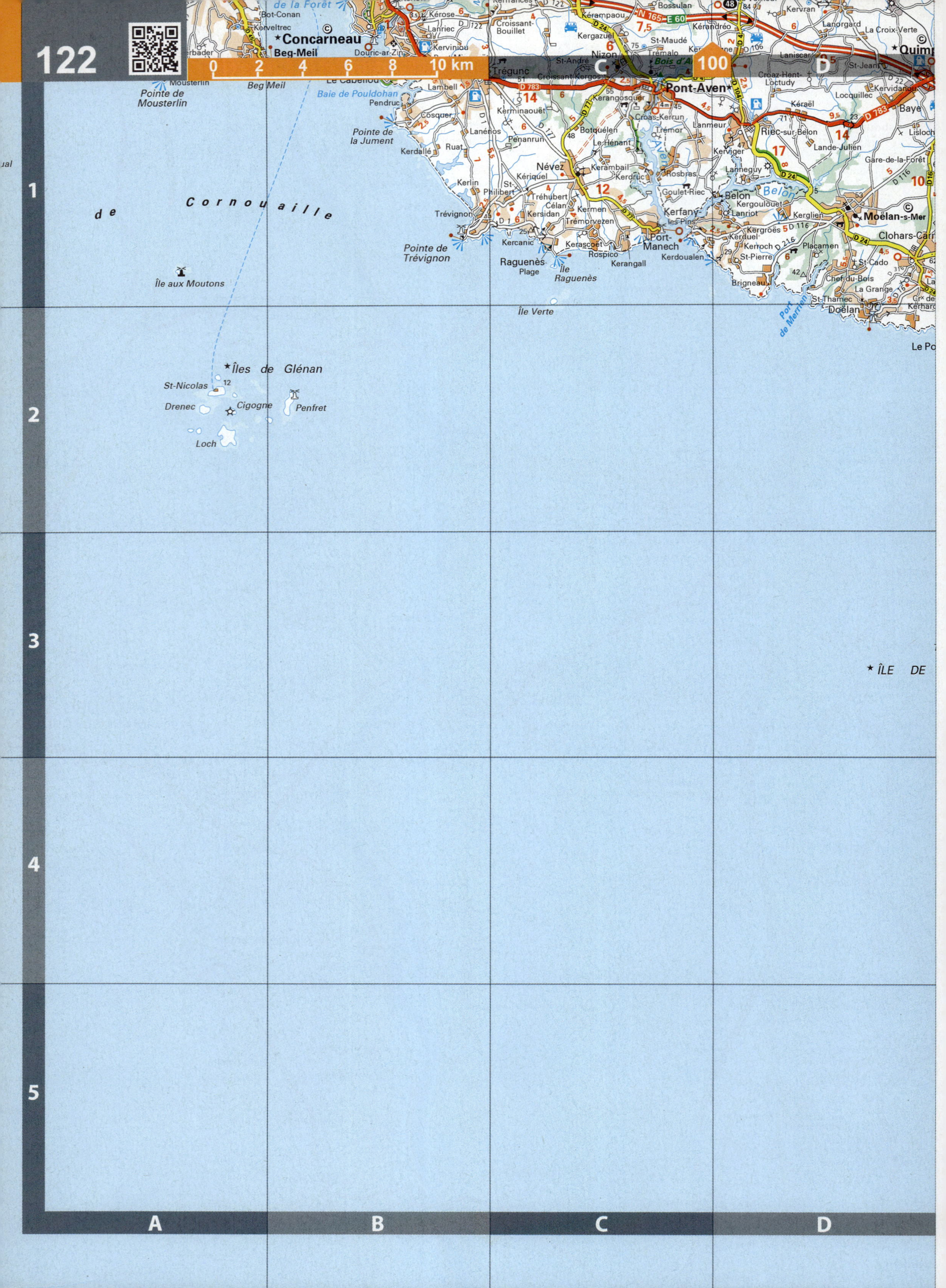

122
100
Concarneau
Beg-Meil
0 2 4 6 8 10 km
Mousterlin
Pointe de Mousterlin
Beg Meil
Le Cabellou
Baie de Pouldohan
Pendruc
Bot-Conan
Kerveltrec
Kerose
Lanriec
Kerviniou
Douric-ar-Zin
Lambell
Cosquer
Lanénos
Penanrun
Pointe de la Jument
Kerdallé
Ruat
de Cornouaille
Kerlin
St-Philibert
Kériquel
Tréhubert
Célan
Kersidan
Trévignon
D 16
Névez
Keramball
Kerdruc
Kermen
Trémorvezen
Goulet-Riec
Pointe de Trévignon
Kercanic
Kerascoet
Rospico
Raguenès Plage
Île Raguenès
Kerangall
Île aux Moutons
Île Verte
Îles de Glénan
St-Nicolas
12
Drenec
Cigogne
Penfret
Loch
Kerfances
Croissant-Bouillet
Kérampaou
Bossulan
Kervran
Kergazuel
St-Maudé
Kérendréo
Lanorgard
La Croix-Verte
Nizon
St-André
Trégunc
Tremalo
Pont-Aven
Quim
Kerangosquer
Kerminaouët
Botquélen
Croas-Kerrun
Lanmeur
Trémor
Kéraël
Locquillec
Loctudy
Le Hénant
Riec-sur-Belon
Lande-Julien
Gare-de-la-Forêt
Kerviger
17
Belon
Belon
Lanneguy
Kergouloüet
Kergroës
Lanriot
Moëlan-s-Mer
Kerfany les-Pins
Port-Manech
Kerduel
Kerroch
Placamen
Clohars-Ca
St-Pierre
Kerdoualen
St-Cado
Brigneau
Chef-du-Bois
La Grange
Port de Merrien
St-Thamec
Kerhar
Doëlan
Le Po
ÎLE DE
A   B   C   D
1   2   3   4   5

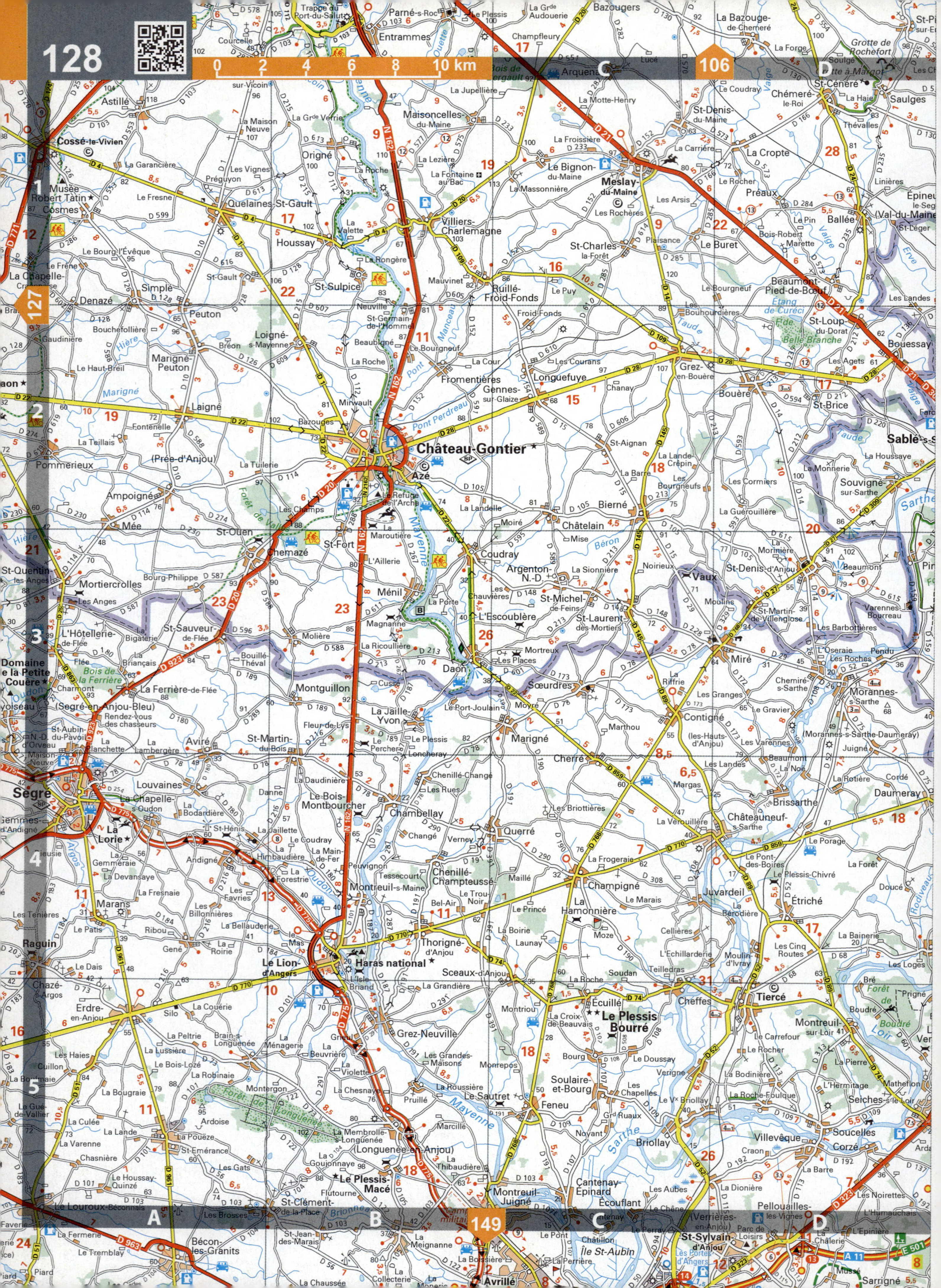

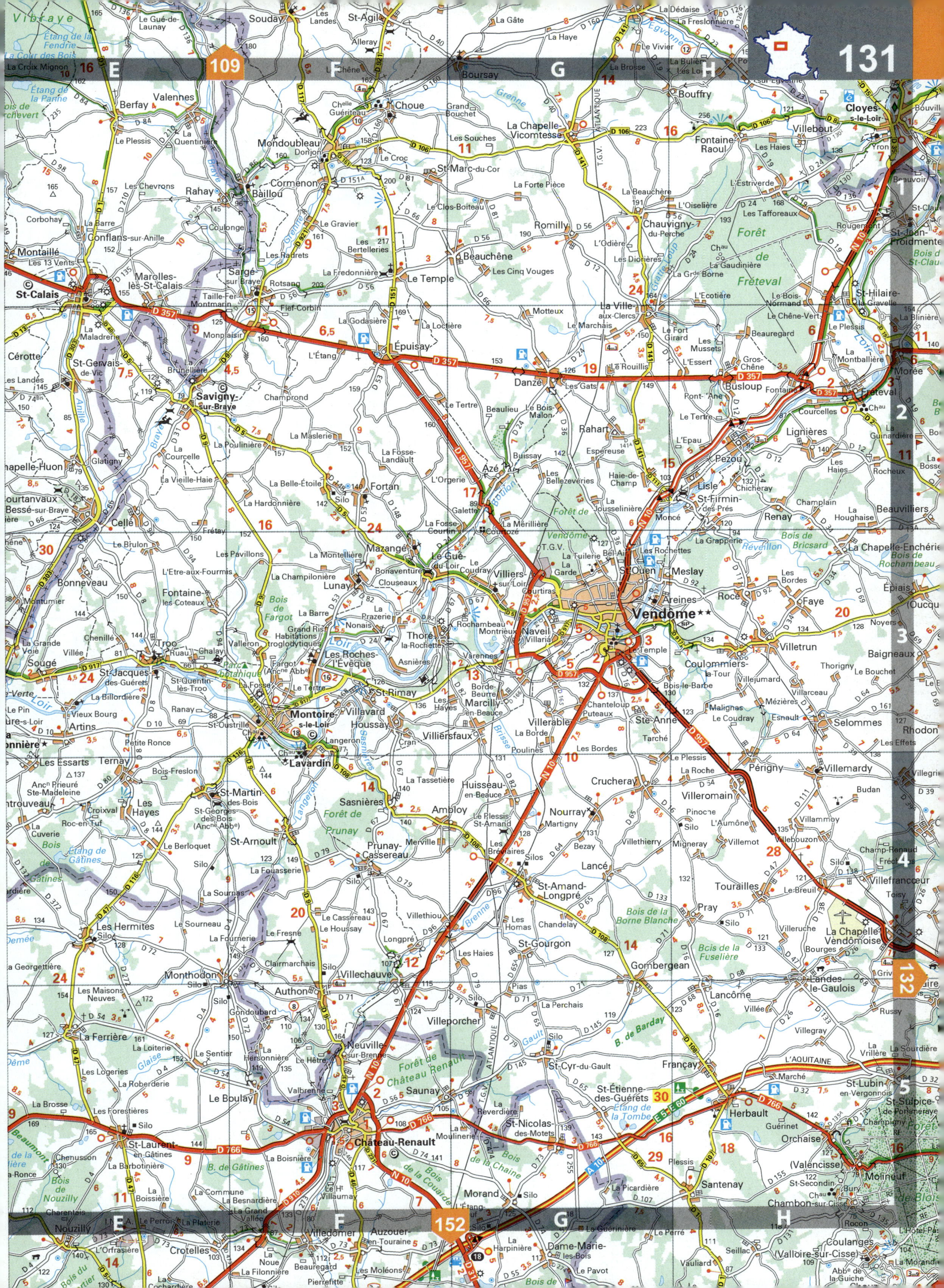
131
132
109
152
Vendôme
Cloyes-le-Loir
Montoire-sur-le-Loir
Château-Renault
St-Calais
Mondoubleau
Fréteval
Herbault
Lunay
Lavardin
Savigny-sur-Braye
Bessé-sur-Braye
Forêt de Fréteval
Forêt de Prunay
Forêt de Château-Renault
Bois de Gâtines

132
110
0 2 4 6 8 10 km
153
BLOIS
Beaugency
Meung-sur-Loire
Cléry-St-André
Chambord
Vineuil
Mer
Suèvres
Talcy
Marchenoir
Oucques
Beauvilliers
Romilly-sur-Aigre
La Ferté-Villeneuil
Charray
Moisy
Autainville
Ouzouer-le-Marché
Villermain
Baccon
St-Sigismond
Gémigny
Coulmiers
Tournoisis
Villamblain
Patay

133
ORLEANS
FORÊT D'ORLEANS
Loury
Trainou
Fay-aux-Loges
Châteauneuf-sur-Loire
St-Benoît-s-Loire
Germigny-des-Prés
St-Martin-d'Abbat
Sully-la-Chapelle
Ingrannes
Seichebrières
Vitry-aux-Loges
Donnery
Jargeau
Vienne-en-Val
Tigy
Neuvy-en-Sullias
Guilly
Isdes
Vouzon
Chaon
Lamotte-Beuvron
Souvigny-en-Sologne
Sennely
Clémont
La Ferté-St-Aubin
Ligny-le-Ribault
Chaumont-sur-Tharonne
Marcilly-en-Villette
Ardon
Ménestreau-en-Villette
Jouy-le-Potier
Nouan-le-Fuzelier
Olivet
St-Jean-le-Blanc
St-Denis-en-Val
St-Jean-de-Braye
Fleury-les-Aubrais
Saran
Ormes
Ingré
La Chapelle-St-Mesnin
St-Hilaire-St-Mesmin
St-Pryvé-St-Mesmin
La Source
Mareau-aux-Prés
Cléry-St-André
Mézières-lez-Cléry
Gidy
Bricy
Boulay-les-Barres
Chanteau
Rebréchien
Vennecy
Semoy
Combleux
Checy
Mardié
Chécy
Sandillon
Férolles
Sigloy
Ouvrouer-les-Champs
Darvoy
111
154
134
E F G H

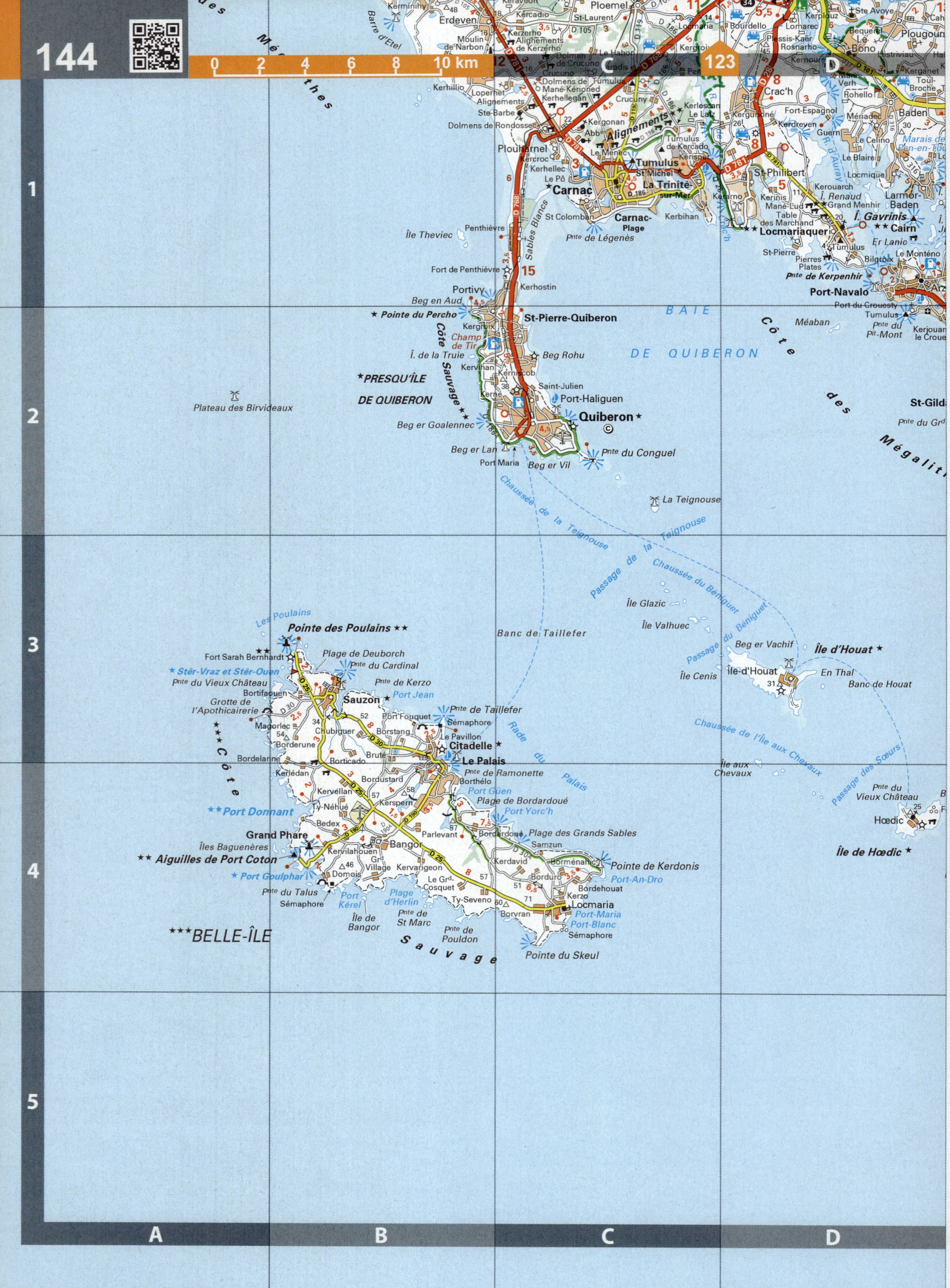

145
124
146
VANNES
Île-aux-Moines
Île-d'Arz
GOLFE DU MORBIHAN
Sarzeau
Presqu'île de Rhuys
Ch. de Suscinio
Muzillac
Questembert
Parc de Branféré
La Roche-Bernard
Pénestin
Piriac-sur-Mer
Pointe du Castelli
La Turballe
Le Croisic
Batz-sur-Mer
La Baule
Le Pouliguen
Pornichet
Guérande
Mesquer
Assérac
Île Dumet
Rade du Croisic
Côte d'Amour
Chenal du Nord
Les Grands Cardinaux
Les Petits Cardinaux

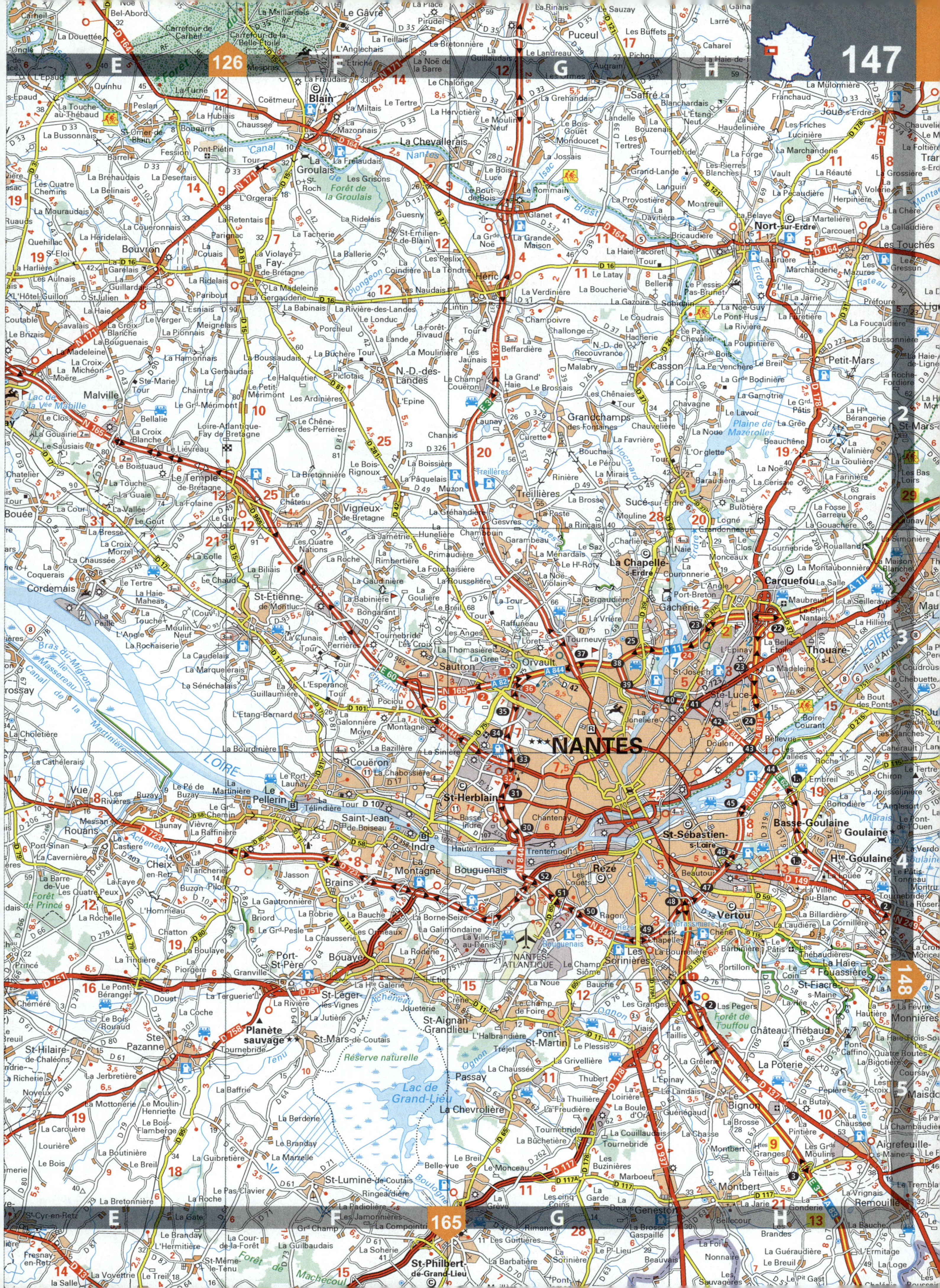

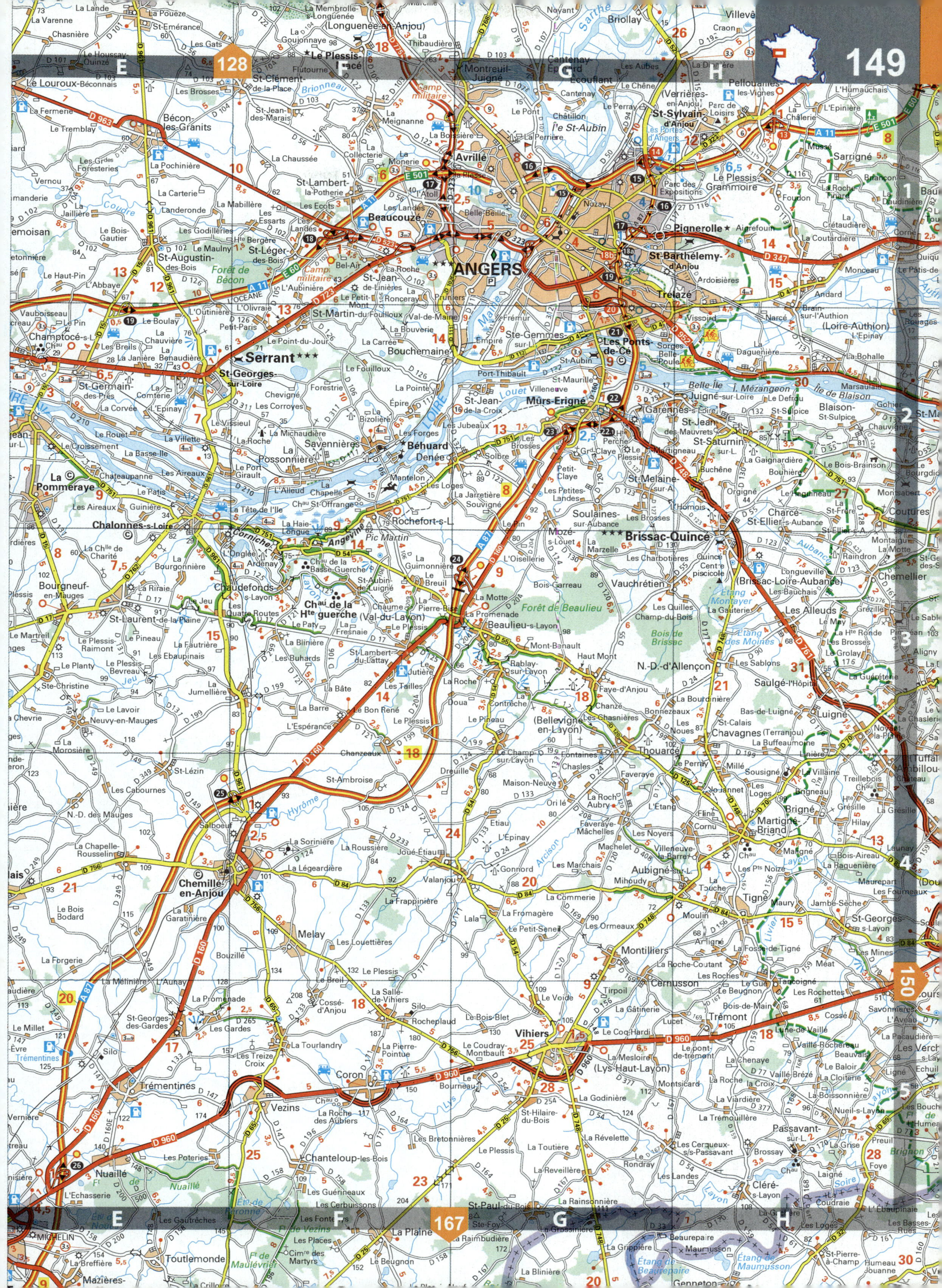

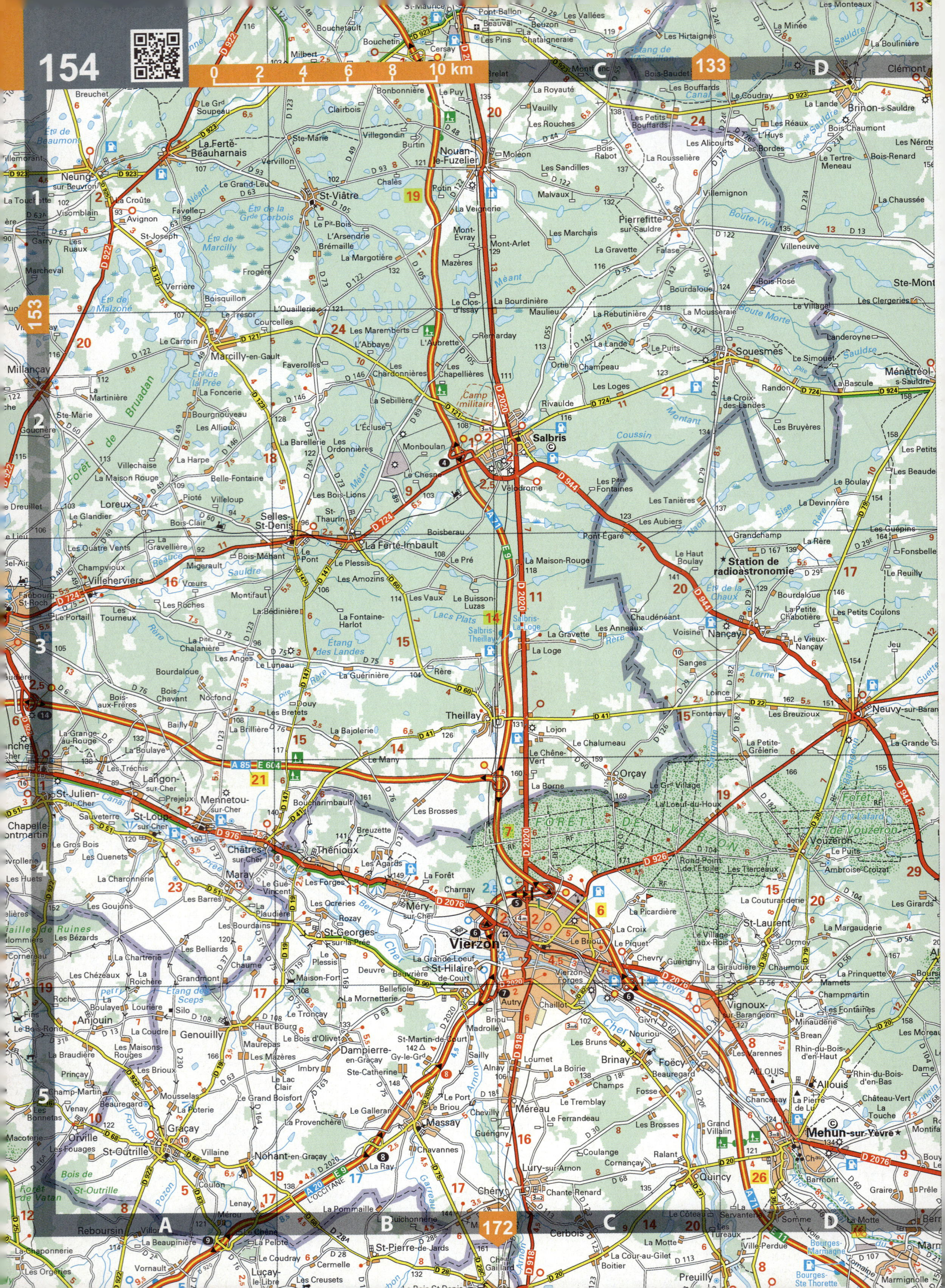

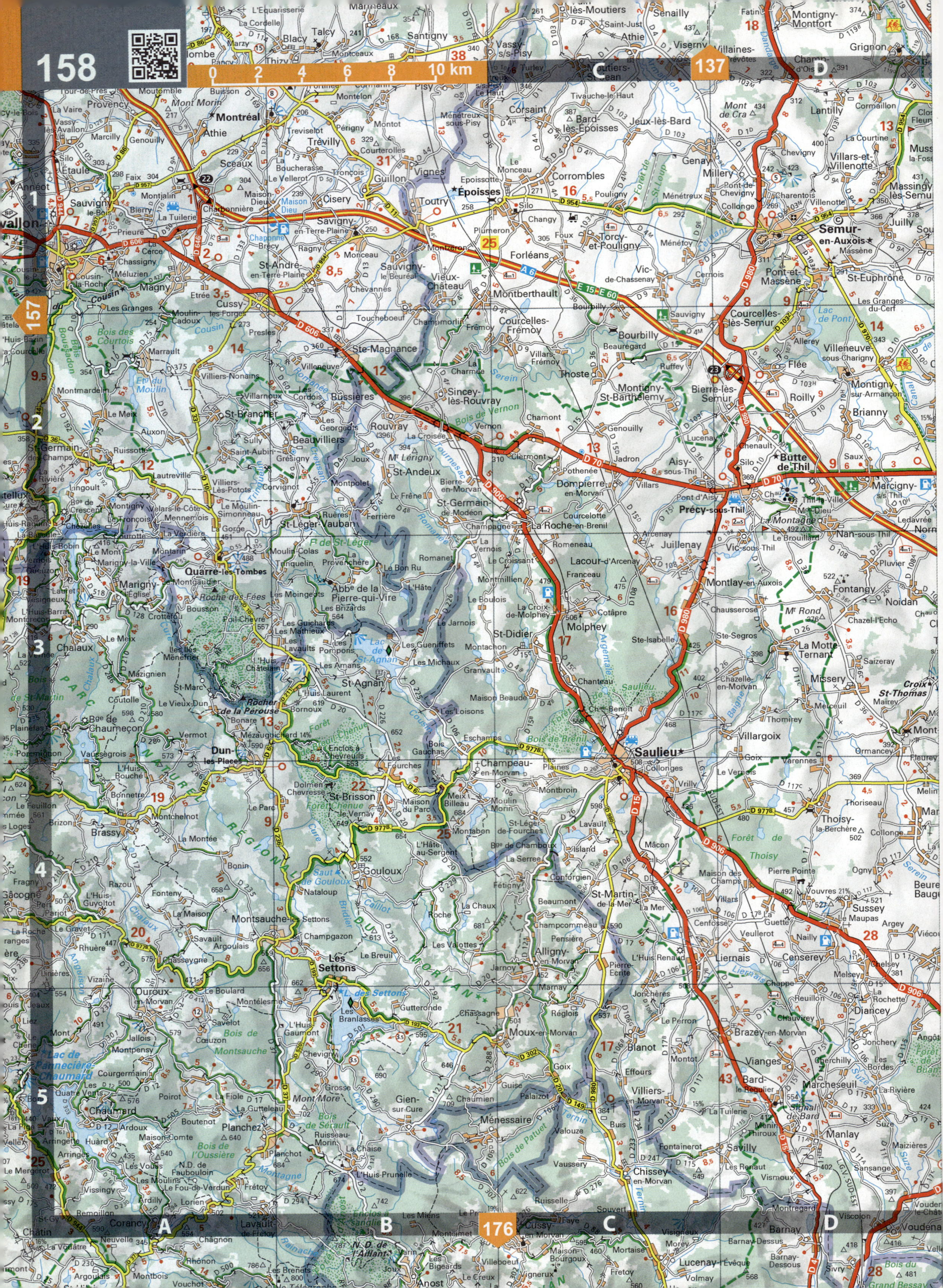

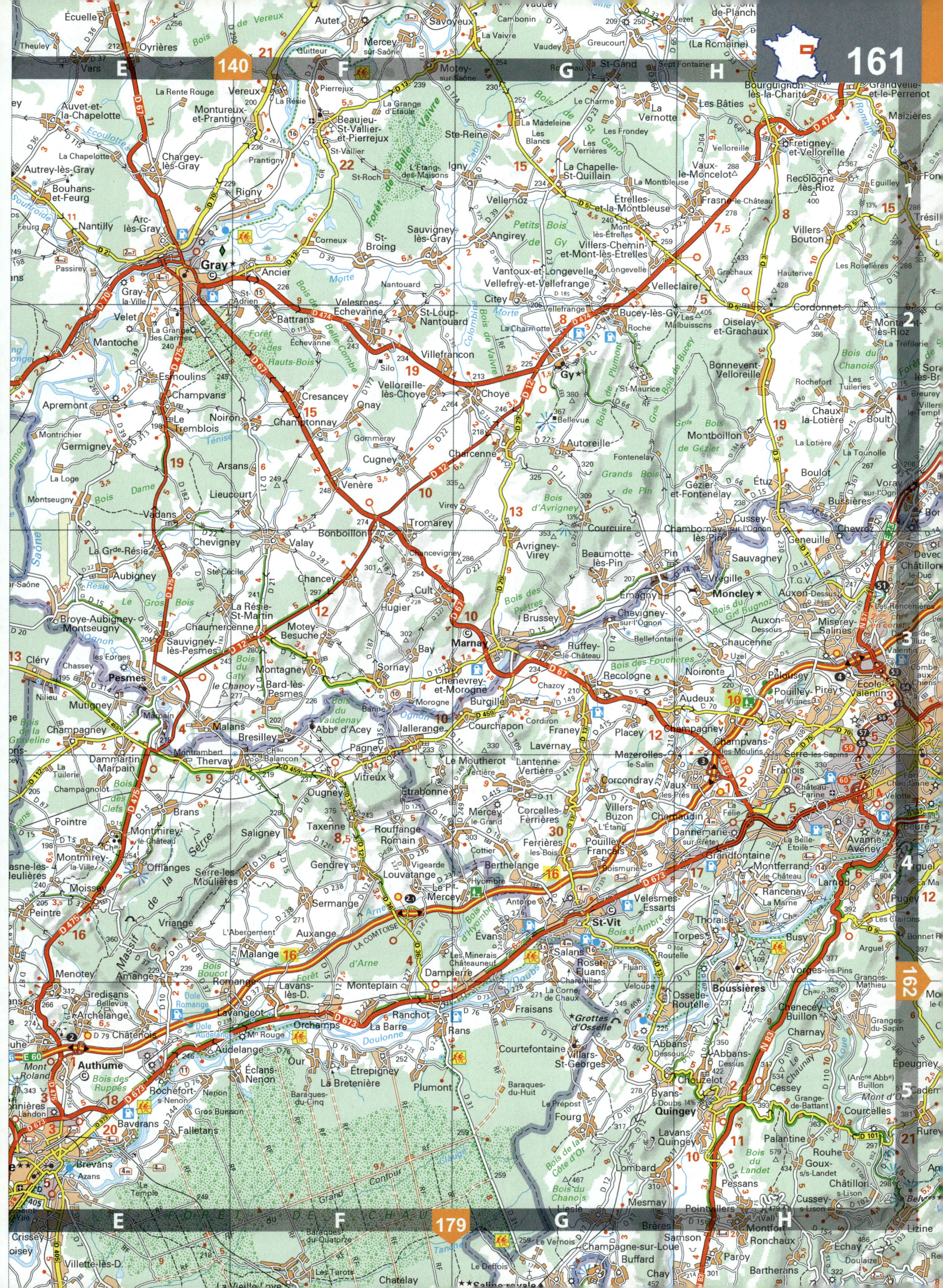

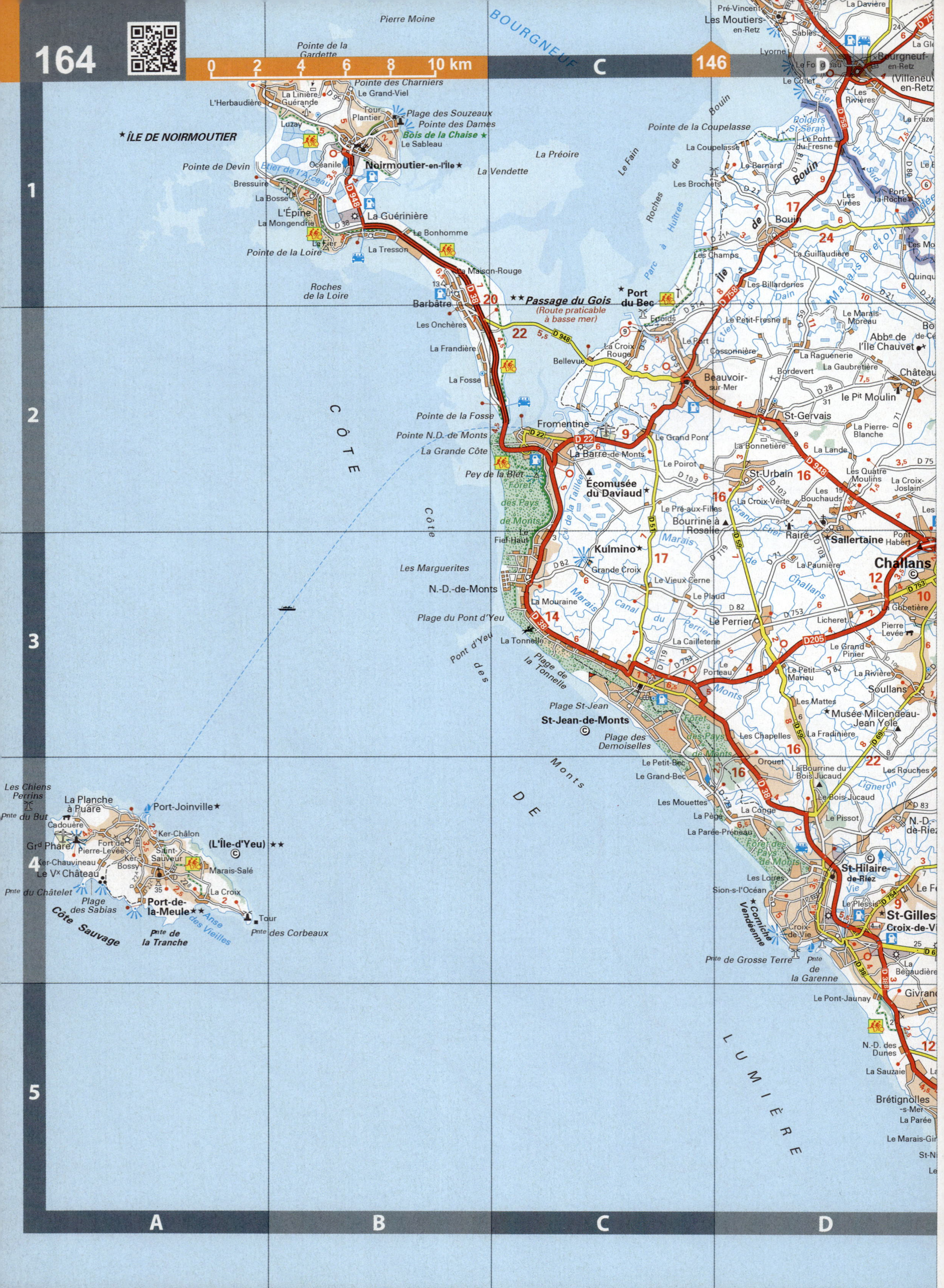

164
146
0 2 4 6 8 10 km
Pierre Moine
BOURGNEUF
Pointe de la Gardette
Pointe des Charniers
Le Grand-Viel
L'Herbaudière
La Linière
La Guérande
Luzay
Tour Plantier
Plage des Souzeaux
Pointe des Dames
Bois de la Chaise ★
ÎLE DE NOIRMOUTIER ★
Le Sableau
Noirmoutier-en-l'Île ★
Pointe de Devin
Océanile
La Préoire
La Vendette
Le Fain
Bressuire
La Bosse
L'Épine
La Guérinière
Le Bonhomme
La Mongendrie
Pointe de la Loire
La Tresson
Maison-Rouge
Roches de la Loire
Barbâtre
Port du Bec
Passage du Gois ★★
(Route praticable à basse mer)
Les Onchères
La Frandière
Bellevue
La Croix Rouge
La Fosse
Pointe de la Fosse
Pointe N.-D. de Monts
Fromentine
Le Grand Pont
CÔTE
La Grande Côte
La Barre-de-Monts
Le Poirot
Pey de la Blet
Forêt des Pays de Monts
Écomusée du Daviaud
Le Pré-aux-Filles
Bourrine à Rosalie
Fief-Haut
Kulmino ★
Grande Croix
Les Marguerites
N.-D.-de-Monts
Plage du Pont d'Yeu
Le Vieux Cerne
La Mouraine
Le Plaud
Pont d'Yeu
La Tonnelle
Le Perrier
Plage de la Tonnelle
La Cailletene
Le Porteau
Plage St-Jean
St-Jean-de-Monts
Plage des Demoiselles
Les Mattes
Les Chapelles
Les Chiens Perrins
Pnte du But
La Planche à Puare
Port-Joinville ★
Cadouère
Gr Phare
Fort de Pierre-Levée
Ker-Châlon
Ker-Chauvineau
Saint-Sauveur
(L'Île-d'Yeu) ★★
Le Vx Château
Bossy
Marais-Salé
Pnte du Châtelet
Plage des Sabias
La Croix
Côte Sauvage
Port-de-la-Meule ★★
Anse des Vieilles
Pnte de la Tranche
Tour
Pnte des Corbeaux
Monts
DE
LUMIÈRE
Pré-Vincent
Les Moutiers-en-Retz
La Davière
Sables
Lyorne
Bourgneuf-en-Retz
Le Fo
Le Collet
(Villeneuve-en-Retz)
Les Rivières
La Fraze
Pointe de la Coupelasse
La Coupelasse
Le Pont du Fresne
Le Bernard
Bolders St-Séran
Bouin
Les Brochets
Les Virées
Port la-Roche
17
Bouin
24
Les Champs
La Guillaudière
Les Billarderies
Dain
Parc à Huîtres
Roches à Huîtres
Le Petit-Fresne
Le Marais Moreau
Froids
Le Port
Cossonnière
La Raguenerie
Abbé de l'Île Chauvet
La Gaubretière
Bordevert
Château
Beauvoir-sur-Mer
St-Gervais
Le Pit Moulin
La Pierre-Blanche
La Bonnetière
La Lande
St-Urbain
16
Les Quatre Moulins
La Croix-Verte
La Croix-Joslain
Raire
Les Bouchauds
Sallertaine
Pont Habert
Challans
12
10
La Gobetière
La Paunière
Pierre Levée
Licheret
Soullans
Le Grand Pinier
Le Petit Mariau
La Rivière
Musée Milcendeau-Jean Yole
La Fradinière
16
Orouet
La Bourrine du Bois Jucaud
22
Les Rouches
Le Petit-Bec
16
Le Grand-Bec
Les Mouettes
Le Bois-Jucaud
N.-D.-de-Riez
La Page
La Conge
Le Pissot
La Parée-Prèneau
St-Hilaire-de-Riez
Les Loires
Le Plessis
9
Sion-s-l'Océan
Corniche Vendéenne
St-Gilles-Croix-de-Vie
Croix de Vie
Pnte de Grosse Terre
Pnte de la Garenne
La Bègaudière
Le Pont-Jaunay
Givrand
N.-D. des Dunes
12
La Sauzaie
Brétignolles-s-Mer
La Parée
Le Marais-Gi

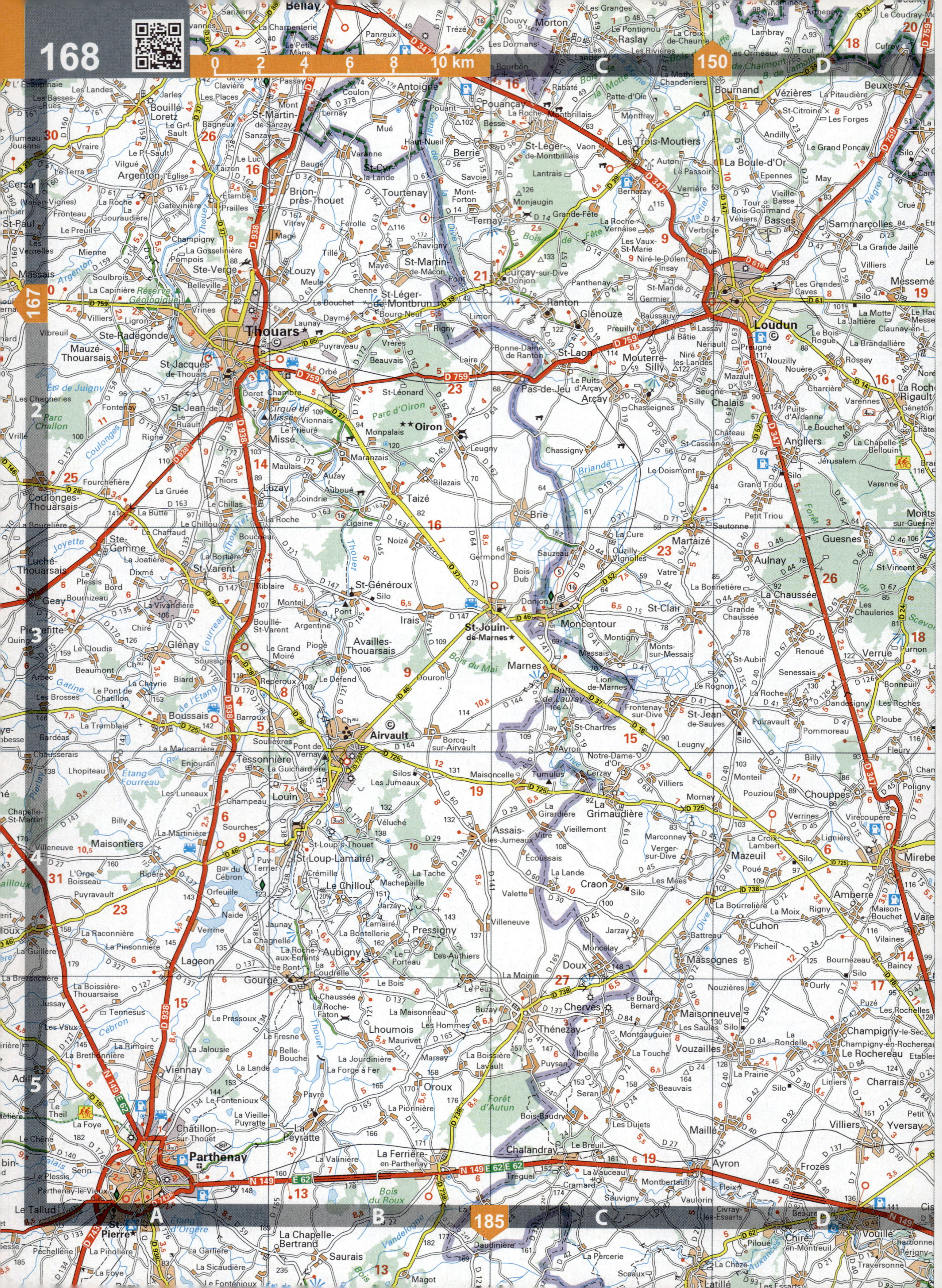

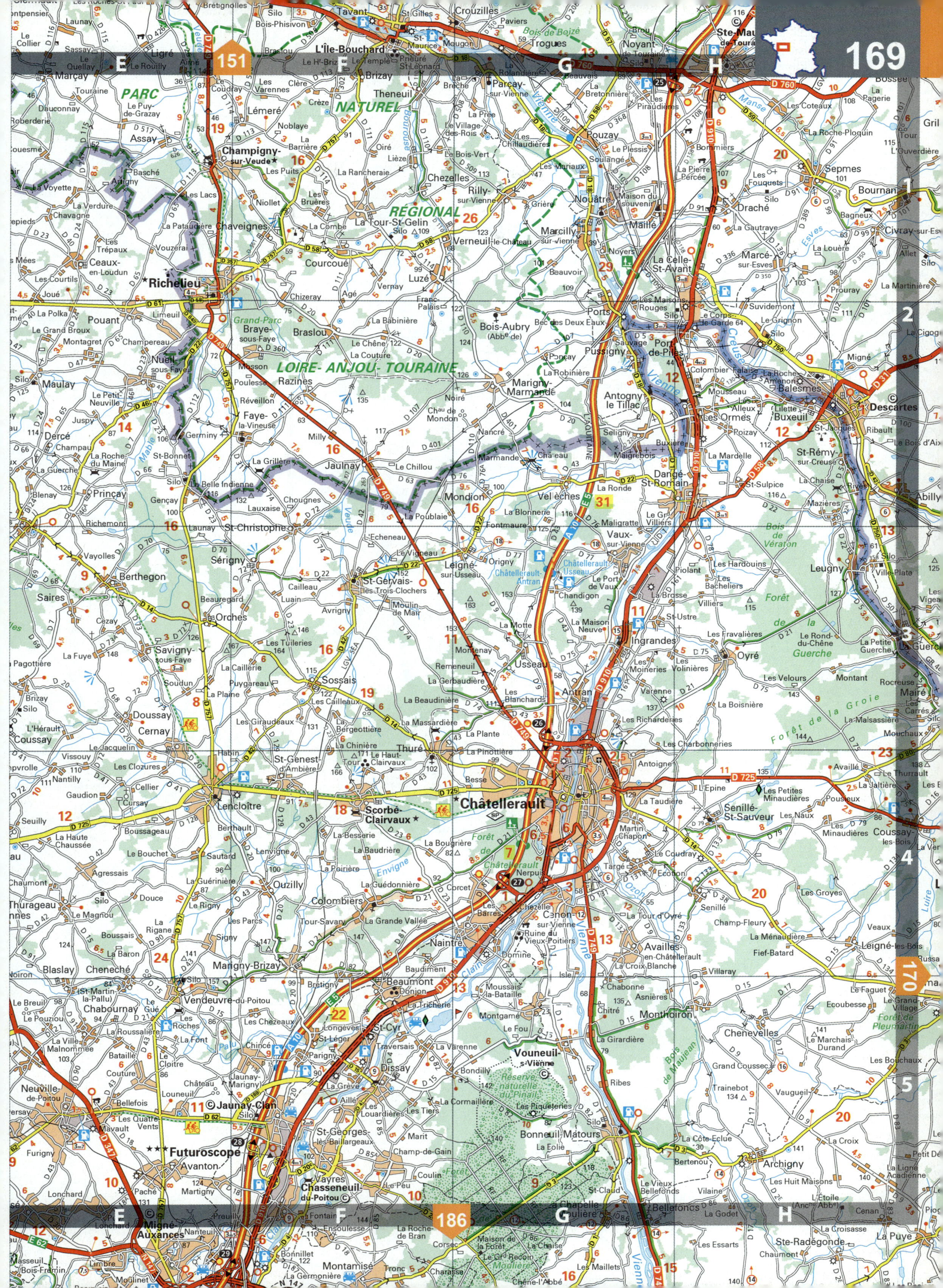

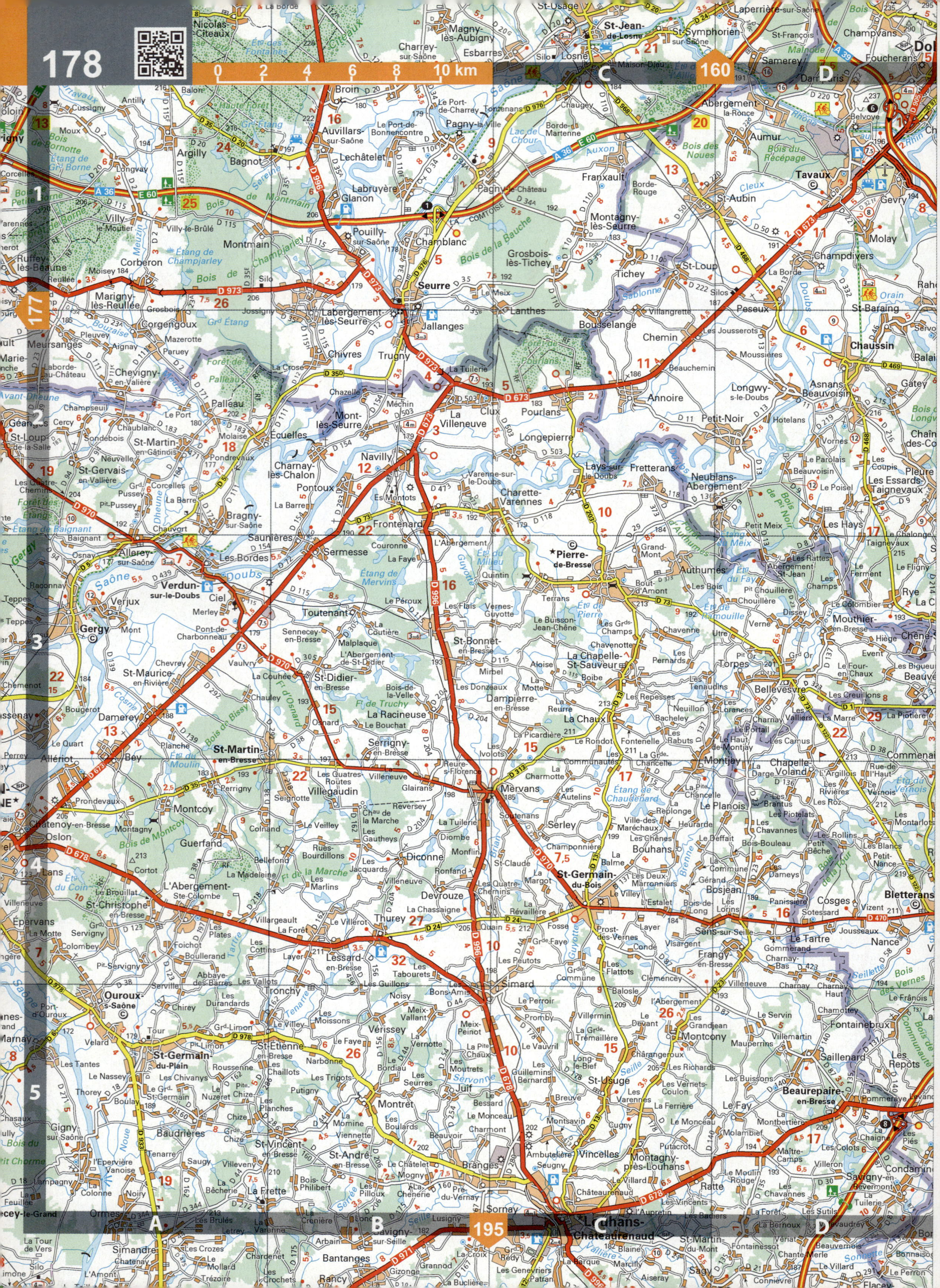
178
160
177
195
0 2 4 6 8 10 km

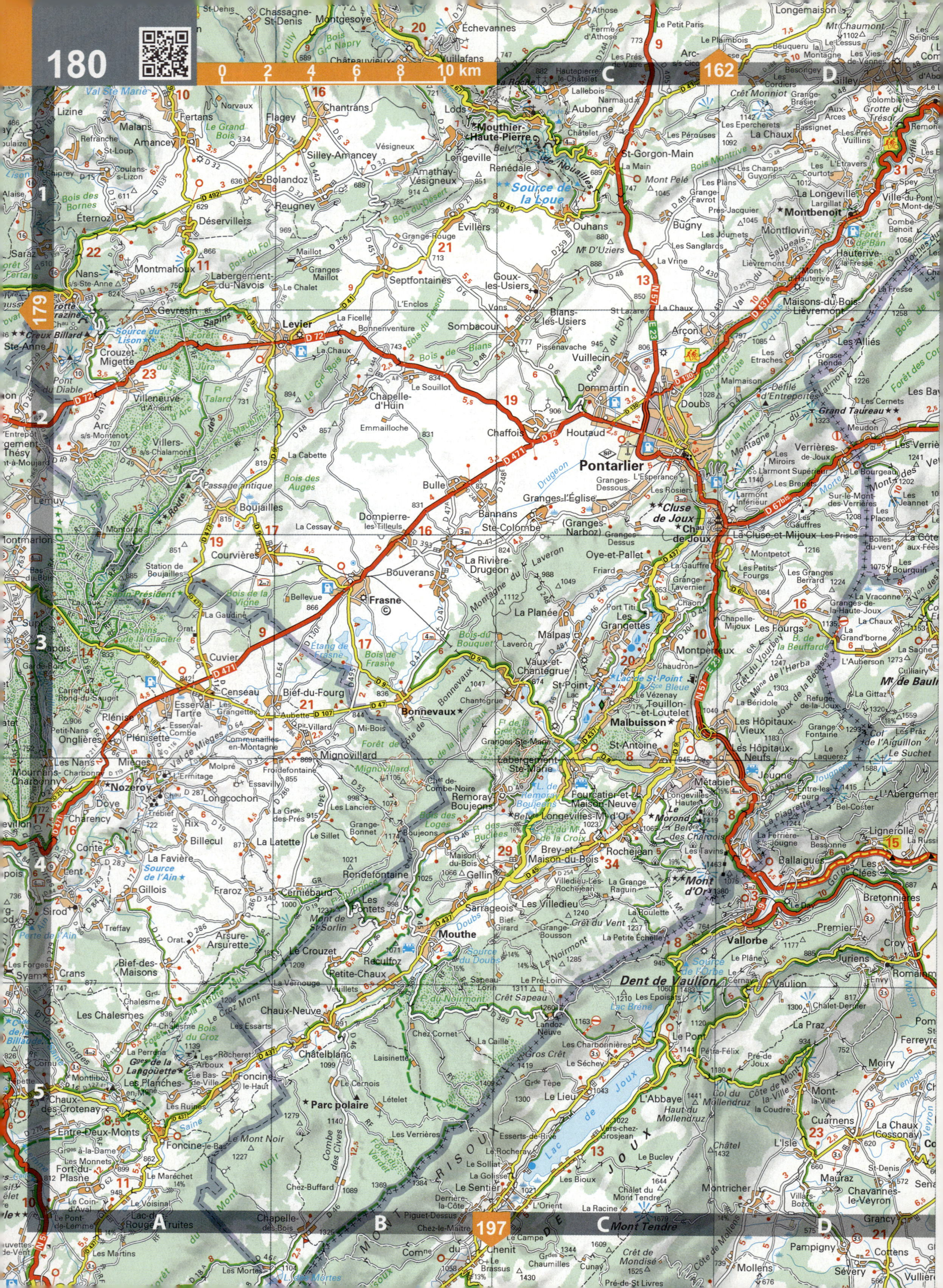

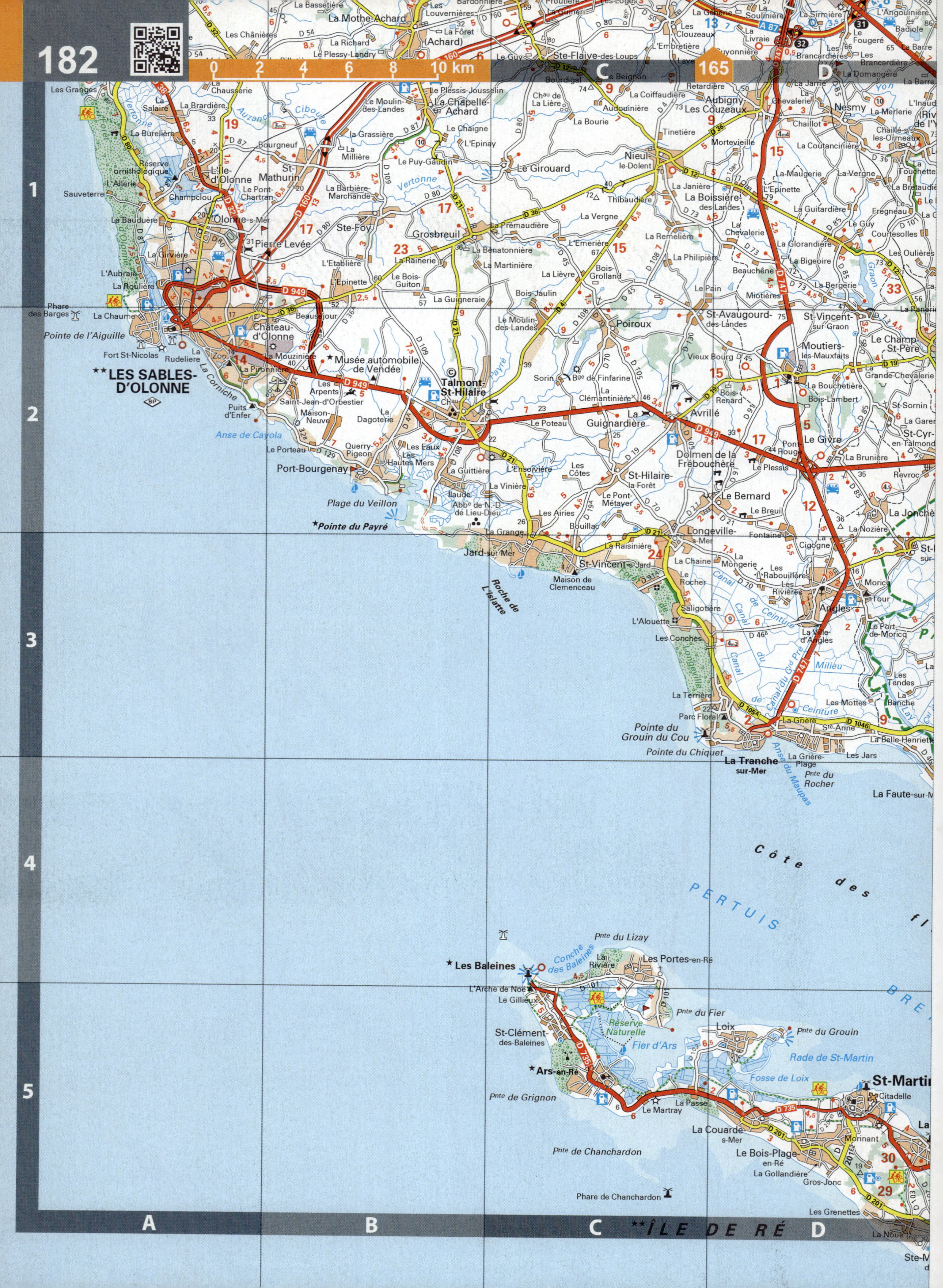

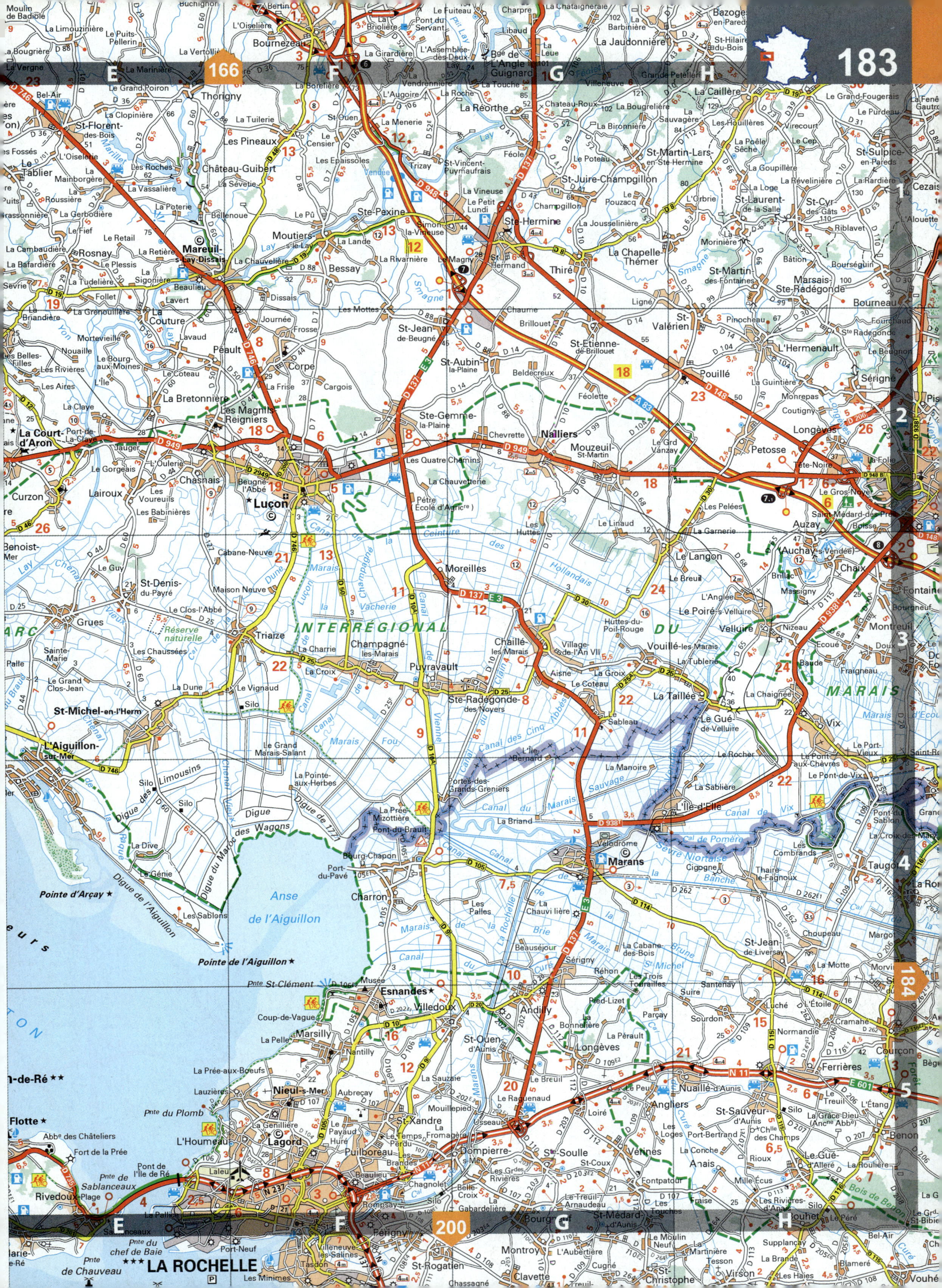

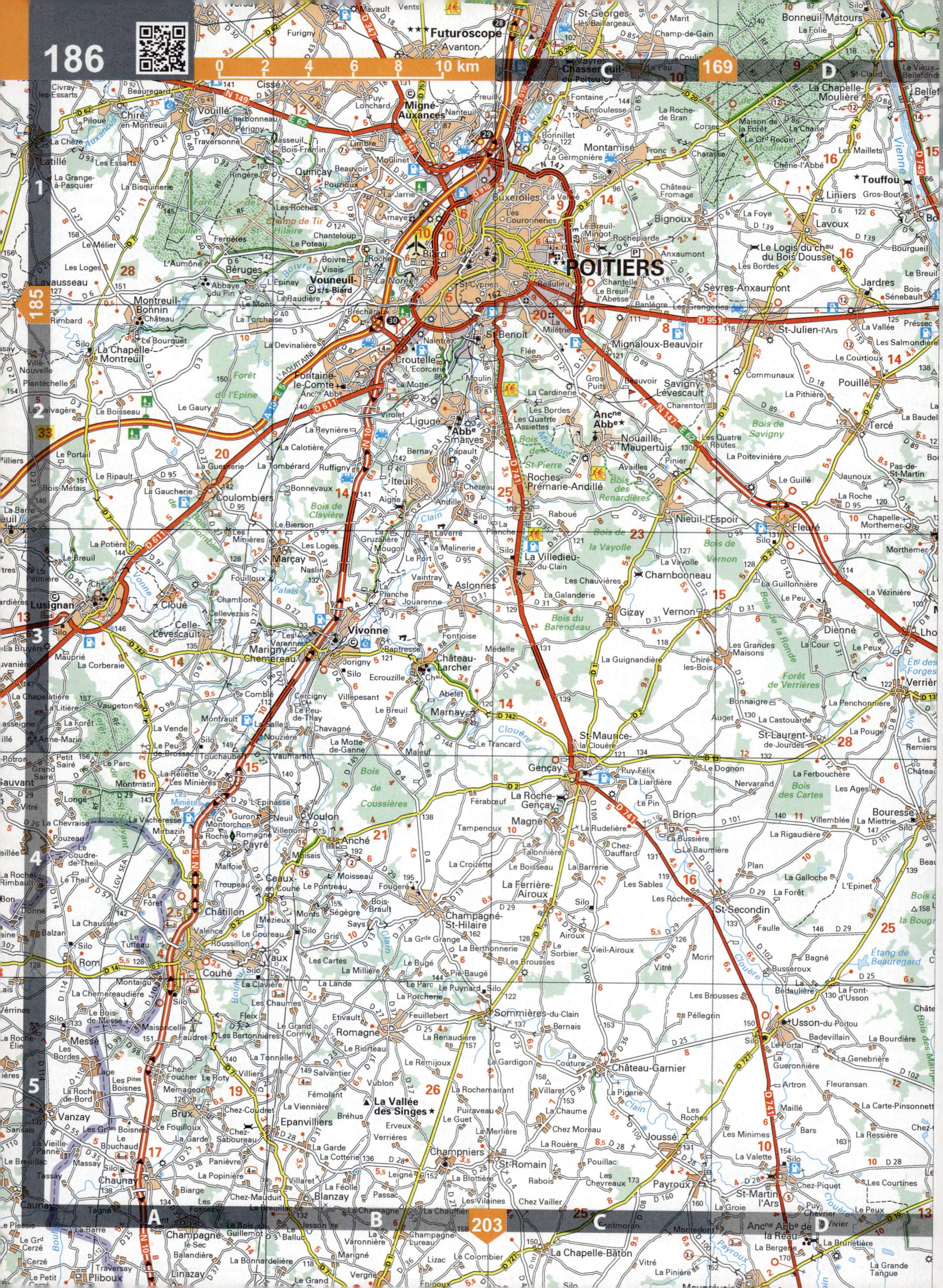

186
169
D
185
203
0 2 4 6 8 10 km
POITIERS
Futuroscope
Avanton
Migné-Auxances
Vouillé
Chiré-en-Montreuil
Montreuil-Bonnin
Béruges
Vouneuil-s/s-Biard
Ligugé
Croutelle
Fontaine-le-Comte
Smarves
Iteuil
Coulombiers
Marçay
Lusignan
Celle-l'Évescault
Vivonne
Marigny-Chemereau
Château-Larcher
Marnay
Gençay
La Roche-Gençay
Magné
Anché
Voulon
Payré
Ceaux-en-Couhé
Châtillon
Couhé
Vaux
Brux
Romagne
Épanvilliers
La Vallée des Singes
Vanzay
Chaunay
Champagné-le-Sec
Blanzay
St-Romain
Champniers
Payroux
St-Martin-l'Ars
Usson-du-Poitou
Château-Garnier
Sommières-du-Clain
Champagné-St-Hilaire
St-Secondin
St-Maurice-la-Clouère
Brion
Bouresse
Verrières
St-Laurent-de-Jourdes
Nieuil-l'Espoir
Fleuré
Dienné
Gizay
Vernon
Chambonneau
La Villedieu-du-Clain
Nouaillé-Maupertuis
Savigny-Lévescault
Mignaloux-Beauvoir
St-Julien-l'Ars
Pouillé
Tercé
Liniers
Lavoux
Touffou
La Chapelle-Moulière
Bonneuil-Matours
Chasseneuil-du-Poitou
Buxerolles
Sèvres-Anxaumont
St-Benoît
Jardres
Bignoux
Montamisé
Biard

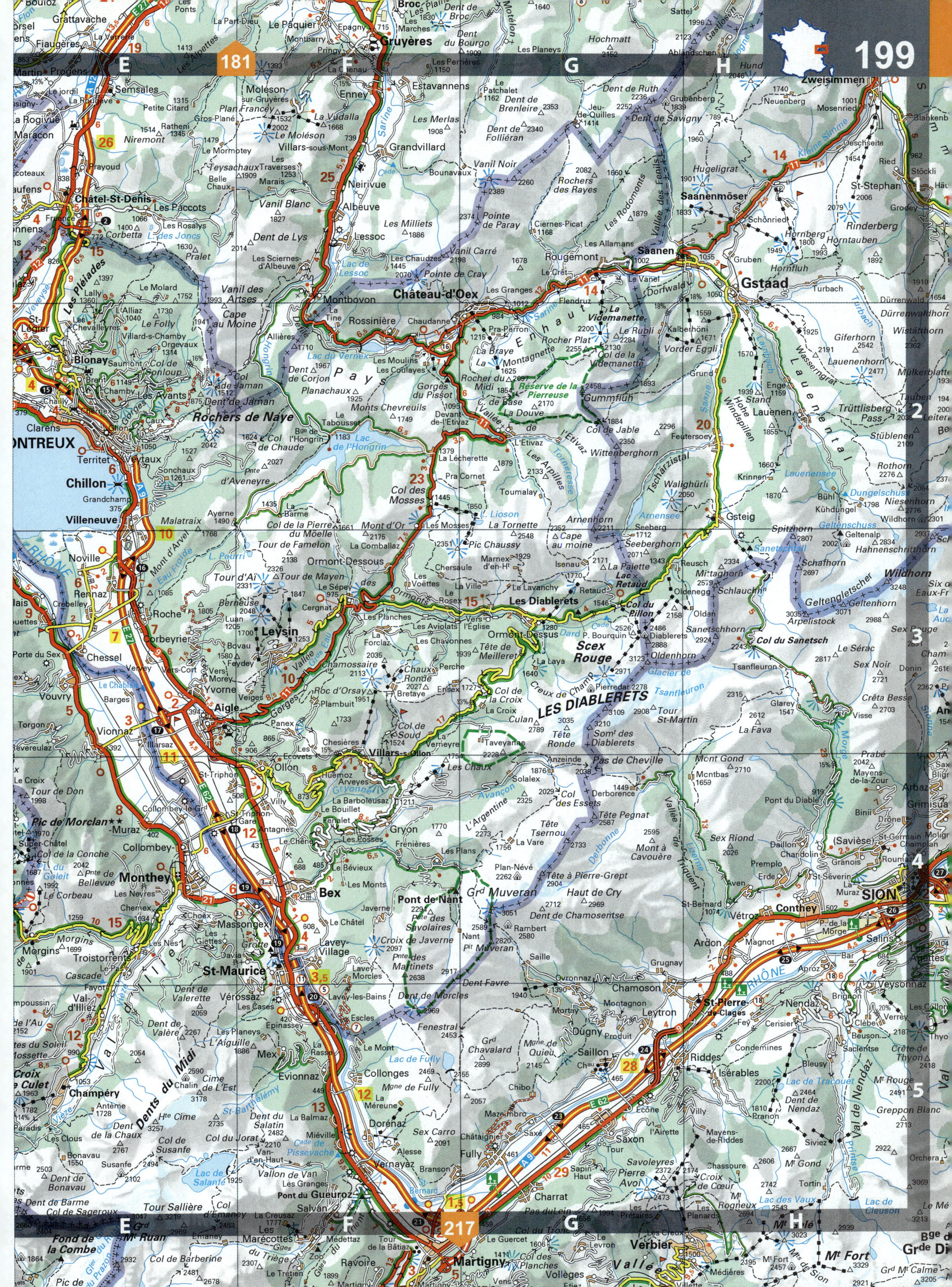

200
ÎLE DE RÉ
183
*** LA ROCHELLE
* Châtelaillon-Plage
* Île-d'Aix
* Fouras
** ROCHEFORT
* ÎLE D'OLÉRON
St-Georges-d'Oléron
St-Pierre-d'Oléron
Le Château-d'Oléron
St-Trojan-les-Bains
Marennes
La Tremblade
Port-des-Barques
218
Le Gua
Pointe de la Coubre

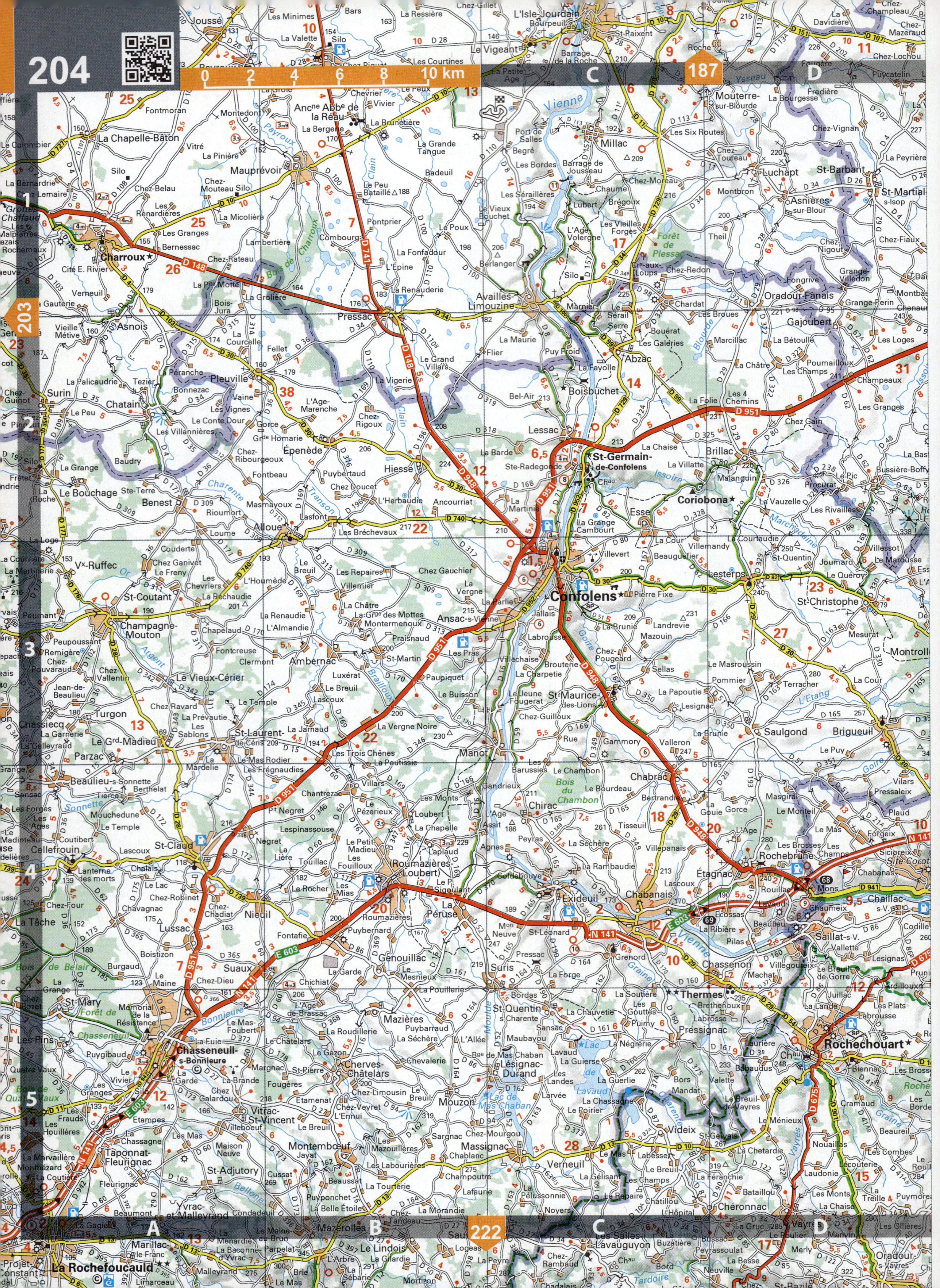

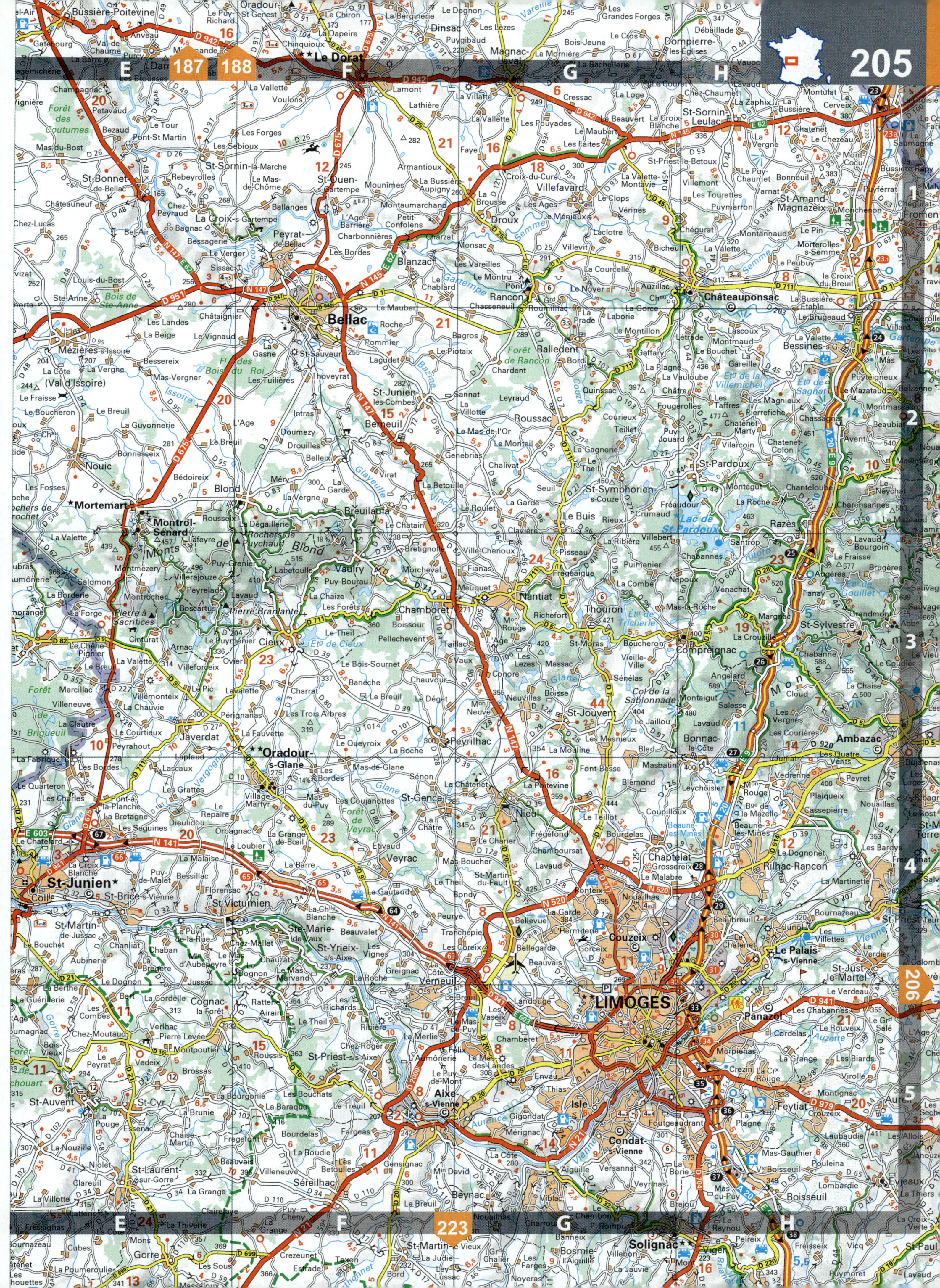

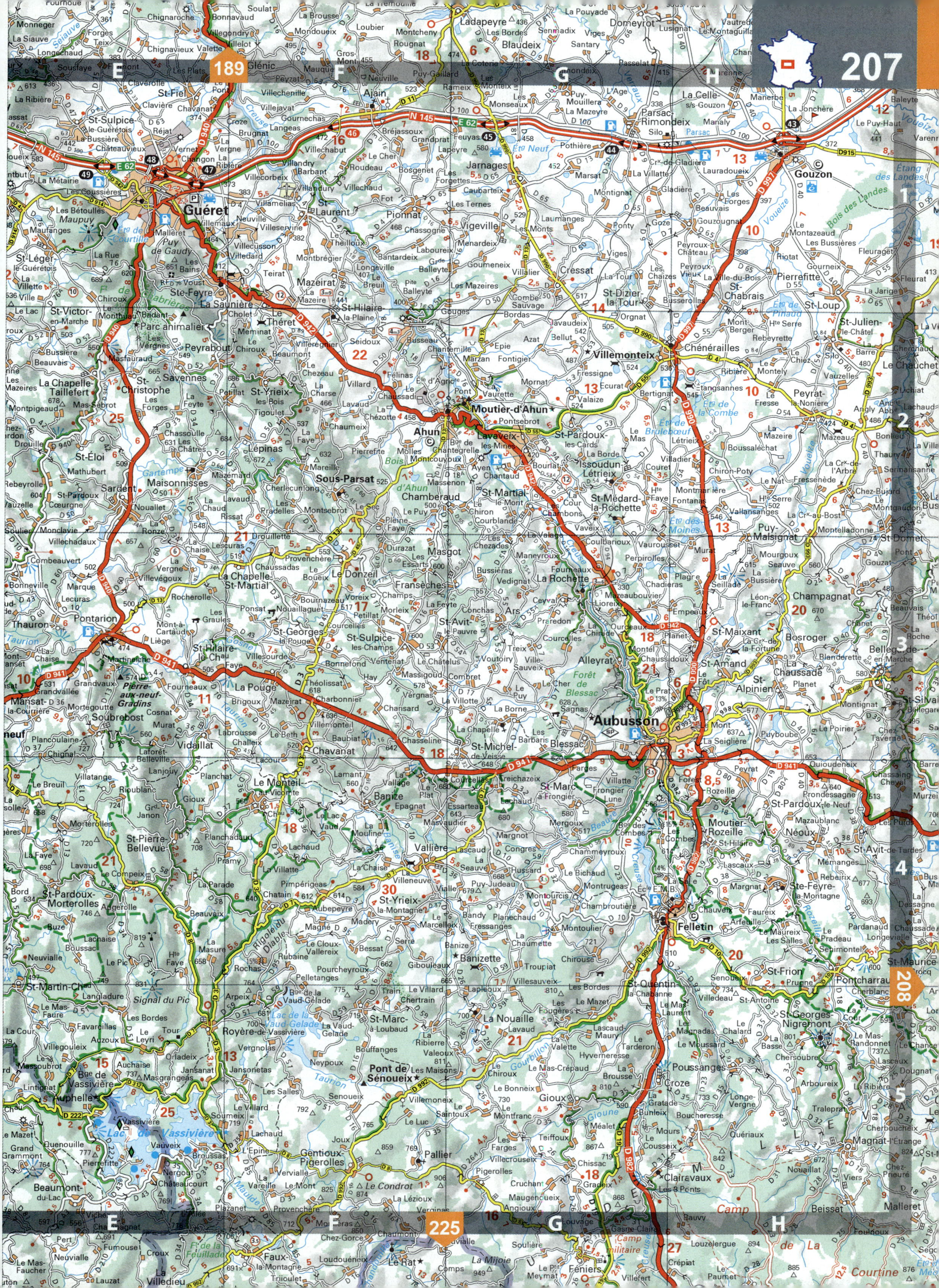

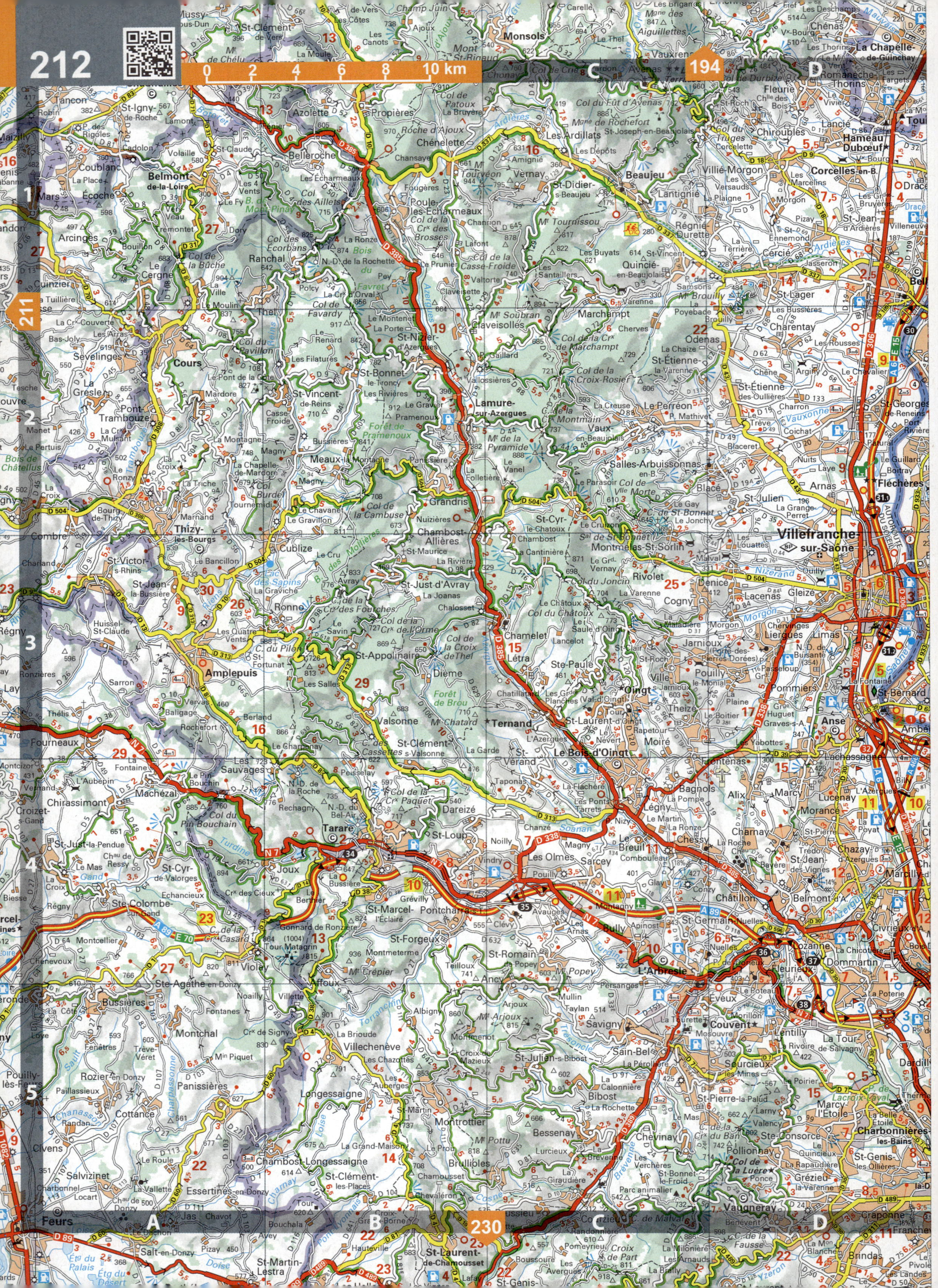

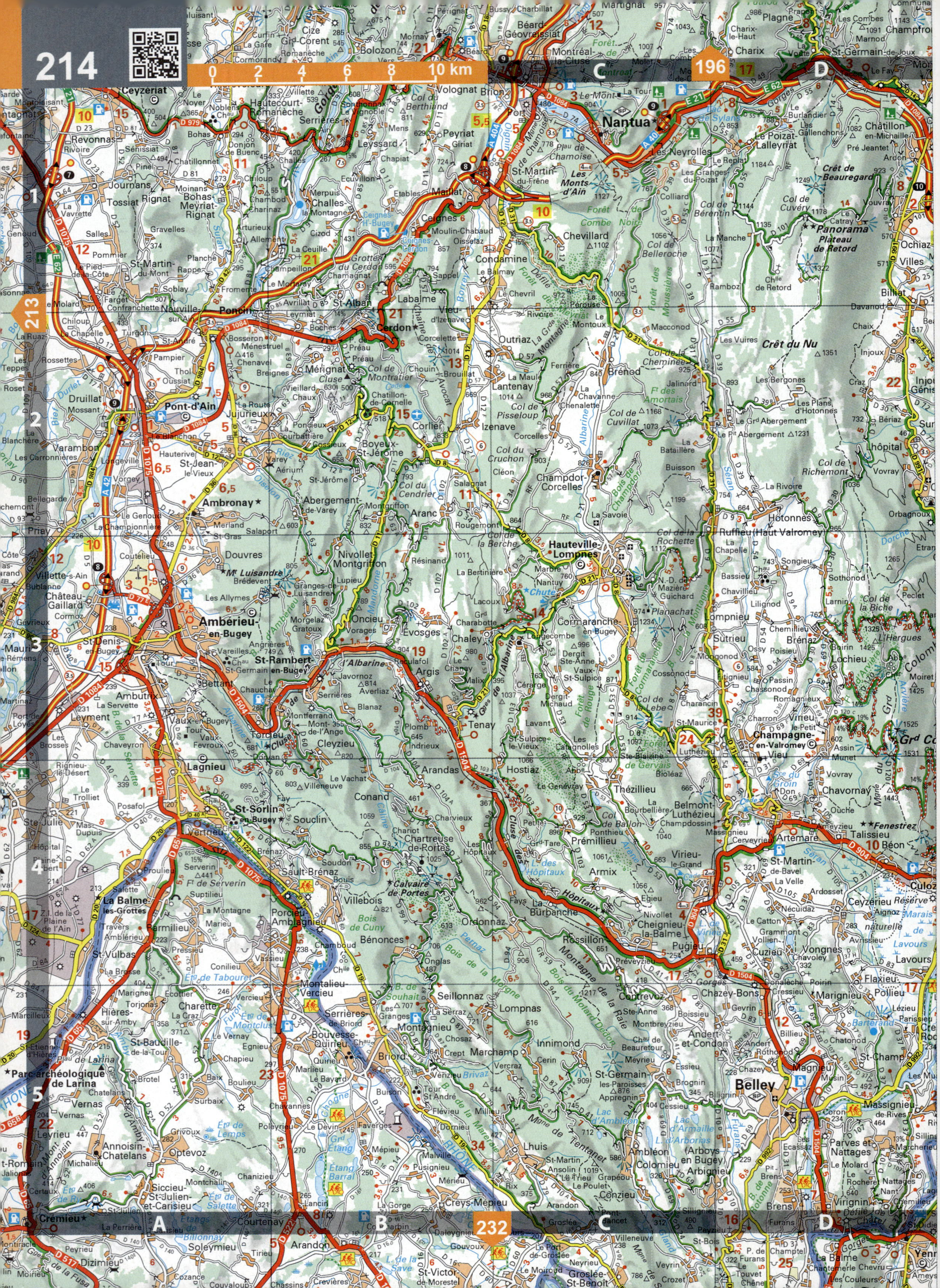

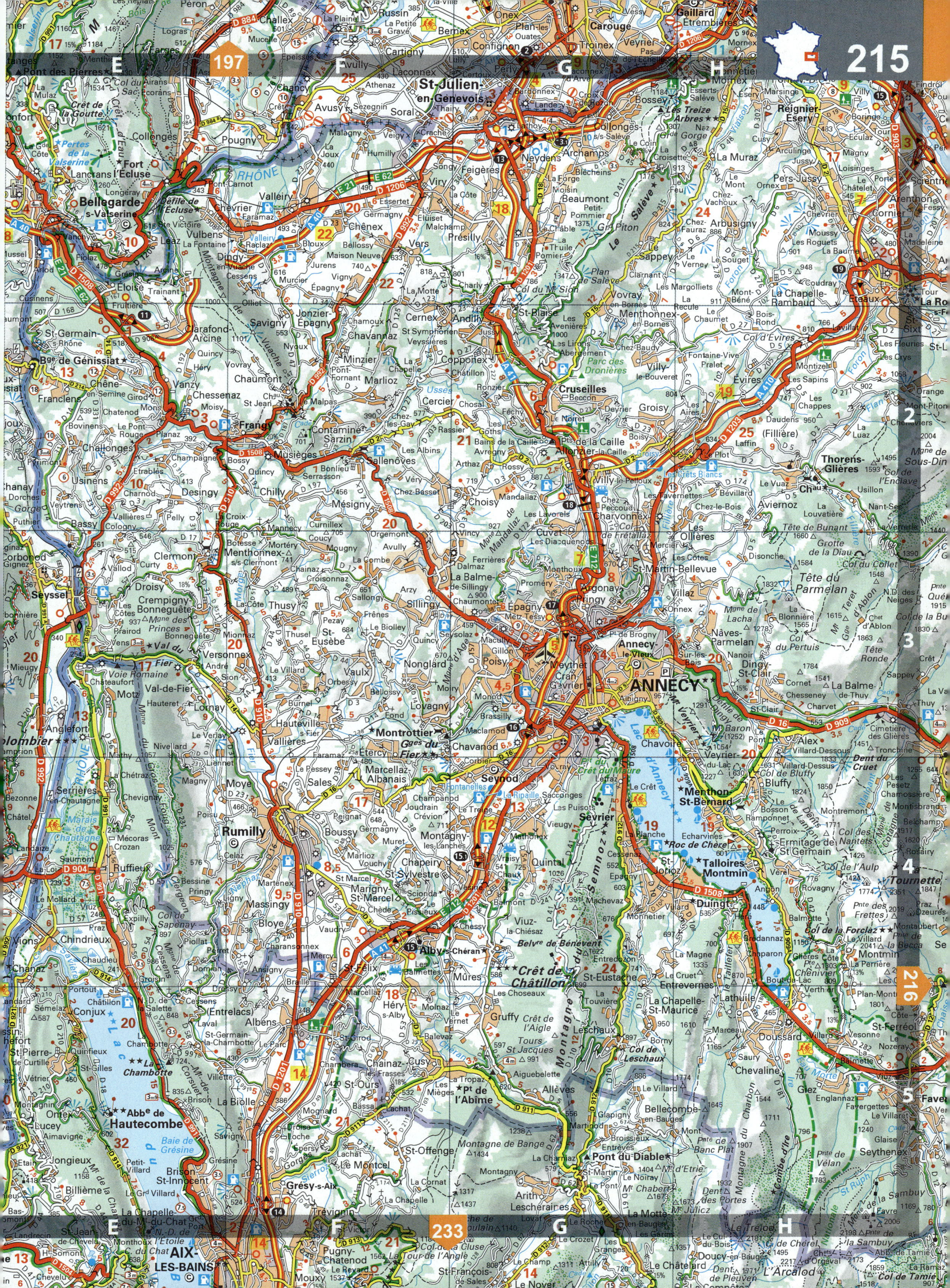

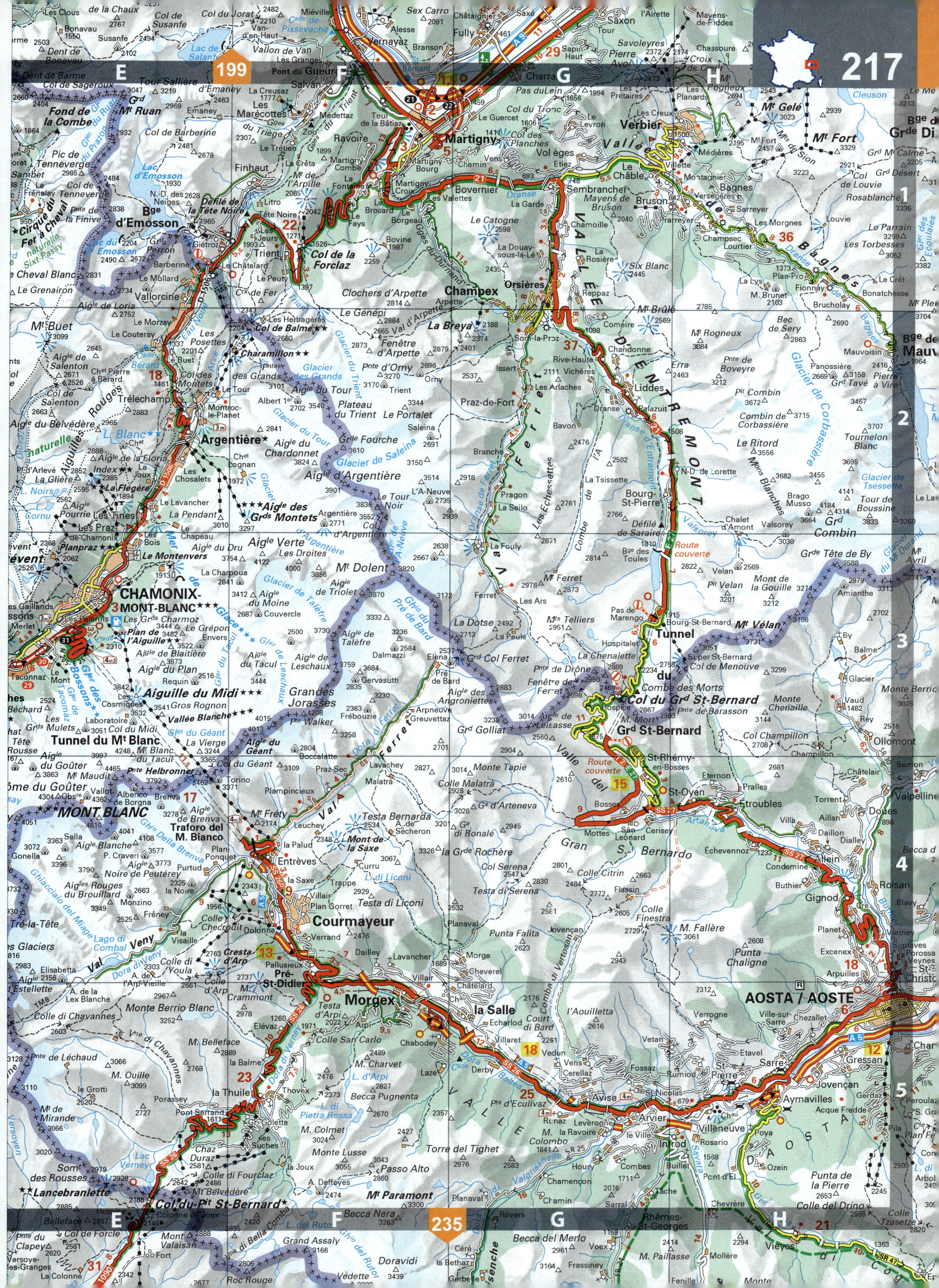
217
199
235
Martigny
Verbier
Le Châble
Orsières
Champex
CHAMONIX-MONT-BLANC
Argentière
Vallorcine
Bourg-St-Pierre
Tunnel du Grand St-Bernard
Col du Grand St-Bernard
Grand St-Bernard
St-Rhémy-en-Bosses
St-Oyen
Etroubles
MONT BLANC
Tunnel du Mt Blanc
Traforo del M. Bianco
Aiguille du Midi
Courmayeur
Entrèves
Pré-St-Didier
Morgex
la Salle
AOSTA / AOSTE
Col du Pt St-Bernard
La Thuile
Gignod

218
0 2 4 6 8 10 km
200
236
1
2
3
4
5
A B C D
Arvert
Étaules
La Fousse
Tour
Les Pages
St-Martin
Faveau
Chaillevette
Chatressac
Le Maine
Mornac-s-Seudre
Coulonges
La Passe
Le Billeau
Silo
Plordonnier
L'Éguille
Montsanson
Dercie
Le Gua
Chalons
La Baraque
Antoinette
Forêt de la
Coubre
Bonne Anse
La Palmyre
*La Coubre
Pointe de la Coubre
St-Augustin
Le Grallet
Le Monti
Breuillet
St-Sulpice-de-Royan
Le Breuil
La Crèche
L'Îlate
L'Ilate
La Lande
Zoo
Palmyre
Plage de la Palmyre
Chaisson
Courlay
Champagnole
La Roche
Les Maries
Jaffe
Chatelard
Pousseau
Bernon
Sau
Plage de la Grde Côte
Combots
Puyraveau
La Palud
Vaux-s-Mer
Médis
La Champagne
La Grde
**La Grande Côte
Phare de Terre-Nègre
*St-Palais-s-Mer
Nauzan
Pontaillac
Le Maine-des-Sables
Musson
Trignac
Dido
**ROYAN
Pnte de Vallières
Puyrenaud
Semussac
Chênaumoine
Didonne
La Valade
D 730
**Cordouan
Pointe de Grave
**St-Georges-de-Didonne
Pnte de Suzac
Plage de Suzac
Plage de l'Arnèche
Plage des Vergnes
Plage des Nonnes
16
Musée
Port Bloc
Fort du Verdon
Port Médoc
Le Verdon-sur-Mer
Le Royannais
Le Logit
Grands-Maisons
Pnte de la Chambrette
*Meschers-s-Gironde
Port-Marant
**Talmont-s-Gironde
Le Caillá
ZONE PORTUAIRE
Les Huttes
*Soulac-sur-Mer
Le Jeune Soulac
Neyran
L'Amélie-sur-Mer
Les Coustaux
Lillan
Banc des Olives
Pointe de la Négade
Lède de la Négade
Les Mattes
Talais
Pointe aux Oiseaux
Grayan
Grayan-et-l'Hôpital
Daugagnan
Port-de-St Vivien
Le Gurp
Les Eyres
St-Vivien-de-Médoc
La Fosse
Richard
Lède du Gurp
Le Piqueau
Euronat
Dépée
L'Hôpital
La Brasserie
La Hourcade
Port-de-Richard
Lède de la Canillouse
Le Mayne
Gaudin
Jau-Dignac-et-Loirac
Nosillac
Le Centre
Goulée
Port-de-Gou
Montalivet-les-Bains
Les Arrestieux
Vensac
Loirac
Sipian
Va
Le Guâ
Lornac
Mouva
Courbian
La Verdasse
Troussas
Centre Hélio-Marin
Mayan
Meugas
Périgueys
Semian
La Hontane
Queyrac
Laujac
Meillan
Bége
Moulineyre
Vendays-Montalivet
Sarnac
Les Ourmes
Lescapon
Tremblaux
Forêt de Vendays
Cap-du-Prat
Houréan
Pey-du-Haut
Coudessant
Gaillan-en-Médoc
Prignac-en-Médoc
Civ
em Mé
Cayrehours
Roudillac
Bourgueyraud
Blanc
Marais de Lespaut
Berganton
La Bresquette
Lesparre-Médoc
Escot
Trelody
Les Marceaux
Les Galouch
Forêt du Junda
St-Isidore
Le Pin-Se
Lizan
Naujac-sur-Mer
Magagnan
La Prise
St-Gaux
Bouries
Plassan
Conneau
Artiguillon
Liard
Lagune
Cateaux

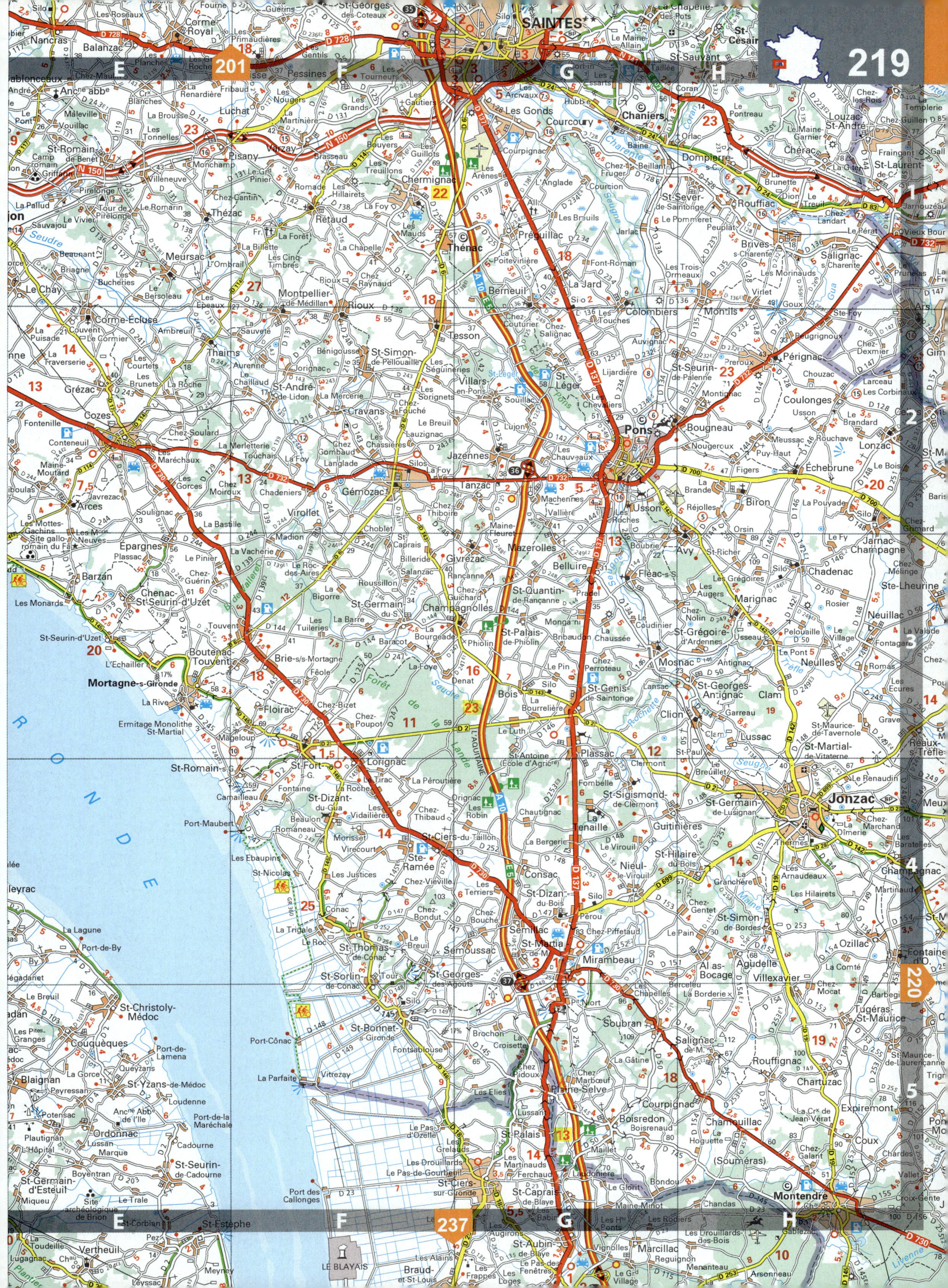

201
219
220
237
SAINTES
St-Césaire
St-Sauvant
Pons
Jonzac
Montendre
Mirambeau
Mortagne-s-Gironde
Chaniers
Les Gonds
Courcoury
Pérignac
Chérac
Dompierre
St-Sever-de-Saintonge
Rouffiac
Brives-s-Charente
Salignac-s-Charente
Échebrune
Biron
Chadenac
Marignac
St-Germain-de-Lusignan
Clam
Réaux-s-Trèfle
Lussac
Champagnolles
St-Palais-de-Phiolin
Mosnac
St-Genis-de-Saintonge
Clion
Plassac
Aguédelle
Villexavier
Soubran
Consac
Semoussac
St-Dizant-du-Bois
St-Ciers-du-Taillon
Ste-Ramée
Conac
St-Thomas-de-Conac
St-Sorlin-de-Conac
St-Georges-des-Agouts
St-Bonnet-sur-Gironde
St-Ciers-sur-Gironde
St-Palais
Chenac-St-Seurin-d'Uzet
St-Seurin-d'Uzet
Boutenac-Touvent
Floirac
Lorignac
St-Romain-s
St-Fort-s-G
St-Dizant-du-Gua
Épargnes
Grézac
Cozes
Barzan
Arces
Meursac
Thaims
Rioux
St-André-de-Lidon
Thénac
Berneuil
Préguillac
St-Léger
Villars-en-Pons
St-Simon-de-Pellouaille
Tesson
Montpellier-de-Médillan
Jazennes
Tanzac
Gémozac
Virollet
Madion
Givrezac
Mazerolles
Belluire
Avy
Fléac-s-Seugne
Marignac
Chermignac
Rétaud
Corme-Royal
Luchat
Pisany
Varzay
Balanzac
Nancras
St-Romain-de-Benet
Corme-Écluse
Le Chay
Semillac
Courpignac
Boisredon
Chamouillac
Rouffignac
Chartuzac
Montendre
GIRONDE
St-Christoly-Médoc
St-Yzans-de-Médoc
Couquèques
Blaignan
St-Germain-d'Esteuil
St-Seurin-de-Cadourne
Cadourne
Ordonnac
St-Estèphe
LE BLAYAIS
Braud-et-St-Louis
St-Aubin
Marcillac
Seudre
Charente
Gironde
N 150
N 137
D 728
D 732
D 730
D 700
D 731
D 134
D 137
D 254
D 145
D 732
Jarnac-Champagne
Arthenac
Neuillac
Lonzac
Réaux
Mirambeau

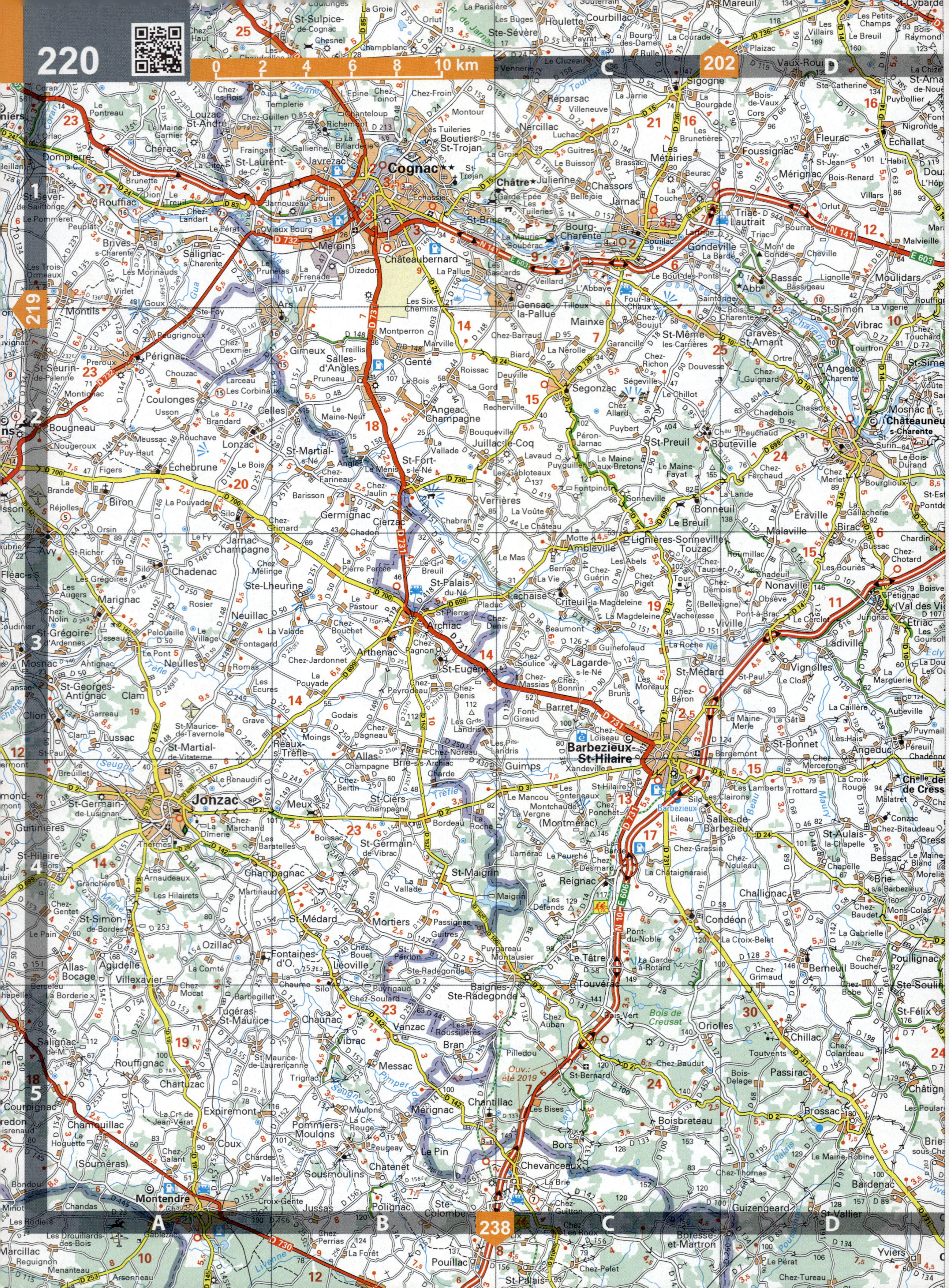

203

E
F
G
H
1
2
3
4
5
Angoulême
La Rochefoucauld
Gond-Pontouvre
Ruelle-s-Touvre
Soyaux
La Couronne
Roullet-St-Estèphe
St-Yrieix-s-Charente
Champniers
Magnac
Touvre
Puymoyen
Dirac
Vœuil-et-Giget
Mouthiers-s-Boëme
Dignac
Rougnac
Gardes-le-Pontaroux
Villebois-Lavalette
Blanzac-Porcheresse
Montmoreau-St-Cybard
Aignes-et-Puypéroux
Gurat
Chalais
Aubeterre-s-Dronne
Montboyer
Salles-Lavalette
Palluaud
St-Séverin
Verteillac
Montignac-le-Coq
Pillac
Juignac
Nanteuil-Auriac-de-Bourzac
La Tour-Blanche
Cercles
Bertric-Burée
Mareuil
Marthon
Grassac
Vouthon
Montbron
La Rochebeaucourt-et-Argentine
Édon
Charras
Fouquebrune
Torsac
Sers
Vouzan
Bouëx
Garat
Mornac
Brie
Balzac
Vindelle
Marsac
Linars
Fléac
Nersac
Sireuil
Hiersac
Claix
Plassac-Rouffiac
Voulgézac
Champagne-Vigny
Chadurie
Grottes du Quéroy
Camp militaire
Forêt de Dirac
Forêt d'Horte
Bois de Jovelle
Bois de Beaussac
Forêt de St James
Vilhonneur
Rancogne
Bunzac
Pranzac
Chazelles
Orgedeuil
Souffrignac
Feuillade
Hautefaye
Léguillac-de-Cercles
La Chapelle-Montabourlet
Bourg-des-Maisons
Chapdeuil
St-Paul-Lizonne
Lusignac
Bouteilles-St-Sébastien
Champagne-et-Fontaine
Gout-Rossignol
Vendoire
Vaux-Lavalette
Courgeac
Deviat
Nonac
St-Eutrope
Courlac
Bellon
Orival
Rouffiac
St-Romain
Bors
Rioux-Martin
St-Martial
Montignac
Palluaud
St-Martial-Viveyrol
Coutures
Celles
St-Just
Vieux-Mareuil
St-Pardoux-de-Mareuil
Beaussac
Combiers
Les Graulges
Puyrenier
St-Sornin
Marillac-le-Franc
N 10
N 141
D 1000
D 939
D 674
D 708

222

239

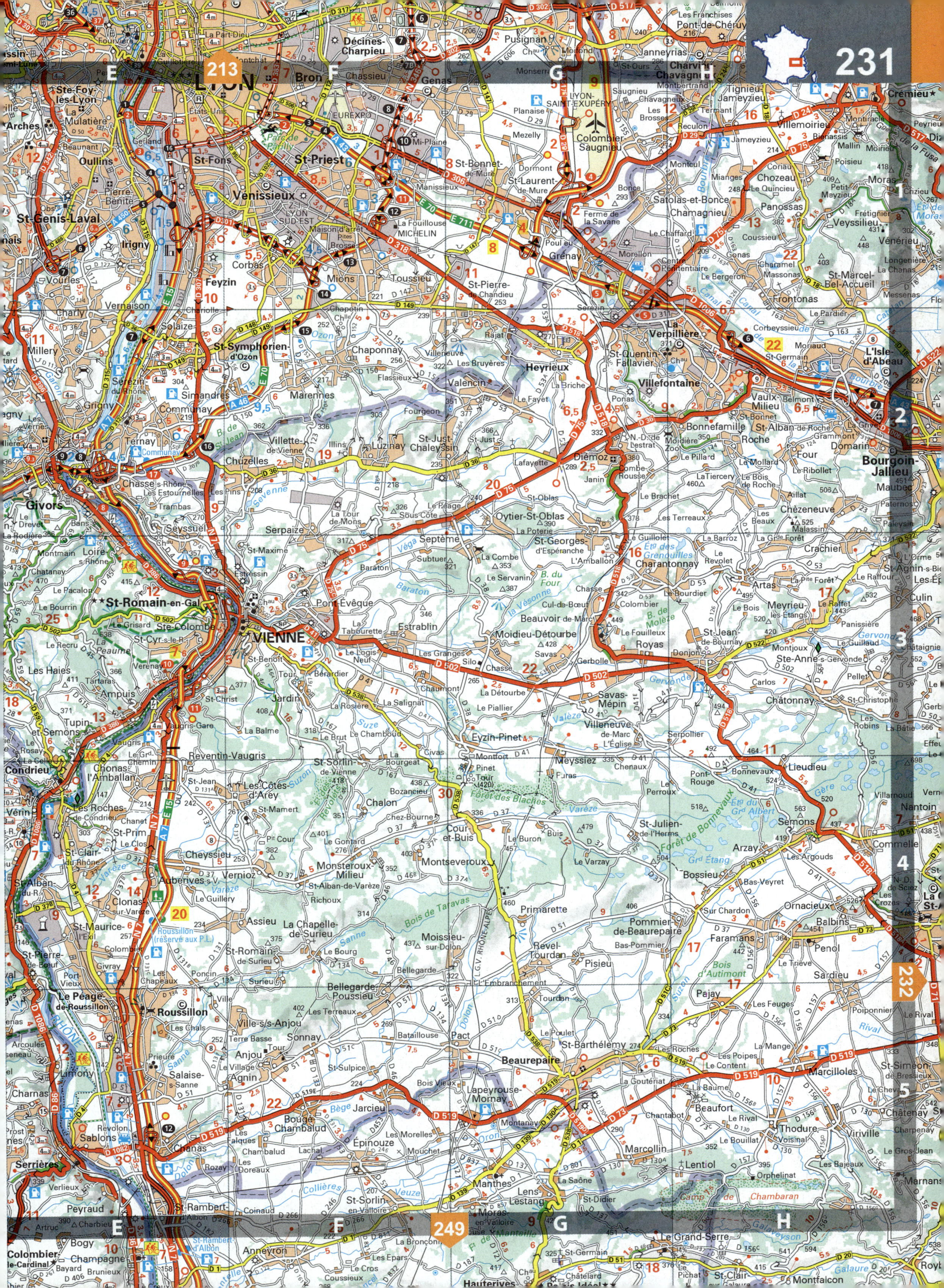

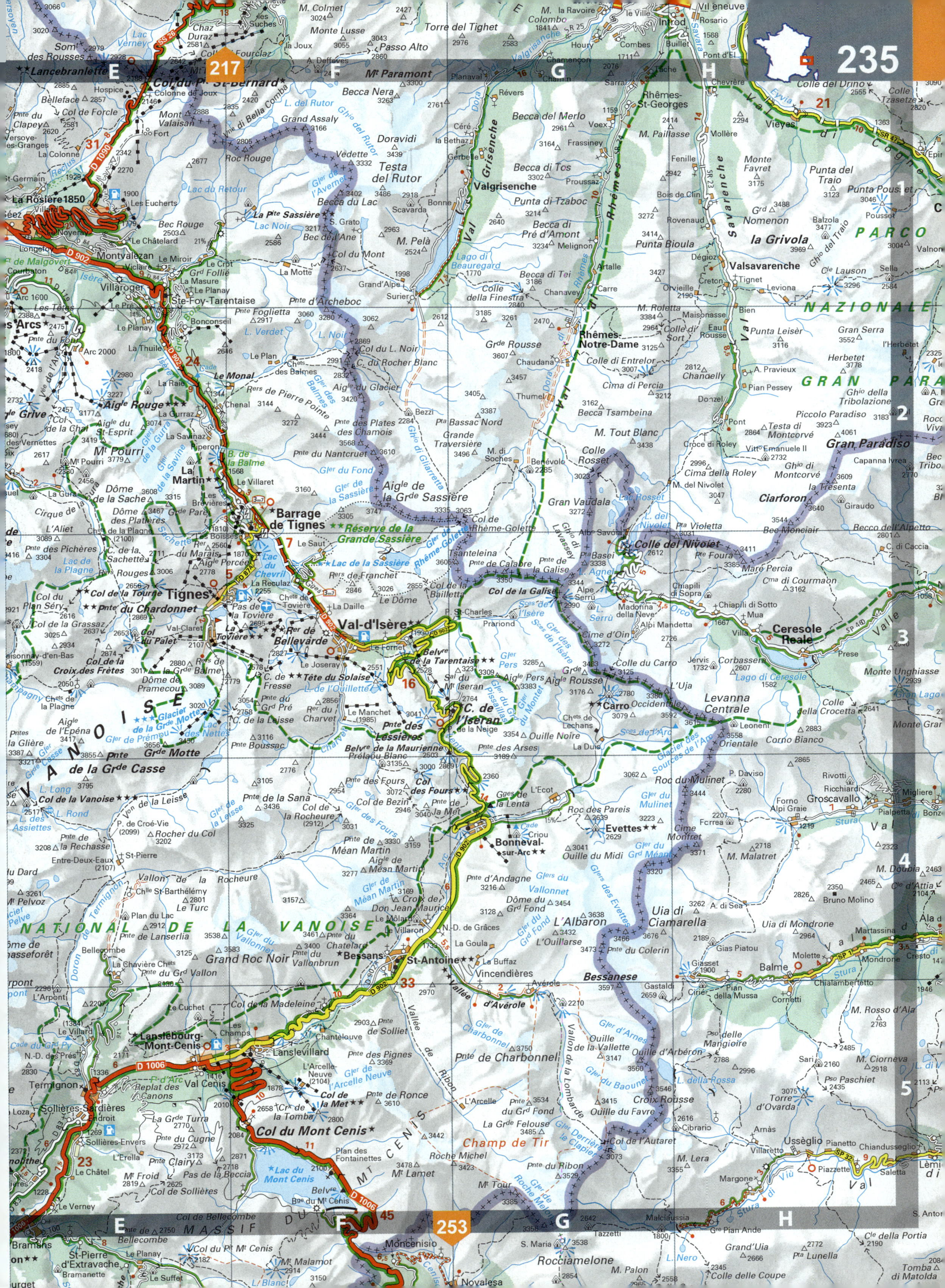

236
0 2 4 6 8 10 km
218
Lesparre-Médoc
Bergantons
La Bresquette
St-Isidore
Le Pin-Sec
Escot
Bouries
Plassan
Conneau
Artiguillon
Les Marceaux
Canqu
Louley
Hourtin-Plage
Le P'it Mont
Contaut
Lizan
Naujac-sur-Mer
La Prise
Magagnan
St-Gaux
Gausseron
Liard
Lagune
Carreaux
20
17
Les Genêts
C.F.M.
Piqueyrot
Cartignac
Le Port
Bas-Bré
Lande de Vignolles
D 4
Lagunan
Silo
Sémignan
D 205
Hourtin
Hourtin-Port
Haut-Bré
D 4
D 205
D 101
Lac
Pointe-Blanche
Pey-de-Camin
Lachanau
Lupian
Berle de Caillava
Mourlan
Balau
Forêt de St-Laurent
Le Crohot de France
La Gracieuse
Phares d'Hourtin
d'Hourtin-
Ste-Hélène-de-Hourtin
Garthieu
Craste Lambert
Couyras
Berdillan
Carcans
Ste-Hélène-de-l'étang
12
Craste Pipeyrous
Le Crohot des-Cavales
Bombannes
Craste
Villeneuve
Couyrasseau
Carcans
Carcans-Plage
Maubuisson
Le Pouch
Cap-de-Ville
Troussas
Berron
D 104
13
Mayne-Pauvre
D 207
D 104E
Le Montaut
Canal Marais
Craste
Raouset
Réserve naturelle
Étang de Cousseau
L'Alexandre
Devinas
10
Landes de Méogas
Brach
21
Toul
20
Lande de Ludée
13
Le Huga
11
Lacanau-Océan
L'Ardilouse
Le Moutchic
Talaris
Landes du Bourg
Grand Ludée
Petit Ludée
Constantenins
Le Devès
Carreyre
Narsot
Méogas
Lande de
Villeneuve
Taussac
Le Tedey
Le Port
Mejos
Taussac
16
Lac de Lacanau
Lacanau
Au Chalet
Planque-Peyre
Ste-Hélène
La G'de Escoure
Les Nerps
Aux Andraux
Le Lion
Longarisse
Le Bernos
11
Craste
Tronquats
10
Bedillon
Le Plen
Lède du G'd Bernos
Mistre
Craste de la Castagnot
Le Grand Courgas
Le Petit Courgas
Saumos
Étang de Batejin
Landes de
14
Landes du Gartiou-Croutat
Lande d'Eyron
Landes de Batourtot
Lacousteyre
Grand Bos
Le Gressier
Le Porge-Océan
Étang de Lède Basse
Maisonneuve
Lescarran
10
Petit Bos
Serigas
Le Temple
Dunes du Hugney
Gleyse Vielle
Vignas
Le Porge
Sautuges
16
La Jenny
Loruau
Le Crastieu
Bois de Boutas
Lande des Courtious Brûlés
Dunes de Partillot
Le Pas-du-Bouc
Lauros
12
Silo
Terrain militaire
254
Les Dorat
Maisonnieu
Grand Crohot Océan
Lège-Cap Ferret
Mautans
Blagon
A   B   C   D

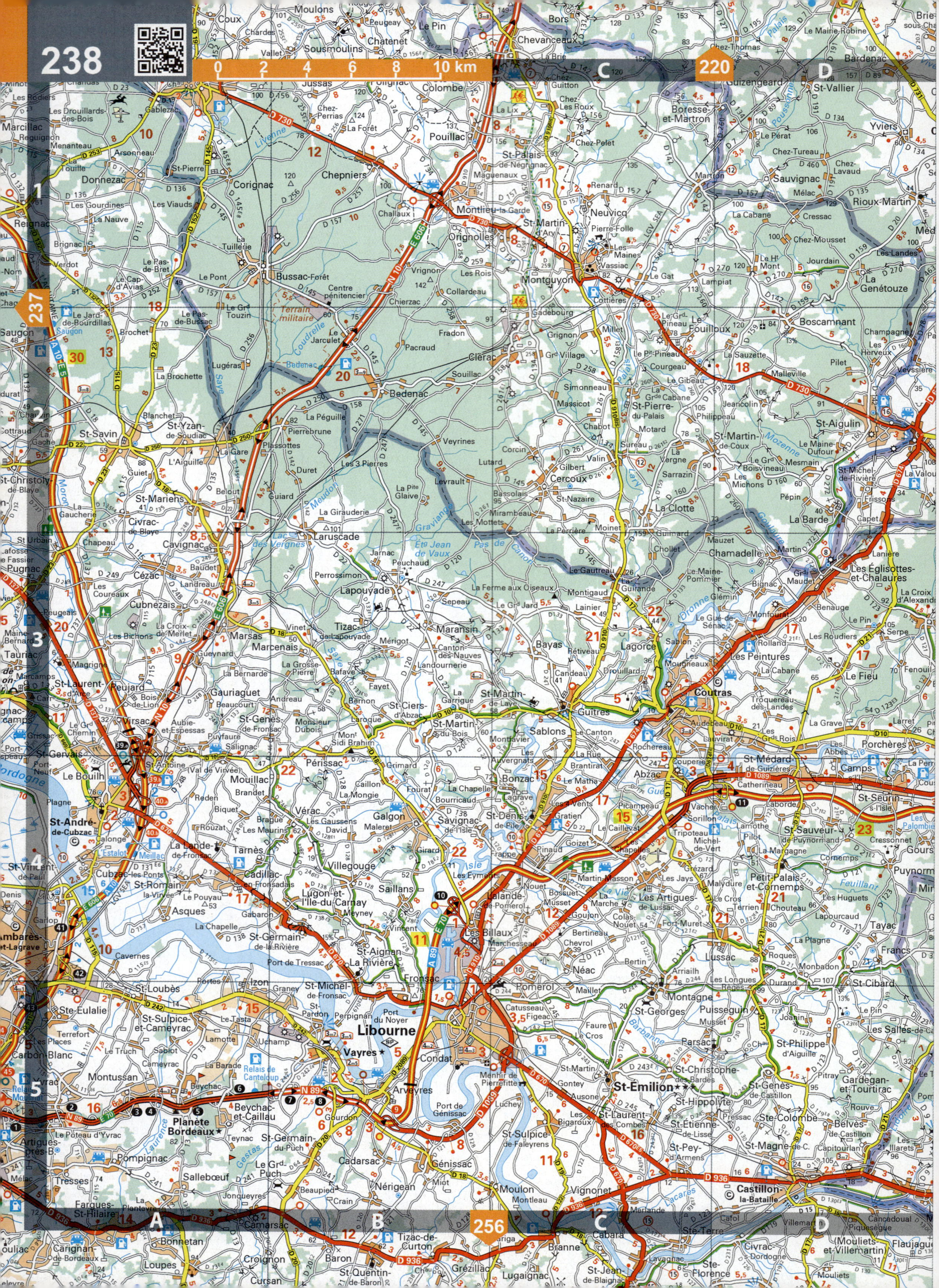

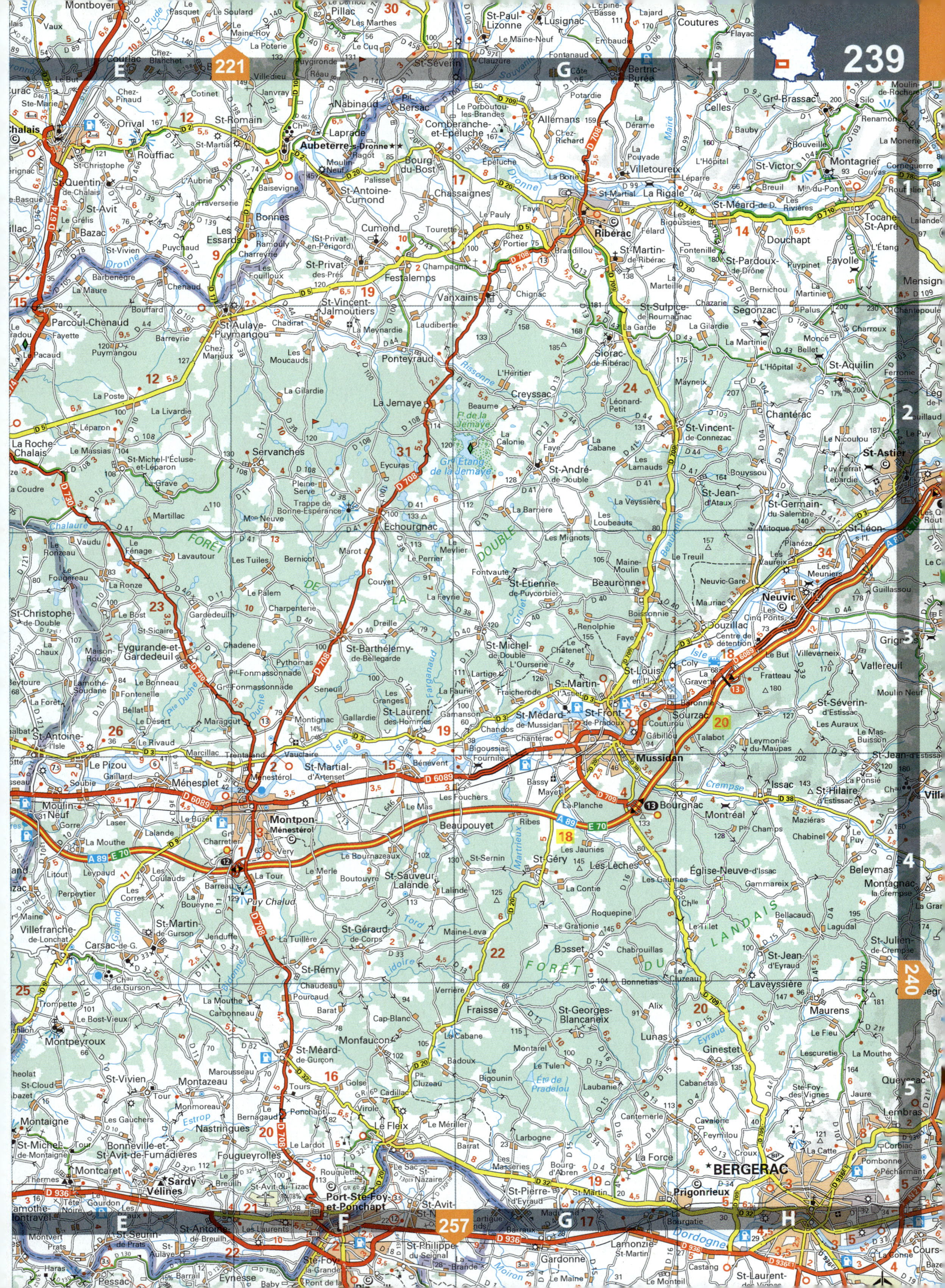

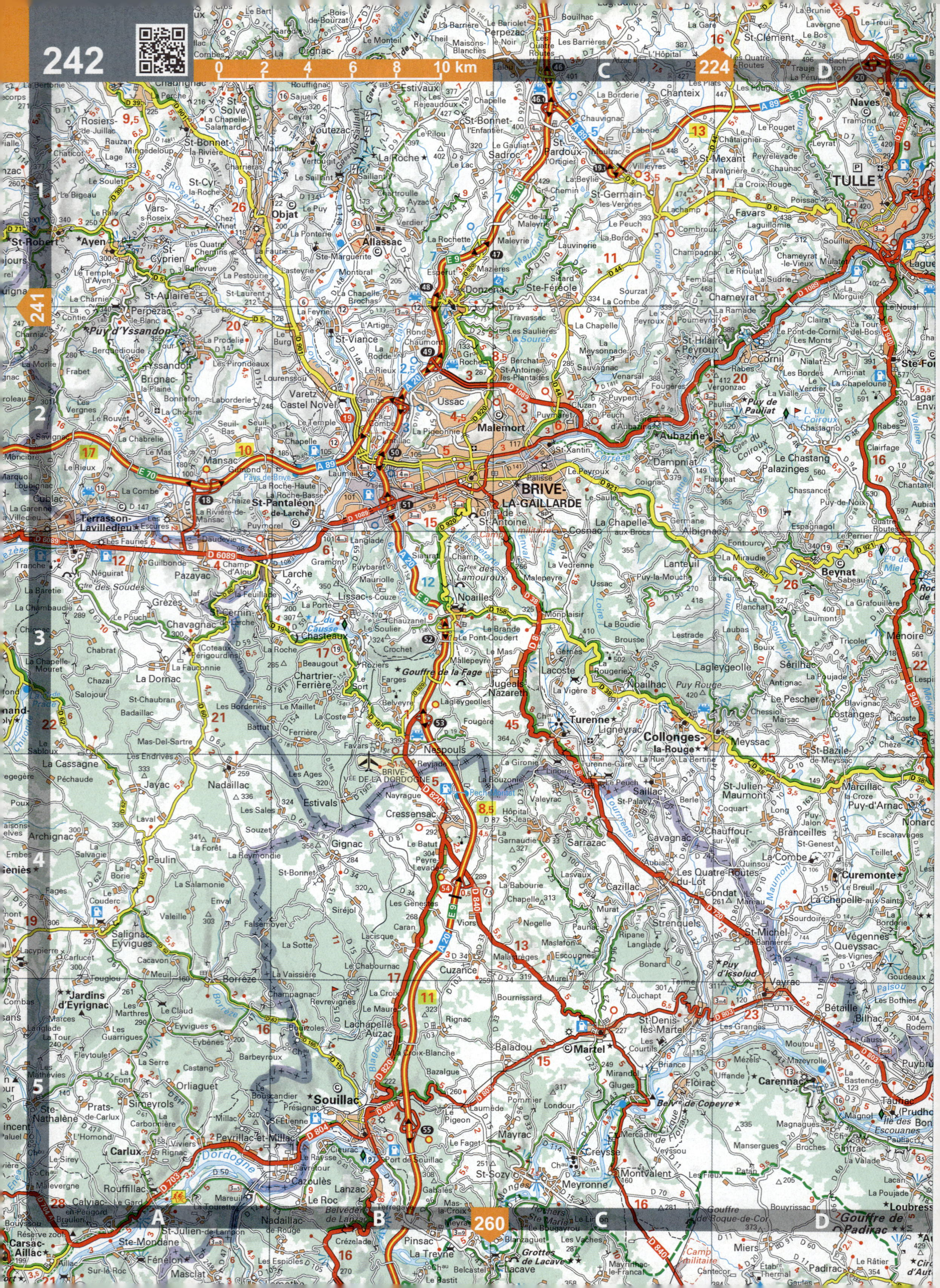

0 2 4 6 8 10 km
224
241
260
A B C D
1 2 3 4 5
TULLE
BRIVE-LA-GAILLARDE
Naves
Objat
Allassac
Donzenac
Malemort
Aubazine
Beynat
Ménoire
Collonges-la-Rouge
Turenne
Meyssac
Noailles
Souillac
Martel
Carennac
Curemonte
St-Robert
Ayen
Terrasson-Lavilledieu
Larche
Carlux
Calviac
Carsac-Aillac
Puy d'Yssandon

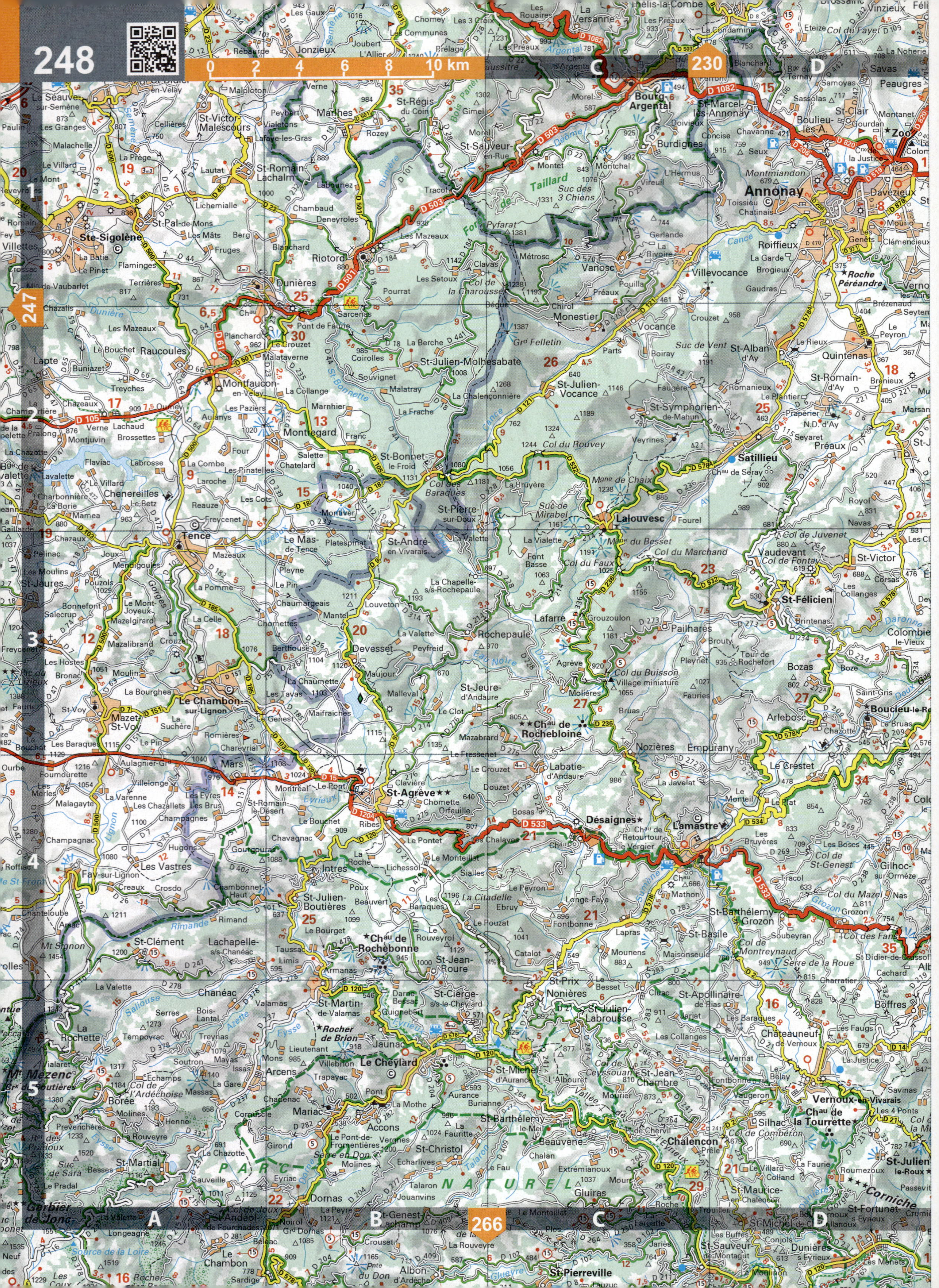

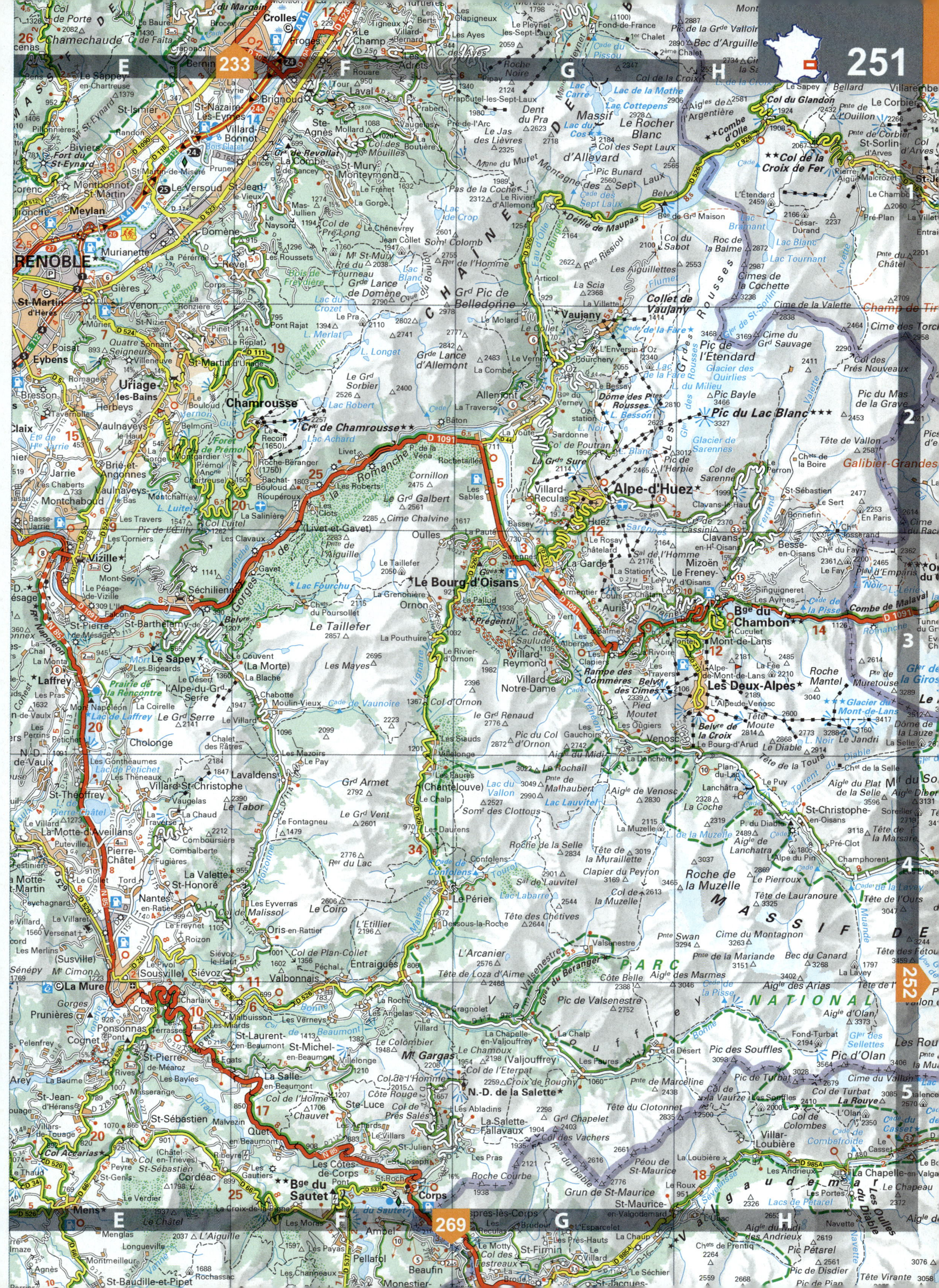

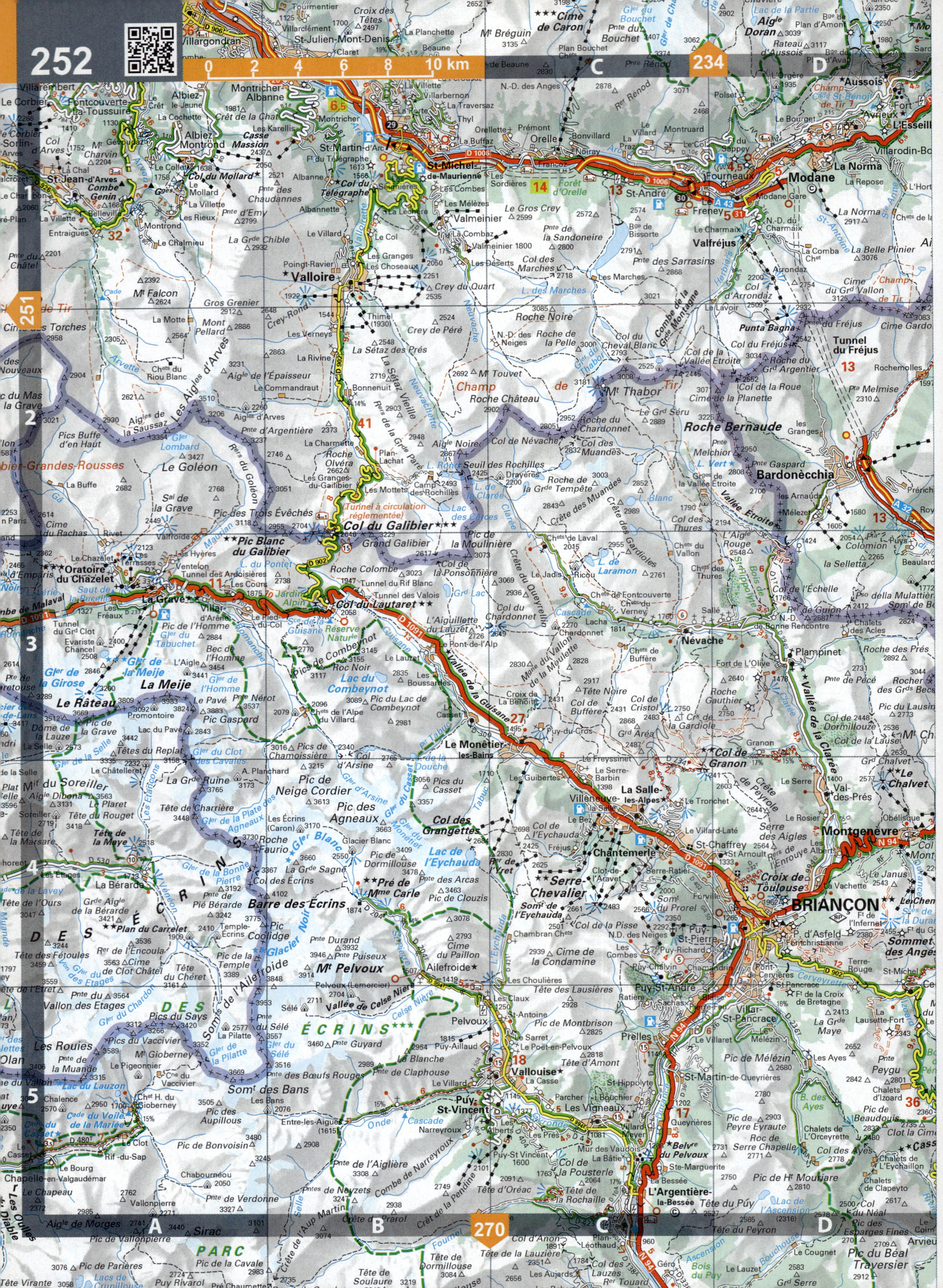

252
234
0 2 4 6 8 10 km
251
270
BRIANÇON
Modane
Valloire
La Norma
Valfréjus
Bardonecchia
Montgenèvre
Serre Chevalier
Pelvoux
Vallouise
Puy-St-Vincent
L'Argentière-la-Bessée
Névache
Le Monêtier-les-Bains
La Grave
La Meije
Le Rateau
Barre des Écrins
PARC DES ÉCRINS
Col du Galibier
Col du Lautaret
Col du Télégraphe
Col du Mollard
St-Jean-d'Arves
St-Michel-de-Maurienne
St-Martin-d'Arc
Tunnel du Fréjus
Roche Bernaude
Mt Thabor

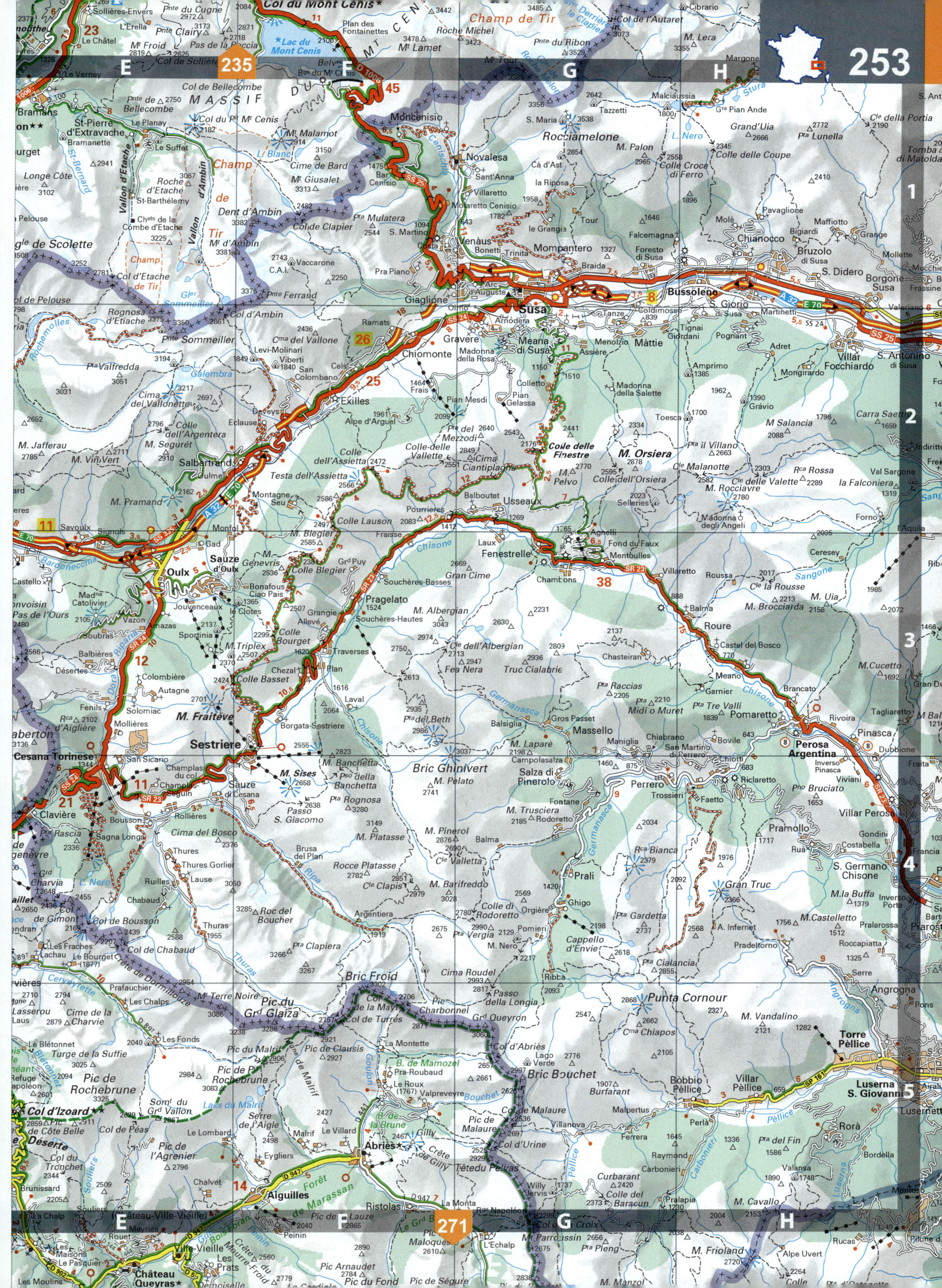

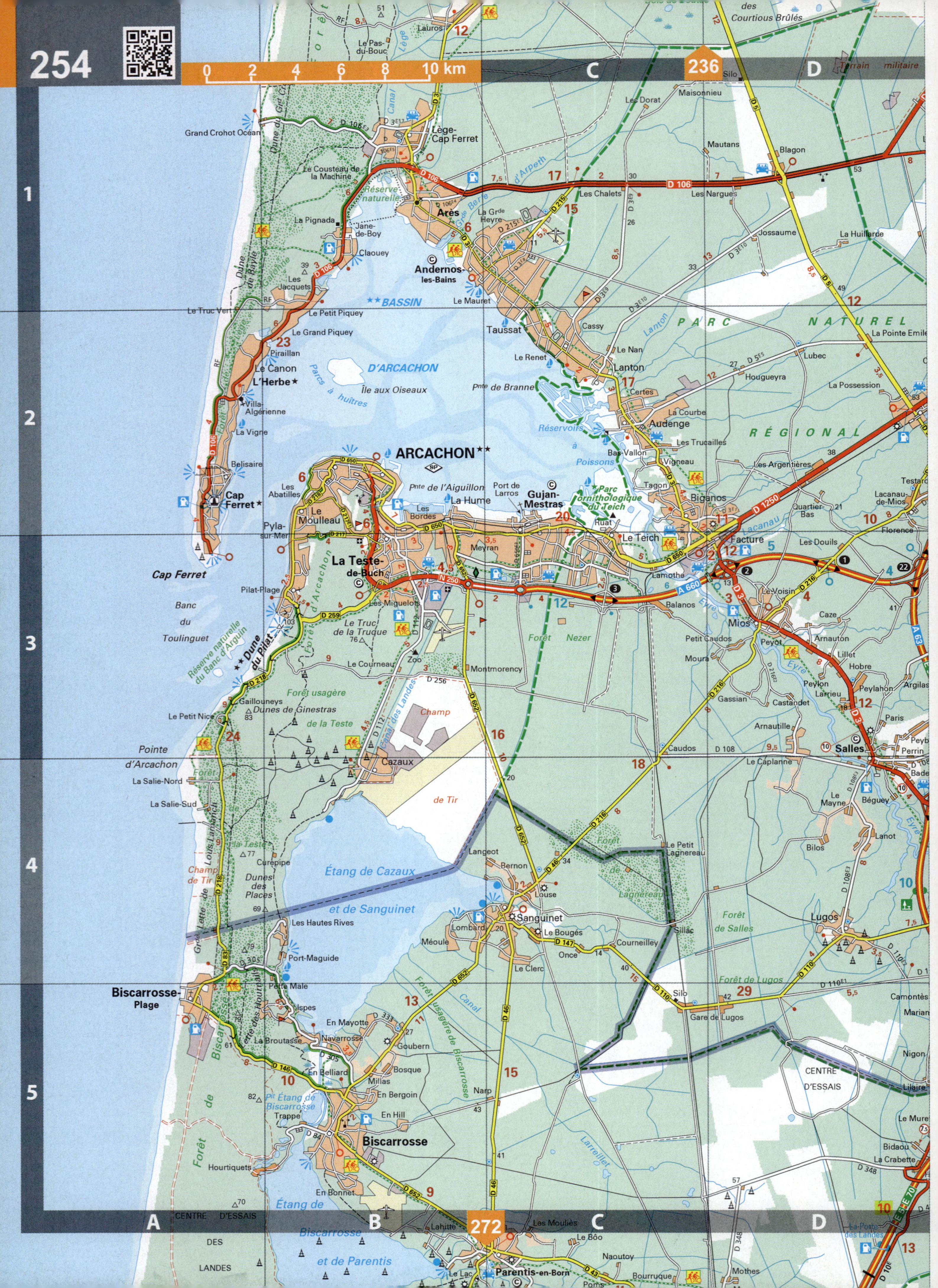

254
236
272
0 2 4 6 8 10 km
Terrain militaire
des Courtious Brûlés
Grand Crohot Océan
Le Pas-du-Bouc
Lauros
Lège-Cap Ferret
RF
Silo
Maisonnieu
Les Dorat
Mautans
Blagon
Le Cousteau de la Machine
Réserve naturelle
Les Chalets
Les Nargues
D 106
Jossaume
La Huillarde
La Pignada
Arès
La Grde Heyre
Jane-de-Boy
Clouey
Les Jacquets
Andernos-les-Bains
Le Truc Vert
BASSIN
Le Mauret
Cassy
Le Nan
Taussat
PARC
NATUREL
La Pointe Emile
Le Petit Piquey
Le Grand Piquey
Lanton
Piraillan
Le Canon
D'ARCACHON
Le Renet
Hougueyra
La Possession
L'Herbe
Île aux Oiseaux
Pnte de Branne
Certes
Lubec
Villa Algérienne
Parcs à huîtres
Réservoirs à Poissons
La Courbe
Audenge
RÉGIONAL
Testarou
La Vigne
Bas-Vallon
Vigneau
Les Argentières
Belisaire
Les Trucailles
Cap Ferret
ARCACHON
Pnte de l'Aiguillon
Port de Larros
Gujan-Mestras
Parc ornithologique du Teich
Biganos
Lacanau-de-Mios
Les Abatilles
La Hume
Ruat
Florence
Le Moulleau
Les Bordes
Le Teich
Facture
Les Douils
Pyla-sur-Mer
Meyran
Lamothe
Le Voisin
Cap Ferret
La Teste-de-Buch
Balanos
Caze
Banc du Toulinguet
Pilat-Plage
Forêt Nezer
Mios
Arnauton
Réserve naturelle du Banc d'Arguin
Les Miquelots
Petit Caudos
Lillet
Dune du Pilat
Le Truc de la Truque
Mours
Peyot
Hobre
Forêt usagère
Zoo
Montmorency
Peylon
Peylahon
Larrieu
Gaillouneys
Dunes de Ginestras
Le Courneau
Gassian
Castandet
Paris
Le Petit Nice
de la Teste
Champ
Arnautille
Pointe d'Arcachon
Salles
La Salie-Nord
Caudos
Le Caplanne
Perrin
La Salie-Sud
Le Mayne
Béguey
Bade
La Teste
Forêt
Curepipe
Bilos
Lanot
Champ de Tir
Dunes des Places
Étang de Cazaux
Langeot
Le Petit Lagnereau
Lugos
Bernon
Forêt de Lagnereau
Les Hautes Rives
et de Sanguinet
Louse
Forêt de Salles
Port-Maguide
Lombard
Sanguinet
Sillac
Petite Male
Méoule
Le Bougès
Courneilley
Forêt de Lugos
Biscarrosse-Plage
Once
Le Clerc
Silo
Gare de Lugos
Ispes
En Mayotte
Navarrosse
Goubern
Camontès
La Broutasse
Bosque
Marian
Millas
En Bergoin
Narp
CENTRE D'ESSAIS
Nigon
En Belliard
En Hill
Larreillet
Lilaire
Biscarrosse
Le Muret
Trappe
Plt Étang de Biscarrosse
Bidaou
La Crabette
Hourtiquets
En Bonnet
Étang de
CENTRE D'ESSAIS
Les Mouliès
La-Pointe-des-Landes
DES
Biscarrosse
Le Bôo
Naoutoy
LANDES
et de Parentis
Lahitte
Parentis-en-Born
Bourruque
Mothes
Le Lac
Pons

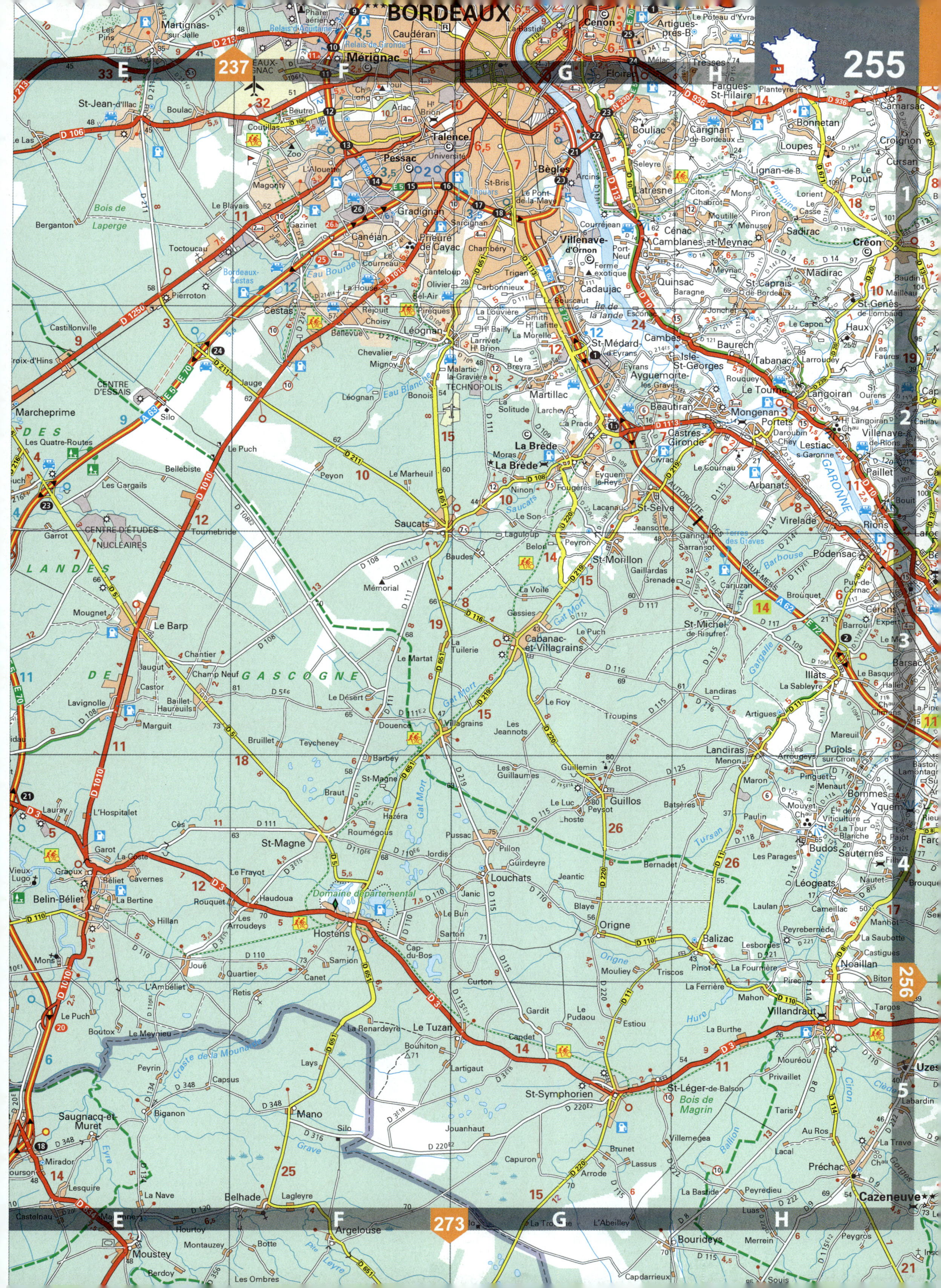

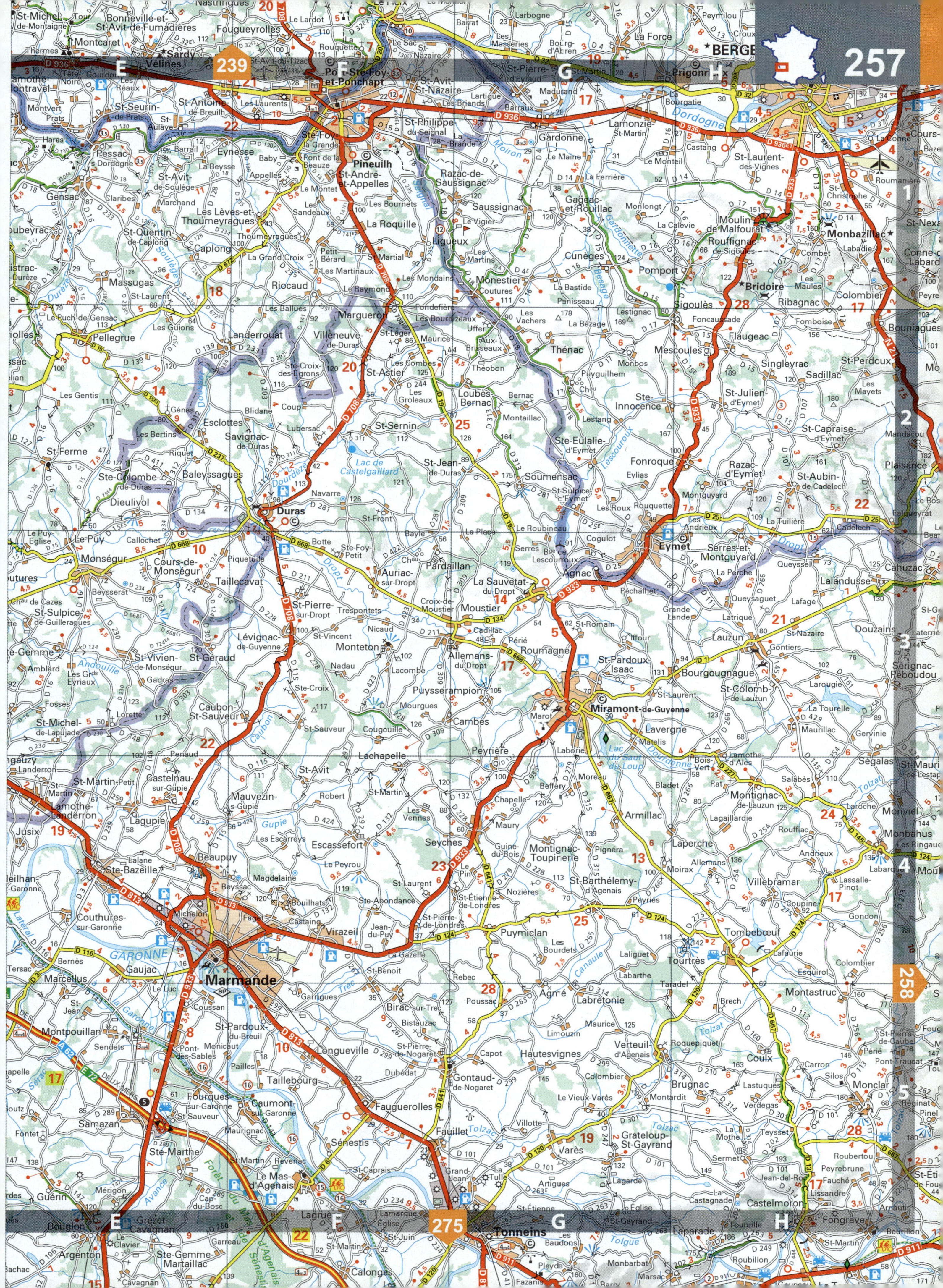

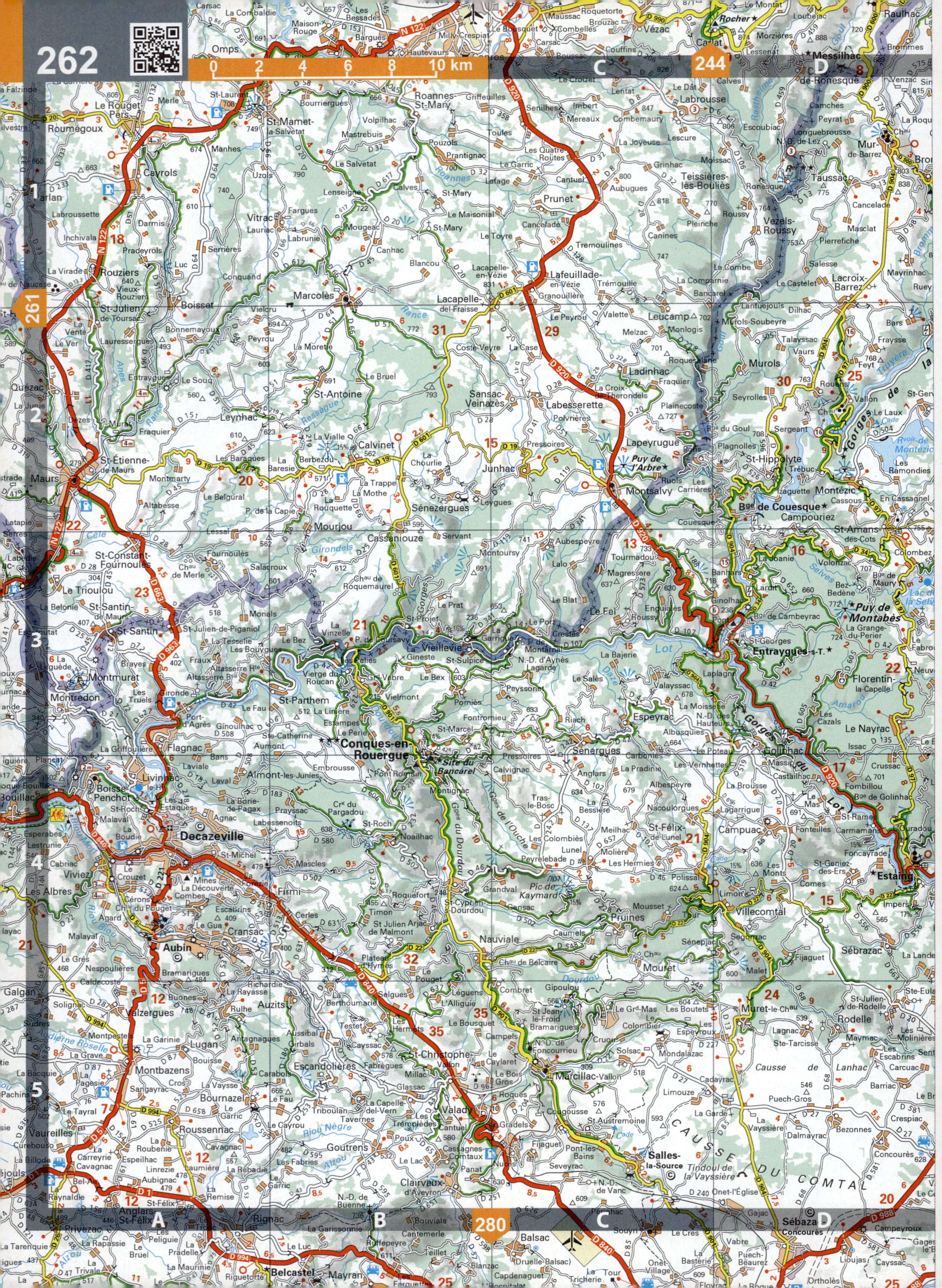

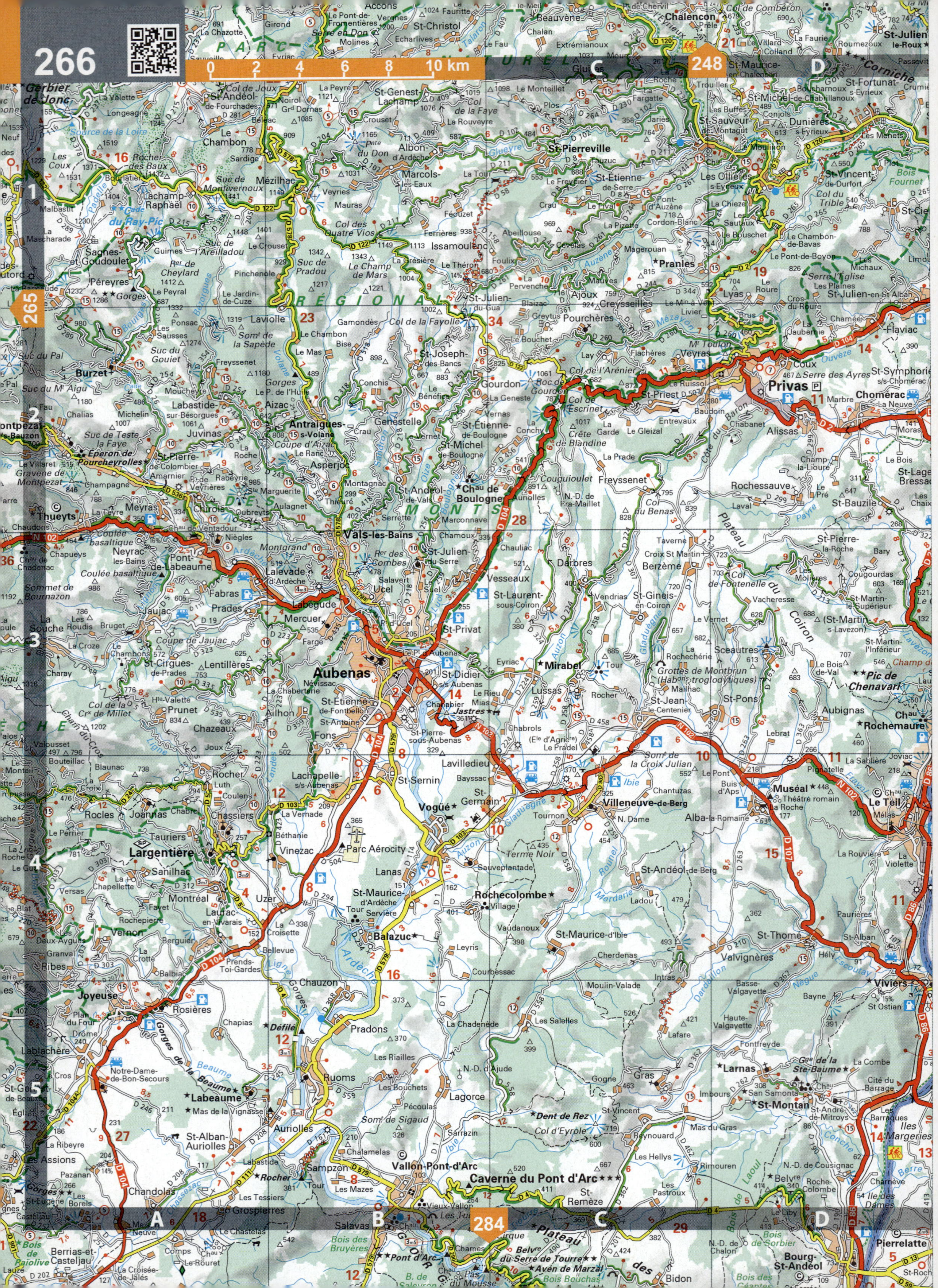

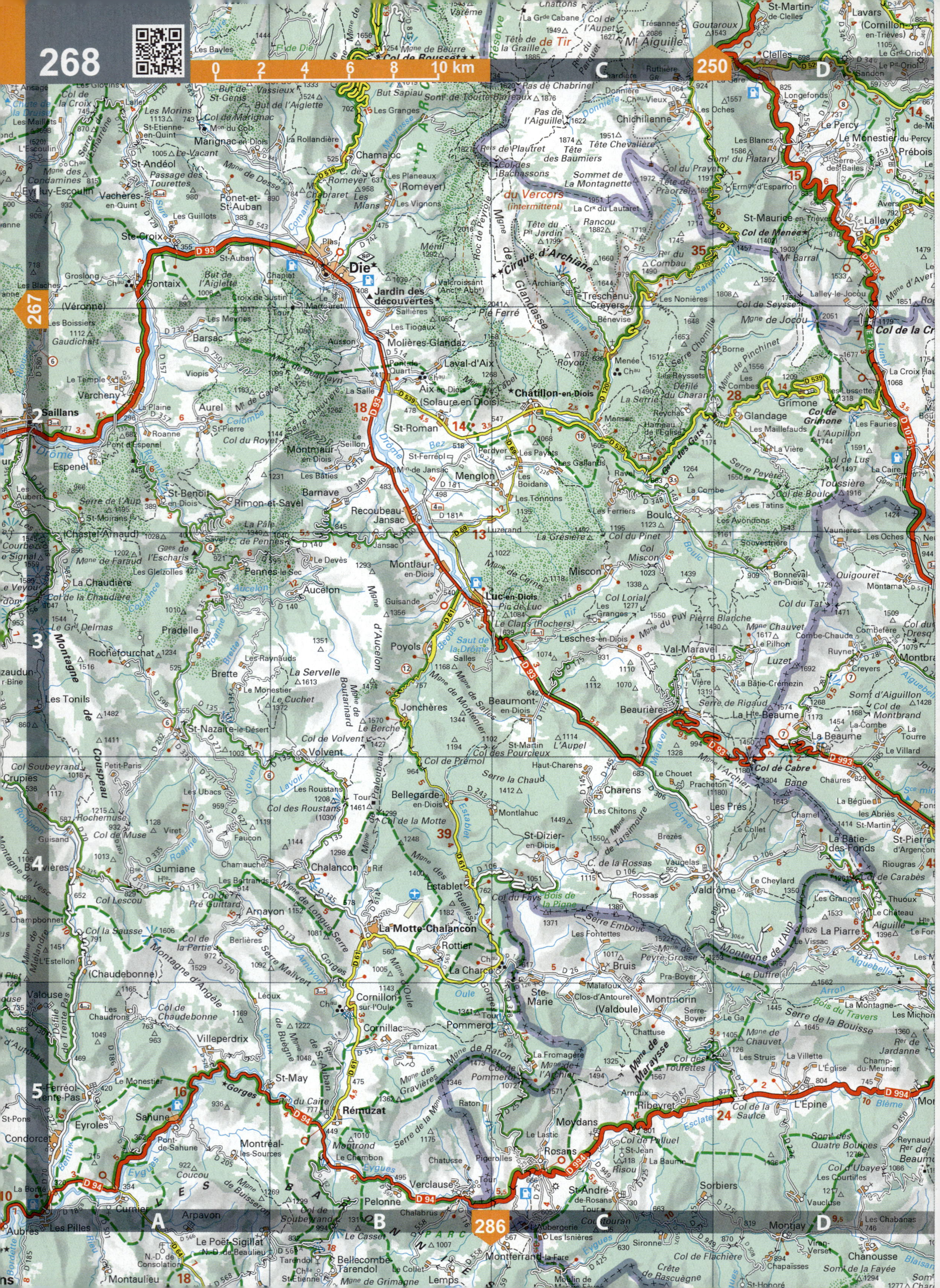

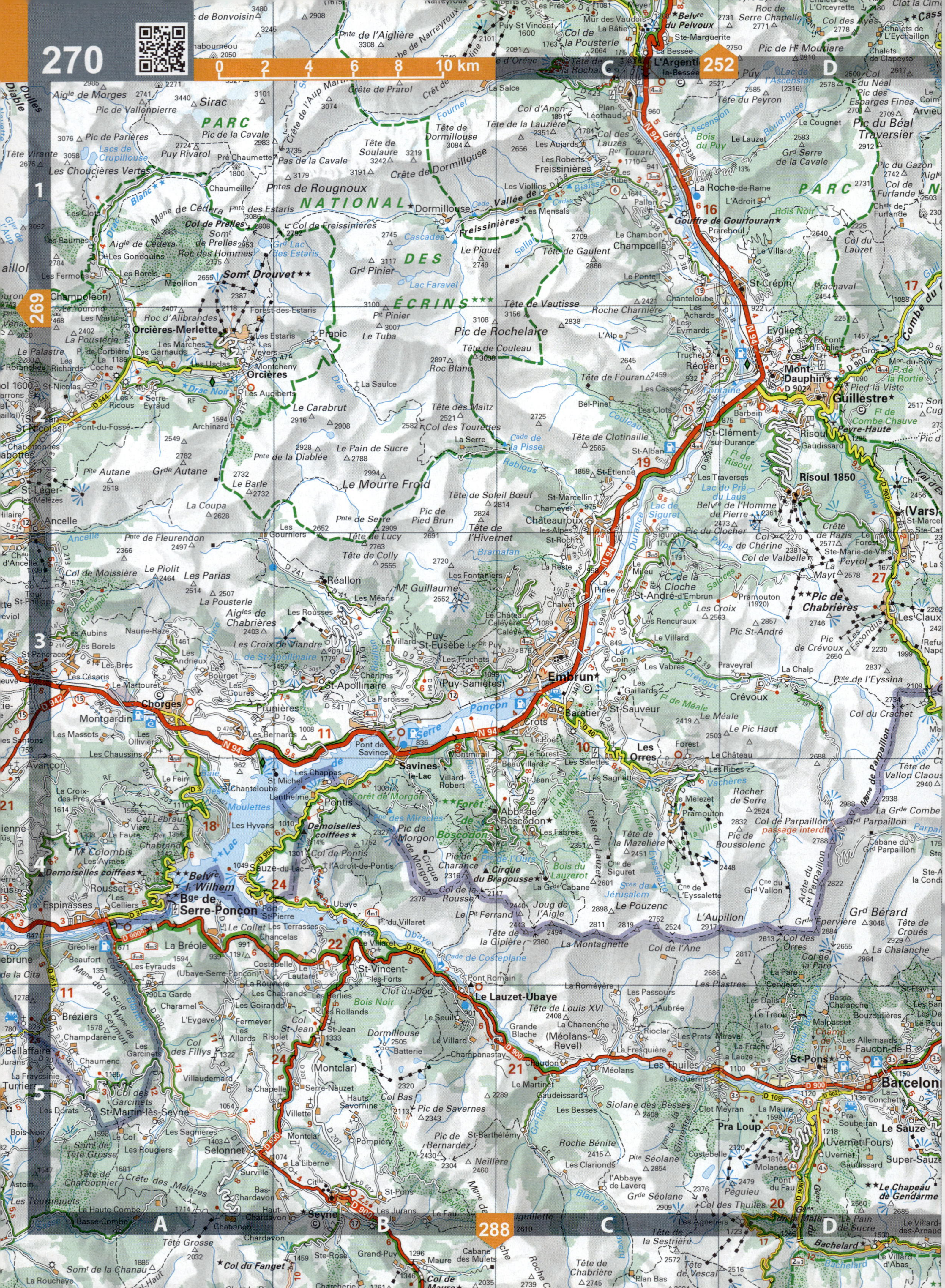

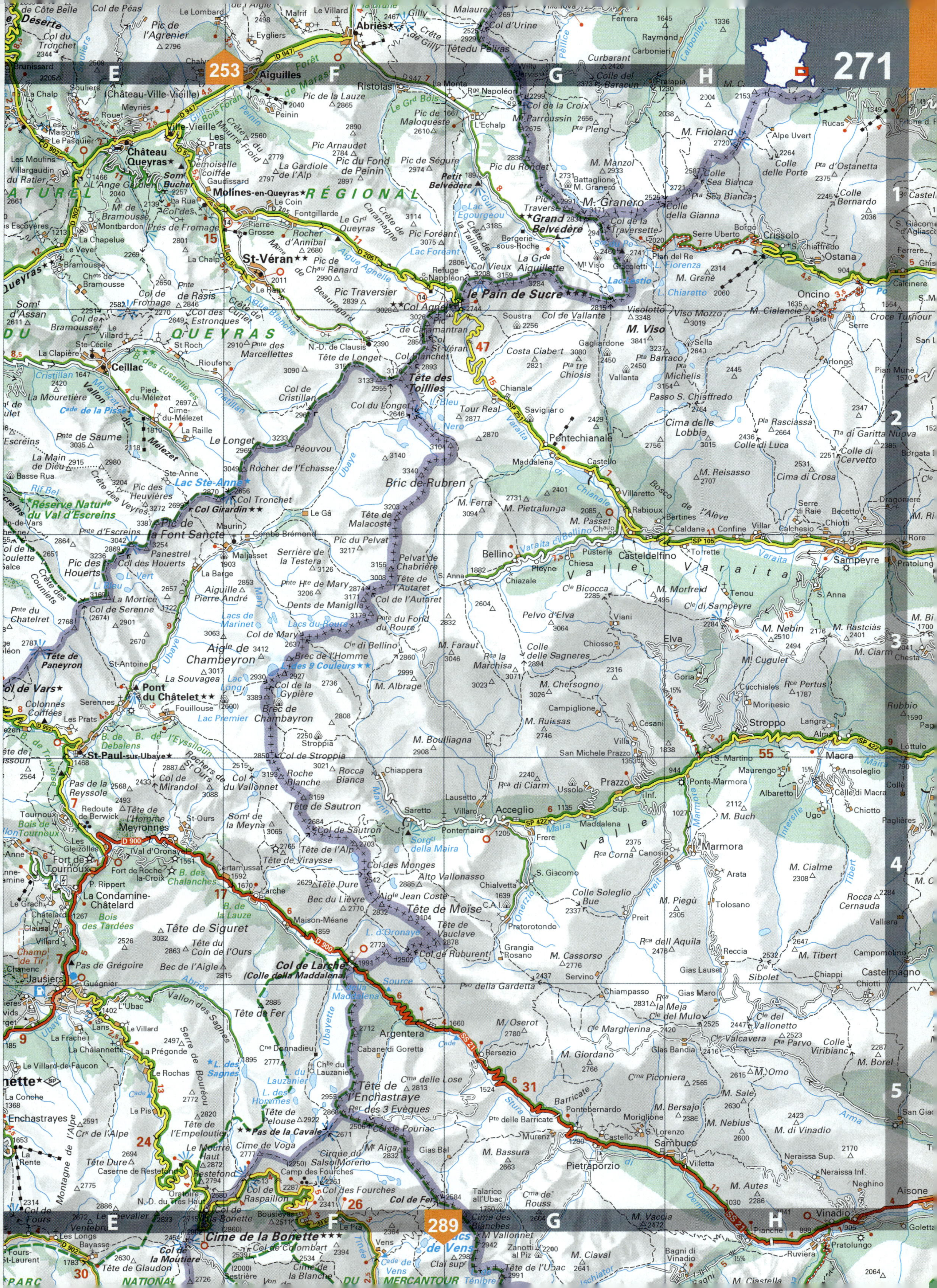

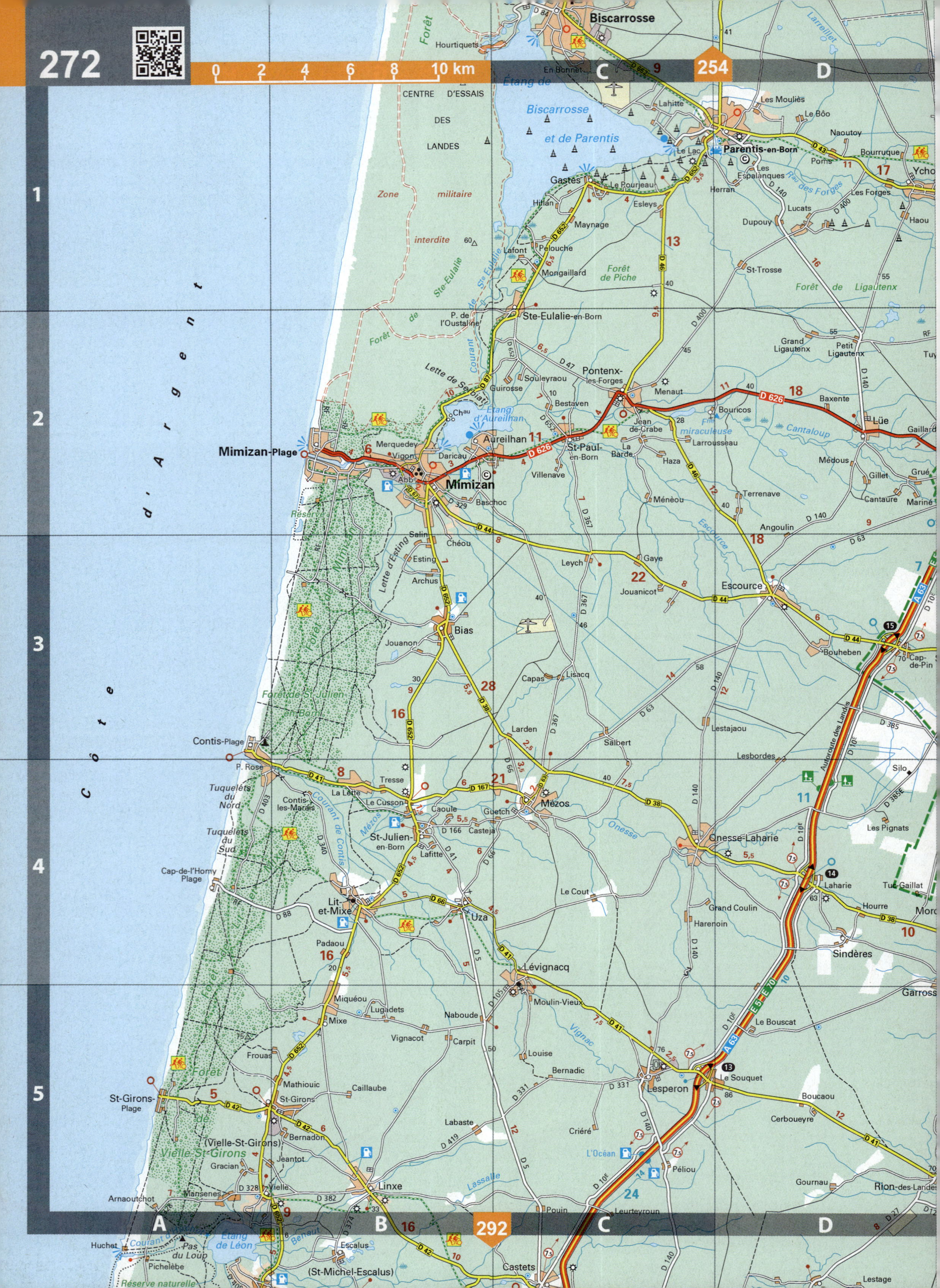

272
254
D
Biscarrosse
Hourtiquets
0 2 4 6 8 10 km
CENTRE D'ESSAIS
DES
LANDES
Zone militaire
interdite
Étang de
Biscarrosse
et de Parentis
En Bonnet
C
9
Lahitte
Les Mouliès
Le Bôo
Naoutoy
Le Lac
Parentis-en-Born
Gastes
Le Pourjeau
Les Espalanques
Herran
Porns
11
17
Ycho
Bourruque
Hitan
Esleys
Lucats
Dupouy
Haou
Maynage
13
Pelouché
Lafont
Mongaillard
Forêt
de Piche
St-Trosse
16
Forêt de Ligautenx
Ste-Eulalie
Côte d'Argent
Forêt de
Ste-Eulalie-en-Born
Lette de St-Eulalie
Courant
Pontenx-
les-Forges
Souleyraou
Guirosse
Bestaven
Menaut
Bouricos
D 626
18
Baxente
Lüe
Gaillard
Chau
Étang
d'Aureilhan
Jean
de-Crabe
Forêt
miraculeuse
Cantaloup
Mimizan-Plage
Merquedey
Vigon
Daricau
Aureilhan
11
St-Paul-
en-Born
La Barde
Larrousseau
Médous
Gillet
Grué
Abb
Mimizan
Villenave
Haza
Ménéou
Terrenave
Cantaure
Marin
Baschoc
D 329
Angoulin
D 140
Réserve
Lette d'Esting
Selin
D 44
Chéou
Leych
Gaye
Escource
Esting
Archus
22
Jouanicot
D 44
Bias
Jouanon
Capas
Lisacq
Lestajaou
Bouheben
Cap-
de-Pin
30
28
Forêt de St-Julien
en-Born
16
Larden
Salbert
Lesbordes
D 38
11
Les Pignats
Contis-Plage
P. Rose
Tresse
21
Mézos
Onesse-Laharie
Tuquelets
du Nord
La Lette
Le Cusson
Caoule
Guetch
Onesse
Contis-
les-Marais
St-Julien-
en-Born
Casteja
Tuquelets
du Sud
Lafitte
14
Laharie
Tuc-Gaillat
Cap-de-l'Homy
Plage
Le Cout
Grand Coulin
Hourre
Mord
Lit-
et-Mixe
Uza
Harenoin
10
Sindères
Padaou
16
Lévignacq
Garross
Miquéou
Lugadets
Naboude
Moulin-Vieux
Le Bouscat
Mixe
Vignacot
Carpit
Louise
Vignac
Frouas
Bernadic
Le Souquet
13
Mathiouic
Caillaube
Lesperon
Boucaou
St-Girons-
Plage
St-Girons
Bernadon
Labaste
Criéré
Cerboueyre
12
(Vielle-St-Girons)
Vielle-St-Girons
Jeantot
L'Océan
Péliou
Gracian
Gournau
Rion-des-Landes
Arnaoutchot
Mansenes
Vielle
Linxe
Pouin
Leurteyroun
24
A
B
292
C
D
Huchet
Pas
du Loup
Pichelèbe
Étang
de Léon
Escalus
(St-Michel-Escalus)
Castets
Réserve naturelle
Lassalle
Lestage

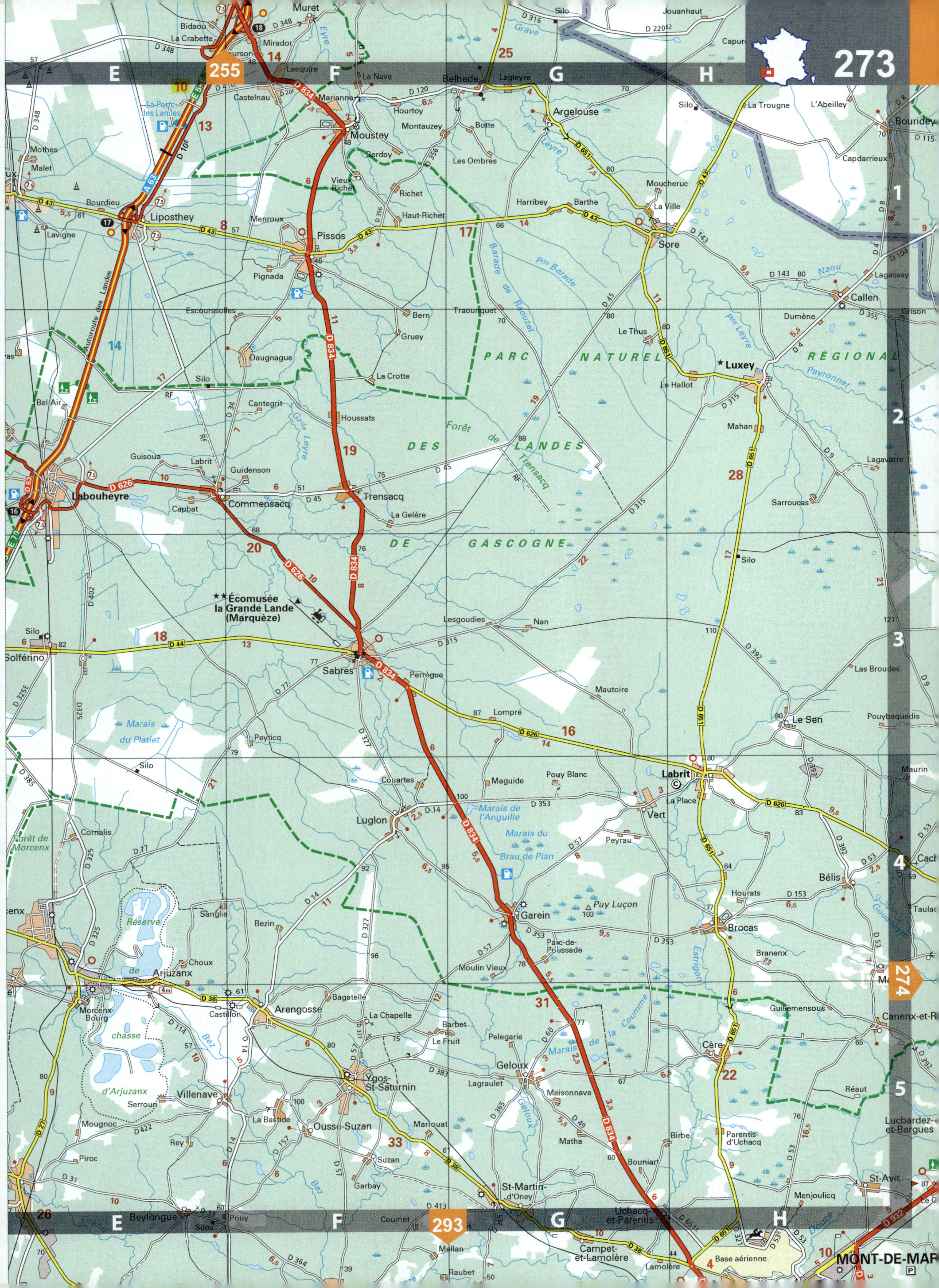
273
274
293
255
Muret
Bidaou
La Crabette
D 348
Mirador
Eyre
Courson
Lesquire
Castelnau
D 834
Marianne
Moustey
Hourtoy
Montauzey
Berdoy
Les Ombres
Botte
Pte Leyre
Vieux-Richet
Richet
Haut-Richet
Menroux
Pissos
Pignada
Escoursolles
Bern
Gruey
Daugnague
La Crotte
Houssats
Traouriquet
PARC NATUREL RÉGIONAL
Belhade
Lagleyre
Argelouse
Silo
La Trougne
L'Abeilley
Bouridey
Capdarrieux
Moucheruc
La Ville
Harribey
Barthe
Sore
D 651
D 43
Naou
Lagassey
Callen
D 355
Grison
Dumène
Le Thus
Luxey
Le Hallot
D 315
Mahan
Lagavarre
Peyronnet
Sarroucas
Pouybaquedis
Guisoua
Labrit
Guidenson
Cantegrit
DES LANDES DE TRENSACQ
Trensacq
La Gelère
Commensacq
Capbat
Labouheyre
D 626
Bel-Air
Silo
Lavigne
Bourdieu
Liposthey
Mothes
Malet
D 348
D 43
DE GASCOGNE
**Écomusée la Grande Lande (Marquèze)
Sabres
D 834
Perrègue
Lesgoudies
Nan
Silo
Solférino
Marais du Platiet
Peyticq
Lompré
Mautoire
Couartes
Maguide
Pouy Blanc
Labrit
La Place
Vert
Le Sen
Las Broudes
Maurin
Luglon
Marais de l'Anguille
Marais du Brau de Pian
Peyrau
Peyrau
Forêt de Morcenx
Comalis
Sanglia
Bezin
Réserve de chasse d'Arjuzanx
Choux
Arjuzanx
Morcenx-Bourg
Castillon
Arengosse
Bagatelle
La Chapelle
Barbet
Le Fruit
Pelegarie
Garein
Puy Luçon
Parc-de-Poussade
Moulin Vieux
Brocas
Branenx
Hourats
Bélis
Cère
Guillemensou
Canenx-et-R
Villenave
Serroun
La Bastide
Ygos-St-Saturnin
Lagraulet
Geloux
Maisonnave
Parentis-d'Uchacq
Réaut
Lucbardez-et-Bargues
Mougnoc
Piroc
Rey
Ousse-Suzan
Marrouat
Suzan
Garbay
Matha
Bouniart
Birbe
St-Avit
Menjoulicq
Beylongue
Pouy
Coumet
Mellan
Raubet
St-Martin-d'Oney
Uchacq-et-Parentis
Campet-et-Lamolère
Lamolère
Base aérienne
MONT-DE-MAR

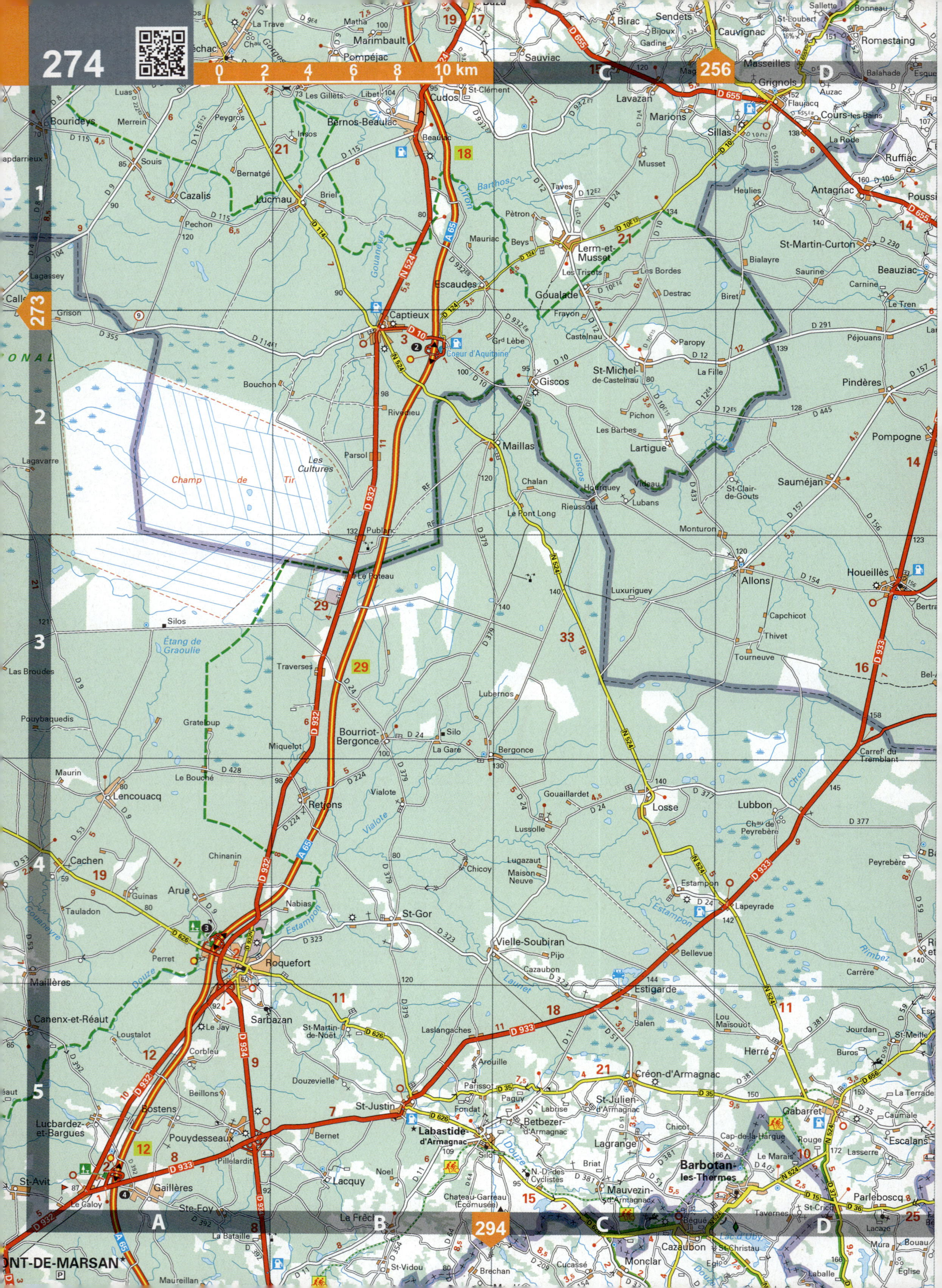

274
256
273
294
0 2 4 6 8 10 km
Bourideyx
Merrein
Peygros
Matha
Marimbault
Pompéjac
Sauviac
St-Clément
Cudos
Birac
Sendets
Cauvignac
Bijoux
Gadine
Sallette
Bonneau
Romestaing
Balahade
Les Gillets
Libet
St-Clément
D 655
Lavazan
Grignols
Flaujacq
Cours-les-Bains
Masseilles
Auzac
Ruffiac
Poussi
Capdarrieux
Lagassey
Call
Grison
Cazalis
Lucmau
Bernos-Beaulac
Beaulac
Briel
Mauriac
Beys
Taves
Lerm-et-Musset
Heulies
Sillas
La Rode
Antagnac
St-Martin-Curton
Beauziac
Le Tren
Carnine
Bialayre
Saurine
Les Trisots
Les Bordes
Escaudes
Captieux
Goualade
Frayon
Castelnau
Paropy
Péjouans
Pindères
Coeur d'Aquitaine
Giscos
St-Michel de-Castelnau
La Fille
Bouchon
Rivedieu
Maillas
Lartigue
Sauméjan
Pompogne
Les Cultures
Parsol
Chalan
Harquey
Videau
Rieussout
Lubans
St-Clair-de-Gouts
Monturon
Champ de Tir
Lagavarre
Le Pont Long
Publanc
Luxuriguey
Allons
Houeillès
Bertra
Capchicot
Thivet
Tourneuve
Étang de Graoulie
Silos
Traverses
Lubernos
Bel
Les Broudes
Pouybaquedis
Grateloup
Miquelot
Bourriot-Bergonce
Silo
La Garé
Bergonce
Carref du Tremblant
Maurin
Le Bouché
Retjons
Vialote
Gouaillardet
Losse
Lubbon
Ch du Peyrebère
Lencouacq
Cachen
Chinanin
Vialote
Chicoy
Lussolle
Lugazaut
Maison Neuve
Estampon
Lapeyrade
Peyrebère
Guinas
Arue
Nabias
St-Gor
Tauladon
Perret
Roquefort
Vielle-Soubiran
Pijo
Cazaubon
Bellevue
Estigarde
Carrère
Maillères
Sarbazan
St-Martin-de-Noët
Laslangaches
Balen
Lou Maisouot
Herré
Jourdan
St-Meille
Buros
Canenx-et-Réaut
Loustalot
Corbleu
Douzevielle
Arouille
Créon-d'Armagnac
Le Jay
Douze
Paguy
Labrise
Créon-d'Armagnac
La Terrade
Lucbardez-et-Bargues
Beillons
St-Justin
Fondat
Betbezer-d'Armagnac
St-Julien-d'Armagnac
Chicot
Caumale
Escalans
Poudesseaux
Bernet
Lagrange
Cap-de-la-Hargue
Lasserre
St-Avit
Pillolardit
Lacquy
Noel
N-D des Cyclistes
Briat
Barbotan-les-Thermes
Le Marais
Parlebosaq
Gaillères
Ste-Foy
Château-Garreau (Écomusée)
Le Frêche
Mauvezin-d'Armagnac
Cazaubon
St-Cricq
Mura
Le Galoy
La Bataille
Maureillan
Brechan
Monclar
Laballe
Lacaze
NT-DE-MARSAN
Labastide-d'Armagnac
Gabarret

275
257
295
276
Casteljaloux
Tonneins
Aiguillon
Damazan
Buzet-sur-Baïse
Port-Ste-Marie
Clermont-Dessous
St-Laurent
Nérac
Lavardac
Barbaste
Durance
Boussès
Réaup-Lisse
Sos
Mézin
Poudenas
Montréal
Fourcès
Condom
Moncrabeau
Francescas
Laplume
Aubiac
Estillac
Roquefort
Walibi Aquitain
Agen
Colayrac-St-Cirq
Sérignac
Bruch
Montesquieu
Feugarolles
Vianne
Xaintrailles
Pompiey
Lavardac
Andiran
Espiens
Calignac
Saumont
Nomdieu
Lamontjoie
Ligardes
St-Mézard
Berrac
St-Martin-de-Goyne
La Romieu
Castelnau-sur-l'Auvignon
Lagarde
Blaziert
Caussens
Sempesserre
Larroque-Engalin
N.D. d'Esclaux
Pouy-Roquelaure
La Croix
Marsolan
Ste-Marthe
Bouglon
Argenton
Grézet-Cavagnan
Ste-Gemme-Martaillac
Labastide-Castel-Amouroux
Razimet
Leyritz-Moncassin
Villefranche-du-Queyran
St-Léon
La Réunion
Le Sendat
Anzex
Caubeyres
Fargues-s-Ourbise
St-Julien
Ambrus
Mongaillard
Le Mas-d'Agenais
Lagruère
Calonges
Villeton
Monheurt
Nicole
St-Léger
Lagarrigue
Galapian
Prayssas
Madaillan
Lusignan-Petit
Lusignan-Grand
Estillac
St-Hilaire-de-Lusignan
Clairac
Lafitte-sur-Lot
Granges-sur-Lot
Le Temple-sur-Lot
Montpezat
St-Sardos
Bourran
Fréchou
Mézin
Lannes
Ste-Maure-de-Peyriac
Poudenas
Arbussan
Villeneuve-de-Mézin
Cazaubon
St-Pé-St-Simon
Castelnau-d'Auzan
Lauraët
Beaumont
Lasserre
Tonneins
Fongrave
Le Temple
Fonteneau
Tourtrès
Laparade
St-Sardos
Aubiac
Moncaut
Cazaux
Brax
Roquefort
Ste-Colombe-en-Bruilhois
Montagnac-sur-Auvignon
Montesquieu
Lamontjoie
Nérac
Le Nomdieu
Campaignan
Pouy-Roquelaure
Blaziert
St-Orens
Lasserre
Puy-Fort-Eguille
Cazal-du-Bosc
Tartifume
Fieux
Gueyze
Loubée
Meylan
Réaup
Conques
Mézin
Fréchou
Lasserre
Lagraulet

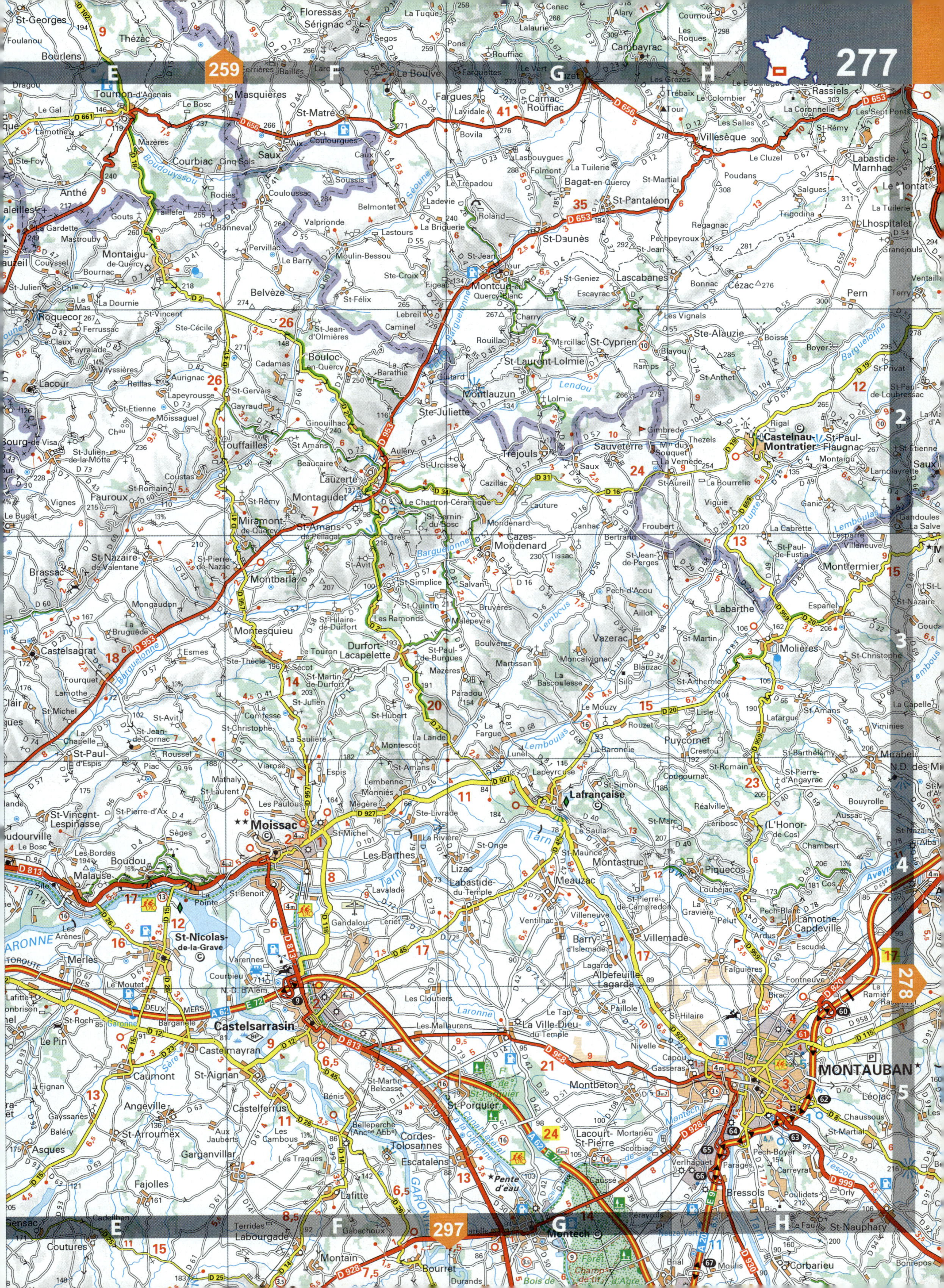

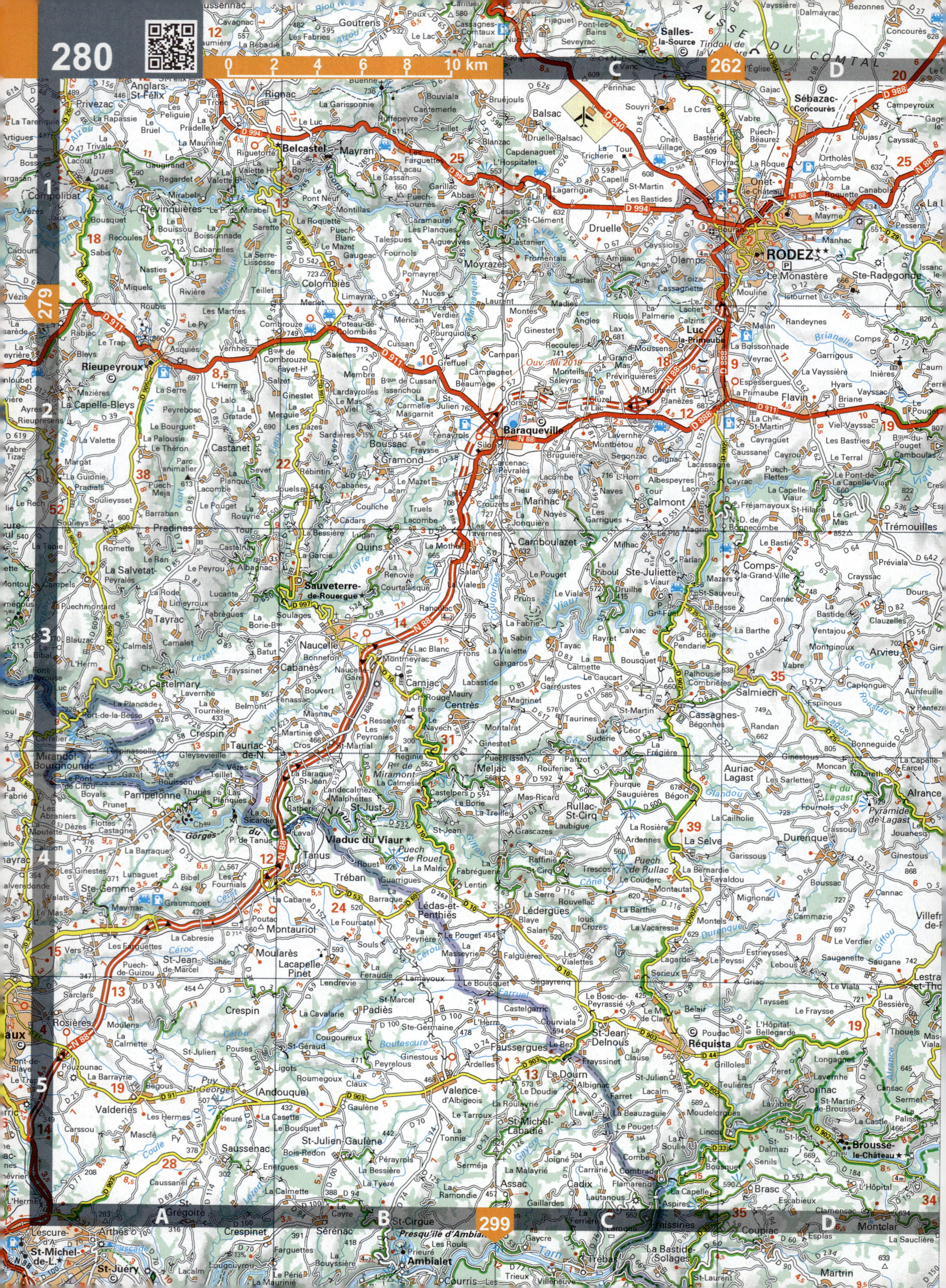

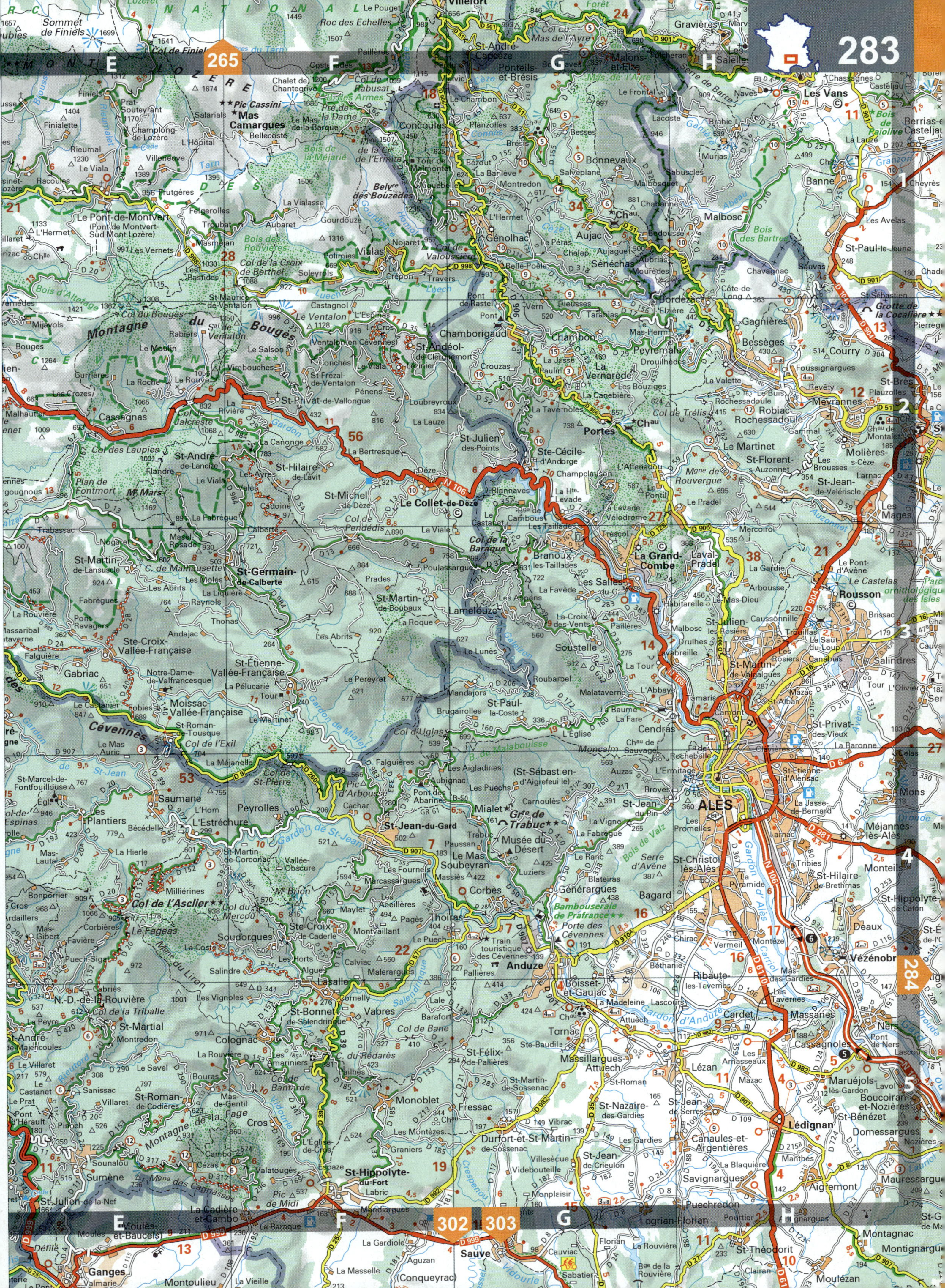

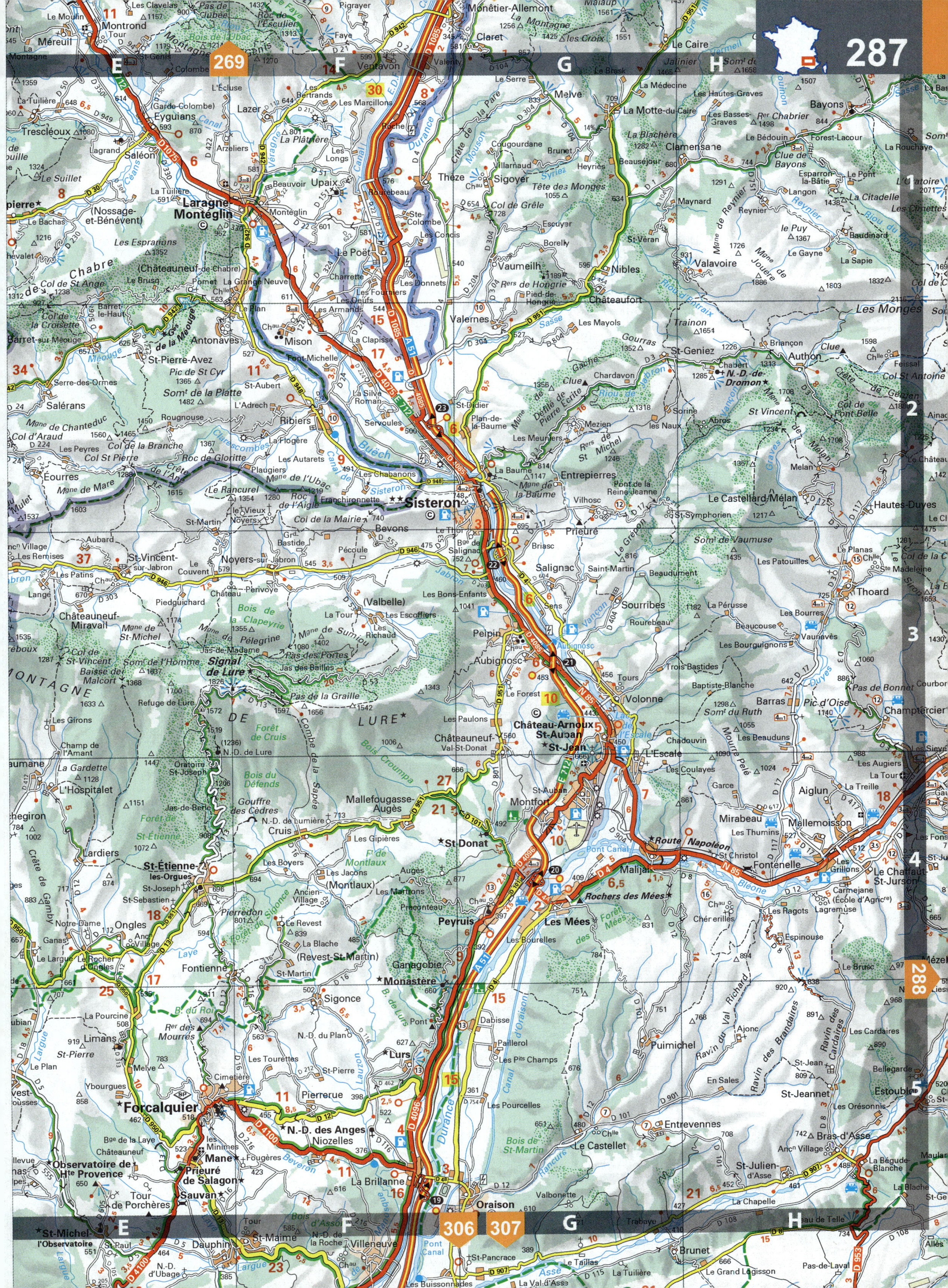

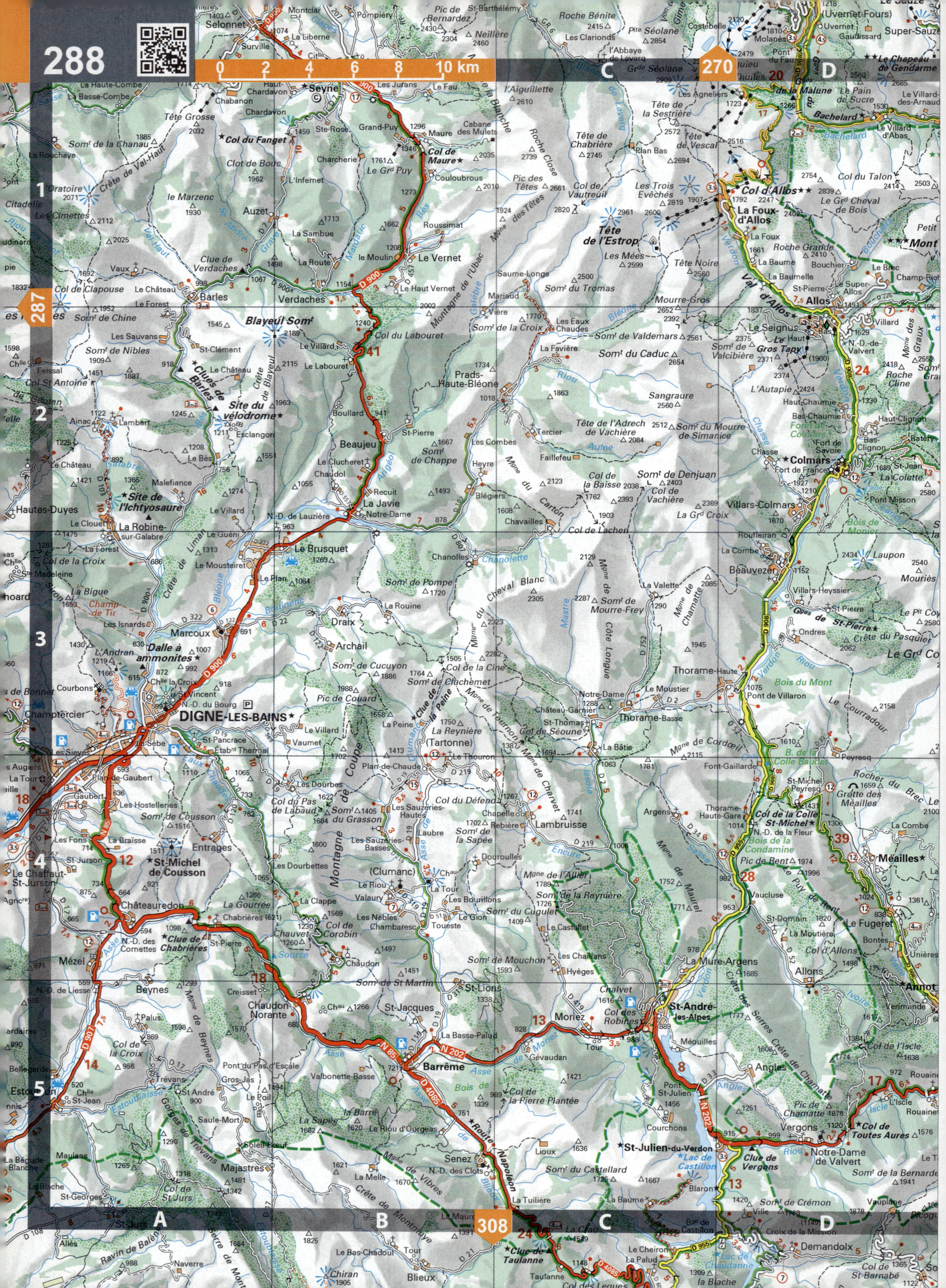

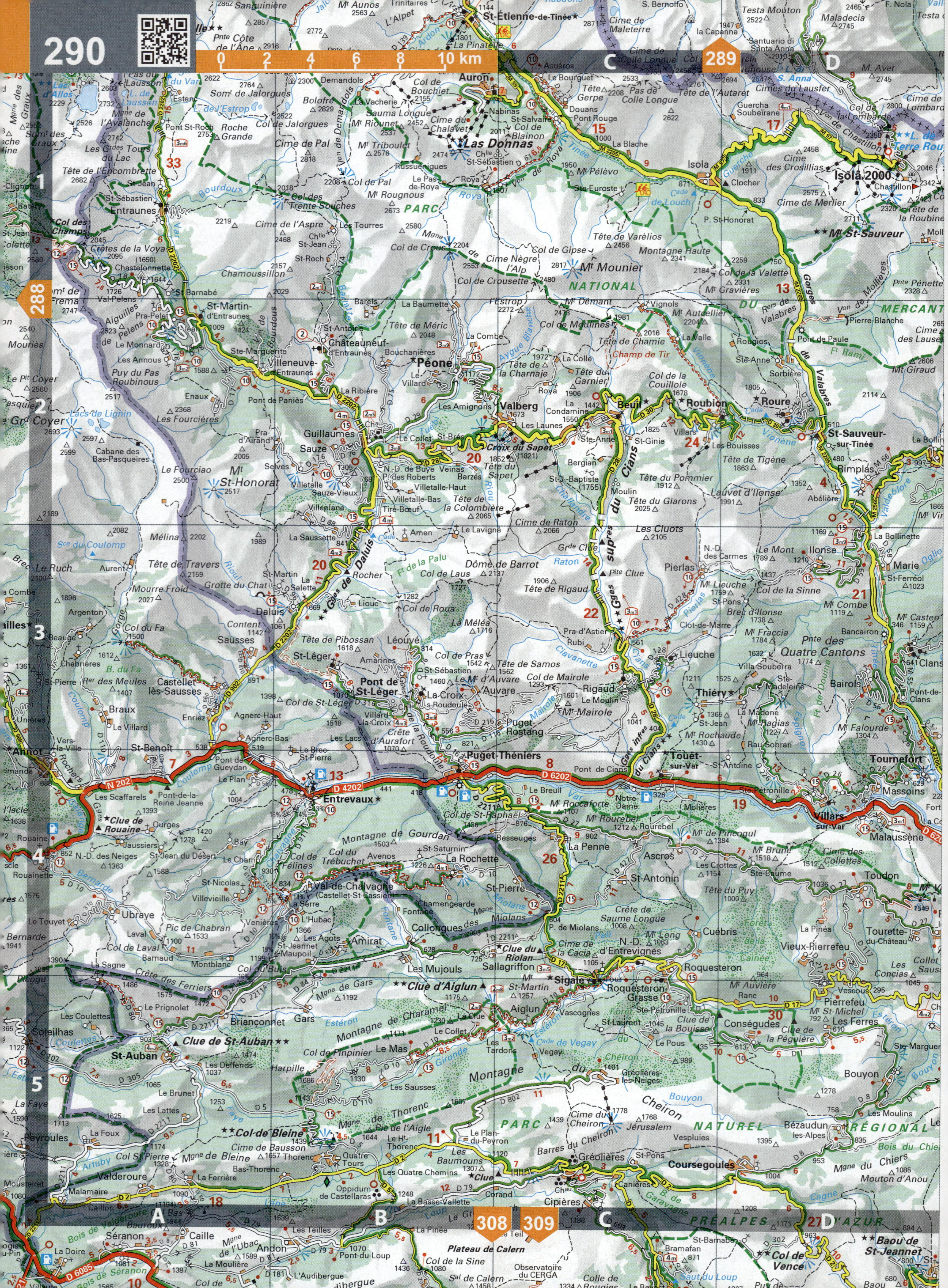

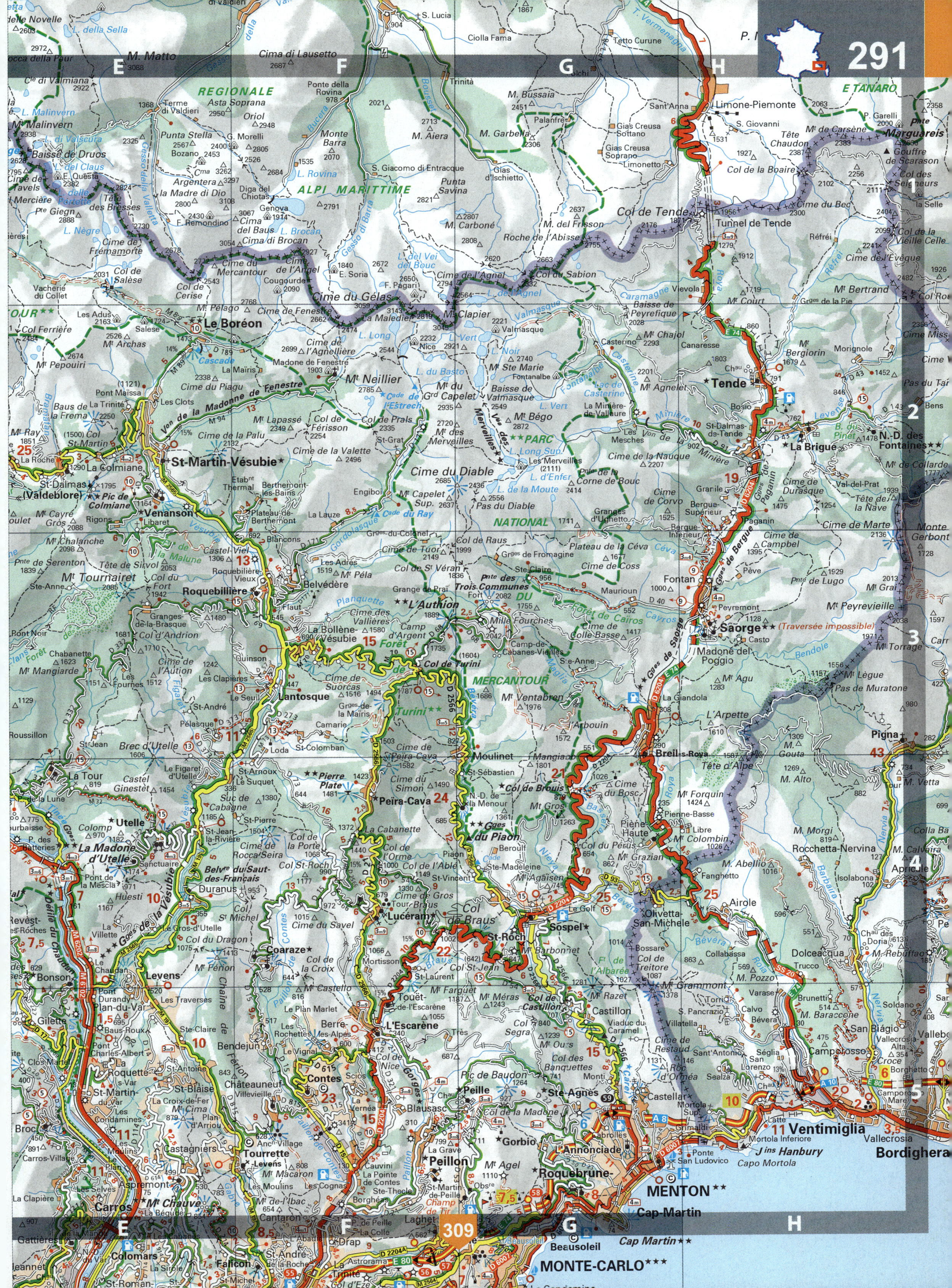

292
0 2 4 6 8 10 km
272
24
Vielle-St-Girons
Vielle St-Girons
Bernadon
Crère
L'Océan
Péliou
Gracian
Jeantot
Linxe
Pouin
Leurteyroun
Huchet
Courant d'Huchet
Pas du Loup
Benaut
Escalus
Castets
Castillon
Taller
Bourrut
Étang de Léon
16
Réserve naturelle
Pichelèbe
Léon
St-Michel-Escalus
Camerade
Lacay
de Moliets
Marquis
14
St-Michel
Minjouay
Le Village sous-les-Pins
Quartier-Laguain
Le Conte
Chanchon
Moliets-Plage
14
12
Grangeon
Herm
Petit Marquis
Cluquetardit
Étang de Laprade
Messanges
Azur
13
Tropica parc
Herm
Vieux-Boucau-les-Bains
Coudère
Tustête
Magescq
Larroze
Candale
Port d'Albret
Étang de Soustons
Tastet
Magescq
Le Houdin
Nerthe
Abbesse
Forêt de Soustons
Soustons
Duha
Leborde
16
St-Paul-les-Dax
Plage des Casernes
Guin
Hardy
La Bagnère
La Pince
Seignosse-le-Penon
Gaillou-de-Pountaout
Étang Blanc
Les Monts
N.-D. de Fatima
Gourby
Angoumé
Mées
Seyresse
Seignosse-les-Estagnots
Seignosse
Étang Noir
Losse
St-Geours-de-Maremne
Saas
Rivière-Saas-et-Gourby
Eyranx
St-Vincent-de-Xaintes
Hossegor
Sports-Hossegor
Lagrolet
Saubion
St-Geours
Thermes-de-Saubusse
Tercis-les-Bains
Eyreluy
St-Pandelon
Capbreton
Angresse
Pont d'Hiern
St-Vincent-de-Tyrosse
Casablanca
Saubusse
Vimport
Étoile
Heugas
Bénesse-Maremne
Josse
St-Jean-de-Marsacq
Orist
Siest
20
Labenne
Réserve Naturelle du Marais d'Orx
Saubrignes
Gayrosse
Geloux
Mombet
21
St-Lon-les-Mines
Labenne-Océan
Orx
Ugne
Navachon
Montauzet
Lacarmenté
Bellegarde
Tastet
Ondres-Plage
Castets
Villenave
St-Martin-de-Hinx
St-Étienne-d'Orthe
Rasport
Le Moulin à Vent
Bélus
Cagnotte
Ondres
Lalanne
Camiade
Port-de-Lanne
Larrouy
Tarnos-Plage
Monchoisi
St-André-de-Seignanx
Ste-Marie-de-Gosse
Orthevielle
Peyrehorade
Tarnos
St-Martin-de-Seignanx
Biarrotte
Bordus
Le Bec du Gave
Abbe d'Arthous
Eyregave
Sorde-l'Abbaye
Boucau
Vincennes
Blaudos
Hastingues
Guiche
Burre
Bayonne
Quartier-Neuf
St-Laurent-de-Gosse
Sames
Bordes-de-Haut
Roudigou
Anglet
Lahonce
Urcuit
Urt
Lissalde
Lagaillardie
Bidache
St-Pé-de-Léren
Mouguerre
Briscous
Bardos
Nogues
Came
La Galté
St-Dos
Bassussarry
Larraldia
Briscous-les-Salines
Séguillon
La Bastide-Clairence
312
Villefranque
Hélette
Abbaye de Belloc
Monastère des Bénédictines
Labastide-Villefranche
Arancou

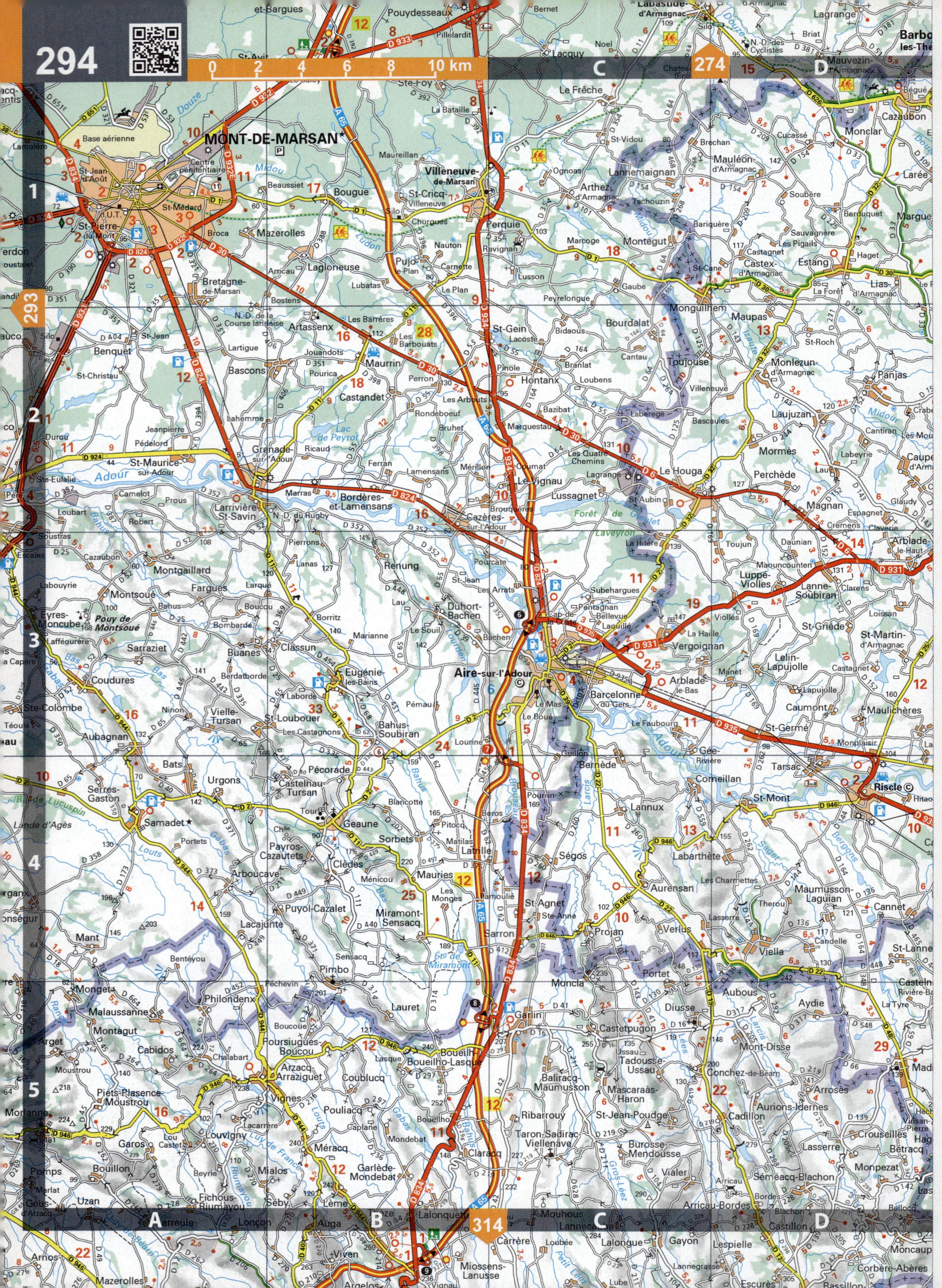

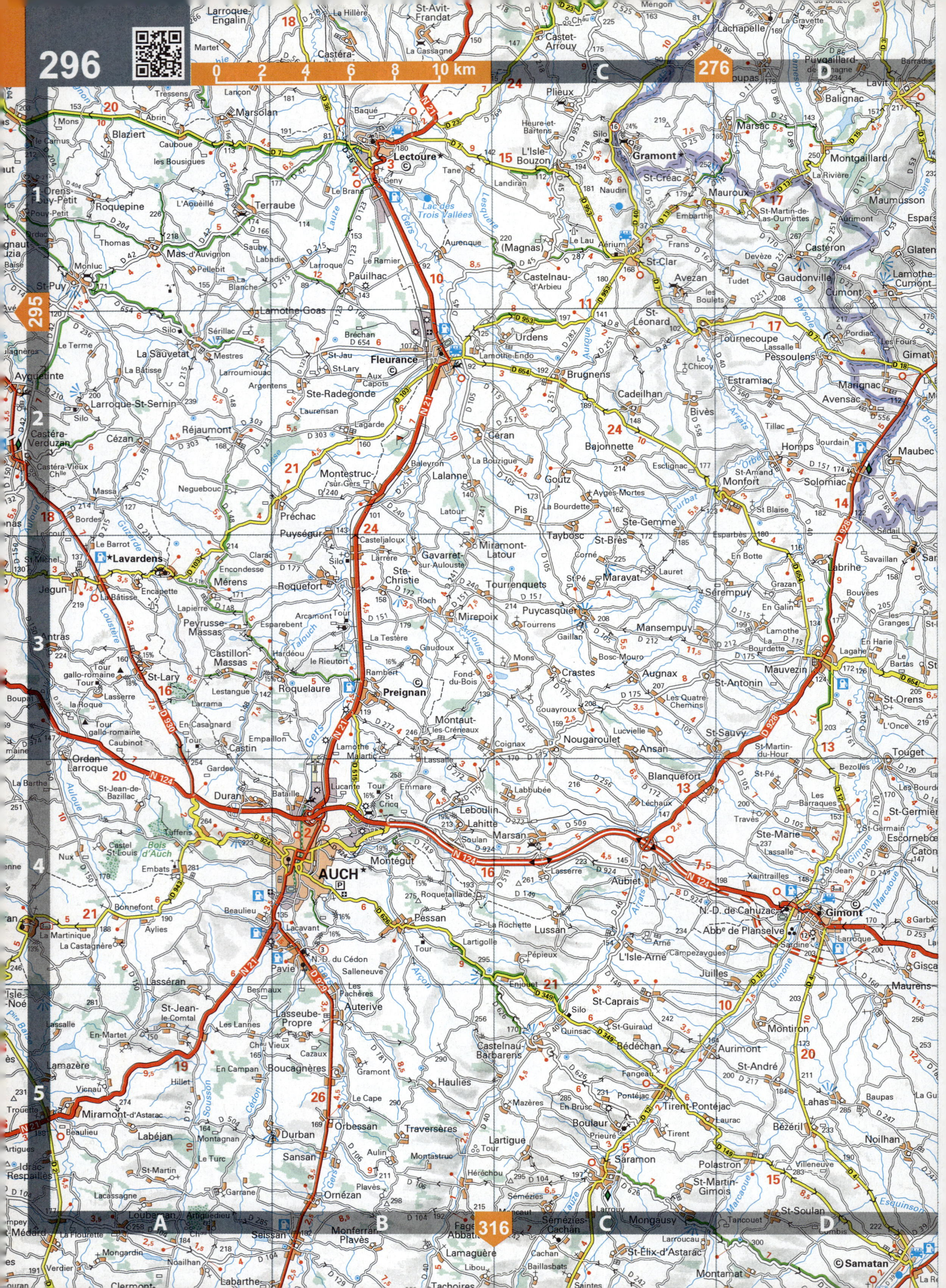

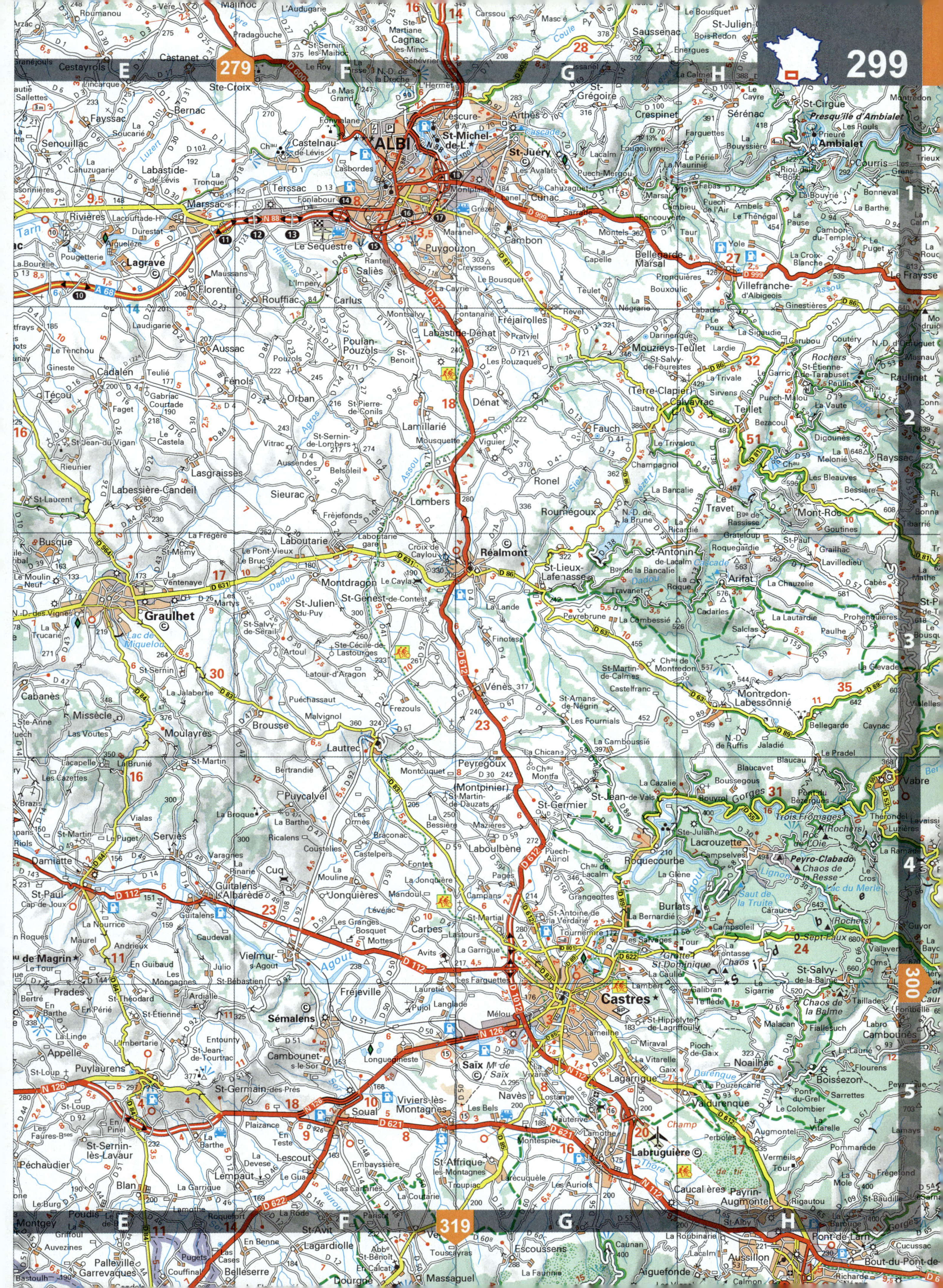

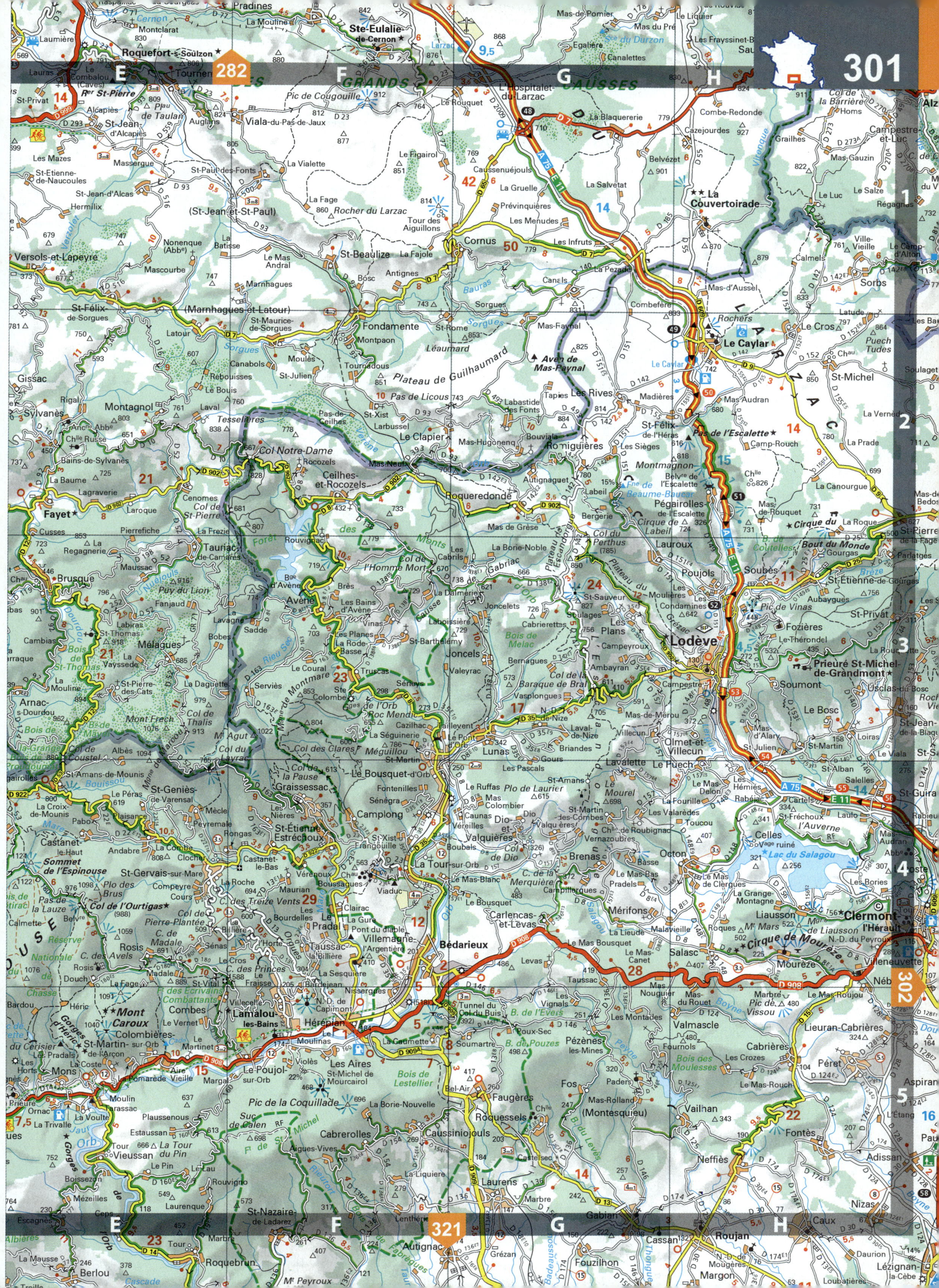

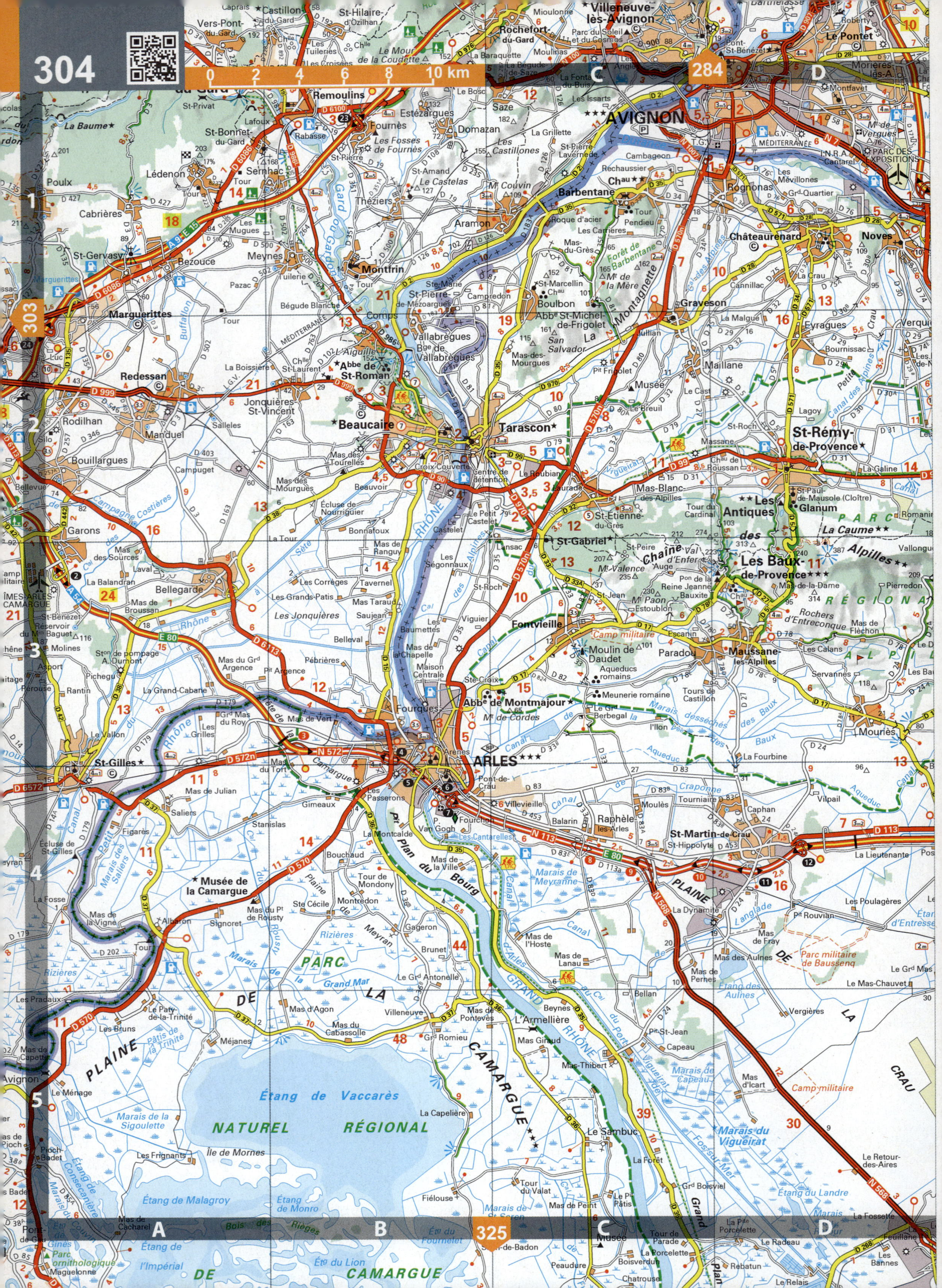

304
284
303
325
0 2 4 6 8 10 km
Villeneuve-lès-Avignon
Le Pontet
Rochefort-du-Gard
AVIGNON
Remoulins
Estézargues
Saze
Domazan
La Baume
St-Gervasy
Bezouce
Marguerittes
Redessan
Rodilhan
Manduel
Bouillargues
Garons
Bellegarde
St-Gilles
Beaucaire
Tarascon
Barbentane
Rognonas
Châteaurenard
Noves
Graveson
Eyragues
Maillane
St-Rémy-de-Provence
Glanum
Les Antiques
Les Baux-de-Provence
Maussane-les-Alpilles
Paradou
Fontvieille
Mouriès
Montmajour
ARLES
St-Martin-de-Crau
Raphèle-les-Arles
Fourques
Musée de la Camargue
PARC
DE
LA
CAMARGUE
NATUREL RÉGIONAL
Étang de Vaccarès
Étang de Malagroy
Étang du Landre
PLAINE
DE
CRAU
Aramon
Montfrin
Vallabrègues
Abb. St-Michel-de-Frigolet
Boulbon
St-Gabriel
L'Armellière
Villeneuve
Gimeaux
Figares
Albaron
Le Paty-de-la-Trinité
Méjanes
La Capelière
Le Sambuc
Salin-de-Giraud
Marais du Viguierat
Chaîne des Alpilles
PARC des Alpilles RÉGIONAL

305
285 286
Apt
Cavaillon
Gordes
Roussillon
Village des Bories
Abb. de Sénanque
Fontaine-de-Vaucluse
L'Isle-sur-la-Sorgue
Le Thor
St-Saturnin-lès-Avignon
Châteauneuf-de-Gadagne
Caumont-sur-Durance
St-Sauveur
St-Andiol
Plan-d'Orgon
Mollégès
Orgon
Cheval-Blanc
Sénas
Eyguières
Eygalières
St-Sixte
Roquemartine
Castelas de Roquemartine
Grottes de Calès
Lamanon
Aureille
Les Opies
Ménerbes
Lacoste
Bonnieux
Oppède
Oppède-le-Vieux
Maubec
Robion
Taillades
Vidauque
Mérindol
Lourmarin
Puyvert
Cadenet
Abbe de Silvacane
La Roque-d'Anthéron
Rognes
Charleval
Mallemort
Alleins
Vernègues
Aurons
Lambesc
Salon-de-Provence
Pélissanne
La Barben
St-Cannat
Eguilles
Coudoux
Ventabren
Velaux
Aix-la-Duranne
Les Milles
Aqueduc de Roquefavour
Miramas
Istres
St-Chamas
Cornillon-Confoux
Lançon-Provence
La Fare-les-Oliviers
Grans
Rognac
Berre-l'Étang
Vitrolles
Istres-le-Tubé
ÉTANG DE BERRE
306
326
MONTAGNE DU LUBERON
Massif des Cèdres
NATUREL
DES
ALPILLES

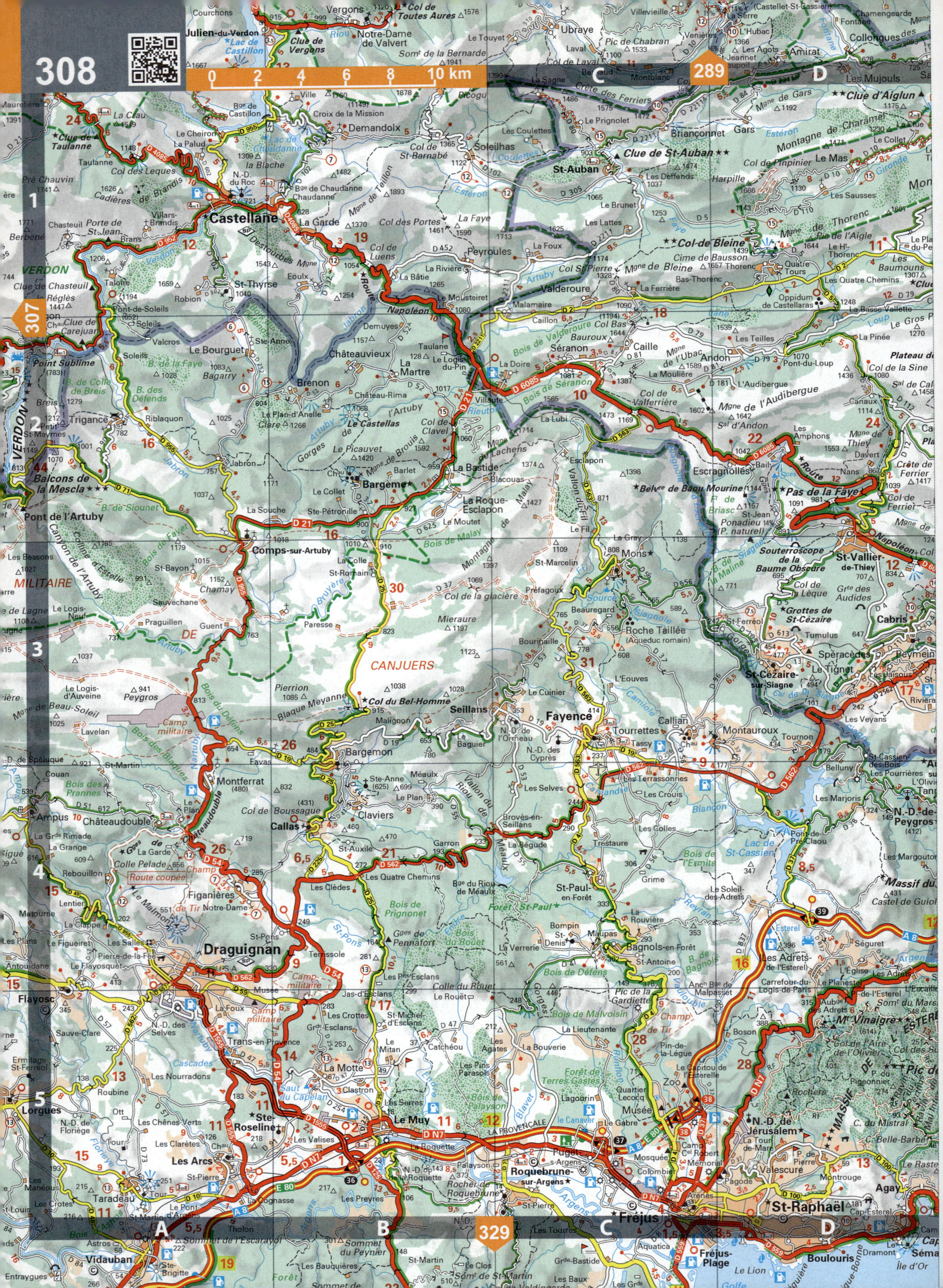

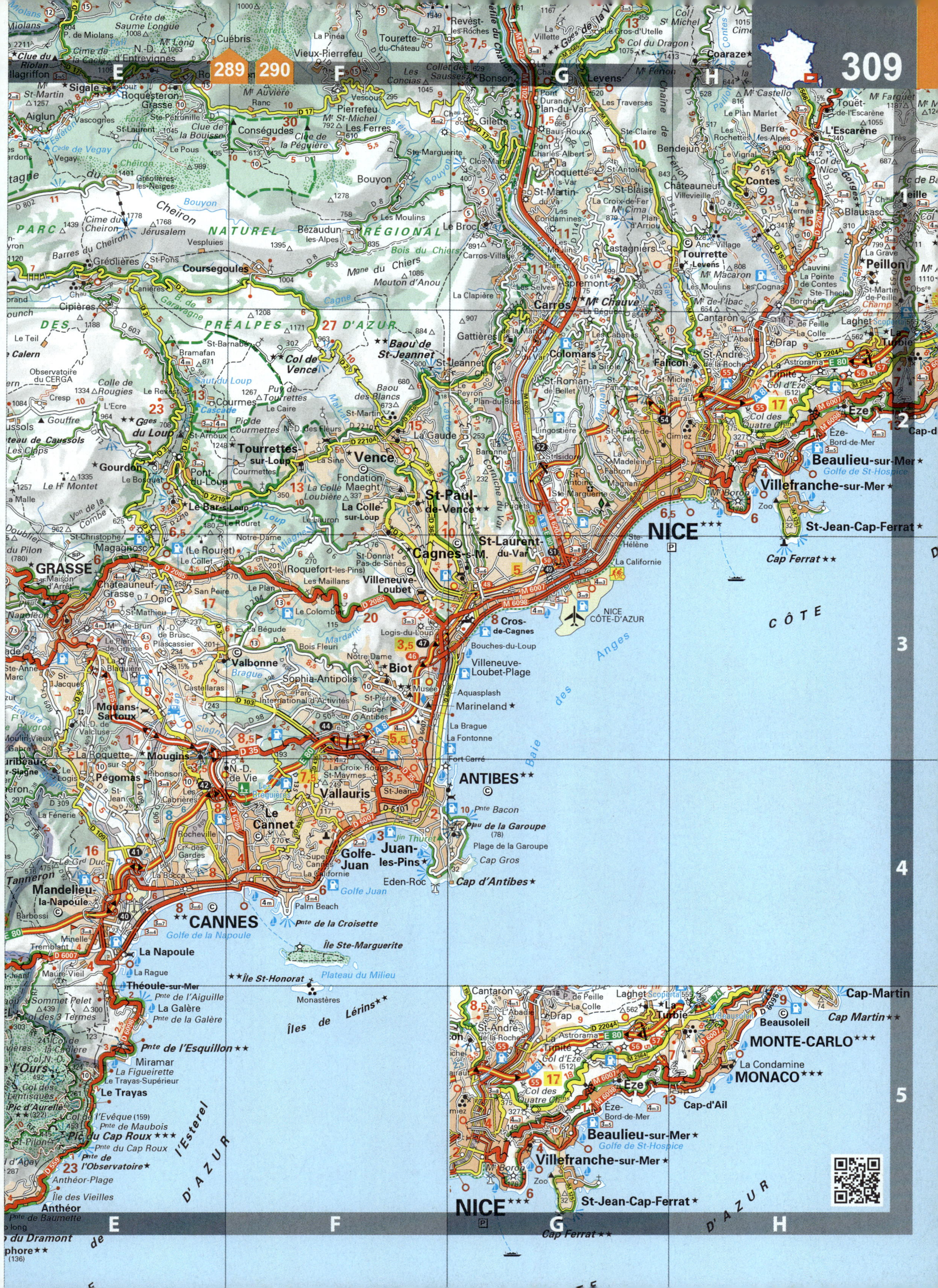
289 290
309
NICE
CANNES
ANTIBES
GRASSE
MONTE-CARLO
MONACO
Vence
St-Paul-de-Vence
Cagnes-sur-Mer
St-Laurent-du-Var
Mandelieu-la-Napoule
Golfe-Juan
Juan-les-Pins
Vallauris
Le Cannet
Mougins
Mouans-Sartoux
Biot
Villeneuve-Loubet
Cros-de-Cagnes
Beaulieu-sur-Mer
Villefranche-sur-Mer
St-Jean-Cap-Ferrat
Cap Ferrat
Cap-Martin
Cap Martin
Beausoleil
La Condamine
Èze
Èze-Bord-de-Mer
Cap-d'Ail
La Turbie
Cap d'Antibes
Tourrettes-sur-Loup
Le Bar-sur-Loup
Pont-du-Loup
Courségoules
Gourdon
Théoule-sur-Mer
Le Trayas
Miramar
Anthéor-Plage
Pic du Cap Roux
l'Esterel
CÔTE D'AZUR
Baie des Anges
Golfe de la Napoule
Île Ste-Marguerite
Île St-Honorat
Îles de Lérins
Plateau du Milieu
NICE CÔTE-D'AZUR
Col de Vence
Peillon
Peille
Contes
L'Escarène
Coaraze
Levens
Tourrette-Levens
Carros
Le Broc
Gilette
Bonson
Revest-les-Roches
Bouyon
Bézaudun-les-Alpes
Colomars
St-Martin-du-Var
La Gaude
St-Jeannet
Gattières
Castagniers
Aspremont
PARC NATUREL RÉGIONAL DES PRÉALPES D'AZUR
Mt Chauve
Plan-du-Var
Vésubie

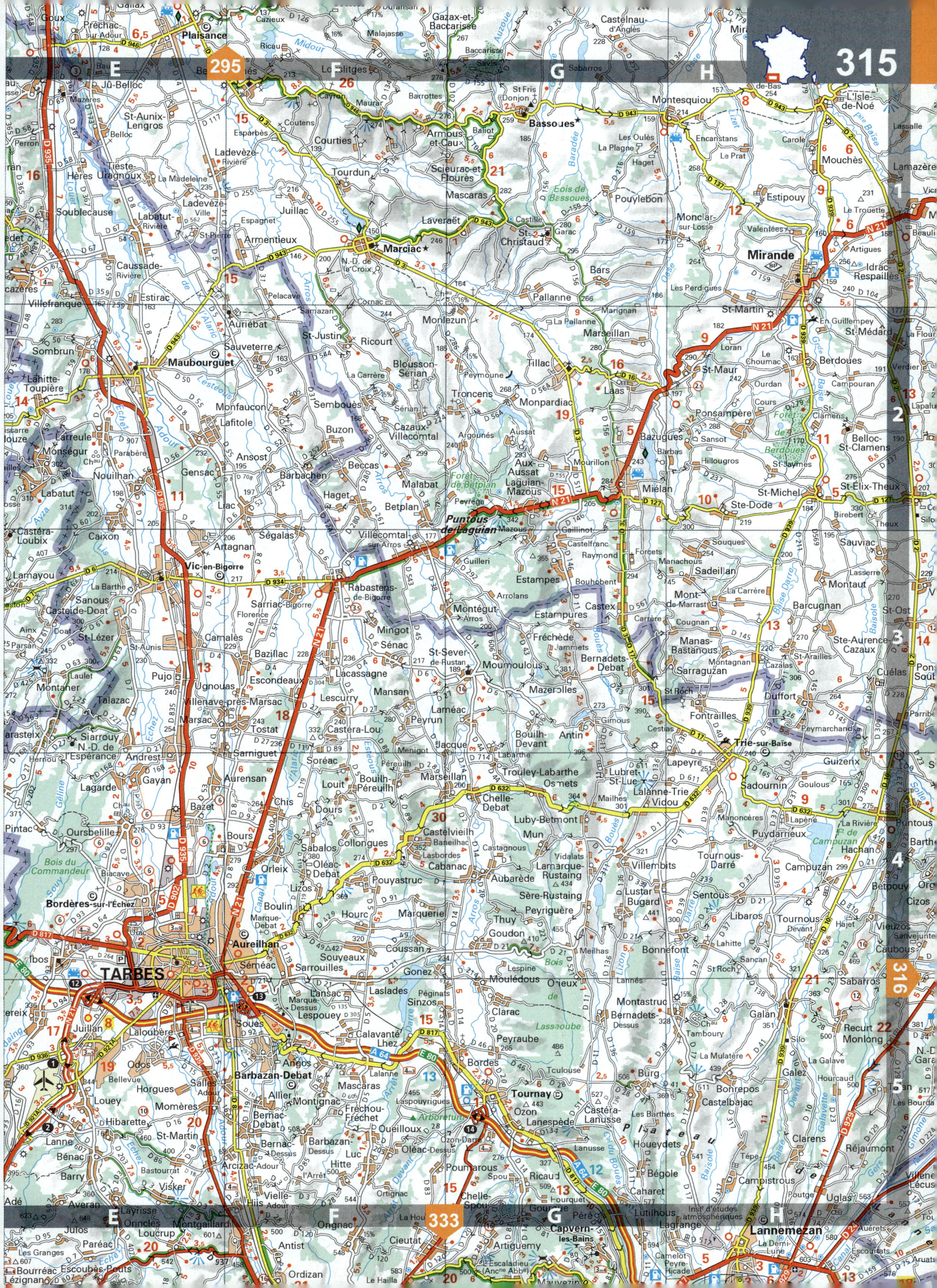

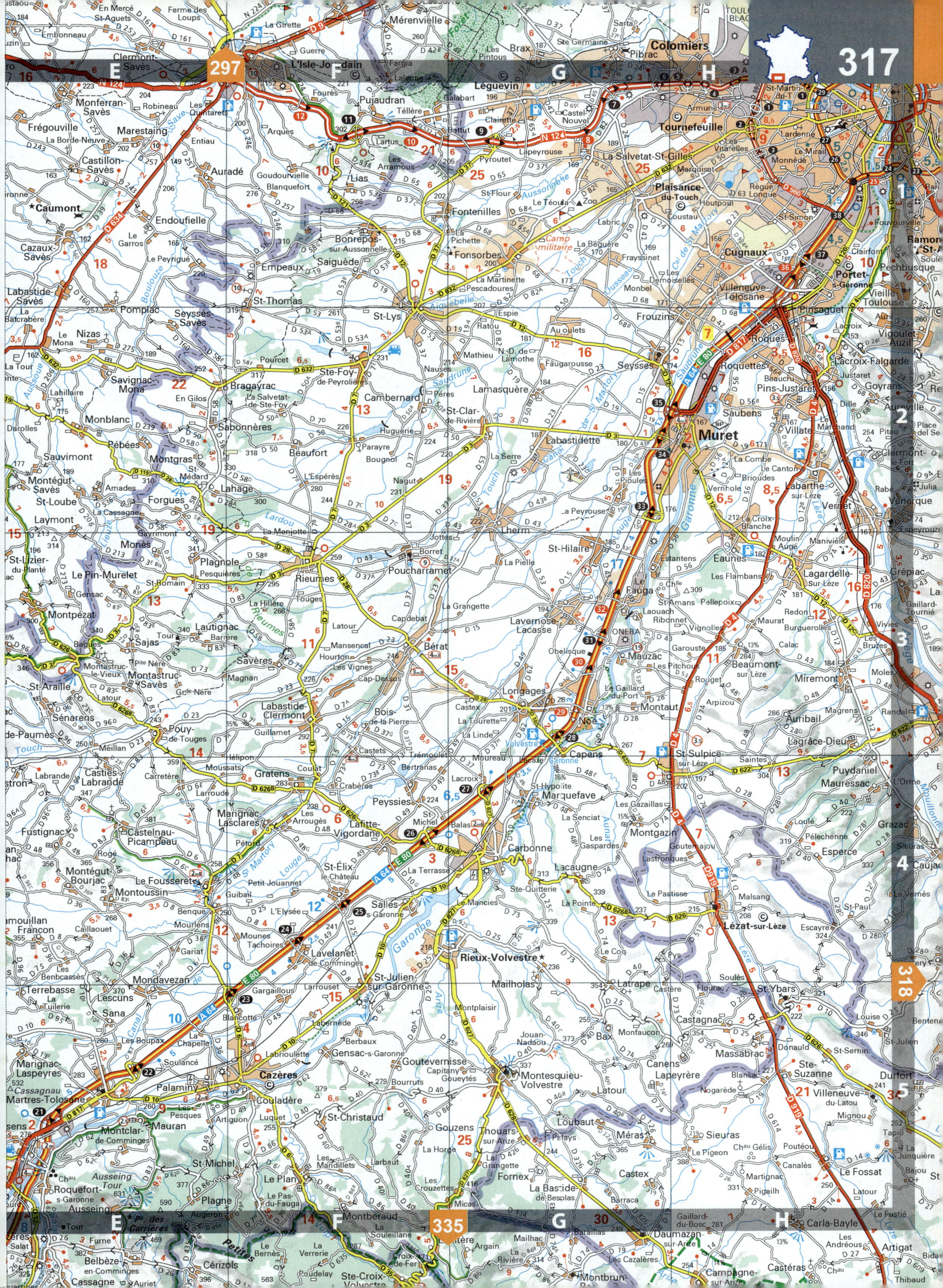

324
304
323
Lunel
Aimargues
Marsillargues
Candiac
Vauvert
Puech de Dardaillon
Surville
Pérouse
Rantin
La Grand-Cabane
Fourques
Abb
St-Gilles
Le Cailar
La Margue
D 6572
Mas de Julian
Gimeaux
Les Passerons
Van Gogh
Fourch
Jasse d'Isnard
Malherbes
L'Amourade
Mas Roubaud
Belle-Vue
Mas Valdet
Franquevaux
Écluse de St-Gilles
Figares
Saliers
Stanislas
Bouchaud
La Montcalde
Mas de la Ville
Bourg
St-Laurent d'Aigouze
Mas du Grd Bordes
Espeyran
La Fosse
Mas de la Vigne
Musée de la Camargue
Albaron
Signoret
Tour de Mondony
Ste Cécile
Montredon
Gageron
Brunet
Parc
Tour Carbonnière
La Malgue
Ste-Anne
Grd Canavère
Tour
Rizières
Les Pradaux
Tour
Riziers
Le Grd Antonelle
Villeneuve
Étang du Charnier
Étang de Scamandre
Étang de Grey
P. des Tourradons
Mas des Iscles
Aigues-Mortes
Le Perrier
Mas du Bosquet
Mas Ste-Cécile
La Souteyranne
Montcalm
Avignon
Le Ménage
Les Bruns
Le Paty-de-la-Trinité
Pâtis de la Trinité
Mas d'Agon
Grd Romieu
Méjanes
Étang de Vaccarès
La Capelière
Étang de la Marette
Caves de Listel
Salins du Midi
Étang du Roi
Étang des Cairives
Sylvéréal
Mas Sénébier
Astouin
Mas de Pioch
Cabanes de Cambon
Marais de la Sigoulette
Les Frignants
Île de Mornes
Naturel
Régional
Étang du Repausset
Étang du Repaus
Plaine de St-Jean
Étang de Aramean
Étang de Rollan
Mas du Juge
Pin-Foucat
Ploch Badet
Étang de Malagroy
Étang de Monro
Mas de Cacharel
Bois des Rièges
Étang du Lion
Étang du Fournelet
De
Camargue
Petite Camargue
Rhône Vif
Étang des Malégal
Mas d'Icard
Le Grd Radeau
Étang d'Icard
Grau d'Orgon
Le Ferradou
Le Grd Radeau
Maguelonne
Parc ornithologique
Étang de l'Impérial
Phare de la Gacholle
Étang du Tampan
Mer
Étang de Galabert
Fangassie
Musée
 Stes-Maries-de-la-Mer
Port Gardian
Digue
à
Beauduc
Pointe du Sablon
Étang de Beauduc
Beauduc
Étang du Vaisseau
Étang du Grd Rascaillan
Golfe
de
Beauduc
LION
A
B
C
D
0   2   4   6   8   10 km

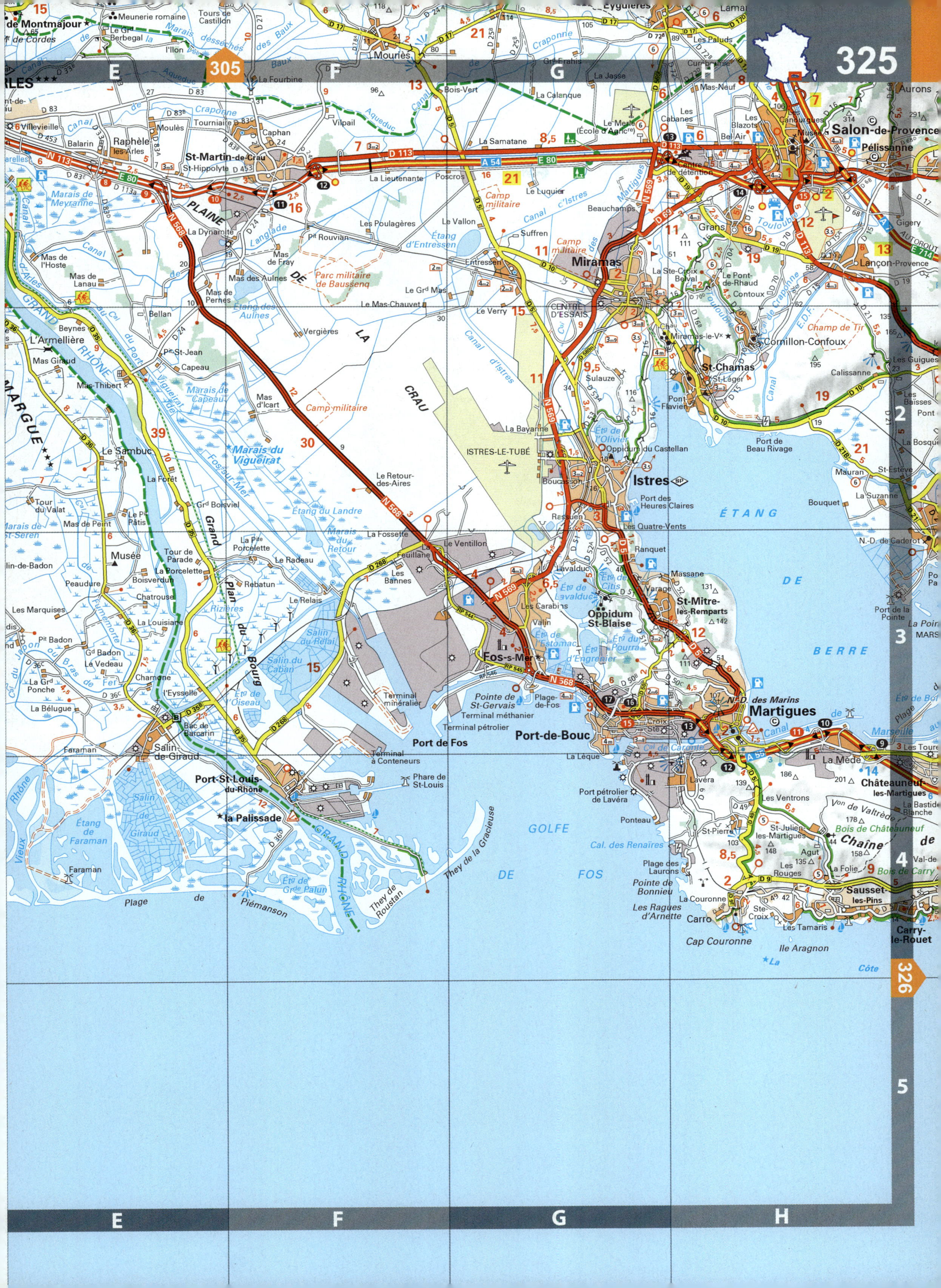
de Montmajour
Meunerie romaine
Tours de Castillon
Eyguières
Mouriès
305
Bois-Vert
La Calanque
Salon-de-Provence
Pélissanne
Villevieille
Raphèle-les-Arles
St-Martin-de-Crau
St-Hippolyte
La Lieutenante
Camp militaire
Beauchamps
Grans
Lançon-Provence
PLAINE
La Dynamite
Les Poulagères
Le Vallon
Étang d'Entressen
Entressen
Camp militaire
Miramas
La Ste-Croix
Le Pont-de-Rhaud
Contoux
Mas de l'Hoste
Mas de Lanau
Parc militaire de Baussenq
Le Grd Mas
Le Mas-Chauvet
Le Verry
CENTRE D'ESSAIS
Miramas-le-Vx
Cornillon-Confoux
DE
Beynes
L'Armellière
Mas Giraud
Mas-Thibert
Vergières
LA
St-Chamas
St-Léger
Calissanne
Les Baisses
Le Sambuc
La Forêt
CRAU
Camp militaire
Mas d'Icart
La Bayanne
ISTRES-LE-TUBÉ
Oppidum du Castellan
Port de Beau Rivage
Mauran
La Suzanne
St-Esteve
Marais du Viguèirat
Le Retour-des-Aires
La Fossette
Le Ventillon
Étang du Landre
Istres
Port des Heures Claires
Les Quatre-Vents
ÉTANG
Musée
Tour de Parade
La Porcelette
Le Radeau
Le Relais
Feuillane
Les Bannes
Les Carabins
Lavalduc
Ranquet
Massane
St-Mitre-les-Remparts
DE
Peaudure
Boisverdun
Chatrouse
La Louisiane
Salin du Relai
Valin
Oppidum St-Blaise
BERRE
Salin du Caban
Fos-s-Mer
Étg de l'Estomac
N.-D. des Marins
Martigues
Salin de Giraud
Terminal minéralier
Pointe de St-Gervais
Terminal méthanier
Terminal pétrolier
Port-de-Bouc
La Mède
Châteauneuf-les-Martigues
Faraman
Port de Fos
Terminal à Conteneurs
La Lèque
Lavéra
Port-St-Louis-du-Rhône
Phare de St-Louis
Port pétrolier de Lavéra
Ponteau
St-Pierre
St-Julien-les-Martigues
Bois de Châteauneuf
la Palissade
Chaîne
de
GOLFE
They de la Gracieuse
St-Julien-les-Martigues
Agut
La Folie
Bois de Carry
Salin de Giraud
DE
FOS
Plage des Laurons
Sausset-les-Pins
Faraman
Plage de Piémanson
They de Roustan
Pointe de Bonnieu
Les Ragues d'Arnette
Carro
Ste Croix
Les Tamaris
Carry-le-Rouet
Cap Couronne
Île Aragnon
Côte
326

326
0 2 4 6 8 10 km
C
305
D
Istres
Port des
Heures Claires
Bouquet
Mauran
St-Estève
St-Suzanne
N.-D. de Caderot
Aqueduc de
Roquefavour
271
La Mérindolle
Aix-la-Duranne
Le Ventillon
Ranquet
Rognac
Réservoir
du Réaltor
Calas
Lavalduc
Varage
Massane
Berre-l'Étang
Vitrolles
Les Carabins
Valin
Oppidum
St-Blaise
St-Mitre-
les-Remparts
142
Port du
Passet
L'Agneau
Hydroaérodrome
Les Pins
Montvallon
Aix-en-Provence
T.G.V.
Cabriès
Fos-s-Mer
Étg de
l'Estomac
Étg du
Pourra
d'Engrenier
La Pointe
MARSEILLE-PROVENCE
Le Griffon
Stadium
Les Plaines
d'Arbois
Pointe de
St-Gervais
Terminal méthanier
Plage
de-Fos
N.-D. des Marins
Croix
Martigues
Marignane
St-Victoret
Pas-des-
Lanciers
Les Pennes-
Mirabeau
Terminal pétrolier
Port-de-Bouc
Étg de Bolmon
Rhône
Plan-de-
Campagne
Les Pennes
Phare de
St-Louis
La Lèque
La Mède
Les Tourels
Jas-des-
Pennes
La Nerthe
La Gavotte
N.-D.-Limite
Port pétrolier
de Lavéra
Lavéra
Châteauneuf-
les-Martigues
Bricard
Gignac
Nerthe
Le Rove
St-Antoine
L'Estaque
Ponteau
St-Pierre
Von de Valtrède
La Bastide-
Blanche
l'Estaque
Le Douard
GOLFE
DE
FOS
St-Julien-
les-Martigues
Chaîne
de
Châteauneuf
Parc
d'attractions
Ensuès-
la-Redonne
L'Estaque
Plage des
Laurons
Les
Rouges
La Folie
Bois de Carry
Val-de-Ricard
Méjean
La Vesse
Anse de
l'Estaque
St-Louis
Pointe de
Bonnieu
Les Rouges
d'Arnette
La Couronne
Agut
Sausset-
les-Pins
Les Figuières
Redonne
Niolon
La Madrague-
de-la-Ville
Carro
Ste-
Croix
Les Tamaris
Le Rouet-
Plage
Madrague-
de-Gignac
Arnavaux
Cap Couronne
Île Aragnon
Carry-
le-Rouet
Rade de Marseille
La
Côte
Bleue
MARSEILLE
Île Ratonneau
Le Frioul
Île Pomègues
Ch au d'If
Prado Carénage
Tunnel
Cap Caveaux
Rade d'Endoume
Plages du Prado
Bonneveine
Îles du Frioul
La Pointe-Rouge
La Madrague-
de-Montredon
Mt Rose
Cap Croisette
Île Tiboulen
Callelongue
Île Maire
Les
Goudes
Île de Planier
Île de Jarre
Île de Riou
A
B
C
D

328
307
327
0 2 4 6 8 10 km
Montfort-sur-Argens
Correns
Carcès
Abbé du Thoronet
Le Thoronet
Miraval
Doumet
Cabasse
Le Val
Vins-sur-Caramy
Notre-Dame
LA PROVENCALE
Brignoles
Camps-la-Source
La Celle
Flassans-sur-Issole
Ste-Anastasie-sur-Issole
Besse-s-Issole
Carnoules
Le Luc
Le Cannet-des-Maures
Gonfaron
Pignans
Puget-Ville
N.-D. des Anges
Collobrières
Garéoult
Forcalqueiret
Rocbaron
Néoules
La Roquebrussanne
Mazaugues
Signes
Méounes-lès-Montrieux
Cuers
Pierrefeu-du-Var
Belgentier
Solliès-Toucas
Solliès-Pont
Solliès-Ville
Bormes-les-Mimosas
La Londe-les-Maures
Le Revest-les-Eaux
La Farlède
La Valette-du-Var
La Crau
Hyères
La Garde
Le Pradet
Carqueiranne
TOULON
La Seyne-s-Mer
St-Mandrier-sur-Mer
Presqu'île de St-Mandrier
N.-D. du Mai
Cap Sicié
Hyères-Plage
L'Almanarre
La Capte
Giens
Presqu'île de Giens
RADE D'HYÈRES
Porquerolles
Île de Porquerolles
ÎLES
Cap d'Arme
Golfe de Giens

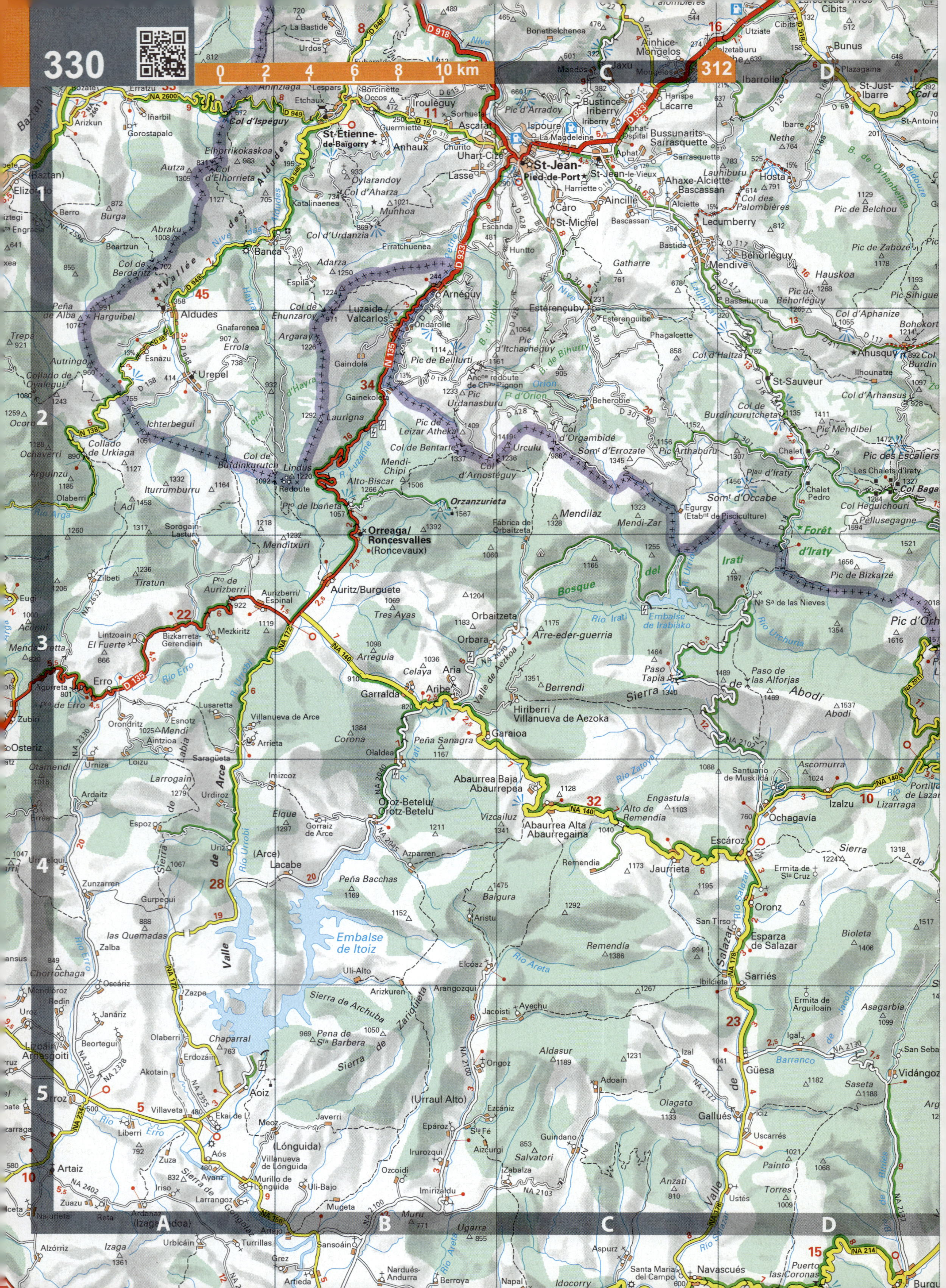
330
312
0 2 4 6 8 10 km
Bartan
(Baztan)
Elizondo
Erratzu
Arizkun
Gorostapalo
Iñarbil
Col d'Ispéguy
St-Étienne-de-Baigorry
Anhaux
Uhart-Cize
St-Jean-Pied-de-Port
St-Jean-le-Vieux
Ahaxe-Alciette-Bascassan
Col des Palombières
Pic de Belchou
Berro
Burga
Abraku
Beartzun
Col de Berdaritz
Banca
Aldudes
Peña de Alba
Harguibel
Esnazu
Urepel
Ichterbegui
Collado de Urkiaga
Col de Buldinkurutch
Lindus
Redoute
Alto-Biscar
Orreaga/Roncesvalles
(Roncevaux)
Menditxuri
Col d'Urdanzia
Adarza
Espila
Col de Ehunzaroy
Luzaide/Valcarlos
Arnéguy
Ondarolle
Gaindola
Lauriñaga
Gainekoleta
Pic de Beillurti
Pic de Leizar Atheka
Col de Bentarte
Mendi-Chipi
Pic d'Ibañeta
Orzanzurieta
Mendilaz
Mendi-Zar
Ispoure
La Magdeleine
Çaro
St-Michel
Aincille
Bustince-Iriberry
Lacarre
Harispe
Jaxu
Gamarthe
Estérençuby
Estérenguibe
Phagalcette
Behorléguy
Mendive
Hauskoa
Pic de Behorléguy
Col d'Aphanize
Bohokorte
Ahusquy
St-Sauveur
Col d'Arhansus
Pic Mendibel
Pic des Escaliers
Col Bagargui
Les Chalets d'Iraty
Col Heguichouri
Pélusegagne
Forêt d'Iraty
Pic de Bizkarzé
Irati
Bosque del Irati
Embalse de Irabiako
Arre-eder-guerria
Orbaitzeta
Orbara
Aria
Aribe
Garralda
Garaioa
Hiriberri/Villanueva de Aezoka
Abaurrea Baja/Abaurrepea
Abaurrea Alta/Abaurregaina
Oroz-Betelu/Orotz-Betelu
Vizcailuz
Alto de Remendia
Engastula
Escároz
Ochagavía
Izalzu
Jaurrieta
Oronz
Esparza de Salazar
Sarriés
Güesa
Igal
Vidángoz
Pic d'Orhy
Paso de las Alforjas
Abodi
Sierra de Abodi
Ascomurra
Santuario de Muskilda
Portillo de Lazar
Lizarraga
Ermita de Sta Cruz
Bioleta
Asagarbia
Ermita de Arguiloain
Saseta
Barranco
San Sebastián
Auritz/Burguete
Aurizberri/Espinal
Bizkarreta-Gerendiain
El Fuerte
Mezkiritz
Lintzoain
Erro
Zilbeti
Tiratun
Pto de Aurizberri
Tres Ayas
Orbaitzeta
Celaya
Arreguia
Villanueva de Arce
Corona
Olaldea
Peña Sanagra
Imizcoz
Larrogain
Urdiroz
Elque
Gorraiz de Arce
Azparren
(Arce)
Lacabe
Peña Bacchas
Baigura
Remendia
Aristu
Embalse de Itoiz
Uli-Alto
Arizkuren
Arangozqui
Elcoaz
Jacoisti
Ayechu
Aldasur
Izal
Jaurrieta
Mendióroz
Redín
Janáriz
Olaberri
Beortegui
Erdozáin
Chaparral
Peña de Sta Barbera
Sierra de Archuba
Aoiz
Villaveta
Ekai de L
Liberri
Zuza
Avanz
Murillo de Lónguida
Uli-Bajo
Aós
Villanueva de Lónguida
(Lónguida)
Meoz
Ozcoidi
Javerri
Epároz
Irurozqui
Ste Fé
Guindano
Salvatori
Aizcurgi
Zabalza
Imirizaldu
Olagato
Gallués
Uscarrés
Painto
Torres
Ustés
Anzati
Artaiz
Iriso
Zuazu
Najurieta
Reta
Ardanaz
(Izagaondoa)
Izaga
Urbicáin
Turrillas
Grez
Nardués-Andurra
Artieda
Berroya
Napal
Idocorry
Ugarra
Aspurz
Santa María del Campo
Navascués
Puerto las Coronas
Urraul Alto
Muru
Sansoáin
Artijo
Muru
Ugarra

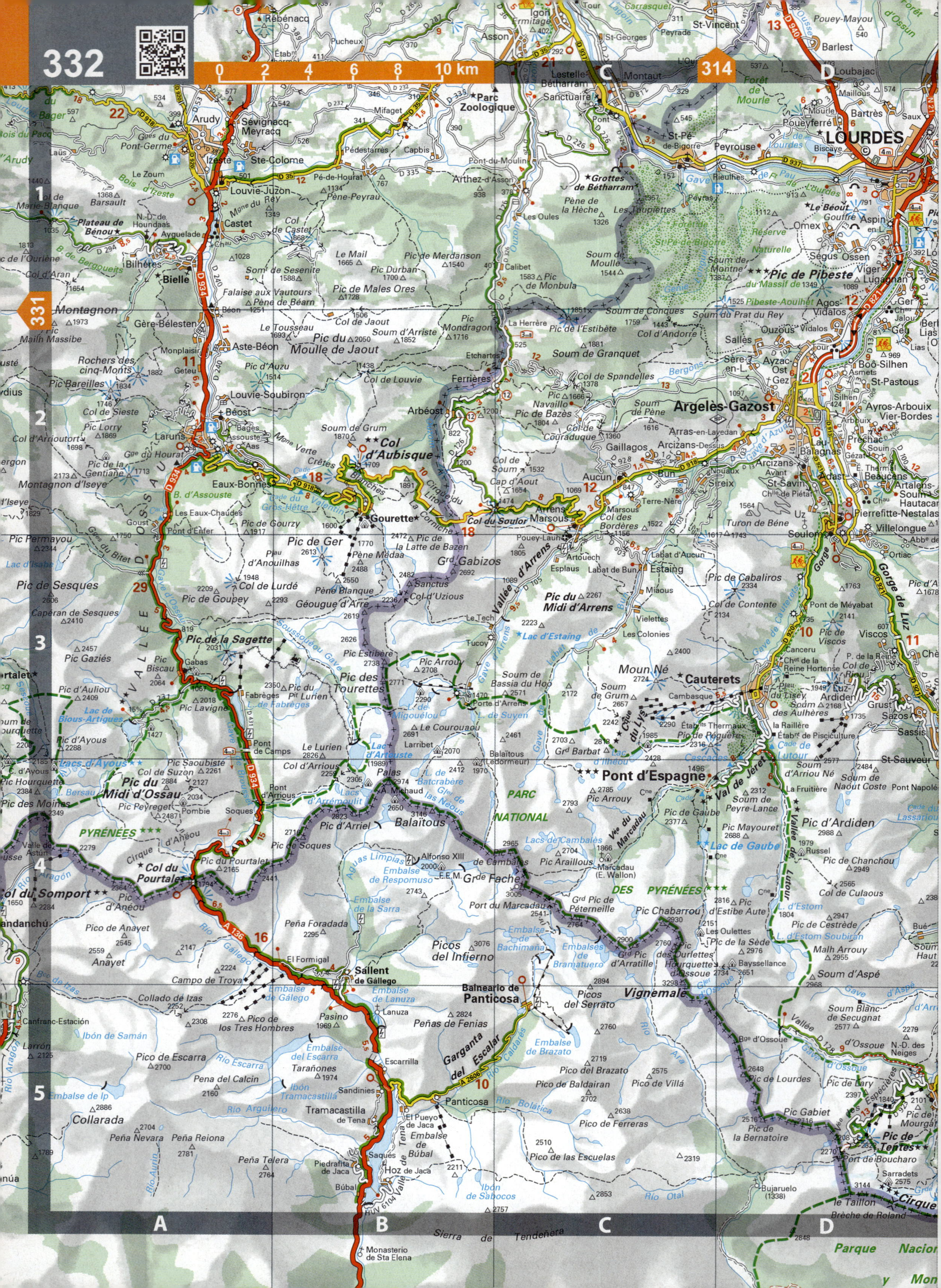

338
320
337
342
341
10 km
0 2 4 6 8
Capendu
Douzens
Moux
Conilhac-Corbières
Ornaisons
Bizanet
Fabrezan
Ferrals-les-Corbières
Boutenac
St-Julien
Monastère de Gaussan
Abbaye de Fontfroide
Quillanet
Villemajou
Les Olieux
St-Martin-de-Toques
Pradelles-en-Val
Montlaur
Camplong-d'Aude
Ribaute
Les Vals
St-André-de-Roquelongue
Le Coude
Montséret
Thézan-des-Corbières
Pradines
Fajac-en-Val
Domneuve
La Coque
Cicéron
Belle Vue
Le Palais
Caraguilhes
Sault
Bois de
Mas-des-Cours
Col de Taurize
Servies-en-Val
Villemagne
Moulin de Boysède
Lagrasse
Terre-Rouge
Prat-Neuf
Tournissan
St-Laurent-de-la-Cabrerisse
Rabet-Montjoi
Donos
St-Estève
Portel-des-
Villar-en-Val
Labastide-en-Val
Taurize
Rieux-en-Val
Caunettes-en-Val
St-Auriol
Mayronnes
St-Pierre-des-Champs
Talairan
Coustouge
Fontjoncouse
Jonquières
Montplaisir
Le Cingle
Ripaud
St-Victor
Les Campets
Clermont-sur-Lauquet
Plateau de Lacamp
St-Martin-des-Puits
Serre-de-Blanes
Le Razès
Gléon
Plan du Pal
Caunette-sur-Lauquet
Lairière
Ch au de Durfort
Tréviac-Bas
Come-de-Bête
Villesèque-des-Corbières
Milobre de Bouisse
Vigneveille
Termes
Félines-Termenès
Villerouge-Termenès
Col du Prat
Albas
Durban-Corbières
Montjoi
Salza
Col de Villerouge
Berre
Bouisse
Lanet
Mouthoumet
Col de Bedos
Davejean
Col de la Gineste
Col d'Amiel
Quintillan
Villeneuve-les-Corbières
St-Jean-de-Barrou
Fraissé-des-Corbières
Albières
Laroque-de-Fa
Pic Cascagne
Col du Prat
Palairac
Serre de Quintillan
Col de Canteloup
N.-D. de l'Olive
Feuilla
Auriac
Col de Couisse
Col de Ferréol
Col d'Extrême
Castelmaure
Montoulié de Périllou
Le Pech
Savignan
Dernacueillette
Maisons
Ségure
N.-D. de Faste
Embres-et-Castelmaure
Fourtou
Milobre de Massac
Massac
Montgaillard
Tour des Géographes
Tauch
St-Roch
Nouvelles
Pech de Genièvre
Périllos (Village ruiné)
Mt Plat
Col de Redoulade
Col de Cédeillan
Pech de Fraysse
Tuchan
Ch au d'Aguilar
Opoul-Périllos
Soulatgé
Rouffiac-des-Corbières
Roc Fourcat
Col de Grès
Padern
Roc Fourcat
La Vall Oriole
N.-D. du Bon Conseil
Fort de Salses
Ch au de Peyrepertuse
Col de la Croix dessus
Devès
Paziols
Rer du Mont St-Bernard
Pas de l'Escale
Sarrat de Montpeyrous
Cubières-sur-Cinoble
Duilhac-s/s-Peyrepertuse
Col du Tribi
Cucugnan
Ch au de Quéribus
Vingrau
Col de Galamus
La Quillе
Pla de St-Paul
Grau de Maury
Mas Janeil
Mas-de-l'As-Frèdes
La Devèze
Centre européen de Préhistoire
Tautavel
St-Antoine-de-Galamus
Col de Corbasse
Maury
Mas-Amiel
Serre d'el Clot
Montpins
Prugnanes
St-Paul-de-Fenouillet
Bouzane
Lesquerde
Clue de la Fou
Fosse
Cases-de-Pène
Espira-de-l'Agly
Rivesaltes
St-Martin
St-Arnac
Borde-Vieille
Borde-Neuve
Mas Camps
Estagel
Le Vivier
Felluns
Lansac
Rasiguères
Latour-de-France
Calce
Ste-Catherine
N.-D. de Pène
Vira
Ansignan
Planèzes
Baixas
Peyrestortes
Pézilla-de-Conflent
Trilla
Bge de Caramany
Cuchous
Montner
Col de la Dona
Mas les Fons
St-Estève
Sournia
Cassagnes
Montalba-le-Château
Caramany
Caladroi
Forca Réal
Ermitage
Le Vernet
Tarerach
Corneilla-la-Rivière
Pézilla-la-Rivière
Baho
Bélesta
Millas
Néfiach
Ille-sur-Têt
St-Féliu

339
PARC NATUREL
321
343
E F G H
1 2 3 4 5
RÉGIONAL
Narbonne-Plage
Armissan
St-Pierre-la-Mer
Port de Brossolette
L'Hospitalet
Moujan
Pech Redon
Rouquette
Montagne
Coffre de
Pech Redon
N. D. des Auzils
Le Pech Bouge
Cimetière marin
Le Rec d'Argent
Les Ayguades
Les Monges
Étg de Mateille
La Nautique
Grd Mandirac
Gruissan
Étg de Gruissan
Musée
Gruissan-Plage
Étg du
Campignol
Île St-Martin
Grazel
Salin de St-Martin
L'Évêque
L'Ayrolle
Étang
Peyriac-de-Mer
Î. de Planasse
Étg du Doul
Réserve africaine
Île de l'Aute
LA NARBONNAISE
Le Hameau du Lac
Île Ste-Lucie
Étang de l'Ayrolle
Grau de la Vieille Nouvelle
La Coudive
Les Cabanes
Salin
Étg de Ste-Lucie
Villefalse
Grd Salin
Sigean
Les Mattes
Port-la-Nouvelle
Parc éolien des Corbières maritimes
St-Martin
Cap Romarin
Roquefort-des-Corbières
Marbre
La Palme
Salin de Lapalme
Les Cabanes-de-Lapalme
Étg de Lapalme
St-Pancrace
La Palme
MÉDITERRANÉE
EN
Grau de la Franqui
Riou
La Franqui
Caves
Cap Leucate
Treilles
Leucate
Leucate-Plage
Fitou
Les Cabanes-de-Fitou
Grau de Leucate
St-Aubin
Port-Fitou
Étang
Pnte de la Corrège
LA CATALANE
de Leucate
Port-Leucate
ou
Aquamagic
Salses-le-Château
de Salses
Gartieux
Paquebot Lydia (ensablé)
Île de la Coudalère
Luna Park
Port-Barcarès
Centre nautique
Camp militaire
Port St-Ange
St-Hippolyte
Le Barcarès
St-Laurent-de-la-Salanque
Claira
Jouéga
Agly
Torreilles-Plage
Pia
Torreilles
Ste-Marie-Plage
Villelongue-de-la-Salanque
Ste-Marie-la-Mer
Bompas
Canet-en-Roussillon
Têt
PERPIGNAN
Cabestany
Canet-Plage
l'Esparrou
Étang

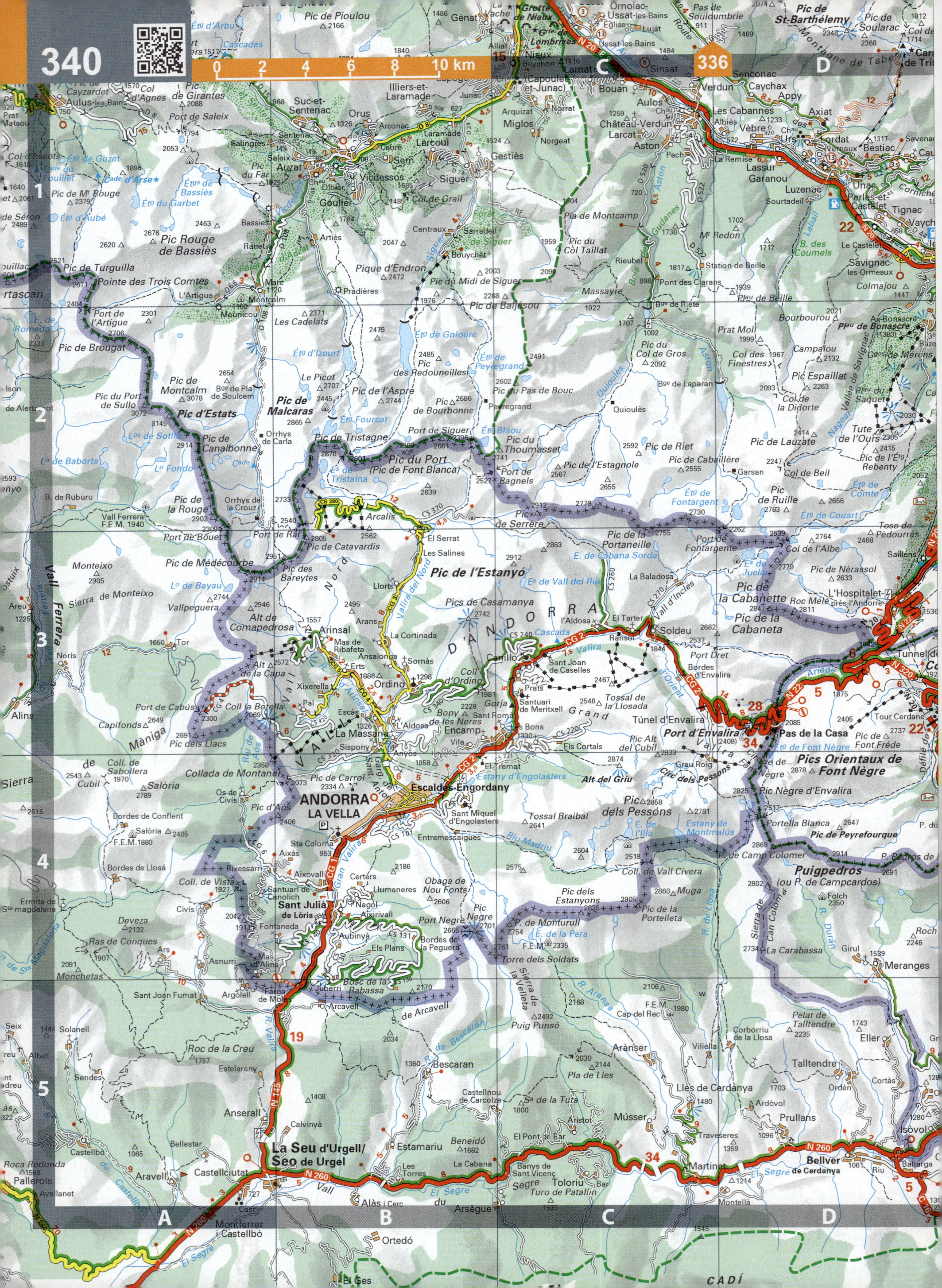

339
343
de Salses
Île de la Coudalère
Gartieux
Paquebot Lydia (ensablé)
Port-Barcarès
Luna Park
Terrain militaire
Camp nautique
Camp militaire
Centre nautique
Port St-Ange
Le Barcarès
Espira-de-l'Agly
Cave-des-Corbières
St-Hippolyte
Rivesaltes
St-Laurent-de-la-Salanque
Claira
Joueège
Torreilles-Plage
Peyrestortes
Pène
Pia
Bompas
Villelongue-de-la-Salanque
Ste-Marie-la-Mer
Torreilles
Ste-Marie-Plage
St-Estève
Le Vernet
Canet-en-Roussillon
St-Charles
PERPIGNAN
Cabestany
Moulin à Vent
l'Esparrou
Canet-Plage
Le Soler
Toulouges
Étang de Canet
Mas du Moulin
St-Nazaire
Ste-Lucie
Canohès
Mas Palégry
Musée
Saleilles
St-Nazaire et de la Mer
Ponteilla
Nyls
Villeneuve-de-la-Raho
Théza
Alénya
Mas d'Ustou
St-Cyprien-Plage
Trouillas
Pollestres
Corneilla-del-Vercol
Bages
Montescot
St-Cyprien
Les Capellans
Villemolaque
Mas Sabole
Les Tuileries
Elne
Latour-Bas-Elne
Aqualand
St-Jean-Lasseille
Le Village Catalan
Banyuls-dels-Aspres
St-Genis-des-Fontaines
Ortaffa
Mas Aragon
Palau-del-Vidre
Taxo d'Avall
Tech
Tresserre
Brouilla
Villeclare
Taxo d'Amont
Argelès-s-Mer
Argelès-Plage
St-Luc
Villelongue-dels-Monts
St-André
Port-Argelès
Racou-Plage
Fort Miradou
Le Boulou
Sorède
Valmy
St-Laurent
Collioure
Port-Vendres
Montesquieu-des-Albères
Thermes du Boulou
Larque-des-Albères
La Pave
Pic Martineau
N.-D. de Consolation
Ermitage
Cap Béar
St-Martin-de-Fenollar
Ste-Maria del Vilar
Roc del Grévol
St-Christophe
La Vie Heureuse
Roc du Midi
Laval
Le Rimbau
Valbonne
Fort-Béar
Site de Paulilles
Cap Oullestreil
Paulilles
Les Clûses
L'Albère
St-Jean
Pic Neulos
Col des 3 Hêtres
Tour de la Massane
Tour Madeloc
Cosprons
Banyuls-sur-Mer
Cap l'Abeille
Le Perthus
Col de l'Ouillat
Pic des Pradets
Pic des 3 Termes
Col dels 4 Termes
Pic de Sailfort
Mas Parer
Les Abeilles
Cap Réderis
Col du Perthus
St-Martin d'Albera
Puig d'el Pigné
Col de l'Orry
Puig de les Guardes
Col de Banyuls
Cap Peyrefite
Cap Canadell
Fort de Bellegarde
Serra de l'Albera
Mas Pils
Puig de la Calme
Cerbère
Cap Cerbère
Pic Calmeille
Super Las Illas
Col del Tourn
Puig de Taravaus
Portbou
C. des Balitres
La Jonquera
Cantallops
Mas Corbera
Sant Quirc de Colera
Colera
Cap Lladró
La Vajol
Agullana
Vilartoli
Espolla
Rabós
Puig d'Escuers
Platja de Garbet
Cap de Ras
Capmany
Sant Climent Sescebes
Vilamaniscle
Puig Tifell
Els Estanys de Dalt
El Port de Llançà
Darnius
Ricardell
Masarac
Mollet de Peralada
Delfià
La Valleta
Llançà
Cap Gros
Boadella d'Empordà
Vilarnadal
Garriguella
La Vall de Sta Creu
Port de la Selva
Biure
Vilajuïga
Pau
La Selva de mar
Tudela
CÔTE VERMEILLE
CATALANE
PLAINE DU ROUSSILLON
ALBÈRES

0 2 4 6 8 10 11 km
A B C D
FRANCE
ITALIE
Savona
Genova
Nice
Marseille
Toulon
Livorno
Piombino
Bastia
l'Île-Rousse
CORSE
Ajaccio
Propriano
Porto-Vecchio
MER MÉDITERRANÉE
MER TYRRHÉNIENNE
SARDEGNA
LIAISONS MARITIMES PERMANENTES
Pnta M
Anse de Malf
Marine d'Alga
Pnta di Solche
Mte S. Colomb
Pnta di l'Acciolu
239
Anse de Pinzuta
Mte Orlando
170
DÉSE
*Plage de l'Ostriconi
Anse de Peraiola
213
Ogliastro
Monetta
T 30
11
320
Lozari
Pnta d'Arco
Cima lo Caigo
*Ile de la Pietra
8
T 30
Parc de Saleccia
*L'Île-Rousse
Guardiola
D 513
Mte Negro
300
Pnta Vallitoni
Bocca Fogata
Monticello
8
396
Curzo
261
Capo Mirabo
Capo Niello
436
Bocca di Carbonaja
Corbara
Occiglioni
163
Col de Casella
405
Algajola
Citllo
Palmento
341
Marine de St-Ambroggio
Sta-Reparata di-Balagna
Regino
Palasca
Col de Colomb
Pnta di Spano
Mte S. Angelo
Pigna
Couv de Corbara
Capo Corbino
Regino
Belgodere
Tepina
14
Codole
Costa
311
813
Baie d'Algajo
Paoli
St-Antonino
La Trinité
Bocca di Prunu
346
Aregno
Tuani
Bocca
Capanna
Pe de la Revellata
Pnta Caldano
Lavatoggio
Ville-di-Paraso
844
Tour
St-Pierre
9 32
Bocca a la Leccia
Golfe de la Revellata
Calvi
Cateri
S. Cesareo
Speloncato
Stellaio
167
botanique
455
Battaglia
1093
1218
Grotte des Veaux Marins
Golfe de Calvi
Camp militaire
Col de Salvi
Avapessa
Murato
Cima di
3,5
St-Rainier
Muro
Nessa
u Fonran

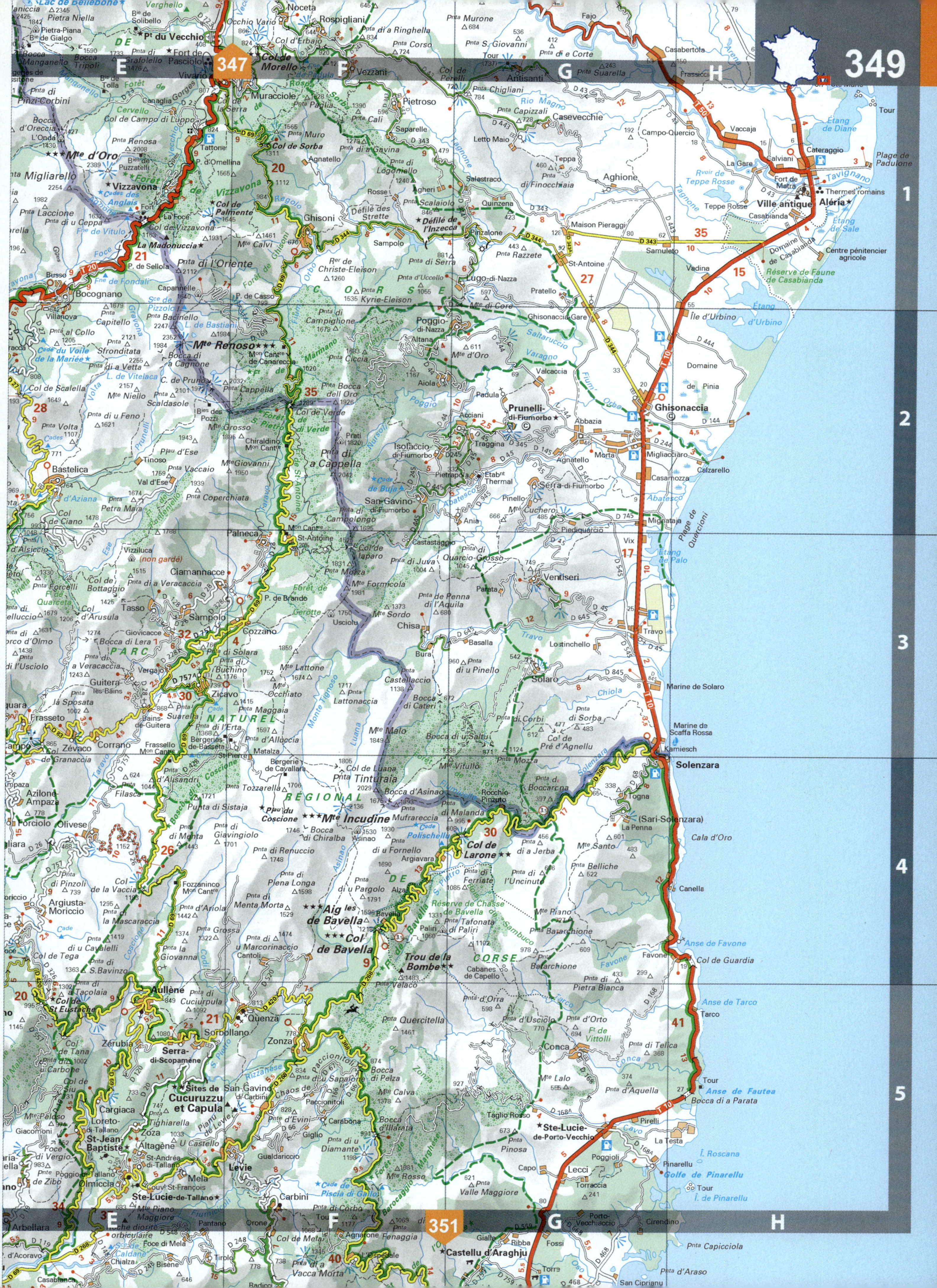

350
0 2 4 6 8 10 11 km
348
D'AJACCIO
Plage de Ruppione
Port de Chiavari
Verghia
Pnte di a Castagna
La Castagna
Campestra
Golfe d'Arena Rossa
Ariezza
Saparella
Figoni
Pnta Guardiola
Monte Bianco
Capu di Muru
Tour
Pnta di Tavis
Suara
Capu Neru
Cala d'Orzo
Pnta Tonda
Tour
Cala di Cigliu
Plage de Cupabia
Baie de Cupabia
Serra-di-Ferro
Tour de Capannella
Porto-Pollo
Pnta di Porto Pollo
Olmeto-Plage
Pozzaccio
Portigliolo
Anc penitencier de Chiavari
Col de Bradello
Col de Cortone
Pnta di u Carapono
Coti-Chiavari
Acqua Doria
Marmontaje
P. de Copala
Pratavone
Stilliccione
Zivignola
Tassinca
Pnta di u Forcono
Pietra Rossa
Favallelo
P. du Taravo
Tour de Micalona
Abbatello
Pnta d'Orco
Forêt de Chiavari
Forêt Pentenu
P. de Calzola
Contra Maiore
Sollacaro
Site préhistorique de Filitosa
Milucia
Mte Barbato
Castello de Cuntorba
Sources thermales de Baracci
Tour de la Calanca
Miggianello
Vetaro
Propriano
GOLFE DE VALINCO
Plage de Portigliolo
Pnta di Cardicciani
Pnte de Campomoro
Tour
Campomoro
Belvédère-Campomoro
Pnta di Manna Molina
Pnta d'Eccica
Cala di Aguglia
Cala di Conca
Tour de Senetosa
Punta di Senetosa
Fort
Cap de Zivia
Golfe de Murtoli
Belvedere
Tivolaggio
Col de Bilia
Bilia
Bocca di Biscelli
Alo
Bisucce
Grossa
Pnta di Cuccari
Pnta di u Monte
Pnta Quarcioqua
Capannaccia
Alignements de Palaggiu
Tizzano
Pietra Nera
Zivia
Pnta di Villa
Cauria
Murtoli
Rocher du Lion
Plage d'Erbaju
Golfe de Roccapina
Cap de Roccapina
Îlots des Moines
RÉSERVE
Pnta di u Turco
Pnta di Muro
Sartène
d'Arboli
Bocca Albitrina
Zevoli
Bocca di Piavone
Giunchi
Orasi
Bocca di Capirossu
Bergerie di Castello
Mégalithes de Cauria
Maison Cantonier
Roccapina
Tour de
Col de Sta-Giulia
Pont Spin'a Cavallu
P. de Rena Bianca
Rizzanese
Petreto-Bicchisano
Pecorareccia
Mte S. Pietro
Furchiccioli
Casalabriva
Col de Celaccia
Pnta Finocchiaia
Pnta Cavallini
Castello della Rocca
Olmeto
Sta-Maria Figani
Fozza
Bastiano
Rossagio
Pila-Canale
Marato
di Pisola
Cognocoli-Monticchi
Ponte Vecchiu
Taccana
Bicchisano
Acellasca
Sta-Manza
di Monte
Taravo
Calvese
Buturetto

FRANCE DÉPARTEMENTALE ET ADMINISTRATIVE

01 Ain
02 Aisne
03 Allier
04 Alpes-de-Haute-Provence
05 Hautes-Alpes
06 Alpes-Maritimes
07 Ardèche
08 Ardennes
09 Ariège
10 Aube
11 Aude
12 Aveyron
13 Bouches-du-Rhône
14 Calvados
15 Cantal
16 Charente
17 Charente-Maritime
18 Cher
19 Corrèze
2A Corse-du-Sud
2B Haute-Corse
21 Côte-d'Or
22 Côtes-d'Armor
23 Creuse
24 Dordogne
25 Doubs
26 Drôme
27 Eure
28 Eure-et-Loir
29 Finistère
30 Gard
31 Haute-Garonne
32 Gers
33 Gironde
34 Hérault
35 Ille-et-Vilaine
36 Indre
37 Indre-et-Loire
38 Isère
39 Jura
40 Landes
41 Loir-et-Cher
42 Loire
43 Haute-Loire
44 Loire-Atlantique
45 Loiret
46 Lot
47 Lot-et-Garonne

48 Lozère
49 Maine-et-Loire
50 Manche
51 Marne
52 Haute-Marne
53 Mayenne
54 Meurthe-et-Moselle
55 Meuse
56 Morbihan
57 Moselle
58 Nièvre
59 Nord
60 Oise
61 Orne
62 Pas-de-Calais
63 Puy-de-Dôme

64 Pyrénées-Atlantiques
65 Hautes-Pyrénées
66 Pyrénées-Orientales
67 Bas-Rhin
68 Haut-Rhin
69 Rhône
70 Haute-Saône
71 Saône-et-Loire
72 Sarthe
73 Savoie
74 Haute-Savoie
75 Ville de Paris
76 Seine-Maritime
77 Seine-et-Marne
78 Yvelines
79 Deux-Sèvres

80 Somme
81 Tarn
82 Tarn-et-Garonne
83 Var
84 Vaucluse
85 Vendée
86 Vienne
87 Haute-Vienne
88 Vosges
89 Yonne
90 Territoire-de-Belfort
91 Essonne
92 Hauts-de-Seine
93 Seine-Saint-Denis
94 Val-de-Marne
95 Val-d'Oise

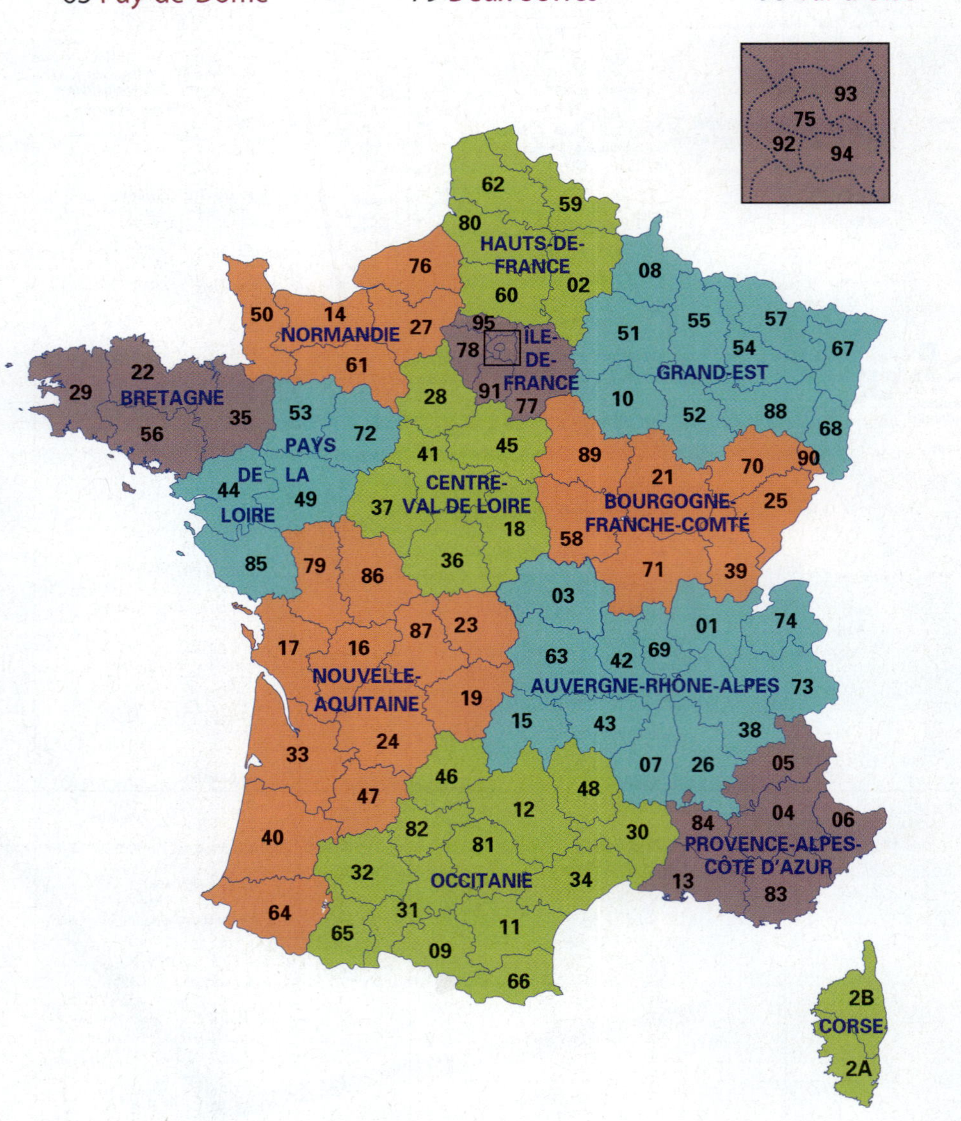

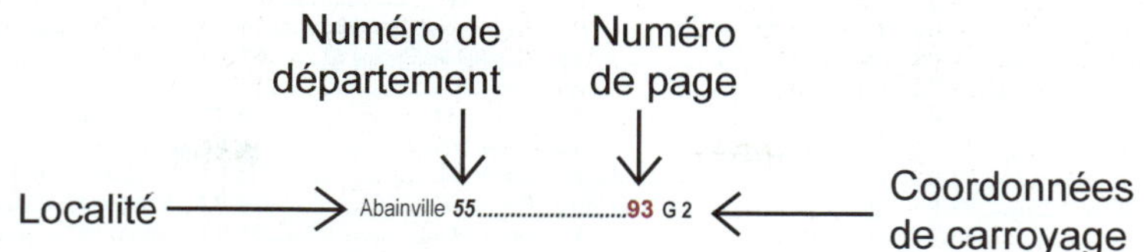

A

Aast 64 .... 314 D 4
Abainville 55 .... 93 G 2
Abancourt 59 .... 14 B 3
Abancourt 60 .... 21 G 4
Abaucourt 54 .... 65 H 3
Abaucourt-lès-Souppleville 55 .... 44 C 5
Abbans-Dessous 25 .... 161 H 5
Abbans-Dessus 25 .... 161 H 5
Abbaretz 44 .... 126 D 5
Abbécourt 02 .... 24 A 5
Abbecourt 60 .... 38 A 3
Abbenans 25 .... 141 H 5
Abbeville 80 .... 11 G 3
Abbéville-la-Rivière 91 .... 87 F 5
Abbéville-lès-Conflans 54 .... 45 E 5
Abbeville-Saint-Lucien 60 .... 38 B 1
Abbévillers 25 .... 142 C 5
Abeilhan 34 .... 321 G 2
Abelcourt 70 .... 141 F 2
L'Aber-Wrac'h 29 .... 70 C 4
Abère 64 .... 314 C 3
L'Abergement-Clémenciat 01 .... 213 F 1
L'Abergement-de-Cuisery 71 .... 195 F 1
L'Abergement-de-Varey 01 .... 214 B 2
Abergement-la-Ronce 39 .... 178 D 1
Abergement-le-Grand 39 .... 179 F 2
Abergement-le-Petit 39 .... 179 F 2
Abergement-lès-Thésy 39 .... 179 H 2
Abergement-Saint-Jean 39 .... 178 D 3
L'Abergement-Sainte-Colombe 71 .... 178 A 4
Abidos 64 .... 313 H 2
Abilly 37 .... 169 H 2
Abîme Pont de l' 74 .... 215 G 5
Abitain 64 .... 311 H 3
Abjat-sur-Bandiat 24 .... 222 C 2
Ablain-Saint-Nazaire 62 .... 8 A 5
Ablaincourt-Pressoir 80 .... 23 F 2
Ablainzevelle 62 .... 13 G 4
Ablancourt 51 .... 62 C 3
Ableiges 95 .... 57 H 1
Les Ableuvenettes 88 .... 118 D 2
Ablis 78 .... 86 D 3
Ablon 14 .... 34 D 2
Ablon-sur-Seine 94 .... 58 C 5
Aboën 42 .... 229 H 4
Aboncourt 54 .... 94 C 4
Aboncourt 57 .... 46 B 4
Aboncourt-Gesincourt 70 .... 140 D 3
Aboncourt-sur-Seille 57 .... 66 B 4
Abondance 74 .... 198 C 4
Abondant 28 .... 56 D 4
Abos 64 .... 313 H 3
Abreschviller 57 .... 96 C 1
Abrest 03 .... 210 B 2
Les Abrets en Dauphiné 38 .... 232 C 3
Abriès 05 .... 253 F 5
Abscon 59 .... 14 C 2
L'Absie 79 .... 167 F 5
Abzac 16 .... 204 C 2
Abzac 33 .... 238 C 4
Accarias Col 38 .... 251 E 5
Accia Pont de l' 2B .... 347 E 4
Accolans 25 .... 141 H 5
Accolay 89 .... 136 C 4
Accons 07 .... 248 B 5
Accous 64 .... 331 H 5
Achain 57 .... 66 D 3
Achen 57 .... 67 H 1
Achenheim 67 .... 97 G 1
Achères 18 .... 155 H 4
Achères 78 .... 58 A 2
Achères-la-Forêt 77 .... 88 A 5
Achery 02 .... 24 B 4
Acheux-en-Amiénois 80 .... 13 E 5
Acheux-en-Vimeu 80 .... 11 F 4
Acheville 62 .... 8 C 5
Achey 70 .... 140 H 3
Achicourt 62 .... 13 G 2
Achiet-le-Grand 62 .... 13 G 4

Achiet-le-Petit 62 .... 13 G 4
Achun 58 .... 157 G 5
Achy 60 .... 21 H 5
Acigné 35 .... 104 C 3
Aclou 27 .... 35 G 5
Acon 27 .... 56 B 4
Acq 62 .... 13 F 2
Acqueville 14 .... 53 G 2
Acqueville 50 .... 28 D 3
Acquigny 27 .... 36 B 5
Acquin 62 .... 3 E 5
Acy 02 .... 40 C 3
Acy-en-Multien 60 .... 39 G 5
Acy-Romance 08 .... 42 A 1
Adaincourt 57 .... 66 C 2
Adainville 78 .... 57 F 5
Adam-lès-Passavant 25 .... 162 C 3
Adam-lès-Vercel 25 .... 162 C 4
Adamswiller 67 .... 67 H 3
Adast 65 .... 332 D 2
Adé 65 .... 314 D 5
Adelange 57 .... 66 D 2
Adelans-et-le-Val-de-Bithaine 70 .... 141 H 4
Adervielle 65 .... 333 H 4
Adilly 79 .... 168 A 5
Adinfer 62 .... 13 F 3
Adissan 34 .... 302 A 5
Les Adjots 16 .... 203 F 2
Adon 45 .... 134 D 3
Les Adrets 38 .... 233 F 5
Les Adrets-de-l'Esterel 83 .... 308 D 4
Adriers 86 .... 187 F 5
Aérocity Parc 07 .... 266 B 4
Afa 2A .... 348 C 3
Affieux 19 .... 224 D 3
Affléville 54 .... 45 E 4
Affoux 69 .... 212 B 4
Affracourt 54 .... 94 D 3
Affringues 62 .... 7 E 2
Agassac 31 .... 316 B 3
Agay 83 .... 329 H 1
Agde 34 .... 322 C 5
Agel 34 .... 320 D 4
Agen 47 .... 276 B 3
Agen-d'Aveyron 12 .... 280 D 1
Agencourt 21 .... 160 A 5
Agenville 80 .... 12 B 4
Agenvillers 80 .... 11 H 2
Les Ageux 60 .... 39 E 3
Ageville 52 .... 117 F 3
Agey 21 .... 159 G 3
Aghione 2B .... 349 G 1
Agincourt 54 .... 65 H 5
Agmé 47 .... 257 F 2
Agnac 47 .... 257 G 3
Agnat 43 .... 228 B 5
Agneaux 50 .... 32 A 5
Agnetz 60 .... 38 C 2
Agnez-lès-Duisans 62 .... 13 F 2
Agnicourt-et-Séchelles 02 .... 25 E 3
Agnières 62 .... 8 A 5
Agnières 80 .... 21 H 4
Agnières-en-Dévoluy 05 .... 269 F 2
Agnin 38 .... 231 F 5
Agnos 64 .... 331 H 1
Agny 62 .... 13 G 3
Agon-Coutainville 50 .... 31 F 5
Agonac 24 .... 240 C 1
Agonès 34 .... 302 C 1
Agonges 03 .... 191 H 1
Agonnay 17 .... 201 F 4
Agos-Vidalos 65 .... 332 D 2
Agris 16 .... 203 G 5
Agudelle 17 .... 219 H 4
Les Agudes 31 .... 333 H 4
Aguessac 12 .... 281 H 3
Aguilar Château d' 11 .... 338 C 3
Aguilcourt 02 .... 41 G 2
Aguts 81 .... 298 D 5
Agy 14 .... 32 D 3
Ahaxe-Alciette-Bascassan 64 .... 330 C 1
Ahetze 64 .... 310 C 3
Ahéville 88 .... 94 D 5

Ahuillé 53 .... 105 H 4
Ahun 23 .... 207 F 2
Ahusquy 64 .... 330 D 2
Ahuy 21 .... 160 A 2
Aibes 59 .... 15 H 3
Aibre 25 .... 142 B 4
Aïcirits 64 .... 311 G 5
Aiffres 79 .... 185 E 4
Aigaliers 30 .... 284 B 4
L'Aigle 61 .... 55 F 4
Aigle Barrage de l' 19 .... 243 H 1
Aiglemont 08 .... 26 D 3
Aiglepierre 39 .... 179 G 2
Aigleville 27 .... 56 D 1
Aiglun 04 .... 287 H 4
Aiglun 06 .... 309 E 1
Aignan 32 .... 295 F 3
Aignay-le-Duc 21 .... 138 C 4
Aigne 34 .... 320 C 4
Aigné 72 .... 107 G 4
Aignerville 14 .... 32 C 3
Aignes 31 .... 318 B 4
Aignes-et-Puypéroux 16 .... 221 F 4
Aigneville 80 .... 11 F 4
Aigny 51 .... 61 H 1
Aigonnay 79 .... 185 F 4
Aigoual Mont 48 .... 282 D 4
Aigre 16 .... 203 E 4
Aigrefeuille 31 .... 298 B 5
Aigrefeuille-d'Aunis 17 .... 200 D 1
Aigrefeuille-sur-Maine 44 .... 147 H 5
Aigremont 30 .... 283 H 5
Aigremont 52 .... 118 A 4
Aigremont 78 .... 57 H 3
Aigremont 89 .... 136 D 4
Aiguebelette-le-Lac 73 .... 233 E 2
Aiguebelle 73 .... 234 A 2
Aiguebelle 83 .... 329 E 4
Aigueblanche 73 .... 234 B 3
Aiguefonde 81 .... 319 H 2
Aigueperse 63 .... 209 H 3
Aigueperse 69 .... 194 B 5
Aigues-Juntes 09 .... 336 A 2
Aigues-Mortes 30 .... 303 G 5
Aigues-Vives 09 .... 336 C 3
Aigues-Vives 11 .... 320 A 5
Aigues-Vives 30 .... 303 G 3
Aigues-Vives 34 .... 320 D 4
Aiguèze 30 .... 284 C 2
Aiguilhe 43 .... 247 F 3
Aiguilles 05 .... 253 F 5
L'Aiguillon 09 .... 336 C 5
Aiguillon 47 .... 275 G 2
L'Aiguillon-sur-Mer 85 .... 183 E 4
L'Aiguillon-sur-Vie 85 .... 165 E 5
Aiguines 83 .... 307 G 3
Aigurande 36 .... 189 F 3
Ailefroide 05 .... 252 B 4
Ailhon 07 .... 266 B 3
Aillant-sur-Milleron 45 .... 135 E 3
Aillant-sur-Tholon 89 .... 135 H 2
Aillas 33 .... 256 D 5
Ailleux 42 .... 211 F 5
Aillevans 70 .... 141 G 4
Ailleville 10 .... 116 A 2
Aillevillers-et-Lyaumont 70 .... 119 F 5
Aillianville 52 .... 93 G 4
Aillières-Beauvoir 72 .... 84 A 4
Aillon-le-Jeune 73 .... 233 G 1
Aillon-le-Vieux 73 .... 233 G 1
Ailloncourt 70 .... 141 G 3
Ailly 27 .... 36 C 5
Ailly-le-Haut-Clocher 80 .... 11 H 4
Ailly-sur-Meuse 55 .... 64 C 4
Ailly-sur-Noye 80 .... 22 C 3
Ailly-sur-Somme 80 .... 22 B 1
Aimargues 30 .... 303 G 4
Aime-la-Plagne 73 .... 234 C 2
Ain Source de l' 39 .... 180 A 4
Ainac 04 .... 288 C 4
Ainay-le-Château 03 .... 173 G 5
Ainay-le-Vieil 18 .... 173 H 5
Aincille 64 .... 330 C 1
Aincourt 95 .... 57 G 1
Aincreville 55 .... 43 G 2

Aingeray 54 .... 65 G 5
Aingeville 88 .... 118 A 2
Aingoulaincourt 52 .... 93 F 3
Ainharp 64 .... 311 H 5
Ainhice-Mongelos 64 .... 311 F 5
Ainhoa 64 .... 310 D 4
Ainvelle 70 .... 141 F 2
Ainvelle 88 .... 118 B 4
Airaines 80 .... 11 H 5
Airan 14 .... 34 A 5
Aire 08 .... 41 H 1
Aire-sur-la-Lys 62 .... 7 G 2
Aire-sur-l'Adour 40 .... 294 C 3
Airel 50 .... 32 B 4
Les Aires 34 .... 301 F 5
Airion 60 .... 38 C 2
Airon-Notre-Dame 62 .... 6 B 5
Airon-Saint-Vaast 62 .... 6 B 5
Airoux 11 .... 318 D 3
Airvault 79 .... 168 B 3
Aiserey 21 .... 160 B 5
Aisey-et-Richecourt 70 .... 118 C 5
Aisey-sur-Seine 21 .... 138 B 3
Aisne 85 .... 183 G 3
Aisonville-et-Bernoville 02 .... 24 C 1
Aïssey 25 .... 162 C 3
Aisy-sous-Thil 21 .... 158 C 2
Aisy-sur-Armançon 89 .... 137 G 4
Aiti 2B .... 347 F 3
Aiton 73 .... 233 H 2
Aix 19 .... 226 B 2
Aix 59 .... 9 E 4
Aix Ile d' 17 .... 200 C 2
Les Aix-d'Angillon 18 .... 155 G 5
Aix-en-Diois 26 .... 268 B 2
Aix-en-Ergny 62 .... 6 D 3
Aix-en-Issart 62 .... 6 C 4
Aix-en-Othe 10 .... 114 B 2
Aix-en-Provence 13 .... 306 A 5
Aix-la-Fayette 63 .... 228 C 3
Aix-les-Bains 73 .... 233 F 1
Aix-Noulette 62 .... 8 A 5
Aixe-sur-Vienne 87 .... 205 F 5
Aizac 07 .... 266 B 2
Aizanville 52 .... 116 C 3
Aize 36 .... 171 H 1
Aizecourt-le-Bas 80 .... 23 H 1
Aizecourt-le-Haut 80 .... 23 G 1
Aizecq 16 .... 203 G 3
Aizelles 02 .... 41 E 1
Aizenay 85 .... 165 G 4
Aizier 27 .... 35 F 2
Aizy-Jouy 02 .... 40 C 2
Ajac 11 .... 337 F 2
Ajaccio 2A .... 348 B 3
Ajain 23 .... 207 F 1
Ajat 24 .... 241 E 2
Ajoncourt 57 .... 66 B 4
Ajou 27 .... 55 G 2
Ajoux 07 .... 266 C 1
Alaigne 11 .... 337 F 1
Alaincourt 02 .... 24 B 3
Alaincourt 70 .... 118 D 5
Alaincourt-la-Côte 57 .... 66 B 3
Alairac 11 .... 319 G 5
Alaise 25 .... 179 H 1
Alan 31 .... 316 D 5
Alando 2B .... 347 F 4
Alata 2A .... 348 B 3
Alba-la-Romaine 07 .... 266 D 4
Alban 81 .... 300 A 1
Albaret-le-Comtal 48 .... 245 H 5
Albaret-Sainte-Marie 48 .... 246 A 5
Albarine Gorges de l' 01 .... 214 C 3
L'Albaron 13 .... 304 A 4
Albas 11 .... 338 C 2
Albas 46 .... 259 G 5
Albé 67 .... 97 E 4
Albefeuille-Lagarde 82 .... 277 G 5
L'Albenc 38 .... 250 B 1
Albens 73 .... 215 F 5
Albepierre-Bredons 15 .... 245 F 3
L'Albère 66 .... 343 E 4
Albert 80 .... 13 F 5
Albert-Louppe Pont 29 .... 75 F 2

Albertacce 2B .... 346 D 4
Albertville 73 .... 234 A 1
Albestroff 57 .... 67 F 2
Albi 81 .... 299 F 1
Albiac 31 .... 298 C 5
Albiac 46 .... 261 E 2
Albias 82 .... 278 B 4
Albières 11 .... 338 A 3
Albiès 09 .... 336 C 5
Albiez-le-Jeune 73 .... 252 A 1
Albiez-le-Vieux 73 .... 252 A 1
Albignac 19 .... 242 D 2
Albigny 74 .... 215 G 3
Albigny-sur-Saône 69 .... 213 E 4
Albine 81 .... 320 A 2
Albiosc 04 .... 307 E 2
Albitreccia 2A .... 348 D 4
Albon 26 .... 249 E 1
Albon-d'Ardèche 07 .... 266 B 1
Alboussière 07 .... 249 E 4
Les Albres 12 .... 261 G 4
Albussac 19 .... 243 E 3
Alby-sur-Chéran 74 .... 215 F 4
Alçay-Alçabéhéty-Sunharette 64 .... 331 E 2
Aldudes 64 .... 330 A 1
Alembon 62 .... 2 D 5
Alençon 61 .... 83 G 4
Alénya 66 .... 343 F 2
Aléria 2B .... 349 H 1
Alès 30 .... 283 H 4
Alet-les-Bains 11 .... 337 G 2
Alette 62 .... 6 C 4
Aleu 09 .... 335 G 3
Alex 74 .... 215 H 3
Alexain 53 .... 106 A 2
Aleyrac 26 .... 267 F 4
Alfortville 94 .... 58 C 4
Algajola 2B .... 344 C 5
Algans 81 .... 298 D 5
Algolsheim 68 .... 121 G 3
Algrange 57 .... 45 G 3
Alièze 39 .... 196 C 1
Alignan-du-Vent 34 .... 321 H 2
Alincourt 08 .... 42 A 2
Alincourt 60 .... 37 G 4
Alincthun 62 .... 2 C 5
Alise-Sainte-Reine 21 .... 159 E 1
Alissas 07 .... 266 D 2
Alix 69 .... 212 D 4
Alixan 26 .... 249 G 4
Alizay 27 .... 36 B 3
Allain 54 .... 94 B 2
Allaines 80 .... 23 G 1
Allaines-Mervilliers 28 .... 110 D 2
Allainville 28 .... 56 C 5
Allainville 78 .... 86 D 4
Allainville-en-Beauce 45 .... 111 F 2
Allaire 56 .... 125 G 4
Allamont 54 .... 65 E 1
Allamps 54 .... 94 A 2
Allan 26 .... 267 E 4
Allanche 15 .... 245 F 1
Alland'Huy-et-Sausseuil 08 .... 42 C 1
Allarmont 88 .... 96 B 2
Allas-Bocage 17 .... 219 H 4
Allas-Champagne 17 .... 220 B 3
Allas-les-Mines 24 .... 259 F 1
Allassac 19 .... 242 B 1
Allauch 13 .... 327 E 1
Allègre 43 .... 247 E 2
Allègre Château d' 30 .... 284 A 3
Allègre-les-Fumades 30 .... 284 A 3
Alleins 13 .... 305 G 3
Allemagne-en-Provence 04 .... 307 E 2
Allemanche-Launay-et-Soyer 51 .... 90 B 2
Allemans 24 .... 239 G 1
Allemans-du-Dropt 47 .... 257 G 3
Allemant 02 .... 40 C 1
Allemant 51 .... 61 E 4
Allemond 38 .... 251 G 2
Allenay 80 .... 11 E 3
Allenc 48 .... 264 D 4

Allenjoie 25 .... 142 C 4
Allennes-les-Marais 59 .... 8 C 4
Allenwiller 67 .... 68 B 5
Allerey 21 .... 159 E 5
Allerey-sur-Saône 71 .... 178 A 3
Allériot 71 .... 178 A 4
Allery 80 .... 11 H 5
Alles-sur-Dordogne 24 .... 258 D 1
Les Alleuds 49 .... 149 H 3
Les Alleuds 79 .... 203 E 1
Les Alleux 08 .... 42 D 1
Alleuze 15 .... 245 H 4
Allevard 38 .... 233 G 4
Allèves 74 .... 215 G 5
Allex 26 .... 267 F 1
Alleyrac 43 .... 247 G 5
Alleyras 43 .... 246 D 5
Alleyrat 19 .... 225 H 3
Alleyrat 23 .... 207 G 3
Allez-et-Cazeneuve 47 .... 276 B 1
Alliancelles 51 .... 63 E 3
Alliat 09 .... 336 B 4
Allibaudières 10 .... 91 E 2
Allichamps 52 .... 92 C 2
Allier 65 .... 315 F 5
Allières 09 .... 335 H 2
Les Alliés 25 .... 180 D 2
Alligny-Cosne 58 .... 156 B 2
Alligny-en-Morvan 58 .... 158 C 4
Allimas Col de l' 38 .... 250 C 5
Allineuc 22 .... 78 A 5
Allinges 74 .... 198 B 3
Allogny 18 .... 155 E 4
Allondans 25 .... 142 B 4
Allondaz 73 .... 216 A 5
Allondrelle-la-Malmaison 54 .... 44 C 1
Allonne 60 .... 38 A 2
Allonne 79 .... 185 E 1
Allonnes 28 .... 86 C 5
Allonnes 49 .... 150 C 3
Allonnes 72 .... 107 G 5
Allons 04 .... 288 D 4
Allons 47 .... 274 D 3
Allonville 80 .... 22 C 1
Allonzier-la-Caille 74 .... 215 G 2
Allos 04 .... 288 D 2
Allos Col d' 04 .... 288 D 1
Allouagne 62 .... 7 H 4
Alloue 16 .... 204 B 2
Allouis 18 .... 154 D 5
Allouville-Bellefosse 76 .... 19 G 5
Les Allues 73 .... 234 C 3
Les Alluets-le-Roi 78 .... 57 H 3
Alluy 58 .... 175 G 1
Alluyes 28 .... 109 H 2

A B C D E F G H I J K L M N O P Q R S T U V W X Y Z

Aluze 71 — 177 G 3
Alvignac 46 — 260 D 1
Alvimare 76 — 19 F 5
Alzen 09 — 336 A 2
Alzi 2B — 347 F 4
Alzing 57 — 46 C 4
Alzon 30 — 282 C 5
Alzonne 11 — 319 F 4
Amage 70 — 141 H 2
Amagne 08 — 42 B 1
Amagney 25 — 162 B 3
Amailloux 79 — 168 A 4
Amance 10 — 91 H 5
Amance 54 — 66 B 5
Amance 70 — 141 E 2
Amancey 25 — 180 A 1
Amancy 74 — 216 A 1
Amange 39 — 161 E 4
Amanlis 35 — 104 C 4
Amanty 55 — 93 H 2
Amanvillers 57 — 45 G 5
Amanzé 71 — 193 H 4
Amareins 01 — 213 E 2
Amarens 81 — 279 E 5
Amathay-Vésigneux 25 — 180 B 1
Amayé-sur-Orne 14 — 33 F 5
Amayé-sur-Seulles 14 — 32 D 5
Amazy 58 — 157 F 3
Ambacourt 88 — 94 D 4
Ambarès-et-Lagrave 33 — 237 G 4
Ambax 31 — 316 D 3
Ambazac 87 — 205 H 3
Ambel 38 — 269 F 1
Ambenay 27 — 55 G 3
Ambérac 16 — 203 E 4
Ambérieu-en-Bugey 01 — 214 A 3
Ambérieux-d'Azergues 69 — 212 D 3
Ambérieux-en-Dombes 01 — 213 F 3
Ambernac 16 — 204 B 3
Amberre 86 — 168 D 4
Ambert 63 — 229 E 3
Ambès 33 — 237 G 3
Ambeyrac 12 — 261 F 4
Ambialet 81 — 299 H 1
Ambiegna 2A — 348 C 2
Ambierle 42 — 211 F 2
Ambiévillers 70 — 118 D 4
Ambillou 37 — 151 F 2
Ambillou-Château 49 — 149 H 4
Ambilly 74 — 197 H 5
Amblaincourt 55 — 63 H 2
Amblainville 60 — 38 A 4
Amblans-et-Velotte 70 — 141 G 3
Ambleny 02 — 40 A 2
Ambléon 01 — 214 C 5
Ambleteuse 62 — 2 B 4
Ambleville 16 — 220 C 3
Ambleville 95 — 37 F 5
Amblie 14 — 33 F 3
Amblimont 08 — 27 F 4
Ambloy 41 — 131 F 4
Ambly-Fleury 08 — 42 B 1
Ambly-sur-Meuse 55 — 64 B 2
Amboise 37 — 152 C 2
Ambon 56 — 124 D 4
Ambonil 26 — 267 F 1
Ambonnay 51 — 61 H 1
Ambonville 52 — 92 D 5
Ambourville 76 — 35 H 1
Ambrault 36 — 172 B 4
Ambres 81 — 298 D 3
Ambricourt 62 — 7 F 4
Ambrief 02 — 40 B 3
Ambrières 51 — 63 E 5
Ambrières-les-Vallées 53 — 82 B 4
Ambrines 62 — 13 E 2
Ambronay 01 — 214 A 2
Ambrugeat 19 — 225 G 3
Ambrumesnil 76 — 20 A 2
Ambrus 47 — 275 F 2
Ambutrix 01 — 214 A 3
Amécourt 27 — 37 F 2
Amel-sur-l'Étang 55 — 44 D 4
Amelécourt 57 — 66 C 4
Amélie-les-Bains-Palalda 66 — 342 C 4
L'Amélie-sur-Mer 33 — 218 C 3
Amendeuix-Oneix 64 — 311 G 4
Amenoncourt 54 — 96 A 1
Amenucourt 95 — 37 F 5
Ames 62 — 7 G 3
Amettes 62 — 7 G 4
Ameugny 71 — 194 D 2
Ameuvelle 88 — 118 C 5
Amfreville 14 — 33 H 3
Amfreville 50 — 29 G 5
Amfreville-Saint-Amand 27 — 35 H 4

Amfreville-la-Mi-Voie 76 — 36 B 2
Amfreville-les-Champs 27 — 36 C 3
Amfreville-les-Champs 76 — 19 H 4
Amfreville-sous-les-Monts 27 — 36 C 3
Amfreville-sur-Iton 27 — 36 B 5
Amfroipret 59 — 15 F 2
Amiens 80 — 22 B 2
Amifontaine 02 — 41 F 1
Amigny 50 — 32 A 4
Amigny-Rouy 02 — 24 B 5
Amillis 77 — 60 A 4
Amilly 28 — 86 A 4
Amilly 45 — 112 C 5
Amions 42 — 211 G 4
Amirat 06 — 289 F 5
Ammerschwihr 68 — 121 E 2
Ammertzwiller 68 — 143 E 2
Ammeville 14 — 54 B 2
Amné 72 — 107 F 4
Amnéville 57 — 45 G 4
Amoncourt 70 — 141 E 3
Amondans 25 — 162 A 5
Amont-et-Effreney 70 — 119 G 5
Amorots-Succos 64 — 311 G 4
Amou 40 — 293 G 4
Amphion-les-Bains 74 — 198 B 3
Ampiac 12 — 280 C 1
Ampilly-le-Sec 21 — 138 A 3
Ampilly-les-Bordes 21 — 138 B 5
Amplepuis 69 — 212 A 3
Amplier 62 — 12 D 4
Ampoigné 53 — 128 A 2
Amponville 77 — 112 A 2
Ampriani 2B — 347 G 5
Ampuis 69 — 231 E 3
Ampus 83 — 307 H 4
Amuré 79 — 184 C 5
Amy 60 — 23 F 4
Anais 16 — 203 F 5
Anais 17 — 183 H 5
Anan 31 — 316 C 3
Ance 64 — 331 G 1
Anceaumeville 76 — 20 B 5
Anceins 61 — 55 E 3
Ancelle 05 — 269 H 2
Ancemont 55 — 64 B 1
Ancenis 44 — 148 B 2
Ancerville 55 — 63 G 5
Ancerville 57 — 66 B 1
Ancerviller 54 — 96 A 2
Ancey 21 — 159 H 3
Anchamps 08 — 26 D 1
Anché 37 — 151 E 5
Anché 86 — 186 B 4
Anchenoncourt-et-Chazel 70 — 141 E 2
Ancienville 02 — 40 A 4
Ancier 70 — 161 F 1
Ancinnes 72 — 83 H 4
Ancizan 65 — 333 G 3
Les Ancizes-Comps 63 — 209 E 4
Ancône 26 — 267 E 3
Ancourt 76 — 10 B 5
Ancourteville-sur-Héricourt 76 — 19 G 4
Ancretiéville-Saint-Victor 76 — 20 A 4
Ancretteville-sur-Mer 76 — 19 F 3
Ancteville 50 — 31 G 5
Anctoville 14 — 33 E 5
Anctoville-sur-Boscq 50 — 51 F 3
Ancy 69 — 212 C 5
Ancy-Dornot 57 — 65 G 1
Ancy-le-Franc 89 — 137 F 3
Ancy-le-Libre 89 — 137 F 3
Andaine Bec d' 50 — 51 F 4
Andainville 80 — 21 G 2
Andance 07 — 249 E 1
Andancette 26 — 249 E 1
Andard 49 — 149 H 1
Andé 27 — 36 C 4
Andechy 80 — 23 E 4
Andel 22 — 78 D 3
Andelain 02 — 24 B 4
Andelaroche 03 — 193 E 5
Andelarre 70 — 141 E 5
Andelarrot 70 — 141 E 5
Andelat 15 — 245 G 3
Andelnans 90 — 142 C 3
Andelot 52 — 117 F 2
Andelot-en-Montagne 39 — 179 H 3
Andelot-lès-Saint-Amour 39 — 196 A 3
Andelu 78 — 57 G 3
Les Andelys 27 — 36 D 4
Andernay 55 — 63 F 4
Andernos-les-Bains 33 — 254 C 1
Anderny 54 — 45 F 3

Andert-et-Condon 01 — 214 D 5
Andevanne 08 — 43 G 2
Andeville 60 — 38 A 4
Andigné 49 — 128 A 4
Andillac 81 — 279 E 5
Andilly 17 — 183 G 5
Andilly 54 — 65 F 5
Andilly 74 — 215 G 2
Andilly 95 — 58 B 2
Andilly-en-Bassigny 52 — 117 H 5
Andiran 47 — 275 F 4
Andlau 67 — 97 E 3
Andoins 64 — 314 C 4
Andolsheim 68 — 121 F 3
Andon 06 — 308 D 2
Andonville 45 — 111 E 2
Andornay 70 — 142 A 3
Andouillé 53 — 106 A 2
Andouillé-Neuville 35 — 80 C 5
Andouque 81 — 280 B 5
Andrein 64 — 311 H 3
Andres 62 — 2 D 4
Andrest 65 — 315 E 3
Andrésy 78 — 58 A 2
Andrezé 49 — 148 D 4
Andrezel 77 — 88 C 2
Andrézieux-Bouthéon 42 — 230 A 3
Andryes 89 — 157 E 1
Anduze 30 — 283 G 4
Anéran-Camors 65 — 333 H 4
Anères 65 — 333 H 1
Anet 28 — 56 D 3
Anetz 44 — 148 C 2
Angaïs 64 — 314 C 4
Angé 41 — 152 D 3
Angeac-Champagne 16 — 220 B 2
Angeac-Charente 16 — 220 D 2
Angecourt 08 — 27 F 4
Angeduc 16 — 220 D 3
Angely 89 — 137 E 5
Angeot 90 — 142 D 2
Angers 49 — 149 G 1
Angerville 14 — 34 A 4
Angerville 91 — 87 E 5
Angerville-Bailleul 76 — 19 E 4
Angerville-la-Campagne 27 — 56 B 2
Angerville-la-Martel 76 — 19 F 3
Angerville-l'Orcher 76 — 18 D 5
Angervilliers 91 — 87 F 2
Angeville 82 — 277 E 5
Angevillers 57 — 45 G 3

Angrie 49 — 127 H 5
Anguilcourt-le-Sart 02 — 24 C 4
Angviller-lès-Bisping 57 — 67 F 4
Angy 60 — 38 C 3
Anhaux 64 — 330 B 1
Anhiers 59 — 9 E 5
Aniane 34 — 302 B 4
Aniche 59 — 14 B 2
Anisy 14 — 33 G 3
Anizy-le-Château 02 — 40 C 1
Anjeux 70 — 119 E 5
Anjony Château d' 15 — 244 C 3
Anjou 38 — 231 F 5
Anjouin 36 — 154 A 5
Anjoutey 90 — 142 C 2
Anla 65 — 334 A 2
Anlezy 58 — 175 F 2
Anlhiac 24 — 223 F 5
Annay 58 — 156 A 1
Annay 62 — 8 C 4
Annay-la-Côte 89 — 157 H 1
Annay-sur-Serein 89 — 137 E 4
Annebault 14 — 34 B 3
Annebecq 14 — 52 B 2
Annecy 74 — 215 G 3
Annecy-le-Vieux 74 — 215 G 3
Annelles 08 — 42 B 2
Annemasse 74 — 197 H 5
Annéot 89 — 157 H 1
Annepont 17 — 201 G 4
Annequin 62 — 8 B 4
Annesse-et-Beaulieu 24 — 240 B 2
Annet-sur-Marne 77 — 59 F 2
Anneux 59 — 14 A 4
Anneville-en-Saire 50 — 29 H 3
Annéville-la-Prairie 52 — 116 D 2
Anneville-sur-Mer 50 — 31 F 5
Anneville-sur-Scie 76 — 20 B 2
Anneville-sur-Seine 76 — 35 H 1
Anneyron 26 — 249 F 1
Annezay 17 — 201 F 2
Annezin 62 — 8 A 4
Annœullin 59 — 8 C 4
Annoire 39 — 178 C 2
Annois 02 — 24 A 4
Annoisin-Chatelans 38 — 214 A 5
Annoix 18 — 173 F 2
Annonay 07 — 248 D 1
Annonville 52 — 93 E 4
Annot 04 — 289 E 5

Antilly 57 — 45 H 5
Antilly 60 — 39 G 5
Antin 65 — 315 G 3
Les Antiques 13 — 304 D 2
Antisanti 2B — 347 G 5
Antist 65 — 333 F 1
Antogny le Tillac 37 — 169 G 2
Antoigné 49 — 168 B 1
Antoigny 61 — 82 D 3
Antoingt 63 — 227 H 3
Antonaves 05 — 287 E 2
Antonne-et-Trigonant 24 — 240 D 2
Antony 92 — 58 B 4
Antorpe 25 — 161 G 4
Antraigues-sur-Volane 07 — 266 B 2
Antrain 35 — 80 C 3
Antran 86 — 169 G 3
Antras 09 — 334 D 4
Antras 32 — 296 A 3
Antrenas 48 — 264 A 4
Antugnac 11 — 337 G 3
Antully 71 — 177 E 3
Anvéville 76 — 19 G 4
Anville 16 — 202 D 5
Anvin 62 — 7 F 4
Any-Martin-Rieux 02 — 25 H 2
Anzat-le-Luguet 63 — 227 G 5
Anzeling 57 — 46 C 4
Anzème 23 — 189 F 5
Anzex 47 — 275 E 2
Anzin 59 — 9 G 5
Anzin-Saint-Aubin 62 — 13 G 2
Anzy-le-Duc 71 — 193 G 4
Aoste 38 — 232 C 2
Aougny 51 — 41 E 4
Aouste 08 — 26 A 3
Aouste-sur-Sye 26 — 267 G 2
Aouze 88 — 94 B 4
Apach 57 — 46 B 2
Apchat 63 — 227 H 5
Apchon 15 — 245 E 1
Apinac 42 — 229 G 5
Apothicairerie Grotte de l' 56 — 144 B 3
Appelle 81 — 299 E 5
Appenai-sous-Bellême 61 — 84 C 5
Appenans 25 — 142 A 5
Appenwihr 68 — 121 F 3
Appeville 50 — 31 H 2
Appeville-Annebault 27 — 35 F 3
Appietto 2A — 348 C 2
Appilly 60 — 23 H 5
Appoigny 89 — 136 B 2
Apprieu 38 — 232 C 4
Appy 09 — 336 C 5
Apremont 01 — 196 C 5
Apremont 08 — 43 F 3
Apremont 60 — 38 D 4
Apremont 70 — 161 E 2
Apremont 73 — 233 F 3
Apremont 85 — 165 F 4
Apremont-la-Forêt 55 — 64 D 4
Apremont-sur-Allier 18 — 174 B 3
Aprey 52 — 139 F 3
Apt 84 — 305 H 1
Arabaux 09 — 336 B 2
Arâches 74 — 216 C 2
Araghju Castellu d' 2A — 351 G 2
Aragnouet 65 — 333 F 4
Aragon 11 — 319 H 4
Aramits 64 — 331 G 1
Aramon 30 — 304 C 1
Aranc 01 — 214 B 2
Arancou 64 — 311 G 3
Arandas 01 — 214 B 4
Arandon 38 — 232 B 1
Araujuzon 64 — 313 F 4
Araules 43 — 247 H 3
Araux 64 — 313 F 4
Aravis Col des 74 — 216 B 4
Arbanats 33 — 255 H 2
Arbas 31 — 334 D 2
Arbecey 70 — 140 D 3
Arbellara 2A — 351 E 2
Arbent 01 — 196 D 4
Arbéost 65 — 332 B 2
Arbérats-Sillègue 64 — 311 H 4
Arbigny 01 — 214 D 5
Arbigny-sous-Varennes 52 — 140 A 3
Arbin 73 — 233 G 3
Arbis 33 — 256 B 2
Arblade-le-Bas 32 — 294 C 3
Arblade-le-Haut 32 — 294 D 3
Arbois 39 — 179 G 2
Arbois Mont d' 74 — 216 C 4

Arbon 31 — 334 C 2
Arbonne 64 — 310 C 3
Arbonne-la-Forêt 77 — 88 A 4
Arboras 34 — 302 A 3
Arbori 2A — 348 C 1
Arbot 52 — 139 E 2
Arbouans 25 — 142 B 4
Arboucave 40 — 294 A 4
Arbouet-Sussaute 64 — 311 H 4
Arbourse 58 — 156 C 4
Arboussols 66 — 342 B 2
L'Arbresle 69 — 212 C 4
L'Arbret 62 — 13 E 3
Arbrissel 35 — 105 E 5
Arbus 64 — 314 A 3
Arbusigny 74 — 215 H 1
Arc 1800 73 — 234 D 2
Arc-en-Barrois 52 — 116 D 5
Arc-et-Senans 25 — 179 G 1
Arc-lès-Gray 70 — 161 E 1
Arc-sous-Cicon 25 — 162 C 5
Arc-sous-Montenot 25 — 180 A 2
Arc-sur-Tille 21 — 160 B 3
Arcachon 33 — 254 B 2
Arçais 79 — 184 B 4
Arcambal 46 — 260 B 5
Arcangues 64 — 310 C 3
Arçay 18 — 173 E 2
Arçay 86 — 168 C 2
Arceau 21 — 160 B 2
Arcenant 21 — 159 H 5
Arcens 07 — 248 A 5
Arcey 21 — 159 H 3
Arcey 25 — 142 A 4
Archail 04 — 288 B 3
Archamps 74 — 215 G 1
Archelange 39 — 161 E 5
Archéodrome 21 — 177 H 2
Arches 15 — 244 B 1
Arches 88 — 119 G 3
Archettes 88 — 119 G 2
Archiac 17 — 220 B 3
Archiane Cirque d' 26 — 268 C 1
Archignac 24 — 241 H 4
Archignat 03 — 190 B 4
Archigny 86 — 169 H 5
Archingeay 17 — 201 F 3
Archon 02 — 25 H 3
Arcier 25 — 162 A 3
Arcine 74 — 215 E 1
Arcinges 42 — 212 A 1
Arcins 33 — 237 F 3
Arcis-le-Ponsart 51 — 41 E 4
Arcis-sur-Aube 10 — 91 E 3
Arcizac-Adour 65 — 315 E 5
Arcizac-ez-Angles 65 — 333 E 1
Arcizans-Avant 65 — 332 D 2
Arcizans-Dessus 65 — 332 C 2
Arcomie 48 — 246 A 5
Arcomps 18 — 173 E 5
Arçon 25 — 180 C 2
Arçonnay 72 — 83 G 4
Arconsat 63 — 210 D 4
Arconville 10 — 116 A 3
L'Arcouest Pointe de 22 — 73 F 2
Les Arcs 73 — 234 D 2
Les Arcs 83 — 308 A 5
Arcueil 94 — 58 C 4
Arcy-Sainte-Restitue 02 — 40 C 4
Arcy-sur-Cure 89 — 136 C 5
Ardelles 28 — 85 G 3
Ardelu 28 — 87 E 5
Ardenais 18 — 190 B 1
Ardenay-sur-Mérize 72 — 108 A 5
Ardengost 65 — 333 H 3
Ardenne Abbaye d' 14 — 33 G 5
Ardentes 36 — 172 A 5
Ardes-sur-Couze 63 — 227 H 5
Ardeuil-et-Montfauxelles 08 — 42 D 3
Ardevon 50 — 51 G 5
Ardiège 31 — 334 B 1
Les Ardillats 69 — 212 C 1
Ardilleux 79 — 202 D 2
Ardillières 17 — 201 E 2
Ardin 79 — 184 C 2
Ardizas 32 — 297 E 3
L'Ardoise 30 — 285 E 4
Ardoix 07 — 249 E 2
Ardon 39 — 179 H 4
Ardon 45 — 133 E 3
Ardouval 76 — 20 C 3
Ardres 62 — 2 D 4
Arêches 73 — 234 C 1

Aregno 2B ... 346 C 2
Areines 41 ... 131 G 3
Aren 64 ... 313 G 4
Arenberg 59 ... 9 G 5
Arengosse 40 ... 273 F 5
Arenthon 74 ... 216 A 1
Arès 33 ... 254 B 1
Ares Col d' 66 ... 342 B 5
Ares Col des 31 ... 334 B 2
Aresches 39 ... 179 H 2
Aressy 64 ... 314 B 5
Arette 64 ... 331 G 2
Arette-Pierre-Saint-Martin 64 ... 331 G 2
Arfeuille-Châtain 23 ... 208 B 2
Arfeuilles 03 ... 210 D 1
Arfons 81 ... 319 F 3
Argagnon 64 ... 313 G 3
Arganchy 14 ... 32 D 4
Argançon 10 ... 116 A 2
Argancy 57 ... 45 H 5
Argein 09 ... 335 E 3
Argelès 65 ... 333 F 1
Argelès-Gazost 65 ... 332 D 2
Argelès-Plage 66 ... 343 G 3
Argelès-sur-Mer 66 ... 343 F 3
Argeliers 11 ... 320 D 4
Argelliers 34 ... 302 C 3
Argelos 40 ... 293 H 4
Argelos 64 ... 314 B 2
Argelouse 40 ... 273 G 1
Argences 14 ... 33 H 5
Argens 28 ... 288 C 4
Argens-Minervois 11 ... 320 C 5
Argent-sur-Sauldre 18 ... 155 F 1
Argentan 61 ... 54 A 4
Argentat 19 ... 243 F 3
Argentenay 89 ... 137 F 3
Argenteuil 95 ... 58 B 2
Argenteuil-sur-Armançon 89 ... 137 F 3
Argentière 74 ... 217 E 2
L'Argentière-la-Bessée 05 ... 252 C 5
Argentières 77 ... 59 G 5
Argentine 73 ... 234 A 3
Argentolles 52 ... 116 C 2
Argenton 29 ... 70 A 5
Argenton 47 ... 275 E 1
Argenton-l'Église 79 ... 168 A 1
Argenton-les-Vallées 79 ... 167 H 2
Argenton-Notre-Dame 53 ... 128 C 2
Argenton-sur-Creuse 36 ... 188 C 1
Argentré 53 ... 106 B 3
Argentré-du-Plessis 35 ... 105 F 3
Argenvières 18 ... 156 B 5
Argenvilliers 28 ... 109 F 2
Argers 51 ... 63 E 1
Arget 64 ... 294 A 5
Argiésans 90 ... 142 B 3
Argillières 70 ... 140 B 4
Argilliers 30 ... 284 C 5
Argilly 21 ... 178 A 1
Argis 01 ... 214 B 3
Argiusta-Moriccio 2A ... 349 E 4
Argœuves 80 ... 22 B 1
Argol 29 ... 75 F 4
Argonay 74 ... 215 G 3
Argouges 50 ... 80 D 2
Argoules 80 ... 11 G 5
Argueil 76 ... 37 E 1
Arguel 25 ... 162 A 4
Arguel 80 ... 21 G 2
Arguenos 31 ... 334 C 3
Argut-Dessous 31 ... 334 B 3
Argut-Dessus 31 ... 334 C 3
Argy 36 ... 171 F 2
Arhansus 64 ... 311 G 5
Aries-Espénan 65 ... 316 A 4
Arifat 81 ... 299 H 3
Arignac 09 ... 336 A 5
Arinthod 39 ... 196 C 3
Arith 73 ... 215 G 5
Arjuzanx 40 ... 273 E 5
Arlanc 63 ... 229 E 4
Arlay 39 ... 179 E 4
Arlebosc 07 ... 248 D 3
Arlempdes 43 ... 247 F 4
Arles 13 ... 304 B 4
Arles-sur-Tech 66 ... 342 C 4
Arlet 43 ... 246 B 3
Arleuf 58 ... 176 B 1
Arleux 59 ... 14 A 2
Arleux-en-Gohelle 62 ... 8 C 5
Arlos 31 ... 334 B 3
Armaillé 49 ... 127 G 3
Armancourt 60 ... 39 F 2
Armancourt 80 ... 23 E 4

Armaucourt 54 ... 66 B 4
Armbouts-Cappel 59 ... 3 G 3
Armeau 89 ... 113 G 4
Armendarits 64 ... 311 F 4
Armenonville-les-Gâtineaux 28 ... 86 C 3
Armenteule 65 ... 333 H 4
Armentières 59 ... 8 C 2
Armentières-en-Brie 77 ... 59 H 2
Armentières-sur-Avre 27 ... 55 G 5
Armentières-sur-Ourcq 02 ... 40 B 5
Armentieux 32 ... 295 F 5
Armes 58 ... 157 F 2
Armillac 47 ... 257 G 4
Armissan 11 ... 321 F 5
Armistice Clairière de l' 60 ... 39 G 2
Armix 01 ... 214 C 4
Armous-et-Cau 32 ... 295 F 5
Armoy 74 ... 198 B 3
Arnac 15 ... 243 H 3
Arnac-la-Poste 87 ... 188 B 5
Arnac-Pompadour 19 ... 223 H 5
Arnac-sur-Dourdou 12 ... 301 E 3
Arnage 72 ... 107 H 5
Arnancourt 52 ... 92 C 4
Arnas 69 ... 212 D 2
Arnaud-Guilhem 31 ... 334 D 1
Arnave 09 ... 336 B 4
Arnaville 54 ... 65 G 2
Arnay-le-Duc 21 ... 159 E 5
Arnay-sous-Vitteaux 21 ... 159 G 2
Arnayon 26 ... 268 A 4
Arné 65 ... 316 A 5
Arnéguy 64 ... 330 B 1
Arnèke 59 ... 3 G 4
Arnicourt 08 ... 26 A 5
Arnières-sur-Iton 27 ... 56 B 2
Arnoncourt-sur-Apance 52 ... 118 A 4
Arnos 64 ... 313 H 2
Arnouville-lès-Gonesse 95 ... 58 C 2
Arnouville-lès-Mantes 78 ... 57 F 3
Aroffe 88 ... 94 B 4
Aromas 39 ... 196 B 4
Aron 53 ... 82 B 5
Arone Plage d' 2A ... 348 A 1
Aroue 64 ... 311 H 4
Aroz 70 ... 140 D 4
Arpaillargues-et-Aureillac 30 ... 284 B 5
Arpajon 91 ... 87 G 2
Arpajon-sur-Cère 15 ... 244 C 5
Arpavon 26 ... 286 A 1
Arpenans 70 ... 141 G 4
Arpenaz Cascade d' 74 ... 216 C 2
Arpheuilles 18 ... 173 F 4
Arpheuilles 36 ... 171 E 3
Arpheuilles-Saint-Priest 03 ... 190 D 5
Arphy 30 ... 282 D 5
Arquenay 53 ... 106 B 4
Arques 11 ... 337 H 3
Arques 12 ... 281 E 2
Les Arques 46 ... 259 G 3
Arques 62 ... 3 G 5
Arques-la-Bataille 76 ... 20 B 2
Arquettes-en-Val 11 ... 338 A 1
Arquèves 80 ... 13 E 5
Arquian 58 ... 156 B 1
Arrabloy 45 ... 134 D 4
Arracourt 54 ... 66 D 5
Arradon 56 ... 124 B 4
Arraincourt 57 ... 66 C 2
Arrancourt 91 ... 87 F 5
Arrancy 02 ... 41 E 1
Arrancy-sur-Crusne 55 ... 44 D 2
Arrans 21 ... 137 H 4
Arras 62 ... 13 G 2
Arras-en-Lavedan 65 ... 332 D 2
Arras-sur-Rhône 07 ... 249 E 2
Arrast-Larrebieu 64 ... 313 F 4
Arraute-Charritte 64 ... 311 G 3
Arraye-et-Han 54 ... 66 B 4
Arrayou-Lahitte 65 ... 333 E 1
Arre 30 ... 282 C 5
Arreau 65 ... 333 H 3
Arrelles 10 ... 115 F 4
Arrembécourt 10 ... 91 H 2
Arrènes 23 ... 206 C 2
Arrens Porte d' 65 ... 332 B 3
Arrens-Marsous 65 ... 332 C 2
Arrentès-de-Corcieux 88 ... 120 A 2
Arrentières 10 ... 92 B 5
Arrest 80 ... 11 F 3
Arreux 08 ... 26 C 2
Arriance 57 ... 66 C 2
Arricau-Bordes 64 ... 314 D 2
Arrien 64 ... 314 C 4
Arrien-en-Bethmale 09 ... 335 E 3

Arrigas 30 ... 282 C 5
Arrigny 51 ... 92 A 2
Arro 2A ... 348 C 3
Arrodets 65 ... 333 G 2
Arrodets-ez-Angles 65 ... 333 E 1
Arromanches-les-Bains 14 ... 33 E 2
Arronnes 03 ... 210 C 2
Arronville 95 ... 38 A 5
Arros-de-Nay 64 ... 314 B 5
Arros-d'Oloron 64 ... 331 H 1
Arrosès 64 ... 294 D 5
Arrou 28 ... 109 H 3
Arrouède 32 ... 316 B 3
Arrout 09 ... 335 E 3
Arry 57 ... 65 G 2
Arry 80 ... 11 F 1
Ars 16 ... 220 B 2
Ars 23 ... 207 G 3
Ars-en-Ré 17 ... 182 C 5
Ars-Laquenexy 57 ... 65 H 1
Ars-les-Favets 63 ... 209 E 1
Ars-sur-Formans 01 ... 213 E 3
Ars-sur-Moselle 57 ... 65 G 1
Arsac 33 ... 237 F 4
Arsac-en-Velay 43 ... 247 F 4
Arsague 40 ... 293 F 4
Arsans 70 ... 161 F 2
Arsonval 10 ... 92 A 5
Arsure-Arsurette 39 ... 180 A 4
Les Arsures 39 ... 179 G 2
Arsy 60 ... 39 E 2
Art-sur-Meurthe 54 ... 95 E 1
Artagnan 65 ... 315 E 3
Artaise-le-Vivier 08 ... 27 E 5
Artaix 71 ... 193 G 5
Artalens-Souin 65 ... 332 D 2
Artannes-sur-Indre 37 ... 151 H 4
Artannes-sur-Thouet 49 ... 150 B 4
Artas 38 ... 231 H 3
Artassenx 40 ... 294 B 2
Artemare 01 ... 214 D 4
Artemps 02 ... 24 A 3
Artenay 45 ... 110 D 4
Arthaz-Pont-Notre-Dame 74 ... 197 H 5
Arthel 58 ... 157 E 4
Arthémonay 26 ... 249 G 2
Arthenac 17 ... 220 B 3
Arthenas 39 ... 196 B 1
Arthès 81 ... 299 G 1
Arthez-d'Armagnac 40 ... 294 C 1
Arthez-d'Asson 64 ... 332 C 1
Arthez-de-Béarn 64 ... 313 H 2
Arthezé 72 ... 129 F 3
Arthies 95 ... 57 G 1
Arthon 36 ... 171 H 5
Arthon-en-Retz 44 ... 146 D 5
Arthonnay 89 ... 115 F 5
Arthous Abbaye d' 40 ... 292 D 5
Arthun 42 ... 211 G 5
Artigat 09 ... 335 H 1
Artige Prieuré de l' 87 ... 206 B 5
Artignosc-sur-Verdon 83 ... 307 F 3
Artigue 31 ... 334 B 4
Artiguedieu 32 ... 316 A 2
Artigueloutan 64 ... 314 C 4
Artiguelouve 64 ... 314 A 3
Artiguemy 65 ... 333 G 1
Artigues 09 ... 337 E 5
Artigues 11 ... 337 G 4
Artigues 65 ... 333 E 1
Artigues 83 ... 306 D 4
Artigues-Campan 65 ... 333 F 3
Les Artigues-de-Lussac 33 ... 238 C 4
Artigues-près-Bordeaux 33 ... 237 G 5
Artins 37 ... 131 E 3
Artix 09 ... 336 A 2
Artix 64 ... 260 C 4
Artix 64 ... 313 H 2
Artolsheim 67 ... 97 G 5
Artonges 02 ... 60 D 2
Artonne 63 ... 209 H 3
Artres 59 ... 14 D 2
Artuby Pont de l' 83 ... 307 H 2
Artzenheim 68 ... 121 F 2
Arudy 64 ... 332 A 1
Arue 40 ... 274 A 4
Arvert 17 ... 200 C 5
Arvieu 12 ... 280 D 3
Arvieux 05 ... 271 E 1
Arvigna 09 ... 336 C 2
Arvillard 73 ... 233 G 3
Arville 41 ... 109 E 4
Arville 77 ... 112 A 3

Arvillers 80 ... 23 E 3
Arx 40 ... 275 E 4
Arzacq-Arraziguet 64 ... 294 A 5
Arzal 56 ... 125 E 5
Arzano 29 ... 101 E 4
Arzay 38 ... 231 H 3
L'Arzelier Col de 38 ... 250 C 4
Arzembouy 58 ... 157 E 4
Arzenc-d'Apcher 48 ... 263 H 1
Arzenc-de-Randon 48 ... 264 D 3
Arzens 11 ... 319 G 5
Arzillières-Neuville 51 ... 62 C 5
Arzon 56 ... 124 A 4
Arzviller 57 ... 67 H 5
Asasp 64 ... 331 H 1
Ascain 64 ... 310 C 4
Ascarat 64 ... 330 B 1
Aschbach 67 ... 69 F 2
Aschères-le-Marché 45 ... 111 E 3
Asclier Col de l' 30 ... 283 E 4
Asco 2B ... 346 D 3
Asco Gorges de l' 2B ... 347 E 3
Ascou 09 ... 336 D 5
Ascou-Pailhérès 09 ... 337 E 5
Ascoux 45 ... 111 G 3
Ascros 06 ... 289 G 5
Asfeld 08 ... 41 H 1
Aslonnes 86 ... 186 B 3
Asnan 58 ... 157 F 3
Asnans 39 ... 178 D 2
Asnelles 14 ... 33 F 2
Asnières 27 ... 35 E 4
Asnières Ancienne Abbaye d' 49 ... 150 B 5
Asnières-en-Bessin 14 ... 32 C 2
Asnières-en-Montagne 21 ... 137 G 4
Asnières-en-Poitou 79 ... 202 C 1
Asnières-la-Giraud 17 ... 201 H 4
Asnières-les-Bourges 18 ... 155 E 5
Asnières-lès-Dijon 21 ... 160 A 2
Asnières-sous-Bois 89 ... 157 G 1
Asnières-sur-Blour 86 ... 204 D 1
Asnières-sur-Nouère 16 ... 221 E 1
Asnières-sur-Oise 95 ... 38 C 5
Asnières-sur-Saône 01 ... 195 E 3
Asnières-sur-Seine 92 ... 58 B 3
Asnières-sur-Vègre 72 ... 129 F 2
Asnois 58 ... 157 F 2
Asnois 86 ... 203 H 2
Aspach 57 ... 67 G 5
Aspach 68 ... 143 F 3
Aspach-le-Bas 68 ... 143 E 1
Aspach-Michelbach 68 ... 143 E 1
Aspères 30 ... 303 E 2
Asperjoc 07 ... 266 B 2
Aspet 31 ... 334 C 2
Aspin Col d' 65 ... 333 G 3
Aspin-Aure 65 ... 333 G 3
Aspin-en-Lavedan 65 ... 332 D 1
Aspiran 34 ... 302 A 5
Aspremont 05 ... 269 E 4
Aspremont 06 ... 291 E 5
Les Aspres 61 ... 55 F 5
Aspres-lès-Corps 05 ... 269 G 1
Aspres-sur-Buëch 05 ... 269 E 4
Aspret-Sarrat 31 ... 334 C 1
Asprières 12 ... 261 G 4
Asque 65 ... 333 G 2
Asques 33 ... 237 H 4
Asques 82 ... 277 E 5
Asquins 89 ... 157 G 1
Assac 81 ... 280 C 5
Assainvillers 80 ... 23 E 5
Assais 79 ... 168 B 4
Assas 34 ... 302 D 3
Assat 64 ... 314 B 4
Assay 37 ... 169 E 1
Assé-le-Bérenger 53 ... 106 D 3
Assé-le-Boisne 72 ... 83 F 5
Assé-le-Riboul 72 ... 107 G 2
Assenay 10 ... 115 E 3
Assencières 10 ... 91 F 5
Assenoncourt 57 ... 67 F 4
Assérac 44 ... 145 H 3
Assevent 59 ... 15 H 2
Assevillers 80 ... 23 F 2
Assier 46 ... 261 E 3
Assieu 38 ... 231 F 4
Assignan 34 ... 320 D 3
Assigny 18 ... 155 H 2
Assigny 76 ... 10 C 5
Les Assions 07 ... 265 H 5
Assis-sur-Serre 02 ... 24 D 4
Asson 64 ... 314 C 5
Asswiller 67 ... 68 A 3
Assy 14 ... 53 H 1
Astaffort 47 ... 276 B 4

Astaillac 19 ... 243 E 5
Asté 65 ... 333 F 2
Aste-Béon 64 ... 332 A 2
Astérix Parc 60 ... 38 D 5
Astet 07 ... 265 G 2
Astillé 53 ... 105 H 5
Astis 64 ... 314 B 2
Astoin 04 ... 269 H 5
Aston 09 ... 336 B 5
Astugue 65 ... 333 E 1
Athée 21 ... 160 D 4
Athée 53 ... 105 G 5
Athée-sur-Cher 37 ... 152 B 3
Athesans 70 ... 141 H 4
Athie 21 ... 137 G 5
Athie 89 ... 158 A 1
Athienville 54 ... 66 C 5
Athies 62 ... 13 G 2
Athies 80 ... 23 G 2
Athies-sous-Laon 02 ... 24 D 5
Athis-Mons 91 ... 58 C 5
Athis-Val de Rouvre 61 ... 53 F 3
Athos-Aspis 64 ... 311 H 3
Athose 25 ... 162 C 5
Attainville 95 ... 58 C 1
Attancourt 52 ... 92 C 3
Les Attaques 62 ... 2 D 3
Attenschwiller 68 ... 143 G 3
Attiches 59 ... 8 D 4
Attichy 60 ... 39 H 2
Attignat 01 ... 195 H 4
Attignat-Oncin 73 ... 233 E 3
Attignéville 88 ... 94 A 4
Attigny 08 ... 42 C 1
Attigny 88 ... 118 C 3
Attilloncourt 57 ... 66 B 4
Attilly 02 ... 24 A 2
Attin 62 ... 6 C 4
Atton 54 ... 65 G 3
Attray 45 ... 111 F 3
Attricourt 70 ... 160 D 1
Atur 24 ... 240 C 2
Aubagnan 40 ... 294 A 3
Aubagne 13 ... 327 F 2
Aubaine 21 ... 159 G 5
Aubais 30 ... 303 F 3
Aubarède 65 ... 315 G 4
Aubas 24 ... 241 G 3
Aubazat 43 ... 246 B 2
Aubazines 19 ... 242 D 2
Aube 57 ... 66 B 2
Aube 61 ... 55 F 4
Aubéguimont 76 ... 21 F 3
Aubenas 07 ... 266 B 3
Aubenas-les-Alpes 04 ... 287 E 5
Aubenasson 26 ... 267 H 2
Aubencheul-au-Bac 59 ... 14 B 3
Aubencheul-aux-Bois 02 ... 14 B 5
Aubenton 02 ... 25 H 2
Aubepierre 77 ... 88 D 2
Aubepierre-sur-Aube 52 ... 116 C 3
L'Aubépin 39 ... 196 A 3
Auberchicourt 59 ... 14 B 2
Aubercourt 80 ... 22 D 2
Aubergenville 78 ... 57 G 2
Aubérive 51 ... 42 B 4
Auberive 52 ... 139 E 3
Auberives-en-Royans 38 ... 250 A 3
Auberives-sur-Varèze 38 ... 231 E 4
Aubermesnil-aux-Érables 76 ... 21 E 2
Aubermesnil-Beaumais 76 ... 20 B 2
Aubers 59 ... 8 B 3
Aubertans 70 ... 162 B 1
Aubertin 64 ... 314 A 4
Auberville 14 ... 34 B 3
Auberville-la-Campagne 76 ... 19 F 5
Auberville-la-Manuel 76 ... 19 F 2
Auberville-la-Renault 76 ... 19 E 4
Aubervilliers 93 ... 58 C 3
Aubeterre 10 ... 91 F 4
Aubeterre-sur-Dronne 16 ... 239 F 1
Aubeville 16 ... 220 D 3
Aubevoye 27 ... 36 C 5
Aubiac 33 ... 256 B 5
Aubiac 47 ... 276 B 3
Aubiat 63 ... 209 H 3
Aubie-et-Espessas 33 ... 237 H 3
Aubière 63 ... 227 H 1
Les Aubiers 79 ... 167 F 2
Aubignas 07 ... 266 D 3
Aubignan 84 ... 285 G 4
Aubigné 35 ... 80 B 5
Aubigné 79 ... 202 D 2
Aubigné-Racan 72 ... 130 A 2
Aubigné-sur-Layon 49 ... 149 H 4

Aubigney 70 ... 161 E 3
Aubignosc 04 ... 287 G 3
Aubigny 03 ... 174 C 5
Aubigny 14 ... 53 H 2
Aubigny 79 ... 168 B 4
Aubigny 80 ... 23 H 3
Aubigny-au-Bac 59 ... 14 B 3
Aubigny-aux-Kaisnes 02 ... 23 H 3
Aubigny-en-Artois 62 ... 13 F 2
Aubigny-en-Laonnois 02 ... 41 E 1
Aubigny-en-Plaine 21 ... 160 B 5
Aubigny-la-Ronce 21 ... 177 F 2
Aubigny-les-Clouzeaux 85 ... 182 D 1
Aubigny-les-Pothées 08 ... 26 B 3
Aubigny-lès-Sombernon 21 ... 159 F 3
Aubigny-sur-Nère 18 ... 155 E 1
Aubilly 51 ... 41 F 4
Aubin 12 ... 261 H 4
Aubin 64 ... 314 A 2
Aubin-Saint-Vaast 62 ... 6 D 5
Aubinges 18 ... 155 G 4
Auboncourt-Vauzelles 08 ... 26 B 5
Aubonne 25 ... 180 C 1
Aubord 30 ... 303 H 3
Auboué 54 ... 45 F 5
Aubous 64 ... 294 D 5
Aubrac 12 ... 263 G 3
Aubres 26 ... 285 H 1
Aubréville 55 ... 43 G 5
Aubrives 08 ... 17 E 4
Aubrometz 62 ... 12 C 2
Aubry-du-Hainaut 59 ... 9 G 5
Aubry-en-Exmes 61 ... 54 B 4
Aubry-le-Panthou 61 ... 54 C 3
Aubure 68 ... 96 D 5
Aubussargues 30 ... 284 B 5
Aubusson 23 ... 207 G 3
Aubusson 61 ... 53 F 4
Aubusson-d'Auvergne 63 ... 228 D 1
Aubvillers 80 ... 22 D 4
Auby 59 ... 8 D 5
Aucaleuc 22 ... 79 G 4
Aucamville 31 ... 297 H 4
Aucamville 82 ... 297 G 2
Aucazein 09 ... 335 E 3
Aucelon 26 ... 268 B 3
Aucey-la-Plaine 50 ... 80 D 2
Auch 32 ... 296 B 4
Auchel 62 ... 7 H 4
Auchonvillers 80 ... 13 F 5
Auchy-au-Bois 62 ... 7 G 3
Auchy-la-Montagne 60 ... 22 A 5
Auchy-lès-Hesdin 62 ... 7 E 5
Auchy-les-Mines 62 ... 8 B 4
Auchy-lez-Orchies 59 ... 9 E 4
Aucun 65 ... 332 C 2
Audaux 64 ... 313 F 3
Audéjos 64 ... 313 H 2
Audelange 39 ... 161 E 5
Audeloncourt 52 ... 117 G 3
Audembert 62 ... 2 B 4
Audencourt 59 ... 14 D 4
Audenge 33 ... 254 C 2
Auderville 50 ... 28 C 2
Audes 03 ... 190 C 3
Audeux 25 ... 161 G 3
Audeville 45 ... 111 G 2
Audierne 29 ... 99 E 2
Audignicourt 02 ... 40 A 1
Audignies 59 ... 15 F 2
Audignon 40 ... 293 H 3
Audigny 02 ... 24 D 2
Audincourt 25 ... 142 C 5
Audinchthun 62 ... 7 E 3
Audinghen 62 ... 2 B 4
Audon 40 ... 293 F 2
Audouville-la-Hubert 50 ... 29 H 5
Audrehem 62 ... 2 D 5
Audressein 09 ... 335 E 3
Audresselles 62 ... 2 A 4
Audrieu 14 ... 33 F 4
Audrix 24 ... 241 E 5
Audruicq 62 ... 3 E 3
Audun-le-Roman 54 ... 45 F 3
Audun-le-Tiche 57 ... 45 F 2
Auenheim 67 ... 69 F 3
Auffargis 78 ... 57 G 5
Auffay 76 ... 20 B 4
Aufferville 77 ... 112 B 2
Auffreville-Brasseuil 78 ... 57 F 2
Auflance 08 ... 27 H 4
Auga 64 ... 314 B 2
Augan 56 ... 103 E 5
Auge 08 ... 26 A 2
Auge 23 ... 190 B 5
Augé 79 ... 185 F 3

A B C D E F G H I J K L M N O P Q R S T U V W X Y Z

A

Auge-Saint-Médard 16 .... 202 D 4
Augea 39 .... 196 A 1
Auger-Saint-Vincent 60 .... 39 F 4
Augerans 39 .... 179 E 1
Augères 23 .... 206 D 2
Augerolles 63 .... 228 D 1
Augers-en-Brie 77 .... 60 B 5
Augerville-la-Rivière 45 .... 111 H 2
Augès 04 .... 287 F 4
Augeville 52 .... 93 F 4
Augicourt 70 .... 140 C 3
Augignac 24 .... 222 C 2
Augirein 09 .... 334 D 3
Augisey 39 .... 196 B 1
Augnat 63 .... 227 H 4
Augnax 32 .... 296 C 3
Augne 87 .... 206 D 5
Augny 57 .... 65 G 1
Auguaise 61 .... 55 F 5
Augy 02 .... 40 C 3
Augy 89 .... 136 B 3
Augy-sur-Aubois 18 .... 174 A 4
Aujac 17 .... 201 H 4
Aujac 30 .... 283 G 1
Aujan-Mournède 32 .... 316 A 3
Aujargues 30 .... 303 F 2
Aujeurres 52 .... 139 F 3
Aujols 46 .... 278 B 1
Aulac Col d' 15 .... 244 D 2
Aulan 26 .... 286 B 2
Aulas 30 .... 282 D 5
Aulhat-Flat 63 .... 228 A 3
Aulhat-Saint-Privat 63 .... 228 A 3
Aullène 2A .... 349 E 5
Aulnat 63 .... 209 H 5
Aulnay 10 .... 91 G 3
Aulnay 17 .... 202 B 2
Aulnay 86 .... 168 D 3
Aulnay-aux-Planches 51 .... 61 G 3
Aulnay-la-Rivière 45 .... 111 H 3
Aulnay-l'Aître 51 .... 62 C 3
Aulnay-sous-Bois 93 .... 58 C 2
Aulnay-sur-Iton 27 .... 56 A 2
Aulnay-sur-Marne 51 .... 61 H 1
Aulnay-sur-Mauldre 78 .... 57 G 2
Les Aulneaux 72 .... 84 A 4
Aulnizeux 51 .... 61 F 3
Aulnois 88 .... 94 A 5
Aulnois-en-Perthois 55 .... 63 G 5
Aulnois-sous-Laon 02 .... 24 D 5
Aulnois-sous-Vertuzey 55 .... 64 D 5
Aulnois-sur-Seille 57 .... 66 B 3
Aulnoy 77 .... 59 H 3
Aulnoy-lez-Valenciennes 59 .... 14 D 2
Aulnoy-sur-Aube 52 .... 139 E 2
Aulnoye-Aymeries 59 .... 15 F 3
Aulon 23 .... 206 D 2
Aulon 31 .... 316 C 5
Aulon 65 .... 333 G 4
Aulos 09 .... 336 B 5
Ault 80 .... 10 D 3
Aulteribe Château d' 63 .... 210 C 5
Aulus-les-Bains 09 .... 335 H 5
Aulx-lès-Cromary 70 .... 162 A 2
Aumagne 17 .... 201 H 4
Aumale 76 .... 21 G 3
Aumâtre 80 .... 11 G 5
Aumelas 34 .... 302 B 4
Aumenancourt 51 .... 41 G 2
Aumerval 62 .... 7 G 4
Aumes 34 .... 322 C 3
Aumessas 30 .... 282 C 5
Aumetz 57 .... 45 F 2
Aumeville-Lestre 50 .... 29 G 4
Aumont 39 .... 179 F 2
Aumont 80 .... 21 H 2
Aumont-Aubrac 48 .... 264 A 2
Aumont-en-Halatte 60 .... 38 D 4
Aumontzey 88 .... 120 A 2
Aumur 39 .... 178 D 1
Aunac 16 .... 203 F 4
Aunat 11 .... 337 F 5
Aunay-en-Bazois 58 .... 157 G 5
Aunay-les-Bois 61 .... 84 A 2
Aunay-sous-Auneau 28 .... 86 D 4
Aunay-sous-Crécy 28 .... 56 C 5
Aunay-sur-Odon 14 .... 53 E 1
Auneau-Bleury-Saint-Symphorien 28 .... 86 D 4
Auneuil 60 .... 37 H 2
Aunou-le-Faucon 61 .... 54 B 4
Aunou-sur-Orne 61 .... 83 H 2
Auppegard 76 .... 20 A 2
Aups 83 .... 307 G 4
Auquainville 14 .... 54 C 1
Auquemesnil 76 .... 10 D 5
Auradé 32 .... 297 E 5

Auradou 47 .... 276 D 1
Auragne 31 .... 318 A 3
Auray 56 .... 124 A 3
Aure 08 .... 42 C 3
Aurec-sur-Loire 43 .... 229 H 5
Aureil 87 .... 205 H 5
Aureilhan 40 .... 272 B 2
Aureilhan 65 .... 315 F 4
Aureille 13 .... 305 E 3
Aurel 26 .... 268 A 2
Aurel 84 .... 286 B 3
Aurelle-Verlac 12 .... 263 G 5
Aurensan 32 .... 294 C 4
Aurensan 65 .... 315 E 4
Aureville 31 .... 318 A 2
Auriac 11 .... 338 A 3
Auriac 19 .... 243 G 2
Auriac 64 .... 314 B 2
Auriac-de-Bourzac 24 .... 221 F 5
Auriac-du-Périgord 24 .... 241 F 3
Auriac-Lagast 12 .... 280 D 4
Auriac-l'Église 15 .... 245 H 1
Auriac-sur-Dropt 47 .... 257 F 3
Auriac-sur-Vendinelle 31 .... 298 D 5
Auriat 23 .... 206 C 4
Auribail 31 .... 317 H 3
Auribeau 84 .... 306 A 1
Auribeau-sur-Siagne 06 .... 309 E 4
Aurice 40 .... 293 H 2
Auriébat 65 .... 315 F 2
Aurières 63 .... 227 F 1
Aurignac 31 .... 316 D 5
Aurimont 32 .... 296 C 5
Aurin 31 .... 298 B 5
Auriol 13 .... 327 F 2
Auriolles 07 .... 266 B 5
Auriolles 33 .... 257 E 2
Aurions-Idernes 64 .... 294 D 5
Auris 38 .... 251 G 3
Auron 06 .... 289 F 2
Aurons 13 .... 305 F 4
Auros 33 .... 256 C 4
Aurouër 03 .... 174 D 5
Auroux 48 .... 265 E 2
Aussac 81 .... 299 E 2
Aussac-Vadalle 16 .... 203 F 5
Ausseing 31 .... 335 E 1
Aussevielle 64 .... 314 A 3
Aussillon 81 .... 319 H 2
Aussois 73 .... 252 D 1
Ausson 31 .... 334 B 1
Aussonce 08 .... 42 A 3
Aussonne 31 .... 297 H 4
Aussos 32 .... 316 B 3
Aussurucq 64 .... 331 E 1
Autainville 41 .... 132 B 2
Autechaux 25 .... 162 C 2
Autechaux-Roide 25 .... 142 C 5
Les Autels 02 .... 25 H 3
Les Autels-Saint-Bazile 14 .... 54 B 2
Les Autels-Villevillon 28 .... 109 F 3
Auterive 31 .... 318 A 3
Auterive 32 .... 296 B 5
Auterive 82 .... 297 E 2
Auterrive 64 .... 311 H 3
Autet 70 .... 140 B 5
Auteuil 60 .... 38 A 3
Auteuil 78 .... 57 G 3
Auteville-Saint-Martin-Bideren 64 .... 311 H 3
Authe 08 .... 43 E 1
Autheuil 28 .... 109 H 5
Autheuil 61 .... 84 C 2
Autheuil-Authouillet 27 .... 36 C 5
Autheuil-en-Valois 60 .... 39 H 1
Autheux 80 .... 12 C 4
Authevernes 27 .... 37 F 4
Authezat 63 .... 227 H 2
Authie 14 .... 33 G 4
Authie 80 .... 13 E 4
Authieule 80 .... 12 D 4
Les Authieux 27 .... 56 C 3
Les Authieux-du-Puits 61 .... 54 D 5
Les Authieux-Papion 14 .... 54 B 1
Authieux-Ratiéville 76 .... 20 B 5
Les Authieux-sur-Calonne 14 .... 34 D 3
Les Authieux-sur-le-Port-Saint-Ouen 76 .... 36 B 3
Authiou 58 .... 157 E 4
Authoison 70 .... 162 A 1
Authon 04 .... 287 H 2
Authon 17 .... 201 H 4
Authon 41 .... 131 F 5
Authon-du-Perche 28 .... 109 E 2
Authon-la-Plaine 91 .... 87 E 2
Authou 27 .... 35 G 4

Authuille 80 .... 13 F 5
Authume 39 .... 161 E 5
Authumes 71 .... 178 C 3
Autichamp 26 .... 267 G 2
Autignac 34 .... 321 G 2
Autigny 76 .... 19 H 3
Autigny-la-Tour 88 .... 94 A 4
Autigny-le-Grand 52 .... 92 D 3
Autigny-le-Petit 52 .... 92 D 3
Autingues 62 .... 2 D 4
Autoire 46 .... 261 E 1
Autoreille 70 .... 161 G 2
Autouillet 78 .... 57 G 3
Autrac 43 .... 227 H 5
Autrans 38 .... 250 C 2
Autrans-Méaudre-en-Vercors 38 .... 250 C 2
Autrêche 37 .... 152 C 1
Autrechêne 90 .... 142 C 3
Autrêches 60 .... 39 H 2
Autrecourt-et-Pourron 08 .... 27 F 4
Autrécourt-sur-Aire 55 .... 63 G 1
Autremencourt 02 .... 25 E 4
Autrepierre 54 .... 96 A 1
Autreppes 02 .... 25 F 1
Autretot 76 .... 19 G 4
Autreville 02 .... 24 A 5
Autreville 88 .... 94 B 3
Autréville-Saint-Lambert 55 .... 27 G 5
Autréville-sur-la-Renne 52 .... 116 C 3
Autreville-sur-Moselle 54 .... 65 G 4
Autrey 54 .... 94 D 2
Autrey 88 .... 95 H 5
Autrey-le-Vay 70 .... 141 G 5
Autrey-lès-Cerre 70 .... 141 G 4
Autrey-lès-Gray 70 .... 161 E 1
Autricourt 21 .... 116 A 4
Autruche 08 .... 43 E 1
Autruy-sur-Juine 45 .... 111 F 2
Autry 08 .... 43 E 3
Autry-Issards 03 .... 191 H 2
Autry-le-Châtel 45 .... 134 C 5
Autun 71 .... 176 D 2
Auty 82 .... 278 B 3
Auvare 06 .... 289 F 4
Auve 51 .... 62 D 1
Auvernaux 91 .... 88 A 3
Auvers 43 .... 246 B 4
Auvers 50 .... 31 H 3
Auvers-le-Hamon 72 .... 106 D 5
Auvers-Saint-Georges 91 .... 87 G 3
Auvers-sous-Montfaucon 72 .... 107 F 4
Auvers-sur-Oise 95 .... 58 B 1
Auverse 49 .... 150 D 1
Auvet-et-la-Chapelotte 70 .... 161 E 1
Auvillar 82 .... 276 D 4
Auvillars 14 .... 34 B 4
Auvillars-sur-Saône 21 .... 178 B 1
Auvillers-les-Forges 08 .... 26 A 2
Auvilliers 76 .... 21 E 3
Auvilliers-en-Gâtinais 45 .... 112 A 5
Aux-Aussat 32 .... 315 G 2
Aux Marais 60 .... 38 A 2
Auxais 50 .... 31 H 4
Auxange 39 .... 161 F 4
Auxant 21 .... 159 F 5
Auxelles-Bas 90 .... 142 B 2
Auxelles-Haut 90 .... 142 B 2
Auxerre 89 .... 136 B 3
Auxey-Duresses 21 .... 177 G 2
Auxi-le-Château 62 .... 12 B 3
Auxillac 48 .... 264 A 5
Auxon 10 .... 114 D 3
Auxon 70 .... 141 E 4
Auxon-Dessous 25 .... 161 H 3
Auxon-Dessus 25 .... 161 H 3
Auxonne 21 .... 160 D 4
Auxy 45 .... 112 A 3
Auxy 71 .... 176 D 2
Auzainvilliers 88 .... 118 B 2
Auzances 23 .... 208 C 3
Auzas 31 .... 316 D 5
Auzat 09 .... 336 A 5
Auzat-la-Combelle 63 .... 228 A 4
Auzay 85 .... 183 H 3
Auzebosc 76 .... 19 G 5
Auzécourt 55 .... 63 F 3
Auzelles 63 .... 228 C 2
Auzers 15 .... 244 C 1
Auzet 04 .... 288 B 1
Auzéville-en-Argonne 55 .... 43 G 5
Auzeville-Tolosane 31 .... 298 A 5
Auzielle 31 .... 298 B 5
Auzits 12 .... 262 B 5

Auzon 43 .... 228 B 5
Auzouer-en-Touraine 37 .... 152 B 1
Auzouville-Auberbosc 76 .... 19 F 5
Auzouville-l'Esneval 76 .... 19 H 4
Auzouville-sur-Ry 76 .... 36 C 2
Auzouville-sur-Saône 76 .... 20 A 3
Availles-en-Châtellerault 86 .... 169 G 4
Availles-Limouzine 86 .... 204 C 1
Availles-sur-Chizé 79 .... 202 B 1
Availles-sur-Seiche 35 .... 105 E 5
Availles-Thouarsais 79 .... 168 B 3
Avajan 65 .... 333 H 4
Avallon 89 .... 158 A 1
Les Avanchers-Valmorel 73 .... 234 B 3
Avançon 05 .... 269 H 4
Avançon 08 .... 42 A 1
Avanne 25 .... 161 H 4
Avant-lès-Marcilly 10 .... 90 A 4
Avant-lès-Ramerupt 10 .... 91 F 4
Avanton 86 .... 169 E 5
Avapessa 2B .... 346 C 2
Avaray 41 .... 132 C 4
Avaugour Chapelle d' 22 .... 77 G 2
Avaux 08 .... 41 G 1
Aveize 69 .... 230 B 1
Aveizieux 42 .... 230 B 3
Avelanges 21 .... 139 E 5
Avelesges 80 .... 11 H 5
Avelin 59 .... 8 D 3
Aveluy 80 .... 13 F 5
Aven Armand 48 .... 282 B 3
Avenas 69 .... 212 C 1
Avenay 14 .... 33 F 5
Avenay-Val-d'Or 51 .... 61 G 1
Avène 34 .... 301 F 3
Aveney 25 .... 161 H 4
Avenheim 67 .... 68 C 5
Les Avenières Veyrins-Thuellin 38 .... 232 C 1
Avensac 32 .... 296 D 2
Avensan 33 .... 237 E 3
Aventignan 65 .... 334 A 1
Averan 65 .... 315 E 5
Averdoingt 62 .... 12 D 2
Averdon 41 .... 132 A 4
Avermes 03 .... 192 A 1
Avernes 95 .... 57 G 1
Avernes-Saint-Gourgon 61 .... 54 D 2
Avernes-sous-Exmes 61 .... 54 C 4
Avéron-Bergelle 32 .... 295 E 3
Averton 53 .... 83 E 5
Avesnelles 59 .... 15 G 4
Avesnes 62 .... 6 D 3
Avesnes-Chaussoy 80 .... 21 G 2
Avesnes-en-Bray 76 .... 37 F 1
Avesnes-en-Saosnois 72 .... 108 A 2
Avesnes-en-Val 76 .... 10 D 5
Avesnes-le-Comte 62 .... 13 E 2
Avesnes-le-Sec 59 .... 14 C 3
Avesnes-les-Aubert 59 .... 14 C 3
Avesnes-lès-Bapaume 62 .... 13 G 4
Avesnes-sur-Helpe 59 .... 15 G 4
Avessac 44 .... 125 H 4
Avessé 72 .... 106 D 5
Aveux 65 .... 334 A 2
Avezac-Prat 65 .... 333 G 1
Avezan 32 .... 296 C 1
Avèze 30 .... 282 D 5
Avèze 63 .... 226 D 2
Avezé 72 .... 108 C 2
Aviernoz 74 .... 215 H 2
Avignon 84 .... 285 F 5
Avignon-lès-Saint-Claude 39 .... 197 E 3
Avignonet 38 .... 250 D 4
Avignonet-Lauragais 31 .... 318 C 3
Avillers 54 .... 44 D 3
Avillers 88 .... 94 D 5
Avillers-Sainte-Croix 55 .... 64 D 2
Avilley 25 .... 162 B 1
Avilly-Saint-Léonard 60 .... 38 D 4
Avion 62 .... 8 B 5
Avioth 55 .... 44 B 1
Aviré 49 .... 128 A 4
Avirey-Lingey 10 .... 115 F 4
Aviron 27 .... 56 B 1
Avize 51 .... 61 G 2
Avocourt 55 .... 43 G 4
Avoine 37 .... 150 D 4
Avoine 61 .... 54 A 5
Avoise 72 .... 129 F 2
Avolsheim 67 .... 97 F 1
Avon 77 .... 88 C 4
Avon 79 .... 185 H 3

Avon-la-Pèze 10 .... 90 B 4
Avon-les-Roches 37 .... 151 F 5
Avondance 62 .... 7 E 4
Avord 18 .... 173 G 1
Avoriaz 74 .... 198 D 5
Avosnes 21 .... 159 F 2
Avot 21 .... 139 E 5
Avoudrey 25 .... 162 D 4
Avrainville 52 .... 92 D 2
Avrainville 54 .... 65 F 5
Avrainville 88 .... 94 D 4
Avrainville 91 .... 87 G 2
Avranches 50 .... 51 H 4
Avranville 88 .... 93 G 4
Avrecourt 52 .... 117 H 5
Avrée 58 .... 175 H 4
Avregny 74 .... 215 G 2
Avremesnil 76 .... 20 A 2
Avressieux 73 .... 232 D 2
Avreuil 10 .... 114 D 4
Avricourt 54 .... 96 A 1
Avricourt 57 .... 96 A 1
Avricourt 60 .... 23 G 4
Avrieux 73 .... 252 D 1
Avrigney 70 .... 161 G 3
Avrigny 60 .... 39 E 2
Avril 54 .... 45 F 4
Avril-sur-Loire 58 .... 175 E 4
Avrillé 49 .... 149 G 1
Avrillé 85 .... 182 C 2
Avrillé-les-Ponceaux 37 .... 151 E 2
Avrilly 03 .... 193 F 4
Avrilly 27 .... 56 B 2
Avrilly 61 .... 82 B 2
Avroult 62 .... 7 E 2
Avy 17 .... 219 G 3
Awoingt 59 .... 14 B 4
Ax-les-Thermes 09 .... 336 D 5
Axat 11 .... 337 G 4
Axiat 09 .... 336 C 5
Ay-Champagne 51 .... 61 G 1
Ay-sur-Moselle 57 .... 45 H 4
Ayat-sur-Sioule 63 .... 209 F 2
Aydat 63 .... 227 G 2
Aydie 64 .... 294 D 5
Aydius 64 .... 331 H 3
Aydoilles 88 .... 119 G 2
Ayen 19 .... 241 H 1
Ayencourt 80 .... 22 D 5
Ayette 62 .... 13 G 3
Ayguade-Ceinturon 83 .... 328 C 4
Ayguatébia-Talau 66 .... 341 H 3
Ayguemorte-les-Graves 33 .... 255 G 2
Ayguesvives 31 .... 318 B 2
Ayguetinte 32 .... 295 H 2
Ayherre 64 .... 311 F 3
Ayn 73 .... 232 D 2
Aynac 46 .... 261 E 1
Les Aynans 70 .... 141 H 4
Ayrens 15 .... 244 B 4
Ayron 86 .... 168 C 5
Ayros-Arbouix 65 .... 332 D 2
Ayse 74 .... 216 A 1
Ayssènes 12 .... 281 E 4
Aytré 17 .... 200 C 1
Les Ayvelles 08 .... 26 D 3
Ayzac-Ost 65 .... 332 D 2
Ayzieu 32 .... 295 E 2
Azannes-et-Soumazannes 55 .... 44 C 4
Azans 39 .... 161 E 5
Azas 31 .... 298 B 3
Azat-Châtenet 23 .... 206 D 2
Azat-le-Ris 87 .... 187 H 4
Azay-le-Brûlé 79 .... 185 F 3
Azay-le-Ferron 36 .... 170 C 3
Azay-le-Rideau 37 .... 151 G 4
Azay-sur-Cher 37 .... 152 A 3
Azay-sur-Indre 37 .... 152 B 4
Azay-sur-Thouet 79 .... 185 E 1
Azé 41 .... 131 G 2
Azé 53 .... 128 B 2
Azé 71 .... 194 D 3
Azelot 54 .... 94 D 1
Azerables 23 .... 188 C 4
Azerailles 54 .... 95 H 2
Azerat 24 .... 241 F 2
Azérat 43 .... 228 B 5
Azereix 65 .... 315 E 5
Azet 65 .... 333 G 4
Azeville 50 .... 29 G 5
Azillanet 34 .... 320 C 4
Azille 11 .... 320 B 4
Azilone-Ampaza 2A .... 349 E 4
Azincourt 62 .... 7 E 4
Azolette 69 .... 212 B 1

Azoudange 57 .... 67 F 5
Azur 40 .... 292 B 2
Azy 18 .... 155 H 5
Azy-le-Vif 58 .... 174 D 4
Azy-sur-Marne 02 .... 60 B 2
Azzana 2A .... 348 D 1

B

Baâlon 55 .... 43 H 1
Baâlons 08 .... 26 D 5
Babaou Col de 83 .... 328 D 3
Babeau-Bouldoux 34 .... 320 D 2
Babœuf 60 .... 23 H 5
Le Babory-de-Blesle 43 .... 245 H 1
Baby 77 .... 89 G 4
Baccarat 54 .... 95 H 3
Baccon 45 .... 132 C 2
Bach 46 .... 278 C 1
Bachant 59 .... 15 G 3
Bachas 31 .... 316 D 4
La Bachellerie 24 .... 241 F 2
Bachivillers 60 .... 37 H 3
Bachos 31 .... 334 B 3
Bachy 59 .... 9 E 3
Bacilly 50 .... 51 G 4
Le Bacon 48 .... 264 A 1
Baconnes 51 .... 42 A 5
La Baconnière 53 .... 105 H 2
Bacouël 60 .... 22 C 5
Bacouel-sur-Selle 80 .... 22 B 2
Bacourt 57 .... 66 C 3
Bacquepuis 27 .... 36 A 5
Bacqueville 27 .... 36 D 3
Bacqueville-en-Caux 76 .... 20 A 3
Badailhac 15 .... 244 D 5
Badaroux 48 .... 264 C 4
Badecon-le-Pin 36 .... 188 D 2
Badefols-d'Ans 24 .... 241 G 1
Badefols-sur-Dordogne 24 .... 258 D 1
Baden 56 .... 124 A 4
Badens 11 .... 320 A 5
Badevel 25 .... 142 C 4
Badinières 38 .... 232 A 3
Badménil-aux-Bois 88 .... 95 G 5
Badonviller 54 .... 96 A 2
Badonvilliers 55 .... 93 H 2
Baerendorf 67 .... 67 H 3
Baerenthal 57 .... 68 C 2
La Baffe 88 .... 119 G 2
Baffie 63 .... 229 E 4
Bagard 30 .... 283 G 4
Bagargui Col 64 .... 330 D 2
Bagas 33 .... 256 D 3
Bagat-en-Quercy 46 .... 277 G 1
Bagatelle Parc de 62 .... 6 B 5
Bâgé-la-Ville 01 .... 195 F 4
Bâgé-le-Châtel 01 .... 195 F 4
Bagert 09 .... 335 F 1
Bages 11 .... 339 E 1
Bages 66 .... 343 E 3
Bagiry 31 .... 334 B 2
Bagnac-sur-célé 46 .... 261 G 3
Bagneaux 89 .... 114 A 2
Bagneaux-sur-Loing 77 .... 112 B 2
Bagnères-de-Bigorre 65 .... 333 F 1
Bagnères-de-Luchon 31 .... 334 A 4
Bagneux 02 .... 40 B 1
Bagneux 03 .... 191 H 1
Bagneux 36 .... 153 H 5
Bagneux 49 .... 150 B 4
Bagneux 51 .... 90 C 2
Bagneux 54 .... 94 B 2
Bagneux 79 .... 168 A 1
Bagneux 92 .... 58 B 4
Bagneux-la-Fosse 10 .... 115 F 5
Bagnizeau 17 .... 202 B 4
Bagnoles 11 .... 320 A 4
Bagnoles-de-l'Orne 61 .... 82 C 2
Bagnolet 93 .... 58 C 3
Bagnols 63 .... 226 D 3
Bagnols 69 .... 212 C 4
Bagnols-en-Forêt 83 .... 308 C 4
Bagnols-les-Bains 48 .... 264 D 4
Bagnols-sur-Cèze 30 .... 284 D 3
Bagnot 21 .... 178 B 1
Baguer-Morvan 35 .... 80 A 2
Baguer-Pican 35 .... 80 B 2
Baho 66 .... 343 E 2
Bahus-Soubiran 40 .... 294 B 3
Baigneaux 28 .... 110 D 3
Baigneaux 33 .... 256 C 2
Baigneaux 41 .... 132 A 3
Baignes 70 .... 141 E 5
Baignes-Sainte-Radegonde 16 .... 220 C 4
Baigneux-les-Juifs 21 .... 138 B 5
Baignolet 28 .... 110 B 3

Baigts *40*	293 G 3	Balizac *33*	255 H 4
Baigts-de-Béarn *64*	293 F 5	Balizy *91*	58 C 5
Baillargues *34*	303 E 4	Ballainvilliers *91*	58 B 5
Baillé *35*	80 D 4	Ballaison *74*	197 H 4
Bailleau-le-Pin *28*	85 H 5	Ballan-Miré *37*	151 H 3
Bailleau-l'Évêque *28*	86 A 3	Ballancourt-sur-Essonne *91*	87 H 3
Bailleau-sous-Gallardon *28*	86 A 5	Ballans *17*	202 C 5
Baillestavy *66*	342 B 3	Ballay *08*	42 D 2
Baillet-en-France *95*	58 B 1	Balledent *87*	205 G 2
Bailleul *59*	4 B 5	Ballée *53*	106 C 5
Bailleul *61*	54 B 4	Balleray *58*	174 D 1
Le Bailleul *72*	129 F 3	Balleroy-sur-Drôme *14*	32 D 4
Bailleul *80*	11 G 4	Ballersdorf *68*	143 E 3
Bailleul *Château de 76*	19 E 4	Balléville *88*	94 B 4
Bailleul-aux-Cornailles *62*	7 G 5	Ballon *17*	200 D 2
Bailleul-la-Vallée *27*	35 E 4	Ballon de Servance *70*	142 B 1
Bailleul-le-Soc *60*	38 D 2	Ballon-Saint Mars *72*	107 H 3
Bailleul-lès-Pernes *62*	7 G 4	Ballons *26*	286 D 2
Bailleul-Neuville *76*	20 D 3	Ballore *71*	194 A 2
Bailleul-Sir-Berthoult *62*	13 G 2	Ballots *53*	105 F 5
Bailleul-sur-Thérain *60*	38 D 2	Balloy *77*	89 F 4
Bailleulmont *62*	13 F 3	Balma *31*	298 A 4
Bailleulval *62*	13 F 3	La Balme *73*	232 D 1
Bailleval *60*	38 D 3	La Balme-de-Sillingy *74*	215 F 3
Baillolet *76*	20 D 3	La Balme-de-Thuy *74*	215 H 3
Baillou *41*	109 E 5	La Balme-d'Épy *39*	196 A 3
Bailly *60*	39 G 1	La Balme-les-Grottes *38*	214 A 4
Bailly *78*	58 A 3	Balmont *74*	215 G 4
Bailly-aux-Forges *52*	92 C 3	Balnot-la-Grange *10*	115 F 5
Bailly-Carrois *77*	89 E 2	Balnot-sur-Laignes *10*	115 G 4
Bailly-en-Rivière *76*	10 D 3	Balogna *2A*	348 C 1
Bailly-le-Franc *10*	92 A 3	Balot *21*	137 H 3
Bailly-Romainvilliers *77*	59 F 3	Balsac *12*	280 C 1
Bain-de-Bretagne *35*	126 C 2	Balschwiller *68*	143 E 2
Baincthun *62*	6 B 2	Balsièges *48*	264 C 5
Bainghen *62*	2 D 5	Baltzenheim *68*	121 G 2
Bains *43*	247 E 4	Balzac *16*	221 F 1
Bains-de-Guitera *2A*	349 E 3	Bambecque *59*	3 H 3
Bains-les-Bains *88*	119 E 4	Bambiderstroff *57*	66 D 1
Bains-sur-Oust *35*	125 H 3	Ban-de-Laveline *88*	96 C 5
Bainville-aux-Miroirs *54*	95 E 3	Ban-de-Sapt *88*	96 B 4
Bainville-aux-Saules *88*	118 D 2	Le Ban-Saint-Martin *57*	45 H 5
Bainville-sur-Madon *54*	94 C 2	Ban-sur-Meurthe-Clefcy *88*	120 B 2
Bairols *06*	289 H 4	Banassac-Canilhac *48*	264 A 5
Bais *35*	105 E 4	Banat *09*	336 A 4
Bais *53*	106 D 2	Banca *64*	330 A 1
Baisieux *59*	9 E 3	Bancarel *Site du 12*	262 B 4
Baissey *52*	139 G 3	Bancourt *62*	13 H 4
Baives *59*	16 A 5	Bandol *83*	327 H 4
Baix *07*	267 E 2	Baneins *01*	213 F 1
Baixas *66*	338 D 5	Baneuil *24*	258 C 1
Baizieux *80*	22 D 1	Bangor *56*	144 B 4
Le Baizil *51*	61 E 2	Banhars *12*	262 D 3
Bajamont *47*	276 C 2	Banios *65*	333 G 2
Bajonnette *32*	296 C 2	Banize *23*	207 F 3
Bajus *62*	7 H 5	Bannalec *29*	100 C 4
Balacet *09*	335 E 4	Bannans *25*	180 B 2
Baladou *46*	242 C 5	Bannay *18*	156 A 3
Balagny-sur-Thérain *60*	38 D 4	Bannay *51*	61 E 3
Balaguères *09*	335 E 3	Bannay *57*	46 C 5
Balaguier d'Olt *12*	261 F 4	Banne *07*	283 H 1
Balaguier-sur-Rance *12*	300 B 1	Bannegon *18*	173 H 4
Balaine *Arboretum de 03*	174 D 5	Bannes *46*	261 E 1
Balaiseaux *39*	179 E 2	Bannes *51*	61 F 4
Balaives-et-Butz *08*	26 D 4	Bannes *52*	117 G 5
Balan *01*	213 G 4	Bannes *53*	106 D 5
Balan *08*	27 F 4	Banneville-la-Campagne *14*	33 H 4
Balanod *39*	196 A 2	Bannières *81*	298 C 4
Balansun *64*	293 G 5	Bannoncourt *55*	64 C 3
Balanzac *17*	201 E 5	Bannost *77*	60 A 5
Balaruc-le-Vieux *34*	323 E 3	Banogne-Recouvrance *08*	25 H 5
Balaruc-les-Bains *34*	323 E 3	Banon *04*	286 D 4
Balâtre *80*	23 G 4	Banos *40*	293 H 3
Balazé *35*	105 E 2	Bans *39*	179 E 2
Balazuc *07*	266 B 4	Bansat *63*	228 B 4
Balbigny *42*	211 H 5	Bantanges *71*	195 G 1
Balbins *38*	231 H 4	Banteux *59*	14 B 5
Balbronn *67*	97 E 1	Banthelu *95*	37 G 5
Balcon de Merlet *Parc du 74*	216 D 3	Bantheville *55*	43 G 2
Baldenheim *67*	97 F 5	Bantigny *59*	14 B 3
Baldersheim *68*	143 G 1	Bantouzelle *59*	14 B 5
La Baleine *50*	51 H 2	Bantzenheim *68*	121 F 5
Baleines *Phare des 17*	182 C 4	Banvillars *90*	142 B 3
Baleix *64*	314 D 3	Banville *14*	33 F 3
Balesmes *37*	169 H 2	Banvou *61*	53 E 5
Balesmes-sur-Marne *52*	139 G 2	Banyuls-dels-Aspres *66*	343 E 3
Balesta *31*	316 A 5	Banyuls-sur-Mer *66*	343 G 4
Baleyssagues *47*	257 E 2	Baon *89*	137 F 2
Balgau *68*	121 G 4	Baons-le-Comte *76*	19 G 4
Balham *08*	41 H 1	Baou de 4 Oures *83*	328 A 4
Balignac *82*	296 D 1	Bapaume *62*	13 G 4
Balignicourt *10*	91 G 3	Bapeaume-lès-Rouen *76*	36 A 1
Bâlines *27*	56 A 4	Bar *19*	225 E 5
Balinghem *62*	2 D 4	Bar-le-Duc *55*	63 H 4
Baliracq-Maumusson *64*	294 C 5	Bar-lès-Buzancy *08*	43 F 1
Baliros *64*	314 B 4	Bar-sur-Aube *10*	116 A 2

Le Bar-sur-Loup *06*	309 E 2	Barjac *48*	264 B 4
Bar-sur-Seine *10*	115 G 3	Barjols *83*	307 E 4
Baracé *49*	128 D 4	Barjon *21*	138 D 5
Baracuchet *Col de 63*	229 F 3	Barjouville *28*	86 A 4
Baraffles *62*	7 H 5	Barles *04*	288 A 1
Baraigne *11*	318 D 4	Barlest *65*	314 D 5
Baraize *36*	188 D 2	Barleux *80*	23 G 2
Baralle *62*	14 A 3	Barlieu *18*	155 G 1
Baraqueville *12*	280 B 2	Barlin *62*	8 A 4
Barastre *62*	13 H 5	Barly *62*	13 E 3
Baratier *05*	270 C 3	Barly *80*	12 C 3
Barbachen *65*	315 F 2	Barmainville *28*	111 E 2
Barbaggio *2B*	345 F 1	Barnas *07*	265 H 3
Barbaira *11*	320 A 5	Barnave *26*	268 B 2
Barbaise *08*	26 C 4	Barnay *71*	176 D 1
Barbas *54*	96 A 1	Barnenez *Tumulus de 29*	71 H 3
Barbaste *47*	275 F 2	Barneville-Carteret *50*	31 E 2
Barbâtre *85*	164 B 2	Barneville-la-Bertran *14*	34 C 2
Barbazan *31*	334 B 2	Barneville-sur-Seine *27*	35 H 2
Barbazan-Debat *65*	315 F 5	La Baroche-Gondouin *53*	82 C 3
Barbazan-Dessus *65*	315 F 5	La Baroche-sous-Lucé *61*	82 B 2
Barbechat *44*	148 A 3	Les Baroches *54*	45 F 4
La Barben *13*	305 G 4	Baromesnil *76*	10 D 5
Barbentane *13*	304 C 1	Baron *30*	284 A 4
Barberaz *73*	233 F 2	Baron *33*	256 B 1
Barberey-aux-Moines *10*	90 D 5	Baron *60*	39 F 5
Barberey-Saint-Sulpice *10*	90 D 5	Baron *71*	194 A 2
Barberier *03*	192 A 5	Baron-sur-Odon *14*	33 F 5
Barbery *14*	53 G 1	Baronville *57*	66 D 2
Barbery *60*	39 E 4	Barou-en-Auge *14*	54 A 2
Barbeville *14*	32 D 3	Baroville *10*	116 A 2
Barbey *77*	89 E 5	Le Barp *33*	255 E 3
Barbey-Seroux *88*	120 A 2	La Barque *13*	306 B 5
Barbezières *16*	202 D 4	Barquet *27*	55 H 1
Barbezieux *16*	220 C 4	Barr *67*	97 E 3
Barbières *26*	249 H 4	Barracone *2A*	348 D 3
Barbirey-sur-Ouche *21*	159 G 4	Barrais-Bussolles *03*	192 D 5
Barbizon *77*	88 B 4	Barran *32*	295 H 4
Barbonne-Fayel *51*	61 E 5	Barrancoueu *65*	333 G 3
Barbonval *02*	40 D 2	Barraute-Camu *64*	313 F 2
Barbotan-les-Thermes *32*	274 D 5	Barraux *38*	233 F 4
Le Barboux *25*	163 F 5	La Barre *39*	161 F 5
Barbuise *10*	90 A 2	La Barre *70*	162 B 2
Barby *08*	42 A 1	La Barre-de-Monts *85*	164 C 2
Barby *73*	233 F 2	La Barre-de-Semilly *50*	32 B 5
Barc *27*	55 H 1	Barre-des-Cévennes *48*	282 D 2
Barcaggio *2B*	345 F 1	La Barre-en-Ouche *27*	55 F 2
Le Barcarès *66*	339 E 5	Barrême *04*	288 B 5
Barcelonne *26*	249 G 5	Barret *16*	220 C 3
Barcelonne-du-Gers *32*	294 C 3	Barret-de-Lioure *26*	286 C 3
Barcelonnette *04*	270 D 5	Barret-sur-Méouge *05*	287 E 2
Barchain *57*	67 G 5	Barretaine *39*	179 F 3
Barchetta *2B*	347 G 2	Barrettali *2B*	345 F 2
Barcillonnette *05*	269 F 5	Barriac-les-Bosquets *15*	243 H 2
Barcugnan *32*	315 H 3	Barricourt *08*	43 F 1
Barcus *64*	331 F 1	Barro *16*	203 F 3
Barcy *77*	59 G 1	Barrou *37*	170 A 3
Bard *42*	229 G 2	Le Barroux *84*	285 H 4
Bard-le-Régulier *21*	158 D 5	Barry *65*	315 E 5
Bard-lès-Époisses *21*	158 C 1	Barry *84*	285 E 1
Bard-lès-Pesmes *70*	161 F 3	Barry-d'Islemade *82*	277 G 4
La Barde *17*	238 D 2	Bars *24*	241 F 3
Bardenac *16*	220 D 5	Bars *32*	295 G 5
Bardiana *2B*	346 B 4	Barsac *26*	268 A 2
Bardigues *82*	276 D 5	Barsac *33*	256 B 3
Le Bardon *45*	132 D 2	Barsanges *19*	225 F 3
Bardos *64*	292 C 5	Barst *57*	67 F 1
Bardou *24*	258 C 2	Bart *25*	142 B 4
Bardouville *76*	35 H 4	Bartenheim *68*	143 G 3
Barèges *65*	333 E 3	Barthe *65*	316 A 4
Bareilles *65*	333 H 3	Barthe *Barrage de la 12*	263 E 1
Barembach *67*	96 D 2	La Barthe-de-Neste *65*	333 H 1
Baren *31*	334 B 4	Bartherans *25*	179 H 1
Barentin *76*	20 A 5	Les Barthes *82*	277 F 4
Barenton *50*	81 H 2	Bartrès *65*	332 D 1
Barenton-Bugny *02*	24 D 4	Barville *27*	35 E 5
Barenton-Cel *02*	24 D 4	Barville *61*	84 A 3
Barenton-sur-Serre *02*	24 D 4	Barville *76*	19 G 3
Barésia-sur-l'Ain *39*	196 D 1	Barville *88*	94 A 4
Barfleur *50*	29 H 2	Barville-en-Gâtinais *45*	111 H 3
Barfleur *Pointe de 50*	29 H 2	Barzan *17*	219 E 3
Bargème *83*	308 B 2	Barzun *64*	314 D 5
Bargemon *83*	308 B 3	Barzy-en-Thiérache *02*	15 F 5
Barges *21*	160 A 4	Barzy-sur-Marne *02*	60 D 1
Barges *70*	140 C 2	Bas-en-Basset *43*	229 H 5
Bargny *60*	39 G 5	Bas-et-Lezat *63*	210 A 3
Barie *33*	256 C 4	Bas-Lieu *59*	15 G 4
Les Barils *27*	55 H 4	Bas-Mauco *40*	293 H 2
Barinque *64*	314 C 2	Bas-Rupts *88*	120 B 3
Barisey-au-Plain *54*	94 B 2	Bascons *40*	294 B 2
Barisey-la-Côte *54*	94 B 2	Bascous *32*	295 F 2
Barisis *02*	24 B 5	Baslieux *54*	45 E 2
Barizey *71*	177 G 4	Baslieux-lès-Fismes *51*	41 E 3
Barjac *09*	335 F 1		
Barjac *30*	284 B 2		

Baslieux-sous-Châtillon *51*	41 E 5	Batzendorf *67*	68 D 4
Basly *14*	33 G 3	Baubigny *21*	177 G 2
Bassac *16*	220 D 1	Baubigny *50*	28 D 5
Bassan *34*	321 G 3	La Bauche *73*	233 E 3
Bassanne *33*	256 C 4	Baud *56*	101 H 5
Basse-Goulaine *44*	147 H 4	Baudement *51*	90 B 2
Basse-Ham *57*	45 H 3	Baudemont *71*	194 A 5
Basse-Indre *44*	147 F 4	Baudignan *40*	274 D 4
Basse-Rentgen *57*	45 H 2	Baudignécourt *55*	93 G 2
Basse-sur-le-Rupt *88*	120 A 4	Baudinard-sur-Verdon *83*	307 F 3
La Basse-Vaivre *70*	118 D 5	Baudoncourt *70*	141 G 2
La Basse *50*	8 B 3	Baudonvilliers *55*	63 F 5
Bassemberg *67*	96 D 4	Baudre *50*	32 B 5
Basseneville *14*	34 A 4	Baudrecourt *52*	92 C 4
Bassens *33*	237 G 5	Baudrecourt *57*	66 C 2
Bassens *73*	233 F 2	Baudreix *64*	314 C 5
Bassercles *40*	293 H 5	Baudrémont *55*	64 B 4
Basses *86*	168 D 1	Baudres *36*	171 G 1
Basseux *62*	13 F 3	Baudreville *28*	87 E 5
Bassevelle *77*	60 B 2	Baudreville *50*	31 F 2
Bassignac *15*	244 B 1	Baudricourt *88*	94 C 5
Bassignac-le-Bas *19*	243 E 4	Baudrières *71*	178 A 5
Bassignac-le-Haut *19*	243 G 2	Bauduen *83*	307 G 2
Bassigney *70*	141 F 2	Baugé-en-Anjou *49*	129 F 5
Bassilac *24*	240 D 2	Baugy *18*	173 H 1
Bassillon-Vauzé *64*	314 D 2	Baugy *60*	39 F 1
Bassing *57*	67 F 3	Baulay *70*	140 D 2
Bassoles-Aulers *02*	40 B 1	La Baule *44*	145 H 5
Bassoncourt *52*	117 H 3	Baule *45*	132 D 3
Bassou *89*	114 A 5	La Baule-Escoublac *44*	145 H 5
Bassoues *32*	295 G 5	Baulme-la-Roche *21*	159 G 3
Bassu *51*	62 D 3	Baulne *91*	87 H 3
Bassuet *51*	62 D 4	Baulne-en-Brie *02*	60 D 2
Bassurels *48*	282 D 3	Baulny *55*	43 F 3
Bassussarry *64*	310 D 3	Baulon *35*	103 H 4
Bassy *74*	215 E 3	Baulou *09*	336 A 2
Bastanès *64*	313 G 3	La Baume *74*	198 C 4
Bastelica *2A*	349 E 2	Baume *Cirque de 39*	179 F 5
Bastelicaccia *2A*	348 C 3	La Baume-Cornillane *26*	267 G 1
Bastennes *40*	293 G 4	La Baume-de-Transit *26*	285 F 1
Bastia *2B*	345 G 4	La Baume-d'Hostun *26*	249 H 3
La Bastide *66*	342 C 3	Baume-les-Dames *25*	162 C 2
La Bastide *83*	308 B 2	Baume-les-Messieurs *39*	179 F 5
La Bastide-Clairence *64*	311 F 3	Bauné *49*	150 A 1
La Bastide-de-Besplas *09*	317 G 5	Baupte *50*	31 H 3
La Bastide-de-Bousignac *09*	336 D 2	Bauquay *14*	53 E 1
La Bastide de Couloumat *11*	318 C 5	Baurech *33*	255 H 2
La Bastide-de-Lordat *09*	336 C 1	La Baussaine *35*	79 H 5
La Bastide-de-Sérou *09*	335 H 2	Bauvin *59*	8 C 4
La Bastide-d'Engras *30*	284 C 4	Les Baux-de-Breteuil *27*	55 H 3
La Bastide-des-Jourdans *84*	306 B 2	Les Baux-de-Provence *13*	304 D 3
La Bastide-du-Salat *09*	335 E 2	Les Baux-Sainte-Croix *27*	56 A 2
La Bastide-l'Évêque *12*	279 G 1	Bauzemont *54*	66 D 5
La Bastide-Pradines *12*	281 G 5	Bauzy *41*	153 G 1
La Bastide-Puylaurent *48*	265 F 3	Bavans *25*	142 B 5
La Bastide-Solages *12*	300 A 1	Bavay *59*	15 F 2
La Bastide-sur-l'Hers *09*	336 D 3	Bavella *Col de 2A*	349 E 5
La Bastidonne *84*	306 B 3	Bavent *14*	33 H 4
La Bastie-d'Urfé *Château de 42*	229 G 1	Baverans *39*	161 E 5
Le Bastit *46*	260 C 2	Bavilliers *90*	142 C 3
Basville *23*	208 E 4	Bavinchove *59*	3 H 5
La Bataille *79*	202 D 2	Bavincourt *62*	13 E 3
Bataille *Col de la 26*	250 A 5	Bax *31*	317 G 5
La Batarelle *13*	327 E 2	Bay *08*	26 A 3
Bataville *57*	67 F 5	Bay *70*	161 F 2
Bathelémont *54*	66 D 5	Bay-sur-Aube *52*	139 E 4
Bathernay *26*	249 G 2	Bayac *24*	258 C 1
La Bâthie *73*	234 E 1	Bayard *Château de 38*	233 G 4
La Bâtie-Crémezin *26*	268 D 3	Bayard *Col 05*	269 G 3
La Bâtie-des-Fonds *26*	268 D 4	Bayas *33*	238 C 3
La Bâtie-Divisin *38*	232 C 3	Baye *29*	100 C 3
La Bâtie-Montgascon *38*	232 C 2	Baye *51*	61 E 3
La Bâtie-Montsaléon *05*	269 E 5	Bayecourt *88*	95 G 5
La Bâtie-Neuve *05*	269 H 4	Bayel *10*	116 B 2
La Bâtie-Rolland *26*	267 F 4	Bayencourt *80*	13 E 4
La Bâtie-Vieille *05*	269 H 3	Bayenghem-lès-Éperlecques *62*	3 E 4
Les Bâties *70*	161 G 1	Bayenghem-lès-Seninghem *62*	7 E 2
Batilly *54*	45 F 4	Bayers *16*	203 F 4
Batilly *61*	53 H 4	Bayeux *14*	33 E 3
Batilly-en-Gâtinais *45*	111 H 4	Bayon *54*	95 E 3
Batilly-en-Puisaye *45*	135 E 2	Bayon-sur-Gironde *33*	237 G 3
Bats *40*	294 A 4	Bayonne *64*	292 A 5
Batsère *65*	333 G 1	Bayons *04*	287 H 1
Battenans-les-Mines *25*	162 B 1	Bayonville *08*	43 F 2
Battenans-Varin *25*	163 F 3	Bayonville-sur-Mad *54*	65 G 2
Battenheim *68*	121 E 5	Bayonvillers *80*	23 E 2
Battexey *88*	94 D 4	Bazac *16*	239 E 1
Battigny *54*	94 C 3	Bazaiges *36*	188 D 2
Battrans *70*	161 F 2	Bazailles *54*	45 E 3
Batz *Île de 29*	71 G 3	Bazainville *78*	57 F 4
Batz-sur-Mer *44*	145 G 4	Bazancourt *51*	41 H 2
		Bazancourt *60*	21 F 5

A B C D E F G H I J K L M N O P Q R S T U V W X Y Z

Bazarnes 89 — 136 C 4
Bazas 33 — 256 B 5
Bazauges 17 — 202 C 4
Bazegney 88 — 95 E 5
Bazeilles 08 — 27 F 4
Bazeilles-sur-Othain 55 — 44 B 2
Bazelat 23 — 188 D 4
Bazemont 78 — 57 G 2
Bazens 47 — 275 G 2
Bazentin 80 — 13 G 5
Bazenville 14 — 33 E 3
Bazet 65 — 315 E 4
La Bazeuge 87 — 187 H 5
Bazian 32 — 295 G 4
Bazicourt 60 — 39 E 3
Baziège 31 — 318 B 2
Bazien 88 — 95 H 3
Bazillac 65 — 315 F 3
Bazincourt-sur-Epte 27 — 37 G 3
Bazincourt-sur-Saulx 55 — 63 G 5
Bazinghen 62 — 2 B 4
Bazinval 76 — 11 E 5
La Bazoche-Gouet 28 — 109 F 3
Bazoches 58 — 157 H 3
Bazoches-au-Houlme 61 — 53 H 3
Bazoches-en-Dunois 28 — 110 B 4
Bazoches-lès-Bray 77 — 89 F 4
Bazoches-les-Gallerandes 45 — 111 F 3
Bazoches-les-Hautes 28 — 110 D 3
Bazoches-sur-Guyonne 78 — 57 G 4
Bazoches-sur-Hoëne 61 — 84 B 2
Bazoches-sur-le Betz 45 — 113 E 3
Bazoches-sur-Vesles 02 — 40 D 3
La Bazoge 50 — 52 B 5
La Bazoge 72 — 107 G 2
La Bazoge-Montpinçon 53 — 82 B 5
Bazoges-en-Paillers 85 — 166 B 2
Bazoges-en-Pareds 85 — 166 D 5
Bazoilles-et-Ménil 88 — 94 D 5
Bazoilles-sur-Meuse 88 — 93 H 5
Bazolles 58 — 157 F 5
Bazoncourt 57 — 66 B 1
Bazonville 54 — 45 F 3
La Bazoque 14 — 32 C 4
La Bazoque 61 — 53 E 3
Bazoques 27 — 35 F 5
Bazordan 65 — 316 A 5
La Bazoge-de-Chemeré 53 — 106 C 4
La Bazoge-des-Alleux 53 — 106 B 2
La Bazoge-du-Désert 35 — 81 H 3
Bazougers 53 — 106 B 4
Bazouges 53 — 128 B 2
Bazouges-la-Pérouse 35 — 80 C 3
Bazouges-sous-Hédé 35 — 80 A 4
Bazouges-sur-le-Loir 72 — 129 F 4
Bazuel 59 — 15 E 4
Bazugues 32 — 315 H 2
Bazus 31 — 298 A 3
Bazus-Aure 65 — 333 G 4
Bazus-Neste 65 — 333 H 2
Le Béage 07 — 265 H 1
Béal Col du 63 — 229 E 1
Béalcourt 80 — 12 C 3
Béalencourt 62 — 7 E 5
Béard 58 — 174 D 3
Béard-Géovreissiat 01 — 196 C 5
Beaubec-la-Rosière 76 — 21 E 4
Beaubery 71 — 194 B 3
Beaubray 27 — 55 H 2
Beaucaire 30 — 304 B 2
Beaucaire 32 — 295 H 2
Beaucamps-le-Jeune 80 — 21 G 3
Beaucamps-le-Vieux 80 — 21 G 2
Beaucamps-Ligny 59 — 8 C 3
Beaucé 35 — 81 F 4
Beaucens 65 — 332 D 2
Le Beaucet 84 — 285 H 5
Beauchalot 31 — 334 D 1
Beauchamp 95 — 58 B 1
Beauchamps 50 — 51 H 3
Beauchamps 80 — 11 E 4
Beauchamps-sur-Huillard 45 — 112 A 5
Beauchamroy 52 — 118 A 4
Beauchastel 07 — 267 E 1
Beauche 28 — 56 A 5
Beauchemin 52 — 117 E 5
Beauchêne 41 — 109 F 5
Beauchêne 61 — 52 D 5
Beauchery-Saint-Martin 77 — 89 H 2
Beauclair 55 — 43 G 1
Beaucoudray 50 — 52 A 1
Beaucourt 90 — 142 C 4
Beaucourt-en-Santerre 80 — 23 E 3
Beaucourt-sur-l'Ancre 80 — 13 F 5

Beaucourt-sur-l'Hallue 80 — 22 D 1
Beaucouzé 49 — 149 F 1
Beaucroissant 38 — 232 B 5
Beaudéan 65 — 333 F 2
Beaudéduit 60 — 22 A 4
Beaudignies 59 — 15 E 3
Beaudricourt 62 — 12 D 3
Beaufai 61 — 55 E 4
Beaufay 72 — 108 A 3
Beauficel 50 — 52 B 4
Beauficel-en-Lyons 27 — 37 E 2
Beaufin 38 — 269 F 1
Beaufort 31 — 317 F 2
Beaufort 34 — 320 C 4
Beaufort 38 — 231 H 5
Beaufort 39 — 196 B 1
Beaufort 59 — 15 G 3
Beaufort 73 — 216 C 5
Beaufort-Blavincourt 62 — 13 E 2
Beaufort-en-Argonne 55 — 43 G 1
Beaufort-en-Anjou 49 — 150 A 2
Beaufort-en-Santerre 80 — 23 E 3
Beaufort-sur-Gervanne 26 — 267 H 1
Beaufou 85 — 165 G 3
Beaufour 14 — 34 B 4
Beaufremont 88 — 94 A 5
Beaugas 47 — 258 B 4
Beaugeay 17 — 200 D 4
Beaugency 45 — 132 C 3
Beaugies-sous-Bois 60 — 23 H 4
Beaujeu 04 — 288 B 2
Beaujeu 69 — 212 C 1
Beaujeu-Saint-Vallier-et-Pierrejux 70 — 161 F 1
Beaulac 33 — 274 B 1
Beaulandais 61 — 82 B 2
Beaulencourt 62 — 13 H 5
Beaulieu 07 — 284 A 1
Beaulieu 08 — 26 A 1
Beaulieu 14 — 52 D 2
Beaulieu 15 — 226 C 4
Beaulieu 21 — 138 C 3
Beaulieu 25 — 142 C 5
Beaulieu 34 — 303 E 3
Beaulieu 36 — 188 B 4
Beaulieu 38 — 250 B 1
Beaulieu 43 — 247 F 3
Beaulieu 58 — 157 F 4
Beaulieu 61 — 55 G 5
Beaulieu 63 — 228 A 4
Beaulieu-en-Argonne 55 — 63 G 1
Beaulieu-en-Rouergue Abbaye de 82 — 279 E 3
Beaulieu-les-Fontaines 60 — 23 G 4
Beaulieu-lès-Loches 37 — 152 C 5
Beaulieu-sous-Bressuire 79 — 167 G 3
Beaulieu-sous-la-Roche 85 — 165 G 5
Beaulieu-sous-Parthenay 79 — 185 F 1
Beaulieu-sur-Dordogne 19 — 243 E 4
Beaulieu-sur-Layon 49 — 149 G 3
Beaulieu-sur-Loire 45 — 155 H 1
Beaulieu-sur-Mer 06 — 309 H 2
Beaulieu-sur-Oudon 53 — 105 G 4
Beaulieu-sur-Sonnette 16 — 203 H 4
Beaulon 03 — 192 D 1
Beaumais 14 — 54 A 2
Beaumarchés 32 — 295 F 5
Beaumat 46 — 260 B 3
La Beaume 05 — 268 D 3
Beauménil 88 — 119 H 2
Beaumerie-Saint-Martin 62 — 6 C 4
Beaumes-de-Venise 84 — 285 G 3
Beaumesnil 14 — 52 B 2
Beaumesnil 27 — 55 G 1
Beaumettes 84 — 305 G 1
Beaumetz 80 — 12 B 4
Beaumetz-lès-Aire 62 — 7 F 3
Beaumetz-lès-Cambrai 62 — 13 H 4
Beaumetz-lès-Loges 62 — 13 F 3
Beaumont 07 — 265 H 4
Beaumont 19 — 225 E 4
Beaumont 32 — 295 G 1
Beaumont 43 — 246 B 1
Beaumont 54 — 65 E 4
Beaumont 63 — 227 G 4
Beaumont 74 — 215 G 1
Beaumont 86 — 169 F 5
Beaumont 89 — 136 B 4
Beaumont-de-Lomagne 82 — 297 E 1
Beaumont-de-Pertuis 84 — 306 C 3
Beaumont-du-Gâtinais 77 — 112 A 3
Beaumont-du-Lac 87 — 207 E 5
Beaumont-du-Périgord 24 — 258 C 2
Beaumont-du-Ventoux 84 — 285 H 3

Beaumont-en-Argonne 08 — 27 F 5
Beaumont-en-Auge 14 — 34 C 3
Beaumont-en-Beine 02 — 23 H 4
Beaumont-en-Cambrésis 59 — 14 D 4
Beaumont-en-Diois 26 — 268 C 3
Beaumont-en-Verdunois 55 — 44 B 4
Beaumont-Hague 50 — 28 D 2
Beaumont-Hamel 80 — 13 F 5
Beaumont-la-Ferrière 58 — 156 C 5
Beaumont-la-Ronce 37 — 130 D 5
Beaumont-le-Hareng 76 — 20 C 4
Beaumont-le-Roger 27 — 55 G 1
Beaumont-les-Autels 28 — 109 F 2
Beaumont-les-Nonains 60 — 37 H 3
Beaumont-lès-Randan 63 — 210 B 3
Beaumont-lès-Valence 26 — 249 F 5
Beaumont-Monteux 26 — 249 F 4
Beaumont-Pied-de-Bœuf 53 — 106 C 5
Beaumont-Pied-de-Bœuf 72 — 130 B 3
Beaumont-Sardolles 58 — 175 E 3
Beaumont-sur-Dême 72 — 130 C 4
Beaumont-sur-Grosne 71 — 177 H 5
Beaumont-sur-Lèze 31 — 317 H 3
Beaumont-sur-Oise 95 — 38 B 5
Beaumont-sur-Sarthe 72 — 107 G 2
Beaumont-sur-Vesle 51 — 41 H 4
Beaumont-sur-Vingeanne 21 — 160 D 1
Beaumont-Village 37 — 152 D 5
Beaumontel 27 — 35 G 5
Beaumotte-lès-Montbozon 70 — 162 B 1
Beaumotte-lès-Pin 70 — 161 G 3
Beaunay 51 — 61 F 3
Beaune 21 — 177 H 1
Beaune 73 — 234 B 5
Beaune-d'Allier 03 — 191 F 5
Beaune-la-Rolande 45 — 111 H 4
Beaune-le-Chaud 63 — 227 G 1
Beaune-le-Froid 63 — 227 F 2
Beaune-les-Mines 87 — 205 H 4
Beaune-sur-Arzon 43 — 247 E 1
Beaunotte 21 — 138 C 4
Beaupont 01 — 195 H 3
Beauport Abbaye de 22 — 73 F 3
Beaupouyet 24 — 239 F 4
Beaupréau-en-Mauges 49 — 148 D 4
Beaupuy 31 — 298 A 4
Beaupuy 32 — 297 E 4
Beaupuy 47 — 257 E 4
Beaupuy 82 — 297 F 2
Beauquesne 80 — 12 D 5
Beaurain 59 — 14 D 3
Beaurains 62 — 13 G 2
Beaurains-lès-Noyon 60 — 23 G 5
Beaurainville 62 — 6 D 5
Beaurecueil 13 — 306 B 5
Beauregard 01 — 212 D 3
Beauregard 46 — 278 D 1
Beauregard-Baret 26 — 249 H 4
Beauregard-de-Terrasson 24 — 241 G 2
Beauregard-et-Bassac 24 — 240 B 4
Beauregard-l'Évêque 63 — 210 A 5
Beauregard-Vendon 63 — 209 H 3
Beaurepaire 38 — 231 G 5
Beaurepaire 60 — 38 D 3
Beaurepaire 76 — 18 C 4
Beaurepaire 85 — 166 C 2
Beaurepaire-en-Bresse 71 — 178 D 5
Beaurepaire-sur-Sambre 59 — 15 F 5
Beaurevoir 02 — 14 C 5
Beaurières 26 — 268 C 3
Beaurieux 02 — 41 E 2
Beaurieux 59 — 16 A 3
Beauronne 24 — 239 G 3
Beausemblant 26 — 249 E 1
Beausoleil 06 — 309 H 5
Beaussac 24 — 221 H 3
Beaussais-Vitré 79 — 185 G 4
Beaussault 76 — 21 E 4
Beausse 49 — 148 D 3
Le Beausset 83 — 327 H 4
Beauteville 31 — 318 C 3
Beautheil 77 — 59 H 4
Beautiran 33 — 255 H 2
Beautor 02 — 24 B 4
Beautot 76 — 20 A 4
Beauvain 61 — 82 D 2
Beauvais 60 — 38 A 2
Beauvais-sur-Matha 17 — 202 C 4
Beauvais-sur-Tescou 81 — 298 B 1
Beauval 80 — 12 D 4
Beauval-en-Caux 76 — 20 A 3

Beauvallon 26 — 249 F 5
Beauvallon 83 — 329 F 2
Beauvau 49 — 129 E 5
Beauvène 07 — 248 C 5
Beauvernois 71 — 178 D 3
Beauvezer 04 — 288 D 3
Beauville 31 — 318 C 2
Beauville 47 — 276 D 2
Beauvilliers 28 — 86 C 5
Beauvilliers 41 — 132 A 2
Beauvilliers 89 — 158 B 2
Beauvoir 50 — 51 F 5
Beauvoir 60 — 22 C 5
Beauvoir 77 — 88 D 2
Beauvoir 89 — 135 H 3
Beauvoir Château de 03 — 192 D 3
Beauvoir-de-Marc 38 — 231 G 3
Beauvoir-en-Lyons 76 — 37 E 1
Beauvoir-en-Royans 38 — 250 A 2
Beauvoir-sur-Mer 85 — 164 C 2
Beauvoir-sur-Niort 79 — 201 H 1
Beauvoir-sur-Sarce 10 — 115 F 5
Beauvoir-Wavans 62 — 12 C 3
Beauvoisin 30 — 303 H 3
Beauvoisin 39 — 178 D 2
Beaux 43 — 247 H 2
Beauzac 43 — 247 H 1
Beauzée-sur-Aire 55 — 63 H 2
Beauzelle 31 — 297 H 4
Beauziac 47 — 274 D 1
Bébing 57 — 67 G 5
Beblenheim 68 — 121 E 2
Bec-de-Mortagne 76 — 19 E 4
Le Bec-Hellouin 27 — 35 G 4
Le Bec-Thomas 27 — 36 A 4
Beccas 32 — 315 F 2
Béceleuf 79 — 184 D 2
Béchamps 54 — 45 E 5
Bécherel 35 — 103 H 1
Bécheresse 16 — 221 E 3
Béchy 57 — 66 B 2
Bécon-les-Granits 49 — 149 E 1
Béconne 26 — 267 G 4
Bécordel-Bécourt 80 — 23 E 1
Bécourt 62 — 6 D 2
Becquigny 02 — 14 D 5
Becquigny 80 — 23 E 4
Bédarieux 34 — 301 F 4
Bédarrides 84 — 285 F 4
Beddes 18 — 190 A 1
Bédéchan 32 — 296 C 5
Bédée 35 — 103 H 2
Bédeilhac-et-Aynat 09 — 336 A 4
Bédeille 09 — 335 F 1
Bédeille 64 — 314 D 3
Bedenac 17 — 238 B 2
Bédoin 84 — 286 A 3
Bédouès 48 — 282 D 1
Bédouès-Cocurès 48 — 282 D 1
Bedous 64 — 331 H 3
Béduer 46 — 261 F 4
Beffes 18 — 174 B 1
Beffia 39 — 196 B 3
Beffu-et-le-Morthomme 08 — 43 E 2
Beg-Meil 29 — 99 H 4
Bégaar 40 — 293 F 2
Bégadan 33 — 218 D 5
Béganne 56 — 125 F 4
Bégard 22 — 72 D 4
Bègles 33 — 255 G 1
Begnécourt 88 — 118 D 2
Bégole 65 — 315 H 5
Bégrolles-en-Mauges 49 — 148 D 5
La Bégude-de-Mazenc 26 — 267 F 4
Bègues 03 — 209 H 1
Béguey 33 — 256 B 3
Béguios 64 — 311 G 4
Béhagnies 62 — 13 G 4
Béhasque-Lapiste 64 — 311 H 4
Béhen 80 — 11 G 4
Béhencourt 80 — 22 D 1
Béhéricourt 60 — 23 H 5
Behlenheim 67 — 68 D 5
Béhobie 64 — 310 A 4
Behonne 55 — 63 H 3
Béhorléguy 64 — 330 D 1
Béhoust 78 — 57 F 3
Behren-lès-Forbach 57 — 47 F 5
Béhuard 49 — 149 F 2
Beignon 56 — 103 F 4
Beillé 72 — 108 B 4
Beine 89 — 136 C 3
Beine-Nauroy 51 — 41 H 4

Beinheim 67 — 69 G 3
Beire-le-Châtel 21 — 160 B 2
Beire-le-Fort 21 — 160 C 4
Beissat 23 — 207 H 5
Bel-Air 49 — 127 H 3
Bélâbre 36 — 188 A 2
Belan-sur-Ource 21 — 116 A 5
Bélarga 34 — 302 A 5
Bélaye 46 — 259 G 5
Belberaud 31 — 318 B 2
Belbèse 82 — 297 F 1
Belbeuf 76 — 36 B 2
Belbèze-de-Lauragais 31 — 318 A 2
Belbèze-en-Comminges 31 — 335 E 1
Belcaire 11 — 337 E 4
Belcastel 12 — 280 B 1
Belcastel 81 — 298 C 4
Belcastel Château de 46 — 260 B 1
Belcastel-et-Buc 11 — 337 H 2
Belcodène 13 — 327 F 1
Bélesta 09 — 336 D 3
Bélesta 66 — 338 B 5
Bélesta-en-Lauragais 31 — 318 D 2
Beleymas 24 — 239 H 4
Belfahy 70 — 142 B 1
Belfays 25 — 163 G 3
Belflou 11 — 318 C 4
Belfonds 61 — 83 G 2
Belfort 90 — 142 C 3
Belfort-du-Quercy 46 — 278 B 2
Belfort-sur-Rebenty 11 — 337 E 4
Belgeard 53 — 82 B 5
Belgentier 83 — 328 B 3
Belgodère 2B — 344 D 5
Belhade 40 — 273 G 1
Belhomert-Guéhouville 28 — 85 F 3
Le Bélieu 25 — 163 E 5
Béligneux 01 — 213 G 4
Belin-Béliet 33 — 255 E 4
Bélis 40 — 273 H 4
Bellac 87 — 205 F 2
Bellaffaire 04 — 269 H 5
Bellagranajo Col de 2B — 347 F 5
Bellaing 59 — 9 G 5
Bellancourt 80 — 11 H 3
Bellange 57 — 66 D 3
Bellavilliers 61 — 84 B 4
Belle-Église 60 — 38 B 4
Belle-et-Houllefort 62 — 2 C 5
Belle-Ile 56 — 144 B 4
Belle-Isle-en-Terre 22 — 72 C 5
Belleau 02 — 60 B 1
Belleau 54 — 65 H 4
Bellebat 33 — 256 B 2
Bellebrune 62 — 2 C 5
Bellechassagne 19 — 225 H 2
Bellechaume 89 — 114 A 4
Bellecombe 39 — 197 E 4
Bellecombe 73 — 234 B 3
Bellecombe-en-Bauges 73 — 215 G 3
Bellecombe-Tarendol 26 — 286 B 1
Bellefond 21 — 160 A 2
Bellefond 33 — 256 C 1
Bellefonds 86 — 186 D 1
Bellefontaine 39 — 197 F 1
Bellefontaine 50 — 52 B 5
Bellefontaine 88 — 119 F 4
Bellefontaine 95 — 38 D 5
Bellefosse 67 — 96 D 3
Bellegarde 30 — 304 A 3
Bellegarde 32 — 316 B 2
Bellegarde 45 — 111 H 5
Bellegarde-du-Razès 11 — 337 E 1
Bellegarde-en-Diois 26 — 268 B 4
Bellegarde-en-Forez 42 — 230 A 2
Bellegarde-en-Marche 23 — 207 H 3
Bellegarde-Marsal 81 — 299 G 1
Bellegarde-Poussieu 38 — 231 F 5
Bellegarde-Sainte-Marie 31 — 297 F 4
Bellegarde-sur-Valserine 01 — 215 E 1
Belleherbe 25 — 163 E 3
Bellemagny 68 — 142 D 2
Bellême 61 — 84 C 4
Bellenaves 03 — 209 G 1
Bellencombre 76 — 20 C 4
Belleneuve 21 — 160 C 2
Bellenglise 02 — 24 A 1
Bellengreville 14 — 33 H 5
Bellengreville 76 — 10 C 5
Bellenod-sur-Seine 21 — 138 B 4
Bellenot-sous-Pouilly 21 — 159 E 3
Bellentre 73 — 234 D 2
Belleray 55 — 64 B 1

Bellerive-sur-Allier 03 — 210 B 2
Belleroche 42 — 212 B 1
Belleserre 81 — 319 E 2
Bellesserre 31 — 297 F 2
Belleu 02 — 40 B 3
Belleuse 80 — 22 A 4
Bellevaux 74 — 198 B 4
Bellevesvre 71 — 178 D 3
Belleville-sur-Vie 85 — 165 H 4
Belleville 54 — 65 G 4
Belleville 69 — 212 D 1
Belleville 79 — 201 H 1
Belleville-en-Caux 76 — 20 A 4
Belleville-sur-Bar 08 — 43 E 1
Belleville-sur-Loire 18 — 156 A 1
Belleville-sur-Mer 76 — 10 B 5
Belleville-sur-Meuse 55 — 44 B 5
Belleville-sur-Vie 85 — 165 H 4
Bellevue 44 — 147 H 3
Bellevue Grotte de 46 — 260 D 4
Bellevue-Coëtquidan 56 — 103 F 4
Bellevue-la-Montagne 43 — 247 E 1
Belley 01 — 214 D 5
Belley 10 — 91 E 5
Belloc 09 — 336 D 2
Belloc-Saint-Clamens 32 — 315 H 2
Bellocq 64 — 293 E 5
Bellon 16 — 221 E 5
Bellonne 62 — 14 A 2
Bellot 77 — 60 B 3
Bellou 14 — 54 C 2
Bellou-en-Houlme 61 — 53 F 5
Bellou-le-Trichard 61 — 108 B 2
Bellou-sur-Huisne 61 — 84 D 4
Belloy 60 — 37 H 1
Belloy-en-France 95 — 58 C 1
Belloy-en-Santerre 80 — 23 F 2
Belloy-Saint-Léonard 80 — 11 H 5
Belloy-sur-Somme 80 — 22 A 1
Belluire 17 — 219 G 3
Belmesnil 76 — 20 A 3
Belmont 25 — 162 C 4
Belmont 32 — 295 E 4
Belmont 38 — 232 A 3
Belmont 39 — 179 E 1
Belmont 52 — 140 A 3
Belmont 67 — 96 D 3
Belmont 70 — 141 H 2
Belmont-Bretenoux 46 — 243 E 5
Belmont-d'Azergues 69 — 212 D 4
Belmont-de-la-Loire 42 — 212 A 1
Belmont-lès-Darney 88 — 118 C 3
Belmont-Luthézieu 01 — 214 D 4
Belmont-Sainte-Foi 46 — 278 C 2
Belmont-sur-Buttant 88 — 96 A 5
Belmont-sur-Rance 12 — 300 C 2
Belmont-sur-Vair 88 — 94 B 5
Belmont-Tramonet 73 — 232 D 2
Belmontet 46 — 277 F 1
Belon 29 — 100 C 5
Belonchamp 70 — 142 A 1
Belpech 11 — 318 C 5
Belrain 55 — 64 B 4
Belrupt 88 — 118 D 3
Belrupt-en-Verdunois 55 — 64 B 1
Bélus 40 — 292 D 4
Belval 08 — 26 C 3
Belval 50 — 51 H 1
Belval 88 — 96 C 3
Belval-Bois-des-Dames 08 — 43 F 1
Belval-en-Argonne 51 — 63 F 2
Belval-sous-Châtillon 51 — 41 F 5
Belvédère 06 — 291 F 3
Belvédère-Campomoro 2A — 350 C 2
Belverne 70 — 142 A 3
Belvès 24 — 259 E 1
Belvès-de-Castillon 33 — 238 D 5
Belvèze 82 — 277 F 1
Belvèze-du-Razès 11 — 337 F 1
Belvézet 30 — 284 B 4
Belvezet 48 — 265 E 4
Belvianes-et-Cavirac 11 — 337 G 4
Belvis 11 — 337 F 4
Belvoir 25 — 163 E 2
Belz 56 — 123 G 3
Bémécourt 27 — 55 H 3
Bénac 09 — 336 A 3
Bénac 65 — 315 E 5
Benagues 09 — 336 B 1

Benais 37 ... 151 E 3
Bénaix 09 ... 336 D 3
Bénaménil 54 ... 95 H 2
Bénarville 76 ... 19 E 4
Benassay 86 ... 185 H 1
La Bénate 17 ... 201 G 2
La Bénate 44 ... 165 G 2
Benauge Château de 33 ... 256 B 2
Benay 02 ... 24 B 3
Benayes 19 ... 224 B 3
Bendejun 06 ... 291 F 5
Bendor Île de 83 ... 327 H 4
Bendorf 68 ... 143 F 4
Bénéjacq 64 ... 314 C 5
Benerville-sur-Mer 14 ... 34 B 2
Bénesse-lès-Dax 40 ... 293 E 4
Bénesse-Maremne 40 ... 292 B 4
Benest 16 ... 203 H 2
Bénestroff 57 ... 67 E 3
Bénesville 76 ... 19 H 3
Benet 85 ... 184 C 3
Beneuvre 21 ... 138 D 4
Bénévent-l'Abbaye 23 ... 206 C 2
Beney-en-Woëvre 55 ... 65 E 2
Benfeld 67 ... 97 G 3
Bengy-sur-Craon 18 ... 173 H 2
Bénifontaine 62 ... 8 B 4
Béning-lès-Saint-Avold 57 ... 47 F 5
La Bénisson-Dieu 42 ... 211 G 1
Bénivay-Ollon 26 ... 285 H 1
Bennecourt 78 ... 57 E 1
Bennetot 76 ... 19 F 4
Benney 54 ... 94 D 2
Bennwihr 68 ... 121 E 2
Bénodet 29 ... 99 H 4
Benoisey 21 ... 137 H 5
Benoîtville 50 ... 28 D 4
Benon 17 ... 183 H 5
Bénonces 01 ... 214 B 4
Bénouville 14 ... 33 H 4
Bénouville 76 ... 18 D 3
Benque 31 ... 316 D 4
Benqué 65 ... 333 G 1
Benque-Dessous-
et-Dessus 31 ... 334 A 4
Benquet 40 ... 294 A 2
Bentayou-Sérée 64 ... 314 D 3
Bény 01 ... 195 H 4
Le Bény-Bocage 14 ... 52 C 2
Bény-sur-Mer 14 ... 33 G 3
Béon 01 ... 214 D 4
Béon 89 ... 113 G 5
Béost 64 ... 332 A 2
La Bérarde 38 ... 252 A 4
Bérat 31 ... 317 F 3
Béraut 32 ... 295 H 1
Berbérust-Lias 65 ... 332 D 1
Berbezit 43 ... 246 D 1
Berbiguières 24 ... 259 F 1
Berc 48 ... 264 A 1
Bercenay-en-Othe 10 ... 114 C 2
Bercenay-le-Hayer 10 ... 90 A 5
Berche 25 ... 142 B 5
Berchères-la-Maingot 28 ... 86 A 3
Berchères-les-Pierres 28 ... 86 B 4
Berchères-sur-Vesgre 28 ... 57 E 3
Berck-Plage 62 ... 6 A 5
Berck-sur-Mer 62 ... 6 A 5
Bercloux 17 ... 201 H 4
Berd'Huis 61 ... 84 D 5
Berdoues 32 ... 315 H 2
Bérelles 59 ... 15 H 3
Bérengeville-la-Campagne 27 ... 36 A 5
Berentzwiller 68 ... 143 G 3
Bérenx 64 ... 293 F 5
Béréziat 01 ... 195 G 3
Berfay 72 ... 108 D 5
Berg 67 ... 67 H 3
Berg-sur-Moselle 57 ... 46 B 2
Berganty 46 ... 260 C 5
Bergbieten 67 ... 97 F 1
Bergerac 24 ... 257 H 1
Bergères 10 ... 116 A 2
Bergères-lès-Vertus 51 ... 61 G 3
Bergères-sous-Montmirail 51 ... 60 D 3
Bergesserin 71 ... 194 C 3
Bergheim 68 ... 97 E 5
Bergholtz 68 ... 120 D 4
Bergholtzzell 68 ... 120 D 4
Bergicourt 80 ... 22 A 3
Bergnicourt 08 ... 42 A 2
Bergonne 63 ... 228 A 3
Bergouey 40 ... 293 G 4
Bergouey 64 ... 311 G 3
La Bergue 74 ... 197 H 5
Bergueneuse 62 ... 7 H 4
Bergues 59 ... 3 G 3

Bergues-sur-Sambre 02 ... 15 F 5
Berguette 62 ... 7 H 3
Berhet 22 ... 72 D 3
Bérig-Vintrange 57 ... 67 E 2
Bérigny 50 ... 32 C 4
Berjou 61 ... 53 F 3
Berlaimont 59 ... 15 F 3
Berlancourt 02 ... 25 E 3
Berlancourt 60 ... 23 H 4
Berlats 81 ... 300 B 4
Berlencourt-le-Cauroy 62 ... 12 D 2
Berles-au-Bois 62 ... 13 F 3
Berles-Monchel 62 ... 13 E 2
La Berlière 08 ... 27 E 5
Berling 57 ... 68 A 4
Berlise 02 ... 25 H 4
Berlou 34 ... 321 E 2
Bermerain 59 ... 14 D 3
Berméricourt 51 ... 41 G 2
Bermeries 59 ... 15 F 2
Bermering 57 ... 67 E 2
Bermesnil 80 ... 21 F 2
Bermicourt 62 ... 7 F 5
Bermont 90 ... 142 C 3
Bermonville 76 ... 19 F 4
Bernac 16 ... 203 F 2
Bernac 81 ... 299 E 1
Bernac-Debat 65 ... 315 F 5
Bernac-Dessus 65 ... 315 F 5
Bernadets 64 ... 314 B 3
Bernadets-Debat 65 ... 315 G 3
Bernadets-Dessus 65 ... 315 G 5
Le Bernard 85 ... 182 C 2
La Bernardière 85 ... 166 A 1
Bernardswiller 67 ... 97 F 2
Bernardvillé 67 ... 97 E 3
Bernâtre 80 ... 12 B 3
Bernaville 80 ... 12 C 4
Bernay 17 ... 201 G 2
Bernay 27 ... 35 F 5
Bernay 72 ... 107 F 4
Bernay-en-Brie 77 ... 59 G 5
Bernay-en-Ponthieu 80 ... 11 F 1
Berné 56 ... 101 E 3
Bernécourt 54 ... 65 E 4
Bernède 32 ... 294 C 4
La Bernerie-en-Retz 44 ... 146 D 5
Bernes 80 ... 23 H 1
Bernes-sur-Oise 95 ... 38 B 5
Bernesq 14 ... 32 C 3
Berneuil 16 ... 220 B 4
Berneuil 17 ... 219 G 1
Berneuil 80 ... 12 C 4
Berneuil 87 ... 205 F 2
Berneuil-en-Bray 60 ... 38 A 3
Berneuil-sur-Aisne 60 ... 39 H 2
Berneval-le-Grand 76 ... 10 B 5
Berneville 62 ... 13 F 2
Bernex 74 ... 198 C 3
Bernienville 27 ... 56 A 1
Bernières 76 ... 19 E 4
Bernières-d'Ailly 14 ... 54 A 2
Bernières-le-Patry 14 ... 52 E 3
Bernières-sur-Mer 14 ... 33 G 3
Bernières-sur-Seine 27 ... 36 C 4
Bernieulles 62 ... 6 C 3
Bernin 38 ... 233 E 5
Bernis 30 ... 303 G 3
Bernolsheim 67 ... 68 D 4
Bernon 10 ... 114 D 5
Bernos-Beaulac 33 ... 274 B 1
Bernot 02 ... 24 C 2
Bernouil 89 ... 136 D 2
Bernouville 27 ... 37 F 3
Bernwiller 68 ... 143 E 2
Berny-en-Santerre 80 ... 23 F 2
Berny-Rivière 02 ... 40 A 2
Bérou-la-Mulotière 28 ... 56 A 4
Berrac 32 ... 275 H 5
Berre-les-Alpes 06 ... 291 F 5
Berre-l'Étang 13 ... 326 C 1
Berriac 11 ... 319 H 5
Berrias-et-Casteljau 07 ... 284 A 1
Berric 56 ... 124 D 4
Berrie 86 ... 168 B 1
Berrien 29 ... 76 C 2
Berrieux 02 ... 41 F 1
Berrogain-Laruns 64 ... 313 F 4
Berru 51 ... 41 H 3
Berrwiller 68 ... 120 D 5
Berry-au-Bac 02 ... 41 F 2
Berry-Bouy 18 ... 172 D 1
Le Bersac 05 ... 269 E 5
Bersac-sur-Rivalier 87 ... 206 B 2
Bersaillin 39 ... 179 F 3
Bersée 59 ... 8 D 4
Bersillies 59 ... 15 H 2

Berson 33 ... 237 G 2
Berstett 67 ... 68 D 5
Berstheim 67 ... 68 D 4
Bert 03 ... 192 D 4
Bertangles 80 ... 22 B 1
Bertaucourt-Epourdon 02 ... 24 B 5
Berteaucourt-les-Dames 80 ... 12 B 5
Berteaucourt-lès-Thennes 80 ... 22 D 3
Bertheauville 76 ... 19 F 3
Berthecourt 60 ... 38 B 3
Berthegon 86 ... 169 E 3
Berthelange 25 ... 161 G 4
Berthelming 57 ... 67 G 4
Berthen 59 ... 4 A 5
Berthenay 37 ... 151 G 3
Berthenicourt 02 ... 24 B 3
Berthenonville 27 ... 37 F 5
La Berthenoux 36 ... 189 H 1
Berthez 33 ... 256 C 4
Bertholène 12 ... 281 E 1
Berthouville 27 ... 35 F 4
Bertignat 63 ... 228 D 2
Bertignolles 10 ... 115 H 3
Bertincourt 62 ... 13 H 4
Bertoncourt 08 ... 26 B 5
Bertrambois 54 ... 96 B 1
Bertrancourt 80 ... 13 E 4
Bertrange 57 ... 45 H 3
Bertre 81 ... 298 D 5
Bertren 65 ... 334 B 2
Bertreville 76 ... 19 F 3
Bertreville-Saint-Ouen 76 ... 20 A 3
Bertric-Burée 24 ... 221 G 5
Bertrichamps 54 ... 96 A 3
Bertricourt 02 ... 41 G 2
Bertrimont 76 ... 20 A 4
Bertrimoutier 88 ... 96 C 5
Bertry 59 ... 14 D 4
Béru 89 ... 136 D 3
Béruges 86 ... 186 A 1
Bérulle 10 ... 114 B 3
Bérus 72 ... 83 G 4
Berven 29 ... 71 F 4
Berville 14 ... 54 B 1
Berville 76 ... 19 H 4
Berville 95 ... 38 A 4
Berville-en-Roumois 27 ... 35 H 3
Berville-la-Campagne 27 ... 55 H 1
Berville-sur-Mer 27 ... 34 D 2
Berville-sur-Seine 76 ... 35 H 1
Berviller-en-Moselle 57 ... 46 D 4
Berzé-la-Ville 71 ... 194 D 4
Berzé-le-Châtel 71 ... 194 D 3
Berzème 07 ... 266 C 3
Berzieux 51 ... 43 E 4
Berzy-le-Sec 02 ... 40 B 3
La Besace 08 ... 27 F 5
Besain 39 ... 179 G 4
Besançon 25 ... 162 A 3
Bésayes 26 ... 249 G 4
Bescat 64 ... 314 A 5
Bésignan 26 ... 286 B 1
Bésingrand 64 ... 313 H 3
Beslé 44 ... 126 A 3
La Beslière 50 ... 51 G 3
Beslon 50 ... 52 A 3
Besmé 02 ... 40 A 1
Besmont 02 ... 25 H 2
Besnans 70 ... 162 B 1
Besné 44 ... 146 C 1
Besneville 50 ... 31 F 2
Besny-et-Loizy 02 ... 24 D 5
Bessac 16 ... 220 D 4
Bessais-le-Fromental 18 ... 173 H 5
Bessamorel 43 ... 247 H 3
Bessan 34 ... 322 C 4
Bessancourt 95 ... 58 B 1
Bessans 73 ... 235 F 4
Bessas 07 ... 284 A 1
Le Bessat 42 ... 230 C 5
Bessay 85 ... 183 F 1
Bessay-sur-Allier 03 ... 192 B 3
Besse 15 ... 244 B 3
Besse 16 ... 203 E 3
Besse 24 ... 259 F 3
La Besse 19 ... 243 G 2
Besse-en-Chandesse 63 ... 227 F 3
Besse-en-Oisans 38 ... 251 H 3
Besse-sur-Braye 72 ... 131 E 2
Besse-sur-Issole 83 ... 328 C 2
Bessède-de-Sault 11 ... 337 F 5
Bessèges 30 ... 283 H 2
Bessenay 69 ... 212 C 5
Bessens 82 ... 297 G 1
Besset 09 ... 336 D 1
Bessey 42 ... 230 D 4
Bessey-en-Chaume 21 ... 177 G 1

Bessey-la-Cour 21 ... 159 F 5
Bessey-lès-Cîteaux 21 ... 160 B 5
La Besseyre-Saint-Mary 43 ... 246 B 4
Bessières 31 ... 298 B 2
Bessines 79 ... 184 D 4
Bessines-sur-Gartempe 87 ... 205 H 2
Bessins 38 ... 250 A 1
Besson 03 ... 192 A 3
Bessoncourt 90 ... 142 C 3
Bessonies 46 ... 261 G 1
Les Bessons 48 ... 264 A 2
Bessuéjouls 12 ... 263 E 4
Bessy 10 ... 90 D 2
Bessy-sur-Cure 89 ... 136 C 5
Bestiac 09 ... 336 C 5
Bétaille 46 ... 242 D 5
Betaucourt 70 ... 140 D 2
Betbèze 65 ... 316 A 5
Betbezer-d'Armagnac 40 ... 274 C 5
Betcave-Aguin 32 ... 316 B 2
Betchat 09 ... 335 E 1
Bétête 23 ... 189 H 4
Béthancourt-en-Valois 60 ... 39 G 3
Béthancourt-en-Vaux 02 ... 24 A 5
Bétharram Grottes de 64 ... 332 C 1
Béthelainville 55 ... 43 H 4
Béthemont-la-Forêt 95 ... 58 B 1
Béthencourt 59 ... 14 D 4
Béthencourt-sur-Mer 80 ... 11 E 4
Béthencourt-sur-Somme 80 ... 23 G 3
Bétheniville 51 ... 42 B 3
Bétheny 51 ... 41 G 3
Béthincourt 55 ... 43 H 3
Béthines 86 ... 187 G 2
Béthisy-Saint-Martin 60 ... 39 F 3
Béthisy-Saint-Pierre 60 ... 39 F 3
Bethmale 09 ... 335 E 3
Bethon 51 ... 90 A 2
Béthon 72 ... 83 G 4
Bethoncourt 25 ... 142 B 4
Béthonsart 62 ... 7 H 5
Béthonvilliers 28 ... 109 E 2
Bethonvilliers 90 ... 142 C 2
Béthune 62 ... 8 A 4
Bétignicourt 10 ... 91 G 4
Beton-Bazoches 77 ... 60 A 5
Betoncourt-lès-Brotte 70 ... 141 G 3
Betoncourt-les-Ménétriers 70 ... 140 C 4
Betoncourt-Saint-Pancras 70 ... 118 D 5
Betoncourt-sur-Mance 70 ... 140 B 2
Bétous 32 ... 295 E 3
Betplan 32 ... 315 F 2
Betpouey 65 ... 333 E 3
Betpouy 65 ... 315 H 4
Bétracq 64 ... 294 D 5
Betschdorf 67 ... 69 F 2
Bettaincourt-sur-Rognon 52 ... 93 E 5
Bettainvillers 54 ... 45 F 4
Bettancourt-la-Ferrée 52 ... 63 F 5
Bettancourt-la-Longue 51 ... 63 E 3
Bettange 57 ... 46 C 4
Bettant 01 ... 214 A 3
Bettborn 57 ... 67 G 4
Bettegney-Saint-Brice 88 ... 95 E 5
Bettelainville 57 ... 46 B 4
Bettembos 80 ... 21 G 3
Bettencourt-Rivière 80 ... 11 H 4
Bettencourt-Saint-Ouen 80 ... 12 B 5
Bettendorf 68 ... 143 F 3
Bettes 65 ... 333 F 1
Betteville 76 ... 19 H 5
Bettignies 59 ... 15 G 2
Betting 57 ... 47 E 5
Bettlach 68 ... 143 G 4
Betton 35 ... 104 B 2
Betton-Bettonet 73 ... 233 H 2
Bettoncourt 88 ... 94 D 4
Bettoncourt-le-Haut 52 ... 93 F 4
Bettrechies 59 ... 15 F 2
Bettviller 57 ... 68 A 1
Bettwiller 67 ... 67 H 3
Betz 60 ... 39 G 5
Betz-le-Château 37 ... 170 B 2
Beugin 62 ... 7 H 5
Beugnâtre 62 ... 13 H 4
Beugneux 02 ... 40 C 4
Beugnies 59 ... 15 H 4
Le Beugnon 79 ... 184 D 1
Beugnon 89 ... 114 C 4
Beugny 62 ... 13 H 4
Beuil 06 ... 289 G 3
Le Beulay 88 ... 96 C 4
Beulotte-Saint-Laurent 70 ... 119 H 5
Beure 25 ... 162 A 4
Beurey 10 ... 115 H 2

Beurey-Bauguay 21 ... 159 E 4
Beurey-sur-Saulx 55 ... 63 G 4
Beurières 63 ... 229 E 4
Beurizot 21 ... 159 E 3
Beurlay 17 ... 201 E 4
Beurville 52 ... 92 B 5
Beussent 62 ... 6 C 3
Beuste 64 ... 314 C 5
Beutal 25 ... 142 A 5
Beutin 62 ... 6 B 4
Beuvardes 02 ... 40 C 5
Beuveille 54 ... 44 D 2
Beuvezin 54 ... 94 C 4
Beuvillers 14 ... 34 C 5
Beuvillers 54 ... 45 F 3
Beuvrages 59 ... 9 G 5
Beuvraignes 80 ... 23 F 4
Beuvray Mont 71 ... 176 B 3
Beuvrequen 62 ... 2 B 5
Beuvreuil 76 ... 37 F 1
Beuvrigny 50 ... 52 B 1
Beuvron 58 ... 157 E 3
Beuvron-en-Auge 14 ... 34 A 4
Beuvry 62 ... 8 A 4
Beuvry-la-Forêt 59 ... 9 E 4
Beux 57 ... 66 B 2
Beuxes 86 ... 168 D 1
Beuzec-Cap-Sizun 29 ... 99 E 2
Beuzeville 27 ... 34 D 3
Beuzeville-au-Plain 50 ... 29 G 5
Beuzeville-la-Bastille 50 ... 31 H 2
Beuzeville-la-Grenier 76 ... 19 E 5
Beuzeville-la-Guérard 76 ... 19 F 4
Beuzevillette 76 ... 19 F 5
Bévenais 38 ... 232 B 4
Beveuge 70 ... 141 H 5
Béville-le-Comte 28 ... 86 C 4
Bévillers 59 ... 14 C 4
Bevons 04 ... 287 F 3
Bévy 21 ... 159 H 5
Bey 01 ... 195 E 5
Bey 71 ... 178 A 3
Bey-sur-Seille 54 ... 66 B 4
Beychac-et-Caillau 33 ... 237 H 5
Beychevelle 33 ... 237 F 2
Beylongue 40 ... 293 F 1
Beynac 87 ... 205 G 5
Beynac-et-Cazenac 24 ... 259 F 1
Beynat 19 ... 242 D 3
Beynes 04 ... 288 A 5
Beynes 78 ... 57 G 3
Beynost 01 ... 213 F 4
Beyrède Col de 65 ... 333 G 2
Beyrède-Jumet 65 ... 333 H 3
Beyren-lès-Sierck 57 ... 45 H 2
Beyrie-en-Béarn 64 ... 314 A 3
Beyrie-sur-Joyeuse 64 ... 311 G 4
Beyries 40 ... 293 H 4
Beyssac 19 ... 223 H 5
Beyssac Château de 24 ... 241 F 5
Beyssenac 19 ... 223 G 4
Le Bez 81 ... 300 A 5
Bez-et-Esparon 30 ... 282 C 5
Bézac 09 ... 336 B 1
Bezalles 77 ... 60 A 5
Bézancourt 76 ... 37 F 2
Bezange-la-Grande 54 ... 66 C 5
Bezange-la-Petite 57 ... 66 D 5
Bezannes 51 ... 41 G 4
Les Bézards 45 ... 134 D 3
Bézaudun-les-Alpes 06 ... 309 F 1
Bézaudun-sur-Bîne 26 ... 267 H 3
Bezaumont 54 ... 65 G 4
Bèze 21 ... 160 C 1
Bézenac 24 ... 259 F 1
Bézenet 03 ... 191 F 4
Bézéril 32 ... 296 D 5
Béziers 34 ... 321 G 3
Bezinghem 62 ... 6 C 3
Bezins-Garraux 31 ... 334 B 3
La Bezole 11 ... 337 F 2
Bezolles 32 ... 295 H 2
Bezons 95 ... 58 B 2
Bezonvaux 55 ... 44 C 5
Bezouce 30 ... 304 A 1
Bézouotte 21 ... 160 C 2
Bézu-la-Forêt 27 ... 37 F 2
Bézu-le-Guéry 02 ... 60 A 1
Bézu-Saint-Éloi 27 ... 37 F 3
Bézu-Saint-Germain 02 ... 40 C 5
Bézues-Bajon 32 ... 316 B 3
Biache-Saint-Vaast 62 ... 13 H 2
Biaches 80 ... 23 G 1
Bians-les-Usiers 25 ... 180 C 2
Biard 86 ... 186 B 1
Les Biards 50 ... 81 F 2
Biarne 39 ... 160 D 5

Biarre 80 ... 23 G 4
Biarritz 64 ... 310 C 2
Biarritz-Bayonne-Anglet
Aéroport de 64 ... 310 C 2
Biarrotte 40 ... 292 C 4
Biars-sur-Cère 46 ... 243 E 5
Bias 40 ... 272 B 3
Bias 47 ... 258 B 5
Biaudos 40 ... 292 B 4
Bibiche 57 ... 46 C 3
Biblisheim 67 ... 69 E 2
Bibost 69 ... 212 C 5
Bichancourt 02 ... 24 A 5
Biches 58 ... 175 G 2
Bickenholtz 57 ... 67 H 4
Bicqueley 54 ... 94 B 1
Bidache 64 ... 292 D 5
Bidarray 64 ... 311 E 5
Bidart 64 ... 310 C 2
Bidestroff 57 ... 67 E 3
Biding 57 ... 67 E 1
Bidon 07 ... 284 C 1
Bidos 64 ... 331 H 1
Biécourt 88 ... 94 C 4
Biederthal 68 ... 143 G 4
Bief 25 ... 163 F 2
Bief-des-Maisons 39 ... 180 A 4
Bief-du-Fourg 39 ... 180 B 3
Biefmorin 39 ... 179 E 2
Biefvillers-lès-Bapaume 62 ... 13 G 4
Bielle 64 ... 332 A 1
Bielsa Tunnel de 65 ... 333 F 5
Bienassis Château de 22 ... 78 D 2
Biencourt 80 ... 11 F 5
Biencourt-sur-Orge 55 ... 93 F 2
Bienville 60 ... 39 F 2
Bienville-la-Petite 54 ... 95 F 1
Bienvillers-au-Bois 62 ... 13 F 3
Biermes 08 ... 42 B 1
Biermont 60 ... 23 F 5
Bierné 53 ... 128 C 2
Bierne 59 ... 3 G 3
Biernes 52 ... 92 C 5
Bierre-lès-Semur 21 ... 158 D 2
Bierry-
les-Belles-Fontaines 89 ... 137 G 5
Biert 09 ... 335 G 3
Bierville 76 ... 36 C 1
Biesheim 68 ... 121 F 3
Biesles 52 ... 117 F 3
Bietlenheim 67 ... 69 E 4
Bieujac 33 ... 256 C 4
Bieuxy 02 ... 40 A 2
Bieuzy 56 ... 101 G 4
Bieuzy-Lanvaux 56 ... 124 A 2
Biéville 50 ... 32 C 5
Biéville-Beuville 14 ... 33 G 4
Biéville-en-Auge 14 ... 34 A 4
Biéville-Quétiéville 14 ... 34 A 4
Biéville-sur-Orne 14 ... 33 G 4
Bièvres 02 ... 41 E 1
Bièvres 08 ... 27 H 5
Bièvres 91 ... 58 B 4
Biffontaine 88 ... 96 A 5
Biganos 33 ... 254 C 2
Bignac 16 ... 203 E 5
Bignan 56 ... 102 B 5
Bignay 17 ... 201 G 3
La Bigne 14 ... 52 D 1
Bignicourt 08 ... 42 B 2
Bignicourt-sur-Marne 51 ... 62 C 5
Bignicourt-sur-Saulx 51 ... 63 E 4
Le Bignon 44 ... 147 H 5
Le Bignon-du-Maine 53 ... 106 B 5
Le Bignon-Mirabeau 45 ... 112 D 3
Bignoux 86 ... 186 C 1
Bigny 18 ... 173 E 4
Bigorno 2B ... 347 F 2
La Bigottière 53 ... 105 H 2
Biguglia 2B ... 345 G 5
Bihucourt 62 ... 13 G 4
Bilazais 79 ... 168 B 2
Bile Pointe du 56 ... 145 G 3
Bilhères 64 ... 332 A 1
Bilia 2A ... 350 D 2
Bilieu 38 ... 232 C 4
Billac 19 ... 242 D 5
Billancelles 28 ... 85 G 3
Billancourt 80 ... 23 G 3
Les Billanges 87 ... 206 C 3
Billaude Cascade de la 39 ... 179 H 5
Les Billaux 33 ... 238 B 4
Billé 35 ... 81 E 5
Billecul 39 ... 180 A 4
Billère 64 ... 314 B 3
Billey 21 ... 160 D 5
Billezois 03 ... 210 C 1

Billiat 01....214 D 2
Billième 73....215 E 5
Billière 31....334 A 4
Billiers 56....124 D 5
Billio 56....102 C 5
Billom 63....228 B 1
Billy 03....192 B 5
Billy 14....33 H 5
Billy 41....153 G 2
Billy-Berclau 62....8 C 4
Billy-Chevannes 58....175 E 2
Billy-le-Grand 51....42 A 5
Billy-lès-Chanceaux 21....138 C 5
Billy-Montigny 62....8 C 5
Billy-sous-les-Côtes 55....64 D 2
Billy-sous-Mangiennes 55....44 C 3
Billy-sur-Aisne 02....40 B 3
Billy-sur-Oisy 58....157 E 1
Billy-sur-Ourcq 02....40 B 4
Biltzheim 68....121 E 4
Bilwisheim 67....68 D 4
Bimont 62....6 D 3
Binarville 51....43 E 4
Binas 41....132 B 2
Bindernheim 67....97 G 4
Binges 21....160 C 3
Binic 22....73 H 5
Bining 57....68 A 1
Biniville 50....29 F 5
Binos 31....334 B 3
Binson-et-Orquigny 51....41 E 5
Bio 46....260 D 1
Biol 38....232 B 3
La Biolle 73....215 F 5
Biollet 63....208 D 3
Bion 50....52 C 5
Bioncourt 57....66 B 4
Bionville 54....96 B 2
Bionville-sur-Nied 57....66 C 1
Biot 06....309 F 3
Le Biot 74....198 C 4
Bioule 82....278 B 4
Bioussac 16....203 G 2
Biozat 03....210 A 2
Birac 16....220 D 2
Birac 33....256 C 5
Birac-sur-Trec 47....257 F 5
Biran 32....295 H 3
Biras 24....240 B 1
Biriatou 64....310 B 4
Birieux 01....213 G 3
Birkenwald 67....68 B 5
Birlenbach 67....69 E 1
Biron 17....219 H 2
Biron 24....258 D 3
Biron 64....313 G 2
Bisanne Signal de 73....216 B 5
Biscarrosse 40....254 B 5
Biscarrosse-Plage 40....254 A 5
Bischheim 67....97 H 1
Bischholtz 67....68 C 3
Bischoffsheim 67....97 F 2
Bischtroff-sur-Sarre 67....67 G 3
Bischwihr 68....121 F 2
Bischwiller 67....69 E 4
Bisel 68....143 E 4
Bisinao 2A....348 D 4
Bisinchi 2B....347 F 2
Bislée 55....64 C 4
Bisping 57....67 F 4
Bissert 67....67 G 2
Bisseuil 51....61 H 1
Bissey-la-Côte 21....116 A 5
Bissey-la-Pierre 21....137 H 2
Bissey-sous-Cruchaud 71....177 G 5
Bissezeele 59....3 G 3
Bissières 14....34 A 5
Bissy-la-Mâconnaise 71....195 E 2
Bissy-sous-Uxelles 71....194 D 1
Bissy-sur-Fley 71....177 F 5
Bisten-en-Lorraine 57....46 D 5
Bistroff 57....67 E 2
Bitche 57....68 B 1
Bitry 58....156 B 1
Bitry 60....39 H 2
Bitschhoffen 67....68 D 3
Bitschwiller-lès-Thann 68....142 D 1
Biver 13....327 H 1
Bivès 32....296 C 2
Biviers 38....251 E 1
Biville 50....28 D 3
Biville-la-Baignarde 76....20 A 3
Biville-la-Rivière 76....20 A 3
Biville-sur-Mer 76....10 C 5
Bivilliers 61....84 C 2
Bizanet 11....320 D 5
Bizanos 64....314 B 4

Bize 52....140 A 2
Bize 65....334 A 2
Bize-Minervois 11....320 D 4
Bizeneuille 03....191 E 3
Le Bizet 59....8 C 2
Biziat 01....195 F 5
Bizonnes 38....232 B 4
Le Bizot 25....163 F 4
Les Bizots 71....176 D 4
Bizou 61....84 D 3
Bizous 65....333 H 1
Blacé 69....212 D 2
Blaceret 69....212 D 2
Blacourt 60....37 G 1
Blacqueville 76....19 H 5
Blacy 51....62 C 4
Blacy 89....137 F 5
Blaesheim 67....97 G 2
Blagnac 31....297 H 4
Blagny 08....27 G 4
Blagny-sur-Vingeanne 21....160 D 2
Blaignac 33....256 D 4
Blaignan 33....219 E 5
Blain 44....147 F 1
Blaincourt-lès-Précy 60....38 C 4
Blaincourt-sur-Aube 10....91 G 4
Blainville-Crevon 76....36 C 1
Blainville-sur-l'Eau 54....95 F 2
Blainville-sur-Mer 50....31 F 5
Blainville-sur-Orne 14....33 H 4
Blairville 62....13 F 3
Blaise 08....42 D 2
Blaise 52....92 C 5
Blaise-sous-Arzillières 51....62 C 5
Blaison-Saint-Sulpice 49....149 H 2
Blaisy 52....116 D 2
Blaisy-Bas 21....159 G 2
Blaisy-Haut 21....159 G 3
Blajan 31....316 B 4
Blajoux 48....282 C 1
Blamont 25....163 G 2
Blâmont 54....96 A 1
Blan 81....299 E 5
Le Blanc 36....187 H 1
Blanc Lac de 88....120 C 2
Le Blanc-Mesnil 93....58 D 2
Blanc-Misseron 59....9 H 5
Blanc-Nez Cap 62....2 B 3
Blancafort 18....155 F 1
Blancey 21....159 E 3
Blancfossé 60....22 B 4
Blanche-Église 57....67 E 4
Blanchefontaine 25....163 F 3
Blanchefosse 08....25 H 3
Blancherupt 67....96 D 3
Blancheville 52....117 E 2
Blandainville 28....85 H 5
Blandas 30....302 A 1
Blandin 38....232 B 3
Blandouet 53....106 D 4
Blandy 77....88 C 2
Blandy 91....87 G 5
Blangermont 62....12 C 2
Blangerval 62....12 C 2
Blangy-le-Château 14....34 D 4
Blangy-sous-Poix 80....21 H 3
Blangy-sur-Bresle 76....11 F 5
Blangy-sur-Ternoise 62....7 F 5
Blangy-Tronville 80....22 C 2
Blannay 89....157 H 1
Blanot 21....158 C 5
Blanot 71....194 D 2
Blanquefort 32....296 C 4
Blanquefort 33....237 F 5
Blanquefort-sur-Briolance 47....259 E 3
Blanzac 16....221 E 3
Blanzac 43....247 F 3
Blanzac 87....205 F 1
Blanzac-lès-Matha 17....202 B 4
Blanzaguet-Saint-Cybard 16....221 G 4
Blanzat 63....209 G 5
Blanzay 86....186 B 5
Blanzay-sur-Boutonne 17....201 H 2
Blanzée 55....44 C 5
Blanzy 71....176 D 5
Blanzy-la-Salonnaise 08....41 H 1
Blanzy-lès-Fismes 02....40 D 3
Blargies 60....21 G 4
Blarians 25....162 B 2
Blaringhem 59....7 G 2
Blars 46....260 D 4
Blaru 78....56 D 1
Blasimon 33....256 D 2
Blaslay 86....169 E 5
Blassac 43....246 B 2

Blaudeix 23....189 H 5
Blausasc 06....291 F 5
Blauvac 84....286 A 4
Blauzac 30....284 B 5
Blavignac 48....246 A 5
Blavozy 43....247 G 3
Blay 14....32 D 4
Blaye 33....237 F 2
Blaye-les-Mines 81....279 G 5
Blaymont 47....276 D 2
Blaziert 32....296 A 1
Blécourt 52....92 D 4
Blécourt 59....14 B 3
Blégiers 04....288 B 2
Bleigny-le-Carreau 89....136 C 2
Bleine Col de 06....308 D 1
Blémerey 54....95 H 1
Blémerey 88....94 C 4
Blendecques 62....3 F 5
Bléneau 89....135 E 4
Blennes 77....113 E 2
Blénod-lès-Pont-
à-Mousson 54....65 G 3
Blénod-lès-Toul 54....94 B 1
Bléquin 62....6 D 2
Blérancourt 02....40 A 1
Blercourt 55....43 H 5
Bléré 37....152 C 3
Blériot-Plage 62....2 C 3
Bléruais 35....103 G 3
Blésignac 33....256 B 1
Blesle 43....227 H 5
Blesme 51....63 E 4
Blesmes 02....60 C 1
Blessac 23....207 G 3
Blessonville 52....116 D 4
Blessy 62....7 G 3
Blet 18....173 H 3
Bletterans 39....179 E 4
Bleurville 88....118 C 3
Bleury-Saint-Symphorien 28....86 C 3
Blevaincourt 88....118 A 3
Blèves 72....84 A 3
Blévy 28....85 G 3
Le Bleymard 48....265 E 5
Blicourt 60....22 A 5
Blienschwiller 67....97 E 4
Bliès-Ébersing 57....47 H 5
Bliès-Guersviller 57....47 G 5
Bliesbruck 57....47 H 5
Blieux 04....307 H 1
Blignicourt 10....91 H 3
Bligny 10....116 A 3
Bligny 51....41 F 4
Bligny-en-Othe 89....114 A 4
Bligny-le-Sec 21....159 G 2
Bligny-lès-Beaune 21....177 H 2
Bligny-sur-Ouche 21....159 F 5
Blincourt 60....39 E 2
Blingel 62....7 E 5
Blis-et-Born 24....241 E 2
Blismes 58....157 H 5
Blodelsheim 68....121 G 5
Blois 41....132 A 5
Blois-sur-Seille 39....179 F 4
Blomac 11....320 B 5
Blomard 03....191 G 5
Blombay 08....26 B 2
Blond 87....205 F 2
Blondefontaine 70....118 B 5
Blonville-sur-Mer 14....34 B 3
Blosseville 76....19 H 2
Blosville 50....31 H 2
Blot-l'Église 63....209 G 2
Blotzheim 68....143 G 3
Blou 49....150 C 2
Blousson-Sérian 32....315 F 2
La Bloutière 50....52 A 2
Bloye 74....215 F 4
Bluffy 74....215 H 4
Blumeray 52....92 B 4
Blussangeaux 25....142 A 5
Blussans 25....142 A 5
Blye 39....179 F 5
Blyes 01....213 H 4
Le Bô 14....53 F 2
Bobigny 93....58 D 3
Bobital 22....79 G 4
Le Bocasse 76....20 B 5
Bocca Bassa Col de 2B....346 A 4
Bocca di Vezzu 2B....345 E 5
Bocé 49....150 C 1
Bocognano 2A....349 E 2
Bocquegney 88....119 E 2
Bocquencé 61....55 E 3
Le Bodéo 22....78 A 5

Bodilis 29....71 F 5
Boé 47....276 B 3
Boëcé 61....84 B 3
Boëge 74....198 A 5
Boeil-Bezing 64....314 C 4
Le Boël 35....104 A 4
Boën-sur-Lignon 42....229 G 1
Bœrsch 67....97 E 2
Boeschepe 59....4 A 5
Boëseghem 59....7 G 2
Bœssenbiesen 67....97 G 5
Boësse 79....167 G 2
Boëssé-le-Sec 72....108 C 3
Bœsses 45....112 A 3
Bœurs-en-Othe 89....114 B 3
Boffles 62....12 C 3
Boffres 07....248 D 5
Bogève 74....198 A 5
Bogny-sur-Meuse 08....26 D 2
Bogros 83....226 D 2
Bogy 07....249 E 1
Bohain-en-Vermandois 02....24 C 1
Bohal 56....125 E 2
La Bohalle 49....149 H 2
Bohars 29....75 E 2
Bohas 01....214 A 1
Boigneville 91....87 H 5
Boigny-sur-Bionne 45....111 E 5
Boinville-en-Mantois 78....57 F 2
Boinville-en-Woëvre 55....44 D 5
Boinville-le-Gaillard 78....86 D 3
Boinvilliers 78....57 F 2
Boiry-Becquerelle 62....13 G 3
Boiry-Notre-Dame 62....13 H 2
Boiry-Saint-Martin 62....13 G 3
Boiry-Sainte-Rictrude 62....13 G 3
Bois 17....219 G 3
Le Bois 73....234 B 3
Bois-Anzeray 27....55 G 2
Bois-Arnault 27....55 G 4
Bois-Aubry Abbaye de 37....169 G 2
Bois-Bernard 62....8 C 3
Bois-Chenu
Basilique du 88....93 H 3
Bois-Chevalier
Château de 44....165 G 2
Bois-Colombes 92....58 B 3
Bois-d'Amont 39....197 G 1
Bois-d'Arcy 78....58 A 4
Bois-d'Arcy 89....157 G 1
Bois-de-Céné 85....165 E 2
Bois-de-Champ 88....96 A 5
Bois-de-Gand 39....179 E 3
Bois-de-la-Chaize 85....164 B 1
Bois-de-la-Pierre 31....317 F 3
Bois-d'Ennebourg 76....36 C 2
Le Bois-d'Oingt 69....212 C 4
Bois Dousset
Château du 86....186 D 1
Bois-du-Four 12....281 G 2
Bois-Grenier 59....8 C 2
Bois-Guilbert 76....20 D 5
Bois-Guillaume-Bihorel 76....36 B 1
Le Bois-Hellain 27....35 E 3
Bois-Héroult 76....20 D 5
Bois-Herpin 91....87 G 5
Bois-Himont 76....19 G 5
Bois-Jérôme-Saint-Ouen 27....37 E 5
Bois-la-Ville 25....162 C 2
Bois-le-Roi 27....56 C 3
Bois-le-Roi 77....88 B 3
Bois-lès-Pargny 02....24 D 3
Bois-l'Évêque 76....36 C 2
Bois Noirs 42....210 D 4
Bois-Normand-près-Lyre 27....55 G 3
Le Bois-Plage-en-Ré 17....182 D 5
Le Bois-Robert 76....20 B 2
Bois-Sainte-Marie 71....194 A 4
Bois-Sir-Amé
Château de 18....173 H 2
Bois-Thibault Château de 53....82 C 3
Boisbergues 80....12 C 4
Boisbreteau 16....220 C 5
Boiscommun 45....111 H 4
Boisdinghem 62....3 E 5
Boisdon 77....60 A 5
Boisemont 27....37 E 3
Boisemont 95....57 H 1
Boisgasson 28....109 G 4
Boisgervilly 35....103 G 2
Boisjean 62....6 C 5
Le Boisle 80....11 H 1
Boisleux-au-Mont 62....13 G 3
Boisleux-Saint-Marc 62....13 G 3
Boismé 79....167 H 4
Boismont 54....44 D 3
Boismont 80....11 F 3
Bona 58....175 E 1

Boismorand 45....134 D 3
Boisney 27....35 F 5
Boisrault 80....21 G 2
Boisredon 17....219 G 5
Boisroger 50....31 F 5
Boissay 76....36 D 1
La Boisse 01....213 G 4
Boisse 24....258 B 2
Boisse-Penchot 12....261 H 4
Boisseau 41....132 A 3
Boisseaux 45....111 E 2
Boissède 31....316 C 3
Boissei-la-Lande 61....54 B 5
Boisserolles 79....201 H 1
Boisseron 34....303 F 3
Les Boisses 73....235 F 2
Boisset 15....261 H 1
Boisset 34....320 C 3
Boisset 43....229 G 5
Boisset-et-Gaujac 30....283 G 5
Boisset-lès-Montrond 42....229 H 2
Boisset-les-Prévanches 27....56 C 2
Boisset-Saint-Priest 42....229 H 3
Boissets 78....57 E 3
Boissettes 77....88 B 3
Boisseuil 87....205 H 5
Boisseuilh 24....241 G 1
Boissey 01....195 F 3
Boissey 14....54 B 1
Boissey-le-Châtel 27....35 G 3
Boissezon 81....299 H 5
Boissia 39....196 D 1
La Boissière 14....34 C 5
La Boissière 27....56 D 2
La Boissière 34....302 B 4
La Boissière 39....196 B 3
La Boissière 53....127 H 3
La Boissière
Ancienne Abbaye 49....129 H 5
La Boissière-d'Ans 24....241 E 1
La Boissière-
de-Montaigu 85....166 B 2
La Boissière-
des-Landes 85....182 D 1
La Boissière-du-Doré 44....148 B 4
La Boissière-École 78....57 F 5
La Boissière-en-Gâtine 79....185 E 1
La Boissière-sur-Èvre 49....148 C 3
Boissières 30....303 G 2
Boissières 46....259 H 4
Boissise-la-Bertrand 77....88 B 3
Boissise-le-Roi 77....88 A 3
Boissy-aux-Cailles 77....88 A 5
Boissy-en-Drouais 28....56 C 5
Boissy-Fresnoy 60....39 G 5
Boissy-la-Rivière 91....87 F 5
Boissy-l'Aillerie 95....57 H 1
Boissy-Lamberville 27....35 F 5
Boissy-le-Bois 60....37 H 4
Boissy-le-Châtel 77....60 A 4
Boissy-le-Cutté 91....87 G 3
Boissy-le-Repos 51....60 D 3
Boissy-le-Sec 91....87 F 3
Boissy-lès-Perche 28....55 H 5
Boissy-Mauvoisin 78....57 E 2
Boissy-Saint-Léger 94....58 D 4
Boissy-sans-Avoir 78....57 G 4
Boissy-sous-Saint-Yon 91....87 G 3
Boistrudan 35....104 D 4
Boisville-la-Saint-Père 28....86 C 5
Boisyvon 50....52 A 3
Boitron 61....83 H 2
Boitron 77....60 B 3
Bolandoz 25....180 A 1
Bolazec 29....76 D 2
Bolbec 76....19 E 5
La Bollène-Vésubie 06....291 F 3
Bolleville 76....19 F 5
Bolleville 50....31 F 3
Bollezeele 59....3 G 4
La Bolline 06....289 H 3
Bollwiller 68....121 E 5
Bologne 52....117 E 2
Bolozon 01....196 B 5
Bolquère 66....341 G 4
Bolsenheim 67....97 G 3
Bombannes 33....236 B 2
Bombon 77....88 C 2
Bommes 33....255 H 4
Bommiers 36....172 B 4
Bompas 09....336 B 4
Bompas 66....339 E 5
Bomy 62....7 F 3
Bon-Encontre 47....276 B 3
Bona 58....175 E 1

Bonac-Irazein 09....335 E 4
Bonaguil Château de 47....259 E 4
Bonas 32....295 H 2
Bonascre Plateau de 09....340 D 2
Bonboillon 70....161 F 3
Boncé 28....86 B 5
Bonchamp-lès-Laval 53....106 A 3
Boncourt 02....25 F 5
Boncourt 27....56 C 1
Boncourt 28....56 D 3
Boncourt 54....45 E 5
Boncourt-le-Bois 21....160 A 5
Boncourt-sur-Meuse 55....64 C 4
Bondaroy 45....111 G 3
Bondeval 25....142 C 5
Bondigoux 31....298 A 2
Les Bondons 48....282 D 1
Bondoufle 91....87 H 2
Bondues 59....8 D 2
Bondy 93....58 D 3
Bonen 22....77 F 5
Bonette Cime de la 04....289 E 1
Bongheat 63....228 B 1
Le Bonhomme 68....120 C 2
Bonhomme Col du 88....120 C 2
Bonifacio 2A....351 F 4
Bonifato Cirque de 2B....346 C 3
Bonlier 60....38 A 1
Bonlieu 39....197 E 1
Bonlieu-sur-Roubion 26....267 F 3
Bonloc 64....311 E 4
Bonnac 09....318 B 5
Bonnac 15....245 H 2
Bonnac-la-Côte 87....205 H 4
Bonnal 25....141 G 5
Bonnard 89....114 A 5
Bonnat 23....189 F 4
Bonnatrait 74....198 A 3
Bonnaud 39....196 A 1
Bonnay 25....162 A 2
Bonnay 71....194 C 2
Bonnay 80....22 D 1
Bonne 74....197 H 5
Bonne-Fontaine 57....68 A 4
Bonne-Fontaine
Château de 35....80 C 3
Bonnebosq 14....34 B 4
Bonnecourt 52....117 G 5
Bonnée 45....134 A 3
Bonnefamille 38....231 H 2
Bonnefoi 61....55 F 5
Bonnefond 19....225 F 3
Bonnefont 65....315 H 4
Bonnefontaine 39....179 G 4
Bonnefontaine
Ancienne Abbaye de 08....25 H 3
Bonnegarde 40....293 G 4
Bonneil 02....60 B 1
Bonnelles 78....87 E 2
Bonnemain 35....80 A 3
Bonnemaison 14....53 E 1
Bonnemazon 65....333 G 1
Bonnencontre 21....178 B 1
Bonnes 16....239 F 1
Bonnes 86....186 D 1
Bonnesvalyn 02....40 B 5
Bonnet 55....93 G 2
Bonnétable 72....108 B 3
Bonnétage 25....163 F 4
Bonnetan 33....255 H 1
Bonneuil 16....220 C 2
Bonneuil 36....188 A 4
Bonneuil-en-France 95....58 C 2
Bonneuil-en-Valois 60....39 G 3
Bonneuil-les-Eaux 60....22 B 4
Bonneuil-Matours 86....169 G 5
Bonneuil-sur-Marne 94....58 D 4
Bonneval 28....110 A 3
Bonneval 43....247 E 1
Bonneval 73....234 B 2
Bonneval-en-Diois 26....268 D 3
Bonneval-sur-Arc 73....235 G 4
Bonnevaux 30....283 G 1
Bonnevaux 74....198 C 4
Bonnevaux-le-Prieuré 25....162 B 5
Bonneveau 41....131 E 3
Bonnevent-Velloreille 70....161 H 2
Bonneville 16....202 D 4
La Bonneville 50....31 G 2
Bonneville 74....216 A 1
Bonneville 80....12 C 5
Bonneville-Aptot 27....35 G 4
Bonneville-et-Saint-Avit-
de-Fumadières 24....239 E 5
Bonneville-la-Louvet 14....34 D 3
La Bonneville-sur-Iton 27....56 A 2

Bonneville-sur-Touques 14......34 C 3
Bonnières 60......37 H 1
Bonnières 62......12 C 3
Bonnières-sur-Seine 78......57 E 1
Bonnieux 84......305 H 2
Bonningues-lès-Ardres 62......2 D 5
Bonningues-lès-Calais 62......2 C 4
Bonnœil 14......53 G 2
Bonnœuvre 44......127 F 5
Bonnut 64......293 F 5
Bonny-sur-Loire 45......156 A 1
Le Bono 56......124 A 3
Bonrepos 65......315 H 5
Bonrepos-Riquet 31......298 B 4
Bonrepos-sur-Aussonnelle 31......297 F 5
Bons-en-Chablais 74......198 A 4
Bons-Tassilly 14......53 H 2
Bonsecours 76......36 B 2
Bonsmoulins 61......55 E 5
Bonson 06......291 E 4
Bonson 42......229 H 3
Bonvillard 73......234 A 2
Bonvillaret 73......234 A 2
Bonviller 54......95 F 1
Bonvillers 60......22 C 5
Bonvillet 88......118 C 3
Bonvouloir Tour de 61......82 C 2
Bony 02......24 A 1
Bonzac 33......238 C 4
Bonzée-en-Woëvre 55......64 D 1
Boô-Silhen 65......332 D 2
Boofzheim 67......97 G 4
Boos 40......293 E 1
Boos 76......36 B 2
Bootzheim 67......97 G 5
Boquen Abbaye de 22......78 D 5
Bor-et-Bar 12......279 G 3
Boran-sur-Oise 60......38 C 5
Borce 64......331 H 4
Borcq-sur-Airvault 79......168 B 3
Bord-Saint-Georges 23......190 A 5
Bordeaux 33......237 G 5
Bordeaux-en-Gâtinais 45......112 A 4
Bordeaux-Mérignac Aéroport de 33......237 F 5
Bordeaux-Saint-Clair 76......18 D 4
Bordères 64......314 C 5
Bordères-et-Lamensans 40......294 B 2
Bordères-Louron 65......333 G 1
Bordères-sur-l'Échez 65......315 E 4
Les Bordes 36......172 B 2
Les Bordes 45......134 A 3
Bordes 64......314 B 5
Bordes 65......315 G 5
Les Bordes 71......178 A 3
Les Bordes 89......113 H 4
Les Bordes-Aumont 10......115 E 2
Bordes-de-Rivière 31......334 B 1
Les Bordes-sur-Arize 09......335 H 1
Les Bordes-sur-Lez 09......335 E 3
Bordezac 30......283 H 2
Bords 17......201 E 4
Borée 07......248 A 5
Le Boréon 06......291 E 2
Boresse-et-Martron 17......238 D 1
Borest 60......39 E 5
Borey 70......141 G 4
Borgo 2B......347 G 2
Bormes-les-Mimosas 83......328 D 4
Le Born 31......298 A 1
Le Born 48......264 C 2
Born-de-Champs 24......258 C 2
Bornambusc 76......18 D 4
Bornay 39......196 B 1
Borne 07......265 G 3
La Borne 18......155 G 4
Borne 43......247 E 3
Bornel 60......38 B 4
Borny 57......65 H 1
Boron 90......142 D 4
Borre 59......3 H 5
Borrèze 24......241 H 5
Bors 16......220 C 5
Bors 16......221 H 5
Bort-les-Orgues 19......226 C 5
Bort-l'Étang 63......210 B 5
Borville 54......95 F 3
Le Bosc 09......336 H 4
Le Bosc 34......301 H 3
Bosc-Bénard-Commin 27......35 H 3
Bosc-Bérenger 76......20 C 4
Bosc-Bordel 76......20 D 5
Bosc-Édeline 76......20 D 5
Le Bosc du Theil 27......35 H 4
Bosc-Guérard-Saint-Adrien 76......20 B 5
Bosc-Hyons 76......37 F 2
Bosc-le-Hard 76......20 B 5
Bosc-Mesnil 76......20 D 4
Bosc-Morel 27......55 F 1
Le Bosc-Renoult 61......54 D 2
Bosc-Renoult-en-Ouche 27......55 G 2
Bosc-Renoult-en-Roumois 27......35 G 3
Le Bosc-Roger-en-Roumois 27......35 H 3
Boscamnant 17......238 D 2
Boscherville 27......35 H 3
Boscodon Abbaye de 05......270 C 4
Bosdarros 64......314 B 5
Bosgouet 27......35 H 3
Bosguérard-de-Marcouville 27......35 H 3
Bosjean 71......178 D 4
Bosmie-l'Aiguille 87......223 G 1
Bosmont-sur-Serre 02......25 F 3
Bosmoreau-les-Mines 23......206 D 3
Bosnormand 27......35 H 3
Le Bosquel 80......22 B 3
Bosquentin 27......37 E 2
Bosrobert 27......35 G 4
Bosroger 23......207 H 3
Bossancourt 10......92 A 5
Bossay-sur-Claise 37......170 B 4
La Bosse 25......163 E 4
La Bosse 72......108 B 3
La Bosse-de-Bretagne 35......104 B 5
Bossée 37......152 A 5
Bosselshausen 67......68 C 3
Bossendorf 67......68 C 4
Bosserville 54......94 D 1
Bosset 24......239 G 4
Bosseval-et-Briancourt 08......26 A 2
Bossey 74......215 G 1
Bossieu 38......231 H 4
Les Bossons 74......217 E 3
Bossugan 33......256 D 1
Bossus-lès-Rumigny 08......26 A 2
Bost 03......210 C 1
Bostens 40......274 A 5
Bostz Château du 03......192 A 3
Bosville 76......19 G 3
Botans 90......142 C 3
Botforn 29......99 G 4
Botmeur 29......76 A 3
Botsorhel 29......72 B 5
Les Bottereaux 27......55 F 3
Botticella 2B......345 F 1
Botz-en-Mauges 49......148 D 3
Bou 45......133 G 2
Bouafle 78......57 H 2
Bouafles 27......36 D 4
Bouan 09......336 B 5
Bouaye 44......147 H 4
Boubers-lès-Hesmond 62......6 D 4
Boubers-sur-Canche 62......12 C 2
Boubiers 60......37 G 4
Bouc-Bel-Air 13......327 E 1
Boucagnères 32......296 B 5
Boucard Château de 18......155 G 3
Boucau 64......292 A 5
Boucé 03......192 C 4
Boucé 61......54 A 5
Boucey 50......80 C 2
Le Bouchage 16......203 H 2
Le Bouchage 38......232 C 1
Bouchain 59......14 C 2
Bouchamps-lès-Craon 53......127 H 2
Le Bouchaud 03......193 F 4
Le Bouchaud 39......179 F 4
Bouchavesnes-Bergen 80......23 G 1
Bouchemaine 49......149 G 2
Boucheporn 57......46 D 5
Bouchet 26......285 F 2
Le Bouchet-Mont-Charvin 74......216 A 4
Bouchet Château du 36......170 D 5
Bouchet Lac du 43......247 E 5
Le Bouchet-Saint-Nicolas 43......247 D 5
Bouchevilliers 27......37 F 2
Bouchoir 80......23 E 3
Les Boucholeurs 17......200 C 2
Bouchon 80......12 B 5
Le Bouchon-sur-Saulx 55......63 H 5
Les Bouchoux 39......197 E 4
Bouchy-Saint-Genest 51......60 C 5
Boucieu-le-Roi 07......248 D 3
Bouclans 25......162 B 3
Boucoiran-et-Nozières 30......284 A 5
Bouconville 08......42 D 3
Bouconville-sur-Madt 55......65 E 4
Bouconville-Vauclair 02......41 E 4
Bouconvillers 60......37 H 5
Boucq 54......65 C 5
Boudes 63......227 H 4
Boudeville 76......19 H 3
Boudin 73......234 C 1
Boudou 82......277 E 4
Boudrac 31......316 A 5
Boudreville 21......116 B 5
Boudy-de-Beauregard 47......258 B 4
Boué 02......15 F 5
Bouée 44......147 E 2
Boueilh-Boueilho-Lasque 64......294 B 5
Bouelles 76......21 E 4
Bouër 72......108 C 4
Bouère 53......128 D 2
Bouessay 53......128 D 2
Bouesse 36......189 E 1
Bouëx 16......221 G 2
La Bouëxière 35......104 D 2
Bouffémont 95......58 B 1
Boufféré 85......166 A 2
Bouffignereux 02......41 F 2
Boufflers 80......11 H 2
Bouffry 41......109 F 5
Bougainville 80......22 A 2
Bougarber 64......314 A 2
Bougé-Chambalud 38......231 F 5
Bouges-le-Château 36......171 H 1
Bougey 70......140 C 3
Bougival 78......58 A 3
Bouglainval 28......86 B 2
Bougligny 77......112 B 2
Bouglon 47......275 E 1
Bougneau 17......219 G 2
Bougnon 70......141 E 3
Bougon 79......185 G 4
Bougue 40......294 B 1
Bouguenais 44......147 G 4
Bougy 14......33 F 5
Bougy-lez-Neuville 45......111 E 4
Bouhans 71......178 C 4
Bouhans-et-Feurg 70......161 E 1
Bouhans-lès-Lure 70......141 G 3
Bouhans-lès-Montbozon 70......162 B 1
Bouhet 17......201 E 1
Bouhey 21......159 F 4
Bouhy 58......156 C 1
Bouilh Château du 33......237 H 4
Bouilh-Devant 65......315 G 3
Bouilh-Péreuilh 65......315 F 4
Bouilhonnac 11......320 A 5
Bouillac 12......261 G 4
Bouillac 24......259 E 2
Bouillac 82......297 F 2
La Bouilladisse 13......327 F 1
Bouillancourt-en-Séry 80......11 F 5
Bouillancourt-la-Bataille 80......22 D 4
Bouillancy 60......39 G 5
Bouilland 21......159 G 5
Bouillargues 30......304 A 2
La Bouille 76......36 A 3
Bouillé-Courdault 85......184 B 3
Bouillé-Loretz 79......168 A 1
Bouillé-Ménard 49......127 H 3
Bouillé-Saint-Paul 79......167 H 1
La Bouillie 22......79 E 2
Le Bouillon 61......83 G 2
Bouillon 64......294 A 5
Bouillonville 54......65 E 3
Bouillouses Lac des 66......341 F 3
Bouilly 10......114 D 2
Bouilly 51......41 F 4
Bouilly 89......114 B 5
Bouilly-en-Gâtinais 45......111 G 4
Bouin 62......6 D 5
Bouin 79......203 E 2
Bouin 85......164 D 1
Bouin-Plumoison 62......6 D 5
Bouisse 11......338 A 2
Bouix 21......138 A 2
Boujailles 25......180 A 2
Boujan-sur-Libron 34......321 G 3
Boujeons 25......180 B 4
Boulages 10......90 C 2
Boulaincourt 88......94 C 4
Boulancourt 77......111 H 2
Boulange 57......45 F 3
Boulaur 32......296 C 5
Le Boulay 37......131 F 5
Le Boulay 88......119 H 2
Boulay-les-Barres 45......110 D 5
Boulay-les-Ifs 53......83 E 4
Le Boulay-Morin 27......56 B 1
Boulay-Moselle 57......46 C 5
La Boulaye 71......176 B 5
Boulazac-Isle-Manoire 24......240 C 2
Boulbon 13......304 C 1
Boulc 26......268 C 2
Boule d'Amont 66......342 C 3
Bouleternère 66......342 C 2
Bouleurs 77......59 G 3
Bouleuse 51......41 F 4
Bouliac 33......255 G 1
Boulieu-lès-Annonay 07......248 D 1
Bouligneux 01......213 F 2
Bouligney 70......119 E 5
Bouligny 55......45 E 4
Boulin 65......315 F 4
Boullarre 60......39 H 5
Le Boullay-les-Deux-Églises 28......85 E 1
Boullay-les-Troux 91......58 A 5
Le Boullay-Mivoye 28......56 D 5
Le Boullay-Thierry 28......86 A 2
Boulleret 18......156 A 2
Boulleville 27......35 E 2
Bouloc 31......297 H 3
Bouloc-en-Quercy 82......277 F 2
Boulogne 82......166 A 3
Boulogne Château de 07......266 B 2
Boulogne-Billancourt 92......58 B 3
Boulogne-la-Grasse 60......23 E 5
Boulogne-sur-Gesse 31......316 B 4
Boulogne-sur-Helpe 59......15 G 4
Boulogne-sur-Mer 62......2 B 5
Bouloire 72......108 B 5
Boulon 14......53 G 1
Boulot 70......161 H 2
Le Boulou 66......343 E 4
Boulouris 83......329 H 1
La Boulouze 50......52 A 5
Boult 70......161 H 2
Boult-aux-Bois 08......43 E 1
Boult-sur-Suippe 51......41 H 2
Boulzicourt 08......26 D 4
Boumois Château de 49......150 B 3
Boumourt 64......314 A 2
Bouniagues 24......257 H 2
Le Boupère 85......166 D 4
Bouquehault 62......2 D 4
Bouquelon 27......35 E 2
Bouquemaison 80......12 D 3
Bouquemont 55......64 C 2
Bouquet 30......284 A 3
Bouquetot 27......35 G 2
Bouqueval 95......58 C 1
Bouranton 10......91 E 5
Bouray-sur-Juine 91......87 G 3
Bourbach-le-Bas 68......142 D 1
Bourbach-le-Haut 68......142 D 1
La Bourbansais Château de 35......79 H 4
Bourberain 21......160 C 1
Bourbévelle 70......118 C 5
Bourbon-Lancy 71......193 E 1
Bourbon-l'Archambault 03......191 G 1
Bourbonne-les-Bains 52......118 A 5
La Bourboule 63......227 E 2
Bourbourg 59......3 F 3
Bourbriac 22......77 G 2
Bourcefranc-le-Chapus 17......200 C 4
Bourcia 39......196 A 4
Bourcq 08......42 C 2
Bourdainville 76......20 A 4
Bourdalat 40......294 C 2
Bourdeau 73......233 E 1
Bourdeaux 26......267 H 3
Bourdeilles 24......222 B 5
Le Bourdeix 24......222 B 2
Bourdelles 33......256 D 4
Bourdenay 10......90 A 5
Le Bourdet 79......184 C 5
Bourdettes 64......314 B 5
Bourdic 30......284 B 5
La Bourdinière-Saint-Loup 28......86 A 5
Bourdon 80......22 A 1
Bourdonnay 57......67 E 5
Bourdonné 78......57 F 4
Bourdons-sur-Rognon 52......117 F 2
Bourecq 62......7 G 3
Bouresches 02......60 B 1
Bouresse 86......186 D 4
Bouret-sur-Canche 62......12 D 2
Boureuilles 55......43 F 4
Bourg 33......237 G 3
Le Bourg 46......261 E 2
Bourg 52......139 G 3
Bourg-Achard 27......35 H 3
Bourg-Archambault 86......187 G 4
Bourg-Argental 42......248 C 1
Bourg-Beaudouin 27......36 C 2
Bourg-Blanc 29......70 C 5
Bourg-Bruche 67......96 C 4
Bourg-Charente 16......220 C 1
Le Bourg-d'Arud 38......251 H 3
Bourg-de-Bigorre 65......333 G 1
Bourg-de-Péage 26......249 G 3
Bourg-de-Sirod 39......179 H 4
Bourg-de-Thizy 69......212 A 2
Bourg-de-Visa 82......277 E 2
Bourg-des-Comptes 35......104 A 5
Bourg-des-Maisons 24......221 H 5
Le Bourg-d'Hem 23......189 F 5
Le Bourg-d'Iré 49......127 H 4
Le Bourg-d'Oisans 38......251 G 3
Bourg-d'Oueil 31......334 A 4
Bourg-du-Bost 24......239 F 1
Le Bourg-Dun 76......19 H 2
Bourg-en-Bresse 01......195 H 5
Bourg-et-Comin 02......40 D 2
Bourg-Fidèle 08......26 C 1
Bourg-la-Reine 92......58 C 4
Bourg-Lastic 63......226 C 2
Bourg-le-Comte 71......193 F 4
Bourg-le-Roi 72......83 G 5
Bourg-lès-Valence 26......249 F 4
Bourg-l'Évêque 49......127 H 3
Bourg-Madame 66......341 F 5
Bourg-Saint-Andéol 07......284 D 1
Bourg-Saint-Bernard 31......298 C 5
Bourg-Saint-Christophe 01......213 H 4
Le Bourg-Saint-Léonard 61......54 B 4
Bourg-Saint-Maurice 73......234 D 1
Bourg-Sainte-Marie 52......117 H 2
Bourg-sous-Châtelet 90......142 C 2
Bourgaltroff 57......67 E 3
Bourganeuf 23......206 D 3
Bourgbarré 35......104 B 4
Bourgeauville 14......34 B 3
Bourges 18......173 E 1
Le Bourget 93......58 C 2
Le Bourget-du-Lac 73......233 E 1
Bourget-en-Huile 73......233 H 3
Bourgheim 67......97 F 3
Bourghelles 59......9 E 3
Bourgnac 24......239 G 4
Bourgneuf 17......183 G 5
Bourgneuf 73......233 H 2
Bourgneuf-en-Mauges 49......149 E 3
Bourgneuf-en-Retz 44......146 D 5
Le Bourgneuf-la-Forêt 53......105 G 2
Bourgogne 51......41 G 3
Bourgoin-Jallieu 38......232 A 2
Bourgon 53......105 F 2
La Bourgonce 88......96 A 4
La Bourgonnière Chapelle de 49......148 C 2
Bourgougnague 47......257 G 3
Bourguébus 14......33 H 5
Bourgueil 37......150 D 3
Bourguenolles 50......51 H 3
Le Bourguet 83......308 A 2
Bourguignon 25......142 B 5
Bourguignon-lès-Conflans 70......141 E 2
Bourguignon-lès-la-Charité 70......161 H 1
Bourguignon-lès-Morey 70......140 B 3
Bourguignon-sous-Coucy 02......24 A 5
Bourguignon-sous-Montbavin 02......40 C 1
Bourguignons 10......115 G 3
Bourgvilain 71......194 C 4
Bourideys 33......273 H 1
Bouriège 11......337 F 2
Bourigeole 11......337 F 2
Bourisp 65......333 G 4
Bourlens 47......259 E 5
Bourlon 62......14 A 3
Bourmont 52......117 H 2
Bournainville-Faverolles 27......35 E 5
Bournan 37......170 A 1
Bournand 86......168 D 1
Bournazel 12......261 H 5
Bournazel 81......279 F 4
Bourneau 85......184 B 1
Bournel 47......258 C 3
Bourneville-Sainte-Croix 27......35 F 2
Bournezeau 85......166 B 5
Bourniquel 24......258 C 1
Bournois 25......141 H 5
Bournoncle-Saint-Pierre 43......228 A 5
Bournoncles 15......245 H 5
Bournonville 62......6 C 2
Bournos 64......314 B 2
Bourogne 90......142 C 4
Bourran 47......275 G 1
Bourré 41......152 D 3
Bourréac 65......333 E 1
Bourret 82......297 F 1
Bourriot-Bergonce 40......274 B 3
Bourron-Marlotte 77......88 B 5
Bourrou 24......240 B 3
Bourrouillan 32......295 E 2
Bours 62......7 G 4
Bours 65......315 E 4
Boursault 51......61 F 1
Boursay 41......109 F 4
Bourscheid 57......67 H 4
Bourseul 22......79 F 3
Bourseville 80......11 E 3
Boursières 70......141 E 4
Boursies 59......14 A 4
Boursin 62......2 C 5
Boursonne 60......39 H 4
Bourth 27......55 G 4
Bourthes 62......6 D 3
Bourtzwiller 68......143 F 1
Bourville 76......19 H 3
Boury-en-Vexin 60......37 F 4
Bousbach 57......47 F 5
Bousbecque 59......4 D 5
Le Bouscat 33......237 G 5
Bousies 59......15 E 4
Bousignies 59......9 F 5
Bousignies-sur-Roc 59......16 A 2
Le Bousquet 11......337 F 5
Le Bousquet-d'Orb 34......301 F 3
Boussac 12......280 B 2
Boussac 23......190 A 4
La Boussac 35......80 B 2
Boussac 46......261 E 3
Boussac-Bourg 23......190 A 4
Boussais 79......168 A 3
Boussan 31......316 D 4
Boussay 37......170 B 3
Boussay 44......166 B 1
Bousse 57......45 H 4
Bousse 72......129 G 3
Bousselange 21......178 C 2
Boussenac 09......335 H 3
Boussenois 21......139 F 4
Boussens 31......317 E 5
Bousseraucourt 70......118 C 5
Boussès 47......275 E 3
Bousseviller 57......48 C 5
Boussey 21......159 E 2
Boussicourt 80......22 D 4
Boussières 25......161 H 4
Boussières-en-Cambrésis 59......14 C 4
Boussières-sur-Sambre 59......15 G 3
Boussois 59......15 H 2
Boussy 74......215 F 4
Boussy-Saint-Antoine 91......58 D 5
Boust 57......45 H 2
Boustroff 57......66 D 2
Le Bout-d'Oye 62......3 E 2
Bout-du-Lac 74......215 H 4
Bout du Monde Cirque du 21......177 F 2
Bout-du-Pont-de-Larn 81......319 H 2
Boutancourt 08......26 D 4
Boutavent 60......21 G 4
La Bouteille 02......25 G 2
Bouteilles-Saint-Sébastien 24......221 G 5
Boutenac 11......338 C 1
Boutenac-Touvent 17......219 F 3
Boutencourt 60......37 G 3
Boutervilliers 91......87 F 4
Bouteville 16......220 C 2
Bouthéon 42......230 A 3
Boutiers-Saint-Trojan 16......220 B 1
Boutigny 77......59 G 2
Boutigny-sur-Essonne 91......87 H 4
Boutigny-sur-Opton 28......57 E 4
Bouttencourt 80......11 F 5
Boutteville 50......32 A 2
Boutx 31......334 C 3
Bouvaincourt-sur-Bresle 80......11 E 4
Bouvancourt 51......41 F 3
Bouvante 26......250 A 4
Bouvante-le-Haut 26......250 A 5
Bouvelinghem 62......3 E 5
Bouvellemont 08......26 D 5
Bouvent 01......196 C 4
Bouverans 25......180 B 3
Bouvesse-Quirieu 38......214 B 5

A B C D E F G H I J K L M N O P Q R S T U V W X Y Z

Bouvières 26 ... **268** A 4
Bouvignies 59 ... **9** E 5
Bouvigny-Boyeffles 62 ... **8** A 5
Bouville 28 ... **110** A 2
Bouville 76 ... **19** H 5
Bouville 91 ... **87** G 4
Bouvincourt-en-Vermandois 80 ... **23** H 2
Bouvines 59 ... **9** E 3
Bouvresse 60 ... **21** G 4
Bouvron 44 ... **147** E 1
Bouvron 54 ... **65** F 5
Boux-sous-Salmaise 21 ... **159** F 1
Bouxières-aux-Bois 88 ... **95** E 5
Bouxières-aux-Chênes 54 ... **66** B 4
Bouxières-aux-Dames 54 ... **65** H 5
Bouxières-sous-Froidmont 54 ... **65** G 2
Bouxurulles 88 ... **95** E 4
Bouxwiller 67 ... **68** B 3
Bouxwiller 68 ... **143** F 4
Bouy 51 ... **42** A 5
Bouy-Luxembourg 10 ... **91** F 4
Bouy-sur-Orvin 10 ... **89** H 4
Bouyon 06 ... **309** F 1
Le Bouyssou 46 ... **261** F 2
Bouzais 18 ... **173** F 5
Bouzancourt 52 ... **92** C 5
Bouzanville 54 ... **94** D 4
Bouze-lès-Beaune 21 ... **177** G 1
Bouzèdes *Belvédère des* 30 ... **283** F 1
Bouzel 63 ... **210** A 5
Bouzemont 88 ... **95** E 5
Bouzeron 71 ... **177** G 3
Bouzic 24 ... **259** G 2
Bouziès 46 ... **260** C 5
Bouzigues 34 ... **322** D 3
Bouzillé 49 ... **148** C 2
Bouzin 31 ... **316** D 5
Bouzincourt 80 ... **13** F 5
Bouzon-Gellenave 32 ... **295** E 3
Bouzonville 57 ... **46** C 4
Bouzonville-aux-Bois 45 ... **111** G 4
Bouzonville-en-Beauce 45 ... **111** G 2
Bouzy 51 ... **61** H 1
Bouzy-la-Forêt 45 ... **134** A 2
Bovée-sur-Barboure 55 ... **93** G 1
Bovel 35 ... **103** H 4
Bovelles 80 ... **22** A 2
Boves 80 ... **22** C 2
Boviolles 55 ... **93** F 1
Boyardville 17 ... **200** B 3
Boyaval 62 ... **7** G 4
Boyelles 62 ... **13** G 3
Boyer 42 ... **211** H 2
Boyer 71 ... **195** E 1
Boyeux-Saint-Jérôme 01 ... **214** B 2
Boynes 45 ... **111** H 3
Boz 01 ... **195** F 3
Bozas 07 ... **248** D 3
Bozel 73 ... **234** C 3
Bozouls 12 ... **263** E 5
Brabant-en-Argonne 55 ... **43** G 5
Brabant-le-Roi 55 ... **63** F 3
Brabant-sur-Meuse 55 ... **43** H 3
Brach 33 ... **236** D 3
Brachay 52 ... **92** D 4
Braches 80 ... **22** D 4
Brachy 76 ... **20** A 2
Bracieux 41 ... **153** G 1
Bracon 39 ... **179** H 2
Bracquemont 76 ... **10** B 5
Bracquetuit 76 ... **20** B 4
Bradiancourt 76 ... **20** D 4
Braffais 50 ... **51** H 4
Bragassargues 30 ... **303** F 1
Bragayrac 31 ... **317** E 2
Brageac 15 ... **243** H 2
Bragelogne 10 ... **115** F 5
Bragny-sur-Saône 71 ... **178** A 2
La Brague 06 ... **309** F 3
Brahic 07 ... **283** H 1
Braillans 25 ... **162** A 3
Brailly-Cornehotte 80 ... **11** H 2
Brain 21 ... **159** E 1
Brain-sur-Allonnes 49 ... **150** D 3
Brain-sur-l'Authion 49 ... **149** H 2
Brain-sur-Longuenée 49 ... **128** A 5
Brain-sur-Vilaine 35 ... **126** A 3
Brainans 39 ... **179** F 3
Braine 02 ... **40** C 3
Brains 44 ... **147** F 4
Brains-sur-Gée 72 ... **107** F 4
Brains-sur-les-Marches 53 ... **105** H 5
Brainville 50 ... **31** G 5
Brainville 54 ... **65** E 1

Brainville-sur-Meuse 52 ... **117** H 2
Braisnes-sur-Aronde 60 ... **39** F 1
Braize 03 ... **173** G 5
Bralleville 54 ... **94** D 4
Bram 11 ... **319** F 5
Bramabiau *Abîme du* 30 ... **282** C 4
Bramans 73 ... **253** E 1
Brametot 76 ... **19** H 3
Bramevaque 65 ... **334** A 2
Bran 17 ... **220** B 5
Branceilles 19 ... **242** D 4
Branches 89 ... **136** A 2
Brancion 71 ... **195** E 2
Brancourt-en-Laonnois 02 ... **40** C 1
Brancourt-le-Grand 02 ... **24** B 1
Brandérion 56 ... **123** G 2
Brandeville 55 ... **43** H 2
Brandivy 56 ... **124** A 2
Brando 2B ... **345** G 3
Brandon 71 ... **194** C 4
Brandonnet 12 ... **279** G 1
Brandonvillers 51 ... **91** H 2
Branféré *Parc zoologique de* 56 ... **125** E 4
Branges 02 ... **40** C 4
Branges 71 ... **178** B 5
Brangues 38 ... **232** C 1
Brannay 89 ... **113** F 2
Branne 25 ... **162** D 2
Branne 33 ... **256** C 1
Brannens 33 ... **256** C 4
Branoux-les-Taillades 30 ... **283** G 3
Brans 39 ... **161** E 4
Bransat 03 ... **192** A 4
Branscourt 51 ... **41** F 3
Bransles 77 ... **112** C 3
Brantes 84 ... **286** B 3
Brantigny 88 ... **95** E 4
Brantôme-en-Périgord 24 ... **222** C 5
Branville 14 ... **34** B 3
Branville-Hague 50 ... **28** D 3
Braquis 55 ... **44** D 5
Bras 83 ... **307** E 5
Bras-d'Asse 04 ... **287** H 5
Bras-sur-Meuse 55 ... **44** B 5
Brasc 12 ... **280** D 5
Brasles 02 ... **60** C 1
Braslou 37 ... **169** F 2
Brasparts 29 ... **76** A 3
Brassac 09 ... **336** A 3
Brassac 81 ... **300** A 4
Brassac 82 ... **277** E 3
Brassac-les-Mines 63 ... **228** A 4
Brassempouy 40 ... **293** G 4
Brasseuse 60 ... **39** E 4
Brassy 58 ... **158** A 4
Brassy 80 ... **22** A 3
Bratte 54 ... **65** H 4
Braucourt 52 ... **92** B 2
Braud-et-Saint-Louis 33 ... **237** F 1
Braus *Col de* 06 ... **291** F 4
Brauvilliers 55 ... **92** D 2
Braux 04 ... **289** E 4
Braux 08 ... **26** D 2
Braux 10 ... **91** H 3
Braux 21 ... **159** E 2
Braux-le-Châtel 52 ... **116** C 3
Braux-Saint-Remy 51 ... **63** E 1
Braux-Sainte-Cohière 51 ... **43** E 5
Bravone 2B ... **347** H 5
Brax 31 ... **297** G 4
Brax 47 ... **275** H 3
Bray 27 ... **35** H 5
Bray 71 ... **194** D 2
Bray-Dunes 59 ... **3** H 1
Bray-en-Val 45 ... **134** A 3
Bray-et-Lû 95 ... **37** F 5
Bray-la-Campagne 14 ... **33** H 3
Bray-lès-Mareuil 80 ... **11** G 4
Bray-Saint-Christophe 02 ... **24** A 3
Bray-sur-Seine 77 ... **89** F 4
Bray-sur-Somme 80 ... **23** E 1
Braye 02 ... **40** B 2
Braye-en-Laonnois 02 ... **40** C 3
Braye-en-Thiérache 02 ... **25** F 3
Braye-sous-Faye 37 ... **169** F 2
Braye-sur-Maulne 37 ... **130** A 5
Brazey-en-Morvan 21 ... **158** D 5
Brazey-en-Plaine 21 ... **160** C 5
Bréal-sous-Montfort 35 ... **103** H 3
Bréal-sous-Vitré 35 ... **105** F 3
Bréancon 95 ... **37** H 5
Bréau 77 ... **88** D 2
Bréau-et-Salagosse 30 ... **282** D 5
Bréauté 76 ... **19** E 4
Bréban 51 ... **91** G 2

Brebières 62 ... **14** A 2
Brebotte 90 ... **142** D 3
Brécé 35 ... **104** C 3
Brecé 53 ... **82** A 4
Brécey 50 ... **52** A 4
Brech 56 ... **124** A 2
Brechainville 88 ... **93** G 4
Bréchamps 28 ... **57** E 5
Bréchaumont 68 ... **142** D 2
Brèche au Diable 14 ... **53** H 2
Brèches 37 ... **130** B 5
Breconchaux 25 ... **162** B 2
Brectouville 50 ... **52** B 1
Brécy 02 ... **40** C 5
Brécy 18 ... **155** G 5
Brécy-Brières 08 ... **42** D 3
La Brède 33 ... **255** G 2
Brée 53 ... **106** B 3
La Brée-les-Bains 17 ... **200** A 2
Bréel 61 ... **53** G 3
Brégnier-Cordon 01 ... **232** C 1
Brégy 60 ... **59** G 1
Bréhain 57 ... **66** D 3
Bréhain-la-Ville 54 ... **45** E 2
Bréhal 50 ... **51** G 2
Bréhan 56 ... **102** B 3
Bréhand 22 ... **78** C 4
Bréhat *Ile de* 22 ... **73** G 2
Bréhec-en-Plouha 22 ... **73** G 3
Bréhémont 37 ... **151** F 3
Bréhéville 55 ... **43** H 2
Breidenbach 57 ... **48** C 5
Breil 49 ... **150** D 1
Le Breil-sur-Mérize 72 ... **108** B 4
Breil-sur-Roya 06 ... **291** G 3
La Breille-les-Pins 49 ... **150** D 3
Breilly 80 ... **22** B 1
Breistroff-la-Grande 57 ... **45** H 2
Breitenau 67 ... **96** D 4
Breitenbach 67 ... **96** D 4
Breitenbach-Haut-Rhin 68 ... **120** C 3
Brélès 29 ... **70** B 5
Brélidy 22 ... **73** E 4
Brem-sur-Mer 85 ... **165** E 5
Bréménil 54 ... **96** B 2
Brêmes 62 ... **2** D 4
Bremmelbach 67 ... **69** E 1
Brémoncourt 54 ... **95** E 3
Bremondans 25 ... **162** C 3
Brémontier-Merval 76 ... **37** E 1
Brémoy 14 ... **52** D 1
Brémur-et-Vaurois 21 ... **138** B 3
Bren 26 ... **249** F 2
Brenac 11 ... **337** F 3
Brenas 34 ... **301** G 4
Brenat 63 ... **228** A 3
Brénaz 01 ... **214** D 3
Brenelle 02 ... **40** C 2
Brengues 46 ... **261** E 4
Brennes 52 ... **139** G 3
Brennilis 29 ... **76** B 3
Brénod 01 ... **214** C 2
Brenon 83 ... **308** B 2
Brenouille 60 ... **38** D 3
Brenoux 48 ... **264** C 5
Brens 01 ... **214** D 5
Brens 81 ... **298** D 1
Brenthonne 74 ... **198** A 4
Breny 02 ... **40** B 4
La Bréole 04 ... **270** A 4
Brères 25 ... **179** G 1
Bréry 39 ... **179** E 4
Bresdon 17 ... **202** C 4
Les Bréseux 25 ... **163** G 3
Bresilley 70 ... **161** F 3
Bresle 80 ... **22** D 1
Bresles 60 ... **38** B 2
Bresnay 03 ... **192** A 3
Bresolettes 61 ... **84** C 2
La Bresse 88 ... **120** B 4
Bresse-sur-Grosne 71 ... **194** D 1
Bressey-sur-Tille 21 ... **160** B 3
Bressieux 38 ... **232** A 5
Bressolles 01 ... **213** G 4
Bressolles 03 ... **192** A 2
Bressols 82 ... **277** H 5
Bresson 38 ... **251** E 2
Bressoncourt 52 ... **93** F 3
Bressuire 79 ... **167** G 3
Brest 29 ... **75** E 2
Brestot 27 ... **35** G 3
Bretagne 36 ... **171** H 2
Bretagne 90 ... **142** D 3
Bretagne-d'Armagnac 32 ... **295** F 1
Bretagne-de-Marsan 40 ... **294** A 1
Bretagnolles 27 ... **56** D 2
Breteau 45 ... **135** E 4

Breteil 35 ... **103** H 2
Bretenière 21 ... **160** B 4
La Bretenière 25 ... **162** B 2
La Bretenière 39 ... **161** F 5
Bretenières 39 ... **179** E 2
Bretenoux 46 ... **243** E 5
Breteuil 60 ... **22** B 5
Breteuil *Château de* 78 ... **57** H 5
Breteuil-sur-Iton 27 ... **55** H 3
Brethel 61 ... **55** F 5
Brethenay 52 ... **117** E 3
Le Brethon 03 ... **191** E 2
Bretigney 25 ... **142** A 5
Bretigney-Notre-Dame 25 ... **162** C 3
Bretignolles 79 ... **167** F 3
Brétignolles *Château de* 37 ... **151** E 5
Brétignolles-le-Moulin 53 ... **82** C 3
Bretignolles-sur-Mer 85 ... **165** E 5
Bretigny 21 ... **160** B 2
Brétigny 27 ... **35** G 4
Brétigny 60 ... **23** H 5
Brétigny-sur-Orge 91 ... **87** H 2
Bretoncelles 61 ... **85** E 4
La Bretonnière-La Claye 85 ... **183** E 2
Bretonvillers 25 ... **163** E 4
Brette 26 ... **268** A 3
Brette-les-Pins 72 ... **108** A 5
Bretten 68 ... **142** D 2
Brettes 16 ... **203** E 3
Bretteville 50 ... **29** F 3
Bretteville-du-Grand-Caux 76 ... **19** E 4
Bretteville-le-Rabet 14 ... **53** H 1
Bretteville-l'Orgueilleuse 14 ... **33** F 4
Bretteville-Saint-Laurent 76 ... **19** H 3
Bretteville-sur-Ay 50 ... **31** F 3
Bretteville-sur-Dives 14 ... **54** A 1
Bretteville-sur-Laize 14 ... **53** G 1
Bretteville-sur-Odon 14 ... **33** G 4
Brettnach 57 ... **46** C 4
Bretx 31 ... **297** G 3
Breuches 70 ... **141** G 2
Breuchotte 70 ... **141** H 2
Breugnon 58 ... **157** E 2
Le Breuil 03 ... **210** D 1
Breuil 51 ... **41** E 3
Le Breuil 51 ... **60** D 2
Le Breuil 69 ... **212** C 4
Le Breuil 71 ... **177** E 4
Breuil 80 ... **23** G 3
Breuil-Barret 85 ... **167** F 5
Le Breuil-Bernard 79 ... **167** G 5
Breuil-Bois-Robert 78 ... **57** F 2
Breuil-Chaussée 79 ... **167** G 3
Le Breuil-en-Auge 14 ... **34** C 4
Le Breuil-en-Bessin 14 ... **32** C 3
Breuil-la-Réorte 17 ... **201** F 2
Breuil-le-Sec 60 ... **38** D 2
Breuil-le-Vert 60 ... **38** C 3
Breuil-Magné 17 ... **200** D 3
Breuil-Mingot *Château du* 86 ... **186** C 1
Le Breuil-sous-Argenton 79 ... **167** H 2
Le Breuil-sur-Couze 63 ... **228** A 4
Breuil-sur-Marne 52 ... **92** D 3
Breuilaufa 87 ... **205** F 2
Breuilh 24 ... **240** C 3
Breuillet 17 ... **218** C 1
Breuillet 91 ... **87** G 2
Breuilpont 27 ... **56** D 2
Breurey-lès-Faverney 70 ... **141** E 3
Breuschwickersheim 67 ... **97** G 1
Breuvannes 52 ... **117** H 3
Breuvery-sur-Coole 51 ... **62** A 3
Breuville 50 ... **29** E 4
Breux 55 ... **44** B 1
Breux-Jouy 91 ... **87** G 2
Breux-sur-Avre 27 ... **56** B 4
Brévainville 41 ... **109** H 5
Bréval 78 ... **57** E 2
Brévands 50 ... **32** A 2
Brevans 39 ... **161** E 5
Le Brévedent 14 ... **34** D 4
Brèves 58 ... **157** F 2
Les Bréviaires 78 ... **57** G 5
Bréviandes 10 ... **115** E 2
La Brévière 14 ... **54** C 2
Bréville 14 ... **33** H 4
Bréville 16 ... **202** C 5
Bréville-sur-Mer 50 ... **51** F 2
Brévillers 62 ... **11** H 1
Brévillers 80 ... **12** D 3
Brevilliers 70 ... **142** B 3
Brévilly 08 ... **27** G 4
Brévonnes 10 ... **91** G 5
Bréxent-Énocq 62 ... **6** B 4

Brey-et-Maison-du-Bois 25 ... **180** C 4
Brézal *Moulin de* 29 ... **71** F 5
Brézé 49 ... **150** C 5
Brézellec *Pointe de* 29 ... **98** D 2
Bréziers 05 ... **270** A 5
Brézilhac 11 ... **319** F 5
Brézins 38 ... **232** A 5
Brézolles 28 ... **56** A 5
Brezons 15 ... **245** E 4
Le Brézouard 68 ... **96** C 5
Briançon 05 ... **252** D 4
Briançonnet 06 ... **308** C 1
Brianny 21 ... **158** D 2
Briant 71 ... **193** H 4
Briantes 36 ... **189** G 2
Briare 45 ... **134** D 5
Briarres-sur-Essonne 45 ... **111** H 2
Brias 62 ... **7** G 5
Briastre 59 ... **14** D 4
Briatexte 81 ... **298** D 3
Briaucourt 52 ... **117** E 2
Briaucourt 70 ... **141** F 2
Bricon 52 ... **116** C 4
Briconville 28 ... **86** A 3
Bricot-la-Ville 51 ... **60** D 5
Bricquebec-en-Cotentin 50 ... **29** E 5
Bricquebosq 50 ... **28** D 4
Bricqueville 14 ... **32** C 3
Bricqueville-la-Blouette 50 ... **51** G 1
Bricqueville-sur-Mer 50 ... **51** F 2
Bricy 45 ... **110** D 5
Brides-les-Bains 73 ... **234** C 3
La Bridoire 73 ... **232** D 3
Bridoire *Château de* 24 ... **257** H 1
Bridoré 37 ... **170** C 1
Brie 02 ... **24** C 5
Brie 09 ... **318** A 5
Brie 16 ... **221** F 1
Brie 35 ... **104** C 5
Brie 79 ... **168** C 2
Brie 80 ... **23** G 2
Brie-Comte-Robert 77 ... **59** E 5
Brié-et-Angonnes 38 ... **251** E 2
Brie-sous-Archiac 17 ... **220** B 3
Brie-sous-Barbezieux 16 ... **220** D 4
Brie-sous-Chalais 16 ... **220** D 5
Brie-sous-Matha 17 ... **202** C 5
Brie-sous-Mortagne 17 ... **219** F 3
Briec 29 ... **100** A 2
Briel-sur-Barse 10 ... **115** G 2
Brielles 35 ... **105** F 4
Brienne 71 ... **195** F 1
Brienne-la-Vieille 10 ... **91** H 4
Brienne-le-Château 10 ... **91** H 4
Brienne-sur-Aisne 08 ... **41** G 2
Briennon 42 ... **211** G 1
Brienon-sur-Armançon 89 ... **114** A 5
Brières-les-Scellés 91 ... **87** F 4
Brieuil-sur-Chizé 79 ... **202** B 1
Brieulles-sur-Bar 08 ... **43** E 1
Brieulles-sur-Meuse 55 ... **43** G 2
Brieux 61 ... **54** A 3
Briey 54 ... **45** F 4
Briffons 63 ... **226** D 1
Brignac 34 ... **302** A 4
Brignac 56 ... **103** E 2
Brignac 87 ... **206** B 4
Brignac-la-Plaine 19 ... **241** H 2
Brignais 69 ... **231** E 1
Brignancourt 95 ... **37** H 5
Brigné 49 ... **149** H 4
Brignemont 31 ... **297** E 3
Brignogan-Plages 29 ... **71** E 3
Brignoles 83 ... **328** B 1
Brignon 30 ... **284** A 5
Le Brignon 43 ... **247** F 5
Brignoud 38 ... **251** F 1
La Brigue 06 ... **291** H 2
Brigueil-le-Chantre 86 ... **187** H 3
Brigueuil 16 ... **204** D 3
Briis-sous-Forges 91 ... **87** F 2
Brillac 16 ... **204** D 2
La Brillanne 04 ... **287** F 5
Brillecourt 10 ... **91** G 3
Brillevast 50 ... **29** G 3
Brillon 59 ... **9** F 5
Brillon-en-Barrois 55 ... **63** G 4
Brimeux 62 ... **6** C 4
Brimont 51 ... **41** G 3
Brin-sur-Seille 54 ... **66** B 4
Brinay 18 ... **154** C 5
Brinay 58 ... **175** G 2
Brinckheim 68 ... **143** G 3
Brindas 69 ... **230** D 1
Bringolo 22 ... **73** F 5
Brinon-sur-Beuvron 58 ... **157** E 4
Brinon-sur-Sauldre 18 ... **154** D 1

Briod 39 ... **179** F 5
Briollay 49 ... **128** C 5
Brion 01 ... **214** C 1
Brion 36 ... **171** H 2
Brion 38 ... **232** A 5
Brion 48 ... **263** H 2
Brion 49 ... **150** B 2
Brion 71 ... **176** C 3
Brion 86 ... **186** C 4
Brion 89 ... **113** H 5
Brion *Pont de* 38 ... **250** D 5
Brion-près-Thouet 79 ... **168** B 1
Brion-sur-Ource 21 ... **116** A 5
La Brionne 23 ... **206** D 1
Brionne 27 ... **35** G 4
Briord 01 ... **214** B 5
Briosne-lès-Sables 72 ... **108** A 3
Briot 60 ... **21** H 4
Briou 41 ... **132** B 3
Brioude 43 ... **246** B 1
Brioux-sur-Boutonne 79 ... **202** C 1
Briouze 61 ... **53** G 5
Briquemesnil-Floxicourt 80 ... **22** A 2
Briquenay 08 ... **43** E 2
Briscous 64 ... **292** B 5
Brison 73 ... **215** E 5
Brison-Saint-Innocent 73 ... **215** E 5
Brissac 34 ... **302** C 1
Brissac *Château de* 49 ... **149** H 3
Brissac-Quincé 49 ... **149** H 3
Brissarthe 49 ... **128** D 4
Brissay-Choigny 02 ... **24** B 3
Brissy-Hamégicourt 02 ... **24** B 3
Brive-la-Gaillarde 19 ... **242** B 2
Brives 36 ... **172** B 4
Brives-Charensac 43 ... **247** F 3
Brives-sur-Charente 17 ... **219** H 1
Brivezac 19 ... **243** E 4
Brix 50 ... **29** E 4
Brixey-aux-Chanoines 55 ... **94** A 3
Brizambourg 17 ... **201** H 5
Brizay 37 ... **169** F 1
Brizeaux 55 ... **63** G 1
Brizon 74 ... **216** B 2
Le Broc 06 ... **291** E 5
Broc 49 ... **129** H 5
Le Broc 63 ... **228** A 3
Brocas 40 ... **273** H 4
Brochon 21 ... **160** A 4
Brocottes 14 ... **34** A 4
Brocourt 80 ... **21** G 2
Brocourt-en-Argonne 55 ... **43** G 5
Broglie 27 ... **55** F 1
Brognard 25 ... **142** C 4
Brognon 08 ... **26** A 1
Brognon 21 ... **160** B 2
Broin 21 ... **178** B 1
Broindon 21 ... **160** A 4
Broissia 39 ... **196** B 3
Brombos 60 ... **21** G 4
Bromeilles 45 ... **112** A 3
Brommat 12 ... **262** D 1
Bromont-Lamothe 63 ... **209** E 5
Bron 69 ... **231** F 1
Broncourt 52 ... **140** B 3
Bronvaux 57 ... **45** G 5
Broons 22 ... **79** F 5
Broons-sur-Vilaine 35 ... **104** D 3
La Broque 67 ... **96** D 2
Broquiers 60 ... **21** G 4
Broquiès 12 ... **281** E 5
Brossac 16 ... **220** D 5
Brossainc 07 ... **230** D 5
Brossay 49 ... **150** A 5
La Brosse-Montceaux 77 ... **89** E 5
Brosses 89 ... **157** G 1
Brosville 27 ... **36** B 5
Brotonne *Pont de* 76 ... **35** G 1
Brotte-lès-Luxeuil 70 ... **141** G 3
Brotte-lès-Ray 70 ... **140** B 5
Brottes 52 ... **117** E 3
Brou 01 ... **195** H 5
Brou 28 ... **109** G 2
Brou-sur-Chantereine 77 ... **59** E 3
Brouage 17 ... **200** C 4
Brouains 50 ... **52** B 4
Broualan 35 ... **80** B 3
Brouay 14 ... **33** F 4
Brouchaud 24 ... **241** E 2
Brouchy 80 ... **23** H 4
Brouck 57 ... **46** C 5
Brouckerque 59 ... **3** F 3
Brouderdorff 57 ... **67** H 5
Broué 28 ... **57** E 4
Brouennes 55 ... **27** H 5
Le Brouilh-Monbert 32 ... **295** H 4
Brouilla 66 ... **343** E 3

Brouillet 51 ....41 E 4
Brouis *Col de* 06 ....291 G 4
Brouqueyran 33 ....256 C 4
La Brousse 17 ....202 B 4
Brousse 23 ....208 C 3
Brousse 63 ....228 B 2
Brousse 81 ....299 F 3
Brousse-le-Château 12 ....280 D 5
Broussés-et-Villaret 11 ....319 G 3
Brousseval 52 ....92 C 3
Broussey-en-Blois 55 ....93 G 1
Broussey-en-Woëvre 55 ....64 D 4
Broussy-le-Grand 51 ....61 F 4
Broussy-le-Petit 51 ....61 F 4
Broût-Vernet 03 ....210 A 1
Brouthières 52 ....93 F 4
Brouvelieures 88 ....95 H 5
Brouville 54 ....95 H 2
Brouviller 57 ....67 H 4
Brouy 91 ....87 G 5
Brouzet-lès-Alès 30 ....284 A 3
Brouzet-lès-Quissac 30 ....303 E 2
Les Brouzils 85 ....166 A 2
Brovès 83 ....308 B 3
Broye 71 ....176 D 3
Broye-les-Loups-
  et-Verfontaine 70 ....160 D 1
Broye-les-Pesmes 70 ....161 E 3
Broyes 51 ....61 F 4
Broyes 60 ....22 D 5
Broze 81 ....298 D 1
Brû 88 ....95 H 4
Bruailles 71 ....195 H 1
Bruay-la-Buissière 62 ....7 H 4
Bruay-sur-l'Escaut 59 ....9 G 5
Bruc-sur-Aff 35 ....125 H 2
Brucamps 80 ....12 B 5
Bruch 47 ....275 G 4
Brucheville 50 ....32 A 2
Brucourt 14 ....34 A 4
Brue-Auriac 83 ....307 E 5
Bruebach 68 ....143 F 2
Brueil-en-Vexin 78 ....57 G 1
Bruère-Allichamps 18 ....173 E 4
La Bruère-sur-Loir 72 ....130 B 4
La Bruffière 85 ....166 B 1
Brugairolles 11 ....337 F 1
Le Brugeron 63 ....228 D 1
Bruges 33 ....237 F 5
Bruges 64 ....332 B 1
Brugheas 03 ....210 B 2
Brugnac 47 ....257 H 5
Brugnens 32 ....296 C 2
Brugny-Vaudancourt 51 ....61 F 1
La Bruguière 30 ....284 B 4
Bruguières 31 ....297 H 3
Bruille-lez-Marchiennes 59 ....9 E 5
Bruille-Saint-Amand 59 ....9 G 4
Bruis 05 ....268 C 4
Brûlain 79 ....185 E 5
Les Brulais 35 ....103 G 5
Brulange 57 ....66 D 2
La Brûlatte 53 ....105 G 3
Bruley 54 ....65 F 5
Brullemail 61 ....54 D 5
Brullioles 69 ....212 C 5
Brûlon 72 ....107 E 5
Brumath 67 ....68 D 4
Brumetz 02 ....40 A 5
Brunehamel 02 ....25 H 3
Brunelles 28 ....85 E 5
Les Brunels 11 ....319 E 3
Brunembert 62 ....2 D 5
Brunémont 59 ....14 A 2
Brunet 04 ....307 E 1
Bruniquel 82 ....278 C 5
Brunissard 05 ....253 E 5
Brunoy 91 ....58 D 5
Brunstatt-Didenheim 68 ....143 F 2
Brunville 76 ....10 C 5
Brunvillers-la-Motte 60 ....22 D 5
Le Brusc 83 ....327 H 5
Brusque 12 ....301 E 3
Le Brusquet 04 ....288 B 2
Brussey 70 ....161 G 3
Brussieu 69 ....230 C 1
Brusson 51 ....62 D 4
Brusvily 22 ....79 G 4
Brutelles 80 ....11 E 3
Bruville 54 ....65 F 1
Brux 86 ....186 A 5
La Bruyère 70 ....141 H 2
Bruyères 88 ....95 H 5
Bruyères-et-Montbérault 02 ....40 D 1
Bruyères-le-Châtel 91 ....87 G 2
Bruyères-sur-Fère 02 ....40 C 4

Bruyères-sur-Oise 95 ....38 C 5
Bruys 02 ....40 D 3
Bruz 35 ....104 A 4
Bry 59 ....15 E 2
Bry-sur-Marne 94 ....58 D 3
Bû 28 ....57 E 4
Le Bû-sur-Rouvres 14 ....53 H 1
Buais-les-Monts 50 ....81 G 2
Buanes 40 ....294 A 3
Bubertré 61 ....84 C 2
Bubry 56 ....101 G 4
Buc 78 ....58 A 4
Buc 90 ....142 B 3
Bucamps 60 ....38 C 1
Bucéels 14 ....33 E 4
Bucey-en-Othe 10 ....114 C 2
Bucey-lès-Gy 70 ....161 G 2
Bucey-lès-Traves 70 ....140 D 4
Buchelay 78 ....57 F 2
Buchères 10 ....115 E 2
Buchey 52 ....92 C 5
Buchy 57 ....66 B 2
Buchy 76 ....20 D 5
Bucilly 02 ....25 G 2
Bucquoy 62 ....13 F 4
Bucy-le-Long 02 ....40 B 2
Bucy-le-Roi 45 ....111 E 4
Bucy-lès-Cerny 02 ....24 C 5
Bucy-lès-Pierrepont 02 ....25 F 4
Bucy-Saint-Liphard 45 ....110 C 5
Budelière 23 ....190 C 5
Buding 57 ....46 B 3
Budling 57 ....46 B 3
Budos 33 ....255 H 4
Bué 18 ....155 H 3
Bueil 27 ....56 D 2
Bueil-en-Touraine 37 ....130 C 5
Buellas 01 ....195 G 5
Le Buet 74 ....217 E 2
Buethwiller 68 ....143 E 2
Buffard 25 ....179 G 1
Buffières 71 ....194 C 3
Buffignécourt 70 ....140 D 2
Buffon 21 ....137 G 4
Bugarach 11 ....337 H 3
Bugard 65 ....315 G 5
Bugeat 19 ....225 F 2
Bugnein 64 ....313 F 3
Bugnicourt 59 ....14 B 2
Bugnières 52 ....116 D 5
Bugny 25 ....180 C 1
Le Bugue 24 ....241 E 5
Buhl 67 ....69 F 2
Buhl 68 ....120 D 4
Buhl-Lorraine 57 ....67 H 5
Buhy 95 ....37 F 4
Buicourt 60 ....37 G 1
Buigny-l'Abbé 80 ....11 H 3
Buigny-lès-Gamaches 80 ....11 E 4
Buigny-Saint-Maclou 80 ....11 G 3
Buire 02 ....25 G 1
Buire-au-Bois 62 ....12 B 3
Buire-Courcelles 80 ....23 H 1
Buire-le-Sec 62 ....6 C 5
Buire-sur-l'Ancre 80 ....23 E 1
Buironfosse 02 ....25 E 1
Le Buis 87 ....205 G 2
Buis-les-Baronnies 26 ....286 A 2
Buis-sur-Damville 27 ....56 B 3
Buissard 05 ....269 H 2
La Buisse 38 ....232 C 5
La Buissière 38 ....233 F 4
Le Buisson 48 ....264 A 3
Le Buisson 51 ....62 D 4
Buisson 84 ....285 G 2
Buissoncourt 54 ....66 B 5
Buissy 62 ....14 A 3
Bujaleuf 87 ....206 C 5
Bulainville 55 ....63 H 1
Bulan 65 ....333 G 2
Bulat-Pestivien 22 ....77 F 2
Bulcy 58 ....156 B 4
Buléon 56 ....102 B 4
Bulgnéville 88 ....118 B 2
Bulhon 63 ....210 B 4
Bullainville 28 ....110 B 3
Bulle 25 ....180 B 2
Bullecourt 62 ....13 H 3
Bulles 60 ....38 C 1
Bulligny 54 ....94 B 2
Bullion 78 ....87 E 2
Bullou 28 ....109 H 2
Bully 14 ....33 G 5
Bully 42 ....211 G 4
Bully 69 ....212 C 4
Bully 76 ....20 D 3

Bully-les-Mines 62 ....8 A 4
Bulson 08 ....27 E 4
Bult 88 ....95 G 5
Bun 65 ....332 C 2
Buncey 21 ....138 A 2
Buneville 62 ....12 D 2
Buno-Bonnevaux 91 ....87 H 5
Bunodière *Hêtre de la* 76 ....37 E 1
Bunus 64 ....311 E 5
Bunzac 16 ....221 G 1
Buoux 84 ....305 H 2
Burbach 67 ....67 H 3
La Burbanche 01 ....214 C 4
Burbure 62 ....7 H 3
Burcin 38 ....232 B 4
Burcy 14 ....52 D 3
Burcy 77 ....112 A 2
Burdignes 42 ....248 C 1
Burdignin 74 ....198 A 5
Bure 55 ....93 F 3
Bure 57 ....45 F 2
Buré 61 ....84 A 3
Bure-les-Templiers 21 ....138 D 3
Burelles 02 ....25 F 3
Bures 54 ....66 D 5
Bures 61 ....84 A 2
Bures-en-Bray 76 ....20 C 3
Bures-les-Monts 14 ....52 C 2
Bures-sur-Dives 14 ....33 H 4
Bures-sur-Yvette 91 ....58 A 4
Le Buret 53 ....106 B 5
Burey 27 ....56 A 2
Burey-en-Vaux 55 ....93 H 2
Burey-la-Côte 55 ....94 A 3
Burg 65 ....315 G 5
Burgalays 31 ....334 B 3
Burgaronne 64 ....311 H 3
Le Burgaud 31 ....297 F 2
Burgille 25 ....161 G 3
Burgnac 87 ....223 G 1
Burgy 71 ....195 E 3
Burie 17 ....201 H 5
Buriville 54 ....95 H 2
Burlats 81 ....299 H 4
Burlioncourt 57 ....66 D 3
Burnand 71 ....194 C 1
Burnevillers 25 ....163 H 2
Burnhaupt-le-Bas 68 ....143 E 2
Burnhaupt-le-Haut 68 ....143 E 2
Buron 63 ....228 A 2
Buros 64 ....314 B 3
Burosse-Mendousse 64 ....294 C 5
Burret 09 ....336 A 3
Bursard 61 ....83 H 3
Burthecourt-aux-Chênes 54 ....95 E 1
Burtoncourt 57 ....46 B 4
Bury 60 ....38 C 3
Burzet 07 ....266 A 2
Burzy 71 ....194 C 1
Bus 62 ....13 H 5
Bus-la-Mésière 80 ....23 E 4
Bus-lès-Artois 80 ....13 E 4
Bus-Saint-Rémy 27 ....37 F 5
Busca-Maniban
  Château de 32 ....295 G 1
Buschwiller 68 ....143 H 3
Busigny 59 ....14 D 5
Busloup 41 ....131 H 2
Busnes 62 ....7 H 4
Busque 81 ....299 E 3
Bussac 24 ....240 B 1
Bussac-Forêt 17 ....237 H 1
Bussac-sur-Charente 17 ....201 G 5
Bussaglia *Plage de* 2A ....346 B 5
Bussang 88 ....120 B 5
Bussang *Col de* 88 ....120 B 5
Le Busseau 79 ....184 C 1
Busseau-sur-Creuse 23 ....207 F 2
Busseaut 21 ....138 B 3
Busséol 63 ....228 A 1
Busserolles 24 ....222 C 1
Busserotte-
  et-Montenaille 21 ....139 E 4
Busset 03 ....210 C 2
Bussiares 02 ....60 A 1
Bussières 45 ....134 D 4
La Bussière 86 ....187 F 1
Bussière-Badil 24 ....222 B 2
Bussière-Boffy 87 ....204 D 2
Bussière-Dunoise 23 ....189 E 5
Bussière-Galant 87 ....223 F 2
Bussière-Nouvelle 23 ....208 B 3
Bussière-Poitevine 87 ....187 G 5
Bussière-Saint-Georges 23 ....189 H 4
La Bussière-sur-Ouche 21 ....159 G 4
Bussières 21 ....138 D 4
Bussières 42 ....212 A 5

Bussières 63 ....208 D 2
Bussières 70 ....161 H 2
Bussières 71 ....194 D 4
Bussières 77 ....60 A 2
Bussières 89 ....158 B 2
Bussières-et-Pruns 63 ....210 A 3
Busson 52 ....93 F 5
Bussu 80 ....23 G 1
Bussunarits-
  Sarrasquette 64 ....330 C 1
Bussurel 70 ....142 B 4
Bussus-Bussuel 80 ....11 H 3
Bussy 18 ....173 G 3
Bussy 60 ....23 G 5
Bussy-Albieux 42 ....211 G 5
Bussy-la-Côte 55 ....63 G 3
Bussy-la-Pesle 21 ....159 G 2
Bussy-la-Pesle 58 ....157 E 4
Bussy-le-Château 51 ....62 C 1
Bussy-le-Grand 21 ....138 A 5
Bussy-le-Repos 51 ....63 E 2
Bussy-le-Repos 89 ....113 F 4
Bussy-lès-Daours 80 ....22 C 1
Bussy-lès-Poix 80 ....21 H 2
Bussy-Lettrée 51 ....62 A 4
Bussy-Rabutin
  Château de 21 ....138 A 5
Bussy-Saint-Georges 77 ....59 E 3
Bussy-Saint-Martin 77 ....59 E 3
Bust 67 ....68 A 3
Bustanico 2B ....347 F 4
Bustince-Iriberry 64 ....330 C 1
Buswiller 67 ....68 C 3
Busy 25 ....161 H 4
Butgnéville 55 ....64 D 1
Buthiers 70 ....162 A 2
Buthiers 77 ....111 H 2
Butot 76 ....20 A 5
Butot-Vénesville 76 ....19 F 2
Butry-sur-Oise 95 ....58 B 1
Butteaux 89 ....114 C 5
Butten 67 ....68 A 2
Buverchy 80 ....23 G 3
Buvilly 39 ....179 F 3
La Buxerette 36 ....189 F 2
Buxerolles 21 ....138 D 3
Buxerolles 86 ....186 C 1
Buxeuil 10 ....115 G 4
Buxeuil 36 ....153 H 5
Buxeuil 86 ....169 H 2
Buxières-d'Aillac 36 ....189 E 1
Buxières-lès-Clefmont 52 ....117 G 3
Buxières-les-Mines 03 ....191 G 3
Buxières-sous-les-Côtes 55 ....64 D 3
Buxières-
  sous-Montaigut 63 ....209 F 1
Buxières-sur-Arce 10 ....115 H 3
Buxy 71 ....177 G 5
Buysscheure 59 ....3 G 4
Buzan 09 ....335 E 3
Buzançais 36 ....171 F 3
Buzancy 02 ....40 B 4
Buzancy 08 ....43 F 2
Buzeins 12 ....281 G 1
Buzet-sur-Baïse 47 ....275 F 2
Buzet-sur-Tarn 31 ....298 B 3
Buziet 64 ....314 A 4
Buzignargues 34 ....303 E 3
Buzon 65 ....315 F 2
Buzy 55 ....44 D 5
Buzy 64 ....314 A 5
By 25 ....179 H 1
Byans-sur-Doubs 25 ....161 G 5

C

Cabanac 65 ....315 G 5
Cabanac-Cazaux 31 ....334 C 2
Cabanac-et-Villagrains 33 ....255 E 3
Cabanac-Séguenville 31 ....297 E 2
La Cabanasse 66 ....341 G 4
Cabanès 12 ....280 C 5
Cabanès 81 ....299 E 3
Les Cabanes-de-Fitou 11 ....339 E 3
Le Cabanial 31 ....318 D 2
Les Cabannes 09 ....336 B 5
Cabannes 13 ....305 E 1
Les Cabannes 81 ....279 F 4
Cabara 33 ....256 C 1
Cabariot 17 ....201 E 4
Cabas-Loumassès 32 ....316 B 3
Cabasse 83 ....328 C 1
Cabasson 83 ....328 D 4
Le Cabellou 29 ....100 A 4
Cabestany 66 ....343 F 2

Cabidos 64 ....294 A 5
Cabourg 14 ....34 A 3
Cabre *Col de* 05 ....268 D 4
Cabrerets 46 ....260 C 5
Cabrerolles 34 ....301 F 5
Cabrespine 11 ....320 A 5
Cabrières 30 ....304 A 1
Cabrières 34 ....301 H 5
Cabrières-d'Aigues 84 ....306 A 2
Cabrières-d'Avignon 84 ....305 F 1
Cabris 06 ....308 D 3
Cachan 94 ....58 C 4
Cachen 40 ....274 A 4
Cachy 80 ....22 D 2
Cadalen 81 ....299 E 2
Cadarache *Barrage de* 13 ....306 C 3
Cadarcet 09 ....336 A 2
Cadarsac 33 ....238 B 5
Cadaujac 33 ....255 G 1
Cadéac 65 ....333 G 3
Cadeilhan 32 ....296 C 2
Cadeilhan-Trachère 65 ....333 G 4
Cadeillan 32 ....316 D 2
Cademène 25 ....162 A 5
Caden 56 ....125 F 4
Les Cadeneaux 13 ....326 D 1
Cadenet 84 ....305 H 3
Caderousse 84 ....285 E 4
La Cadière-d'Azur 83 ....327 H 4
La Cadière-et-Cambo 30 ....302 D 1
Cadillac 33 ....256 B 3
Cadillac-en-Fronsadais 33 ....237 H 4
Cadillon 64 ....294 D 5
Cadix 81 ....280 C 5
Cadolive 13 ....327 F 1
Cadouin 24 ....258 D 1
Cadours 31 ....297 E 3
Cadrieu 46 ....261 E 5
Caen 14 ....33 G 4
Caëstre 59 ....4 A 5
Caffiers 62 ....2 C 4
Cagnac-les-Mines 81 ....279 G 5
Cagnano 2B ....345 G 2
Cagnes-sur-Mer 06 ....309 G 4
Cagnicourt 62 ....13 H 3
Cagnoncles 59 ....14 C 3
Cagnotte 40 ....292 D 4
Cagny 14 ....33 H 5
Cagny 80 ....22 C 2
Cahagnes 14 ....32 D 5
Cahagnolles 14 ....32 D 4
Cahaignes 27 ....37 E 4
Cahan 61 ....53 F 3
Caharet 65 ....315 G 5
Cahon 80 ....11 F 3
Cahors 46 ....260 B 5
Cahus 46 ....243 E 5
Cahuzac 11 ....318 D 5
Cahuzac 47 ....258 B 3
Cahuzac 81 ....319 F 2
Cahuzac-sur-Adour 32 ....295 E 4
Cahuzac-sur-Vère 81 ....279 E 5
Caignac 31 ....318 C 4
Le Cailar 30 ....303 G 4
Cailhau 11 ....337 F 1
Cailhavel 11 ....319 F 5
Cailla 11 ....337 G 4
Caillac 46 ....259 H 5
Caillavet 32 ....295 H 3
Caille 06 ....308 C 2
Caille *Ponts de la* 74 ....215 G 2
La Caillère 85 ....183 H 1
Cailleville 76 ....19 G 2
Caillouël-Crépigny 02 ....23 H 5
Caillouet-Orgeville 27 ....56 C 1
Cailloux-sur-Fontaines 69 ....213 E 4
Cailly 76 ....20 C 5
Cailly-sur-Eure 27 ....36 C 5

Calcatoggio 2A ....348 C 2
Calce 66 ....338 C 5
Caldégas 66 ....341 F 4
Calenzana 2B ....346 B 2
Calès 24 ....258 D 1
Calès 46 ....260 B 1
Calignac 47 ....275 G 4
Caligny 61 ....53 E 3
Callac 22 ....77 E 3
Callac 56 ....124 D 2
Callas 83 ....308 B 4
Callen 40 ....273 H 1
Callengeville 76 ....21 E 2
Calleville 27 ....35 G 4
Calleville-
  les-Deux-Églises 76 ....20 A 4
Callian 32 ....295 G 4
Callian 83 ....308 C 3
Calmeilles 66 ....342 D 3
Calmels-et-le-Viala 12 ....300 C 1
La Calmette 30 ....303 G 1
Calmont 12 ....280 C 2
Calmont 31 ....318 B 4
Calmoutier 70 ....141 F 4
Caloire 42 ....230 A 4
Calonges 42 ....275 F 1
Calonne-Ricouart 62 ....7 H 4
Calonne-sur-la-Lys 62 ....8 A 3
La Calotterie 62 ....6 B 4
Caluire-et-Cuire 69 ....213 E 5
Calvaire des Dunes 50 ....28 D 3
Calvi 2B ....346 B 2
Calviac 46 ....243 F 5
Calviac-en-Périgord 24 ....259 H 1
Calvignac 46 ....260 D 5
Calvinet 15 ....262 B 2
Calvisson 30 ....303 G 2
Calzan 09 ....336 C 2
Camalès 65 ....315 E 3
Camarade 09 ....335 G 1
Camarès 12 ....300 D 2
Camaret-sur-Aigues 84 ....285 F 3
Camaret-sur-Mer 29 ....74 D 3
Camarsac 33 ....255 H 1
Cambayrac 46 ....259 G 5
La Cambe 14 ....32 B 2
Cambernard 31 ....317 F 2
Cambernon 50 ....31 H 5
Cambes 33 ....255 H 2
Cambes 46 ....261 F 3
Cambes 47 ....257 F 3
Cambes-en-Plaine 14 ....33 G 4
Cambia 2B ....347 F 4
Cambiac 31 ....318 C 2
Cambieure 11 ....337 F 1
Camblain-Châtelain 62 ....7 H 4
Camblain-l'Abbé 62 ....8 A 5
Camblanes-et-Meynac 33 ....255 G 1
Cambligneul 62 ....8 A 5
Cambo-les-Bains 64 ....310 D 4
Cambon 81 ....299 G 1
Cambon-et-Salvergues 34 ....300 D 4
Cambon-lès-Lavaur 81 ....298 D 5
Camboulazet 12 ....280 C 3
Camboulit 46 ....261 F 4
Cambounès 81 ....300 A 5
Cambounet-sur-le-Sor 81 ....299 F 5
Le Cambout 22 ....102 C 3
Cambrai 59 ....14 B 3
Cambremer 14 ....34 B 5
Cambrin 62 ....8 B 4
Cambron 80 ....11 G 3
Cambronne-lès-Clermont 60 ....38 C 3
Cambronne-
  lès-Ribécourt 60 ....39 G 1
Camburat 46 ....261 F 3
Came 64 ....292 D 5
Camélas 66 ....342 D 2
Camelin 02 ....40 A 1
Camembert 61 ....54 C 3
Cametours 50 ....31 H 5
Camiac-et-Saint-Denis 33 ....256 B 1
Camiers 62 ....6 B 3
Camiran 33 ....256 D 3
Camjac 12 ....280 B 3
Camlez 22 ....72 D 3
Les Cammazes 81 ....319 F 3
Camoël 56 ....125 E 5
Camon 09 ....337 E 2
Camon 80 ....22 C 2
Camors 56 ....101 H 5
Camou-Cihigue 64 ....331 E 1
Camou-Mixe-Suhast 64 ....311 H 4
Camous 65 ....333 H 3
Le Camp-du-Castellet 83 ....327 G 3
Campagna-de-Sault 11 ....337 E 5

Campagnac 12....263 H 5
Campagnac 81....279 E 5
Campagnac-les-Quercy 24..259 G 2
Campagnan 34....302 A 5
Campagne 24....241 E 5
Campagne 34....303 E 2
Campagne 40....293 H 1
Campagne 60....23 G 4
Campagne-d'Armagnac 32..295 E 1
Campagne-lès-Boulonnais 62..6 D 3
Campagne-lès-Guînes 62....2 D 4
Campagne-lès-Hesdin 62....6 C 5
Campagne-lès-Wardrecques 62....3 G 5
Campagne-sur-Arize 09....335 H 1
Campagne-sur-Aude 11....337 G 3
Campagnolles 14....52 C 2
Campan 65....333 F 2
Campana 2B....294 D 4
Campandré-Valcongrain 14..53 E 1
Camparan 65....333 G 4
Campbon 44....146 D 1
Campeaux 14....52 C 2
Campeaux 60....21 G 5
Campel 35....103 G 5
Campénéac 56....103 E 4
Campes 81....279 F 4
Campestre-et-Luc 30....301 H 1
Campet-et-Lamolère 40....293 H 1
Camphin-en-Carembault 59..8 C 4
Camphin-en-Pévèle 59....9 E 3
Campi 2B....347 G 4
Campigneulles-les-Grandes 62....6 B 5
Campigneulles-les-Petites 62..6 B 4
Campigny 14....32 D 3
Campigny 27....35 F 3
Campile 2B....347 G 2
Campistrous 65....315 H 5
Campitello 2B....347 F 2
Camplong 34....301 F 4
Camplong-d'Aude 11....338 B 1
Campneuseville 76....21 F 2
Campo 2A....348 D 3
Campoloro Port de 2B....347 H 4
Campôme 66....342 A 2
Campouriez 12....262 D 2
Campoussy 66....342 B 2
Campremy 60....22 C 5
Camprond 50....31 H 5
Camps 19....243 F 4
Camps-en-Amiénois 80....21 H 2
Camps-la-Source 83....328 B 1
Camps-sur-l'Agly 11....338 A 4
Camps-sur-l'Isle 33....238 D 4
Campsas 82....297 H 1
Campsegret 24....240 B 5
Campuac 12....262 D 4
Campugnan 33....237 G 2
Campuzan 65....315 H 4
Camurac 11....336 D 5
Can Parterre 66....342 C 4
Canadel Col du 83....329 E 4
Canadel-sur-Mer 83....329 E 4
Canaille Cap 13....327 F 4
Canale-di-Verde 2B....347 H 4
Canals 82....297 G 2
Canaples 80....12 C 5
Canappeville 27....36 B 5
Canapville 14....34 C 3
Canapville 61....54 D 2
Canari 2B....345 F 2
Canaules-et-Argentières 30..283 H 5
Canavaggia 2B....347 F 2
Canaveilles 66....341 H 3
Cancale 35....50 D 4
Canchy 14....32 C 2
Canchy 80....11 G 2
Cancon 47....258 B 4
Candas 80....12 C 4
Candé 49....127 G 5
Candé-sur-Beuvron 41....153 E 1
Candes-Saint-Martin 37....150 D 4
Candillargues 34....303 F 4
Candor 60....23 G 5
Candresse 40....293 E 3
Canehan 76....10 D 5
Canéjan 33....255 F 1
Canens 31....317 H 4
Canenx-et-Réaut 40....273 H 5
Canet 11....320 D 5
Canet 34....302 A 5
Canet-de-Salars 12....281 E 5
Canet-en-Roussillon 66....343 F 2
Canet-Plage 66....343 F 2
Canettemont 62....12 D 2

Cangey 37....152 C 2
Caniac-du-Causse 46....260 C 3
Canigou Pic du 66....342 B 3
Canihuel 22....77 G 4
Canilhac 48....263 H 5
Canisy 50....32 A 5
Canlers 62....7 E 4
Canly 60....39 E 2
Cannectancourt 60....23 G 5
Cannelle 2A....348 C 2
Cannelle 2B....345 F 1
Cannes 06....309 F 4
Cannes-Écluse 77....89 E 5
Cannes-et-Clairan 30....303 F 1
Cannessières 80....11 G 5
Le Cannet 06....309 F 4
Cannet 32....294 D 4
Le Cannet-des-Maures 83..328 D 1
Canny-sur-Matz 60....23 F 5
Canny-sur-Thérain 60....21 F 5
Canohès 66....343 E 2
Canon 14....34 A 5
Le Canon 33....254 B 2
La Canonica 2B....347 H 2
La Canonica Ancienne
Cathédrale de 2B....347 H 2
Canouville 76....19 F 2
Cantaing-sur-Escaut 59....14 B 4
Cantaous 65....333 H 1
Cantaron 06....309 H 4
Canté 09....318 A 4
Cantebonne 54....45 F 2
Canteleu 76....36 A 2
Canteleux 62....12 D 3
Canteloup 14....34 A 5
Canteloup 50....29 G 3
Cantenac 33....237 F 3
Cantenay-Épinard 49....128 C 5
Cantiers 27....37 E 4
Cantigny 80....22 D 4
Cantillac 24....222 B 4
Cantin 59....14 A 2
Cantobre 12....282 B 5
Cantoin 12....263 F 1
Cantois 33....256 B 2
Canville-la-Rocque 50....31 F 2
Canville-les-Deux-Églises 76..19 H 3
Cany-Barville 76....19 F 3
Caorches-Saint-Nicolas 27....35 F 5
Caouënnec-Lanvézéac 22....72 D 3
Caours 80....11 G 3
Cap Corse 2B....345 G 1
Cap-Coz 29....100 A 4
Le Cap-d'Agde 34....322 C 5
Cap-d'Ail 06....309 H 5
Cap-de-l'Homy-Plage 40....272 A 4
Cap-de-Long
Barrage de 65....333 F 4
Cap Ferret 06....309 H 2
Cap-Ferret 33....254 A 3
Cap-Martin 06....309 H 5
Cap Sizun Réserve du 29....98 D 2
Capbis 64....332 B 1
Capbreton 40....292 A 3
Capdenac 46....261 G 4
Capdenac-Gare 12....261 G 4
Capdrot 24....259 E 2
La Capelle 02....25 F 1
La Capelle 48....282 B 1
La Capelle-Balaguier 12....261 F 5
La Capelle-Bleys 12....279 H 2
La Capelle-Bonance 12....263 G 5
La Capelle-
et-Masmolène 30....284 C 4
Capelle-Fermont 62....13 F 2
La Capelle-lès-Boulogne 62....2 B 5
Capelle-les-Grands 27....55 E 1
Capelle-lès-Hesdin 62....11 H 1
Capendu 11....320 B 5
Capens 31....317 G 3
Capestang 34....321 E 4
Capian 33....256 B 2
Capinghem 59....8 C 2
Caplong 33....257 E 1
Capoulet-et-Junac 09....336 B 5
Cappel 57....67 F 1
Cappelle-Brouck 59....3 F 3
Cappelle-en-Pévèle 59....9 E 4
Cappelle-la-Grande 59....3 G 2
Cappy 80....23 F 1
La Capte 83....328 C 5
Captieux 33....274 B 2
Capula Castello de 2A....349 F 5
Capvern 65....333 G 1

Capvern-les-Bains 65....333 G 1
Carabès Col de 05....268 D 4
Caradeuc Château de 35....103 H 1
Caragoudes 31....318 C 2
Caraman 31....298 C 5
Caramany 66....338 B 5
Carantec 29....71 H 3
Carantilly 50....32 A 5
Carayac 46....261 E 4
Carbay 49....127 F 3
Carbes 81....299 F 4
Carbini 2A....351 E 2
Carbon-Blanc 33....237 G 5
Carbonne 31....317 G 4
Carbuccia 2B....348 D 2
Carcagny 14....33 E 4
Carcanières 09....337 F 5
Carcans 33....236 C 3
Carcans-Plage 33....236 B 2
Carcarès-Sainte-Croix 40....293 G 1
Carcassonne 11....319 H 5
Carcen-Ponson 40....293 F 1
Carcès 83....307 G 5
Carcheto-Brustico 2B....347 G 3
Cardaillac 46....261 F 3
Cardan 33....255 F 2
Cardeilhac 31....316 B 5
Cardesse 64....313 H 4
Cardet 30....283 H 5
Cardo-Torgia 2A....348 D 4
Cardonnette 80....22 C 1
Le Cardonnois 80....22 D 5
Cardonville 14....32 B 2
Cardroc 35....103 H 1
Careil 44....145 H 4
Carelles 53....81 H 4
Carency 62....8 A 5
Carennac 46....242 D 5
Carentan 50....32 A 3
Carentoir 56....125 G 2
Cargèse 2A....348 A 1
Cargiaca 2A....349 E 5
Carhaix-Plouguer 29....76 D 4
Carignan 08....27 G 4
Carignan-
de-Bordeaux 33....255 G 1
Carisey 89....114 C 5
Carla-Bayle 09....335 H 1
Carla-de-Roquefort 09....336 C 3
Le Carlaret 09....336 C 1
Carlat 15....244 D 5
Carlencas-et-Levas 34....301 G 4
Carlepont 60....39 H 1
Carling 57....47 E 5
Carlipa 11....319 F 4
Carlucet 24....241 H 4
Carlucet 46....260 C 2
Carlus 81....299 F 1
Carlux 24....241 H 5
Carly 62....6 B 2
Carmaux 81....279 G 5
Carnac 56....123 H 4
Carnac-Plage 56....123 H 4
Carnac-Rouffiac 46....277 G 1
Carnas 30....303 E 2
La Carneille 61....53 F 4
Carnet 50....80 D 2
Carnetin 77....59 E 3
Carneville 50....29 F 2
Carnières 59....14 C 4
Carnin 59....8 C 4
Carnoët 22....76 D 3
Carnon-Plage 34....303 E 5
Carnoules 83....328 C 2
Carnoux-en-Provence 13....327 F 3
Carnoy 80....23 F 1
Caro 56....103 E 5
Caro 64....330 C 1
Carolles 50....51 F 4
Caromb 84....285 H 4
Carpentras 84....285 G 4
Carpineto 2B....347 G 4
Carpiquet 14....33 F 4
Carquebut 50....31 H 2
Carquefou 44....147 H 3
Carqueiranne 83....328 B 5
La Carquois 22....79 E 1
Carrépuis 80....23 F 4
Carrère 64....314 C 2
Carrères 64....294 C 5
Carri Col de 26....250 B 4
Carrières-sous-Bois 78....58 A 2
Carrières-sous-Poissy 78....58 A 2
Carrières-sur-Seine 78....58 B 3
Carro 13....325 H 4
Carros 06....309 G 2

Carrouges 61....83 E 2
Les Carroz-d'Arâches 74....216 C 2
Carry-le-Rouet 13....326 C 2
Cars 33....237 F 2
Les Cars 87....223 F 1
Les Cars Ruines
gallo-romaines 19....225 F 2
Carsac-Aillac 24....259 G 1
Carsac-de-Gurson 24....239 E 4
Carsan 30....284 D 2
Carsix 27....35 G 5
Carspach 68....143 E 3
Cartelègue 33....237 G 2
Carteret 50....31 E 2
Carticasi 2B....347 F 4
Cartignies 59....15 G 4
Cartigny 80....23 H 1
Cartigny-l'Épinay 14....32 B 3
Carves 24....259 F 2
Carville 14....52 C 2
Carville-la-Folletière 76....19 H 5
Carville-Pot-de-Fer 76....19 G 3
Carvin 62....8 C 4
Cas Château de 82....278 D 3
Casabianca 2B....347 G 3
Casaglione 2A....348 C 2
Casalabriva 2A....348 D 5
Casalta 2B....347 G 3
Casamaccioli 2B....346 D 4
Casamozza 2B....347 G 2
Casanova 2B....347 E 5
Casardo Col de 2B....347 F 4
Casatorra 2B....345 G 5
Cascastel-
des-Corbières 11....338 C 2
Casefabre 66....342 C 3
Caseneuve 84....306 A 1
Cases-de-Pène 66....338 C 5
Casevecchie 2B....349 G 1
Cassaber 64....293 E 5
Cassagnabère-Tournas 31..316 C 5
Cassagnas 48....283 E 2
La Cassagne 24....241 H 3
Cassagne 31....335 E 1
Cassagnes 46....259 F 4
Cassagnes 66....338 B 5
Cassagnes-Bégonhès 12....280 C 3
Cassagnoles 30....283 H 5
Cassagnoles 34....320 B 3
La Cassaigne 11....319 E 5
Cassaigne 32....295 H 1
Cassaignes 11....337 G 3
Cassaniouze 15....262 B 2
Cassano 2B....346 C 2
Cassel 59....3 H 5
Cassen 40....293 F 2
Casseneuil 47....258 B 5
Les Cassés 11....318 D 3
Casset Cascade du 05....252 A 5
Casseuil 33....256 C 3
Cassignas 47....276 A 2
La Cassine 08....27 E 5
Cassis 13....327 F 3
Casson 44....147 G 2
Cassuéjouls 12....263 F 2
Cast 29....75 H 5
Castagnac 31....317 H 5
Castagnède 31....335 E 2
Castagnède 64....311 H 3
Castagniers 06....291 E 5
Castaignos-Souslens 40....293 H 4
Castandet 40....294 B 2
Castanet 12....279 H 2
Castanet 81....279 F 5
Castanet 82....279 E 2
Castanet-le-Haut 34....301 E 4
Castanet-Tolosan 31....318 A 2
Castans 11....320 A 3
Casteide-Cami 64....314 A 2
Casteide-Candau 64....293 H 5
Casteide-Doat 64....315 E 3
Casteil 66....342 A 4
Castel-Sarrazin 40....293 F 4
Castel Vendon
Rocher du 50....28 D 2
Castelbajac 65....315 H 5
Castelbiague 31....334 D 2
Castelbouc Château de 48..282 C 1
Castelculier 47....276 C 3
Le Castelet 09....336 C 5
Castelferrus 82....277 F 5
Castelfranc 46....259 G 5
Castelgaillard 31....316 D 3
Casteljaloux 47....275 E 1
Casteljau 07....284 A 1
Castella 47....276 C 2

Castellane 04....308 A 1
Castellar 06....291 G 5
Le Castellard-Mélan 04....287 H 2
Castellare-di-Casinca 2B....347 G 2
Castellare-di-Mercurio 2B....347 F 4
Le Castellet 04....287 G 5
Le Castellet 83....327 H 3
Castellet 84....306 A 1
Castellet-les-Sausses 04....289 E 4
Castelli Pointe du 44....145 G 4
Castello 2B....345 F 2
Castello-di-Rostino 2B....347 F 4
Castelmary 12....279 H 3
Castelmaurou 31....298 A 4
Castelmayran 82....277 E 5
Castelmoron-d'Albret 33....256 D 2
Castelmoron-sur-Lot 47....275 H 1
Castelnau-Barbarens 32....296 C 5
Castelnau-Bretenoux
Château de 46....243 E 5
Castelnau-Chalosse 40....293 F 3
Castelnau-d'Anglès 32....295 G 4
Castelnau-d'Arbieu 32....296 C 1
Castelnau-d'Aude 11....320 B 5
Castelnau-d'Auzan
-Labarrère 32....275 E 5
Castelnau-de-Brassac 81....300 A 4
Castelnau-de-Guers 34....322 C 3
Castelnau-de-Lévis 81....299 F 1
Castelnau-
de-Mandailles 12....263 F 4
Castelnau-de-Médoc 33....237 E 3
Castelnau-
de-Montmiral 81....298 D 1
Castelnau-Durban 09....335 H 2
Castelnau-le-Lez 34....302 D 4
Castelnau-Magnoac 65....316 A 4
Castelnau-Montratier 46....277 H 2
Castelnau-Pégayrols 12....281 F 4
Castelnau-Picampeau 31....317 E 4
Castelnau-
Rivière-Basse 65....295 E 5
Castelnau-sur-Gupie 47....257 E 4
Castelnau-
sur-l'Auvignon 32....275 H 5
Castelnau-Tursan 40....294 B 4
Castelnau-Valence 30....284 A 5
Castelnaud-
de-Gratecambe 47....258 C 4
Castelnaud-la-Chapelle 24..259 F 1
Castelnaudary 11....319 E 4
Castelnavet 32....295 F 4
Castelner 40....293 H 5
Castelnou 66....342 D 3
Castelpers 12....280 B 4
Castelreng 11....337 F 2
Castels 24....241 F 5
Castelsagrat 82....277 E 3
Castelsarrasin 82....277 F 5
Castelvieilh 65....315 F 4
Castelviel 33....256 C 2
Castennec Site de 56....101 H 4
Le Castéra 31....297 F 4
Castéra-Bouzet 82....276 D 5
Castéra-Lanusse 65....315 G 5
Castéra-Lectourois 32....276 B 5
Castéra-Lou 65....315 F 3
Castéra-Loubix 64....314 D 3
Castéra-Verduzan 32....295 H 2
Castéra-Vignoles 31....316 C 4
Castéras 09....335 H 1
Casterets 65....316 B 4
Castéron 32....296 D 1
Castet 64....332 A 1
Castet-Arrouy 32....276 C 5
Castetbon 64....313 F 2
Castétis 64....313 G 2
Castetnau-Camblong 64....313 F 3
Castetner 64....313 G 2
Castetpugon 64....294 C 5
Castets 40....292 D 1
Castets-en-Dorthe 33....256 C 4
Castex 09....317 G 5
Castex 32....315 G 3
Castex-d'Armagnac 32....294 D 1
Casties-Labrande 31....317 E 4
Castifao 2B....347 E 3
Castiglione 2B....347 E 3
Castillon 06....291 G 5
Castillon 14....32 D 4
Castillon 64....313 H 2
Castillon 64....314 D 2
Castillon 65....333 F 1
Castillon Barrage de 04....308 B 1
Castillon Col de 06....291 G 5

Castillon-de-Castets 33....256 C 4
Castillon-de-Larboust 31....334 A 4
Castillon-
de-Saint-Martory 31....334 D 1
Castillon-Debats 32....295 G 3
Castillon-du-Gard 30....284 D 5
Castillon-en-Auge 14....54 B 1
Castillon-en-Couserans 09..335 E 3
Castillon-la-Bataille 33....238 D 5
Castillon-Massas 32....296 A 3
Castillon-Savès 32....297 E 5
Castillonnès 47....258 B 3
Castilly 14....32 B 3
Castin 32....296 A 3
Castineta 2B....347 F 3
Castirla 2B....347 E 4
Castres 02....24 A 3
Castres 81....299 G 5
Castres-Gironde 33....255 F 2
Castries 34....303 E 4
Le Cateau-Cambrésis 59....14 D 4
Le Catelet 02....14 B 5
Le Catelier 76....20 B 3
Catenay 76....36 C 1
Catenoy 60....38 D 2
Cateri 2B....346 C 2
Cathervielle 31....334 A 4
Catheux 60....22 A 4
Catigny 60....23 G 4
Catillon-Fumechon 60....38 C 1
Catillon-sur-Sambre 59....15 E 5
Catllar 66....342 A 2
Les Catons 73....233 E 1
Catonvielle 32....297 E 4
Cattenières 59....14 C 4
Cattenom 57....45 H 2
Catteville 50....31 F 2
Catus 46....259 H 4
Catz 50....32 A 3
Caubeyres 47....275 F 2
Caubiac 31....297 F 3
Caubios-Loos 64....314 B 2
Caubon-Saint-Sauveur 47....257 F 3
Caubous 31....334 A 4
Caubous 65....316 A 4
Caucalières 81....299 H 5
La Cauchie 62....13 E 3
Cauchy-à-la-Tour 62....7 H 4
Caucourt 62....7 H 5
Caudan 56....101 E 5
Caudebec-en-Caux 76....35 G 1
Caudebec-lès-Elbeuf 76....36 A 3
Caudebronde 11....319 H 3
Caudecoste 47....276 C 4
Caudéran 33....237 F 5
Caudeval 11....336 C 1
Caudiès-de-Conflent 66....341 G 3
Caudiès-
de-Fenouillèdes 66....337 H 4
Caudon-de-Vitrac 24....259 G 1
Caudos 33....254 C 3
Caudrot 33....256 C 3
Caudry 59....14 C 4
Cauffry 60....38 D 3
Caugé 27....56 A 1
Caujac 31....318 A 4
Caulaincourt 02....23 H 2
Le Caule-Sainte-Beuve 76....21 E 3
Caulières 80....21 G 3
Caullery 59....14 C 4
Caulnes 22....103 F 1
La Caume
Panorama de 13....304 D 3
Caumont 02....24 A 5
Caumont 09....335 F 2
Caumont 27....35 H 2
Caumont 32....294 D 3
Caumont 33....256 D 2
Caumont 62....12 B 2
Caumont 82....277 E 5
Caumont Château de 32....297 E 5
Caumont-l'Éventé 14....32 D 5
Caumont-sur-Durance 84....305 E 1
Caumont-sur-Garonne 47....257 F 5
Caumont-sur-Orne 14....53 F 2
Cauna 40....293 H 2
Caunay 79....185 H 5
Cauneille 40....292 D 5
Caunes-Minervois 11....320 A 4
La Caunette 34....320 C 3
Caunette-sur-Lauquet 11....337 H 2
Caunettes-en-Val 11....338 B 2
Caupenne 40....293 G 3
Caupenne-d'Armagnac 32..294 D 2
La Caure 51....61 E 2
Caurel 22....77 H 5
Caurel 51....41 H 3

Cauria *Mégalithes de* **2A** .... **350** D 3
Cauro **2A** .... **348** D 3
Cauroir **59** .... **14** C 3
Cauroy **08** .... **42** B 3
Cauroy-lès-Hermonville **51** .... **41** F 3
Le Causé **82** .... **297** E 2
Cause-de-Clérans **24** .... **240** C 5
Caussade **82** .... **278** B 3
Caussade-Rivière **65** .... **295** E 5
Causse-Bégon **30** .... **282** B 4
Causse-de-la-Selle **34** .... **302** B 2
Causse Noir
  Corniche du **12** .... **282** A 3
Caussens **32** .... **295** H 1
Causses-et-Veyran **34** .... **321** F 2
Caussidières **31** .... **318** B 3
Caussiniojouls **34** .... **301** F 5
Caussols **06** .... **309** E 2
Caussou **09** .... **336** C 5
Cauterets **65** .... **332** D 3
Cauverville-en-Roumois **27** .... **35** F 3
Cauvicourt **14** .... **53** H 1
Cauvignac **33** .... **256** C 5
Cauvigny **60** .... **38** B 3
Cauville **14** .... **53** E 2
Cauville-sur-Mer **76** .... **18** C 5
La Cauvinière *Haras* **14** .... **54** D 1
Caux **34** .... **321** H 2
Caux-et-Sauzens **11** .... **319** G 5
Cauzac **47** .... **276** D 2
Cavagnac **46** .... **242** C 4
Cavaillon **84** .... **305** F 2
Cavalaire-sur-Mer **83** .... **329** F 3
La Cavalerie **12** .... **281** H 5
Cavalière **83** .... **329** E 4
Cavaliers *Falaise des* **83** .... **307** H 2
Cavan **22** .... **72** D 4
Cavanac **11** .... **319** H 5
Cavarc **47** .... **258** B 2
Caveirac **30** .... **303** G 2
Caves **11** .... **339** E 3
Cavignac **33** .... **237** H 3
Cavigny **50** .... **32** B 4
Cavillargues **30** .... **284** C 4
Cavillon **80** .... **22** A 1
Cavron-Saint-Martin **62** .... **6** D 5
Caychax **09** .... **336** C 5
Cayeux-en-Santerre **80** .... **23** E 2
Cayeux-sur-Mer **80** .... **11** E 2
Le Cayla *Musée* **81** .... **279** E 5
Le Caylar **34** .... **301** H 2
Caylus **82** .... **278** D 3
La Cayolle *Col de* **06** .... **289** E 1
Cayrac **82** .... **278** B 4
Cayres **43** .... **247** E 5
Cayriech **82** .... **278** C 3
Le Cayrol **12** .... **263** E 4
Cayrols **15** .... **261** H 1
Cazac **31** .... **316** D 3
Cazalis **33** .... **274** A 1
Cazalis **40** .... **293** H 4
Cazalrenoux **11** .... **319** E 5
Cazals **46** .... **259** G 3
Cazals **82** .... **278** D 4
Cazals-des-Baylès **09** .... **337** E 1
Cazaril-Laspènes **31** .... **334** A 4
Cazaril-Tambourès **31** .... **316** A 5
Cazarilh **65** .... **334** A 3
Cazats **33** .... **256** B 5
Cazaubon **32** .... **294** D 1
Cazaugitat **33** .... **256** D 2
Cazaunous **31** .... **334** C 2
Cazaux **09** .... **336** A 2
Cazaux **33** .... **254** B 4
Cazaux-d'Anglès **32** .... **295** G 4
Cazaux-Debat **65** .... **333** H 3
Cazaux-Fréchet **65** .... **333** H 4
Cazaux-Layrisse **31** .... **334** A 3
Cazaux-Savès **32** .... **297** E 5
Cazaux-Villecomtal **32** .... **315** F 2
Cazavet **09** .... **335** E 2
La Caze *Château de* **48** .... **282** B 1
Cazeaux-de-Larboust **31** .... **334** A 4
Cazedarnes **34** .... **321** E 3
Cazenave-Serres-
  et-Allens **09** .... **336** B 4
Cazeneuve **32** .... **295** F 1
Cazeneuve-Montaut **31** .... **316** D 5
Cazères **31** .... **317** G 5
Cazères-sur-l'Adour **40** .... **294** B 2
Cazes-Mondenard **82** .... **277** G 3
Cazevieille **34** .... **302** C 3
Cazideroque **47** .... **277** E 1
Cazilhac **11** .... **319** H 5
Cazilhac **34** .... **302** C 1
Cazilhac *Château de* **34** .... **301** H 3
Cazillac **46** .... **242** C 4

Cazoulès **24** .... **242** B 5
Cazouls-d'Hérault **34** .... **322** C 3
Cazouls-lès-Béziers **34** .... **321** F 3
Ceaucé **61** .... **82** B 3
Ceaulmont **36** .... **188** D 2
Céaux **50** .... **51** G 5
Céaux-d'Allègre **43** .... **247** E 2
Ceaux-en-Couhé **86** .... **186** B 4
Ceaux-en-Loudun **86** .... **169** E 1
Cébazan **34** .... **321** E 3
Cébazat **63** .... **209** H 5
Ceccia
  Site préhistorique **2A** .... **351** G 3
Ceffia **39** .... **196** B 4
Ceffonds **52** .... **92** B 3
Ceignac **12** .... **280** C 2
Ceignes **01** .... **214** B 1
Ceilhes-et-Rocozels **34** .... **301** F 2
Ceillac **05** .... **271** E 2
Ceilloux **63** .... **228** C 2
Ceintrey **54** .... **94** D 2
La Celette **18** .... **190** D 1
La Celle **03** .... **191** E 5
La Celle **18** .... **173** H 4
Cellé **41** .... **131** E 2
La Celle **63** .... **208** C 5
La Celle **83** .... **328** B 1
La Celle-Condé **18** .... **172** D 4
La Celle-Dunoise **23** .... **189** E 4
La Celle-en-Morvan **71** .... **176** C 2
La Celle-Guenand **37** .... **170** B 2
La Celle-les-Bordes **78** .... **87** E 2
Celle-Lévescault **86** .... **186** A 3
La Celle-Saint-Avant **37** .... **169** H 4
La Celle-Saint-Cloud **78** .... **58** A 3
La Celle-Saint-Cyr **89** .... **113** G 5
La Celle-
  sous-Chantemerle **51** .... **90** B 2
La Celle-sous-Gouzon **23** .... **207** H 1
La Celle-
  sous-Montmirail **02** .... **60** C 3
La Celle-sur-Loire **58** .... **156** A 2
La Celle-sur-Morin **77** .... **59** G 4
La Celle-sur-Nièvre **58** .... **156** C 4
La Celle-sur-Seine **77** .... **88** C 4
Cellefrouin **16** .... **203** H 4
Celles **09** .... **336** B 3
Celles **15** .... **245** G 3
Celles **17** .... **220** B 2
Celles **24** .... **239** H 1
Celles **34** .... **301** H 4
Celles-en-Bassigny **52** .... **117** H 5
Celles-lès-Condé **02** .... **60** D 1
Celles-sur-Aisne **02** .... **40** C 2
Celles-sur-Belle **79** .... **185** F 5
Celles-sur-Durolle **63** .... **210** D 4
Celles-sur-Ource **10** .... **115** G 4
Celles-sur-Plaine **88** .... **96** B 3
La Cellette **23** .... **189** G 3
La Cellette **63** .... **209** E 2
Cellettes **16** .... **203** F 4
Cellettes **41** .... **153** F 1
Le Cellier **44** .... **148** A 3
Cellier-du-Luc **07** .... **265** F 2
Celliers **73** .... **234** B 3
Cellieu **42** .... **230** C 3
Cellule **63** .... **209** H 4
Celon **36** .... **188** C 2
Celony **13** .... **306** A 5
Celoux **15** .... **246** A 2
Celsoy **52** .... **139** H 2
Cély **77** .... **88** A 4
Cemboing **70** .... **140** C 2
Cempuis **60** .... **21** H 4
Cénac **33** .... **255** H 1
Cénac-et-Saint-Julien **24** .... **259** G 1
Cenans **70** .... **162** B 1
Cendras **30** .... **283** H 3
Le Cendre **63** .... **227** H 1
Cendrecourt **70** .... **140** D 2
Cendrey **25** .... **162** B 2
Cendrieux **24** .... **240** D 4
Cénevières **46** .... **260** D 3
Cenne-Monestiés **11** .... **319** F 4
Cenomes **12** .... **301** E 2
Cenon **33** .... **237** G 5
Cenon-sur-Vienne **86** .... **169** G 4
Censeau **39** .... **180** A 3
Censerey **21** .... **158** D 4
Censy **89** .... **137** F 4
Les Cent-Acres **76** .... **20** B 3
Centeilles *Chapelle de* **34** .... **320** B 4
Centrès **12** .... **280** B 3
Centuri **2B** .... **345** F 1
Centuri-Port **2B** .... **345** F 1
Cenves **69** .... **194** D 5
Cépet **31** .... **297** H 3

Cépie **11** .... **337** G 1
Cepoy **45** .... **112** C 4
Céran **32** .... **296** B 2
Cérans-Foulletourte **72** .... **129** H 2
Cerbère **66** .... **343** H 4
Cerbois **18** .... **172** C 1
Cercié **69** .... **212** D 1
Cercier **74** .... **215** F 2
Cercles **24** .... **221** H 5
Cercoux **17** .... **238** C 2
Le Cercueil **61** .... **83** G 2
Cercy-la-Tour **58** .... **175** G 3
Cerdon **01** .... **214** B 2
Cerdon **45** .... **134** C 4
Cerdon *Grottes du* **01** .... **214** B 1
Cère **40** .... **273** H 5
Cère *Pas de* **15** .... **244** D 4
Céré-la-Ronde **37** .... **152** D 4
Cerelles **37** .... **151** H 1
Cérences **50** .... **51** G 2
Céreste **04** .... **306** B 1
Céret **66** .... **342** D 4
Cerfontaine **59** .... **15** H 2
Le Cergne **42** .... **212** A 1
Cergy **95** .... **58** A 1
Cergy-Pontoise
  Ville nouvelle **95** .... **58** A 1
Cérilly **03** .... **191** E 1
Cérilly **21** .... **138** A 2
Cérilly **89** .... **114** A 3
Cerisé **61** .... **83** G 4
Cerisières **52** .... **92** D 5
Cerisiers **89** .... **113** H 3
Cerisy **80** .... **23** E 2
Cerisy-Belle-Étoile **61** .... **53** E 3
Cerisy-Buleux **80** .... **11** F 5
Cerisy-la-Forêt **50** .... **32** C 4
Cerisy-la-Salle **50** .... **51** H 1
Cerizay **79** .... **167** F 3
Cérizols **09** .... **335** E 1
Cerizy **02** .... **24** B 3
La Cerlangue **76** .... **35** E 1
Le Cerleau **08** .... **26** A 2
Cernans **39** .... **179** H 2
Cernay **14** .... **54** D 1
Cernay **28** .... **85** H 4
Cernay **68** .... **143** E 1
Cernay **86** .... **169** E 3
Cernay-en-Dormois **51** .... **42** D 4
Cernay-la-Ville **78** .... **57** H 5
Cernay-l'Église **25** .... **163** G 3
Cernay-lès-Reims **51** .... **41** H 4
Cerneux **77** .... **60** B 5
Cernex **74** .... **215** F 2
Cerniébaud **39** .... **180** B 4
Cernion **08** .... **26** B 3
Cernon **39** .... **196** C 3
Cernon **51** .... **62** A 3
Cernoy **60** .... **38** D 2
Cernoy-en-Berry **45** .... **155** G 1
Cernusson **49** .... **149** G 4
Cerny **91** .... **87** H 3
Cerny-en-Laonnois **02** .... **40** D 2
Cerny-lès-Bucy **02** .... **24** D 5
Céron **71** .... **193** F 5
Cérons **33** .... **256** B 3
Cerqueux **14** .... **54** D 1
Les Cerqueux **49** .... **167** F 1
Les Cerqueux-
  sous-Passavant **49** .... **149** G 5
Cerre-lès-Noroy **70** .... **141** G 4
Cers **34** .... **321** H 4
Cersay **79** .... **167** H 1
Cerseuil **02** .... **40** C 3
Cersot **71** .... **177** F 5
Certémery **39** .... **179** G 2
Certilleux **88** .... **94** A 5
Certines **01** .... **213** H 1
Cervens **74** .... **198** A 4
Cervières **05** .... **252** D 5
Cervières **42** .... **211** E 5
Cerville **54** .... **66** B 5
Cervon **58** .... **157** G 4
Cerzat **43** .... **246** C 2
Cesancey **39** .... **196** B 1
Césarches **73** .... **216** A 5
Césarville-Dossainville **45** .... **111** G 2
Cescau **09** .... **335** E 3
Cescau **64** .... **314** A 2
Cesny-aux-Vignes **14** .... **34** A 5
Cesny-Bois-Halbout **14** .... **53** G 1
Cessac **33** .... **256** C 2
Cessales **31** .... **318** C 2
Cesse **55** .... **43** H 1
Cesseins **01** .... **213** E 2

Cessenon-sur-Orb **34** .... **321** F 2
Cessens **73** .... **215** E 5
Cesseras **34** .... **320** C 4
Cesset **03** .... **192** A 5
Cesseville **27** .... **36** A 4
Cessey **25** .... **161** H 5
Cessey-sur-Tille **21** .... **160** C 3
Cessières **02** .... **24** C 5
Cessieu **38** .... **232** A 2
Cesson **22** .... **78** B 3
Cesson **77** .... **88** B 2
Cesson-Sévigné **35** .... **104** B 3
Cessoy-en-Montois **77** .... **89** F 3
Cessy **01** .... **197** F 4
Cessy-les-Bois **58** .... **156** C 3
Cestas **33** .... **255** F 1
Cestayrols **81** .... **279** F 5
Ceton **61** .... **108** D 2
Cette-Eygun **64** .... **331** H 4
Céüze **05** .... **269** F 4
Cevins **73** .... **234** B 2
Ceyras **34** .... **302** A 4
Ceyrat **63** .... **227** G 1
Ceyreste **13** .... **327** G 3
Ceyroux **23** .... **206** D 2
Ceyssac **43** .... **247** F 4
Ceyssat **63** .... **227** F 1
Ceyzériat **01** .... **214** A 1
Ceyzérieu **01** .... **214** D 4
Cézac **33** .... **237** H 3
Cézac **46** .... **277** H 1
Cezais **85** .... **184** B 1
Cézan **32** .... **296** A 2
Cezay **42** .... **211** F 5
Cézens **15** .... **245** F 4
Cézia **39** .... **196** C 3
Cézy **89** .... **113** G 5
Chaalis *Abbaye de* **60** .... **39** E 5
Chabanais **16** .... **204** C 4
La Chabanne **03** .... **211** E 3
La Chabasse *Église de* **63** .... **228** D 1
Chabestan **05** .... **269** E 4
Chabeuil **26** .... **249** G 5
Chablis **89** .... **136** D 3
Chabons **38** .... **232** B 4
La Chabossière **44** .... **147** F 4
La Chabotterie
  Château de **85** .... **165** H 2
Chabottes **05** .... **259** H 2
Chabournay **86** .... **169** E 5
Chabrac **16** .... **204** C 4
Chabreloche **63** .... **210** D 4
Chabrières **04** .... **288** A 4
Chabrignac **19** .... **223** H 5
Chabrillan **26** .... **267** F 2
Chabris **36** .... **153** H 4
Chacé **49** .... **150** B 4
Chacenay **10** .... **115** H 3
Chacrise **02** .... **40** B 3
Chadeleuf **63** .... **227** H 3
Chadenac **17** .... **219** H 3
Chadenet **48** .... **264** D 4
Chadrac **43** .... **247** F 3
Chadron **43** .... **247** F 4
Chadurie **16** .... **221** F 3
Le Chaffal **26** .... **249** H 5
Le Chaffaut-
  Saint-Jurson **04** .... **287** H 4
Chaffois **25** .... **180** C 2
Chagey **70** .... **142** B 3
Chagnolet **17** .... **183** F 5
Chagnon **42** .... **230** C 3
Chagny **08** .... **26** D 5
Chagny **71** .... **177** G 2
Chahaignes **72** .... **130** C 3
Chahains **61** .... **83** F 2
Chaignay **21** .... **160** A 1
Chaignes **27** .... **56** D 1
Chail **79** .... **185** G 5
Chaillac **36** .... **188** B 3
Chaillac-sur-Vienne **87** .... **204** D 4
Chailland **53** .... **105** H 2

Chainaz-les-Frasses **74** .... **215** F 5
Chaînée-des-Coupis **39** .... **178** D 2
Chaingy **45** .... **133** E 2
Chaintré **71** .... **194** D 5
Chaintreaux **77** .... **112** C 2
Chaintrix-Bierges **51** .... **61** H 3
La Chaise **10** .... **92** A 4
La Chaise-Baudouin **50** .... **51** H 4
La Chaise-Dieu **43** .... **228** D 5
Chaise-Dieu-du-Theil **27** .... **55** G 4
Chaix **85** .... **183** H 3
La Chaize-Giraud **85** .... **165** E 5
La Chaize-le-Vicomte **85** .... **166** A 5
Chalabre **11** .... **337** E 2
Chalagnac **24** .... **240** C 3
Chalain *Lac de* **39** .... **179** G 5
Chalain-d'Uzore **42** .... **229** G 1
Chalain-le-Comtal **42** .... **229** H 2
Chalaines **55** .... **93** H 1
Chalais **16** .... **239** E 1
Chalais **24** .... **223** E 3
Chalais **36** .... **188** A 2
Chalais **86** .... **168** D 2
Chalam *Crêt de* **01** .... **197** E 5
Chalamont **01** .... **213** H 3
Chalampé **68** .... **121** G 5
Chalancey **52** .... **139** F 4
Chalancon **26** .... **268** B 4
Chalandray **86** .... **168** C 5
Chalandrey **50** .... **52** A 5
Chalandry **02** .... **24** D 4
Chalandry-Elaire **08** .... **26** D 3
Le Chalange **61** .... **84** A 2
Le Chalard **87** .... **223** F 3
Chalautre-la-Grande **77** .... **89** H 3
Chalautre-la-Petite **77** .... **89** G 3
Chalautre-la-Reposte **77** .... **89** E 3
Chalaux **58** .... **158** A 3
La Chaldette **48** .... **263** G 2
Chaleins **01** .... **213** E 2
Chalencon **07** .... **248** C 5
Chalencon *Château de* **43** .... **247** G 1
Les Chalesmes **39** .... **180** A 5
Châlette-sur-Loing **45** .... **112** C 5
Chalette-sur-Voire **10** .... **91** G 4
Chaley **01** .... **214** B 3
Chalèze **25** .... **162** A 3
Chalezeule **25** .... **162** A 3
Chaliers **15** .... **246** A 4
Chalifert **77** .... **59** F 3
Chaligny **54** .... **94** C 1
Chalinargues **15** .... **245** F 2
Chalindrey **52** .... **139** H 2
Chalivoy-Milon **18** .... **173** H 3
Challain-la-Potherie **49** .... **127** G 4
Challans **85** .... **165** E 3
Challement **58** .... **157** F 3
Challerange **08** .... **42** D 3
Challes **72** .... **108** A 5
Challes-la-Montagne **01** .... **214** B 1
Challes-les-Eaux **73** .... **233** F 2
Challet **28** .... **86** A 2
Challex **01** .... **197** F 5
Challignac **16** .... **220** D 4
Challonges **74** .... **215** E 2
Challuy **58** .... **174** C 2
Chalmaison **77** .... **89** G 3
Chalmazel-
  Jeansagnière **42** .... **229** F 1
Chalmessin **52** .... **139** E 4
Chalmoux **71** .... **193** E 1
Chalo-Saint-Mars **91** .... **87** F 4
Le Chalon **26** .... **249** G 2
Chalon **38** .... **231** F 4
Chalon-sur-Saône **71** .... **177** H 4
Chalonnes-
  sous-le-Lude **49** .... **129** H 5
Chalonnes-sur-Loire **49** .... **149** E 2
Chalons **17** .... **200** D 5
Châlons-du-Maine **53** .... **106** B 2
Châlons-en-Champagne **51** .... **62** B 2
Châlons-sur-Vesle **51** .... **41** F 3
Chalonvillars **70** .... **142** B 3
Chalou-Moulineux **91** .... **87** E 4
La Chalp **05** .... **271** E 1
Chaltrait **51** .... **61** F 2
Chalus **63** .... **228** A 4
Châlus **87** .... **223** E 2
Chalusset *Château de* **87** .... **223** H 1
Chalvignac **15** .... **243** H 1
Chalvraines **52** .... **117** G 2
Chamadelle **33** .... **238** D 3
Chamagne **88** .... **95** E 3
Chamagnieu **38** .... **231** H 1
Chamalières **63** .... **209** G 5
Chamalières-sur-Loire **43** .... **247** G 3
Chamaloc **26** .... **268** B 1

Chamant **60** .... **39** E 4
Chamarande **91** .... **87** G 3
Chamarandes **52** .... **117** E 3
Chamaret **26** .... **267** F 5
La Chamba **42** .... **229** E 1
Chambain **21** .... **138** D 3
Chambeire **21** .... **160** C 3
Chambellay **49** .... **128** B 4
Chambéon **42** .... **229** H 1
Chambérat **03** .... **190** B 3
Chamberaud **23** .... **207** F 2
Chamberet **19** .... **224** D 3
Chambéria **39** .... **196** B 2
Chambéry **73** .... **233** F 2
Chambéry-le-Vieux **73** .... **233** F 2
Chambeugle **89** .... **135** F 2
Chambezon **43** .... **228** A 5
Chambilly **71** .... **193** G 5
Chamblac **27** .... **55** F 2
Chamblanc **21** .... **178** B 1
Chamblay **39** .... **179** F 1
Chambles **42** .... **230** A 4
Chamblet **03** .... **191** E 4
Chambley-Bussières **54** .... **65** F 1
Chambly **60** .... **38** B 5
Chambœuf **21** .... **159** H 4
Chambœuf **42** .... **230** A 2
Chambois **61** .... **54** B 4
Chambolle-Musigny **21** .... **160** A 4
Le Chambon **07** .... **266** A 1
Chambon **17** .... **201** E 1
Chambon **18** .... **173** E 4
Chambon **30** .... **283** G 2
Chambon **37** .... **170** A 3
Chambon *Barrage du* **38** .... **251** H 3
Chambon *Lac* **63** .... **227** F 3
Chambon *Lac de* **36** .... **188** D 3
Le Chambon-
  Feugerolles **42** .... **230** A 4
Chambon-la-Forêt **45** .... **111** G 4
Chambon-le-Château **48** .... **264** D 1
Chambon-Sainte-Croix **23** .... **189** E 4
Chambon-sur-Cisse **41** .... **152** D 1
Chambon-sur-Dolore **63** .... **228** D 3
Chambon-sur-Lac **63** .... **227** F 3
Le Chambon-
  sur-Lignon **43** .... **248** A 3
Chambon-sur-Voueize **23** .... **208** B 1
Chambonas **07** .... **265** H 5
Chambonchard **23** .... **208** C 1
La Chambonie **42** .... **229** E 1
Chamborand **23** .... **206** C 1
Chambord **27** .... **55** F 3
Chambord **41** .... **132** C 5
Chamboret **87** .... **205** F 3
Chamborigaud **30** .... **283** G 2
Chambornay-
  lès-Bellevaux **70** .... **162** A 2
Chambornay-lès-Pin **70** .... **161** H 2
Chambors **60** .... **37** G 4
Chambost-Allières **69** .... **212** B 3
Chambost-
  Longessaigne **69** .... **212** B 5
La Chambotte **73** .... **215** E 5
Chamboulive **19** .... **224** D 4
Chambourcy **78** .... **58** A 3
Chambourg-sur-Indre **37** .... **152** B 5
Chambray **27** .... **56** A 3
Chambray **27** .... **56** C 1
Chambray-lès-Tours **37** .... **151** H 3
La Chambre **73** .... **234** A 4
Chambrecy **51** .... **41** F 4
Les Chambres **50** .... **51** G 4
Chambretaud **85** .... **166** D 2
Chambrey **57** .... **66** C 4
Chambroncourt **52** .... **93** F 4
Chambroutet **79** .... **167** G 3
Chambry **02** .... **24** D 5
Chambry **77** .... **59** G 2
Chaméane **63** .... **228** B 3
Chamelet **69** .... **212** C 3
Chameroy **52** .... **139** F 2
Chamery **51** .... **41** G 5
Chamesey **25** .... **163** E 3
Chamesol **25** .... **163** G 2
Chamesson **21** .... **138** A 3
Chameyrat **19** .... **242** D 1
Chamigny **77** .... **60** A 2
Chamilly **71** .... **177** G 3
Chammes **53** .... **106** C 4
Chamole **39** .... **179** G 3
Chamonix-Mont-Blanc **74** .... **217** E 3
Chamouillac **17** .... **219** H 5
Chamouille **02** .... **40** D 1
Chamouilley **52** .... **92** D 2
Chamousset **73** .... **233** H 2
Chamoux **89** .... **157** G 2

A B C D E F G H I J K L M N O P Q R S T U V W X Y Z

Chamoux-sur-Gelon 73 ...... 233 H 2
Chamoy 10 ...... 114 D 3
Champ de Bataille Château du 27 ...... 35 H 5
Le Champ-de-la-Pierre 61 ...... 83 E 2
Champ-d'Oiseau 21 ...... 137 H 5
Champ-Dolent 27 ...... 56 A 2
Champ-Dolent Menhir de 35 ...... 80 B 2
Champ-du-Boult 14 ...... 52 B 3
Champ du Feu 67 ...... 96 D 3
Champ-Haut 61 ...... 54 D 4
Champ-Laurent 73 ...... 233 H 3
Champ-le-Duc 88 ...... 119 H 2
Le Champ-près-Froges 38 .. 233 F 5
Le Champ-Saint-Père 85 ...... 182 D 2
Champ-sur-Barse 10 ...... 115 G 2
Champ-sur-Drac 38 ...... 250 D 3
Le Champ-sur-Layon 49 ...... 149 G 3
Champagnac 15 ...... 226 B 5
Champagnac 17 ...... 219 H 4
Champagnac-de-Belair 24 .. 222 C 5
Champagnac-la-Noaille 19.. 243 F 1
Champagnac-la-Prune 19 ... 243 F 2
Champagnac-la-Rivière 87.. 223 E 1
Champagnac-le-Vieux 43 ... 228 C 5
Champagnat 23 ...... 207 H 3
Champagnat 71 ...... 196 A 2
Champagnat-le-Jeune 63 ... 228 B 4
Champagne 07 ...... 249 E 1
Champagne 17 ...... 201 E 4
Champagne 28 ...... 57 E 4
Champagné 72 ...... 108 A 4
Champagne-au-Mont-d'Or 69 ...... 213 E 5
Champagne-en-Valromey 01 ...... 214 C 3
Champagne-et-Fontaine 24 ...... 221 G 4
Champagné-le-Sec 86 ...... 203 F 1
Champagné-les-Marais 85 .. 183 F 3
Champagne-Mouton 16 ...... 203 H 3
Champagné-Saint-Hilaire 86 ...... 186 B 4
Champagne-sur-Loue 39 ...... 179 G 1
Champagne-sur-Oise 95 ...... 38 B 5
Champagne-sur-Seine 77 ...... 88 C 4
Champagne-sur-Vingeanne 21 ...... 160 D 1
Champagne-Vigny 16 ...... 221 E 3
Champagneux 73 ...... 232 D 2
Champagney 25 ...... 161 H 3
Champagney 39 ...... 161 E 3
Champagney 70 ...... 142 A 2
Champagnier 38 ...... 250 D 2
Champagnole 39 ...... 179 H 4
Champagnolles 17 ...... 219 G 3
Champagny 21 ...... 159 G 1
Champagny 39 ...... 179 H 2
Champagny-en-Vanoise 73 ...... 234 D 3
Champagny-sous-Uxelles 71 ...... 194 D 1
Champallement 58 ...... 157 E 4
Champanges 74 ...... 198 B 3
Champaubert 51 ...... 61 E 3
Champcella 05 ...... 270 C 1
Champcenest 77 ...... 60 B 5
Champcerie 61 ...... 53 H 4
Champcervon 50 ...... 51 G 3
Champcevinel 24 ...... 240 C 2
Champcevrais 89 ...... 135 E 4
Champcey 50 ...... 51 G 4
Champclause 43 ...... 247 H 4
Champcourt 52 ...... 92 C 5
Champcueil 91 ...... 88 A 3
Champdeniers-Saint-Denis 79 ...... 185 E 2
Champdeuil 77 ...... 88 C 2
Champdieu 42 ...... 229 G 2
Champdivers 39 ...... 178 D 1
Champdolent 17 ...... 201 E 3
Champdor-Corcelles 01 ...... 214 C 2
Champdôtre 21 ...... 160 C 4
Champdray 88 ...... 120 A 2
Champeau-en-Morvan 21 .. 158 B 4
Champeaux 35 ...... 105 E 2
Champeaux 50 ...... 51 F 4
Les Champeaux 61 ...... 54 C 3
Champeaux 77 ...... 88 C 2
Champeaux 79 ...... 185 E 2
Champeaux-et-la-Chapelle-Pommier 24 ...... 222 B 4
Champeaux-sur-Sarthe 61 .. 84 B 2
Champeix 63 ...... 227 H 2
Champenard 27 ...... 36 C 5
La Champenoise 36 ...... 172 A 2
Champenoux 54 ...... 66 B 5
Champéon 53 ...... 82 C 4
Champétières 63 ...... 228 D 3
Champey 70 ...... 142 A 3
Champey-sur-Moselle 54 ...... 65 G 2
Champfleur 72 ...... 83 G 4
Champfleury 10 ...... 90 D 2
Champfleury 51 ...... 41 G 4
Champforgeuil 71 ...... 177 H 3
Champfrémont 53 ...... 83 F 4
Champfromier 01 ...... 197 E 5
Champgenéteux 53 ...... 82 D 5
Champguyon 51 ...... 60 D 4
Champhol 28 ...... 86 B 3
Champien 80 ...... 23 F 4
Champier 38 ...... 232 A 4
Champigné 49 ...... 128 C 4
Champignelles 89 ...... 135 F 3
Champigneul-Champagne 51 ...... 61 H 2
Champigneul-sur-Vence 08 ...... 26 C 4
Champigneulle 08 ...... 43 F 2
Champigneulles 54 ...... 65 H 5
Champigneulles-en-Bassigny 52 ...... 117 H 3
Champignol-lez-Mondeville 10 ...... 116 A 3
Champignolles 21 ...... 177 F 1
Champignolles 27 ...... 55 G 2
Champigny 51 ...... 41 G 3
Champigny 89 ...... 89 F 5
Champigny-en-Beauce 41 .. 132 A 4
Champigny-la-Futelaye 27 ...... 56 C 3
Champigny-le-Sec 86 ...... 168 D 5
Champigny-lès-Langres 52. 117 F 5
Champigny-sous-Varennes 52 ...... 140 A 2
Champigny-sur-Aube 10 ...... 91 E 2
Champigny-sur-Marne 94 ...... 58 D 4
Champigny-sur-Veude 37 .. 169 E 1
Champillet 36 ...... 189 H 2
Champillon 51 ...... 61 G 1
Champis 07 ...... 249 E 4
Champlan 91 ...... 58 B 5
Champlat-et-Boujacourt 51.. 41 F 5
Champlay 89 ...... 113 H 5
Champlecy 71 ...... 193 H 3
Champlemy 58 ...... 156 D 4
Champlieu 71 ...... 194 D 1
Champlieu Ruines gallo-romaines de 60 ...... 39 F 3
Champlin 08 ...... 26 A 2
Champlin 58 ...... 157 E 4
Champlitte-et-le-Prélot 70 ... 140 A 4
Champlitte-la-Ville 70 ...... 140 A 5
Champlive 25 ...... 162 B 3
Champlon 55 ...... 64 D 1
Champlost 89 ...... 114 B 4
Champmillon 16 ...... 221 E 2
Champmotteux 91 ...... 87 H 5
Champnétery 87 ...... 206 C 5
Champneuville 55 ...... 44 B 5
Champniers 16 ...... 221 F 1
Champniers 86 ...... 186 B 5
Champniers-et-Reilhac 24... 222 C 1
Champoléon 05 ...... 270 A 1
Champoly 42 ...... 211 E 4
Champosoult 61 ...... 54 C 3
Champougny 55 ...... 94 A 2
Champoulet 45 ...... 135 E 4
Champoux 25 ...... 162 A 2
Champrenault 21 ...... 159 F 2
Champrepus 50 ...... 51 H 3
Champrond 72 ...... 108 D 4
Champrond-en-Gâtine 28 ...... 85 F 4
Champrond-en-Perchet 28 ..... 85 E 5
Champrosay 91 ...... 58 C 5
Champrougier 39 ...... 179 E 3
Champs 02 ...... 40 A 1
Champs 61 ...... 84 C 2
Champs 63 ...... 209 H 2
Champs Col des 06 ...... 289 E 2
Les Champs-de-Losque 50 .... 32 A 4
Les Champs-Géraux 22 ...... 79 H 4
Champs-Romain 24 ...... 222 D 3
Champs-sur-Marne 77 ...... 59 E 3
Champs-sur-Tarentaine 15.. 226 C 5
Champs-sur-Yonne 89 ...... 136 B 4
Champsac 87 ...... 223 E 1
Champsanglard 23 ...... 189 F 5
Champsecret 61 ...... 82 B 2
Champseru 28 ...... 86 C 3
Champsevraine 52 ...... 140 A 3
Champtercier 04 ...... 287 H 3
Champtocé-sur-Loire 49 ...... 149 E 2
Champtoceaux 49 ...... 148 B 2
Champtonnay 70 ...... 161 F 2
Champvallon 89 ...... 113 G 5
Champvans 39 ...... 160 D 5
Champvans 70 ...... 161 E 2
Champvans-les-Baume 25.. 162 C 2
Champvans-les-Moulins 25. 161 H 3
Champvert 58 ...... 175 F 3
Champvoisy 51 ...... 40 D 5
Champvoux 58 ...... 156 B 5
Chamrousse 38 ...... 251 F 2
Chamvres 89 ...... 113 G 5
Chanac 48 ...... 264 B 5
Chanac-les-Mines 19 ...... 243 E 1
Chanaleilles 43 ...... 264 C 1
Chanas 38 ...... 231 E 5
Chanat-la-Mouteyre 63 ...... 209 G 5
Chanay 01 ...... 214 D 2
Chanaz 73 ...... 215 E 4
Chançay 37 ...... 152 B 2
Chancé 35 ...... 104 D 4
Chanceaux 21 ...... 159 G 1
Chanceaux-près-Loches 37 ...... 152 B 5
Chanceaux-sur-Choiselle 37 ...... 151 H 1
Chancelade 24 ...... 240 C 2
Chancenay 52 ...... 63 F 5
Chancey 70 ...... 161 F 3
Chancia 39 ...... 196 C 4
Chandai 61 ...... 55 G 4
Chandolas 07 ...... 284 A 1
Chandon 42 ...... 211 H 1
Chanéac 07 ...... 248 A 5
Chaneins 01 ...... 213 E 2
Chânes 71 ...... 194 D 5
Le Change 24 ...... 240 D 2
Changé 53 ...... 105 H 3
Change 71 ...... 177 F 2
Changé 72 ...... 107 H 5
Changey 52 ...... 117 F 5
Changis-sur-Marne 77 ...... 59 H 2
Changy 42 ...... 211 F 1
Changy 51 ...... 62 D 4
Changy-Tourny 71 ...... 193 H 3
Chaniat 43 ...... 228 C 5
Chaniaux 48 ...... 265 F 3
Chaniers 17 ...... 219 G 1
Channay 21 ...... 137 H 2
Channay-sur-Lathan 37 ...... 151 E 1
Channes 10 ...... 115 F 5
Chanonat 63 ...... 227 H 1
Chanos-Curson 26 ...... 249 F 3
Chanousse 05 ...... 286 D 1
Chanoy 52 ...... 117 F 5
Chanoz-Châtenay 01 ...... 213 F 1
Chanteau 45 ...... 111 E 5
Chantecoq 45 ...... 112 D 4
Chantecorps 79 ...... 185 G 2
Chanteheux 54 ...... 95 G 1
Chanteix 19 ...... 242 C 1
Chantelle 03 ...... 191 H 5
Chanteloup 27 ...... 56 A 3
Chanteloup 35 ...... 104 B 4
Chanteloup 50 ...... 51 G 2
Chanteloup 79 ...... 167 G 4
Chanteloup Pagode de 37 ...... 152 B 2
Chanteloup-en-Brie 77 ...... 59 F 3
Chanteloup-les-Bois 49 ...... 149 F 5
Chanteloup-les-Vignes 78 ...... 57 H 2
Chantelouve 38 ...... 251 H 4
Chantemerle 05 ...... 252 C 4
Chantemerle 51 ...... 90 A 2
Chantemerle-les-Blés 26 ...... 249 F 2
Chantemerle-lès-Grignan 26 ...... 267 F 5
Chantemerle-sur-la-Soie 17 ...... 201 G 3
Chantemesle 95 ...... 57 F 1
Chantenay-Saint-Imbert 58. 174 C 5
Chantenay-Villedieu 72 ...... 107 E 5
Chantepie 35 ...... 104 B 3
Chantérac 24 ...... 239 H 2
Chanterelle 15 ...... 227 E 5
Chantes 70 ...... 140 D 4
Chantesse 38 ...... 250 B 1
Chanteuges 43 ...... 246 C 3
Chantillac 16 ...... 220 B 5
Chantilly 60 ...... 38 D 4
Chantôme 36 ...... 188 D 3
Chantonnay 85 ...... 166 C 5
Chantraine 88 ...... 119 F 2
Chantraines 52 ...... 117 E 2
Chantrans 25 ...... 180 B 1
Chantrigné 53 ...... 82 B 4
Chanturgue Plateau de 63. 209 H 5
Chanu 61 ...... 53 E 4
Chanville 57 ...... 66 C 1
Chanzeaux 49 ...... 149 F 3
Chaon 41 ...... 133 H 5
Chaouilley 54 ...... 94 C 3
Chaource 10 ...... 115 E 4
Chaourse 02 ...... 25 G 4
Chapaize 71 ...... 194 D 1
Chapareillan 38 ...... 233 F 3
Chaparon 74 ...... 215 H 4
Chapdes-Beaufort 63 ...... 209 F 4
Chapdeuil 24 ...... 221 H 5
Chapeau 03 ...... 192 C 2
Chapeauroux 48 ...... 265 E 1
Chapeiry 74 ...... 215 F 4
Chapelaine 51 ...... 91 H 2
La Chapelaude 03 ...... 190 C 3
La Chapelle 03 ...... 210 C 2
La Chapelle 08 ...... 27 F 3
La Chapelle 16 ...... 203 E 4
La Chapelle 19 ...... 225 H 4
La Chapelle 73 ...... 234 A 4
La Chapelle-Achard 85 ...... 182 B 1
La Chapelle-Agnon 63 ...... 228 D 2
La Chapelle-Anthenaise 53. 106 A 3
La Chapelle-au-Mans 71 ...... 193 F 1
La Chapelle-au-Moine 61 ...... 53 E 4
La Chapelle-au-Riboul 53 ...... 82 C 5
La Chapelle-Aubareil 24 ...... 241 G 4
La Chapelle-aux-Bois 88 ...... 119 F 4
La Chapelle-aux-Brocs 19 ...... 242 C 2
La Chapelle-aux-Chasses 03 ...... 175 F 5
La Chapelle-aux-Choux 72. 130 A 5
La Chapelle-aux-Filtzméens 35 ...... 80 A 4
La Chapelle-aux-Lys 85 ...... 184 C 1
La Chapelle-aux-Naux 37 ...... 151 F 3
La Chapelle-aux-Saints 19.. 242 D 4
La Chapelle-Baloue 23 ...... 188 D 4
La Chapelle-Basse-Mer 44.. 148 A 3
La Chapelle-Bâton 17 ...... 201 H 2
La Chapelle-Bâton 79 ...... 185 E 2
La Chapelle-Bâton 86 ...... 203 H 1
La Chapelle-Bayvel 27 ...... 35 E 3
La Chapelle-Bertin 43 ...... 246 D 2
La Chapelle-Bertrand 79 ...... 185 G 1
La Chapelle-Biche 61 ...... 53 E 4
La Chapelle-Blanche 22 ...... 103 G 1
La Chapelle-Blanche 73 ...... 233 G 3
La Chapelle-Blanche-Saint-Martin 37 ...... 170 A 1
La Chapelle-Bouëxic 35 ...... 103 H 5
La Chapelle-Caro 56 ...... 102 D 5
La Chapelle-Cécelin 50 ...... 52 A 3
La Chapelle-Chaussée 35 ...... 80 A 5
La Chapelle-Craonnaise 53. 105 G 5
La Chapelle-d'Abondance 74 ...... 198 D 4
La Chapelle-d'Alagnon 15.. 245 F 3
La Chapelle-d'Aligné 72 ...... 129 E 3
La Chapelle-d'Andaine 61 ...... 82 C 2
La Chapelle-d'Angillon 18.. 155 E 3
La Chapelle-d'Armentières 59 ...... 8 C 2
La Chapelle-d'Aunainville 28 ...... 86 D 4
La Chapelle-d'Aurec 43 ...... 229 H 5
La Chapelle-de-Bragny 71. 194 D 1
La Chapelle-de-Brain 35 ...... 126 A 3
La Chapelle-de-Guinchay 71 ...... 194 D 5
La Chapelle-de-la-Tour 38.. 232 B 2
La Chapelle-de-Mardore 69 ...... 212 A 2
La Chapelle-des-Bois 25 ...... 197 G 1
La Chapelle-des-Fougeretz 35 ...... 104 A 2
La Chapelle-des-Marais 44. 146 B 1
La Chapelle-des-Pots 17 ...... 201 G 5
La Chapelle-devant-Bruyères 88 ...... 120 A 2
Chapelle-d'Huin 25 ...... 180 B 2
La Chapelle-du-Bard 38 ...... 233 G 4
La Chapelle-du-Bois 72 ...... 108 C 2
La Chapelle-du-Bois-des-Faulx 27 ...... 36 B 5
La Chapelle-du-Bourgay 76 ...... 20 B 2
La Chapelle-du-Châtelard 01 ...... 213 G 2
La Chapelle-du-Chêne 85.. 129 E 2
La Chapelle-du-Fest 50 ...... 32 C 5
La Chapelle-du-Genêt 49 ...... 148 C 4
La Chapelle-du-Lou-du-Lac 35 ...... 103 H 1
La Chapelle-du-Mont-de-France 71 ...... 194 C 3
La Chapelle-du-Mont-du-Chat 73 ...... 233 E 1
La Chapelle-du-Noyer 28 ...... 109 H 4
La Chapelle-en-Juger 50 ...... 32 A 5
La Chapelle-en-Lafaye 42. 229 G 4
La Chapelle-en-Serval 60 ...... 38 D 5
La Chapelle-en-Valgaudémar 05 ...... 251 H 5
La Chapelle-en-Vercors 26.. 250 B 4
La Chapelle-en-Vexin 95 ...... 37 F 5
La Chapelle-Enchérie 41 ...... 131 H 3
La Chapelle-Engerbold 14 ...... 53 E 2
La Chapelle-Erbrée 35 ...... 105 F 3
La Chapelle-Faucher 24 ...... 222 C 5
La Chapelle-Felcourt 51 ...... 62 D 1
La Chapelle-Forainvilliers 28 .. 57 E 5
La Chapelle-Fortin 28 ...... 55 H 5
La Chapelle-Gaceline 56 ...... 125 G 2
La Chapelle-Gaudin 79 ...... 167 H 2
La Chapelle-Gaugain 72 ...... 130 D 3
La Chapelle-Gauthier 27 ...... 55 E 2
La Chapelle-Gauthier 77 ...... 88 D 3
La Chapelle-Geneste 43 ...... 228 D 5
La Chapelle-Glain 44 ...... 127 F 4
La Chapelle-Gonaguet 24 ... 240 B 1
La Chapelle-Grésignac 24 ... 221 G 4
Chapelle-Guillaume 28 ...... 109 E 3
La Chapelle-Hareng 27 ...... 35 E 5
La Chapelle-Haute-Grue 14 ... 54 C 2
La Chapelle-Hermier 85 ...... 165 F 5
La Chapelle-Heulin 44 ...... 148 A 4
La Chapelle-Hugon 18 ...... 174 A 3
La Chapelle-Hullin 49 ...... 127 G 3
La Chapelle-Huon 72 ...... 131 E 2
La Chapelle-Iger 77 ...... 59 H 5
La Chapelle-Janson 35 ...... 81 F 4
La Chapelle-la-Reine 77 ...... 88 A 5
La Chapelle-Largeau 79 ...... 167 E 2
La Chapelle-Lasson 51 ...... 90 C 2
La Chapelle-Launay 44 ...... 146 D 2
La Chapelle-Laurent 15 ...... 246 A 1
La Chapelle-lès-Luxeuil 70.. 141 G 4
La Chapelle-Marcousse 63. 227 H 4
La Chapelle-Montabourlet 24 ...... 221 H 4
La Chapelle-Montbrandeix 87 ...... 222 D 4
La Chapelle-Monthodon 02... 60 D 1
La Chapelle-Montligeon 61.. 84 C 3
La Chapelle-Montlinard 18.. 156 B 5
La Chapelle-Montmartin 41. 153 H 4
La Chapelle-Montmoreau 24 ...... 222 B 4
La Chapelle-Montreuil 86 ...... 186 A 2
La Chapelle-Moutils 77 ...... 60 B 4
La Chapelle-Naude 71 ...... 195 H 1
La Chapelle-Neuve 22 ...... 77 E 2
La Chapelle-Neuve 56 ...... 101 H 5
La Chapelle-Onzerain 45 ...... 110 B 4
La Chapelle-Orthemale 36.. 171 F 4
La Chapelle-Palluau 85 ...... 165 G 3
La Chapelle-Péchaud 24 ...... 259 F 1
La Chapelle-Pouilloux 79 ...... 203 E 1
La Chapelle-près-Sées 61 ...... 83 H 2
La Chapelle-Rablais 77 ...... 88 D 4
La Chapelle-Rainsouin 53 ...... 106 B 3
La Chapelle-Rambaud 74 ...... 215 H 1
La Chapelle-Réanville 27 ...... 36 D 5
La Chapelle-Rousselin 49 ...... 149 E 4
Chapelle-Royale 28 ...... 109 E 3
La Chapelle-Saint-André 58. 156 D 2
La Chapelle-Saint-Aubert 35 ...... 81 E 5
La Chapelle-Saint-Aubin 72 ...... 107 G 4
La Chapelle-Saint-Étienne 79 ...... 167 F 5
La Chapelle-Saint-Florent 49 ...... 148 C 3
La Chapelle-Saint-Fray 72.. 107 G 3
La Chapelle-Saint-Géraud 19 ...... 243 F 4
La Chapelle-Saint-Jean 24.. 241 G 2
La Chapelle-Saint-Laud 49.. 129 E 5
La Chapelle-Saint-Laurent 79 ...... 167 G 4
La Chapelle-Saint-Laurian 36 ...... 172 A 1
La Chapelle-Saint-Luc 10 ...... 90 D 5
La Chapelle-Saint-Martial 23 ...... 207 F 3
La Chapelle-Saint-Martin 73 ...... 232 D 1
La Chapelle-Saint-Martin-en-Plaine 41 ...... 132 A 2
La Chapelle-Saint-Maurice 74 ...... 215 G 5
La Chapelle-Saint-Mesmin 45 ...... 133 E 2
La Chapelle-Saint-Ouen 76 .. 36 D 1
La Chapelle-Saint-Quillain 70 ...... 161 G 1
La Chapelle-Saint-Rémy 72 ...... 108 B 3
La Chapelle-Saint-Sauveur 44 ...... 148 D 1
La Chapelle-Saint-Sauveur 71 ...... 178 C 3
La Chapelle-Saint-Sépulcre 45 ...... 112 D 4
La Chapelle-Saint-Sulpice 77. 89 F 3
La Chapelle-Saint-Ursin 18. 173 E 1
La Chapelle-Souëf 61 ...... 84 C 5
La Chapelle-sous-Brancion 71 ...... 195 E 2
La Chapelle-sous-Dun 71 ...... 194 A 5
La Chapelle-sous-Orbais 51 ... 61 E 2
La Chapelle-sous-Uchon 71 ...... 176 C 3
Chapelle-Spinasse 19 ...... 225 F 5
La Chapelle-sur-Aveyron 45 ...... 135 E 2
La Chapelle-sur-Chézy 02 ...... 60 B 2
La Chapelle-sur-Coise 69 ...... 230 C 2
La Chapelle-sur-Crécy 77 ...... 59 G 3
La Chapelle-sur-Dun 76 ...... 19 H 2
La Chapelle-sur-Erdre 44 ...... 147 G 3
La Chapelle-sur-Furieuse 39 ...... 179 G 1
La Chapelle-sur-Loire 37 ...... 151 E 4
La Chapelle-sur-Oreuse 89 ... 89 G 5
La Chapelle-sur-Oudon 49 .. 128 A 4
La Chapelle-sur-Usson 63 ... 228 B 4
La Chapelle-sur-Vire 50 ...... 52 B 1
La Chapelle-Taillefert 23 ...... 207 E 2
La Chapelle-Thècle 71 ...... 195 E 1
La Chapelle-Thémer 85 ...... 183 E 1
La Chapelle-Thireuil 79 ...... 184 D 1
La Chapelle-Thouarault 35.. 103 H 2
La Chapelle-Urée 50 ...... 52 A 5
Chapelle-Vallon 10 ...... 90 D 4
La Chapelle-Vaupelteigne 89 ...... 136 C 2
La Chapelle-Vendômoise 41 ...... 131 H 4
La Chapelle-Vicomtesse 41 ...... 109 F 5
La Chapelle-Viel 61 ...... 55 F 5
La Chapelle-Villars 42 ...... 230 D 3
Chapelle-Viviers 86 ...... 187 E 2
Chapelle-Voland 39 ...... 178 D 4
La Chapelle-Yvon 14 ...... 54 D 4
Les Chapelles 53 ...... 82 C 4
Les Chapelles 73 ...... 234 D 2
Les Chapelles-Bourbon 77 ...... 59 F 4
Chapelon 45 ...... 112 B 4
La Chapelotte 18 ...... 155 E 3
Chapet 78 ...... 57 H 2
Chaponnay 69 ...... 231 F 2
Chaponost 69 ...... 230 D 1
Chaponost Arches de 69 ...... 231 E 1
Chappes 03 ...... 191 F 4
Chappes 08 ...... 26 A 3
Chappes 10 ...... 115 F 3
Chappes 63 ...... 210 A 4
Chaptelat 87 ...... 205 G 4
Chaptuzat 63 ...... 209 H 5
Charade 63 ...... 227 G 1
Charancieu 38 ...... 232 C 3
Charancin 01 ...... 214 C 3
Charantonnay 38 ...... 231 G 3
Charavines 38 ...... 232 C 4
Charbogne 08 ...... 42 C 1
Charbonnat 71 ...... 176 B 4
Charbonnier-les-Mines 63 ... 228 A 4
Charbonnières 28 ...... 109 E 2
Charbonnières 71 ...... 195 E 3
Charbonnières-les-Bains 69 ...... 212 D 5
Charbonnières-les-Sapins 25 ...... 162 B 4
Charbonnières-les-Varennes 63 ...... 209 G 4
Charbonnières-les-Vieilles 63 ...... 209 G 3
Charbuy 89 ...... 136 A 3
La Charce 26 ...... 268 C 4
Charcé-Saint-Ellier-sur-Aubance 49 ...... 149 H 3
Charcenne 70 ...... 161 G 2
Charchigné 53 ...... 82 C 4
Charchilla 39 ...... 196 D 2
Charcier 39 ...... 179 G 5
Chard 23 ...... 208 C 4
Chardeny 08 ...... 42 C 2

Chardes 17 — 219 H 5
Chardogne 55 — 63 G 3
Chardonnay 71 — 195 E 2
Chareil-Cintrat 03 — 192 A 5
Charencey 21 — 159 F 2
Charency 39 — 180 A 4
Charency-Vezin 54 — 44 C 2
Charens 26 — 268 C 4
Charensat 63 — 208 D 3
Charentay 69 — 212 D 2
Charentenay 70 — 140 C 5
Charentenay 89 — 136 B 5
Charentilly 37 — 151 H 1
Charenton 58 — 156 B 4
Charenton-du-Cher 18 — 173 G 5
Charenton-le-Pont 94 — 58 C 4
Charentonnay 18 — 156 A 5
Charette 18 — 214 A 5
Charette-Varennes 71 — 178 C 2
Charey 54 — 65 F 2
Charézier 39 — 196 D 1
Chargé 37 — 152 C 2
Chargey-lès-Gray 70 — 161 E 1
Chargey-lès-Port 70 — 140 D 3
Chariez 70 — 141 E 4
Charigny 21 — 158 D 2
La Charité-sur-Loire 58 — 156 B 5
Charix 01 — 196 D 5
Charlas 31 — 316 B 5
Charleval 13 — 305 G 3
Charleval 27 — 36 D 2
Charleville 51 — 61 E 4
Charleville-Mézières 08 — 26 D 3
Charleville-sous-Bois 57 — 46 B 5
Charlieu 42 — 211 H 1
Charly 18 — 173 H 3
Charly 69 — 231 E 2
Charly-Oradour 57 — 45 H 5
Charly-sur-Marne 02 — 60 B 2
Charmant 16 — 221 F 3
Charmauvillers 25 — 163 G 3
Charmé 16 — 203 F 3
La Charme 39 — 179 E 3
Le Charme 45 — 135 F 3
La Charmée 71 — 177 G 5
Charmeil 03 — 210 B 1
Le Charmel 02 — 40 D 5
Charmensac 15 — 245 H 2
Charmentray 77 — 59 F 2
Charmes 02 — 24 B 4
Charmes 03 — 210 A 2
Charmes 21 — 160 C 2
Charmes 52 — 117 F 5
Charmes 88 — 95 E 4
Charmes-en-l'Angle 52 — 92 D 4
Charmes-la-Côte 54 — 94 A 1
Charmes-la-Grande 52 — 92 C 4
Charmes-Saint-Valbert 70 — 140 B 3
Charmes-sur-l'Herbasse 26 — 249 G 2
Charmes-sur-Rhône 07 — 249 E 5
Charmette Col de la 38 — 232 D 5
Les Charmettes 73 — 233 F 2
Charmoille 25 — 163 F 3
Charmoille 70 — 141 E 4
Charmoilles 52 — 117 F 5
Charmois 54 — 95 F 2
Charmois 90 — 142 C 3
Charmois-devant-Bruyères 88 — 119 G 2
Charmois-l'Orgueilleux 88 — 119 E 3
Charmont 51 — 63 E 3
Charmont 95 — 37 G 5
Charmont-en-Beauce 45 — 111 F 2
Charmont-sous-Barbuise 10 — 91 E 4
Les Charmontois 51 — 63 F 2
Charmoy 10 — 90 A 4
Charmoy 52 — 140 A 2
Charmoy 71 — 176 D 4
Charmoy 89 — 113 H 5
Charnas 07 — 231 E 5
Charnat 63 — 210 B 3
Charnay 25 — 161 H 5
Charnay 69 — 212 D 4
Charnay-lès-Chalon 71 — 178 B 2
Charnay-lès-Mâcon 71 — 195 E 4
Charnècles 38 — 232 C 5
Charnizay 37 — 170 B 3
Charnod 39 — 196 B 4
Charnois 08 — 17 F 4
Charnoz-sur-Ain 01 — 213 H 4
Charny 21 — 159 E 3
Charny 77 — 59 F 2
Charny-Orée-de-Puisaye 89 — 135 F 2
Charny-le-Bachot 10 — 90 D 2
Charny-sur-Meuse 55 — 44 B 5
Charolles 71 — 194 A 3

Charols 26 — 267 G 3
Charonville 28 — 109 H 2
Chârost 18 — 172 C 2
Charousse 74 — 216 C 3
Charpentry 55 — 43 F 3
Charpey 26 — 249 G 4
Charpont 28 — 56 D 5
Charquemont 25 — 163 G 3
Charrais 86 — 168 D 5
Charraix 43 — 246 C 4
Charras 16 — 221 H 3
Charre 64 — 313 F 3
Charrecey 71 — 177 F 3
Charrey-sur-Saône 21 — 160 B 5
Charrey-sur-Seine 21 — 115 H 5
Charrin 58 — 175 F 4
Charritte-de-Bas 64 — 313 F 3
Charron 17 — 183 F 4
Charron 23 — 208 C 2
Charroux 03 — 209 H 1
Charroux 86 — 203 H 1
Le Château-d'Almenêches 61 — 54 B 5
Chars 95 — 37 H 5
Charsonville 45 — 110 B 5
Chartainvilliers 28 — 86 B 3
Chartèves 02 — 60 C 1
La Chartre-sur-le-Loir 72 — 130 C 4
Chartrené 49 — 150 B 1
Chartres 28 — 86 A 4
Chartres-de-Bretagne 35 — 104 B 3
Chartrettes 77 — 88 B 3
Chartrier-Ferrière 19 — 242 B 1
Chartronges 77 — 60 B 4
Chartuzac 17 — 219 H 5
Charvieu-Chavagneux 38 — 213 H 5
Charvonnex 74 — 215 G 2
Chas 63 — 228 A 1
Chaserey 10 — 115 E 5
Chasnais 85 — 183 E 2
Chasnans 25 — 162 C 5
Chasnay 58 — 156 C 4
Chasné-sur-Illet 35 — 80 C 5
Chaspinhac 43 — 247 F 3
Chaspuzac 43 — 247 E 3
La Chassagne 39 — 179 E 3
Chassagne 63 — 227 H 4
Chassagne-Montrachet 21 — 177 G 2
Chassagne-Saint-Denis 25 — 162 A 5
Chassagnes 07 — 265 H 5
Chassagnes 43 — 246 C 2
Chassagny 69 — 230 D 2
Chassaignes 24 — 239 F 1
Chassal 39 — 196 D 3
Chassant 28 — 85 F 5
Chassé 72 — 83 H 4
Chasse-sur-Rhône 38 — 231 E 2
Chasseguey 50 — 52 B 5
Chasselas 71 — 194 D 5
Chasselay 38 — 250 A 1
Chasselay 69 — 213 E 4
Chassemy 02 — 40 C 2
Chassenard 03 — 193 F 3
Chasseneuil 36 — 188 C 1
Chasseneuil-du-Poitou 86 — 186 C 1
Chasseneuil-sur-Bonnieure 16 — 203 H 5
Chassenon 16 — 204 D 4
Chasseradès 48 — 265 F 4
Chassey 21 — 159 E 1
Chassey-Beaupré 55 — 93 G 3
Chassey-le-Camp 71 — 177 G 3
Chassey-lès-Montbozon 70 — 141 G 5
Chassey-lès-Scey 70 — 140 D 4
Chassezac Belvédère du 48 — 265 F 5
Chassiecq 16 — 203 H 3
Chassiers 07 — 266 A 4
Chassieu 69 — 213 F 5
Chassignelles 89 — 137 G 3
Chassignieu 38 — 232 B 3
Chassignolles 36 — 189 G 2
Chassignolles 43 — 228 C 5
Chassigny 52 — 139 H 3
Chassigny-sous-Dun 71 — 194 A 5
Chassillé 72 — 107 E 4
Chassiron Phare de 17 — 200 A 2
Chassors 16 — 220 C 1
Chassy 18 — 174 A 1
Chassy 71 — 193 G 1
Chassy 89 — 135 H 2
Le Chastang 19 — 242 D 2
Chastang Barrage du 19 — 243 F 2
Chastanier 48 — 265 E 2
Chasteaux 19 — 242 B 3
Chastel 43 — 246 B 3

Chastel-Arnaud 26 — 268 A 2
Chastel-Nouvel 48 — 264 C 4
Chastel-sur-Murat 15 — 245 F 3
Chastellux-sur-Cure 89 — 157 H 2
Chastenay 89 — 136 A 4
Chasteuil 04 — 308 A 1
Chastreix 63 — 227 E 3
La Châtaigneraie 85 — 167 E 5
Chatain 86 — 203 H 2
Chataincourt 28 — 56 C 5
Châtas 88 — 96 C 4
Château-Arnoux-Saint-Auban 04 — 287 G 3
Château-Bas 13 — 305 G 3
Château-Bernard 38 — 250 C 4
Château-Bréhain 57 — 66 C 3
Château-Chalon 39 — 179 F 4
Château-Chervix 87 — 223 H 2
Château-Chinon 58 — 176 A 1
Le Château-d'Almenêches 61 — 54 B 5
Château-des-Prés 39 — 197 E 2
Le Château-d'Oléron 17 — 200 B 4
Château-d'Olonne 85 — 182 A 1
Château-du-Loir 72 — 130 B 4
Château-Farine 25 — 161 H 4
Château-Gaillard 01 — 214 A 3
Château Gaillard 27 — 36 D 4
Château-Gaillard 28 — 111 E 3
Château-Garnier 86 — 186 C 5
Château-Gombert 13 — 327 E 2
Château-Gontier 53 — 128 B 2
Château-Guibert 85 — 183 E 1
Château-Guillaume 36 — 188 A 3
Château-la-Vallière 37 — 151 F 1
Château-l'Abbaye 59 — 9 G 4
Château-Lambert 70 — 120 A 5
Château-Landon 77 — 112 B 3
Château-Larcher 86 — 186 B 3
Château-l'Évêque 24 — 240 C 1
Château-l'Hermitage 72 — 130 A 4
Château-Porcien 08 — 42 A 1
Château-Queyras 05 — 271 E 1
Château-Regnault 08 — 26 D 2
Château-Renard 45 — 112 D 5
Château-Renault 37 — 131 F 5
Château-Rouge 57 — 46 D 4
Château-Salins 57 — 66 C 4
Château-sur-Allier 03 — 174 B 4
Château-sur-Cher 63 — 208 C 2
Château-sur-Epte 27 — 37 F 4
Château-Thébaud 44 — 147 H 5
Château-Thierry 02 — 60 C 1
Château-Ville-Vieille 05 — 271 E 1
Château-Voué 57 — 66 D 3
Châteaubernard 16 — 220 B 1
Châteaubleau 77 — 89 E 2
Châteaubourg 07 — 249 E 4
Châteaubourg 35 — 104 D 3
Châteaubriant 44 — 127 E 3
Châteaudouble 26 — 249 G 5
Châteaudouble 83 — 308 A 4
Châteaudun 28 — 109 H 4
Châteaufort 04 — 287 G 1
Châteaufort 78 — 58 A 5
Châteaugay 63 — 209 H 5
Châteaugiron 35 — 104 C 3
Châteaulin 29 — 75 H 5
Châteaumeillant 18 — 190 A 2
Châteauneuf 21 — 159 F 4
Châteauneuf 39 — 161 F 4
Châteauneuf 42 — 230 D 3
Châteauneuf 71 — 194 A 5
Châteauneuf 73 — 233 H 2
Châteauneuf 85 — 164 D 2
Châteauneuf-de-Bordette 26 — 285 H 1
Châteauneuf-de-Chabre 05 — 287 F 1
Châteauneuf-de-Gadagne 84 — 305 E 1
Châteauneuf-de-Galaure 26 — 249 F 1
Châteauneuf-de-Randon 48 — 264 D 3
Châteauneuf-de-Vernoux 07 — 248 D 5
Châteauneuf-d'Entraunes 06 — 289 F 3
Châteauneuf-d'Ille-et-Vilaine 35 — 79 H 3
Châteauneuf-d'Oze 05 — 269 F 4
Châteauneuf-du-Faou 29 — 76 B 5
Châteauneuf-du-Pape 84 — 285 F 4
Châteauneuf-du-Rhône 26 — 267 E 4

Châteauneuf-en-Thymerais 28 — 85 H 2
Châteauneuf-Grasse 06 — 309 E 3
Châteauneuf-la-Forêt 87 — 224 C 1
Châteauneuf-le-Rouge 13 — 306 B 5
Châteauneuf-les-Bains 63 — 209 F 3
Châteauneuf-les-Martigues 13 — 326 C 2
Châteauneuf-lès-Moustiers 04 — 307 H 1
Châteauneuf-Miravail 04 — 287 E 3
Châteauneuf-sur-Charente 16 — 220 D 2
Châteauneuf-sur-Cher 18 — 173 E 3
Châteauneuf-sur-Isère 26 — 249 F 4
Châteauneuf-sur-Loire 45 — 133 H 2
Châteauneuf-sur-Sarthe 49 — 128 D 4
Châteauneuf-Val-de-Bargis 58 — 156 C 4
Châteauneuf-Val-Saint-Donat 04 — 287 G 3
Châteauneuf-Villevieille 06 — 291 F 5
Châteauponsac 87 — 205 H 1
Châteauredon 04 — 288 A 4
Châteaurenard 13 — 304 D 1
Châteaurenaud 71 — 178 C 5
Châteauroux 36 — 171 H 4
Châteauroux-les-Alpes 05 — 270 C 2
Châteauvert 83 — 307 F 5
Châteauvieux 05 — 269 G 4
Châteauvieux 41 — 153 E 4
Châteauvieux 83 — 308 B 2
Châteauvieux-les-Fossés 25 — 162 B 5
Châteauvilain 38 — 232 A 3
Châteauvillain 52 — 116 C 4
Le Châtel 73 — 234 A 5
Châtel 74 — 198 D 4
Châtel-Censoir 89 — 157 F 1
Chatel-Chéhéry 08 — 43 F 3
Châtel-de-Joux 39 — 196 D 2
Châtel-de-Neuvre 03 — 192 A 3
Châtel-Gérard 89 — 137 F 5
Châtel-Guyon 63 — 209 G 4
Châtel-Montagne 03 — 210 D 2
Châtel-Moron 71 — 177 F 4
Châtel-Saint-Germain 57 — 65 G 1
Châtel-sur-Moselle 88 — 95 F 4
Châtelaillon-Plage 17 — 200 C 2
Châtelain 53 — 128 C 2
La Châtelaine 39 — 179 G 3
Châtelais 49 — 127 H 3
Châtelard 23 — 208 C 3
Châtelard 38 — 251 G 3
Le Châtelard 73 — 233 G 1
Châtelaudren 22 — 73 G 5
Chatelay 39 — 179 F 1
Châtelblanc 25 — 180 B 5
Châteldon 63 — 210 C 3
Le Châtelet 18 — 190 A 1
Châtelet Pont du 04 — 271 E 3
Le Châtelet-en-Brie 77 — 88 C 3
Le Châtelet-sur-Retourne 08 — 42 A 2
Le Châtelet-sur-Sormonne 08 — 26 B 2
Les Châtelets 28 — 56 A 5
Le Chateley 39 — 179 E 3
Le Châtelier 51 — 63 F 2
Châtellenot 21 — 159 E 4
Châtellerault 86 — 169 G 4
Le Châtellier 35 — 81 E 3
Le Châtellier 61 — 53 E 5
Les Châtelliers-Châteaumur 85 — 167 E 3
Les Châtelliers-Notre-Dame 28 — 85 G 5
Châtelneuf 39 — 179 H 5
Châtelneuf 42 — 229 G 2
Chateloy 03 — 191 E 2
Châtelperron 03 — 192 D 3
Châtelraould-Saint-Louvent 51 — 62 C 5
Châtelus 03 — 211 E 1
Châtelus 38 — 250 B 3
Châtelus 42 — 230 B 2
Châtelus-le-Marcheix 23 — 206 C 3
Châtelus-Malvaleix 23 — 189 G 5
Châtenay 01 — 213 H 2
Châtenay 28 — 86 D 5
Châtenay 38 — 231 H 5
Châtenay 71 — 194 A 5
Châtenay-en-France 95 — 58 D 1
Chatenay-Mâcheron 52 — 139 H 2
Châtenay-Malabry 92 — 58 B 4
Châtenay-sur-Seine 77 — 89 E 4
Chatenay-Vaudin 52 — 139 H 2
Châtenet 17 — 220 B 5

Le Châtenet-en-Dognon 87 — 206 B 4
Châteney 70 — 141 G 3
Châtenois 39 — 161 E 5
Châtenois 67 — 97 E 4
Châtenois 70 — 141 G 3
Châtenois 88 — 94 B 5
Châtenois-les-Forges 90 — 142 C 4
Châtenoy 45 — 134 A 2
Châtenoy 77 — 112 B 2
Châtenoy-en-Bresse 71 — 177 H 4
Châtenoy-le-Royal 71 — 177 H 4
Châtignac 16 — 220 D 5
Chatignonville 91 — 87 E 3
Châtillon 03 — 191 H 3
Châtillon 39 — 179 G 5
Châtillon 69 — 212 D 4
Châtillon 86 — 186 A 4
Châtillon 92 — 58 B 4
Châtillon Crêt de 74 — 215 G 4
Châtillon-Coligny 45 — 135 E 3
Châtillon-en-Bazois 58 — 175 G 1
Châtillon-en-Diois 26 — 268 C 2
Châtillon-en-Dunois 28 — 109 G 3
Châtillon-en-Michaille 01 — 214 D 1
Châtillon-en-Vendelais 35 — 105 F 2
Châtillon-Guyotte 25 — 162 B 2
Châtillon-la-Borde 77 — 88 C 3
Châtillon-la-Palud 01 — 213 H 3
Châtillon-le-Duc 25 — 161 H 3
Châtillon-le-Roi 45 — 111 F 3
Châtillon-lès-Sons 02 — 24 D 3
Châtillon-Saint-Jean 26 — 249 H 3
Châtillon-sous-les-Côtes 55 — 44 C 5
Châtillon-sur-Bar 08 — 43 E 1
Châtillon-sur-Broué 51 — 92 A 2
Châtillon-sur-Chalaronne 01 — 213 F 1
Châtillon-sur-Cher 41 — 153 F 4
Châtillon-sur-Cluses 74 — 216 C 1
Châtillon-sur-Colmont 53 — 82 A 5
Châtillon-sur-Indre 36 — 170 D 2
Châtillon-sur-Lison 25 — 161 H 5
Châtillon-sur-Loire 45 — 134 D 5
Châtillon-sur-Marne 51 — 41 E 5
Châtillon-sur-Morin 51 — 60 D 5
Châtillon-sur-Oise 02 — 24 C 3
Châtillon-sur-Saône 88 — 118 B 5
Châtillon-sur-Seine 21 — 138 A 2
Châtillon-sur-Thouet 79 — 168 A 5
Châtin 58 — 175 H 1
Chatoillenot 52 — 139 G 4
Châtonnay 38 — 231 H 3
Chatonnay 39 — 196 B 3
Chatonrupt 52 — 92 D 3
Chatou 78 — 58 A 3
La Châtre 36 — 189 G 1
La Châtre-Langlin 36 — 188 B 3
Châtres 10 — 90 C 3
Châtres 24 — 241 G 2
Châtres 77 — 59 F 5
Châtres-la-Forêt 53 — 106 C 3
Châtres-sur-Cher 41 — 154 A 4
Châtrices 51 — 63 F 1
Chattancourt 55 — 43 H 4
Chatte 38 — 250 A 2
Chatuzange-le-Goubet 26 — 249 G 4
Chaucenne 25 — 161 H 3
Chauchailles 48 — 263 H 1
Chauché 85 — 166 A 3
Le Chauchet 23 — 208 B 2
Chauchigny 10 — 90 D 4
Chauconin 77 — 59 F 2
Chauconin-Neufmontiers 77 — 59 F 2
Chaucre 17 — 200 A 2
Chaudanne Barrage de 04 — 308 B 1
Chaudardes 02 — 41 E 2
Chaudebonne 26 — 268 A 4
Chaudefonds-sur-Layon 49 — 149 F 3
Chaudefontaine 25 — 162 B 2
Chaudefontaine 51 — 43 E 5
Chaudenay 52 — 139 H 2
Chaudenay 71 — 177 G 2
Chaudenay-la-Ville 21 — 159 F 5
Chaudenay-le-Château 21 — 159 F 5
Chaudeney-sur-Moselle 54 — 94 B 1
Chaudes-Aigues 15 — 263 G 1
Chaudeyrac 48 — 265 E 3
Chaudeyrolles 43 — 247 H 4
La Chaudière 26 — 268 A 3
Chaudière Col de la 26 — 267 H 3
Chaudon 28 — 57 E 5
Chaudon-Norante 04 — 288 B 5
Chaudrey 10 — 91 F 3
Chaudron-en-Mauges 49 — 148 D 3
Chaudun 02 — 40 B 3
Chauffailles 71 — 194 A 5
Chauffayer 05 — 269 G 1

Chauffecourt 88 — 94 D 4
Chauffour-lès-Bailly 10 — 115 G 2
Chauffour-lès-Étréchy 91 — 87 F 3
Chauffour-sur-Vell 19 — 242 C 4
Chauffours 28 — 85 H 4
Chauffourt 52 — 117 G 5
Chauffry 77 — 60 A 4
Chaufour-lès-Bonnières 78 — 56 D 1
Chaufour-Notre-Dame 72 — 107 G 4
Chaugey 21 — 178 C 1
Chaulgnes 58 — 156 C 5
Chaulhac 48 — 246 A 5
Chaulieu 50 — 52 C 4
La Chaulme 63 — 229 F 4
Chaulnes 80 — 23 F 2
Chaum 31 — 334 B 3
Chaumard 58 — 158 A 5
La Chaume 21 — 138 C 2
La Chaume 85 — 182 A 1
Chaume-et-Courchamp 21 — 139 G 5
Chaume-lès-Baigneux 21 — 138 B 5
Chaumeil 19 — 225 E 4
Chaumercenne 70 — 161 F 3
Chaumeré 35 — 104 D 4
Chaumergy 39 — 179 E 3
Chaumes-en-Brie 77 — 59 F 5
Chaumesnil 10 — 91 H 4
Chaumont 18 — 173 H 4
Chaumont 39 — 197 E 3
Chaumont 52 — 117 E 3
Chaumont 61 — 54 D 3
Chaumont 74 — 215 F 2
Chaumont 89 — 89 E 5
Chaumont Château de 71 — 194 B 2
Chaumont-d'Anjou 49 — 129 E 5
Chaumont-devant-Damvillers 55 — 44 B 4
Chaumont-en-Vexin 60 — 37 G 4
Chaumont-la-Ville 52 — 117 H 3
Chaumont-le-Bois 21 — 115 H 5
Chaumont-le-Bourg 63 — 229 E 4
Chaumont-Porcien 08 — 26 A 4
Chaumont-sur-Aire 55 — 63 H 2
Chaumont-sur-Loire 41 — 152 D 1
Chaumont-sur-Tharonne 41 — 133 F 5
Chaumontel 95 — 38 C 5
Chaumot 58 — 157 G 4
Chaumot 89 — 113 F 4
Chaumousey 88 — 119 E 2
Chaumoux-Marcilly 18 — 155 H 5
Chaumussay 37 — 170 A 3
La Chaumusse 39 — 197 E 1
Chaumuzy 51 — 41 F 5
Chaunac 17 — 220 B 5
Chaunay 86 — 186 A 5
Chauny 02 — 24 A 5
Chauray 79 — 185 E 4
Chauriat 63 — 228 A 1
Chausey Îles 50 — 50 D 2
La Chaussade 23 — 207 H 3
La Chaussaire 49 — 148 B 4
Chaussan 69 — 230 D 2
La Chaussée 76 — 20 B 2
La Chaussée 86 — 168 D 3
La Chaussée-d'Ivry 28 — 56 D 3
La Chaussée-Saint-Victor 41 — 132 A 5
La Chaussée-sur-Marne 51 — 62 C 3
La Chaussée-Tirancourt 80 — 22 A 1
Chaussenac 15 — 243 H 2
Chaussenans 39 — 179 G 3
Chausseterre 42 — 211 E 4
Chaussin 39 — 178 D 2
Chaussoy-Epagny 80 — 22 C 3
Chaussy 45 — 111 E 3
Chaussy 95 — 37 F 5
Le Chautay 18 — 174 B 2
Chauvac 26 — 286 C 1
Chauvé 44 — 146 D 4
Chauve d'Aspremont Mont 06 — 291 E 5
Chauvency-le-Château 55 — 27 H 5
Chauvency-Saint-Hubert 55 — 27 H 5
Chauvigné 35 — 80 D 4
Chauvigny 86 — 187 E 1
Chauvigny-du-Perche 41 — 109 F 5
Chauvincourt 27 — 37 F 3
Chauvirey-le-Châtel 70 — 140 B 2
Chauvirey-le-Vieil 70 — 140 B 3
Chauvoncourt 55 — 64 C 3
Chauvry 95 — 58 B 1
Chaux 21 — 159 H 5
La Chaux 25 — 180 D 1
La Chaux 61 — 83 E 2
La Chaux 71 — 178 C 3

A B C D E F G H I J K L M N O P Q R S T U V W X Y Z

Chaux 90 ...142 B 2
Chaux-Champagny 39 ...179 H 2
Chaux-des-Crotenay 39 ...180 A 5
Chaux-des-Prés 39 ...197 E 2
La Chaux-du-Dombief 39 ...197 E 1
La Chaux-en-Bresse 39 ...179 E 3
Chaux-la-Lotière 70 ...161 H 2
Chaux-lès-Clerval 25 ...162 D 2
Chaux-lès-Passavant 25 ...162 C 3
Chaux-lès-Port 70 ...140 D 3
Chaux-Neuve 25 ...180 B 5
Chauzon 07 ...266 B 5
Chavagnac 15 ...245 F 2
Chavagnac 24 ...241 H 3
Chavagne 35 ...104 A 3
Chavagnes 49 ...149 H 3
Chavagnes-en-Paillers 85 ...166 A 2
Chavagnes-les-Redoux 85 ...166 D 4
Chavagneux-Montbertand 38 ...231 H 1
Chavaignes 49 ...150 C 1
Chavanac 19 ...225 G 2
Chavanat 23 ...207 F 3
Chavanatte 90 ...142 D 3
Chavanay 42 ...231 E 4
Chavanges 10 ...91 H 3
Chavaniac-Lafayette 43 ...246 D 2
Chavannaz 74 ...215 F 2
Chavanne 39 ...179 E 5
Chavanne 70 ...142 A 4
La Chavanne 73 ...233 G 3
Chavannes 18 ...173 E 3
Chavannes 26 ...249 F 3
Les Chavannes-en-Maurienne 73 ...234 A 4
Chavannes-les-Grands 90 ...142 D 3
Chavannes-sur-l'Étang 68 ...142 E 5
Chavannes-sur-Reyssouze 01 ...195 F 3
Chavannes-sur-Suran 01 ...196 B 5
Chavanod 74 ...215 F 4
Chavanoz 38 ...213 H 5
Les Chavants 74 ...216 D 3
Chavaroux 63 ...210 A 5
La Chavatte 80 ...23 F 3
Chaveignes 37 ...169 F 1
Chavelot 88 ...95 F 5
Chavenat 16 ...221 F 4
Chavenay 78 ...57 H 3
Chavençon 60 ...37 H 4
Chavenon 03 ...191 F 3
Chavéria 39 ...196 C 2
Chaveroche 19 ...225 H 3
Chaveyriat 01 ...195 G 5
Chavignol 18 ...155 H 3
Chavignon 02 ...40 C 1
Chavigny 02 ...40 B 2
Chavigny 54 ...94 D 1
Chavigny Château de 37 ...150 D 5
Chavigny-Bailleul 27 ...56 B 3
Chaville 92 ...58 B 4
Chavin 36 ...188 D 2
Chavoire 74 ...215 G 3
Chavonne 02 ...40 D 2
Chavornay 01 ...214 D 4
Chavot-Courcourt 51 ...61 F 1
Chavoy 50 ...51 H 4
Chavroches 03 ...192 C 4
Le Chay 17 ...219 E 1
Chay 25 ...179 G 1
Chazay-d'Azergues 69 ...212 D 4
La Chaze-de-Peyre 48 ...264 A 2
Chazé-Henry 49 ...127 G 3
Chazé-sur-Argos 49 ...127 H 4
Chazeaux 07 ...266 A 3
Le Chazelet 05 ...252 A 3
Chazelet 36 ...188 C 2
Chazelles 15 ...246 B 3
Chazelles 16 ...221 G 2
Chazelles 39 ...196 A 3
Chazelles 43 ...246 C 4
Chazelles-sur-Albe 54 ...96 A 1
Chazelles-sur-Lavieu 42 ...229 G 3
Chazelles-sur-Lyon 42 ...230 B 2
Chazelot 25 ...162 C 1
Chazemais 03 ...190 C 3
Chazeuil 21 ...139 G 5
Chazeuil 58 ...157 E 4
Chazey-Bons 01 ...214 D 5
Chazey-sur-Ain 01 ...213 H 4
Chazilly 21 ...159 F 5
Chazot 25 ...163 E 2
Chazoy 25 ...161 G 3
La Chebuette 44 ...147 H 3
Chécy 45 ...133 F 2
Chedde 74 ...216 D 3
Chédigny 37 ...152 C 4

Chef-Boutonne 79 ...202 D 1
Chef-du-Pont 50 ...31 H 2
Chef-Haut 88 ...94 C 4
Cheffes 49 ...128 C 5
Cheffois 85 ...167 E 5
Cheffreville-Tonnencourt 14 ...54 C 1
Le Chefresne 50 ...52 A 2
Chéhéry 08 ...27 E 4
Cheignieu-la-Balme 01 ...214 C 4
Cheillé 37 ...151 F 4
Cheilly-lès-Maranges 71 ...177 F 3
Chein-Dessus 31 ...334 D 2
Cheissoux 87 ...206 C 5
Le Cheix 63 ...209 H 3
Le Cheix 63 ...227 G 3
Cheix-en-Retz 44 ...147 E 4
Chélan 32 ...316 A 3
Chelers 62 ...7 H 5
Chélieu 38 ...232 B 3
Chelle-Debat 65 ...315 G 4
Chelle-Spou 65 ...333 G 1
Chelles 60 ...39 H 3
Chelles 77 ...59 E 3
Chelun 35 ...127 F 2
Chemaudin 25 ...161 H 4
Chemault 45 ...111 H 4
Chemazé 53 ...128 A 3
Chemellier 49 ...149 H 3
Chemenot 39 ...179 E 3
Chéméré 44 ...146 D 5
Chéméré-le-Roi 53 ...106 C 5
Chémery 41 ...153 F 3
Chémery 57 ...66 D 2
Chémery-Chéhéry 08 ...27 E 5
Chémery-les-Deux 57 ...46 C 3
Chemilla 39 ...196 C 3
Chemillé-en-Anjou 49 ...149 F 4
Chemillé-sur-Dême 37 ...130 D 4
Chemillé-sur-Indrois 37 ...152 D 5
Chemilli 61 ...84 B 4
Chemilly 03 ...192 A 2
Chemilly 70 ...140 D 4
Chemilly-sur-Serein 89 ...136 D 3
Chemilly-sur-Yonne 89 ...136 B 2
Chemin 39 ...178 C 2
Le Chemin 51 ...63 F 1
Chemin-d'Aisey 21 ...138 A 3
Cheminas 07 ...249 E 2
Cheminon 51 ...63 F 4
Cheminot 57 ...65 H 2
Chemiré-en-Charnie 72 ...107 E 4
Chemiré-le-Gaudin 72 ...107 F 5
Chemiré-sur-Sarthe 49 ...128 D 3
Chemy 59 ...8 C 4

Chennevières-lès-Louvres 95 ...58 D 1
Chennevières-sur-Marne 94 ...58 D 4
Chenois 57 ...66 C 2
Chenoise 77 ...89 F 2
Chenommet 16 ...203 G 3
Chenon 16 ...203 G 3
Chenonceau Château de 37 ...152 C 3
Chenonceaux 37 ...152 C 3
Chenou 77 ...112 B 3
Chenôve 21 ...160 A 3
Chenôves 71 ...177 G 5
Chens-sur-Léman 74 ...197 H 4
Chenu 72 ...130 B 5
Cheny 89 ...114 A 5
Chepniers 17 ...238 B 1
Chepoix 60 ...22 C 5
La Cheppe 51 ...62 C 1
Cheppes-la-Prairie 51 ...62 B 3
Cheppy 55 ...43 G 4
Cheptainville 91 ...87 G 3
Chepy 51 ...62 B 3
Chépy 80 ...11 F 4
Chérac 17 ...219 H 1
Chérancé 53 ...127 H 2
Chérancé 72 ...83 H 5
Chéraute 64 ...313 F 4
Chéray 17 ...200 A 3
Cherbonnières 17 ...202 B 3
Cherbourg-en-Cotentin 50 ...29 E 3
Chérence 95 ...57 F 1
Chérencé-le-Héron 50 ...52 A 3
Chérencé-le-Roussel 50 ...52 B 4
Chéreng 59 ...9 E 3
Les Chères 69 ...212 D 4
Chérêt 02 ...40 D 1
Chériennes 62 ...12 B 2
Cherier 42 ...211 F 3
Chérigné 79 ...202 C 1
Les Chéris 50 ...51 H 5
Chérisay 72 ...83 G 5
Chérisey 57 ...65 H 2
Cherisy 28 ...56 D 4
Chérisy 62 ...13 H 3
Chérizet 71 ...194 C 2
Chermignac 17 ...219 F 1
Chermisey 88 ...93 H 4
Chermizy-Ailles 02 ...41 E 1
Chéronnac 87 ...204 D 5
Chéronvilliers 27 ...55 G 4
Chéroy 89 ...113 E 2
Cherré 49 ...128 C 4
Cherré 72 ...108 C 3
Cherreau 72 ...108 C 2
Cherrueix 35 ...51 E 5
Cherval 24 ...221 G 4
Cherveix-Cubas 24 ...241 F 1
Cherves 86 ...168 C 5
Cherves-Châtelars 16 ...204 B 5
Cherves-de-Cognac 16 ...202 B 5
Chervettes 17 ...201 F 2
Cherveux 79 ...185 E 3
Chervey 10 ...115 H 3
Cherville 51 ...61 H 1
Chervinges 69 ...212 D 3
Chéry 18 ...154 C 5
Chéry-Chartreuve 02 ...40 D 4
Chéry-lès-Pouilly 02 ...24 D 4
Chéry-lès-Rozoy 02 ...25 G 3
Chesley 10 ...115 E 5
Le Chesnay 78 ...58 A 3
Le Chesne 08 ...42 D 1
Le Chesne 27 ...56 A 3
Chesnel 16 ...202 B 5
Chesnois-Auboncourt 08 ...26 C 5
Chesny 57 ...65 H 1
Chessenaz 74 ...215 E 2
Chessy 69 ...212 C 4
Chessy 77 ...59 F 3
Chessy-les-Prés 10 ...114 C 4
Chéu 89 ...114 B 5
Cheuge 21 ...160 D 2
Cheust 65 ...333 F 1
Cheux 14 ...33 F 4
Chevagnes 03 ...192 C 1
Chevagny-les-Chevrières 71 ...194 D 4
Chevagny-sur-Guye 71 ...194 B 3
Chevaigné 35 ...104 B 2
Chevaigné-du-Maine 53 ...82 D 4
Le Chevain 72 ...83 G 4
Cheval-Blanc 84 ...305 F 2
La Chevalerie 17 ...200 B 4
Chevaline 74 ...215 H 5
La Chevallerais 44 ...147 G 1
Le Chevalon 38 ...232 D 5

Chevanceaux 17 ...220 C 5
Chevannay 21 ...159 F 2
Chevannes 21 ...159 H 5
Chevannes 45 ...112 D 3
Chevannes 89 ...136 A 3
Chevannes 91 ...88 A 3
Chevannes-Changy 58 ...157 E 4
Chevennes 02 ...25 E 2
Chevenon 58 ...174 D 3
Chevenoz 74 ...198 C 3
Cheveuges 08 ...27 E 4
Chevières 08 ...43 E 3
Chevigney 70 ...161 E 3
Chevigney-lès-Vercel 25 ...162 C 4
Chevigny 39 ...161 G 3
Chevigny 70 ...130 B 5
Chevigny-en-Valière 21 ...178 A 2
Chevigny-Saint-Sauveur 21 ...160 B 3
Chevillard 01 ...214 C 1
Chevillé 72 ...107 E 5
Chevillon 52 ...92 D 2
Chevillon 89 ...135 G 2
Chevillon-sur-Huillard 45 ...112 B 5
La Chevillotte 25 ...162 B 4
Chevilly 45 ...110 D 4
Chevilly-Larue 94 ...58 C 4
Chevinay 69 ...212 C 5
Chevincourt 60 ...39 F 1
Cheviré-le-Rouge 49 ...129 F 5
Chevrainvilliers 77 ...112 B 2
Chèvre Cap de la 29 ...75 E 5
Chevreaux 39 ...196 A 2
Chevregny 02 ...40 D 1
Chèvremont 90 ...142 C 3
La Chèvrerie 39 ...203 F 2
Chèvrerie Vallon de la 74 ...198 B 5
Chevresis-les-Dames 02 ...24 C 3
Chevresis-Monceau 02 ...24 D 3
Chevreuse 78 ...58 A 5
Chèvreville 50 ...52 B 5
Chèvreville 60 ...39 G 5
Chevrier 74 ...215 E 1
Chevrières 38 ...250 A 2
Chevrières 42 ...230 B 2
Chevrières 60 ...39 E 3
Chevroches 58 ...157 F 2
La Chevrolière 44 ...147 G 5
Chevrotaine 39 ...179 H 5
Chevroux 01 ...195 F 3
Chevroz 25 ...161 H 2
Chevru 77 ...60 A 4
Chevry 39 ...196 D 3
Chevry 50 ...52 A 1
Chevry-Cossigny 77 ...59 E 5
Chevry-en-Sereine 77 ...112 D 2
Chevry-sous-le-Bignon 45 ...112 D 3
Chey 79 ...185 G 4
Cheylade 15 ...245 E 2
Le Cheylard 07 ...248 B 5
Cheylard-l'Évêque 48 ...265 E 3
Le Cheylas 38 ...233 F 4
Cheyssieu 38 ...231 E 4
Chezal-Benoît 18 ...172 C 4
La Chèze 22 ...102 C 2
Chèze 65 ...332 D 3
Chézeaux 52 ...140 B 2
Chezelle 03 ...191 H 5
Chezelles 36 ...171 G 3
Chezelles 37 ...169 F 1
Chézeneuve 38 ...231 H 2
Chézery-Forens 01 ...197 E 5
Chézy 03 ...192 B 1
Chézy-en-Orxois 02 ...40 A 5
Chézy-sur-Marne 02 ...60 B 2
Chiappa Pointe de la 2A ...351 G 2
Chiatra 2B ...347 H 4
Chiché 79 ...167 H 4
Chicheboville 14 ...33 H 5
Chichée 89 ...136 D 3
Chichery 89 ...136 B 2
Chichey 51 ...61 E 5
Chichilianne 38 ...268 C 1
Chicourt 57 ...66 C 3
Chiddes 58 ...176 A 3
Chiddes 71 ...194 B 3
Chidrac 63 ...227 H 3
Chierry 02 ...60 C 1
Chieulles 57 ...45 H 5
Chigné 49 ...129 H 5
Chignin 73 ...233 F 2
La Chignolle 16 ...203 F 5
Chigny 02 ...25 E 1
Chigny-les-Roses 51 ...41 G 5
Chigy 89 ...113 H 2

Chilhac 43 ...246 B 2
Chillac 16 ...220 D 5
Chille 39 ...179 E 5
Chilleurs-aux-Bois 45 ...111 F 4
Le Chillou 79 ...168 B 4
Chilly 08 ...26 B 2
Chilly 74 ...215 F 2
Chilly 80 ...23 F 3
Chilly-le-Vignoble 39 ...179 E 5
Chilly-Mazarin 91 ...58 C 5
Chilly-sur-Salins 39 ...179 H 2
Chimilin 38 ...232 C 2
Le Chinaillon 74 ...216 B 2
Chindrieux 73 ...215 E 4
Chinon 37 ...151 E 5
Chinon Centre de production nucléaire 37 ...150 D 4
Chioula Col de 09 ...336 D 5
Chipilly 80 ...23 E 1
Chirac 16 ...204 C 4
Chirac 48 ...264 A 4
Chirac-Bellevue 19 ...226 B 4
Chirassimont 42 ...212 A 4
Chirat-l'Église 03 ...191 G 5
Chiré-en-Montreuil 86 ...186 A 1
Chirens 38 ...232 C 4
Chirmont 80 ...22 C 4
Chirols 07 ...266 A 2
Chiroubles 69 ...212 D 1
Chiry-Ourscamp 60 ...23 G 5
Chis 65 ...315 F 4
Chisa 2B ...349 F 3
Chissay-en-Touraine 41 ...152 D 3
Chisseaux 37 ...152 C 3
Chisséria 39 ...196 C 3
Chissey-en-Morvan 71 ...158 C 5
Chissey-lès-Mâcon 71 ...194 D 2
Chissey-sur-Loue 39 ...179 F 1
Chitenay 41 ...153 E 1
Chitray 36 ...188 B 1
Chitry 89 ...136 C 3
Chitry-les-Mines 58 ...157 G 4
Chiuni Plage de 2A ...348 A 1
Chives 17 ...202 D 3
Chivres 21 ...178 B 2
Chivres-en-Laonnois 02 ...25 F 4
Chivres-Val 02 ...40 C 2
Chivy-lès-Étouvelles 02 ...40 D 1
Chizé 79 ...202 B 1
Chocques 62 ...7 H 3
Choignes 52 ...117 E 3
Choilley 52 ...139 G 4
Choisel 78 ...57 H 5
Choiseul 52 ...117 H 4
Choisey 39 ...178 D 1
Choisies 59 ...15 H 3
Choisy 74 ...215 G 2
Choisy-au-Bac 60 ...39 G 2
Choisy-en-Brie 77 ...60 A 4
Choisy-la-Victoire 60 ...39 E 2
Choisy-le-Roi 94 ...58 C 4
Cholet 49 ...166 D 1
Cholonge 38 ...251 E 3
Choloy-Ménillot 54 ...94 A 1
Chomelix 43 ...247 E 1
Chomérac 07 ...266 D 2
La Chomette 43 ...246 C 1
Chonas-l'Amballan 38 ...231 E 4
Chonville 55 ...64 C 5
Chooz 08 ...17 E 4
Choqueuse-les-Bénards 60 ...22 A 4
Choranche 38 ...250 B 3
Chorey-lès-Beaune 21 ...177 H 1
Chorges 05 ...270 A 3
Chouain 14 ...33 E 4
Chouday 36 ...172 C 3
Choue 41 ...109 E 5
Chougny 58 ...175 H 1
Chouilly 51 ...61 G 1
Chouppes 86 ...168 D 4
Chourgnac 24 ...241 F 1
Choussy 41 ...153 E 3
Chouvigny 03 ...209 G 2
Chouvigny Gorges de 63 ...209 G 2
Choux 39 ...196 D 4
Les Choux 45 ...134 C 3
Chouy 02 ...40 A 4
Chouzé-sur-Loire 37 ...150 D 4
Chouzelot 25 ...161 H 5
Chouzy-sur-Cisse 41 ...152 D 1
Choye 70 ...161 G 2
Chozeau 38 ...231 H 1
Chuelles 45 ...112 D 5
Chuffilly-Roche 08 ...42 C 1
Chuignes 80 ...23 F 2
Chuignolles 80 ...23 F 2
Chuisnes 28 ...85 G 4

Chusclan 30 ...285 E 3
Chuyer 42 ...230 D 4
Chuzelles 38 ...231 F 2
Ciadoux 31 ...316 C 4
Ciamannacce 2A ...349 E 3
Cians Gorges du 06 ...289 G 5
Ciboure 64 ...310 B 3
Cideville 76 ...19 H 5
Ciel 71 ...178 A 3
Cier-de-Luchon 31 ...334 B 4
Cier-de-Rivière 31 ...334 B 1
Cierges 02 ...40 D 5
Cierges-sous-Montfaucon 55 ...43 G 3
Cierp-Gaud 31 ...334 B 3
Cierrey 27 ...56 C 1
Cierzac 17 ...220 B 2
Cieurac 46 ...278 B 1
Cieutat 65 ...333 F 1
Cieux 87 ...205 F 3
Ciez 58 ...156 C 2
Cigné 53 ...82 B 4
Cigogné 37 ...152 B 4
Cilly 02 ...25 F 3
Cinais 37 ...150 D 5
Cindré 03 ...192 C 4
Cinq-Chemins 74 ...198 A 3
Cinq-Mars-la-Pile 37 ...151 G 3
Cinquétral 39 ...197 E 3
Cinqueux 60 ...38 D 3
Cintegabelle 31 ...318 A 4
Cintheaux 14 ...53 H 1
Cintray 27 ...55 H 4
Cintray 28 ...86 A 4
Cintré 35 ...103 H 3
Cintrey 70 ...140 B 3
La Ciotat 13 ...327 F 4
Cipières 06 ...309 E 1
Ciral 61 ...83 E 3
Ciran 37 ...170 B 1
Circourt 88 ...95 E 5
Circourt-sur-Mouzon 88 ...94 A 5
Ciré-d'Aunis 17 ...200 D 2
Cirès 31 ...334 A 4
Cires-lès-Mello 60 ...38 C 4
Cirey 21 ...177 F 2
Cirey 70 ...162 A 2
Cirey-lès-Mareilles 52 ...117 F 2
Cirey-lès-Pontailler 21 ...160 C 3
Cirey-sur-Blaise 52 ...92 C 5
Cirey-sur-Vezouze 54 ...96 B 1
Cirfontaines-en-Azois 52 ...116 C 3
Cirfontaines-en-Ornois 52 ...93 F 3
Cirières 79 ...167 F 3
Ciron 36 ...188 A 1
Cirque Belvédère du 05 ...271 G 1
Ciry-le-Noble 71 ...194 A 1
Ciry-Salsogne 02 ...40 C 2
Cisai-Saint-Aubin 61 ...54 D 4
Cisery 89 ...158 B 1
Cissac-Médoc 33 ...237 E 1
Cissé 86 ...169 E 5
Cisternes-la-Forêt 63 ...209 E 5
Cistrières 43 ...228 D 5
Cîteaux Abbaye de 21 ...160 B 5
Citerne 80 ...11 G 5
Citers 70 ...141 G 3
Citey 70 ...161 G 1
Citou 11 ...320 A 3
Citry 77 ...60 A 2
Civaux 86 ...187 E 3
Civens 42 ...212 A 5
Civières 27 ...37 E 5
Civrac-de-Blaye 33 ...237 H 2
Civrac-en-Médoc 33 ...218 D 5
Civrac-sur-Dordogne 33 ...256 D 1
Civray 18 ...172 D 2
Civray 86 ...203 G 1
Civray-de-Touraine 37 ...152 C 3
Civray-sur-Esves 37 ...169 H 1
Civrieux 01 ...213 E 3
Civrieux-d'Azergues 69 ...212 D 4
Civry 28 ...110 A 4
Civry-en-Montagne 21 ...159 F 3
Civry-la-Forêt 78 ...57 E 3
Civry-sur-Serein 89 ...137 E 5
Cizancourt 80 ...23 G 2
Cizay-la-Madeleine 49 ...150 B 4
Cize 01 ...196 B 5
Cize 39 ...179 H 4
Cizely 58 ...175 E 2
Cizos 65 ...316 A 4
Clacy-et-Thierret 02 ...24 D 5
Cladech 24 ...259 F 1
Claira 66 ...339 E 5
Clairac 47 ...275 G 1
Clairavaux 23 ...207 G 5

Clairefontaine-en-Yvelines 78 ... 87 E 2
Clairefougère 61 ... 52 D 3
Clairegoutte 70 ... 142 A 3
Clairfayts 59 ... 16 A 4
Clairfontaine 02 ... 25 G 1
Clairmarais 62 ... 3 F 5
Clairoix 60 ... 39 F 2
Clairvaux 10 ... 116 B 3
Clairvaux-d'Aveyron 12 ... 262 B 5
Clairvaux-les-Lacs 39 ... 196 D 1
Clairvivre 24 ... 223 H 5
Clairy-Saulchoix 80 ... 22 B 2
Clais 76 ... 20 D 3
Claix 16 ... 221 E 3
Claix 38 ... 250 D 2
Clam 17 ... 219 H 3
Clamanges 51 ... 61 H 3
Clamart 92 ... 58 B 4
Clamecy 02 ... 40 B 2
Clamecy 58 ... 157 F 2
Clamensane 04 ... 287 H 1
Clamerey 21 ... 159 E 2
Clamouse Grotte de 34 ... 302 B 3
Clans 06 ... 289 H 4
Clans 70 ... 141 E 4
Clansayes 26 ... 285 E 1
Le Claon 55 ... 43 F 5
Claouey 33 ... 254 B 1
Le Clapier 34 ... 301 F 2
Clapiers 34 ... 302 D 4
La Claquette 67 ... 96 D 3
Clara 66 ... 342 B 3
Clarac 31 ... 334 B 1
Clarac 65 ... 315 G 5
Claracq 64 ... 294 B 5
Clarafond 74 ... 215 E 2
Clarbec 14 ... 34 C 4
Clarens 65 ... 315 H 5
Clarensac 30 ... 303 G 2
Claret 04 ... 269 G 5
Claret 34 ... 302 D 2
Clarques 62 ... 7 F 2
La Clarté 22 ... 72 C 2
Clary 59 ... 14 C 5
Classun 40 ... 294 B 3
Clastres 02 ... 24 A 3
Clasville 76 ... 19 F 3
Le Clat 11 ... 337 F 5
Claudon 88 ... 118 C 4
Les Claux 05 ... 270 D 3
Le Claux 15 ... 245 E 2
Clavans-en-Haut-Oisans 38 ... 251 H 3
Clavé 79 ... 185 F 2
Claveisolles 69 ... 212 B 2
Clavette 17 ... 200 D 1
Claveyson 26 ... 249 F 2
Clavières 15 ... 246 A 4
Claviers 83 ... 308 B 4
Claville 27 ... 56 A 1
Claville-Motteville 76 ... 20 B 5
Clavy-Warby 08 ... 26 C 3
La Claye 85 ... 183 E 2
Claye-Souilly 77 ... 59 E 2
Clayes 35 ... 104 A 2
Les Clayes-sous-Bois 78 ... 57 H 4
La Clayette 71 ... 194 A 5
Clayeures 54 ... 95 F 3
Clazay 79 ... 167 G 4
Clécy 14 ... 53 F 2
Cléden-Cap-Sizun 29 ... 98 D 2
Cléden-Poher 29 ... 76 C 4
Cléder 29 ... 71 F 3
Clèdes 40 ... 294 B 4
Cleebourg 67 ... 69 E 1
Clefmont 52 ... 117 G 3
Clefs-Val-d'Anjou 49 ... 129 G 5
Les Clefs 74 ... 216 A 4
Cléguer 56 ... 101 E 5
Cléguérec 56 ... 101 H 2
Clelles 38 ... 250 D 5
Clémencey 21 ... 159 H 4
Clémensat 63 ... 227 H 3
Clémery 54 ... 65 H 3
Clémont 18 ... 133 H 5
Clénay 21 ... 160 B 2
Clenleu 62 ... 6 C 4
Cléon 76 ... 36 A 4
Cléon-d'Andran 26 ... 267 F 3
Cleppé 42 ... 211 H 5
Clérac 17 ... 238 C 2
Cléré-du-Bois 36 ... 170 C 3
Cléré-les-Pins 37 ... 151 F 2
Cléré-sur-Layon 49 ... 149 H 5
Clères 76 ... 20 B 5
Clérey 10 ... 115 F 2

Clérey-la-Côte 88 ... 94 A 3
Clérey-sur-Brenon 54 ... 94 D 2
Clergoux 19 ... 243 F 1
Clérieux 26 ... 249 F 3
Les Clérimois 89 ... 113 H 4
Le Clerjus 88 ... 119 F 4
Clerlande 63 ... 209 H 4
Clermain 71 ... 194 C 4
Clermont 09 ... 335 G 2
Clermont 40 ... 293 E 4
Clermont 60 ... 38 C 2
Clermont 74 ... 215 E 3
Clermont Abbaye de 53 ... 105 G 3
Clermont-Créans 72 ... 129 G 4
Clermont-de-Beauregard 24 ... 240 B 4
Clermont-Dessous 47 ... 275 G 2
Clermont-d'Excideuil 24 ... 223 F 4
Clermont-en-Argonne 55 ... 43 G 5
Clermont-en-Auge 14 ... 34 B 4
Clermont-Ferrand 63 ... 209 H 5
Clermont-le-Fort 31 ... 317 H 2
Clermont-les-Fermes 02 ... 25 F 4
Clermont-l'Hérault 34 ... 302 A 4
Clermont-Pouyguillès 32 ... 316 A 2
Clermont-Savès 32 ... 297 E 4
Clermont-Soubiran 47 ... 276 D 3
Clermont-sur-Lauquet 11 ... 337 H 2
Cléron 25 ... 162 A 5
Clerques 62 ... 2 D 5
Clerval 25 ... 162 D 2
Cléry 21 ... 161 E 3
Cléry 73 ... 234 A 1
Cléry-en-Vexin 95 ... 37 G 5
Cléry-le-Grand 55 ... 43 G 2
Cléry-le-Petit 55 ... 43 G 2
Cléry-Saint-André 45 ... 132 D 3
Cléry-sur-Somme 80 ... 23 G 1
Clesles 51 ... 90 C 3
Clessé 71 ... 195 E 3
Clessé 79 ... 167 H 5
Clessy 71 ... 193 G 2
Cléty 62 ... 7 F 2
Cleurie 88 ... 119 H 3
Cleuville 76 ... 19 F 4
Cléville 14 ... 34 A 5
Cléville 76 ... 19 F 5
Clévilliers 28 ... 86 A 3
Cleyrac 33 ... 256 D 2
Cleyzieu 01 ... 214 B 3
Clézentaine 88 ... 95 G 3
Clichy 92 ... 58 C 3
Clichy-sous-Bois 93 ... 58 D 3
Climbach 67 ... 69 E 1
Le Climont 67 ... 96 D 4
Clinchamp 52 ... 117 G 2
Clinchamps-sur-Orne 14 ... 33 G 5
Clion 17 ... 219 H 3
Clion 36 ... 170 D 2
Le Clion-sur-Mer 44 ... 146 C 5
Cliousclat 26 ... 267 F 2
Cliponville 76 ... 19 G 4
Cliron 08 ... 26 C 2
Clis 44 ... 145 G 4
La Clisse 17 ... 201 F 5
Clisson 44 ... 148 A 5
Clitourps 50 ... 29 G 3
Clohars-Carnoët 29 ... 100 C 5
Clohars-Fouesnant 29 ... 99 H 4
Le Cloître-Pleyben 29 ... 76 B 4
Le Cloître-Saint-Thégonnec 29 ... 76 B 2
Clomot 21 ... 159 E 4
Clonas-sur-Varèze 38 ... 231 E 4
Clos Futaie des 72 ... 130 C 3
Clos-Fontaine 77 ... 89 E 2
La Clotte 17 ... 238 C 2
Clouange 57 ... 45 G 4
Cloué 86 ... 186 A 3
Les Clouzeaux 85 ... 165 G 5
Cloyes-sur-le-Loir 28 ... 109 G 5
Cloyes-sur-Marne 51 ... 62 D 5
Clucy 39 ... 179 H 2
Clugnat 23 ... 189 H 4
Cluis 36 ... 189 E 2
Clumanc 04 ... 288 B 4
Cluny 71 ... 194 D 3
La Clusaz 74 ... 216 A 3
La Cluse 01 ... 214 C 1
La Cluse 05 ... 269 G 2
La Cluse-et-Mijoux 25 ... 180 D 2
Les Cluses 66 ... 343 E 4
Cluses 74 ... 216 C 1
Clussais-la-Pommeraie 79 ... 203 E 1
Clux 71 ... 178 B 2
Coadout 22 ... 73 E 5

Coaraze 06 ... 291 F 4
Coarraze 64 ... 314 C 5
Coat-Méal 29 ... 70 C 5
Coatascorn 22 ... 73 E 4
Coatfrec Château de 22 ... 72 C 3
Coatréven 22 ... 72 D 3
Cobonne 26 ... 267 G 1
Cobrieux 59 ... 9 E 3
Cocalière Grotte de la 30 ... 283 H 2
La Cochère 61 ... 54 C 4
Cocherel 27 ... 56 C 1
Cocherel 77 ... 59 H 1
Cocheren 57 ... 47 F 5
Coclois 10 ... 91 F 3
Cocquerel 80 ... 11 H 4
Cocumont 47 ... 256 D 5
Codalet 66 ... 342 A 3
Codognan 30 ... 303 G 3
Codolet 30 ... 285 E 3
Coémont 72 ... 130 B 4
Coësmes 35 ... 104 D 5
Coëtlogon 22 ... 102 C 2
Coëtmieux 22 ... 78 C 3
Coëtquidan-Saint-Cyr Camp de 56 ... 103 H 4
Cœuilly 94 ... 58 D 4
Cœuvres-et-Valsery 02 ... 40 A 3
Coëx 85 ... 165 E 4
Coggia 2A ... 348 B 1
Coglès 35 ... 80 D 3
Cogna 39 ... 196 D 1
Cognac 16 ... 220 B 1
Cognac-la-Forêt 87 ... 205 E 5
Cognat-Lyonne 03 ... 210 A 2
Cogners 72 ... 130 D 2
Cognet 38 ... 251 E 5
Cognières 70 ... 162 C 1
Cognin 73 ... 233 E 2
Cognin-les-Gorges 38 ... 250 B 2
Cognocoli-Monticchi 2A ... 348 D 4
Cogny 18 ... 173 G 3
Cogny 69 ... 212 C 3
Cogolin 83 ... 329 F 3
Cohade 43 ... 228 B 5
Cohan 02 ... 40 D 4
Cohennoz 73 ... 216 B 5
Cohiniac 22 ... 78 A 3
Cohons 52 ... 139 G 3
Coiffy-le-Bas 52 ... 118 A 5
Coiffy-le-Haut 52 ... 118 A 5
Coigneux 80 ... 13 E 4
Coignières 78 ... 57 H 4
Coigny 50 ... 31 H 2
Coimères 33 ... 256 A 4
Coin-lès-Cuvry 57 ... 65 H 1
Coin-sur-Seille 57 ... 65 H 2
Coinces 45 ... 110 C 5
Coinches 88 ... 96 C 5
Coincourt 54 ... 66 D 5
Coincy 02 ... 40 C 5
Coincy 57 ... 66 B 1
Coings 36 ... 171 H 3
Coingt 02 ... 25 G 3
Coirac 33 ... 256 C 2
Coise 69 ... 230 B 2
Coise-Saint-Jean-Pied-Gauthier 73 ... 233 G 2
Coiserette 39 ... 197 E 4
Coisevaux 70 ... 142 B 3
Coisia 39 ... 196 C 4
Coisy 80 ... 22 C 1
Coivert 17 ... 201 H 2
Coivrel 60 ... 22 D 5
Coizard-Joches 51 ... 61 F 3
Colayrac-Saint-Cirq 47 ... 275 H 3
Colembert 62 ... 2 C 5
Coligny 01 ... 196 A 3
Coligny 51 ... 61 G 3
Colincamps 80 ... 13 F 4
Collan 89 ... 136 D 2
La Collancelle 58 ... 157 G 5
Collandres 15 ... 244 D 1
Collandres-Quincarnon 27 ... 55 H 1
Collanges 63 ... 228 A 4
Collat 43 ... 246 D 1
La Colle-sur-Loup 06 ... 309 F 2
Collégien 77 ... 59 E 3
Collemiers 89 ... 113 F 3
Colleret 59 ... 15 H 2
Le Collet 88 ... 120 C 3
Le Collet-d'Allevard 38 ... 233 G 4
Le Collet-de-Dèze 48 ... 283 F 2
Colletot 27 ... 35 F 3
Colleville 76 ... 19 E 3
Colleville-Montgomery 14 ... 33 H 3
Colleville-sur-Mer 14 ... 32 D 2
Collias 30 ... 284 C 5

Colligis-Crandelain 02 ... 40 D 1
Colligny 57 ... 66 B 1
Colline-Beaumont 62 ... 11 F 1
Collioure 66 ... 343 G 4
Collobrières 83 ... 328 D 3
Collonge-en-Charollais 71 ... 194 C 1
Collonge-la-Madeleine 71 ... 177 E 2
Collonges 01 ... 215 E 1
Collonges-au-Mont-d'Or 69 ... 213 E 5
Collonges-la-Rouge 19 ... 242 C 3
Collonges-lès-Bévy 21 ... 159 H 5
Collonges-lès-Premières 21 ... 160 C 4
Collonges-sous-Salève 74 ... 215 G 1
Collongues 06 ... 289 F 5
Collongues 65 ... 315 F 4
Collorec 29 ... 76 B 4
Collorgues 30 ... 284 A 5
Colmar 68 ... 121 E 3
Colmars 04 ... 288 D 2
Colmen 57 ... 46 C 3
Colméry 58 ... 156 D 3
Colmesnil-Manneville 76 ... 20 A 2
Colmey 54 ... 44 C 2
Colmier-le-Bas 52 ... 138 D 3
Colmier-le-Haut 52 ... 138 D 3
Colognac 30 ... 283 F 5
Cologne 32 ... 297 E 3
Colomars 06 ... 309 G 2
Colombe 38 ... 232 B 4
La Colombe 41 ... 132 B 2
La Colombe 50 ... 52 A 2
Colombé-la-Fosse 10 ... 92 B 5
Colombé-le-Sec 10 ... 116 B 2
Colombe-lès-Bithaine 70 ... 141 G 3
Colombe-lès-Vesoul 70 ... 141 F 4
Colombelles 14 ... 33 H 4
Colombes 92 ... 58 B 2
Colombey-les-Belles 54 ... 94 B 2
Colombey-lès-Choiseul 52 ... 117 H 3
Colombey-les-Deux-Églises 52 ... 116 C 2
Colombier 03 ... 191 E 5
Colombier 21 ... 159 F 5
Colombier 24 ... 257 H 1
Colombier 42 ... 230 D 5
Colombier 70 ... 141 F 4
Colombier-Châtelot 25 ... 142 A 5
Colombier-en-Brionnais 71 ... 194 A 4
Colombier-le-Cardinal 07 ... 249 E 1
Colombier-le-Jeune 07 ... 248 D 3
Colombier-le-Vieux 07 ... 248 D 3
Colombier-Saugnieu 69 ... 231 G 1
Colombières 14 ... 32 C 3
Colombières-sur-Orb 34 ... 301 E 5
Colombiers 17 ... 219 G 2
Colombiers 18 ... 173 F 5
Colombiers 34 ... 321 F 4
Colombiers 61 ... 33 G 3
Colombiers 86 ... 169 F 4
Colombiers-du-Plessis 53 ... 81 H 4
Colombiers-sur-Seulles 14 ... 33 F 3
Colombiès 12 ... 280 B 1
Colombotte 70 ... 141 F 4
Colomby 50 ... 29 F 5
Colomby-Anguerny 14 ... 33 G 3
Colomby de Gex Mont 01 ... 197 F 4
Colomby-sur-Thaon 14 ... 33 G 3
Colomiers 31 ... 297 H 4
Colomieu 01 ... 214 C 5
Colonard-Corubert 61 ... 84 C 4
Colondannes 23 ... 188 D 5
Colonfay 02 ... 25 E 2
Colonne 39 ... 179 E 3
Colonzelle 26 ... 267 F 5
Colpo 56 ... 102 A 5
Colroy-la-Grande 88 ... 96 C 4
Colroy-la-Roche 67 ... 96 D 3
Coltainville 28 ... 86 B 3
Coltines 15 ... 245 G 3
Coly 24 ... 241 G 3
Combaillaux 34 ... 302 C 4
Combas 30 ... 303 F 2
La Combe-de-Lancey 38 ... 251 F 1
La Combe des Eparres 38 ... 232 A 3
Combe Laval 26 ... 249 H 4
Combeaufontaine 70 ... 140 C 3
Combefa 81 ... 279 G 5
La Combelle 63 ... 228 A 4
Comberanche-et-Épeluche 24 ... 239 G 1
Comberjon 70 ... 141 F 4
Comberouger 82 ... 297 F 2

Combéroumal Prieuré de 12 ... 281 G 3
Combertault 21 ... 177 H 2
Les Combes 25 ... 163 E 5
Combes 34 ... 301 F 5
Combiers 16 ... 221 H 3
Comblanchien 21 ... 159 H 5
Combles 80 ... 13 H 5
Combles-en-Barrois 55 ... 63 G 4
Comblessac 35 ... 103 G 5
Combleux 45 ... 133 F 2
Comblot 61 ... 84 C 3
Combloux 74 ... 216 C 3
Combon 27 ... 35 H 5
Combourg 35 ... 80 A 3
Combourtillé 35 ... 81 E 5
Combovin 26 ... 249 G 5
Combrailles 63 ... 208 D 5
Combrand 79 ... 167 F 3
Combray 14 ... 53 F 2
Combre 42 ... 212 A 2
Combrée 49 ... 127 G 3
Combres 28 ... 85 F 5
Combres-sous-les-Côtes 55 ... 64 D 1
Combressol 19 ... 225 G 4
Combret 12 ... 300 B 2
Combreux 45 ... 111 H 5
Combrimont 88 ... 96 C 5
Combrit 29 ... 99 G 4
Combronde 63 ... 209 H 3
Combs-la-Ville 77 ... 58 D 5
La Comelle 71 ... 176 B 3
Comiac 46 ... 243 F 5
Comigne 11 ... 320 B 5
Comines 59 ... 4 C 5
Commana 29 ... 76 A 2
Commarin 21 ... 159 F 4
Commeaux 61 ... 54 A 4
Commelle 38 ... 231 H 4
Commelle-Vernay 42 ... 211 G 3
Commenailles 39 ... 178 D 4
Commenchon 02 ... 24 A 4
Commensacq 40 ... 273 E 2
Commentry 03 ... 191 E 5
Commeny 95 ... 37 G 5
Commequiers 85 ... 165 E 4
Commer 53 ... 106 B 2
Commercy 55 ... 64 D 5
Commerveil 72 ... 84 A 5
Commes 14 ... 32 D 2
Commissey 89 ... 137 F 2
Communailles-en-Montagne 39 ... 180 A 3
Communay 69 ... 231 E 2
Compaing Pas de 15 ... 245 E 4
Compains 63 ... 227 F 4
Compainville 76 ... 21 E 4
Compans 77 ... 59 E 2
Le Compas 23 ... 208 C 3
Compertrix 51 ... 62 A 2
Compeyre 12 ... 281 H 3
Compiègne 60 ... 39 F 2
Compigny 89 ... 89 G 5
Compolibat 12 ... 279 H 1
La Compôte 73 ... 233 H 1
Comprégnac 12 ... 281 G 4
Compreignac 87 ... 205 H 3
Comps 26 ... 267 H 4
Comps 30 ... 304 B 2
Comps 33 ... 237 G 3
Comps-la-Grand-Ville 12 ... 280 D 3
Comps-sur-Artuby 83 ... 308 A 2
La Comté 62 ... 7 H 5
Comus 11 ... 336 D 4
Conan 41 ... 132 A 3
Conand 01 ... 214 B 4
Conat 66 ... 342 A 3
Conca 2A ... 349 G 5
Concarneau 29 ... 100 A 4
Concevreux 02 ... 41 E 2
Concèze 19 ... 223 H 5
Conches-en-Ouche 27 ... 56 A 2
Conches-sur-Gondoire 77 ... 59 E 3
Conchez-de-Béarn 64 ... 294 C 5
Conchil-le-Temple 62 ... 6 B 5
Conchy-les-Pots 60 ... 23 F 5
Conchy-sur-Canche 62 ... 12 C 2
Les Concluses 30 ... 284 B 3
Concorès 46 ... 259 H 5
Concoret 56 ... 103 F 3
Concots 46 ... 278 C 1
Concoules 30 ... 283 G 1
Concourson-sur-Layon 49 ... 149 H 5
Concremiers 36 ... 187 H 1
Concressault 18 ... 155 G 1
Concriers 41 ... 132 B 3
Condac 16 ... 203 F 2

Condal 71 ... 195 H 2
Condamine 01 ... 214 C 1
Condamine 39 ... 178 D 5
La Condamine-Châtelard 04 ... 271 E 4
Condat 15 ... 227 E 5
Condat 46 ... 242 C 4
Condat-en-Combraille 63 ... 208 C 5
Condat-lès-Montboissier 63 ... 228 C 3
Condat-sur-Ganaveix 19 ... 224 C 4
Condat-sur-Trincou 24 ... 222 C 5
Condat-sur-Vézère 24 ... 241 G 3
Condat-sur-Vienne 87 ... 205 G 5
Condé 36 ... 172 B 3
Condé-en-Barrois 55 ... 63 H 3
Condé-en-Brie 02 ... 60 D 1
Condé-Folie 80 ... 11 H 4
Condé-lès-Autry 08 ... 43 E 3
Condé-lès-Herpy 08 ... 41 H 1
Condé-Northen 57 ... 46 C 5
Condé-Sainte-Libiaire 77 ... 59 F 3
Condé-sur-Aisne 02 ... 40 C 2
Condé-sur-Ifs 14 ... 54 A 1
Condé-sur-Iton 27 ... 56 A 3
Condé-sur-l'Escaut 59 ... 9 H 4
Condé-sur-Marne 51 ... 61 H 1
Condé-sur-Noireau 14 ... 53 F 3
Condé-sur-Risle 27 ... 35 F 3
Condé-sur-Sarthe 61 ... 83 G 4
Condé-sur-Seulles 14 ... 33 E 4
Condé-sur-Suippe 02 ... 41 F 2
Condé-sur-Vesgre 78 ... 57 F 4
Condé-sur-Vire 50 ... 32 B 5
Condeau 61 ... 85 E 4
Condécourt 95 ... 57 H 1
Condeissiat 01 ... 213 G 1
Condéon 16 ... 220 C 4
Condes 39 ... 196 C 4
Condes 52 ... 117 E 3
Condette 62 ... 6 B 2
Condezaygues 47 ... 258 D 5
Condillac 26 ... 267 E 3
Condom 32 ... 275 G 5
Condom-d'Aubrac 12 ... 263 F 3
Condorcet 26 ... 268 A 5
Condren 02 ... 24 B 5
Condrieu 69 ... 231 E 4
Conflandey 70 ... 141 E 3
Conflans-en-Jarnisy 54 ... 45 E 5
Conflans-Sainte-Honorine 78 ... 58 A 2
Conflans-sur-Anille 72 ... 108 D 5
Conflans-sur-Lanterne 70 ... 141 F 2
Conflans-sur-Loing 45 ... 112 C 5
Conflans-sur-Seine 51 ... 90 B 2
Confolens 16 ... 204 C 3
Confolens Cascade de 38 ... 251 G 4
Confolent-Port-Dieu 19 ... 226 C 4
Confort 01 ... 215 E 1
Confort-Meilars 29 ... 99 E 2
Confracourt 70 ... 140 C 4
Confrançon 01 ... 195 G 5
Congé-sur-Orne 72 ... 107 H 2
Congénies 30 ... 303 F 2
Congerville 91 ... 87 E 4
Congerville-Thionville 91 ... 87 E 4
Congis-sur-Thérouanne 77 ... 59 E 4
Congrier 53 ... 127 G 2
Congy 51 ... 61 F 3
Conie-Molitard 28 ... 110 A 3
Conilhac-Corbières 11 ... 320 C 5
Conilhac-de-la-Montagne 11 ... 337 G 3
Conjux 73 ... 215 E 5
Conlie 72 ... 107 F 3
Conliège 39 ... 179 F 5
Connac 12 ... 280 D 5
Connangles 43 ... 246 D 1
Connantray-Vaurefroy 51 ... 61 G 4
Connantre 51 ... 61 F 5
Connaux 30 ... 284 D 4
Conne-de-Labarde 24 ... 258 B 1
Connelles 27 ... 36 C 4
Connerré 72 ... 108 B 4
Connezac 24 ... 222 B 3
Connigis 02 ... 60 C 3
Conquereuil 44 ... 126 B 4
Conque-en-Rouergue 12 ... 262 B 4
Conques-sur-Orbiel 11 ... 319 H 4
Le Conquet 29 ... 74 C 2
Conqueyrac 30 ... 302 D 1
Cons-la-Grandville 54 ... 44 D 2
Cons-Sainte-Colombe 74 ... 216 A 5
Consac 17 ... 219 G 4
Conségudes 06 ... 309 F 1
Consenvoye 55 ... 43 H 3

A B C D E F G H I J K L M N O P Q R S T U V W X Y Z

Consigny 52 ... 117 G 2
Consolation Cirque de 25 ... 163 E 4
Consolation-Maisonnettes 25 ... 163 E 4
Contalmaison 80 ... 13 G 5
Contamine-Sarzin 74 ... 215 F 2
Contamine-sur-Arve 74 ... 216 A 1
Les Contamines-Montjoie 74 ... 216 D 4
Contault 51 ... 63 G 2
Contay 80 ... 13 E 5
Conte 39 ... 180 A 4
Contes 06 ... 291 F 5
Contes 62 ... 6 D 5
Contescourt 02 ... 24 A 3
Contest 53 ... 82 B 5
Conteville 14 ... 33 H 5
Conteville 27 ... 35 E 2
Conteville 60 ... 22 A 4
Conteville 76 ... 21 F 4
Conteville 80 ... 12 B 3
Conteville-en-Ternois 62 ... 7 G 5
Conteville-lès-Boulogne 62 ... 2 B 5
Conthil 57 ... 66 D 3
Contigné 49 ... 128 C 3
Contigny 03 ... 192 A 4
Contilly 72 ... 84 A 4
Continvoir 37 ... 151 E 2
Contis-Plage 40 ... 272 A 3
Contoire 80 ... 22 D 4
Contrazy 09 ... 335 G 2
Contré 17 ... 202 B 2
Contre 80 ... 22 A 3
Contréglise 70 ... 140 D 2
Contremoulins 76 ... 19 E 3
Contres 18 ... 173 F 3
Contres 41 ... 153 F 2
Contreuve 08 ... 42 C 2
Contrevoz 01 ... 214 C 5
Contrexéville 88 ... 118 B 2
Contrières 50 ... 51 G 1
Contrisson 55 ... 63 F 3
Conty 80 ... 22 A 3
Contz-les-Bains 57 ... 46 B 2
Conzieu 01 ... 214 C 5
Coole 51 ... 62 B 4
Coolus 51 ... 62 B 2
La Copechagnière 85 ... 166 A 3
Copponex 74 ... 215 G 2
Coq Col du 38 ... 233 E 5
Coquainvilliers 14 ... 34 C 4
Coquelles 62 ... 2 C 3
La Coquille 24 ... 223 E 4
Corancez 28 ... 86 B 5
Corancy 58 ... 176 A 1
Coray 29 ... 100 B 2
Corbara 2B ... 344 C 5
Corbarieu 82 ... 297 H 1
Corbas 69 ... 231 F 1
Corbehem 62 ... 14 A 2
Corbeil 51 ... 91 G 2
Corbeil-Cerf 60 ... 38 A 3
Corbeil-Essonnes 91 ... 88 A 2
Corbeilles 45 ... 112 A 4
Corbel 73 ... 233 E 4
Corbelin 38 ... 232 C 2
Corbenay 70 ... 119 F 5
Corbeny 02 ... 41 F 1
Corbère 66 ... 342 C 2
Corbère-Abères 64 ... 314 D 2
Corbère-les-Cabanes 66 ... 342 D 2
Corberon 21 ... 178 A 1
Corbès 30 ... 283 G 4
Corbie 80 ... 22 D 2
Le Corbier 73 ... 252 A 1
La Corbière 70 ... 141 H 2
Corbières 04 ... 306 C 2
Corbières 11 ... 337 E 2
Corbigny 58 ... 157 G 4
Corbon 14 ... 34 A 5
Corbon 61 ... 84 C 4
Corbonod 01 ... 215 E 3
Corbreuse 91 ... 87 E 3
Corcelle-Mieslot 25 ... 162 B 2
Corcelles 01 ... 214 C 2
Corcelles 58 ... 174 B 2
Corcelles 70 ... 142 A 4
Corcelles-en-Beaujolais 69 ... 212 D 1
Corcelles-Ferrières 25 ... 161 G 4
Corcelles-les-Arts 21 ... 177 G 2
Corcelles-les-Cîteaux 21 ... 160 B 5
Corcelles-les-Monts 21 ... 159 H 4
Corcieux 88 ... 120 B 2
Corcondray 25 ... 161 G 4
Corconne 30 ... 303 E 1
Corcoué-sur-Logne 44 ... 165 G 1
Corcy 02 ... 40 A 4

Cordéac 38 ... 251 E 5
Cordebugle 14 ... 34 D 5
Cordelle 42 ... 211 G 3
Cordemais 44 ... 147 E 3
Cordes-sur-Ciel 81 ... 279 F 4
Cordes-Tolosannes 82 ... 277 F 5
Cordesse 71 ... 176 D 1
Cordey 14 ... 53 H 3
Cordieux 01 ... 213 G 4
Cordon 25 ... 161 G 3
Cordon 74 ... 216 C 3
Cordonnet 70 ... 161 H 2
Coren 15 ... 245 H 3
Corenc 38 ... 251 E 1
Corent 63 ... 227 H 2
Corfélix 51 ... 61 E 3
Corgengoux 21 ... 178 A 2
Corgenon 01 ... 195 G 5
Corgirnon 52 ... 139 H 2
Corgnac-sur-l'Isle 24 ... 223 E 5
Corgoloin 21 ... 177 H 1
Corignac 17 ... 237 H 1
Corlay 22 ... 77 H 4
Corlée 52 ... 139 G 2
Corlier 01 ... 214 B 2
Cormainville 28 ... 110 B 3
Cormaranche-en-Bugey 01 ... 214 C 3
Cormatin 71 ... 194 D 2
Corme-Écluse 17 ... 219 E 1
Corme-Royal 17 ... 201 E 5
Cormeilles 27 ... 34 D 4
Cormeilles 60 ... 22 B 4
Cormeilles-en-Parisis 95 ... 58 B 2
Cormeilles-en-Vexin 95 ... 37 H 5
Cormelles-le-Royal 14 ... 33 G 5
Le Cormenier 79 ... 184 D 5
Cormenon 41 ... 109 E 5
Cormeray 41 ... 153 F 1
Cormeray 50 ... 80 D 2
Cormery 37 ... 152 A 4
Cormes 72 ... 108 D 3
Cormet de Roselend 73 ... 216 D 5
Cormicy 51 ... 41 F 2
Le Cormier 27 ... 56 C 2
Cormolain 14 ... 32 C 5
Cormont 62 ... 6 B 3
Cormontreuil 51 ... 41 G 4
Cormoranche-sur-Saône 01 ... 195 E 5
Cormost 10 ... 115 E 3
Cormot-le-Grand 21 ... 177 F 2
Cormoyeux 51 ... 41 F 5
Cormoz 01 ... 195 H 3
Corn 46 ... 261 E 3
Cornac 46 ... 243 E 5
Cornant 89 ... 113 F 3
Cornas 07 ... 249 F 4
Cornay 08 ... 43 F 3
Corné 49 ... 149 H 1
Cornebarrieu 31 ... 297 H 4
Corneilhan 34 ... 321 G 3
Corneilla-de-Conflent 66 ... 342 A 3
Corneilla-del-Vercol 66 ... 343 F 2
Corneilla-la-Rivière 66 ... 342 D 2
Corneillan 32 ... 294 C 4
Corneuil 27 ... 56 B 3
Corneville-la-Fouquetière 27 ... 55 G 1
Corneville-sur-Risle 27 ... 35 F 3
Cornier 74 ... 215 H 1
Corniéville 55 ... 64 D 5
Cornil 19 ... 242 D 2
Cornillac 26 ... 268 B 5
Cornille 24 ... 240 D 1
Cornillé 35 ... 105 E 3
Cornillé-les-Caves 49 ... 150 A 1
Cornillon 30 ... 284 C 2
Cornillon-Confoux 13 ... 305 F 5
Cornillon-en-Trièves 38 ... 250 D 5
Cornillon-sur-l'Oule 26 ... 268 B 5
Cornimont 88 ... 120 A 4
Cornod 39 ... 196 B 4
Cornot 70 ... 140 C 4
La Cornuaille 49 ... 148 D 1
Cornus 12 ... 301 G 1
Cornusse 18 ... 173 H 2
Corny 27 ... 36 D 3
Corny-Machéroménil 08 ... 26 B 5
Corny-sur-Moselle 57 ... 65 G 2
Coron 49 ... 149 F 5
Corong Gorges du 22 ... 77 E 3
Corpe 85 ... 183 F 2
Corpeau 21 ... 177 G 2
Corpoyer-la-Chapelle 21 ... 159 F 1
Corps 38 ... 251 F 5
Corps-Nuds 35 ... 104 B 4
Corquilleroy 45 ... 112 B 4

Corquoy 18 ... 172 D 3
Corrano 2A ... 349 E 3
Corravillers 70 ... 119 H 5
Corre 70 ... 118 C 5
Corrençon-en-Vercors 38 ... 250 D 3
Correns 83 ... 307 F 5
Corrèze 19 ... 225 E 5
Corribert 51 ... 61 E 2
Corrobert 51 ... 60 D 2
Corrombles 21 ... 158 C 1
Corronsac 31 ... 318 A 2
Corroy 51 ... 61 F 5
Corsaint 21 ... 158 C 1
Corsavy 66 ... 342 C 4
Corscia 2B ... 346 D 4
Corsen Pointe de 29 ... 74 C 2
Corsept 44 ... 146 C 3
Corseul 22 ... 79 F 3
Cortambert 71 ... 194 D 2
Corte 2B ... 347 E 4
Cortevaix 71 ... 194 C 2
Cortone Col de 2A ... 348 C 5
Cortrat 45 ... 134 C 2
Les Corvées-les-Yys 28 ... 85 G 5
Corveissiat 01 ... 196 B 5
Corvol-d'Embernard 58 ... 157 E 4
Corvol-l'Orgueilleux 58 ... 157 E 2
Corzé 49 ... 128 D 5
Cos 09 ... 336 A 2
Cosges 39 ... 178 D 4
Coslédaà-Lube-Boast 64 ... 314 C 2
Cosmes 53 ... 105 H 5
Cosnac 19 ... 242 C 3
Cosne-d'Allier 03 ... 191 F 3
Cosne-sur-Loire 58 ... 156 A 4
Cosnes-et-Romain 54 ... 44 D 1
Cosqueville 50 ... 29 G 2
Cossaye 58 ... 175 E 5
Cossé-d'Anjou 49 ... 149 F 5
Cossé-en-Champagne 53 ... 106 D 5
Cossé-le-Vivien 53 ... 105 H 5
Cossesseville 14 ... 53 F 2
Cosswiller 67 ... 97 E 1
Costa 2B ... 346 D 2
Costaros 43 ... 247 F 5
Les Costes 05 ... 269 G 1
Les Costes-Gozon 12 ... 281 E 5
La Côte 70 ... 141 H 3
Cote 304 55 ... 43 H 4
La Côte-d'Aime 73 ... 234 D 2
La Côte-d'Arbroz 74 ... 198 C 5
La Côte-en-Couzan 42 ... 211 E 5
La Côte-Saint-André 38 ... 232 A 4
Le Coteau 42 ... 211 G 3
Côtebrune 25 ... 162 C 3
Les Côtes-d'Arey 38 ... 231 F 4
Les Côtes-de-Corps 38 ... 251 F 5
Coti-Chiavari 2A ... 348 C 5
Cotignac 83 ... 307 G 5
La Cotinière 17 ... 200 A 3
Cottance 42 ... 212 A 5
Cottenchy 80 ... 22 C 3
Cottévrard 76 ... 20 C 4
Cottier 25 ... 161 G 4
Cottun 14 ... 32 D 3
Cou Col de 74 ... 198 A 4
La Couarde 79 ... 185 G 4
La Couarde-sur-Mer 17 ... 182 D 5
Couargues 18 ... 156 A 4
Coubert 77 ... 59 E 5
Coubeyrac 33 ... 257 E 1
Coubisou 12 ... 263 E 4
Coubjours 24 ... 241 G 1
Coublanc 52 ... 139 H 4
Coublanc 71 ... 212 A 1
Coublevie 38 ... 232 C 5
Coublucq 64 ... 294 B 5
Coubon 43 ... 247 F 4
La Coubre Phare de 17 ... 218 B 1
Coubron 93 ... 58 D 3
Couches 71 ... 177 F 3
Couchey 21 ... 160 A 4
La Coucourde 26 ... 267 E 3
Coucouron 07 ... 265 G 1
Coucy 08 ... 42 B 1
Coucy-lès-Eppes 02 ... 25 E 5
Coucy-le-Château-Auffrique 02 ... 40 B 1
Couddes 41 ... 153 F 1
Coudehard 61 ... 54 C 3
Coudekerque-Branche 59 ... 3 G 2
Coudekerque-Village 59 ... 3 G 2
Coudes 63 ... 228 A 2
Coudeville-sur-Mer 50 ... 51 F 2
Le Coudon 83 ... 328 B 4
Coudons 11 ... 337 F 4

Coudoux 13 ... 305 G 5
Coudray 27 ... 37 E 3
Le Coudray 28 ... 86 B 4
Le Coudray 44 ... 126 A 5
Coudray 45 ... 111 H 2
Coudray 53 ... 128 B 3
Coudray-au-Perche 28 ... 109 E 2
Le Coudray-Macouard 49 ... 150 B 4
Le Coudray-Montceaux 91 ... 88 A 2
Coudray-Rabut 14 ... 34 C 3
Le Coudray-Saint-Germer 60 ... 37 G 2
Coudray-Salbart Château de 79 ... 184 D 3
Le Coudray-sur-Thelle 60 ... 38 A 3
La Coudre 79 ... 167 G 2
Les Coudreaux 77 ... 59 E 3
Coudreceau 28 ... 85 E 5
Coudrecieux 72 ... 108 C 5
Coudres 27 ... 56 C 3
Coudroy 45 ... 134 B 2
Coudun 60 ... 39 F 1
Coudures 40 ... 294 A 3
Coueilles 31 ... 316 D 3
Couëlan Château de 22 ... 103 F 1
Couëron 44 ... 147 F 4
Couesmes 37 ... 130 B 5
Couesmes-en-Froulay 53 ... 82 A 3
Couesque Barrage de 12 ... 262 D 2
Les Couets 44 ... 147 G 4
Couffé 44 ... 148 A 2
Couffoulens 11 ... 337 G 1
Couffy 41 ... 153 F 4
Couffy-sur-Sarsonne 19 ... 226 B 2
Couflens 09 ... 335 F 5
Coufouleux 81 ... 298 C 2
Cougnac Grottes de 46 ... 259 H 2
Couhé 86 ... 186 A 4
Couilly-Pont-aux-Dames 77 ... 59 G 3
Couin 62 ... 13 E 4
Couiza 11 ... 337 G 3
Couladère 31 ... 317 F 5
Coulaines 72 ... 107 H 4
Coulandon 03 ... 192 A 2
Coulangeron 89 ... 136 A 4
Coulanges 03 ... 193 E 2
Coulanges 41 ... 152 D 1
Coulanges-la-Vineuse 89 ... 136 B 4
Coulanges-lès-Nevers 58 ... 174 C 2
Coulanges-sur-Yonne 89 ... 157 F 1
Coulans-sur-Gée 72 ... 107 F 4
Coulans-sur-Lizon 25 ... 180 A 1
Coulaures 24 ... 241 E 1
Couledoux 31 ... 334 C 3
Couleuvre 03 ... 174 A 5
Coulevon 70 ... 141 F 4
Coulgens 16 ... 203 G 5
Coulimer 61 ... 84 B 3
Coullemelle 80 ... 22 C 4
Coullemont 62 ... 13 E 3
Coullons 45 ... 134 B 5
Coulmer 61 ... 54 D 4
Coulmier-le-Sec 21 ... 138 A 3
Coulmiers 45 ... 110 C 5
Coulobres 34 ... 321 G 2
Coulogne 62 ... 2 D 3
Couloisy 60 ... 39 H 2
Coulombiers 72 ... 83 G 5
Coulombiers 86 ... 186 A 2
Coulombs 14 ... 33 F 3
Coulombs 28 ... 57 E 5
Coulombs-en-Valois 77 ... 60 A 1
Coulomby 62 ... 6 D 2
Coulommes 77 ... 59 G 3
Coulommes-et-Marqueny 08 ... 42 C 1
Coulommes-la-Montagne 51 ... 41 F 4
Coulommiers 77 ... 59 H 4
Coulommiers-la-Tour 41 ... 131 H 3
Coulon 79 ... 184 C 4
Coulonces 14 ... 52 C 3
Coulonces 61 ... 54 B 3
La Coulonche 61 ... 53 F 5
Coulongé 72 ... 130 A 4
Coulonge-sur-Charente 17 ... 201 F 4
Coulonges 16 ... 203 E 4
Coulonges 17 ... 219 H 2
Coulonges 27 ... 56 B 3
Coulonges 86 ... 188 A 3
Coulonges-Cohan 02 ... 40 D 4
Coulonges-les-Sablons 61 ... 85 E 4
Coulonges-sur-l'Autize 79 ... 184 C 2
Coulonges-sur-Sarthe 61 ... 84 A 3
Coulonges-Thouarsais 79 ... 167 H 2
Coulonvillers 80 ... 11 H 3
Couloumé-Mondebat 32 ... 295 F 4
Coulounieix-Chamiers 24 ... 240 C 2
Coulours 89 ... 114 A 3
Couloutre 58 ... 156 C 2

Coulouvray-Boisbenâtre 50 ... 52 A 3
Coulvain 14 ... 52 D 1
Coulx 47 ... 257 H 5
Coume 57 ... 46 D 5
Counozouls 11 ... 337 G 5
Coupelle-Neuve 62 ... 7 E 4
Coupelle-Vieille 62 ... 7 E 4
Coupesarte 14 ... 54 B 1
Coupetz 51 ... 62 B 3
Coupéville 51 ... 62 D 2
Coupiac 12 ... 300 B 1
Coupray 52 ... 116 C 5
Coupru 02 ... 60 B 1
Couptrain 53 ... 82 D 3
Coupvray 77 ... 59 F 3
Couquèques 33 ... 219 E 5
Cour-Cheverny 41 ... 153 F 1
Cour-et-Buis 38 ... 231 G 4
Cour-l'Évêque 52 ... 116 C 5
La Cour-Marigny 45 ... 134 C 2
Cour-Maugis-sur-Maugis 61 ... 84 D 4
Cour-Saint-Maurice 25 ... 163 F 3
Cour-sur-Loire 41 ... 132 B 5
Courances 91 ... 88 A 4
Courant 17 ... 201 G 2
Courban 21 ... 116 B 5
La Courbe 61 ... 53 H 4
Courbehaye 28 ... 110 B 3
Courbépine 27 ... 35 F 5
Courbes 02 ... 24 C 4
Courbesseaux 54 ... 66 C 5
Courbette 39 ... 196 B 1
Courbeveille 53 ... 105 H 4
Courbevoie 92 ... 58 B 3
Courbiac 47 ... 277 E 1
Courbillac 16 ... 202 C 5
Courboin 02 ... 60 C 2
Courbons 04 ... 288 A 3
Courbouzon 39 ... 179 E 5
Courbouzon 41 ... 132 C 4
Courboyer Manoir de 61 ... 84 C 4
Courçais 03 ... 190 B 3
Courçay 37 ... 152 B 4
Courceaux 89 ... 89 G 4
Courcebœufs 72 ... 107 H 3
Courcelette 80 ... 13 G 5
Courcelle 91 ... 58 A 5
Courcelles 17 ... 201 H 3
Courcelles 25 ... 161 H 5
Courcelles 45 ... 111 H 4
Courcelles 54 ... 94 C 4
Courcelles 58 ... 157 E 2
Courcelles 90 ... 142 D 4
Courcelles-au-Bois 80 ... 13 F 4
Courcelles-Chaussy 57 ... 66 B 1
Courcelles-de-Touraine 37 ... 151 E 1
Courcelles-en-Barrois 55 ... 64 C 4
Courcelles-en-Bassée 77 ... 89 E 4
Courcelles-en-Montagne 52 ... 139 F 2
Courcelles-Epayelles 60 ... 23 E 5
Courcelles-Frémoy 21 ... 158 C 2
Courcelles-la-Forêt 72 ... 129 G 3
Courcelles-le-Comte 62 ... 13 G 4
Courcelles-lès-Gisors 60 ... 37 F 4
Courcelles-lès-Lens 62 ... 8 D 5
Courcelles-lès-Montbard 21 ... 137 H 5
Courcelles-lès-Montbéliard 25 ... 142 B 4
Courcelles-lès-Semur 21 ... 158 D 2
Courcelles-Sapicourt 51 ... 41 F 4
Courcelles-sous-Châtenois 88 ... 94 B 4
Courcelles-sous-Moyencourt 80 ... 22 A 3
Courcelles-sous-Thoix 80 ... 22 A 4
Courcelles-sur-Aire 55 ... 63 H 2
Courcelles-sur-Aujon 52 ... 139 E 2
Courcelles-sur-Blaise 52 ... 92 C 4
Courcelles-sur-Nied 57 ... 66 B 1
Courcelles-sur-Seine 27 ... 36 D 5
Courcelles-sur-Vesle 02 ... 40 D 3
Courcelles-sur-Viosne 95 ... 57 H 1
Courcelles-sur-Voire 10 ... 91 H 3
Courcelles-Val-d'Esnoms 52 ... 139 F 4
Courcemain 51 ... 90 C 2
Courcemont 72 ... 108 A 3
Courcerac 17 ... 202 B 4
Courcerault 61 ... 84 C 4
Courceroy 10 ... 89 H 3
Courchamp 21 ... 139 H 5
Courchamp 77 ... 89 G 2
Courchamps 02 ... 40 A 5
Courchamps 49 ... 150 B 4
Courchapon 25 ... 161 G 3

Courchaton 70 ... 141 H 5
Courchelettes 59 ... 8 D 5
Courchevel 73 ... 234 C 4
Courcité 53 ... 83 E 5
Courcival 72 ... 108 A 2
Courcôme 16 ... 203 F 3
Courçon 17 ... 183 H 5
Courcoué 37 ... 169 F 1
Courcouronnes 91 ... 87 H 2
Courcoury 17 ... 219 G 1
Courcuire 70 ... 161 G 2
Courcy 14 ... 54 A 2
Courcy 50 ... 31 G 5
Courcy 51 ... 41 G 3
Courcy-aux-Loges 45 ... 111 G 4
Courdemanche 27 ... 56 C 4
Courdemanche 72 ... 130 C 3
Courdemanges 51 ... 62 C 5
Courdimanche 95 ... 57 H 1
Courdimanche-sur-Essonne 91 ... 87 H 4
Couret 31 ... 334 C 2
Courgains 72 ... 83 H 5
Courgeac 16 ... 221 E 4
Courgenard 72 ... 108 D 3
Courgenay 89 ... 90 A 5
Courgent 78 ... 57 F 3
Courgeon 61 ... 84 C 3
Courgeoût 61 ... 84 B 3
Courgis 89 ... 136 C 3
Courgivaux 51 ... 60 C 5
Courgoul 63 ... 227 G 3
Courjeonnet 51 ... 61 F 3
Courlac 16 ... 221 E 5
Courlandon 51 ... 41 E 3
Courlans 39 ... 179 E 5
Courlaoux 39 ... 179 E 5
Courlay 79 ... 167 G 4
Courlay-sur-Mer 17 ... 218 C 1
Courléon 49 ... 150 D 2
Courlon 21 ... 139 E 4
Courlon-sur-Yonne 89 ... 89 F 5
Courmangoux 01 ... 196 A 4
Courmas 51 ... 41 F 4
Courmelles 02 ... 40 B 3
Courmemin 41 ... 153 G 2
Courménil 61 ... 54 C 4
Courmes 06 ... 309 E 2
Courmont 02 ... 40 D 5
Courmont 70 ... 142 A 3
Cournanel 11 ... 337 G 2
La Courneuve 93 ... 58 C 2
Courniou 34 ... 320 C 2
Cournols 63 ... 227 G 2
Cournon 56 ... 125 G 3
Cournon-d'Auvergne 63 ... 227 H 1
Cournonsec 34 ... 302 C 5
Cournonterral 34 ... 302 C 5
La Couronne 13 ... 325 H 4
La Couronne 16 ... 221 E 2
Courouvre 55 ... 64 B 3
Courpalay 77 ... 59 G 5
Courpiac 33 ... 256 C 1
Courpière 63 ... 228 C 1
Courpignac 17 ... 219 H 5
Courquetaine 77 ... 59 F 5
Courrensan 32 ... 295 G 2
Courrières 62 ... 8 C 4
Courris 81 ... 299 H 1
Courry 30 ... 283 H 2
Cours 46 ... 260 B 4
Cours 47 ... 276 B 1
Le Cours 56 ... 124 D 2
Cours 58 ... 156 B 2
Cours 69 ... 212 A 2
Cours 79 ... 185 E 2
Cours-de-Monségur 33 ... 257 E 2
Cours-de-Pile 24 ... 258 B 1
Cours-les-Bains 33 ... 274 D 1
Cours-les-Barres 18 ... 174 B 2
Coursac 24 ... 240 B 2
Coursan 11 ... 321 F 5
Coursan-en-Othe 10 ... 114 C 4
Coursegoules 06 ... 309 F 1
Courset 62 ... 6 C 2
Courseulles-sur-Mer 14 ... 33 F 3
Courson 14 ... 52 B 3
Courson Château de 91 ... 87 F 2
Courson-les-Carrières 89 ... 136 A 5
Courson-Monteloup 91 ... 87 F 2
Courtacon 77 ... 60 B 5
Courtagnon 51 ... 41 F 5
Courtalain 28 ... 109 G 4
Courtangis Château de 72 ... 108 D 3
Courtanvaux Château de 72 ... 131 E 2
Courtaoult 10 ... 114 C 4

Courtauly 11 ... 337 E 2
Courtavon 68 ... 143 E 5
Courtefontaine 25 ... 163 G 2
Courtefontaine 39 ... 161 G 5
Courteilles 27 ... 56 A 5
Courteix 19 ... 226 B 2
Courtelevant 90 ... 142 D 4
Courtemanche 80 ... 22 D 4
Courtemaux 45 ... 112 D 4
Courtémont 51 ... 43 E 5
Courtemont-Varennes 02 ... 60 D 1
Courtempierre 45 ... 112 B 4
Courtenay 38 ... 214 A 5
Courtenay 45 ... 113 E 4
Courtenot 10 ... 115 F 3
Courteranges 10 ... 115 F 2
Courteron 10 ... 115 G 4
Courtes 01 ... 195 G 2
Courtesoult-et-Gatey 70 ... 140 A 4
Courtetain-et-Salans 25 ... 162 D 3
La Courtète 11 ... 337 E 1
Courteuil 60 ... 38 D 4
Courthézon 84 ... 285 F 4
Courthiézy 51 ... 60 D 1
Courties 32 ... 295 F 5
Courtieux 60 ... 39 H 2
Courtillers 72 ... 129 E 3
Courtils 50 ... 51 G 5
La Courtine 23 ... 225 H 1
Courtisols 51 ... 62 C 2
Courtivron 21 ... 139 E 5
Courtoin 89 ... 113 E 3
Courtois-sur-Yonne 89 ... 113 G 2
Courtomer 61 ... 84 A 2
Courtomer 77 ... 59 G 5
Courtonne-la-Meurdrac 14 ... 34 D 5
Courtonne-les-Deux-Églises 14 ... 34 D 5
Courtrizy-et-Fussigny 02 ... 41 E 1
Courtry 77 ... 59 E 2
Courvaudon 14 ... 53 E 1
Courvières 25 ... 180 A 3
Courville 51 ... 41 E 3
Courville-sur-Eure 28 ... 85 H 4
Courzieu 69 ... 230 C 1
Cousance 39 ... 196 A 2
Cousances-au-Bois 55 ... 64 C 5
Cousances-les-Forges 55 ... 92 D 2
Cousolre 59 ... 16 A 3
Coussa 09 ... 336 B 2
Coussac-Bonneval 87 ... 223 H 3
Coussan 65 ... 315 F 4
Coussay 86 ... 168 D 3
Coussay-les-Bois 86 ... 170 A 4
Coussegrey 10 ... 114 D 5
Coussergues 12 ... 281 F 1
Coussey 88 ... 94 A 4
Coust 18 ... 173 G 5
Coustaussa 11 ... 337 G 3
Coustellet 84 ... 305 F 1
Coustouge 11 ... 338 C 2
Coustouges 66 ... 342 C 5
Coutances 50 ... 31 G 5
Coutansouze 03 ... 209 G 1
Coutarnoux 89 ... 137 E 5
Coutençon 77 ... 89 E 3
Coutens 09 ... 336 D 1
Couterne 61 ... 82 C 3
Couternon 21 ... 160 B 3
Couteuges 43 ... 246 C 2
Coutevroult 77 ... 59 G 3
Couthenans 70 ... 142 B 3
Couthures-sur-Garonne 47 . 257 E 4
Coutiches 59 ... 9 E 4
Coutières 79 ... 185 G 2
Coutouvre 42 ... 211 H 2
Coutras 33 ... 238 C 3
Couture 16 ... 203 G 3
La Couture 62 ... 8 A 3
La Couture 85 ... 183 E 1
La Couture-Boussey 27 ... 56 D 3
Couture-d'Argenson 79 ... 202 D 3
Couture-sur-Loir 41 ... 130 D 3
Couturelle 62 ... 13 E 3
Coutures 24 ... 221 G 5
Coutures 33 ... 256 D 3
Coutures 49 ... 149 H 2
Coutures 57 ... 66 C 4
Coutures 82 ... 297 E 1
Couvains 50 ... 32 B 4
Couvains 61 ... 55 F 3
La Couvertoirade 12 ... 301 H 1
Couvertpuis 55 ... 93 F 2
Couvignon 10 ... 116 A 2
Couville 50 ... 29 E 4
Couvonges 55 ... 63 G 4
Couvrelles 02 ... 40 C 3

Couvron-et-Aumencourt 02 ... 24 C 4
Couvrot 51 ... 62 C 4
Coux 07 ... 266 D 2
Coux 17 ... 219 H 5
Coux et Bigaroque-Mouzens 24 ... 259 E 1
Couy 18 ... 173 H 1
La Couyère 35 ... 104 C 5
Couzan Château de 42 ... 229 F 1
Couze-et-Saint-Front 24 ... 258 C 1
Couzeix 87 ... 205 G 4
Couziers 37 ... 150 D 5
Couzon 03 ... 191 H 1
Couzon-au-Mont-d'Or 69 ... 213 E 4
Couzou 46 ... 260 C 2
Cox 31 ... 297 E 3
Coye-la-Forêt 60 ... 38 D 5
Coyecques 62 ... 7 F 3
Coyolles 02 ... 39 H 4
Coyrière 39 ... 197 E 4
Coyron 39 ... 196 D 2
Coyviller 54 ... 95 E 1
Cozes 17 ... 219 E 2
Cozzano 2A ... 349 F 3
Crac'h 56 ... 124 A 4
Craches 78 ... 86 D 2
Crachier 38 ... 231 H 3
Crain 89 ... 157 F 1
Craincourt 57 ... 66 B 3
Craintilleux 42 ... 230 A 2
Crainvilliers 88 ... 118 B 3
Cramaille 02 ... 40 C 4
Cramans 39 ... 179 G 1
Cramant 51 ... 61 G 2
Cramchaban 17 ... 184 B 5
Craménil 61 ... 53 G 4
Cramoisy 60 ... 38 C 4
Cramont 80 ... 12 B 4
Crampagna 09 ... 336 B 2
Cran-Gevrier 74 ... 215 G 3
Crancey 10 ... 90 A 3
Crançot 39 ... 179 F 5
Crandelles 15 ... 244 B 4
Crannes-en-Champagne 72 ... 107 F 5
Crans 01 ... 213 H 3
Crans 39 ... 180 A 4
Cransac 12 ... 261 H 4
Crantenoy 54 ... 95 E 3
Cranves-Sales 74 ... 197 H 5
Craon 53 ... 127 H 2
Craon 86 ... 168 C 4
Craonne 02 ... 41 E 2
Craonnelle 02 ... 41 E 2
Crapeaumesnil 60 ... 23 F 4
Craponne 69 ... 230 D 1
Craponne-sur-Arzon 43 ... 229 F 5
Cras 38 ... 250 B 4
Cras 46 ... 260 B 4
Cras-sur-Reyssouze 01 ... 195 G 4
Crastatt 67 ... 68 B 5
Crastes 32 ... 296 C 3
Crasville 27 ... 36 B 4
Crasville 50 ... 29 G 4
Crasville-la-Mallet 76 ... 19 G 3
Crasville-la-Rocquefort 76 ... 19 H 3
La Crau 83 ... 328 B 4
Cravanche 90 ... 142 C 3
Cravans 17 ... 219 F 2
Cravant 45 ... 132 C 3
Cravant 89 ... 136 C 4
Cravant-les-Côteaux 37 ... 151 F 5
Cravencères 32 ... 295 G 3
Cravent 78 ... 57 E 2
Crayssac 46 ... 259 H 4
Craywick 59 ... 3 F 3
Craz 01 ... 214 D 2
Crazannes 17 ... 201 F 4
Cré-sur-Loir 72 ... 129 F 4
Créac'h Phare de 29 ... 74 A 1
Créances 50 ... 31 F 4
Créancey 21 ... 159 F 4
Créancey 52 ... 116 C 4
Crécey-sur-Tille 21 ... 139 F 5
La Crèche 79 ... 185 E 4
Crèches-sur-Saône 71 ... 195 E 5
Créchets 65 ... 334 A 2
Créchy 03 ... 192 B 5
Crécy-au-Mont 02 ... 40 B 1
Crécy-Couvé 28 ... 56 C 5
Crécy-en-Ponthieu 80 ... 11 G 2
Crécy-la-Chapelle 77 ... 59 G 3
Crécy-sur-Serre 02 ... 24 D 4
Crédin 56 ... 102 B 3
Crégols 46 ... 260 D 5
Crégy-lès-Meaux 77 ... 59 G 2
Créhange 57 ... 66 D 1

Créhen 22 ... 79 F 3
Creil 60 ... 38 D 4
Creissan 34 ... 321 E 5
Creissels 12 ... 281 H 4
Crémarest 62 ... 6 C 2
Cremeaux 42 ... 211 F 4
Crémery 80 ... 23 F 3
Crémieu 38 ... 231 H 1
Crempigny-Bonneguète 74 ... 215 F 3
Cremps 46 ... 278 C 1
Crenans 39 ... 196 D 2
Crenay 52 ... 117 E 4
Creney-près-Troyes 10 ... 91 E 5
Crennes-sur-Fraubée 53 ... 82 D 4
Creno Lac de 2A ... 346 D 5
Créon 33 ... 255 H 1
Créon-d'Armagnac 40 ... 274 C 5
Créot 71 ... 177 F 2
Crépand 21 ... 137 H 5
Crépey 54 ... 94 C 2
Crépieux-la-Pape 69 ... 213 F 5
Crépion 55 ... 44 B 4
Crépol 26 ... 249 G 2
Crépon 14 ... 33 F 3
Crépy 02 ... 24 C 5
Crépy 62 ... 7 F 4
Crépy-en-Valois 60 ... 39 G 4
Créquy 62 ... 7 E 4
Le Crès 34 ... 303 E 4
Cresancey 70 ... 161 F 2
Crésantignes 10 ... 114 D 3
Les Cresnays 50 ... 52 A 4
Crespian 30 ... 303 F 1
Crespières 78 ... 57 H 3
Crespin 12 ... 279 H 3
Crespin 59 ... 9 H 5
Crespin 81 ... 279 H 5
Crespinet 81 ... 299 G 1
Crespy-le-Neuf 10 ... 91 H 4
Cressac-Saint-Genis 16 ... 221 E 4
Cressanges 03 ... 191 H 3
Cressat 23 ... 207 G 1
Cressin-Rochefort 01 ... 214 D 5
La Cressonnière 14 ... 54 D 1
Cressonsacq 60 ... 38 D 1
Cressy 76 ... 20 B 3
Cressy-Omencourt 80 ... 23 G 4
Cressy-sur-Somme 71 ... 175 H 5
Crest 26 ... 267 G 2
Le Crest 63 ... 227 H 1
Crest-Voland 73 ... 216 B 4
Creste 63 ... 227 G 3
Le Crestet 07 ... 248 D 4
Crestet 84 ... 285 H 2
Crestot 27 ... 36 A 4
Créteil 94 ... 58 D 4
Créton 27 ... 56 B 3
Cretteville 50 ... 31 H 2
Creuë 55 ... 64 D 2
Creully 14 ... 33 F 3
La Creuse 70 ... 141 G 4
Creuse 80 ... 22 A 2
Le Creusot 71 ... 177 E 4
Creutzwald 57 ... 46 D 4
Creuzier-le-Neuf 03 ... 210 B 1
Creuzier-le-Vieux 03 ... 210 B 1
Crevans-et-la-Chapelle-lès-Granges 70 ... 142 A 4
Crevant 36 ... 189 G 3
Crevant-Laveine 63 ... 210 B 4
Crévéchamps 54 ... 95 E 2
Crèvecœur-en-Auge 14 ... 34 B 5
Crèvecœur-en-Brie 77 ... 59 G 4
Crèvecœur-le-Grand 60 ... 22 A 5
Crèvecœur-le-Petit 60 ... 22 D 5
Crèvecœur-sur-l'Escaut 59 ... 14 B 4
Creveney 70 ... 141 F 3
Crévic 54 ... 95 F 1
Crévin 35 ... 104 B 5
Crévoux 05 ... 270 D 3
Creys-Mépieu 38 ... 214 B 5
Creyssac 24 ... 222 B 5
Creysse 24 ... 240 B 5
Creysse 46 ... 242 C 5
Creysseilles 07 ... 266 C 2
Creyssensac-et-Pissot 24 ... 240 C 3
Crézançay-sur-Cher 18 ... 173 E 4
Crézancy 02 ... 60 C 1
Crézancy-en-Sancerre 18 ... 155 H 3
Crézières 79 ... 202 D 2

Crézilles 54 ... 94 B 2
Cricquebœuf 14 ... 34 C 2
Cricqueville-en-Auge 14 ... 34 A 4
Cricqueville-en-Bessin 14 ... 32 C 2
Criel-sur-Mer 76 ... 10 C 4
Crillat 39 ... 196 D 1
Crillon 60 ... 37 H 1
Crillon-le-Brave 84 ... 285 H 3
Crimolois 21 ... 160 B 3
Crion 54 ... 95 G 1
La Crique 76 ... 20 B 4
Criquebeuf-en-Caux 76 ... 18 D 3
Criquebeuf-la-Campagne 27 ... 36 A 4
Criquebeuf-sur-Seine 27 ... 36 B 3
Criquetot-le-Mauconduit 76 ... 19 F 3
Criquetot-l'Esneval 76 ... 18 D 4
Criquetot-sur-Longueville 76 ... 20 B 3
Criquetot-sur-Ouville 76 ... 19 H 4
Criquiers 76 ... 21 F 4
Crisenoy 77 ... 83 C 2
Crisolles 60 ... 23 H 5
Crissay-sur-Manse 37 ... 151 G 5
Crissé 72 ... 107 F 3
Crissey 39 ... 179 E 1
Crissey 71 ... 177 H 4
Cristinacce 2A ... 346 C 5
Cristot 14 ... 33 E 4
Criteuil-la-Magdeleine 16 ... 220 C 3
Critot 76 ... 20 C 5
Croce 2B ... 347 G 3
Crochte 59 ... 3 G 3
Crocicchia 2B ... 347 G 2
Crocq 23 ... 208 B 4
Le Crocq 60 ... 22 B 5
Crocy 14 ... 54 A 3
Crœttwiller 67 ... 69 F 2
Croignon 33 ... 255 H 1
Croisances 43 ... 246 D 5
Croisette 62 ... 12 C 2
La Croisette 74 ... 215 G 1
Le Croisic 44 ... 145 G 4
La Croisière 23 ... 205 H 1
La Croisille 27 ... 56 A 2
La Croisille-sur-Briance 87 ... 224 C 2
Croisilles 14 ... 53 F 1
Croisilles 28 ... 57 E 5
Croisilles 61 ... 54 C 4
Croisilles 62 ... 13 H 3
Croismare 54 ... 95 G 1
Croissanville 14 ... 34 A 5
Croissy-Beaubourg 77 ... 59 E 3
Croissy-sur-Celle 60 ... 22 B 4
Croissy-sur-Seine 78 ... 58 A 3
Le Croisty 56 ... 101 E 2
Croisy 18 ... 173 H 2
Croisy-sur-Andelle 76 ... 36 D 1
Croisy-sur-Eure 27 ... 56 C 1
Croix 59 ... 9 E 2
Croix 90 ... 142 D 5
Croix Col de la 2A ... 346 A 4
Croix Plateau de la 74 ... 216 D 4
La Croix-aux-Bois 08 ... 43 E 2
La Croix-aux-Mines 88 ... 96 C 5
La Croix-Avranchin 50 ... 80 D 2
La Croix-Blanche 47 ... 276 C 2
La Croix-Blanche 71 ... 194 D 4
Croix-Caluyau 59 ... 15 E 4
Croix-Chapeau 17 ... 200 D 1
La Croix-Comtesse 17 ... 201 H 2
Croix-de-Bauzon Col de la 07 ... 265 H 3
La Croix-de-Berny 92 ... 58 C 4
La Croix-de-Fer Col de 73 ... 251 H 1
La Croix-de-la-Rochette 73 ... 233 G 3
Croix-de-l'Homme-Mort Col de la 42 ... 229 F 3
Croix-de-Vie 85 ... 164 D 4
Croix-du-Bac 59 ... 8 B 2
La Croix-du-Perche 28 ... 109 F 2
La Croix-en-Brie 77 ... 89 E 2
La Croix-en-Champagne 51 ... 62 D 1
Croix-en-Ternois 62 ... 7 F 5
La Croix-en-Touraine 37 ... 152 C 3
Croix-Fonsomme 02 ... 24 B 1
La Croix-Fry Col de 74 ... 216 A 3
Croix-Haute Col de la 26 ... 268 D 2
La Croix-Helléan 56 ... 102 D 4
Croix-Mare 76 ... 19 H 5
Croix-Moligneaux 80 ... 23 H 2
Croix-Morand ou de Diane Col de la 63 ... 227 F 2
Croix-Rampau 69 ... 213 E 4
La Croix-Saint-Leufroy 27 ... 36 C 5
Croix-Saint-Robert Col de la 63 ... 227 F 3
Croix Saint Thomas 21 ... 158 D 3
Croix-Sainte 13 ... 325 G 3

La Croix-sur-Gartempe 87 ... 205 E 1
La Croix-sur-Ourcq 02 ... 40 B 5
La Croix-sur-Roudoule 06 ... 289 F 4
Croixanvec 56 ... 102 A 2
Croixdalle 76 ... 20 D 2
La Croixille 53 ... 105 G 2
Croixrault 80 ... 21 H 3
Croizet-sur-Gand 42 ... 211 H 4
Crolles 38 ... 233 F 5
Crollon 50 ... 80 D 2
Cromac 87 ... 188 B 4
Cromary 70 ... 162 A 2
Cronat 71 ... 175 G 5
Cronce 43 ... 246 B 3
La Cropte 53 ... 106 C 5
Cropus 76 ... 20 B 3
Cros 30 ... 283 F 5
Le Cros 34 ... 301 H 2
Cros 63 ... 226 D 4
Cros-de-Cagnes 06 ... 309 G 3
Cros-de-Géorand 07 ... 265 H 1
Cros-de-Montvert 15 ... 243 G 3
Cros-de-Ronesque 15 ... 244 D 5
Crosey-le-Grand 25 ... 162 D 2
Crosey-le-Petit 25 ... 162 D 2
Crosmières 72 ... 129 F 3
Crosne 91 ... 58 D 5
Crossac 44 ... 146 C 1
Crosses 18 ... 173 G 2
Crosville-la-Vieille 27 ... 36 A 5
Crosville-sur-Douve 50 ... 31 G 2
Crosville-sur-Scie 76 ... 20 B 2
Crotelles 37 ... 152 A 1
Crotenay 39 ... 179 G 4
Croth 27 ... 56 D 3
Le Crotoy 80 ... 11 F 2
Crots 05 ... 270 C 3
Crottes-en-Pithiverais 45 ... 111 F 3
Crottet 01 ... 195 E 5
Le Crouais 35 ... 103 F 1
Crouay 14 ... 32 D 3
La Croupte 14 ... 54 D 1
Crouseilles 64 ... 294 D 5
Croutelle 86 ... 186 B 2
Les Croûtes 10 ... 114 C 5
Croutoy 60 ... 39 H 2
Crouttes 61 ... 54 C 2
Crouttes-sur-Marne 02 ... 60 A 2
Crouy 02 ... 40 B 2
Crouy 80 ... 22 A 1
Crouy-en-Thelle 60 ... 38 C 4
Crouy-sur-Cosson 41 ... 132 C 5
Crouy-sur-Ourcq 77 ... 59 H 1
Le Crouzet 25 ... 180 B 4
Crouzet-Migette 25 ... 180 A 2
La Crouzille 63 ... 209 E 1
La Crouzille 87 ... 205 H 3
Crouzilles 37 ... 151 F 5
Crozant 23 ... 188 D 4
Croze 23 ... 207 G 5
Crozes-Hermitage 26 ... 249 F 3
Crozet 01 ... 197 F 4
Le Crozet 42 ... 211 E 1
Les Crozets 39 ... 196 D 2
Crozon 29 ... 75 E 4
Crozon-sur-Vauvre 36 ... 189 F 2
Cruas 07 ... 267 E 3
Crucey 28 ... 56 A 5
Crucheray 41 ... 131 G 4
Cruéjouls 12 ... 263 F 5
Cruet 73 ... 233 G 3
Crugey 21 ... 159 F 5
Crugny 51 ... 41 E 4
Cruguel 56 ... 102 C 5
Cruis 04 ... 287 F 4
Crulai 61 ... 55 F 5
Crupies 26 ... 267 H 4
Crupilly 02 ... 25 E 1
Cruscades 11 ... 320 D 5
Cruseilles 74 ... 215 G 2
Crusnes 54 ... 45 F 2
Crussol Château de 07 ... 249 F 4
Cruviers-Lascours 30 ... 284 A 5
Crux-la-Ville 58 ... 157 F 5
Cruzille 71 ... 195 E 2
Cruzilles-lès-Mépillat 01 ... 195 E 5
Cruzy 34 ... 321 E 4
Cruzy-le-Châtel 89 ... 137 G 2
Cry 89 ... 137 G 4
Cubelles 43 ... 246 D 4
Cubières 48 ... 265 E 5
Cubières-sur-Cinoble 11 ... 338 A 4
Cubiérettes 48 ... 265 E 5
Cubjac 24 ... 241 E 1
Cublac 19 ... 241 H 2
Cublize 69 ... 212 B 3

Cubnezais 33 ... 237 H 3
Cubrial 25 ... 162 C 1
Cubry 25 ... 162 D 1
Cubry-lès-Faverney 70 ... 141 E 2
Cubry-lès-Soing 70 ... 140 D 4
Cubzac-les-Ponts 33 ... 237 H 4
Cucharmoy 77 ... 89 F 2
Cucheron Col du 38 ... 233 E 4
Cuchery 51 ... 41 F 5
Cucq 62 ... 6 B 4
Cucugnan 11 ... 338 B 4
Cucuron 84 ... 306 A 2
Cucuruzzu Castellu de 2A ... 349 F 5
Cudos 33 ... 274 B 1
Cudot 89 ... 113 F 5
Cuébris 06 ... 289 G 5
Cuélas 32 ... 315 H 3
Cuers 83 ... 328 B 3
Cuffies 02 ... 40 B 2
Cuffy 18 ... 174 B 2
Cugand 85 ... 148 A 5
Cuges-les-Pins 13 ... 327 G 3
Cugnaux 31 ... 297 H 5
Cugney 70 ... 161 F 2
Cugny 02 ... 24 A 4
Cugny-lès-Crouttes 02 ... 40 C 4
Cuguen 35 ... 80 B 3
Cuguron 31 ... 334 A 1
Cuhon 86 ... 168 D 4
Cuignières 60 ... 38 D 2
Cuigy-en-Bray 60 ... 37 G 2
Cuillé 53 ... 105 F 4
Cuinchy 62 ... 8 B 4
Cuincy 59 ... 8 D 5
Le Cuing 31 ... 316 B 5
Cuinzier 42 ... 212 A 1
Cuirieux 02 ... 25 E 4
Cuiry-Housse 02 ... 40 C 3
Cuiry-lès-Chaudardes 02 ... 41 E 2
Cuiry-lès-Iviers 02 ... 25 H 3
Cuis 51 ... 61 G 2
Cuise-la-Motte 60 ... 39 H 2
Cuiseaux 71 ... 196 A 2
Cuiserey 21 ... 160 C 2
Cuisery 71 ... 195 F 1
Cuisia 39 ... 196 A 1
Cuisiat 01 ... 196 A 4
Cuisles 51 ... 41 E 5
Cuissai 61 ... 83 G 3
Cuissy-et-Geny 02 ... 41 E 2
Cuisy 55 ... 43 G 3
Cuisy 77 ... 59 F 1
Cuisy-en-Almont 02 ... 40 A 2
La Cula 42 ... 230 C 3
Culan 18 ... 190 B 2
Culètre 21 ... 159 F 5
Culey 55 ... 63 H 4
Culey-le-Patry 14 ... 53 F 2
Culhat 63 ... 210 A 4
Culin 38 ... 232 A 3
Culles-les-Roches 71 ... 177 F 5
Cully 14 ... 33 F 3
Culmont 52 ... 139 H 2
Culoison 10 ... 91 E 5
Culoz 01 ... 214 D 4
Cult 70 ... 161 F 3
Cultures 48 ... 264 B 5
Cumières-le-Mort-Homme 55 ... 43 H 4
Cumiès 11 ... 318 D 4
Cumont 82 ... 296 D 1
Cunac 81 ... 299 G 1
Cunault 49 ... 150 B 3
Cuncy-lès-Varzy 58 ... 157 E 3
Cunèges 24 ... 257 G 1
Cunel 55 ... 43 G 2
Cunelières 90 ... 142 D 3
Cunfin 10 ... 116 A 4
Cunlhat 63 ... 228 C 2
Cuntorba Castello de 2A ... 348 D 5
Cuon 49 ... 150 B 1
Cuperly 51 ... 62 B 1
Cuq 47 ... 276 C 4
Cuq 81 ... 299 F 4
Cuq-Toulza 81 ... 298 D 5
Cuqueron 64 ... 313 H 3
Curac 16 ... 239 E 1
Curan 12 ... 281 F 3
Curbans 04 ... 269 G 5
Curbigny 71 ... 194 A 4
Curçay-sur-Dive 86 ... 168 C 1
Curchy 80 ... 23 F 3
Curciat-Dongalon 01 ... 195 G 2
Curcy-sur-Orne 14 ... 53 F 1
Curdin 71 ... 193 F 1
La Cure 39 ... 197 F 2

Curebourse *Col de 15* ...... **244** D 4
Curel *04* ...... **286** D 3
Curel *52* ...... **92** D 3
Curemonte *19* ...... **242** D 4
Cures *72* ...... **107** F 3
Curey *50* ...... **80** D 2
Curgies *59* ...... **15** E 2
Curgy *71* ...... **176** D 2
Curienne *73* ...... **233** F 2
Curières *12* ...... **263** F 3
Curis-au-Mont-d'Or *69* ...... **213** E 4
Curley *21* ...... **159** H 4
Curlu *80* ...... **23** F 1
Curmont *52* ...... **92** C 5
Curnier *26* ...... **268** A 5
Cursan *33* ...... **256** B 1
Curtafond *01* ...... **195** G 5
Curtil-Saint-Seine *21* ...... **159** H 1
Curtil-sous-Buffières *71* ...... **194** C 3
Curtil-sous-Burnand *71* ...... **194** C 1
Curtil-Vergy *21* ...... **159** H 5
Le Curtillard *38* ...... **233** G 5
Curtil *38* ...... **232** B 1
Curvalle *81* ...... **300** A 1
Curzay-sur-Vonne *86* ...... **185** H 2
Curzon *85* ...... **183** E 2
Cusance *25* ...... **162** D 2
Cuse-et-Adrisans *25* ...... **162** C 1
Cusey *52* ...... **139** G 4
Cussac *15* ...... **245** F 4
Cussac *87* ...... **222** D 1
Cussac-Fort-Médoc *33* ...... **237** F 2
Cussac-sur-Loire *43* ...... **247** F 4
Cussangy *10* ...... **115** E 4
Cussay *37* ...... **170** A 1
Cusset *03* ...... **210** B 1
Cussey-les-Forges *21* ...... **139** E 4
Cussey-sur-Lison *25* ...... **161** H 5
Cussey-sur-l'Ognon *25* ...... **161** H 2
Cussy *14* ...... **32** D 3
Cussy-en-Morvan *71* ...... **176** C 1
Cussy-la-Colonne *21* ...... **177** F 1
Cussy-le-Châtel *21* ...... **159** F 5
Cussy-les-Forges *89* ...... **158** A 1
Custines *54* ...... **65** H 4
Cusy *74* ...... **215** F 5
Cusy *89* ...... **137** F 3
Cutry *02* ...... **40** A 3
Cutry *54* ...... **44** D 2
Cuts *60* ...... **39** H 1
Cutting *57* ...... **67** F 3
Cuttoli-Corticchiato *2A* ...... **348** D 3
Cuttura *39* ...... **196** D 3
Cuvat *74* ...... **215** G 2
Cuve *70* ...... **119** E 5
Cuvergnon *60* ...... **39** H 5
Cuverville *14* ...... **33** H 4
Cuverville *27* ...... **36** D 3
Cuverville *76* ...... **18** D 4
Cuverville-sur-Yères *76* ...... **10** D 5
Cuvéry *Col de 01* ...... **214** D 1
Cuves *50* ...... **52** A 4
Cuves *52* ...... **117** G 3
Cuvier *39* ...... **180** A 3
Cuvillers *59* ...... **14** B 3
Cuvilly *60* ...... **23** E 5
Cuvry *57* ...... **65** H 1
Cuxac-Cabardès *11* ...... **319** G 3
Cuxac-d'Aude *11* ...... **321** E 5
Cuy *60* ...... **23** G 5
Cuy *89* ...... **113** G 2
Cuy-Saint-Fiacre *76* ...... **37** F 1
Cuzac *46* ...... **261** G 4
Cuzals *Musée de 46* ...... **260** D 4
Cuzance *46* ...... **242** B 4
Cuzieu *01* ...... **214** D 4
Cuzieu *42* ...... **230** A 2
Cuzion *36* ...... **188** D 3
Cuzorn *47* ...... **259** E 4
Cuzy *71* ...... **176** B 4
Cys-la-Commune *02* ...... **40** D 2
Cysoing *59* ...... **9** E 3

D

Dabisse *04* ...... **287** G 5
Dabo *57* ...... **68** A 5
Dabo *Rocher de 57* ...... **68** A 5
Dachstein *67* ...... **97** F 1
Dadonville *45* ...... **111** G 3
Daglan *24* ...... **259** G 2
Dagneux *01* ...... **213** G 4
Dagny *77* ...... **60** A 5
Dagny-Lambercy *02* ...... **25** G 3
Dagonville *55* ...... **64** B 4
La Daguenière *49* ...... **149** H 2
Dahlenheim *67* ...... **97** F 1
Daignac *33* ...... **256** B 1

Daigny *08* ...... **27** F 3
Daillancourt *52* ...... **92** C 5
Daillecourt *52* ...... **117** G 3
Dainville *62* ...... **13** F 2
Dainville-Bertheléville *55* ...... **93** G 3
Daix *21* ...... **160** A 3
Dalem *57* ...... **46** D 4
Dalhain *57* ...... **66** D 3
Dalhunden *67* ...... **69** F 4
Dallet *63* ...... **210** A 5
Dallon *02* ...... **24** A 2
Dalou *09* ...... **336** B 2
Dalstein *57* ...... **46** B 3
Daluis *06* ...... **289** F 4
Damas-aux-Bois *88* ...... **95** F 3
Damas-et-Bettegney *88* ...... **119** E 2
Damazan *47* ...... **275** F 2
Dambach *67* ...... **68** C 1
Dambach-la-Ville *67* ...... **97** E 4
Dambelin *25* ...... **163** E 2
Dambenois *25* ...... **142** C 4
Dambenoît-lès-Colombe *70* ...... **141** G 3
Damblain *88* ...... **117** H 3
Damblainville *14* ...... **54** A 2
Dambron *28* ...... **110** D 3
Dame-Marie *27* ...... **56** A 4
Dame-Marie *61* ...... **84** C 5
Dame-Marie-les-Bois *37* ...... **152** C 1
Damelevières *54* ...... **95** F 2
Daméraucourt *60* ...... **21** H 4
Damerey *71* ...... **178** A 3
Damery *51* ...... **61** F 1
Damery *80* ...... **23** F 3
Damgan *56* ...... **124** D 5
Damiatte *81* ...... **299** E 4
Damigny *61* ...... **83** G 3
Damloup *55* ...... **44** C 5
Dammard *02* ...... **40** A 5
Dammarie *28* ...... **86** A 5
Dammarie-en-Puisaye *45* ...... **135** E 5
Dammarie-les-Lys *77* ...... **88** B 3
Dammarie-sur-Loing *45* ...... **135** E 3
Dammarie-sur-Saulx *55* ...... **93** E 2
Dammartin-en-Goële *77* ...... **59** E 1
Dammartin-en-Serve *78* ...... **57** E 3
Dammartin-les-Templiers *25* ...... **162** B 3
Dammartin-Marpain *39* ...... **161** E 3
Dammartin-sur-Meuse *52* ...... **117** H 4
Dammartin-sur-Tigeaux *77* ...... **59** G 4
Damousies *59* ...... **15** H 3
Damouzy *08* ...... **26** D 2
Damparis *39* ...... **178** D 1
Dampierre *10* ...... **91** G 2
Dampierre *14* ...... **52** C 1
Dampierre *39* ...... **161** G 5
Dampierre *52* ...... **117** G 5
Dampierre-au-Temple *51* ...... **62** B 1
Dampierre-en-Bray *76* ...... **37** F 1
Dampierre-en-Bresse *71* ...... **178** C 3
Dampierre-en-Burly *45* ...... **134** B 3
Dampierre-en-Crot *18* ...... **155** G 2
Dampierre-en-Graçay *18* ...... **154** B 5
Dampierre-en-Montagne *21* ...... **159** E 2
Dampierre-en-Yvelines *78* ...... **57** H 5
Dampierre-et-Flée *21* ...... **160** D 1
Dampierre-le-Château *51* ...... **63** E 1
Dampierre-les-Bois *25* ...... **142** C 4
Dampierre-lès-Conflans *70* ...... **141** F 2
Dampierre-Saint-Nicolas *76* ...... **20** C 2
Dampierre-sous-Bouhy *58* ...... **156** C 1
Dampierre-sous-Brou *28* ...... **109** G 2
Dampierre-sur-Avre *28* ...... **56** B 4
Dampierre-sur-Blévy *28* ...... **85** G 2
Dampierre-sur-Boutonne *17* ...... **201** H 2
Dampierre-sur-le-Doubs *25* ...... **142** B 5
Dampierre-sur-Linotte *70* ...... **141** F 5
Dampierre-sur-Loire *49* ...... **150** C 4
Dampierre-sur-Moivre *51* ...... **62** C 3
Dampierre-sur-Salon *70* ...... **140** B 5
Dampjoux *25* ...... **163** F 2
Dampleux *02* ...... **40** A 4
Dampmart *77* ...... **59** F 3
Dampniat *19* ...... **242** C 2
Damprichard *25* ...... **163** G 3
Les Damps *27* ...... **36** B 3
Dampsmesnil *27* ...... **37** F 5
Dampvalley-lès-Colombe *70* ...... **141** F 4
Dampvalley-Saint-Pancras *70* ...... **119** E 5
Dampvitoux *54* ...... **65** G 2
Damrémont *52* ...... **117** H 5
Damville *27* ...... **56** A 3
Damvillers *55* ...... **44** B 3
Damvix *85* ...... **184** B 4

Dancé *42* ...... **211** G 4
Dancé *61* ...... **84** D 5
Dancevoir *52* ...... **116** C 5
Dancharia *64* ...... **310** C 4
Dancourt *76* ...... **21** E 2
Dancourt-Popincourt *80* ...... **23** F 4
Dancy *28* ...... **110** A 3
Danestal *14* ...... **34** B 3
Dangé-Saint-Romain *86* ...... **169** H 2
Dangeau *28* ...... **109** H 2
Dangers *28* ...... **85** H 3
Dangeul *72* ...... **107** H 2
Dangolsheim *67* ...... **97** F 1
Dangu *27* ...... **37** F 4
Dangy *50* ...... **52** A 1
Danizy *02* ...... **24** B 4
Danjoutin *90* ...... **142** C 3
Danne-et-Quatre-Vents *57* ...... **68** A 4
Dannelbourg *57* ...... **68** A 4
Dannemarie *25* ...... **142** C 5
Dannemarie *68* ...... **143** E 3
Dannemarie *78* ...... **57** E 4
Dannemarie-sur-Crète *25* ...... **161** G 4
Dannemoine *89* ...... **137** E 2
Dannemois *91* ...... **88** A 4
Dannes *62* ...... **6** B 3
Dannevoux *55* ...... **43** H 3
Danvou-la-Ferrière *14* ...... **53** E 2
Danzé *41* ...... **131** G 2
Daon *53* ...... **128** B 3
Daoulas *29* ...... **75** G 3
Daoulas *Gorges du 22* ...... **77** G 5
Daours *80* ...... **22** D 2
Darazac *19* ...... **243** G 2
Darbonnay *39* ...... **179** F 3
Darbres *07* ...... **266** C 3
Darcey *21* ...... **138** B 5
Dardenac *33* ...... **256** B 1
Dardenay *52* ...... **139** G 4
Dardez *27* ...... **56** B 1
Dardilly *69* ...... **213** E 5
Dareizé *69* ...... **212** B 4
Dargies *60* ...... **21** H 4
Dargilan *Grotte de 48* ...... **282** B 3
Dargnies *80* ...... **11** E 4
Dargoire *42* ...... **230** D 3
Darmannes *52* ...... **117** E 2
Darmont *55* ...... **44** D 5
Darnac *87* ...... **187** D 5
Darnétal *76* ...... **36** B 2
Darnets *19* ...... **225** G 4
Darney *88* ...... **118** C 3
Darney-aux-Chênes *88* ...... **94** B 5
Darnieulles *88* ...... **119** F 2
Darois *21* ...... **159** H 2
Darvault *77* ...... **112** C 2
Darvoy *45* ...... **133** G 2
Dasle *25* ...... **142** C 4
Daubensand *67* ...... **97** H 3
Daubeuf-la-Campagne *27* ...... **36** A 4
Daubeuf-près-Vatteville *27* ...... **36** C 4
Daubeuf-Serville *76* ...... **19** E 4
Daubèze *33* ...... **256** C 2
Dauendorf *67* ...... **68** D 3
Daumazan-sur-Arize *09* ...... **335** G 1
Daumeray *49* ...... **128** D 4
Dauphin *04* ...... **306** C 1
Dausse *47* ...... **276** D 1
Daux *31* ...... **297** G 4
Dauzat-sur-Vodable *63* ...... **227** H 4
Davayat *63* ...... **209** H 4
Davayé *71* ...... **194** D 4
Davejean *11* ...... **338** B 3
Davenescourt *80* ...... **23** E 4
Davézieux *07* ...... **248** D 1
Davignac *19* ...... **225** G 4
Davrey *10* ...... **114** D 4
Davron *78* ...... **57** H 3
Dax *40* ...... **292** D 3
Deauville *14* ...... **34** B 2
Deaux *30* ...... **283** H 4
Débats-Rivière-d'Orpra *42* ...... **211** F 5
Decazeville *12* ...... **261** H 4
Dechy *59* ...... **8** D 5
Décines-Charpieu *69* ...... **213** F 5
Decize *58* ...... **175** E 4
Dédeling *57* ...... **66** D 3
La Défense *92* ...... **58** B 3
Dégagnac *46* ...... **259** H 3
Degré *72* ...... **107** G 4
Dehault *72* ...... **108** C 2
Dehéries *59* ...... **14** C 5
Dehlingen *67* ...... **67** H 2
Deinvillers *88* ...... **95** G 3
Delain *70* ...... **140** B 5
Delettes *62* ...... **7** F 3
Delincourt *60* ...... **37** G 4

Delle *90* ...... **142** D 4
Delme *57* ...... **66** B 3
Delouze *55* ...... **93** G 2
Le Déluge *60* ...... **38** A 3
Delut *55* ...... **44** B 3
Deluz *25* ...... **162** B 3
Demandolx *04* ...... **308** B 1
Demange-aux-Eaux *55* ...... **93** G 2
Demangevelle *70* ...... **118** C 5
Demi-Quartier *74* ...... **216** C 3
La Demie *71* ...... **141** F 5
Demigny *71* ...... **177** H 2
Demoiselle Coiffée *05* ...... **271** E 1
Demoiselles *Grotte des 34* ...... **302** C 1
Demoiselles Coiffées *05* ...... **269** H 4
Démouville *14* ...... **33** H 4
Dému *32* ...... **295** F 3
Démuin *80* ...... **22** D 2
Denain *59* ...... **14** C 2
Dénat *81* ...... **299** G 2
Denazé *53* ...... **128** A 2
Dénecourt *Tour 77* ...... **88** C 4
Denée *49* ...... **149** G 2
Dénestanville *76* ...... **20** B 3
Deneuille-lès-Chantelle *03* ...... **191** H 5
Deneuille-les-Mines *03* ...... **191** E 4
Deneuvre *54* ...... **95** H 3
Denèvre *70* ...... **140** B 5
Dénezé-sous-Doué *49* ...... **150** A 4
Dénezé-sous-le-Lude *49* ...... **150** D 1
Denezières *39* ...... **196** D 1
Denguin *64* ...... **314** A 3
Denicé *69* ...... **212** D 3
Denier *62* ...... **13** E 2
Denipaire *88* ...... **96** B 4
Dennebrœucq *62* ...... **7** E 3
Dennemont *78* ...... **57** F 1
Denneville *50* ...... **31** F 2
Dennevy *71* ...... **177** F 3
Denney *90* ...... **142** C 2
Denone *Château de 63* ...... **210** A 2
Denonville *28* ...... **86** D 4
Denting *57* ...... **46** C 5
Déols *36* ...... **171** H 4
Der-Chantecoq *Lac du 51* ...... **92** A 2
Derbamont *88* ...... **95** E 5
Dercé *76* ...... **169** E 2
Derchigny *76* ...... **10** C 5
Dercy *02* ...... **24** D 4
Dernacueillette *11* ...... **338** B 3
Dernancourt *80* ...... **23** E 1
Derval *44* ...... **126** C 4
Désaignes *07* ...... **248** C 4
Désandans *25* ...... **142** A 4
Descartes *37* ...... **169** H 2
Le Deschaux *39* ...... **179** E 2
Le Désert *14* ...... **52** D 2
Le Désert *38* ...... **251** G 5
Désertines *03* ...... **190** D 4
Désertines *53* ...... **81** H 3
Les Déserts *73* ...... **233** F 1
Déservillers *25* ...... **180** A 1
Desges *43* ...... **246** C 4
Desingy *74* ...... **215** E 2
Desmonts *45* ...... **112** A 2
Desnes *39* ...... **179** E 4
Desseling *57* ...... **67** F 4
Dessenheim *68* ...... **121** F 4
Dessia *39* ...... **196** B 3
Destord *88* ...... **95** H 5
La Destrousse *13* ...... **327** F 2
Destry *57* ...... **66** D 2
Desvres *62* ...... **6** C 2
Détain-et-Bruant *21* ...... **159** G 5
Détrier *73* ...... **233** G 3
Le Détroit *14* ...... **53** G 3
Les Détroits *48* ...... **282** A 2
Dettey *71* ...... **176** C 4
Dettwiller *67* ...... **68** B 4
Deuil-la-Barre *95* ...... **58** C 2
Deuillet *02* ...... **24** B 4
Deûlémont *59* ...... **4** C 5
Les Deux-Alpes *38* ...... **251** H 3
Deux Amants *Côte des 27* ...... **36** C 3
Deux-Chaises *03* ...... **191** G 4
Deux-Évailles *53* ...... **106** B 2
Les Deux-Fays *39* ...... **179** E 3
Deux-Jumeaux *14* ...... **32** C 2
Deux-Verges *15* ...... **263** G 1
Les Deux-Villes *08* ...... **27** H 4
Deuxnouds-aux-Bois *55* ...... **64** D 2
Deuxnouds-devant-Beauzée *55* ...... **63** H 1
Deuxville *54* ...... **95** F 1
Devay *58* ...... **175** F 4
Devecey *25* ...... **161** H 3
Devesset *07* ...... **248** B 3

Devèze *65* ...... **316** A 4
Devèze *Grotte de la 34* ...... **320** C 2
Deviat *16* ...... **221** E 4
Dévillac *47* ...... **258** D 3
Deville *08* ...... **26** D 1
Déville-lès-Rouen *76* ...... **36** A 1
La Devinière *Musée 37* ...... **150** D 5
Devise *80* ...... **23** H 2
Devrouze *71* ...... **178** B 4
Deycimont *88* ...... **119** H 2
Deyme *31* ...... **318** A 2
Deyvillers *88* ...... **119** G 2
Le Dézert *50* ...... **32** A 4
Dezize-lès-Maranges *71* ...... **177** F 3
Dhuisy *77* ...... **60** A 1
Dhuizel *02* ...... **40** D 2
Dhuizon *41* ...... **132** D 5
Diable *Roche du 88* ...... **120** B 3
Diable *Roches du 29* ...... **100** D 4
Diancey *21* ...... **158** D 5
Diane-Capelle *57* ...... **67** G 5
Diant *77* ...... **113** E 2
Diarville *54* ...... **94** D 4
Le Diben *29* ...... **71** H 3
Diconne *71* ...... **178** B 4
Dicy *89* ...... **113** E 5
Didenheim *68* ...... **143** F 2
Die *26* ...... **268** B 1
Diebling *57* ...... **47** F 5
Diebolsheim *67* ...... **97** G 4
Diedendorf *67* ...... **67** G 3
Dieffenbach-au-Val *67* ...... **97** E 4
Dieffenbach-lès-Wœrth *67* ...... **69** E 2
Dieffenthal *67* ...... **97** E 4
Diefmatten *68* ...... **143** E 2
Dielette *50* ...... **28** C 4
Dième *69* ...... **212** B 3
Diemeringen *67* ...... **67** H 2
Diémoz *38* ...... **231** G 2
Diénay *21* ...... **160** A 1
Dienne *15* ...... **245** E 2
Dienné *86* ...... **186** D 3
Diennes-Aubigny *58* ...... **175** F 3
Dienville *10* ...... **91** H 5
Dieppe *76* ...... **10** B 5
Dieppe-sous-Douaumont *55* ...... **44** C 5
Dieppedalle-Croisset *76* ...... **36** A 2
Dierre *37* ...... **152** B 3
Dierrey-Saint-Julien *10* ...... **90** C 5
Dierrey-Saint-Pierre *10* ...... **90** C 5
Diesen *57* ...... **46** D 5
Dietwiller *68* ...... **143** G 2
Dieudonné *60* ...... **38** B 4
Dieue-sur-Meuse *55* ...... **64** B 1
Dieulefit *26* ...... **267** G 4
Dieulivol *33* ...... **257** E 2
Dieulouard *54* ...... **65** G 4
Dieupentale *82* ...... **297** G 2
Dieuze *57* ...... **67** E 4
Diéval *62* ...... **7** H 5
Diffembach-lès-Hellimer *57* ...... **67** F 2
Diges *89* ...... **136** A 4
Digna *39* ...... **196** A 2
Dignac *16* ...... **221** G 3
La Digne-d'Amont *11* ...... **337** F 2
La Digne-d'Aval *11* ...... **337** F 2
Digne-les-Bains *04* ...... **288** A 3
Dignonville *88* ...... **95** G 5
Digny *28* ...... **85** G 3
Digoin *71* ...... **193** F 2
Digoine *Château de 71* ...... **193** H 2
Digosville *50* ...... **29** F 3
Digulleville *50* ...... **28** C 2
Dijon *21* ...... **160** A 3
Dilo *89* ...... **114** A 4
Dimancheville *45* ...... **111** H 2
Dimbsthal *67* ...... **68** B 5
Dimechaux *59* ...... **15** H 3
Dimont *59* ...... **15** H 3
Dinan *22* ...... **79** G 4
Dinan *Pointe de 29* ...... **75** E 4
Dinard *35* ...... **50** B 5
Dinéault *29* ...... **75** G 4
Dingé *35* ...... **80** B 4
Dingsheim *67* ...... **68** D 5
Dingy-en-Vuache *74* ...... **215** F 1
Dingy-Saint-Clair *74* ...... **215** H 3
Dinozé *88* ...... **119** G 2
Dinsac *87* ...... **187** H 5
Dinsheim *67* ...... **97** E 1
Dinteville *52* ...... **116** B 4
Dio-et-Valquières *34* ...... **301** G 4
Dionay *38* ...... **249** H 1
Dions *30* ...... **303** G 1
Diors *36* ...... **172** A 4
Diou *03* ...... **193** E 2
Diou *36* ...... **172** B 1

Dirac *16* ...... **221** F 2
Dirinon *29* ...... **75** G 2
Dirol *58* ...... **157** G 3
Disneyland Paris *77* ...... **59** F 3
Dissais *85* ...... **183** F 1
Dissangis *89* ...... **137** E 5
Dissay *86* ...... **169** F 5
Dissay-sous-Courcillon *72* ...... **130** C 4
Dissé-sous-Ballon *72* ...... **108** A 2
Dissé-sous-le-Lude *72* ...... **129** H 5
Distré *49* ...... **150** B 4
Distroff *57* ...... **45** H 3
Diusse *64* ...... **294** C 5
Divajeu *26* ...... **267** G 2
Dives *60* ...... **23** G 5
Dives-sur-Mer *14* ...... **34** A 3
Divion *62* ...... **7** H 4
Divonne-les-Bains *01* ...... **197** G 3
Dixmont *89* ...... **113** H 4
Dizimieu *38* ...... **232** A 1
Dizy *51* ...... **61** G 1
Dizy-le-Gros *02* ...... **25** G 4
Doazit *40* ...... **293** H 3
Doazon *64* ...... **313** H 2
Docelles *88* ...... **119** H 2
Doëlan *29* ...... **100** C 5
Dœuil-sur-le-Mignon *17* ...... **201** G 1
Dognen *64* ...... **313** G 4
Dogneville *88* ...... **95** G 5
Dohem *62* ...... **7** F 2
Dohis *02* ...... **25** H 3
Doignies *59* ...... **14** A 4
Doingt *80* ...... **23** G 1
Doissat *24* ...... **259** F 2
Doissin *38* ...... **232** B 3
Doix-lès-Fontaines *85* ...... **184** B 3
Doizieux *42* ...... **230** C 4
Dol-de-Bretagne *35* ...... **80** A 2
Dolaincourt *88* ...... **94** B 4
Dolancourt *10* ...... **92** A 5
Dolcourt *54* ...... **94** C 3
Dole *39* ...... **161** E 5
Dolignon *02* ...... **25** G 3
Dolleren *68* ...... **142** C 1
Dollon *72* ...... **108** C 4
Dollot *89* ...... **113** E 2
Dolmayrac *47* ...... **276** B 1
Dolo *22* ...... **79** E 4
Dolomieu *38* ...... **232** B 2
Dolus-d'Oléron *17* ...... **200** B 3
Dolus-le-Sec *37* ...... **152** B 5
Dolving *57* ...... **67** G 4
Dom-le-Mesnil *08* ...... **27** E 4
Domagné *35* ...... **104** D 3
Domaize *63* ...... **228** C 1
Domalain *35* ...... **105** E 4
Domancy *74* ...... **216** C 3
Domarin *38* ...... **231** H 2
Domart-en-Ponthieu *80* ...... **12** B 5
Domart-sur-la-Luce *80* ...... **22** D 2
Domats *89* ...... **113** E 3
Domazan *30* ...... **304** B 1
Dombasle-devant-Darney *88* ...... **118** D 3
Dombasle-en-Argonne *55* ...... **43** H 5
Dombasle-en-Xaintois *88* ...... **94** C 5
Dombasle-sur-Meurthe *54* ...... **95** E 1
Domblain *52* ...... **92** C 3
Domblans *39* ...... **179** F 4
Dombras *55* ...... **44** B 3
Dombrot-le-Sec *88* ...... **118** B 2
Dombrot-sur-Vair *88* ...... **94** B 5
Domecy-sur-Cure *89* ...... **157** H 2
Domecy-sur-le-Vault *89* ...... **157** H 1
Doméliers *60* ...... **22** A 5
Domène *38* ...... **251** E 1
Domérat *03* ...... **190** C 4
Domesmont *80* ...... **12** B 4
Domessargues *30* ...... **283** H 5
Domessin *73* ...... **232** D 2
Domèvre-en-Haye *54* ...... **65** F 4
Domèvre-sous-Montfort *88* ...... **94** C 5
Domèvre-sur-Avière *88* ...... **119** F 2
Domèvre-sur-Durbion *88* ...... **95** F 5
Domèvre-sur-Vezouze *54* ...... **96** A 2
Domeyrat *43* ...... **246** C 1
Domeyrot *23* ...... **189** H 5
Domezain-Berraute *64* ...... **311** H 4
Domfaing *88* ...... **96** A 5
Domfessel *67* ...... **67** H 2
Domfront *60* ...... **22** D 5
Domfront-en-Poiraie *61* ...... **82** B 2
Domfront-en-Champagne *72* ...... **107** G 3
Domgermain *54* ...... **94** A 1
La Dominelais *35* ...... **126** C 3
Domino *17* ...... **200** A 3

Dominois 80 ...... 11 G 1
Domjean 50 ...... 52 B 1
Domjevin 54 ...... 95 H 1
Domjulien 88 ...... 94 C 5
Domléger 80 ...... 12 B 4
Domloup 35 ...... 104 C 3
Dommarie-Eulmont 54 ...... 94 C 3
Dommarien 52 ...... 139 G 4
Dommartemont 54 ...... 65 H 5
Dommartin 01 ...... 195 F 4
Dommartin 25 ...... 180 C 2
Dommartin 58 ...... 175 H 1
Dommartin 69 ...... 212 D 5
Dommartin 80 ...... 22 C 3
Dommartin-aux-Bois 88 ...... 119 E 2
Dommartin-Dampierre 51 ...... 43 E 5
Dommartin-la-Chaussée 54 ...... 65 F 2
Dommartin-la-Montagne 55 ...... 64 D 2
Dommartin-le-Coq 10 ...... 91 G 3
Dommartin-le-Franc 52 ...... 92 C 4
Dommartin-le-Saint-Père 52 ...... 92 C 4
Dommartin-lès-Cuiseaux 71 ...... 195 H 2
Dommartin-lès-Remiremont 88 ...... 119 H 4
Dommartin-lès-Toul 54 ...... 94 B 1
Dommartin-lès-Vallois 88 ...... 118 D 2
Dommartin-Lettrée 51 ...... 62 A 4
Dommartin-sous-Amance 54 ...... 66 B 5
Dommartin-sous-Hans 51 ...... 43 E 5
Dommartin-sur-Vraine 88 ...... 94 B 4
Dommartin-Varimont 51 ...... 63 E 2
Dommary-Baroncourt 55 ...... 44 D 4
Domme 24 ...... 259 G 1
Dommery 08 ...... 26 B 4
Dommiers 02 ...... 40 A 3
Domnom-lès-Dieuze 57 ...... 67 F 3
Domont 95 ...... 58 C 1
Dompaire 88 ...... 119 E 2
Dompcevrin 55 ...... 64 C 3
Dompierre 60 ...... 22 D 5
Dompierre 61 ...... 53 E 5
Dompierre 88 ...... 95 G 5
Dompierre-aux-Bois 55 ...... 64 D 2
Dompierre-Becquincourt 80 ...... 23 F 1
Dompierre-du-Chemin 35 ...... 81 F 5
Dompierre-en-Morvan 21 ...... 158 C 2
Dompierre-les-Églises 87 ...... 188 A 5
Dompierre-les-Ormes 71 ...... 194 B 4
Dompierre-les-Tilleuls 25 ...... 180 B 3
Dompierre-sous-Sanvignes 71 ...... 176 C 5
Dompierre-sur-Authie 80 ...... 11 H 1
Dompierre-sur-Besbre 03 ...... 192 D 2
Dompierre-sur-Chalaronne 01 ...... 213 F 1
Dompierre-sur-Charente 17 ...... 219 H 1
Dompierre-sur-Helpe 59 ...... 15 G 4
Dompierre-sur-Héry 58 ...... 157 F 4
Dompierre-sur-Mer 17 ...... 183 G 5
Dompierre-sur-Mont 39 ...... 196 C 4
Dompierre-sur-Nièvre 58 ...... 156 D 4
Dompierre-sur-Veyle 01 ...... 213 H 2
Dompierre-sur-Yon 85 ...... 165 H 4
Dompnac 07 ...... 265 H 4
Domprel 25 ...... 162 D 4
Dompremy 51 ...... 62 D 4
Domprix 54 ...... 45 E 3
Domps 87 ...... 224 D 2
Domptail 88 ...... 95 G 3
Domptail-en-l'Air 54 ...... 95 E 2
Dompton 02 ...... 60 B 1
Domqueur 80 ...... 12 B 4
Domremy-aux-Bois 55 ...... 64 B 5
Domremy-en-Ornois 52 ...... 93 E 4
Domremy-la-Canne 55 ...... 44 D 4
Domrémy-la-Pucelle 88 ...... 93 H 4
Domsure 01 ...... 195 H 3
Domvallier 88 ...... 94 D 5
Domvast 80 ...... 11 H 2
Don 59 ...... 8 C 3
Donazac 11 ...... 337 F 1
Donchery 08 ...... 27 E 4
Doncières 88 ...... 95 H 3
Doncourt-aux-Templiers 55 ...... 64 D 1
Doncourt-lès-Conflans 54 ...... 45 F 5
Doncourt-lès-Longuyon 54 ...... 44 D 2
Doncourt-sur-Meuse 52 ...... 117 H 3
Dondas 47 ...... 276 D 2
Donges 44 ...... 146 C 2
Donjeux 52 ...... 93 E 4
Donjeux 57 ...... 66 C 3
Le Donjon 03 ...... 193 E 4
Donnay 14 ...... 53 G 2
Donnazac 81 ...... 279 F 5
Donnelay 57 ...... 67 E 4

Donnemain-Saint-Mamès 28 ...... 110 A 3
Donnemarie 52 ...... 117 G 3
Donnemarie-Dontilly 77 ...... 89 F 3
Donnement 10 ...... 91 G 3
Donnenheim 67 ...... 68 D 4
Donnery 45 ...... 133 G 2
Donneville 31 ...... 318 A 2
Donnezac 33 ...... 237 H 1
Donon Col du 67 ...... 96 C 2
Dontreix 23 ...... 208 C 3
Dontrien 51 ...... 42 B 4
Donville-les-Bains 50 ...... 51 F 2
Donzac 33 ...... 256 B 3
Donzac 82 ...... 276 D 4
Donzacq 40 ...... 293 F 3
Le Donzeil 23 ...... 207 F 3
Donzenac 19 ...... 242 B 1
Donzère 26 ...... 267 E 5
Donzy 58 ...... 156 C 3
Donzy-le-National 71 ...... 194 C 3
Donzy-le-Pertuis 71 ...... 194 D 3
Donzy-le-Pré 58 ...... 156 C 3
Doranges 63 ...... 228 D 4
Dorans 90 ...... 142 C 3
Dorat 63 ...... 210 C 4
Le Dorat 87 ...... 187 H 5
Dorceau 61 ...... 84 D 4
Dordives 45 ...... 112 C 3
Dore-l'Église 63 ...... 229 E 1
Dorengt 02 ...... 24 D 1
Dorignies 59 ...... 8 D 5
Dorlisheim 67 ...... 97 F 2
Dormans 51 ...... 60 D 1
Dormelles 77 ...... 88 D 5
Dormillouse 05 ...... 270 B 1
La Dornac 24 ...... 241 H 3
Dornas 07 ...... 248 B 5
Dornecy 58 ...... 157 F 2
Dornes 58 ...... 175 E 5
Dornot 57 ...... 65 G 1
Dorres 66 ...... 341 E 4
Dortan 01 ...... 196 C 4
Dosches 10 ...... 91 F 5
Dosnon 10 ...... 91 G 2
Dossenheim-Kochersberg 67.68 ...... 68 D 4
Dossenheim-sur-Zinsel 67 ...... 68 B 4
Douadic 36 ...... 170 C 5
Douai 59 ...... 8 D 5
Douains 27 ...... 56 D 1
Douarnenez 29 ...... 99 F 2
Douaumont 55 ...... 44 B 5
Doubs 25 ...... 180 C 2
Doucelles 72 ...... 107 H 2
Douchapt 24 ...... 239 H 1
Douchy 02 ...... 23 H 3
Douchy-Montcorbon 45 ...... 113 E 5
Douchy-lès-Ayette 62 ...... 13 F 3
Douchy-les-Mines 59 ...... 14 C 2
Doucier 39 ...... 179 G 5
Doucy 73 ...... 234 B 3
Doucy-en-Bauges 73 ...... 233 H 1
Doudeauville 62 ...... 6 C 3
Doudeauville 76 ...... 21 F 5
Doudeauville-en-Vexin 27 ...... 37 E 3
Doudelainville 80 ...... 11 G 4
Doudeville 76 ...... 19 H 3
Doudrac 47 ...... 258 C 3
Doue 77 ...... 60 A 3
Doué-la-Fontaine 49 ...... 150 A 4
Douelle 46 ...... 259 H 5
Le Douhet 17 ...... 201 G 5
Douillet 72 ...... 83 F 5
Douilly 80 ...... 23 H 3
Doulaincourt 52 ...... 93 E 5
Doulaize 25 ...... 179 H 1
Doulcon 55 ...... 43 G 2
Doulevant-le-Château 52 ...... 92 C 4
Doulevant-le-Petit 52 ...... 92 C 3
Doulezon 33 ...... 256 D 1
Le Doulieu 59 ...... 8 A 2
Doullens 80 ...... 12 D 4
Doumely-Bégny 08 ...... 26 A 4
Doumy 64 ...... 314 B 2
Dounoux 88 ...... 119 F 3
Les Dourbes 04 ...... 288 B 4
Dourbies 30 ...... 282 C 4
Dourdain 35 ...... 104 D 2
Dourdan 91 ...... 87 E 3
Dourges 62 ...... 8 C 5
Dourgne 81 ...... 319 F 2
Douriez 62 ...... 11 G 1
Dourlers 59 ...... 15 G 3
Le Dourn 81 ...... 280 C 5
Dournazac 87 ...... 223 E 2
Dournon 39 ...... 179 H 2

Dours 65 ...... 315 F 4
Doussard 74 ...... 215 H 5
Doussay 86 ...... 169 E 3
Douvaine 74 ...... 197 H 4
Douville 24 ...... 240 B 4
Douville-en-Auge 14 ...... 34 B 3
Douville-sur-Andelle 27 ...... 36 C 3
Douvrend 76 ...... 20 C 2
Douvres 01 ...... 214 A 3
Douvres-la-Délivrande 14 ...... 33 G 3
Douvrin 62 ...... 8 A 4
Doux 08 ...... 42 B 1
Doux 79 ...... 168 C 4
Douy 28 ...... 109 H 4
Douy-la-Ramée 77 ...... 59 G 1
Douzains 47 ...... 257 H 3
Douzat 16 ...... 221 E 1
La Douze 24 ...... 240 D 3
Douzens 11 ...... 320 B 5
Douzies 59 ...... 15 G 2
Douzillac 24 ...... 239 H 3
Douzy 08 ...... 27 F 4
Doville 50 ...... 31 G 2
Doye 39 ...... 180 A 4
La Doye 39 ...... 197 F 2
Doyet 03 ...... 191 E 4
Dozulé 14 ...... 34 A 4
Dracé 69 ...... 212 D 1
Draché 37 ...... 169 H 1
Drachenbronn 67 ...... 69 E 1
Dracy 89 ...... 135 H 3
Dracy-le-Fort 71 ...... 177 G 4
Dracy-lès-Couches 71 ...... 177 F 3
Dracy-Saint-Loup 71 ...... 176 D 1
Dragey 50 ...... 51 G 4
Draguignan 83 ...... 308 A 4
Draillant 74 ...... 198 A 4
Drain 49 ...... 148 B 2
Draix 04 ...... 288 B 3
Draize 08 ...... 26 A 4
Drambon 21 ...... 160 D 3
Dramelay 39 ...... 196 B 3
Le Dramont 83 ...... 329 H 1
Drancy 93 ...... 58 D 2
Dravegny 02 ...... 40 D 4
Draveil 91 ...... 58 C 5
Drée 21 ...... 159 G 3
Drée Château de 71 ...... 194 A 4
Dréfféac 44 ...... 146 D 1
Drémil-Lafage 31 ...... 298 B 5
Le Drennec 29 ...... 70 D 5
Dreslincourt 60 ...... 39 G 1
Dreuil-Hamel 80 ...... 11 H 5
Dreuil-lès-Amiens 80 ...... 22 B 1
Dreuil-lès-Molliens 80 ...... 22 A 2
Dreuilhe 09 ...... 336 D 3
Dreux 28 ...... 56 D 4
Drevant 18 ...... 173 F 5
Dricourt 08 ...... 42 C 2
Driencourt 80 ...... 23 H 1
Drignac 15 ...... 244 B 2
Drincham 59 ...... 3 G 3
Drocourt 62 ...... 8 C 5
Drocourt 78 ...... 57 G 1
Droisy 27 ...... 56 B 4
Droisy 74 ...... 215 E 3
Droitaumont 54 ...... 45 F 5
Droitfontaine 25 ...... 163 F 3
Droiturier 03 ...... 192 D 5
Droizy 02 ...... 40 B 3
Drom 01 ...... 196 A 5
Dromesnil 80 ...... 21 G 2
Drosay 76 ...... 19 G 3
Drosnay 51 ...... 92 A 2
Droué 41 ...... 109 F 4
Droue-sur-Drouette 28 ...... 86 C 2
Drouges 35 ...... 105 E 5
Drouilly 51 ...... 62 C 4
Droupt-Saint-Basle 10 ...... 90 D 3
Droupt-Sainte-Marie 10 ...... 90 C 3
Drouville 54 ...... 66 C 5
Drouvin-le-Marais 62 ...... 8 A 4
Droux 87 ...... 205 G 1
Droyes 52 ...... 92 A 3
Drubec 14 ...... 34 C 4
Drucat 80 ...... 11 G 3
Drucourt 27 ...... 35 E 5
Drudas 31 ...... 297 F 3
Druelle 12 ...... 280 C 1
Druillat 01 ...... 214 A 2
Drugeac 15 ...... 244 B 2
Drulhe 12 ...... 261 G 5
Drulingen 67 ...... 67 H 3
Drumettaz-Clarafond 73 ...... 233 F 1
Drusenheim 67 ...... 69 F 4
Druval 14 ...... 34 B 4

Druy-Parigny 58 ...... 175 E 3
Druye 37 ...... 151 G 3
Druyes-les-Belles-Fontaines 89 ...... 157 E 1
Dry 45 ...... 132 D 3
Duault 22 ...... 77 E 3
Ducey-les-Chéris 50 ...... 51 H 5
Duclair 76 ...... 35 H 1
Ducy-Sainte-Marguerite 14 ...... 33 E 4
Duerne 69 ...... 230 C 1
Duesme 21 ...... 138 B 4
Duffort 32 ...... 315 H 3
Dugny 93 ...... 58 C 2
Dugny-sur-Meuse 55 ...... 64 B 1
Duhort-Bachen 40 ...... 294 B 3
Duilhac-sous-Peyrepertuse 11 ...... 338 B 4
Duingt 74 ...... 215 H 4
Duisans 62 ...... 13 F 2
Dullin 73 ...... 232 D 2
Dumes 40 ...... 293 H 3
Dun 09 ...... 336 C 2
Dun-le-Palestel 23 ...... 189 E 4
Dun-le-Poëlier 36 ...... 153 H 5
Dun-les-Places 58 ...... 158 A 4
Dun-sur-Auron 18 ...... 173 G 3
Dun-sur-Grandry 58 ...... 175 H 1
Dun-sur-Meuse 55 ...... 43 G 2
Duneau 72 ...... 108 B 4
Dunes 82 ...... 276 C 4
Dunet 36 ...... 188 B 3
Dung 25 ...... 142 B 4
Dunière-sur-Eyrieux 07 ...... 266 D 1
Dunières 43 ...... 248 B 1
Dunkerque 59 ...... 3 G 2
Duntzenheim 67 ...... 68 C 5
Duppigheim 67 ...... 97 G 2
Duran 32 ...... 296 A 4
Durance 47 ...... 275 E 3
Duranus 06 ...... 291 E 4
Duranville 27 ...... 35 E 5
Duras 47 ...... 257 F 2
Duravel 46 ...... 259 F 4
Durban 32 ...... 296 A 5
Durban-Corbières 11 ...... 338 D 2
Durban-sur-Arize 09 ...... 335 H 2
Durbans 46 ...... 260 D 3
Durbelière Château de la 79 ...... 167 F 2
Durcet 61 ...... 53 F 4
Durdat-Larequille 03 ...... 191 E 5
Dureil 72 ...... 129 F 2
Durenque 12 ...... 280 D 4
Durette 69 ...... 212 C 1
Durfort 09 ...... 318 A 5
Durfort 81 ...... 319 F 2
Durfort-et-Saint-Martin-de-Sossenac 30 ...... 283 G 5
Durfort-Lacapelette 82 ...... 277 F 3
Durlinsdorf 68 ...... 143 F 4
Durmenach 68 ...... 143 F 4
Durmignat 63 ...... 209 F 1
Durnes 25 ...... 162 B 5
Durningen 67 ...... 68 C 5
Durrenbach 67 ...... 69 E 2
Durrenentzen 68 ...... 121 F 2
Durstel 67 ...... 67 H 3
Durtal 49 ...... 129 E 4
Durtol 63 ...... 209 G 5
Dury 02 ...... 23 H 3
Dury 62 ...... 14 A 3
Dury 80 ...... 22 B 2
Dussac 24 ...... 223 F 5
Duttlenheim 67 ...... 97 F 2
Duvy 60 ...... 39 G 4
Duzey 55 ...... 44 D 3
Dyé 89 ...... 136 D 2
Dyo 71 ...... 194 A 4

E

Eancé 35 ...... 127 F 2
Eaubonne 95 ...... 58 B 2
Eaucourt-sur-Somme 80 ...... 11 H 4
Eaunes 31 ...... 317 H 3
Eaux-Bonnes 64 ...... 332 A 2
Eaux-Chaudes 64 ...... 332 A 2
Eaux-Puiseaux 10 ...... 114 C 3
Eauze 32 ...... 295 F 1
Ébange 57 ...... 45 G 3
Ébaty 21 ...... 177 G 2
Ebaupinaye Château d' 79 ...... 167 H 1
Ebblinghem 59 ...... 3 G 3
Ébéon 17 ...... 201 H 4
Eberbach-Seltz 67 ...... 69 G 2
Eberbach-Wœrth 67 ...... 68 D 2
Ebersheim 67 ...... 97 F 4
Ebersmunster 67 ...... 97 F 4

Ébersviller 57 ...... 46 B 4
Éblange 57 ...... 46 C 4
Ébouleau 02 ...... 25 F 4
Ébréon 16 ...... 203 E 3
Ébreuil 03 ...... 209 H 2
L'Écaille 08 ...... 41 H 2
Écaillon 59 ...... 9 E 5
Écajeul 14 ...... 54 A 1
Écalgrain Baie d' 50 ...... 28 C 2
Écalles-Alix 76 ...... 19 H 5
Écaquelon 27 ...... 35 G 3
Écardenville-la-Campagne 27 ...... 35 H 5
Écardenville-sur-Eure 27 ...... 36 C 5
Écausseville 50 ...... 29 G 5
Écauville 27 ...... 36 A 5
Eccica-Suarella 2A ...... 348 D 3
Eccles 59 ...... 15 H 3
Échalas 69 ...... 230 D 3
Échallat 16 ...... 220 D 1
Échallon 01 ...... 196 D 5
Échalot 21 ...... 138 D 5
Échalou 61 ...... 53 F 4
Échandelys 63 ...... 228 C 3
Échannay 21 ...... 159 F 3
Écharcon 91 ...... 87 H 2
Les Écharmeaux 69 ...... 212 B 1
Échassières 03 ...... 209 F 1
Échauffour 61 ...... 54 D 4
Échavanne 70 ...... 142 B 3
Échay 25 ...... 179 H 1
Échebrune 17 ...... 219 H 2
L'Échelle 08 ...... 26 B 2
L'Échelle-Saint-Aurin 80 ...... 23 E 4
Les Échelles 73 ...... 232 D 4
Échemines 10 ...... 90 C 4
Échemiré 49 ...... 129 F 5
Échenans 25 ...... 142 B 4
Échenans-sous-Mont-Vaudois 70 ...... 142 B 3
Échenay 52 ...... 93 F 3
Échenevex 01 ...... 197 F 4
Échenon 21 ...... 160 C 5
Échenoz-la-Méline 70 ...... 141 E 4
Échenoz-le-Sec 70 ...... 141 E 5
Les Échets 01 ...... 213 F 4
Échevanne 70 ...... 161 F 2
Échevannes 21 ...... 160 B 1
Échevannes 25 ...... 162 B 5
Échevis 26 ...... 250 B 3
Échevronne 21 ...... 159 H 5
Échigey 21 ...... 160 B 4
Échillais 17 ...... 200 D 4
Échilleuses 45 ...... 112 A 3
Échinghen 62 ...... 6 B 2
Échiré 79 ...... 185 E 3
Échirolles 38 ...... 250 D 2
Échouboulains 77 ...... 88 D 4
Échourgnac 24 ...... 239 F 2
Eckartswiller 67 ...... 68 B 4
Eckbolsheim 67 ...... 97 G 1
Eckmühl Phare d' 29 ...... 99 F 5
Eckwersheim 67 ...... 68 D 5
Éclaibes 59 ...... 15 G 3
Éclaires 51 ...... 63 F 1
Éclance 10 ...... 92 A 5
Éclans 39 ...... 161 E 5
Éclaron 52 ...... 92 B 2
Éclassan 07 ...... 249 E 2
Écleux 39 ...... 179 G 1
Éclimeux 62 ...... 7 F 5
Eclose 38 ...... 232 A 3
Écluse Défilé de l' 74 ...... 215 E 1
Éclusier-Vaux 80 ...... 23 F 1
Écluzelles 28 ...... 56 D 5
Écly 08 ...... 26 A 5
Écoche 42 ...... 212 A 1
Écoivres 62 ...... 12 C 2
École 73 ...... 233 H 1
École-Valentin 25 ...... 161 H 3
Écollemont 51 ...... 92 A 2
Écoman 41 ...... 132 A 2
Écommoy 72 ...... 130 A 2
Écomusée de Haute-Alsace 68 ...... 121 E 5
Écoquenéauville 50 ...... 31 H 2
Écorcei 61 ...... 55 F 5
Les Écorces 25 ...... 163 G 3
Écorches 61 ...... 54 B 3
Écordal 08 ...... 26 C 5
Écorpain 72 ...... 108 C 5
Écos 27 ...... 37 E 5
Écot 25 ...... 142 B 5
Écot-la-Combe 52 ...... 117 F 2
Écotay-l'Olme 42 ...... 229 G 2
Écots 14 ...... 54 B 1

Écouché 61 ...... 54 A 4
Écouen 95 ...... 58 C 1
Écouflant 49 ...... 149 G 1
Écouis 27 ...... 36 D 3
Écourt-Saint-Quentin 62 ...... 14 A 3
Écoust-Saint-Mein 62 ...... 13 H 3
Écouves Forêt d' 61 ...... 83 G 2
L'Écouvotte 25 ...... 162 B 2
Écoyeux 17 ...... 201 H 5
Ecquedecques 62 ...... 7 H 3
Ecques 62 ...... 7 F 2
Ecquetot 27 ...... 36 A 5
Ecquevilly 78 ...... 57 H 2
Écrainville 76 ...... 18 D 4
Écrammeville 14 ...... 32 C 2
Les Écrennes 77 ...... 88 D 3
Écretteville-lès-Baons 76 ...... 19 G 4
Écretteville-sur-Mer 76 ...... 19 E 3
Écriennes 51 ...... 62 D 5
Écrille 39 ...... 196 C 2
Écromagny 70 ...... 141 H 2
Écrosnes 28 ...... 86 C 3
Écrouves 54 ...... 94 B 1
Ectot-l'Auber 76 ...... 20 A 4
Ectot-lès-Baons 76 ...... 19 H 4
Écublé 28 ...... 85 H 2
Écueil 51 ...... 41 G 4
Écueillé 36 ...... 171 E 1
Écuélin 59 ...... 15 G 3
Écuelle 70 ...... 140 A 5
Écuelles 71 ...... 178 A 2
Écuelles 77 ...... 88 C 5
Écuillé 49 ...... 128 C 5
Écuires 62 ...... 6 C 4
Écuisses 71 ...... 177 F 4
Éculleville 50 ...... 28 D 2
Écully 69 ...... 213 E 5
Écuras 16 ...... 222 B 1
Écurat 17 ...... 201 F 5
Écurcey 25 ...... 142 B 5
Écurey-en-Verdunois 55 ...... 44 B 3
Écurie 62 ...... 13 G 2
Écury-le-Repos 51 ...... 61 G 4
Écury-sur-Coole 51 ...... 62 A 3
Écutigny 21 ...... 177 F 1
Écuvilly 60 ...... 23 G 4
Edern 29 ...... 100 A 2
Édon 16 ...... 221 G 3
Les Éduts 17 ...... 202 C 3
Eecke 59 ...... 4 A 5
Effiat 63 ...... 210 A 2
Effincourt 52 ...... 93 E 3
Effry 02 ...... 25 G 1
Égat 66 ...... 341 F 4
Égleny 89 ...... 135 H 3
Égletons 19 ...... 225 F 5
Égligny 77 ...... 89 F 4
Eglingen 68 ...... 143 E 2
L'Église-aux-Bois 19 ...... 225 E 2
Église-Neuve-de-Vergt 24 ...... 240 C 3
Église-Neuve-d'Issac 24 ...... 239 H 4
Égliseneuve-d'Entraigues 63 ...... 227 F 5
Égliseneuve-des-Liards 63 ...... 228 B 3
Égliseneuve-près-Billom 63 ...... 228 B 1
Les Églises d'Argenteuil 17 ...... 201 F 4
Églisolles 63 ...... 229 F 4
Les Églisottes-et-Chalaures 33 ...... 238 D 3
Égly 91 ...... 87 G 2
Égreville 77 ...... 112 D 3
Égriselles-le-Bocage 89 ...... 113 F 3
Égry 45 ...... 111 H 4
Éguelshardt 57 ...... 68 B 1
Eguenigue 90 ...... 142 C 2
L'Éguille 17 ...... 218 D 1
Éguilles 13 ...... 305 H 5
Éguilly 21 ...... 159 E 3
Éguilly-sous-Bois 10 ...... 115 H 3
Éguisheim 68 ...... 121 E 3
Éguzon 36 ...... 188 D 3
Éguzon Barrage d' 36 ...... 188 D 3
Éhuns 70 ...... 141 G 2
Eichhoffen 67 ...... 97 F 3
Eincheville 57 ...... 66 D 2
Einvaux 54 ...... 95 F 2
Einville-au-Jard 54 ...... 95 F 1
Eix 55 ...... 44 C 5
Élan 08 ...... 26 D 4
Élancourt 78 ...... 57 H 4
Elbach 68 ...... 142 D 3
Elbeuf 76 ...... 36 A 3
Elbeuf-en-Bray 76 ...... 37 F 1
Elbeuf-sur-Andelle 76 ...... 36 D 1
Élencourt 60 ...... 21 H 4
Élesmes 59 ...... 15 H 2

A B C D E F G H I J K L M N O P Q R S T U V W X Y Z

A B C D E F G H I J K L M N O P Q R S T U V W X Y Z

Életot 76....**19** E 3
Éleu-Dit-Leauwette 62....**8** B 5
Élincourt 59....**14** C 5
Élincourt-Sainte-Marguerite 60....**39** F 1
Élisabethville 78....**57** G 2
Élise-Daucourt 51....**63** E 1
Elizaberry 64....**310** D 3
Ellecourt 76....**21** F 3
Elliant 29....**100** A 3
Ellon 14....**33** E 4
Elne 66....**343** F 3
Elnes 62....**7** E 2
Éloie 90....**142** C 2
Éloise 74....**215** E 1
Éloyes 88....**119** H 3
Elsenheim 67....**121** F 2
Elvange 57....**66** D 1
Elven 56....**124** D 3
Elzange 57....**45** H 3
Émagny 25....**161** G 3
Émalleville 27....**36** B 5
Émancé 78....**86** C 2
Émanville 27....**55** H 1
Émanville 76....**20** A 5
Emberménil 54....**95** H 1
Embourie 16....**203** E 2
Embres-et-Castelmaure 11..**338** D 3
Embreville 80....**11** E 4
Embrun 05....**270** C 3
Embry 62....**6** D 4
Émerainville 77....**59** E 4
Émerchicourt 59....**14** B 2
Émeringes 69....**194** D 5
Éméville 60....**39** H 3
Émiéville 14....**33** H 5
Emlingen 68....**143** F 3
Emmerin 59....**8** C 3
Émondeville 50....**29** G 5
Empeaux 31....**297** F 5
Empurany 07....**248** D 4
Empuré 16....**203** E 2
Empury 58....**157** H 3
Encausse 32....**297** E 3
Encausse-les-Thermes 31...**334** C 2
Enchanet Barrage d' 15...**243** H 3
Enchastrayes 04....**271** E 5
Enchenberg 57....**68** A 1
L'Enclave-de-la-Martinière 79...**185** G 4
Encourtiech 09....**335** F 3
Encrenaz Col de l' 74....**198** C 5
Endoufielle 32....**297** E 5
Énencourt-le-Sec 60....**37** H 3
Énencourt-Léage 60....**37** G 3
Enfer Gouffre d' 42....**230** B 4
Enfer Portes d' 86....**187** G 4
Enfonvelle 52....**118** B 5
Engarran Château de l' 34..**302** D 5
Engayrac 47....**276** D 2
Engayresque Col d' 12....**281** G 2
Engente 10....**92** B 5
Engenthal 67....**68** A 5
Engenville 45....**111** G 2
Enghien-les-Bains 95....**58** C 2
Engins 38....**250** D 2
Englancourt 02....**25** E 1
Englebelmer 80....**13** F 5
Englefontaine 59....**15** E 3
Englesqueville-en-Auge 14..**34** C 3
Englesqueville-la-Percée 14..**32** C 2
Englos 59....**8** C 2
Engomer 09....**335** E 3
Engraviès 09....**336** C 2
Enguinegatte 62....**7** F 3
Engwiller 67....**68** C 3
Ennemain 80....**23** G 2
Ennery 57....**45** H 4
Ennery 95....**58** A 1
Ennetières-en-Weppes 59....**8** C 2
Ennevelin 59....**8** D 3
Ennezat 63....**210** A 4
Ennordres 18....**155** E 2
Enquin-les-Mines 62....**7** F 3
Enquin-sur-Baillons 62....**6** C 3
Ens 65....**333** G 4
Ensérune Oppidum d' 34..**321** F 5
Ensigné 79....**202** C 2
Ensisheim 68....**121** E 5
Ensuès-la-Redonne 13....**326** C 2
Entrages 04....**288** A 4
Entraigues 38....**251** F 4
Entraigues 63....**210** A 4
Entraigues-sur-la-Sorgue 84..**285** G 5
Entrains-sur-Nohain 58....**156** D 2
Entrammes 53....**106** A 4

Entrange 57....**45** G 2
Entraunes 06....**289** E 2
Entraygues-sur-Truyère 12..**262** D 3
Entre-deux-Eaux 88....**96** B 5
Entre-deux-Guiers 38....**232** D 4
Entre-deux-Monts 39....**180** A 5
Entrecasteaux 83....**307** G 5
Entrechaux 84....**285** H 2
Entremont 74....**216** A 3
Entremont-le-Vieux 73....**233** E 3
Entrepierres 04....**287** G 2
Entressen 13....**305** E 4
Entrevaux 04....**289** F 5
Entrevennes 04....**287** G 5
Entrevernes 74....**215** H 4
Entzheim 67....**97** G 1
Enval 63....**209** G 4
Enveitg 66....**341** E 4
Envermeu 76....**20** C 2
Environville 76....**19** G 4
Éourres 05....**287** E 2
Éoux 31....**316** D 4
Épagne 10....**91** G 4
Épagne-Épagnette 80....**11** G 4
Épagny 02....**40** A 1
Épagny 21....**160** A 1
Épagny-Metz-Tessy 74....**215** G 3
Épaignes 27....**35** E 3
Épaney 14....**53** H 2
Épannes 79....**184** C 5
Éparcy 02....**25** G 2
Les Éparges 55....**64** D 1
Épargnes 17....**219** E 3
Les Éparres 38....**232** A 3
Épau Abbaye de l' 72....**107** H 5
Épaumesnil 80....**11** G 5
Épaux-Bézu 02....**40** B 5
Épeautrolles 28....**85** H 5
Épécamps 80....**12** B 4
Épégard 27....**35** H 4
Épehy 80....**14** A 5
Épeigné-les-Bois 37....**152** C 4
Épeigné-sur-Dême 37....**130** D 4
Épénancourt 80....**23** G 2
Épenède 16....**204** B 2
Épeneuse 25....**162** C 4
Épenoy 25....**162** C 5
Épense 51....**63** E 2
Épercieux-Saint-Paul 42....**211** H 5
Éperlecques 62....**3** E 4
Épernay 51....**61** G 1
Épernay-sous-Gevrey 21....**160** A 4
Épernon 28....**86** C 2
Éperrais 61....**84** B 4
Épersy 73....**215** F 5
Épertully 71....**177** F 2
Épervans 71....**177** H 4
Les Épesses 85....**166** D 3
Épeugney 25....**162** A 5
Épfig 67....**97** F 4
Épiais 41....**132** A 3
Épiais-lès-Louvres 95....**58** D 1
Épiais-Rhus 95....**38** A 5
Épieds 02....**40** C 5
Épieds 27....**56** D 2
Épieds 49....**150** C 5
Épieds-en-Beauce 45....**110** B 5
Épierre 73....**234** A 3
Épiez-sur-Chiers 54....**44** C 2
Épiez-sur-Meuse 55....**93** H 2
Épinac 71....**177** E 2
Épinal 88....**119** F 2
Épinant 52....**117** G 4
Épinay 27....**55** F 2
Épinay-Champlâtreux 95....**58** C 1
L'Épinay-le-Comte 61....**81** H 3
Épinay-sous-Sénart 91....**58** D 5
Épinay-sur-Duclair 76....**35** H 1
Épinay-sur-Odon 14....**33** E 5
Épinay-sur-Orge 91....**58** C 5
Épinay-sur-Seine 93....**58** C 2
L'Épine 05....**268** D 5
L'Épine 51....**62** B 2
L'Épine 85....**164** B 1
Épine Col de l' 73....**233** E 2
L'Épine-aux-Bois 02....**60** C 3
Épineau-les-Voves 89....**113** H 5
Épineu-le-Chevreuil 72....**107** E 4
Épineuil 89....**137** E 2
Épineuil-le-Fleuriel 18....**190** D 2
Épineuse 60....**38** D 2
Épineux-le-Seguin 53....**106** D 5
Épiniac 35....**80** B 2
Épinonville 55....**43** G 3
Épinouze 26....**231** F 5
Épinoy 62....**14** B 3

Épire 49....**149** F 2
Épiry 58....**157** G 5
Épisy 77....**88** C 5
Épizon 52....**93** F 4
Éplessier 80....**21** H 3
Épluches 95....**58** A 1
Éply 54....**65** H 3
Époisses 21....**158** C 1
Épône 78....**57** G 2
Épothémont 10....**92** A 4
Épouville 76....**18** C 5
Époye 51....**42** A 3
Eppe-Sauvage 59....**16** A 4
Eppes 02....**25** E 5
Eppeville 80....**23** H 4
Épretot 76....**18** D 5
Épreville 76....**19** E 4
Épreville-en-Lieuvin 27....**35** F 4
Épreville-en-Roumois 27....**35** G 3
Épreville-près-le-Neubourg 27..**35** H 5
Épron 14....**33** G 4
Eps 62....**7** G 3
Épuisay 41....**131** F 2
Équancourt 80....**14** A 5
Équemauville 14....**34** C 2
Équennes-Éramecourt 80....**21** H 3
Équeurdreville-Hainneville 50..**29** E 3
Équevilley 70....**141** F 3
Équevillon 39....**179** H 4
Équihen-Plage 62....**6** A 2
Équilly 50....**51** G 3
Équirre 62....**7** F 4
Éragny 95....**58** A 1
Éragny-sur-Epte 60....**37** G 3
Éraines 14....**53** H 2
Éramecourt 80....**21** H 4
Éraville 16....**220** D 2
Erbajolo 2B....**347** F 5
Erbalunga 2B....**345** G 3
Erbéviller-sur-Amezule 54....**66** C 5
Erbray 44....**127** E 4
Erbrée 35....**105** F 3
Ercé 09....**335** G 4
Ercé-en-Lamée 35....**126** D 2
Ercé-près-Liffré 35....**80** C 5
Erceville 45....**111** F 2
Erches 80....**23** E 4
Ercheu 80....**23** G 4
Erchin 59....**14** B 2
Erching 57....**48** B 5
Erckartswiller 67....**68** B 3
Ercourt 80....**11** F 4
Erdeven 56....**123** G 3
Erdre-en-Anjou 49....**128** A 5
Éréac 22....**103** E 1
Ergersheim 67....**97** F 1
Ergnies 80....**12** B 4
Ergny 62....**6** D 3
Ergué-Gabéric 29....**99** H 3
Érigné 49....**149** G 2
Érin 62....**7** F 5
Éringes 21....**138** A 5
Éringhem 59....**3** G 3
Ériseul 52....**139** E 2
Érize-la-Brûlée 55....**63** H 3
Érize-la-Grande 55....**63** H 2
Érize-la-Petite 55....**63** H 2
Érize-Saint-Dizier 55....**63** H 3
Erlon 02....**25** E 3
Erloy 02....**25** E 1
Ermenonville 60....**39** E 5
Ermenonville-la-Grande 28....**86** A 5
Ermenonville-la-Petite 28....**85** H 5
Ermenouville 76....**19** H 3
Ermitage-du-Frère-Joseph 88..**120** B 5
Ermont 95....**58** B 2
Ernecourt 55....**64** B 5
Ernée 53....**81** G 5
Ernemont-Boutavent 60....**21** G 5
Ernemont-la-Villette 76....**37** F 1
Ernemont-sur-Buchy 76....**36** D 1
Ernes 14....**54** A 1
Ernestviller 57....**67** G 1
Ernolsheim-Bruche 67....**97** F 1
Ernolsheim-lès-Saverne 67....**68** B 4
Erny-Saint-Julien 62....**7** F 3
Érôme 26....**249** E 2
Érondelle 80....**11** G 4
Érone 2B....**347** F 3
Éroudeville 50....**29** G 5
Erp 09....**335** F 3
Erquery 60....**38** D 2

Erquières 62....**12** B 2
Erquinghem-le-Sec 59....**8** C 3
Erquinghem-Lys 59....**8** B 2
Erquinvillers 60....**38** D 1
Erquy 22....**78** D 2
Err 66....**341** F 5
Erre 59....**9** F 5
Errevet 70....**142** B 2
Errouville 54....**45** F 2
Ersa 2B....**345** F 1
Erstein 67....**97** G 3
Erstroff 57....**67** E 2
Ervauville 45....**113** E 4
Ervillers 62....**13** G 4
Ervy-le-Châtel 10....**114** C 4
Esbareich 65....**334** A 3
Esbarres 21....**160** C 5
Esbly 77....**59** F 3
Esboz-Brest 70....**141** G 2
Escala 65....**333** H 1
Escalans 40....**274** D 5
L'Escale 04....**287** G 4
Escales 11....**320** C 5
Escalette Pas de l' 34....**301** H 2
Escalles 62....**2** B 3
Escalquens 31....**318** A 2
Escames 60....**21** G 5
Escamps 46....**278** C 1
Escamps 89....**136** A 4
Escandolières 12....**262** B 5
Escanecrabe 31....**316** C 4
Escardes 51....**60** C 5
L'Escarène 06....**291** F 5
Escarmain 59....**14** D 3
Escaro 66....**342** A 3
Escassefort 47....**257** F 4
Escatalens 82....**277** G 5
Escaudain 59....**14** C 2
Escaudes 33....**274** B 1
Escaudœuvres 59....**14** B 3
Escautfort 59....**14** D 5
Escaunets 65....**314** D 3
Escautpont 59....**9** G 5
Escazeaux 82....**297** E 2
Eschau 67....**97** G 2
Eschbach 67....**68** D 3
Eschbach-au-Val 68....**120** D 3
Eschbourg 67....**68** A 3
Eschène-Autrage 90....**142** C 3
Eschentzwiller 68....**143** G 2
Escherange 57....**45** G 2
Esches 60....**38** A 4
Eschwiller 67....**67** H 3
Esclagne 09....**336** D 2
Esclainvillers 80....**22** C 4
Esclanèdes 48....**264** B 5
Esclassan-Labastide 32....**316** A 2
Esclauzels 46....**260** C 5
Esclavelles 76....**20** D 4
Esclavolles-Lurey 51....**90** A 2
Escles 88....**118** D 3
Escles-Saint-Pierre 60....**21** G 3
Esclimont 28....**86** D 3
Esclottes 47....**257** E 2
Escobecques 59....**8** C 2
Escœuilles 62....**6** D 2
Escoire 24....**240** D 2
Escolives-Sainte-Camille 89..**136** B 4
Escombres-et-le-Chesnois 08..**27** G 4
Esconac 33....**255** G 2
Escondeaux 65....**315** F 3
Esconnets 65....**333** G 1
Escorailles 15....**244** B 2
Escornebœuf 32....**296** D 4
Escorpain 28....**56** B 5
Escos 64....**311** H 3
Escosse 09....**336** A 1
Escot 64....**331** H 2
Escots 65....**333** G 1
Escou 64....**331** H 1
Escoubès 65....**314** C 2
Escoubès-Pouts 65....**333** E 1
Escoublère Manoir de l' 53..**128** C 3
Escoulis 31....**335** E 1
Escouloubre 11....**337** F 5
Escource 40....**272** D 4
Escoussans 33....**256** A 2
Escoussens 81....**319** G 2
Escout 64....**331** H 1
Escoutoux 63....**210** C 5
Escoville 14....**33** H 4
Escragnolles 06....**308** D 3
Escrennes 45....**111** G 3

Escrignelles 45....**134** D 4
Escrinet Col de l' 07....**266** C 2
Escroux 81....**300** B 3
Escueillens 11....**337** E 1
Escurès 64....**314** D 2
Escures-sur-Favières 14....**54** A 1
Escurolles 03....**210** A 1
Ésery 74....**215** H 1
Eslettes 76....**20** A 5
Esley 88....**118** C 2
Eslourenties-Daban 64....**314** D 4
Esmans 77....**88** D 5
Esmery-Hallon 80....**23** H 4
Esmoulières 70....**119** H 5
Esmoulins 70....**161** E 2
Esnandes 17....**183** F 5
Esnans 25....**162** C 2
Esnes 59....**14** C 4
Esnes-en-Argonne 55....**43** H 4
Esnoms-au-Val 52....**139** F 4
Esnon 89....**114** A 5
Esnouveaux 52....**117** F 3
Espagnac 19....**243** E 1
Espagnac-Sainte-Eulalie 46....**261** E 4
Espagnols Pointe des 29....**75** E 3
Espalais 82....**276** D 4
Espalem 43....**246** A 1
Espalion 12....**263** E 4
Espaly-Saint-Marcel 43....**247** F 3
Espanès 31....**318** A 2
Espaon 32....**316** D 3
Esparron 05....**269** F 4
Esparron 31....**316** C 4
Esparron 83....**306** D 4
Esparron-de-Verdon 04....**307** E 2
Esparron-la-Bâtie 04....**287** H 1
Esparros 65....**333** G 2
Esparsac 82....**297** E 1
Espartignac 19....**224** C 4
Espas 32....**295** E 2
Espaubourg 60....**37** G 2
Espèche 65....**333** G 1
Espéchède 64....**314** C 3
Espédaillac 46....**260** D 3
Espelette 64....**310** D 4
Espeluche 26....**267** F 4
Espenel 26....**268** A 2
Espérausses 81....**300** A 4
Espéraza 11....**337** G 3
Esperce 31....**317** H 4
Espère 46....**259** H 4
L'Espérou 30....**282** C 4
Espès-Undurein 64....**313** F 4
Espeyrac 12....**262** C 3
Espeyroux 46....**261** E 2
Espezel 11....**337** E 4
Espieilh 65....**333** G 1
Espiens 47....**275** G 3
Espiet 33....**256** B 1
Espinas 82....**279** E 3
Espinasse 15....**245** G 5
Espinasse 63....**209** E 3
Espinasse-Vozelle 03....**210** A 2
Espinasses 05....**270** A 4
Espinchal 63....**227** F 5
Espinouse 04....**287** H 4
Espins 14....**53** G 1
Espira-de-Conflent 66....**342** B 3
Espira-de-l'Agly 66....**338** D 5
Espirat 63....**228** B 1
Espiute 64....**311** H 4
Esplantas-Vazeilles 43....**246** C 5
Esplas 09....**318** A 5
Esplas-de-Sérou 09....**335** H 3
Espoey 64....**314** C 4
Espondeilhan 34....**321** G 2
Esprels 70....**141** G 5
Esquay-Notre-Dame 14....**33** F 5
Esquay-sur-Seulles 14....**33** E 3
Esquéhéries 02....**25** E 1
Esquelbecq 59....**3** G 4
Esquennoy 60....**22** B 4
Esquerchin 59....**8** D 5
Esquerdes 62....**7** F 2
Esquibien 29....**98** D 2
Esquièze-Sère 65....**333** E 3
Esquillon Pointe de l' 06....**309** E 5
Esquiule 64....**331** G 1
Essalois Château d' 42....**230** A 4
Les Essards 16....**239** E 1
Les Essards 17....**201** F 5
Les Essards 37....**151** E 3
Les Essards-Taigneveaux 39....**178** D 2
Essarois 21....**138** C 3
Essars 62....**8** A 3

Les Essarts 27....**56** A 3
Les Essarts 41....**131** E 4
Les Essarts 76....**36** A 3
Les Essarts 85....**166** B 4
Les Essarts-le-Roi 78....**57** G 5
Les Essarts-le-Vicomte 51....**60** D 5
Les Essarts-lès-Sézanne 51....**60** D 4
Les Essarts-Varimpré 76....**21** E 2
Essavilly 39....**180** A 4
Essay 61....**83** H 2
Esse 16....**204** C 2
Essé 35....**104** D 5
Essegney 88....**95** E 4
Les Esseintes 33....**256** D 3
Essert 89....**136** D 5
Essert 90....**142** B 3
Essert-Romand 74....**198** C 5
Essertaux 80....**22** B 3
Essertenne 71....**177** F 4
Essertenne-et-Cecey 70....**160** D 2
Essertines-en-Châtelneuf 42....**229** G 2
Essertines-en-Donzy 42....**212** A 5
Esserts-Blay 73....**234** B 1
Esserts-Salève 74....**215** H 1
Esserval-Combe 39....**180** A 3
Esserval-Tartre 39....**180** A 3
Essey 21....**159** E 4
Essey-et-Maizerais 54....**65** E 3
Essey-la-Côte 54....**95** F 3
Essey-les-Eaux 52....**117** G 4
Essey-lès-Nancy 54....**65** H 5
Essey-les-Ponts 52....**116** C 4
Essia 39....**196** B 1
Essigny-le-Grand 02....**24** B 3
Essigny-le-Petit 02....**24** B 2
Essises 02....**60** C 2
Essômes-sur-Marne 02....**60** B 1
Esson 14....**53** F 2
Essoyes 10....**115** H 4
Essuiles 60....**38** B 1
Les Estables 43....**247** H 5
Estables 48....**264** C 3
Establet 26....**268** B 4
Estadens 31....**334** D 2
Estagel 66....**338** C 5
Estaing 12....**262** D 4
Estaing 65....**332** C 3
Estaires 59....**8** B 2
Estal 46....**243** E 5
Estampes 32....**315** G 3
Estampures 65....**315** G 3
Estancarbon 31....**334** C 1
Estandeuil 63....**228** B 1
Estang 32....**294** D 1
L'Estaque 13....**326** D 2
Estarvielle 65....**333** H 4
Estavar 66....**341** F 4
Esteil 63....**228** B 4
Estenc 06....**289** E 2
Esténos 31....**334** B 3
Estensan 65....**333** G 4
Estérençuby 64....**330** C 1
Esternay 51....**60** D 4
Esterre 65....**333** E 3
Estevelles 62....**8** C 4
Esteville 76....**20** C 5
Estézargues 30....**304** B 1
Estialescq 64....**313** H 4
Estibeaux 40....**293** F 4
Estigarde 40....**274** C 5
Estillac 47....**276** B 3
Estipouy 32....**295** H 5
Estirac 65....**295** E 5
Estissac 10....**114** C 2
Estivals 19....**242** B 4
Estivareilles 03....**190** D 3
Estivareilles 42....**229** G 4
Estivaux 19....**242** B 1
Estoher 66....**342** B 3
Estos 64....**331** H 1
Estoublon 04....**288** A 5
Estouches 91....**87** F 5
Estourmel 59....**14** C 4
Éstouteville-Écalles 76....**20** C 5
Estouy 45....**111** H 3
Estrablin 38....**231** F 3
Estramiac 32....**296** D 2
Estrebay 08....**26** A 2
Estrébœuf 80....**11** F 3
L'Estréchure 30....**283** E 4
Estrée 62....**6** C 4
Estrée-Blanche 62....**7** G 3
Estrée-Cauchy 62....**8** A 5
Estrée-Wamin 62....**12** D 2
Estréelles 62....**6** C 4

Estrées *02* .... 24 B 1
Estrées *59* .... 14 A 2
Estrées-Deniécourt *80* .... 23 F 2
Estrées-en-Chaussée *80* .... 23 H 2
Estrées-la-Campagne *14* .... 53 H 1
Estrées-lès-Crécy *80* .... 11 H 2
Estrées-Saint-Denis *60* .... 39 E 2
Estrées-sur-Noye *80* .... 22 C 3
Estrennes *88* .... 94 C 5
Estreux *59* .... 9 H 5
Estrun *59* .... 14 C 3
Estry *14* .... 52 D 2
Esves-le-Moutier *37* .... 170 B 1
Esvres *37* .... 152 A 4
Eswars *59* .... 14 B 3
Étable *73* .... 233 H 3
Étables *07* .... 249 E 3
Étables-sur-Mer *22* .... 73 H 4
Étagnac *16* .... 204 D 4
Étaimpuis *76* .... 20 B 4
Étain *55* .... 44 D 5
Étaing *62* .... 13 H 2
Étainhus *76* .... 18 D 5
Étais *21* .... 137 H 4
Étais-la-Sauvin *89* .... 156 D 1
Étalans *25* .... 162 C 4
Étalante *21* .... 138 C 4
Étalle *08* .... 26 B 2
Étalleville *76* .... 19 H 3
Étalon *80* .... 23 F 3
Étalondes *76* .... 10 D 4
Étampes *91* .... 87 F 4
Étampes-sur-Marne *02* .... 60 C 1
L'Étang-Bertrand *50* .... 29 E 5
L'Étang-la-Ville *78* .... 58 A 3
Étang-sur-Arroux *71* .... 176 D 3
L'Étang-Vergy *21* .... 159 H 5
Les Étangs *57* .... 46 B 5
Étaples *62* .... 6 B 4
Étaule *89* .... 158 A 1
Étaules *17* .... 200 H 5
Étaules *21* .... 159 H 2
Étauliers *33* .... 237 G 1
Étaves-et-Bocquiaux *02* .... 24 C 1
Étavigny *60* .... 39 G 5
Etcharry *64* .... 311 H 4
Etchebar *64* .... 331 E 2
Eteaux *74* .... 215 H 1
Éteignières *08* .... 26 B 2
Eteimbes *68* .... 142 D 2
Étel *56* .... 123 G 3
Ételfay *80* .... 23 E 4
L'Etelon *03* .... 190 D 1
Étercy *74* .... 215 F 3
Éternoz *25* .... 180 A 1
Éterpigny *62* .... 13 H 3
Éterpigny *80* .... 23 G 2
Éterville *14* .... 33 G 5
Étevaux *21* .... 160 C 3
Eth *59* .... 15 E 2
Étienville *50* .... 31 G 2
Étigny *89* .... 113 G 3
Les Étilleux *28* .... 108 D 2
Étinehem *80* .... 23 E 1
Étiolles *91* .... 88 A 2
Étival *39* .... 196 D 2
Étival-Clairefontaine *88* .... 96 A 4
Étival-lès-le-Mans *72* .... 107 G 5
Étivey *89* .... 137 F 4
Étobon *70* .... 142 A 3
Étoges *51* .... 61 F 3
L'Étoile *39* .... 179 E 4
L'Étoile *80* .... 23 B 5
Étoile-Saint-Cyrice *05* .... 286 D 1
Étoile-sur-Rhône *26* .... 267 F 1
Éton *55* .... 44 D 4
Étormay *21* .... 138 B 5
Étouars *24* .... 222 B 2
Étourvy *10* .... 115 E 5
Étoutteville *76* .... 19 G 4
Étouvans *25* .... 142 B 5
Étouvelles *02* .... 40 D 1
Étouvy *14* .... 52 C 2
Étouy *60* .... 38 C 2
Étrabonne *25* .... 161 G 4
Étrappe *25* .... 142 A 5
L'Étrat *42* .... 230 B 3
Étray *25* .... 162 C 5
Étraye *55* .... 44 B 3
Étréaupont *02* .... 25 F 1
Étrechet *36* .... 172 A 4
Étréchy *18* .... 155 H 5
Étréchy *51* .... 61 G 3
Étréchy *91* .... 87 G 3
Étréham *14* .... 32 D 3
Étreillers *02* .... 24 A 2
Étréjust *80* .... 11 H 5

Étrelles *35* .... 105 E 3
Étrelles-et-la-Montbleuse *70* .... 161 G 1
Étrelles-sur-Aube *10* .... 90 C 2
Étremblières *74* .... 197 H 5
Étrépagny *27* .... 37 E 3
Étrepigney *39* .... 161 F 5
Étrépigny *08* .... 26 D 4
Étrépilly *02* .... 60 B 1
Étrépilly *77* .... 59 G 1
Étrepy *51* .... 63 E 4
Étretat *76* .... 18 C 3
Étreux *02* .... 15 E 5
Étreval *54* .... 94 C 3
Étréville *27* .... 35 F 2
Étrez *01* .... 195 H 4
Étriac *16* .... 220 D 3
Étriché *49* .... 128 D 4
Étricourt-Manancourt *80* .... 13 H 5
Étrigny *71* .... 195 E 1
Étrochey *21* .... 138 A 2
Étrœungt *59* .... 15 G 5
Étroitefontaine *70* .... 141 H 5
Étroussat *03* .... 192 A 5
Étrun *62* .... 13 F 2
Etsaut *64* .... 331 H 4
Ettendorf *67* .... 68 C 3
Etting *57* .... 67 H 1
Étueffont *90* .... 142 C 2
Étupes *25* .... 142 C 4
Éturqueraye *27* .... 35 G 2
Étusson *79* .... 167 G 1
Étuz *70* .... 161 H 2
Etzling *57* .... 47 F 5
Eu *76* .... 10 D 4
Euffigneix *52* .... 116 D 3
Eugénie-les-Bains *40* .... 294 B 3
Euilly-et-Lombut *08* .... 27 G 4
Eulmont *54* .... 65 H 5
Eup *31* .... 334 B 3
Eurre *26* .... 267 G 1
Eurville-Bienville *52* .... 92 D 2
Eus *66* .... 342 B 2
Euvezin *54* .... 65 E 3
Euville *55* .... 64 D 5
Euvy *51* .... 61 G 5
Euzet *30* .... 284 A 4
Évaillé *72* .... 130 D 2
Évans *39* .... 161 G 4
Évaux-et-Ménil *88* .... 95 E 4
Évaux-les-Bains *23* .... 208 C 1
Ève *60* .... 59 E 1
Évecquemont *78* .... 57 H 1
Évenos *83* .... 327 H 4
Évergnicourt *02* .... 41 G 2
Everly *77* .... 89 G 3
Évette-Salbert *90* .... 142 B 2
Éveux *69* .... 212 D 5
Évian-les-Bains *74* .... 198 B 3
Évigny *08* .... 26 D 3
Évillers *25* .... 180 B 1
Évin-Malmaison *62* .... 8 D 5
Évires *74* .... 215 H 2
Évisa *2A* .... 346 C 5
Évosges *01* .... 214 B 3
Évran *22* .... 79 H 5
Évrange *57* .... 45 H 1
Évrecy *14* .... 33 F 5
Èvres *55* .... 63 G 1
Évreux *27* .... 56 B 1
Évricourt *60* .... 23 G 5
Évriguet *56* .... 102 D 3
Évron *53* .... 106 C 3
Évry *89* .... 113 G 2
Évry *91* .... 87 H 2
Évry-Grégy-sur-Yerres *77* .... 59 E 5
Excenevex *74* .... 198 A 3
Excideuil *24* .... 223 F 5
Exermont *08* .... 43 F 3
Exideuil *16* .... 204 D 4
Exincourt *25* .... 142 C 4
Exireuil *79* .... 185 F 3
Exmes *61* .... 54 C 4
Exoudun *79* .... 185 G 4
Expiremont *17* .... 220 B 5
Expo Faune Lorraine *88* .... 120 B 3
Eybens *38* .... 251 E 2
Eybouleuf *87* .... 206 B 5
Eyburie *19* .... 224 C 4
Eycheil *09* .... 335 F 3
Eydoche *38* .... 232 A 4
Eygalayes *26* .... 286 D 2
Eygalières *13* .... 305 E 2
Eygaliers *26* .... 286 A 2
Eygliers *05* .... 270 C 4
Eygluy-Escoulin *26* .... 267 H 1
Eyguians *05* .... 287 E 1

Eyguières *13* .... 305 E 3
Eygurande *19* .... 226 C 2
Eygurande-Gardedeuil *24* .... 239 E 3
Eyharce *64* .... 311 E 5
Eyjeaux *87* .... 205 H 5
Eyliac *24* .... 240 D 2
Eymet *24* .... 257 G 3
Eymeux *26* .... 249 H 3
Eymouthiers *16* .... 222 B 2
Eymoutiers *87* .... 224 D 1
Eyne *66* .... 341 G 4
Eyne 2600 *66* .... 341 G 4
Eynesse *33* .... 257 E 1
Eyragues *13* .... 304 D 2
Eyrans *33* .... 237 G 2
Eyrein *19* .... 225 F 5
Eyrenville *24* .... 258 B 2
Eyres-Moncube *40* .... 293 H 3
Eyrignac *Jardins d'* *24* .... 241 H 5
Eyroles *26* .... 268 A 5
Eysines *33* .... 237 F 5
Eysson *25* .... 162 D 4
Eysus *64* .... 331 H 1
Eyvirat *24* .... 222 C 5
Eywiller *67* .... 67 H 3
Eyzahut *26* .... 267 G 4
Eyzerac *24* .... 223 E 5
Les Eyzies-de-Tayac *24* .... 241 E 5
Eyzin-Pinet *38* .... 231 G 3
Ézanville *95* .... 58 C 1
Èze *06* .... 309 H 2
Ézy-sur-Eure *27* .... 56 D 3

F

Fa *11* .... 337 G 3
Fabas *09* .... 335 F 1
Fabas *31* .... 316 D 4
Fabas *82* .... 297 H 2
Fabras *07* .... 266 A 3
Fabrègues *34* .... 302 C 5
Fabrezan *11* .... 338 C 1
Faches-Thumesnil *59* .... 8 D 3
Fâchin *58* .... 176 A 2
Facture *33* .... 254 C 2
Fades *Viaduc des* *63* .... 209 E 3
Fage *Gouffre de la* *19* .... 242 B 3
La Fage-Montivernoux *48* .... 263 H 2
La Fage-Saint-Julien *48* .... 264 A 1
Fageole *Col de la* *15* .... 245 H 3
Le Faget *31* .... 298 D 5
Faget-Abbatial *32* .... 316 B 2
Fagnières *51* .... 62 A 2
Fagnon *08* .... 26 C 3
Fahy-lès-Autrey *70* .... 160 D 1
Failly *57* .... 45 H 5
Faimbe *25* .... 142 A 5
Fain-lès-Montbard *21* .... 137 H 5
Fain-lès-Moutiers *21* .... 137 G 5
Fains *27* .... 56 D 2
Fains-la-Folie *28* .... 110 C 2
Fains-les-Sources *55* .... 63 G 4
Fains-Véel *55* .... 63 G 4
Faissault *08* .... 26 B 5
Fajac-en-Val *11* .... 338 A 1
Fajac-la-Relenque *11* .... 318 C 4
Fajoles *46* .... 259 H 1
La Fajolle *11* .... 337 E 5
Fajolles *82* .... 277 E 5
Falaise *08* .... 42 D 2
Falaise *14* .... 53 H 2
La Falaise *78* .... 57 G 2
Falck *57* .... 46 D 4
Faleyras *33* .... 256 B 1
Falga *31* .... 318 D 2
Le Falgoux *15* .... 244 D 2
Falgueyrat *24* .... 257 H 2
Falicon *06* .... 309 H 2
Falkwiller *68* .... 143 E 2
Fallencourt *76* .... 21 E 2
Fallerans *25* .... 162 C 5
Falleron *85* .... 165 F 2
Falletans *39* .... 161 E 5
Fallières *88* .... 119 G 4
Fallon *70* .... 141 H 5
La Faloise *80* .... 22 C 4
Fals *47* .... 276 B 4
Falvy *80* .... 23 G 2
Famars *59* .... 14 D 2
Famechon *62* .... 13 E 4
Famechon *80* .... 22 A 3
Fameck *57* .... 45 G 4
Familly *14* .... 54 D 2
Fampoux *62* .... 13 H 2
Fanget *Col du* *04* .... 288 B 1
Fanjeaux *11* .... 319 E 5
Fanlac *24* .... 241 F 3
Le Faou *29* .... 75 G 3

Le Faouët *22* .... 73 F 4
Le Faouët *56* .... 100 D 3
Faramans *01* .... 213 G 4
Faramans *38* .... 231 H 4
Farbus *62* .... 8 B 5
Farceaux *27* .... 37 E 3
Farcheville *Château de* *91* .... 87 G 4
La Fare-en-Champsaur *05* .... 269 G 2
La Fare-les-Oliviers *13* .... 305 G 5
Farébersviller *57* .... 47 F 5
Fareins *01* .... 213 E 2
Faremoutiers *77* .... 59 H 4
Farges *01* .... 197 E 5
Les Farges *24* .... 241 G 3
Farges-Allichamps *18* .... 173 E 4
Farges-en-Septaine *18* .... 173 G 1
Farges-lès-Chalon *71* .... 177 H 3
Farges-lès-Mâcon *71* .... 195 E 2
Fargniers *02* .... 24 B 4
Fargues *33* .... 256 B 4
Fargues *40* .... 294 A 3
Fargues *46* .... 277 G 1
Fargues-Saint-Hilaire *33* .... 255 H 1
Fargues-sur-Ourbise *47* .... 275 E 2
Farincourt *52* .... 140 B 4
Farinole *2B* .... 345 F 4
La Farlède *83* .... 328 B 4
Farnay *42* .... 230 C 3
Faron *Mont* *83* .... 328 A 4
Faronville *45* .... 111 F 2
Farrou *12* .... 279 F 1
Farschviller *57* .... 67 F 1
Fatines *72* .... 108 A 4
Fatouville-Grestain *27* .... 34 D 2
Le Fau *15* .... 244 D 3
Fau-de-Peyre *48* .... 264 A 2
Fauch *81* .... 299 G 2
Faucigny *74* .... 216 A 1
La Faucille *Col de* *01* .... 197 F 3
Faucogney-et-la-Mer *70* .... 141 H 2
Faucompierre *88* .... 119 H 2
Faucon *84* .... 285 H 2
Faucon-de-Barcelonnette *04* .... 270 D 5
Faucon-du-Caire *04* .... 269 H 5
Fauconcourt *88* .... 95 G 4
Faucoucourt *02* .... 40 C 1
Faudoas *82* .... 297 E 2
Le Fauga *31* .... 317 G 3
Faugères *07* .... 265 H 5
Faugères *34* .... 301 G 5
Fauguernon *14* .... 34 D 4
Fauguerolles *47* .... 257 F 5
Fauillet *47* .... 257 F 5
Le Faulq *14* .... 34 D 4
Faulquemont *57* .... 66 D 1
Faulx *54* .... 65 H 4
Faumont *59* .... 8 D 4
Fauquembergues *62* .... 7 E 3
La Faurie *05* .... 269 E 3
Faurilles *24* .... 258 C 2
Fauroux *82* .... 277 E 2
Faussergues *81* .... 280 C 5
La Faute-sur-Mer *85* .... 183 E 4
Fauverney *21* .... 160 B 4
Fauville *27* .... 56 B 1
Fauville-en-Caux *76* .... 19 F 4
Faux *08* .... 26 B 5
Faux *24* .... 258 B 1
Faux de Verzy *51* .... 41 H 5
Faux-Fresnay *51* .... 61 G 5
Faux-la-Montagne *23* .... 225 F 1
Faux-Mazuras *23* .... 206 D 4
Faux-Vésigneul *51* .... 62 B 4
Faux-Villecerf *10* .... 90 B 5
Favalello *2B* .... 347 F 4
Favars *19* .... 242 D 1
La Favède *30* .... 283 G 3
Faveraye-Mâchelles *49* .... 149 G 4
Faverdines *18* .... 190 C 1
Faverelles *45* .... 135 E 5
Faverges-Seythenex *74* .... 216 A 5
Faverges-de-la-Tour *38* .... 232 C 2
Faverney *70* .... 141 E 3
Faverois *90* .... 142 D 4
Faverolles *02* .... 40 A 4
Faverolles *15* .... 245 H 5
Faverolles *28* .... 57 E 5
Faverolles *52* .... 117 E 5
Faverolles *61* .... 53 G 5
Faverolles *80* .... 23 E 4
Faverolles-en-Berry *36* .... 153 F 5
Faverolles-et-Coëmy *51* .... 41 E 4
Faverolles-la-Campagne *27* .... 55 H 1
Faverolles-lès-Lucey *21* .... 138 D 2
Faverolles-les-Mares *27* .... 35 E 5
Faverolles-sur-Cher *41* .... 152 D 3

La Favière *39* .... 180 A 4
La Favière *83* .... 329 E 4
La Favière *Plage de* *83* .... 329 E 4
Favières *28* .... 85 H 3
Favières *54* .... 94 B 3
Favières *77* .... 59 F 4
Favières *80* .... 11 F 2
Favone *2A* .... 349 H 4
Favresse *51* .... 62 D 4
Favreuil *62* .... 13 G 4
Favrieux *78* .... 57 F 2
Le Favril *27* .... 35 F 4
Le Favril *28* .... 85 G 3
Le Favril *59* .... 15 F 4
Fay *61* .... 55 E 5
Le Fay *71* .... 178 D 5
Fay *72* .... 107 G 4
Fay *80* .... 23 F 2
Fay-aux-Loges *45* .... 111 F 5
Fay-de-Bretagne *44* .... 147 F 1
Fay-en-Montagne *39* .... 179 G 4
Fay-le-Clos *26* .... 249 E 1
Fay-les-Étangs *60* .... 37 H 4
Fay-lès-Marcilly *10* .... 90 A 4
Fay-lès-Nemours *77* .... 112 B 2
Le Fay-Saint-Quentin *60* .... 38 B 2
Fay-sur-Lignon *43* .... 248 A 4
Faycelles *46* .... 261 F 4
La Faye *16* .... 203 F 2
Faye *41* .... 131 H 3
La Faye *Pas de* *06* .... 308 D 2
Faye-d'Anjou *49* .... 149 G 3
Faye-la-Vineuse *37* .... 169 F 2
Faye-l'Abbesse *79* .... 167 H 3
Faye-sur-Ardin *79* .... 184 D 3
Le Fayel *60* .... 39 E 2
Fayence *83* .... 308 C 3
Fayet *02* .... 24 A 2
Fayet *12* .... 301 E 2
Le Fayet *74* .... 216 D 3
Fayet-le-Château *63* .... 228 B 1
Fayet-Ronaye *63* .... 228 C 4
Fayl-Billot *52* .... 140 A 3
Faymont *70* .... 142 A 3
Faymoreau *85* .... 184 C 1
Fayrac *24* .... 259 F 1
Fays *52* .... 92 D 3
Fays *88* .... 119 H 2
Fays-la-Chapelle *10* .... 114 D 3
Fayssac *81* .... 299 E 1
Féas *64* .... 331 G 1
Febvin-Palfart *62* .... 7 G 3
Fécamp *76* .... 19 E 3
Féchain *59* .... 14 B 2
Fêche-l'Église *90* .... 142 D 4
La Féclaz *73* .... 233 F 1
Fécocourt *54* .... 94 C 4
Fédry *70* .... 140 C 4
Fegersheim *67* .... 97 G 2
Fégréac *44* .... 125 H 4
Feigères *74* .... 215 G 1
Feigneux *60* .... 39 G 4
Feignies *59* .... 15 G 2
Feillens *01* .... 195 E 4
Feings *41* .... 153 E 2
Feings *61* .... 84 C 2
Feins *35* .... 80 B 4
Feins-en-Gâtinais *45* .... 135 E 4
Feissons-sur-Isère *73* .... 234 B 2
Feissons-sur-Salins *73* .... 234 C 3
Le Fel *12* .... 262 C 3
Fel *61* .... 54 B 4
Felce *2B* .... 347 G 4
Feldbach *68* .... 143 F 4
Feldkirch *68* .... 121 E 5
Feliceto *2B* .... 346 C 2
Félines *07* .... 231 E 5
Félines *43* .... 247 E 1
Félines-Minervois *34* .... 320 B 4
Félines-sur-Rimandoule *26* .... 267 G 3
Félines-Termenès *11* .... 338 B 2
Felleries *59* .... 15 H 4
Fellering *68* .... 120 B 5
Felletin *23* .... 207 G 4
Felluns *66* .... 338 A 5
Felon *90* .... 142 D 4
Felzins *46* .... 261 G 3
Fenain *59* .... 9 F 5
Fénay *21* .... 160 A 4
Fendeille *11* .... 319 E 4
Fénery *79* .... 167 H 5
Fénétrange *57* .... 67 G 3
Feneu *49* .... 128 C 5
Féneyrols *82* .... 279 E 4
Féniers *23* .... 225 G 1
Féniers *Abbaye de* *15* .... 227 E 5
Fenioux *17* .... 201 G 4

Fenioux *79* .... 184 D 2
Fenneviller *54* .... 96 A 2
Fénols *81* .... 299 D 2
Le Fenouiller *85* .... 164 D 4
Fenouillet *31* .... 297 H 4
Fenouillet *66* .... 337 H 5
Fenouillet *Sommet du* *83* .... 328 B 4
Fenouillet-du-Razès *11* .... 337 E 1
Fépin *08* .... 17 E 5
Fer à Cheval *Cirque du* *74* .... 217 E 1
Ferayola *2B* .... 346 B 2
Fercé *44* .... 127 E 2
Fercé-sur-Sarthe *72* .... 129 G 2
Ferdrupt *88* .... 119 H 5
La Fère *02* .... 24 B 4
Fère *Château de* *02* .... 40 C 4
Fère-Champenoise *51* .... 61 G 4
Fère-en-Tardenois *02* .... 40 C 4
Fèrebrianges *51* .... 61 F 3
La Férée *08* .... 26 A 3
Férel *56* .... 125 E 5
Ferfay *62* .... 7 G 4
Féricy *77* .... 88 C 3
Férin *59* .... 14 A 2
Fermanville *50* .... 29 F 2
Ferme de Navarin *Monument de la* *51* .... 42 C 4
Ferney-Voltaire *01* .... 197 G 3
Fernoël *63* .... 208 B 5
Férolles *45* .... 133 G 3
Férolles-Attilly *77* .... 59 E 5
Féron *59* .... 15 H 3
Ferques *62* .... 2 C 4
Ferrals-les-Corbières *11* .... 338 C 1
Ferrals-les-Montagnes *34* .... 320 B 3
Ferran *11* .... 337 F 1
Ferrassières *26* .... 286 C 3
Le Ferré *35* .... 81 E 3
Ferrensac *47* .... 258 B 3
Ferrère *65* .... 334 A 3
Les Ferres *06* .... 309 F 1
Ferrette *68* .... 143 F 4
Ferreux *10* .... 90 A 4
La Ferrière *22* .... 102 C 2
La Ferrière *37* .... 131 E 5
La Ferrière *38* .... 233 G 5
La Ferrière *85* .... 166 A 4
La Ferrière-Airoux *86* .... 186 C 4
La Ferrière-au-Doyen *14* .... 52 D 1
La Ferrière-au-Doyen *61* .... 55 E 5
La Ferrière-aux-Étangs *61* .... 53 F 5
La Ferrière-Béchet *61* .... 83 G 2
La Ferrière-Bochard *61* .... 83 F 4
La Ferrière-de-Flée *49* .... 128 A 3
La Ferrière-Duval *14* .... 53 E 2
La Ferrière-en-Parthenay *79* .... 168 B 5
Ferrière-et-Lafolie *52* .... 92 D 4
Ferrière-la-Grande *59* .... 15 H 2
Ferrière-la-Petite *59* .... 15 H 3
Ferrière-Larçon *37* .... 170 B 2
Ferrière-sur-Beaulieu *37* .... 152 C 5
La Ferrière-sur-Risle *27* .... 55 G 2
Ferrières *17* .... 183 H 5
Ferrières *50* .... 81 G 2
Ferrières *54* .... 95 E 2
Ferrières *60* .... 22 D 5
Ferrières *65* .... 332 B 2
Ferrières *74* .... 215 G 3
Ferrières *80* .... 22 B 2
Ferrières *81* .... 300 A 4
Ferrières-en-Bray *76* .... 37 F 1
Ferrières-en-Brie *77* .... 59 E 4
Ferrières-en-Gâtinais *45* .... 112 C 4
Ferrières-Haut-Clocher *27* .... 56 A 1
Ferrières-la-Verrerie *61* .... 54 D 5
Ferrières-le-Lac *25* .... 163 G 4
Ferrières-les-Bois *25* .... 161 G 4
Ferrières-les-Ray *70* .... 140 C 5
Ferrières-lès-Scey *70* .... 140 D 4
Ferrières-les-Verreries *34* .... 302 C 1
Ferrières-Poussarou *34* .... 320 D 2
Ferrières-Saint-Hilaire *27* .... 55 F 1
Ferrières-Saint-Mary *15* .... 245 G 2
Ferrières-sur-Ariège *09* .... 336 B 3
Ferrières-sur-Sichon *03* .... 210 D 3
Ferrussac *43* .... 246 B 3
Fertans *25* .... 180 A 1
La Ferté *39* .... 179 F 2
La Ferté-Alais *91* .... 87 H 3
La Ferté-Beauharnais *41* .... 132 A 1
La Ferté-Bernard *72* .... 108 C 2
La Ferté-Chevresis *02* .... 24 D 3
La Ferté-en-Ouche *61* .... 55 E 5
La Ferté-Gaucher *77* .... 60 B 4

A B C D E F G H I J K L M N O P Q R S T U V W X Y Z

A B C D E **F** G H I J K L M N O P Q R S T U V W X Y Z

La Ferté-Hauterive 03 ... 192 A 3
La Ferté-Imbault 41 ... 154 B 3
La Ferté-Loupière 89 ... 135 G 2
La Ferté-Macé 61 ... 82 D 2
La Ferté-Milon 02 ... 39 H 5
La Ferté-Saint-Aubin 45 ... 133 F 4
La Ferté-Saint-Cyr 41 ... 132 D 4
La Ferté-Saint-Samson 76 ... 21 E 5
La Ferté-sous-Jouarre 77 ... 60 A 2
La Ferté-sur-Chiers 08 ... 27 H 5
La Ferté-Vidame 28 ... 85 E 2
La Ferté-Villeneuil 28 ... 109 H 5
Fertrève 58 ... 175 F 2
Fervaches 50 ... 52 B 1
Fervaques 14 ... 54 D 1
Fescamps 80 ... 23 E 4
Fesches-le-Châtel 25 ... 142 C 4
Fesmy-le-Sart 02 ... 15 E 5
Fesques 76 ... 21 E 3
Fessanvilliers-
    Mattanvilliers 28 ... 56 A 5
Fessenheim 68 ... 121 G 4
Fessenheim-le-Bas 67 ... 68 C 5
Fessevillers 25 ... 163 G 3
Les Fessey 70 ... 141 H 2
Fessy 74 ... 198 A 4
Festalemps 24 ... 239 F 1
Festes-et-Saint-André 11 ... 337 F 3
Festieux 02 ... 41 E 1
Festigny 51 ... 61 E 1
Festigny 89 ... 157 F 1
Festre *Col du* 05 ... 269 F 2
Festubert 62 ... 8 B 3
Le Fête 21 ... 159 E 5
Féternes 74 ... 198 B 3
Fétigny 39 ... 196 C 2
Feucherolles 78 ... 57 H 3
Feuchy 62 ... 13 G 2
Feugarolles 47 ... 275 G 3
Feugères 50 ... 31 H 4
Feuges 10 ... 91 E 4
Feuguerolles 27 ... 36 A 5
Feuguerolles-sur-Orne 14 ... 33 G 5
Feuguerolles-sur-Seulles 14 ... 33 G 5
Feuilla 11 ... 338 D 3
Feuillade 16 ... 221 H 2
La Feuillade 24 ... 241 H 3
La Feuillée 29 ... 76 B 3
Feuillères 80 ... 23 F 1
La Feuillie 50 ... 31 G 4
La Feuillie 76 ... 37 E 1
Feule 25 ... 163 F 2
Feuquières 60 ... 21 G 4
Feuquières-en-Vimeu 80 ... 11 H 3
Feurs 42 ... 229 H 1
Feusines 36 ... 189 H 2
Feux 18 ... 156 A 4
Fèves 57 ... 45 G 5
Féy 57 ... 65 G 2
Fey-en-Haye 54 ... 65 F 3
Feyt 19 ... 226 C 1
Feytiat 87 ... 205 H 5
Feyzin 69 ... 231 E 1
Fiac 81 ... 298 D 3
Ficaja 2B ... 347 G 3
Ficajola 2A ... 346 A 5
Ficheux 62 ... 13 G 3
Fichous-Riumayou 64 ... 294 A 5
Le Fidelaire 27 ... 55 H 2
Le Fied 39 ... 179 G 4
Le Fief-Sauvin 49 ... 148 C 4
Fieffes 80 ... 12 C 5
Fiefs 62 ... 7 G 4
Fiennes 62 ... 2 C 4
Fienvillers 80 ... 12 C 4
Fier *Gorges du* 74 ... 215 F 3
Fierville-la-Campagne 14 ... 53 H 1
Fierville-les-Mines 50 ... 29 E 5
Fierville-les-Parcs 14 ... 34 C 4
Le Fieu 33 ... 238 D 3
Fieulaine 02 ... 24 C 2
Fieux 47 ... 275 G 4
Figanières 83 ... 308 A 4
Figareto 2B ... 347 H 3
Figari 2A ... 351 F 3
Figarol 31 ... 334 D 1
Figeac 46 ... 261 F 3
Fignévelle 88 ... 118 B 4
Fignières 80 ... 23 E 4
Filain 02 ... 40 D 1
Filain 70 ... 141 F 5
Filitosa (Station
    Préhistorique de) 2A ... 348 D 5
Fillé 72 ... 129 H 2
Fillières 54 ... 45 E 3
Fillièvres 62 ... 12 B 2
Fillinges 74 ... 198 A 5

Fillols 66 ... 342 A 3
Filstroff 57 ... 46 C 3
Fiménil 88 ... 119 H 2
Findrol 74 ... 215 H 1
Finestret 66 ... 342 B 3
Finhan 82 ... 297 G 1
Finiels *Col de* 48 ... 265 E 5
Les Fins 25 ... 163 E 5
Fins 80 ... 14 A 5
Fiquefleur-Équainville 27 ... 34 D 2
Firbeix 24 ... 223 E 2
Firfol 14 ... 34 D 5
Firmi 12 ... 262 B 4
Firminy 42 ... 230 A 5
Fislis 68 ... 143 G 4
Fitignieu 01 ... 214 D 3
Fitilieu 38 ... 232 C 2
Fitou 11 ... 339 E 3
Fitz-James 60 ... 38 C 2
Fix-Saint-Geneys 43 ... 246 D 2
Fixem 57 ... 45 H 2
Fixin 21 ... 160 A 4
Flabas 55 ... 44 B 4
Flacé-lès-Mâcon 71 ... 195 E 4
Flacey 21 ... 160 B 2
Flacey 28 ... 109 H 3
Flacey-en-Bresse 71 ... 196 A 1
La Flachère 38 ... 233 F 4
Flachères 38 ... 232 A 3
Flacourt 78 ... 57 F 2
Flacy 89 ... 114 A 2
Flagey 21 ... 180 A 1
Flagey 52 ... 139 G 3
Flagey-Echézeaux 21 ... 160 A 5
Flagey-lès-Auxonne 21 ... 160 D 5
Flagey-Rigney 25 ... 162 B 1
Flagnac 12 ... 261 H 4
Flagy 70 ... 141 F 3
Flagy 71 ... 194 C 2
Flagy 77 ... 88 D 5
Flaignes-Havys 08 ... 26 B 2
Flaine 74 ... 216 C 2
Flainval 54 ... 94 F 1
Flamanville 50 ... 28 C 4
Flamanville 76 ... 19 H 4
Flamarens 32 ... 276 C 5
La Flamengrie 02 ... 15 G 5
La Flamengrie 59 ... 15 F 2
Flamets-Frétils 76 ... 21 E 3
Flammerans 21 ... 160 D 4
Flammerécourt 52 ... 92 D 4
Flancourt-Catelon 27 ... 35 G 3
Flancourt-Crescy-
    en-Roumois 27 ... 35 H 3
Flangebouche 25 ... 162 D 4
Flaran *Abbaye de* 32 ... 295 H 1
Flassan 84 ... 286 A 4
Flassans-sur-Issole 83 ... 328 C 1
Flassigny 55 ... 44 B 2
Flastroff 57 ... 46 C 3
Flaucourt 80 ... 23 G 1
Flaugeac 24 ... 257 H 2
Flaujac-Gare 46 ... 260 D 2
Flaujac-Poujols 46 ... 278 B 1
Flaujagues 33 ... 257 E 1
Flaumont-Waudrechies 59 ... 15 G 4
Flaux 30 ... 284 C 5
Flavacourt 60 ... 37 G 3
Flavignac 87 ... 223 F 1
Flavignerot 21 ... 159 H 3
Flavigny 18 ... 173 H 2
Flavigny 51 ... 61 G 2
Flavigny-le-Grand-
    et-Beaurain 02 ... 24 D 2
Flavigny-sur-Moselle 54 ... 94 D 2
Flavigny-sur-Ozerain 21 ... 159 E 1
Flavin 12 ... 280 D 2
Flavy-le-Martel 02 ... 24 A 4
Flavy-le-Meldeux 60 ... 23 H 4
Flaxieu 01 ... 214 D 4
Flaxlanden 68 ... 143 F 2
Flayosc 83 ... 308 A 5
Fléac 16 ... 221 E 1
Fléac-sur-Seugne 17 ... 219 G 3
La Flèche 72 ... 129 G 4
Fléchères *Château de* 01 ... 212 D 2
Fléchin 62 ... 7 F 3
Fléchy 60 ... 22 B 4
Flée 21 ... 158 D 2
Flée 72 ... 130 C 3
Fleigneux 08 ... 27 F 3
Fleisheim 57 ... 67 H 4
Le Fleix 24 ... 239 F 5

Fleix 86 ... 187 F 2
Fléré-la-Rivière 36 ... 170 C 2
Flers 61 ... 53 E 4
Flers 62 ... 12 C 2
Flers 80 ... 13 G 5
Flers-en-Escrebieux 59 ... 8 D 5
Flers-sur-Noye 80 ... 22 B 3
Flesquières 59 ... 14 A 4
Flesselles 80 ... 12 C 5
Flétrange 57 ... 66 D 1
Flêtre 59 ... 4 A 5
Fléty 58 ... 176 A 4
Fleurac 16 ... 220 D 1
Fleurac 24 ... 241 E 4
Fleurance 32 ... 296 B 2
Fleurat 23 ... 189 E 5
Fleurbaix 62 ... 8 B 2
Fleuré 61 ... 54 A 5
Fleuré 86 ... 186 D 2
Fleurey 25 ... 163 F 2
Fleurey-lès-Faverney 70 ... 141 E 3
Fleurey-lès-Lavoncourt 70 ... 140 C 4
Fleurey-lès-Saint-Loup 70 ... 119 E 5
Fleurey-sur-Ouche 21 ... 159 H 3
Fleurie 69 ... 212 D 1
Fleuriel 03 ... 191 H 5
Fleurieu-sur-Saône 69 ... 213 E 4
Fleurieux-sur-l'Arbresle 69 ... 212 D 4
Fleurigné 35 ... 81 F 4
Fleurigny 89 ... 89 G 5
Fleurines 60 ... 39 E 4
Fleurville 71 ... 195 E 3
Fleury 02 ... 40 A 4
Fleury 11 ... 321 F 5
Fleury 50 ... 51 H 3
Fleury 57 ... 65 H 1
Fleury 60 ... 37 H 4
Fleury 62 ... 7 F 5
Fleury 80 ... 22 A 3
Fleury-
    devant-Douaumont 55 ... 44 B 5
Fleury-en-Bière 77 ... 88 A 4
Fleury-la-Forêt 27 ... 37 E 2
Fleury-la-Montagne 71 ... 211 H 1
Fleury-la-Rivière 51 ... 41 F 5
Fleury-la-Vallée 89 ... 136 A 2
Fleury-les-Aubrais 45 ... 111 E 5
Fleury-Mérogis 91 ... 87 H 2
Fleury-sur-Aire 55 ... 63 G 1
Fleury-sur-Andelle 27 ... 36 D 2
Fleury-sur-Loire 58 ... 174 D 4
Fleury-sur-Orne 14 ... 33 G 5
Flévieu 01 ... 214 B 5
Fléville 08 ... 43 F 3
Fléville-devant-Nancy 54 ... 94 D 1
Fléville-Lixières 54 ... 45 E 4
Flévy 57 ... 45 H 4
Flexanville 78 ... 57 F 3
Flexbourg 67 ... 97 E 1
Fley 71 ... 177 F 5
Fleys 89 ... 136 D 3
Flez-Cuzy 58 ... 157 F 3
Fligny 08 ... 26 A 2
Flin 54 ... 95 H 2
Flines-lès-Mortagne 59 ... 9 G 4
Flines-lez-Raches 59 ... 9 E 5
Flins-Neuve-Église 78 ... 57 E 3
Flins-sur-Seine 78 ... 57 G 2
Flipou 27 ... 36 C 3
Flirey 54 ... 65 E 3
Flixecourt 80 ... 12 B 5
Flize 08 ... 26 D 4
La Flocellière 85 ... 166 D 3
Flocourt 57 ... 66 C 2
Flocques 76 ... 10 D 4
Flogny-la-Chapelle 89 ... 114 C 5
Floing 08 ... 27 E 3
Floirac 17 ... 219 F 3
Floirac 33 ... 237 G 5
Floirac 46 ... 242 C 5
Florac 48 ... 282 D 1
Florange 57 ... 45 G 3
Florémont 88 ... 95 E 4
Florensac 34 ... 322 C 4
Florent-en-Argonne 51 ... 43 F 5
Florentia 39 ... 196 A 3
Florentin 81 ... 299 E 1
Florentin-la-Capelle 12 ... 262 D 3
Floressas 46 ... 259 F 5
Florimont 90 ... 142 D 4
Florimont-Gaumier 24 ... 259 G 2
Floringhem 62 ... 7 G 4
Flornoy 52 ... 92 C 3
La Flotte 17 ... 183 E 5
Flottemanville 50 ... 29 F 5
Flottemanville-Hague 50 ... 28 D 3
Floudès 33 ... 256 D 4

Floure 11 ... 320 A 5
Flourens 31 ... 298 A 5
Floursies 59 ... 15 G 3
Floyon 59 ... 15 G 5
Flumet 73 ... 216 B 4
Fluquières 02 ... 24 A 3
Fluy 80 ... 22 A 2
Foameix 55 ... 44 D 4
Foce 2A ... 351 E 2
Focicchia 2B ... 347 F 5
Foëcy 18 ... 154 C 5
Le Fœil 22 ... 78 A 4
Foisches 08 ... 17 E 4
Foissac 12 ... 261 F 4
Foissac 30 ... 284 A 4
Foissiat 01 ... 195 H 3
Foissy 21 ... 159 F 5
Foissy-lès-Vézelay 89 ... 157 G 2
Foissy-sur-Vanne 89 ... 113 H 2
Foix 09 ... 336 B 3
Folcarde 31 ... 318 C 3
Folelli 2B ... 347 H 3
Folembray 02 ... 40 B 1
Folgensbourg 68 ... 143 G 3
Le Folgoët 29 ... 71 E 4
La Folie 14 ... 32 C 3
Folies 80 ... 23 E 3
Folkling 57 ... 47 F 5
Follainville-Dennemont 78 ... 57 F 1
Folles 87 ... 206 B 2
La Folletière 76 ... 19 H 5
La Folletière *Château de* 27 ... 56 D 2
La Folletière-Abenon 14 ... 55 E 2
Folleville 27 ... 35 E 5
Folleville 80 ... 22 C 4
Folligny 50 ... 51 G 3
Folpersviller 57 ... 47 H 5
Folschviller 57 ... 66 D 1
Fomerey 88 ... 119 E 2
Fomperron 79 ... 185 G 2
Fonbeauzard 31 ... 298 A 4
Foncegrive 21 ... 139 F 5
Fonches-Fonchette 80 ... 23 F 3
Foncine-le-Bas 39 ... 180 A 5
Foncine-le-Haut 39 ... 180 A 5
Foncquevillers 62 ... 13 F 4
Fond-de-France 38 ... 233 G 5
Fondamente 12 ... 301 F 1
Fondettes 37 ... 151 H 2
Fondremand 70 ... 162 A 1
Fongalop 24 ... 259 E 2
Fongrave 47 ... 275 H 1
Fongueusemare 76 ... 18 D 4
Fonroque 24 ... 257 H 2
Fons 07 ... 266 B 3
Fons 30 ... 303 G 1
Fons 46 ... 261 F 3
Fons-sur-Lussan 30 ... 284 B 3
Fonsomme 02 ... 24 B 1
Fonsorbes 31 ... 297 G 5
Font-Romeu-Odeillo-Via 66 ... 341 F 4
Fontain 25 ... 162 A 4
Fontaine 10 ... 116 A 2
Fontaine 38 ... 250 D 1
Fontaine 90 ... 142 D 2
Fontaine-au-Bois 59 ... 15 E 4
Fontaine-au-Pire 59 ... 14 C 3
Fontaine-Bellenger 27 ... 36 C 4
Fontaine-Bonneleau 60 ... 22 A 4
Fontaine-Chaalis 60 ... 39 E 5
Fontaine-Chalendray 17 ... 202 C 3
Fontaine-Couverte 53 ... 105 F 5
Fontaine-Daniel 53 ... 82 A 5
Fontaine-de-Vaucluse 84 ... 305 F 1
Fontaine-Denis-Nuisy 51 ... 90 B 2
Fontaine-en-Bray 76 ... 20 D 4
Fontaine-en-Dormois 51 ... 42 D 4
Fontaine-Étoupefour 14 ... 33 F 5
Fontaine-Fourches 77 ... 89 H 4
Fontaine-Française 21 ... 160 D 1
Fontaine-Guérard
    Abbaye de 27 ... 36 C 3
Fontaine-Guérin 49 ... 150 B 1
Fontaine-Henry 14 ... 33 F 3
Fontaine-Heudebourg 27 ... 36 C 5
Fontaine-la-Gaillarde 89 ... 113 G 2
Fontaine-la-Guyon 28 ... 85 H 3
Fontaine-la-Louvet 27 ... 35 E 5
Fontaine-la-Mallet 76 ... 18 C 5
Fontaine-la-Rivière 91 ... 87 F 5
Fontaine-la-Soret 27 ... 35 G 5
Fontaine-l'Abbé 27 ... 35 G 5
Fontaine-Lavaganne 60 ... 21 H 5
Fontaine-le-Bourg 76 ... 20 B 5
Fontaine-le-Comte 86 ... 186 B 2
Fontaine-le-Dun 76 ... 19 H 2
Fontaine-le-Pin 14 ... 53 H 2

Fontaine-le-Port 77 ... 88 C 3
Fontaine-le-Puits 73 ... 234 B 3
Fontaine-le-Sec 80 ... 11 G 5
Fontaine-les-Bassets 61 ... 54 B 3
Fontaine-lès-Boulans 62 ... 7 F 4
Fontaine-lès-Cappy 80 ... 23 F 2
Fontaine-lès-Clercs 02 ... 24 A 3
Fontaine-lès-Clerval 25 ... 162 D 1
Fontaine-les-Coteaux 41 ... 131 E 3
Fontaine-lès-Croisilles 62 ... 13 H 3
Fontaine-lès-Dijon 21 ... 160 A 3
Fontaine-les-Grès 10 ... 90 C 4
Fontaine-lès-Hermans 62 ... 7 G 4
Fontaine-lès-Luxeuil 70 ... 141 G 2
Fontaine-les-Ribouts 28 ... 56 C 5
Fontaine-lès-Vervins 02 ... 25 F 2
Fontaine-l'Étalon 62 ... 12 B 2
Fontaine-Luyères 10 ... 91 E 4
Fontaine-Mâcon 10 ... 89 H 3
Fontaine-Notre-Dame 02 ... 24 C 2
Fontaine-Notre-Dame 59 ... 14 B 4
Fontaine-Raoul 41 ... 109 G 5
Fontaine-Saint-Lucien 60 ... 38 A 1
La Fontaine-
    Saint-Martin 72 ... 129 H 3
Fontaine-Simon 28 ... 85 F 3
Fontaine-sous-Jouy 27 ... 56 C 1
Fontaine-
    sous-Montaiguillon 77 ... 89 H 2
Fontaine-sous-Montdidier 80 ... 22 D 4
Fontaine-sous-Préaux 76 ... 36 B 1
Fontaine-sur-Ay 51 ... 61 G 1
Fontaine-sur-Coole 51 ... 62 B 4
Fontaine-sur-Maye 80 ... 11 H 2
Fontaine-sur-Somme 80 ... 11 H 4
Fontaine-Uterte 02 ... 24 B 1
Fontainebleau 77 ... 88 B 4
Fontainebrux 39 ... 178 D 5
Fontaines 71 ... 177 G 3
Fontaines 85 ... 183 H 3
Fontaines 89 ... 135 H 4
Fontaines-d'Ozillac 17 ... 219 H 4
Fontaines-en-Duesmois 21 ... 138 A 4
Fontaines-en-Sologne 41 ... 153 G 1
Fontaines-les-Sèches 21 ... 137 H 3
Fontaines-Saint-Clair 55 ... 43 H 2
Fontaines-Saint-Martin 69 ... 213 E 4
Fontaines Salées
    Fouilles des 89 ... 157 H 2
Fontaines-sur-Marne 52 ... 92 D 2
Fontaines-sur-Saône 69 ... 213 E 4
Les Fontainettes 60 ... 37 H 2
Fontains 77 ... 89 E 3
Fontan 06 ... 291 H 3
Fontanès 30 ... 303 F 2
Fontanès 34 ... 302 D 2
Fontanes 42 ... 230 B 3
Fontanes 46 ... 278 B 2
Fontanes 48 ... 265 E 1
Fontanès-de-Sault 11 ... 337 F 5
Fontanes-du-Causse 46 ... 260 C 3
Fontanges 15 ... 244 C 3
Fontangy 21 ... 158 D 3
Fontanières 23 ... 208 C 2
Fontanil-Cornillon 38 ... 250 D 1
Fontannes 43 ... 246 B 1
Fontans 48 ... 264 B 2
Fontarèches 30 ... 284 C 4
Fontcaude *Abbaye de* 34 ... 321 F 3
Fontclaireau 16 ... 203 F 4
Fontcouverte 11 ... 320 C 5
Fontcouverte 17 ... 201 G 5
Fontcouverte-
    la-Toussuire 73 ... 252 A 1
Fontdouce *Abbaye de* 17 ... 201 H 5
La Fontelaye 76 ... 20 A 4
Fontenai-les-Louvets 61 ... 83 F 3
Fontenai-sur-Orne 61 ... 54 A 4
Fontenailles 77 ... 88 D 2
Fontenailles 89 ... 136 A 5
Fontenay 27 ... 37 E 4
Fontenay 36 ... 171 H 1
Fontenay 50 ... 52 B 5
Fontenay 71 ... 194 A 2
Fontenay 76 ... 18 C 5
Fontenay 88 ... 95 G 5
Fontenay *Abbaye de* 21 ... 137 H 5
Fontenay-aux-Roses 92 ... 58 B 4
Fontenay-de-Bossery 10 ... 89 H 4
Fontenay-en-Parisis 95 ... 58 D 1
Fontenay-le-Comte 85 ... 184 B 2
Fontenay-le-Fleury 78 ... 58 A 4
Fontenay-le-Marmion 14 ... 33 G 5
Fontenay-le-Pesnel 14 ... 33 E 4
Fontenay-le-Vicomte 91 ... 87 H 3
Fontenay-lès-Briis 91 ... 87 F 2
Fontenay-Mauvoisin 78 ... 57 F 2

Fontenay-près-Chablis 89 ... 136 D 2
Fontenay-près-Vézelay 89 ... 157 G 2
Fontenay-Saint-Père 78 ... 57 F 1
Fontenay-sous-Bois 94 ... 58 D 3
Fontenay-
    sous-Fouronnes 89 ... 136 B 5
Fontenay-sur-Conie 28 ... 110 C 3
Fontenay-sur-Eure 28 ... 86 A 4
Fontenay-sur-Loing 45 ... 112 C 4
Fontenay-sur-Mer 50 ... 29 G 4
Fontenay-sur-Vègre 72 ... 107 E 5
Fontenay-Torcy 60 ... 21 G 5
Fontenay-Trésigny 77 ... 59 G 5
Fontenelle 02 ... 15 G 5
Fontenelle 21 ... 160 D 3
La Fontenelle 35 ... 80 C 3
La Fontenelle 41 ... 109 F 4
Fontenelle 90 ... 142 C 3
Fontenelle *Château de* 04 ... 287 H 4
Fontenelle-en-Brie 02 ... 60 C 2
Fontenelle-Montby 25 ... 162 C 1
Les Fontenelles 25 ... 163 F 4
Fontenelles *Abbaye des* 85 ... 165 G 5
Fontenermont 14 ... 52 A 3
Fontenet 17 ... 201 H 4
Fontenille 16 ... 203 F 4
Fontenille 79 ... 202 D 1
Fontenilles 31 ... 297 F 5
Les Fontenis 70 ... 162 A 1
Fontenois-la-Ville 70 ... 118 D 5
Fontenois-
    lès-Montbozon 70 ... 162 B 1
Fontenotte 25 ... 162 C 2
Fontenouilles 89 ... 135 F 2
Fontenoy 02 ... 40 A 2
Fontenoy 89 ... 135 H 5
Fontenoy-la-Joûte 54 ... 95 H 3
Fontenoy-le-Château 88 ... 119 E 4
Fontenoy-sur-Moselle 54 ... 65 G 3
Fontenu 39 ... 179 G 5
Fonteny 39 ... 179 H 2
Fonteny 57 ... 66 C 3
Fonters-du-Razès 11 ... 318 D 5
Fontès 34 ... 301 H 5
Fontet 33 ... 256 D 4
Fontette 10 ... 116 A 4
Fontevraud-l'Abbaye 49 ... 150 C 5
Fontfreide 63 ... 227 G 2
Fontfroide *Abbaye de* 11 ... 338 D 1
Fontgombault 36 ... 170 B 5
Fontguenand 36 ... 153 G 4
Fontienne 04 ... 287 E 2
Fontiers-Cabardès 11 ... 319 G 4
Fontiès-d'Aude 11 ... 320 A 4
Fontjoncouse 11 ... 338 C 5
Fontoy 57 ... 45 F 3
Fontpédrouse 66 ... 341 G 5
Fontrabiouse 66 ... 341 G 4
Fontrailles 65 ... 315 H 2
Fontvannes 10 ... 90 C 3
Fontvieille 13 ... 304 C 3
Forbach 57 ... 47 F 5
Força Réal *Ermitage de* 66 ... 338 C 3
Forcalqueiret 83 ... 328 B 2
Forcalquier 04 ... 287 E 3
La Force 11 ... 319 F 5
La Force 24 ... 239 G 5
Forcé 53 ... 106 A 3
Forcelles-Saint-Gorgon 54 ... 94 D 3
Forcelles-sous-Gugney 54 ... 94 C 3
Forceville 80 ... 13 E 5
Forceville-en-Vimeu 80 ... 11 G 5
Forcey 52 ... 117 F 3
Forciolo 2A ... 349 E 4
La Forclaz 74 ... 198 C 3
Forclaz *Col de la* 74 ... 215 H 4
Forest-en-Cambrésis 59 ... 15 E 4
Forest-l'Abbaye 80 ... 11 G 2
La Forest-Landerneau 29 ... 75 G 2
Forest-Montiers 80 ... 11 F 2
Forest-Saint-Julien 05 ... 269 H 2
Forest-sur-Marque 59 ... 9 E 2
Foreste 02 ... 23 H 1
La Forestière 51 ... 60 D 1
Forestière *Aven de la* 30 ... 284 B 1
La Forêt 33 ... 237 F 5
La Forêt-Auvray 61 ... 53 G 3
La Forêt-de-Tessé 16 ... 203 E 5
La Foret-du-Parc 27 ... 56 C 2
La Forêt-du-Temple 23 ... 189 F 3
La Forêt-Fouesnant 29 ... 100 A 1
Forêt-la-Folie 27 ... 37 E 4
La Forêt-le-Roi 91 ... 87 F 3
La Forêt-Sainte-Croix 91 ... 87 G 4
La Forêt-sur-Sèvre 79 ... 167 F 4
Forfry 77 ... 59 F 1
La Forge 88 ... 119 H 3

Forges 17 ... 201 E1
Forgès 19 ... 243 E2
Les Forges 23 ... 207 H1
Forges 49 ... 150 A4
Les Forges 56 ... 102 C3
Forges 61 ... 83 G3
Forges 77 ... 88 D4
Les Forges 79 ... 185 H2
Les Forges 88 ... 119 F2
Les Forges-de-Paimpont 35 ... 103 F4
Forges-la-Forêt 35 ... 127 F2
Forges-les-Bains 91 ... 87 F2
Forges-les-Eaux 76 ... 21 E5
Forges-sur-Meuse 55 ... 43 H3
Forgevieille 23 ... 188 D4
Forgues 31 ... 317 E2
La Forie 63 ... 229 E2
Forléans 21 ... 158 C1
Formentin 14 ... 34 C4
Formerie 60 ... 21 F4
Formigny 14 ... 32 C2
Formiguères 66 ... 341 G3
Fornex 09 ... 317 G5
Fors 79 ... 185 E5
Forstfeld 67 ... 69 G3
Forstheim 67 ... 68 D2
Fort-Bloqué 56 ... 123 E2
Fort-du-Plasne 39 ... 180 A5
Fort-Louis 67 ... 69 G3
Fort-Mahon-Plage 80 ... 11 E1
Fort-Mardyck 59 ... 3 G2
Fort-Médoc 33 ... 237 F2
Fort-Moville 27 ... 35 E3
Fortan 41 ... 131 F2
Fortel-en-Artois 62 ... 12 C3
La Forteresse 38 ... 232 B5
Fortschwihr 68 ... 121 F2
Fos 31 ... 334 C4
Fos 34 ... 301 G5
Fos-sur-Mer 13 ... 325 G3
Le Fossat 09 ... 317 H5
Fossé 08 ... 43 F1
Fossé 41 ... 132 A5
Fosse 66 ... 338 A5
Le Fossé 76 ... 21 E5
La Fosse Hameau
  troglodytique de 49 ... 150 A4
La Fosse Arthour 50 ... 52 D5
La Fosse-Corduan 10 ... 90 A4
La Fosse-de-Tigné 49 ... 149 H4
Fossemagne 24 ... 241 E3
Fossemanant 80 ... 22 B3
Les Fosses 79 ... 202 B1
Fosses 95 ... 58 D1
Fossés-et-Baleyssac 33 ... 257 E3
La Fossette 83 ... 329 E4
Fosseuse 60 ... 38 B4
Fosseux 62 ... 13 E3
Fossieux 57 ... 66 B3
Fossoy 02 ... 60 C1
Fou Gorges de la 66 ... 342 C4
Foucarmont 76 ... 21 E2
Foucart 76 ... 19 F5
Foucarville 50 ... 29 G3
Foucaucourt-en-Santerre 80 ... 23 F2
Foucaucourt-Hors-Nesle 80 ... 11 F5
Foucaucourt-sur-Thabas 55 ... 63 G1
Fouchécourt 70 ... 140 D2
Fouchécourt 88 ... 118 B4
Foucherans 25 ... 162 B4
Foucherans 39 ... 160 D5
Fouchères 10 ... 115 F3
Fouchères 89 ... 113 F3
Fouchères-aux-Bois 55 ... 63 H5
Foucherolles 45 ... 113 E4
Fouchy 67 ... 96 D4
Foucrainville 27 ... 56 C2
Fouday 67 ... 96 D3
Fouencamps 80 ... 22 C2
Fouesnant 29 ... 99 H4
Foufflin-Ricametz 62 ... 12 D2
Foug 54 ... 94 A1
Fougaron 31 ... 334 D2
Fougax-et-Barrineuf 09 ... 336 D4
Fougeré 49 ... 129 F5
Fougeré 85 ... 166 A5
Fougères 35 ... 81 F4
Fougères-sur-Bièvre 41 ... 153 E2
Les Fougerêts 56 ... 125 G3
Fougerolles 36 ... 189 F2
Fougerolles 70 ... 142 B2
Fougerolles-du-Plessis 53 ... 81 G3
Fougueyrolles 24 ... 239 F5
La Fouillade 12 ... 279 F3
Fouilleuse 60 ... 38 D2
Fouillouse 05 ... 269 G4
La Fouillouse 42 ... 230 A3

Le Fouilloux 17 ... 238 C2
Fouillouse 04 ... 271 E3
Fouilloy 60 ... 21 G3
Fouilloy 80 ... 22 D2
Fouju 77 ... 88 C2
Foulain 52 ... 117 E4
Foulangues 60 ... 38 C4
Foulayronnes 47 ... 276 B2
Foulbec 27 ... 35 E2
Foulcrey 57 ... 96 A1
Fouleix 24 ... 240 C4
Foulenay 39 ... 179 E3
Fouligny 57 ... 66 C1
Foulognes 14 ... 32 D5
Foulzy 08 ... 26 A3
Fouquebrune 16 ... 221 F3
Fouquenies 60 ... 38 A1
Fouquereuil 62 ... 8 A4
Fouquerolles 60 ... 38 B1
Fouquescourt 80 ... 23 F3
Fouqueure 16 ... 203 E4
Fouqueville 27 ... 36 A4
Fouquières-lès-Béthune 62 ... 8 A4
Fouquières-lès-Lens 62 ... 8 C5
Four 38 ... 231 H2
Fouras 17 ... 200 C3
Fourbanne 25 ... 162 C2
Fourcatier-
  et-Maison-Neuve 25 ... 180 C4
Fourcès 32 ... 275 F5
Fourchambault 58 ... 174 B2
Fourchaud Château de 03 ... 192 A3
Fourches 14 ... 54 A3
Fourcigny 80 ... 21 G3
Fourdrain 02 ... 24 C5
Fourdrinoy 80 ... 22 A1
Fourg 25 ... 161 G5
Fourges 27 ... 37 F5
Les Fourgs 25 ... 180 D3
Fourilles 03 ... 191 H5
Fourmagnac 46 ... 261 F3
Fourmetot 27 ... 35 F2
Fourmies 59 ... 15 H5
Fournaudin 89 ... 114 A3
Fourneaux 23 ... 207 G3
Fourneaux 42 ... 212 A3
Fourneaux 45 ... 133 E2
Fourneaux 50 ... 52 B1
Fourneaux 73 ... 252 D1
Fourneaux-le-Val 14 ... 53 H3
Fournels 48 ... 263 H1
Fournes-Cabardès 11 ... 319 H3
Fournes-en-Weppes 59 ... 8 C3
Le Fournet 14 ... 34 B4
Fournet-Blancheroche 25 ... 163 G4
Fournets-Luisans 25 ... 163 E5
Fourneville 14 ... 34 C2
Fournival 60 ... 38 C1
Fournols 63 ... 228 D3
Fournoulès 15 ... 261 H3
Fouronnes 89 ... 136 B5
Fourques 30 ... 304 B3
Fourques 66 ... 342 D3
Fourques-sur-Garonne 47 ... 257 E5
Fourqueux 78 ... 58 A3
Fourquevaux 31 ... 318 B2
Fours 33 ... 237 F2
Fours 58 ... 175 G4
Fours-en-Vexin 27 ... 37 E4
Fourtou 11 ... 337 H3
Foussais-Payré 85 ... 184 C2
Foussemagne 90 ... 142 D3
Le Fousseret 31 ... 317 E4
Foussignac 16 ... 220 D1
Foussignargues 30 ... 283 H2
Fouvent-le-Bas 70 ... 140 B4
Fouvent-le-Haut 70 ... 140 B4
La Foux 83 ... 329 F2
La Foux-d'Allos 04 ... 288 D1
Fouzilhon 34 ... 321 G2
Foville 57 ... 66 B3
Fox-Amphoux 83 ... 307 F4
La Foye-Monjault 79 ... 184 D5
Foziéres 34 ... 301 H3
Fozzano 2A ... 349 E5
Fragnes-La Loyère 71 ... 177 H3
Frahier-et-Chatebier 70 ... 142 B3
Fraignot-et-Vesvrotte 21 ... 138 D4
Fraillicourt 08 ... 25 H4
Fraimbois 54 ... 95 G2
Frain 88 ... 118 B3
Frais 90 ... 142 D3
Frais-Marais 59 ... 8 D5
Fraisans 39 ... 161 G5
Fraisnes-en-Saintois 54 ... 94 C4
Fraisse 24 ... 239 G5

Fraisse-Cabardès 11 ... 319 G4
Fraissé-des-Corbières 11 ... 338 D3
Fraisse-sur-Agout 34 ... 300 C5
Fraisses 42 ... 230 A5
Fraissines 81 ... 300 A1
Fraissinet-de-Fourques 48 ... 282 C3
Fraissinet-de-Lozère 48 ... 283 E1
Fraize 88 ... 120 B2
Fralignes 10 ... 115 G3
La Framboisière 28 ... 85 F2
Frambouhans 25 ... 163 F3
Framecourt 62 ... 12 D2
Framerville-Rainecourt 80 ... 23 E2
Framicourt 80 ... 11 F5
Framont 70 ... 140 A5
Frampas 52 ... 92 B3
Francalmont 70 ... 141 F2
Francaltroff 57 ... 67 E2
Francardo 2B ... 347 E3
Francarville 31 ... 298 C5
Francastel 60 ... 22 A5
Françay 41 ... 131 H5
Francazal 31 ... 335 E2
Francescas 47 ... 275 G4
Francheleins 01 ... 213 E2
Franchesse 03 ... 191 G1
Francheval 08 ... 27 F3
Franchevelle 70 ... 141 H3
La Francheville 08 ... 26 D3
Francheville 21 ... 159 H1
Francheville 27 ... 55 H4
Francheville 39 ... 179 E3
Francheville 51 ... 62 C3
Francheville 54 ... 65 F5
Francheville 61 ... 54 A5
Francheville 69 ... 231 E1
Francières 60 ... 39 E2
Francières 80 ... 11 H4
Francillon 36 ... 171 G2
Francillon-sur-Roubion 26 ... 267 H3
Francilly-Selency 02 ... 24 A2
Francin 73 ... 233 G3
Franclens 74 ... 215 E2
François 79 ... 185 E3
Francon 31 ... 317 E4
Franconville 54 ... 95 F2
Franconville 95 ... 58 B2
Francoulès 46 ... 260 B4
Francourt 70 ... 140 B4
Francourville 28 ... 86 C4
Francs 33 ... 238 D4
Francueil 37 ... 152 C3
Franey 25 ... 161 G3
Frangy 74 ... 215 F2
Frangy-en-Bresse 71 ... 178 D4
Franken 68 ... 143 F3
Franleu 80 ... 11 F3
Franois 25 ... 161 H4
Franquevielle 31 ... 334 A1
Franqueville 02 ... 25 E2
Franqueville 27 ... 35 G4
Franqueville 80 ... 12 B4
Franqueville-Saint-Pierre 76 ... 36 B2
La Franqui 11 ... 339 E3
Frans 01 ... 213 E3
Fransart 80 ... 23 F3
Fransèches 23 ... 207 F3
Fransu 80 ... 12 B4
Fransures 80 ... 22 B4
Franvillers 80 ... 22 D1
Franxault 21 ... 178 C1
Frapelle 88 ... 96 C4
Fraquelfing 57 ... 96 B1
Fraroz 39 ... 180 A4
Frasnay-Reugny 58 ... 175 F2
Frasne 25 ... 180 B3
Frasne-le-Château 70 ... 161 H1
Frasne-les-Meulières 39 ... 161 E4
La Frasnée 39 ... 196 D1
Le Frasnois 39 ... 179 H5
Frasnoy 59 ... 15 E2
La Frasse 74 ... 216 C1
Frasseto 2A ... 349 E3
Frauenberg 57 ... 47 H5
Frausseilles 81 ... 279 E5
Fravaux 10 ... 116 A2
Le Fraysse 81 ... 299 H1
Frayssinet 46 ... 260 B3
Frayssinet-le-Gélat 46 ... 259 F4
Frayssinhes 46 ... 243 F5
Frazé 28 ... 109 G2
Fréauville 76 ... 20 D2
Frebécourt 88 ... 93 H4
Frébuans 39 ... 179 E5
Le Frêche 40 ... 294 C1
Fréchède 65 ... 315 G3
Fréchencourt 80 ... 22 C1

Fréchendets 65 ... 333 G1
Le Fréchet 31 ... 316 D5
Fréchet-Aure 65 ... 333 H3
Le Fréchou 47 ... 275 G4
Fréchou-Fréchet 65 ... 315 F5
Frécourt 52 ... 117 G5
Frédéric-Fontaine 70 ... 142 A3
La Frédière 17 ... 201 G4
Frédille 36 ... 171 F2
Frégimont 47 ... 275 H2
Frégouville 32 ... 297 E5
Fréhel 22 ... 79 E2
Fréhel Cap 22 ... 79 E1
Freigné 49 ... 127 G5
Freissinières 05 ... 270 C1
La Freissinouse 05 ... 269 G4
Freistroff 57 ... 46 C4
Freix-Anglards 15 ... 244 B4
Fréjairolles 81 ... 299 G1
Fréjeville 81 ... 299 F5
Fréjus 83 ... 329 G1
Fréjus Parc zoologique 83 ... 308 C5
Fréjus Tunnel du 73 ... 252 D1
Fréland 68 ... 120 D2
Frelinghien 59 ... 4 C5
Frémainville 95 ... 57 G1
Frémécourt 95 ... 37 H5
Fréménil 54 ... 95 H2
Frémeréville-
  sous-les-Côtes 55 ... 64 D4
Frémery 57 ... 66 C3
Frémestroff 57 ... 67 E1
Frémicourt 62 ... 13 H4
Fremifontaine 88 ... 95 H5
Frémontiers 80 ... 22 A3
Frémonville 54 ... 96 A1
La Frénaye 76 ... 35 F1
Frencq 62 ... 6 B3
Frêne Col du 73 ... 233 G2
Frenelle-la-Grande 88 ... 94 D4
Frenelle-la-Petite 88 ... 94 C4
Frênes 61 ... 53 E4
Freneuse 76 ... 36 B3
Freneuse 78 ... 57 E1
Freneuse-sur-Risle 27 ... 35 G4
Freney 73 ... 252 C1
Le Freney-d'Oisans 38 ... 251 H3
Fréniches 60 ... 23 H4
Frénois 21 ... 159 H1
Frénois 88 ... 113 D2
Frénouse Musée de la 53 ... 105 H5
Frénouville 14 ... 33 H5
Frépillon 95 ... 58 B1
Fresles 76 ... 20 D3
La Fresnaie-Fayel 61 ... 54 C3
La Fresnais 35 ... 50 D5
Fresnay 10 ... 92 B5
La Fresnaye-au-Sauvage 61 ... 53 H4
La Fresnaye-
  sur-Chédouet 72 ... 83 H4
Le Fresne 27 ... 56 A2
Le Fresne 51 ... 62 D2
Le Fresne-Camilly 14 ... 33 F3
Fresne-Cauverville 27 ... 35 E4
Fresné-la-Mère 14 ... 54 A3
Fresne-l'Archevêque 27 ... 36 D3
Fresne-le-Plan 76 ... 36 C2
Fresne-Léguillon 60 ... 37 H4
Le Fresne-Poret 50 ... 52 C4
Fresne-Saint-Mamès 70 ... 140 C5
Fresneaux-Montchevreuil 60 ... 37 H3
Fresnes 21 ... 138 A5
Fresnes 41 ... 153 F2
Fresnes 89 ... 137 E3
Fresnes 94 ... 58 C4
Fresnes-au-Mont 55 ... 64 B3
Fresnes-en-Saulnois 57 ... 66 C4
Fresnes-en-Tardenois 02 ... 40 D5
Fresnes-en-Woëvre 55 ... 44 C5
Fresnes-lès-Montauban 62 ... 13 H2
Fresnes-lès-Reims 51 ... 41 H3
Fresnes-Mazancourt 80 ... 23 G2
Fresnes-sous-Coucy 02 ... 24 B5
Fresnes-sur-Apance 52 ... 118 B5
Fresnes-sur-Escaut 59 ... 9 H5
Fresnes-sur-Marne 77 ... 59 F2
Fresnes-Tilloloy 80 ... 11 G5
Fresneville 80 ... 21 G2
Fresney 27 ... 56 C2

Fresney-le-Puceux 14 ... 53 G1
Fresney-le-Vieux 14 ... 53 G1
Fresnicourt-le-Dolmen 62 ... 8 A5
Fresnières 60 ... 23 F5
Fresnois-la-Montagne 54 ... 44 D2
Fresnoy 62 ... 7 E5
Fresnoy-Andainville 80 ... 11 G5
Fresnoy-au-Val 80 ... 22 A2
Fresnoy-en-Bassigny 52 ... 118 A4
Fresnoy-en-Chaussée 80 ... 23 E3
Fresnoy-en-Gohelle 62 ... 8 C5
Fresnoy-en-Thelle 60 ... 38 B4
Fresnoy-Folny 76 ... 20 D2
Fresnoy-la-Rivière 60 ... 39 G3
Fresnoy-le-Château 10 ... 115 F2
Fresnoy-le-Grand 02 ... 24 B1
Fresnoy-le-Luat 60 ... 39 F4
Fresnoy-lès-Roye 80 ... 23 F3
Frespech 47 ... 276 D2
Fresquiennes 76 ... 20 A5
Fressac 30 ... 283 F5
Fressain 59 ... 14 B2
Fressancourt 02 ... 24 C4
Fresse 70 ... 142 A1
Fresse-sur-Moselle 88 ... 120 A5
Fresselines 23 ... 189 E4
Fressenneville 80 ... 11 E4
Fressies 59 ... 14 B3
Fressin 62 ... 7 E4
Fressines 79 ... 185 E4
Le Frestoy-Vaux 60 ... 23 E5
Fresville 50 ... 29 G5
Le Fret 29 ... 75 E3
Fréterive 73 ... 233 H2
Fréteval 41 ... 131 H2
Fréthun 62 ... 2 C3
Fretigney-et-Velloreille 70 ... 161 H1
Frétigny 28 ... 85 F4
Fretin 59 ... 8 D3
Frétoy 77 ... 60 A5
Frétoy-le-Château 60 ... 23 G4
La Frette 38 ... 232 A4
La Frette 71 ... 178 A5
La Frette-sur-Seine 95 ... 58 B2
Frettecuisse 80 ... 11 G5
Frettemeule 80 ... 11 F4
Frettemolle 80 ... 21 G3
Fretterans 71 ... 178 C2
Frettes 70 ... 140 A4
Le Fréty 08 ... 26 A3
Freulleville 76 ... 20 C2
Frévent 62 ... 12 C2
Fréville 76 ... 19 H5
Fréville 88 ... 93 H5
Fréville-du-Gâtinais 45 ... 112 A4
Frévillers 62 ... 7 H5
Frévin-Capelle 62 ... 13 F2
Freybouse 57 ... 67 E2
Freycenet-la-Cuche 43 ... 247 H5
Freycenet-la-Tour 43 ... 247 G5
Freychenet 09 ... 336 C3
Freyming-Merlebach 57 ... 47 E5
Freyssenet 07 ... 266 C2
Friaize 28 ... 85 G4
Friardel 14 ... 54 D1
Friaucourt 80 ... 11 E3
Friauville 54 ... 45 E5
Fribourg 57 ... 67 F4
Fricamps 80 ... 21 H2
Frichemesnil 76 ... 20 B5
Fricourt 80 ... 13 F5
Fridefont 15 ... 245 H5
Friedolsheim 67 ... 68 C5
Frières-Faillouël 02 ... 24 A4
Friesen 68 ... 143 E3
Friesenheim 67 ... 97 G4
Frignicourt 51 ... 62 C5
Le Friolais 25 ... 163 F3
Frise 80 ... 23 F1
Friville-Escarbotin 80 ... 11 E3
Frizon 88 ... 95 F5
Froberville 76 ... 18 D3
Frocourt 60 ... 38 A2
Frœningen 68 ... 143 F2
Frœschwiller 67 ... 68 D2
Froges 38 ... 233 F5
Frohen-le-Grand 80 ... 12 C3
Frohen-le-Petit 80 ... 12 C3
Froideconche 70 ... 141 G2
Froidefontaine 39 ... 180 B4
Froidefontaine 90 ... 142 C4
Froidestrées 02 ... 25 F4
Froideterre 70 ... 141 H3
Froidevaux 25 ... 163 F3
Froideville 39 ... 179 E3
Froidfond 85 ... 165 H2

Froidmont-Cohartille 02 ... 25 E4
Froidos 55 ... 63 G5
Froissy 60 ... 22 B5
Frôlois 21 ... 159 F1
Frolois 54 ... 94 D2
Fromelennes 08 ... 17 F4
Fromelles 59 ... 8 B3
Fromental 87 ... 205 H1
Fromentières 51 ... 61 E3
Fromentières 53 ... 128 B2
Fromentine 85 ... 164 C2
Fromentine Pont de 85 ... 164 C2
Fromeréville-les-Vallons 55 ... 43 H4
Fromezey 55 ... 44 C5
Fromont 77 ... 112 A2
Fromy 08 ... 27 H5
Froncles-Buxières 52 ... 93 E5
Fronsac 31 ... 334 B3
Fronsac 33 ... 238 B5
Frontenac 33 ... 256 C2
Frontenac 46 ... 261 F4
Frontenard 71 ... 178 B2
Frontenas 69 ... 212 C3
Frontenaud 71 ... 195 H1
Frontenay 39 ... 179 F4
Frontenay-
  Rohan-Rohan 79 ... 184 D5
Frontenay-sur-Dive 86 ... 168 C3
Frontenex 73 ... 234 A1
Frontignan 34 ... 323 E3
Frontignan-
  de-Comminges 31 ... 334 B2
Frontignan-Plage 34 ... 323 E3
Frontignan-Savès 31 ... 316 D3
Fronton 31 ... 297 H2
Frontonas 38 ... 231 H1
Fronville 52 ... 93 E4
Frossay 44 ... 146 D3
Frotey-lès-Lure 70 ... 141 H4
Frotey-lès-Vesoul 70 ... 141 F4
Frouard 54 ... 65 H5
Frouville 95 ... 38 A5
Frouzins 31 ... 317 H2
Froville 54 ... 95 E3
Froyelles 80 ... 11 H2
Frozes 86 ... 168 D5
Frucourt 80 ... 11 G4
Frugères-les-Mines 43 ... 228 A5
Fruges 62 ... 7 E4
Frugières-le-Pin 43 ... 246 C1
Fruncé 28 ... 85 H4
Fry 76 ... 37 E1
Fuans 25 ... 163 E5
Fublaines 77 ... 59 G2
Le Fugeret 04 ... 288 D4
Le Fuilet 49 ... 148 C3
Fuilla 66 ... 342 A3
Fuissé 71 ... 194 D5
Fuligny 10 ... 92 A5
Fulleren 68 ... 143 E3
Fultot 76 ... 19 H3
Fulvy 89 ... 137 F3
Fumay 08 ... 17 E5
Fumel 47 ... 259 E5
Fumichon 14 ... 34 D4
Furchhausen 67 ... 68 B4
Furdenheim 67 ... 97 F1
Fures 38 ... 232 B5
Furiani 2B ... 345 G4
Furmeyer 05 ... 269 F4
Fussey 21 ... 159 H5
Fussy 18 ... 155 E5
La Fuste 04 ... 306 D2
Fustérouau 32 ... 295 E3
Fustignac 31 ... 317 E4
Futeau 55 ... 43 F5
Futuroscope 86 ... 169 F5
Fuveau 13 ... 327 F1
Fyé 72 ... 83 G5
Fyé 89 ... 136 D3

G

Gaas 40 ... 292 D4
Gabarnac 33 ... 256 B3
Gabarret 40 ... 274 C5
Gabas 64 ... 332 A3
Gabaston 64 ... 314 C3
Gabat 64 ... 311 G4
Gabian 34 ... 321 G2
Gabillou 24 ... 241 F2
Gabre 09 ... 335 H1
Gabriac 12 ... 263 E5
Gabriac 48 ... 283 E3
Gabrias 48 ... 264 B4
Gacé 61 ... 54 D4
La Gacilly 56 ... 125 G2
Gâcogne 58 ... 157 H4

378

A B C D E F G H I J K L M N O P Q R S T U V W X Y Z

Gadancourt 95 .... 57 G 1
Gadencourt 27 .... 56 D 2
Gaël 35 .... 103 F 2
Gageac-et-Rouillac 24 .... 257 G 1
Gages-le-Haut 12 .... 281 E 1
Gagnac-sur-Cère 46 .... 243 E 5
Gagnac-sur-Garonne 31 .... 297 H 3
Gagnières 30 .... 283 H 2
Gagny 93 .... 58 D 3
Gahard 35 .... 80 C 5
Gailhan 30 .... 303 E 2
Gaillac 81 .... 298 D 1
Gaillac-d'Aveyron 12 .... 281 F 1
Gaillac-Toulza 31 .... 318 A 4
Gaillagos 65 .... 332 C 2
Gaillan-en-Médoc 33 .... 218 D 5
Gaillard 74 .... 197 H 5
Gaillardbois-Cressenville 27 .... 36 D 3
La Gaillarde 76 .... 19 H 2
Gaillefontaine 76 .... 21 F 4
Gaillères 40 .... 274 A 5
Gaillon 27 .... 36 C 5
Gaillon-sur-Montcient 78 .... 57 G 1
Gainneville 76 .... 34 D 1
Gaja-et-Villedieu 11 .... 337 G 1
Gaja-la-Selve 11 .... 318 D 5
Gajac 33 .... 256 C 5
Gajan 09 .... 335 F 2
Gajan 30 .... 303 G 1
Gajoubert 87 .... 204 D 2
Galametz 62 .... 12 B 2
Galan *Gorges de* 11 .... 338 A 4
Galan 65 .... 315 H 5
Galapian 47 .... 275 G 2
Galargues 34 .... 303 E 3
La Galère 06 .... 309 E 5
Galéria 2B .... 346 A 3
Galey 09 .... 334 D 3
Galez 65 .... 315 H 5
Galfingue 68 .... 143 E 2
Galgan 12 .... 261 G 5
Galgon 33 .... 238 B 4
Galiax 32 .... 295 E 4
Galibier *Col du* 05 .... 252 B 3
Galié 31 .... 334 B 2
Galinagues 11 .... 337 E 4
Gallardon 28 .... 86 C 3
Gallargues-le-Montueux 30 .... 303 F 3
Gallerande *Château de* 72 .... 129 G 4
Le Gallet 60 .... 22 A 5
Galluis 78 .... 57 G 4
Gamaches 80 .... 11 E 5
Gamaches-en-Vexin 27 .... 37 F 4
Gamarde-les-Bains 40 .... 293 F 4
Gamarthe 64 .... 311 F 5
Gambais 78 .... 57 F 4
Gambaiseuil 78 .... 57 F 4
Gambsheim 67 .... 69 F 5
Gan 64 .... 314 B 4
Ganac 09 .... 336 A 3
Ganagobie 04 .... 287 F 5
Ganagobie *Prieuré de* 04 .... 287 F 5
Gancourt-Saint-Étienne 76 .... 21 F 5
Gandelain 61 .... 83 F 3
Gandelu 02 .... 40 A 5
Gandrange 57 .... 45 G 4
Ganges 34 .... 302 C 1
Gannat 03 .... 209 H 2
Gannay-sur-Loire 03 .... 175 F 5
Gannes 60 .... 22 C 5
Les Gannes 63 .... 226 C 2
Gans 33 .... 256 C 5
Ganties 31 .... 334 C 1
Ganzeville 76 .... 19 E 3
Gap 05 .... 269 H 3
Gapennes 80 .... 11 H 2
Gâprée 61 .... 84 A 2
Garabit *Viaduc de* 15 .... 245 H 4
Garac 31 .... 297 F 4
Garancières 78 .... 57 F 4
Garancières-en-Beauce 28 .... 87 E 4
Garancières-en-Drouais 28 .... 56 A 2
Garanou 09 .... 336 C 5
Garat 16 .... 221 G 2
Garcelles-Secqueville 14 .... 33 H 5
Garche 57 .... 45 H 3
Garches 92 .... 58 B 3
Garchizy 58 .... 174 C 1
Garchy 58 .... 156 B 4
Gardanne 13 .... 327 E 1
La Garde 04 .... 308 B 1
La Garde 38 .... 251 G 3
La Garde 48 .... 246 A 5
La Garde 83 .... 328 B 4
La Garde-Adhémar 26 .... 285 E 1
La Garde-Freinet 83 .... 329 E 2
La Garde-Guérin 48 .... 265 F 5

Gardefort 18 .... 155 H 4
Gardegan-et-Tourtirac 33 .... 238 D 5
Gardères 65 .... 314 D 4
Les Gardes 49 .... 149 E 5
Gardes-le-Pontaroux 16 .... 221 G 3
Gardie 11 .... 337 G 1
Gardonne 24 .... 257 G 1
Gardouch 31 .... 318 B 3
Garein 40 .... 273 G 4
Garencières 27 .... 56 C 2
La Garenne-Colombes 92 .... 58 B 3
Garennes-sur-Eure 27 .... 56 D 3
Garentreville 77 .... 112 A 2
Garéoult 83 .... 328 B 2
La Garette 79 .... 184 C 4
Gargan *Mont* 87 .... 224 D 4
Garganvillar 82 .... 277 F 5
Gargas 31 .... 298 A 3
Gargas 84 .... 305 H 1
Gargenville 78 .... 57 G 2
Garin 31 .... 334 A 4
Garindein 64 .... 311 H 5
Garlan 29 .... 72 A 4
Garlède-Mondebat 64 .... 294 B 5
Garlin 64 .... 294 C 5
Le Garn 30 .... 284 C 2
La Garnache 85 .... 165 E 2
Garnat-sur-Engièvre 03 .... 192 D 1
Garnay 28 .... 56 C 5
Garnerans 01 .... 195 E 5
Garnetot 14 .... 54 B 2
Garons 30 .... 304 A 2
Garos 64 .... 294 A 5
Garravet 32 .... 316 D 3
Garrebourg 57 .... 68 A 5
Garrevaques 81 .... 319 E 2
Garrey 40 .... 293 F 3
Le Garric 81 .... 279 G 5
Garrigues 34 .... 303 E 2
Garrigues 81 .... 298 C 4
Garrigues-Sainte-Eulalie 30 .... 284 B 5
Garris 64 .... 311 G 4
Garrosse 40 .... 273 E 5
Gars 06 .... 308 D 1
Gartempe 23 .... 206 D 1
Gas 28 .... 86 C 2
Gaschney 68 .... 120 C 3
Gasny 27 .... 57 E 1
Gasques 82 .... 276 D 3
Gassin 83 .... 329 F 3
Le Gast 14 .... 52 B 3
Gastes 40 .... 272 C 1
Gastines 53 .... 105 F 5
Gastins 77 .... 89 E 2
Gasville-Oisème 28 .... 86 B 3
Gâtelles 28 .... 85 H 3
Gatey 39 .... 178 D 2
Gathemo 50 .... 52 B 4
Gatteville-le-Phare 50 .... 29 H 2
Gattières 06 .... 309 G 2
Gatuzières 48 .... 282 C 3
Gaubertin 45 .... 111 H 3
La Gaubretière 85 .... 166 C 2
Gauchin-Légal 62 .... 7 H 5
Gauchin-Verloingt 62 .... 7 G 5
Gauchy 02 .... 24 A 2
Gauciel 27 .... 56 C 1
La Gaudaine 28 .... 85 E 5
La Gaude 06 .... 309 G 2
Gaudechart 60 .... 21 H 5
Gaudent 65 .... 334 A 2
Gaudiempré 62 .... 13 E 3
Gaudiès 09 .... 318 C 5
Gaudonville 32 .... 296 D 1
Gaudreville-la-Rivière 27 .... 56 A 2
Gaugeac 24 .... 258 D 3
Gaujac 30 .... 284 D 4
Gaujac 32 .... 316 D 2
Gaujac 47 .... 257 E 4
Gaujacq 40 .... 293 G 4
Gaujan 32 .... 316 C 3
Le-Gault-du-Perche 41 .... 109 F 4
Le Gault-Saint-Denis 28 .... 110 A 2
Le Gault-Soigny 51 .... 60 D 4
Gauré 31 .... 298 B 4
Gauriac 33 .... 237 G 3
Gauriaguet 33 .... 237 H 3
Gaussan 65 .... 316 A 5
Gausson 22 .... 78 B 5
Les Gautherets 71 .... 194 A 1

Gauville 61 .... 55 F 3
Gauville 80 .... 21 G 3
Gauville-la-Campagne 27 .... 56 B 1
Gavarnie 65 .... 332 D 5
Gavarnie-Gèdre 65 .... 333 E 4
Gavarnie *Port de* 65 .... 332 D 5
Gavarret-sur-Aulouste 32 .... 296 B 3
Gavaudun 47 .... 258 D 4
Gavet 38 .... 251 F 3
Gavignano 2B .... 347 F 3
Gavisse 57 .... 45 H 2
La Gavotte 13 .... 326 D 2
Gavray 50 .... 51 H 2
Le Gâvre 44 .... 126 B 5
Gavrelle 62 .... 13 H 2
Gâvres 56 .... 123 F 3
Gavrinis *Cairn de* 56 .... 124 A 4
Gavrus 14 .... 33 F 5
Gayan 65 .... 315 E 4
Gaye 51 .... 61 F 5
Gayon 64 .... 314 C 2
Gazaupouy 32 .... 275 H 5
Gazave 65 .... 333 H 2
Gazax-et-Baccarisse 32 .... 295 F 4
Gazeran 78 .... 86 D 2
Gazinet 33 .... 255 E 1
Gazost 65 .... 333 E 2
Geaune 40 .... 294 B 4
Geay 17 .... 201 F 4
Geay 79 .... 167 H 3
Gée 49 .... 150 A 1
Gée-Rivière 32 .... 294 C 3
Geffosses 50 .... 31 F 4
Géfosse-Fontenay 14 .... 32 B 2
Gehée 36 .... 171 F 1
Geishouse 68 .... 120 C 5
Geispitzen 68 .... 143 G 2
Geispolsheim 67 .... 97 G 2
Geiswasser 68 .... 121 G 4
Geiswiller 67 .... 68 C 4
Gélacourt 54 .... 95 H 2
Gélannes 10 .... 90 B 3
Gélaucourt 54 .... 94 C 3
Gellainville 28 .... 86 B 4
Gellenoncourt 54 .... 66 C 5
Gelles 63 .... 209 E 5
Gellin 25 .... 180 C 4
Gelos 64 .... 314 B 4
Geloux 40 .... 273 G 5
Gelucourt 57 .... 67 E 4
Gelvécourt-et-Adompt 88 .... 118 D 2
Gémages 61 .... 84 C 5
Gemaingoutte 88 .... 96 C 5
Gembrie 65 .... 334 A 2
Gemeaux 21 .... 160 B 1
Gémenos 13 .... 327 F 2
Gémigny 45 .... 110 C 5
Gémil 31 .... 298 B 3
Gemmelaincourt 88 .... 94 C 5
Gémonval 25 .... 142 A 4
Gémonville 54 .... 94 B 4
Gémozac 17 .... 219 F 2
Genac-Bignac 16 .... 203 E 5
Genainville 95 .... 37 F 5
Genas 69 .... 231 G 1
Génat 09 .... 336 A 4
Genay 21 .... 158 C 1
Genay 69 .... 213 E 4
Gençay 86 .... 186 C 4
Gendreville 88 .... 118 A 2
Gendrey 39 .... 161 F 4
Gené 49 .... 128 A 4
Génébrières 82 .... 278 B 5
Genech 59 .... 9 E 3
Génelard 71 .... 193 H 1
Générac 30 .... 303 H 3
Générac 33 .... 237 G 2
Générargues 30 .... 283 G 4
Générest 65 .... 334 A 2
Generville 11 .... 318 D 5
Geneslay 61 .... 82 C 3
Le Genest 53 .... 105 H 3
Genestelle 07 .... 266 B 2
Geneston 44 .... 147 H 5
La Genête 71 .... 195 F 1
La Genétouze 17 .... 238 D 1
La Genétouze 85 .... 165 G 4
Genêts 50 .... 51 G 4
Les Genettes 61 .... 55 F 5
Geneuille 25 .... 161 H 3
La Genevraie 61 .... 54 D 5
La Genevraye 77 .... 88 C 5
Genevreuille 70 .... 141 G 4
Genevrey 70 .... 141 G 3
Genevrières 52 .... 140 A 3
La Genevroye 52 .... 92 D 5
Geney 25 .... 142 A 5

La Geneytouse 87 .... 206 B 5
Génicourt 95 .... 58 A 1
Génicourt-sous-Condé 55 .... 63 G 3
Génicourt-sur-Meuse 55 .... 64 B 2
Genilac 42 .... 230 C 3
Genillé 37 .... 152 C 5
Genin *Lac* 01 .... 196 D 5
Génis 24 .... 223 G 5
Génissac 33 .... 238 B 5
Génissiat *Barrage de* 01 .... 215 E 2
Génissieux 26 .... 249 G 3
Genlis 21 .... 160 C 4
Gennes 25 .... 162 A 3
Gennes 49 .... 150 A 3
Gennes-Ivergny 62 .... 12 B 2
Gennes-sur-Glaize 53 .... 128 C 2
Gennes-sur-Seiche 35 .... 105 F 4
Genneteil 49 .... 129 H 5
Gennetines 03 .... 192 B 1
Genneton 79 .... 167 H 1
Genneville 14 .... 34 D 2
Gennevilliers 92 .... 58 B 2
Genod 39 .... 196 B 4
Génois *Pont* 2B .... 346 D 3
Génois *Pont* 2B .... 347 F 5
Génolhac 30 .... 283 G 1
Génos 31 .... 334 B 2
Génos 65 .... 333 H 4
Genouillac 16 .... 204 B 4
Genouillac 23 .... 189 G 4
Genouillé 17 .... 201 F 2
Genouillé 86 .... 203 G 2
Genouilleux 01 .... 213 E 1
Genouilly 18 .... 154 A 5
Genouilly 71 .... 177 F 5
Genrupt 52 .... 118 A 5
Gensac 33 .... 257 E 1
Gensac 65 .... 315 E 2
Gensac 82 .... 297 E 1
Gensac-de-Boulogne 31 .... 316 B 4
Gensac-la-Pallue 16 .... 220 C 1
Gensac-sur-Garonne 31 .... 317 F 5
Genté 16 .... 220 B 2
Gentelles 80 .... 22 D 2
Gentilly 94 .... 58 C 4
Gentioux 23 .... 207 F 5
Genvry 60 .... 23 G 5
Georfans 70 .... 141 H 5
Géovreisset 01 .... 196 C 5
Ger 50 .... 52 D 5
Ger 64 .... 314 D 4
Ger 65 .... 332 D 1
Geraise 39 .... 179 H 2
Gérardmer 88 .... 120 B 3
Géraudot 10 .... 91 F 5
Gérauvilliers 55 .... 93 H 2
Gerbaix 73 .... 232 D 2
Gerbamont 88 .... 120 A 4
Gerbécourt 57 .... 66 C 3
Gerbécourt-et-Haplemont 54 .... 94 D 3
Gerbépal 88 .... 120 B 2
Gerberoy 60 .... 37 G 1
Gerbéviller 54 .... 95 G 2
Gerbier de Jonc *Mont* 07 .... 266 A 1
Gercourt-et-Drillancourt 55 .... 43 H 3
Gercy 02 .... 25 F 2
Gerde 65 .... 333 F 1
Gerderest 64 .... 314 C 2
Gère-Bélesten 64 .... 332 A 2
Gergny 02 .... 25 F 1
Gergovie *Plateau de* 63 .... 227 H 1
Gergueil 21 .... 159 H 4
Gergy 71 .... 178 A 3
Gerland 21 .... 160 A 5
Germ 65 .... 333 H 4
Germagnat 01 .... 196 B 4
Germagny 71 .... 177 F 5
Germaine 02 .... 23 H 3
Germaine 51 .... 41 G 5
Germaines 52 .... 139 E 3
Germainville 28 .... 56 D 4
Germainvilliers 52 .... 117 H 3
Germay 52 .... 93 F 4
Germéfontaine 25 .... 162 D 3
Germenay 58 .... 157 F 4
Germignac 17 .... 220 B 2
Germigney 39 .... 179 F 1
Germigney 70 .... 161 E 2
Germignonville 28 .... 110 C 3
Germigny 51 .... 41 F 4
Germigny 89 .... 114 C 5
Germigny-des-Prés 45 .... 133 H 2
Germigny-l'Évêque 77 .... 59 G 2
Germigny-l'Exempt 18 .... 174 A 3
Germigny-sous-Coulombs 77 .... 60 A 1
Germigny-sur-Loire 58 .... 174 B 1
Germinon 51 .... 61 H 3

Germiny 54 .... 94 C 2
Germisay 52 .... 93 F 4
Germolles *Château de* 71 .... 177 G 4
Germolles-sur-Grosne 71 .... 194 C 5
Germond-Rouvre 79 .... 185 E 3
Germondans 25 .... 162 B 2
Germont 08 .... 43 E 1
Germonville 54 .... 94 D 3
Germs-sur-l'Oussouet 65 .... 333 E 1
Gernelle 08 .... 27 E 3
Gernicourt 02 .... 41 F 2
Géronce 64 .... 313 G 4
Gerponville 76 .... 19 F 3
Gerrots 14 .... 34 B 4
Gerstheim 67 .... 97 G 3
Gertwiller 67 .... 97 F 3
Geruge 39 .... 179 E 5
Gervans 26 .... 249 E 3
Gerville 76 .... 18 D 4
Gerville-la-Forêt 50 .... 31 G 3
Géry 55 .... 63 H 4
Gerzat 63 .... 209 H 5
Gesnes 53 .... 106 B 3
Gesnes-en-Argonne 55 .... 43 G 3
Gesnes-le-Gandelin 72 .... 83 G 5
Gespunsart 08 .... 27 E 2
Gestas 64 .... 313 F 3
Gesté 49 .... 148 C 4
Gestel 56 .... 100 D 5
Gestiès 09 .... 336 A 5
Gesvres 53 .... 83 E 4
Gesvres-le-Chapitre 77 .... 59 G 1
Gétigné 44 .... 148 B 5
Les Gets 74 .... 198 C 5
Geu 65 .... 332 D 2
Geudertheim 67 .... 69 E 4
Géus-d'Arzacq 64 .... 294 A 5
Geüs-d'Oloron 64 .... 313 G 4
Gévezé 35 .... 80 A 5
Gevigney-et-Mercey 70 .... 140 D 2
Gevingey 39 .... 179 E 5
Gevresin 25 .... 180 A 2
Gevrey-Chambertin 21 .... 160 A 4
Gevrolles 21 .... 116 B 5
Gevry 39 .... 178 D 1
Gex 01 .... 197 F 4
Geyssans 26 .... 249 G 2
Gez 65 .... 332 D 2
Gez-ez-Angles 65 .... 333 E 1
Gézaincourt 80 .... 12 D 4
Gezier-et-Fontenelay 70 .... 161 H 2
Gézoncourt 54 .... 65 G 4
Ghisonaccia 2B .... 349 G 2
Ghisoni 2B .... 349 F 1
Ghissignies 59 .... 15 E 3
Ghyvelde 59 .... 3 H 2
Giat 63 .... 208 C 5
Gibeaumeix 54 .... 94 A 2
Gibel 31 .... 318 B 4
Gibercourt 02 .... 24 B 3
Giberville 14 .... 33 H 4
Gibles 71 .... 194 A 4
Gibourne 17 .... 202 B 3
Gibret 40 .... 293 F 3
Le Gicq 17 .... 202 C 3
Gidy 45 .... 110 D 5
Giel-Courteilles 61 .... 53 H 4
Gien 45 .... 134 C 4
Gien-sur-Cure 58 .... 158 B 5
Giens 83 .... 328 C 5
Gières 38 .... 251 E 1
La Giettaz 73 .... 216 B 4
Giéville 50 .... 52 B 1
Gièvres 41 .... 153 H 4
Giey-sur-Aujon 52 .... 116 D 5
Giez 74 .... 215 H 5
Gif-sur-Yvette 91 .... 58 A 5
Giffaumont-Champaubert 51 .... 92 B 2
Gigean 34 .... 323 E 3
Gignac 34 .... 302 B 4
Gignac 46 .... 242 B 4
Gignac 84 .... 306 A 1
Gignac-la-Nerthe 13 .... 326 C 1
Gignat 63 .... 228 A 4
Gignéville 88 .... 118 B 3
Gigney 88 .... 95 E 5
Gigny 39 .... 196 B 2
Gigny 89 .... 137 G 3
Gigny-Bussy 51 .... 91 H 2
Gigny-sur-Saône 71 .... 178 A 5
Gigondas 84 .... 285 G 3
Gigors 04 .... 269 H 5
Gigors-et-Lozeron 26 .... 267 H 1
Gigouzac 46 .... 260 B 4
Gijounet 81 .... 300 B 3
Gildwiller 68 .... 143 E 2
Gilette 06 .... 291 E 5

Gilhac-et-Bruzac 07 .... 249 E 5
Gilhoc-sur-Ormèze 07 .... 248 D 4
Gillac 52 .... 116 C 3
Gillaumé 52 .... 93 F 3
Gilles 28 .... 57 E 3
Gilley 25 .... 162 D 5
Gilley 52 .... 140 A 4
Gillois 39 .... 180 A 4
Gillonnay 38 .... 232 A 4
Gilly-lès-Cîteaux 21 .... 160 A 5
Gilly-sur-Isère 73 .... 234 A 1
Gilly-sur-Loire 71 .... 193 E 2
Gilocourt 60 .... 39 G 3
Gimat 82 .... 297 E 2
Gimbrède 32 .... 276 C 5
Gimbrett 67 .... 68 D 5
Gimeaux 63 .... 209 H 4
Gimel-les-Cascades 19 .... 243 E 1
Gimeux 16 .... 220 B 2
La Gimond 42 .... 230 B 3
Gimont 32 .... 296 D 4
Gimouille 58 .... 174 B 2
Ginai 61 .... 54 C 4
Ginals 82 .... 279 E 3
Ginasservis 83 .... 306 D 3
Ginchy 80 .... 13 G 5
Gincla 11 .... 337 H 5
Gincrey 55 .... 44 C 4
Gindou 46 .... 259 G 3
Ginestas 11 .... 320 D 4
Ginestet 24 .... 239 H 5
Gingsheim 67 .... 68 C 4
Ginoles 11 .... 337 F 4
Ginouillac 46 .... 260 B 2
Gintrac 46 .... 242 D 5
Giocatojo 2B .... 347 G 3
Gionges 51 .... 61 G 2
Giou-de-Mamou 15 .... 244 C 5
Gioux 23 .... 207 G 5
Gipcy 03 .... 191 G 2
Girac 46 .... 243 E 5
Girancourt 88 .... 119 E 2
Giraumont 54 .... 45 F 5
Giraumont 60 .... 39 F 1
Girauvoisin 55 .... 64 D 4
Gircourt-lès-Viéville 88 .... 94 D 3
Girecourt-sur-Durbion 88 .... 95 G 5
Girefontaine 70 .... 118 D 5
Giremoutiers 77 .... 59 H 3
Girgols 15 .... 244 C 4
Giriviller 54 .... 95 F 3
Girmont 88 .... 95 F 5
Girmont-Val-d'Ajol 88 .... 119 C 4
Girolles 45 .... 112 C 4
Girolles 89 .... 157 H 1
Giromagny 90 .... 142 B 2
Giron 01 .... 196 D 5
Gironcourt-sur-Vraine 88 .... 94 B 5
Gironde-sur-Dropt 33 .... 256 C 3
Girondelle 08 .... 26 B 2
Gironville 77 .... 112 A 3
Gironville-et-Neuville 28 .... 86 A 2
Gironville-sous-les-Côtes 55 .... 64 C 4
Gironville-sur-Essonne 91 .... 87 H 4
Le Girouard 85 .... 182 C 1
Giroussens 81 .... 298 C 3
Giroux 36 .... 172 B 1
Giry 58 .... 157 F 4
Gisay-la-Coudre 27 .... 55 F 2
Giscaro 32 .... 296 D 4
Giscos 33 .... 274 C 2
Gisors 27 .... 37 G 3
Gissac 12 .... 301 E 2
Gissey-le-Vieil 21 .... 159 E 3
Gissey-sous-Flavigny 21 .... 159 F 1
Gissey-sur-Ouche 21 .... 159 G 4
Gisy-les-Nobles 89 .... 113 F 2
Giuncaggio 2B .... 347 G 5
Giuncheto 2A .... 350 D 5
Givardon 18 .... 173 H 4
Givarlais 03 .... 190 D 3
Givenchy-en-Gohelle 62 .... 8 B 5
Givenchy-le-Noble 62 .... 13 E 2
Givenchy-lès-la-Bassée 62 .... 8 B 4
Giverny 27 .... 57 E 1
Giverville 27 .... 35 F 4
Givet 08 .... 17 F 4
Givonne 08 .... 27 F 3
Givors 69 .... 231 E 2
Givraines 45 .... 111 H 3
Givrand 85 .... 164 D 5
Givrauval 55 .... 93 F 1
Le Givre 85 .... 182 D 2
Givrezac 17 .... 219 G 3
Givron 08 .... 26 A 4

Givry 08 — 42 C 1
Givry 71 — 177 G 4
Givry 89 — 157 H 1
Givry-en-Argonne 51 — 63 E 2
Givry-lès-Loisy 51 — 61 F 3
Givrycourt 57 — 67 F 2
Gizaucourt 51 — 63 E 1
Gizay 86 — 186 C 3
Gizeux 37 — 151 E 2
Gizia 39 — 196 A 2
Gizy 02 — 25 E 5
La Glacerie 50 — 29 E 3
Glacière Grotte de la 25 — 162 C 3
Glageon 59 — 15 H 5
Glaignes 60 — 39 F 4
Glainans 25 — 163 E 2
Glaine-Montaigut 63 — 228 B 1
Glaire 08 — 27 E 3
Le Glaizil 05 — 269 G 1
Glamondans 25 — 162 C 3
Gland 02 — 60 C 1
Gland 89 — 137 G 3
Glandage 26 — 268 D 2
Glandon 87 — 223 G 4
Glandon Col du 73 — 251 H 1
Glanes 46 — 243 E 5
Glanges 87 — 224 B 2
Glannes 51 — 62 C 5
Glanon 21 — 178 B 1
Glanville 14 — 34 B 3
Glatens 82 — 296 D 1
Glatigny 50 — 31 F 3
Glatigny 57 — 46 B 5
Glatigny 60 — 37 H 1
Glay 25 — 142 C 5
Gleizé 69 — 212 D 3
Glénac 56 — 125 G 3
Glénat 15 — 243 H 5
Glénay 79 — 168 A 3
Glénic 23 — 189 G 5
Glennes 02 — 41 E 3
Glénouze 86 — 168 C 2
Glère 25 — 163 H 2
Glicourt 76 — 10 C 5
Glisolles 27 — 56 A 2
Glisy 80 — 22 C 2
Glomel 22 — 77 E 5
Glonville 54 — 95 H 3
Glorianes 66 — 342 C 3
Glos 14 — 34 D 5
Glos-la-Ferrière 61 — 55 F 3
Glos-sur-Risle 27 — 35 G 3
Gluges 46 — 242 C 5
Gluiras 07 — 266 C 1
Glun 07 — 249 E 4
Glux-en-Glenne 58 — 176 B 2
Goas 82 — 297 E 2
La Godefroy 50 — 51 H 4
Godenvillers 60 — 22 D 5
Goderville 76 — 19 E 4
Godewaersvelde 59 — 4 A 5
Godisson 61 — 54 C 5
La Godivelle 63 — 227 F 5
Godoncourt 88 — 118 B 4
Gœrlingen 67 — 67 H 4
Gœrsdorf 67 — 69 E 2
Goès 64 — 331 H 1
Goetzenbruck 57 — 68 B 2
Gœulzin 59 — 14 A 2
Gogney 54 — 96 A 1
Gognies-Chaussée 59 — 15 G 2
La Gohannière 50 — 51 H 4
Gohier 49 — 149 H 2
Gohory 28 — 109 H 3
Goin 57 — 65 H 2
Goincourt 60 — 38 A 2
Golancourt 60 — 23 H 4
Golbey 88 — 119 F 2
Goldbach 68 — 120 C 5
Golfe-Juan 06 — 309 F 4
Golfech 82 — 276 D 4
Golinhac 12 — 262 D 3
Golleville 50 — 29 F 5
Gombergean 41 — 131 G 5
Gomelange 57 — 46 C 4
Gomené 22 — 102 D 2
Gomer 64 — 314 C 4
Gometz-la-Ville 91 — 58 A 5
Gometz-le-Châtel 91 — 58 A 5
Gomiécourt 62 — 13 G 4
Gommecourt 62 — 13 F 4
Gommecourt 78 — 57 E 1
Gommegnies 59 — 15 F 2
Gommenec'h 22 — 73 F 4
Gommersdorf 68 — 143 E 3
Gommerville 28 — 87 E 5
Gommerville 76 — 18 D 5

Gomméville 21 — 115 H 5
Gomont 08 — 41 H 1
Gonaincourt 52 — 117 H 2
Goncelin 38 — 233 F 5
Goncourt 52 — 117 H 2
Gond-Pontouvre 16 — 221 F 1
Gondecourt 59 — 8 C 3
Gondenans-les-Moulins 25 — 162 C 1
Gondenans-Montby 25 — 162 D 1
Gondeville 16 — 220 C 1
Gondrecourt-Aix 54 — 45 E 4
Gondrecourt-le-Château 55 — 93 G 3
Gondreville 45 — 112 B 4
Gondreville 54 — 65 F 5
Gondreville 60 — 39 G 4
Gondrexange 57 — 67 G 5
Gondrexon 54 — 95 H 1
Gondrin 32 — 295 G 1
Les Gonds 17 — 219 G 1
Gonesse 95 — 58 D 2
Gonez 65 — 315 F 4
Gonfaron 83 — 328 D 2
Gonfreville 50 — 31 H 3
Gonfreville-Caillot 76 — 19 E 4
Gonfreville-l'Orcher 76 — 34 C 1
La Gonfrière 61 — 55 E 3
Gonnehem 62 — 7 H 3
Gonnelieu 59 — 14 B 5
Gonnetot 76 — 19 H 3
Gonneville-Le Theil 50 — 29 F 3
Gonneville-en-Auge 14 — 33 H 3
Gonneville-la-Mallet 76 — 18 C 4
Gonneville-sur-Honfleur 14 — 34 D 2
Gonneville-sur-Mer 14 — 34 A 3
Gonneville-sur-Scie 76 — 20 B 3
Gonsans 25 — 162 C 4
Gontaud-de-Nogaret 47 — 257 F 5
La Gonterie-Boulouneix 24 — 222 B 5
Gonvillars 70 — 142 A 4
Gonzeville 76 — 19 H 3
Goos 40 — 293 F 3
Gorbio 06 — 291 G 5
Gorcy 54 — 44 D 1
Gordes 84 — 305 G 1
Gorenflos 80 — 12 B 4
Gorges 44 — 148 A 5
Gorges 50 — 31 G 3
Gorges 80 — 12 C 4
La Gorgue 59 — 8 A 2
Gorhey 88 — 119 E 2
Gornac 33 — 256 C 2
Gorniès 34 — 302 B 1
Gorre 87 — 223 E 1
Gorrevod 01 — 195 F 3
Gorron 53 — 81 H 4
Gorses 46 — 261 F 1
Gorze 57 — 65 G 1
Gosnay 62 — 7 H 4
Gosné 35 — 80 D 5
Gosselming 57 — 67 G 4
Gotein-Libarrenx 64 — 331 E 1
Gottenhouse 67 — 68 B 5
Gottesheim 67 — 68 C 4
Gouaix 77 — 89 G 3
Goualade 33 — 274 C 1
Gouarec 22 — 77 G 5
Gouaux 65 — 333 H 4
Gouaux-de-Larboust 31 — 334 A 4
Gouaux-de-Luchon 31 — 334 B 4
Gouberville 50 — 29 G 2
Gouchaupre 76 — 10 C 5
Goudargues 30 — 284 C 3
Goudelancourt-lès-Berrieux 02 — 41 F 1
Goudelancourt-lès-Pierrepont 02 — 25 F 4
Goudelin 22 — 73 F 5
Goudet 43 — 247 F 5
Goudex 31 — 317 E 3
Goudon 65 — 315 G 4
Goudourville 82 — 276 D 4
Gouesnach 29 — 99 H 4
La Gouesnière 35 — 50 D 5
Gouesnou 29 — 70 C 5
Gouex 86 — 187 E 4
Gouézec 29 — 76 A 5
Gougenheim 67 — 68 C 5
Gouhelans 25 — 162 C 1
Gouhenans 70 — 141 H 4
Gouillons 28 — 86 D 5
Goujounac 46 — 259 G 4
La Goulafrière 27 — 55 E 2
Goulaine Château de 44 — 147 H 4
Goulet 61 — 54 A 4
Goulien 29 — 98 D 2

Goulier 09 — 336 A 5
Goulles 19 — 243 G 4
Les Goulles 21 — 138 D 2
Gouloux 58 — 158 B 4
Goult 84 — 305 G 1
Goulven 29 — 71 E 4
Goumois 25 — 163 H 3
Goupillières 14 — 53 F 1
Goupillières 27 — 35 G 5
Goupillières 76 — 20 A 5
Goupillières 78 — 57 G 3
Gouracourt 55 — 44 D 4
Le Gouray 22 — 78 D 5
Gourbera 40 — 292 D 2
Gourbesville 50 — 29 G 5
Gourbit 09 — 336 A 4
Gourchelles 60 — 21 G 3
Gourdan-Polignan 31 — 334 A 1
Gourdièges 15 — 245 F 5
Gourdon 06 — 309 E 2
Gourdon 07 — 266 B 2
Gourdon 46 — 259 H 2
Gourdon 71 — 194 B 1
Gourdon-Murat 19 — 225 E 3
Gourette 64 — 332 B 2
Gourfaleur 50 — 32 B 5
Gourfouran Gouffre de 05 — 270 C 1
Gourgançon 51 — 61 G 5
Gourgé 79 — 168 B 5
Gourgeon 70 — 140 C 3
Gourgue 65 — 333 G 1
Gourhel 56 — 103 E 4
Gourin 56 — 76 C 5
Gourlizon 29 — 99 G 2
Gournay 36 — 189 E 1
Gournay 76 — 34 C 1
Gournay 79 — 202 D 1
Gournay-en-Bray 76 — 37 F 1
Gournay-le-Guérin 27 — 55 G 5
Gournay-sur-Aronde 60 — 39 F 1
Gournay-sur-Marne 93 — 58 D 3
Les Gours 16 — 202 D 3
Gours 33 — 238 D 4
Gourvieille 11 — 318 C 4
Gourville 16 — 202 D 5
Gourvillette 17 — 202 C 4
Goury 50 — 28 C 2
Gourzon 52 — 92 D 2
Goussaincourt 55 — 94 A 3
Goussainville 28 — 57 E 4
Goussainville 95 — 58 D 1
Goussancourt 02 — 40 D 5
Gousse 40 — 293 F 2
Goussonville 78 — 57 G 2
Goustranville 14 — 34 A 4
La Goutelle 63 — 209 E 5
Goutevernisse 31 — 317 F 5
Goutrens 12 — 262 B 5
Gouts 40 — 293 F 2
Gouts 82 — 277 E 1
Gouts-Rossignol 24 — 221 G 4
Goutières 27 — 55 G 1
Goutières 63 — 209 E 2
Goutz 32 — 296 C 2
Gouvernes 77 — 59 E 3
Gouves 62 — 13 F 2
Gouvets 50 — 52 B 2
Gouvieux 60 — 38 C 4
Gouville 27 — 56 A 3
Gouville-sur-Mer 50 — 31 F 5
Gouvix 14 — 53 G 1
Goux 32 — 295 E 4
Goux 39 — 179 E 1
Goux-lès-Dambelin 25 — 163 E 2
Goux-les-Usiers 25 — 180 C 1
Goux-sous-Landet 25 — 161 H 5
Gouy 02 — 14 B 5
Gouy 76 — 36 B 3
Gouy-en-Artois 62 — 13 F 3
Gouy-en-Ternois 62 — 12 D 2
Gouy-les-Groseillers 60 — 22 B 4
Gouy-l'Hôpital 80 — 21 H 2
Gouy-Saint-André 62 — 6 D 5
Gouy-Servins 62 — 8 A 5
Gouy-sous-Bellonne 62 — 14 A 2
Gouzangrez 95 — 37 H 5
Gouze 64 — 313 G 2
Gouzeaucourt 59 — 14 A 5
Gouzens 31 — 317 F 5
Gouzon 23 — 207 H 1
Gouzougnat 23 — 207 H 1
Goven 35 — 104 A 4
Goviller 54 — 94 C 3
Goxwiller 67 — 97 F 3
Goyencourt 80 — 23 F 3
Goyrans 31 — 317 H 2
Grabels 34 — 302 D 4

Graçay 18 — 154 A 5
Grâce-Uzel 22 — 102 B 1
Grâces 22 — 73 E 5
Gradignan 33 — 255 F 1
Graffigny-Chemin 52 — 117 H 2
Gragnague 31 — 298 B 4
Graignes 50 — 32 A 3
Grailhen 65 — 333 H 4
Graimbouville 76 — 18 D 5
Graincourt-lès-Havrincourt 62 — 14 A 4
Grainville 27 — 36 D 3
Grainville-la-Teinturière 76 — 19 F 3
Grainville-Langannerie 14 — 53 H 1
Grainville-sur-Odon 14 — 33 F 5
Grainville-sur-Ry 76 — 36 C 1
Grainville-Ymauville 76 — 19 E 4
Le Grais 61 — 53 G 5
Graissac 12 — 263 E 2
Graissessac 34 — 301 F 4
Graix 42 — 230 C 5
Le Grallet 17 — 218 C 1
Gramat 46 — 260 D 2
Gramazie 11 — 337 F 1
Grambois 84 — 306 B 2
Grammond 42 — 230 B 3
Grammont 70 — 141 H 5
Gramond 12 — 280 B 2
Gramont 82 — 296 C 1
Granace 2A — 351 E 2
Grancey-le-Château 21 — 139 E 4
Grancey-sur-Ource 21 — 116 A 4
Granchain 27 — 55 G 1
Grand 88 — 93 G 4
Le Grand-Abergement 01 — 214 D 2
Grand-Auverné 44 — 127 E 5
Grand-Ballon 68 — 120 C 5
Grand Bois ou de la République Col du 42 — 230 C 5
Le Grand-Bornand 74 — 216 A 3
Le Grand-Bourg 23 — 206 C 1
Grand-Bourgtheroulde 27 — 35 H 3
Grand-Brassac 24 — 239 H 1
Grand-Camp 27 — 55 E 1
Grand-Camp 76 — 19 F 5
Grand-Castang 24 — 240 C 5
Le Grand-Celland 50 — 52 A 5
Grand-Champ 56 — 124 B 2
Grand-Charmont 25 — 142 C 4
Grand-Châtel 39 — 196 D 3
La Grand-Combe 30 — 283 G 3
Grand-Corent 01 — 196 B 5
Grand-Couronne 76 — 36 A 3
La Grand-Croix 42 — 230 C 3
Grand-Failly 54 — 44 C 2
Grand-Fayt 59 — 15 F 4
Grand Fenestrez 01 — 214 D 4
Grand-Fort-Philippe 59 — 3 E 2
Grand-Fougeray 35 — 126 B 3
Grand-Laviers 80 — 11 G 3
Le Grand-Lemps 38 — 232 B 4
Le Grand-Lucé 72 — 130 C 2
Le Grand-Madieu 16 — 203 H 3
Grand Phare 85 — 164 A 4
Le Grand Piquey 33 — 254 B 2
Le Grand-Pressigny 37 — 170 A 3
Grand-Puch Château du 33 — 238 B 5
Le Grand-Quevilly 76 — 36 A 2
Grand-Rozoy 02 — 40 B 4
Grand-Rullecourt 62 — 13 E 3
Le Grand-Serre 26 — 249 G 1
Grand Taureau 25 — 180 D 2
Grand-Vabre 12 — 262 B 3
Le Grand-Valtin 88 — 120 B 3
Grand-Verly 02 — 24 D 1
Le Grand-Village-Plage 17 — 200 B 4
Grandcamp-Maisy 14 — 32 B 2
Grandchamp 08 — 26 B 4
Grandchamp 52 — 139 H 3
Grandchamp 72 — 83 H 5
Grandchamp 78 — 57 E 5
Grandchamp 89 — 135 G 3
Grandchamp-des-Fontaines 44 — 147 G 2
Grandchamp-le-Château 14 — 34 B 5
Grand'Combe-Châteleu 25 — 181 E 1
Grand'Combe-des-Bois 25 — 163 G 4
Grandcourt 76 — 11 E 5
Grandcourt 80 — 13 F 5
Grande Chartreuse Couvent de la 38 — 233 E 5
La Grande-Fosse 88 — 96 C 4
La Grande-Motte 34 — 303 F 5
La Grande-Paroisse 77 — 88 D 2
La Grande-Résie 70 — 161 E 3
Grande-Rivière 39 — 197 E 1

Grande-Synthe 59 — 3 F 2
La Grande-Verrière 71 — 176 B 2
Grandecourt 70 — 140 C 4
Les Grandes-Armoises 08 — 27 E 5
Les Grandes-Chapelles 10 — 90 D 3
Les Grandes-Dalles 76 — 19 F 2
Les Grandes-Loges 51 — 62 A 1
Les Grandes-Rivières 17 — 183 G 5
Les Grandes-Ventes 76 — 20 C 3
Grandeyrolles 63 — 227 G 3
Grandfontaine 25 — 161 H 4
Grandfontaine 67 — 96 C 2
Grandfontaine-sur-Creuse 25 — 162 D 4
Grandfresnoy 60 — 39 E 2
Grandham 08 — 43 E 3
Grandjean 17 — 201 G 4
Grand'Landes 85 — 165 F 3
Grandlup-et-Fay 02 — 25 E 4
Grandmesnil 14 — 54 B 2
Grandmesnil 54 — 94 A 1
Grandouet 14 — 34 B 5
Grandpré 08 — 43 E 3
Grandpuits 77 — 88 D 2
Grandrieu 48 — 264 D 1
Grandrieux 02 — 25 H 3
Grandrif 63 — 229 E 3
Grandris 69 — 212 B 2
Grandrû 60 — 23 H 5
Grandrupt 88 — 96 C 4
Grandrupt-de-Bains 88 — 118 D 3
Les Grands-Chézeaux 87 — 188 B 4
Grandsaigne 19 — 225 E 4
Grandval 63 — 228 D 2
Grandval Barrage de 15 — 245 H 5
Grandvals 48 — 263 G 2
Grandvaux 71 — 194 A 2
Grandvelle-et-le-Perrenot 70 — 161 H 1
Grandvillars 90 — 142 D 4
La Grandville 08 — 26 D 3
Grandville 10 — 91 F 2
Grandvillers 88 — 95 H 5
Grandvillers-aux-Bois 60 — 39 E 2
Grandvilliers 27 — 56 A 4
Grandvilliers 60 — 21 H 4
Grane 26 — 267 F 2
Granès 11 — 337 G 3
La Grange 25 — 163 E 3
Grange-de-Vaivre 39 — 179 G 1
Grange-le-Bocage 89 — 89 H 5
Grangent Barrage de 42 — 230 A 4
Grangermont 45 — 111 H 3
Granges 01 — 196 B 5
Les Granges 10 — 115 E 4
Granges 71 — 177 G 4
Granges-Aumontzey 88 — 120 A 2
Les Granges Château 58 — 156 B 3
Granges-d'Ans 24 — 241 F 2
Granges-de-Vienney 25 — 162 B 4
Les Granges-Gontardes 26 — 267 E 5
Granges-la-Ville 70 — 142 A 4
Granges-le-Bourg 70 — 142 A 4
Les Granges-le-Roi 91 — 87 E 3
Granges-l'Église 25 — 180 C 2
Granges-les-Beaumont 26 — 249 E 3
Granges-Maillot 25 — 180 B 1
Granges-Narboz 25 — 180 C 2
Granges-Sainte-Marie 25 — 180 C 3
Granges-sur-Aube 51 — 90 C 2
Granges-sur-Baume 39 — 179 F 4
Granges-sur-Lot 47 — 275 H 1
Les Grangettes 25 — 180 C 3
Grangues 14 — 34 A 3
Granier 73 — 234 C 2
Granier Col du 73 — 233 F 3
Granieu 38 — 232 C 2
Granon Col de 05 — 252 C 4
Grans 13 — 305 F 4
Granville 50 — 51 F 3
Granzay-Gript 79 — 184 D 5
Gras 07 — 266 C 5
Les Gras 25 — 181 E 1
Gras Plateau des 07 — 284 C 1
Grassac 16 — 221 H 2
Grasse 06 — 309 E 3
Grassendorf 67 — 68 C 3
Grateloup-Saint-Gayrand 47 — 257 G 5
Gratens 31 — 317 H 4
Gratentour 31 — 297 H 3
Gratibus 80 — 22 D 4
Gratot 50 — 31 G 5
Gratreuil 51 — 42 D 4
Grattepanche 80 — 22 B 3

Grattery 70 — 141 E 4
Le Grau-d'Agde 34 — 322 C 5
Grau de Maury 66 — 338 B 4
Le Grau-du-Roi 30 — 303 F 5
Graufthal 67 — 68 A 3
Les Graulges 24 — 221 H 3
Graulhet 81 — 299 E 3
Grauves 51 — 61 G 2
Graval 76 — 21 E 3
La Grave 05 — 252 A 3
La Grave 06 — 291 F 5
Grave Pointe de 33 — 218 C 2
Gravelines 59 — 3 E 2
La Gravelle 53 — 105 G 3
Gravelotte 57 — 65 G 1
La Graverie 14 — 52 C 2
Graveron-Sémerville 27 — 36 A 5
Graves-Saint-Amant 16 — 220 D 2
Graveson 13 — 304 C 2
Gravières 07 — 265 H 5
Gravigny 27 — 56 B 1
Gravon 77 — 89 F 4
Gray 70 — 161 E 1
Gray-la-Ville 70 — 161 E 1
Grayan-et-l'Hôpital 33 — 218 C 4
Graye-et-Charnay 39 — 196 B 2
Graye-sur-Mer 14 — 33 F 3
Grayssas 47 — 276 D 3
Grazac 31 — 318 A 4
Grazac 43 — 247 H 2
Grazac 81 — 298 B 2
Grazay 53 — 82 C 5
Gréalou 46 — 261 E 4
Gréasque 13 — 327 F 1
Grébault-Mesnil 80 — 11 F 4
Grécourt 80 — 23 G 3
Gredisans 39 — 161 E 5
La Grée-Penvins 56 — 124 C 5
La Grée-Saint-Laurent 56 — 102 D 4
Gréez-sur-Roc 72 — 108 D 3
Greffeil 11 — 337 H 1
Grèges 76 — 10 B 5
Grégy-sur-Yerres 77 — 59 E 5
Grémecey 57 — 66 C 4
Grémévillers 60 — 21 H 5
Gremilly 55 — 44 C 4
Grémonville 76 — 19 H 4
Grenade 31 — 297 G 3
Grenade-sur-l'Adour 40 — 294 A 2
Grenant 52 — 139 H 3
Grenant-lès-Sombernon 21 — 159 G 4
Grenay 38 — 231 G 1
Grenay 62 — 8 B 4
Grendelbruch 67 — 97 E 2
Greneville-en-Beauce 45 — 111 F 3
Grenier-Montgon 43 — 245 H 1
Gréning 57 — 67 F 2
Grenoble 38 — 250 D 1
Grenois 58 — 157 F 3
Grentheville 14 — 33 H 5
Grentzingen 68 — 143 F 3
Greny 76 — 10 C 5
Gréolières 06 — 309 E 1
Gréolières-les-Neiges 06 — 309 E 1
Gréoux-les-Bains 04 — 306 D 2
Grépiac 31 — 318 A 3
Le Grès 31 — 297 F 3
Grésigny-Sainte-Reine 21 — 138 A 5
Gresin 73 — 232 D 2
La Gresle 42 — 212 A 2
Gresse-en-Vercors 38 — 250 C 5
Gressey 78 — 57 E 3
Gresswiller 67 — 97 E 2
Gressy 77 — 59 E 2
Grésy-sur-Aix 73 — 215 F 5
Grésy-sur-Isère 73 — 233 H 2
Gretz-Armainvilliers 77 — 59 F 4
Greucourt 70 — 140 C 5
Greuville 76 — 19 H 3
Greux 88 — 93 H 3
La Grève-sur-Mignon 17 — 184 B 5
Les Grèves 22 — 78 C 3
Gréville-Hague 50 — 28 D 2
Grévillers 62 — 13 G 4
Grevilly 71 — 195 E 2
Grez 60 — 21 H 4
Le Grez 72 — 107 G 2
Grez-en-Bouère 53 — 128 C 2
Grez-Neuville 49 — 128 B 5
Grez-sur-Loing 77 — 88 B 5
Grézac 17 — 219 E 2
Grézels 46 — 259 F 5
Grèzes 24 — 241 H 3
Grézes 43 — 246 C 5
Grèzes 46 — 261 E 3
Grèzes 48 — 264 B 4
Grézet-Cavagnan 47 — 275 E 1

A B C D E F G H I J K L M N O P Q R S T U V W X Y Z

Grézian 65 — 333 G 4
Grézieu-la-Varenne 69 — 212 D 5
Grézieu-le-Marché 69 — 230 B 2
Grézieux-le-Fromental 42 — 229 H 2
Grézillac 33 — 256 C 1
Grézillé 49 — 149 H 3
Grézolles 42 — 211 F 4
Gricourt 02 — 24 A 2
Grièges 01 — 195 E 5
La Grière 85 — 182 D 3
Gries 67 — 69 E 4
Griesbach 67 — 68 D 2
Griesbach-au-Val 68 — 120 D 3
Griesbach-le-Bastberg 67 — 68 B 3
Griesheim-près-Molsheim 67 — 97 F 2
Griesheim-sur-Souffel 67 — 68 D 5
Grignan 26 — 267 F 5
Grigneuseville 76 — 20 B 4
Grignols 24 — 240 B 3
Grignols 33 — 274 D 1
Grignon 21 — 137 H 5
Grignon 73 — 234 A 1
Grignoncourt 88 — 118 B 5
Grigny 62 — 7 E 5
Grigny 69 — 231 E 2
Grigny 91 — 58 C 5
La Grigonnais 44 — 126 C 5
Grillemont Château de 37 — 170 A 1
Grillon 84 — 267 F 5
Grilly 01 — 197 G 4
Grimaucourt-en-Woëvre 55 — 44 C 5
Grimaucourt-près-Sampigny 55 — 64 C 4
Grimaud 83 — 329 F 2
La Grimaudière 86 — 168 C 4
Grimault 89 — 137 E 4
Grimbosq 14 — 53 F 1
Grimesnil 50 — 51 H 1
Grimone 26 — 268 D 2
Grimone Col de 26 — 268 D 2
Grimonviller 54 — 94 C 4
Grincourt-lès-Pas 62 — 13 E 4
Grindorff-Bizing 57 — 46 C 2
Gripp 65 — 333 F 3
La Gripperie-Saint-Symphorien 17 — 200 D 5
Gripport 54 — 95 E 3
Gris-Nez Cap 62 — 2 A 4
Griscourt 54 — 65 G 4
Griselles 21 — 137 H 2
Griselles 45 — 112 C 4
Grisolles 02 — 40 B 5
Grisolles 82 — 297 G 2
Grisy 14 — 54 A 1
Grisy-les-Plâtres 95 — 38 A 5
Grisy-Suisnes 77 — 59 E 5
Grisy-sur-Seine 77 — 89 G 4
La Grive 38 — 231 H 2
Grives 24 — 259 F 2
Grivesnes 80 — 22 D 4
Grivillers 80 — 23 E 4
Grivy-Loisy 08 — 42 C 2
Groffliers 62 — 6 B 5
La Groise 59 — 15 E 5
Groises 18 — 155 H 4
Groissiat 01 — 196 C 5
Groisy 74 — 215 G 2
Groix 56 — 123 E 3
Groléjac 24 — 259 H 1
Gron 18 — 155 H 5
Gron 89 — 113 G 3
Gronard 02 — 25 F 3
Le Gros Cerveau 83 — 327 H 4
Gros-Chastang 19 — 243 F 2
Gros-Réderching 57 — 67 H 1
Grosbliederstroff 57 — 47 G 5
Grosbois 25 — 162 C 2
Grosbois Château de 94 — 58 D 5
Grosbois-en-Montagne 21 — 159 F 3
Grosbois-lès-Tichey 21 — 178 C 1
Grosbreuil 85 — 182 B 1
Les Groseillers 79 — 185 E 2
Groslay 95 — 58 C 2
Groslée 01 — 232 C 1
Groslée-Saint-Benoit 01 — 232 C 1
Grosley-sur-Risle 27 — 55 H 1
Grosmagny 90 — 142 C 2
Grosne 90 — 142 D 3
Grospierres 07 — 284 A 1
Grosrouvre 78 — 57 F 4
Grosrouvres 54 — 65 E 4
Grossa 2A — 350 D 2
Grosseto-Prugna 2A — 348 D 4
Grossœuvre 27 — 56 B 2
Grossouvre 18 — 174 A 3
Grostenquin 57 — 67 E 2
Grosville 50 — 28 D 4

Le Grouanec 29 — 70 D 4
Grouches-Luchuel 80 — 12 D 3
Grougis 02 — 24 C 1
Grouin Pointe du 35 — 50 D 4
La Groulais Château de 44 — 147 F 1
La Groutte 18 — 173 F 5
Grozon 39 — 179 F 2
Gruchet-le-Valasse 76 — 19 E 5
Gruchet-Saint-Siméon 76 — 19 H 2
Grues 85 — 183 E 3
Gruey-lès-Surance 88 — 118 D 4
Gruffy 74 — 215 G 5
Grugé-l'Hopital 49 — 127 G 3
Grugies 02 — 24 A 3
Grugny 76 — 20 B 5
Gruissan 11 — 339 F 1
Gruissan-Plage 11 — 339 F 1
Grumesnil 76 — 21 F 5
Grun-Bordas 24 — 240 B 3
Grundviller 57 — 67 G 1
Gruny 80 — 23 F 3
Grury 71 — 176 A 5
Gruson 59 — 9 E 3
Grusse 39 — 196 B 1
Grussenheim 68 — 121 F 2
Grust 65 — 332 D 3
Gruyères 08 — 26 C 3
Le Gua 17 — 200 D 5
Le Gua 38 — 250 D 3
Guagno 2A — 348 D 1
Guagno-les-Bains 2A — 348 C 1
Guainville 28 — 57 E 2
Guarbecque 62 — 7 H 3
Guargualé 2A — 348 D 4
Guchan 65 — 333 G 4
Guchen 65 — 333 G 4
Gudas 09 — 336 B 2
Gudmont 52 — 93 E 5
Le Gué-d'Alleré 17 — 183 H 5
Le Gué-de-la-Chaîne 61 — 84 B 4
Le Gué-de-Longroi 28 — 86 C 3
Le Gué-de-Velluire 85 — 183 H 3
Gué-d'Hossus 08 — 26 C 1
Le Gué-du-Loir 41 — 131 F 3
Le Gué-Lian 72 — 107 G 2
Guebenhouse 57 — 67 F 1
Gueberschwihr 68 — 121 E 3
Guébestroff 57 — 67 E 4
Guéblange-lès-Dieuze 57 — 67 E 4
Guébling 57 — 67 E 3
Guebwiller 68 — 120 D 5
Guécélard 72 — 129 H 2
Le Guédéniau 49 — 150 C 1
Guégon 56 — 102 C 4
Guéhébert 50 — 51 H 1
Guéhenno 56 — 102 C 5
Gueltas 56 — 102 B 2
Guémappe 62 — 13 H 3
Guémar 68 — 97 E 5
Guémené-Penfao 44 — 126 A 4
Guémené-sur-Scorff 56 — 101 F 2
Guémicourt 80 — 21 F 3
Guemps 62 — 2 D 3
Guénange 57 — 45 H 4
Guengat 29 — 99 G 2
Guénin 56 — 101 H 4
Guénouvry 44 — 126 B 4
Guenroc 22 — 79 G 5
Guenrouet 44 — 125 H 5
Guentrange 57 — 45 G 3
Guenviller 57 — 47 E 5
Guêprei 61 — 54 B 3
Guer 56 — 103 F 5
Guérande 44 — 145 H 4
Guérard 77 — 59 G 4
Guerbigny 80 — 23 E 4
La Guerche 37 — 170 A 3
La Guerche-de-Bretagne 35 — 105 E 5
La Guerche-sur-l'Aubois 18 — 174 A 2
Guercheville 77 — 112 A 2
Guerchy 89 — 136 A 2
Guéreins 01 — 213 E 1
Guéret 23 — 207 E 1
Guerfand 71 — 178 A 4
Guérigny 58 — 174 C 1
Guérin 47 — 257 E 5
La Guérinière 85 — 164 B 1
Guerlédan Lac de 22 — 77 H 5
Guerlesquin 29 — 72 B 5
Guermange 57 — 67 F 4
Guermantes 77 — 59 E 3
Guern 56 — 101 G 3
Guernanville 27 — 55 H 3
Guernes 78 — 57 F 1
Le Guerno 56 — 125 E 4
Guerny 27 — 37 F 4

Guéron 14 — 33 E 3
La Guéroulde 27 — 55 H 4
Guerpont 55 — 63 H 4
Les Guerreaux 71 — 193 F 2
Guerstling 57 — 46 D 3
Guerting 57 — 46 D 5
Guerville 76 — 11 E 5
Guerville 78 — 57 F 2
Guesnain 59 — 8 D 5
Guesnes 86 — 168 D 2
Guessling-Hémering 57 — 66 D 1
Guéthary 64 — 310 C 3
Le Guétin 18 — 174 B 2
Gueudecourt 80 — 13 G 5
Gueugnon 71 — 193 G 1
Gueures 76 — 20 A 2
Gueutteville 76 — 20 A 4
Gueutteville-les-Grès 76 — 19 G 2
Guevenatten 68 — 142 D 2
Guewenheim 68 — 142 D 1
Gueynard 33 — 237 H 3
Gueytes-et-Labastide 11 — 337 E 2
Gueyze 47 — 275 E 4
Gugnécourt 88 — 95 H 5
Gugney 54 — 94 C 4
Gugney-aux-Aulx 88 — 95 E 5
Guibermesnil 80 — 21 G 2
Guibeville 91 — 87 G 2
Guichainville 27 — 56 B 2
Guiche 64 — 292 C 5
La Guiche 71 — 194 B 2
Guichen 35 — 104 A 4
Guiclan 29 — 71 G 5
Guidel 56 — 100 D 5
Guidon du Bouquet 30 — 284 A 3
La Guierche 72 — 107 H 3
Guignecourt 60 — 38 A 1
Guignemicourt 80 — 22 B 2
Guignen 35 — 103 H 5
Guignes 77 — 88 C 2
Guigneville 45 — 111 G 2
Guigneville-sur-Essonne 91 — 87 H 3
Guignicourt 02 — 41 G 2
Guignicourt-sur-Vence 08 — 26 C 4
La Guignière 37 — 151 H 2
Guignonville 45 — 111 F 3
Guigny 62 — 11 H 1
Guilberville 50 — 52 C 1
Le Guildo 22 — 50 A 5
Guiler-sur-Goyen 29 — 99 F 2
Guilers 29 — 75 E 2
Guilherand-Granges 07 — 249 F 4
Guillac 33 — 256 C 1
Guillac 56 — 102 D 5
Guillaucourt 80 — 23 E 2
Guillaumes 06 — 289 F 3
Guillemont 80 — 13 G 5
La Guillermie 03 — 210 D 3
Guillerval 91 — 87 F 5
Guillestre 05 — 270 D 2
Guilleville 28 — 110 D 2
Guilliers 56 — 102 D 3
Guilligomarc'h 29 — 101 E 4
Guillon 89 — 158 B 1
Guillon-les-Bains 25 — 162 C 2
Guillonville 28 — 110 C 4
Guillos 33 — 255 G 4
Guilly 36 — 171 H 1
Guilly 45 — 133 H 3
Guilmécourt 76 — 10 C 5
Guilvinec 29 — 99 F 5
Guimaëc 29 — 72 A 4
Guimiliau 29 — 71 G 5
Guimps 16 — 220 C 4
Guinarthe-Parenties 64 — 311 H 3
Guincourt 08 — 26 C 5
Guindrecourt-aux-Ormes 52 — 92 D 3
Guindrecourt-sur-Blaise 52 — 92 C 5
Guinecourt 62 — 12 C 2
Guînes 62 — 2 C 4
Guingamp 22 — 73 E 5
Guinglange 57 — 66 C 1
Guinkirchen 57 — 46 C 4
Guinzeling 57 — 67 F 4
Guipavas 29 — 75 F 2
Guipel 35 — 80 B 5
Guipronvel 29 — 70 C 5
Guipry-Messac 35 — 126 A 2
Guipy 58 — 157 F 4
Guirlange 57 — 46 C 4
Guiry-en-Vexin 95 — 37 G 5
Guiscard 60 — 23 H 4
Guiscriff 56 — 100 C 2

Guise 02 — 24 D 1
Guiseniers 27 — 37 E 4
Le Guislain 50 — 52 A 1
Guissény 29 — 70 D 4
Guisy 62 — 6 D 5
Guitalens 81 — 299 E 4
Guitera-les-Bains 2A — 349 E 4
Guitinières 17 — 219 G 4
Guitrancourt 78 — 57 G 1
Guîtres 33 — 238 C 3
Guitry 27 — 37 E 4
Guitté 22 — 103 H 1
Guivry 02 — 23 H 4
Guizancourt 80 — 21 H 3
Guizengeard 16 — 220 D 5
Guizerix 65 — 315 H 4
Gujan-Mestras 33 — 254 C 2
Gumbrechtshoffen 67 — 68 D 2
Gumery 10 — 89 H 4
Gumiane 26 — 268 A 4
Gumières 42 — 229 G 3
Gumond 19 — 243 F 2
Gundershoffen 67 — 68 D 2
Gundolsheim 68 — 121 E 4
Gungwiller 67 — 67 H 3
Gunsbach 68 — 120 D 3
Gunstett 67 — 69 E 2
Guntzviller 57 — 67 H 5
Guny 02 — 40 A 1
Guran 31 — 334 B 3
Gurat 16 — 221 G 4
Gurcy-le-Châtel 77 — 89 E 3
Gurgy 89 — 136 B 2
Gurgy-la-Ville 21 — 138 D 2
Gurgy-le-Château 21 — 138 D 2
Gurmençon 64 — 331 H 1
Gurs 64 — 313 G 4
Gurunhuel 22 — 72 D 5
Gury 60 — 23 F 5
Gussainville 55 — 44 D 5
Gussignies 59 — 15 F 2
Guyancourt 78 — 58 A 4
Guyans-Durnes 25 — 162 B 5
Guyans-Vennes 25 — 163 E 4
Guyencourt 02 — 41 F 2
Guyencourt-Saulcourt 80 — 14 A 5
Guyencourt-sur-Noye 80 — 22 C 3
La Guyonnière 85 — 166 A 2
Guyonvelle 52 — 140 B 2
Guzargues 34 — 303 E 3
Guzet-Neige 09 — 335 G 5
Gy 70 — 161 G 2
Gy-en-Sologne 41 — 153 G 3
Gy-les-Nonains 45 — 112 D 5
Gy-l'Évêque 89 — 136 B 4
Gye 54 — 94 B 1
Gyé-sur-Seine 10 — 115 G 4

H

Habarcq 62 — 13 F 2
Habas 40 — 293 E 4
Habère-Lullin 74 — 198 B 4
Habère-Poche 74 — 198 B 4
L'Habit 27 — 56 D 3
L'Habitarelle 48 — 264 D 3
L'Habitarelle 48 — 265 F 5
Hablainville 54 — 95 H 2
Habloville 61 — 53 H 4
Habonville 54 — 45 F 5
Haboudange 57 — 66 D 3
Habsheim 68 — 143 G 1
Hachan 65 — 315 H 4
Hâcourt 52 — 117 H 2
Hacqueville 27 — 37 E 3
Hadancourt-le-Haut-Clocher 60 — 37 G 5
Hadigny-les-Verrières 88 — 95 F 4
Hadol 88 — 118 G 3
Hadonville-lès-Lachaussée 55 — 65 E 1
Haegen 67 — 68 B 5
Hagécourt 88 — 94 D 5
Hagedet 65 — 295 E 5
Hagen 57 — 45 H 1
Hagenbach 68 — 143 E 2
Hagenthal-le-Bas 68 — 143 G 4
Hagenthal-le-Haut 68 — 143 G 4
Haget 32 — 315 F 2
Hagetaubin 64 — 293 H 5
Hagetmau 40 — 293 H 4
Hagéville 54 — 65 F 2
Hagnéville-et-Roncourt 88 — 94 A 5
Hagnicourt 08 — 26 C 5
Hagondange 57 — 45 H 4
La Hague Usine atomique de 50 — 28 C 2
Haguenau 67 — 69 E 3

La Haie-Fouassière 44 — 147 H 4
La Haie-Longue 49 — 149 F 3
La Haie-Traversaine 53 — 82 B 4
Les Haies 69 — 231 E 3
Haigneville 54 — 95 E 3
Haillainville 88 — 95 F 4
Le Haillan 33 — 237 F 5
Hailles 80 — 22 C 3
Haillicourt 62 — 7 H 4
Haimps 17 — 202 C 4
Haims 86 — 187 G 2
Hainvillers 60 — 23 E 5
Haironville 55 — 63 G 5
Haisnes 62 — 8 B 4
Haleine 61 — 82 C 3
Halinghen 62 — 6 B 3
Hallencourt 80 — 11 G 5
Hallennes-lez-Haubourdin 59 — 8 C 3
Hallering 57 — 46 D 5
Les Halles 69 — 230 B 1
Halles-sous-les-Côtes 55 — 43 G 1
Hallignicourt 52 — 63 E 5
Hallines 62 — 7 F 2
Halling-lès-Boulay 57 — 46 C 5
Hallivillers 80 — 22 B 4
La Hallotière 76 — 36 D 1
Halloville 54 — 96 A 2
Halloy 60 — 21 H 4
Halloy 62 — 12 D 4
Halloy-lès-Pernois 80 — 12 C 5
Hallu 80 — 23 F 3
Halluin 59 — 4 D 5
Halsou 64 — 310 D 3
Halstroff 57 — 46 C 2
Le Ham 14 — 34 A 4
Le Ham 50 — 29 G 5
Le Ham 53 — 82 D 4
Ham 80 — 23 H 3
Ham Roches de 50 — 52 B 1
Ham-en-Artois 62 — 7 H 3
Ham-les-Moines 08 — 26 C 2
Ham-sous-Varsberg 57 — 46 D 5
Ham-sur-Meuse 08 — 17 E 4
Hamars 14 — 53 F 1
Hambach 57 — 67 G 1
Hambers 53 — 106 C 2
Hamblain-les-Prés 62 — 13 H 2
Hambye 50 — 51 H 2
Hambye Abbaye de 50 — 51 H 2
Hameau-de-la-Mer 50 — 29 E 2
Hamel 59 — 14 A 2
Le Hamel 60 — 21 H 4
Le Hamel 80 — 22 D 2
Hamelet 80 — 22 D 1
Hamelin 50 — 81 F 2
Hamelincourt 62 — 13 G 3
Hames-Boucres 62 — 2 C 4
Hammeville 54 — 94 C 2
Hamonville 54 — 65 E 4
Hampigny 10 — 91 H 3
Hampont 57 — 66 D 4
Han-devant-Pierrepont 54 — 44 D 3
Han-lès-Juvigny 55 — 43 H 1
Han-sur-Meuse 55 — 64 C 4
Han-sur-Nied 57 — 66 C 2
Hanau Étang de 57 — 68 C 1
Hanc 79 — 203 E 2
Hanches 28 — 86 C 2
Hancourt 80 — 23 H 1
Handschuheim 67 — 97 F 1
Hangard 80 — 22 D 2
Hangenbieten 67 — 97 G 1
Hangest-en-Santerre 80 — 23 E 3
Hangest-sur-Somme 80 — 22 A 1
Hangviller 57 — 68 A 4
Hannaches 60 — 37 G 1
Hannapes 02 — 24 D 1
Hannappes 08 — 25 H 2
Hannescamps 62 — 13 F 4
Hannocourt 57 — 66 C 3
Hannogne-Saint-Martin 08 — 27 E 4
Hannogne-Saint-Rémy 08 — 25 H 5
Hannonville-sous-les-Côtes 55 — 64 D 2
Hannonville-Suzémont 54 — 65 E 1
Le Hanouard 76 — 19 G 3
Hans 51 — 42 D 5
Hantay 59 — 8 B 3
Hantz Col du 88 — 96 C 3
Hanvec 29 — 75 H 3
Hanviller 57 — 48 C 5
Hanvoile 60 — 37 G 1
Haplincourt 62 — 13 H 4
Happencourt 02 — 24 A 3
Happonvilliers 28 — 85 G 5
Harambels 64 — 311 G 5
Haramont 02 — 39 H 3

Haraucourt 08 — 27 F 4
Haraucourt 54 — 95 E 1
Haraucourt-sur-Seille 57 — 66 D 4
Haraumont 55 — 43 H 2
Haravesnes 62 — 12 B 2
Haravilliers 95 — 38 A 5
Harbonnières 80 — 23 E 2
Harbouey 54 — 96 A 1
Harcanville 76 — 19 G 3
Harchéchamp 88 — 94 A 4
Harcigny 02 — 25 G 3
Harcourt 27 — 35 G 5
Harcy 08 — 26 C 2
Hardancourt 88 — 95 G 4
Hardanges 53 — 82 C 5
Hardecourt-aux-Bois 80 — 23 F 1
Hardelot-Plage 62 — 6 A 2
Hardencourt-Cocherel 27 — 56 C 1
Hardifort 59 — 3 H 4
Hardinghen 62 — 2 C 5
Hardinvast 50 — 29 E 3
Hardivillers 60 — 22 C 5
Hardivillers-en-Vexin 60 — 37 H 3
La Hardoye 08 — 25 H 4
Hardricourt 78 — 57 G 1
La Harengère 27 — 36 A 4
Haréville 88 — 118 C 2
Harfleur 76 — 34 C 1
Hargarten-aux-Mines 57 — 46 D 4
Hargeville 78 — 57 F 3
Hargeville-sur-Chée 55 — 63 H 3
Hargicourt 02 — 24 A 1
Hargicourt 80 — 22 D 4
Hargnies 08 — 17 E 5
Hargnies 59 — 15 G 2
Haricourt 27 — 37 E 5
Harly 02 — 24 B 2
Harméville 52 — 93 F 3
Harmonville 88 — 94 B 3
La Harmoye 22 — 77 H 4
Harnes 62 — 8 C 4
Harol 88 — 119 E 2
Haroué 54 — 94 D 3
Harponville 80 — 13 E 5
Harprich 57 — 66 D 2
Harquency 27 — 37 E 4
Harreberg 57 — 67 H 5
Harréville-les-Chanteurs 52 — 93 H 5
Harricourt 08 — 43 F 1
Harricourt 52 — 92 C 5
Harsault 88 — 119 E 3
Harskirchen 67 — 67 G 2
Hartennes-et-Taux 02 — 40 B 3
Hartmannswiller 68 — 120 D 5
Hartzviller 57 — 67 H 5
Harville 55 — 65 E 1
Hary 02 — 25 F 3
Haselbourg 57 — 68 A 5
Hasnon 59 — 9 F 5
Hasparren 64 — 311 E 3
Haspelschiedt 57 — 48 C 5
Haspres 59 — 14 C 3
Hastingues 40 — 292 D 5
Hatrize 54 — 45 F 5
Hatten 67 — 69 F 2
Hattencourt 80 — 23 F 3
Hattenville 76 — 19 F 4
Hattigny 57 — 96 B 1
Hattmatt 67 — 68 B 4
Hattonchâtel 55 — 64 D 2
Hattonville 55 — 64 D 2
Hattstatt 68 — 121 E 3
Hauban 65 — 333 F 1
Haubourdin 59 — 8 C 3
Hauconcourt 57 — 45 H 4
Haucourt 60 — 37 H 1
Haucourt 62 — 13 H 3
Haucourt 76 — 21 F 4
Haucourt-en-Cambrésis 59 — 14 C 4
Haucourt-la-Rigole 55 — 44 D 4
Haucourt-Moulaine 54 — 45 E 2
Haudainville 55 — 64 B 1
Haudiomont 55 — 64 C 1
Haudivillers 60 — 38 B 1
Haudonville 54 — 95 G 2
Haudrecy 08 — 26 C 3
Haudricourt 76 — 21 F 3
Haulchin 59 — 14 D 2
Haulies 32 — 296 B 5
Haulmé 08 — 26 D 2
Haumont-lès-Lachaussée 55 — 65 E 2
Haumont-près-Samogneux 55 — 44 B 4
Hauriet 40 — 293 G 3
Hausgauen 68 — 143 F 3
Haussez 76 — 21 F 5

Haussignémont 51 — 63 E 4
Haussimont 51 — 61 H 4
Haussonville 54 — 95 E 2
Haussy 59 — 14 D 3
Haut-Asco 2B — 346 E 4
Haut-Barr *Château du* 67 — 68 B 4
Haut-Clocher 57 — 67 G 4
Le Haut-Corlay 22 — 77 H 4
Haut-de-Bosdarros 64 — 314 B 5
Le Haut-du-Them 70 — 142 B 1
Haut-Kœnigsbourg
  Château du 67 — 97 E 5
Haut-Lieu 59 — 15 G 4
Haut-Loquin 62 — 2 D 5
Haut-Maînil 62 — 12 B 2
Haut-Mauco 40 — 293 H 2
Le Haut Planet *Balcon* 78 — 57 F 5
Hautaget 65 — 333 H 1
Hautbos 60 — 21 G 5
Haute-Avesnes 62 — 13 F 2
La Haute-Beaume 05 — 268 D 3
La Haute-Chapelle 61 — 82 B 2
Haute-Epine 60 — 21 H 5
Haute-Goulaine 44 — 147 H 4
Haute-Isle 95 — 57 F 1
Haute-Kontz 57 — 46 B 2
La Haute-Maison 77 — 59 H 3
Haute Provence
  Observatoire de 04 — 287 E 5
Haute-Rivoire 69 — 230 B 1
Haute-Vigneulles 57 — 66 D 1
Hautecloque 62 — 12 D 2
Hautecombe *Abbaye de* 73 — 215 E 5
Hautecôte 62 — 12 C 2
Hautecour 39 — 196 D 1
Hautecour 73 — 234 C 4
Hautecourt-lès-Broville 55 — 44 C 5
Hautecourt-Romanèche 01 — 214 B 1
Hautefage 19 — 243 F 3
Hautefage-la-Tour 47 — 276 E 4
Hautefaye 24 — 221 H 3
Hautefeuille 77 — 59 G 4
Hautefond 71 — 193 H 3
Hautefontaine 60 — 39 H 2
Hautefort 24 — 241 F 1
Hauteluce 73 — 216 C 5
Hautepierre-le-Châtelet 25 — 180 C 1
Hauterive 03 — 210 B 2
Hauterive 61 — 83 H 3
Hauterive 89 — 114 A 5
Hauterive-la-Fresse 25 — 180 D 1
Hauterives 26 — 249 G 1
Hauteroche 21 — 159 F 1
Hautes-Duyes 04 — 287 H 2
Les Hautes-Rivières 08 — 27 E 1
Hautesvignes 47 — 257 G 5
Hautevelle 70 — 141 F 2
Hautevesnes 02 — 40 A 5
Hauteville 02 — 24 C 2
Hauteville 08 — 26 A 5
Hauteville 51 — 63 E 5
Hauteville 62 — 13 E 2
Hauteville 73 — 233 H 2
La Hauteville 78 — 57 E 5
Hauteville-Gondon 73 — 234 D 1
Hauteville-la-Guichard 50 — 31 H 5
Hauteville-lès-Dijon 21 — 160 A 2
Hauteville-Lompnes 01 — 214 C 3
Hauteville-sur-Fier 74 — 215 F 3
Hauteville-sur-Mer 50 — 51 F 1
L'Hautil 78 — 57 H 2
Haution 02 — 25 F 2
Hautmont 59 — 15 G 3
Hautmougey 88 — 119 E 4
Hautot-l'Auvray 76 — 19 G 3
Hautot-le-Vatois 76 — 19 G 4
Hautot-Saint-Sulpice 76 — 19 G 4
Hautot-sur-Mer 76 — 20 A 2
Hautot-sur-Seine 76 — 36 A 2
Hautteville-Bocage 50 — 29 F 5
Hautvillers 51 — 61 F 1
Hautvillers-Ouville 80 — 11 G 3
Hauville 27 — 35 G 2
Hauvine 08 — 42 B 3
Haux 33 — 255 H 2
Haux 64 — 331 F 2
Havange 57 — 45 F 3
Havelu 28 — 57 E 4
Haveluy 59 — 9 F 5
Havernas 80 — 12 C 5
Haverskerque 59 — 7 H 2
Le Havre 76 — 34 C 1
Le Havre-Antifer
  Port pétrolier 76 — 18 C 4
Havrincourt 62 — 14 A 4
Havys 08 — 26 B 2
L'Hay-les-Roses 94 — 58 C 4

Hayange 57 — 45 G 3
Haybes 08 — 17 E 5
La Haye 76 — 36 D 1
La Haye 88 — 119 E 3
La Haye-Aubrée 27 — 35 G 2
La Haye-Bellefond 50 — 52 A 1
La Haye-de-Calleville 27 — 35 G 4
La Haye-de-Routot 27 — 35 G 2
La Haye-d'Ectot 50 — 28 D 5
La Haye-du-Puits 50 — 31 H 4
La Haye-du-Theil 27 — 35 H 4
La Haye-le-Comte 27 — 36 B 4
La Haye-Malherbe 27 — 36 A 4
La Haye-Pesnel 50 — 51 G 3
La Haye-Saint-Sylvestre 27 — 55 F 2
Les Hayes 41 — 131 E 4
Hayes 57 — 46 B 5
Haynecourt 59 — 14 B 3
Les Hays 39 — 178 D 2
Hazebrouck 59 — 3 H 5
Hazembourg 57 — 67 F 2
Héas 65 — 333 E 5
Le Heaulme 95 — 37 H 5
Héauville 50 — 28 D 3
Hébécourt 27 — 37 F 3
Hébécourt 80 — 22 B 3
Hébécrevon 50 — 32 A 5
Héberville 76 — 19 H 3
Hébuterne 62 — 13 F 4
Hèches 65 — 333 H 4
Hecken 68 — 143 E 2
Hecmanville 27 — 35 F 4
La Hérelle 60 — 22 C 5
Hécourt 27 — 56 D 2
Hécourt 60 — 37 G 1
Hecq 59 — 15 E 3
Hectomare 27 — 36 A 4
Hédauville 80 — 13 E 5
Hédé-Bazouges 35 — 80 A 5
Hédouville 95 — 38 B 5
Hegeney 67 — 68 D 2
Hégenheim 68 — 143 H 3
Heidolsheim 67 — 97 F 5
Heidwiller 68 — 143 F 2
Heiligenberg 67 — 97 E 2
Heiligenstein 67 — 97 F 3
Heillecourt 54 — 94 D 1
Heilles 60 — 38 B 3
Heilly 80 — 22 D 1
Heiltz-le-Hutier 51 — 63 E 5
Heiltz-le-Maurupt 51 — 63 E 4
Heiltz-l'Évêque 51 — 62 D 4
Heimersdorf 68 — 143 F 3
Heimsbrunn 68 — 143 E 2
Heining-lès-Bouzonville 57 — 46 D 3
Heippes 55 — 63 H 1
Heiteren 68 — 121 G 4
Heiwiller 68 — 143 F 3
Hélesmes 59 — 9 F 5
Hélette 64 — 311 F 4
Helfaut 62 — 7 F 2
Helfrantzkirch 68 — 143 G 3
Helléan 56 — 102 D 4
Hellemmes-Lille 59 — 8 D 2
Hellenvilliers 27 — 56 B 4
Hellering-lès-
  Fénétrange 57 — 67 G 4
Helleville 50 — 28 D 4
Hellimer 57 — 67 F 2
Héloup 61 — 83 G 4
Helstroff 57 — 46 C 5
Hem 59 — 9 E 2
Hem-Hardinval 80 — 12 C 4
Hem-Lenglet 59 — 14 B 3
Hem-Monacu 80 — 23 F 1
Hémevez 50 — 29 F 5
Hémévillers 60 — 39 E 1
Hémilly 57 — 66 C 1
Héming 57 — 67 G 5
Hémonstoir 22 — 102 A 2
Hénaménil 54 — 66 D 5
Hénanbihen 22 — 79 E 2
Hénansal 22 — 79 E 3
Hendaye 64 — 310 A 3
Hendecourt-
  lès-Cagnicourt 62 — 13 H 3
Hendecourt-lès-Ransart 62 — 13 G 3
Hénencourt 80 — 13 E 5
Henflingen 68 — 143 F 3
Hengoat 22 — 73 E 3
Hengwiller 67 — 68 B 5
Hénin-Beaumont 62 — 8 C 5
Hénin-sur-Cojeul 62 — 13 G 3
Héninel 62 — 13 G 3
Hennebont 56 — 101 F 5
Hennecourt 88 — 119 E 2
Hennemont 55 — 64 D 1
Henneveux 62 — 2 C 5

Hennezel 88 — 118 D 3
Hennezis 27 — 36 D 4
Hénon 22 — 78 C 4
Hénonville 60 — 38 A 4
Henrichemont 18 — 155 F 3
Henridorff 57 — 68 A 4
Henriville 57 — 67 F 1
L'Herbaudière 85 — 164 B 1
Herbault 41 — 131 H 5
Herbeauvilliers 77 — 112 A 2
Herbécourt 80 — 23 F 1
Herbelles 62 — 7 F 2
L'Herbergement 85 — 165 H 2
Herbeuval 08 — 27 H 4
Herbeville 55 — 64 D 2
Herbeville 78 — 57 G 3
Herbéviller 54 — 95 H 1
Herbeys 38 — 251 E 2
Les Herbiers 85 — 166 C 3
Herbignac 44 — 146 B 1
Herbinghen 62 — 2 D 5
Herbisse 10 — 91 E 2
Herbitzheim 67 — 67 G 1
Herblay 95 — 58 A 2
Herbsheim 67 — 97 G 4
Hercé 53 — 81 H 4
Herchies 60 — 37 H 1
La Hérelle 60 — 22 C 5
Hérenguerville 50 — 51 G 1
Hérépian 34 — 301 F 5
Hères 65 — 295 E 5
Hergnies 59 — 9 G 4
Hergugney 88 — 94 D 4
Héric 44 — 147 G 1
Héricourt 62 — 12 C 2
Héricourt 70 — 142 B 3
Héricourt-en-Caux 76 — 19 G 4
Héricourt-sur-Thérain 60 — 21 G 5
Héricy 77 — 88 C 4
La Hérie 02 — 25 G 2
Le Hérie-la-Viéville 02 — 24 D 2
Hérimoncourt 25 — 142 C 5
Hérin 59 — 9 G 5
Hérissart 80 — 12 D 5
Hérisson 03 — 191 E 2
Hérisson
  Cascades du 39 — 179 H 5
Herleville 80 — 23 F 2
La Herlière 62 — 13 E 3
Herlies 59 — 8 B 3
Herlin-le-Sec 62 — 7 G 5
Herlincourt 62 — 12 C 2
Herly 62 — 6 D 3
Herly 80 — 23 G 3
L'Herm 09 — 336 B 2
Herm 40 — 292 D 2
L'Herm *Château de* 24 — 241 E 3
Hermanville 76 — 20 A 2
Hermanville-sur-Mer 14 — 33 G 3
Les Hermaux 48 — 263 H 4
Hermaville 62 — 13 F 2
Hermé 77 — 89 G 3
Hermelange 57 — 67 G 5
Hermelinghen 62 — 2 C 5
L'Hermenault 85 — 183 H 2
Herment 63 — 226 D 1
Hermeray 78 — 86 C 2
Hermerswiller 67 — 69 F 2
Hermes 60 — 38 B 3
Hermeville 76 — 18 D 5
Herméville-en-Woëvre 55 — 44 C 5
Hermies 62 — 14 A 4
Hermillon 73 — 234 A 5
Hermin 62 — 7 H 5
L'Hermitage 35 — 104 A 2
L'Hermitage-Lorge 22 — 78 A 5
Les Hermites 37 — 131 E 4
L'Hermitière 61 — 84 C 5
Hermival-les-Vaux 14 — 34 D 5
Hermonville 51 — 41 F 3
Hernicourt 62 — 7 G 5
Herny 57 — 66 C 2
Le Héron 76 — 36 D 1
Héronchelles 76 — 36 D 1
Hérouville-en-Vexin 95 — 38 A 5
Hérouville-Saint-Clair 14 — 33 G 4
Hérouvillette 14 — 33 H 4
Herpelmont 88 — 119 H 2
La Herpinière *Moulin* 49 — 150 C 4
Herpont 51 — 62 D 1
Herpy-l'Arlésienne 08 — 41 H 1
Herqueville 27 — 36 C 4

Herqueville 50 — 28 C 2
Herran 31 — 334 D 2
Herré 40 — 274 D 5
Herrère 64 — 331 H 1
Herrin 59 — 8 C 3
Herrlisheim 67 — 69 F 4
Herrlisheim-
  près-Colmar 68 — 121 E 3
Herry 18 — 156 A 4
Hersbach 67 — 96 D 2
Herserange 54 — 45 E 1
Hersin-Coupigny 62 — 8 A 4
Hertzing 57 — 67 G 5
Hervelinghen 62 — 2 B 4
Hervilly 80 — 23 H 1
Héry 58 — 157 F 4
Héry 89 — 136 B 2
Héry-sur-Alby 74 — 215 F 5
Herzeele 59 — 3 H 4
Hesbécourt 80 — 23 H 1
Hescamps-Saint-Clair 80 — 21 G 3
Hesdigneul-lès-Béthune 62 — 8 A 4
Hesdigneul-lès-Boulogne 62 — 6 B 2
Hesdin 62 — 7 E 5
Hesdin-l'Abbé 62 — 6 B 2
Hésingue 68 — 143 H 3
Hesmond 62 — 6 D 4
Hesse 57 — 67 G 5
Hessenheim 67 — 97 F 5
Hestroff 57 — 46 C 4
Hestrud 59 — 16 A 3
Hestrus 62 — 7 G 4
Hétomesnil 60 — 22 A 5
Hettange-Grande 57 — 45 G 2
Hettenschlag 68 — 121 F 3
Heubécourt-Haricourt 27 — 37 E 5
Heuchin 62 — 7 F 4
Heucourt-Croquoison 80 — 11 G 5
Heudebouville 27 — 36 C 4
Heudicourt 27 — 37 F 3
Heudicourt 80 — 14 A 5
Heudicourt-
  sous-les-Côtes 55 — 64 D 3
Heudreville-en-Lieuvin 27 — 35 E 4
Heudreville-sur-Eure 27 — 36 B 5
Heugas 40 — 292 D 3
Heugleville-sur-Scie 76 — 20 B 3
Heugnes 36 — 171 F 2
Heugon 61 — 54 D 3
Heugueville-sur-Sienne 50 — 31 G 5
Heuilley-Cotton 52 — 139 G 3
Heuilley-le-Grand 52 — 139 H 3
Heuilley-sur-Saône 21 — 160 D 3
Heuland 14 — 34 B 3
Heume-l'Église 63 — 227 E 1
La Heunière 27 — 56 D 1
Heuqueville 27 — 36 C 3
Heuqueville 76 — 18 C 5
Heuringhem 62 — 7 F 2
Heurteauville 76 — 35 H 2
Heurtevent 14 — 54 C 2
Heussé 50 — 81 H 3
Heutrégiville 51 — 42 A 3
Heuzecourt 80 — 12 C 4
Hévilliers 55 — 93 F 2
Heyrieux 38 — 231 G 2
Hézecques 62 — 7 F 4
Le Hézo 56 — 124 C 4
Hibarette 65 — 315 E 5
Hières-sur-Amby 38 — 214 A 5
Hierges 08 — 17 E 4
Hiermont 80 — 12 B 3
Hiers-Brouage 17 — 200 C 4
Hiersac 16 — 221 E 1
Hiesse 16 — 204 B 2
Hiesville 50 — 32 A 2
Hiéville 14 — 54 B 1
Higuères-Souye 64 — 314 C 3
Hiis 65 — 315 F 5
Hilbesheim 57 — 67 H 4
Hillion 22 — 78 C 3
Hilsenheim 67 — 97 G 4
Hilsprich 57 — 67 F 1
Hinacourt 02 — 24 B 1
Hinckange 57 — 46 C 5
Hindisheim 67 — 97 G 2
Hindlingen 68 — 143 E 3
Hinges 62 — 8 A 3
Le Hinglé 22 — 79 G 4
Hinsbourg 67 — 68 A 2
Hinsingen 67 — 67 G 2
Hinx 40 — 293 E 3
Hipsheim 67 — 97 G 2
Hirel 35 — 50 D 5
Hirmentaz 74 — 198 B 4
Hirschland 57 — 67 H 3
Hirsingue 68 — 143 F 3

Hirson 02 — 25 G 1
Hirtzbach 68 — 143 E 3
Hirtzfelden 68 — 121 F 4
His 31 — 335 E 1
Hitte 65 — 315 F 5
Hoc *Pointe du* 14 — 32 C 2
Hochfelden 67 — 68 C 4
Hochstatt 68 — 143 F 2
Hochstett 67 — 68 D 4
Hocquigny 50 — 51 G 3
Hocquincourt 80 — 11 G 4
Hocquinghen 62 — 2 D 5
Hodenc-en-Bray 60 — 37 H 1
Hodenc-l'Evêque 60 — 38 A 3
Hodeng-au-Bosc 76 — 21 F 2
Hodeng-Hodenger 76 — 37 E 1
Hodent 95 — 37 G 5
Hœdic 56 — 144 D 4
Hœnheim 67 — 69 E 5
Hœrdt 67 — 69 E 5
Hoéville 54 — 66 C 5
Hoffen 67 — 69 F 2
Les Hogues 27 — 36 D 2
La Hoguette 14 — 53 H 3
Hohatzenheim 67 — 68 D 4
Hohengœft 67 — 68 C 5
Hohfrankenheim 67 — 68 C 4
Hohneck 68 — 120 C 3
Hohrod 68 — 120 C 3
Hohrodberg 68 — 120 C 3
Le Hohwald 67 — 97 E 3
Hohwiller 67 — 69 F 2
Holacourt 57 — 66 C 2
Holling 57 — 46 C 4
Holnon 02 — 24 A 2
Holque 59 — 3 F 4
Holtzheim 67 — 97 G 1
Holtzwihr 68 — 121 F 2
Holving 57 — 67 G 1
Hombleux 80 — 23 G 3
Homblières 02 — 24 B 2
Hombourg 68 — 143 G 1
Hombourg-Budange 57 — 46 B 4
Hombourg-Haut 57 — 47 E 5
L'Hôme-Chamondot 61 — 84 D 2
Homécourt 54 — 45 F 4
Hommarting 57 — 67 H 4
L'Homme-d'Armes 26 — 267 E 3
Hommert 57 — 67 H 5
Hommes 37 — 151 E 2
Le Hommet-d'Arthenay 50 — 32 A 4
Homps 11 — 320 C 4
Homps 32 — 296 D 2
Hon-Hergies 59 — 15 F 2
Hondainville 60 — 38 B 3
Hondeghem 59 — 3 H 5
Hondevilliers 77 — 60 B 3
Hondouville 27 — 36 B 5
Hondschoote 59 — 3 H 2
Honfleur 14 — 34 C 2
Honguemare-
  Guenouville 27 — 35 H 2
Honnechy 59 — 14 D 5
Honnecourt-sur-Escaut 59 — 14 B 5
L'Honor-de-Cos 82 — 277 H 4
Honskirch 57 — 67 G 2
Hontanx 40 — 294 C 2
L'Hôpital 22 — 78 C 4
L'Hôpital 48 — 283 E 1
L'Hôpital 57 — 47 E 5
Hôpital-Camfrout 29 — 75 G 3
L'Hôpital-d'Orion 64 — 313 F 2
L'Hôpital-du-Grosbois 25 — 162 B 4
L'Hôpital-le-Grand 42 — 229 H 2
L'Hôpital-le-Mercier 71 — 193 G 3
L'Hôpital-Saint-Blaise 64 — 313 F 4
L'Hôpital-Saint-Lieffroy 25 — 162 D 2
L'Hôpital-
  sous-Rochefort 42 — 211 F 5
L'Hôpital-sur-Rhins 42 — 211 H 3
Les Hôpitaux-Neufs 25 — 180 D 4
Les Hôpitaux-Vieux 25 — 180 D 3
Horbourg 68 — 121 E 3
Hordain 59 — 14 C 2
La Horgne 08 — 26 D 4
Horgues 65 — 315 E 5
L'Horme 42 — 230 C 3
Hornaing 59 — 9 F 5
Hornoy 80 — 21 H 2
Le Horps 53 — 82 C 4
Horsarrieu 40 — 293 H 3
Hortes 52 — 140 A 2
Horville-en-Ornois 55 — 93 G 3
L'Hosmes 27 — 56 A 4
Hospice de France 31 — 334 B 5
L'Hospitalet 04 — 287 E 4
L'Hospitalet 46 — 260 C 1

L'Hospitalet-du-Larzac 12 — 282 A 5
L'Hospitalet-
  près-l'Andorre 09 — 340 D 3
Hossegor 40 — 292 A 3
Hosta 64 — 330 D 1
Hoste 57 — 67 F 1
Hostens 33 — 255 F 4
Hostias 01 — 214 C 4
Hostun 26 — 249 H 3
L'Hôtellerie 14 — 35 E 5
L'Hôtellerie-de-Flée 49 — 128 A 3
Hotonnes 01 — 214 D 4
Hotot-en-Auge 14 — 34 A 4
Hottot-les-Bagues 14 — 33 E 4
Hottviller 57 — 68 A 1
La Houblonnière 14 — 34 B 5
Les Houches 74 — 216 D 3
Houchin 62 — 8 A 4
Houdain 62 — 7 H 4
Houdain-lez-Bavay 59 — 15 F 2
Houdan 78 — 57 E 3
Houdancourt 60 — 39 E 1
Houdelaincourt 55 — 93 G 2
Houdelaucourt-
  sur-Othain 55 — 44 D 4
Houdelmont 54 — 94 C 2
Houdemont 54 — 94 D 1
Houdetot 76 — 19 H 2
Houdilcourt 08 — 41 H 2
Houdreville 54 — 94 D 2
Houécourt 88 — 94 B 5
Houeillès 47 — 274 D 5
Houesville 50 — 31 H 2
Houetteville 27 — 36 B 5
Houéville 88 — 94 A 4
Houeydets 65 — 315 H 5
Le Houga 32 — 294 C 2
Houilles 78 — 58 B 2
Houlbec-Cocherel 27 — 56 D 1
Houlbec-
  près-le-Gros-Theil 27 — 35 H 4
Houldizy 08 — 26 D 2
Houlette 16 — 202 C 5
Houlgate 14 — 34 A 3
Houlle 62 — 3 F 5
Le Houlme 76 — 36 A 1
L'Houmeau 17 — 183 F 5
Hounoux 11 — 337 E 1
Houplin-Ancoisne 59 — 8 C 3
Houplines 59 — 8 C 2
Houppeville 76 — 36 B 1
Houquetot 76 — 19 E 5
Hourc 65 — 315 F 4
Le Hourdel 80 — 11 E 2
Hourges 51 — 41 E 3
Hours 64 — 314 C 4
Hourtin 33 — 236 C 1
Hourtin-Plage 33 — 236 B 1
Hourtous *Roc des* 48 — 282 A 2
Houry 02 — 25 F 2
Houssay 41 — 131 F 3
Houssay 53 — 106 A 5
La Houssaye 27 — 55 H 2
La Houssaye-Béranger 76 — 20 B 4
La Houssaye-en-Brie 77 — 59 G 4
Le Housseau 53 — 82 C 3
Houssen 68 — 121 E 2
Housseras 88 — 95 H 4
Housset 02 — 25 E 3
Housséville 54 — 94 D 3
La Houssière 88 — 120 A 2
La Houssoye 60 — 37 H 3
Houtaud 25 — 180 C 2
Houtkerque 59 — 4 A 4
Houtteville 50 — 31 H 2
Houville-en-Vexin 27 — 36 D 3
Houville-la-Branche 28 — 86 C 4
Houvin-Houvigneul 62 — 12 D 2
Houx 28 — 86 B 2
Hoymille 59 — 3 H 3
Huanne-Montmartin 25 — 162 C 1
Hubersent 62 — 6 B 3
Hubert-Folie 14 — 33 G 5
Huberville 50 — 29 E 4
Huby-Saint-Leu 62 — 7 E 5
Huchenneville 80 — 11 G 4
Hucqueliers 62 — 6 D 3
Hudimesnil 50 — 51 G 2
Hudiville 54 — 95 F 1
Huelgoat 29 — 76 C 3
Huest 27 — 56 B 1
Huêtre 45 — 110 D 4
Huez 38 — 251 G 2
Hugier 70 — 161 F 3
Hugleville-en-Caux 76 — 20 A 4
Huillé 49 — 129 E 4

A B C D E F G H I J K L M N O P Q R S T U V W X Y Z

A B C D E F G H I J K L M N O P Q R S T U V W X Y Z

Huilliécourt 52 .... 117 H 2
Huilly-sur-Seille 71 .... 195 G 1
Huiron 51 .... 62 C 5
Huismes 37 .... 151 E 4
Huisnes-sur-Mer 50 .... 51 G 5
D'Huison-Longueville 91 .... 87 H 4
Huisseau-en-Beauce 41 .... 131 G 4
Huisseau-sur-Cosson 41 .... 132 B 5
Huisseau-sur-Mauves 45 .... 132 D 2
L'Huisserie 53 .... 106 A 4
Hulluch 62 .... 8 B 4
Hultehouse 57 .... 68 A 5
Humbauville 51 .... 62 B 5
Humbécourt 52 .... 92 C 2
Humbercamps 62 .... 13 E 3
Humbercourt 80 .... 13 E 3
Humbert 62 .... 6 D 4
Humberville 52 .... 93 F 5
Humbligny 18 .... 155 G 4
La Hume 33 .... 254 B 2
Humerœuille 62 .... 7 F 5
Humes 52 .... 117 F 5
Humières 62 .... 7 F 5
Hunaudaye *Château de la* 22 .... 79 E 3
Hunawihr 68 .... 121 E 2
Hundling 57 .... 47 G 5
Hundsbach 68 .... 143 F 3
Huningue 68 .... 143 H 3
Hunspach 67 .... 69 F 2
Hunting 57 .... 46 B 2
Huos 31 .... 334 B 1
Huparlac 12 .... 263 E 2
Huppain 14 .... 32 D 2
Huppy 80 .... 11 G 4
Hurbache 88 .... 96 B 4
Hure 33 .... 256 D 4
Hurecourt 70 .... 118 D 5
Hures-la-Parade 48 .... 282 B 2
Huriel 03 .... 190 C 4
Hurigny 71 .... 195 E 4
Hurtières 38 .... 233 F 5
Hurtigheim 67 .... 97 F 1
Husseren-les-Châteaux 68 .... 121 E 3
Husseren-Wesserling 68 .... 120 C 5
Hussigny-Godbrange 54 .... 45 E 2
Husson 50 .... 81 H 2
La Hutte 72 .... 83 G 5
Huttendorf 67 .... 68 D 3
Huttenheim 67 .... 97 G 3
Hyds 03 .... 191 F 5
Hyémondans 25 .... 163 E 2
Hyencourt-le-Grand 80 .... 23 F 2
Hyenville 50 .... 51 G 1
Hyères 83 .... 328 C 4
Hyères-Plage 83 .... 328 C 5
Hyet 70 .... 162 A 1
Hyèvre-Magny 25 .... 162 D 2
Hyèvre-Paroisse 25 .... 162 D 2
Hymont 88 .... 94 D 5

I

Ibarrolle 64 .... 311 G 5
Ibarron 64 .... 310 C 4
Ibigny 57 .... 96 A 1
Ibos 65 .... 315 E 4
Ichtratzheim 67 .... 97 G 2
Ichy 77 .... 112 A 2
Idaux-Mendy 64 .... 331 E 1
Idrac-Respaillès 32 .... 296 A 5
Idron 64 .... 314 B 4
Ids-Saint-Roch 18 .... 172 D 5
If *Château d'* 13 .... 326 D 3
Iffendic 35 .... 103 G 2
Les Iffs 35 .... 80 A 5
Ifs 14 .... 33 G 5
Les Ifs 76 .... 19 E 4
Igé 61 .... 84 B 5
Igé 71 .... 194 D 3
Ignaucourt 80 .... 22 D 2
Ignaux 09 .... 336 D 5
Igney 54 .... 96 A 1
Igney 88 .... 95 F 5
Ignol 18 .... 174 A 2
Igny 70 .... 161 G 1
Igny 91 .... 58 B 4
Igny-Comblizy 51 .... 61 E 1
Igon 64 .... 314 C 5
Igornay 71 .... 176 D 1
Igoville 27 .... 36 B 3
Iguerande 71 .... 193 G 5
Iholdy 64 .... 311 F 5
Ilay 39 .... 179 H 5
Ile-aux-Moines 56 .... 124 B 4
L'Ile-Bouchard 37 .... 151 F 5
Ile-d'Aix 17 .... 200 C 2
Ile-d'Arz 56 .... 124 B 4

Ile-de-Batz 29 .... 71 G 3
Ile-de-Bréhat 22 .... 73 G 2
Ile-de-Sein 29 .... 98 B 1
L'Ile-d'Elle 85 .... 183 G 4
Ile-d'Houat 56 .... 144 D 3
L'Ile-d'Olonne 85 .... 182 A 1
L'Ile-d'Yeu 85 .... 164 A 4
Ile-Molène 29 .... 74 B 2
L'Ile-Rousse 2B .... 344 C 5
L'Ile-Saint-Denis 93 .... 58 C 2
Ile-Tudy 29 .... 99 G 4
Ilhan 65 .... 333 H 3
Ilharre 64 .... 311 G 3
Ilhat 09 .... 336 C 3
Les Ilhes 11 .... 319 H 3
Ilhet 65 .... 333 H 2
Ilheu 65 .... 334 B 2
Illange 57 .... 45 H 3
Illartein 09 .... 335 E 3
Las Illas 66 .... 342 D 5
Illats 33 .... 255 H 3
Ille-sur-Têt 66 .... 342 C 2
Illeville-sur-Montfort 27 .... 35 G 3
Illfurth 68 .... 143 F 2
Illhaeusern 68 .... 97 F 5
Illier-et-Laramade 09 .... 336 A 5
Illiers-Combray 28 .... 85 H 5
Illiers-l'Évêque 27 .... 56 C 4
Illies 59 .... 8 B 3
Illifaut 22 .... 103 E 2
Illkirch-Graffenstaden 67 .... 97 G 1
Illois 76 .... 21 F 3
Illoud 52 .... 117 H 2
Illy 08 .... 27 F 3
Illzach 68 .... 143 F 1
Ilonse 06 .... 289 H 4
Imbleville 76 .... 20 A 4
Imbsheim 67 .... 68 B 4
Imécourt 08 .... 43 F 2
Imling 57 .... 67 G 5
Immonville 54 .... 45 E 4
Imphy 58 .... 174 D 3
Inaumont 08 .... 26 A 5
Incarville 27 .... 36 B 4
Incheville 76 .... 11 E 4
Inchy 59 .... 14 D 4
Inchy-en-Artois 62 .... 14 A 3
Incourt 62 .... 7 E 5
Indevillers 25 .... 163 H 2
Indre 44 .... 147 F 4
Ineuil 18 .... 172 D 4
Les Infournas 05 .... 269 H 2
Infreville 27 .... 35 H 4
Ingersheim 68 .... 121 E 2
Inghem 62 .... 7 F 2
Inglange 57 .... 46 B 3
Ingolsheim 67 .... 69 F 1
Ingouville 76 .... 19 G 2
Ingrandes 36 .... 187 G 1
Ingrandes 86 .... 169 G 3
Ingrandes-de-Touraine 37 .... 151 E 3
Ingrandes-Le Fresne-sur-Loire 49 .... 148 D 2
Ingrannes 45 .... 111 G 5
Ingré 45 .... 133 E 2
Inguiniel 56 .... 101 F 3
Ingwiller 67 .... 68 B 3
Injoux-Génissiat 01 .... 215 E 2
Innenheim 67 .... 97 F 2
Innimond 01 .... 214 C 5
Inor 55 .... 27 G 5
Insming 57 .... 67 F 2
Insviller 57 .... 67 F 3
Intraville 76 .... 10 C 5
Intres 07 .... 248 B 4
Intréville 28 .... 87 E 5
Intville-la-Guétard 45 .... 111 G 2
Inval-Boiron 80 .... 21 G 2
Inxent 62 .... 6 C 3
Inzinzac-Lochrist 56 .... 101 F 5
Ippécourt 55 .... 63 H 1
Ippling 57 .... 47 G 5
Irai 61 .... 55 G 5
Irais 79 .... 168 B 3
Irancy 89 .... 136 C 4
Iré-le-Sec 55 .... 44 B 2
Iré-les-Prés 55 .... 44 B 2
Irigny 69 .... 231 E 1
Irissarry 64 .... 311 F 5
Irles 80 .... 13 G 4
Irmstett 67 .... 97 F 1
Irodouër 35 .... 103 H 1
Iron 02 .... 24 D 1
Irouléguy 64 .... 330 B 1

Irreville 27 .... 36 B 5
Irvillac 29 .... 75 G 3
Is-en-Bassigny 52 .... 117 G 4
Is-sur-Tille 21 .... 160 B 1
Isbergues 62 .... 7 H 2
Isches 88 .... 118 B 4
Isdes 45 .... 133 H 4
Isenay 58 .... 175 G 3
Iseran *Col de l'* 73 .... 235 F 3
Isigny-le-Buat 50 .... 52 A 5
Isigny-sur-Mer 14 .... 32 B 3
Island 89 .... 157 H 1
Isle 87 .... 205 G 5
L'Isle-Adam 95 .... 38 B 5
L'Isle-Arné 32 .... 296 C 4
Isle-Aubigny 10 .... 91 F 3
Isle-Aumont 10 .... 115 E 2
L'Isle-Bouzon 32 .... 296 C 1
Isle-Briand *Haras de l'* 49 .... 128 B 4
L'Isle-d'Abeau 38 .... 231 H 4
L'Isle-d'Abeau *Ville nouvelle* 38 .... 231 H 2
L'Isle-d'Espagnac 16 .... 221 F 1
L'Isle-en-Dodon 31 .... 316 D 3
Isle-et-Bardais 03 .... 173 H 5
L'Isle-Jourdain 32 .... 297 F 4
L'Isle-Jourdain 86 .... 187 E 5
Isle-Saint-Georges 33 .... 255 G 2
Isle-Savary *Château d'* 36 .... 170 D 2
L'Isle-sur-la-Sorgue 84 .... 305 F 1
L'Isle-sur-le-Doubs 25 .... 142 A 5
Isle-sur-Marne 51 .... 62 D 5
L'Isle-sur-Serein 89 .... 137 E 5
Les Isles-Bardel 14 .... 53 G 3
Isles-les-Meldeuses 77 .... 59 H 2
Isles-lès-Villenoy 77 .... 59 F 3
Isles-sur-Suippe 51 .... 41 H 2
Les Islettes 55 .... 43 F 5
Isneauville 76 .... 36 B 1
Isola 2B .... 289 G 2
Isola 2000 06 .... 289 H 2
Isolaccio-di-Fiumorbo 2B .... 349 F 2
Isômes 52 .... 139 G 4
Ispagnac 48 .... 282 C 1
Ispe 40 .... 254 B 5
Ispoure 64 .... 330 C 1
Isques 62 .... 6 B 2
Issac 24 .... 239 H 4
Les Issambres 83 .... 329 G 1
Issamoulenc 07 .... 266 C 1
Issancourt-et-Rumel 08 .... 27 E 3
Issanlas 07 .... 265 G 2
Issans 25 .... 142 B 4
Les Issards 09 .... 336 C 1
Issarlès 07 .... 265 G 1
Issé 44 .... 126 D 4
Isse 51 .... 61 H 1
Issel 11 .... 319 E 3
Issendolus 46 .... 260 D 2
Issenhausen 67 .... 68 C 3
Issenheim 68 .... 120 D 5
Issepts 46 .... 261 F 3
Isserpent 03 .... 210 D 1
Isserteaux 63 .... 228 B 2
Issigeac 24 .... 258 B 2
Issirac 30 .... 284 C 2
Issoire 43 .... 228 A 3
Issolud *Puy d'* 46 .... 242 D 4
Issoncourt 55 .... 63 H 2
Issor 64 .... 331 G 2
Issou 78 .... 57 G 2
Issoudun 36 .... 172 B 2
Issoudun-Létrieix 23 .... 207 G 2
Issus 31 .... 318 A 3
Issy-les-Moulineaux 92 .... 58 B 4
Issy-l'Évêque 71 .... 176 A 5
Les Istres-et-Bury 51 .... 61 H 2
Isturits 64 .... 311 F 4
Itancourt 02 .... 24 B 3
Iteuil 86 .... 186 B 2
Ithorots-Olhaïby 64 .... 311 H 4
Ittenheim 67 .... 97 G 1
Itterswiller 67 .... 97 E 3
Itteville 91 .... 87 H 3
Itxassou 64 .... 310 D 4
Itzac 81 .... 279 E 5
Ivergny 62 .... 12 D 3
Iverny 77 .... 59 F 2
Iviers 02 .... 25 H 3
Iville 27 .... 35 H 5
Ivors 60 .... 39 H 4
Ivory 39 .... 179 H 2
Ivoy-le-Pré 18 .... 155 F 3
Ivrey 39 .... 179 H 1

Ivry *Obélisque d'* 27 .... 56 D 2
Ivry-en-Montagne 21 .... 177 F 1
Ivry-la-Bataille 27 .... 56 D 3
Ivry-le-Temple 60 .... 37 H 4
Ivry-sur-Seine 94 .... 58 C 4
Iwuy 59 .... 14 C 3
Izaourt 65 .... 334 B 2
Izaut-de-l'Hôtel 31 .... 334 C 2
Izaux 65 .... 333 H 1
Izé 53 .... 106 D 2
Izeaux 38 .... 232 B 5
Izel-lès-Équerchin 62 .... 8 C 5
Izel-les-Hameaux 62 .... 13 E 2
Izenave 01 .... 214 B 2
Izernore 01 .... 196 C 5
Izeron 38 .... 250 B 2
Izeste 64 .... 332 A 1
Izeure 21 .... 160 B 5
Izier 21 .... 160 B 3
Izieu 01 .... 232 C 1
Izoard *Col d'* 05 .... 253 E 5
Izon 33 .... 237 H 5
Izon-la-Bruisse 26 .... 286 D 2
Izotges 32 .... 295 E 4
Izy 45 .... 111 F 3

J

Jablines 77 .... 59 F 2
Jabreilles-les-Bordes 87 .... 206 B 3
Jabrun 15 .... 263 G 1
Jacob-Bellecombette 73 .... 233 F 2
Jacou 34 .... 302 D 4
Jacque 65 .... 315 F 3
Jagny-sous-Bois 95 .... 58 D 1
Jaignes 77 .... 59 H 2
Jaillans 26 .... 249 H 3
La Jaille-Yvon 49 .... 128 B 3
Jaillon 54 .... 65 F 5
Jailly 58 .... 175 E 1
Jailly-les-Moulins 21 .... 159 F 1
Jainvillotte 88 .... 94 A 5
Jalesches 23 .... 189 H 5
Jaleyrac 15 .... 244 B 1
Jaligny-sur-Besbre 03 .... 192 C 4
Jallais 49 .... 148 D 4
Jallanges 21 .... 178 B 2
Jallans 28 .... 110 A 4
Jallaucourt 57 .... 66 B 4
Jallerange 25 .... 161 F 3
Jalognes 18 .... 155 H 4
Jalogny 71 .... 194 C 3
Jâlons 51 .... 61 H 1
La Jalousie 14 .... 33 G 5
Jambles 71 .... 177 G 4
Jambville 78 .... 57 G 1
Jaméricourt 60 .... 37 G 3
Jametz 55 .... 44 B 2
Jameyzieu 38 .... 231 H 1
Janailhac 87 .... 223 G 2
Janaillat 23 .... 206 D 2
Jancigny 21 .... 160 D 2
Jandun 08 .... 26 C 4
Janneyrias 38 .... 213 G 5
Jans 44 .... 126 C 4
Jansac 26 .... 268 B 3
Janville 14 .... 34 A 4
Janville 28 .... 110 D 2
Janville 60 .... 39 G 1
Janville-sur-Juine 91 .... 87 G 3
Janvilliers 51 .... 60 D 3
Janvry 51 .... 41 F 4
Janvry 91 .... 58 A 5
Janzé 35 .... 104 C 4
Jarcieu 38 .... 231 F 5
La Jard 17 .... 219 G 1
Jard-sur-Mer 85 .... 182 C 2
Le Jardin 19 .... 225 F 5
Jardin 38 .... 231 F 3
Jardres 86 .... 186 D 1
Jargeau 45 .... 133 G 2
Jarjayes 05 .... 269 H 4
Jarménil 88 .... 119 G 3
Jarnac 16 .... 220 C 1
Jarnac-Champagne 17 .... 219 H 2
Jarnages 23 .... 207 G 1
La Jarne 17 .... 200 C 1
Jarnioux 69 .... 212 C 3
Jarnosse 42 .... 211 H 2
Jarny 54 .... 45 F 5
Jarret 65 .... 333 E 1
La Jarrie 17 .... 200 D 1
Jarrie 38 .... 251 E 2
La Jarrie-Audouin 17 .... 201 H 2
Jarrier 73 .... 234 A 5
Jars 18 .... 155 G 2
Jarsy 73 .... 233 H 1
Jarville-la-Malgrange 54 .... 94 D 1

Jarzé Villages 49 .... 129 E 5
Jas 42 .... 230 A 1
Jasney 70 .... 118 D 5
Jassans-Riottier 01 .... 213 E 3
Jasseines 10 .... 91 G 3
Jasseron 01 .... 196 A 5
Jasses 64 .... 313 G 3
Jatxou 64 .... 310 D 3
Jau *Col de* 11 .... 341 H 2
Jau-Dignac-et-Loirac 33 .... 218 D 4
Jaucourt 10 .... 116 A 2
La Jaudonnière 85 .... 166 D 5
Jaudrais 28 .... 85 G 2
Jaujac 07 .... 266 A 3
Jauldes 16 .... 203 G 5
Jaulges 89 .... 114 C 5
Jaulgonne 02 .... 60 C 1
Jaulnay 37 .... 169 F 2
Jaulnes 77 .... 89 G 4
Jaulny 54 .... 65 F 2
Jaulzy 60 .... 39 H 2
Jaunac 07 .... 248 B 5
Jaunay-Clan 86 .... 169 F 5
Jaures 24 .... 240 B 3
Jausiers 04 .... 271 E 5
Jaux 60 .... 39 F 2
Jauzé 72 .... 108 A 2
Javaugues 43 .... 246 C 1
Javené 35 .... 81 E 5
Javerdat 87 .... 205 E 3
Javerlhac-et-la-Chapelle-Saint-Robert 24 .... 222 B 3
Javernant 10 .... 114 D 3
La Javie 04 .... 288 B 2
Javols 48 .... 264 B 2
Javrezac 16 .... 220 B 1
Javron 53 .... 82 D 4
Jax 43 .... 246 D 2
Jaxu 64 .... 311 F 5
Jayac 24 .... 241 H 4
Jayat 01 .... 195 G 3
Jazeneuil 86 .... 185 H 3
Jazennes 17 .... 219 G 2
Jeancourt 02 .... 24 A 1
Jeandelaincourt 54 .... 65 H 4
Jeandelize 54 .... 45 E 5
Jeanménil 88 .... 95 H 4
Jeansagnière 42 .... 229 E 1
Jeantes 02 .... 25 G 3
Jebsheim 68 .... 121 F 2
Jegun 32 .... 296 A 3
La Jemaye 24 .... 239 F 2
Jenlain 59 .... 15 E 2
Jenzat 03 .... 209 H 1
Jésonville 88 .... 118 D 3
Jessains 10 .... 91 H 5
Jetterswiller 67 .... 68 B 5
Jettingen 68 .... 143 G 3
Jeu-les-Bois 36 .... 172 A 5
Jeu-Maloches 36 .... 171 F 1
Jeufosse 78 .... 57 E 1
Jeugny 10 .... 114 D 3
Jeumont 59 .... 15 H 2
Jeurre 39 .... 196 D 3
Jeux-lès-Bard 21 .... 158 C 1
Jeuxey 88 .... 119 G 2
Jevoncourt 54 .... 94 D 3
Jezainville 54 .... 65 G 3
Jézeau 65 .... 333 H 3
Joannas 07 .... 266 A 4
Job 63 .... 229 E 2
Jobourg 50 .... 28 C 2
Jobourg *Nez de* 50 .... 28 C 2
Joch 66 .... 342 B 3
Jœuf 54 .... 45 G 4
Joganville 50 .... 29 G 5
Joigny 89 .... 113 H 5
Joigny-sur-Meuse 08 .... 26 D 2
Joinville 52 .... 92 D 3
Joinville-le-Pont 94 .... 58 D 4
Joiselle 51 .... 60 C 4
Jolimetz 59 .... 15 E 3
Jolivet 54 .... 95 G 1
Jonage 69 .... 213 G 5
Joncels 34 .... 301 G 3
La Jonchère 85 .... 182 D 2
La Jonchère-Saint-Maurice 87 .... 206 B 3
Jonchères 26 .... 268 B 3
Joncherey 90 .... 142 D 4
Jonchery 52 .... 116 D 3
Jonchery-sur-Suippe 51 .... 42 B 5
Jonchery-sur-Vesle 51 .... 41 E 3
Joncourt 02 .... 24 B 1
Joncreuil 10 .... 92 A 3
Joncy 71 .... 194 C 1
Jongieux 73 .... 215 E 5

Jonquerets-de-Livet 27 .... 55 F 1
Jonquerettes 84 .... 285 G 5
Jonquery 51 .... 41 E 5
Jonquières 11 .... 338 C 2
Jonquières 34 .... 302 A 4
Jonquières 60 .... 39 F 2
Jonquières 81 .... 299 F 4
Jonquières 84 .... 285 F 4
Jonquières-Saint-Vincent 30 .... 304 B 2
Jons 69 .... 213 G 5
Jonval 08 .... 26 D 5
Jonvelle 70 .... 118 C 5
Jonville-en-Woëvre 55 .... 65 E 1
Jonzac 17 .... 219 H 4
Jonzier-Épagny 74 .... 215 F 2
Jonzieux 42 .... 230 B 5
Joppécourt 54 .... 45 E 3
Jorquenay 52 .... 117 F 5
Jort 14 .... 54 A 2
Jorxey 88 .... 95 E 5
Josat 43 .... 246 D 2
Josnes 41 .... 132 C 3
Josse 40 .... 292 C 4
Josselin 56 .... 102 C 4
Jossigny 77 .... 59 F 3
Jou-sous-Monjou 15 .... 244 D 5
Jouac 87 .... 188 A 4
Jouaignes 02 .... 40 C 3
Jouancy 89 .... 137 E 4
Jouarre 77 .... 60 A 2
Jouars-Pontchartrain 78 .... 57 H 4
Jouaville 54 .... 45 F 5
Joucas 84 .... 305 G 1
Joucou 11 .... 337 F 4
Joudes 71 .... 196 A 2
Joudreville 54 .... 45 E 4
Joué-du-Bois 61 .... 83 E 2
Joué-du-Plain 61 .... 54 A 5
Joué-en-Charnie 72 .... 107 E 4
Joué-Étiau 49 .... 149 F 4
Joué-l'Abbé 72 .... 107 H 3
Joué-lès-Tours 37 .... 151 H 3
Joué-sur-Erdre 44 .... 147 H 1
Jouet-sur-l'Aubois 18 .... 174 B 1
Jouey 21 .... 159 E 5
Jougne 25 .... 180 D 4
Jouhe 39 .... 161 E 5
Jouhet 86 .... 187 F 2
Jouillat 23 .... 189 G 5
Jouques 13 .... 306 B 4
Jouqueviel 81 .... 279 G 3
Jourgnac 87 .... 223 G 1
Journans 01 .... 214 A 1
Journet 86 .... 187 G 3
Journiac 24 .... 240 D 4
Journy 62 .... 2 D 5
Jours-en-Vaux 21 .... 177 F 1
Jours-lès-Baigneux 21 .... 138 B 5
Joursac 15 .... 245 G 2
Joussé 86 .... 186 C 5
Jouvençon 71 .... 195 G 1
La Jouvente 35 .... 50 C 5
Joux 69 .... 212 B 4
Joux *Château de* 25 .... 180 C 2
Joux *Forêt de la* 39 .... 180 A 3
Joux-la-Ville 89 .... 136 D 5
Joux Plane *Col de la* 74 .... 216 D 1
Joux Verte *Col de la* 74 .... 198 D 5
Jouy 28 .... 86 B 3
Jouy 89 .... 112 D 3
Jouy-aux-Arches 57 .... 65 G 1
Jouy-en-Argonne 55 .... 43 H 5
Jouy-en-Josas 78 .... 58 B 4
Jouy-en-Pithiverais 45 .... 111 F 3
Jouy-le-Châtel 77 .... 60 A 5
Jouy-le-Moutier 95 .... 58 A 1
Jouy-le-Potier 45 .... 133 E 3
Jouy-lès-Reims 51 .... 41 F 4
Jouy-Mauvoisin 78 .... 57 F 2
Jouy-sous-les-Côtes 55 .... 64 D 5
Jouy-sous-Thelle 60 .... 37 H 3
Jouy-sur-Eure 27 .... 56 C 1
Jouy-sur-Morin 77 .... 60 B 4
Joyeuse 07 .... 266 A 5
Joyeux 01 .... 213 G 3
Joze 63 .... 210 A 4
Jozerand 63 .... 209 H 3
Jû-Belloc 32 .... 295 E 5
Juan-les-Pins 06 .... 309 F 4
Juaye-Mondaye 14 .... 33 E 4
Jubainville 88 .... 94 A 3
La Jubaudière 49 .... 148 D 4
Jubécourt 55 .... 43 G 5
Jublains 53 .... 106 C 2
Le Juch 29 .... 99 G 2
Jugazan 33 .... 256 C 1

A B C D E F G H I J K L M N O P Q R S T U V W X Y Z

Jugeals-Nazareth 19	242 C 3
Jugon-les-Lacs 22	79 E 4
Jugy 71	195 E 1
Juicq 17	201 G 4
Juif 71	178 B 5
Juignac 16	221 F 5
Juigné-des-Moutiers 44	127 F 4
Juigné-sur-Loire 49	149 G 2
Juigné-sur-Sarthe 72	129 E 2
Juignettes 27	55 F 3
Juillac 19	223 H 5
Juillac 32	295 F 5
Juillac 33	257 E 1
Juillac-le-Coq 16	220 B 2
Juillaguet 16	221 F 4
Juillan 65	315 E 5
Juillé 16	203 F 3
Juillé 72	107 G 2
Juillé 79	202 C 1
Juillenay 21	158 C 3
Juilles 32	296 D 4
Juilley 50	51 H 5
Juilly 21	158 D 1
Juilly 77	59 E 1
Jujols 66	341 H 3
Jujurieux 01	214 B 2
Julianges 48	246 A 5
Juliénas 69	194 D 5
Julienne 16	220 C 1
Julienrupt 88	119 H 3
Julianges 43	247 E 1
Jullié 69	194 D 5
Jullouville 50	51 F 3
Jully 89	137 G 3
Jully-lès-Buxy 71	177 G 5
Jully-sur-Sarce 10	115 F 3
Julos 65	333 E 1
Julvécourt 55	43 H 5
Jumeauville 78	57 G 2
Jumeaux 63	228 B 4
Les Jumeaux 79	168 B 4
Jumel 80	22 C 3
Jumelles 27	56 B 2
Jumelles 49	150 B 2
La Jumellière 49	149 F 3
Jumencourt 02	40 B 1
Jumièges 76	35 H 2
Jumigny 02	41 E 2
Jumilhac-le-Grand 24	223 F 3
Junas 30	303 F 3
Junay 89	137 E 2
Juncalas 65	333 E 1
Jungholtz 68	120 D 5
Junhac 15	262 C 2
Les Junies 46	259 G 4
Juniville 08	42 B 2
Jupilles 72	130 B 3
Jurançon 64	314 B 4
Juranville 45	112 A 4
Juré 42	211 F 4
Jurignac 16	220 D 3
Jurques 14	52 D 1
Jurvielle 31	334 A 4
Jury 57	65 H 1
Juscorps 79	185 E 5
Jusix 47	257 E 4
Jussac 15	244 B 4
Jussarupt 88	120 A 2
Jussas 17	238 B 1
Jussecourt-Minecourt 51	63 E 4
Jussey 70	140 C 2
Jussy 02	24 A 4
Jussy 57	65 G 1
Jussy 74	215 G 2
Jussy 89	136 B 4
Jussy-Champagne 18	173 G 2
Jussy-le-Chaudrier 18	156 A 5
Justian 32	295 E 3
Justine-Herbigny 08	26 A 5
Justiniac 09	318 A 5
Jutigny 77	89 F 3
Juvaincourt 88	94 C 4
Juvancourt 10	116 B 3
Juvanzé 10	91 H 5
Juvardeil 49	128 C 4
Juvelize 57	66 D 4
Juvignac 34	302 D 4
Juvigné 53	105 G 2
Juvignies 60	38 A 1
Juvigny 02	40 B 2
Juvigny 51	62 A 1
Juvigny 74	197 H 5
Juvigny-en-Perthois 55	93 E 2
Juvigny-le-Tertre 50	52 B 5
Juvigny-sous-Andaine 61	82 C 2
Juvigny-sur-Loison 55	44 B 2
Juvigny-sur-Orne 61	54 B 4
Juvigny-sur-Seulles 14	33 E 4
Juville 57	66 B 3
Juvinas 07	266 A 2
Juvincourt-et-Damary 02	41 F 2
Juvisy-sur-Orge 91	58 C 5
Juvrecourt 54	66 D 5
Juxue 64	311 G 5
Juzanvigny 10	91 H 4
Juzennecourt 52	116 C 2
Juzes 31	318 C 2
Juzet-de-Luchon 31	334 B 4
Juzet-d'Izaut 31	334 C 2
Juziers 78	57 G 2

K

Kalhausen 57	67 H 1
Kaltenhouse 67	69 E 3
Kanfen 57	45 G 2
Kappelen 68	143 G 2
Kappelkinger 57	67 F 2
Les Karellis 73	252 B 1
Katzenthal 68	121 E 2
Kauffenheim 67	69 F 3
Kaysersberg Vignoble 68	120 D 2
Kédange-sur-Canner 57	46 B 3
Keffenach 67	69 E 2
Kembs 68	143 G 2
Kembs-Loéchlé 68	143 H 2
Kemplich 57	46 B 3
Kerazan Manoir de 29	99 G 4
Kerbach 57	47 F 5
Kerbors 22	73 E 2
Kerdéniel Pointe de 29	75 F 3
Kerdévot Chapelle de 29	100 A 3
Kerfany-les-Pins 29	100 B 5
Kerfons Chapelle de 22	72 C 3
Kerfot 22	73 F 3
Kerfourn 56	102 A 3
Kergloff 29	76 D 4
Kergonadeac'h Château de 29	71 F 4
Kergrist 56	101 H 2
Kergrist Château de 22	72 C 4
Kergrist-Moëlou 22	77 F 4
Kergroadès Château de 29	70 B 5
Kerguehennec Château de 56	102 B 5
Kerien 22	77 G 3
Kérity 29	99 F 5
Kerjean Château de 29	71 F 4
Kerlaz 29	99 G 2
Kerling-lès-Sierck 57	46 B 2
Kerlouan 29	70 D 3
Kermaria 56	102 A 5
Kermaria Chapelle 22	73 G 4
Kermaria-Sulard 22	72 D 3
Kermoroc'h 22	73 E 4
Kernascléden 56	101 F 3
Kernével 29	100 B 3
Kernilis 29	70 D 4
Kernouës 29	70 D 4
Kérouzéré Château de 29	71 G 3
Kerpape 56	123 F 2
Kerpert 22	77 G 3
Kerprich-aux-Bois 57	67 G 4
Kersaint 29	70 B 4
Kersaint-Plabennec 29	70 D 5
Kertzfeld 67	97 F 3
Kervignac 56	123 G 2
Keskastel 67	67 G 2
Kesseldorf 67	69 G 2
Kienheim 67	68 C 5
Kientzheim 68	121 E 2
Kientzville 67	97 F 4
Kiffis 68	143 G 5
Killem 59	3 H 3
Kilstett 67	69 E 5
Kindwiller 67	68 C 3
Kingersheim 68	143 F 1
Kintzheim 67	97 E 5
Kirchberg 68	142 C 1
Kirchheim 67	97 F 1
Kirrberg 67	67 G 3
Kirrwiller 67	68 C 3
Kirsch-lès-Sierck 57	46 B 2
Kirschnaumen 57	46 B 2
Kirviller 57	67 G 2
Klang 57	46 B 3
Kleinfrankenheim 67	68 C 5
Klingenthal 67	97 E 2
Knœringue 68	143 G 3
Knœrsheim 67	68 B 5
Knutange 57	45 G 3
Kœking 57	45 H 2
Kœnigsmacker 57	45 H 2
Kœstlach 68	143 F 4
Kœtzingue 68	143 G 2
Kœur-la-Grande 55	64 C 4
Kœur-la-Petite 55	64 C 4
Kogenheim 67	97 F 4
Kolbsheim 67	97 F 1
Krautergersheim 67	97 F 2
Krautwiller 67	68 D 4
Kreuzweg Col du 67	96 D 3
Kriegsheim 67	68 D 4
Kruth 68	120 B 4
Kuhlendorf 67	69 F 2
Kunheim 68	121 F 3
Kuntzig 57	45 H 3
Kurtzenhouse 67	69 E 4
Kuttolsheim 67	68 C 5
Kutzenhausen 67	69 E 2

L

Laà-Mondrans 64	313 G 2
Laas 32	315 G 4
Laas 45	111 G 3
Laàs 64	313 F 3
Labalme 01	214 B 1
Labarde 33	237 F 3
Labaroche 68	120 D 2
Labarrère 32	275 E 5
Labarthe 32	316 B 2
Labarthe 82	277 H 3
Labarthe Moulin de 33	256 D 1
Labarthe-Bleys 81	279 E 4
Labarthe-Inard 31	334 D 1
Labarthe-Rivière 31	334 B 1
Labarthète 32	294 D 4
Labassère 65	333 E 1
Labastide 65	333 E 1
Labastide-Beauvoir 31	318 B 2
Labastide-Castel-Amouroux 47	275 E 1
Labastide-Cézéracq 64	313 H 3
Labastide-Chalosse 40	293 H 4
Labastide-Clermont 31	317 F 3
Labastide-d'Anjou 11	318 D 3
Labastide-d'Armagnac 40	274 B 5
Labastide-de-Lévis 81	299 E 1
Labastide-de-Penne 82	278 C 2
Labastide-de-Virac 07	284 B 1
Labastide-Dénat 81	299 E 2
Labastide-du-Haut-Mont 46	261 G 1
Labastide-du-Temple 82	277 G 4
Labastide-du-Vert 46	259 G 4
Labastide-en-Val 11	338 A 1
Labastide-Esparbairenque 11	319 H 3
Labastide-Gabausse 81	279 G 5
Labastide-Marnhac 46	277 H 1
Labastide-Monréjeau 64	314 A 2
Labastide-Murat 46	260 C 3
Labastide-Paumès 31	316 D 3
Labastide-Rouairoux 81	320 B 2
Labastide-Saint-Georges 81	298 D 3
Labastide-Saint-Pierre 82	297 H 1
Labastide-Saint-Sernin 31	298 A 3
Labastide-Savès 32	297 E 5
Labastide-sur-Bésorgues 07	266 A 2
Labastide-Villefranche 64	311 G 3
Labastidette 31	317 G 2
Labathude 46	261 F 2
Labatie-d'Andaure 07	248 C 4
Labatmale 64	314 C 5
Labatut 09	318 A 4
Labatut 40	293 E 5
Labatut 64	315 E 2
Labatut-Rivière 65	295 E 5
Labbeville 95	38 A 5
Labeaume 07	266 A 5
Labécède-Lauragais 11	319 E 3
Labège 31	298 A 5
Labégude 07	266 B 3
Labéjan 32	296 A 5
Labenne 40	292 A 4
Labenne-Océan 40	292 A 4
Labergement-du-Navois 25	180 A 1
Labergement-Foigney 21	160 C 4
Labergement-lès-Auxonne 21	160 D 5
Labergement-lès-Seurre 21	178 B 2
Labergement-Sainte-Marie 25	180 C 4
Laberlière 60	23 F 5
Labescau 33	256 C 5
Labesserette 15	262 C 2
Labessette 63	226 C 4
Labessière-Candeil 81	299 E 2
Labets-Biscay 64	311 G 3
Labeuville 55	65 E 1
Labeuvrière 62	7 H 4
Labeyrie 64	293 H 5
Lablachère 07	266 A 5
Laboissière-en-Santerre 80	23 E 4
Laboissière-en-Thelle 60	38 A 3
Laboissière-Saint-Martin 80	21 G 2
Laborde 65	333 G 2
Laborel 26	286 D 1
Labosse 60	37 H 3
Labouheyre 40	273 E 2
Labouiche Rivière souterraine de 09	336 D 2
Laboulbène 81	299 G 4
Laboule 07	265 H 5
Labouquerie 24	258 D 2
Labouret Col du 04	288 B 2
Labourgade 82	297 F 1
Labourse 62	8 A 4
Laboutarie 81	299 F 3
Labretonie 47	257 G 5
Labrihe 32	296 D 3
Labrit 40	273 H 4
Labroquère 31	334 A 2
Labrosse 45	111 H 4
Labrousse 15	262 C 1
Labroye 62	11 H 1
Labruguière 81	299 G 5
Labruyère 21	178 B 1
Labruyère 60	38 D 3
Labruyère-Dorsa 31	318 A 3
Labry 54	45 F 5
Labuissière 62	7 H 4
Laburgade 46	278 B 1
Lac-des-Rouges-Truites 39	197 F 1
Le Lac-d'Issarlès 07	265 H 1
Lacabarède 81	320 B 2
Lacadée 64	293 H 5
Lacajunte 40	294 A 4
Lacalm 12	263 F 2
Lacam-d'Ourcet 46	261 F 1
Lacanau 33	236 C 4
Lacanau-de-Mios 33	254 D 2
Lacanau-Océan 33	236 B 3
Lacanche 21	177 F 1
Lacapelle-Barrès 15	245 E 5
Lacapelle-Biron 47	258 D 3
Lacapelle-Cabanac 46	259 F 5
Lacapelle-del-Fraisse 15	262 C 1
Lacapelle-Livron 82	278 D 2
Lacapelle-Marival 46	261 E 2
Lacapelle-Pinet 81	280 B 4
Lacapelle-Ségalar 81	279 F 4
Lacapelle-Viescamp 15	243 H 5
Lacarre 64	330 C 1
Lacarry-Arhan-Charritte-de-Haut 64	331 E 2
Lacassagne 65	315 F 3
Lacaugne 31	317 G 4
Lacaune 81	300 C 3
Lacaussade 47	258 D 4
Lacave 09	335 E 2
Lacave 46	260 C 1
Lacaze 81	300 A 3
Lacelle 19	225 E 2
Lacenas 69	212 D 3
Lacépède 47	275 H 1
Lachaise 16	220 C 3
Lachalade 55	43 F 4
Lachambre 57	67 E 1
Lachamp 48	264 B 3
Lachamp-Raphaël 07	266 A 1
Lachapelle 47	257 F 4
Lachapelle 54	96 A 3
Lachapelle 80	21 H 3
Lachapelle 82	276 D 5
Lachapelle-aux-Pots 60	37 H 2
Lachapelle-Auzac 46	242 B 5
Lachapelle-en-Blaisy 52	116 C 2
Lachapelle-Graillouse 07	265 G 1
Lachapelle-Saint-Pierre 60	38 B 4
Lachapelle-sous-Aubenas 07	266 B 4
Lachapelle-sous-Chanéac 07	248 A 4
Lachapelle-sous-Chaux 90	142 B 2
Lachapelle-sous-Gerberoy 60	37 G 1
Lachapelle-sous-Rougemont 90	142 D 2
Lachassagne 69	212 D 3
Lachau 26	286 D 2
Lachaussée 55	65 E 2
Lachaussée-du-Bois-d'Écu 60	22 B 5
Lachaux 63	210 C 3
Lachelle 60	39 F 2
Lachy 51	61 E 4
Lacollonge 90	142 C 2
Lacombe 11	319 G 5
Lacommande 64	314 A 4
Lacoste 34	302 A 4
Lacoste 84	305 G 2
Lacougotte-Cadoul 81	298 D 4
Lacour 82	277 E 2
Lacour-d'Arcenay 21	158 C 3
Lacourt 09	335 F 1
Lacourt-Saint-Pierre 82	277 G 5
Lacq 64	313 H 2
Lacquy 40	274 B 5
Lacrabe 40	293 H 4
Lacres 62	6 C 3
Lacroisille 81	298 D 5
Lacroix-Barrez 12	262 D 1
Lacroix-Falgarde 31	317 H 2
Lacroix-Saint-Ouen 60	39 F 3
Lacroix-sur-Meuse 55	64 C 2
Lacropte 24	240 D 4
Lacrost 71	195 F 1
Lacrouzette 81	299 H 4
Lacs 36	189 G 1
Ladapeyre 23	189 H 5
Ladaux 33	256 B 2
Ladern-sur-Lauquet 11	337 H 1
Ladevèze-Rivière 32	295 E 5
Ladevèze-Ville 32	295 E 5
Ladignac-le-Long 87	223 F 2
Ladignac-sur-Rondelles 19	243 E 1
Ladinhac 15	262 C 2
Ladirat 46	261 F 1
Ladiville 16	220 D 3
Ladoix 21	177 H 1
Ladoix-Serrigny 21	177 H 1
Ladon 45	112 A 5
Lados 33	256 C 5
Ladoye-sur-Seille 39	179 F 4
Laduz 89	136 A 2
Lafage 11	318 D 5
Lafage-sur-Sombre 19	243 G 1
Lafarre 07	248 C 5
Lafarre 43	265 G 1
Lafat 23	188 D 4
Lafauche 52	93 G 5
Laféline 03	191 H 4
Laferté-sur-Amance 52	140 B 2
Laferté-sur-Aube 52	116 B 3
Lafeuillade-en-Vézie 15	262 C 1
Laffaux 02	40 C 2
Laffite-Toupière 31	316 D 5
Laffrey 38	251 E 3
Lafite Rothschild Château de 33	237 E 1
Lafitole 65	315 E 2
Lafitte 82	277 F 5
Lafitte-sur-Lot 47	275 H 1
Lafitte-Vigordane 31	317 F 4
Lafosse 33	237 G 3
Lafox 47	276 C 3
Lafrançaise 82	277 G 4
Lafraye 60	38 B 1
Lafresnoye 80	21 G 2
Lafrimbolle 57	96 B 1
Lagamas 34	302 A 4
Lagarde 09	336 D 2
Lagarde 31	318 C 3
Lagarde 32	275 H 5
Lagarde 57	67 E 5
Lagarde 65	315 E 4
Lagarde d'Apt 84	286 C 5
Lagarde-Enval 19	243 E 2
Lagarde-Hachan 32	316 A 3
Lagarde-Paréol 84	285 F 2
Lagarde-sur-le-Né 16	220 C 3
Lagardelle 46	259 F 5
Lagardelle-sur-Lèze 31	317 H 3
Lagardère 32	295 H 2
Lagardiolle 81	319 F 2
Lagarrigue 47	275 G 2
Lagarrigue 81	299 G 5
Lagatjar Alignements de 29	74 D 3
Lageon 79	168 A 4
Lagery 51	41 E 4
Lagesse 10	115 E 4
Laghet 06	309 H 2
Lagleygeolle 19	242 D 3
Laglorieuse 40	294 B 1
Lagnes 84	305 F 1
Lagnicourt-Marcel 62	13 H 1
Lagnieu 01	214 A 4
Lagny 60	23 G 5
Lagny-le-Sec 60	59 F 1
Lagny-sur-Marne 77	59 E 3
Lagor 64	313 H 3
Lagorce 07	266 B 5
Lagorce 33	238 C 3
Lagord 17	183 F 5
Lagos 64	314 C 5
Lagrâce-Dieu 31	317 H 3
Lagrand 05	287 E 1
Lagrange 40	274 C 5
Lagrange 65	333 H 1
Lagrange 90	142 D 1
Lagrasse 11	338 B 1
Lagraulas 32	295 G 3
Lagraulet-du-Gers 32	295 G 1
Lagraulet-Saint-Nicolas 31	297 F 2
Lagraulière 19	224 C 5
Lagrave 81	299 E 1
Lagruère 47	275 F 1
Laguenne 19	242 D 1
Laguépie 82	279 F 4
Laguian-Mazous 32	315 G 2
Laguinge-Restoue 64	331 F 2
Laguiole 12	263 F 3
Lagupie 47	257 E 4
Lahage 31	317 E 2
Laharie 40	272 D 4
Laharmand 52	116 D 3
Lahas 32	296 D 5
Lahaye-Saint-Romain 80	21 H 4
Lahaymeix 55	64 B 3
Lahayville 55	65 E 3
Laheycourt 55	63 F 2
Lahitère 31	335 F 1
Lahitte 32	296 B 4
Lahitte 65	333 G 1
Lahitte-Toupière 65	315 E 2
Lahonce 64	292 B 5
Lahontan 64	293 E 5
Lahosse 40	293 F 3
Lahourcade 64	313 H 3
Lahoussoye 80	22 D 1
Laifour 08	26 D 1
La Laigne 17	184 B 5
Laigné 53	128 A 2
Laigné-en-Belin 72	130 A 2
Laignelet 35	81 F 4
Laignes 21	137 H 2
Laigneville 60	38 C 3
Laigny 02	25 F 2
Laillé 35	104 A 4
Lailly 89	89 H 4
Lailly-en-Val 45	132 D 3
Laimont 55	63 G 3
Lain 89	135 H 5
Laines-aux-Bois 10	114 D 2
Lains 39	196 B 3
Lainsecq 89	156 D 1
Lainville-en-Vexin 78	57 G 1
Laire 25	142 B 4
Laires 62	7 F 3
Lairière 11	338 A 2
Lairoux 85	183 E 2
Laissac-Sévérac-l'Eglise 12	281 F 1
Laissaud 73	233 G 3
Laissey 25	162 B 3
Laître-sous-Amance 54	66 B 5
Laives 71	177 H 5
Laix 54	45 E 2
Laiz 01	195 E 5
Laizé 71	195 E 3
Laize-la-Ville 14	33 G 5
Laizy 71	176 C 3
Lajo 48	264 B 1
Lajoux 39	197 F 3
Lalacelle 61	83 E 3
Lalande 89	135 H 4
Lalande-de-Pomerol 33	238 C 4
Lalande-en-Son 60	37 G 2
Lalandelle 60	37 G 2
Lalandusse 47	257 H 3
Lalanne 32	296 B 2
Lalanne 65	316 A 4
Lalanne-Arqué 32	316 B 3
Lalanne-Trie 65	315 H 4
Lalaye 67	96 D 4
Lalbarède 81	299 E 4
Lalbenque 46	278 B 1
Laléu 64	84 A 2
Laleu 80	11 H 5
Lalevade-d'Ardèche 07	266 A 3
Lalheue 71	177 H 5
Lalinde 24	258 C 1
Lalizolle 03	209 G 1
Lallaing 59	9 E 5
Lalleu 35	126 D 2

A B C D E F G H I J K L M N O P Q R S T U V W X Y Z

Lalley 38 ... 268 D 1
Lalobbe 08 ... 26 A 4
Lalœuf 54 ... 94 C 3
Lalongue 64 ... 314 C 2
Lalonquette 64 ... 294 B 5
Laloubère 65 ... 315 E 5
Lalouret-Laffiteau 31 ... 316 B 5
Lalouvesc 07 ... 248 C 2
Laluque 40 ... 293 E 1
Lama 2B ... 345 E 5
Lamadeleine-Val-des-Anges 90 ... 142 C 1
Lamagdelaine 46 ... 260 B 5
Lamagistère 82 ... 276 D 4
Lamaguère 32 ... 316 D 2
Lamaids 03 ... 190 B 5
Lamairé 79 ... 168 B 4
Lamalou-les-Bains 34 ... 301 F 5
Lamancine 52 ... 116 D 2
Lamanère 66 ... 342 B 5
Lamanon 13 ... 305 F 3
Lamarche 88 ... 118 A 3
Lamarche-en-Woëvre 55 ... 65 E 3
Lamarche-sur-Saône 21 ... 160 D 3
Lamargelle 21 ... 159 H 1
Lamargelle-aux-Bois 21 ... 139 E 4
Lamaronde 21 ... 21 H 3
Lamarque 33 ... 237 F 2
Lamarque-Pontacq 65 ... 314 D 5
Lamarque-Rustaing 65 ... 315 G 2
Lamasquère 31 ... 317 G 2
Lamastre 07 ... 248 C 4
Lamath 54 ... 95 F 2
Lamativie 46 ... 243 F 5
Lamayou 64 ... 315 E 3
Lamazère 32 ... 295 H 5
Lamazière-Basse 19 ... 225 G 5
Lamazière-Haute 19 ... 226 B 2
Lambach 57 ... 68 A 1
Lambader 29 ... 71 G 4
Lamballe 22 ... 78 D 3
Lambersart 59 ... 8 D 2
Lambert 04 ... 288 A 2
Lamberville 50 ... 32 C 5
Lamberville 76 ... 20 A 3
Lambesc 13 ... 305 G 4
Lamblore 28 ... 85 E 2
Lambres 62 ... 7 G 3
Lambres-lez-Douai 59 ... 8 D 5
Lambrey 70 ... 140 D 1
Lambruisse 04 ... 288 C 4
Laméac 65 ... 315 G 3
Lamécourt 60 ... 38 D 2
Lamelouze 30 ... 283 G 3
Lamenay-sur-Loire 58 ... 175 F 4
Lamérac 16 ... 220 C 4
Lametz 08 ... 26 D 5
Lamillarié 81 ... 299 F 2
Lammerville 76 ... 20 A 3
Lamnay 72 ... 108 D 3
Lamongerie 19 ... 224 C 3
Lamontélarié 81 ... 300 B 4
Lamontgie 63 ... 228 B 4
Lamontjoie 47 ... 275 H 4
Lamonzie-Montastruc 24 ... 240 B 5
Lamonzie-Saint-Martin 24 ... 257 G 1
Lamorlaye 60 ... 38 C 5
Lamorville 55 ... 64 C 3
Lamothe 40 ... 293 H 2
Lamothe 43 ... 246 B 1
Lamothe-Capdeville 82 ... 277 H 4
Lamothe-Cassel 46 ... 260 B 3
Lamothe-Cumont 82 ... 296 D 1
Lamothe-en-Blaisy 52 ... 116 C 2
Lamothe-Fénelon 46 ... 259 H 1
Lamothe-Goas 32 ... 296 A 4
Lamothe-Landerron 33 ... 257 E 4
Lamothe-Montravel 24 ... 238 D 5
Lamotte-Beuvron 41 ... 133 F 5
Lamotte-Brebière 80 ... 22 C 2
Lamotte-Buleux 80 ... 11 G 2
Lamotte-du-Rhône 84 ... 284 D 2
Lamotte-Warfusée 80 ... 23 E 2
Lamouilly 55 ... 27 H 5
Lamoura 39 ... 197 F 3
Lampaul 29 ... 74 A 1
Lampaul-Guimiliau 29 ... 71 G 5
Lampaul-Plouarzel 29 ... 70 A 5
Lampaul-Ploudalmézeau 29 ... 70 B 4
Lampertheim 67 ... 68 D 5
Lampertsloch 67 ... 69 E 2
Lamure-sur-Azergues 69 ... 212 B 2
Lanans 25 ... 162 D 3
Lanarce 07 ... 265 G 2
Lanarvily 29 ... 70 B 4
Lanas 07 ... 266 B 4
Lancé 41 ... 131 G 4

Lanchères 80 ... 11 E 3
Lanches-Saint-Hilaire 80 ... 12 B 4
Lanchy 02 ... 23 H 2
Lancié 69 ... 212 D 1
Lancieux 22 ... 50 B 5
Lancôme 41 ... 131 H 5
Lançon 08 ... 43 E 3
Lançon 65 ... 333 H 3
Lançon-Provence 13 ... 305 F 4
Lancrans 01 ... 215 E 1
Landal Château de 35 ... 80 B 2
Landange 57 ... 67 G 5
Landas 59 ... 9 F 4
Landaul 56 ... 123 H 2
Landaville 88 ... 94 A 5
Landavran 35 ... 105 E 2
La Lande-Chasles 49 ... 150 C 1
La Lande-d'Airou 50 ... 51 H 3
La Lande-de-Fronsac 33 ... 237 H 4
La Lande-de-Goult 61 ... 83 F 2
La Lande-de-Lougé 61 ... 53 H 5
La Lande-Patry 61 ... 53 E 4
La Lande-Saint-Léger 27 ... 34 D 3
La Lande-Saint-Siméon 61 ... 53 F 3
La Lande-sur-Drôme 14 ... 32 C 5
La Lande-sur-Eure 61 ... 85 E 2
La Lande-Vaumont 14 ... 52 C 4
Landéan 35 ... 81 H 4
Landebaëron 22 ... 73 E 4
Landébia 22 ... 79 E 3
Le Landec 22 ... 79 F 4
Landécourt 54 ... 95 F 2
Landéda 29 ... 70 C 4
Landéhen 22 ... 78 D 4
Landeleau 29 ... 76 C 4
Landelles 28 ... 85 G 3
Landelles-et-Coupigny 14 ... 52 B 2
Landemont 49 ... 148 B 3
Landepéreuse 27 ... 55 F 1
Landerneau 29 ... 75 G 2
Landeronde 85 ... 165 G 5
Landerrouat 33 ... 257 E 2
Landerrouet-sur-Ségur 33 ... 256 D 3
Landersheim 67 ... 68 C 5
Landes 17 ... 201 G 3
Les Landes-Genusson 85 ... 166 B 2
Landes-le-Gaulois 41 ... 131 H 5
Landes-sur-Ajon 14 ... 33 E 5
Landes-Vieilles-et-Neuves 76 ... 21 F 3
Landévant 56 ... 123 H 2
Landévennec 29 ... 75 G 3
Landevieille 85 ... 165 E 5
Landéville 52 ... 93 F 4
Landeyrat 15 ... 245 F 1
Landifay-et-Bertaignemont 02 ... 24 D 2
Landigou 61 ... 53 F 4
Le Landin 27 ... 35 H 2
Landiras 33 ... 255 H 3
Landisacq 61 ... 53 E 4
Landivisiau 29 ... 71 F 5
Landivy 53 ... 81 G 3
Landogne 63 ... 208 D 4
Landonvillers 57 ... 46 B 5
Landorthe 31 ... 334 C 1
Landos 43 ... 265 F 1
Landouge 87 ... 205 G 5
Landouzy-la-Cour 02 ... 25 G 2
Landouzy-la-Ville 02 ... 25 G 2
Landrais 17 ... 201 E 2
Le Landreau 44 ... 148 A 4
Landrecies 59 ... 15 E 4
Landrecourt 55 ... 64 B 1
Landrellec 22 ... 72 C 2
Landremont 54 ... 65 H 4
Landres 54 ... 45 E 3
Landres-et-Saint-Georges 08 ... 43 F 4
Landresse 25 ... 162 D 3
Landrethun-le-Nord 62 ... 2 C 4
Landrethun-lès-Ardres 62 ... 2 D 4
Landrévarzec 29 ... 99 H 2
Landreville 10 ... 115 H 4
Landricourt 02 ... 40 B 1
Landricourt 51 ... 92 B 2
Landroff 57 ... 66 D 2
Landry 73 ... 234 D 2
Landser 68 ... 143 G 2
Landudal 29 ... 100 A 2
Landudec 29 ... 99 F 3
Landujan 35 ... 103 H 1
Landunvez 29 ... 70 B 4
Lanéria 39 ... 196 A 3
Lanespède 65 ... 315 G 5
Lanester 56 ... 123 F 2
Lanessan Château de 33 ... 237 E 2

Lanet 11 ... 338 A 3
Laneuvelle 52 ... 118 A 5
Laneuvelotte 54 ... 66 B 5
Laneuveville-aux-Bois 54 ... 95 H 1
Laneuveville-derrière-Foug 54 ... 65 E 5
Laneuveville-devant-Bayon 54 ... 95 E 3
Laneuveville-devant-Nancy 54 ... 94 D 1
Laneuveville-en-Saulnois 57 ... 66 C 3
Laneuveville-lès-Lorquin 57 ... 67 G 5
Laneuveville-à-Bayard 52 ... 92 D 2
Laneuveville-à-Rémy 52 ... 92 C 3
Laneuveville-au-Bois 52 ... 93 G 4
Laneuveville-au-Pont 52 ... 63 E 5
Laneuveville-au-Roi 52 ... 116 C 3
Laneuveville-au-Rupt 55 ... 64 D 5
Laneuveville-aux-Meuse 55 ... 43 G 1
Laneuvelleroy 60 ... 38 D 1
Lanfains 22 ... 78 A 4
Lanfroicourt 54 ... 66 B 4
Langan 35 ... 80 A 5
Langast 22 ... 78 C 5
Langatte 57 ... 67 G 4
Langé 36 ... 171 F 1
Langeac 43 ... 246 C 3
Langeais 37 ... 151 F 3
Langensoultzbach 67 ... 68 D 2
Langeron 58 ... 174 B 4
Langesse 45 ... 134 C 3
Langey 28 ... 109 G 4
Langlade 30 ... 303 G 2
Langley 88 ... 95 E 4
Langoat 22 ... 72 D 3
Langoëlan 56 ... 101 F 2
Langogne 48 ... 265 F 2
Langoiran 33 ... 255 H 2
Langolen 29 ... 100 A 2
Langon 33 ... 256 B 4
Langon 35 ... 126 A 3
Langon-sur-Cher 41 ... 154 A 4
Le Langon 85 ... 183 G 3
Langonnet 56 ... 100 D 2
Langonnet Abbaye de 56 ... 101 E 2
Langouet 35 ... 80 A 5
Langourla 22 ... 78 D 5
Langres 52 ... 139 G 2
Langrolay-sur-Rance 22 ... 79 H 3
Langrune-sur-Mer 14 ... 33 G 3
Languédias 22 ... 79 F 4
Languenan 22 ... 79 G 3
Langueux 22 ... 78 B 3
Languevoisin-Quiquery 80 ... 23 G 3
Languidic 56 ... 101 G 5
Languidou Chapelle de 29 ... 99 F 4
Languimberg 57 ... 67 F 4
Languivoa Chapelle de 29 ... 99 F 4
Langy 03 ... 192 C 5
Lanhélin 35 ... 80 A 3
Lanhères 55 ... 44 D 5
Lanhouarneau 29 ... 71 E 4
Lanildut 29 ... 70 A 5
Laning 57 ... 67 E 1
Laniscat 22 ... 77 G 5
Laniscourt 02 ... 24 C 5
Lanleff 22 ... 73 F 4
Lanloup 22 ... 73 G 3
Lanmérin 22 ... 72 D 3
Lanmeur 29 ... 72 A 4
Lanmodez 22 ... 73 F 2
Lann-Bihoué 56 ... 123 F 2
Lanne 65 ... 315 E 5
Lanne-en-Barétous 64 ... 331 F 2
Lanne-Soubiran 32 ... 294 D 3
Lannéanou 29 ... 76 C 2
Lannebert 22 ... 73 F 4
Lannecaube 64 ... 314 C 2
Lannédern 29 ... 76 B 4
Lannemaignan 32 ... 294 C 1
Lannemezan 65 ... 333 H 1
Lannepax 32 ... 295 G 2
Lanneplaà 64 ... 313 F 2
Lanneray 28 ... 109 H 4
Lannes 47 ... 275 F 5
Lannes 52 ... 117 F 5
Lanneuffret 29 ... 71 E 5
Lannilis 29 ... 70 C 4
Lannion 22 ... 72 C 3
Lannoy 59 ... 9 E 2
Lannoy-Cuillère 60 ... 21 F 4
Lannux 32 ... 294 C 4
Lano 2B ... 347 F 3
Lanobre 15 ... 226 C 4
Lanouaille 24 ... 223 F 5
Lanouée 56 ... 102 C 4

Lanoux 09 ... 335 H 1
Lanquais 24 ... 258 C 1
Lanques-sur-Rognon 52 ... 117 F 3
Lanquetot 76 ... 19 F 5
Lanrelas 22 ... 103 E 1
Lanrigan 35 ... 80 B 4
Lanrivain 22 ... 77 G 3
Lanrivoaré 29 ... 70 B 5
Lanrodec 22 ... 77 H 2
Lans 71 ... 177 H 4
Lans-en-Vercors 38 ... 250 C 2
Lansac 33 ... 237 G 3
Lansac 65 ... 315 F 5
Lansac 66 ... 338 B 5
Lansargues 34 ... 303 F 4
Lanslebourg-Mont-Cenis 73 ... 235 E 5
Lanslevillard 73 ... 235 F 5
Lanta 31 ... 298 B 5
Lantabat 64 ... 311 G 5
Lantages 10 ... 115 F 4
Lantan 18 ... 173 G 3
Lantéfontaine 54 ... 45 F 4
Lantenay 01 ... 214 C 2
Lantenay 21 ... 159 H 3
Lantenne-Vertière 25 ... 161 G 4
La Lanterne-et-les-Armonts 70 ... 141 H 2
Lanteuil 19 ... 242 C 3
Lanthenans 25 ... 163 E 2
Lanthes 21 ... 178 C 1
Lantheuil 14 ... 33 F 3
Lantic 22 ... 73 G 5
Lantignié 69 ... 212 C 1
Lantillac 56 ... 102 B 4
Lantilly 21 ... 158 D 1
Lanton 33 ... 254 C 2
Lantosque 06 ... 291 F 3
Lantriac 43 ... 247 G 4
Lanty 58 ... 175 H 4
Lanty-sur-Aube 52 ... 116 B 4
Lanuéjols 30 ... 282 B 4
Lanuéjols 48 ... 264 D 5
Lanuéjouls 12 ... 261 G 5
Lanvallay 22 ... 79 G 4
Lanvaudan 56 ... 101 F 4
Lanvellec 22 ... 72 B 4
Lanvénégen 56 ... 100 D 3
Lanvéoc 29 ... 75 E 3
Lanvézéac 22 ... 72 D 3
Lanvollon 22 ... 73 G 4
Lanzac 46 ... 242 B 5
Laon 02 ... 24 D 5
Laons 28 ... 56 B 5
Laouzas Barrage de 81 ... 300 C 4
Lapalisse 03 ... 192 D 5
Lapalud 84 ... 284 D 1
Lapan 18 ... 172 D 3
Lapanouse 12 ... 281 G 1
Lapanouse-de-Cernon 12 ... 281 H 5
Laparade 47 ... 275 H 1
Laparrouquial 81 ... 279 F 4
Lapège 09 ... 336 A 4
Lapenche 82 ... 278 C 3
Lapenne 09 ... 336 C 1
Lapenty 50 ... 81 G 2
Laperche 47 ... 257 G 4
Laperrière-sur-Saône 21 ... 160 D 5
Lapeyre 65 ... 315 H 3
Lapeyrère 31 ... 317 G 5
Lapeyrouse 01 ... 213 F 3
Lapeyrouse 63 ... 191 F 5
Lapeyrouse-Fossat 31 ... 298 A 4
Lapeyrouse-Mornay 26 ... 231 G 5
Lapeyrugue 15 ... 262 C 2
Lapleau 19 ... 243 G 1
Laplume 47 ... 275 H 4
Lapoutroie 68 ... 120 D 2
Lapouyade 33 ... 238 B 3
Lappion 02 ... 25 G 5
Laprade 11 ... 319 G 2
Laprade 16 ... 239 F 1
Lapradelle 11 ... 337 G 4
Laprugne 03 ... 211 E 3
Laps 63 ... 228 A 2
Lapte 43 ... 248 A 2
Lapugnoy 62 ... 7 H 4
Laquenexy 57 ... 66 B 1
Laqueuille 63 ... 227 E 2
Laragne-Montéglin 05 ... 287 F 1
Larajasse 69 ... 230 C 2
Laramière 46 ... 279 E 1
Laran 65 ... 316 A 5
Larbey 40 ... 293 G 3
Larbont 09 ... 335 H 2
Larbroye 60 ... 23 G 5

Larcan 31 ... 316 C 5
Larcat 09 ... 336 B 5
Larçay 37 ... 152 A 3
Larceveau-Arros-Cibits 64 ... 311 G 5
Larchamp 53 ... 81 G 4
Larchamp 61 ... 53 E 5
Larchant 77 ... 112 B 2
Larche 04 ... 271 F 4
Larche 19 ... 241 H 3
Larche Col de 04 ... 271 F 4
Le Larderet 39 ... 179 H 3
Lardier-et-Valença 05 ... 269 G 5
Lardiers 04 ... 287 E 4
Le Lardin-Saint-Lazare 24 ... 241 G 3
Lardy 91 ... 87 G 3
Larée 32 ... 295 E 1
Laréole 31 ... 297 E 3
Largeasse 79 ... 167 G 5
Largentière 07 ... 266 A 4
Largillay-Marsonnay 39 ... 196 C 1
Largitzen 68 ... 143 E 3
Largny-sur-Automne 02 ... 39 H 4
Largoët Forteresse de 56 ... 124 D 3
Larians-et-Munans 70 ... 162 B 1
Larivière 90 ... 142 D 2
Larivière-sur-Apance 52 ... 118 A 4
Larmor-Baden 56 ... 124 A 4
Larmor-Plage 56 ... 123 F 2
Larnage 26 ... 249 F 3
Larnagol 46 ... 260 D 5
Larnas 07 ... 266 D 5
Larnat 09 ... 336 B 5
Larnaud 39 ... 179 E 5
Larnod 25 ... 161 H 4
Laroche-près-Feyt 19 ... 226 C 1
Laroche-Saint-Cydroine 89 ... 113 H 5
Larochemillay 58 ... 176 A 3
Larodde 63 ... 226 C 3
Laroin 64 ... 314 A 4
Larone Col de 2A ... 349 G 4
Laronxe 54 ... 95 G 2
Laroque 33 ... 256 B 2
Laroque 34 ... 302 C 1
Laroque-de-Fa 11 ... 338 B 3
Laroque-des-Albères 66 ... 343 F 4
Laroque-des-Arcs 46 ... 260 B 5
Laroque-d'Olmes 09 ... 336 D 3
Laroque-Timbaut 47 ... 276 C 2
Laroquebrou 15 ... 243 H 4
Laroquevieille 15 ... 244 C 4
Larouillies 59 ... 15 G 5
Larra 31 ... 297 G 3
Larrau 64 ... 331 E 3
Larrazet 82 ... 297 F 1
Larré 56 ... 124 D 3
Larré 61 ... 83 H 3
Larressingle 32 ... 295 G 1
Larressore 64 ... 310 D 3
Larret 29 ... 70 B 5
Larret 70 ... 140 A 4
Larreule 64 ... 314 A 2
Larreule 65 ... 315 E 2
Larrey 21 ... 137 H 2
Larribar-Sorhapuru 64 ... 311 H 4
Larringes 74 ... 198 B 3
Larrivière-Saint-Savin 40 ... 294 A 2
Larrivoire 39 ... 196 D 4
Larroque 31 ... 316 B 5
Larroque 65 ... 316 A 4
Larroque 81 ... 278 D 5
Larroque-Engalin 32 ... 275 H 5
Larroque-Saint-Sernin 32 ... 296 A 2
Larroque-sur-l'Osse 32 ... 275 F 5
Larroque-Toirac 46 ... 261 F 4
Lartigue 32 ... 296 C 5
Lartigue 33 ... 274 C 2
Laruns 64 ... 332 A 2
Laruscade 33 ... 238 B 2
Larzac 24 ... 259 E 2
Larzicourt 51 ... 62 D 5
Lasalle 30 ... 283 F 5
Lasbordes 11 ... 319 E 4
Lascabanes 46 ... 277 H 1
Lascaux 19 ... 223 H 5
Lascaux Grotte de 24 ... 241 G 3
Lascazères 65 ... 295 E 5
Lascelle 15 ... 244 D 4
Laschamps-de-Chavanat 23 ... 207 E 1
Lasclaveries 64 ... 314 B 2
Lasfaillades 81 ... 300 A 5
Lasgraisses 81 ... 299 E 2
Laslades 65 ... 315 F 5
Lassales 65 ... 316 A 5
Lassay-les-Châteaux 53 ... 82 C 3
Lassay-sur-Croisne 41 ... 153 G 3
Lasse 49 ... 150 C 1

Lasse 64 ... 330 B 1
Lasserade 32 ... 295 E 4
Lasséran 32 ... 296 A 5
Lasserre 09 ... 335 F 1
Lasserre 31 ... 297 F 4
Lasserre 47 ... 275 G 4
Lasserre 64 ... 294 D 5
Lasserre-de-Prouille 11 ... 319 F 5
Lasseube 64 ... 314 A 4
Lasseube-Propre 32 ... 296 B 5
Lasseubetat 64 ... 314 A 5
Lassicourt 10 ... 91 H 4
Lassigny 60 ... 23 F 5
Lasson 14 ... 33 F 4
Lasson 89 ... 114 C 4
Lassouts 12 ... 263 F 5
Lassur 09 ... 336 C 5
Lassy 14 ... 53 E 2
Lassy 35 ... 103 H 4
Lassy 95 ... 38 D 5
Lastelle 50 ... 31 G 3
Lastic 15 ... 246 A 3
Lastic 63 ... 226 D 1
Lastioulles Barrage de 15 ... 226 D 5
Lastours 11 ... 319 H 4
Lataule 60 ... 39 E 1
Le Latet 39 ... 179 H 3
La Latette 39 ... 180 A 4
Lathuile 74 ... 215 H 5
Lathus 86 ... 187 G 4
Latillé 86 ... 185 H 1
Latilly 02 ... 40 B 5
Latoue 31 ... 316 C 5
Latouille-Lentillac 46 ... 261 F 1
Latour 31 ... 317 G 5
Latour-Bas-Elne 66 ... 343 F 3
Latour-de-Carol 66 ... 341 E 4
Latour-de-France 66 ... 338 B 5
Latour-en-Woëvre 55 ... 65 E 1
Latrape 31 ... 317 G 5
Latrecey 52 ... 116 C 5
Latresne 33 ... 255 G 1
Latrille 40 ... 294 C 4
Latronche 19 ... 243 H 1
Latronquière 46 ... 261 G 1
Lattainville 60 ... 37 G 4
La Latte Fort 22 ... 50 A 4
Lattes 34 ... 302 D 5
Lattre-Saint-Quentin 62 ... 13 E 2
Lau-Balagnas 65 ... 332 D 2
Laubach 67 ... 68 D 3
Laubert 48 ... 264 D 4
Les Laubies 48 ... 264 B 2
Laubressel 10 ... 91 F 5
Laubrières 53 ... 105 F 5
La Lauch Lac de 68 ... 120 C 4
Laucourt 80 ... 23 F 4
Laudrefang 57 ... 66 D 1
Laudun-l'Ardoise 30 ... 284 D 4
Laugnac 47 ... 276 B 2
Laujuzan 32 ... 294 D 2
Laulne 50 ... 31 G 3
Laumesfeld 57 ... 46 C 3
Launac 31 ... 297 F 3
Launaguet 31 ... 298 A 4
Launay 27 ... 35 G 5
Launay-Villiers 53 ... 105 G 3
Launois-sur-Vence 08 ... 26 C 4
Launoy 02 ... 40 B 4
Launstroff 57 ... 46 C 2
La Laupie 26 ... 267 F 3
Laurabuc 11 ... 319 E 5
Laurac 11 ... 319 E 5
Laurac-en-Vivarais 07 ... 266 A 4
Lauraët 32 ... 295 G 1
Lauraguel 11 ... 337 F 1
Laure-Minervois 11 ... 320 A 4
Laurède 40 ... 293 G 2
Laurenan 22 ... 102 D 1
Laurens 34 ... 301 G 5
Lauresses 46 ... 261 G 2
Lauret 34 ... 302 D 2
Lauret 40 ... 294 B 5
Laurie 15 ... 245 H 1
Laurière 24 ... 240 D 1
Laurière 87 ... 206 B 2
Lauris 84 ... 305 H 3
Lauroux 34 ... 301 G 3
Laussac 12 ... 263 E 1
Laussonne 43 ... 247 G 4
Laussou 47 ... 258 D 4
Lautaret Col du 05 ... 252 B 3
Lautenbach 68 ... 120 D 4
Lautenbachzell 68 ... 120 D 4
Lauterbourg 67 ... 69 H 1
Lauthiers 86 ... 187 E 1
Lautignac 31 ... 317 E 3

Lautrec 81 299 F 3
Lauw 68 142 D 1
Lauwin-Planque 59 8 D 5
Laux-Montaux 26 286 C 1
Lauzach 56 124 D 4
Lauzerte 82 277 F 2
Lauzerville 31 298 B 5
Lauzières 17 183 F 5
Lauzun 47 257 H 3
Lava *Col de* 2A 346 A 5
Lava *Golfe de* 2A 348 B 3
Lavacquerie 60 22 A 4
Laval 38 251 F 1
Laval 53 106 A 3
Laval *Chalets de* 05 252 C 3
Laval-Atger 48 264 D 1
Laval-d'Aix 26 268 B 2
Laval-d'Aurelle 07 265 G 4
Laval-de-Cère 46 243 F 5
Laval-du-Tarn 48 282 B 1
Laval-en-Brie 77 89 E 4
Laval-en-Laonnois 02 40 D 1
Laval-le-Prieuré 25 163 E 4
Laval-Morency 08 26 B 2
Laval-Pradel 30 283 H 3
Laval-Roquecezière 12 300 B 2
Laval-Saint-Roman 30 284 C 2
Laval-sur-Doulon 43 228 C 5
Laval-sur-Luzège 19 243 G 1
Laval-sur-Tourbe 51 42 D 5
Laval-sur-Vologne 88 119 H 2
Lavalade 24 258 D 2
Lavaldens 38 251 F 4
Lavalette 11 319 G 5
Lavalette 31 298 B 4
Lavalette 34 301 G 4
Lavalette *Barrage de* 43 247 H 2
Lavallée 55 64 B 4
Le Lavancher 74 217 E 2
Lavancia-Epercy 39 196 C 4
Le Lavandou 83 329 E 4
Lavangeot 39 161 F 5
Lavannes 51 41 H 3
Lavans-lès-Dole 39 161 F 5
Lavans-lès-Saint-Claude 39 196 D 3
Lavans-Quingey 25 161 H 5
Lavans-sur-Valouse 39 196 C 4
Lavans-Vuillafans 25 162 B 5
Lavaqueresse 02 25 E 1
Lavardac 47 275 F 2
Lavardens 32 296 A 3
Lavardin 41 131 F 3
Lavardin 72 107 G 4
Lavaré 72 108 C 4
Lavars 38 250 D 5
Lavasina 2B 345 G 3
Lavastrie 15 245 G 5
Lavatoggio 2B 346 C 2
Lavau 10 91 E 5
Lavau 89 135 F 5
Lavau-sur-Loire 44 146 D 3
Lavaudieu 43 246 C 1
Lavaufranche 23 190 A 4
Lavault-de-Frétoy 58 176 A 1
Lavault-Sainte-Anne 03 190 D 4
Les Lavaults 89 158 B 3
Lavaur 24 259 E 3
Lavaur 81 298 D 3
Lavaurette 82 278 C 3
Lavausseau 86 185 H 1
Lavaveix-les-Mines 23 207 G 2
Lavazan 33 256 C 5
Laveissenet 15 245 G 4
Laveissière 15 245 E 3
Lavelanet 09 336 D 3
Lavelanet-de-Comminges 31 317 F 4
Laveline-devant-Bruyères 88 120 A 2
Laveline-du-Houx 88 119 H 2
Lavenay 72 130 D 3
Laventie 62 8 B 2
Lavéra 13 325 G 4
Laveraët 32 295 G 5
Lavercantière 46 259 H 3
Laverdines 18 173 H 1
Lavergne 46 260 D 1
Lavergne 47 257 G 3
Lavernat 72 130 B 4
Lavernay 25 161 G 3
Lavernhe 12 281 G 2
Lavernose-Lacasse 31 317 G 3
Lavernoy 52 117 H 5
Laverrière 60 21 H 4
Laversine 02 40 A 3

Laversines 60 38 B 2
Lavérune 34 302 D 5
Laveyron 26 249 E 1
Laveyrune 07 265 F 3
Laveyssière 24 239 H 5
Lavieu 42 229 G 3
Laviéville 80 22 D 1
Lavigerie 15 245 E 2
Lavignac 87 223 F 1
Lavignéville 55 64 D 3
Lavigney 70 140 C 3
Lavignolle 26 255 F 3
Lavigny 39 179 F 4
Lavillatte 07 265 G 2
Laville-aux-Bois 52 117 E 3
Lavilledieu 07 266 C 4
Lavilleneuve 52 117 G 4
Lavilleneuve-au-Roi 52 116 C 3
Lavilleneuve-aux-Fresnes 52 116 B 2
Lavilletertre 60 37 H 4
Lavincourt 55 63 G 5
Laviolle 07 266 B 1
Laviron 25 163 E 3
Lavit-de-Lomagne 82 296 D 1
Lavoncourt 70 140 C 4
Lavours 01 214 D 4
Lavoûte-Chilhac 43 246 B 2
Lavoûte-sur-Loire 43 247 F 3
Lavoux 86 186 D 1
Lavoye 55 63 G 4
Lawarde-Mauger-l'Hortoy 80 22 B 4
Laxou 54 65 H 4
Lay 42 211 H 3
Lay-Lamidou 64 313 G 4
Lay-Saint-Christophe 54 65 H 5
Lay-Saint-Remy 54 94 A 1
Laye 05 269 G 2
Laymont 32 317 E 3
Layrac 47 276 B 4
Layrac-sur-Tarn 31 298 A 2
Layrisse 65 315 F 5
Lays-sur-le-Doubs 71 178 C 2
Laz 29 76 B 5
Lazenay 18 172 C 1
Lazer 05 287 F 1
Léalvillers 80 13 E 5
Léaupartie 14 34 B 4
Léaz 01 215 E 1
Lebetain 90 142 D 4
Lebeuville 54 95 E 3
Lebiez 62 6 D 4
Leboulin 32 296 B 4
Lebreil 46 277 F 1
Lebucquière 62 13 H 4
Lécaude 14 34 B 5
Lecci 2A 349 G 5
Lecelles 59 9 F 4
Lecey 52 139 H 2
Lechâtelet 21 178 B 1
Léchelle 62 13 H 5
Léchelle 77 89 G 2
La Léchère 73 234 B 2
Les Lèches 24 239 G 4
Lechiagat 29 99 F 5
Lécluse 59 14 A 2
Lécourt 52 117 H 4
Lécousse 35 81 E 4
Lecques 30 303 F 2
Les Lecques 83 327 G 4
Lect 39 196 C 3
Lectoure 32 296 B 1
Lecumberry 64 330 C 1
Lécussan 31 316 A 5
Lédas-et-Penthiès 81 280 B 4
le Lédat 47 258 B 5
Lédenon 30 304 A 1
Lédergues 12 280 C 4
Lederzeele 59 3 G 4
Lédignan 30 283 H 5
Ledinghem 62 6 D 2
Ledringhem 59 3 G 4
Lée 64 314 B 4
Leers 59 9 E 2
Lées-Athas 64 331 H 3
Leffard 14 53 G 2
Leffincourt 08 42 C 2
Leffond 70 139 H 4
Leffonds 52 117 E 5
Leffrinckoucke 59 3 G 4
Lège 31 334 B 3
Legé 44 165 G 2
Lège-Cap-Ferret 33 254 B 1

Légéville-et-Bonfays 88 118 D 2
Léglantiers 60 38 D 1
Légna 39 196 C 3
Légny 69 212 C 4
Léguevin 31 297 G 5
Léguillac-de-Cercles 24 221 H 5
Léguillac-de-l'Auche 24 240 B 2
Lehaucourt 02 24 B 1
Léhélec *Château de* 56 125 F 4
Léhon 22 79 G 4
Leigné-les-Bois 86 169 H 4
Leigné-sur-Usseau 86 169 G 3
Leignes-sur-Fontaine 86 187 F 2
Leigneux 42 229 G 1
Leimbach 68 142 D 1
Leintrey 54 95 H 1
Leiterswiller 67 69 F 2
Lélex 01 197 E 4
Lelin-Lapujolle 32 294 D 3
Lelling 57 67 E 1
Lemainville 54 94 D 2
Lembach 67 69 E 1
Lemberg 57 68 B 1
Lembeye 64 314 D 2
Lembras 24 239 H 5
Lemé 02 25 C 2
Lème 64 294 B 5
Leménil-Mitry 54 95 E 3
Lémeré 37 169 E 1
Lemmecourt 88 94 A 5
Lemmes 55 43 H 5
Lemoncourt 57 66 B 3
Lempaut 81 299 F 5
Lempdes 63 209 H 5
Lempdes-sur-Allagnon 43 228 A 5
Lempire 02 24 A 1
Lempire-aux-Bois 55 43 H 5
Lemps 07 249 E 3
Lemps 26 286 B 1
Lempty 63 210 A 5
Lempzours 24 222 D 5
Lemud 57 66 B 1
Lemuy 39 179 H 2
Lénault 14 53 E 2
Lenax 03 193 E 4
Lencloître 86 169 E 4
Lencouacq 40 274 A 4
Lendresse 64 313 G 2
Lengelsheim 57 48 C 5
Lengronne 50 51 G 2
Lenharrée 51 61 H 4
Léning 57 67 E 2
Lénizeul 52 117 H 4
Lennon 29 76 A 5
Lenoncourt 54 95 E 1
Lens 62 8 B 5
Lens-Lestang 26 231 G 5
Lent 01 213 H 1
Lent 39 180 A 4
Lentigny 42 211 G 3
Lentillac-Lauzès 46 260 C 4
Lentillac-Saint-Blaise 46 261 G 4
Lentillères 07 266 A 3
Lentilles 10 92 A 3
Lentilly 69 212 D 5
Lentiol 38 231 G 5
Lento 2B 347 F 2
Léobard 46 259 H 2
Léogeats 33 255 H 4
Léognan 33 255 F 2
Léojac 82 277 H 5
Léon 40 292 B 1
Léoncel 26 249 H 5
Léotoing 43 228 A 5
Léouville 45 111 F 2
Léoville 17 220 B 4
Lépanges-sur-Vologne 88 119 H 2
Lépaud 23 190 B 5
Lépin-le-Lac 73 233 E 2
Lépinas 23 207 F 2
Lépine 62 6 B 5
Lépron-les-Vallées 08 26 B 3
Lepuix 90 142 B 1
Lepuix-Neuf 90 143 E 4
Léran 09 336 D 2
Lercoul 09 336 A 5
Léré 18 156 A 2
Léren 64 292 D 5
Lérigneux 42 229 F 2
Lerm-et-Musset 33 274 C 1
Lerné 37 150 D 5
Lérouville 55 64 C 4
Lerrain 88 118 D 2
Léry 21 138 D 5
Léry 27 36 B 3
Lerzy 02 25 F 1
Lesbœufs 80 13 H 5

Lescar 64 314 A 3
Leschaux 74 215 G 5
Leschelle 02 25 E 1
Lescheraines 73 215 G 5
Leschères 39 197 E 2
Leschères-sur-le-Blaiseron 52 92 D 5
Lescherolles 77 60 B 4
Lescheroux 01 195 G 3
Lesches-en-Diois 26 268 C 3
Lesches 77 59 F 3
Lesconil 29 99 G 5
Lescousse 09 336 A 1
Lescout 81 299 F 5
Lescun 64 331 G 4
Lescuns 31 317 E 5
Lescure 09 335 G 2
Lescure-d'Albigeois 81 299 F 1
Lescure-Jaoul 12 279 G 3
Lescurry 65 315 F 3
Lesdain 59 14 B 4
Lesdins 02 24 B 2
Lesges 02 40 C 3
Lesgor 40 293 F 1
Lésigny 86 170 A 3
Lésigny 77 59 E 4
Le Leslay 22 78 A 4
Lesme 71 192 D 1
Lesménils 54 65 G 3
Lesmont 10 91 G 4
Lesneven 29 71 E 4
Lesparre-Médoc 33 218 D 5
Lesparrou 09 336 D 3
Lespéron 07 265 F 3
Lesperon 40 272 C 5
Lespesses 62 7 G 3
Lespielle 64 314 D 2
Lespignan 34 321 G 4
Lespinasse 31 297 H 3
Lespinasse *Château de* 43 246 A 1
Lespinassière 11 320 A 1
Lespinoy 62 6 D 5
Lespiteau 31 334 C 1
Lesponne 65 333 F 2
Lespouey 65 315 F 5
Lespourcy 64 314 D 3
Lespugue 31 316 B 5
Lesquerde 66 338 A 4
Lesquielles-Saint-Germain 02 24 D 1
Lesquin 59 8 D 3
Lessac 16 204 C 2
Lessard-en-Bresse 71 178 B 4
Lessard-et-le-Chêne 14 54 C 1
Lessard-le-National 71 177 H 3
Lessay 50 31 G 3
Lesse 57 66 C 2
Lesseux 88 96 C 4
Lesson 85 184 C 3
Lessy 57 65 G 1
Lestanville 76 20 A 3
Lestards 19 225 E 3
Lestelle-Bétharram 64 314 C 5
Lestelle-de-Saint-Martory 31 334 D 1
Lesterps 16 204 D 3
Lestiac-sur-Garonne 33 255 H 2
Lestiou 41 132 C 4
Lestrade-et-Thouels 12 280 D 5
Lestre 50 29 G 4
Lestrem 62 8 A 2
Létanne 08 27 G 5
Léthuin 28 86 D 5
Letia 2A 348 C 1
Létra 69 212 C 3
Létricourt 54 66 B 3
Letteguives 27 36 C 2
Lettret 05 269 G 4
Leubringhen 62 2 B 4
Leuc 11 337 H 1
Leucamp 15 262 C 2
Leucate 11 339 E 3
Leucate-Plage 11 339 F 3
Leuchey 52 139 F 3
Leudeville 91 87 H 2
Leudon-en-Brie 77 60 B 4
Leuglay 21 138 C 2
Leugny 86 169 H 3
Leugny 89 136 A 4
Leugny *Château de* 37 152 B 3
Leuhan 29 100 B 2
Leuilly-sous-Coucy 02 40 B 1
Leulinghem 62 3 F 5
Leulinghen-Bernes 62 2 B 4

Leurville 52 93 F 5
Leury 02 40 B 2
Leutenheim 67 69 F 3
Leuville-sur-Orge 91 87 G 2
Leuvrigny 51 61 E 1
Le Leuy 40 293 H 2
Leuze 02 25 H 2
La Levade 30 283 G 2
Levainville 28 86 C 3
Leval 59 15 F 3
Leval 90 142 D 2
Levallois-Perret 92 58 B 3
Levant *Île du* 83 329 E 5
Levaré 53 81 H 4
Levécourt 52 117 H 3
Levens 06 291 E 4
Levergies 02 24 B 1
Levernois 21 177 H 2
Léves 28 86 A 3
Les Lèves-et-Thoumeyragues 33 257 F 1
Levesville-la-Chenard 28 86 D 5
Levet 18 173 E 3
Levie 2A 349 F 5
Levier 25 180 B 2
Lévignac 31 297 G 4
Lévignac-de-Guyenne 47 257 F 3
Lévignacq 40 272 C 4
Lévignen 60 39 G 4
Lévigny 10 92 A 5
Levis 89 135 H 5
Lévis-Saint-Nom 78 57 H 5
Levoncourt 55 64 B 4
Levoncourt 68 143 E 5
Levroux 36 171 G 2
Lewarde 59 14 B 2
Lexos 82 279 E 4
Lexy 54 44 D 1
Ley 57 66 D 5
Leychert 09 336 C 3
Leydé *Pointe de* 29 75 F 5
Leyme 46 261 E 1
Leymen 68 143 G 4
Leyment 01 214 A 3
Leynes 71 194 D 5
Leynhac 15 261 H 2
Leyr 54 66 B 4
Leyrat 23 190 A 4
Leyrieu 38 213 H 5
Leyritz-Moncassin 47 275 E 1
Leyssard 01 214 B 1
Leyvaux 15 245 G 1
Leyviller 57 67 F 1
Lez 31 334 B 3
Lez-Fontaine 59 15 H 3
Lézan 30 283 G 5
Lézardrieux 22 73 F 3
Lézat 39 197 E 2
Lézat-sur-Lèze 09 317 H 5
Lezay 79 185 H 5
Lezennes 59 8 D 3
Lezéville 52 93 F 3
Lezey 57 66 D 4
Lézignac-Durand 16 204 C 5
Lézignan 65 333 E 1
Lézignan-Corbières 11 320 C 5
Lézignan-la-Cèbe 34 322 C 3
Lézigné 49 129 E 4
Lézigneux 42 229 G 3
Lézinnes 89 137 F 3
Lezoux 63 210 B 5
Lhéraule 60 37 H 1
Lherm 31 317 G 2
Lherm 46 259 G 4
Lhéry 51 41 E 4
Lhez 65 315 F 5
Lhommaizé 86 186 D 3
Lhôpital 01 214 D 2
Lhor 57 67 F 3
Lhospitalet 46 277 H 1
Lhoumois 79 168 B 5
Lhuis 01 214 C 5
Lhuître 10 91 F 2
Lhuys 02 40 D 3
Liac 65 315 F 2
Liancourt 60 38 D 3
Liancourt-Fosse 80 23 G 2
Liancourt-Saint-Pierre 60 37 H 4
Liart 08 26 A 3
Lias 32 297 F 5
Lias-d'Armagnac 32 294 D 1
Liausson 34 301 H 4
Libaros 65 315 H 4
Libération *Croix de la* 71 176 D 2
Libercourt 62 8 C 4
Libermont 60 23 G 4

Libourne 33 238 B 5
Librecy 08 26 B 3
Licey-sur-Vingeanne 21 160 D 1
Lichans-Sunhar 64 331 F 2
Lichères 16 203 F 4
Lichères-près-Aigremont 89 136 D 4
Lichères-sur-Yonne 89 157 F 1
Lichos 64 313 F 3
Lichtenberg 67 68 B 2
Licourt 80 23 G 2
Licq-Athérey 64 331 E 2
Licques 62 2 D 5
Licy-Clignon 02 40 B 5
Lidrezing 57 67 E 3
Liebenswiller 68 143 G 4
Liebsdorf 68 143 F 4
Liebvillers 25 163 F 2
Liederschiedt 57 48 C 5
Lieffrans 70 140 D 5
Le Liège 37 152 C 4
Liéhon 57 65 H 2
Liencourt 62 13 E 2
Lieoux 31 316 C 5
Lièpvre 68 96 D 5
Liéramont 80 14 A 5
Liercourt 80 11 H 4
Lières 62 7 G 3
Liergues 69 212 D 3
Liernais 21 158 C 4
Liernolles 03 193 E 3
Lierval 02 40 D 1
Lierville 60 37 G 4
Lies 65 333 F 1
Liesle 25 179 G 1
Liesse-Notre-Dame 02 25 E 5
Liessies 59 15 H 4
Liesville-sur-Douve 50 31 H 2
Liettres 62 7 G 3
Lieu-Saint-Amand 59 14 C 2
Lieuche 06 289 G 4
Lieucourt 70 161 F 2
Lieudieu 38 231 H 4
Lieurac 09 336 C 2
Lieuran-Cabrières 34 301 H 5
Lieuran-lès-Béziers 34 321 G 3
Lieurey 27 35 E 4
Lieuron 35 103 H 5
Lieury 14 54 B 1
Lieusaint 50 29 F 5
Lieusaint 77 88 A 2
Lieutadès 15 263 F 1
Lieuvillers 60 38 D 1
Liévans 70 141 G 4
Liévin 62 8 B 5
Lièvremont 25 180 D 1
Liez 02 24 B 4
Liez 85 184 B 3
Liffol-le-Grand 88 93 H 5
Liffol-le-Petit 52 93 G 5
Liffré 35 104 C 2
Ligardes 32 275 H 5
Ligescourt 80 11 G 1
Liget *Chartreuse du* 37 152 D 5
Ligniac 19 226 B 4
Liglet 86 187 H 2
Lignac 36 188 A 3
Lignairolles 11 337 E 1
Lignan-de-Bazas 33 256 B 5
Lignan-de-Bordeaux 33 255 H 1
Lignan-sur-Orb 34 321 F 3
Lignareix 19 225 H 2
Ligné 16 203 E 4
Ligné 44 148 A 2
Lignères 61 54 D 4
Lignereuil 62 13 E 2
Lignerolles 03 190 D 5
Lignerolles 21 138 C 2
Lignerolles 27 56 C 3
Lignerolles 36 189 H 2
Lignerolles 61 84 C 2
Lignéville 88 118 C 2
Ligneyrac 19 242 C 3
Lignières 10 114 D 5
Lignières 18 172 D 5
Lignières 41 131 H 2
Lignières 80 23 E 4
Lignières-Châtelain 80 21 G 3
Lignières-de-Touraine 37 151 F 3
Lignières-en-Vimeu 80 11 F 5
Lignières-la-Carelle 72 83 H 4
Lignières-Orgères 53 83 E 2
Lignières-Sonneville 16 220 C 3
Lignières-sur-Aire 55 64 B 4
Lignol 56 101 F 3
Lignol-le-Château 10 116 B 2

A B C D E F G H I J K L M N O P Q R S T U V W X Y Z

A B C D E F G H I J K L M N O P Q R S T U V W X Y Z

Lignon 51 ... 91 H 2
Lignorelles 89 ... 136 C 2
Lignou 61 ... 53 G 5
Ligny-en-Barrois 55 ... 93 F 1
Ligny-en-Brionnais 71 ... 193 H 5
Ligny-en-Cambrésis 59 ... 14 C 4
Ligny-le-Châtel 89 ... 136 C 2
Ligny-le-Ribault 45 ... 133 E 4
Ligny-lès-Aire 62 ... 7 G 3
Ligny-Saint-Flochel 62 ... 7 G 5
Ligny-sur-Canche 62 ... 12 C 2
Ligny-Thilloy 62 ... 13 G 4
Ligré 37 ... 151 E 5
Ligron 72 ... 129 G 3
Ligsdorf 68 ... 143 F 4
Ligueil 37 ... 170 A 1
Ligueux 24 ... 240 D 1
Ligueux 33 ... 257 F 1
Ligugé 86 ... 186 B 2
Lihons 80 ... 23 F 2
Lihus 60 ... 22 A 5
Les Lilas 93 ... 58 C 3
Lilhac 31 ... 316 C 4
Lilignod 01 ... 214 D 3
Lille 59 ... 8 D 2
Lillebonne 76 ... 35 F 1
Lillemer 35 ... 80 A 2
Lillers 62 ... 7 H 3
Lilly 27 ... 37 E 2
Limalonges 79 ... 203 F 1
Limans 04 ... 287 E 5
Limanton 58 ... 175 G 2
Limas 69 ... 212 D 3
Limay 78 ... 57 F 2
Limbrassac 09 ... 336 D 2
Limé 02 ... 40 D 3
Limeil-Brévannes 94 ... 58 D 4
Limendous 64 ... 314 C 4
Limeray 37 ... 152 C 2
Limersheim 67 ... 97 G 2
Limerzel 56 ... 125 E 4
Limésy 76 ... 20 A 5
Limetz-Villez 78 ... 57 E 1
Limeuil 24 ... 240 D 5
Limeux 18 ... 172 C 1
Limeux 80 ... 11 G 4
Limey-Remenauville 54 ... 65 F 3
Limeyrat 24 ... 241 E 2
Limoges 87 ... 205 G 5
Limoges-Fourches 77 ... 88 B 2
Limogne-en-Quercy 46 ... 278 D 1
Limoise 03 ... 174 B 5
Limon 58 ... 175 E 2
Limonest 69 ... 213 E 4
Limons 63 ... 210 B 3
Limont-Fontaine 59 ... 15 G 3
Limony 07 ... 231 E 5
Limours-en-Hurepoix 91 ... 87 F 2
Limousis 11 ... 319 H 4
Limoux 11 ... 337 G 2
La Limouzinière 44 ... 165 G 1
La Limouzinière 85 ... 166 A 5
Limpiville 76 ... 19 E 4
Linac 46 ... 261 G 3
Linard 23 ... 189 F 4
Linards 87 ... 224 C 1
Linars 16 ... 221 E 1
Linas 91 ... 87 G 2
Linay 08 ... 27 H 4
Linazay 86 ... 203 F 1
Lincel 04 ... 306 C 1
Lincheux-Hallivillers 80 ... 21 H 2
Lindebeuf 76 ... 19 H 4
Le Lindois 16 ... 222 B 1
Lindre-Basse 57 ... 67 E 4
Lindre-Haute 57 ... 67 E 4
Lindry 89 ... 136 A 3
Linexert 70 ... 141 H 3
Lingé 36 ... 170 C 4
Lingeard 50 ... 52 B 4
Lingèvres 14 ... 33 E 4
Linghem 62 ... 7 G 3
Lingolsheim 67 ... 97 G 1
Lingreville 50 ... 51 F 1
Linguizzetta 2B ... 347 G 4
Linières-Bouton 49 ... 150 H 1
Liniers 86 ... 186 D 1
Liniez 36 ... 171 H 2
Linsdorf 68 ... 143 G 4
Linselles 59 ... 4 D 5
Linthal 68 ... 120 C 4
Linthelles 51 ... 61 F 5
Linthes 51 ... 61 F 4
Lintot 76 ... 19 F 5
Lintot-les-Bois 76 ... 20 B 5
Linxe 40 ... 272 B 5
Liny-devant-Dun 55 ... 43 H 2

Linzeux 62 ... 12 C 2
Liocourt 57 ... 66 B 3
Liomer 80 ... 21 G 2
Le Lion-d'Angers 49 ... 128 B 4
Lion-devant-Dun 55 ... 43 H 2
Lion-en-Beauce 45 ... 111 E 3
Lion-en-Sullias 45 ... 134 B 4
Lion-sur-Mer 14 ... 33 G 3
Liorac-sur-Louyre 24 ... 240 B 5
Le Lioran 15 ... 245 E 3
Liouc 30 ... 303 E 1
Le Liouquet 13 ... 327 G 4
Liourdres 19 ... 243 E 5
Liouville 55 ... 64 D 4
Lioux 84 ... 286 B 5
Lioux-les-Monges 23 ... 208 C 3
Liposthey 40 ... 273 E 1
Lipsheim 67 ... 97 G 2
Lirac 30 ... 285 E 4
Liré 49 ... 148 B 2
Lirey 10 ... 114 D 3
Lironcourt 88 ... 118 B 4
Lironville 54 ... 65 F 3
Liry 08 ... 42 D 3
Lisbourg 62 ... 7 F 4
Liscia Golfe de la 2A ... 348 C 1
Lisieux 14 ... 34 C 5
Lisle 24 ... 240 B 1
Lisle 41 ... 131 F 2
Lisle-en-Barrois 55 ... 63 G 2
L'Isle-en-Rigault 55 ... 63 G 4
Lisle-sur-Tarn 81 ... 298 C 2
Lislet 02 ... 25 G 4
Lison 14 ... 32 B 3
Lison Source du 25 ... 180 A 2
Lisores 14 ... 54 C 2
Lisors 27 ... 36 D 3
Lissac 09 ... 318 A 4
Lissac 43 ... 247 E 2
Lissac-et-Mouret 46 ... 261 F 3
Lissac-sur-Couze 19 ... 242 B 3
Lissay-Lochy 18 ... 173 E 2
Lisse 47 ... 275 F 4
Lisse-en-Champagne 51 ... 62 D 3
Lisses 91 ... 87 H 2
Lisseuil 63 ... 209 F 2
Lissey 55 ... 44 B 3
Lissieu 69 ... 212 D 4
Lissy 77 ... 88 B 2
Listrac-de-Durèze 33 ... 257 E 1
Listrac-Médoc 33 ... 237 E 3
Lit-et-Mixe 40 ... 272 B 4
Lithaire 50 ... 31 G 3
Litteau 14 ... 32 C 4
Littenheim 67 ... 68 C 4
Littry 14 ... 32 C 4
Litz 60 ... 38 C 2
Livaie 61 ... 83 F 3
Livarot-Pays-d'Auge 14 ... 54 C 1
Liverdun 54 ... 65 G 5
Liverdy-en-Brie 77 ... 59 F 5
Livernon 46 ... 261 E 3
Livers-Cazelles 81 ... 279 F 5
Livet 53 ... 106 C 3
Livet-en-Saosnois 72 ... 83 H 4
Livet-et-Gavet 38 ... 251 F 2
Livilliers 95 ... 58 A 1
Livinhac-le-Haut 12 ... 261 H 4
La Livinière 34 ... 320 B 4
Livré-la-Touche 53 ... 105 G 5
Livré-sur-Changeon 35 ... 104 D 2
Livron 64 ... 314 D 4
Livron-sur-Drôme 26 ... 267 F 1
Livry 14 ... 32 D 5
Livry 58 ... 174 B 4
Livry-Gargan 93 ... 58 D 2
Livry-Louvercy 51 ... 42 A 5
Livry-sur-Seine 77 ... 88 B 3
Lixhausen 67 ... 68 C 4
Lixheim 57 ... 67 H 4
Lixières 54 ... 65 H 3
Lixing-lès-Rouhling 57 ... 47 G 5
Lixing-lès-Saint-Avold 57 ... 67 E 1
Lixy 89 ... 113 E 2
Lizac 82 ... 277 F 4
Lizant 86 ... 203 G 2
Lizeray 36 ... 172 A 2
Lizières 23 ... 206 C 1
Lizine 25 ... 180 A 1
Lizines 77 ... 89 F 3
Lizio 56 ... 102 C 5
Lizos 65 ... 315 F 4
Lizy 02 ... 40 C 1
Lizy-sur-Ourcq 77 ... 59 H 1
La Llagonne 66 ... 341 G 4

Llauro 66 ... 342 D 3
Llo 66 ... 341 F 4
Llous 66 ... 341 F 5
Llupia 66 ... 342 D 2
Lobsann 67 ... 69 E 2
Loc-Brévalaire 29 ... 70 D 4
Loc Dieu Ancienne Abbaye de 12 ... 279 E 1
Loc-Eguiner 29 ... 71 F 5
Loc-Eguiner-Saint-Thégonnec 29 ... 76 A 2
Loc-Envel 22 ... 72 C 5
Locarn 22 ... 77 E 4
Loché 71 ... 194 D 5
Loché-sur-Indrois 37 ... 170 D 1
Loches 37 ... 152 C 5
Loches-sur-Ource 10 ... 115 H 4
Le Locheur 14 ... 33 F 5
Lochieu 01 ... 214 D 3
Lochwiller 67 ... 68 B 5
Locmalo 56 ... 101 G 2
Locmaria 22 ... 72 C 5
Locmaria 56 ... 144 C 4
Locmaria Chapelle de 29 ... 70 D 5
Locmaria-Berrien 29 ... 76 C 3
Locmaria-Grand-Champ 56 ... 124 B 2
Locmaria-Plouzané 29 ... 74 D 2
Locmariaquer 56 ... 124 A 4
Locmélar 29 ... 75 H 2
Locminé 56 ... 102 A 5
Locmiquélic 56 ... 123 F 2
Locoal-Mendon 56 ... 123 H 3
Locon 62 ... 8 A 3
Loconville 60 ... 37 H 4
Locqueltas 56 ... 124 B 2
Locquémeau 22 ... 72 B 3
Locquénolé 29 ... 71 H 4
Locquignol 59 ... 15 F 3
Locquirec 29 ... 72 B 3
Locronan 29 ... 99 G 2
Loctudy 29 ... 99 G 5
Locunolé 29 ... 100 D 4
Loddes 03 ... 193 E 5
Lodève 34 ... 301 H 3
Lods 25 ... 180 B 1
Lœuilley 70 ... 160 D 1
Lœuilly 80 ... 22 B 3
Lœx 74 ... 197 H 5
Loffre 59 ... 9 E 5
La Loge 62 ... 7 E 5
La Loge-aux-Chèvres 10 ... 91 G 5
La Loge des Gardes 03 ... 211 E 3
Loge-Fougereuse 85 ... 184 C 1
La Loge-Pomblin 10 ... 114 D 4
Logelbach 68 ... 121 E 3
Logelheim 68 ... 121 F 3
Les Loges 14 ... 52 D 1
Les Loges 52 ... 139 H 3
Les Loges 76 ... 18 D 4
Les Loges-en-Josas 78 ... 58 A 4
Les Loges-Marchis 50 ... 81 F 2
Les Loges-Margueron 10 ... 115 E 4
Les Loges-Saulces 14 ... 53 G 3
Les Loges-sur-Brécey 50 ... 52 A 4
Le Logis-du-Pin 06 ... 308 D 2
Le Logis-Neuf 01 ... 195 G 5
Le Logis-Neuf 13 ... 327 E 2
Lognes 77 ... 59 E 3
Logny-Bogny 08 ... 26 B 3
Logny-lès-Aubenton 02 ... 25 H 2
Logny-lès-Chaumont 08 ... 25 H 4
Logonna-Daoulas 29 ... 75 G 3
Logrian-Florian 30 ... 303 E 1
Logron 28 ... 109 H 3
Loguivy-de-la-Mer 22 ... 73 F 2
Loguivy-Plougras 22 ... 72 C 5
Lohéac 35 ... 103 H 5
Lohitzun-Oyhercq 64 ... 311 H 5
Lohr 67 ... 68 A 3
Lohuec 22 ... 76 D 2
Loigné-sur-Mayenne 53 ... 128 B 2
Loigny-la-Bataille 28 ... 110 C 3
Loiré 49 ... 127 H 4
Loire-les-Marais 17 ... 200 D 2
Loire-sur-Nie 17 ... 202 B 3
Loire-sur-Rhône 69 ... 231 E 3
Loiron-Ruillé 53 ... 105 G 4
Loisail 61 ... 84 C 3
Loisey-Culey 55 ... 63 H 4
Loisia 39 ... 196 B 2
Loisieux 73 ... 232 H 4
Loisin 74 ... 197 H 4
Loison 55 ... 44 D 4
Loison-sous-Lens 62 ... 8 C 5
Loison-sur-Créquoise 62 ... 6 D 5

Loisy 54 ... 65 G 3
Loisy 71 ... 195 F 1
Loisy-en-Brie 51 ... 61 F 3
Loisy-sur-Marne 51 ... 62 C 4
Loivre 51 ... 41 G 3
Loix 17 ... 182 D 5
Loizé 79 ... 202 D 1
Lolif 50 ... 51 G 4
Lolme 24 ... 258 D 2
Lombard 25 ... 161 G 5
Lombard 39 ... 179 E 4
Lombers 81 ... 299 F 2
Lombez 32 ... 316 D 2
Lombia 64 ... 314 D 3
Lombray 02 ... 39 H 1
Lombreuil 45 ... 112 B 5
Lombron 72 ... 108 A 4
Lomener 56 ... 123 E 2
Lomme 59 ... 8 C 2
Lommerange 57 ... 45 F 3
Lommoye 78 ... 57 E 2
Lomné 65 ... 333 G 2
Lomont 70 ... 142 A 3
Lomont-sur-Crête 25 ... 162 D 2
Lompnas 01 ... 214 B 5
Lompnieu 01 ... 214 D 3
Lompret 59 ... 8 C 2
Lonçon 64 ... 314 A 2
La Londe 76 ... 36 A 3
La Londe-les-Maures 83 ... 328 D 4
Londigny 16 ... 203 F 2
Londinières 76 ... 20 D 2
Long 80 ... 11 H 4
Longages 31 ... 317 G 3
Longaulnay 35 ... 79 H 5
Longavesnes 80 ... 23 H 1
Longchamp 21 ... 160 C 4
Longchamp 52 ... 117 G 3
Longchamp 73 ... 234 A 4
Longchamp 88 ... 95 G 5
Longchamp-sous-Châtenois 88 ... 94 B 5
Longchamp-sur-Aujon 10 ... 116 B 3
Longchamps 02 ... 24 D 1
Longchamps 27 ... 37 F 3
Longchamps-sur-Aire 55 ... 64 B 3
Longchaumois 39 ... 197 E 2
Longcochon 39 ... 180 A 4
Longeau 52 ... 139 G 3
Longeault 21 ... 160 C 4
Longeaux 55 ... 93 F 1
Longechaux 25 ... 162 D 4
Longechenal 38 ... 232 A 4
Longecourt-en-Plaine 21 ... 160 B 4
Longecourt-lès-Culêtre 21 ... 159 F 5
Longefoy 73 ... 234 C 2
Longemaison 25 ... 162 D 5
Longemer 88 ... 120 B 3
Longepierre 71 ... 178 C 2
Le Longeron 49 ... 166 C 1
Longes 69 ... 230 D 3
Longessaigne 69 ... 212 B 5
Longevelle 70 ... 141 H 4
Longevelle-lès-Russey 25 ... 163 E 3
Longevelle-sur-Doubs 25 ... 142 A 5
Longèves 17 ... 183 G 5
Longèves 85 ... 183 H 2
La Longeville 25 ... 180 D 1
Longeville 25 ... 180 B 1
Longeville-en-Barrois 55 ... 63 H 4
Longeville-lès-Metz 57 ... 65 G 1
Longeville-lès-Saint-Avold 57 ... 46 D 5
Longeville-sur-la-Laines 52 ... 92 A 3
Longeville-sur-Mer 85 ... 182 C 2
Longeville-sur-Mogne 10 ... 115 E 3
Longevilles-Mont-d'Or 25 ... 180 C 4
Longfossé 62 ... 6 C 2
La Longine 70 ... 119 H 5
Longjumeau 91 ... 58 B 5
Longlaville 54 ... 45 E 1
Longmesnil 76 ... 21 E 5
Longnes 72 ... 107 F 4
Longnes 78 ... 57 E 2
Longny-au-Perche 61 ... 84 D 3
Longperrier 77 ... 59 E 1
Longpont 02 ... 40 A 4
Longpont-sur-Orge 91 ... 87 G 2
Longpré-le-Sec 10 ... 115 H 2
Longpré-les-Corps-Saints 80 ... 11 H 4
Longraye 14 ... 33 E 4
Longré 16 ... 203 E 3
Longroy 76 ... 11 E 5
Longsols 10 ... 91 F 4
Longué 49 ... 150 B 2
Longueau 80 ... 22 C 2
Longuefuye 53 ... 128 C 2

Longueil 76 ... 20 A 2
Longueil-Annel 60 ... 39 G 1
Longueil-Sainte-Marie 60 ... 39 F 3
Longuenesse 62 ... 3 F 5
Longuenoë 61 ... 83 F 3
Longuerue 76 ... 20 C 5
Longues 63 ... 228 A 2
Longues-sur-Mer 14 ... 33 E 2
Longuesse 95 ... 57 H 1
Longueval 80 ... 13 G 5
Longueval-Barbonval 02 ... 40 D 3
Longueville 14 ... 32 C 2
Longueville 47 ... 257 F 5
Longueville 50 ... 51 F 2
La Longueville 59 ... 15 G 2
Longueville 62 ... 2 D 5
Longueville 77 ... 89 F 3
Longueville-sur-Aube 10 ... 90 C 2
Longueville-sur-Scie 76 ... 20 B 3
Longuevillette 80 ... 12 C 4
Longuyon 54 ... 44 C 2
Longvic 21 ... 160 A 3
Longvillers 14 ... 53 E 1
Longvillers 80 ... 12 B 4
Longvilliers 62 ... 6 B 3
Longvilliers 78 ... 87 E 2
Longwé 08 ... 43 E 2
Longwy 54 ... 45 E 1
Longwy-sur-le-Doubs 39 ... 178 D 2
Lonlay-l'Abbaye 61 ... 52 D 5
Lonlay-le-Tesson 61 ... 53 G 5
Lonnes 16 ... 203 F 3
Lonny 08 ... 26 C 2
Lonrai 61 ... 83 G 3
Lons 64 ... 314 A 3
Lons-le-Saunier 39 ... 179 E 5
Lonzac 17 ... 219 H 2
Le Lonzac 19 ... 224 D 4
Looberghe 59 ... 3 F 3
Loon-Plage 59 ... 3 F 2
Loos 59 ... 8 C 3
Loos-en-Gohelle 62 ... 8 B 4
Looze 89 ... 113 H 5
Loperec 29 ... 75 H 4
Loperhet 29 ... 75 G 2
Lopigna 2A ... 348 C 1
Loqueffret 29 ... 76 B 3
Lor 02 ... 41 G 1
Loray 25 ... 162 D 4
Lorcières 15 ... 246 A 4
Lorcy 45 ... 112 A 4
Lordat 09 ... 336 C 5
Loré 61 ... 82 B 3
Lorentzen 67 ... 67 H 2
Loreto-di-Casinca 2B ... 347 G 2
Loreto-di-Tallano 2A ... 349 E 5
Lorette 42 ... 230 C 3
Le Loreur 50 ... 51 G 2
Loreux 41 ... 154 A 2
Le Lorey 50 ... 31 H 5
Lorey 54 ... 95 E 2
Lorges 41 ... 132 B 3
Lorgies 62 ... 8 B 3
Lorgues 83 ... 307 H 5
La Lorie Château de 49 ... 128 A 4
Lorient 56 ... 123 F 2
Loriges 03 ... 192 B 5
Lorignac 17 ... 219 F 3
Lorigné 79 ... 203 E 1
Loriol-du-Comtat 84 ... 285 G 4
Loriol-sur-Drôme 26 ... 267 E 1
Lorlanges 43 ... 228 A 5
Lorleau 27 ... 37 E 2
Lormaison 60 ... 38 A 4
Lormaye 28 ... 57 E 5
Lormes 58 ... 157 H 4
Lormont 33 ... 237 G 5
Lornay 74 ... 215 E 3
Loromontzey 54 ... 95 F 3
Le Loroux 35 ... 81 G 4
Le Loroux-Bottereau 44 ... 148 A 4
Lorp-Sentaraille 09 ... 335 F 2
Lorquin 57 ... 67 G 5
Lorrez-le-Bocage 77 ... 112 D 2
Lorris 45 ... 134 B 2
Lorry-lès-Metz 57 ... 45 G 5
Lorry-Mardigny 57 ... 65 G 2
Lortet 65 ... 333 H 4
Loscouët-sur-Meu 22 ... 103 F 2
Losne 21 ... 160 C 5
Losse 40 ... 274 C 4
Lostanges 19 ... 242 D 3
Lostroff 57 ... 67 F 3
Lothey 29 ... 75 H 5
Lottinghen 62 ... 6 D 2
Le Lou-du-Lac 35 ... 103 H 2
Louailles 72 ... 129 E 3

Louan 77 ... 89 H 2
Louannec 22 ... 72 D 2
Louans 37 ... 152 A 5
Louargat 22 ... 72 D 5
Louâtre 02 ... 40 A 4
Loubajac 65 ... 332 D 1
Loubaresse 07 ... 265 G 3
Loubaresse 15 ... 246 A 5
Loubaut 09 ... 317 G 5
Loubédat 32 ... 295 E 3
Loubejac 24 ... 259 F 4
Loubens 09 ... 336 A 2
Loubens 33 ... 256 D 3
Loubens-Lauragais 31 ... 298 C 5
Loubers 81 ... 279 E 5
Loubersan 32 ... 316 A 2
Loubès-Bernac 47 ... 257 G 2
Loubeyrat 63 ... 209 G 4
Loubieng 64 ... 313 G 2
La Loubière 12 ... 280 D 1
Loubières 09 ... 336 B 2
Loubigné 79 ... 202 D 2
Loubillé 79 ... 202 D 2
Loublande 79 ... 167 E 2
Loubressac 46 ... 243 E 5
Loucé 61 ... 54 A 5
Loucelles 14 ... 33 E 4
Louchats 33 ... 255 G 4
Louches 62 ... 2 D 4
Louchy-Montfand 03 ... 192 A 4
Loucrup 65 ... 333 E 1
Loudéac 22 ... 102 B 2
Loudenvielle 65 ... 333 H 4
Loudervielle 65 ... 333 H 4
Loudes 43 ... 247 E 3
Loudet 31 ... 316 A 5
Loudrefing 57 ... 67 F 3
Loudun 86 ... 168 D 2
Loué 72 ... 107 E 4
La Loue Source de 25 ... 180 C 1
Louens 33 ... 237 F 4
Louer 40 ... 293 F 2
Louerre 49 ... 150 A 3
Louesme 21 ... 138 C 2
Louesme 89 ... 135 G 3
Louestault 37 ... 130 D 5
Loueuse 60 ... 21 G 5
Louey 65 ... 315 E 5
Lougé-sur-Maire 61 ... 53 H 5
Lougratte 47 ... 258 B 4
Lougres 25 ... 142 B 5
Louhans-Châteaurenaud 71 ... 178 C 5
Louhossoa 64 ... 311 E 4
Louignac 19 ... 241 G 1
Louin 79 ... 168 B 4
Louisfert 44 ... 126 D 4
Louit 65 ... 315 F 4
Loulans-Verchamp 70 ... 162 B 1
Loulay 17 ... 201 H 2
Loulle 39 ... 179 H 4
La Loupe 28 ... 85 F 3
Loupeigne 02 ... 40 C 4
Loupershouse 57 ... 67 F 1
Loupes 33 ... 255 H 1
Loupfougères 53 ... 82 D 5
Loupia 11 ... 337 F 2
Loupiac 12 ... 261 F 4
Loupiac 15 ... 244 B 3
Loupiac 33 ... 256 B 3
Loupiac 46 ... 260 B 1
Loupiac 81 ... 298 C 2
Loupiac-de-la-Réole 33 ... 256 D 4
Loupian 34 ... 322 D 3
Louplande 72 ... 107 G 5
Loupmont 55 ... 64 D 3
Louppy-le-Château 55 ... 63 G 3
Louppy-sur-Chée 55 ... 63 G 3
Louppy-sur-Loison 55 ... 44 B 2
Loups du Gévaudan Parc des 48 ... 264 A 3
La Louptière-Thénard 10 ... 89 H 4
Lourches 59 ... 14 C 2
Lourde 31 ... 334 B 2
Lourdes 65 ... 332 D 1
Lourdios-Ichère 64 ... 331 G 2
Lourdoueix-Saint-Michel 36 ... 189 E 3
Lourdoueix-Saint-Pierre 23 ... 189 F 3
Lourenties 64 ... 314 C 4
Loures-Barousse 65 ... 334 B 2
Louresse-Rochemenier 49 ... 150 A 4
Lourmais 35 ... 80 B 3
Lourmarin 84 ... 305 H 2
Lournand 71 ... 194 D 3
Lourouer-Saint-Laurent 36 ... 189 G 1
Le Louroux 37 ... 152 A 5
Le Louroux-Béconnais 49 ... 148 D 1

Louroux-Bourbonnais 03 ...... 191 F 2
Louroux-de-Beaune 03 ...... 191 F 5
Louroux-de-Boule 03 ...... 191 G 5
Louroux-Hodement 03 ...... 191 E 3
Lourquen 40 ...... 293 G 3
Lourties-Monbrun 32 ...... 316 A 2
Loury 45 ...... 111 F 5
Louslitges 32 ...... 295 F 4
Loussous-Débat 32 ...... 295 E 4
Loutehel 35 ...... 103 G 4
Loutremange 57 ...... 46 C 5
Loutzviller 57 ...... 48 C 5
Louvagny 14 ...... 54 A 2
Louvaines 49 ...... 128 A 4
Louvatange 39 ...... 161 F 4
Louveciennes 78 ...... 58 A 3
Louvemont 52 ...... 92 C 2
Louvemont-Côte-du-Poivre 55 ...... 44 B 5
Louvencourt 80 ...... 13 E 4
Louvenne 39 ...... 196 B 3
Louvergny 08 ...... 26 D 5
Louverné 53 ...... 106 A 3
Le Louverot 39 ...... 179 F 4
Louversey 27 ...... 55 H 2
Louvetot 76 ...... 19 G 5
Louvie-Juzon 64 ...... 332 A 1
Louvie-Soubiron 64 ...... 332 A 2
La Louvière-Lauragais 11 ...... 318 C 4
Louvières 14 ...... 32 C 2
Louvières 52 ...... 117 F 4
Louvières-en-Auge 61 ...... 54 B 3
Louviers 27 ...... 36 B 4
Louvigné 53 ...... 106 B 4
Louvigné-de-Bais 35 ...... 104 D 4
Louvigné-du-Désert 35 ...... 81 F 3
Louvignies-Bavay 59 ...... 15 F 2
Louvignies-Quesnoy 59 ...... 15 E 3
Louvigny 14 ...... 33 G 4
Louvigny 57 ...... 65 H 2
Louvigny 64 ...... 294 A 5
Louvigny 72 ...... 83 H 5
Louvil 59 ...... 9 E 3
Louville-la-Chenard 28 ...... 86 D 5
Louvilliers-en-Drouais 28 ...... 56 C 5
Louvilliers-lès-Perche 28 ...... 85 F 1
Louvois 51 ...... 41 H 5
Louvrechy 80 ...... 22 C 3
Louvres 95 ...... 58 D 1
Louvroil 59 ...... 15 G 2
Louye 27 ...... 56 C 4
Louzac 16 ...... 219 H 1
Louze 52 ...... 92 A 4
Louzes 72 ...... 84 A 4
Louzignac 17 ...... 202 C 4
Louzouer 45 ...... 112 D 4
Louzy 79 ...... 168 B 1
Lovagny 74 ...... 215 F 3
Loxéville 55 ...... 64 B 5
Loyat 56 ...... 103 E 4
La Loye 39 ...... 179 E 1
Loye-sur-Arnon 18 ...... 190 B 1
Loyettes 01 ...... 213 H 5
Lozanne 69 ...... 212 D 4
Lozay 17 ...... 201 G 2
Loze 82 ...... 278 D 2
Lozère Mont 48 ...... 265 E 5
Lozinghem 62 ...... 7 H 4
Lozon 50 ...... 31 H 4
Lozzi 2B ...... 346 D 4
Luant 36 ...... 171 G 5
Le Luart 72 ...... 108 C 4
Lubbon 40 ...... 274 D 4
Lubécourt 57 ...... 66 C 3
Lubersac 19 ...... 223 H 4
Lubey 54 ...... 45 E 4
Lubilhac 43 ...... 246 A 1
Lubine 88 ...... 96 C 4
Lublé 37 ...... 151 E 1
Lubret-Saint-Luc 65 ...... 315 G 4
Luby-Betmont 65 ...... 315 G 4
Luc 48 ...... 265 F 3
Luc 65 ...... 315 F 5
Le Luc 83 ...... 328 D 1
Luc-Armau 64 ...... 314 D 2
Luc-en-Diois 26 ...... 268 B 3
Luc-la-Primaube 12 ...... 280 C 2
Luc-sur-Aude 11 ...... 337 G 3
Luc-sur-Mer 14 ...... 33 G 3
Luc-sur-Orbieu 11 ...... 320 C 5
Lucarré 64 ...... 314 D 2
Luçay-le-Libre 36 ...... 172 A 1
Luçay-le-Mâle 36 ...... 153 F 5
Lucbardez-et-Bargues 40 ...... 274 A 5
Lucciana 2B ...... 347 G 2
Lucé 28 ...... 86 A 4

Lucé 61 ...... 82 B 2
Lucé-sous-Ballon 72 ...... 107 H 2
Luceau 72 ...... 130 B 4
Lucelle 68 ...... 143 F 5
Lucenay 69 ...... 212 D 4
Lucenay-le-Duc 21 ...... 138 A 5
Lucenay-lès-Aix 03 ...... 175 F 5
Lucenay-l'Évêque 71 ...... 176 C 1
Lucéram 06 ...... 291 F 4
Lucerne Abbaye de la 50 ...... 51 G 3
La Lucerne-d'Outremer 50 ...... 51 G 3
Lucey 21 ...... 138 D 2
Lucey 54 ...... 65 E 5
Lucey 73 ...... 215 E 5
Lucgarier 64 ...... 314 C 5
Luchapt 86 ...... 204 D 1
Luchat 17 ...... 219 F 1
Luché-Pringé 72 ...... 129 H 4
Luché-sur-Brioux 79 ...... 202 D 1
Luché-Thouarsais 79 ...... 167 H 3
Lucheux 80 ...... 12 D 3
Luchy 60 ...... 22 A 5
Lucinges 74 ...... 197 H 5
Lucmau 33 ...... 274 B 1
Luçon 85 ...... 183 F 2
Lucq-de-Béarn 64 ...... 313 G 4
Lucquy 08 ...... 26 B 5
Les Lucs-sur-Boulogne 85 ...... 165 H 3
Lucy 51 ...... 61 F 2
Lucy 57 ...... 66 C 3
Lucy 76 ...... 20 D 3
Lucy-le-Bocage 02 ...... 60 B 1
Lucy-le-Bois 89 ...... 157 H 1
Lucy-sur-Cure 89 ...... 136 C 5
Lucy-sur-Yonne 89 ...... 157 F 1
Le Lude 72 ...... 129 H 4
Ludes 51 ...... 41 G 5
Ludesse 63 ...... 227 H 2
Ludiès 09 ...... 336 C 1
Ludon-Médoc 33 ...... 237 G 4
Ludres 54 ...... 94 D 1
Lüe 40 ...... 272 D 2
Lugagnac 46 ...... 278 D 1
Lugagnan 65 ...... 332 D 1
Lugaignac 33 ...... 256 C 1
Lugan 12 ...... 261 H 5
Lugan 81 ...... 298 C 3
Lugarde 15 ...... 245 E 1
Lugasson 33 ...... 256 C 1
Luglon 40 ...... 273 F 4
Lugny 02 ...... 25 E 3
Lugny 71 ...... 195 E 2
Lugny-Bourbonnais 18 ...... 173 H 3
Lugny-Champagne 18 ...... 155 H 5
Lugny-lès-Charolles 71 ...... 193 H 3
Lugo-di-Nazza 2B ...... 349 G 1
Lugon-et-l'Ile-du-Carnay 33 ...... 238 B 4
Lugos 33 ...... 254 D 4
Lugrin 74 ...... 198 C 3
Luigné 49 ...... 149 H 3
Luigny 28 ...... 109 F 2
Luisans 25 ...... 163 E 5
Luisant 28 ...... 86 A 4
Luisetaines 77 ...... 89 F 3
Luitré 35 ...... 81 F 5
Lullin 74 ...... 198 B 4
Lully 74 ...... 198 A 4
Lumbin 38 ...... 233 F 5
Lumbres 62 ...... 7 E 2
Lumeau 28 ...... 110 D 3
Lumes 08 ...... 26 D 3
Luméville-en-Ornois 55 ...... 93 G 3
Lumigny 77 ...... 59 G 4
Lumio 2B ...... 346 C 2
Lunac 12 ...... 279 G 3
Lunan 46 ...... 261 G 3
Lunaret Zoo de 34 ...... 302 D 4
Lunas 24 ...... 239 G 5
Lunas 34 ...... 301 G 3
Lunax 31 ...... 316 B 3
Lunay 41 ...... 131 F 3
Luneau 03 ...... 193 F 4
Lunegarde 46 ...... 260 D 2
Lunel 34 ...... 303 F 4
Lunel-Viel 34 ...... 303 F 4
Luneray 76 ...... 19 H 2
Lunery 18 ...... 172 D 3
Lunéville 54 ...... 95 F 1
Le Luot 50 ...... 51 H 4
Lupcourt 54 ...... 94 D 1
Lupé 42 ...... 230 D 5
Lupersat 23 ...... 208 B 3

Lupiac 32 ...... 295 F 3
Luplanté 28 ...... 86 A 5
Luppé-Violles 32 ...... 294 D 3
Luppy 57 ...... 66 B 2
Lupsault 16 ...... 202 D 3
Lupstein 67 ...... 68 C 4
Luquet 65 ...... 314 D 4
Lurais 36 ...... 170 B 5
Luray 28 ...... 56 D 5
Lurbe-Saint-Christau 64 ...... 331 H 2
Lurcy 01 ...... 213 E 2
Lurcy-le-Bourg 58 ...... 157 E 5
Lurcy-Lévis 03 ...... 174 A 5
Luré 42 ...... 211 F 4
Lure 70 ...... 141 H 3
Lureuil 36 ...... 170 C 5
Luri 2B ...... 345 G 2
Luriecq 42 ...... 229 G 4
Lurs 04 ...... 287 F 5
Lury-sur-Arnon 18 ...... 154 C 5
Lus-la-Croix-Haute 26 ...... 268 A 3
Lusanger 44 ...... 126 C 4
Lusans 25 ...... 162 B 2
Luscan 31 ...... 334 B 2
Lusignac 24 ...... 221 G 5
Lusignan 86 ...... 186 A 3
Lusignan-Petit 47 ...... 275 H 2
Lusigny 03 ...... 192 C 1
Lusigny-sur-Barse 10 ...... 115 F 2
Lusigny-sur-Ouche 21 ...... 177 F 1
Lussac 16 ...... 203 H 4
Lussac 17 ...... 219 H 3
Lussac 33 ...... 238 D 4
Lussac-les-Châteaux 86 ...... 187 E 3
Lussac-les-Églises 87 ...... 188 A 4
Lussagnet 40 ...... 294 C 2
Lussagnet-Lusson 64 ...... 314 C 2
Lussan 30 ...... 284 B 3
Lussan 32 ...... 296 C 4
Lussan-Adeilhac 31 ...... 316 D 4
Lussant 17 ...... 201 E 3
Lussas 07 ...... 266 D 3
Lussas-et-Nontronneau 24 ...... 222 B 3
Lussat 23 ...... 208 B 1
Lussat 63 ...... 210 A 5
Lussault-sur-Loire 37 ...... 152 B 2
Lusse 88 ...... 96 C 4
Lusseray 79 ...... 202 C 1
Lustar 65 ...... 315 G 4
Lustrac Moulin de 47 ...... 258 D 5
Luthenay-Uxeloup 58 ...... 174 D 3
Luthézieu 01 ...... 214 D 3
Lutilhous 65 ...... 333 G 1
Luttange 57 ...... 46 B 4
Luttenbach-près-Munster 68 ...... 120 C 3
Lutter 68 ...... 143 G 4
Lutterbach 68 ...... 143 F 1
Lutz-en-Dunois 28 ...... 110 A 4
Lutzelbourg 57 ...... 68 A 4
Lutzelhouse 67 ...... 96 D 2
Luvigny 88 ...... 96 C 2
Lux 21 ...... 160 B 1
Lux 31 ...... 318 C 2
Lux 71 ...... 177 H 4
Luxé 16 ...... 203 F 4
Luxe-Sumberraute 64 ...... 311 G 4
Luxémont-et-Villotte 51 ...... 62 D 5
Luxeuil-les-Bains 70 ...... 141 G 2
Luxey 40 ...... 273 H 2
Luxiol 25 ...... 162 C 2
Luyères 10 ...... 91 H 4
Luynes 13 ...... 306 A 5
Luynes 37 ...... 151 G 2
Luz-Ardiden 65 ...... 332 D 5
Luz-Saint-Sauveur 65 ...... 333 E 3
Luzancy 77 ...... 60 A 2
Luzarches 95 ...... 38 C 5
Luzay 79 ...... 168 A 2
Luzé 37 ...... 169 F 1
Luze 70 ...... 142 B 3
Luzech 46 ...... 259 G 5
Luzenac 09 ...... 336 C 5
Luzeret 36 ...... 188 B 2
La Luzerne 50 ...... 32 B 4
Luzillat 63 ...... 210 B 3
Luzillé 37 ...... 152 C 4
Luzinay 38 ...... 231 F 2
Luzoir 02 ...... 25 F 1
Luzy 58 ...... 176 A 4
Luzy-Saint-Martin 55 ...... 27 G 5
Luzy-sur-Marne 52 ...... 117 E 4
Ly-Fontaine 02 ...... 24 B 3
Lyas 07 ...... 266 D 1
Lyaud 74 ...... 198 B 3
Lye 36 ...... 153 F 4
Lynde 59 ...... 7 G 2

Lyoffans 70 ...... 142 A 3
Lyon 69 ...... 213 E 5
Lyon-Saint-Exupéry Aéroport de 69 ...... 231 G 1
Lyons-la-Forêt 27 ...... 36 D 2
Lys 58 ...... 157 F 3
Lys 64 ...... 314 B 5
Lys-Chantilly 60 ...... 38 C 5
Lys-lez-Lannoy 59 ...... 9 E 2
Lys-Saint-Georges 36 ...... 189 F 1

M

Maast-et-Violaine 02 ...... 40 C 3
Maâtz 52 ...... 139 H 4
Mably 42 ...... 211 G 2
Macau 33 ...... 237 F 3
Macaye 64 ...... 311 E 4
Macé 61 ...... 54 C 5
Macey 10 ...... 90 C 5
Macey 50 ...... 80 D 2
Machault 08 ...... 42 B 2
Machault 77 ...... 88 C 4
Maché 85 ...... 165 F 4
Machecoul-Saint-Même 44 ...... 165 E 1
Mâchecourt 02 ...... 25 F 4
Machemont 60 ...... 39 G 1
Macheren 57 ...... 67 E 1
Machézal 42 ...... 212 A 4
Machiel 80 ...... 11 G 1
Machilly 74 ...... 197 H 4
La Machine 58 ...... 175 E 3
Machine Col de la 26 ...... 250 A 4
Machy 10 ...... 114 D 3
Machy 80 ...... 11 G 1
Macinaggio 2B ...... 345 G 1
Mackenheim 67 ...... 97 G 5
Mackwiller 67 ...... 67 H 2
Maclas 42 ...... 230 D 5
Maclaunay 51 ...... 60 D 3
Macogny 02 ...... 40 A 5
Mâcon 71 ...... 195 E 4
Maconcourt 52 ...... 93 E 4
Maconcourt 88 ...... 94 B 4
Maconge 21 ...... 159 F 4
Macornay 39 ...... 179 E 5
Mâcot-la-Plagne 73 ...... 234 D 2
Macqueville 17 ...... 202 C 5
Macquigny 02 ...... 24 C 2
Madaillan 47 ...... 276 B 2
Madecourt 88 ...... 94 D 5
Madegney 88 ...... 95 E 5
La Madelaine-sous-Montreuil 62 ...... 6 C 4
La Madeleine 44 ...... 147 H 3
La Madeleine 54 ...... 95 E 1
Madeleine Col de la 73 ...... 234 A 3
Madeleine Grotte de la 07 ...... 284 C 1
La Madeleine-Bouvet 61 ...... 85 E 3
La Madeleine-de-Nonancourt 27 ...... 56 B 4
La Madeleine-sur-Loing 77 ...... 112 B 2
La Madeleine-Villefrouin 41 ...... 132 B 2
Madeloc Tour 66 ...... 343 G 4
Madic 15 ...... 226 C 5
Madière 09 ...... 336 A 1
Madières 34 ...... 302 B 2
Madirac 33 ...... 255 H 1
Madiran 65 ...... 294 D 5
Madone de Fenestre 06 ...... 291 F 2
Madonne-et-Lamerey 88 ...... 118 C 2
La Madrague 83 ...... 327 G 4
La Madrague-de-la-Ville 13 ...... 326 D 2
La Madrague-de-Montredon 13 ...... 326 D 3
Madranges 19 ...... 224 D 4
Madré 53 ...... 82 D 3
Madriat 63 ...... 227 H 4
Maël-Carhaix 22 ...... 77 E 4
Maël-Pestivien 22 ...... 77 F 3
Maennolsheim 67 ...... 68 B 5
Maffliers 95 ...... 58 C 1
Maffrécourt 51 ...... 43 E 5
Magagnosc 06 ...... 309 E 3
Magalas 34 ...... 321 G 2
La Magdeleine 16 ...... 203 E 2
La Magdeleine Chapelle de 44 ...... 126 B 5
La Magdeleine-sur-Tarn 31 ...... 298 A 2
Le Mage 61 ...... 84 D 3
Magenta 51 ...... 61 G 1
Les Mages 30 ...... 283 H 2
Magescq 40 ...... 292 C 2
Magland 74 ...... 216 D 3

Magnac-Bourg 87 ...... 224 B 2
Magnac-Laval 87 ...... 188 A 5
Magnac-Lavalette-Villars 16 ...... 221 F 3
Magnac-sur-Touvre 16 ...... 221 F 1
Magnan 32 ...... 294 D 2
Magnant 10 ...... 115 G 3
Magnanville 78 ...... 57 F 2
Magnas 32 ...... 296 C 1
Magnat-l'Étrange 23 ...... 207 H 5
Magné 79 ...... 184 D 4
Magné 86 ...... 186 C 4
Magnet 03 ...... 192 C 5
Magneux 51 ...... 41 E 3
Magneux 52 ...... 92 C 3
Magneux-Haute-Rive 42 ...... 229 H 1
Magneville 50 ...... 29 F 5
Magnicourt 10 ...... 91 G 3
Magnicourt-en-Comte 62 ...... 7 H 5
Magnicourt-sur-Canche 62 ...... 12 D 2
Magnien 21 ...... 159 E 5
Magnières 54 ...... 95 G 3
Magnieu 01 ...... 214 D 5
Les Magnils-Reigniers 85 ...... 183 E 2
Magnivray 70 ...... 141 H 2
Magnoncourt 70 ...... 119 E 5
Le Magnoray 70 ...... 141 E 5
Magny 28 ...... 85 H 5
Le Magny 36 ...... 189 G 2
Magny 68 ...... 142 D 3
Les Magny 70 ...... 141 H 5
Le Magny 88 ...... 118 D 4
Magny 89 ...... 158 A 1
Magny-Châtelard 25 ...... 162 C 4
Magny-Cours 58 ...... 174 C 3
Magny-Danigon 70 ...... 142 A 2
Magny-en-Bessin 14 ...... 33 E 3
Magny-en-Vexin 95 ...... 37 G 5
Magny-Fouchard 10 ...... 115 H 2
Magny-Jobert 70 ...... 142 A 3
Magny-la-Campagne 14 ...... 54 A 1
Magny-la-Fosse 02 ...... 24 A 1
Magny-la-Ville 21 ...... 158 D 1
Magny-Lambert 21 ...... 138 B 4
Magny-le-Désert 61 ...... 82 D 2
Magny-le-Freule 14 ...... 34 A 5
Magny-le-Hongre 77 ...... 59 F 3
Magny-les-Aubigny 21 ...... 160 B 5
Magny-les-Hameaux 78 ...... 58 A 4
Magny-lès-Jussey 70 ...... 140 D 2
Magny-lès-Villers 21 ...... 159 H 5
Magny-Lormes 58 ...... 157 G 3
Magny-Montarlot 21 ...... 160 D 4
Magny-Saint-Médard 21 ...... 160 C 2
Magny-sur-Tille 21 ...... 160 B 3
Magny-Vernois 70 ...... 141 H 4
Magny-Village 78 ...... 58 A 4
Magoar 22 ...... 77 G 3
Magrie 11 ...... 337 G 2
Magrin 81 ...... 298 D 5
Magstatt-le-Bas 68 ...... 143 G 2
Magstatt-le-Haut 68 ...... 143 G 3
Maguelone 34 ...... 302 D 5
Mahalon 29 ...... 99 E 2
Mahéru 61 ...... 55 E 5
Maîche 25 ...... 163 G 3
Maidières 54 ...... 65 G 3
Maignaut-Tauzia 32 ...... 295 H 1
Maigné 72 ...... 107 F 5
Maignelay-Montigny 60 ...... 22 D 5
Mailhac 11 ...... 320 D 4
Mailhac-sur-Benaize 87 ...... 188 B 4
Mailhoc 81 ...... 279 G 5
Mailholas 31 ...... 317 G 4
Maillane 13 ...... 304 C 2
Maillas 40 ...... 274 B 2
Maillat 01 ...... 214 B 1
Maillé 37 ...... 169 G 1
Maillé 85 ...... 184 B 4
Maillé 86 ...... 168 D 5
Maillé Château de 29 ...... 71 F 4
Maillebois 28 ...... 85 G 2
La Mailleraye-sur-Seine 76 ...... 35 G 1
Maillères 40 ...... 273 H 4
Mailleroncourt-Charette 70 ...... 141 F 3
Mailleroncourt-Saint-Pancras 70 ...... 118 D 5
Maillet 03 ...... 190 D 3
Maillet 36 ...... 189 E 2
Mailley-et-Chazelot 70 ...... 141 E 5
Maillezais 85 ...... 184 B 3
Maillot 89 ...... 113 G 3
Mailly 71 ...... 193 G 5
Mailly-Champagne 51 ...... 41 H 5
Mailly-la-Ville 89 ...... 136 C 5
Mailly-le-Camp 10 ...... 61 H 5
Mailly-le-Château 89 ...... 136 B 5

Mailly-Maillet 80 ...... 13 F 5
Mailly-Raineval 80 ...... 22 H 5
Mailly-sur-Seille 54 ...... 65 H 3
Les Maillys 21 ...... 160 C 5
Maimbeville 60 ...... 38 D 2
Mainbresson 08 ...... 25 H 3
Mainbressy 08 ...... 25 H 3
Maincourt-sur-Yvette 78 ...... 57 H 5
Maincy 77 ...... 88 B 3
Maine-de-Boixe 16 ...... 203 F 4
Mainfonds 16 ...... 221 E 3
Maing 59 ...... 14 D 2
Mainneville 27 ...... 37 F 2
Mainsat 23 ...... 208 B 2
Maintenay 62 ...... 6 C 5
Maintenon 28 ...... 86 B 2
Mainterne 28 ...... 56 B 5
Mainville 54 ...... 45 E 4
Mainvillers 57 ...... 66 D 2
Mainvilliers 28 ...... 86 A 4
Mainvilliers 45 ...... 87 G 5
Mainxe 16 ...... 220 C 2
Mainzac 16 ...... 221 H 3
Mairé 86 ...... 170 A 3
Mairé-Levescault 79 ...... 203 E 1
Mairieux 59 ...... 15 H 2
Mairy 08 ...... 27 F 4
Mairy-Mainville 54 ...... 45 E 4
Mairy-sur-Marne 51 ...... 62 B 3
Maisdon-sur-Sèvre 44 ...... 148 A 5
Maisey-le-Duc 21 ...... 138 B 2
Maisières-Notre-Dame 25 ...... 162 A 5
Maisnières 80 ...... 11 F 4
Le Maisnil 59 ...... 8 C 3
Maisnil 62 ...... 12 D 2
Maisnil-lès-Ruitz 62 ...... 8 A 4
Maisod 39 ...... 196 C 2
Maison-des-Champs 10 ...... 115 H 2
La Maison-Dieu 58 ...... 157 G 2
Maison-du-Roy 05 ...... 270 D 2
Maison-Feyne 23 ...... 189 E 4
Maison-Jeannette 24 ...... 240 B 4
Maison-Maugis 61 ...... 84 D 4
Maison-Neuve 07 ...... 284 A 1
Maison-Neuve 16 ...... 221 G 2
Maison-Ponthieu 80 ...... 12 B 3
Maison-Roland 80 ...... 11 H 3
Maison-Rouge 77 ...... 89 F 2
Maisoncelle 62 ...... 7 E 4
Maisoncelle-et-Villers 08 ...... 27 E 5
Maisoncelle-Saint-Pierre 60 ...... 38 A 1
Maisoncelle-Tuilerie 60 ...... 22 B 5
Maisoncelles 52 ...... 117 G 3
Maisoncelles 72 ...... 108 C 5
Maisoncelles-du-Maine 53 ...... 106 A 5
Maisoncelles-en-Brie 77 ...... 59 H 3
Maisoncelles-en-Gâtinais 77 ...... 112 B 3
Maisoncelles-la-Jourdan 14 ...... 52 C 3
Maisoncelles-Pelvey 14 ...... 53 E 1
Maisoncelles-sur-Ajon 14 ...... 53 F 1
Maisonnais 18 ...... 190 A 1
Maisonnais 79 ...... 202 D 1
Maisonnais-sur-Tardoire 87 ...... 222 C 1
Maisonneuve 86 ...... 168 C 5
Maisonnisses 23 ...... 207 E 2
Maisons 11 ...... 338 B 3
Maisons 14 ...... 32 D 3
Maisons 28 ...... 86 D 4
Maisons-Alfort 94 ...... 58 C 4
Les Maisons Blanches 79 ...... 203 F 1
Maisons-du-Bois 25 ...... 180 D 1
Maisons-en-Champagne 51 ...... 62 C 4
Maisons-Laffitte 78 ...... 58 A 2
Maisons-lès-Chaource 10 ...... 115 E 4
Maisons-lès-Soulaines 10 ...... 92 B 5
Maisonsgoutte 67 ...... 96 D 4
Maisontiers 79 ...... 168 A 4
Maisse 91 ...... 87 H 4
Maissemy 02 ...... 24 A 2
Maixe 54 ...... 95 F 1
Maizeray 55 ...... 64 D 1
Maizeroy 57 ...... 66 B 1
Maizery 57 ...... 66 B 1
Maizet 14 ...... 33 F 5
Maizey 55 ...... 64 C 3
Maizicourt 80 ...... 12 B 3
Maizière 58 ...... 156 B 4
Maizières 14 ...... 53 H 1
Maizières 52 ...... 92 D 3
Maizières 54 ...... 94 C 2
Maizières 62 ...... 13 E 2
Maizières 70 ...... 161 H 1
Maizières-la-Grande-Paroisse 10 ...... 90 B 3
Maizières-lès-Brienne 10 ...... 91 H 4
Maizières-lès-Metz 57 ...... 45 H 4

A B C D E F G H I J K L M N O P Q R S T U V W X Y Z

Maizières-les-Vic 57 .... 67 E 5
Maizières-sur-Amance 52 .... 140 A 2
Maizilly 42 .... 211 H 1
Maizy 02 .... 41 E 2
Majastres 04 .... 288 B 5
Malabat 32 .... 315 F 2
La Malachère 70 .... 162 A 1
Malafretaz 01 .... 195 G 4
Mâlain 21 .... 159 G 3
Malaincourt 88 .... 118 A 2
Malaincourt-sur-Meuse 52 .... 117 H 2
Malakoff 92 .... 58 B 4
Malancourt 55 .... 43 G 4
Malancourt-la-Montagne 57 .... 45 G 5
Malandry 08 .... 27 G 5
Malange 39 .... 161 F 4
Malans 25 .... 180 A 1
Malans 70 .... 161 E 3
Malansac 56 .... 125 F 3
Malarce-sur-la-Thines 07 .... 265 H 5
Malataverne 26 .... 267 E 4
Malaucène 84 .... 285 H 3
Malaucourt-sur-Seille 57 .... 66 B 4
Malaumont 55 .... 64 C 5
Malaunay 76 .... 36 A 1
Malause 82 .... 277 E 4
Malaussanne 64 .... 294 A 5
Malaussène 06 .... 289 H 5
Malauzat 63 .... 209 G 5
Malaville 16 .... 220 D 3
Malavillers 54 .... 45 E 3
Malay 71 .... 194 D 1
Malay-le-Grand 89 .... 113 G 3
Malay-le-Petit 89 .... 113 H 3
Malbo 15 .... 245 E 4
Malbosc 07 .... 283 H 1
Malbouhans 70 .... 142 A 2
Malbouzon 48 .... 263 H 2
Malbrans 25 .... 162 A 5
Malbuisson 25 .... 180 C 3
Mâle 61 .... 108 D 2
Malegoude 09 .... 336 H 5
Malemort 19 .... 242 C 2
Malemort-du-Comtat 84 .... 285 H 5
La Malène 48 .... 282 B 2
Malepeyre Sabot de 48 .... 282 A 1
Malesherbes 45 .... 87 H 5
Malestroit 56 .... 125 E 2
Malétable 61 .... 84 D 2
Maleville 12 .... 279 G 1
Malfalco Anse de 2B .... 345 E 4
Malguénac 56 .... 101 H 2
Malherbe-sur-Ajon 14 .... 33 F 5
La Malhoure 22 .... 78 D 4
Malicornay 36 .... 188 D 1
Malicorne 03 .... 191 E 5
Malicorne 89 .... 135 F 3
Malicorne-sur-Sarthe 72 .... 129 G 2
Maligny 21 .... 177 E 1
Maligny 89 .... 136 G 2
Malijai 04 .... 287 G 4
Malincourt 59 .... 14 C 5
Malintrat 63 .... 209 H 5
Malissard 26 .... 249 F 5
Malle Château de 33 .... 256 F 5
Mallefougasse 04 .... 287 F 4
Malleloy 54 .... 65 H 4
Mallemoisson 04 .... 287 H 4
Mallemort 13 .... 305 G 3
Malléon 09 .... 336 C 2
Malleret 23 .... 226 B 1
Malleret-Boussac 23 .... 189 H 4
Mallerey 39 .... 179 E 5
Mallet Belvédère de 15 .... 245 H 5
Malleval 42 .... 230 D 4
Malleval-en-Vercors 38 .... 250 B 2
Malleville-les-Grès 76 .... 19 F 2
Malleville-sur-le-Bec 27 .... 35 G 4
Mallièvre 85 .... 166 D 2
Malling 57 .... 45 H 2
Mallouë 14 .... 52 C 2
La Malmaison 02 .... 41 G 1
Malmerspach 68 .... 120 C 5
Malmy 51 .... 43 E 4
Malnoue 77 .... 59 E 3
Malo-les-Bains 59 .... 3 G 2
Malons-et-Elze 30 .... 265 G 5
Malouy 27 .... 35 E 5
Malpart 80 .... 22 D 4
Malpas 25 .... 180 C 3
Malras 11 .... 337 F 2
Malrevers 43 .... 247 G 3
Malromé Château de 33 .... 256 B 3
Malroy 57 .... 45 H 5
Maltat 71 .... 175 H 5
Maltot 14 .... 33 G 5
Malval 23 .... 189 F 4

Malval Col de 69 .... 212 C 5
Malvalette 43 .... 229 H 5
Malves-en-Minervois 11 .... 320 A 4
Malvezie 31 .... 334 B 2
Malvières 43 .... 229 E 5
Malviès 11 .... 337 G 1
Malville 44 .... 147 E 2
Malvillers 70 .... 140 C 3
Malzéville 54 .... 65 H 5
Le Malzieu-Forain 48 .... 264 B 1
Le Malzieu-Ville 48 .... 264 B 1
Malzy 02 .... 25 E 1
Mambouhans 25 .... 163 E 2
Mamers 72 .... 84 A 5
Mametz 62 .... 7 G 2
Mametz 80 .... 13 G 5
Mamey 54 .... 65 F 3
Mamirolle 25 .... 162 B 4
Manas 26 .... 267 G 3
Manas-Bastanous 32 .... 315 H 3
Manaurie 24 .... 241 E 4
La Mancelière 28 .... 56 A 5
La Mancelière 50 .... 52 A 5
La Mancellière-sur-Vire 50 .... 32 B 5
Mancenans 25 .... 162 D 1
Mancenans-Lizerne 25 .... 163 F 3
Mancey 71 .... 195 E 1
Manchecourt 45 .... 111 H 2
Manciet 32 .... 295 E 2
Mancieulles 54 .... 45 F 4
Mancioux 31 .... 316 D 5
Mancy 51 .... 61 F 2
Mandacou 24 .... 258 B 2
Mandagout 30 .... 282 D 5
Mandailles-Saint-Julien 15 .... 244 D 3
Mandelieu-la-Napoule 06 .... 309 E 4
Manderen 57 .... 46 B 2
Mandeure 25 .... 142 B 5
Mandeville 27 .... 36 A 4
Mandeville-en-Bessin 14 .... 32 C 3
Mandray 88 .... 96 B 5
Mandres 27 .... 55 H 4
Mandres-aux-Quatre-Tours 54 .... 65 E 4
Mandres-en-Barrois 55 .... 93 F 3
Mandres-la-Côte 52 .... 117 F 4
Mandres-les-Roses 94 .... 58 D 5
Mandres-sur-Vair 88 .... 118 B 2
Mandrevillars 70 .... 142 B 3
Manduel 30 .... 304 A 2
Mane 04 .... 287 E 5
Mane 31 .... 334 D 1
Manéglise 76 .... 18 D 5
Manéhouville 76 .... 20 B 2
Manent-Montané 32 .... 316 B 3
Manerbe 14 .... 34 C 4
Mangiennes 55 .... 44 C 3
Manglieu 63 .... 228 B 2
Mangonville 54 .... 95 E 3
Manhac 12 .... 280 C 2
Manheulles 55 .... 64 D 1
Manhoué 57 .... 66 B 4
Manicamp 02 .... 24 A 5
Manicourt 80 .... 23 G 3
Manigod 74 .... 216 A 4
Manin 62 .... 13 E 2
Maninghem 62 .... 6 D 3
Maninghen-Henne 62 .... 2 B 5
Maniquerville 76 .... 18 D 4
Manlay 21 .... 158 D 5
Manneville-ès-Plains 76 .... 19 G 2
Manneville-la-Goupil 76 .... 18 D 5
Manneville-la-Pipard 14 .... 34 C 3
Manneville-la-Raoult 27 .... 34 D 2
Manneville-sur-Risle 27 .... 35 F 2
Mannevillette 76 .... 18 C 5
Mano 40 .... 255 F 5
Le Manoir 14 .... 33 E 3
Le Manoir 27 .... 36 B 3
Manois 52 .... 93 F 5
Manom 57 .... 45 H 3
Manoncourt-en-Vermois 54 .... 95 E 1
Manoncourt-en-Woëvre 54 .... 65 F 4
Manoncourt-sur-Seille 54 .... 65 H 3
Manonville 54 .... 65 F 4
Manonviller 54 .... 95 H 1
Manosque 04 .... 306 C 1
Manot 16 .... 204 C 3
Manou 28 .... 85 F 3
Manre 08 .... 42 D 3
Le Mans 72 .... 107 H 4
Mansac 19 .... 241 H 2
Mansan 65 .... 315 F 3
Mansat-la-Courrière 23 .... 207 E 3
Manse Col de 05 .... 269 H 3
Mansempuy 32 .... 296 C 3

Mansencôme 32 .... 295 H 1
Manses 09 .... 336 C 1
Mansigné 72 .... 129 H 3
Mansle 16 .... 203 F 4
Manso 2B .... 346 B 4
Mansonville 82 .... 276 D 5
Manspach 68 .... 143 E 3
Mant 40 .... 294 A 4
Mantaille Château de 26 .... 249 F 1
Mantallot 22 .... 72 D 3
Mantenay-Montlin 01 .... 195 G 3
Mantes-la-Jolie 78 .... 57 F 2
Mantes-la-Ville 78 .... 57 F 2
Mantet 66 .... 341 H 4
Manteyer 05 .... 269 G 4
Manthelan 37 .... 152 A 5
Manthelon 27 .... 56 A 2
Manthes 26 .... 231 G 5
Mantilly 61 .... 82 A 2
Mantoche 70 .... 161 E 2
Mantry 39 .... 179 E 4
Manvieux 14 .... 33 E 2
Many 57 .... 66 C 2
Manzac-sur-Vern 24 .... 240 B 3
Manzat 63 .... 209 F 3
Manziat 01 .... 195 F 4
Maquens 11 .... 319 H 5
Marac 52 .... 117 E 5
Marainville-sur-Madon 88 .... 94 D 4
Marainviller 54 .... 95 G 1
Le Marais Château 77 .... 87 F 2
Le Marais-la-Chapelle 14 .... 54 A 3
Marais-Vernier 27 .... 35 E 2
Marambat 32 .... 295 G 2
Marandeuil 21 .... 160 C 3
Marange-Silvange 57 .... 45 G 5
Marange-Zondrange 57 .... 66 C 1
Marangea 39 .... 196 C 2
Marans 17 .... 183 G 4
Marans 49 .... 128 A 4
Maransin 33 .... 238 B 3
Marant 62 .... 6 C 4
Maranville 52 .... 116 C 3
Maranwez 08 .... 26 A 3
Marast 70 .... 141 G 5
Marat 63 .... 228 D 2
Marat-la-Grande 55 .... 63 H 3
Marault 52 .... 116 D 2
Maraussan 34 .... 321 F 3
Maravat 32 .... 296 C 3
Maray 41 .... 154 A 4
Maraye-en-Othe 10 .... 114 C 3
Marbache 54 .... 65 G 4
Marbaix 59 .... 15 F 4
Marbeuf 27 .... 36 A 5
Marbéville 52 .... 92 D 5
Marbotte 55 .... 64 D 4
Marboué 28 .... 109 H 3
Marboz 01 .... 195 H 4
Marby 08 .... 26 B 2
Marc-la-Tour 19 .... 243 E 2
Marçais 18 .... 173 E 5
Marçay 37 .... 151 E 5
Marçay 86 .... 186 B 3
Marcé 49 .... 129 E 5
Marcé-sur-Esves 37 .... 169 H 1
Marcei 61 .... 54 B 5
Marcelcave 80 .... 22 D 2
Marcellaz 74 .... 216 A 1
Marcellaz-Albanais 74 .... 215 F 4
Marcellois 21 .... 159 F 3
Marcellus 47 .... 257 E 5
Marcenais 33 .... 238 B 3
Marcenat 03 .... 192 B 5
Marcenat 15 .... 245 F 1
Marcenay 21 .... 137 H 2
Marcevol 66 .... 342 B 2
Marcey-les-Grèves 50 .... 51 G 4
Marchainville 61 .... 85 E 2
Marchais 02 .... 25 E 5
Marchais-Beton 89 .... 135 F 3
Marchais-en-Brie 02 .... 60 C 3
Marchal 15 .... 226 D 4
Marchamp 01 .... 214 C 5
Marchampt 69 .... 212 C 1
Marchastel 15 .... 245 E 1
Marchastel 48 .... 263 H 3
Marchaux 25 .... 162 A 3
La Marche 58 .... 156 B 5
Marché-Allouarde 80 .... 23 G 3
Marchélepot 80 .... 23 G 2
Marchemaisons 61 .... 84 A 3
Marchémoret 77 .... 59 F 1
Marchenoir 41 .... 132 B 3
Marcheprime 33 .... 254 D 2
Marches 26 .... 249 H 4

Les Marches 73 .... 233 F 3
Marcheseuil 21 .... 158 D 5
Marchésieux 50 .... 31 H 4
Marchéville 28 .... 85 H 5
Marcheville 80 .... 11 H 2
Marchéville-en-Woëvre 55 .... 64 D 1
Marchezais 28 .... 57 E 4
Marchiennes 59 .... 9 E 5
Marchon 01 .... 196 C 4
Marciac 32 .... 295 F 5
Marcieu 38 .... 250 D 4
Marcieux 73 .... 232 D 2
Marcigny 71 .... 193 G 5
Marcigny-sous-Thil 21 .... 158 D 2
Marcilhac-sur-Célé 46 .... 260 D 4
Marcillac 33 .... 237 G 1
Marcillac-la-Croisille 19 .... 243 F 1
Marcillac-la-Croze 19 .... 242 D 4
Marcillac-Lanville 16 .... 203 E 4
Marcillac-Saint-Quentin 24 .... 241 G 4
Marcillac-Vallon 12 .... 262 C 5
Marcillat 63 .... 209 G 2
Marcillat-en-Combraille 03 .... 208 D 1
Marcillé-la-Ville 53 .... 82 C 5
Marcillé-Raoul 35 .... 80 C 4
Marcillé-Robert 35 .... 104 D 5
Marcilloles 38 .... 231 H 5
Marcilly 50 .... 51 H 5
Marcilly 77 .... 59 G 1
Marcilly-d'Azergues 69 .... 212 D 4
Marcilly-en-Bassigny 52 .... 117 H 5
Marcilly-en-Beauce 41 .... 131 G 3
Marcilly-en-Gault 41 .... 154 A 2
Marcilly-en-Villette 45 .... 133 F 3
Marcilly-et-Dracy 21 .... 159 E 2
Marcilly-la-Campagne 27 .... 56 B 3
Marcilly-la-Gueurce 71 .... 194 A 3
Marcilly-le-Châtel 42 .... 229 G 1
Marcilly-le-Hayer 10 .... 90 A 5
Marcilly-lès-Buxy 71 .... 177 F 5
Marcilly-Ogny 21 .... 158 D 4
Marcilly-sur-Eure 27 .... 56 C 3
Marcilly-sur-Maulne 37 .... 130 A 5
Marcilly-sur-Seine 51 .... 90 B 2
Marcilly-sur-Tille 21 .... 160 B 1
Marcilly-sur-Vienne 37 .... 169 G 1
Marck 62 .... 2 D 3
Marckolsheim 67 .... 121 F 2
Marclopt 42 .... 229 H 2
Marcoing 59 .... 14 B 4
Marcolès 15 .... 262 B 1
Marcollin 38 .... 231 G 5
Marcols-les-Eaux 07 .... 266 B 1
Marçon 72 .... 130 C 4
Marconnay Château de 86 .... 185 H 2
Marconne 62 .... 7 E 5
Marconnelle 62 .... 6 D 5
Marcorignan 11 .... 321 E 5
Marcoule 30 .... 285 E 3
Marcoussis 91 .... 87 G 2
Marcoux 04 .... 288 A 3
Marcoux 42 .... 229 G 1
Marcq 08 .... 43 F 3
Marcq 78 .... 57 G 3
Marcq-en-Barœul 59 .... 8 D 2
Marcq-en-Ostrevant 59 .... 14 B 2
Marcy 02 .... 24 B 2
Marcy 58 .... 157 E 3
Marcy 69 .... 212 D 4
Marcy-l'Étoile 69 .... 212 D 5
Marcy-sous-Marle 02 .... 25 E 3
Mardeuil 51 .... 61 F 1
Mardié 45 .... 133 G 2
Mardilly 61 .... 54 D 3
Mardor 52 .... 139 F 2
Mardore 69 .... 212 A 2
Mardyck 59 .... 3 F 2
La Mare-d'Ovillers 60 .... 38 B 4
Mareau-aux-Bois 45 .... 111 G 4
Mareau-aux-Prés 45 .... 133 E 2
Marèges Barrage de 19 .... 226 B 5
Mareil-en-Champagne 72 .... 107 E 5
Mareil-en-France 95 .... 58 C 1
Mareil-le-Guyon 78 .... 57 G 4
Mareil-Marly 78 .... 58 A 3
Mareil-sur-Loir 72 .... 129 G 4
Mareil-sur-Mauldre 78 .... 57 G 3
Mareilles 52 .... 117 F 2
Marenla 62 .... 6 C 4
Marennes 17 .... 200 C 4
Marennes 69 .... 231 F 2
Maresché 72 .... 107 G 2
Maresches 59 .... 15 E 2
Maresquel-Ecquemicourt 62 .... 6 D 5
Marest 62 .... 7 G 4
Marest-Dampcourt 02 .... 24 A 5
Marest-sur-Matz 60 .... 39 F 1

Marestaing 32 .... 297 E 5
Marestmontiers 80 .... 22 D 4
Maresville 62 .... 6 B 4
Les Marêts 77 .... 60 B 5
Maretz 59 .... 14 C 5
Mareugheol 63 .... 227 H 4
Mareuil 16 .... 202 C 5
Mareuil 24 .... 221 H 4
Mareuil-Caubert 80 .... 11 G 4
Mareuil-en-Brie 51 .... 61 E 2
Mareuil-en-Dôle 02 .... 40 D 4
Mareuil-la-Motte 60 .... 39 F 1
Mareuil-le-Port 51 .... 61 E 1
Mareuil-lès-Meaux 77 .... 59 G 2
Mareuil-sur-Arnon 18 .... 172 C 3
Mareuil-sur-Ay 51 .... 61 G 1
Mareuil-sur-Cher 41 .... 153 E 4
Mareuil-sur-Lay 85 .... 183 E 1
Mareuil-sur-Ourcq 60 .... 39 H 5
Marey 88 .... 118 B 3
Marey-lès-Fussey 21 .... 159 H 5
Marey-sur-Tille 21 .... 139 E 5
Marfaux 51 .... 41 F 5
Marfontaine 02 .... 25 E 3
Margaux 33 .... 237 F 3
Margencel 74 .... 198 A 3
Margency 95 .... 58 B 2
Margerides 19 .... 226 B 4
Margerie-Chantagret 42 .... 229 G 3
Margerie-Hancourt 51 .... 91 H 2
Margès 26 .... 249 G 2
Margilley 70 .... 140 A 5
Margival 02 .... 40 B 2
Le Margnès 81 .... 300 B 4
Margny 08 .... 27 H 4
Margny 51 .... 60 D 2
Margny-aux-Cerises 60 .... 23 G 4
Margny-lès-Compiègne 60 .... 39 F 2
Margny-sur-Matz 60 .... 39 F 1
Margon 28 .... 85 E 5
Margon 34 .... 321 H 2
Margouët-Meymes 32 .... 295 F 3
Margueray 50 .... 52 A 2
Marguerittes 30 .... 304 A 2
Margueron 33 .... 257 F 1
Marguestau 32 .... 295 E 1
Margut 08 .... 27 H 5
Mariac 07 .... 248 B 5
Mariaud 04 .... 288 C 1
Maricourt 80 .... 23 F 1
Marie 06 .... 289 H 4
Marienthal 67 .... 69 E 4
Marieulles 57 .... 65 G 2
Marieux 80 .... 12 D 4
Marigna-sur-Valouse 39 .... 196 B 3
Marignac 17 .... 219 H 3
Marignac 31 .... 334 B 3
Marignac 82 .... 296 D 2
Marignac-en-Diois 26 .... 268 A 1
Marignac-Lasclares 31 .... 317 F 4
Marignac-Laspeyres 31 .... 317 E 5
Marignana 2A .... 346 C 5
Marignane 13 .... 326 C 1
Marigné 49 .... 128 C 3
Marigné-Laillé 72 .... 130 B 3
Marigné-Peuton 53 .... 128 A 2
Marignier 74 .... 216 B 1
Marignieu 01 .... 214 D 5
Marigny 03 .... 191 H 1
Marigny 39 .... 179 G 5
Marigny 51 .... 61 F 5
Marigny 71 .... 177 E 5
Marigny 79 .... 185 E 5
Marigny-Brizay 86 .... 169 F 4
Marigny-Chemereau 86 .... 186 A 3
Marigny-en-Orxois 02 .... 60 A 1
Marigny-le-Cahouët 21 .... 159 E 1
Marigny-le-Châtel 10 .... 90 B 4
Marigny-le-Lozon 50 .... 32 A 5
Marigny-l'Église 58 .... 158 A 3
Marigny-lès-Reullée 21 .... 178 A 1
Marigny-les-Usages 45 .... 111 E 5
Marigny-Marmande 37 .... 169 G 2
Marigny-Saint-Marcel 74 .... 215 F 4
Marigny-sur-Yonne 58 .... 157 G 4
Marillac-le-Franc 16 .... 221 H 1
Le Marillais 49 .... 148 C 2
Marillet 85 .... 184 C 1
Marimbault 33 .... 256 B 5
Marimont-lès-Bénestroff 57 .... 67 E 3
Marin 74 .... 198 B 3
Marines 95 .... 37 H 5
Les Marines-de-Cogolin 83 .... 329 F 2
Maringes 42 .... 230 A 2
Maringues 63 .... 210 A 4
Mariol 03 .... 210 C 3
Marions 33 .... 274 C 1

Marissel 60 .... 38 A 2
Marizy-Saint-Mard 02 .... 40 A 5
Marizy-Sainte-Geneviève 02 .... 40 A 5
Le Markstein 68 .... 120 C 4
Marle 02 .... 25 E 3
Marlemont 08 .... 26 A 3
Marlenheim 67 .... 97 F 1
Marlens 74 .... 216 A 5
Marlers 80 .... 21 G 3
Marles-en-Brie 77 .... 59 G 5
Marles-les-Mines 62 .... 7 H 4
Marles-sur-Canche 62 .... 6 C 4
Marlhes 42 .... 248 B 1
Marliac 31 .... 318 A 5
Marliens 21 .... 160 B 4
Marlieux 01 .... 213 G 2
Marlioz 74 .... 215 F 2
Marly 57 .... 65 H 1
Marly 59 .... 9 G 5
Marly-Gomont 02 .... 25 E 1
Marly-la-Ville 95 .... 58 D 1
Marly-le-Roi 78 .... 58 A 3
Marly-sous-Issy 71 .... 176 A 5
Marly-sur-Arroux 71 .... 193 H 1
Marmagne 18 .... 172 D 1
Marmagne 21 .... 137 H 5
Marmagne 71 .... 176 D 3
Marmande 47 .... 257 E 4
Marmanhac 15 .... 244 C 4
Marmeaux 89 .... 137 F 5
Marmesse 52 .... 116 C 4
Marminiac 46 .... 259 G 3
Marmont-Pachas 47 .... 276 B 4
Marmouillé 61 .... 54 C 5
Marmoutier 67 .... 68 B 5
Marnac 24 .... 259 E 1
Marnand 69 .... 212 A 2
Marnans 38 .... 231 H 5
Marnaves 81 .... 279 E 4
Marnay 70 .... 161 G 3
Marnay 71 .... 178 A 5
Marnay 86 .... 186 B 3
Marnay-sur-Marne 52 .... 117 E 4
Marnay-sur-Seine 10 .... 90 A 3
Marnaz 74 .... 216 B 1
La Marne 44 .... 165 F 1
Marne-la-Vallée 11 .... 59 E 3
Marnefer 61 .... 55 F 3
Marnes 79 .... 168 C 3
Marnes-la-Coquette 92 .... 58 B 3
Marnézia 39 .... 196 C 1
Marnhagues-et-Latour 12 .... 301 F 2
Marnoz 39 .... 179 G 2
Marœuil 62 .... 13 F 2
Maroilles 59 .... 15 F 4
La Marolle-en-Sologne 41 .... 133 E 5
Marolles 14 .... 34 D 5
Marolles 41 .... 132 A 5
Marolles 51 .... 62 D 5
Marolles 60 .... 39 H 5
Marolles-en-Beauce 91 .... 87 G 5
Marolles-en-Brie 77 .... 60 A 4
Marolles-en-Brie 94 .... 58 D 5
Marolles-en-Hurepoix 91 .... 87 G 2
Marolles-lès-Bailly 10 .... 115 G 2
Marolles-les-Braults 72 .... 108 A 2
Marolles-les-Buis 28 .... 85 E 5
Marolles-lès-Saint-Calais 72 .... 108 D 5
Marolles-sous-Lignières 10 .... 114 D 5
Marolles-sur-Seine 77 .... 89 E 4
Marollette 72 .... 84 A 4
Marols 42 .... 229 G 4
Maromme 76 .... 36 A 1
Mâron 36 .... 172 A 4
Maron 54 .... 94 C 1
Maroncourt 88 .... 94 D 5
Maroué 22 .... 78 D 4
Maroutière Château de la 53 .... 128 B 2
Marpain 39 .... 161 E 3
Marpaps 40 .... 293 G 4
Marpent 59 .... 15 H 2
Marpiré 35 .... 104 D 2
Marquaix 80 .... 23 H 1
Marquay 24 .... 241 F 5
Marquay 62 .... 7 G 5
Marquefave 31 .... 317 G 4
Marquéglise 60 .... 39 F 1
Marquein 11 .... 318 C 4
Marquenterre Parc du 80 .... 11 E 1
Marquerie 65 .... 315 F 4
Marques 76 .... 21 F 3
Marquette-en-Ostrevant 59 .... 14 B 2
Marquette-lez-Lille 59 .... 8 D 2
Marquigny 08 .... 26 D 5
Marquillies 59 .... 8 C 3

Marquion 62 ... 14 A3
Marquise 62 ... 2 B4
Marquivillers 80 ... 23 E4
Marquixanes 66 ... 342 B2
Marray 37 ... 130 D5
La Marre 39 ... 179 F4
Marre 55 ... 43 H4
Mars 07 ... 248 A4
Les Mars 23 ... 208 C3
Mars 30 ... 282 D5
Mars 42 ... 212 A1
Mars-la-Tour 54 ... 65 F1
Mars-sous-Bourcq 08 ... 42 C2
Mars-sur-Allier 58 ... 174 B3
Marsa 11 ... 337 F4
Marsac 16 ... 221 E1
Marsac 23 ... 206 C2
Marsac 65 ... 315 E3
Marsac 82 ... 296 D1
Marsac-en-Livradois 63 ... 229 E4
Marsac-sur-Don 44 ... 126 C4
Marsac-sur-l'Isle 24 ... 240 C2
Marsainvilliers 45 ... 111 G2
Marsais 17 ... 201 G1
Marsais-Sainte-Radégonde 85 ... 183 H1
Marsal 57 ... 66 A3
Marsal 81 ... 299 G1
Marsalès 24 ... 258 D2
Marsan 32 ... 296 C4
Marsaneix 24 ... 240 D3
Marsangis 51 ... 90 C2
Marsangy 89 ... 113 G3
Marsannay-la-Côte 21 ... 160 A3
Marsannay-le-Bois 21 ... 160 B2
Marsanne 26 ... 267 E3
Marsas 33 ... 237 H3
Marsas 65 ... 333 G1
Marsat 63 ... 209 H4
Marsaz 26 ... 249 F2
Marseillan 32 ... 315 G2
Marseillan 34 ... 322 C4
Marseillan 65 ... 315 F4
Marseillan-Plage 34 ... 322 C4
Marseille 13 ... 326 D3
Marseille-en-Beauvaisis 60 ... 21 H5
Marseille-lès-Aubigny 18 ... 174 B1
Marseillette 11 ... 320 A5
Marsillargues 34 ... 303 G4
Marsilly 17 ... 183 F5
Marsilly 57 ... 66 B1
Marsinval 78 ... 57 H2
Marsolan 32 ... 296 A1
Marson 51 ... 62 C2
Marson-sur-Barboure 55 ... 93 G1
Marsonnas 01 ... 195 G4
Marsoulas 31 ... 335 E1
Marsous 32 ... 332 C4
Marspich 57 ... 45 G3
Marssac-sur-Tarn 81 ... 299 E1
Martagny 27 ... 37 F2
Martailly-lès-Brancion 71 ... 195 E2
Martainneville 80 ... 11 F4
Martainville 14 ... 53 G2
Martainville 27 ... 35 E3
Martainville-Épreville 76 ... 36 C1
Martaizé 86 ... 168 C3
Martel 46 ... 242 C5
Marthemont 54 ... 94 C2
Marthille 57 ... 66 B3
Marthod 73 ... 216 A5
Marthon 16 ... 221 H4
Martiel 12 ... 279 E1
Martigna 39 ... 196 D3
Martignac 09 ... 259 F4
Martignargues 30 ... 284 A5
Martignas-sur-Jalle 33 ... 237 E5
Martignat 01 ... 196 C5
Martigné-Briand 49 ... 149 H4
Martigné-Ferchaud 35 ... 127 E2
Martigné-sur-Mayenne 53 ... 106 A2
Martigny 02 ... 25 H2
Martigny 50 ... 52 A4
Martigny 76 ... 20 B2
Martigny-Courpierre 02 ... 40 D1
Martigny-le-Comte 71 ... 194 C2
Martigny-les-Bains 88 ... 118 B3
Martigny-les-Gerbonvaux 88 ... 94 A3
Martigny-sur-l'Ante 14 ... 53 H2
Martigues 13 ... 325 H3
Martillac 33 ... 255 G2
Martimpré Col de 88 ... 120 B3
Martin-Église 76 ... 10 B5
Martincourt 54 ... 65 F4
Martincourt 60 ... 37 H1
Martincourt-sur-Meuse 55 ... 27 G5
Le Martinet 30 ... 283 H2

Martinet 85 ... 165 F5
Martinpuich 62 ... 13 G5
Martinvast 50 ... 29 E3
Martinvelle 88 ... 118 C4
Martisserre 31 ... 316 D3
Martizay 36 ... 170 C4
Martot 27 ... 36 A3
Martragny 14 ... 33 E3
La Martre 83 ... 308 B2
Martres 33 ... 256 C2
Les Martres-d'Artière 63 ... 210 A5
Les Martres-de-Veyre 63 ... 227 H1
Martres-de-Rivière 31 ... 334 B1
Martres-sur-Morge 63 ... 210 A4
Martres-Tolosane 31 ... 317 G5
Martrin 12 ... 300 B1
Martrois 21 ... 159 E3
La Martyre 29 ... 75 H2
Les Martys 11 ... 319 G3
Maruéjols-lès-Gardon 30 ... 283 H5
Marval 87 ... 222 D2
Marvaux-Vieux 08 ... 42 D3
Marvejols 48 ... 264 A4
Marvelise 25 ... 142 A4
Marville 55 ... 44 B2
Marville-les-Bois 28 ... 85 H2
Marville-Moutiers-Brûlé 28 ... 56 D5
Mary 71 ... 194 B1
Mary-sur-Marne 77 ... 59 H1
Marzal Aven de 07 ... 284 C1
Marzan 56 ... 125 F5
Marzens 81 ... 298 D4
Marzy 58 ... 174 C2
Le Mas 06 ... 308 D1
Mas-Blanc-des-Alpilles 13 ... 304 C2
Mas-Cabardès 11 ... 319 H3
Mas Camargues 48 ... 283 F1
Le Mas-d'Agenais 47 ... 257 F5
Le Mas-d'Artige 23 ... 225 H1
Mas-d'Auvignon 32 ... 296 A1
Le Mas-d'Azil 09 ... 335 H1
Mas-d'Azil Grotte du 09 ... 335 H1
Mas-de-Londres 34 ... 302 C2
Le Mas-de-Tence 43 ... 248 B3
Mas-des-Cours 11 ... 337 H1
Mas d'Orcières 48 ... 265 E5
Mas-Grenier 82 ... 297 G1
Mas-Saint-Chély 48 ... 282 B2
Mas-Saintes-Puelles 11 ... 318 D4
Le Mas-Soubeyran 30 ... 283 G4
Mas-Thibert 13 ... 304 C5
Masbaraud-Mérignat 23 ... 206 D3
Mascaraàs-Haron 64 ... 294 C5
Mascaras 32 ... 295 G5
Mascaras 65 ... 315 F5
Mascarville 31 ... 298 C5
Masclat 46 ... 259 H1
Masevaux-Niederbruck 68 ... 142 D1
Maslacq 64 ... 313 G2
Masléon 87 ... 224 C1
Maslives 41 ... 132 B5
Masmejan 48 ... 283 E1
Le Masnau-Massuguiès 81 ... 300 A3
Masnières 59 ... 14 B4
Masny 59 ... 9 E5
Los Masos 66 ... 342 B3
Masparraute 64 ... 311 G3
Maspie-Lalonquère-Juillacq 64 ... 314 D2
Masquières 47 ... 277 E1
Massabrac 31 ... 317 H5
Massac 11 ... 338 B3
Massac 17 ... 202 C4
Massac-Séran 81 ... 298 D4
Massaguel 81 ... 319 F2
Massais 79 ... 167 H1
Massals 81 ... 300 A2
Massanes 30 ... 283 H5
Massangis 89 ... 137 E5
Massat 09 ... 335 H3
Massay 18 ... 154 B5
Le Massegros 48 ... 281 H2
Masseilles 33 ... 256 D5
Massels 47 ... 276 D2
Massérac 44 ... 126 A4
Masseret 19 ... 224 B3
Masseube 32 ... 316 A2
Massiac 15 ... 246 A1
Massieu 38 ... 232 C4
Massieux 01 ... 213 E4
Massiges 51 ... 42 D4
Massignac 16 ... 204 C5
Massignieu-de-Rives 01 ... 214 D5
Massillargues-Attuech 30 ... 283 G5
Massilly 71 ... 194 D2
Massingy 21 ... 116 A5

Massingy 74 ... 215 F4
Massingy-lès-Semur 21 ... 158 D1
Massingy-lès-Vitteaux 21 ... 159 F2
Massognes 86 ... 168 C4
Massoins 06 ... 289 H5
Massongy 74 ... 198 A4
Massoulès 47 ... 276 D1
Massugas 33 ... 257 E1
Massy 71 ... 194 C2
Massy 76 ... 20 D4
Massy 91 ... 58 B5
Mastaing 59 ... 14 C2
Matafelon-Granges 01 ... 196 C5
Les Matelles 34 ... 302 D3
Matemale 66 ... 341 G3
Matha 17 ... 202 B4
Mathaux 10 ... 91 H4
Mathay 25 ... 142 B5
Mathenay 39 ... 179 F2
Les Mathes 17 ... 200 C5
Mathieu 14 ... 33 G3
Mathons 52 ... 92 D4
Mathonville 76 ... 20 D5
Matignicourt-Goncourt 51 ... 62 D5
Matignon 22 ... 50 A5
Matigny 80 ... 23 H3
Matougues 51 ... 62 A2
Matour 71 ... 194 B4
Matra 2B ... 347 G4
Matringhem 62 ... 7 F3
Mattaincourt 88 ... 94 D5
Mattexey 54 ... 95 G3
Matton-et-Clémency 08 ... 27 G4
Mattstall 67 ... 68 D1
Matzenheim 67 ... 97 G3
Maubec 38 ... 232 A2
Maubec 82 ... 296 D2
Maubec 84 ... 305 F1
Maubert-Fontaine 08 ... 26 B2
Maubeuge 59 ... 15 G2
Maubourguet 65 ... 315 E2
Maubuisson 33 ... 236 B3
Mauchamps 91 ... 87 G3
Maucomble 76 ... 20 C4
Maucor 64 ... 314 B3
Maucourt 60 ... 23 H4
Maucourt 80 ... 23 F3
Maucourt-sur-Orne 55 ... 44 C4
Maudétour-en-Vexin 95 ... 37 G5
Mauguio 34 ... 303 E4
Maulain 52 ... 117 H4
Maulais 79 ... 168 B2
Maulan 55 ... 63 H5
Maulay 86 ... 169 E2
Maulde 59 ... 9 G4
Maule 78 ... 57 G3
Mauléon 79 ... 167 E2
Mauléon-Barousse 65 ... 334 A4
Mauléon-d'Armagnac 32 ... 294 D1
Mauléon-Licharre 64 ... 311 H5
Maulers 60 ... 22 A5
Maulette 78 ... 57 E4
Maulévrier 49 ... 167 E1
Maulévrier-Sainte-Gertrude 76 ... 19 G5
Maulichères 32 ... 294 D3
Maumusson 44 ... 148 C1
Maumusson 82 ... 296 D1
Maumusson-Laguian 32 ... 294 D4
Mauny 76 ... 35 H2
Maupas 10 ... 115 E3
Le Maupas 21 ... 158 D4
Maupas 32 ... 294 D2
Maupas Château de 18 ... 155 G4
Mauperthuis 77 ... 59 H4
Maupertuis 50 ... 52 A1
Maupertus-sur-Mer 50 ... 29 F3
Mauprévoir 86 ... 204 B1
Mauquenchy 76 ... 20 D5
Mauran 31 ... 317 E5
Maure 64 ... 314 D3
Maure Col de 04 ... 288 B1
Maure-de-Bretagne 35 ... 103 G5
Maurecourt 78 ... 58 A2
Mauregard 77 ... 59 E1
Mauregny-en-Haye 02 ... 41 E1
Maureilhan 34 ... 321 E4
Maureillas-las-Illas 66 ... 343 E4
Mauremont 31 ... 318 B2
Maurens 24 ... 239 H5
Maurens 31 ... 318 C2
Maurens 32 ... 296 D5
Maurens-Scopont 81 ... 298 C5
Maurepas 78 ... 57 F4
Maurepas 80 ... 23 F1
Mauressac 31 ... 317 H4
Mauressargues 30 ... 283 H5

Maureville 31 ... 298 C5
Mauriac 15 ... 244 B2
Mauriac 33 ... 256 D2
Mauries 40 ... 294 B4
Maurin 04 ... 271 F3
Maurin 34 ... 302 D5
Maurines 15 ... 245 H5
Maurois 59 ... 14 D5
Mauron 56 ... 103 E3
Mauroux 32 ... 296 C1
Mauroux 46 ... 259 E5
Maurrin 40 ... 294 B2
Maurs 15 ... 261 H2
Maurupt-le-Montois 51 ... 63 E4
Maury 66 ... 338 B4
Maury Barrage de 12 ... 262 D3
Mausoléo 2B ... 346 D2
Maussac 19 ... 225 G4
Maussane-les-Alpilles 13 ... 304 D3
Maussans 70 ... 162 B1
Mausson Château de 53 ... 81 G3
Mautes 23 ... 208 B4
Mauvages 55 ... 93 G2
Mauvaisin 31 ... 318 A3
Mauves 07 ... 249 E3
Mauves-sur-Huisne 61 ... 84 C4
Mauves-sur-Loire 44 ... 148 A3
Mauvezin 31 ... 316 D3
Mauvezin 32 ... 296 D3
Mauvezin 65 ... 333 G1
Mauvezin-d'Armagnac 40 ... 274 C5
Mauvezin-de-Prat 09 ... 335 E2
Mauvezin-de-Sainte-Croix 09 ... 335 G1
Mauvezin-sur-Gupie 47 ... 257 E4
Mauvières 36 ... 187 H2
Mauvilly 21 ... 138 B4
Maux 58 ... 175 H1
Mauzac 31 ... 317 G3
Mauzac-et-Saint-Meyme-de-Rozens 24 ... 240 D5
Mauzé-sur-le-Mignon 79 ... 184 C5
Mauzé-Thouarsais 79 ... 168 A2
Mauzens-et-Miremont 24 ... 241 E4
Mauzun 63 ... 228 B1
Mavaleix 24 ... 223 E3
Maves 41 ... 132 A4
Mavilly-Mandelot 21 ... 177 G1
La Maxe 57 ... 45 H5
Maxent 35 ... 103 G4
Maxéville 54 ... 65 H5
Maxey-sur-Meuse 88 ... 94 A3
Maxey-sur-Vaise 55 ... 93 H2
Maxilly-sur-Léman 74 ... 198 C3
Maxilly-sur-Saône 21 ... 160 D3
Maxou 46 ... 260 B4
Maxstadt 57 ... 67 E1
May-en-Multien 77 ... 59 H1
Le May-sur-Èvre 49 ... 148 D5
May-sur-Orne 14 ... 33 G5
Mayac 24 ... 241 E1
Mayenne 53 ... 82 B5
Mayet 72 ... 130 A3
Le Mayet-de-Montagne 03 ... 210 D2
Le Mayet-d'École 03 ... 210 A1
Maylis 40 ... 293 G3
Maynal 39 ... 196 A1
Les Mayons 83 ... 328 D2
Mayot 02 ... 24 B4
Mayrac 46 ... 242 C5
Mayran 12 ... 280 B1
Mayrègne 31 ... 334 A4
Mayres 07 ... 248 D4
Mayres 07 ... 265 H3
Mayres 63 ... 228 D5
Mayres-Savel 38 ... 250 D5
Mayreste Belvédère de 04 ... 307 H2
Mayreville 11 ... 318 D5
Mayrinhac-Lentour 46 ... 261 E1
Mayronnes 11 ... 338 A2
Maysel 60 ... 38 C4
Mazamet 81 ... 319 H2
Mazan 84 ... 285 H4
Mazan-l'Abbaye 07 ... 265 H2
Mazangé 41 ... 131 F3
Mazaugues 83 ... 328 A2
Mazaye 63 ... 209 F5
Mazé-Milon 49 ... 150 A1
Le Mazeau 85 ... 184 C4
Mazeirat 23 ... 207 F1
Mazeley 88 ... 95 E5
Mazerat-Aurouze 43 ... 246 C2
Mazeray 17 ... 201 G4
Mazères 09 ... 318 B4
Mazères 33 ... 256 B4
Mazères Église de 65 ... 295 E5

Mazères-de-Neste 65 ... 334 A1
Mazères-Lezons 64 ... 314 B4
Mazères-sur-Salat 31 ... 335 E1
Mazerier 03 ... 209 H2
Mazerny 08 ... 26 C5
Mazerolles 16 ... 222 B1
Mazerolles 17 ... 219 G3
Mazerolles 40 ... 294 A1
Mazerolles 64 ... 314 A2
Mazerolles 65 ... 315 G3
Mazerolles 86 ... 187 E3
Mazerolles-du-Razès 11 ... 337 F1
Mazerolles-le-Salin 25 ... 161 G4
Mazerulles 54 ... 66 B5
Mazet-Saint-Voy 43 ... 248 A3
Mazeuil 86 ... 168 D4
Mazeyrat-d'Allier 43 ... 246 C3
Mazeyrolles 24 ... 259 E3
La Mazière-aux-Bons-Hommes 23 ... 208 C4
Mazières 16 ... 204 B5
Mazières-de-Touraine 37 ... 151 F2
Mazières-en-Gâtine 79 ... 185 E2
Mazières-en-Mauges 49 ... 167 E1
Mazières-Naresse 47 ... 258 C3
Mazières-sur-Béronne 79 ... 185 F5
Mazille 71 ... 194 C3
Mazingarbe 62 ... 8 A4
Mazinghem 62 ... 7 G3
Mazinghien 59 ... 15 E5
Mazion 33 ... 237 G2
Mazirat 03 ... 190 C5
Mazirot 88 ... 94 D4
Le Mazis 80 ... 21 G2
Mazoires 63 ... 227 G5
Mazouau 65 ... 333 H2
Mazuby 11 ... 337 E4
Les Mazures 08 ... 26 C1
Mazzola 2B ... 347 F4
Méailles 04 ... 288 D4
Méallet 15 ... 244 B1
Méasnes 23 ... 189 E3
Meaucé 28 ... 85 F3
La Meauffe 50 ... 32 B4
La Méaugon 22 ... 78 B3
Meaulne 03 ... 190 D1
Méaulte 80 ... 23 E1
Méautis 50 ... 31 H3
Meaux 77 ... 59 G2
Meaux-la-Montagne 69 ... 212 B2
Meauzac 82 ... 277 G4
Mecé 35 ... 81 E5
Mechmont 46 ... 260 B4
Mécleuves 57 ... 65 H1
Mecquignies 59 ... 15 F2
Mécrin 55 ... 64 C4
Mécringes 51 ... 60 C3
Médan 78 ... 57 H2
Médavy 61 ... 54 B5
La Mède 13 ... 325 H4
Medeyrolles 63 ... 229 E4
Médière 25 ... 142 A5
Médillac 16 ... 239 E1
Médis 17 ... 218 D1
Médonnet Chapelle du 74 ... 216 C3
Médonville 88 ... 118 A2
Médous Grotte de 65 ... 333 F2
Médréac 35 ... 103 G1
Le Mée 28 ... 110 A5
Mée 53 ... 128 A2
Le Mée-sur-Seine 77 ... 88 B3
Les Mées 04 ... 287 G4
Mées 40 ... 292 D3
Les Mées 72 ... 83 H5
Mégange 57 ... 46 C4
Mégève 74 ... 216 C4
Mégevette 74 ... 198 B5
Mégrit 22 ... 79 F5
Méharicourt 80 ... 23 F3
Méharin 64 ... 311 F4
Méhers 41 ... 153 F3
Méhoncourt 54 ... 95 F2
Méhoudin 61 ... 82 D3
Mehun-sur-Yèvre 18 ... 154 D5
La Meignanne 49 ... 149 F1
Meigné 49 ... 150 A4
Meigné-le-Vicomte 49 ... 151 E1
Meigneux 77 ... 89 E3
Meigneux 80 ... 21 H3
Meilhac 87 ... 223 G1
Meilhan 32 ... 316 B2
Meilhan 40 ... 293 G1
Meilhan-sur-Garonne 47 ... 256 D4
Meilhards 19 ... 224 C3
Meilhaud 63 ... 227 H3
Meillac 35 ... 80 A3
Meillant 18 ... 173 F4

Meillard 03 ... 192 A4
Le Meillard 80 ... 12 C4
La Meilleraie-Tillay 85 ... 166 D4
Meilleray 77 ... 60 C4
La Meilleraye-de-Bretagne 44 ... 127 E5
Meillerie 74 ... 198 C2
Meillers 03 ... 191 H2
Meillier-Fontaine 08 ... 26 D2
Meillon 64 ... 314 B4
Meillonnas 01 ... 196 A5
Meilly-sur-Rouvres 21 ... 159 F4
Meisenthal 57 ... 68 A2
Meistratzheim 67 ... 97 F2
Le Meix 21 ... 138 D5
Le Meix-Saint-Epoing 51 ... 60 D5
Le Meix-Tiercelin 51 ... 62 B5
Méjanes 13 ... 304 A5
Méjannes-le-Clap 30 ... 284 B2
Méjannes-lès-Alès 30 ... 283 H4
Mela 2A ... 349 E5
Mélagues 12 ... 301 E3
Mélamare 76 ... 19 E5
Melan 04 ... 287 H2
Melay 49 ... 149 F4
Melay 52 ... 118 B5
Melay 71 ... 193 G5
Le Mêle-sur-Sarthe 61 ... 84 A3
Mélecey 70 ... 141 H5
Melesse 35 ... 104 B2
Melgven 29 ... 100 B4
Mélicocq 60 ... 39 F1
Mélicourt 27 ... 55 E2
Méligny-le-Grand 55 ... 93 G1
Méligny-le-Petit 55 ... 93 G1
Melin 70 ... 140 C3
Melincourt 70 ... 118 D5
Mélisey 70 ... 142 A2
Mélisey 89 ... 115 E5
Meljac 12 ... 280 C4
Mellac 29 ... 100 D4
Mellé 35 ... 81 F3
Melle 79 ... 185 G5
Mellecey 71 ... 177 G4
Melleran 79 ... 203 E1
Melleray 72 ... 108 D3
Melleray Abbaye de 44 ... 127 E5
Melleray-la-Vallée 53 ... 82 B3
Melleroy 45 ... 135 E2
Melles 31 ... 334 C4
Melleville 76 ... 11 E5
Mellionnec 22 ... 77 F5
Mello 60 ... 38 C4
Meloisey 21 ... 177 G1
Melrand 56 ... 101 G4
Melsheim 67 ... 68 C4
Melun 77 ... 88 B3
Melve 04 ... 287 G1
Melz-sur-Seine 77 ... 89 H3
Membrey 70 ... 140 B5
La Membrolle-sur-Choisille 37 ... 151 H2
La Membrolle-sur-Longuenée 49 ... 128 B5
Membrolles 41 ... 110 A5
Méménil 88 ... 95 G5
Memmelshoffen 67 ... 69 E2
Le Mémont 25 ... 163 F4
Mémorial Canadien 62 ... 8 B5
Menades 89 ... 157 H2
Ménarmont 88 ... 95 H3
Menars 41 ... 132 B5
Menat 63 ... 209 F2
Menaucourt 55 ... 93 F1
Mencas 62 ... 7 E3
Menchhoffen 67 ... 68 C3
Mende 48 ... 264 C4
Mendionde 64 ... 311 E4
Menditte 64 ... 331 E1
Mendive 64 ... 330 C1
Ménéac 56 ... 102 D2
Menée Col de 38 ... 268 D1
Ménerbes 84 ... 305 G2
Ménerval 76 ... 21 F5
Ménerville 78 ... 57 E2
Menesble 21 ... 138 D3
Méneslies 80 ... 11 E4
Ménesplet 24 ... 239 E4
Ménesqueville 27 ... 36 D2
Ménessaire 21 ... 158 B5
Menestreau 58 ... 156 D2
Ménestreau-en-Villette 45 ... 133 F4
Menet 15 ... 244 D1
Menetou-Couture 18 ... 174 A1
Menetou-Râtel 18 ... 155 H3
Menetou-Salon 18 ... 155 F4
Menetou-sur-Nahon 36 ... 153 H4

A B C D E F G H I J K L M N O P Q R S T U V W X Y Z

A B C D E F G H I J K L M N O P Q R S T U V W X Y Z

Ménétréol-sous-Sancerre 18....**156** A 3
Ménétréol-sur-Sauldre 18....**155** E 2
Ménétréols-sous-Vatan 36....**172** A 2
Ménétreuil 71....**195** G 1
Ménétreux-le-Pitois 21....**138** A 5
Ménétrol 63....**209** H 4
Ménétru-le-Vignoble 39....**179** F 4
Ménétrux-en-Joux 39....**179** G 5
Ménévillers 60....**39** E 1
Ménez-Bré 22....**72** D 5
Ménez-Hom 29....**75** G 4
Ménez-Meur Domaine de 29....**75** H 3
Menglon 26....**268** C 2
Ménigoute 79....**185** G 2
Ménil 53....**128** B 3
Le Ménil 88....**120** A 5
Ménil-Annelles 08....**42** B 1
Ménil-aux-Bois 55....**64** C 4
Le Ménil-Bérard 61....**55** E 5
Le Ménil-Broût 61....**83** H 3
Le Ménil-Ciboult 61....**52** D 4
Le Ménil-de-Briouze 61....**53** G 5
Ménil-de-Senones 88....**96** B 3
Ménil-en-Xaintois 88....**94** C 5
Ménil-Erreux 61....**83** H 3
Ménil-Froger 61....**54** D 4
Ménil-Glaise 61....**53** H 4
Ménil-Gondouin 61....**53** G 4
Le Ménil-Guyon 61....**84** A 2
Ménil-Hermei 61....**53** G 3
Ménil-Hubert-en-Exmes 61....**54** C 3
Ménil-Hubert-sur-Orne 61....**53** G 3
Ménil-Jean 61....**53** H 4
Ménil-la-Horgne 55....**64** C 5
Ménil-la-Tour 54....**65** F 5
Ménil-Lépinois 08....**42** A 2
Le Ménil-Scelleur 61....**83** F 2
Ménil-sur-Belvitte 88....**95** H 3
Ménil-sur-Saulx 55....**63** H 5
Le Ménil-Vicomte 61....**54** D 4
Ménil-Vin 61....**53** G 3
Ménilles 27....**56** D 1
Ménillot 54....**94** A 1
La Ménitré 49....**150** A 2
Mennecy 91....**87** H 2
Mennessis 02....**24** A 4
Mennetou-sur-Cher 41....**154** A 4
Menneval 27....**35** F 5
Menneville 02....**41** G 2
Menneville 62....**6** C 2
Mennevret 02....**24** D 1
Mennouveaux 52....**117** G 3
Ménoire 19....**242** D 3
Menomblet 85....**167** E 4
Menoncourt 90....**142** C 2
Ménonval 76....**21** E 3
Menotey 39....**161** E 5
Menou 58....**156** D 3
Menouville 95....**38** A 5
Le Menoux 36....**188** D 2
Menoux 70....**141** E 4
Mens 38....**251** E 5
Mensignac 24....**240** B 1
Menskirch 57....**46** B 3
Mentheville 76....**19** E 4
Menthon-Saint-Bernard 74....**215** H 4
Menthonnex-en-Bornes 74....**215** G 2
Menthonnex-sous-Clermont 74....**215** F 3
Mentières 15....**245** H 3
Menton 06....**291** G 5
Mentque-Nortbécourt 62....**3** E 5
Menucourt 95....**57** H 1
Les Menuires 73....**234** C 5
Les Menus 61....**85** E 3
Menville 31....**297** G 4
Méobecq 36....**171** G 4
Méolans 04....**270** C 5
Méolans-Revel 04....**270** C 4
Méon 49....**150** D 1
Méounes-lès-Montrieux 83....**328** A 2
Mépieu 38....**214** B 5
Mer 41....**132** C 4
Mer de Sable La 60....**39** E 5
Méracq 64....**294** B 5
Méral 53....**105** G 5
Méras 09....**317** G 5
Mercatel 62....**13** G 3
Mercenac 09....**335** E 2
Merceuil 21....**177** H 2
Mercey 21....**159** E 5
Mercey 27....**56** D 1
Mercey-le-Grand 25....**161** F 4
Mercey-sur-Saône 70....**140** B 5
Mercin-et-Vaux 02....**40** B 2
Merck-Saint-Liévin 62....**7** E 3

Merckeghem 59....**3** F 4
Mercœur 19....**243** F 4
Mercœur 43....**246** A 2
Mercuer 07....**266** B 3
Mercuès 46....**259** H 5
Mercurey 71....**177** G 3
Mercurol-Veaunes 26....**249** F 3
Mercury 73....**234** A 1
Mercus-Garrabet 09....**336** B 4
Mercy 03....**192** C 3
Mercy 89....**114** A 4
Mercy-le-Bas 54....**45** E 3
Mercy-le-Haut 54....**45** E 3
Merdrignac 22....**102** D 1
Méré 78....**57** G 4
Méré 89....**136** D 2
Méreau 18....**154** C 5
Méréaucourt 80....**21** H 3
Méréglise 28....**85** G 5
Mérélessart 80....**11** G 5
Mérens 32....**296** A 3
Mérens-les-Vals 09....**341** E 2
Mérenvielle 31....**297** F 4
Méreuil 05....**269** E 5
Méréville 54....**94** D 1
Méréville 91....**87** F 5
Merey 27....**56** D 1
Mérey-sous-Montrond 25....**162** A 4
Mérey-Vieilley 25....**162** A 2
Merfy 51....**41** F 3
Mergey 10....**90** D 4
Meria 2B....**345** G 2
Mérial 11....**337** E 5
Méribel 73....**234** C 4
Méribel-Mottaret 73....**234** C 4
Méricourt 62....**8** B 5
Méricourt 78....**57** F 1
Méricourt-en-Vimeu 80....**21** H 2
Méricourt-l'Abbé 80....**22** D 1
Méricourt-sur-Somme 80....**23** E 1
Mériel 95....**58** B 1
Mérifons 34....**301** G 4
Mérignac 16....**220** D 1
Mérignac 17....**220** B 5
Mérignac 33....**237** F 5
Mérignas 33....**256** D 1
Mérignat 01....**214** B 2
Mérignies 59....**8** D 4
Mérigny 36....**187** G 1
Mérigon 09....**335** F 1
Mérilheu 65....**333** F 1
Mérillac 22....**103** E 1
Mérinchal 23....**208** C 4
Mérindol 84....**305** G 3
Mérindol-les-Oliviers 26....**285** H 2
Mérinville 45....**112** D 4
Le Mériot 10....**89** H 3
Méritein 64....**313** G 3
Merkwiller-Pechelbronn 67....**69** E 2
Merlande Prieuré de 24....**240** B 1
Merlas 38....**232** D 4
La Merlatière 85....**166** A 4
Merlaut 51....**62** D 4
Merle Tours de 19....**243** G 3
Merle-Leignec 42....**229** G 5
Merléac 22....**78** A 5
Le Merlerault 61....**54** D 5
Merles 82....**277** E 4
Merles-sur-Loison 55....**44** C 3
Merlette 05....**270** A 2
Merlevenez 56....**123** G 2
Merlieux-et-Fouquerolles 02....**40** C 1
Merlimont 62....**6** B 4
Merlimont-Plage 62....**6** A 4
Merlines 19....**226** C 2
Mernel 35....**103** H 5
Mérobert 91....**87** E 4
Méron 49....**150** B 5
Mérona 39....**196** C 1
Mérouville 28....**86** D 5
Meroux 90....**142** C 3
Merpins 16....**220** B 1
Merrey 52....**117** H 4
Merrey-sur-Arce 10....**115** G 3
Merri 61....**54** A 3
Merris 59....**4** A 5
Merry-la-Vallée 89....**135** H 3
Merry-Sec 89....**136** A 4
Merry-sur-Yonne 89....**136** C 5
Mers-les-Bains 80....**10** D 4
Mers-sur-Indre 36....**189** F 1
Merschweiller 57....**46** B 2
Mersuay 70....**141** E 2
Merten 57....**46** D 4
Mertrud 52....**92** C 4
Mertzen 68....**143** E 3
Mertzwiller 67....**68** D 3

Méru 60....**38** A 4
Merval 02....**41** E 3
Mervans 71....**178** B 4
Mervent 85....**184** B 2
Merviel 09....**336** C 2
Mervilla 31....**318** A 2
Merville 31....**297** G 3
Merville 59....**8** A 2
Merville-Franceville-Plage 14.**33** H 3
Merviller 54....**96** A 2
Méry 73....**233** F 1
Méry-Corbon 14....**34** A 5
Méry-ès-Bois 18....**155** E 3
Méry-la-Bataille 60....**23** E 5
Méry-Prémecy 51....**41** F 4
Méry-sur-Cher 18....**154** B 4
Méry-sur-Marne 77....**60** A 2
Méry-sur-Oise 95....**58** B 1
Méry-sur-Seine 10....**90** C 3
Le Merzer 22....**73** F 5
Mésandans 25....**162** C 1
Mésanger 44....**148** B 1
Mésangueville 76....**21** E 4
Mesbrecourt-Richecourt 02....**24** C 4
Meschers-sur-Gironde 17....**218** D 2
Mescla Balcons de la 04....**307** H 2
Mescoules 24....**257** H 2
Le Mesge 80....**22** A 1
Mesgrigny 10....**90** C 3
Mésigny 74....**215** F 2
Meslan 56....**101** E 3
Mesland 41....**152** D 1
Meslay 14....**53** G 2
Meslay 41....**131** G 3
Meslay Grange de 37....**152** A 2
Meslay-du-Maine 53....**106** B 5
Meslay-le-Grenet 28....**86** A 5
Meslay-le-Vidame 28....**110** A 2
Meslières 25....**142** C 5
Meslin 22....**78** C 4
Mesmay 25....**179** G 1
Mesmont 08....**26** B 5
Mesmont 21....**159** G 3
Mesnac 16....**202** B 5
Mesnard-la-Barotière 85....**166** C 3
Mesnay 39....**179** G 2
Les Mesneux 51....**41** G 4
La Mesnière 61....**84** B 3
Mesnières-en-Bray 76....**20** D 3
Le Mesnil 50....**31** E 2
Le Mesnil-Adelée 50....**52** B 4
Le Mesnil-Amand 50....**51** H 2
Le Mesnil-Amelot 77....**59** E 1
Le Mesnil-Amey 50....**32** A 5
Le Mesnil-Angot 50....**32** A 4
Le Mesnil-au-Grain 14....**53** E 1
Le Mesnil-au-Val 50....**29** F 3
Le Mesnil-Aubert 50....**51** G 2
Le Mesnil-Aubry 95....**58** C 1
Le Mesnil-Auzouf 14....**52** D 1
Le Mesnil-Bacley 14....**54** C 1
Le Mesnil-Benoist 14....**52** B 3
Le Mesnil-Bœufs 50....**52** A 5
Le Mesnil-Bonant 50....**51** H 2
Mesnil-Bruntel 80....**23** G 2
Le Mesnil-Caussois 14....**52** B 3
Mesnil-Clinchamps 14....**52** B 3
Le Mesnil-Conteville 60....**22** A 4
Mesnil-Domqueur 80....**12** B 4
Le Mesnil-Drey 50....**51** G 3
Le Mesnil-Durand 14....**54** C 1
Le Mesnil-Durdent 76....**19** G 2
Mesnil-en-Arrouaise 80....**13** H 5
Le Mesnil-en-Thelle 60....**38** B 5
Le Mesnil-en-Vallée 49....**148** D 2
Le Mesnil-Esnard 76....**36** B 2
Le Mesnil-Eudes 14....**34** C 5
Mesnil-Eudin 80....**21** F 2
Le Mesnil-Eury 50....**32** A 4
Mesnil-Follemprise 76....**20** C 3
Le Mesnil-Fuguet 27....**56** B 1
Le Mesnil-Garnier 50....**51** H 2
Le Mesnil-Germain 14....**54** C 1
Le Mesnil-Gilbert 50....**52** B 4
Le Mesnil-Guillaume 14....**34** D 5
Le Mesnil-Hardray 27....**56** A 2
Le Mesnil-Herman 50....**52** A 1
Le Mesnil-Hue 50....**51** H 2
Le Mesnil-Jourdain 27....**36** B 5
Mesnil-la-Comtesse 10....**91** E 3
Le Mesnil-le-Roi 78....**58** A 2
Mesnil-Lettre 10....**91** F 3
Le Mesnil-Lieubray 76....**37** E 1
Mesnil-Martinsart 80....**13** F 5
Le Mesnil-Mauger 14....**34** B 5
Mesnil-Mauger 76....**21** E 4

Le Mesnil-Opac 50....**52** B 1
Le Mesnil-Ozenne 50....**51** H 5
Mesnil-Panneville 76....**19** H 5
Le Mesnil-Patry 14....**33** F 4
Le Mesnil-Rainfray 50....**52** B 5
Mesnil-Raoul 76....**36** C 2
Le Mesnil-Raoult 50....**52** B 1
Le Mesnil-Réaume 76....**10** D 5
Le Mesnil-Robert 14....**52** C 3
Le Mesnil-Rogues 50....**51** G 2
Mesnil-Rousset 27....**55** F 3
Le Mesnil-Rouxelin 50....**32** B 4
Le Mesnil-Saint-Denis 78....**57** H 4
Le Mesnil-Saint-Firmin 60....**22** C 5
Mesnil-Saint-Georges 80....**22** D 4
Mesnil-Saint-Laurent 02....**24** B 2
Le Mesnil-Saint-Loup 10....**90** B 5
Le Mesnil-Saint-Nicaise 80....**23** G 3
Le Mesnil-Simon 14....**34** B 5
Le Mesnil-Simon 28....**57** E 3
Le Mesnil-sous-Jumièges 76....**35** H 2
Mesnil-sous-les-Côtes 55....**64** C 1
Mesnil-sous-Vienne 27....**37** F 2
Le Mesnil-sur-Blangy 14....**34** D 3
Le Mesnil-sur-Bulles 60....**38** C 1
Mesnil-sur-l'Estrée 27....**56** C 4
Le Mesnil-sur-Oger 51....**61** G 2
Le Mesnil-Thébault 50....**52** A 5
Le Mesnil-Théribus 60....**37** H 3
Le Mesnil-Thomas 28....**85** G 2
Le Mesnil-Tôve 50....**52** B 4
Mesnil-Val 76....**10** D 4
Le Mesnil-Véneron 50....**32** A 4
Le Mesnil-Verclives 27....**36** D 3
Le Mesnil-Vigot 50....**31** H 4
Le Mesnil-Villeman 50....**51** H 2
Le Mesnil-Villement 14....**53** G 3
Le Mesnilbus 50....**31** H 4
Le Mesnillard 50....**52** B 5
Mesnois 39....**196** C 1
Les Mesnuls 78....**57** G 4
Mespaul 29....**71** G 4
Mesplède 64....**293** G 5
Mesples 03....**190** B 3
Mespuits 91....**87** G 5
Mesquer 44....**145** H 3
Messac 17....**220** B 5
Messac 35....**126** B 2
Messais 86....**168** C 3
Messanges 21....**159** H 5
Messanges 40....**292** B 2
Messanges 45....**132** C 3
Messé 79....**186** A 5
Messei 61....**53** F 4
Messein 54....**94** D 1
Messeix 63....**226** C 2
Messemé 86....**168** D 1
Messery 74....**197** H 3
Messeux 16....**203** G 2
Messey-sur-Grosne 71....**177** G 5
Messia-sur-Sorne 39....**179** E 5
Messigny-et-Vantoux 21....**160** A 2
Messilhac Château de 15....**244** D 5
Messimy 69....**230** D 1
Messimy-sur-Saône 01....**213** E 2
Messincourt 08....**27** G 4
Messon 10....**114** C 2
Messy 77....**59** E 2
Mesterrieux 33....**256** D 3
Mestes 19....**226** B 3
Mesves-sur-Loire 58....**156** B 4
Mesvres 71....**176** C 3
Métabief 25....**180** C 4
Les Métairies 16....**220** C 1
Métairies-Saint-Quirin 57....**96** B 1
Méteren 59....**4** A 5
Méthamis 84....**286** A 5
Métigny 80....**11** H 5
Metting 57....**68** A 4
Mettray 37....**151** H 2
Metz 57....**65** H 1
Metz-en-Couture 62....**13** H 4
Metz-le-Comte 58....**157** G 2
Metz-Robert 10....**115** E 4
Metz-Tessy 74....**215** G 3
Metzeral 68....**120** C 4
Metzeresche 57....**46** B 4
Metzervisse 57....**45** H 5
Metzing 57....**47** F 5
Meucon 56....**124** B 3
Meudon 92....**58** B 4
Meuilley 21....**159** H 5
Meulan 78....**57** H 1
Meulers 76....**20** C 2
Meulin 71....**194** B 4

Meulles 14....**54** D 2
Meulson 21....**138** B 4
Meunet-Planches 36....**172** B 4
Meunet-sur-Vatan 36....**172** A 1
Meung-sur-Loire 45....**132** D 3
Meurcé 72....**107** H 2
Meurchin 62....**8** C 4
Meurcourt 70....**141** F 3
La Meurdraquière 50....**51** G 3
Meures 52....**116** D 2
Meursac 17....**219** E 1
Meursanges 21....**178** A 2
Meursault 21....**177** G 2
Meurville 10....**116** A 2
Meuse 52....**117** H 4
Meusnes 41....**153** F 4
Meussia 39....**196** D 2
Meuvaines 14....**33** F 3
Meuvy 52....**117** H 3
Meux 17....**220** B 4
Meuzac 87....**224** B 3
Mévoisins 28....**86** B 3
Mévouillon 26....**286** C 2
Meximieux 01....**213** H 4
Mexy 54....**45** E 1
Mey 57....**45** H 5
Meyenheim 68....**121** E 4
Meylan 38....**251** E 1
Meylan 47....**275** E 4
Meymac 19....**225** G 3
Meynes 30....**304** B 1
Meyrals 24....**241** F 5
Meyrand Col de 07....**265** H 3
Meyrannes 30....**283** H 2
Meyrargues 13....**306** B 4
Meyras 07....**266** A 2
Meyreuil 13....**306** A 5
Meyriat 01....**214** A 1
Meyrié 38....**232** A 4
Meyrieu-les-Étangs 38....**231** H 3
Meyrieux-Trouet 73....**233** E 1
Meyrignac-l'Église 19....**225** E 5
Meyronne 46....**242** C 5
Meyronnes 04....**271** E 4
Meyrueis 48....**282** B 3
Meys 69....**230** B 1
Meyssac 19....**242** D 3
Meysse 07....**267** E 3
Meyssiez 38....**231** G 3
Meythet 74....**215** G 3
La Meyze 87....**223** G 2
Meyzieu 69....**213** G 5
Mézangers 53....**106** C 2
Mèze 34....**322** D 3
Mézel 04....**288** A 4
Mezel 63....**228** A 1
Mézenc Mont 43....**247** H 5
Mézens 81....**298** B 3
Mézeray 72....**129** G 2
Mézères 43....**247** G 3
Mézériat 01....**195** G 5
Mézerolles 80....**12** C 3
Mézerville 11....**318** C 4
Mézidon 14....**34** A 5
La Mézière 35....**104** A 2
Mézières-en-Brenne 36....**170** D 4
Mézières-en-Drouais 28....**56** D 5
Mézières-en-Gâtinais 45....**112** A 4
Mézières-en-Santerre 80....**22** D 3
Mézières-en-Vexin 27....**37** E 5
Mézières-lez-Cléry 45....**133** E 3
Mézières-sous-Lavardin 72....**107** G 3
Mézières-sur-Couesnon 35....**80** D 5
Mézières-sur-Issoire 87....**205** E 2
Mézières-sur-Oise 02....**24** B 3
Mézières-sur-Ponthouin 72....**108** A 2
Mézières-sur-Seine 78....**57** G 2
Mézilhac 07....**266** B 1
Mézilles 89....**135** G 4
Mézin 47....**275** F 4
Méziré 90....**142** C 4
Mézos 40....**272** C 4
Mézy-Moulins 02....**60** C 1
Mézy-sur-Seine 78....**57** G 2
Mézzavia 2A....**348** C 5
Mhère 58....**157** H 4
Mialet 24....**223** E 3
Mialet 30....**283** G 4
Mialos 64....**294** B 5
Miannay 80....**11** F 3
Michaugues 58....**157** F 4
Michelbach 68....**143** E 1
Michelbach-le-Bas 68....**143** G 5
Michelbach-le-Haut 68....**143** G 3

Michery 89....**89** F 5
Midi de Bigorre Pic du 65....**333** F 3
Midrevaux 88....**93** H 4
Mièges 39....**180** A 4
Miel Maison du 63....**209** G 4
Miélan 32....**315** G 2
Miellin 70....**142** B 1
Miermaigne 28....**109** F 2
Miers 46....**260** D 1
Miéry 39....**179** F 3
Mietesheim 67....**68** D 3
Mieussy 74....**216** B 1
Mieuxcé 61....**83** G 4
Mifaget 64....**332** B 1
Migé 89....**136** B 4
Migennes 89....**114** A 5
Miglos 09....**336** B 5
Mignafans 70....**141** H 5
Mignaloux-Beauvoir 86....**186** C 2
Mignavillers 70....**141** H 5
Migné 86....**171** E 5
Migné-Auxances 86....**186** B 1
Mignères 45....**112** B 4
Mignerette 45....**112** B 4
Mignéville 54....**96** A 2
Mignières 28....**86** A 5
Mignovillard 39....**180** B 3
Migny 36....**172** C 2
Migré 17....**201** G 2
Migron 17....**201** H 5
Mijanès 09....**337** E 5
Mijoux 01....**197** F 3
La Milesse 72....**107** G 4
Milhac 46....**259** H 1
Milhac-d'Auberoche 24....**241** E 3
Milhac-de-Nontron 24....**222** D 4
Milhaguet 87....**222** D 2
Milhars 81....**279** E 4
Milhas 31....**334** C 2
Milhaud 30....**303** H 2
Milhavet 81....**279** F 5
Milizac 29....**70** C 5
Millac 86....**204** C 1
Millam 59....**3** F 4
Millançay 41....**153** H 2
Millas 66....**342** D 2
Millau 12....**281** H 4
Millay 58....**176** A 3
Millebosc 76....**11** E 5
Millemont 78....**57** F 4
Millencourt 80....**13** F 5
Millencourt-en-Ponthieu 80....**11** H 3
Millery 21....**158** D 1
Millery 54....**65** H 4
Millery 69....**231** E 2
Les Milles 13....**305** H 5
Millevaches 19....**225** G 2
Millières 50....**31** G 4
Millières 52....**117** G 3
Millonfosse 59....**9** F 5
Milly 50....**52** B 5
Milly 89....**136** C 3
Milly-la-Forêt 91....**88** A 4
Milly-Lamartine 71....**194** D 4
Milly-sur-Bradon 55....**43** H 2
Milly-sur-Thérain 60....**37** H 1
Milon-la-Chapelle 78....**58** A 5
Mimbaste 40....**293** E 4
Mimet 13....**327** E 1
Mimeure 21....**159** E 5
Mimizan 40....**272** B 2
Mimizan-Plage 40....**272** B 2
Minard Pointe de 22....**73** G 3
Minaucourt-le-Mesnil-lès-Hurlus 51....**42** D 4
Mindin 44....**146** C 3
Minerve 34....**320** C 3
Mingot 65....**315** F 3
Mingoval 62....**7** H 5
Miniac-Morvan 35....**79** H 3
Miniac-sous-Bécherel 35....**103** H 1
Minier Col du 30....**282** C 4
Les Minières 27....**56** B 3
Le Minihic-sur-Rance 35....**50** C 5
Minihy-Tréguier 22....**73** E 3
Minorville 54....**65** F 4
Minot 21....**138** D 4
Minversheim 67....**68** D 4
Minzac 24....**239** E 4
Minzier 74....**215** F 2
Miolans Château de 73....**233** H 2
Miolles 81....**300** A 1
Miomo 2B....**345** G 2
Mionnay 01....**213** F 4
Mions 69....**231** F 1
Mios 33....**254** D 3
Miossens-Lanusse 64....**314** B 2

Mirabeau 04 ... 287 H 4
Mirabeau 84 ... 306 C 3
Mirabel 07 ... 266 C 3
Mirabel 82 ... 277 H 4
Mirabel Parc d'attractions 63 ... 209 H 4
Mirabel-aux-Baronnies 26 ... 285 H 1
Mirabel-et-Blacons 26 ... 267 H 2
Miradoux 32 ... 276 C 5
Miramar 06 ... 309 E 5
Miramas 13 ... 305 E 5
Mirambeau 17 ... 219 G 4
Mirambeau 31 ... 316 D 3
Miramont-d'Astarac 32 ... 296 A 5
Miramont-de-Comminges 31 ... 334 C 1
Miramont-de-Guyenne 47 ... 257 G 3
Miramont-de-Quercy 82 ... 277 F 3
Miramont-Latour 32 ... 296 B 3
Miramont-Sensacq 40 ... 294 B 4
Mirande 32 ... 295 H 5
Mirandol-Bourgnounac 81 ... 279 G 4
Mirannes 32 ... 295 H 4
Miraumont 80 ... 13 G 4
Miraval-Cabardès 11 ... 319 H 5
Mirbel 52 ... 92 D 5
Miré 49 ... 128 D 3
Mirebeau 86 ... 168 D 4
Mirebeau-sur-Bèze 21 ... 160 C 2
Mirebel 39 ... 179 G 5
Mirecourt 88 ... 94 D 5
Mirefleurs 63 ... 228 A 1
Miremont 31 ... 317 H 3
Miremont 63 ... 209 E 4
Mirepeisset 11 ... 320 D 4
Mirepeix 64 ... 314 C 5
Mirepoix 09 ... 336 D 1
Mirepoix 32 ... 296 B 3
Mirepoix-sur-Tarn 31 ... 298 B 2
Mireval 34 ... 323 F 3
Mireval-Lauragais 11 ... 319 E 4
Miribel 01 ... 213 F 5
Miribel 26 ... 249 H 1
Miribel-Lanchâtre 38 ... 250 D 4
Miribel-les-Échelles 38 ... 232 D 4
Mirmande 26 ... 267 F 2
Le Miroir 71 ... 196 A 2
Miromesnil Château de 76 ... 20 B 2
Mirvaux 80 ... 12 D 1
Mirville 76 ... 19 E 5
Miscon 26 ... 268 C 3
Miserey 27 ... 56 C 1
Miserey-Salines 25 ... 161 H 3
Misérieux 01 ... 213 E 3
Misery 80 ... 23 G 2
Mison 04 ... 287 F 2
Missé 79 ... 168 A 2
Missècle 81 ... 299 E 3
Missègre 11 ... 337 H 2
Missery 21 ... 158 D 3
Missillac 44 ... 125 G 5
Missiriac 56 ... 103 E 5
Misson 40 ... 293 E 4
Missy 14 ... 33 F 5
Missy-aux-Bois 02 ... 40 A 3
Missy-lès-Pierrepont 02 ... 25 E 4
Missy-sur-Aisne 02 ... 40 C 2
Misy-sur-Yonne 77 ... 89 E 5
Mitry-le-Neuf 77 ... 59 E 2
Mitry-Mory 77 ... 59 E 2
Mitschdorf 67 ... 69 E 2
Mittainville 78 ... 57 F 5
Mittainvilliers-Vérigny 28 ... 85 H 3
Mittelbergheim 67 ... 97 E 3
Mittelbronn 57 ... 68 A 4
Mittelhausbergen 67 ... 97 G 1
Mittelhausen 67 ... 68 D 5
Mittelschaeffolsheim 67 ... 68 D 5
Mittelwihr 68 ... 121 E 2
Mittersheim 57 ... 67 F 3
Mittlach 68 ... 120 C 4
Mittois 14 ... 54 B 1
Mitzach 68 ... 120 C 5
Mizérieux 42 ... 211 H 5
Mizoën 38 ... 251 H 3
Mobecq 50 ... 31 G 3
Moca-Croce 2A ... 349 E 4
Modane 73 ... 252 D 1
Modène 84 ... 285 H 4
Moëlan-sur-Mer 29 ... 100 C 5
Les Moëres 59 ... 3 H 2
Mœrnach 68 ... 143 F 4
Moëslains 52 ... 92 C 2
Mœurs-Verdey 51 ... 61 E 5
Mœuvres 59 ... 14 A 4
Moëze 17 ... 200 D 3
Moffans-et-Vacheresse 70 ... 141 H 4

La Mogère Château de 34 ... 303 E 4
Mogeville 55 ... 44 C 4
Mognard 73 ... 215 F 5
Mogneneins 01 ... 213 E 1
Mognéville 55 ... 63 F 4
Mogneville 60 ... 38 D 3
Mogues 08 ... 27 H 5
Mohon 56 ... 102 D 3
Moidieu-Détourbe 38 ... 231 G 3
Moidrey 50 ... 80 C 2
Moigné 35 ... 104 A 3
Moigny-sur-École 91 ... 88 A 4
Moimay 70 ... 141 G 5
Moineville 54 ... 45 F 5
Moings 17 ... 220 B 3
Moingt 42 ... 229 G 2
Moinville-la-Jeulin 28 ... 86 C 4
Moirans 38 ... 232 C 5
Moirans-en-Montagne 39 ... 196 D 3
Moirax 47 ... 276 B 3
Moiré 69 ... 212 C 3
Moiremont 51 ... 43 E 5
Moirey 55 ... 44 B 4
Moiron 39 ... 179 E 5
Moiry 08 ... 27 H 5
Moisdon-la-Rivière 44 ... 127 E 4
Moisenay 77 ... 88 C 2
Moislains 80 ... 23 G 1
Moissac 82 ... 277 F 4
Moissac-Bellevue 83 ... 307 G 3
Moissac-Vallée-Française 48 ... 283 E 3
Moissannes 87 ... 206 C 4
Moissat 63 ... 210 B 5
Moisselles 95 ... 58 C 1
Moissey 39 ... 161 E 4
Moissieu-sur-Dolon 38 ... 231 G 4
Moisson 78 ... 57 F 1
Moissy-Cramayel 77 ... 88 B 2
Moissy-Moulinot 58 ... 157 G 3
Moisville 27 ... 56 B 3
Moisy 41 ... 132 A 2
Moïta 2B ... 347 G 4
Les Moitiers-d'Allonne 50 ... 28 D 5
Les Moitiers-en-Bauptois 50 ... 31 G 2
Moitron 21 ... 138 C 4
Moitron-sur-Sarthe 72 ... 107 G 2
Moivre 51 ... 62 D 2
Moivrons 54 ... 65 H 4
Molac 56 ... 125 E 3
Molagnies 76 ... 37 F 1
Molain 02 ... 14 D 5
Molain 39 ... 179 G 3
Molamboz 39 ... 179 F 2
Molandier 11 ... 318 C 5
Molas 31 ... 316 C 3
Molay 39 ... 178 D 1
Molay 70 ... 140 B 3
Môlay 89 ... 137 E 4
Le Molay-Littry 14 ... 32 C 3
La Môle 83 ... 329 E 3
Moléans 28 ... 110 A 3
Molèdes 15 ... 245 G 1
Molène Île 29 ... 74 B 2
Molère 65 ... 333 G 1
Molesme 21 ... 115 G 5
Molesmes 89 ... 136 A 5
Molezon 48 ... 282 D 3
Moliens 60 ... 21 G 4
Molières 24 ... 258 D 1
Molières 46 ... 261 F 1
Molières 82 ... 277 H 3
Les Molières 91 ... 58 A 4
Molières-Cavaillac 30 ... 282 D 5
Molières-Glandaz 26 ... 268 B 2
Molières-sur-Cèze 30 ... 283 H 2
Moliets-et-Maa 40 ... 292 B 1
Moliets-Plage 40 ... 292 B 1
Molinchart 02 ... 24 C 5
Molines-en-Queyras 05 ... 271 E 1
Molinet 03 ... 193 F 3
Molineuf 41 ... 131 H 5
Molinges 39 ... 196 D 3
Molinghem 62 ... 7 G 3
Molinons 89 ... 114 A 2
Molinot 21 ... 177 F 1
Molins-sur-Aube 10 ... 91 G 4
Molitg-les-Bains 66 ... 342 A 2
Mollans 70 ... 141 G 4
Mollans-sur-Ouvèze 26 ... 285 H 2
Mollard Col du 73 ... 252 A 1
Mollau 68 ... 120 B 5
Mollégès 13 ... 305 E 2
Molles 03 ... 210 C 2
Les Mollettes 73 ... 233 G 3
Molleville 11 ... 318 D 4

Molliens-au-Bois 80 ... 22 C 1
Molliens-Dreuil 80 ... 21 H 2
La Mollière 86 ... 11 E 2
Mollkirch 67 ... 97 E 2
Molompize 15 ... 245 H 1
Molosmes 89 ... 137 E 2
Moloy 21 ... 159 H 1
Molphey 21 ... 158 C 3
Molpré 39 ... 180 A 4
Molring 57 ... 67 F 3
Molsheim 67 ... 97 F 1
Moltifao 2B ... 347 E 2
Les Molunes 39 ... 197 E 3
Momas 64 ... 314 A 2
Mombrier 33 ... 237 G 3
Momères 65 ... 315 E 5
Momerstroff 57 ... 46 C 5
Mommenheim 67 ... 68 D 4
Momuy 40 ... 293 H 4
Momy 64 ... 314 D 3
Mon Idée 08 ... 26 A 2
Monacia-d'Aullène 2A ... 351 E 3
Monacia-d'Orezza 2B ... 347 G 3
Monampteuil 02 ... 40 D 1
Monassut-Audiracq 64 ... 314 C 2
Le Monastère 12 ... 280 D 1
Le Monastier 48 ... 264 A 4
Le Monastier-sur-Gazeille 43 ... 247 G 5
Monay 39 ... 179 F 3
Monbadon 33 ... 238 D 4
Monbahus 47 ... 257 H 4
Monbalen 47 ... 276 C 2
Monbardon 32 ... 316 B 3
Monbazillac 24 ... 257 H 1
Monbéqui 82 ... 297 G 1
Monblanc 32 ... 317 E 2
Monbos 24 ... 257 G 2
Monbouan Château de 35 ... 104 D 4
Monbrun 32 ... 297 E 4
Moncale 2B ... 346 C 2
Moncassin 32 ... 316 A 2
Moncaup 31 ... 334 B 2
Moncaup 64 ... 314 D 2
Moncaut 47 ... 275 H 3
Moncayolle-Larrory-Mendibieu 64 ... 313 F 4
Moncé-en-Belin 72 ... 130 A 2
Moncé-en-Saosnois 72 ... 84 A 5
Monceau-le-Neuf-et-Faucouzy 02 ... 24 D 3
Monceau-le-Waast 02 ... 25 E 5
Monceau-lès-Leups 02 ... 24 C 4
Monceau-Saint-Waast 59 ... 15 G 3
Monceau-sur-Oise 02 ... 25 E 1
Les Monceaux 14 ... 34 C 5
Monceaux 60 ... 38 D 3
Monceaux-au-Perche 61 ... 84 D 3
Monceaux-en-Bessin 14 ... 33 E 3
Monceaux-l'Abbaye 60 ... 21 G 4
Monceaux-le-Comte 58 ... 157 G 3
Monceaux-sur-Dordogne 19 ... 243 E 3
Moncel-lès-Lunéville 54 ... 95 G 1
Moncel-sur-Seille 54 ... 66 C 4
Moncel-sur-Vair 88 ... 94 A 4
La Moncelle 08 ... 27 H 4
Moncetz-l'Abbaye 51 ... 62 D 5
Moncetz-Longeaus 51 ... 62 B 2
Moncey 25 ... 162 A 2
Monchaux 80 ... 11 E 1
Monchaux-Soreng 76 ... 11 E 5
Monchaux-sur-Écaillon 59 ... 14 D 2
Moncheaux 59 ... 8 D 4
Moncheaux-lès-Frévent 62 ... 12 D 2
Monchecourt 59 ... 14 B 2
Monchel-sur-Canche 62 ... 12 C 2
Moncheux 57 ... 66 B 3
Monchiet 62 ... 13 F 3
Monchy-au-Bois 62 ... 13 F 3
Monchy-Breton 62 ... 7 H 5
Monchy-Cayeux 62 ... 7 F 5
Monchy-Humières 60 ... 39 F 1
Monchy-Lagache 80 ... 23 H 2
Monchy-le-Preux 62 ... 13 H 2
Monchy-Saint-Éloi 60 ... 38 D 3
Monchy-sur-Eu 76 ... 10 D 4
Moncla 64 ... 294 C 4
Monclar 32 ... 294 D 1
Monclar 47 ... 257 H 5
Monclar-de-Quercy 82 ... 278 C 5
Monclar-sur-Losse 32 ... 295 H 5
Moncley 25 ... 161 H 3
Moncontour 22 ... 78 C 4
Moncontour 86 ... 168 C 3
Moncorneil-Grazan 32 ... 316 B 2
Moncourt 57 ... 66 D 5

Moncoutant 79 ... 167 F 4
Moncrabeau 47 ... 275 G 5
Moncy 61 ... 53 E 3
Mondavezan 31 ... 317 E 3
Mondelange 57 ... 45 H 4
Mondement-Montgivroux 51 ... 61 E 4
Mondescourt 60 ... 23 H 5
Mondevert 35 ... 105 F 3
Mondeville 14 ... 33 H 4
Mondeville 91 ... 87 H 3
Mondicourt 62 ... 13 E 4
Mondigny 08 ... 26 C 3
Mondilhan 31 ... 316 B 4
Mondion 86 ... 169 G 2
Mondon 25 ... 162 C 1
Mondonville 31 ... 297 G 4
Mondonville-Saint-Jean 28 ... 86 D 5
Mondorff 57 ... 45 H 1
Mondoubleau 41 ... 109 E 5
Mondouzil 31 ... 298 A 4
Mondragon 84 ... 285 E 2
Mondrainville 14 ... 33 F 5
Mondrecourt 55 ... 63 H 1
Mondrepuis 02 ... 25 G 1
Mondreville 77 ... 112 B 3
Mondreville 78 ... 57 F 3
Monein 64 ... 313 H 3
Monès 31 ... 317 E 3
Monesple 09 ... 336 A 1
Monestier 03 ... 191 H 5
Monestier 07 ... 248 C 2
Monestier 24 ... 257 G 1
Le Monestier 63 ... 228 D 3
Monestier-d'Ambel 38 ... 269 F 1
Monestier-de-Clermont 38 ... 250 D 4
Le Monestier-du-Percy 38 ... 268 D 1
Monestier-Merlines 19 ... 226 C 2
Monestier-Port-Dieu 19 ... 226 C 4
Monestiés 81 ... 279 G 4
Monestrol 31 ... 318 B 4
Monétay-sur-Allier 03 ... 192 A 4
Monétay-sur-Loire 03 ... 193 E 3
Monéteau 89 ... 136 B 2
Monêtier-Allemont 05 ... 269 F 5
Le Monêtier-les-Bains 05 ... 252 C 3
Monfaucon 24 ... 239 F 5
Monfaucon 65 ... 315 F 2
Monferran-Plavès 32 ... 316 B 2
Monferran-Savès 32 ... 297 E 3
Monflanquin 47 ... 258 C 4
Monfort 32 ... 296 D 2
Monfréville 14 ... 32 B 3
Mongaillard 47 ... 275 F 3
Mongausy 32 ... 316 C 2
Mongauzy 33 ... 256 D 4
Monget 40 ... 294 A 5
La Mongie 65 ... 333 F 3
Monguilhem 32 ... 294 C 1
Monhoudou 72 ... 84 A 5
Monieux 84 ... 286 B 4
Monistrol-d'Allier 43 ... 246 D 4
Monistrol-sur-Loire 43 ... 247 H 1
Monlaur-Bernet 32 ... 316 A 3
Monléon-Magnoac 65 ... 316 A 4
Monlet 43 ... 247 E 2
Mont Roland Sanctuaire du 39 ... 161 G 4
Monlezun 32 ... 315 G 2
Monlezun-d'Armagnac 32 ... 294 D 2
Monlong 65 ... 315 H 5
Monmadalès 24 ... 258 B 1
Monmarvès 24 ... 258 B 2
Monnai 61 ... 55 E 3
Monnaie 37 ... 152 A 1
Monneren 57 ... 46 B 3
La Monnerie-le-Montel 63 ... 210 D 4
Monnerville 91 ... 87 F 5
Monnes 02 ... 40 A 4
Monnet-la-Ville 39 ... 179 G 4
Monnetay 39 ... 196 B 2
Monnetier-Mornex 74 ... 197 H 5
Monneville 60 ... 37 H 4
Monnières 39 ... 160 D 5
Monnières 44 ... 148 A 5
Monoblet 30 ... 283 F 5
Monpardiac 32 ... 315 G 2
Monpazier 24 ... 258 D 2
Monpezat 64 ... 294 D 5
Monplaisant 24 ... 259 E 1
Monprimblanc 33 ... 256 B 3
Mons 16 ... 202 D 4
Mons 17 ... 202 B 5
Mons 30 ... 283 H 4
Mons 31 ... 298 B 4
Mons 63 ... 210 B 3
Mons 83 ... 308 C 3
Mons-Boubert 80 ... 11 F 3

Mons-en-Barœul 59 ... 8 D 2
Mons-en-Chaussée 80 ... 23 H 2
Mons-en-Laonnois 02 ... 40 D 1
Mons-en-Montois 77 ... 89 F 3
Mons-en-Pévèle 59 ... 8 D 4
Monsac 24 ... 258 C 1
Monsaguel 24 ... 258 B 2
Monsec 24 ... 222 B 4
Monségur 33 ... 257 E 3
Monségur 40 ... 293 H 4
Monségur 47 ... 258 D 5
Monségur 64 ... 315 E 2
La Monselie 15 ... 226 C 5
Monsempron-Libos 47 ... 259 E 5
Monsireigne 85 ... 166 D 4
Monsols 69 ... 194 C 5
Monsteroux-Milieu 38 ... 231 F 4
Monsures 80 ... 22 B 4
Monswiller 67 ... 68 B 4
Mont 64 ... 313 H 2
Mont 65 ... 333 H 4
Mont 71 ... 193 E 1
Le Mont 88 ... 96 B 3
Mont Signal de 71 ... 193 E 1
Mont-Bernanchon 62 ... 8 A 3
Mont-Bertrand 14 ... 52 C 1
Mont Blanc Tunnel du 74 ... 217 E 3
Mont-Bonvillers 54 ... 45 E 3
Le Mont-Caume 83 ... 328 A 4
Mont-Cauvaire 76 ... 20 B 5
Mont-Cenis Col du 73 ... 235 F 5
Mont-Cindre 69 ... 213 E 5
Mont-d'Astarac 32 ... 316 A 4
Mont-Dauphin 05 ... 270 D 2
Mont-de-Galié 31 ... 334 B 2
Mont-de-Lans 38 ... 251 H 3
Mont-de-Laval 25 ... 163 E 4
Mont-de-l'If 76 ... 19 H 5
Mont-de-Marrast 32 ... 315 H 4
Mont-de-Marsan 40 ... 294 A 1
Mont-de-Vougney 25 ... 163 F 3
Mont des Cats 59 ... 4 A 5
Mont-devant-Sassey 55 ... 43 G 2
Le Mont-Dieu 08 ... 27 E 5
Mont-Disse 64 ... 294 D 5
Mont-Dol 35 ... 80 A 3
Le Mont-Dore 63 ... 227 E 3
Mont d'Origny 02 ... 24 C 2
Mont du Chat 73 ... 233 E 1
Mont-et-Marré 58 ... 175 G 1
Mont-Laurent 08 ... 42 B 1
Mont-le-Franois 70 ... 140 A 5
Mont-le-Vernois 70 ... 141 E 4
Mont-le-Vignoble 54 ... 94 B 1
Mont-lès-Lamarche 88 ... 118 B 4
Mont-lès-Neufchâteau 88 ... 93 H 4
Mont-lès-Seurre 71 ... 178 B 2
Mont-l'Étroit 54 ... 94 A 3
Mont-l'Évêque 60 ... 39 E 4
Mont-Louis 66 ... 341 G 4
Mont Noir 59 ... 4 A 5
Mont-Notre-Dame 02 ... 40 D 3
Mont-Ormel 61 ... 54 C 3
Mont-près-Chambord 41 ... 153 F 1
Mont-Roc 81 ... 299 H 2
Mont Roland Sanctuaire du 39 ... 161 G 4
Mont-Rond Sommet du 01 ... 197 F 3
Le Mont-Saint-Adrien 60 ... 37 H 2
Mont-Saint-Aignan 76 ... 36 B 1
Mont-Saint-Éloi 62 ... 8 A 5
Mont-Saint-Jean 02 ... 25 H 1
Mont-Saint-Jean 21 ... 158 D 3
Mont-Saint-Jean 72 ... 107 F 2
Mont-Saint-Léger 70 ... 140 C 4
Mont-Saint-Martin 02 ... 40 D 3
Mont-Saint-Martin 08 ... 42 D 3
Mont-Saint-Martin 38 ... 232 D 5
Mont-Saint-Martin 54 ... 45 E 1
Le Mont-Saint-Michel 50 ... 51 F 5
Mont-Saint-Père 02 ... 60 C 1
Mont-Saint-Remy 08 ... 42 B 2
Mont-Saint-Sulpice 89 ... 114 A 5
Mont-Saint-Vincent 71 ... 194 B 1
Mont-Saxonnex 74 ... 216 B 2
Mont-sous-Vaudrey 39 ... 179 F 1
Mont-sur-Courville 51 ... 41 E 4
Mont-sur-Meurthe 54 ... 95 F 2
Mont-sur-Monnet 39 ... 179 G 4
Mont Thou 69 ... 213 E 4
Mont-Villers 55 ... 64 C 1
Montabard 61 ... 54 A 3
Montabès Puy de 12 ... 262 D 3
Montabon 72 ... 130 B 4
Montabot 50 ... 52 A 2
Montacher-Villegardin 89 ... 113 E 3
Montadet 32 ... 316 D 2

Montady 34 ... 321 F 5
Montagagne 09 ... 335 H 3
Montagna-le-Reconduit 39 ... 196 A 2
Montagna-le-Templier 39 ... 196 B 4
Montagnac 04 ... 307 F 2
Montagnac 30 ... 303 F 1
Montagnac 34 ... 322 C 3
Montagnac-d'Auberoche 24 ... 241 E 2
Montagnac-la-Crempse 24 ... 240 B 4
Montagnac-sur-Auvignon 47 ... 275 H 3
Montagnac-sur-Lède 47 ... 258 D 4
Montagnat 01 ... 213 H 1
Montagne 33 ... 238 C 5
Montagne 38 ... 249 H 2
La Montagne 44 ... 147 F 4
La Montagne 70 ... 119 H 5
Montagne de Dun 71 ... 194 A 5
Montagne-Fayel 80 ... 11 H 5
Montagney 25 ... 162 C 1
Montagney 70 ... 161 F 3
Montagnieu 01 ... 214 B 5
Montagnieu 38 ... 232 B 3
Montagnol 12 ... 301 E 2
Montagnole 73 ... 233 F 2
Montagny 42 ... 211 H 4
Montagny 69 ... 231 E 2
Montagny 73 ... 234 C 3
Montagny-en-Vexin 60 ... 37 G 4
Montagny-lès-Beaune 21 ... 177 H 2
Montagny-lès-Buxy 71 ... 177 G 5
Montagny-les-Lanches 74 ... 215 G 4
Montagny-lès-Seurre 21 ... 178 C 1
Montagny-près-Louhans 71 ... 178 C 5
Montagny-Sainte-Félicité 60 ... 39 F 5
Montagny-sur-Grosne 71 ... 194 C 4
Montagoudin 33 ... 256 D 3
Montagrier 24 ... 239 H 1
Montagudet 82 ... 277 F 2
Montagut 64 ... 294 A 5
Montaignac-Saint-Hippolyte 19 ... 225 F 5
Montaigu 02 ... 41 F 1
Montaigu 39 ... 179 E 5
Montaigu 85 ... 166 A 1
Montaigu Butte de 53 ... 106 C 2
Montaigu-de-Quercy 82 ... 277 E 1
Montaigu-la-Brisette 50 ... 29 G 4
Montaigu-le-Blin 03 ... 192 C 5
Montaigu-les-Bois 50 ... 51 H 2
Montaiguët-en-Forez 03 ... 193 E 5
Montaigut 63 ... 209 E 4
Montaigut-le-Blanc 23 ... 206 D 2
Montaigut-le-Blanc 63 ... 227 H 3
Montaigut-sur-Save 31 ... 297 G 4
Montaillé 72 ... 108 C 5
Montailleur 73 ... 233 H 1
Montaillou 09 ... 336 D 5
Montaimont 73 ... 234 A 4
Montain 39 ... 179 E 4
Montaïn 82 ... 297 F 1
Montainville 28 ... 110 B 2
Montainville 78 ... 57 G 3
Montal Château de 46 ... 261 E 1
Montalba-d'Amélie 66 ... 342 D 4
Montalba-le-Château 66 ... 342 C 2
Montalembert 79 ... 203 F 1
Montalet-le-Bois 78 ... 57 G 1
Montalieu-Vercieu 38 ... 214 B 5
Montalivet-les-Bains 33 ... 218 A 4
Montalzat 82 ... 278 B 3
Montamat 32 ... 316 D 2
Montambert 58 ... 175 G 4
Montamel 46 ... 260 B 3
Montamisé 86 ... 186 C 1
Montamy 14 ... 52 D 1
Montanay 69 ... 213 E 4
Montanceix 24 ... 240 B 2
Montancy 25 ... 163 H 2
Montandon 25 ... 163 G 2
Montanel 50 ... 80 D 3
Montanges 01 ... 214 D 1
Montangon 10 ... 91 G 4
Montans 81 ... 298 D 2
Montapas 58 ... 175 F 2
Montarcher 42 ... 229 G 4
Montardit 09 ... 335 F 1
Montardon 64 ... 314 B 3
Montaren-et-Saint-Médiers 30 ... 284 B 5
Montargis 45 ... 112 C 5
Montarlot 77 ... 88 D 5
Montarlot-lès-Champlitte 70 ... 140 A 4

Montarlot-lès-Rioz 70 .... 161 H 2
Montarnaud 34 .... 302 C 4
Montaron 58 .... 175 G 3
Montastruc 47 .... 257 H 5
Montastruc 65 .... 315 H 5
Montastruc 82 .... 277 C 4
Montastruc-de-Salies 31 ..... 334 D 2
Montastruc-la-Conseillère 31 .... 298 B 3
Montastruc-Savès 31 .... 317 E 3
Le Montat 46 .... 278 B 1
Montataire 60 .... 38 C 4
Montauban 82 .... 277 H 5
Montauban-de-Bretagne 35 .... 103 G 2
Montauban-de-Luchon 31 ..... 334 B 4
Montauban-de-Picardie 80 ..... 13 G 5
Montauban-sur-l'Ouvèze 26 .... 286 C 2
Montaud 34 .... 303 E 3
Montaud 38 .... 250 C 1
Montaudin 53 .... 81 G 4
Montaulieu 26 .... 286 A 1
Montaulin 10 .... 115 E 2
Montaure 27 .... 36 B 4
Montauriol 11 .... 318 D 4
Montauriol 47 .... 258 B 3
Montauriol 66 .... 342 D 3
Montauriol 81 .... 280 B 4
Montauroux 83 .... 308 D 3
Montaut 09 .... 318 B 5
Montaut 24 .... 258 B 2
Montaut 31 .... 317 G 3
Montaut 32 .... 315 H 3
Montaut 40 .... 293 H 3
Montaut 47 .... 258 C 3
Montaut 64 .... 314 C 5
Montaut-les-Créneaux 32 ..... 296 B 3
Montautour 35 .... 105 F 2
Montauville 54 .... 65 G 3
Montay 59 .... 14 D 4
Montayral 47 .... 259 E 5
Montazeau 24 .... 239 E 5
Montazels 11 .... 337 G 3
Montbard 21 .... 137 H 5
Montbarla 82 .... 277 F 3
Montbarrey 39 .... 179 F 1
Montbarrois 45 .... 111 H 4
Montbartier 82 .... 297 G 1
Montbavin 02 .... 40 C 1
Montbazens 12 .... 261 H 5
Montbazin 34 .... 302 C 5
Montbazon 37 .... 151 H 4
Montbel 09 .... 337 E 3
Montbel 48 .... 265 E 4
Montbéliard 25 .... 142 B 4
Montbéliardot 25 .... 163 E 4
Montbellet 71 .... 195 E 2
Montbenoît 25 .... 180 D 1
Montberaud 31 .... 317 F 5
Montbernard 31 .... 316 C 4
Montberon 31 .... 298 A 3
Montbert 44 .... 147 H 5
Montberthault 21 .... 158 B 1
Montbertrand 38 .... 231 H 1
Montbeton 82 .... 277 G 5
Montbeugny 03 .... 192 C 2
Montbizot 72 .... 107 H 3
Montblainville 55 .... 43 F 4
Montblanc 04 .... 289 E 5
Montblanc 34 .... 321 H 3
Montboillon 70 .... 161 H 2
Montboissier 28 .... 110 A 2
Montbolo 66 .... 342 C 4
Montbonnot-Saint-Martin 38 .... 251 E 1
Montboucher 23 .... 206 D 3
Montboucher-sur-Jabron 26 .... 267 E 4
Montboudif 15 .... 227 E 5
Montbouton 90 .... 142 C 5
Montbouy 45 .... 134 D 2
Montboyer 16 .... 221 E 5
Montbozon 70 .... 162 B 1
Montbrand 05 .... 268 D 3
Montbras 55 .... 94 A 2
Montbray 50 .... 52 B 2
Montbré 51 .... 41 G 4
Montbrehain 02 .... 24 B 1
Montbrison 26 .... 267 G 5
Montbrison 42 .... 229 G 2
Montbron 16 .... 221 H 1
Montbronn 57 .... 68 A 1
Montbrun 46 .... 261 E 5
Montbrun 48 .... 282 C 1
Montbrun Château de 87 ...... 223 E 2
Montbrun-Bocage 31 .... 335 G 1

Montbrun-des-Corbières 11. 320 C 5
Montbrun-Lauragais 31 .... 318 A 2
Montbrun-les-Bains 26 .... 286 C 3
Montcabrier 46 .... 259 F 4
Montcabrier 81 .... 298 C 4
Montcaret 24 .... 239 E 5
Montcarra 38 .... 232 B 2
Montcavrel 62 .... 6 C 4
Montceau 38 .... 232 A 2
Montceau-et-Écharnant 21 ... 177 F 1
Montceau-les-Mines 71 ...... 176 D 5
Montceaux 01 .... 213 E 2
Montceaux-les-Meaux 77 .... 59 H 2
Montceaux-lès-Provins 77 .... 60 C 5
Montceaux-lès-Vaudes 10 .... 115 E 3
Montceaux-l'Étoile 71 .... 193 G 4
Montceaux-Ragny 71 .... 195 E 1
Montcel 63 .... 209 G 3
Le Montcel 73 .... 215 F 5
Montcenis 71 .... 176 D 4
Montcet 01 .... 195 G 5
Montcey 70 .... 141 F 4
Montchaboud 38 .... 251 E 2
Montchal 42 .... 212 A 5
Montchâlons 02 .... 41 E 1
Montchamp 14 .... 52 D 2
Montchamp 15 .... 246 A 3
Montchanin 71 .... 177 E 4
Montcharvot 52 .... 118 A 5
Montchaton 50 .... 51 G 1
Montchaude 16 .... 220 C 4
Montchauvet 14 .... 52 D 2
Montchauvet 78 .... 57 F 3
Montchauvrot 39 .... 179 E 3
Montchavin 73 .... 234 D 2
Montchenot 51 .... 41 G 5
Montchenu 26 .... 249 G 1
Montcheutin 08 .... 43 E 3
Montchevrel 61 .... 84 A 2
Montchevrier 36 .... 189 E 3
Montclar 04 .... 270 B 5
Montclar 11 .... 337 G 1
Montclar 12 .... 300 B 1
Montclar-de-Comminges 31 .... 317 E 5
Montclar-Lauragais 31 .... 318 C 3
Montclar-sur-Gervanne 26 ... 267 H 1
Montclard 43 .... 246 C 1
Montcléra 46 .... 259 G 3
Montclus 05 .... 268 D 5
Montclus 30 .... 284 C 4
Montcombroux-les-Mines 03 .... 192 D 4
Montcony 71 .... 178 C 5
Montcorbon 45 .... 113 E 5
Montcornet 02 .... 25 G 4
Montcornet 08 .... 26 C 2
Montcourt 70 .... 118 D 5
Montcourt-Fromonville 77 .... 88 B 5
Montcoy 71 .... 178 A 4
Montcresson 45 .... 134 D 2
Montcuit 50 .... 31 H 5
Montcuq-en-Quercy-Blanc 46 .... 277 G 1
Montcusel 39 .... 196 C 3
Moncy-Notre-Dame 08 .... 26 D 3
Montdardier 30 .... 302 B 1
Montdauphin 77 .... 60 C 3
Montdidier 57 .... 67 F 2
Montdidier 80 .... 22 D 4
Montdoré 70 .... 118 D 5
Montdoumerc 46 .... 278 B 2
Montdragon 81 .... 299 E 4
Montdurausse 81 .... 298 A 1
Monte 2B .... 347 G 2
Monte Cecu 2B .... 347 E 4
Monte d'Oro 2A .... 349 E 1
Monteaux 41 .... 152 D 1
Montebourg 50 .... 29 G 4
Montech 82 .... 297 G 1
Montech Pente d'eau de 82.. 277 G 5
Montécheroux 25 .... 163 G 2
Montegrosso 2B .... 346 C 2
Montégut 32 .... 296 B 4
Montégut 40 .... 294 C 1
Montégut 65 .... 334 A 1
Montégut-Arros 32 .... 315 F 3
Montégut-Bourjac 31 .... 317 E 4
Montégut-en-Couserans 09 .... 335 F 2
Montégut-Lauragais 31 .... 318 D 2
Montégut-Plantaurel 09 .... 336 A 1
Montégut-Savès 32 .... 317 E 2
Monteignet-sur-l'Andelot 03 .... 210 A 2
Le Monteil 15 .... 244 C 1

Le Monteil 43 .... 247 F 3
Le Monteil-au-Vicomte 23 ... 207 F 4
Monteille 14 .... 34 B 5
Monteils 12 .... 279 F 2
Monteils 30 .... 284 A 4
Monteils 82 .... 278 C 3
Montel-de-Gelat 63 .... 208 D 4
Montéléger 26 .... 249 F 5
Montélier 26 .... 249 G 4
Montélimar 26 .... 267 E 4
Le Montellier 01 .... 213 G 3
Montels 09 .... 336 A 2
Montels 34 .... 321 E 4
Montels 81 .... 298 D 1
Montendre 17 .... 219 H 5
Montendry 73 .... 233 H 2
Montenescourt 62 .... 13 F 2
Monteneuf 56 .... 103 F 5
Montenils 77 .... 60 C 3
Montenoison 58 .... 157 E 4
Montenoy 54 .... 65 H 4
Montépilloy 60 .... 39 E 4
Monteplain 39 .... 161 F 4
Montépreux 51 .... 61 H 5
Monterblanc 56 .... 124 C 2
Montereau 45 .... 134 B 2
Montereau-Fault-Yonne 77 .. 88 D 4
Montereau-sur-le-Jard 77 .... 88 B 2
Monterfil 35 .... 103 H 3
Montérolier 76 .... 20 D 4
Monterrein 56 .... 103 E 5
Montertelot 56 .... 102 D 5
Montescot 66 .... 343 F 3
Montescourt-Lizerolles 02.... 24 A 3
Montespan 31 .... 334 D 1
Montesquieu 34 .... 301 G 5
Montesquieu 47 .... 275 H 3
Montesquieu 82 .... 277 F 3
Montesquieu-Avantès 09..... 335 F 2
Montesquieu-des-Albères 66 .... 343 E 4
Montesquieu-Guittaut 31.... 316 C 3
Montesquieu-Lauragais 31... 318 B 3
Montesquieu-Volvestre 31... 317 G 5
Montesquiou 32 .... 295 G 5
Montessaux 70 .... 141 H 3
Montesson 52 .... 140 B 2
Montesson 78 .... 58 A 3
Montestruc-sur-Gers 32 ...... 296 B 2
Montestrucq 64 .... 313 F 2
Le Montet 03 .... 191 G 3
Montet-et-Bouxal 46 .... 261 F 2
Monteton 47 .... 257 F 3
Montets Col des 74 .... 217 E 2
Monteux 84 .... 285 G 4
Montévrain 77 .... 59 F 3
Monteynard 38 .... 250 D 4
Montézic 12 .... 262 D 2
Montfa 09 .... 335 G 1
Montfa 81 .... 299 G 4
Montfalcon 38 .... 249 H 1
Montfarville 50 .... 29 H 3
Montfaucon 02 .... 60 C 2
Montfaucon 25 .... 162 A 4
Montfaucon 30 .... 285 E 4
Montfaucon 46 .... 260 C 2
Montfaucon-d'Argonne 55.... 43 G 3
Montfaucon-en-Velay 43 .... 248 A 2
Montfaucon-Montigné 49..... 148 B 5
Montfavet 84 .... 304 D 1
Montfermeil 93 .... 58 D 3
Montfermier 82 .... 277 H 3
Montfermy 63 .... 209 E 4
Montferney 25 .... 162 C 1
Montferrand 11 .... 318 D 3
Montferrand 63 .... 209 H 5
Montferrand-du-Périgord 24 .... 258 D 2
Montferrand-la-Fare 26 ...... 286 C 1
Montferrand-le-Château 25.. 161 H 4
Montferrat 38 .... 232 C 3
Montferrat 83 .... 308 A 4
Montferrer 66 .... 342 C 5
Montferrier 09 .... 336 C 3
Montferrier-sur-Lez 34........ 302 D 4
Montfey 10 .... 114 C 4
Montfiquet 14 .... 32 C 4
Montfleur 39 .... 196 B 4
Montflovin 25 .... 180 D 1
Montfort 04 .... 287 G 4
Montfort 24 .... 259 G 1

Montfort 25 .... 179 H 1
Montfort 49 .... 150 A 4
Montfort 64 .... 313 F 3
Montfort-en-Chalosse 40 .... 293 F 3
Montfort-l'Amaury 78 .... 57 G 4
Montfort-le-Gesnois 72....... 108 A 4
Montfort-sur-Argens 83 ...... 307 F 5
Montfort-sur-Boulzane 11 ... 337 H 5
Montfort-sur-Meu 35 .... 103 H 2
Montfort-sur-Risle 27 .... 35 G 3
Montfranc 12 .... 300 B 2
Montfrin 30 .... 304 B 1
Montfroc 26 .... 286 D 3
Montfuron 04 .... 306 C 1
Montgaillard 09 .... 336 B 3
Montgaillard 11 .... 338 B 3
Montgaillard 40 .... 294 A 3
Montgaillard 65 .... 333 F 1
Montgaillard 81 .... 298 B 1
Montgaillard 82 .... 296 D 1
Montgaillard-de-Salies 31.... 334 D 2
Montgaillard-Lauragais 31... 318 C 2
Montgaillard-sur-Save 31.... 316 C 4
Montgardin 05 .... 270 A 3
Montgardon 50 .... 31 F 3
Montgaroult 61 .... 54 A 4
Montgauch 09 .... 335 E 2
Montgaudry 61 .... 84 A 4
Montgazin 31 .... 317 G 4
Montgé-en-Goële 77 .... 59 F 1
Montgeard 31 .... 318 B 3
Montgellafrey 73 .... 234 A 4
Montgenèvre 05 .... 252 D 4
Montgenost 51 .... 90 A 2
Montgeoffroy Château de 49 .... 150 A 1
Montgérain 60 .... 38 D 1
Montgermont 35 .... 104 B 2
Montgeron 91 .... 58 D 5
Montgeroult 95 .... 57 H 1
Montgesoye 25 .... 162 B 5
Montgesty 46 .... 259 G 4
Montgey 81 .... 318 D 2
Montgibaud 19 .... 224 B 3
Montgilbert 73 .... 234 A 2
Montgirod 73 .... 234 C 2
Montgiscard 31 .... 318 B 2
Montgivray 36 .... 189 G 1
Montgobert 02 .... 40 A 3
Montgon 08 .... 42 D 1
Montgothier 50 .... 52 A 5
Montgradail 11 .... 337 E 1
Montgras 31 .... 317 E 2
Montgreleix 15 .... 227 F 5
Montgru-Saint-Hilaire 02 .... 40 B 4
Montguers 26 .... 286 C 2
Montgueux 10 .... 90 D 5
Montguillon 49 .... 128 B 3
Montguyon 17 .... 238 C 1
Les Monthairons 55 .... 64 B 2
Montharville 28 .... 109 H 3
Monthault 35 .... 81 F 2
Monthaut 11 .... 337 F 1
Monthelie 21 .... 177 G 2
Monthelon 51 .... 61 F 2
Monthelon 71 .... 176 C 2
Monthenault 02 .... 40 D 1
Montheries 52 .... 116 C 3
Montherlant 60 .... 38 A 3
Monthermé 08 .... 26 D 1
Monthiers 02 .... 40 B 5
Monthieux 01 .... 213 F 3
Monthion 73 .... 234 A 1
Monthodon 37 .... 131 E 4
Monthoiron 86 .... 169 H 5
Monthois 08 .... 42 D 3
Montholier 39 .... 179 F 2
Monthou-sur-Bièvre 41 ...... 153 E 1
Monthou-sur-Cher 41 .... 153 E 3
Monthuchon 50 .... 31 G 5
Monthurel 02 .... 60 D 1
Monthureux-le-Sec 88 .... 118 C 2
Monthureux-sur-Saône 88... 118 C 4
Monthyon 77 .... 59 F 1
Monti 06 .... 291 G 5
Monticello 2B .... 344 C 5
Montier-en-Der 52 .... 92 B 3
Montier-en-l'Isle 10 .... 116 A 2
Montiéramey 10 .... 115 F 2
Montierchaume 36 .... 171 H 3
Montiers 60 .... 38 D 1
Montiers-sur-Saulx 55 .... 93 E 2
Monties 32 .... 316 B 3
Montignac 24 .... 241 F 3
Montignac 33 .... 256 B 2
Montignac 65 .... 315 F 5
Montignac-Charente 16....... 203 F 5

Montignac-de-Lauzun 47 .... 257 H 4
Montignac-le-Coq 16 .... 221 F 5
Montignac-Toupinerie 47..... 257 G 4
Montignargues 30 .... 303 G 1
Montigné 16 .... 202 D 5
Montigné 79 .... 185 F 5
Montigné-le-Brillant 53 ...... 105 H 4
Montigné-lès-Rairies 49 ...... 129 F 5
Montigné-sur-Moine 49 ...... 148 B 5
Montigny 14 .... 53 F 1
Montigny 18 .... 155 G 4
Montigny 45 .... 111 F 3
Montigny 50 .... 52 A 5
Montigny 54 .... 96 A 2
Montigny 72 .... 83 H 3
Montigny 76 .... 36 A 1
Montigny 79 .... 167 F 4
Montigny-aux-Amognes 58. 174 D 1
Montigny-devant-Sassey 55.. 43 G 1
Montigny-en-Arrouaise 02... 24 C 1
Montigny-en-Cambrésis 59... 14 C 4
Montigny-en-Gohelle 62 ..... 8 C 5
Montigny-en-Morvan 58 ..... 157 H 5
Montigny-en-Ostrevant 59... 9 E 5
Montigny-la-Resle 89 .... 136 C 2
Montigny-l'Allier 02 .... 39 H 5
Montigny-le-Bretonneux 78 .. 57 H 4
Montigny-le-Chartif 28 ...... 85 G 5
Montigny-le-Franc 02 .... 25 F 4
Montigny-le-Gannelon 28 ... 109 H 5
Montigny-le-Guesdier 77 .... 89 G 4
Montigny-le-Roi 52 .... 117 G 4
Montigny-Lencoup 77 .... 89 E 4
Montigny-Lengrain 02 .... 39 H 2
Montigny-lès-Arsures 39 .... 179 G 2
Montigny-lès-Cherlieu 70 ... 140 C 2
Montigny-lès-Condé 02 ...... 60 D 2
Montigny-lès-Cormeilles 95... 58 B 2
Montigny-lès-Jongleurs 80... 12 B 3
Montigny-lès-Metz 57 .... 65 H 1
Montigny-lès-Monts 10 ...... 114 D 3
Montigny-lès-Vaucouleurs 55. 93 H 2
Montigny-lès-Vesoul 70 ...... 141 E 4
Montigny-Montfort 21 .... 137 H 5
Montigny-Saint-Barthélemy 21 .... 158 C 2
Montigny-sous-Marle 02...... 25 E 3
Montigny-sur-Armançon 21.. 158 D 2
Montigny-sur-Aube 21 ...... 116 B 5
Montigny-sur-Avre 28 .... 56 A 5
Montigny-sur-Canne 58 ..... 175 G 3
Montigny-sur-Chiers 54 ...... 44 D 2
Montigny-sur-Crécy 02 ...... 24 D 4
Montigny-sur-l'Ain 39 .... 179 G 4
Montigny-sur-l'Hallue 80..... 22 D 1
Montigny-sur-Loing 77 ...... 88 C 5
Montigny-sur-Meuse 08...... 17 E 5
Montigny-sur-Vence 08 ...... 26 C 4
Montigny-sur-Vesle 51 ...... 41 E 3
Montigny-sur-Vingeanne 21 .... 139 H 5
Montilliers 49 .... 149 G 4
Montillot 89 .... 157 G 1
Montilly 03 .... 192 A 1
Montilly-sur-Noireau 61 ...... 53 E 3
Montils 17 .... 219 H 1
Les Montils 41 .... 153 E 1
Montipouret 36 .... 189 F 1
Montirat 11 .... 320 A 5
Montirat 81 .... 279 G 3
Montireau 28 .... 85 F 4
Montiron 32 .... 296 D 5
Montivernage 25 .... 162 D 2
Montivilliers 76 .... 18 C 5
Montjardin 11 .... 337 E 2
Montjaux 12 .... 281 F 4
Montjavoult 60 .... 37 G 4
Montjay 05 .... 286 D 1
Montjay 71 .... 178 C 4
Montjean 16 .... 203 F 2
Montjean 53 .... 105 G 4
Montjean-sur-Loire 49 .... 149 E 2
Montjézieu 48 .... 264 A 5
Montjoi 11 .... 338 A 2
Montjoi 82 .... 276 D 3
Montjoie 03 .... 209 E 1
Montjoie-en-Couserans 09.. 335 F 2
Montjoie-le-Château 25 ...... 163 G 2
Montjoie-Saint-Martin 50.... 81 E 2
Montjoire 31 .... 298 A 3
Montjouvent 39 .... 196 C 2
Montjoux 26 .... 267 H 4
Montjoyer 26 .... 267 F 5
Montjustin 04 .... 306 B 1
Montjustin-et-Velotte 70..... 141 G 4
Montlandon 28 .... 85 F 4

Montlandon 52 .... 139 H 2
Montlaur 11 .... 338 B 1
Montlaur 12 .... 300 D 1
Montlaur 31 .... 318 B 2
Montlaur-en-Diois 26 .... 268 B 3
Montlauzun 46 .... 277 G 2
Montlay-en-Auxois 21 .... 158 C 3
Montlebon 25 .... 181 E 1
Montlegun 11 .... 319 H 5
Montlevicq 36 .... 189 H 2
Montlevon 02 .... 60 D 2
Montlhéry 91 .... 87 G 2
Montliard 45 .... 111 H 4
Montlieu-la-Garde 17 .... 238 B 1
Montlignon 95 .... 58 B 1
Montliot-et-Courcelles 21 ... 138 A 2
Montlivault 41 .... 132 B 5
Montlognon 60 .... 39 E 5
Montloué 02 .... 25 G 4
Montlouet 28 .... 86 C 3
Montlouis 18 .... 172 D 4
Montlouis-sur-Loire 37 .... 152 A 2
Montluçon 03 .... 190 D 4
Montluel 01 .... 213 G 4
Montmachoux 77 .... 89 E 5
Montmacq 60 .... 39 G 1
Montmagny 95 .... 58 C 2
Montmahoux 25 .... 180 A 1
Montmain 21 .... 178 A 1
Montmain 76 .... 36 D 3
Montmajour Abbaye de 13 .. 304 C 3
Montmalin 39 .... 179 F 2
Montmançon 21 .... 160 D 2
Montmarault 03 .... 191 G 4
Montmarlon 39 .... 179 H 3
Montmarquet 80 .... 21 G 3
Montmartin 60 .... 39 E 1
Montmartin-en-Graignes 50.. 32 A 3
Montmartin-le-Haut 10 ...... 115 H 2
Montmartin-sur-Mer 50 ...... 51 F 1
Montmaur 05 .... 269 F 3
Montmaur 11 .... 318 D 3
Montmaur-en-Diois 26 .... 268 B 2
Montmaurin 31 .... 316 B 5
Montmédy 55 .... 44 B 1
Montmeillant 08 .... 26 A 4
Montmelard 71 .... 194 B 4
Montmelas-Saint-Sorlin 69.. 212 C 3
Montmélian 73 .... 233 G 3
Montmerle-sur-Saône 01..... 212 D 2
Montmerrei 61 .... 54 B 5
Montmeyan 83 .... 307 F 3
Montmeyran 26 .... 267 G 1
Montmin 74 .... 215 H 4
Montmirail 51 .... 60 D 3
Montmirail 72 .... 108 D 3
Montmiral 26 .... 249 H 2
Montmirat 30 .... 303 F 1
Montmirat Col de 48 .... 264 C 5
Montmirey-la-Ville 39 .... 161 E 4
Montmirey-le-Château 39... 161 E 4
Montmoreau-Saint-Cybard 16 .... 221 E 4
Montmorency 95 .... 58 C 2
Montmorency-Beaufort 10... 91 H 3
Montmorillon 86 .... 187 F 3
Montmorin 05 .... 268 C 5
Montmorin 63 .... 228 B 1
Montmorot 39 .... 179 E 5
Montmort 51 .... 61 F 2
Montmort 71 .... 176 B 5
Montmotier 88 .... 118 D 4
Montmoyen 21 .... 138 C 3
Montmuran Château de 35... 80 A 5
Montmurat 15 .... 261 H 3
Montner 66 .... 338 C 5
Montoillot 21 .... 159 F 4
Montoir-de-Bretagne 44 ..... 146 C 2
Montoire-sur-le-Loir 41 ...... 131 F 3
Montois-la-Montagne 57..... 45 G 5
Montoison 26 .... 267 F 1
Montoldre 03 .... 192 B 4
Montolieu 11 .... 319 G 4
Montolivet 77 .... 60 C 3
Montonvillers 80 .... 22 B 1
Montord 03 .... 192 A 5
Montory 64 .... 331 F 2
Montot 21 .... 160 C 5
Montot 70 .... 140 A 5
Montot-sur-Rognon 52 .... 93 F 5
Montouliers 34 .... 320 D 4
Montoulieu 09 .... 336 B 3
Montoulieu 34 .... 302 C 5
Montoulieu-Saint-Bernard 31 .... 316 D 5
Montournais 85 .... 167 E 4

Montours 35 ... 81 E 3
Montourtier 53 ... 106 B 2
Montoussé 65 ... 333 H 1
Montoussin 31 ... 317 E 4
Montoy-Flanville 57 ... 66 B 1
Montpascal 73 ... 234 A 5
Montpellier 34 ... 302 D 4
Montpellier-de-Médillan 17 ... 219 F 2
Montpellier-la-Paillade 34 ... 302 D 4
Montpellier-le-Vieux Chaos de 12 ... 282 A 4
Montpensier 63 ... 210 A 2
Montperreux 25 ... 180 C 3
Montpeyroux 12 ... 263 F 3
Montpeyroux 24 ... 239 E 5
Montpeyroux 34 ... 302 A 3
Montpeyroux 63 ... 228 A 2
Montpezat 04 ... 307 F 2
Montpezat 30 ... 303 F 2
Montpezat 32 ... 317 E 3
Montpezat-d'Agenais 47 ... 275 H 1
Montpezat-de-Quercy 82 ... 278 B 2
Montpezat-sous-Bauzon 07 ... 266 A 2
Montpinchon 50 ... 51 H 1
Montpinçon 14 ... 54 B 2
Montpinier 81 ... 299 G 4
Montpitol 31 ... 298 B 3
Montplonne 55 ... 63 H 5
Montpollin 49 ... 129 F 5
Montpon-Ménestérol 24 ... 239 F 4
Montpont-en-Bresse 71 ... 195 G 1
Montpothier 10 ... 89 H 2
Montpouillan 47 ... 257 E 5
Montpoupon Château de 37 ... 152 D 4
Montrabé 31 ... 298 A 4
Montrabot 50 ... 32 C 5
Montracol 01 ... 195 G 5
Montravers 79 ... 167 E 3
Montréal 07 ... 266 A 4
Montréal 11 ... 319 F 5
Montréal 32 ... 275 F 5
Montréal 89 ... 158 B 1
Montréal Château de 24 ... 239 H 4
Montréal-la-Cluse 01 ... 196 C 5
Montréal-les-Sources 26 ... 268 A 5
Montrécourt 59 ... 14 D 3
Montredon 11 ... 319 H 5
Montredon 46 ... 261 H 3
Montredon-des-Corbières 11 ... 321 E 5
Montredon-Labessonnié 81 ... 299 H 3
Montregard 43 ... 248 B 2
Montréjeau 31 ... 334 A 1
Montrelais 44 ... 148 D 2
Montrelet 80 ... 12 C 4
Montrem 24 ... 240 B 2
Montrésor 37 ... 152 D 5
Montret 71 ... 178 B 5
Montreuil 28 ... 56 D 4
Montreuil 53 ... 82 C 4
Montreuil 62 ... 6 C 4
Montreuil 85 ... 183 H 3
Montreuil 93 ... 58 D 3
Montreuil-au-Houlme 61 ... 53 H 5
Montreuil-aux-Lions 02 ... 60 A 1
Montreuil-Bellay 49 ... 150 B 5
Montreuil-Bonnin 86 ... 186 A 2
Montreuil-des-Landes 35 ... 81 G 5
Montreuil-en-Auge 14 ... 34 B 4
Montreuil-en-Caux 76 ... 20 B 3
Montreuil-en-Touraine 37 ... 152 B 1
Montreuil-Juigné 49 ... 149 G 1
Montreuil-la-Cambe 61 ... 54 B 1
Montreuil-l'Argillé 27 ... 55 E 2
Montreuil-le-Chétif 72 ... 107 F 2
Montreuil-le-Gast 35 ... 80 B 5
Montreuil-le-Henri 72 ... 130 C 2
Montreuil-sous-Pérouse 35 ... 105 E 2
Montreuil-sur-Barse 10 ... 115 F 2
Montreuil-sur-Blaise 52 ... 92 C 3
Montreuil-sur-Brêche 60 ... 38 B 1
Montreuil-sur-Epte 95 ... 37 F 5
Montreuil-sur-Ille 35 ... 80 B 5
Montreuil-sur-Loir 49 ... 128 D 5
Montreuil-sur-Lozon 50 ... 32 A 4
Montreuil-sur-Maine 49 ... 128 B 4
Montreuil-sur-Thérain 60 ... 38 B 2
Montreuil-sur-Thonnance 52 ... 93 E 3
Montreuillon 58 ... 157 H 5
Montreux 54 ... 96 A 2
Montreux-Château 90 ... 142 D 3
Montreux-Jeune 68 ... 142 D 3
Montreux-Vieux 68 ... 142 D 3
Montrevault-sur-Èvre 49 ... 148 C 3

Montrevel 38 ... 232 B 3
Montrevel 39 ... 196 B 3
Montrevel-en-Bresse 01 ... 195 G 4
Montrichard-Val-de-Cher 41 ... 152 D 3
Montricher-Albanne 73 ... 252 B 1
Montricoux 82 ... 278 C 4
Montriond 74 ... 198 C 5
Montriond Lac de 74 ... 198 D 5
Montroc-le-Planet 74 ... 217 E 2
Montrodat 48 ... 264 B 4
Montrol-Sénard 87 ... 205 E 3
Montrollet 16 ... 205 E 3
Montromant 69 ... 230 C 1
Montrond 05 ... 269 E 5
Montrond 39 ... 179 G 4
Montrond-le-Château 25 ... 162 A 5
Montrond-les-Bains 42 ... 230 A 2
Montrosier 81 ... 279 E 4
Montrottier 69 ... 212 B 5
Montroty 76 ... 37 F 2
Montrouge 92 ... 58 C 4
Montrouveau 41 ... 131 E 4
Montroy 17 ... 200 D 1
Montrozier 12 ... 281 E 1
Montry 77 ... 59 F 3
Monts 37 ... 151 H 4
Monts 60 ... 37 H 4
Monts-de-Vaux 39 ... 179 G 3
les Monts d'Olmes 09 ... 336 C 4
Monts-en-Bessin 14 ... 33 E 5
Monts-en-Ternois 62 ... 12 D 2
Monts-sur-Guesnes 86 ... 169 E 2
Montsalès 12 ... 261 F 5
Montsalier 04 ... 286 D 4
Montsalvy 15 ... 262 C 2
Montsaon 52 ... 116 D 3
Montsapey 73 ... 234 A 2
Montsauche-les-Settons 58 ... 158 B 4
Montsaugeon 52 ... 139 G 4
Montsaunès 31 ... 334 D 1
Montsec 55 ... 65 E 3
Montségur 09 ... 336 D 4
Montségur-sur-Lauzon 26 ... 285 F 1
Montselgues 07 ... 265 G 4
Montséret 11 ... 338 D 1
Montsérié 65 ... 333 H 2
Montseron 09 ... 335 G 2
Montseugny 70 ... 161 E 2
Montseveroux 38 ... 231 F 4
Montsoreau 49 ... 150 C 4
Montsoué 40 ... 294 A 3
Montsoult 95 ... 58 C 1
Montsûrs 53 ... 106 B 3
Montsurvent 50 ... 31 G 5
Montsuzain 10 ... 91 E 4
Montureux-et-Prantigny 70 ... 161 F 1
Montureux-lès-Baulay 70 ... 140 D 2
Montursin 25 ... 163 H 2
Montusclat 43 ... 247 H 4
Montussaint 25 ... 162 C 1
Montussan 33 ... 237 H 5
Montvalen 81 ... 298 B 2
Montvalent 46 ... 242 C 5
Montvalezan 73 ... 235 E 1
Montvendre 26 ... 249 G 5
Montverdun 42 ... 229 G 1
Montvernier 73 ... 234 A 5
Montvert 15 ... 243 G 4
Montvicq 03 ... 191 E 4
Montviette 14 ... 54 B 1
Montville 76 ... 20 B 5
Montviron 50 ... 51 G 4
Montzéville 55 ... 43 H 4
Monviel 47 ... 257 H 4
Monze 11 ... 338 A 1
Moon-sur-Elle 50 ... 32 B 4
Moosch 68 ... 120 C 5
Mooslargue 68 ... 143 E 4
Moraches 58 ... 157 F 4
Moragne 17 ... 201 E 3
Morains 51 ... 61 G 4
Morainville 28 ... 86 D 4
Morainville-Jouveaux 27 ... 35 E 4
Morainvilliers 78 ... 57 H 2
Morancé 69 ... 212 D 4
Morancez 28 ... 86 A 4
Morancourt 52 ... 92 C 4
Morand 37 ... 131 G 5
Morangis 51 ... 61 F 2
Morangis 91 ... 58 C 5
Morangles 60 ... 38 B 4
Morannes-sur-Sarthe 49 ... 128 D 3

Moranville 55 ... 44 C 5
Moras 38 ... 231 H 1
Moras-en-Valloire 26 ... 231 G 5
Morbecque 59 ... 7 H 2
Morbier 39 ... 197 F 1
Morcenx 40 ... 273 E 4
Morchain 80 ... 23 G 3
Morchamps 25 ... 162 C 1
Morchies 62 ... 13 H 4
Morcourt 02 ... 24 B 2
Morcourt 80 ... 23 E 2
Mordelles 35 ... 104 A 3
Moréac 56 ... 102 A 4
Morée 41 ... 131 H 2
Moreilles 85 ... 183 F 3
Morello Col de 2B ... 347 F 5
Morelmaison 88 ... 94 B 5
Morembert 10 ... 91 F 3
Moréno Col de la 63 ... 227 G 1
Morestel 38 ... 232 B 1
Moret-Loing-et-Orvanne 77 ... 88 C 5
Morêtel-de-Mailles 38 ... 233 G 4
Morette 38 ... 232 B 5
Moreuil 80 ... 22 D 3
Morey 54 ... 65 H 4
Morey 70 ... 140 B 3
Morey 71 ... 177 F 4
Morey-Saint-Denis 21 ... 160 A 4
Morez 39 ... 197 F 1
Morfontaine 54 ... 45 E 2
Morganx 40 ... 293 H 4
Morgat 29 ... 75 E 4
Morgemoulin 55 ... 44 C 4
Morgny 27 ... 37 E 2
Morgny-en-Thiérache 02 ... 25 G 3
Morgny-la-Pommeraye 76 ... 36 C 1
Morhange 57 ... 66 D 3
Moriani-Plage 2B ... 347 H 3
Moriat 63 ... 228 A 4
Morienne 76 ... 21 F 3
Morienval 60 ... 39 G 3
Morières-lès-Avignon 84 ... 285 F 5
Moriers 28 ... 110 A 2
Morieux 22 ... 78 C 3
Moriez 04 ... 288 C 5
Morigny 50 ... 52 B 2
Morigny-Champigny 91 ... 87 G 4
Morillon 74 ... 216 C 1
Morimond Abbaye de 52 ... 118 A 4
Moringhem 62 ... 3 E 5
Moriond 73 ... 234 D 4
Morionvilliers 52 ... 93 G 4
Morisel 80 ... 22 D 3
Moriville 88 ... 95 F 4
Moriviller 54 ... 95 F 3
Morizécourt 88 ... 118 B 3
Morizès 33 ... 256 C 3
Morlaàs 64 ... 314 C 3
Morlac 18 ... 173 E 5
Morlaincourt 55 ... 93 F 1
Morlaix 29 ... 71 H 4
Morlancourt 80 ... 23 E 1
Morlanne 64 ... 293 H 5
Morlet 71 ... 177 E 2
Morley 55 ... 93 E 2
Morlhon-le-Haut 12 ... 279 G 2
Morlincourt 60 ... 23 H 5
Mormaison 85 ... 165 H 2
Mormant 77 ... 88 D 2
Mormant-sur-Vernisson 45 ... 112 C 5
Mormès 32 ... 294 D 2
Mormoiron 84 ... 286 A 4
Mornac 16 ... 221 G 1
Mornac-sur-Seudre 17 ... 218 D 1
Mornand-en-Forez 42 ... 229 H 1
Mornans 26 ... 267 H 3
Mornant 69 ... 230 D 2
Mornas 84 ... 285 E 3
Mornay 21 ... 139 H 5
Mornay 71 ... 194 A 2
Mornay-Berry 18 ... 174 A 1
Mornay-sur-Allier 18 ... 174 B 4
Moroges 71 ... 177 G 4
Morogues 18 ... 155 G 4
Morosaglia 2B ... 347 F 3
Morre 25 ... 162 A 4
Morsain 02 ... 40 A 2
Morsains 51 ... 60 D 4
Morsalines 50 ... 29 G 4
Morsan 27 ... 35 F 4
Morsang-sur-Orge 91 ... 58 C 5
Morsang-sur-Seine 91 ... 88 A 2
Morsbach 57 ... 47 F 5
Morsbronn-les-Bains 67 ... 68 D 2
Morschwiller 67 ... 68 D 3
Morschwiller-le-Bas 68 ... 143 F 1

Morsiglia 2B ... 345 F 1
Le Mort-Homme 55 ... 43 H 4
Mortagne 88 ... 96 A 5
Mortagne-au-Perche 61 ... 84 C 3
Mortagne-du-Nord 59 ... 9 G 4
Mortagne-sur-Gironde 17 ... 219 E 3
Mortagne-sur-Sèvre 85 ... 166 D 1
Mortain-Bocage 50 ... 52 C 5
Mortcerf 77 ... 59 G 4
La Morte 38 ... 251 F 3
Morteau 25 ... 163 E 5
Morteaux-Coulibœuf 14 ... 54 A 2
Mortefontaine 02 ... 39 H 3
Mortefontaine 60 ... 39 E 5
Mortefontaine-en-Thelle 60 ... 38 B 4
Mortemart 87 ... 205 E 2
Mortemer 60 ... 23 E 5
Mortemer 76 ... 21 E 3
Mortemer Abbaye de 27 ... 37 E 2
Morterolles-sur-Semme 87 ... 205 H 1
Mortery 77 ... 89 G 2
Morthemer 86 ... 186 D 3
Morthomiers 18 ... 172 D 1
Mortiers 02 ... 24 D 4
Mortiers 17 ... 220 B 4
Morton 86 ... 150 C 5
Mortrée 61 ... 54 B 5
Mortroux 23 ... 189 F 4
Mortzwiller 68 ... 142 D 2
Morval 39 ... 196 B 3
Morval 62 ... 13 H 5
Morvillars 90 ... 142 C 4
Morville 50 ... 29 F 5
Morville 88 ... 118 A 2
Morville-en-Beauce 45 ... 111 G 2
Morville-lès-Vic 57 ... 66 D 4
Morville-sur-Andelle 76 ... 36 D 1
Morville-sur-Nied 57 ... 66 C 2
Morville-sur-Seille 54 ... 65 H 3
Morvillers 60 ... 21 G 5
Morvillers-Saint-Saturnin 80 ... 21 G 3
Morvilliers 10 ... 92 A 4
Morvilliers 28 ... 55 H 5
Mory 62 ... 13 G 4
Mory-Montcrux 60 ... 22 C 5
Morzine 74 ... 198 C 5
Mosles 14 ... 32 D 3
Moslins 51 ... 61 F 2
Mosnac 16 ... 220 D 2
Mosnac 17 ... 219 G 3
Mosnay 36 ... 188 D 1
Mosnes 37 ... 152 C 2
Mosset 66 ... 342 A 2
Mosson 21 ... 116 A 5
Mostuéjouls 12 ... 282 A 3
Motey-Besuche 70 ... 161 F 3
Motey-sur-Saône 70 ... 140 B 5
La Mothe-Achard 85 ... 165 F 5
La Mothe-Saint-Héray 79 ... 185 G 4
Mothern 67 ... 69 G 2
Motreff 29 ... 76 D 5
La Motte 22 ... 102 B 1
La Motte 83 ... 308 B 5
La Motte-au-Bois 59 ... 7 H 2
La Motte-Chalancon 26 ... 268 B 4
La Motte-d'Aigues 84 ... 306 A 2
La Motte-d'Aveillans 38 ... 251 E 4
La Motte-de-Galaure 26 ... 249 F 2
La Motte-du-Caire 04 ... 287 G 1
La Motte-en-Bauges 73 ... 233 G 1
La Motte-en-Champsaur 05 ... 269 G 1
La Motte-Fanjas 26 ... 250 A 3
La Motte-Feuilly 36 ... 189 H 2
La Motte-Fouquet 61 ... 82 D 2
La Motte-Saint-Jean 71 ... 193 F 2
La Motte-Saint-Martin 38 ... 250 D 4
La Motte-Servolex 73 ... 233 E 2
La Motte-Ternant 21 ... 158 D 3
La Motte-Tilly 10 ... 89 H 3
Mottereau 28 ... 109 G 2
Motteville 76 ... 19 H 4
Mottier 38 ... 232 A 4
Motz 73 ... 215 E 3
Mouacourt 54 ... 66 D 5
Mouais 44 ... 126 C 3
Mouans-Sartoux 06 ... 309 E 3
Mouaville 54 ... 45 E 5
Mouazé 35 ... 80 B 5
Mouchamps 85 ... 166 C 4
Mouchan 32 ... 295 G 1
Mouchard 39 ... 179 G 1
La Mouche 50 ... 51 H 3
Mouchès 32 ... 295 H 5
Mouchin 59 ... 9 F 4
Mouchy-le-Châtel 60 ... 38 B 3
Moudeyres 43 ... 247 H 4

Mouen 14 ... 33 F 5
Mouettes 27 ... 56 D 3
Mouffy 89 ... 136 B 4
Mouflaines 27 ... 37 E 4
Mouflers 80 ... 12 B 5
Mouflières 80 ... 11 F 5
Mougins 06 ... 309 E 4
Mougon 79 ... 185 F 4
Mouguerre 64 ... 292 A 5
Mouhers 36 ... 189 E 2
Mouhet 36 ... 188 C 4
Mouhous 64 ... 294 C 5
Mouillac 33 ... 238 B 4
Mouillac 82 ... 278 C 2
La Mouille 39 ... 197 F 2
Mouilleron 52 ... 139 F 4
Mouilleron-Saint-Germain 85 ... 166 D 5
Mouilleron-le-Captif 85 ... 165 H 4
Mouilly 55 ... 64 C 2
Moulainville 55 ... 44 C 5
Moularès 81 ... 279 H 4
Moulay 53 ... 82 B 5
Moulayrès 81 ... 299 E 3
Moulédous 65 ... 315 G 5
Moulès 13 ... 304 C 4
Moulès-et-Baucels 34 ... 302 C 1
Mouleydier 24 ... 240 B 5
Moulézan 30 ... 303 F 1
Moulhard 28 ... 109 F 2
Moulicent 61 ... 84 D 2
Moulidars 16 ... 220 D 1
Mouliets-et-Villemartin 33 ... 256 D 1
Mouliherne 49 ... 150 C 1
Moulin Château du 41 ... 153 G 3
Moulin-Chabaud 01 ... 214 B 1
Le Moulin-des-Ponts 01 ... 196 A 4
Moulin-Mage 81 ... 300 D 3
Moulin-Neuf 09 ... 337 E 1
Moulin-Neuf 24 ... 239 E 4
Moulin-Neuf Petit Musée auvergnat 63 ... 227 G 3
Moulin-sous-Touvent 60 ... 39 H 1
Moulineaux 76 ... 36 A 3
Moulines 14 ... 53 G 1
Moulines 50 ... 81 G 2
Moulinet 06 ... 291 G 3
Moulinet 47 ... 258 B 4
Le Moulinet-sur-Solin 45 ... 134 C 2
Moulins 02 ... 41 E 2
Moulins 03 ... 192 A 2
Moulins 35 ... 104 D 4
Moulins 79 ... 167 E 2
Moulins-en-Tonnerrois 89 ... 137 E 4
Moulins-Engilbert 58 ... 175 H 2
Moulins-la-Marche 61 ... 55 E 5
Moulins-le-Carbonnel 72 ... 83 F 4
Moulins-lès-Metz 57 ... 65 G 1
Moulins-Saint-Hubert 55 ... 27 G 5
Moulins-sur-Céphons 36 ... 171 G 2
Moulins-sur-Orne 61 ... 54 A 4
Moulins-sur-Ouanne 89 ... 135 H 4
Moulins-sur-Yèvre 18 ... 173 F 1
Moulis 09 ... 335 F 3
Moulis-en-Médoc 33 ... 237 E 3
Moulismes 86 ... 187 F 4
Moulle 62 ... 3 F 5
Le Moulleau 33 ... 254 B 2
Moulon 33 ... 238 B 5
Moulon 45 ... 112 B 4
Moulot 58 ... 157 E 2
Moulotte 55 ... 65 E 1
Moult 14 ... 33 H 5
Moumoulous 65 ... 315 G 3
Moumour 64 ... 313 G 4
Mounes-Prohencoux 12 ... 300 D 3
Mourède 32 ... 295 G 2
Mourens 33 ... 256 C 3
Mourenx 64 ... 313 H 3
Mouret 12 ... 262 C 4
Moureuille 63 ... 209 F 1
Mourèze 34 ... 301 H 4
Mouriès 13 ... 304 D 3
Mouriez 62 ... 11 H 1
Le Mourillon 83 ... 328 A 4
Mourioux-Vieilleville 23 ... 206 C 2
Mourjou 15 ... 262 B 2
Mourmelon-le-Grand 51 ... 42 B 5
Mourmelon-le-Petit 51 ... 42 A 5
Mournans-Charbonny 39 ... 180 A 4
Mouron 08 ... 43 E 3
Mouron-sur-Yonne 58 ... 157 G 5
Mouroux 77 ... 59 H 4
Mours 95 ... 38 B 5
Mours-Saint-Eusèbe 26 ... 249 G 3
Le Mourtis 31 ... 334 C 3
Mourvilles-Basses 31 ... 318 C 2

Mourvilles-Hautes 31 ... 318 D 3
Mouscardès 40 ... 293 F 4
Moussac 30 ... 284 A 5
Moussac 86 ... 187 E 5
Moussages 15 ... 244 C 1
Moussan 11 ... 321 E 5
Moussé 35 ... 105 G 4
Les Mousseaux 78 ... 57 G 4
Mousseaux-lès-Bray 77 ... 89 F 4
Mousseaux-Neuville 27 ... 56 C 3
Mousseaux-sur-Seine 78 ... 57 F 1
Moussey 10 ... 115 E 2
Moussey 57 ... 67 E 5
Moussey 88 ... 96 B 3
Les Moussières 39 ... 197 E 4
Mousson 54 ... 65 G 3
Moussonvilliers 61 ... 84 D 2
Moussoulens 11 ... 319 G 4
Moussy 51 ... 61 F 1
Moussy 58 ... 157 E 5
Moussy 95 ... 37 H 5
Moussy-le-Neuf 77 ... 59 F 4
Moussy-le-Vieux 77 ... 59 E 1
Moussy-Verneuil 02 ... 40 D 2
Moustajon 31 ... 334 A 4
Mousterlin 29 ... 99 H 4
Moustéru 22 ... 73 E 5
Moustey 40 ... 273 F 1
Le Moustier 24 ... 241 F 4
Moustier 47 ... 257 G 3
Moustier-en-Fagne 59 ... 16 A 4
Moustier-Ventadour 19 ... 225 G 5
Moustiers-Sainte-Marie 04 ... 307 G 1
Le Moustoir 22 ... 76 D 4
Moustoir-Ac 56 ... 102 A 5
Moustoir-Remungol 56 ... 102 A 3
La Moutade 63 ... 209 H 3
Moutaine 39 ... 179 H 2
Moutardon 16 ... 203 G 2
Le Moutaret 38 ... 233 G 4
Moutchic 33 ... 236 B 3
Mouterhouse 57 ... 68 B 2
Mouterre-Silly 86 ... 168 C 2
Mouterre-sur-Blourde 86 ... 204 D 1
Mouthe 25 ... 180 B 4
Le Moutherot 25 ... 161 F 4
Mouthier-en-Bresse 71 ... 178 D 3
Mouthier-Haute-Pierre 25 ... 180 C 1
Mouthiers-sur-Boëme 16 ... 221 E 3
Mouthoumet 11 ... 338 A 3
Moutier-d'Ahun 23 ... 207 G 2
Moutier-Malcard 23 ... 189 G 4
Moutier-Rozeille 23 ... 207 H 4
Moutiers 28 ... 86 D 5
Moutiers 35 ... 105 E 4
Moutiers 54 ... 45 F 4
Moûtiers 73 ... 234 C 3
Moutiers-au-Perche 61 ... 85 E 3
Les Moutiers-en-Auge 14 ... 54 B 2
Les Moutiers-en-Cinglais 14 ... 53 G 1
Moutiers-en-Puisaye 89 ... 135 G 5
Les Moutiers-en-Retz 44 ... 146 D 5
Les Moutiers-Hubert 14 ... 54 D 2
Moutiers-les-Mauxfaits 85 ... 182 D 2
Moutiers-Saint-Jean 21 ... 137 G 5
Moutiers-sous-Argenton 79 ... 167 H 2
Moutiers-sous-Chantemerle 79 ... 167 F 5
Moutiers-sur-le-Lay 85 ... 183 F 1
Mouton 16 ... 203 F 4
Mouton Rothschild Château de 33 ... 237 E 1
Moutonne 39 ... 196 B 2
La Moutonne 83 ... 328 B 4
Moutonneau 16 ... 203 F 4
Moutoux 39 ... 179 H 4
Moutrot 54 ... 94 B 1
Mouvaux 59 ... 8 D 2
Moux 11 ... 320 B 5
Moux-en-Morvan 58 ... 158 C 5
Mouxy 73 ... 233 F 1
Mouy 60 ... 38 C 3
Mouy-sur-Seine 77 ... 89 F 4
Mouzay 37 ... 170 B 1
Mouzay 55 ... 43 H 4
Mouzeil 44 ... 148 A 1
Mouzens 24 ... 259 E 1
Mouzens 81 ... 298 D 5
Mouzeuil-Saint-Martin 85 ... 183 G 2
Mouzieys-Panens 81 ... 279 E 5
Mouzieys-Teulet 81 ... 299 G 2
Mouzillon 44 ... 148 A 5
Mouzon 08 ... 27 G 4
Mouzon 16 ... 204 B 5
Moval 90 ... 142 C 3
Moy-de-l'Aisne 02 ... 24 B 3
Moyaux 14 ... 34 D 4

A B C D E F G H I J K L M N O P Q R S T U V W X Y Z

Moydans *05* ... **268** C 5
Moye *74* ... **215** E 4
Moyemont *88* ... **95** G 4
Moyen *54* ... **95** G 3
Moyencourt *80* ... **23** G 4
Moyencourt-lès-Poix *80* ... **22** A 3
Moyenmoutier *88* ... **96** B 3
Moyenneville *60* ... **39** E 1
Moyenneville *62* ... **13** G 3
Moyenneville *80* ... **11** G 4
Moyenvic *57* ... **66** D 4
Moyeuvre-Grande *57* ... **45** G 4
Moyeuvre-Petite *57* ... **45** G 4
Moyon Villages *50* ... **52** A 1
Moyrazès *12* ... **280** C 1
Moyvillers *60* ... **39** E 2
Mozac *63* ... **209** H 4
Mozé-sur-Louet *49* ... **149** G 2
Muchedent *76* ... **20** B 3
Mudaison *34* ... **303** E 4
Muel *35* ... **103** F 2
Muespach *68* ... **143** G 4
Muespach-le-Haut *68* ... **143** G 4
Mugron *40* ... **293** G 2
Muhlbach-sur-Bruche *67* ... **96** D 2
Muhlbach-sur-Munster *68* ... **120** C 3
Muides-sur-Loire *41* ... **132** C 4
Muidorge *60* ... **38** A 1
Muids *27* ... **36** C 4
Muille-Villette *80* ... **23** H 3
Muirancourt *60* ... **23** H 4
Muizon *51* ... **41** F 3
Les Mujouls *06* ... **289** F 5
La Mulatière *69* ... **231** E 1
Mulcent *78* ... **57** F 3
Mulcey *57* ... **67** E 4
Mulhausen *67* ... **68** C 3
Mulhouse *68* ... **143** F 1
Mulsanne *72* ... **130** A 2
Mulsans *41* ... **132** B 4
Mun *65* ... **315** G 4
Munchhausen *67* ... **69** G 2
Munchhouse *68* ... **121** F 5
Muncq-Nieurlet *62* ... **3** E 4
Mundolsheim *67* ... **68** D 5
Muneville-le-Bingard *50* ... **31** G 5
Muneville-sur-Mer *50* ... **51** G 2
Le Mung *17* ... **201** F 4
Munster *57* ... **67** F 3
Munster *68* ... **120** D 3
Muntzenheim *68* ... **121** F 2
Munwiller *68* ... **121** E 4
Mur-de-Barrez *12* ... **262** D 1
Mûr-de-Bretagne *22* ... **77** H 5
Mur-de-Sologne *41* ... **153** G 2
Muracciole *2B* ... **349** F 1
Murasson *12* ... **300** C 3
Murat *03* ... **191** F 4
Murat *15* ... **245** F 3
Murat-le-Quaire *63* ... **227** E 2
Murat-sur-Vèbre *81* ... **300** D 4
Murato *2B* ... **345** F 5
La Muraz *74* ... **215** H 1
Murbach *68* ... **120** D 4
La Mure *04* ... **288** C 4
La Mure *38* ... **251** E 4
Mureaumont *60* ... **21** G 5
Les Mureaux *78* ... **57** H 2
Mureils *26* ... **249** F 1
Mûres *74* ... **215** G 4
Muret *31* ... **317** H 2
Le Muret *40* ... **255** E 5
Muret-et-Crouttes *02* ... **40** C 3
Muret-le-Château *12* ... **262** D 5
La Murette *38* ... **232** C 4
Murianette *38* ... **251** E 1
Murinais *38* ... **250** A 1
Murles *34* ... **302** C 4
Murlin *58* ... **156** C 5
Muro *2B* ... **346** C 2
Murol *63* ... **227** F 3
Murols *12* ... **262** D 2
Muron *17* ... **201** E 2
Murs *36* ... **170** D 3
Murs *84* ... **286** A 5
Mûrs-Erigné *49* ... **149** G 2
Murs-et-Gélignieux *01* ... **232** D 1
Murtin-et-Bogny *08* ... **26** C 2
Murvaux *55* ... **43** H 2
Murviel-lès-Béziers *34* ... **321** F 2
Murviel-lès-Montpellier *34* ... **302** C 4
Murville *54* ... **45** E 3
Murzo *2A* ... **348** C 1
Mus *30* ... **303** G 3
Muscourt *02* ... **41** E 2
Musculdy *64* ... **331** E 1
Musièges *74* ... **215** F 2

Musigny *21* ... **159** E 5
Musseau *52* ... **139** F 4
Mussey *55* ... **63** G 3
Mussey-sur-Marne *52* ... **93** E 4
Mussidan *24* ... **239** G 3
Mussig *67* ... **97** F 5
Mussy-la-Fosse *21* ... **159** E 1
Mussy-sous-Dun *71* ... **194** A 5
Mussy-sur-Seine *10* ... **115** H 5
Mutigney *39* ... **161** E 3
Mutigny *51* ... **61** G 1
Mutrécy *14* ... **53** G 1
Muttersholtz *67* ... **97** F 4
Mutzenhouse *67* ... **68** C 4
Mutzig *67* ... **97** F 2
Le Muy *83* ... **308** B 5
Muzeray *55* ... **44** D 3
Muzillac *56* ... **124** D 5
Muzy *27* ... **56** C 4
Myans *73* ... **233** F 3
Myennes *58* ... **156** A 2
Myon *25* ... **179** H 1

N

Nabas *64* ... **313** F 3
Nabinaud *16* ... **239** F 1
Nabirat *24* ... **259** H 2
Nabringhen *62* ... **2** C 5
Nachamps *17* ... **201** G 4
Nadaillac *24* ... **241** H 4
Nadaillac-de-Rouge *46* ... **260** B 4
Nades *03* ... **209** G 1
Nadillac *46* ... **260** B 4
Naftel *50* ... **52** A 5
Nagel-Séez-Mesnil *27* ... **55** H 2
Nages *81* ... **300** C 4
Nages-et-Solorgues *30* ... **303** G 2
Nahuja *66* ... **341** F 5
Nailhac *24* ... **241** F 1
Naillat *23* ... **188** D 5
Nailloux *31* ... **318** B 3
Nailly *89* ... **113** F 2
Naintré *86* ... **169** G 4
Nainville-les-Roches *91* ... **88** A 3
Naisey *25* ... **162** B 4
Naives-devant-Bar *55* ... **63** H 3
Naives-en-Blois *55* ... **93** G 1
Naix-aux-Forges *55* ... **93** F 1
Naizin *56* ... **102** A 4
Najac *12* ... **279** F 3
Nalliers *85* ... **183** G 2
Nalliers *86* ... **187** F 1
Nalzen *09* ... **336** C 3
Nambsheim *68* ... **121** G 4
Nampcel *60* ... **39** H 1
Nampcelles-la-Cour *02* ... **25** G 3
Nampont-Saint-Martin *80* ... **11** G 1
Namps-au-Mont *80* ... **22** A 3
Namps-au-Val *80* ... **22** A 3
Nampteuil-sous-Muret *02* ... **40** C 3
Nampty *80* ... **22** B 3
Nan-Sous-Thil *21* ... **158** D 2
Nanc-lès-Saint-Amour *39* ... **196** A 3
Nançay *18* ... **154** D 3
Nance *39* ... **178** D 4
Nances *73* ... **233** E 2
Nançois-le-Grand *55* ... **64** B 5
Nançois-sur-Ornain *55* ... **64** B 5
Nancras *17* ... **201** E 5
Nancray *25* ... **162** B 3
Nancray-sur-Rimarde *45* ... **111** H 4
Nancuise *39* ... **196** B 2
Nancy *54* ... **65** H 5
Nancy-sur-Cluses *74* ... **216** C 2
Nandax *42* ... **211** H 2
Nandy *77* ... **88** A 2
Nangeville *45* ... **87** H 5
Nangis *77* ... **89** E 2
Nangy *74* ... **197** H 5
Nannay *58* ... **156** C 4
Nans *25* ... **162** C 1
Les Nans *39* ... **179** H 4
Nans-les-Pins *83* ... **327** H 4
Nans-sous-Sainte-Anne *25* ... **180** A 1
Nant *12* ... **282** A 5
Nant-le-Grand *55* ... **63** H 5
Nant-le-Petit *55* ... **63** H 5
Nanteau-sur-Essonne *77* ... **87** H 5
Nanteau-sur-Lunain *77* ... **112** C 2
Nanterre *92* ... **58** B 3
Nantes *44* ... **147** G 4
Nantes-en-Ratier *38* ... **251** E 4
Nanteuil *79* ... **185** H 3
Nanteuil-Auriac-de-Bourzac *24* ... **221** G 5
Nanteuil-en-Vallée *16* ... **203** G 3

Nanteuil-la-Forêt *51* ... **41** F 5
Nanteuil-la-Fosse *02* ... **40** C 2
Nanteuil-le-Haudouin *60* ... **39** F 5
Nanteuil-lès-Meaux *77* ... **59** G 2
Nanteuil-Notre-Dame *02* ... **40** C 4
Nanteuil-sur-Aisne *08* ... **42** A 1
Nanteuil-sur-Marne *77* ... **60** A 2
Nantey *39* ... **196** A 3
Nantheuil *24* ... **223** E 4
Nanthiat *24* ... **223** E 4
Nantiat *87* ... **205** G 3
Nantillé *17* ... **201** H 4
Nantillois *55* ... **43** G 3
Nantilly *70* ... **161** E 1
Nantoin *38* ... **232** A 4
Nantois *55* ... **93** F 1
Nanton *71* ... **195** E 1
Nantouard *70* ... **161** F 1
Nantouillet *77* ... **59** E 2
Nantoux *21* ... **177** G 1
Nantua *01* ... **214** C 1
La Napoule *06* ... **309** E 4
Napt *01* ... **196** B 5
Narbéfontaine *57* ... **46** C 5
Narbief *25* ... **163** F 4
Narbonne *11* ... **321** E 5
Narbonne-Plage *11* ... **321** G 5
Narcastet *64* ... **314** B 4
Narcy *52* ... **92** D 2
Narcy *58* ... **156** B 4
Nargis *45* ... **112** C 3
Narnhac *15* ... **245** E 5
Narp *64* ... **313** F 3
Narrosse *40* ... **293** E 3
La Nartelle *83* ... **329** G 2
Narthoux *81* ... **279** F 4
Nasbinals *48* ... **263** G 3
Nassandres *27* ... **35** G 5
Nassiet *40* ... **293** G 4
Nassigny *03* ... **190** D 2
Nastringues *24* ... **239** E 5
Nattages *01* ... **214** D 5
Natzwiller *67* ... **96** D 3
Naucelle *12* ... **280** B 3
Naucelles *15* ... **244** B 4
Naujac-sur-Mer *33* ... **236** C 1
Naujan-et-Postiac *33* ... **256** C 1
Naurouze *Seuil de 11* ... **318** D 3
Nauroy *02* ... **24** A 1
Naussac *12* ... **261** G 4
Naussac-Fontanes *48* ... **265** F 2
Naussac *Barrage de 48* ... **265** F 2
Naussannes *24* ... **258** C 2
Nauvay *72* ... **108** A 2
Nauviale *12* ... **262** B 4
Nauzan *17* ... **218** C 1
Navacelles *30* ... **284** A 3
Navacelles *Cirque de 34* ... **302** A 1
Navailles-Angos *64* ... **314** B 2
Navarosse *40* ... **254** B 5
Navarrenx *64* ... **313** G 3
Naveil *41* ... **131** G 3
Navenne *70* ... **141** F 4
Naves *03* ... **209** H 1
Naves *07* ... **283** H 1
Naves *19* ... **242** D 1
Naves *59* ... **14** C 3
Naves *73* ... **234** B 2
Navès *81* ... **299** G 5
Nâves-Parmelan *74* ... **215** H 3
Navilly *71* ... **178** B 2
Nay *50* ... **31** H 3
Nay *64* ... **314** C 5
Nayemont-les-Fosses *88* ... **96** B 4
Le Nayrac *12* ... **262** D 3
Nazelles-Négron *37* ... **152** B 2
Néac *33* ... **238** C 4
Néant-sur-Yvel *56* ... **103** E 4
Neau *53* ... **106** C 3
Neaufles-Auvergny *27* ... **55** G 3
Neaufles-Saint-Martin *27* ... **37** F 3
Neauphe-sous-Essai *61* ... **83** H 2
Neauphe-sur-Dive *61* ... **54** B 3
Neauphle-le-Château *78* ... **57** H 4
Neauphle-le-Vieux *78* ... **57** G 4
Neauphlette *78* ... **57** E 3
Neaux *42* ... **211** H 3
Nébian *34* ... **302** A 4
Nébias *11* ... **337** F 3
Nébing *57* ... **67** F 3
Nébouzat *63* ... **227** F 1
Nécy *61* ... **54** A 3
Nedde *87* ... **225** E 1
Nédon *62* ... **7** G 4
Nédonchel *62* ... **7** G 4

Neewiller-près-Lauterbourg *67* ... **69** G 2
Neffes *05* ... **269** G 4
Neffiès *34* ... **301** H 5
Néfiach *66* ... **342** C 2
Nègrepelisse *82* ... **278** B 4
Négreville *50* ... **29** F 4
Négron *37* ... **152** B 2
Négrondes *24* ... **222** D 5
Néhou *50* ... **29** F 5
Nehwiller *67* ... **68** D 2
Nelling *57* ... **67** F 2
Nemours *77* ... **112** B 2
Nempont-Saint-Firmin *62* ... **6** B 5
Nénigan *31* ... **316** B 3
Nenon *39* ... **161** E 5
Néons-sur-Creuse *36* ... **170** B 5
Néoules *83* ... **328** B 2
Néoux *23* ... **207** H 4
Nepvant *55* ... **27** H 5
Nérac *47* ... **275** G 3
Nerbis *40* ... **293** G 2
Nercillac *16* ... **220** C 1
Néré *17* ... **202** C 3
Néret *36* ... **189** H 2
Nérigean *33* ... **238** B 5
Nérignac *86* ... **187** E 5
Néris-les-Bains *03* ... **190** D 5
Nermier *39* ... **196** C 2
Nernier *74* ... **197** H 3
Néron *28* ... **86** B 2
Néronde *42* ... **212** A 5
Néronde-sur-Dore *63* ... **210** C 5
Nérondes *18* ... **173** H 2
Ners *30* ... **283** H 5
Nersac *16* ... **221** E 2
Nervieux *42* ... **211** H 5
Nerville-la-Forêt *95* ... **58** B 1
Néry *60* ... **39** F 3
Neschers *63* ... **227** H 2
Nescus *09* ... **335** H 2
Nesle *80* ... **23** G 3
Nesle-et-Massoult *21* ... **137** H 3
Nesle-Hodeng *76* ... **21** E 4
Nesle-la-Reposte *51* ... **90** A 2
Nesle-le-Repons *51* ... **61** E 1
Nesle-l'Hôpital *80* ... **11** F 5
Nesle-Normandeuse *76* ... **11** F 5
Nesles *62* ... **6** B 2
Nesles *77* ... **59** G 5
Nesles-la-Montagne *02* ... **60** C 1
Nesles-la-Vallée *95* ... **38** B 5
Neslette *80* ... **11** F 5
Nesmy *85* ... **182** D 1
Nesploy *45* ... **111** H 5
Nespouls *19* ... **242** B 3
Nessa *2B* ... **346** C 2
Nestier *65* ... **334** A 1
Nettancourt *55* ... **63** F 3
Netzenbach *67* ... **96** D 2
Neublans *39* ... **178** C 2
Neubois *67* ... **97** E 4
Le Neubourg *27* ... **35** H 5
Neuchâtel-Urtière *25* ... **163** F 2
Neuf-Berquin *59* ... **8** A 2
Neuf-Brisach *68* ... **121** F 3
Neuf-Église *63* ... **209** F 2
Neuf-Marché *76* ... **37** F 2
Neuf-Mesnil *59* ... **15** G 2
Neufbosc *76* ... **20** D 4
Le Neufbourg *50* ... **52** C 5
Neufchâteau *88* ... **94** A 4
Neufchâtel-en-Bray *76* ... **20** D 3
Neufchâtel-en-Saosnois *72* ... **83** H 4
Neufchâtel-Hardelot *62* ... **6** B 3
Neufchâtel-sur-Aisne *02* ... **41** G 2
Neufchef *57* ... **45** G 3
Neufchelles *60* ... **39** H 5
Neuffons *33* ... **256** D 3
Neuffontaines *58* ... **157** G 3
Neufgrange *57* ... **67** G 1
Neuflieux *02* ... **24** A 5
Neuflize *08* ... **42** A 2
Neufmaison *08* ... **26** B 3
Neufmaisons *54* ... **96** A 3
Neufmanil *08* ... **26** D 2
Neufmesnil *50* ... **31** G 2
Neufmoulin *80* ... **11** H 3
Neufmoulins *57* ... **67** G 5
Neufmoutiers-en-Brie *77* ... **59** F 4
Le Neufour *55* ... **43** F 5
Neufvillage *57* ... **67** E 2
Neufvy-sur-Aronde *60* ... **39** E 1
Neugartheim *67* ... **68** C 5
Neugartheim-Ittlenheim *67* ... **68** C 5
Neuhaeusel *67* ... **69** G 3
Neuil *37* ... **151** G 5

Neuilh *65* ... **333** E 1
Neuillac *17* ... **219** H 3
Neuillay-les-Bois *36* ... **171** F 4
Neuillé *49* ... **150** C 3
Neuillé-le-Lierre *37* ... **152** B 1
Neuillé-Pont-Pierre *37* ... **151** G 1
Neuilly *27* ... **56** D 2
Neuilly *58* ... **157** F 4
Neuilly *89* ... **136** A 2
Neuilly-en-Donjon *03* ... **193** F 4
Neuilly-en-Dun *18* ... **173** H 4
Neuilly-en-Sancerre *18* ... **155** G 3
Neuilly-en-Thelle *60* ... **38** B 4
Neuilly-en-Vexin *95* ... **37** H 5
Neuilly-la-Forêt *14* ... **32** B 3
Neuilly-le-Bisson *61* ... **83** H 3
Neuilly-le-Brignon *37* ... **170** A 2
Neuilly-le-Dien *80* ... **12** B 3
Neuilly-le-Malherbe *14* ... **33** F 5
Neuilly-le-Réal *03* ... **192** B 3
Neuilly-le-Vendin *53* ... **82** D 3
Neuilly-lès-Dijon *21* ... **160** B 3
Neuilly-l'Évêque *52* ... **117** G 5
Neuilly-l'Hôpital *80* ... **11** G 3
Neuilly-Plaisance *93* ... **58** D 3
Neuilly-Saint-Front *02* ... **40** A 5
Neuilly-sous-Clermont *60* ... **38** C 3
Neuilly-sur-Eure *61* ... **85** E 3
Neuilly-sur-Marne *93* ... **58** D 3
Neuilly-sur-Seine *92* ... **58** B 3
Neuilly-sur-Suize *52* ... **117** E 4
Neulette *62* ... **7** F 5
Neulise *42* ... **211** H 4
Neulles *17* ... **219** H 3
Neulliac *56* ... **101** H 2
Neung-sur-Beuvron *41* ... **154** A 1
Neunhoffen *67* ... **68** C 1
Neunkirchen-lès-Bouzonville *57* ... **46** C 3
Neure *03* ... **174** B 5
Neurey-en-Vaux *70* ... **141** F 3
Neurey-lès-la-Demie *70* ... **141** F 5
Neussargues-Moissac *15* ... **245** G 3
Neuve-Chapelle *62* ... **8** B 3
Neuve-Eglise *67* ... **97** E 4
La Neuve-Grange *27* ... **37** E 2
La Neuve-Lyre *27* ... **55** G 2
Neuve-Maison *02* ... **25** G 1
Neuvecelle *74* ... **198** C 3
Neuvéglise *15* ... **245** G 5
Neuvelle-lès-Champlitte *70* ... **140** A 5
Neuvelle-lès-Cromary *70* ... **162** A 2
Neuvelle-lès-Grancey *21* ... **139** E 4
Neuvelle-lès-la-Charité *70* ... **140** D 5
La Neuvelle-lès-Lure *70* ... **141** H 3
La Neuvelle-lès-Scey *70* ... **140** D 3
Neuvelle-lès-Voisey *52* ... **140** C 2
Neuves-Maisons *54* ... **94** D 1
La Neuveville-devant-Lépanges *88* ... **119** H 2
La Neuveville-sous-Châtenois *88* ... **94** B 5
La Neuveville-sous-Montfort *88* ... **118** C 2
Neuvic *19* ... **225** H 5
Neuvic *24* ... **239** H 3
Neuvic-Entier *87* ... **224** C 1
Neuvicq *17* ... **238** C 1
Neuvicq-le-Château *17* ... **202** C 5
Neuvillalais *72* ... **107** F 3
Neuville *03* ... **191** F 3
Neuville *19* ... **243** E 3
La Neuville *59* ... **8** D 4
Neuville *63* ... **228** B 1
La Neuville-à-Maire *08* ... **27** E 5
Neuville-au-Bois *80* ... **11** G 5
Neuville-au-Cornet *62* ... **12** D 2
Neuville-au-Plain *50* ... **29** G 5
La Neuville-au-Pont *51* ... **43** E 5
Neuville-aux-Bois *45* ... **111** F 4
La Neuville-aux-Bois *51* ... **63** E 2
La Neuville-aux-Joûtes *08* ... **25** H 1
La Neuville-aux-Larris *51* ... **41** F 5
La Neuville-aux-Tourneurs *08* ... **26** A 2
Neuville-Bosc *60* ... **37** H 4
La Neuville-Bosmont *02* ... **25** F 4
Neuville-Bourjonval *62* ... **14** A 5
La Neuville-Chant-d'Oisel *76* ... **36** C 2
Neuville-Coppegueule *80* ... **21** G 2
La Neuville-d'Aumont *60* ... **38** A 3
Neuville-Day *08* ... **42** D 1
Neuville-de-Poitou *86* ... **169** E 5
La Neuville-du-Bosc *27* ... **35** H 4
Neuville-en-Avesnois *59* ... **15** E 3
Neuville-en-Beaumont *50* ... **31** F 2

La Neuville-en-Beine *02* ... **24** A 4
Neuville-en-Ferrain *59* ... **5** E 5
La Neuville-en-Hez *60* ... **38** C 2
La Neuville-en-Tourne-à-Fuy *08* ... **42** B 3
Neuville-en-Verdunois *55* ... **63** H 2
Neuville-Ferrières *76* ... **20** D 4
La Neuville-Garnier *60* ... **38** A 3
La Neuville-Housset *02* ... **25** E 3
La Neuville-lès-Bray *80* ... **23** E 1
Neuville-les-Dames *01* ... **213** F 1
Neuville-lès-Decize *58* ... **174** D 4
Neuville-lès-Dieppe *76* ... **10** B 5
Neuville-lès-Dorengt *02* ... **24** D 1
Neuville-lès-Lœuilly *80* ... **22** B 3
Neuville-lès-This *08* ... **26** C 3
Neuville-lès-Vaucouleurs *55* ... **93** H 2
La Neuville-lès-Wasigny *08* ... **26** A 4
Neuville-lez-Beaulieu *08* ... **26** A 2
La Neuville-près-Sées *61* ... **54** C 5
Neuville-Saint-Amand *02* ... **24** B 2
La Neuville-Saint-Pierre *60* ... **38** B 1
Neuville-Saint-Rémy *59* ... **14** B 3
La Neuville-Saint-Vaast *62* ... **8** B 5
Neuville-Sire-Bernard *80* ... **22** D 3
Neuville-sous-Arzillières *51* ... **62** D 5
Neuville-sous-Montreuil *62* ... **6** C 4
Neuville-sur-Ailette *02* ... **41** E 1
Neuville-sur-Ain *01* ... **214** A 2
Neuville-sur-Authou *27* ... **35** F 4
Neuville-sur-Brenne *37* ... **131** F 5
Neuville-sur-Escaut *59* ... **14** C 2
La Neuville-sur-Essonne *45* ... **111** H 3
Neuville-sur-Margival *02* ... **40** B 1
Neuville-sur-Oise *95* ... **58** A 1
Neuville-sur-Ornain *55* ... **63** G 3
La Neuville-sur-Oudeuil *60* ... **21** H 5
La Neuville-sur-Ressons *60* ... **23** F 5
Neuville-sur-Saône *69* ... **213** E 4
Neuville-sur-Sarthe *72* ... **107** H 4
Neuville-sur-Seine *10* ... **115** G 4
Neuville-sur-Touques *61* ... **54** D 3
Neuville-sur-Vanne *10* ... **114** B 2
La Neuville-Vault *60* ... **37** H 1
Neuville-Vitasse *62* ... **13** G 3
Neuviller-la-Roche *67* ... **96** D 3
Neuviller-lès-Badonviller *54* ... **96** A 2
Neuviller-sur-Moselle *54* ... **95** E 3
Neuvillers-sur-Fave *88* ... **96** C 5
Neuvillette *02* ... **24** C 2
La Neuvillette *51* ... **41** G 3
Neuvillette *80* ... **12** D 3
Neuvillette-en-Charnie *72* ... **107** E 3
Neuvilley *39* ... **179** F 2
Neuvilly *59* ... **14** D 4
Neuvilly-en-Argonne *55* ... **43** G 4
Neuvireuil *62* ... **8** C 5
Neuvizy *08* ... **26** C 4
Neuvy *03* ... **192** A 2
Neuvy *41* ... **153** G 1
Neuvy *51* ... **60** C 4
Neuvy-au-Houlme *61* ... **53** H 3
Neuvy-Bouin *79* ... **167** G 5
Neuvy-deux-Clochers *18* ... **155** G 4
Neuvy-en-Beauce *28* ... **110** D 2
Neuvy-en-Champagne *72* ... **107** F 4
Neuvy-en-Dunois *28* ... **110** B 2
Neuvy-en-Mauges *49* ... **149** E 3
Neuvy-en-Sullias *45* ... **133** H 3
Neuvy-Grandchamp *71* ... **193** F 1
Neuvy-le-Barrois *18* ... **174** B 3
Neuvy-le-Roi *37* ... **130** D 5
Neuvy-Pailloux *36* ... **172** A 3
Neuvy-Saint-Sépulchre *36* ... **189** F 1
Neuvy-Sautour *89* ... **114** C 4
Neuvy-sur-Barangeon *18* ... **154** D 3
Neuvy-sur-Loire *58* ... **156** A 1
Neuwiller *68* ... **143** H 4
Neuwiller-lès-Saverne *67* ... **68** B 3
Neuzy *71* ... **193** G 2
Névache *05* ... **252** C 3
Nevers *58* ... **174** C 2
Névez *29* ... **100** B 5
Névian *11* ... **320** D 5
Néville *76* ... **19** G 2
Néville-sur-Mer *50* ... **29** G 2
Nevoy *45* ... **134** C 4
Nevy-lès-Dole *39* ... **179** F 4
Nevy-sur-Seille *39* ... **179** F 4
Nexon *87* ... **223** G 1
Ney *39* ... **179** H 4
Neydens *74* ... **215** G 1
Neyrac-les-Bains *07* ... **266** A 3
Les Neyrolles *01* ... **214** C 1
Neyron *01* ... **213** F 5
Nézel *78* ... **57** G 2
Nézignan-l'Évêque *34* ... **321** H 3

Niafles 53 — 127 H 2
Niaux 09 — 336 B 4
Niaux Grotte de 09 — 336 B 4
Nibas 80 — 11 E 3
Nibelle 45 — 111 H 4
Nibles 04 — 287 G 1
Nice 06 — 309 H 4
Nicey 21 — 137 H 2
Nicey-sur-Aire 55 — 64 B 3
Nicole 47 — 275 G 1
Nicorps 50 — 51 G 1
Nideck Château et Cascade du 67 — 96 D 1
Niderhoff 57 — 96 B 1
Niderviller 57 — 67 H 5
Niederbronn-les-Bains 67 — 68 D 2
Niederbruck 68 — 142 C 1
Niederentzen 68 — 121 E 4
Niederhaslach 67 — 97 E 2
Niederhausbergen 67 — 68 D 5
Niederhergheim 68 — 121 F 4
Niederlarg 68 — 143 E 4
Niederlauterbach 67 — 69 G 1
Niedermodern 67 — 68 D 3
Niedermorschwihr 68 — 120 D 2
Niedernai 67 — 97 F 2
Niederrœdern 67 — 69 G 2
Niederschaeffolsheim 67 — 68 D 4
Niederseebach 67 — 69 F 2
Niedersoultzbach 67 — 68 B 3
Niedersteinbach 67 — 68 D 1
Niederstinzel 57 — 67 G 3
Niedervisse 57 — 46 D 5
Nielles-lès-Ardres 62 — 2 D 4
Nielles-lès-Bléquin 62 — 7 E 2
Nielles-lès-Calais 62 — 2 C 3
Le Nieppe 59 — 3 G 5
Nieppe 59 — 8 B 2
Niergnies 59 — 14 B 4
Nieudan 15 — 243 H 4
Nieuil 16 — 203 H 4
Nieuil-l'Espoir 86 — 186 C 2
Nieul 87 — 205 H 4
Nieul-le-Dolent 85 — 182 C 1
Nieul-le-Virouil 17 — 219 G 4
Nieul-lès-Saintes 17 — 201 F 5
Nieul-sur-l'Autise 85 — 184 C 3
Nieul-sur-Mer 17 — 183 F 5
Nieulle-sur-Seudre 17 — 200 D 5
Nieurlet 59 — 3 F 5
Niévroz 01 — 213 G 4
Niffer 68 — 143 H 2
Niherne 36 — 171 G 4
Nijon 52 — 117 H 2
Nilvange 57 — 45 G 3
Nîmes 30 — 303 H 2
Ninville 52 — 117 G 3
Niort 79 — 184 D 4
Niort-de-Sault 11 — 337 E 4
Niort-la-Fontaine 53 — 82 B 3
Niozelles 04 — 287 F 5
Nissan-lez-Enserune 34 — 321 F 4
Nistos 65 — 334 A 2
Nitry 89 — 136 D 4
Nitting 57 — 67 G 5
Nivelle 59 — 9 G 4
Nivillac 56 — 125 F 5
Nivillers 60 — 38 A 2
Nivolas-Vermelle 38 — 232 A 2
Nivollet-Montgriffon 01 — 214 B 3
Nixéville 55 — 43 H 5
Le Nizan 33 — 256 B 5
Nizan-Gesse 31 — 316 B 5
Nizas 32 — 317 E 2
Nizas 34 — 321 H 2
Nizerolles 03 — 210 D 2
Nizon 29 — 100 B 4
Nizy-le-Comte 02 — 25 G 5
Noailhac 12 — 262 B 4
Noailhac 19 — 242 C 3
Noailhac 81 — 299 H 5
Noaillac 33 — 256 D 4
Noaillan 33 — 255 H 4
Noailles 19 — 242 B 3
Noailles 60 — 38 B 3
Noailles 81 — 279 F 5
Noailly 42 — 211 G 1
Noalhac 48 — 263 H 1
Noalhat 63 — 210 B 4
Noards 27 — 35 E 4
Nocario 2B — 347 G 3
Nocé 61 — 84 C 4
Noceta 2B — 347 F 5
Nochize 71 — 193 H 3
La Nocle-Maulaix 58 — 175 H 4
Nod-sur-Seine 21 — 138 A 3
Nods 25 — 162 C 5

Noé 31 — 317 G 3
Noé 89 — 113 H 3
Noé-les-Mallets 10 — 115 H 3
La Noë-Blanche 35 — 126 B 2
La Noë-Poulain 27 — 35 E 3
Noël-Cerneux 25 — 163 F 5
Noëllet 49 — 127 G 4
Noërs 54 — 44 C 2
Les Noës 42 — 211 E 2
Les Noës-près-Troyes 10 — 90 D 5
Nœux-lès-Auxi 62 — 12 C 3
Nœux-les-Mines 62 — 8 A 4
Nogaret 31 — 318 D 2
Nogaro 32 — 295 E 3
Nogent 52 — 117 F 2
Nogent-en-Othe 10 — 114 C 3
Nogent-l'Abbesse 51 — 41 H 4
Nogent-l'Artaud 02 — 60 B 2
Nogent-le-Bernard 72 — 108 B 2
Nogent-le-Phaye 28 — 86 B 4
Nogent-le-Roi 28 — 57 E 5
Nogent-le-Rotrou 28 — 84 D 5
Nogent-le-Sec 27 — 56 A 2
Nogent-lès-Montbard 21 — 137 H 5
Nogent-sur-Aube 10 — 91 F 3
Nogent-sur-Eure 28 — 86 A 4
Nogent-sur-Loir 72 — 130 B 4
Nogent-sur-Marne 94 — 58 D 3
Nogent-sur-Oise 60 — 38 D 3
Nogent-sur-Seine 10 — 89 H 3
Nogent-sur-Vernisson 45 — 134 D 2
Nogentel 02 — 60 C 1
Nogna 39 — 196 C 1
Noguères 64 — 313 H 3
Nohan 08 — 27 E 1
Nohanent 63 — 209 G 5
Nohant-en-Goût 18 — 173 G 1
Nohant-en-Graçay 18 — 154 A 4
Nohant-Vic 36 — 189 G 1
Nohèdes 66 — 341 H 3
Nohic 82 — 298 A 1
Noidan 21 — 158 D 3
Noidans-le-Ferroux 70 — 140 D 5
Noidans-lès-Vesoul 70 — 141 E 4
Noidant-Chatenoy 52 — 139 G 3
Noidant-le-Rocheux 52 — 139 G 2
Noilhan 32 — 296 D 5
Nointel 60 — 38 D 2
Nointel 95 — 38 B 5
Nointot 76 — 19 E 5
Noir Lac 68 — 120 C 2
Noircourt 02 — 25 G 4
Noirefontaine 25 — 163 F 2
Noirémont 60 — 22 B 5
Noirétable 42 — 211 E 5
Noirlac Abbaye de 18 — 173 F 5
Noirlieu 51 — 63 E 2
Noirlieu 79 — 167 H 2
Noirmoutier-en-l'Île 85 — 164 B 1
Noiron 21 — 161 F 2
Noiron-sous-Gevrey 21 — 160 B 4
Noiron-sur-Bèze 21 — 160 C 2
Noiron-sur-Seine 21 — 115 H 5
Noironte 25 — 161 G 3
Noirpalu 50 — 51 H 3
Noirterre 79 — 167 H 3
Noirval 08 — 43 E 1
Noiseau 94 — 58 D 4
Noisiel 77 — 59 E 3
Noisseville 57 — 45 H 5
Noisy-le-Grand 93 — 58 D 3
Noisy-le-Roi 78 — 58 A 4
Noisy-le-Sec 93 — 58 D 3
Noisy-Rudignon 77 — 88 D 3
Noisy-sur-École 77 — 88 A 5
Noisy-sur-Oise 95 — 38 C 5
Noizay 37 — 152 B 2
Noizé 79 — 168 B 3
Nojals-et-Clotte 24 — 258 C 2
Nojeon-en-Vexin 27 — 37 E 3
Nolay 21 — 177 F 2
Nolay 58 — 156 D 5
Nolléval 76 — 37 E 1
Nollieux 42 — 211 G 5
Nomain 59 — 9 E 4
Nomdieu 47 — 275 H 4
Nomécourt 52 — 92 D 3
Nomeny 54 — 65 H 3
Nomexy 88 — 95 F 5
Nommay 25 — 142 C 4
Nompatelize 88 — 96 A 4
Nonac 16 — 221 E 4
Nonancourt 27 — 56 B 4
Nonant 14 — 33 E 3
Nonant-le-Pin 61 — 55 F 2
Nonards 19 — 243 E 4
Nonaville 16 — 220 D 3

Noncourt-sur-le-Rongeant 52 — 93 E 4
Nonette-Orsonnette 63 — 228 A 4
Nonglard 74 — 215 F 3
Nonhigny 54 — 96 A 2
Nonières 07 — 248 C 5
Les Nonières 26 — 268 C 1
Nonsard 55 — 65 E 3
Nontron 24 — 222 C 3
Nonville 77 — 112 C 2
Nonville 88 — 118 C 3
Nonvilliers-Grandhoux 28 — 85 G 5
Nonza 2B — 345 F 3
Nonzeville 88 — 95 H 5
Noordpeene 59 — 3 G 4
Nordausques 62 — 3 E 4
Nordheim 67 — 68 C 5
Nordhouse 67 — 97 G 2
Nore Pic de 11 — 320 A 3
Noreuil 62 — 13 H 4
Norges-la-Ville 21 — 160 A 2
La Norma 73 — 252 D 1
Normandel 61 — 55 G 5
Normandie Pont de 14 — 34 D 2
Normanville 27 — 56 B 1
Normanville 76 — 19 F 4
Normée 51 — 61 G 4
Normier 21 — 159 E 3
Norolles 14 — 34 C 4
Noron-la-Poterie 14 — 32 D 4
Noron-l'Abbaye 14 — 53 H 2
Noroy 60 — 38 D 2
Noroy-le-Bourg 70 — 141 G 4
Noroy-lès-Jussey 70 — 140 C 2
Noroy-sur-Ourcq 02 — 40 A 4
Norrent-Fontes 62 — 7 G 3
Norrey-en-Auge 14 — 54 B 2
Norrey-en-Bessin 14 — 33 F 4
Norrois 51 — 62 D 5
Norroy 88 — 118 B 2
Norroy-le-Sec 54 — 45 E 4
Norroy-le-Veneur 57 — 45 G 5
Norroy-lès-Pont-à-Mousson 54 — 65 G 3
Nort-Leulinghem 62 — 3 E 5
Nort-sur-Erdre 44 — 147 H 1
Nortkerque 62 — 3 E 4
Norville 76 — 35 F 1
La Norville 91 — 87 G 2
Nossage-et-Bénévent 05 — 287 E 1
Nossoncourt 88 — 95 H 3
Nostang 56 — 123 G 2
Noth 23 — 188 D 5
Nothalten 67 — 97 E 4
Notre-Dame-d'Aiguebelle Abbaye de 26 — 267 F 5
Notre-Dame-d'Aliermont 76 — 20 C 2
Notre-Dame-d'Allençon 49 — 149 H 3
Notre-Dame-d'Aurès 12 — 281 E 3
Notre-Dame d'Ay Sanctuaire de 07 — 248 D 2
Notre-Dame-de-Bellecombe 73 — 216 B 4
Notre-Dame-de-Bliquetuit 76 — 35 G 1
Notre-Dame-de-Boisset 42 — 211 H 3
Notre-Dame-de-Bondeville 76 — 36 A 1
Notre-Dame-de-Briançon 73 — 234 B 2
Notre-Dame de Buglose 40 — 293 E 2
Notre-Dame-de-Cenilly 50 — 51 H 1
Notre-Dame de Clausis 05 — 271 F 2
Notre-Dame-de-Commiers 38 — 250 D 3
Notre-Dame-de-Courson 14 — 54 D 1
Notre-Dame-de-Fresnay 14 — 54 B 2
Notre-Dame-de-Garaison 65 — 316 A 5
Notre-Dame-de-Grace 44 — 126 A 5
Notre-Dame-de-Gravenchon 76 — 35 F 1
Notre-Dame de Kérinec Chapelle 29 — 99 F 2
Notre-Dame-de-la-Cour 22 — 73 G 5
Notre-Dame de la Gorge 74 — 216 D 4
Notre-Dame-de-la-Grainetière Abbaye de 85 — 166 C 3
Notre-Dame-de-la-Mer Chapelle 78 — 57 E 1
Notre-Dame-de-la-Rouvière 30 — 283 E 5
Notre-Dame-de-la-Salette 38 — 251 G 5

Notre Dame de la Serra Belvédère de 2B — 346 B 2
Notre-Dame-de-l'Aillant 71 — 176 B 1
Notre-Dame-de-Laus 05 — 269 H 4
Notre-Dame-de-l'Espérance 22 — 73 H 4
Notre-Dame-de-l'Isle 27 — 36 D 5
Notre-Dame-de-Livaye 14 — 34 B 5
Notre-Dame-de-Livoye 50 — 52 A 4
Notre-Dame-de-Londres 34 — 302 C 2
Notre-Dame-de-Lorette 62 — 8 A 5
Notre-Dame de l'Ormeau Chapelle 83 — 308 C 3
Notre-Dame-de-l'Osier 38 — 250 B 1
Notre-Dame de Lure Monastère de 04 — 287 E 3
Notre-Dame-de-Mésage 38 — 251 E 3
Notre-Dame-de-Montplacé Chapelle 49 — 129 F 5
Notre-Dame-de-Monts 85 — 164 C 3
Notre-Dame-de-Piétat Chapelle de 64 — 314 B 5
Notre-Dame-de-Riez 85 — 164 D 4
Notre-Dame-de-Sanilhac 24 — 240 C 3
Notre-Dame-de-Timadeuc Abbaye de 56 — 102 B 3
Notre-Dame-de-Tréminou Chapelle 29 — 99 F 4
Notre-Dame-de-Tronoën 29 — 99 F 4
Notre-Dame de Valvert Chapelle de 04 — 288 D 5
Notre-Dame-de-Vaulx 38 — 251 E 4
Notre-Dame de Vie Ermitage 06 — 309 E 4
Notre-Dame-d'Elle 50 — 32 C 5
Notre-Dame-d'Épine 27 — 35 F 4
Notre-Dame-des-Anges Prieuré 83 — 328 D 2
Notre-Dame-des-Dombes Abbaye de 01 — 213 G 2
Notre-Dame des Fontaines Chapelle 06 — 291 H 2
Notre-Dame-des-Landes 44 — 147 F 2
Notre-Dame-des-Millières 73 — 234 A 1
Notre-Dame-des-Misères Chapelle de 82 — 278 B 4
Notre-Dame-d'Estrées 14 — 34 B 5
Notre-Dame-d'Igny Abbaye 51 — 41 E 4
Notre-Dame-d'Oé 37 — 151 H 2
Notre-Dame-d'Or 86 — 168 C 4
Notre-Dame-du-Bec 76 — 18 C 5
Notre-Dame-du-Crann Chapelle 29 — 76 C 5
Notre-Dame-du-Cruet 73 — 234 A 4
Notre-Dame-du-Groseau Chapelle 84 — 285 H 3
Notre-Dame-du-Guildo 22 — 50 A 5
Notre-Dame-du-Hamel 27 — 55 E 3
Notre-Dame du Haut Chapelle 22 — 78 C 5
Notre-Dame-du-Mai Chapelle 83 — 327 H 5
Notre-Dame-du-Parc 76 — 20 B 3
Notre-Dame-du-Pé 72 — 129 E 3
Notre-Dame-du-Pré 73 — 234 C 2
Notre-Dame-du-Rocher 61 — 53 G 4
Notre-Dame-du-Touchet 50 — 81 G 2
Nottonville 28 — 110 B 3
La Nouaille 23 — 207 G 5
Nouaillé-Maupertuis 86 — 186 C 2
Nouainville 50 — 29 E 3
Nouan-le-Fuzelier 41 — 154 B 1
Nouan-sur-Loire 41 — 132 C 4
Nouans 72 — 107 H 2
Nouans-les-Fontaines 37 — 153 E 5
Nouart 08 — 43 F 1
Nouâtre 37 — 169 G 1
La Nouaye 35 — 103 H 2
La Noue 17 — 200 A 1
La Noue 51 — 60 D 4
Noueilles 31 — 318 A 3
Nougaroulet 32 — 296 C 3
Nouhant 23 — 190 B 5
Nouic 87 — 205 E 2
Nouilhan 65 — 315 E 2
Les Nouillers 17 — 201 F 3
Nouillonpont 55 — 44 D 3
Nouilly 57 — 45 H 5
Noulens 32 — 295 F 2
Nourard-le-Franc 60 — 38 C 1
Nourray 41 — 131 G 4

Nousse 40 — 293 F 3
Nousseviller-lès-Bitche 57 — 48 B 5
Nousseviller-Saint-Nabor 57 — 47 G 5
Nousty 64 — 314 C 4
Nouvelle-Église 62 — 3 E 3
Nouvion-en-Ponthieu 80 — 11 G 2
Le Nouvion-en-Thiérache 02 — 15 F 5
Nouvion-et-Catillon 02 — 24 C 4
Nouvion-le-Comte 02 — 24 C 4
Nouvion-le-Vineux 02 — 40 D 1
Nouvion-sur-Meuse 08 — 26 D 4
Nouvoitou 35 — 104 C 4
Nouvron-Vingré 02 — 40 A 2
Nouzerines 23 — 189 H 4
Nouzerolles 23 — 189 E 4
Nouziers 23 — 189 G 3
Nouzilly 37 — 152 A 1
Nouzonville 08 — 26 D 2
Novacelles 63 — 228 D 4
Novalaise 73 — 233 E 2
Novale 2B — 347 G 4
Novéant-sur-Moselle 57 — 65 G 2
Novel 74 — 198 D 3
Novella 2B — 345 E 5
Noves 13 — 304 D 1
Noviant-aux-Prés 54 — 65 F 4
Novillard 90 — 142 D 3
Novillars 25 — 162 A 3
Novillers 60 — 38 B 4
Novion-Porcien 08 — 26 B 5
Novy-Chevrières 08 — 26 B 5
Noyal 22 — 73 D 4
Noyal-Châtillon-sur-Seiche 35 — 104 B 3
Noyal-Muzillac 56 — 125 E 4
Noyal-Pontivy 56 — 102 A 3
Noyal-sous-Bazouges 35 — 80 B 3
Noyal-sur-Brutz 44 — 127 E 3
Noyal-sur-Vilaine 35 — 104 C 3
Noyales 02 — 24 C 2
Noyalo 56 — 124 C 4
Noyant 49 — 150 D 1
Noyant-d'Allier 03 — 191 H 3
Noyant-de-Touraine 37 — 151 G 5
Noyant-et-Aconin 02 — 40 B 3
Noyant-la-Gravoyère 49 — 127 H 3
Noyant-la-Plaine 49 — 149 H 3
Noyarey 38 — 250 D 1
Noyelle-Vion 62 — 13 E 2
Noyelles-en-Chaussée 80 — 11 H 2
Noyelles-Godault 62 — 8 C 5
Noyelles-lès-Humières 62 — 7 F 5
Noyelles-lès-Seclin 59 — 8 D 3
Noyelles-lès-Vermelles 62 — 8 A 4
Noyelles-sous-Bellonne 62 — 14 A 2
Noyelles-sous-Lens 62 — 8 B 5
Noyelles-sur-Escaut 59 — 14 B 4
Noyelles-sur-Mer 80 — 11 F 2
Noyelles-sur-Sambre 59 — 15 F 4
Noyelles-sur-Selle 59 — 14 C 2
Noyellette 62 — 13 F 2
Noyen-sur-Sarthe 72 — 129 F 2
Noyen-sur-Seine 77 — 89 G 4
Le Noyer 05 — 269 G 2
Le Noyer 14 — 34 D 2
Le Noyer 18 — 155 G 3
Le Noyer 73 — 233 G 1
Noyer Col du 05 — 269 G 2
Le Noyer-en-Ouche 27 — 55 G 1
Noyers 27 — 37 F 4
Noyers 45 — 134 B 2
Noyers 52 — 117 G 4
Noyers 89 — 137 E 4
Noyers-Missy 14 — 33 F 5
Noyers-le-Val 55 — 63 F 3
Noyers-Pont-Maugis 08 — 27 F 4
Noyers-Saint-Martin 60 — 22 B 5
Noyers-sur-Cher 41 — 153 F 4
Noyers-sur-Jabron 04 — 287 F 3
Noyon 60 — 23 H 5
Nozay 10 — 91 E 3
Nozay 44 — 126 C 5
Nozay 91 — 58 B 5
Nozeroy 39 — 180 A 4
Nozières 07 — 248 C 3
Nozières 18 — 173 E 5
Nuaillé 49 — 149 E 5
Nuaillé-d'Aunis 17 — 183 H 5
Nuaillé-sur-Boutonne 17 — 201 H 2
Nuars 58 — 157 G 2
Nubécourt 55 — 63 H 1
Nuces 12 — 262 C 5
Nucourt 95 — 37 G 5
Nueil-les-Aubiers 79 — 167 F 2
Nueil-sous-Faye 86 — 169 E 2
Nueil-sur-Argent 79 — 167 F 2
Nueil-sur-Layon 49 — 149 H 5

Nuelles 69 — 212 C 4
Nuillé-le-Jalais 72 — 108 B 4
Nuillé-sur-Ouette 53 — 106 B 4
Nuillé-sur-Vicoin 53 — 105 H 4
Nuisement-sur-Coole 51 — 62 A 3
Nuits 89 — 137 G 5
Nuits-Saint-Georges 21 — 160 A 5
Nullemont 76 — 21 F 3
Nully 52 — 92 B 4
Nuncq 62 — 12 C 4
Nuret-le-Ferron 36 — 171 F 5
Nurieux-Volognat 01 — 214 B 1
Nurlu 80 — 14 A 5
Nuzéjouls 46 — 259 H 5
Nyer 66 — 341 H 5
Nyoiseau 49 — 127 H 3
Nyons 26 — 285 H 1

O

O Château d' 61 — 54 B 5
Obenheim 67 — 97 G 3
Oberbronn 67 — 68 C 2
Oberbruck 68 — 142 C 1
Oberdorf 68 — 143 F 3
Oberdorf-Spachbach 67 — 69 E 2
Oberdorff 57 — 46 D 4
Oberentzen 68 — 121 E 4
Obergailbach 57 — 47 H 5
Oberhaslach 67 — 97 E 1
Oberhausbergen 67 — 97 G 1
Oberhergheim 68 — 121 E 4
Oberhoffen-lès-Wissembourg 67 — 69 F 1
Oberhoffen-sur-Moder 67 — 69 F 1
Oberkutzenhausen 67 — 69 E 2
Oberlarg 68 — 143 F 5
Oberlauterbach 67 — 69 G 2
Obermodern 67 — 68 C 3
Obermorschwihr 68 — 121 E 3
Obermorschwiller 68 — 143 F 2
Obernai 67 — 97 F 2
Oberrœdern 67 — 69 F 2
Obersaasheim 68 — 121 G 4
Oberschaeffolsheim 67 — 97 G 1
Obersoultzbach 67 — 68 B 3
Obersteigen 67 — 68 A 5
Obersteinbach 67 — 68 D 1
Oberstinzel 57 — 67 G 4
Obervisse 57 — 46 D 5
Obies 59 — 15 F 2
Objat 19 — 241 H 1
Oblinghem 62 — 8 A 3
Obrechies 59 — 15 H 3
Obreck 57 — 66 D 3
Obsonville 77 — 112 A 2
Obterre 36 — 170 C 3
Obtrée 21 — 115 H 5
Ocana 2A — 348 D 3
Occagnes 61 — 54 A 4
Occey 52 — 139 G 5
Occhiatana 2B — 346 D 2
Occoches 80 — 12 C 4
Ochancourt 80 — 11 F 3
Oches 08 — 43 F 1
Ochey 54 — 94 B 2
Ochiaz 01 — 214 D 1
Ochtezeele 59 — 3 G 4
Ocquerre 77 — 59 H 1
Ocqueville 76 — 19 G 3
Octeville 50 — 28 D 2
Octeville-l'Avenel 50 — 29 G 4
Octeville-sur-Mer 76 — 18 C 5
Octon 34 — 301 H 4
Odars 31 — 298 B 5
Odeillo 66 — 341 F 4
Odenas 69 — 212 D 2
Oderen 68 — 120 B 5
Odival 52 — 117 F 4
Odomez 59 — 9 G 4
Odos 65 — 315 E 5
Odratzheim 67 — 97 F 1
Oeillon Crêt de l' 42 — 230 D 4
Œlleville 88 — 94 C 4
Oermingen 67 — 67 H 2
Œting 57 — 47 F 5
Oëtre Roche d' 61 — 53 G 3
Œuf-en-Ternois 62 — 7 F 5
Œuilly 02 — 41 E 2
Œuilly 51 — 61 E 1
Œutrange 57 — 45 G 2
Oëy 55 — 93 F 1
Oeyregave 40 — 292 D 5
Oeyreluy 40 — 292 D 3
Offekerque 62 — 3 E 3
Offemont 90 — 142 C 2
Offendorf 67 — 69 F 4
Offignies 80 — 21 G 3

Offin 62 ... 6 D 4
Offlanges 39 ... 161 E 4
Offoy 60 ... 22 A 4
Offoy 80 ... 23 H 3
Offranville 76 ... 20 A 2
Offrethun 62 ... 2 B 5
Offroicourt 88 ... 94 C 5
Offwiller 67 ... 68 C 2
Ogenne-Camptort 64 ... 313 G 3
Oger 51 ... 61 G 2
Ogeu-les-Bains 64 ... 314 A 4
Ogéviller 54 ... 95 H 2
Ogliastro 2B ... 345 F 2
Ognes 02 ... 24 A 5
Ognes 51 ... 61 F 5
Ognes 60 ... 39 F 5
Ognéville 54 ... 94 C 3
Ognolles 60 ... 23 G 4
Ognon 60 ... 39 E 4
Ogy 57 ... 66 B 1
Ohain 59 ... 16 A 5
Oherville 76 ... 19 G 3
Ohis 02 ... 25 G 1
Ohlungen 67 ... 68 D 3
Ohnenheim 67 ... 97 F 5
L'Oie 85 ... 166 B 3
Oigney 70 ... 140 C 3
Oignies 62 ... 8 C 4
Oigny 21 ... 138 C 5
Oigny 41 ... 109 E 4
Oigny-en-Valois 02 ... 40 A 4
Oingt 69 ... 212 C 3
Oinville-Saint-Liphard 28 ... 111 E 2
Oinville-sous-Auneau 28 ... 86 C 3
Oinville-sur-Montcient 78 ... 57 G 1
Oiron 79 ... 168 B 2
Oiry 51 ... 61 G 1
Oiselay-et-Grachaux 70 ... 161 H 2
Oisemont 80 ... 11 G 5
Oisilly 21 ... 160 D 2
Oisly 41 ... 153 E 2
Oison 45 ... 111 E 3
Oisseau 53 ... 82 A 4
Oisseau-le-Petit 72 ... 83 G 5
Oissel 76 ... 36 B 3
Oissery 77 ... 59 F 1
Oissy 80 ... 22 A 1
Oisy 02 ... 15 E 5
Oisy 58 ... 157 E 1
Oisy 59 ... 9 G 5
Oisy-le-Verger 62 ... 14 A 3
Oizé 72 ... 129 H 3
Oizon 18 ... 155 F 2
OK Corral
  Parc d'attractions 13 ... 327 G 3
Olargues 34 ... 300 D 5
Olby 63 ... 227 F 1
Olcani 2B ... 345 F 2
Oléac-Debat 65 ... 315 F 4
Oléac-Dessus 65 ... 315 F 5
Olemps 12 ... 280 C 1
Olendon 14 ... 53 H 2
Oléron Île d' 17 ... 200 B 4
Oléron Viaduc d' 17 ... 200 C 4
Oletta 2B ... 345 F 5
Olette 66 ... 341 H 4
Olhain Château d' 62 ... 8 A 3
Olivese 2A ... 349 E 4
Olivet 45 ... 133 E 2
Olivet 53 ... 105 H 3
Olizy 08 ... 42 D 2
Olizy 51 ... 41 E 5
Olizy-sur-Chiers 55 ... 27 H 5
Ollainville 88 ... 94 A 5
Ollainville 91 ... 87 G 2
Ollans 25 ... 162 B 1
Ollé 28 ... 85 H 4
Ollencourt 60 ... 39 H 1
Olley 54 ... 45 E 5
Ollezy 02 ... 24 A 3
Ollières 55 ... 44 D 3
Les Ollières 74 ... 215 H 2
Ollières 83 ... 306 D 3
Les Ollières-sur-Eyrieux 07 ... 266 D 1
Olliergues 63 ... 228 D 1
Ollioules 83 ... 327 H 4
Olloix 63 ... 227 G 2
Les Olmes 69 ... 212 C 4
Olmet 63 ... 228 D 1
Olmet-et-Villecun 34 ... 301 H 3
Olmeta-di-Capocorso 2B ... 345 F 4
Olmeta-di-Tuda 2B ... 345 F 5
Olmeto 2A ... 348 D 5
Olmi-Cappella 2B ... 346 D 2
Olmiccia 2A ... 349 E 5
Olmo 2B ... 347 G 2
Olonne-sur-Mer 85 ... 182 A 1

Olonzac 34 ... 320 C 4
Oloron-Sainte-Marie 64 ... 331 H 1
Ols-et-Rinhodes 12 ... 261 F 5
Oltingue 68 ... 143 G 4
Olwisheim 67 ... 68 D 5
Omaha Beach 14 ... 32 D 2
Omblèze 26 ... 250 A 5
Omécourt 60 ... 21 G 5
Omelmont 54 ... 94 D 2
Les Omergues 04 ... 286 D 3
Omerville 95 ... 37 F 5
Omessa 2B ... 347 F 4
Omet 33 ... 256 B 3
Omex 65 ... 332 D 1
Omey 51 ... 62 C 3
Omicourt 08 ... 27 E 4
Omiécourt 80 ... 23 F 3
Omissy 02 ... 24 B 2
Omméel 61 ... 54 C 4
Ommeray 57 ... 67 E 5
Ommoy 61 ... 54 A 3
Omont 08 ... 26 D 5
Omonville 76 ... 20 A 3
Omonville-la-Petite 50 ... 28 C 2
Omonville-la-Rogue 50 ... 28 D 2
Omps 15 ... 243 H 5
Oms 66 ... 342 D 3
Onans 25 ... 142 A 4
Onard 40 ... 293 F 2
Onay 70 ... 161 F 2
Oncieu 01 ... 214 B 3
Oncourt 88 ... 95 F 5
Oncy-sur-École 91 ... 88 A 4
Ondefontaine 14 ... 53 E 1
Ondes 31 ... 297 G 3
Ondres 40 ... 292 A 4
Ondreville-sur-Essonne 45 ... 111 H 2
Onesse-Laharie 40 ... 272 C 4
Onet-le-Château 12 ... 280 D 1
Oneux 80 ... 11 H 4
Ongles 04 ... 287 E 4
Onglières 39 ... 180 A 3
Onival 80 ... 10 D 3
Onjon 10 ... 91 F 4
Onlay 58 ... 176 A 2
Onnaing 59 ... 9 H 5
Onnion 74 ... 198 B 5
Onoz 39 ... 196 C 2
Ons-en-Bray 60 ... 37 H 2
Ontex 73 ... 215 E 5
Onville 54 ... 65 F 2
Onzain 41 ... 152 D 1
Oô 31 ... 334 A 4
Oost-Cappel 59 ... 4 A 3
Opio 06 ... 309 E 3
Opme 63 ... 227 H 1
Opoul-Périllos 66 ... 338 D 4
Oppède 84 ... 305 G 2
Oppède-le-Vieux 84 ... 305 F 2
Oppedette 04 ... 286 D 5
Oppenans 70 ... 141 G 4
Oppy 62 ... 13 H 2
Optevoz 38 ... 214 A 5
Or Mont d' 25 ... 180 C 4
Oraàs 64 ... 311 H 3
Oradour 15 ... 245 F 5
Oradour 16 ... 202 D 4
Oradour-Fanais 16 ... 204 D 2
Oradour-Saint-Genest 87 ... 187 H 5
Oradour-sur-Glane 87 ... 205 F 4
Oradour-sur-Vayres 87 ... 222 D 1
Orain 21 ... 139 H 5
Orainville 02 ... 41 G 2
Oraison 04 ... 287 G 5
Orange 84 ... 285 F 3
Orbagna 39 ... 196 B 5
Orbais-l'Abbaye 51 ... 61 E 2
Orban 81 ... 299 F 2
Orbec 14 ... 55 E 1
Orbeil 63 ... 228 A 3
Orbessan 32 ... 296 B 5
Orbey 68 ... 120 D 2
Orbigny 37 ... 152 D 4
Orbigny-au-Mont 52 ... 139 H 2
Orbigny-au-Val 52 ... 139 H 2
Orbois 14 ... 33 E 5
L'Orbrie 85 ... 184 B 2
Orçay 41 ... 154 C 4
Orcemont 78 ... 86 D 2
Orcenais 18 ... 173 E 5
Orcet 63 ... 227 H 1
Orcevaux 52 ... 139 G 3
Orchaise 41 ... 131 H 5
Orchamps 39 ... 161 F 5
Orchamps-Vennes 25 ... 163 E 5
Orches 86 ... 169 E 3

Orchies 59 ... 9 E 4
Orcier 74 ... 198 B 4
Orcières 05 ... 270 A 2
Orcinas 26 ... 267 H 4
Orcines 63 ... 209 G 5
Orcival 63 ... 227 F 1
Orconte 51 ... 62 D 5
Ordan-Larroque 32 ... 296 A 3
Ordiarp 64 ... 331 E 1
Ordizan 65 ... 333 F 1
Ordonnac 33 ... 219 E 5
Ordonnaz 01 ... 214 C 4
Ore 31 ... 334 B 2
Orègue 64 ... 311 G 3
Oreilla 66 ... 341 H 3
Orelle 73 ... 252 C 1
Oresmaux 80 ... 22 B 3
Orezza Couvent d' 2B ... 347 G 3
Organ 65 ... 316 A 4
Orgeans 25 ... 163 F 3
Orgedeuil 16 ... 221 H 1
Orgeix 09 ... 341 E 2
Orgelet 39 ... 196 C 4
Orgères 35 ... 104 B 4
Orgères 61 ... 54 D 4
Orgères-en-Beauce 28 ... 110 C 3
Orgères-la-Roche 53 ... 83 E 2
Orgerus 78 ... 57 F 3
Orges 52 ... 116 C 3
Orgeux 21 ... 160 B 2
Orgeval 02 ... 41 E 1
Orgeval 78 ... 57 H 2
Orgibet 09 ... 334 D 3
Orglandes 50 ... 29 F 5
Orgnac Aven d' 07 ... 284 B 1
Orgnac-l'Aven 07 ... 284 B 2
Orgnac-sur-Vézère 19 ... 224 B 5
Orgon 13 ... 305 F 2
Orgueil 82 ... 297 H 1
Oricourt 70 ... 141 G 4
Orient Forêt d' 10 ... 91 G 5
Orieux 65 ... 315 G 5
Orignac 65 ... 333 F 1
Origne 33 ... 255 G 4
Origné 53 ... 106 A 5
Orignolles 17 ... 238 C 1
Origny 21 ... 138 B 4
Origny-en-Thiérache 02 ... 25 G 1
Origny-le-Butin 61 ... 84 B 4
Origny-le-Roux 61 ... 84 A 5
Origny-le-Sec 10 ... 90 B 3
Origny-Sainte-Benoite 02 ... 24 C 2
Orin 64 ... 313 G 4
Orincles 65 ... 333 E 1
Oriocourt 57 ... 66 C 3
Oriol-en-Royans 26 ... 250 A 4
Oriolles 16 ... 220 C 5
Orion 64 ... 313 F 2
Oris-en-Rattier 38 ... 251 F 4
Orist 40 ... 292 C 4
Orival 16 ... 239 E 1
Orival 76 ... 36 A 3
Orival 80 ... 21 G 3
Orléans 45 ... 133 E 2
Orléat 63 ... 210 B 4
Orleix 65 ... 315 F 5
Orliac 24 ... 259 F 2
Orliac-de-Bar 19 ... 224 D 5
Orliaguet 24 ... 241 H 5
Orliénas 69 ... 230 D 1
Orlu 09 ... 341 E 2
Orlu 28 ... 87 E 5
Orly 94 ... 58 C 4
Orly-sur-Morin 77 ... 60 A 3
Ormancey 52 ... 117 E 5
Ormeaux 77 ... 59 H 5
Ormenans 70 ... 162 B 1
Ormersviller 57 ... 48 B 5
Ormes 10 ... 91 E 2
Ormes 27 ... 56 A 1
Ormes 45 ... 110 D 5
Ormes 71 ... 195 F 1
Les Ormes 86 ... 169 H 2
Les Ormes 89 ... 135 H 2
Ormes-et-Ville 54 ... 94 D 3
Les Ormes-sur-Voulzie 77 ... 89 F 3
Ormesson 77 ... 112 B 2
Ormesson-sur-Marne 94 ... 58 D 4
Ormoiche 70 ... 141 F 2
Ormoy 28 ... 86 A 2
Ormoy 70 ... 118 C 5
Ormoy 89 ... 114 A 5
Ormoy 91 ... 88 A 2
Ormoy-la-Rivière 91 ... 87 F 4
Ormoy-le-Davien 60 ... 39 G 4
Ormoy-lès-Sexfontaines 52 ... 116 D 2

Ormoy-sur-Aube 52 ... 116 B 4
Ormoy-Villers 60 ... 39 F 4
Ornacieux 38 ... 231 H 4
Ornaisons 11 ... 320 D 5
Ornans 25 ... 162 B 5
Ornel 55 ... 44 D 4
Ornes 55 ... 44 C 4
Ornex 01 ... 197 G 4
Ornézan 32 ... 296 B 5
Orniac 46 ... 260 C 4
Ornolac-Ussat-les-Bains 09 ... 336 B 4
Oron 38 ... 251 F 3
Oron Col d' 38 ... 251 F 3
Orny 57 ... 65 H 2
Oroër 60 ... 38 A 1
Oroix 65 ... 314 D 4
Oron 57 ... 66 C 3
Oroux 79 ... 168 B 5
Orphin 78 ... 86 D 2
Orpierre 05 ... 287 E 1
Orquevaux 52 ... 93 F 5
Les Orres 05 ... 270 C 4
Orret 21 ... 138 C 5
Orriule 64 ... 313 F 2
Orrouer 28 ... 85 H 4
Orrouy 60 ... 39 G 3
Orry-la-Ville 60 ... 38 D 5
Ors 59 ... 15 E 4
Orsan 30 ... 284 D 3
Orsanco 64 ... 311 G 4
Orsans 11 ... 319 E 5
Orsans 25 ... 162 C 3
Orsay 91 ... 58 B 5
Orschwihr 68 ... 120 D 4
Orschwiller 67 ... 97 E 5
Orsennes 36 ... 189 E 3
Orsinval 59 ... 15 E 2
Orsonnette 63 ... 228 A 4
Orsonville 78 ... 86 D 3
Ortaffa 66 ... 343 F 3
Ortale 2B ... 347 G 4
Orthevielle 40 ... 292 D 5
Orthez 64 ... 293 G 5
Orthoux-Sérignac-Quilhan 30 ... 303 E 1
Ortillon 10 ... 91 F 3
Ortiporio 2B ... 347 G 3
Orto 2A ... 348 D 1
Orval-sur-Sienne 88 ... 95 G 4
Orus 09 ... 336 A 5
Orval 18 ... 173 F 5
Orval 50 ... 51 G 1
Orvault 44 ... 147 G 3
Orvaux 27 ... 56 A 2
Orve 25 ... 163 E 2
Orveau 91 ... 87 G 4
Orveau-Bellesauve 45 ... 111 H 2
Orville 21 ... 139 F 5
Orville 36 ... 154 A 5
Orville 45 ... 111 H 2
Orville 61 ... 54 D 3
Orville 62 ... 12 D 4
Orvillers-Sorel 60 ... 23 E 5
Orvilliers 78 ... 57 F 3
Orvilliers-Saint-Julien 10 ... 90 C 4
Orx 40 ... 292 B 4
Os-Marsillon 64 ... 313 H 2
Osani 2A ... 346 A 4
Osches 55 ... 63 H 1
Osenbach 68 ... 120 D 4
Oslon 71 ... 177 H 4
Osly-Courtil 02 ... 40 A 2
Osmanville 14 ... 32 B 2
Osmery 18 ... 173 G 3
Osmets 65 ... 315 G 4
Osmoy 18 ... 173 F 1
Osmoy 78 ... 57 F 3
Osmoy-Saint-Valery 76 ... 20 C 3
Osne-le-Val 52 ... 93 E 3
Osnes 08 ... 27 G 4
Osny 95 ... 58 A 1
L'Ospédale 2A ... 351 F 2
Osquich Col d' 64 ... 311 G 5
Ossages 40 ... 293 F 5
Ossas-Suhare 64 ... 331 E 1
Osse 25 ... 162 B 3
Ossé 35 ... 104 D 3
Osse-en-Aspe 64 ... 331 H 3
Osséja 66 ... 341 F 5
Osselle Grottes d' 25 ... 161 G 5
Osselle-Routelle 25 ... 161 G 5
Ossen 65 ... 332 D 1

Ossun 65 ... 314 D 5
Ossun-ez-Angles 65 ... 333 E 1
Ostabat-Asme 64 ... 311 G 5
Ostel 02 ... 40 D 2
Ostheim 68 ... 121 E 2
Osthoffen 67 ... 97 F 1
Osthouse 67 ... 97 G 3
Ostreville 62 ... 7 G 5
Ostricourt 59 ... 8 D 4
Ostwald 67 ... 97 H 1
Ota 2A ... 346 B 5
Othe 54 ... 44 B 2
Othis 77 ... 59 E 1
Ottange 57 ... 45 F 2
Ottersthal 67 ... 68 B 4
Otterswiller 67 ... 68 B 4
Ottmarsheim 68 ... 143 G 1
Ottonville 57 ... 46 C 4
Ottrott 67 ... 97 E 2
Ottwiller 67 ... 68 A 3
Ouagne 58 ... 157 E 2
Ouainville 76 ... 19 F 3
Ouanne 89 ... 136 A 4
Ouarville 28 ... 86 D 5
Les Oubeaux 14 ... 32 B 3
Ouchamps 41 ... 153 E 2
Ouches 42 ... 211 G 3
Oucques 41 ... 132 A 3
Oudalle 76 ... 34 D 1
Oudan 58 ... 156 D 3
Oudeuil 60 ... 21 H 5
Oudezeele 59 ... 3 H 4
Oudincourt 52 ... 116 D 2
Oudon 44 ... 148 A 2
Oudrenne 57 ... 46 B 3
Oudry 71 ... 193 H 1
Oueilloux 65 ... 315 F 5
Ouerre 28 ... 56 D 5
Ouessant Île d' 29 ... 74 A 1
Ouézy 14 ... 34 A 5
Ouffières 14 ... 53 F 1
Ouge 70 ... 140 B 2
Ouges 21 ... 160 A 4
Ougney 39 ... 161 F 4
Ougney-Douvot 25 ... 162 C 2
Ougny 58 ... 175 G 1
Ouhans 25 ... 180 C 1
Ouides 43 ... 247 E 5
Ouillat Col de l' 66 ... 343 F 4
Ouillon 64 ... 314 C 3
Ouilly-du-Houley 14 ... 34 D 5
Ouilly-le-Tesson 14 ... 53 H 1
Ouilly-le-Vicomte 14 ... 34 C 4
Ouistreham-Riva-Bella 14 ... 33 H 3
Oulches 36 ... 188 B 1
Oulches-la-Vallée-Foulon 02 ... 41 E 2
Oulchy-la-Ville 02 ... 40 B 4
Oulchy-le-Château 02 ... 40 B 4
Oulins 28 ... 56 D 3
Oulles 38 ... 251 F 3
Oullins 69 ... 231 E 1
Oulmes 85 ... 184 C 3
Oulon 58 ... 157 E 5
Ounans 39 ... 179 F 1
Oupia 34 ... 320 C 4
Our 39 ... 161 F 5
Ourcel-Maison 60 ... 22 B 5
Ourches 26 ... 267 G 1
Ourches-sur-Meuse 55 ... 94 A 1
Ourde 65 ... 334 A 3
Ourdis-Cotdoussan 65 ... 333 E 2
Ourdon 65 ... 333 E 2
Ourouër 58 ... 174 D 1
Ourouer-les-Bourdelins 18 ... 173 H 3
Ouroux 69 ... 194 C 5
Ouroux-en-Morvan 58 ... 158 A 5
Ouroux-sous-le-Bois-Sainte-Marie 71 ... 194 A 4
Ouroux-sur-Saône 71 ... 178 A 5
Oursbelille 65 ... 315 E 4
Ourscamps Abbaye d' 60 ... 39 G 1
Les Oursinières 83 ... 328 B 5
Ourtigas Col de l' 34 ... 301 E 4
Ourton 62 ... 7 H 4
Ourville-en-Caux 76 ... 19 F 3
Ousse 64 ... 314 C 4
Ousse-Suzan 40 ... 273 F 5
Oussières 39 ... 179 E 2
Ousson-sur-Loire 45 ... 134 D 5
Oussoy-en-Gâtinais 45 ... 134 C 2
Oust 09 ... 335 G 4
Oust-Marest 80 ... 10 D 4
Ousté 65 ... 333 E 1

Outremécourt 52 ... 118 A 2
Outrepont 51 ... 62 D 4
Outriaz 01 ... 214 C 2
Outtersteene 59 ... 4 A 5
Ouvans 25 ... 162 D 3
Ouve-Wirquin 62 ... 7 E 2
Ouveillan 11 ... 321 E 4
Ouville 50 ... 51 H 1
Ouville-la-Bien-Tournée 14 ... 54 A 1
Ouville-la-Rivière 76 ... 20 A 2
Ouville-l'Abbaye 76 ... 19 H 4
Ouvrouer-les-Champs 45 ... 133 H 3
Ouzilly 86 ... 169 F 4
Ouzilly-Vignolles 86 ... 168 C 3
Ouzouer-des-Champs 45 ... 134 C 2
Ouzouer-le-Doyen 41 ... 109 H 5
Ouzouer-le-Marché 41 ... 132 C 2
Ouzouer-sous-Bellegarde 45 ... 112 A 5
Ouzouer-sur-Loire 45 ... 134 B 3
Ouzouer-sur-Trézée 45 ... 134 D 4
Ouzous 65 ... 332 D 2
Ovanches 70 ... 140 D 4
Ovillers-la-Boisselle 80 ... 13 F 5
Oxelaëre 59 ... 3 H 5
Oxocelhaya et Isturits Grottes d' 64 ... 311 F 4
Oyé 71 ... 193 H 4
Oye-et-Pallet 25 ... 180 C 3
Oye-Plage 62 ... 3 E 3
Oyes 51 ... 61 E 4
Oyeu 38 ... 232 B 4
Oyonnax 01 ... 196 C 5
Oyré 86 ... 169 H 3
Oyrières 70 ... 140 A 5
Oysonville 28 ... 87 E 4
Oytier-Saint-Oblas 38 ... 231 G 2
Oz 38 ... 251 G 2
Ozan 01 ... 195 F 3
Oze 05 ... 269 E 4
Ozenay 71 ... 195 E 2
Ozenx 64 ... 313 F 2
Ozerailles 54 ... 45 E 4
Ozeville 50 ... 29 G 4
Ozières 52 ... 117 G 2
Ozillac 17 ... 219 H 4
Ozoir-la-Ferrière 77 ... 59 E 4
Ozoir-le-Breuil 28 ... 110 A 5
Ozolles 71 ... 194 A 4
Ozon 07 ... 249 E 2
Ozon 65 ... 315 G 5
Ozouer-le-Repos 77 ... 88 D 2
Ozouer-le-Voulgis 77 ... 59 F 5
Ozourt 40 ... 293 F 3

P

Paars 02 ... 40 D 3
Pabu 22 ... 73 E 5
La Pacaudière 42 ... 211 F 1
Pacé 35 ... 104 A 2
Pacé 61 ... 83 F 3
Pact 38 ... 231 G 5
Pacy-sur-Armançon 89 ... 137 F 3
Pacy-sur-Eure 27 ... 56 D 1
Padern 11 ... 338 B 4
Padiès 81 ... 280 B 5
Padirac 46 ... 260 D 1
Padirac Gouffre de 46 ... 260 D 1
Padoux 88 ... 95 G 5
Pageas 87 ... 223 E 1
Pagney 39 ... 161 F 3
Pagney-derrière-Barine 54 ... 65 F 5
Pagnoz 39 ... 179 G 2
Pagny-la-Blanche-Côte 55 ... 94 A 2
Pagny-la-Ville 21 ... 178 B 1
Pagny-le-Château 21 ... 178 B 1
Pagny-lès-Goin 57 ... 65 H 2
Pagny-sur-Meuse 55 ... 94 A 1
Pagny-sur-Moselle 54 ... 65 G 2
Pagolle 64 ... 311 H 5
Pailhac 65 ... 333 H 3
Pailharès 07 ... 248 C 3
Pailhères Port de 09 ... 337 E 5
Pailherols 15 ... 244 D 5
Pailhès 09 ... 335 H 1
Pailhès 34 ... 321 G 2
Paillart 60 ... 22 C 4
Paillé 17 ... 202 B 3
Paillencourt 59 ... 14 B 3
Paillet 33 ... 255 H 2
Pailloles 47 ... 258 B 5

Paimpont 35 — 103 F 3
Pain de Sucre 14 — 53 F 2
Painblanc 21 — 159 F 5
Pair-et-Grandrupt 88 — 96 B 5
Pairis 68 — 120 C 2
Paissy 02 — 41 E 2
Paisy-Cosdon 10 — 114 B 2
Paizay-le-Chapt 79 — 202 C 2
Paizay-le-Sec 86 — 187 F 1
Paizay-le-Tort 79 — 202 C 1
Paizay-Naudouin 16 — 203 E 1
Pajay 38 — 231 H 5
le Pal Parc d'attractions et animalier 03 — 192 D 2
Paladru 38 — 232 C 3
Palagaccio 2B — 345 G 4
Palaggiu Alignements de 2A — 350 D 3
Palairac 11 — 338 B 3
Le Palais 56 — 144 B 4
Le Palais-sur-Vienne 87 — 205 H 4
Palaiseau 91 — 58 B 5
Palaiseul 52 — 139 H 3
Palaja 11 — 319 H 5
Palaminy 31 — 317 E 5
Palante 70 — 142 A 3
Palantine 25 — 161 H 5
Palasca 2B — 344 D 5
Palau-de-Cerdagne 66 — 341 F 5
Palau-del-Vidre 66 — 343 F 3
Palavas-les-Flots 34 — 303 E 5
Palazinges 19 — 242 D 2
Paley 77 — 112 D 2
Paleyrac 24 — 259 E 1
Palhers 48 — 264 A 4
Palinges 71 — 193 H 2
Pâlis 10 — 90 B 5
Palise 25 — 162 A 2
Palisse 19 — 225 H 4
Palladuc 63 — 210 D 4
Pallanne 32 — 295 G 5
Palleau 71 — 178 A 2
Pallegney 88 — 95 F 5
Le Pallet 44 — 148 A 5
Palleville 31 — 319 E 2
La Pallice 17 — 200 B 1
La Pallu 53 — 82 D 3
Palluau 85 — 165 G 3
Palluau-sur-Indre 36 — 171 E 2
Palluaud 16 — 221 F 5
Pallud 73 — 234 A 1
Palluel 62 — 14 A 2
Palmas d'Aveyron 12 — 281 F 1
La Palme 11 — 339 E 3
La Palmyre 17 — 218 B 1
Palneca 2A — 349 F 3
Palogneux 42 — 229 F 1
Palombaggia Plage de 2A — 351 G 3
La Palud-sur-Verdon 04 — 307 H 2
Paluden 29 — 70 C 4
Paluel 76 — 19 F 2
Pamfou 77 — 88 D 4
Pamiers 09 — 336 B 1
Pampelonne 81 — 279 H 4
Pamplie 79 — 184 D 2
Pamproux 79 — 185 G 3
Panassac 32 — 316 A 3
Panazol 87 — 205 H 5
Pancé 35 — 104 B 5
Pancheraccia 2B — 347 G 5
Pancy-Courtecon 02 — 40 D 1
Pandrignes 19 — 243 E 2
Pange 57 — 66 B 1
Panges 21 — 159 G 2
Panilleuse 27 — 37 E 5
Panissage 38 — 232 B 3
Panissières 42 — 212 A 5
Panjas 32 — 294 D 2
Panlatte 27 — 56 A 4
Pannecé 44 — 148 B 4
Pannecières 45 — 87 F 5
Pannes 45 — 112 B 4
Pannes 54 — 65 E 3
Pannesière-Chaumard Barrage de 58 — 157 H 5
Pannessières 39 — 179 F 5
Panon 72 — 84 A 5
Panossas 38 — 231 H 1
La Panouse 48 — 264 D 2
Pansey 52 — 93 F 3
Pantin 93 — 58 C 3
Panzoult 37 — 151 F 5
Papleux 02 — 15 G 5
La Pâquelais 44 — 147 F 2
Paradou 13 — 304 C 3
Paramé 35 — 50 C 5
Parassy 18 — 155 F 4

Parata 2B — 347 G 3
Parata Pointe de la 2A — 348 B 4
Paray-Douville 78 — 86 D 4
Paray-le-Frésil 03 — 192 C 1
Paray-le-Monial 71 — 193 G 3
Paray-sous-Briailles 03 — 192 B 5
Paray-Vieille-Poste 91 — 58 C 5
Paraza 11 — 320 D 2
Parbayse 64 — 313 H 3
Parc-d'Anxtot 76 — 19 E 5
Parçay-les-Pins 49 — 150 D 2
Parçay-Meslay 37 — 152 A 2
Parçay-sur-Vienne 37 — 151 G 5
Parcé 35 — 81 E 5
Parcé-sur-Sarthe 72 — 129 F 2
Parcey 39 — 179 E 1
Parcieux 01 — 213 E 4
Parcoul-Chenaud 24 — 239 E 2
Le Parcq 62 — 7 E 5
Parcy-et-Tigny 02 — 40 B 4
Pardailhan 34 — 320 D 2
Pardaillan 47 — 257 F 2
Pardies 64 — 313 H 3
Pardies-Piétat 64 — 314 B 5
Pardines 63 — 227 H 3
Paréac 65 — 333 F 1
Pareid 55 — 64 D 1
Parempuyre 33 — 237 F 4
Parennes 72 — 107 E 3
Parent 63 — 228 A 2
Parentignat 63 — 228 A 3
Parentis-en-Born 40 — 272 D 1
Parenty 62 — 6 C 3
Parey-Saint-Césaire 54 — 94 C 2
Parey-sous-Montfort 88 — 94 C 5
Parfondeval 02 — 25 H 3
Parfondeval 61 — 84 B 3
Parfondru 02 — 41 E 1
Parfondrupt 55 — 44 D 5
Parfouru-l'Éclin 14 — 32 C 5
Parfouru-sur-Odon 14 — 33 E 5
Pargnan 02 — 41 E 2
Pargny 80 — 23 G 3
Pargny-Filain 02 — 40 D 1
Pargny-la-Dhuys 02 — 60 D 2
Pargny-les-Bois 02 — 24 D 3
Pargny-lès-Reims 51 — 41 F 4
Pargny-Resson 08 — 42 B 1
Pargny-sous-Mureau 88 — 93 H 4
Pargny-sur-Saulx 51 — 63 E 4
Pargues 10 — 115 F 4
Parignargues 30 — 303 G 1
Parigné 35 — 81 F 3
Parigné-le-Pôlin 72 — 129 H 2
Parigné-l'Évêque 72 — 108 A 5
Parigné-sur-Braye 53 — 82 B 5
Parigny 42 — 211 G 3
Parigny 50 — 81 G 2
Parigny-la-Rose 58 — 157 E 3
Parigny-les-Vaux 58 — 174 C 1
Pariou Puy de 63 — 209 G 5
Paris 75 — 58 C 3
Paris-Charles-de-Gaulle Aéroport 95 — 58 D 1
Paris-l'Hôpital 71 — 177 F 2
Paris-Orly Aéroport de 91 — 58 C 5
Parisot 81 — 298 D 2
Parisot 82 — 279 E 2
Parlan 15 — 261 G 1
Parleboscq 40 — 274 D 5
Parly 89 — 135 H 3
Parmain 95 — 38 B 5
Parmilieu 38 — 214 A 4
Parnac 36 — 188 C 3
Parnac 46 — 259 H 5
Parnans 26 — 249 H 2
Parnay 18 — 173 G 3
Parnay 49 — 150 C 4
Parné-sur-Roc 53 — 106 A 4
Parnes 60 — 37 F 4
Parnot 52 — 117 H 4
Les Paroches 55 — 64 C 3
Parois 55 — 43 G 5
Paron 89 — 113 F 3
Paroy 25 — 179 H 1
Paroy 77 — 89 F 3
Paroy-en-Othe 89 — 114 A 4
Paroy-sur-Saulx 52 — 93 E 3
Paroy-sur-Tholon 89 — 113 H 5
Parpeçay 36 — 153 H 4
Parpeville 02 — 24 C 3
Parranquet 47 — 258 D 3
Parroy 54 — 66 D 5
Pars-lès-Chavanges 10 — 91 H 3
Pars-lès-Romilly 10 — 90 B 3
Parsac 33 — 238 D 5
Parsac-Rimondeix 23 — 207 G 1

Parthenay 79 — 168 A 5
Parthenay-de-Bretagne 35 — 104 A 2
Partinello 2A — 346 B 4
Parux 54 — 96 B 2
Parves-et-Nattages 01 — 214 D 5
Parville 27 — 56 B 1
Parvillers-le-Quesnoy 80 — 23 F 3
Parzac 16 — 203 H 3
Les Pas 50 — 51 G 5
Le Pas 53 — 82 A 3
Pas-de-Jeu 79 — 168 C 2
Pas de la Graille 04 — 287 F 3
Pas de l'Echelle 74 — 197 G 5
Pas de l'Ours 11 — 336 D 4
Pas-des-Lanciers 13 — 326 C 1
Pas-en-Artois 62 — 13 E 4
Le Pas-Saint-l'Homer 61 — 85 E 3
Pasciolo Fort de 2B — 347 E 5
Pasilly 89 — 137 F 4
Paslières 63 — 210 C 4
Pasly 02 — 40 B 2
Pasques 21 — 159 H 2
Passa 66 — 343 E 3
Le Passage 38 — 232 C 3
Le Passage 47 — 276 B 3
Passais 61 — 82 A 2
Passavant 25 — 162 C 3
Passavant-en-Argonne 51 — 63 F 1
Passavant-la-Rochère 70 — 118 C 4
Passavant-sur-Layon 49 — 149 H 5
Passy 44 — 147 G 5
Passel 60 — 23 G 5
Passenans 39 — 179 F 4
Passin 01 — 214 D 3
Passins 38 — 232 B 1
Passirac 16 — 220 D 5
Passonfontaine 25 — 162 D 5
Passy 71 — 194 C 2
Passy 89 — 113 G 3
Passy-en-Valois 02 — 40 A 5
Passy-Grigny 51 — 41 E 5
Passy-sur-Marne 02 — 60 D 1
Passy-sur-Seine 77 — 89 G 4
Pastricciola 2A — 348 D 1
Patay 45 — 110 C 4
Patornay 39 — 196 D 1
Patrimonio 2B — 345 F 4
Pau 64 — 314 B 5
Paucourt 45 — 112 C 4
Paudy 36 — 172 B 1
Paugnat 63 — 209 G 4
Pauilhac 32 — 296 B 1
Pauillac 33 — 237 E 5
Paule 22 — 77 E 4
Paulhac 15 — 245 F 4
Paulhac 31 — 298 A 3
Paulhac 43 — 246 B 1
Paulhac-en-Margeride 48 — 246 B 5
Paulhaguet 43 — 246 C 2
Paulhan 34 — 302 A 5
Paulhe 12 — 281 H 3
Paulhenc 15 — 245 F 5
Paulhiac 47 — 258 D 4
Pauliac Puy de 19 — 242 D 2
Pauligne 11 — 337 F 1
Paulin 24 — 241 H 4
La Pauline 83 — 328 B 4
Paulinet 81 — 300 A 2
Paulmy 37 — 170 A 2
Paulnay 36 — 170 D 3
Paulx 44 — 165 F 1
Paunat 24 — 240 D 5
Pause Col de 09 — 335 H 2
Paussac-et-Saint-Vivien 24 — 222 B 5
Pautaines-Augeville 52 — 93 F 4
Pauvres 08 — 42 B 1
Pavant 02 — 60 B 2
Pavezin 42 — 230 D 4
Pavie 32 — 296 B 4
Pavillon Col du 69 — 212 A 2
Le Pavillon-Sainte-Julie 10 — 90 C 4
Les Pavillons-sous-Bois 93 — 58 D 3
Pavilly 76 — 20 A 5
Pavin Lac 63 — 227 F 3
Payns 10 — 90 D 4
Payra-sur-l'Hers 11 — 318 D 4
Payrac 46 — 260 B 1
Payré 86 — 186 A 4
Payrignac 46 — 259 H 4
Payrin-Augmontel 81 — 319 H 2
Payros-Cazautets 40 — 294 B 4
Payroux 86 — 186 C 5
Payssous 31 — 334 B 2
Payzac 07 — 265 H 5
Payzac 24 — 223 G 5

Pazayac 24 — 241 H 3
Paziols 11 — 338 C 4
Pazy 58 — 157 G 4
Le Péage 38 — 231 G 2
Le Péage-de-Roussillon 38 — 231 E 5
Péas 51 — 61 E 4
Peaugres 07 — 249 E 1
Péaule 56 — 125 E 4
Péault 85 — 183 E 2
Pébées 32 — 317 E 2
Pébrac 43 — 246 C 4
Pech 09 — 336 B 5
Pech-Luna 11 — 318 D 5
Pech Merle Grotte du 46 — 260 C 4
Péchabou 31 — 318 A 2
Pécharic-et-le-Py 11 — 318 D 5
Péchaudier 81 — 299 E 5
Pechbonnieu 31 — 298 A 3
Pechbusque 31 — 298 A 5
Le Pêchereau 36 — 188 D 1
Pécorade 40 — 294 B 4
Le Pecq 78 — 58 A 3
Pecquencourt 59 — 9 E 5
Pecqueuse 91 — 87 F 2
Pécy 77 — 59 H 5
Pédernec 22 — 72 D 5
Pégairolles-de-Buèges 34 — 302 B 2
Pégairolles-de-l'Escalette 34 — 301 H 2
Pégomas 06 — 309 E 4
Le Pègue 26 — 267 G 5
Péguilhan 31 — 316 C 4
Peigney 52 — 139 G 2
Peillac 56 — 125 G 3
Peille 06 — 291 G 5
Peillon 06 — 291 F 5
Peillonnex 74 — 216 A 1
Les Peintures 33 — 238 D 3
Peipin 04 — 287 G 3
Peïra-Cava 06 — 291 F 4
Peisey-Nancroix 73 — 234 D 2
Pel-et-Der 10 — 91 G 4
Pélissanne 13 — 305 G 4
Pellafol 38 — 269 F 1
Pelleautier 05 — 269 G 4
Pellefigue 32 — 316 C 2
Pellegrue 33 — 257 E 2
Pelleport 31 — 297 F 3
Pellerey 21 — 159 G 1
Le Pellerin 44 — 147 F 4
La Pellerine 49 — 150 D 1
La Pellerine 53 — 81 G 5
Pellevoisin 36 — 171 F 2
Pellouailles-les-Vignes 49 — 149 H 1
Pelonne 26 — 268 B 5
Pelouse 48 — 264 D 4
Pelousey 25 — 161 H 3
Peltre 57 — 65 H 1
Pélussin 42 — 230 D 4
Pelves 62 — 13 H 2
Pelvoux 05 — 252 C 5
Pelvoux Belvédère du 05 — 252 C 5
Pen-Guen 22 — 50 A 5
Pen-Lan Pointe de 56 — 124 D 5
Penchard 77 — 59 G 2
Pencran 29 — 75 G 2
Pendé 80 — 11 E 3
Pendu Col du 07 — 265 G 3
Pénestin 56 — 124 D 5
Penguily 22 — 78 D 4
Penhir Pointe de 29 — 74 D 4
Penhors 29 — 99 E 3
Penin 62 — 13 E 2
Penly 76 — 10 C 5
Penmarch 29 — 99 F 5
Pennautier 11 — 319 H 5
La Penne 06 — 289 G 5
Penne 81 — 278 D 4
Penne-d'Agenais 47 — 276 D 1
La Penne-sur-Huveaune 13 — 327 F 3
La Penne-sur-l'Ouvèze 26 — 286 A 2
Pennedepie 14 — 34 C 2
Pennes-le-Sec 26 — 268 A 3
Les Pennes-Mirabeau 13 — 326 D 1
Pennesières 70 — 162 A 1
Penol 38 — 231 H 4
Pensol 87 — 222 D 2
Penta-Acquatella 2B — 347 G 2
Penta-di-Casinca 2B — 347 G 2
Penthièvre 56 — 123 H 4
Pentrez-Plage 29 — 75 F 4
Penvénan 22 — 72 D 2
Penvins Pointe de 56 — 124 C 5
Péone 04 — 289 F 3
Pépieux 11 — 320 C 4

Pérassay 36 — 189 H 3
Peray 72 — 108 A 2
Perceneige 89 — 89 H 5
Percey 89 — 114 C 5
Percey-le-Grand 70 — 139 H 5
Percey-le-Pautel 52 — 139 G 3
Percey-sous-Montormentier 52 — 139 G 5
Le Perchay 95 — 37 H 5
La Perche 18 — 190 D 1
Perchède 32 — 294 D 2
Le Percy 38 — 268 D 1
Percy-en-Auge 14 — 54 A 1
Percy-en-Normandie 50 — 52 A 2
Perdreauville 78 — 57 F 2
Perdrix Crêt de la 42 — 230 C 5
Péré 17 — 201 E 1
Péré 65 — 333 G 1
Péréandre Roche 07 — 248 D 1
Perelli 2B — 347 G 4
Péret 34 — 301 H 5
Péret-Bel-Air 19 — 225 F 4
Péreuil 16 — 220 D 3
Péreyres 07 — 266 A 1
Pergain-Taillac 32 — 276 B 4
Peri 2A — 348 D 2
Le Périer 38 — 251 F 4
Périers 50 — 31 G 4
Périers-en-Auge 14 — 34 A 3
Périers-lès-Dan 14 — 33 G 3
Pérignac 16 — 221 E 4
Pérignac 17 — 219 H 2
Pérignat-lès-Sarliève 63 — 227 H 1
Pérignat-sur-Allier 63 — 228 A 1
Périgné 79 — 202 C 1
Périgneux 42 — 229 H 4
Périgny 03 — 192 C 5
Périgny 14 — 53 E 2
Périgny 17 — 200 C 1
Périgny 41 — 131 H 4
Périgny 94 — 58 D 5
Périgny-la-Rose 10 — 90 A 3
Périgueux 24 — 240 C 2
Périllos 66 — 338 D 3
Périssac 33 — 238 B 3
Perles 02 — 40 D 3
Perles-et-Castelet 09 — 336 C 5
Pern 46 — 277 H 1
Pernand-Vergelesses 21 — 177 H 1
Pernant 02 — 40 A 2
Pernay 37 — 151 G 2
La Pernelle 50 — 29 G 3
Pernes 62 — 7 G 4
Pernes-lès-Boulogne 62 — 2 B 5
Pernes-les-Fontaines 84 — 285 H 5
Pernois 80 — 12 C 5
Pero Plage de 2A — 348 A 1
Pero-Casevecchie 2B — 347 G 3
Pérols 34 — 303 E 5
Pérols-sur-Vézère 19 — 225 F 3
Péron 01 — 197 E 5
Péronnas 01 — 213 H 1
Péronne 71 — 195 E 3
Péronne 80 — 23 G 1
Péronne-en-Mélantois 59 — 9 E 3
Péronville 28 — 110 B 4
Pérouges 01 — 213 H 4
La Pérouille 36 — 171 F 5
Pérouse 90 — 142 C 3
Pérouse Rocher de la 89 — 158 A 3
Péroy-les-Gombries 60 — 39 F 5
Perpezac-le-Blanc 19 — 241 H 2
Perpezac-le-Noir 19 — 224 C 5
Perpezat 63 — 227 E 1
Perpignan 66 — 343 E 2
Perquie 40 — 294 C 1
Perrancey-les-Vieux-Moulins 52 — 139 G 2
Le Perray-en-Yvelines 78 — 57 G 5
Perrecy-les-Forges 71 — 193 H 1
Le Perréon 69 — 212 C 2
Perret 22 — 77 G 5
Perreuil 71 — 177 F 4
Perreuse 89 — 156 C 1
Perreux 42 — 211 H 2
Perreux 89 — 135 G 2
Le Perreux-sur-Marne 94 — 58 D 3
Perrex 01 — 195 F 5
Perrier 63 — 227 H 3
Le Perrier 85 — 164 D 3
La Perrière 61 — 84 B 4
La Perrière 73 — 234 C 3
Perrières 14 — 54 A 2

Perriers-en-Beauficel 50 — 52 B 4
Perriers-la-Campagne 27 — 35 G 5
Perriers-sur-Andelle 27 — 36 D 2
Perrignier 74 — 198 A 4
Perrigny 39 — 179 F 5
Perrigny 89 — 136 B 3
Perrigny-lès-Dijon 21 — 160 A 4
Perrigny-sur-Armançon 89 — 137 G 4
Perrigny-sur-l'Ognon 21 — 160 D 3
Perrigny-sur-Loire 71 — 193 F 2
Perrogney 52 — 139 F 2
Le Perron 50 — 32 C 5
Perros-Guirec 22 — 72 C 2
Perrou 61 — 82 B 2
Perrouse 70 — 162 A 2
Perroy 58 — 156 C 2
Perruel 27 — 36 D 2
Perrusse 52 — 117 G 3
Perrusson 37 — 170 C 1
Pers 15 — 243 H 5
Pers 79 — 185 H 5
Pers-en-Gâtinais 45 — 112 D 3
Pers-Jussy 74 — 215 H 1
Persac 86 — 187 E 4
Persan 95 — 38 B 5
Perse Église de 12 — 263 E 4
Persquen 56 — 101 G 3
Pertain 80 — 23 G 4
Perthes 08 — 42 A 1
Perthes 52 — 63 E 5
Perthes 77 — 88 A 3
Perthes-lès-Brienne 10 — 91 H 4
Pertheville-Ners 14 — 54 A 3
Le Perthus 66 — 343 E 4
Le Pertre 35 — 105 G 4
Le Pertuis 43 — 247 G 3
Pertuis 84 — 306 A 3
Pertuis Col du 63 — 210 D 5
Le Pertuiset 42 — 230 A 4
Perty Col de 26 — 286 C 1
La Péruse 16 — 204 B 4
La Pérusse 04 — 287 H 3
Pervenchères 61 — 84 B 4
Perville 82 — 276 D 3
Pescadoires 46 — 259 F 5
Peschadoires 63 — 210 C 5
Le Pescher 19 — 242 D 4
Péseux 25 — 163 F 2
Peseux 39 — 178 D 1
Peslières 63 — 228 C 4
Pesmes 70 — 161 E 3
Pessac 33 — 255 F 1
Pessac-sur-Dordogne 33 — 257 E 1
Pessan 32 — 296 B 4
Pessans 25 — 161 H 5
Pessat-Villeneuve 63 — 209 H 4
La Pesse 39 — 197 E 4
Pessines 17 — 201 E 5
Pessoulens 32 — 296 D 2
Pesteils Château de 15 — 244 D 5
Petersbach 67 — 68 A 3
Le Petit-Abergement 01 — 214 C 2
Petit-Appeville 76 — 10 A 5
Petit-Auverné 44 — 127 F 4
Petit Ballon 68 — 120 C 4
Petit-Bersac 24 — 239 F 1
Le Petit-Bornand-les-Glières 74 — 216 A 2
Le Petit-Celland 50 — 52 A 4
Petit-Cœur 73 — 234 B 2
Petit-Couronne 76 — 36 A 2
Petit-Croix 90 — 142 D 3
Le Petit Drumont 88 — 120 B 5
Petit-Ébersviller 57 — 67 E 1
Petit-Failly 54 — 44 C 2
Petit-Fayt 59 — 15 F 4
Petit-Fort-Philippe 59 — 3 E 2
Le Petit-Fougeray 35 — 104 B 5
Petit-Landau 68 — 143 H 1
Petit-Mars 44 — 147 H 2
Petit-Mercey 39 — 161 G 4
Petit-Mesnil 10 — 91 H 5
Petit Minou Pointe du 29 — 74 D 3
Petit-Noir 39 — 178 D 2
Petit-Palais-et-Cornemps 33 — 238 D 4
Le Petit-Pressigny 37 — 170 B 3
Le Petit-Quevilly 76 — 36 A 2
Petit-Réderching 57 — 68 A 1
Petit Saint-Bernard Col du 73 — 217 E 5
Petit-Tenquin 57 — 67 F 2
Petit-Verly 02 — 24 C 1
Petit-Xivry 54 — 44 C 2
La Petite-Boissière 79 — 167 E 3
Petite-Chaux 25 — 180 B 5
Petite-Forêt 59 — 9 G 5

A B C D E F G H I J K L M N O P Q R S T U V W X Y Z

La Petite-Fosse 88 ....96 C 4
La Petite-Marche 03 .... 208 D 1
La Petite-Pierre 67 ....68 A 3
La Petite-Raon 88 ....96 B 3
Petite-Rosselle 57 ....47 F 4
Petite-Synthe 59 .... 3 G 2
La Petite-Verrière 71 .... 176 C 1
Petitefontaine 90 .... 142 D 2
Les Petites-Armoises 08 ....43 E 1
Les Petites-Dalles 76 ....19 F 2
Les Petites-Loges 51 ....42 A 5
Petitmagny 90 .... 142 C 2
Petitmont 54 ....96 B 1
Les Petits-Robins 26 .... 267 E 1
Petiville 14 ....33 H 4
Petiville 76 ....35 F 1
Petosse 85 .... 183 H 2
Petreto-Bicchisano 2A .... 348 D 5
Pettoncourt 57 ....66 C 4
Pettonville 54 ....95 H 2
Peujard 33 .... 237 H 3
Peumerit 29 ....99 F 3
Peumerit-Quintin 22 ....77 F 3
Peuplingues 62 .... 2 C 3
Peuton 03 .... 128 A 2
Peuvillers 55 ....44 B 3
Peux-et-Couffouleux 12 .. 300 D 3
Pévange 57 ....66 D 3
Pévy 51 ....41 F 3
Pexiora 11 .... 319 E 4
Pexonne 54 ....96 A 2
Pey 40 .... 292 C 4
Peymeinade 06 .... 308 D 3
Peynier 13 .... 327 G 1
Peypin 13 .... 327 F 1
Peypin-d'Aigues 84 .... 306 B 2
Peyrabout 23 .... 207 E 2
La Peyrade 34 .... 323 E 3
Le Peyrat 09 .... 336 D 3
Peyrat-de-Bellac 87 .... 205 F 1
Peyrat-la-Nonière 23 .... 207 H 2
Peyrat-le-Château 87 .... 206 D 5
La Peyratte 79 .... 168 B 5
Peyraube 65 .... 315 G 5
Peyraud 07 .... 231 E 5
Peyre 40 .... 293 H 5
Peyre-Haute
  Table d'orientation de 05.. 270 D 2
Peyrecave 32 .... 276 D 5
Peyrefitte-du-Razès 11 ... 337 E 2
Peyrefitte-sur-l'Hers 11 .. 318 D 5
Peyregoux 81 .... 299 G 4
Peyrehorade 40 .... 292 D 5
Peyreleau 12 .... 282 A 3
Peyrelevade 19 .... 225 G 1
Peyrelongue-Abos 64 .... 314 D 2
Peyremale 30 .... 283 H 2
Peyrens 11 .... 319 E 3
Peyrepertuse
  Château de 11 .... 338 B 4
Peyresourde 65 .... 333 H 4
Peyresourde Col de 31 ... 333 H 4
Peyrestortes 66 .... 338 D 5
Peyret-Saint-André 65 .. 316 A 4
Peyriac-de-Mer 11 .... 339 E 1
Peyriac-Minervois 11 .... 320 B 4
Peyriat 01 .... 214 B 1
Peyrière 47 .... 257 G 4
Peyrieu 01 .... 232 D 1
Peyrignac 24 .... 241 G 2
Peyriguère 65 .... 315 G 4
Peyrilhac 87 .... 205 F 3
Peyrillac-et-Millac 24 .... 241 H 5
Peyrilles 46 .... 259 H 3
Peyrins 26 .... 249 G 3
Peyrissac 19 .... 224 D 3
Peyrissas 31 .... 316 D 4
Peyro-Clabado Rocher 81.. 299 H 4
Peyrol Pas de 15 .... 244 D 3
Peyrole 81 .... 298 D 2
Peyrolles 11 .... 337 H 3
Peyrolles 30 .... 283 F 4
Peyrolles-en-Provence 13.. 306 B 4
Peyroules 04 .... 308 B 1
Peyrouse 65 .... 332 D 1
Peyrouzet 31 .... 316 D 5
Peyruis 04 .... 287 G 4
Peyrun 65 .... 315 F 3
Peyrus 26 .... 249 H 5
Peyrusse 15 .... 245 G 2
Peyrusse-Grande 32 .... 295 G 4
Peyrusse-le-Roc 12 .... 261 G 5
Peyrusse-Massas 32 .... 296 A 3
Peyrusse-Vieille 32 .... 295 F 4
Peyssies 31 .... 317 F 4
Peyzac-le-Moustier 24 ... 241 F 4
Peyzieux-sur-Saône 01 ... 213 E 1

Pézarches 77 ....59 H 4
Pezé-le-Robert 72 .... 107 F 2
Pézenas 34 .... 322 C 3
Pézenes-les-Mines 34 .... 301 G 5
Pezens 11 .... 319 G 4
Pézilla-de-Conflent 66 ... 338 A 5
Pézilla-la-Rivière 66 .... 342 D 2
Pezou 41 .... 131 H 2
Pezuls 24 .... 240 D 5
Pézy 28 ....86 B 5
Pfaffenheim 68 .... 121 E 4
Pfaffenhoffen 67 ....68 C 3
Pfalzweyer 67 ....68 A 4
Pfastatt 68 .... 143 F 1
Pfetterhouse 68 .... 143 E 4
Pfettisheim 67 ....68 D 5
Pfulgriesheim 67 ....68 D 5
Phaffans 90 .... 142 C 2
Phalempin 59 .... 8 D 4
Phalsbourg 57 ....68 A 4
Philippsbourg 57 ....68 C 1
Philondenx 40 .... 294 A 5
Phlin 54 ....66 B 3
Pia 66 .... 339 E 5
Piacé 72 .... 107 G 2
Le Pian-Médoc 33 .... 237 F 4
Le Pian-sur-Garonne 33 .. 256 B 3
Piana 2A .... 346 A 5
Pianella Pont de 2A .... 346 B 5
Pianello 2B .... 347 G 4
Piano 2B .... 347 G 3
Pianottoli-Caldarello 2A .. 351 E 3
Les Piards 39 .... 197 E 2
La Piarre 05 .... 268 D 4
Piau-Engaly 65 .... 333 F 4
Piazzali 2B .... 347 G 4
Piazzole 2B .... 347 G 3
Piblange 57 ....46 B 4
Pibrac 31 .... 297 G 4
Picarreau 39 .... 179 G 4
Picarrou 31 .... 318 B 4
Picauville 50 ....31 H 2
Pichanges 21 .... 160 B 1
Picherande 63 .... 227 E 4
Picquigny 80 ....22 A 1
Pie-d'Orezza 2B .... 347 G 3
Pied-de-Borne 48 .... 265 G 5
Pied-la-Viste
  Table d'orientation de 05.. 270 D 2
Piedicorte-di-Gaggio 2B.. 347 G 5
Piedicroce 2B .... 347 G 3
Piedigriggio 2B .... 347 E 3
Piedipartino 2B .... 347 G 3
Piégon 26 .... 285 H 1
Piégros-la-Clastre 26 .... 267 H 2
Piégut 04 .... 269 H 4
Piégut-Pluviers 24 .... 222 C 2
Piémanson Plage de 13 .. 325 F 4
Piencourt 27 ....35 E 5
Piennes 54 ....45 E 4
Piennes 80 ....23 E 5
Piépape 52 .... 139 G 3
Pierlas 06 .... 289 G 4
La Pierre 38 .... 233 F 5
Pierre-Bénite 69 .... 231 E 1
Pierre-Buffière 87 .... 223 H 1
Pierre-Carrée Col de la 74 .. 216 C 2
Pierre-Châtel 38 .... 251 E 4
La Pierre Couverte
  Dolmen de 49 .... 129 G 5
Pierre d'Avenon 83 .... 329 E 4
Pierre-de-Bresse 71 .... 178 C 3
Pierre Frite Menhir de 49.. 127 F 3
Pierre-Gourde
  Château de 07 .... 249 E 5
Pierre-la-Treiche 54 ....94 B 1
Pierre-Levée 77 ....59 H 3
Pierre-Morains 51 ....61 G 3
Pierre-Percée 54 ....96 B 2
Pierre-Perthuis 89 .... 157 H 2
La Pierre Plantée 48 .... 264 D 4
Pierre-Plantée Col de la 48.264 D 3
Pierre-qui-Vire
  Abbaye de la 89 .... 158 B 3
Pierreclos Château de 71 .. 194 D 4
Pierrecourt 70 .... 140 A 4
Pierrecourt 76 ....21 F 2
Pierrefaites 52 .... 140 B 2
Pierrefeu 06 .... 309 F 1
Pierrefeu-du-Var 83 .... 328 C 3
Pierrefiche 12 .... 263 G 5
Pierrefiche 48 .... 265 E 2
Pierrefiques 76 ....18 D 4
Pierrefitte 19 .... 224 C 4
Pierrefitte 23 .... 207 H 1
Pierrefitte 79 .... 168 A 3
Pierrefitte 88 .... 118 D 2

Pierrefitte-en-Auge 14 ....34 C 3
Pierrefitte-en-Beauvaisis 60 ...37 H 1
Pierrefitte-en-Cinglais 14 ...53 G 2
Pierrefitte-ès-Bois 45 .... 155 H 1
Pierrefitte-Nestalas 65 ... 332 D 2
Pierrefitte-sur-Aire 55 ....64 B 3
Pierrefitte-sur-Loire 03 ... 193 E 2
Pierrefitte-sur-Sauldre 41 .. 154 C 1
Pierrefitte-sur-Seine 93 ...58 C 2
Pierrefonds 60 ....39 G 3
Pierrefontaine-
  lès-Blamont 25 .... 163 G 2
Pierrefontaine-
  les-Varans 25 .... 163 E 4
Pierrefontaines 52 .... 139 F 3
Pierrefort 15 .... 245 F 5
Pierregot 80 ....12 D 5
Pierrelatte 26 .... 285 E 1
Pierrelaye 95 ....58 A 1
Pierrelongue 26 .... 286 A 2
Pierremande 02 ....24 A 5
Pierremont 62 .... 7 F 5
Pierrepont 02 ....25 E 4
Pierrepont 14 ....53 G 2
Pierrepont 54 ....44 D 2
Pierrepont-sur-Avre 80 ...22 D 4
Pierrepont-sur-l'Arentèle 88 ...95 H 5
Pierrerue 04 .... 287 F 5
Pierrerue 34 .... 321 E 2
Pierres 14 ....52 D 3
Pierres 28 ....86 B 2
Pierreval 76 ....20 C 5
Pierrevert 04 .... 306 C 2
Pierreville 50 ....28 D 5
Pierreville 54 ....94 D 2
Pierrevillers 57 ....45 G 4
Pierric 44 .... 126 B 3
Pierry 51 ....61 F 1
Pietra-di-Verde 2B .... 347 G 4
Pietracorbara 2B .... 345 G 3
Pietralba 2B .... 347 E 2
Pietranera 2B .... 345 G 4
Pietraserena 2B .... 347 G 5
Pietricaggio 2B .... 347 G 4
Pietrosella 2A .... 348 C 4
Pietroso 2B .... 349 F 1
Piets-Plasence-
  Moustrou 64 .... 294 A 5
Pieusse 11 .... 337 G 1
Les Pieux 50 ....28 D 4
Piève 2B .... 345 F 5
Piffonds 89 .... 113 F 4
Le Pigeon 46 .... 242 B 5
Pigeonnier Col du 67 ....69 E 1
Pigerolles 23 .... 207 G 5
Pigna 2B .... 344 C 5
Pignan 34 .... 302 C 5
Pignans 83 .... 328 C 2
Pignicourt 02 ....41 G 2
Pignols 63 .... 228 A 2
Pigny 18 .... 155 F 5
Pihem 62 .... 7 F 2
Pihen-lès-Guînes 62 .... 2 C 4
Pila-Canale 2A .... 348 D 4
Pilat Mont 42 .... 230 C 4
Pilat-Plage 33 .... 254 B 3
Le Pilhon 26 .... 268 D 3
Pillac 16 .... 221 F 5
Pillemoine 39 .... 179 H 5
Les Pilles 26 .... 285 H 1
Pillon 55 ....44 C 3
Pimbo 40 .... 294 B 5
Pimelles 89 .... 137 G 2
Pimorin 39 .... 196 B 2
Pimprez 60 ....39 G 1
Le Pin 03 .... 193 F 3
Le Pin 14 ....34 D 4
Le Pin 17 .... 220 B 5
Le Pin 30 .... 284 C 4
Le Pin 38 .... 232 C 3
Le Pin 39 .... 179 E 5
Le Pin 44 .... 127 F 5
Pin 70 .... 161 G 3
Le Pin 77 ....59 E 3
Le Pin 79 .... 167 F 3
Le Pin 82 .... 277 E 5
Pin Haras du 61 ....54 C 4
Le Pin-au-Haras 61 ....54 C 4
Pin-Balma 31 .... 298 A 4
Le Pin-en-Mauges 49 .... 148 D 4
Le Pin-la-Garenne 61 ....84 B 4
Pin-Moriès 48 .... 264 A 5
Le Pin-Murelet 31 .... 317 E 3
Pinarellu 2A .... 349 G 5
Pinas 65 .... 333 H 1
Pinay 42 .... 211 H 4
Pincé 72 .... 128 D 3

Pinçon Mont 14 ....53 E 1
Pindères 47 .... 274 D 2
Pindray 86 .... 187 F 2
Les Pineaux 85 .... 183 F 1
Pinel-Hauterive 47 .... 258 B 5
Pinet 34 .... 322 C 4
Pineuilh 33 .... 257 F 1
Piney 10 ....91 G 4
Pino 2B .... 345 F 2
Pinols 43 .... 246 B 3
Pinon 02 ....40 C 1
Les Pins 16 .... 203 H 5
Pins-Justaret 31 .... 317 H 2
Pinsac 46 .... 260 B 1
Pinsaguel 31 .... 317 H 2
Pinsot 38 .... 233 G 4
Pintac 65 .... 315 E 4
Pinterville 27 ....36 B 4
Pintheville 55 ....64 D 1
Les Pinthières 28 ....57 E 5
Piobetta 2B .... 347 G 4
Pioggiola 2B .... 346 D 2
Piolenc 84 .... 285 E 3
Pionnat 23 .... 207 F 1
Pionsat 63 .... 208 D 2
Pioussay 79 .... 203 E 2
Pipriac 35 .... 126 A 2
Piquecos 82 .... 277 H 4
Pirajoux 01 .... 196 A 3
Piré-sur-Seiche 35 .... 104 D 4
Pirey 25 .... 161 H 3
Piriac-sur-Mer 44 .... 145 G 3
Pirmil 72 .... 107 F 5
Pirou 50 ....31 F 4
Pis 32 .... 296 C 2
Pisany 17 .... 219 E 1
Piscop 95 ....58 C 1
Piseux 27 ....56 A 4
Pisieu 38 .... 231 G 4
Pisse Cascade de la 38 .... 251 H 3
Pisseleu 60 ....38 A 1
Pisseleux 02 ....39 H 4
Pisseloup 52 .... 140 B 2
La Pisseure 70 .... 141 F 2
Pissos 40 .... 273 F 1
Pissotte 85 .... 184 B 2
Pissy 80 ....22 A 2
Pissy-Pôville 76 ....36 A 1
Pisy 89 .... 158 B 1
Pitgam 59 .... 3 G 3
Pithiviers 45 .... 111 G 3
Pithiviers-le-Vieil 45 .... 111 G 3
Pithon 02 ....23 H 3
Pîtres 27 ....36 C 3
Pittefaux 62 .... 2 B 5
Pizançon 26 .... 249 G 3
Pizay 01 .... 213 G 4
Pizieux 72 ....84 A 5
Le Pizou 24 .... 239 E 4
Le Pla 09 .... 337 F 5
Pla-d'Adet 65 .... 333 G 4
Plabennec 29 ....70 D 5
Placé 53 ....82 A 5
Les Places 27 ....35 E 5
La Placette Col de 38 .... 232 D 5
Placey 25 .... 161 G 3
Plachy-Buyon 80 ....22 B 2
Placy 14 ....53 G 1
Placy-Montaigu 50 ....52 C 1
Le Plagnal 07 .... 265 G 2
Plagne 01 .... 196 D 5
Plagne 31 .... 317 E 5
La Plagne 73 .... 234 D 2
Plagnole 31 .... 317 E 3
Plagny 58 .... 174 C 2
Plaigne 11 .... 318 C 5
Plailly 60 ....39 E 5
Plaimbois-du-Miroir 25 ... 163 E 4
Plaimbois-Vennes 25 .... 163 E 4
Plaimpied-Givaudins 18 .. 173 F 2
La Plaine 49 .... 167 F 1
Plaine 67 ....96 C 3
Plaine-de-Walsch 57 ....67 H 5
Plaine-Haute 22 ....78 A 3
Plaine-Joux 74 .... 216 D 2
La Plaine-sur-Mer 44 .... 146 B 4
Plainemont 70 .... 141 F 2
Plaines-Saint-Lange 10 ... 115 H 5
Plainfaing 88 .... 120 C 2
Plainoiseau 39 .... 179 E 4
Plainpalais Col de 73 .... 233 F 1
Les Plains-
  et-Grands-Essarts 25 .. 163 G 2
Plaintel 22 ....78 B 4
Plainval 60 ....38 C 1
Plainville 27 ....35 E 5
Plainville 60 ....22 D 5

Plaisance 12 .... 300 A 1
Plaisance 24 .... 258 B 2
Plaisance 32 .... 295 E 4
Plaisance 34 .... 301 E 4
Plaisance 86 .... 187 F 4
Plaisance-du-Touch 31 ... 297 G 5
Plaisia 39 .... 196 C 1
Plaisians 26 .... 286 B 2
Plaisir 78 ....57 H 4
Plaisir Fontaine
  Grotte de 25 .... 162 B 5
Plaissan 34 .... 302 A 5
Plaizac 16 .... 202 D 5
Plampinet 05 .... 252 D 3
Le Plan 31 .... 317 F 5
Plan 38 .... 232 B 5
Plan-d'Aups 83 .... 327 G 2
Plan-de-Baix 26 .... 267 H 1
Plan-de-Campagne 13 ... 326 D 1
Plan-de-Cuques 13 .... 327 E 2
Le Plan-de-Grasse 06 .... 309 E 3
Le Plan-de-la-Tour 83 .... 329 F 2
Plan-d'Orgon 13 .... 305 E 2
Plan-du-Var 06 .... 291 E 5
Planaise 73 .... 233 G 3
Planay 21 .... 137 H 3
Planay 73 .... 234 D 3
La Planche 44 .... 165 H 1
Plancher-Bas 70 .... 142 B 2
Plancher-les-Mines 70 ... 142 B 1
Plancherine 73 .... 234 A 1
Les Planches 27 ....36 B 5
Planches 61 ....54 D 5
Les Planches-
  en-Montagne 39 .... 180 A 5
Les Planches-
  près-Arbois 39 .... 179 G 3
Planchez 58 .... 158 A 5
Plancoët 22 ....79 F 3
Plancy-l'Abbaye 10 ....90 D 2
La Planée 25 .... 180 C 3
Planès 66 .... 341 G 4
Planèzes 66 .... 338 B 5
Planfoy 42 .... 230 B 5
Planguenoual 22 ....78 C 3
Planioles 46 .... 261 F 3
Le Planois 71 .... 178 D 4
Le Planquay 27 ....35 E 5
Planquery 14 ....32 D 4
Planques 62 .... 7 E 4
Las Planques
  Église de 81 .... 279 H 4
Planrupt 52 ....92 B 3
Les Plans 30 .... 284 A 3
Les Plans 34 .... 301 G 5
Le Plantay 01 .... 213 G 2
Les Plantiers 30 .... 283 E 4
Le Plantis 61 ....84 A 2
Planty 10 .... 114 A 2
Planzolles 07 .... 265 H 5
Plappeville 57 ....45 G 5
Plascassier 06 .... 309 E 3
Plasne 39 .... 179 F 3
Plasnes 27 ....35 F 5
Plassac 17 .... 219 G 3
Plassac 33 .... 237 F 2
Plassac-Rouffiac 16 .... 221 E 3
Plassay 17 .... 201 F 4
Plateau-d'Assy 74 .... 216 D 3
Plats 07 .... 249 E 4
Plaudren 56 .... 124 C 2
Plauzat 63 .... 227 H 2
Plavilla 11 .... 336 D 1
Plazac 24 .... 241 F 4
Pleaux 15 .... 243 H 3
Pléboulle 22 ....79 E 2
Pléchâtel 35 .... 104 A 5
Plédéliac 22 ....79 E 4
Plédran 22 ....78 B 4
Pléguien 22 ....73 G 4
Pléhédel 22 ....73 H 4
Pleine-Fougères 35 ....80 C 2
Pleine-Selve 02 ....24 C 3
Pleine-Selve 33 .... 219 G 5
Pleine-Sève 76 ....19 G 2
Pleines-Œuvres 14 ....52 B 2
Plélan-le-Grand 35 .... 103 G 4
Plélan-le-Petit 22 ....79 F 4
Plélauff 22 ....77 G 5
Plélo 22 ....73 G 5
Plémet 22 .... 102 C 2
Plémy 22 ....78 C 5
Plénée-Jugon 22 ....79 E 5
Pléneuf Pointe de 22 ....78 D 2
Pléneuf-Val-André 22 ....78 D 2
Plénise 39 .... 180 A 3
Plénisette 39 .... 180 A 3

Plerguer 35 ....80 A 2
Plérin 22 ....78 B 3
Plerneuf 22 ....78 A 3
Plescop 56 .... 124 B 3
Plesder 35 ....79 H 4
Plésidy 22 ....77 G 2
Pleslin 22 ....79 G 3
Plesnois 57 ....45 G 5
Plesnoy 52 .... 117 G 5
Plessala 22 ....78 C 5
Plessé 44 .... 126 A 5
Plessier-de-Roye 60 ....23 F 5
Le Plessier-Huleu 02 ....40 B 4
Le Plessier-Rozainvillers 80...22 D 3
Le Plessier-sur-Bulles 60 .... 38 C 1
Le Plessier-sur-Saint-Just 60.38 D 1
Le Plessis-aux-Bois 77 ....59 F 2
Plessis-Barbuise 10 ....90 A 2
Le Plessis-Belleville 60 ....59 F 1
Le Plessis-Bouchard 95 ...58 B 2
Le Plessis Bourré
  Château 49 .... 128 C 5
Le Plessis-Brion 60 ....39 G 1
Le Plessis-Chenet 91 ....88 A 2
Le Plessis-Dorin 41 .... 109 E 4
Plessis-du-Mée 89 ....89 G 5
Le Plessis-Feu-Aussoux 77....59 H 5
Le Plessis-Gassot 95 ....58 C 1
Le Plessis-Grammoire 49 .. 149 H 1
Le Plessis-Grimoult 14 ....53 E 2
Le Plessis-Grohan 27 ....56 B 2
Le Plessis-Hébert 27 ....56 D 2
Le Plessis-Josso
  Château 56 .... 124 D 4
Le Plessis-Lastelle 50 ....31 G 3
Le Plessis-l'Échelle 41 .... 132 B 3
Le Plessis-l'Évêque 77 ....59 F 1
Le Plessis-Luzarches 95 ...38 D 5
Le Plessis-Macé 49 .... 128 B 5
Le Plessis-Pâté 91 ....87 H 2
Le Plessis-Patte-d'Oie 60 .. 23 H 4
Le Plessis-Picard 77 ....88 B 2
Le Plessis-Placy 77 ....59 H 1
Le Plessis-Robinson 92 ....58 B 4
Plessis-Saint-Benoist 91 ..87 E 4
Plessis-Saint-Jean 89 ....89 G 5
Le Plessis-
  Sainte-Opportune 27 ....55 H 1
Le Plessis-Trévise 94 ....58 D 4
Plessix-Balisson 22 ....79 G 3
Plestan 22 ....78 D 4
Plestin-les-Grèves 22 ....72 B 4
Pleubian 22 ....73 F 2
Pleucadeuc 56 .... 125 E 2
Pleudaniel 22 ....73 E 3
Pleudihen-sur-Rance 22 ...79 H 3
Pleugriffet 56 .... 102 B 4
Pleugueneuc 35 ....79 H 4
Pleumartin 86 .... 170 A 5
Pleumeleuc 35 .... 103 H 2
Pleumeur-Bodou 22 ....72 C 2
Pleumeur-Gautier 22 ....73 E 2
Pleure 39 .... 178 D 2
Pleurs 51 ....61 F 5
Pleurtuit 35 ....50 B 5
Pleuven 29 ....99 H 4
Pleuvezain 88 ....94 B 4
Pleuville 16 .... 204 B 2
Pléven 22 ....79 E 3
Plévenon 22 ....79 E 1
Plévin 22 ....76 D 5
Pleyben 29 ....76 A 4
Pleyber-Christ 29 ....71 H 5
Le Pleyney 38 .... 233 G 4
Pliboux 79 .... 203 F 1
Plichancourt 51 ....62 D 4
Plieux 32 .... 296 C 1
Plivot 51 ....61 G 1
Ploaré 29 ....99 F 2
Plobannalec-Lesconil 29 ..99 G 5
Plobsheim 67 ....97 H 2
Ploemel 56 .... 123 H 3
Ploemeur 56 .... 123 F 2
Ploërdut 56 .... 101 F 2
Ploeren 56 .... 124 B 3
Ploërmel 56 .... 102 D 4
Ploeuc-L'Hermitage 22 ....78 B 5
Ploéven 29 ....75 G 5
Ploézal 22 ....73 E 3
Plogastel-Saint-Germain 29..99 F 3
Plogoff 29 ....98 D 2
Plogonnec 29 ....99 G 2
Ploisy 02 ....40 B 3
Plomb 50 ....51 H 4
Plombières-les-Bains 88 .. 119 G 4
Plombières-lès-Dijon 21 ... 160 A 3
Plomelin 29 ....99 G 3

Plomeur 29 — 99 F 4
Plomion 02 — 25 G 2
Plomodiern 29 — 75 G 5
Plonéis 29 — 99 G 2
Plonéour-Lanvern 29 — 99 F 4
Plonévez-du-Faou 29 — 76 B 4
Plonévez-Porzay 29 — 75 G 5
Plorec-sur-Arguenon 22 — 79 E 3
Plottes 71 — 195 E 2
Plou 18 — 172 C 1
Plouagat 22 — 73 F 5
Plouaret 22 — 72 C 4
Plouarzel 29 — 74 C 2
Plouasne 22 — 103 H 1
Plouay 56 — 101 E 4
Ploubalay 22 — 50 B 5
Ploubazlanec 22 — 73 F 2
Ploubezre 22 — 72 C 3
Ploudalmézeau 29 — 70 B 4
Ploudaniel 29 — 71 E 5
Ploudiry 29 — 75 H 2
Plouëc-du-Trieux 22 — 71 E 5
Plouédern 29 — 71 E 5
Plouégat-Guérand 29 — 72 A 4
Plouégat-Moysan 29 — 72 B 5
Plouénan 29 — 71 G 4
Plouër-sur-Rance 22 — 79 H 3
Plouescat 29 — 71 F 3
Plouézec 22 — 73 G 3
Plouezoc'h 29 — 71 H 4
Ploufragan 22 — 78 B 3
Plougar 29 — 71 F 4
Plougasnou 29 — 72 A 3
Plougastel-Daoulas 29 — 75 F 2
Plougonvelin 29 — 74 C 3
Plougonven 29 — 72 A 5
Plougonver 22 — 77 F 2
Plougoulm 29 — 71 G 3
Plougoumelen 56 — 124 A 4
Plougourvest 29 — 71 F 5
Plougras 22 — 72 B 5
Plougrescant 22 — 73 E 2
Plouguenast 22 — 78 B 5
Plouguerneau 29 — 70 C 4
Plouguernével 22 — 77 F 5
Plouguiel 22 — 73 E 2
Plouguin 29 — 70 C 5
Plouha 22 — 73 G 4
Plouharnel 56 — 123 H 4
Plouhinec 29 — 99 E 2
Plouhinec 56 — 123 G 3
Plouider 29 — 71 E 4
Plouigneau 29 — 72 A 5
Plouisy 22 — 73 E 5
Ploulec'h 22 — 72 C 3
Ploumagoar 22 — 73 E 5
Ploumanach 22 — 72 C 2
Ploumilliau 22 — 72 C 4
Ploumoguer 29 — 74 D 2
Plounéour-Ménez 29 — 76 B 2
Plounéour-Trez 29 — 71 E 3
Plounérin 22 — 72 B 5
Plounéventer 29 — 71 E 4
Plounévez-Lochrist 29 — 71 E 4
Plounévez-Moëdec 22 — 72 C 5
Plounévez-Quintin 22 — 77 F 4
Plounévézel 29 — 76 D 4
Plourac'h 22 — 76 D 2
Plouray 56 — 101 E 2
Plourhan 22 — 73 G 4
Plourin 29 — 70 B 5
Plourin-lès-Morlaix 29 — 72 A 5
Plourivo 22 — 73 F 3
Plouvain 62 — 13 H 2
Plouvara 22 — 78 A 3
Plouvien 29 — 70 D 5
Plouvorn 29 — 71 G 4
Plouyé 29 — 76 C 3
Plouzané 29 — 74 D 2
Plouzélambre 22 — 72 B 4
Plouzévédé 29 — 71 F 4
Plovan 29 — 99 F 3
Ployart-et-Vaurseine 02 — 41 E 1
Le Ployron 60 — 23 E 5
Plozévet 29 — 99 E 3
Pludual 22 — 73 G 4
Pluduno 22 — 79 F 3
Plufur 22 — 72 B 4
Pluguffan 29 — 99 G 3
Pluherlin 56 — 125 E 3
Plumaudan 22 — 79 G 5
Plumaugat 22 — 103 F 1
Plumelec 56 — 102 C 5
Pluméliau 56 — 101 H 4
Plumelin 56 — 102 A 5
Plumergat 56 — 124 A 2
Plumetot 14 — 33 G 3

Plumieux 22 — 102 C 2
Plumont 39 — 161 F 5
Pluneret 56 — 124 A 3
Plurien 22 — 79 E 2
Plusquellec 22 — 77 E 3
Plussulien 22 — 77 H 4
Pluvault 21 — 160 C 4
Pluvet 21 — 160 C 4
Pluvigner 56 — 124 A 2
Pluzunet 22 — 72 D 4
Pocancy 51 — 61 H 2
Pocé-les-Bois 35 — 105 E 3
Pocé-sur-Cisse 37 — 152 C 2
Podensac 33 — 255 H 3
Le Poët 05 — 287 F 1
Le Poët-Célard 26 — 267 H 3
Le Poët-en-Percip 26 — 286 B 2
Le Poët-Laval 26 — 267 G 4
Le Poët-Sigillat 26 — 286 A 1
Pœuilly 80 — 23 H 2
Poey-de-Lescar 64 — 314 A 3
Poey-d'Oloron 64 — 313 G 4
Poëzat 03 — 210 A 2
Poggio-di-Nazza 2B — 349 G 2
Poggio-di-Venaco 2B — 347 F 5
Poggio-d'Oletta 2B — 345 G 5
Poggio-Marinaccio 2B — 347 G 3
Poggio-Mezzana 2B — 347 H 3
Poggiolo 2A — 348 D 1
Pogny 51 — 62 B 3
Poids-de-Fiole 39 — 196 C 1
Poigny 77 — 89 G 3
Poigny-la-Forêt 78 — 57 F 5
Le Poil 04 — 288 A 5
Poil 58 — 176 B 3
Poilcourt-Sydney 08 — 41 H 2
Poilhes 34 — 321 F 4
Poillé-sur-Vègre 72 — 106 D 5
Poilley 35 — 81 E 3
Poilley 50 — 51 H 5
Poilly 51 — 41 F 4
Poilly-lez-Gien 45 — 134 C 4
Poilly-sur-Serein 89 — 136 D 3
Poilly-sur-Tholon 89 — 136 A 2
Poinchy 89 — 136 C 3
Poinçon-lès-Larrey 21 — 137 H 2
Le Poinçonnet 36 — 171 H 4
Poincy 77 — 59 G 2
Poinsenot 52 — 139 E 4
Poinson-lès-Fayl 52 — 140 A 3
Poinson-lès-Grancey 52 — 139 E 4
Poinson-lès-Nogent 52 — 117 F 4
Point Sublime 04 — 307 H 2
Point-Sublime 48 — 282 A 2
Pointel 61 — 53 G 5
Pointis-de-Rivière 31 — 334 B 1
Pointis-Inard 31 — 334 C 1
Pointre 39 — 161 E 4
Pointvillers 28 — 161 H 5
Poinville 28 — 111 E 3
Le Poiré-sur-Velluire 85 — 183 H 3
Le Poiré-sur-Vie 85 — 165 G 4
Poiroux 85 — 182 C 2
Poisat 38 — 251 E 2
Poiseul 52 — 117 G 5
Poiseul-la-Grange 21 — 138 C 3
Poiseul-la-Ville-
  et-Laperrière 21 — 138 B 5
Poiseul-lès-Saulx 21 — 139 E 5
Poiseux 58 — 156 D 5
Poisieux 18 — 172 C 1
Le Poislay 41 — 109 F 4
Poisoux 39 — 196 A 3
Poisson 71 — 193 H 4
Poissons 52 — 93 E 4
Poissy 78 — 58 A 2
Poisvilliers 28 — 86 A 3
Poisy 74 — 215 G 3
La Poitevinière 49 — 148 D 4
Poitiers 86 — 186 B 1
Poivres 10 — 62 A 5
Poix 51 — 62 C 2
Poix-de-Picardie 80 — 21 H 3
Poix-du-Nord 59 — 15 E 3
Poix-Terron 08 — 26 C 4
Le Poizat-Lalleyriat 01 — 214 D 1
Pol Chapelle 29 — 71 E 3
Polaincourt-
  et-Clairefontaine 70 — 118 D 4
Polastron 31 — 317 E 4
Polastron 32 — 296 D 5
Poleymieux-
  au-Mont-d'Or 69 — 213 E 4
Poliénas 38 — 250 B 1
Polignac 17 — 238 B 1
Polignac 43 — 247 F 3
Poligné 35 — 104 B 5

Poligny 05 — 269 G 2
Poligny 10 — 115 G 3
Poligny 39 — 179 F 3
Poligny 77 — 112 C 2
Polincove 62 — 3 E 3
Polisot 10 — 115 G 4
Polisy 10 — 115 G 4
Pollestres 66 — 343 E 2
Polliat 01 — 195 G 5
Pollieu 01 — 214 D 5
Pollionnay 69 — 212 D 5
Polminhac 15 — 244 D 5
Polveroso 2B — 347 G 3
Pomacle 51 — 41 H 3
La Pomarède 11 — 319 E 3
Pomarède 46 — 259 F 4
Pomarez 40 — 293 F 4
Pomas 11 — 337 G 1
Pomay Château de 03 — 192 B 1
Pomayrols 12 — 263 G 5
Pomerol 33 — 238 C 4
Pomérols 34 — 322 C 4
Pomeys 69 — 230 B 2
Pommard 21 — 177 G 1
Pommera 62 — 12 D 4
La Pommeraie-
  sur-Sèvre 85 — 167 E 3
La Pommeraye 14 — 53 F 2
La Pommeraye 49 — 149 E 2
Pommeret 22 — 78 C 3
Pommereuil 59 — 15 E 4
Pommereux 76 — 21 F 5
Pommeréval 76 — 20 C 3
Pommerieux 53 — 128 A 2
Pommérieux 57 — 65 H 2
Pommerit-Jaudy 22 — 73 E 3
Pommerit-le-Vicomte 22 — 73 F 4
Pommerol 26 — 268 C 5
Pommeuse 77 — 59 H 4
Pommevic 82 — 276 D 4
Pommier 62 — 13 F 3
Pommier-
  de-Beaurepaire 38 — 231 H 4
Pommiers 02 — 40 B 2
Pommiers 30 — 302 B 1
Pommiers 36 — 189 E 2
Pommiers 42 — 211 G 5
Pommiers 69 — 212 D 3
Pommiers-la-Placette 38 — 232 D 5
Pommiers-Moulons 17 — 220 B 5
Pomoy 70 — 141 G 4
Pompaire 79 — 185 F 1
Pompéjac 33 — 256 B 5
Pompertuzat 31 — 318 A 2
Pompey 54 — 65 H 4
Pompiac 32 — 317 E 2
Le Pompidou 48 — 282 D 3
Pompierre 88 — 94 A 5
Pompierre-sur-Doubs 25 — 162 D 1
Pompiey 47 — 275 F 3
Pompignac 33 — 237 H 5
Pompignan 30 — 302 D 1
Pompignan 82 — 297 G 2
Pompogne 47 — 274 D 2
Pomponne 77 — 59 E 3
Pomport 24 — 257 H 1
Pomps 64 — 293 H 5
Pomy 11 — 337 G 2
Poncé-sur-le-Loir 72 — 130 D 3
Poncey-lès-Athée 21 — 160 D 4
Poncey-sur-l'Ignon 21 — 159 G 1
Le Ponchel 62 — 12 B 3
Ponches-Estruval 80 — 11 H 1
Ponchon 60 — 38 B 3
Poncin 01 — 214 A 2
Poncins 42 — 229 H 1
Pondaurat 33 — 256 C 4
Le Pondy 18 — 173 G 4
Ponet-et-Saint-Auban 26 — 268 A 1
Ponlat-Taillebourg 31 — 334 B 1
Pons 12 — 262 C 2
Pons 17 — 219 G 2
Ponsampère 32 — 315 H 2
Ponsan-Soubiran 32 — 316 A 3
Ponsas 26 — 249 E 2
Ponson-Debat-Pouts 64 — 314 D 3
Ponson-Dessus 64 — 314 D 3
Ponsonnas 38 — 251 E 5
Pont 21 — 160 C 4
Pont-à-Bucy 02 — 24 C 4
Pont-à-la-Planche 87 — 205 E 4
Pont-à-Marcq 59 — 8 D 4
Pont-à-Mousson 54 — 65 G 3
Pont-à-Vendin 62 — 8 C 4
Pont-Arcy 02 — 40 D 2
Pont-Audemer 27 — 35 E 2
Pont-Authou 27 — 35 G 4

Pont-aux-Moines 45 — 133 G 2
Pont-Aven 29 — 100 B 5
Pont-Bellanger 14 — 52 B 2
Pont-Calleck Château
  et Forêt de 56 — 101 E 3
Pont-Château 44 — 146 C 1
Le Pont-Chrétien-
  Chabenet 36 — 188 C 1
Pont-Croix 29 — 99 E 2
Pont-d'Ain 01 — 214 A 2
Pont-d'Arc 07 — 284 B 1
Le Pont-d'Ardres 62 — 2 D 3
Pont-de-Barret 26 — 267 G 3
Le Pont-de-Beauvoisin 38 — 232 D 3
Le Pont-de-Beauvoisin 73 — 232 D 3
Pont-de-Braye 72 — 130 D 3
Pont-de-Briques 62 — 6 B 2
Pont-de-Buis-
  lès-Quimerch 29 — 75 H 4
Pont-de-Chazey-Villieu 01 — 213 H 4
Pont-de-Chéruy 38 — 213 H 5
Le Pont-de-Claix 38 — 250 D 2
Pont-de-Crau 13 — 304 B 4
Pont-de-Dore 63 — 210 C 5
Pont de Gau (Parc
  ornithologique du) 13 — 324 B 3
Pont-de-la-Chaux 39 — 179 H 5
Pont-de-la-Maye 33 — 255 G 1
Pont-de-Labeaume 07 — 266 A 3
Pont-de-l'Arche 27 — 36 B 3
Pont-de-Larn 81 — 319 H 2
Pont-de-l'Étoile 13 — 327 F 2
Pont-de-l'Isère 26 — 249 F 4
Pont-de-Lunel 34 — 303 G 3
Pont-de-Menat 63 — 209 F 2
Pont-de-Metz 80 — 22 B 2
Le Pont-de-Montvert 48 — 283 E 1
Pont-de-Pany 21 — 159 G 3
Le Pont-de-Planches 70 — 140 D 5
Pont-de-Poitte 39 — 196 C 1
Pont-de-Roide 25 — 163 F 2
Pont-de-Ruan 37 — 151 G 4
Pont-de-Salars 12 — 281 E 2
Pont-de-Vaux 01 — 195 F 3
Pont-de-Veyle 01 — 195 E 5
Pont-des-Pierres 01 — 215 E 1
Pont-d'Espagne 65 — 332 C 4
Pont-d'Hérault 30 — 283 E 5
Pont-d'Héry 39 — 179 H 3
Pont-d'Ouche 21 — 159 G 5
Pont-d'Ouilly 14 — 53 G 3
Pont-du-Bois 70 — 118 D 4
Pont-du-Casse 47 — 276 B 2
Pont-du-Château 63 — 210 A 5
Pont-du-Châtel 29 — 71 E 4
Pont du Diable
  Gorges du 74 — 198 C 4
Pont du Dognon 87 — 206 B 4
Pont-du-Fossé 05 — 270 A 2
Pont du Gard 30 — 304 A 1
Pont-du-Loup 06 — 309 E 2
Pont-du-Navoy 39 — 179 G 4
Pont-en-Royans 38 — 250 A 3
Pont-et-Massène 21 — 158 D 1
Pont-Évêque 38 — 231 F 3
Pont-Farcy 50 — 52 B 2
Pont-Hébert 50 — 32 A 4
Pont-James 44 — 165 G 1
Pont-la-Ville 52 — 116 C 3
Pont-l'Abbé 29 — 99 G 4
Pont-l'Abbé 50 — 31 G 2
Pont-l'Abbé-d'Arnoult 17 — 201 E 4
Pont-lès-Bonfays 88 — 118 D 2
Pont-les-Moulins 25 — 162 C 2
Pont-l'Évêque 14 — 34 C 3
Pont-l'Évêque 60 — 23 G 5
Pont-Melvez 22 — 77 F 2
Pont-Noyelles 80 — 22 C 1
Pont-Péan 35 — 104 B 4
Pont-Réan 35 — 104 A 4
Pont-Remy 80 — 11 H 4
Pont-Royal 13 — 305 G 3
Pont-Saint-Esprit 30 — 284 D 2
Pont-Saint-Mard 02 — 40 B 1
Pont-Saint-Martin 44 — 147 G 5
Pont-Saint-Pierre 27 — 36 C 3
Pont-Saint-Vincent 54 — 94 D 1
Pont-Sainte-Marie 10 — 91 E 5
Pont-Sainte-Maxence 60 — 39 E 3
Pont-Salomon 43 — 230 A 5
Pont-Scorff 56 — 101 E 5
Pont-sur-l'Ognon 70 — 141 G 5
Pont-sur-Madon 88 — 94 D 4
Pont-sur-Meuse 55 — 64 C 4
Pont-sur-Sambre 59 — 15 G 3
Pont-sur-Seine 10 — 90 A 3
Pont-sur-Vanne 89 — 113 H 3

Pont-sur-Yonne 89 — 89 F 5
Pont-Trambouze 69 — 212 A 2
Pontacq 64 — 314 D 5
Pontaillac 17 — 218 C 1
Pontailler-sur-Saône 21 — 160 D 3
Pontaix 26 — 268 A 1
Pontamafrey 73 — 234 A 5
Pontanevaux 71 — 195 E 5
Pontarion 23 — 207 E 3
Pontarlier 25 — 180 C 2
Pontarmé 60 — 38 D 5
Pontaubault 50 — 51 H 5
Pontaubert 89 — 157 H 1
Pontault-Combault 77 — 59 E 4
Pontaumur 63 — 208 D 4
Pontavert 02 — 41 F 2
Pontcarré 77 — 59 E 4
Pontcey 70 — 140 D 4
Pontchardon 61 — 54 D 2
Pontcharra 38 — 233 G 4
Pontcharra-
  sur-Turdine 69 — 212 B 4
Pontcharraud 23 — 207 H 4
Pontchartrain 78 — 57 H 4
Pontcirq 46 — 259 G 4
Ponte-Leccia 2B — 347 E 3
Ponte Nuovo 2B — 347 F 2
Pontécoulant 14 — 53 E 3
Ponteilla 66 — 343 E 2
Ponteils-et-Brésis 30 — 283 G 1
Pontempeyrat 43 — 229 F 5
Pontenx-les-Forges 40 — 272 C 2
Le Pontet 33 — 237 G 2
Le Pontet 73 — 233 H 3
Le Pontet 84 — 285 F 5
Les Pontets 25 — 180 B 4
Pontevès 83 — 307 F 4
Ponteyraud 24 — 239 F 2
Pontfaverger-
  Moronvilliers 51 — 42 A 3
Pontgibaud 63 — 209 F 5
Pontgouin 28 — 85 G 3
Ponthévrard 78 — 87 E 3
Ponthierry 77 — 88 A 3
Ponthion 51 — 62 D 4
Ponthoile 80 — 11 F 2
Le Ponthou 29 — 72 B 5
Ponthoux 39 — 196 D 3
Pontiacq-Viellepinte 64 — 314 D 3
Pontigné 49 — 129 G 5
Pontigny 89 — 136 C 2
Pontis 04 — 270 B 4
Pontivy 56 — 101 H 3
Pontlevoy 41 — 153 E 2
Pontlieue 72 — 107 H 5
Pontmain 53 — 81 G 3
Pontoise 95 — 58 A 1
Pontoise-lès-Noyon 60 — 23 H 5
Pontonx-sur-l'Adour 40 — 293 E 2
Pontorson 50 — 80 C 2
Pontours 24 — 258 C 1
Pontoux 71 — 178 B 2
Pontoy 57 — 66 B 2
Pontpierre 57 — 66 D 1
Pontpoint 60 — 39 E 3
Pontrieux 22 — 73 E 4
Pontru 02 — 24 A 1
Pontruet 02 — 24 A 1
Ponts 50 — 51 H 4
Les Ponts-de-Cé 49 — 149 G 2
Ponts-et-Marais 76 — 10 D 4
Les Ponts-Neufs 22 — 78 C 3
Pontvallain 72 — 130 A 3
Popian 34 — 302 A 4
Popolasca 2B — 347 E 3
Porcaro 56 — 103 F 5
Porcelette 57 — 46 D 5
Porchères 33 — 238 D 3
Porcheresse 16 — 221 E 4
La Porcherie 87 — 224 C 3
Porcheux 60 — 37 H 3
Porcheville 78 — 57 G 2
Porcieu-Amblagnieu 38 — 214 B 4
Pordic 22 — 73 H 5
Le Porge 33 — 236 C 5
Pornic 44 — 146 C 5
Pornichet 44 — 145 H 5
Porquéricourt 60 — 23 G 5
Porquerolles Île de 83 — 328 C 5
Porri 2B — 347 G 3
Pors-Even 22 — 73 F 2
Porsmilin 29 — 74 D 2
Porspoder 29 — 70 A 5
Port 01 — 214 C 1
Le Port 09 — 335 H 4
Port Col de 09 — 336 A 3
Port-à-Binson 51 — 61 E 1

Port-Bail 50 — 31 E 2
Port-Barcarès 66 — 339 E 4
Port-Blanc 22 — 72 D 2
Port-Brillet 53 — 105 G 3
Port-Camargue 30 — 303 F 5
Port-Coton Aiguilles de 56 — 144 B 4
Port-Cros Île de 83 — 329 E 5
Port-d'Atelier 70 — 140 D 3
Port-de-Bouc 13 — 325 G 3
Port-de-Carhaix 29 — 76 D 4
Port-de-Gagnac 46 — 243 E 2
Port-de-Groslée 01 — 232 C 1
Port-de-la-Meule 85 — 164 A 4
Port-de-Lanne 40 — 292 C 4
Port-de-Miramar 83 — 328 D 4
Port-de-Piles 86 — 169 H 2
Port-d'Envaux 17 — 201 F 4
Port-des-Barques 17 — 200 C 3
Port-Donnant 56 — 144 B 4
Port-du-Salut
  Trappe du 53 — 106 A 4
Port-en-Bessin 14 — 32 D 2
Port-Goulphar 56 — 144 B 4
Port-Grimaud 83 — 329 F 2
Port-Haliguen 56 — 123 H 5
Port-Jérôme 76 — 35 F 1
Port-Joinville 85 — 164 C 1
Port-la-Nouvelle 11 — 339 F 2
Port-Lauragais 31 — 318 C 3
Port-Launay 29 — 75 H 4
Port-le-Grand 80 — 11 G 3
Port-Lesney 39 — 179 G 1
Port-Leucate 11 — 339 F 4
Port-Louis 56 — 123 F 2
Port-Manech 29 — 100 B 5
Port-Maria 56 — 144 C 4
Le Port-Marly 78 — 58 A 2
Port-Miou 13 — 327 F 3
Port-Navalo 56 — 124 A 4
Port Royal des Champs
  Abbaye de 78 — 57 H 4
Port-Saint-Louis-
  du-Rhône 13 — 325 F 4
Port-Saint-Père 44 — 147 F 5
Port-Sainte-Foy-
  et-Ponchapt 24 — 257 F 1
Port-Sainte-Marie 47 — 275 G 2
Port-sur-Saône 70 — 141 E 4
Port-sur-Seille 54 — 65 H 3
Port-Vendres 66 — 343 G 4
Port-Villez 78 — 57 E 1
Porta 64 — 341 E 4
La Porta 2B — 347 G 3
Porte Col de 38 — 233 E 5
Porte-Joie 27 — 36 C 4
Porté-Puymorens 66 — 341 E 3
Le Portel 62 — 6 A 2
Portel Sommet de 09 — 335 H 3
Portel-des-Corbières 11 — 338 D 2
Portes 27 — 56 A 1
Portes 30 — 283 G 2
Portes Calvaire de 01 — 214 B 4
Portes Chartreuse de 01 — 214 B 4
Les Portes-en-Ré 17 — 182 C 4
Portes-en-Valdaine 26 — 267 F 4
Portes-lès-Valence 26 — 249 F 5
Portet 64 — 294 C 5
Portet-d'Aspet 31 — 334 D 3
Portet d'Aspet Col de 31 — 334 D 3
Portet-de-Luchon 31 — 334 A 4
Portet-sur-Garonne 31 — 297 H 5
Portets 33 — 255 H 2
Porticcio 2A — 348 C 4
Porticciolo Marine de 2B — 345 G 2
Portieux 88 — 95 E 4
Portiragnes 34 — 321 H 4
Portiragnes-Plage 34 — 321 H 4
Portivy 56 — 123 G 5
Porto 2A — 346 B 5
Porto-Pollo 2A — 348 C 5
Porto-Vecchio 2A — 351 G 4
Ports 37 — 169 G 1
Portsall 29 — 70 B 4
Posanges 21 — 159 E 2
Poses 27 — 36 C 3
Possesse 51 — 63 E 3
La Possonnière 49 — 149 F 2
La Possonnière Manoir 41 — 130 D 3
La Postolle 89 — 113 H 2
Postroff 57 — 67 H 3
Potangis 51 — 90 A 2
Potelières 30 — 284 A 3
Potelle 59 — 15 E 3
La Poterie-au-Perche 61 — 84 D 2
La Poterie-Cap-d'Antifer 76 — 18 C 4

A B C D E F G H I J K L M N O P Q R S T U V W X Y Z

La Poterie-Mathieu 27 ... 35 E 4
Pothières 21 ... 115 H 5
Potigny 14 ... 53 H 2
Potte 80 ... 23 G 3
Pouan-les-Vallées 10 ... 90 D 3
Pouançay 86 ... 168 B 1
Pouancé 49 ... 127 F 3
Pouant 86 ... 169 E 2
Poubeau 31 ... 334 A 4
Poucharramet 31 ... 317 F 3
Pouchergues 65 ... 333 H 4
Poudenas 47 ... 275 F 4
Poudenx 40 ... 293 H 4
Poudis 81 ... 299 E 5
Poudrey Gouffre de 25 ... 162 B 4
Poueyferré 65 ... 332 D 1
La Pouëze 49 ... 128 A 5
Pouffonds 79 ... 185 G 5
La Pouge 23 ... 207 F 3
Le Pouget 34 ... 302 A 5
Pougnadoires Cirque de 48 ... 282 B 1
Pougnadoresse 30 ... 284 C 4
Pougné 16 ... 203 G 3
Pougne-Hérisson 79 ... 167 H 5
Pougny 01 ... 215 F 1
Pougny 58 ... 156 B 3
Pougues-les-Eaux 58 ... 174 C 1
Pougy 10 ... 91 G 4
Pouillac 17 ... 238 E 1
Pouillat 01 ... 196 B 4
Pouillé 41 ... 153 E 3
Pouillé 85 ... 183 H 2
Pouillé 86 ... 186 D 2
Pouillé-les-Côteaux 44 ... 148 B 5
Pouillenay 21 ... 159 E 1
Pouilley-Français 25 ... 161 G 4
Pouilley-les-Vignes 25 ... 161 H 3
Pouillon 40 ... 293 E 4
Pouillon 51 ... 41 F 3
Pouilloux 71 ... 194 A 1
Pouilly 57 ... 65 H 1
Pouilly 60 ... 38 A 4
Pouilly-en-Auxois 21 ... 159 F 4
Pouilly-en-Bassigny 52 ... 117 H 4
Pouilly-le-Fort 77 ... 88 B 2
Pouilly-le-Monial 69 ... 212 D 3
Pouilly-les-Feurs 42 ... 211 H 5
Pouilly-les-Nonains 42 ... 211 F 2
Pouilly-sous-Charlieu 42 ... 211 G 1
Pouilly-sur-Loire 58 ... 156 A 4
Pouilly-sur-Meuse 55 ... 27 G 5
Pouilly-sur-Saône 21 ... 178 B 1
Pouilly-sur-Serre 02 ... 24 D 4
Pouilly-sur-Vingeanne 21 ... 139 H 5
Le Poujol-sur-Orb 34 ... 301 F 5
Poujols 34 ... 301 H 3
Poul-Fétan 56 ... 101 G 4
Poulaines 36 ... 153 H 5
Poulains Pointe des 56 ... 144 B 3
Poulainville 80 ... 22 C 1
Poulan-Pouzols 81 ... 299 F 2
Poulangy 52 ... 117 E 4
Poulay 53 ... 82 C 4
Pouldavid 29 ... 99 F 2
Pouldergat 29 ... 99 F 2
Pouldouran 22 ... 73 E 3
Pouldreuzic 29 ... 99 F 3
Le Pouldu 29 ... 123 E 2
Poule-les-Écharmeaux 69 ... 212 B 1
Pouliacq 64 ... 294 B 5
Les Poulières 88 ... 120 A 2
Pouligney 25 ... 162 B 2
Pouligny-Notre-Dame 36 ... 189 G 2
Pouligny-Saint-Martin 36 ... 189 G 2
Pouligny-Saint-Pierre 36 ... 170 C 5
Le Pouliguen 44 ... 145 H 5
Poullan-sur-Mer 29 ... 99 F 2
Poullaouen 29 ... 76 C 3
Poullignac 16 ... 220 D 4
Poulx 30 ... 303 H 1
Poumarous 65 ... 315 F 5
Poupas 82 ... 276 D 5
Poupry 28 ... 110 D 4
Pouques-Lormes 58 ... 157 H 3
Pourcharesses 48 ... 265 F 5
Pourchères 07 ... 266 C 2
Pourcieux 83 ... 306 D 5
Pourcy 51 ... 41 F 5
Pourlans 71 ... 178 C 2
Pournoy-la-Chétive 57 ... 65 H 2
Pournoy-la-Grasse 57 ... 65 H 2
Pourrain 89 ... 136 A 3
Pourrières 83 ... 306 C 5
Poursac 16 ... 203 G 3
Poursay-Garnaud 17 ... 201 H 3
Poursiugues-Boucoue 64 ... 294 B 5

Pourtalet Col du 64 ... 332 A 4
Pouru-aux-Bois 08 ... 27 G 3
Pouru-Saint-Remy 08 ... 27 G 4
Pourville-sur-Mer 76 ... 10 A 5
Poussan 34 ... 323 E 3
Poussanges 23 ... 207 H 5
Poussay 88 ... 94 D 4
Pousseaux 58 ... 157 F 1
Poussignac 47 ... 275 E 1
Poussy-la-Campagne 14 ... 33 H 5
Pousthomy 12 ... 300 B 2
Le Pout 33 ... 255 H 1
Pouvrai 61 ... 84 B 5
Pouxeux 88 ... 119 G 3
Pouy 65 ... 316 A 4
Pouy-de-Touges 31 ... 317 E 3
Pouy-Loubrin 32 ... 316 B 2
Pouy-Roquelaure 32 ... 275 H 5
Pouy-sur-Vannes 10 ... 90 A 5
Pouyastruc 65 ... 315 F 4
Pouydesseaux 40 ... 274 A 5
Pouydraguin 32 ... 295 E 4
Pouylebon 32 ... 295 G 5
Pouzac 65 ... 333 F 1
Le Pouzat 07 ... 248 B 4
Pouzauges 85 ... 166 D 4
Pouzay 37 ... 169 G 1
Pouze 31 ... 318 A 2
Pouzilhac 30 ... 284 D 4
Le Pouzin 07 ... 267 E 1
Pouziox 86 ... 187 E 2
Pouzol 63 ... 209 G 2
Pouzols 34 ... 302 A 4
Pouzols-Minervois 11 ... 320 D 4
Pouzy-Mésangy 03 ... 174 B 5
Poyanne 40 ... 293 F 2
Poyans 70 ... 160 D 1
Poyartin 40 ... 293 F 3
Poyols 26 ... 268 B 3
Pozières 80 ... 13 G 5
Pra Loup 04 ... 270 D 5
Le Pradal 34 ... 301 F 4
Les Pradeaux 63 ... 228 A 3
Pradeaux Col des 63 ... 229 E 3
Pradel Col du 11 ... 336 D 5
Pradelle 26 ... 268 A 1
Pradelles 43 ... 265 F 1
Pradelles 59 ... 4 A 5
Pradelles-Cabardès 11 ... 320 A 3
Pradelles-en-Val 11 ... 338 A 1
Pradère-les-Bourguets 31 ... 297 F 4
Prades 07 ... 266 A 3
Prades 09 ... 336 D 5
Prades 43 ... 246 D 4
Prades 48 ... 282 C 1
Prades 66 ... 342 A 3
Prades 81 ... 299 E 4
Prades-d'Aubrac 12 ... 263 G 4
Prades-de-Salars 12 ... 281 E 2
Prades-le-Lez 34 ... 302 D 3
Prades-sur-Vernazobre 34 ... 321 E 2
Le Pradet 83 ... 328 B 4
Pradettes 09 ... 336 C 2
Pradières 09 ... 336 B 3
Pradiers 15 ... 245 F 1
Pradinas 12 ... 279 H 3
Pradines 19 ... 225 E 3
Pradines 42 ... 211 H 3
Pradines 46 ... 259 H 5
Pradons 07 ... 266 B 5
Prads 04 ... 288 C 2
Prafrance Bambouseraie de 30 ... 283 G 4
Pragnères Centrale de 65 ... 333 E 4
Prahecq 79 ... 185 E 5
Prailles 79 ... 185 F 4
Pralognan-la-Vanoise 73 ... 234 D 4
Prálon 21 ... 159 G 3
Pralong 42 ... 229 G 2
Pramousquier 83 ... 329 E 4
Pramouton 05 ... 270 C 4
Prangey 52 ... 139 G 3
Pranles 07 ... 266 C 1
Pranzac 16 ... 221 G 1
Prapoutel-les-Sept-Laux 38 ... 251 F 1
Le Prarion 74 ... 216 D 3
Praslay 52 ... 139 F 3
Praslin 10 ... 115 F 4
Prasville 28 ... 110 C 2
Prat 22 ... 72 D 4
Prat-Bonrepaux 09 ... 335 G 2
Prat de Bouc 15 ... 245 E 3
Prato-di-Giovellina 2B ... 347 E 4
Prats-de-Carlux 24 ... 241 H 5
Prats-de-Mollo-la-Preste 66 ... 342 B 5
Prats-de-Sournia 66 ... 338 A 5

Prats-du-Périgord 24 ... 259 F 2
Pratviel 81 ... 298 D 4
Pratz 39 ... 196 D 3
Pratz 52 ... 116 C 2
Prauthoy 52 ... 139 G 4
Pray 41 ... 131 H 4
Praye 54 ... 94 D 3
Prayet Col du 38 ... 268 D 1
Prayols 09 ... 336 B 3
Prayssac 46 ... 259 G 5
Prayssas 47 ... 275 H 1
La Praz 73 ... 252 C 1
Le Praz 73 ... 234 C 3
Praz-Coutant 74 ... 216 D 3
Les Praz-de-Chamonix 74 ... 217 E 2
Praz-sur-Arly 74 ... 216 C 4
Le Pré-d'Auge 14 ... 34 C 5
Pré de Madame Carle 05 ... 252 B 4
Pré-en-Pail-Saint-Samson 53 ... 83 E 3
Pré-Saint-Évroult 28 ... 110 A 3
Le Pré-Saint-Gervais 93 ... 58 C 3
Pré-Saint-Martin 28 ... 110 A 2
Préaux 07 ... 248 D 2
Les Préaux 27 ... 35 E 3
Préaux 36 ... 171 E 2
Préaux 53 ... 106 C 5
Préaux 76 ... 36 C 1
Préaux 77 ... 112 D 2
Préaux-Bocage 14 ... 53 F 1
Préaux-du-Perche 61 ... 84 D 5
Préaux-Saint-Sébastien 14 ... 54 D 2
Prébois 38 ... 268 D 1
Précey 50 ... 51 G 5
Préchac 32 ... 296 B 2
Préchac 33 ... 255 H 5
Préchac 65 ... 332 D 2
Préchac-sur-Adour 32 ... 295 E 4
Préchacq-Josbaig 64 ... 313 G 4
Préchacq-les-Bains 40 ... 293 F 2
Préchacq-Navarrenx 64 ... 313 G 4
Précieux 42 ... 229 H 2
Précigné 72 ... 129 E 3
Précilhon 64 ... 331 H 1
Précorbin 50 ... 32 C 5
Précy 18 ... 174 A 1
Précy-le-Sec 89 ... 136 D 5
Précy-Notre-Dame 10 ... 91 G 4
Précy-Saint-Martin 10 ... 91 G 4
Précy-sous-Thil 21 ... 158 D 2
Précy-sur-Marne 77 ... 59 F 2
Précy-sur-Oise 60 ... 38 C 4
Précy-sur-Vrin 89 ... 113 G 5
Prédefin 62 ... 7 F 4
Préfailles 44 ... 146 B 4
Préfontaines 45 ... 112 B 3
Prégilbert 89 ... 136 C 5
Préguillac 17 ... 219 G 1
Préhy 89 ... 136 C 3
Preignac 33 ... 256 B 3
Preignan 32 ... 296 B 3
Preigney 70 ... 140 C 3
Preixan 11 ... 337 G 1
Prélenfrey 38 ... 250 D 3
Prelles 05 ... 252 C 5
Prémanon 39 ... 197 F 2
Premeaux-Prissey 21 ... 159 H 5
Prémery 58 ... 156 D 5
Prémesques 59 ... 8 C 2
Prémeyzel 01 ... 232 D 1
Prémian 34 ... 300 D 5
Premières 21 ... 160 C 4
Premierfait 10 ... 90 D 3
Prémilhat 03 ... 190 C 4
Prémillieu 01 ... 214 C 4
Prémont 02 ... 24 C 1
Prémontré 02 ... 24 C 5
Prendeignes 46 ... 261 G 2
Préneron 32 ... 295 G 3
La Prénessaye 22 ... 102 C 1
Prenois 21 ... 159 H 2
Prénouvellon 41 ... 110 B 5
Prénovel 39 ... 197 E 2
Préporché 58 ... 175 H 3
Prépotin 61 ... 84 C 2
Les Prés 26 ... 268 D 4
Présailles 43 ... 247 G 5
Préseau 59 ... 15 E 2
Présentevillers 25 ... 142 B 4
Préserville 31 ... 298 B 5
Présilly 39 ... 196 C 1
Présilly 74 ... 215 G 1
Presle 73 ... 233 G 3
Presles 14 ... 52 D 2
Presles 38 ... 250 B 3

Presles 95 ... 38 B 5
Presles-en-Brie 77 ... 59 F 5
Presles-et-Boves 02 ... 40 D 2
Presles-et-Thierny 02 ... 40 D 1
Presly 18 ... 155 E 2
Presnoy 45 ... 112 A 5
Presque Grotte de 46 ... 261 E 1
Pressac 86 ... 204 B 1
Pressagny-l'Orgueilleux 27 ... 36 D 5
Pressiat 01 ... 196 A 4
Pressignac 16 ... 204 C 5
Pressignac-Vicq 24 ... 240 C 5
Pressigny 52 ... 140 B 3
Pressigny 79 ... 168 B 4
Pressigny-les-Pins 45 ... 134 D 2
Pressins 38 ... 232 C 3
Pressy 62 ... 7 G 4
Pressy-sous-Dondin 71 ... 194 B 2
La Preste 66 ... 342 A 5
La Prétière 25 ... 142 A 5
Pretin 39 ... 179 G 2
Prétot-Sainte-Suzanne 50 ... 31 G 2
Prétot-Vicquemare 76 ... 19 H 3
Prêtreville 14 ... 54 D 1
Préty 71 ... 195 F 2
Pretz-en-Argonne 55 ... 63 G 2
Preuilly 18 ... 172 D 1
Preuilly Abbaye de 77 ... 89 E 4
Preuilly-la-Ville 36 ... 170 B 5
Preuilly-sur-Claise 37 ... 170 B 3
Preures 62 ... 6 C 3
Preuschdorf 67 ... 69 E 2
Preuseville 76 ... 21 E 2
Preutin-Higny 54 ... 45 E 3
Preux-au-Bois 59 ... 15 E 4
Preux-au-Sart 59 ... 15 E 2
Préval 72 ... 108 C 2
Prévelles 72 ... 108 B 3
Prévenchères 48 ... 265 F 4
Préveranges 18 ... 190 A 3
Prévessin-Moëns 01 ... 197 G 4
La Prévière 49 ... 127 F 3
Prévillers 60 ... 21 H 5
Prévinquières 12 ... 279 H 1
Prévocourt 57 ... 66 C 3
Prey 27 ... 56 C 2
Prey 88 ... 119 H 2
Preyssac-d'Excideuil 24 ... 223 F 5
Prez 08 ... 26 A 2
Prez-sous-Lafauche 52 ... 93 G 5
Prez-sur-Marne 52 ... 92 D 2
Priaires 79 ... 201 G 1
Priay 01 ... 214 A 2
Priez 02 ... 40 B 5
Prignac 17 ... 202 B 4
Prignac-en-Médoc 33 ... 218 D 5
Prignac-et-Marcamps 33 ... 237 G 3
Prigonrieux 24 ... 239 G 5
Primarette 38 ... 231 G 4
Primat 08 ... 42 D 2
La Primaube 12 ... 280 D 2
Primel-Trégastel 29 ... 72 A 3
Primelin 29 ... 98 D 2
Primelles 18 ... 172 D 3
Prin-Deyrançon 79 ... 184 C 5
Princay 86 ... 169 E 2
Princé 35 ... 105 F 2
Pringé 72 ... 129 H 4
Pringy 51 ... 62 C 4
Pringy 74 ... 215 G 3
Pringy 77 ... 88 A 3
Prinquiau 44 ... 146 D 2
Prinsuéjols 48 ... 263 H 3
Printzheim 67 ... 68 C 4
Prisces 02 ... 25 F 3
Prisches 59 ... 15 F 4
Prissac 36 ... 188 B 2
Prissé 71 ... 194 D 4
Prissé-la-Charrière 79 ... 201 H 1
Pritz 53 ... 106 A 3
Privas 07 ... 266 D 2
Privezac 12 ... 279 H 1
Prix-lès-Mézières 08 ... 26 D 3
Priziac 56 ... 101 E 2
Prizy 71 ... 193 H 4
La Proiselière-et-Langle 70 ... 141 H 2
Proissans 24 ... 241 G 5
Proisy 02 ... 25 E 1
Proix 02 ... 24 D 1
Projan 32 ... 294 C 4
Promilhanes 46 ... 279 E 1
Prompsat 63 ... 209 H 4
Prondines 63 ... 226 D 1
Pronleroy 60 ... 38 D 1
Pronville-en-Artois 62 ... 13 H 3
Propiac 26 ... 286 A 2
Propières 69 ... 212 B 1

Propriano 2A ... 350 D 2
Prosnes 51 ... 42 A 4
Prouais 28 ... 57 E 5
Prouilly 51 ... 41 F 3
Proumeyssac Gouffre de 24 ... 241 E 5
Proupiary 31 ... 316 D 5
Proussy 14 ... 53 F 2
Prouvais 02 ... 41 G 1
Prouville 80 ... 12 B 4
Prouvy 59 ... 14 D 2
Prouzel 80 ... 22 B 2
Provemont 27 ... 37 F 3
Provenchère 25 ... 163 E 3
Provenchère 70 ... 141 E 3
Provenchères-lès-Darney 88 ... 118 C 3
Provenchères-et-Colroy 88 ... 96 C 4
Provenchères-sur-Marne 52 ... 92 D 5
Provenchères-sur-Meuse 52 ... 117 H 4
Provency 89 ... 158 A 1
Proverville 10 ... 116 A 2
Proveysieux 38 ... 250 D 1
Proville 59 ... 14 B 4
Provin 59 ... 8 C 4
Provins 77 ... 89 G 2
Proviseux-et-Plesnoy 02 ... 41 G 1
Proyart 80 ... 23 E 2
Prudemanche 28 ... 56 B 5
Prudhomat 46 ... 243 E 5
Prugnanes 66 ... 338 A 4
Prugny 10 ... 114 D 2
Pruillé 49 ... 128 B 5
Pruillé-le-Chétif 72 ... 107 G 5
Pruillé-l'Éguillé 72 ... 130 B 2
Pruines 12 ... 262 C 4
Prunay 51 ... 41 H 4
Prunay-Belleville 10 ... 90 B 5
Prunay-Cassereau 41 ... 131 F 4
Prunay-en-Yvelines 78 ... 86 D 3
Prunay-le-Gillon 28 ... 86 C 5
Prunay-le-Temple 78 ... 57 F 3
Prunay-sur-Essonne 91 ... 87 H 5
Prunelli-di-Casacconi 2B ... 347 G 2
Prunelli-di-Fiumorbo 2B ... 349 G 2
Prunet 07 ... 266 A 3
Prunet 15 ... 262 C 1
Prunet 31 ... 298 C 5
Prunet-et-Belpuig 66 ... 342 C 3
Prunete 2B ... 347 H 4
Prunières 05 ... 270 A 3
Prunières 38 ... 251 E 5
Prunières 48 ... 264 B 1
Pruniers 36 ... 172 C 4
Pruniers 49 ... 149 G 1
Pruniers-en-Sologne 41 ... 153 H 3
Pruno 2B ... 347 G 3
Prunoy 89 ... 135 G 2
Prusly-sur-Ource 21 ... 138 B 2
Prusy 10 ... 114 D 5
Pruzilly 71 ... 194 D 5
Puberg 67 ... 68 A 2
Publier 74 ... 198 B 3
Publy 39 ... 179 F 5
Puceul 44 ... 126 C 5
Le Puch 09 ... 337 F 5
Puch-d'Agenais 47 ... 275 F 1
Puchay 27 ... 37 E 3
Puchevillers 80 ... 12 D 5
Le Puech 34 ... 301 H 4
Puéchabon 34 ... 302 B 3
Puéchoursi 81 ... 318 D 2
Puechredon 30 ... 303 F 1
Puellemontier 52 ... 92 A 3
Puessans 25 ... 162 C 1
Puget 84 ... 305 G 4
Puget-Rostang 06 ... 289 G 4
Puget-sur-Argens 83 ... 308 C 5
Puget-Théniers 06 ... 289 F 5
Puget-Ville 83 ... 328 C 2
Pugey 25 ... 161 H 4
Pugieu 01 ... 214 C 4
Puginier 11 ... 318 D 3
Pugnac 33 ... 237 G 3
Pugny 79 ... 167 G 4
Pugny-Chatenod 73 ... 233 F 1
Puichéric 11 ... 320 B 5
Le Puid 88 ... 96 C 3
Puihardy 79 ... 184 D 2
Puilacher 34 ... 302 A 5
Puilaurens 11 ... 337 G 5
Puilboreau 17 ... 183 F 5
Puilly-et-Charbeaux 08 ... 27 H 4
Puimichel 04 ... 287 G 5
Puimisson 34 ... 321 G 2

Puimoisson 04 ... 307 F 1
La Puisaye 28 ... 85 F 2
Puiseaux 45 ... 112 A 2
Puiselet-le-Marais 91 ... 87 G 4
Puisenval 76 ... 21 E 2
Le Puiset 28 ... 110 D 2
Le Puiset-Doré 49 ... 148 C 4
Puiseux 08 ... 26 C 5
Puiseux 28 ... 86 A 2
Puiseux-en-Bray 60 ... 37 G 2
Puiseux-en-France 95 ... 58 D 1
Puiseux-en-Retz 02 ... 40 A 3
Puiseux-le-Hauberger 60 ... 38 B 4
Puiseux-Pontoise 95 ... 57 H 1
Puisieulx 51 ... 41 H 4
Puisieux 62 ... 13 F 4
Puisieux 77 ... 59 G 1
Puisieux-et-Clanlieu 02 ... 24 D 2
Puissalicon 34 ... 321 G 2
Puisseguin 33 ... 238 D 5
Puisserguier 34 ... 321 E 3
Puits 21 ... 138 A 3
Puits-et-Nuisement 10 ... 115 H 2
Puits-la-Vallée 60 ... 22 B 5
Puivert 11 ... 337 E 3
Pujaudran 32 ... 297 F 5
Pujaut 30 ... 285 E 5
Pujo 65 ... 315 E 3
Pujo-le-Plan 40 ... 294 B 1
Les Pujols 09 ... 336 C 1
Pujols 33 ... 256 D 1
Pujols 47 ... 276 C 1
Pujols-sur-Ciron 33 ... 255 H 4
Le Puley 71 ... 177 F 5
Puligny-Montrachet 21 ... 177 G 2
Pullay 27 ... 55 H 4
Pulligny 54 ... 94 D 2
Pulney 54 ... 94 C 4
Pulnoy 54 ... 66 B 5
Pulvérières 63 ... 209 F 4
Pulversheim 68 ... 121 E 5
Punchy 80 ... 23 F 3
Punerot 88 ... 94 A 3
Puntous 65 ... 316 A 4
Puntous de Laguian 32 ... 315 G 2
Pupillin 39 ... 179 G 3
Pure 08 ... 27 G 4
Purgerot 70 ... 140 D 3
Pusey 70 ... 141 E 4
Pusignan 69 ... 213 G 5
Pussay 91 ... 87 E 5
Pussigny 37 ... 169 G 2
Pussy 73 ... 234 B 2
Pusy-et-Épenoux 70 ... 141 E 4
Putanges-le-Lac 61 ... 53 H 4
Puteaux 92 ... 58 B 3
Putot-en-Auge 14 ... 34 A 4
Putot-en-Bessin 14 ... 33 F 4
Puttelange-aux-Lacs 57 ... 67 F 1
Puttelange-lès-Thionville 57 ... 45 H 1
Puttigny 57 ... 66 D 3
Puxe 54 ... 45 E 5
Puxieux 54 ... 65 F 1
Le Puy 25 ... 162 B 2
Le Puy 33 ... 257 E 3
Puy Crapaud 85 ... 167 E 4
Puy-d'Arnac 19 ... 242 D 4
Puy de Dôme 63 ... 209 G 5
Puy-de-Serre 85 ... 184 C 1
Puy du Fou Château du 85 ... 166 D 2
Puy-du-Lac 17 ... 201 F 3
Le Puy-en-Velay 43 ... 247 F 3
Puy-Guillaume 63 ... 210 C 3
Puy-l'Évêque 46 ... 259 F 4
Puy-Malsignat 23 ... 207 H 3
Le Puy-Notre-Dame 49 ... 150 A 5
Puy-Saint-André 05 ... 252 C 4
Le Puy-Saint-Bonnet 49 ... 166 D 1
Puy-Saint-Eusèbe 05 ... 270 B 3
Puy-Saint-Gulmier 63 ... 208 D 5
Puy-Saint-Martin 26 ... 267 G 3
Puy-Saint-Pierre 05 ... 252 D 4
Puy-Saint-Vincent 05 ... 252 C 5
Le Puy-Sainte-Réparade 13 ... 306 A 3
Puy-Sanières 05 ... 270 C 3
Puybarban 33 ... 256 D 4
Puybegon 81 ... 298 D 2
Puybrun 46 ... 242 D 5
Puycalvel 81 ... 299 F 4
Puycasquier 32 ... 296 C 3
Puycelsi 81 ... 278 D 5
Puycornet 82 ... 277 H 3
Puydaniel 31 ... 317 H 4
Puydarrieux 65 ... 315 H 4

Puydrouard *17* **201** E 1
La Puye *86* **187** F 1
Puygaillard-de-Lomagne *82* **276** D 5
Puygaillard-de-Quercy *82* **278** C 5
Puygiron *26* **267** F 4
Puygouzon *81* **299** F 1
Puygros *73* **233** G 2
Puyguilhem *24* **257** G 2
Puyguilhem *Château de 24* **222** C 4
Puyjourdes *46* **279** E 1
Puylagarde *82* **279** E 2
Puylaroque *82* **278** C 2
Puylaurens *81* **299** E 5
Puylausic *32* **316** D 2
Puyloubier *13* **306** C 5
Puymangou *24* **239** E 2
Puymartin *Château de 24* **241** F 5
Puymaurin *31* **316** C 3
Puyméras *84* **285** H 2
Puymiclan *47* **257** G 4
Puymirol *47* **276** C 3
Puymorens *Col de 66* **340** D 3
Puymoyen *16* **221** F 2
Puynormand *33* **238** D 4
Puyol-Cazalet *40* **294** B 4
Puyôô *64* **293** E 5
Puyravault *17* **201** E 1
Puyravault *85* **183** F 3
Puyréaux *16* **203** F 4
Puyrenier *24* **221** H 4
Puyricard *13* **306** A 4
Puyrolland *17* **201** G 2
Puys *76* **10** B 5
Puységur *32* **296** B 3
Puysségur *31* **297** E 3
Puysserampion *47* **257** G 3
Puyvalador *66* **341** G 2
Puyvert *84* **305** H 2
Puzeaux *80* **23** F 3
Puzieux *57* **66** B 3
Puzieux *88* **94** D 4
Py *66* **342** A 4
Pyla-sur-Mer *33* **254** B 2
La Pyle *27* **35** H 4
Pyrénées 2000 *66* **341** G 4
Pys *80* **13** G 4

Q

Quaëdypre *59* **3** H 3
Quaix-en-Chartreuse *38* **250** D 1
Quantilly *18* **155** F 4
Quarante *34* **321** E 3
Quarouble *59* **9** H 5
Quarré-les-Tombes *89* **158** A 3
La Quarte *70* **140** B 4
Le Quartier *63* **209** E 2
Quasquara *2A* **349** E 3
Quatre-Champs *08* **42** D 1
Les Quatre Chemins *85* **183** F 2
Quatre-Routes-d'Albussac *19* **242** D 3
Les Quatre-Routes-du-Lot *46* **242** C 4
Quatre Vios *Col des 07* **266** B 1
Quatremare *27* **36** B 4
Quatzenheim *67* **68** C 5
Quéant *62* **13** H 3
Queaux *86* **187** E 4
Québriac *35* **80** A 4
Quédillac *35* **103** F 1
Queige *73* **216** B 5
Quelaines-Saint-Gault *53* **105** H 5
Les Quelles *67* **96** C 3
Quelmes *62* **3** E 5
Quelneuc *56* **125** H 4
Quéménéven *29* **75** H 5
Quemigny-Poisot *21* **159** H 4
Quemigny-sur-Seine *21* **138** B 4
Quemper-Guézennec *22* **73** F 3
Quemperven *22* **72** D 3
Quend *80* **11** F 1
Quend-Plage-les-Pins *80* **11** E 1
Quenne *89* **136** C 3
Quenoche *70* **162** A 1
Quenza *2A* **349** F 5
Quercamps *62* **3** E 5
Querciolo *2B* **347** H 2
Quercitello *2B* **347** G 3
Quérénaing *59* **14** D 2
Quéribus *Château de 11* **338** B 4
Quérigut *09* **341** G 4
Quernes *62* **7** G 3
Quéroy *Grottes du 16* **221** G 2
Querqueville *50* **29** E 2
Querré *49* **128** C 4

Querrien *29* **100** D 4
Querrieu *80* **22** C 1
Quers *70* **141** G 3
Quesmy *60* **23** H 4
Quesnay-Guesnon *14* **32** D 4
Le Quesne *80* **21** G 2
Le Quesnel *80* **23** E 3
Le Quesnel-Aubry *60* **38** C 1
Le Quesnoy *59* **15** E 3
Le Quesnoy *80* **23** E 3
Le Quesnoy-en-Artois *62* **12** B 2
Quesnoy-le-Montant *80* **11** F 3
Quesnoy-sur-Airaines *80* **11** H 5
Quesnoy-sur-Deûle *59* **4** C 5
Quesques *62* **6** D 2
Quessigny *27* **56** C 2
Quessoy *22* **78** C 4
Quessy *02* **24** B 4
Questembert *56* **125** E 3
Questrecques *62* **6** C 2
Quet-en-Beaumont *38* **251** F 5
Quetigny *21* **160** B 3
Quettehou *50* **29** G 3
Quettetot *50* **29** E 4
Quetteville *14* **34** D 3
Quettreville-sur-Sienne *50* **51** G 1
Queudes *51* **61** E 5
La Queue-en-Brie *94* **58** D 4
La Queue-les-Yvelines *78* **57** G 4
Queuille *63* **209** F 3
Quevauvillers *80* **22** A 2
Quéven *56* **101** E 5
Quévert *22* **79** G 4
Quevillon *76* **36** A 2
Quevilloncourt *54* **94** D 3
Quévreville-la-Poterie *76* **36** B 3
Queyrac *33* **218** D 4
Queyrières *43* **247** H 3
Queyssac *24* **240** B 5
Queyssac-les-Vignes *19* **242** D 4
Quézac *15* **261** H 2
Quézac *48* **282** C 1
Quiberon *56* **123** H 5
Quiberville *76* **20** A 2
Quibou *50* **32** A 5
Quié *09* **336** B 4
Quiers *77* **88** D 2
Quiers-sur-Bézonde *45* **111** H 5
Quiéry-la-Motte *62* **8** C 5
Quierzy *02* **24** A 5
Quiestède *62* **7** G 2
Quiévelon *59* **15** H 3
Quièvrechain *59* **9** H 5
Quiévrecourt *76* **20** D 3
Quiévy *59* **14** D 4
Quilen *62* **6** D 4
Quilinen *Calvaire de 29* **99** H 2
Quillan *11* **337** F 4
Quillane *Col de 66* **341** G 3
Quillebeuf-sur-Seine *27* **35** F 1
Le Quillio *22* **102** A 1
Quilly *08* **42** C 2
Quilly *44* **146** D 1
Quily *56* **102** D 5
Quimerch *29* **75** H 4
Quimiac *44* **145** G 3
Quimper *29* **99** H 3
Quimperlé *29* **100** D 4
Quincampoix *76* **36** B 1
Quincampoix-Fleuzy *60* **21** G 3
Quinçay *86* **186** B 1
Quincerot *21* **137** G 5
Quincerot *89* **115** E 5
Quincey *10* **90** A 3
Quincey *21* **160** A 5
Quincey *70* **141** F 4
Quincié-en-Beaujolais *69* **212** C 1
Quincieu *38* **250** B 1
Quincieux *69* **213** E 4
Quincy *18* **154** C 5
Quincy-Basse *02* **40** B 1
Quincy-Landzécourt *55* **43** H 1
Quincy-le-Vicomte *21* **137** G 5
Quincy-sous-le-Mont *02* **40** D 3
Quincy-sous-Sénart *91* **58** D 5
Quincy-Voisins *77* **59** G 3
Quinéville *50* **29** G 4
Quingey *25* **161** H 5
Quinquempoix *60* **22** C 5
Quins *12* **280** B 3
Quinsac *24* **222** C 4
Quinsac *33* **255** G 1
Quinson *04* **307** F 3
Quinssaines *03* **190** C 4
Quint-Fonsegrives *31* **298** A 5
Quintal *74* **215** G 4

La Quinte *72* **107** G 4
Quintenas *07* **248** D 2
Quintenic *22* **79** E 3
Quintigny *39* **179** E 4
Quintillan *11* **338** C 2
Quintin *22* **78** A 4
Le Quiou *22* **79** H 5
Quirbajou *11* **337** F 4
Quiry-le-Sec *80* **22** C 4
Quissac *30* **303** E 1
Quissac *46* **260** D 3
Quistinic *56* **101** G 4
Quittebeuf *27* **36** A 5
Quitteur *70* **140** B 5
Quivières *80* **23** H 2
Quœux-Haut-Maînil *62* **12** B 2

R

Rabastens *81* **298** C 2
Rabastens-de-Bigorre *65* **315** F 3
Rabat-les-Trois-Seigneurs *09* **336** A 4
La Rabatelière *85* **166** A 3
Rablay-sur-Layon *49* **149** G 3
Rabodanges *61* **53** G 4
Rabodanges *Barrage de 61* **53** G 4
Le Rabot *41* **133** F 5
Rabou *05* **269** G 3
Rabouillet *66* **337** H 5
Racécourt *88* **94** D 5
Rachecourt-sur-Marne *52* **92** D 3
Rachecourt-Suzémont *52* **92** C 3
Raches *59* **8** D 5
Racines *10* **114** C 4
La Racineuse *71* **178** B 3
Racou-Plage *66* **343** G 3
Racquinghem *62* **7** G 2
Racrange *57* **67** E 3
Raddon-et-Chapendu *70* **141** H 2
Radenac *56* **102** B 4
Radepont *27* **36** C 3
Radinghem *62* **7** E 3
Radinghem-en-Weppes *59* **8** C 3
Radon *61* **83** G 3
Radonvilliers *10* **91** H 4
Radule *Bergeries de 2B* **346** C 4
Raedersdorf *68* **143** G 4
Raedersheim *68* **121** E 5
Raffetot *76* **19** F 5
Rageade *15* **246** A 3
Raguenès-Plage *29* **100** B 5
Rahart *41* **131** G 2
Rahay *72* **108** D 5
Rahling *57* **67** H 4
Rahon *25* **163** E 2
Rahon *39* **178** D 1
Rai *61* **55** F 4
Raids *50* **31** H 4
Raillencourt-Sainte-Olle *59* **14** B 3
Railleu *66* **341** G 3
Raillicourt *08* **26** C 4
Raillimont *02* **25** H 4
Raimbeaucourt *59* **8** D 4
Rainans *39* **161** E 5
Raincheval *80* **12** D 5
Raincourt *70* **140** C 2
Le Raincy *93* **58** D 3
Rainfreville *76* **20** A 3
Rainneville *80* **22** C 1
Rainsars *59* **15** H 5
Rainville *88* **94** B 4
Rainvillers *60* **37** H 2
Les Rairies *49* **129** F 4
Raismes *59* **9** G 5
Raissac *09* **336** C 3
Raissac-d'Aude *11* **320** D 5
Raissac-sur-Lampy *11* **319** F 4
Raix *16* **203** F 3
Raizeux *78* **86** C 2
Ramasse *01* **196** A 4
Ramatuelle *83* **329** G 3
Ramaz *Col de la 74* **198** D 5
Rambaud *05* **269** H 3
Rambervillers *88* **95** H 4
Rambluzin-et-Benoite-Vaux *55* **64** B 2
Rambouillet *78* **86** D 2
Rambucourt *55* **65** E 4
Ramburelles *80* **11** F 5
Rambures *80* **11** F 5
Ramecourt *62* **7** G 5
Ramecourt *88* **94** D 5
Ramerupt *10* **91** F 3
Ramicourt *02* **24** B 1
Ramillies *59* **14** B 3
Rammersmatt *68* **142** D 1
Ramonchamp *88* **120** A 5

Ramonville-Saint-Agne *31* **298** A 5
Ramoulu *45* **111** G 2
Ramous *64* **293** F 5
Ramousies *59* **15** H 4
Ramouzens *32* **295** F 2
Rampan *50* **32** A 4
Rampieux *24* **258** D 2
Rampillon *77* **89** E 3
Rampont *55* **43** H 5
Rampoux *46* **259** H 3
Rancé *01* **213** E 3
Rancenay *25* **161** H 4
Rancennes *08* **17** E 4
Rances *10* **91** H 3
Ranchal *69* **212** B 1
Ranchette *39* **196** D 3
Ranchicourt *62* **7** H 5
Ranchot *39* **161** F 5
Ranchy *14* **32** D 3
Rancogne *16* **221** H 1
Rançon *76* **19** G 5
Rançon *87* **205** G 1
Rançonnières *52* **117** H 5
Rancoudray *50* **52** C 5
Rancourt *80* **13** H 5
Rancourt *88* **118** D 2
Rancourt-sur-Ornain *55* **63** F 3
Rancy *71* **195** G 1
Randan *63* **210** B 3
Randanne *63* **227** F 1
Randens *73* **234** A 2
Randevillers *25* **162** D 3
Randonnai *61* **55** F 5
Rânes *61* **53** H 5
Rang *25* **142** A 5
Rang-du-Fliers *62* **6** B 5
Rangecourt *52* **117** G 4
Rangen *67* **68** C 5
Ranguevaux *57* **45** G 4
Rannée *35* **105** E 5
Ranrupt *67* **96** D 3
Rans *39* **161** F 5
Ransart *62* **13** F 3
Ranspach *68* **120** C 5
Ranspach-le-Bas *68* **143** G 3
Ranspach-le-Haut *68* **143** G 3
Rantechaux *25* **162** C 5
Rantigny *60* **38** D 3
Ranton *86* **168** C 2
Rantzwiller *68* **143** G 2
Ranville *14* **33** H 4
Ranville-Breuillaud *16* **202** D 4
Ranzevelle *70* **118** C 5
Ranzières *55* **64** C 2
Raon-aux-Bois *88* **119** G 3
Raon-lès-Leau *54* **96** C 2
Raon-l'Étape *88* **96** A 3
Raon-sur-Plaine *88* **96** C 2
Rapaggio *2B* **347** G 3
Rapale *2B* **345** F 5
Rapey *88* **95** E 4
Raphèle-les-Arles *13* **304** C 4
Rapilly *14* **53** G 3
Rapsécourt *51* **63** E 1
Raray *60* **39** F 4
Rarécourt *55* **43** G 5
Recologne *71* **140** C 5
Rasiguères *66* **338** B 5
Raslay *86* **150** C 5
Rasteau *84* **285** G 2
Le Rat *19* **225** F 1
Ratenelle *71* **195** F 2
Ratières *26* **249** F 2
Ratilly *Château de 89* **156** C 1
Ratte *71* **178** C 5
Ratzwiller *67* **68** A 2
Raucoules *43* **248** A 2
Raucourt *54* **65** H 3
Raucourt-au-Bois *59* **15** E 3
Raucourt-et-Flaba *08* **27** F 5
Raulecourt *55* **65** E 4
Raulhac *15* **244** D 5
Rauret *43* **265** E 1
Rauville-la-Bigot *50* **29** E 4
Rauville-la-Place *50* **31** G 2
Rauwiller *67* **67** H 4
Rauzan *33* **256** C 1
Raveau *58* **156** B 5
Ravel *63* **210** B 5
Ravel-et-Ferriers *26* **268** C 2
Ravenel *60* **38** D 1
Ravennefontaines *52* **117** H 4
Ravenoville *50* **29** H 5
Raves *88* **96** C 5
Ravière *Lac de la 81* **300** B 5
Ravières *89* **137** G 4
Ravigny *53* **83** F 3

Raville *57* **66** C 1
Raville-sur-Sânon *54* **95** F 1
Ravilloles *39* **196** D 3
La Ravoire *73* **233** F 2
Ray-sur-Saône *70* **140** C 5
Raye-sur-Authie *62* **11** H 1
Rayet *47* **258** C 3
Raymond *18* **173** G 2
Raynans *25* **142** B 4
Rayol-Canadel-sur-Mer *83* **329** E 4
Rayssac *81* **299** H 2
Raz *Pointe du 29* **98** C 2
Razac-de-Saussignac *24* **257** F 1
Razac-d'Eymet *24* **257** H 2
Razac-sur-l'Isle *24* **240** B 2
Raze *70* **140** D 5
Razecueillé *31* **334** C 3
Razengues *32* **297** E 4
Razès *87* **205** H 3
Razimet *47* **275** F 1
Razines *37* **169** F 2
Ré *Île de 17* **182** D 5
Réal *66* **341** G 2
Réalcamp *76* **21** F 2
Réallon *05* **270** B 3
Réalmont *81* **299** G 3
Réalville *82* **278** B 4
Réans *32* **295** E 1
Réau *77* **88** B 2
Réau (Ancienne Abbaye de la) *86* **204** B 1
Réaumont *38* **232** C 4
Réaumur *85* **167** E 4
Réaup *47* **275** E 4
Réauville *26* **267** F 5
Réaux-sur-Trèfle *17* **220** B 3
Les Réaux *Château 37* **150** D 4
Rebais *77* **60** A 3
Rebecques *62* **7** G 2
Rébénacq *64* **314** A 5
Rebergues *62* **2** D 5
Rebets *76* **36** D 1
Rebeuville *88* **94** A 4
Rebigue *31* **318** A 2
Rebouc *65* **333** H 2
Rebouillon *83* **308** A 4
Rebourguil *12* **300** C 1
Rebourseaux *89* **114** B 5
Reboursin *36* **172** A 1
Rebréchien *45* **111** F 5
Rebreuve-Ranchicourt *62* **7** H 5
Rebreuve-sur-Canche *62* **12** D 2
Rebreuviette *62* **12** D 3
Recanoz *39* **179** E 3
Recey-sur-Ource *21* **138** D 3
Réchésy *90* **143** E 4
Réchicourt *55* **44** D 3
Réchicourt-la-Petite *54* **66** D 5
Réchicourt-le-Château *57* **67** F 5
Récicourt *55* **43** G 5
Réclainville *28* **86** C 5
Reclesne *71* **176** C 1
Reclinghem *62* **7** F 3
Reclonville *54* **95** H 2
Recloses *77* **88** B 5
Recologne *25* **161** G 3
Recologne *70* **140** C 5
Recologne-lès-Rioz *70* **161** H 1
Recoubeau-Jansac *26* **268** B 2
Recoules-d'Aubrac *48* **263** G 2
Recoules-de-Fumas *48* **264** B 3
Recoules-Prévinquières *12* **281** G 1
Récourt *52* **117** G 5
Récourt *62* **14** A 3
Récourt-le-Creux *55* **64** B 2
La Recousse *62* **3** E 4
Recouvrance *90* **142** D 3
Le Recoux *48* **281** H 1
Recques-sur-Course *62* **6** C 4
Recques-sur-Hem *62* **3** E 4
Recquignies *59* **15** H 2
Le Reculey *14* **52** C 2
Reculfoz *25* **180** B 4
Recurt *65* **315** H 5
Recy *51* **62** A 2
Rédange *57* **45** F 2
Rédené *29* **100** D 5
Réderis *Cap 66* **343** G 4
Redessan *30* **304** A 2
Réding *57* **67** H 4
Redon *35* **125** G 4
La Redorte *11* **320** B 4
Redortiers *04* **286** D 4
Réez-Fosse-Martin *60* **39** G 5
Reffannes *79* **185** F 2
Reffroy *55* **93** G 1
Reffuveille *50* **52** A 5

Refranche *25* **180** A 1
Régades *31* **334** C 2
Régat *09* **336** D 2
Regnauville *62* **11** H 1
Regnévelle *88* **118** C 4
Regnéville-sur-Mer *50* **51** F 1
Regnéville-sur-Meuse *55* **44** B 4
Regney *88* **95** E 5
Régnié-Durette *69* **212** D 1
Regnière-Écluse *80* **11** G 1
Regniowez *08* **26** B 1
Regny *02* **24** C 2
Régny *42* **211** H 3
La Regrippière *44* **148** B 4
Réguiny *56* **102** B 4
Réguisheim *68* **121** E 5
Régusse *83* **307** F 3
Rehaincourt *88* **95** F 4
Rehainviller *54* **95** F 2
Rehaupal *88* **119** H 2
Reherrey *54* **95** H 2
Réhon *54* **45** E 1
Reichsfeld *67* **97** E 3
Reichshoffen *67* **68** D 2
Reichstett *67* **69** E 5
Reignac *16* **220** C 4
Reignac *33* **237** G 1
Reignac-sur-Indre *37* **152** B 4
Reignat *63* **228** B 1
Reigneville-Bocage *50* **29** F 5
Reignier-Ésery *74* **215** H 1
Reigny *18* **190** B 2
Reilhac *15* **244** B 4
Reilhac *43* **246** C 3
Reilhac *46* **260** D 2
Reilhaguet *46* **260** B 2
Reilhanette *26* **286** C 3
Reillanne *04* **306** B 1
Reillon *54* **95** H 1
Reilly *60* **37** G 4
Reimerswiller *67* **69** E 2
Reims *51* **41** G 4
Reims-la-Brûlée *51* **62** D 4
Reine Jeanne *Pont de la 04* **287** G 2
Reinhardsmunster *67* **68** A 5
Reiningue *68* **143** E 1
Reipertswiller *67* **68** B 2
Reithouse *39* **196** B 1
Reitwiller *67* **68** D 5
Réjaumont *32* **296** A 2
Réjaumont *65* **315** H 5
Rejet-de-Beaulieu *59* **15** E 5
Relanges *88* **118** C 3
Relans *39* **179** E 4
Le Relecq-Kerhuon *29* **75** F 2
Relevant *01* **213** F 2
Rely *62* **7** G 3
Remaisnil *80* **12** C 3
Rémalard-en-Perche *61* **84** D 4
Remaucourt *02* **24** B 2
Remaucourt *08* **25** H 5
La Remaudière *44* **148** B 4
Remaugies *80* **23** E 5
Remauville *77* **112** C 2
Rembercourt-aux-Pots *55* **63** H 2
Rembercourt-sur-Mad *54* **65** F 2
Rémécourt *60* **38** D 2
Remelange *57* **45** G 3
Rémelfang *57* **46** C 4
Rémelfing *57* **47** G 5
Rémeling *57* **46** C 2
Remennecourt *55* **63** F 3
Remenoville *54* **95** F 3
Rémérangles *60* **38** B 2
Réméréville *54* **66** C 5
Rémering *57* **46** D 4
Rémering-lès-Puttelange *57* **67** F 1
Remicourt *51* **63** E 2
Remicourt *88* **94** C 5
Remiencourt *80* **22** C 3
Remies *02* **24** C 4
La Remigeasse *17* **200** B 3
Remigny *02* **24** B 4
Remigny *71* **177** G 3
Rémilly *57* **66** B 2
Rémilly *58* **175** H 4
Remilly-Aillicourt *08* **27** F 4
Remilly-en-Montagne *21* **159** G 3
Remilly-les-Pothées *08* **26** C 3
Remilly-sur-Lozon *50* **32** A 4
Remilly-sur-Tille *21* **160** B 3
Remilly-Wirquin *62* **7** F 2
Réminiac *56* **103** F 5
Remiremont *88* **119** G 4
Remoiville *55* **44** B 2
Remollon *05* **269** H 4

A B C D E F G H I J K L M N O P Q R S T U V W X Y Z

A B C D E F G H I J K L M N O P Q R S T U V W X Y Z

Remomeix 88 ... 96 B 5
Remoncourt 54 ... 67 E 5
Remoncourt 88 ... 94 C 5
Rémondans-Vaivre 25 ... 163 F 2
Rémonville 08 ... 43 F 2
Remoray-Boujeons 25 ... 180 C 4
Remouillé 44 ... 166 A 1
Remoulins 30 ... 304 B 1
Removille 88 ... 94 B 4
Rempnat 87 ... 225 E 1
La Remuée 76 ... 35 E 1
Remungol 56 ... 102 A 4
Rémuzat 26 ... 268 B 5
Remy 60 ... 39 E 2
Rémy 62 ... 13 H 3
Renac 35 ... 125 H 3
Renage 38 ... 232 B 5
Renaison 42 ... 211 F 2
La Renaissance 17 ... 200 D 3
Renansart 02 ... 24 C 3
Renaucourt 70 ... 140 C 4
La Renaudie 63 ... 229 E 1
La Renaudière 49 ... 148 C 5
Renauvoid 88 ... 119 F 2
Renay 41 ... 131 H 2
Renazé 53 ... 127 G 2
Rencurel 38 ... 250 B 2
René 72 ... 83 H 5
Renédale 25 ... 180 C 1
Renescure 59 ... 3 G 5
Renève 21 ... 160 D 2
Réning 57 ... 67 F 2
Rennemoulin 78 ... 58 A 3
Rennepont 52 ... 116 B 3
Rennes 35 ... 104 B 3
Rennes-en-Grenouilles 53 ... 82 C 3
Rennes-le-Château 11 ... 337 G 3
Rennes-les-Bains 11 ... 337 H 3
Rennes-sur-Loue 25 ... 179 G 1
Renneval 02 ... 25 G 3
Renneville 08 ... 25 H 4
Renneville 27 ... 36 C 2
Renneville 31 ... 318 C 3
Renno 2A ... 346 C 5
Le Renouard 61 ... 54 B 2
Rentières 63 ... 227 H 4
Renty 62 ... 7 E 3
Renung 40 ... 294 B 3
Renwez 08 ... 26 C 2
La Réole 33 ... 256 D 3
La Réorthe 85 ... 183 G 1
Réotier 05 ... 270 D 2
Repaix 54 ... 96 A 1
La Répara-Auriples 26 ... 267 G 3
Réparsac 16 ... 220 C 1
Repel 88 ... 94 C 4
Repentigny 14 ... 34 B 4
Replonges 01 ... 195 E 4
Le Reposoir 74 ... 216 B 2
Les Repôts 39 ... 178 D 5
Reppe 90 ... 142 D 2
Requeil 72 ... 129 H 3
Réquista 12 ... 280 C 5
Résenlieu 61 ... 54 D 4
La Résie-Saint-Martin 70 ... 161 E 3
Résigny 02 ... 25 H 3
Resson 55 ... 63 H 4
Ressons-l'Abbaye 60 ... 38 A 3
Ressons-le-Long 02 ... 40 A 2
Ressons-sur-Matz 60 ... 39 F 1
Les Ressuintes 28 ... 85 E 2
Restigné 37 ... 151 E 4
Restinclières 34 ... 303 E 3
Restonica *Gorges de la* 2B ... 347 E 5
Le Retail 79 ... 184 D 1
Rétaud 17 ... 219 F 1
Reterre 23 ... 208 C 2
Rethel 08 ... 42 A 1
Retheuil 02 ... 39 H 3
Rethondes 60 ... 39 G 2
Rethonvillers 80 ... 23 G 3
Réthoville 50 ... 29 G 2
Retiers 35 ... 104 D 5
Retjons 40 ... 274 B 4
Retonfey 57 ... 46 B 5
Rétonval 76 ... 21 E 2
Retournac 43 ... 247 G 2
Retournemer *Lac de* 88 ... 120 B 3
Retschwiller 67 ... 69 E 2
Rettel 57 ... 46 B 2
Rety 62 ... 2 C 5
Retzwiller 68 ... 142 D 3
Reugney 25 ... 180 B 1
Reugny 03 ... 190 D 3
Reugny 37 ... 152 B 1
Reuil 51 ... 61 E 1
Reuil-en-Brie 77 ... 60 A 2

Reuil-sur-Brêche 60 ... 38 B 1
Reuilly 27 ... 56 C 1
Reuilly 36 ... 172 C 1
Reuilly-Sauvigny 02 ... 60 D 1
Reulle-Vergy 21 ... 159 H 4
Reumont 59 ... 14 D 4
La Réunion 47 ... 275 E 2
Reutenbourg 67 ... 68 B 5
Reuves 51 ... 61 F 4
Reuville 76 ... 19 H 3
Reux 14 ... 34 C 3
Réville 50 ... 29 H 3
Réville-aux-Bois 55 ... 44 B 3
Révillon 02 ... 41 E 2
Revin 08 ... 26 C 1
Revollat *Croix de* 38 ... 251 F 1
Revonnas 01 ... 214 A 1
Rexingen 67 ... 67 H 3
Rexpoëde 59 ... 3 H 3
Reyersviller 57 ... 68 B 1
Reygade 19 ... 243 E 4
Reynel 52 ... 93 F 5
Reynès 66 ... 342 D 4
Reynier 04 ... 287 H 1
Reyniès 82 ... 297 H 1
Reyrevignes 46 ... 261 E 3
Reyrieux 01 ... 213 E 3
Les Reys-de-Saulce 26 ... 267 E 2
Reyssouze 01 ... 195 F 3
Reyvroz 74 ... 198 B 3
Rezay 18 ... 172 D 5
Rezé 44 ... 147 G 4
Rézentières 15 ... 245 H 3
Rezonville 57 ... 65 F 1
Rezza 2A ... 348 D 1
Rhèges 10 ... 90 D 2
Le Rheu 35 ... 104 A 3
Le Rhien 70 ... 142 A 2
Rhinau 67 ... 97 H 4
Rhodes 57 ... 67 F 4
Rhodon 41 ... 132 A 3
Rhodon 78 ... 58 A 5
Rhuis 60 ... 39 E 3
Ri 61 ... 54 A 4
Ria-Sirach 66 ... 342 A 3
Riaillé 44 ... 127 E 5
Le Rialet 81 ... 300 A 5
Rians 18 ... 155 G 5
Rians 83 ... 306 C 4
Riantec 56 ... 123 F 2
Riau *Château du* 03 ... 192 A 1
Riaucourt 52 ... 117 E 2
Riaville 55 ... 64 D 1
Ribagnac 24 ... 257 H 1
Ribarrouy 64 ... 294 C 5
Ribaute 11 ... 338 B 1
Ribaute-les-Tavernes 30 ... 283 H 5
Le Ribay 53 ... 82 C 4
Ribeaucourt 55 ... 93 F 2
Ribeaucourt 80 ... 12 B 4
Ribeauville 02 ... 25 H 2
Ribeauvillé 68 ... 97 E 5
Ribécourt 60 ... 39 G 1
Ribécourt-la-Tour 59 ... 14 A 4
Ribemont 02 ... 24 C 3
Ribemont-sur-Ancre 80 ... 22 D 1
Ribennes 48 ... 264 B 3
Ribérac 24 ... 239 G 1
Ribes 07 ... 266 A 5
Ribeyret 05 ... 268 C 5
Ribiers 05 ... 287 F 2
Ribouisse 11 ... 318 D 5
Riboux 83 ... 327 H 2
La Ricamarie 42 ... 230 B 4
Ricarville 76 ... 19 F 4
Ricarville-du-Val 76 ... 20 C 3
Ricaud 11 ... 318 D 3

Ricaud 65 ... 315 G 5
Les Riceys 10 ... 115 G 5
La Richardais 35 ... 50 C 5
Richardménil 54 ... 94 D 1
Richarville 91 ... 87 E 4
La Riche 37 ... 151 H 2
Riche 57 ... 66 D 3
Richebourg 52 ... 116 D 4
Richebourg 62 ... 8 B 3
Richebourg 78 ... 57 F 4
Richecourt 55 ... 65 E 3
Richelieu 37 ... 169 E 1
Richeling 57 ... 67 G 1
Richemont 17 ... 220 B 1
Richemont 57 ... 45 H 4
Richemont 76 ... 21 F 3
Richemont *Col de* 01 ... 214 D 2
Richerenches 84 ... 285 F 1
Richet 40 ... 273 F 1
Richeval 57 ... 96 A 1
Richeville 27 ... 37 E 4
Richtolsheim 67 ... 97 G 5
Richwiller 68 ... 143 F 1
Ricourt 32 ... 315 F 2
Riencourt-lès-Bapaume 62 ... 13 H 4
Riencourt-lès-Cagnicourt 62 ... 13 H 3
Riervescemont 90 ... 142 C 1
Riespach 68 ... 143 F 4
Rieucazé 31 ... 334 C 1
Rieucros 09 ... 336 C 1
Rieulay 59 ... 9 E 5
Rieumajou 31 ... 318 C 3
Rieumes 31 ... 317 F 3
Rieupeyroux 12 ... 279 H 2
Rieussec 34 ... 320 C 3
Rieutort-de-Randon 48 ... 264 C 3
Rieux 31 ... 317 G 4
Rieux 51 ... 60 C 3
Rieux 56 ... 125 G 4
Rieux 60 ... 38 D 3
Rieux 62 ... 7 H 3
Rieux 76 ... 11 E 5
Rieux-de-Pelleport 09 ... 336 B 2
Rieux-en-Cambrésis 59 ... 14 C 3
Rieux-en-Val 11 ... 338 A 1
Rieux-Minervois 11 ... 320 B 4
Riez 04 ... 307 F 1
Rigarda 66 ... 342 B 2
Rigaud 06 ... 289 G 4
Rignac 12 ... 279 H 1
Rignac 46 ... 260 D 1
Rignat 01 ... 214 A 1
Rignaucourt 55 ... 63 H 2
Rigné 79 ... 168 A 2
Rigney 25 ... 162 B 2
Rignieux-le-Franc 01 ... 213 H 3
Rignosot 25 ... 162 B 2
Rignovelle 70 ... 141 H 2
Rigny 70 ... 161 F 1
Rigny-la-Nonneuse 10 ... 90 B 4
Rigny-la-Salle 55 ... 94 A 1
Rigny-le-Ferron 10 ... 114 A 2
Rigny-Saint-Martin 55 ... 94 A 1
Rigny-sur-Arroux 71 ... 193 G 2
Rigny-Ussé 37 ... 151 E 4
Riguepeu 32 ... 295 H 4
Rilhac-Lastours 87 ... 223 F 2
Rilhac-Rancon 87 ... 205 H 4
Rilhac-Treignac 19 ... 224 D 3
Rilhac-Xaintrie 19 ... 243 H 2
Rillans 25 ... 162 C 1
Rillé 37 ... 151 E 2
Rillieux-la-Pape 69 ... 213 F 5
Rilly-la-Montagne 51 ... 41 G 5
Rilly-Sainte-Syre 10 ... 90 D 4
Rilly-sur-Aisne 08 ... 42 C 1
Rilly-sur-Loire 41 ... 152 D 2
Rilly-sur-Vienne 37 ... 169 G 1
Rimaucourt 52 ... 93 F 5
Rimbach-
   près-Guebwiller 68 ... 120 D 5
Rimbach-
   près-Masevaux 68 ... 142 C 1
Rimbachzell 68 ... 120 D 5
Rimbez-et-Baudiets 40 ... 274 D 4
Rimboval 62 ... 6 D 4
Rimeize 48 ... 264 B 2
Rimling 57 ... 48 B 5
Rimogne 08 ... 26 C 2

Rimon-et-Savel 26 ... 268 A 2
Rimondeix 23 ... 189 H 5
Rimons 33 ... 256 D 2
Rimont 09 ... 335 G 2
Rimou 35 ... 80 C 4
Rimplas 06 ... 289 H 3
Rimsdorf 67 ... 67 H 2
Ringeldorf 67 ... 68 C 3
Ringendorf 67 ... 68 C 3
Rinxent 62 ... 2 B 4
Riocaud 33 ... 257 F 1
Riolan *Clue du* 06 ... 289 G 5
Riolas 31 ... 316 D 3
Riols 34 ... 320 C 2
Le Riols 81 ... 279 E 3
Riom 63 ... 209 H 4
Riom-ès-Montagnes 15 ... 244 D 1
Rioms 26 ... 286 C 2
Rion-des-Landes 40 ... 273 E 5
Rions 33 ... 255 H 2
Riorges 42 ... 211 G 2
Riotord 43 ... 248 B 1
Rioupéroux 38 ... 251 F 2
Rioupes *Col de* 05 ... 269 F 2
Rioux 37 ... 219 F 2
Rioux-Martin 16 ... 238 D 1
Rioz 70 ... 162 A 1
Ripaille *Domaine de* 74 ... 198 B 3
Riquet *Obélisque de* 11 ... 318 D 3
Riquewihr 68 ... 121 E 2
Ris 63 ... 210 C 3
Ris 65 ... 333 H 3
Ris-Orangis 91 ... 58 C 5
Riscle 32 ... 294 D 4
Risoul 05 ... 270 D 2
Risoul 1850 05 ... 270 D 2
Ristolas 05 ... 271 F 1
Ristz *Château du* 03 ... 192 A 3
Rittershoffen 67 ... 69 F 2
Ritzing 57 ... 46 C 2
Riunoguès 66 ... 343 E 4
Riupeyrous 64 ... 314 C 2
Riva-Bella 14 ... 33 H 3
Rivarennes 36 ... 188 B 1
Rivarennes 37 ... 151 F 4
Rivas 42 ... 230 A 2
Rivau *Château du* 37 ... 151 E 5
Rive-de-Gier 42 ... 230 D 3
Rivecourt 60 ... 39 F 3
Rivedoux-Plage 17 ... 200 B 1
Rivehaute 64 ... 313 F 3
Rivel 11 ... 337 E 3
Riventosa 2B ... 347 F 5
Rivèrenert 09 ... 335 G 3
Riverie 69 ... 230 C 2
Rivery 80 ... 22 C 2
Les Rives 34 ... 301 G 2
Rives 38 ... 232 C 5
Rives 47 ... 258 C 3
Rivesaltes 66 ... 338 D 5
Le Rivier 38 ... 232 B 4
La Rivière 33 ... 238 B 4
Rivière 37 ... 151 E 5
La Rivière 38 ... 250 C 1
Rivière 62 ... 13 F 3
La Rivière-de-Corps 10 ... 90 D 5
La Rivière-Drugeon 25 ... 180 B 3
La Rivière-Enverse 74 ... 216 C 1
Rivière-les-Fosses 52 ... 139 H 3
Rivière-Saas-et-Gourby 40 ... 292 D 3
La Rivière-Saint-Sauveur 14 ... 34 D 2
Rivière-sur-Tarn 12 ... 281 H 3
La Rivière-Thibouville 27 ... 35 G 5
Rivières 16 ... 203 G 5
Rivières 30 ... 284 A 2
Rivières 81 ... 299 E 1
Les Rivières-Henruel 51 ... 62 C 5
Rivières-le-Bois 52 ... 139 H 3
Riville 76 ... 19 F 3
Rivolet 69 ... 212 C 3
Rix 39 ... 180 A 4
Rix 58 ... 157 E 2
Rixheim 68 ... 143 G 1
La Rixouse 39 ... 197 E 2
Rizaucourt 52 ... 92 C 5
Roaillan 33 ... 256 B 4
Roaix 84 ... 285 G 2
Roanne 42 ... 211 G 2
Roannes-Saint-Mary 15 ... 262 B 1
Robécourt 88 ... 118 A 3
Robecq 62 ... 7 H 3
Robehomme 14 ... 34 A 4
Robersart 59 ... 15 E 4
Robert-Espagne 55 ... 63 G 4
Robert-le-Diable
   Château de 76 ... 36 A 3
Robert-Magny 52 ... 92 B 3

La Rochelambert
   Château de 43 ... 247 E 3
La Rochelle 17 ... 200 C 1
La Rochelle 70 ... 140 B 3
La Rochelle-Normande 50 ... 51 G 4
Rochemaure 07 ... 267 E 3
La Rochénard 79 ... 184 C 5
Rochepaule 07 ... 248 B 3
La Rochepot 21 ... 177 G 2
Rocher 07 ... 266 A 4
Rocher-Portail
   Château du 35 ... 80 D 3
Le Rochereau 86 ... 168 D 5
Les Rochers-Sévigné
   Château 35 ... 105 F 3
Roches 23 ... 189 G 5
Roches Blanches
   Panorama des 83 ... 329 E 2
Les Roches-
   de-Condrieu 38 ... 231 E 4
Roches-lès-Blamont 25 ... 142 C 5
Les Roches-l'Évêque 41 ... 131 F 3
Roches-Prémarie-
   Andillé 86 ... 186 C 2
Roches-sur-Marne 52 ... 92 D 2
Roches-sur-Rognon 52 ... 93 E 5
Rocheservière 85 ... 165 G 2
Rochessauve 07 ... 266 D 2
Rochesson 88 ... 120 A 4
Rochetaillée 42 ... 230 B 4
Rochetaillée 52 ... 139 F 2
Rochetaillée-sur-Saône 69 ... 213 E 4
Rochetoirin 38 ... 232 B 2
Rochetrejoux 85 ... 166 C 4
La Rochette 04 ... 289 F 5
La Rochette 05 ... 269 H 3
La Rochette 07 ... 248 A 5
La Rochette 16 ... 203 G 5
La Rochette 23 ... 207 G 3
La Rochette 73 ... 233 G 3
La Rochette 77 ... 88 B 3
La Rochette-du-Buis 26 ... 286 B 2
Rocheville 06 ... 309 E 4
Rocheville 50 ... 29 E 4
Rochonvillers 57 ... 45 G 2
Rochy-Condé 60 ... 38 B 2
Rocles 03 ... 191 G 3
Rocles 07 ... 266 A 4
Rocles 48 ... 265 E 2
Roclincourt 62 ... 13 G 2
Rocourt 88 ... 118 A 3
Rocourt-Saint-Martin 02 ... 40 B 5
Rocquancourt 14 ... 33 G 5
La Rocque 14 ... 53 E 2
Rocquefort 76 ... 19 G 4
Rocquemont 60 ... 39 F 4
Rocquemont 76 ... 20 C 5
Rocquencourt 60 ... 22 C 4
Rocquencourt 78 ... 58 A 3
Rocques 14 ... 34 C 4
Rocquigny 02 ... 15 H 5
Rocquigny 08 ... 26 A 4
Rocquigny 62 ... 13 H 5
Rocroi 08 ... 26 B 1
Rodalbe 57 ... 67 E 3
Rodelinghem 62 ... 2 D 4
Rodelle 12 ... 262 D 5
Rodemack 57 ... 45 H 2
Roderen 68 ... 142 D 1
La Roderie 44 ... 147 F 4
Rodern 68 ... 97 E 5
Rodès 66 ... 342 C 2
Rodez 12 ... 280 D 1
Rodilhan 30 ... 304 A 2
Rodome 11 ... 337 F 5
La Roë 53 ... 105 F 5
Rœllecourt 62 ... 7 G 5
Rœschwoog 67 ... 69 G 3
Rœulx 59 ... 14 C 2
Rœux 62 ... 13 H 2
Roézé-sur-Sarthe 72 ... 129 H 2
Roffey 89 ... 137 E 2
Roffiac 15 ... 245 G 3
Rogalle 09 ... 335 F 3
Rogécourt 02 ... 24 C 4
Rogerville 76 ... 34 D 1
Rogéville 54 ... 65 H 2
Roggenhouse 68 ... 121 F 5
Rogliano 2B ... 345 G 1
Rogna 39 ... 196 D 4
Rognac 13 ... 305 G 5
Rognaix 73 ... 234 B 2
Rognes 13 ... 305 H 2
Rognon 25 ... 162 C 1
Rognonas 13 ... 304 D 1
Rogny 02 ... 25 E 3
Rogny-les-Sept-Écluses 89 ... 135 E 4

Rogues 30 ... 302 B 1
Rogy 80 ... 22 B 4
Rohaire 28 ... 55 H 5
Rohan 56 ... 102 B 3
Rohr 67 ... 68 C 5
Rohrbach-lès-Bitche 57 ... 68 A 1
Rohrwiller 67 ... 69 F 4
Roiffé 86 ... 150 C 5
Roiffieux 07 ... 248 D 1
Roiglise 80 ... 23 F 4
Roilly 21 ... 158 D 2
Roinville 28 ... 86 C 4
Roinville 91 ... 87 F 3
Roinvilliers 91 ... 87 G 5
Roisel 80 ... 23 H 1
Les Roises 55 ... 93 H 3
Roisey 42 ... 230 D 4
Roissard 38 ... 250 D 5
Roissy-en-Brie 77 ... 59 E 4
Roissy-en-France 95 ... 58 D 2
Roiville 61 ... 54 C 3
Roizy 08 ... 41 H 2
Rolampont 52 ... 117 F 5
Rolbing 57 ... 48 C 4
Rollainville 88 ... 94 A 4
Rollancourt 62 ... 7 E 5
Rolland 33 ... 238 D 3
Rolleboise 78 ... 57 E 1
Rolleville 76 ... 18 C 5
Rollot 80 ... 23 E 5
Rom 79 ... 186 A 4
Romagnat 63 ... 227 H 1
La Romagne 08 ... 26 A 4
Romagne 33 ... 256 C 1
Romagné 35 ... 81 E 4
La Romagne 49 ... 166 C 1
Romagne 86 ... 186 B 5
Romagne-sous-les-Côtes 55 ... 44 B 4
Romagne-sous-Montfaucon 55 ... 43 G 3
Romagnieu 38 ... 232 D 2
Romagny 68 ... 142 D 3
Romagny-Fontenay 50 ... 52 B 5
Romagny-sous-Rougemont 90 ... 142 C 2
Romain 25 ... 162 C 1
Romain 39 ... 161 F 4
Romain 51 ... 41 E 3
Romain 54 ... 95 E 2
Romain-aux-Bois 88 ... 118 A 3
Romain-sur-Meuse 52 ... 117 H 2
Romaines 10 ... 91 F 3
Romainville 93 ... 58 C 3
Roman 27 ... 56 A 3
Romanèche 01 ... 196 B 5
Romanèche-Thorins 71 ... 212 D 1
Romange 39 ... 161 E 5
Romans 01 ... 213 F 1
Romans 79 ... 185 F 4
Romans-sur-Isère 26 ... 249 G 3
Romanswiller 67 ... 68 B 5
Romazières 17 ... 202 C 3
Romazy 35 ... 80 C 4
Rombach-le-Franc 68 ... 96 D 4
Rombas 57 ... 45 G 4
Rombies-et-Marchipont 59 ... 9 H 5
Rombly 62 ... 7 G 3
Romegoux 17 ... 201 E 4
Romelfing 57 ... 67 G 3
Romenay 71 ... 195 G 2
Romeny-sur-Marne 02 ... 60 B 2
Romeries 59 ... 14 D 3
Romery 02 ... 25 E 2
Romery 51 ... 41 F 5
Romescamps 60 ... 21 G 4
Romestaing 47 ... 256 D 5
Romette 05 ... 269 H 3
Romeyer 26 ... 268 B 1
La Romieu 32 ... 275 H 5
Romigny 51 ... 41 F 5
Romiguières 34 ... 301 G 2
Romillé 35 ... 103 H 2
Romilly 41 ... 109 F 5
Romilly-la-Puthenaye 27 ... 55 H 1
Romilly-sur-Aigre 28 ... 109 H 5
Romilly-sur-Andelle 27 ... 36 C 3
Romilly-sur-Seine 10 ... 90 B 3
Romont 88 ... 95 G 4
Romorantin-Lanthenay 41 ... 153 H 3
Rompon 07 ... 267 E 1
Rônai 61 ... 54 A 3
Ronce-les-Bains 17 ... 200 C 5
Roncenay 10 ... 114 D 2
Le Roncenay-Authenay 27 ... 56 A 3
Roncey 50 ... 51 H 1
Ronchamp 70 ... 142 A 2

Ronchaux 25 ... 179 H 1
Ronchères 02 ... 40 D 5
Ronchères 89 ... 135 G 4
Roncherolles-en-Bray 76 ... 20 D 5
Roncherolles-sur-le-Vivier 76 ... 36 B 1
Ronchin 59 ... 8 D 3
Ronchois 76 ... 21 F 3
Roncourt 57 ... 45 G 5
Roncourt 88 ... 118 A 2
Roncq 59 ... 4 D 5
La Ronde 17 ... 184 B 4
La Ronde 79 ... 167 F 4
La Ronde-Haye 50 ... 31 G 5
Rondefontaine 25 ... 180 B 4
Ronel 81 ... 299 G 2
Ronfeugerai 61 ... 53 F 4
Rongères 03 ... 192 B 5
Ronnet 03 ... 209 E 1
Ronno 69 ... 212 B 3
Ronquerolles 95 ... 38 B 5
Ronsenac 16 ... 221 F 4
Ronssoy 80 ... 24 A 1
Rontalon 69 ... 230 D 1
Ronthon 50 ... 51 G 4
Rontignon 64 ... 314 B 4
Ronvaux 55 ... 64 C 1
Roôcourt-la-Côte 52 ... 117 E 2
Roost-Warendin 59 ... 8 D 5
Roppe 90 ... 142 C 2
Roppenheim 67 ... 69 G 3
Roppentzwiller 68 ... 143 F 4
Roppeviller 57 ... 48 C 5
La Roque-Alric 84 ... 285 H 3
La Roque-Baignard 14 ... 34 B 4
La Roque-d'Anthéron 13 ... 305 H 3
La Roque-Esclapon 83 ... 308 B 2
La Roque-Gageac 24 ... 259 G 1
La Roque-Sainte-Marguerite 12 ... 282 A 4
La Roque-sur-Cèze 30 ... 284 C 3
La Roque-sur-Pernes 84 ... 285 H 5
Roquebillière 06 ... 291 F 3
Roquebrun 34 ... 321 E 2
Roquebrune 32 ... 295 G 2
Roquebrune 33 ... 256 C 2
Roquebrune-Cap-Martin 06 ... 291 G 5
Roquebrune-sur-Argens 83 ... 308 C 5
La Roquebrussanne 83 ... 328 A 2
Roquecor 82 ... 277 E 1
Roquecourbe 81 ... 299 G 4
Roquecourbe-Minervois 11 ... 320 B 5
Roquedols Château de 48 ... 282 C 3
Roquedur 30 ... 282 D 5
Roquefère 11 ... 319 H 3
Roquefeuil 11 ... 337 E 4
Roquefixade 09 ... 336 C 3
Roquefort 40 ... 274 A 4
Roquefort 47 ... 276 B 3
Roquefort-de-Sault 11 ... 337 G 5
Roquefort-des-Corbières 11 ... 339 E 2
Roquefort-la-Bédoule 13 ... 327 F 3
Roquefort-les-Cascades 09 ... 336 C 3
Roquefort-les-Pins 06 ... 309 F 3
Roquefort-sur-Garonne 31 ... 317 G 5
Roquefort-sur-Soulzon 12 ... 281 G 5
Roquelaure 32 ... 296 B 3
Roquelaure Château de 12 ... 263 F 5
Roquelaure-Saint-Aubin 32 ... 297 E 4
Roquemaure 30 ... 285 E 4
Roquemaure 81 ... 298 B 2
Roquepine 32 ... 296 A 1
Roqueredonde 34 ... 301 G 2
Roques 31 ... 317 H 2
Roques 32 ... 295 G 2
Roquesérière 31 ... 298 B 3
Roquessels 34 ... 301 G 5
Roquesteron 06 ... 289 G 5
Roquestéron-Grasse 06 ... 289 G 5
Roquetaillade 11 ... 337 G 2
Roquetaillade Château de 33 ... 256 B 4
Roquetoire 62 ... 7 G 2
La Roquette 27 ... 36 B 2
La Roquette-sur-Siagne 06 ... 309 E 4
La Roquette-sur-Var 06 ... 291 E 5
Roquette 31 ... 317 H 2
Roquevaire 13 ... 327 F 2
Roquevidal 81 ... 298 D 4
Roquiague 64 ... 331 F 1
La Roquille 33 ... 257 F 1
Rorbach-lès-Dieuze 57 ... 67 F 4
Rorschwihr 68 ... 97 E 5
Rorthais 79 ... 167 F 2
Les Rosaires 22 ... 73 H 5
Rosanbo Château de 22 ... 72 B 4

Rosans 05 ... 268 C 5
Rosay 39 ... 196 B 2
Rosay 76 ... 20 C 4
Rosay 78 ... 57 F 3
Rosay-sur-Lieure 27 ... 36 D 2
Rosazia 2A ... 348 C 1
Rosbruck 57 ... 47 F 5
Roscanvel 29 ... 75 E 3
Roscoff 29 ... 71 G 3
Rosel 14 ... 33 F 4
Roselend Barrage de 73 ... 216 C 5
Roselier Pointe du 22 ... 73 H 5
Rosenau 68 ... 143 H 2
Rosendaël 59 ... 3 G 2
Rosenwiller 67 ... 97 E 2
Roset-Fluans 25 ... 161 G 4
Rosey 70 ... 141 E 5
Rosey 71 ... 177 G 4
Rosheim 67 ... 97 F 2
La Rosière 70 ... 119 H 5
La Rosière-1850 73 ... 235 E 1
Rosières 07 ... 266 A 5
Rosières 18 ... 172 D 2
Rosières 43 ... 247 G 2
Rosières 60 ... 39 F 4
Rosières 81 ... 279 G 5
Rosières-aux-Salines 54 ... 95 E 1
Rosières-devant-Bar 55 ... 63 H 3
Rosières-en-Blois 55 ... 93 G 2
Rosières-en-Haye 54 ... 65 G 4
Rosières-en-Santerre 80 ... 23 E 2
Rosières-près-Troyes 10 ... 115 E 2
Rosières-sur-Barbèche 25 ... 163 E 2
Rosières-sur-Mance 70 ... 140 C 2
Rosiers-de-Juillac 19 ... 241 H 1
Rosiers-d'Égletons 19 ... 225 F 5
Les Rosiers-sur-Loire 49 ... 150 A 3
Rosis 34 ... 301 E 4
Rosnay 36 ... 170 D 5
Rosnay 51 ... 41 F 4
Rosnay 85 ... 183 E 1
Rosnay-l'Hôpital 10 ... 91 H 3
Rosnes 55 ... 63 H 3
Rosnoën 29 ... 75 G 4
Rosny-sous-Bois 93 ... 58 D 3
Rosny-sur-Seine 78 ... 57 F 2
Rosoy 60 ... 38 D 3
Rosoy 89 ... 113 G 3
Rosoy-en-Multien 60 ... 39 H 5
Rosoy-sur-Amance 52 ... 140 A 2
Rospez 22 ... 72 D 3
Rospigliani 2B ... 347 F 5
Rosporden 29 ... 100 B 3
Rossay 86 ... 168 D 2
Rosselange 57 ... 45 G 4
Rossfeld 67 ... 97 G 4
Rossillon 01 ... 214 C 4
Rosteig 67 ... 68 A 2
Rostrenen 22 ... 77 F 5
Rosult 59 ... 9 F 4
Rosureux 25 ... 163 F 3
Rotalier 39 ... 196 B 1
Rotangy 60 ... 22 A 5
Rothau 67 ... 96 D 3
Rothbach 67 ... 68 C 2
Rothéneuf 35 ... 50 C 4
Rotherens 73 ... 233 G 3
La Rothière 10 ... 91 H 5
Rothois 60 ... 21 H 5
Rothonay 39 ... 196 B 2
Les Rotours 61 ... 53 H 4
Rots 14 ... 33 F 4
Rott 67 ... 69 E 1
Rottelsheim 67 ... 68 D 4
Rottier 26 ... 268 B 4
Rou-Marson 49 ... 150 B 4
Rouairoux 81 ... 320 B 2
Rouans 44 ... 147 E 4
La Rouaudière 53 ... 127 F 2
Roubaix 59 ... 9 E 2
Roubia 11 ... 320 D 5
Roubion 06 ... 289 H 3
Roucamps 14 ... 53 E 1
Roucourt 59 ... 14 A 2
Roucy 02 ... 41 E 2
Roudouallec 56 ... 100 C 2
Rouécourt 52 ... 92 D 5
Rouède 31 ... 334 D 2
Rouellé 61 ... 82 A 2
Rouelles 52 ... 139 E 3
Rouelles 76 ... 34 C 1
Rouen 76 ... 36 B 2
Rouessé-Fontaine 72 ... 83 G 5
Rouessé-Vassé 72 ... 107 E 3
Rouet 34 ... 302 C 2
Rouez 72 ... 107 E 3
Rouffach 68 ... 121 E 4

Rouffange 39 ... 161 F 4
Rouffiac 15 ... 243 G 4
Rouffiac 16 ... 239 E 1
Rouffiac 17 ... 219 H 1
Rouffiac 81 ... 299 F 1
Rouffiac-d'Aude 11 ... 337 G 1
Rouffiac-des-Corbières 11 ... 338 B 4
Rouffiac-Tolosan 31 ... 298 A 4
Rouffignac 17 ... 219 H 5
Rouffignac 24 ... 241 E 3
Rouffignac Grotte de 24 ... 241 E 4
Rouffignac-de-Sigoulès 24 ... 257 H 1
Rouffigny 50 ... 51 H 3
Rouffilhac 46 ... 259 H 1
Rouffillac 24 ... 241 H 5
Rouffy 51 ... 61 H 2
Rougé 44 ... 126 D 2
La Rouge 61 ... 84 D 5
Rouge-Perriers 27 ... 35 H 5
Rougefay 62 ... 12 C 2
Rougegoutte 90 ... 142 C 2
Rougemont 21 ... 137 G 4
Rougemont 25 ... 162 C 1
Rougemont-le-Château 90 ... 142 C 2
Rougemontiers 27 ... 35 G 2
Rougemontot 25 ... 162 B 2
Rougeou 41 ... 153 G 3
Rougeries 02 ... 25 E 3
Les Rouges-Eaux 88 ... 96 A 5
Le Rouget-Pers 15 ... 261 H 1
Rouget Cascade du 74 ... 216 D 2
Rougeux 52 ... 140 A 2
Rougiers 83 ... 327 H 1
Rougiville 88 ... 96 A 5
Rougnac 16 ... 221 G 3
Rougnat 23 ... 208 C 2
Rougon 04 ... 307 H 2
Rouhe 25 ... 161 H 5
Rouhling 57 ... 47 G 5
Rouillac 16 ... 202 D 5
Rouillac 22 ... 79 E 5
Rouillas-Bas 63 ... 227 G 2
Rouillé 86 ... 185 H 3
Rouillon 72 ... 107 G 4
Rouilly 77 ... 89 G 2
Rouilly-Sacey 10 ... 91 F 5
Rouilly-Saint-Loup 10 ... 115 E 2
Roujan 34 ... 321 H 2
Roulans 25 ... 162 B 3
Le Roulier 88 ... 119 H 2
Roullée 72 ... 84 A 3
Roullens 11 ... 319 G 4
Roullet 16 ... 221 E 2
Roullours 14 ... 52 C 3
Roumagne 47 ... 257 G 3
Roumare 76 ... 36 A 1
Roumazières 16 ... 204 B 4
Roumazières-Loubert 16 ... 204 B 4
Roumégoux 15 ... 261 H 1
Roumégoux 81 ... 299 G 2
Roumengoux 09 ... 336 D 1
Roumens 31 ... 318 D 2
Roumoules 04 ... 307 F 1
Rountzenheim 67 ... 69 F 3
Roupeldange 57 ... 46 C 4
Rouperroux 61 ... 83 F 2
Rouperroux-le-Coquet 72 ... 108 B 2
Roupy 02 ... 24 A 3
La Rouquette 12 ... 279 F 2
Roure 06 ... 289 H 3
Le Rouret 06 ... 309 E 3
Rousies 59 ... 15 H 2
Roussac 87 ... 205 G 2
Roussas 26 ... 267 E 5
Roussay 49 ... 148 C 5
Roussayrolles 81 ... 279 E 4
Rousseloy 60 ... 38 C 3
Roussennac 12 ... 261 H 5
Roussent 62 ... 6 C 5
Les Rousses 39 ... 197 F 2
Rousses 48 ... 282 D 3
Rousset 05 ... 270 A 4
Rousset 13 ... 306 B 5
Le Rousset 71 ... 194 B 1
Rousset Col de 26 ... 250 B 5
Rousset-les-Vignes 26 ... 267 G 5
Le Rousset-Marizy 71 ... 194 B 1
La Roussière 27 ... 55 F 2
Roussieux 26 ... 286 C 1
Roussillon 38 ... 231 E 5
Roussillon 84 ... 305 G 1
Roussillon-en-Morvan 71 ... 176 B 1
Roussines 16 ... 222 B 1
Roussines 36 ... 188 B 3
Rousson 30 ... 283 H 3
Rousson 89 ... 113 G 4
Roussy-le-Village 57 ... 45 H 2

Routelle 25 ... 161 G 4
Routes 76 ... 19 G 3
Routier 11 ... 337 F 1
Routot 27 ... 35 G 2
Rouvenac 11 ... 337 F 3
Rouves 54 ... 65 H 3
La Rouvière 30 ... 303 G 1
Rouvignies 59 ... 14 D 2
Rouville 60 ... 39 G 4
Rouville 76 ... 19 E 5
Rouvillers 60 ... 39 E 2
Rouvray 21 ... 158 B 2
Rouvray 27 ... 56 C 1
Rouvray 89 ... 136 C 2
Rouvray-Catillon 76 ... 21 E 5
Rouvray-Saint-Denis 28 ... 111 E 2
Rouvray-Saint-Florentin 28 ... 110 B 2
Rouvray-Sainte-Croix 45 ... 110 C 4
Rouvre 79 ... 185 E 3
Rouvrel 80 ... 22 C 3
Rouvres 14 ... 53 H 1
Rouvres 28 ... 56 D 3
Rouvres 77 ... 59 F 1
Rouvres-en-Multien 60 ... 39 H 5
Rouvres-en-Plaine 21 ... 160 B 4
Rouvres-en-Woëvre 55 ... 44 D 5
Rouvres-en-Xaintois 88 ... 94 C 5
Rouvres-la-Chétive 88 ... 94 A 5
Rouvres-les-Bois 36 ... 171 H 1
Rouvres-les-Vignes 10 ... 116 B 2
Rouvres-Saint-Jean 45 ... 87 G 5
Rouvres-sous-Meilly 21 ... 159 F 4
Rouvres-sur-Aube 52 ... 139 E 2
Rouvrois-sur-Meuse 55 ... 64 C 3
Rouvrois-sur-Othain 55 ... 44 D 3
Rouvroy 02 ... 24 B 2
Rouvroy 62 ... 8 C 5
Rouvroy-en-Santerre 80 ... 23 E 3
Rouvroy-les-Merles 60 ... 22 C 4
Rouvroy-Ripont 51 ... 42 D 4
Rouvroy-sur-Audry 08 ... 26 B 3
Rouvroy-sur-Marne 52 ... 93 E 4
Rouvroy-sur-Serre 02 ... 25 H 3
Le Roux 07 ... 265 H 2
Rouxeville 50 ... 32 C 5
La Rouxière 44 ... 148 C 1
Rouxmesnil-Bouteilles 76 ... 10 B 5
Rouy 58 ... 175 F 1
Rouy-le-Grand 80 ... 23 G 3
Rouy-le-Petit 80 ... 23 G 3
Rouze 09 ... 337 F 5
Rouzède 16 ... 222 B 1
Rouziers 15 ... 261 H 1
Rouziers-de-Touraine 37 ... 151 H 1
Le Rove 13 ... 326 C 2
Roville-aux-Chênes 88 ... 95 G 4
Roville-devant-Bayon 54 ... 95 E 3
Rovon 38 ... 250 B 1
Roy-Boissy 60 ... 21 H 5
Royan 17 ... 218 C 2
Royas 38 ... 231 G 3
Royat 63 ... 227 G 1
Royaucourt 60 ... 22 D 5
Royaucourt-et-Chailvet 02 ... 40 C 1
Royaumeix 54 ... 65 F 4
Royaumont Abbaye de 95 ... 38 C 5
Roybon 38 ... 250 A 1
Roye 70 ... 141 H 4
Roye 80 ... 23 F 4
Roye-sur-Matz 60 ... 23 F 5
Royer 71 ... 195 E 1
Royère-de-Vassivière 23 ... 207 E 5
Royères 87 ... 206 B 4
Roynac 26 ... 267 F 3
Royon 62 ... 6 D 4
Royville 76 ... 20 A 3
Roz-Landrieux 35 ... 80 A 2
Roz-sur-Couesnon 35 ... 51 F 5
Rozay-en-Brie 77 ... 59 G 5
Le Rozel 50 ... 28 D 4
Rozelieures 54 ... 95 F 3
Rozérieulles 57 ... 65 G 1
Rozerotte 88 ... 94 D 5
Rozès 32 ... 295 H 2
Rozet-Saint-Albin 02 ... 40 B 4
Le Rozier 48 ... 282 A 3
Rozier-Côtes-d'Aurec 42 ... 229 H 5
Rozier-en-Donzy 42 ... 212 A 5
Rozières 52 ... 92 B 4
Rozières-en-Beauce 45 ... 110 C 5
Rozières-sur-Crise 02 ... 40 B 3
Rozières-sur-Mouzon 88 ... 118 A 3
Roziers-Saint-Georges 87 ... 224 C 1
Rozoy-Bellevalle 02 ... 60 C 2
Rozoy-le-Vieil 45 ... 112 D 3
Rozoy-sur-Serre 02 ... 25 H 4
Ruages 58 ... 157 G 3

Ruan 45 ... 111 E 3
Ruan-sur-Egvonne 41 ... 109 G 4
Ruaudin 72 ... 107 H 5
Ruaux 88 ... 119 F 4
Rubécourt-et-Lamécourt 08 ... 27 F 4
Rubelles 77 ... 88 B 2
Rubempré 80 ... 12 D 5
Rubercy 14 ... 32 C 3
Rubescourt 80 ... 22 D 5
Rubigny 08 ... 25 H 4
Rubrouck 59 ... 3 G 4
Ruca 22 ... 79 E 2
Ruch 33 ... 256 D 1
Rucqueville 14 ... 33 E 3
Rudeau-Ladosse 24 ... 222 B 4
Rudelle 46 ... 261 E 2
Rue 80 ... 11 F 1
La Rue-Saint-Pierre 60 ... 38 B 2
La Rue-Saint-Pierre 76 ... 20 C 5
Ruederbach 68 ... 143 F 1
Rueil-la-Gadelière 28 ... 56 A 5
Rueil-Malmaison 92 ... 58 B 3
Ruelisheim 68 ... 143 F 1
Ruelle-sur-Touvre 16 ... 221 F 1
Les Rues-des-Vignes 59 ... 14 B 4
Ruesnes 59 ... 15 E 2
Rueyres 46 ... 261 E 2
Ruffec 16 ... 203 F 2
Ruffec 36 ... 188 A 1
Ruffey-le-Château 25 ... 161 G 3
Ruffey-lès-Beaune 21 ... 177 H 1
Ruffey-lès-Echirey 21 ... 160 A 2
Ruffey-sur-Seille 39 ... 179 E 4
Ruffiac 47 ... 274 D 1
Ruffiac 56 ... 125 F 2
Ruffieu 01 ... 214 D 2
Ruffieux 73 ... 215 E 4
Ruffigné 44 ... 126 D 3
Rugles 27 ... 55 G 3
Rugney 88 ... 95 E 4
Rugny 89 ... 137 F 2
Rugy 57 ... 45 H 5
Ruhans 70 ... 162 A 1
Ruillé-en-Champagne 72 ... 107 F 4
Ruillé-Froid-Fonds 53 ... 106 A 5
Ruillé-le-Gravelais 53 ... 105 G 4
Ruillé-sur-Loir 72 ... 130 D 3
Ruisseauville 62 ... 7 E 4
Ruitz 62 ... 8 A 4
Rullac-Saint-Cirq 12 ... 280 C 4
Rully 14 ... 52 D 3
Rully 60 ... 39 F 4
Rully 71 ... 177 G 3
Rumaisnil 80 ... 22 A 3
Rumaucourt 62 ... 14 A 3
Rumegies 59 ... 9 F 4
Rumengol 29 ... 75 H 3
Rumersheim 67 ... 68 D 5
Rumersheim-le-Haut 68 ... 121 F 5
Rumesnil 14 ... 34 B 4
Rumigny 08 ... 26 A 2
Rumigny 80 ... 22 B 3
Rumilly 62 ... 6 D 3
Rumilly 74 ... 215 F 4
Rumilly-en-Cambrésis 59 ... 14 B 4
Rumilly-lès-Vaudes 10 ... 115 F 3
Ruminghem 62 ... 3 E 4
Rumont 55 ... 63 H 3
Rumont 77 ... 112 A 2
Runan 22 ... 73 E 4
Rungis 94 ... 58 C 4
Ruoms 07 ... 266 B 5
Rupéreux 77 ... 89 G 2
Ruppes 88 ... 94 A 3
Rupt 52 ... 92 D 4
Rupt-aux-Nonains 55 ... 63 G 5
Rupt-devant-Saint-Mihiel 55 ... 64 B 3
Rupt-en-Woëvre 55 ... 64 C 2
Rupt-sur-Moselle 88 ... 119 H 5
Rupt-sur-Othain 55 ... 44 C 2
Rupt-sur-Saône 70 ... 140 D 4
Rurange-lès-Thionville 57 ... 45 H 4
Rurey 25 ... 162 A 5
Rusio 2B ... 347 F 4
Russ 67 ... 96 D 2
Russange 57 ... 45 F 2
Le Russey 25 ... 163 F 4
Russy 14 ... 32 D 3
Russy-Bémont 60 ... 39 G 4
Rustenhart 68 ... 121 F 4
Rustiques 11 ... 320 A 5
Rustrel 84 ... 306 A 1
Rustroff 57 ... 46 B 2
Rutali 2B ... 345 G 5
Ruvigny 10 ... 91 E 5
Ruy 38 ... 232 A 4
Ruyaulcourt 62 ... 14 A 4

A B C D E F G H I J K L M N O P Q **R** S T U V W X Y Z

Ruynes-en-Margeride 15....246 A 4
Ry 76....36 D 1
Rye 39....178 D 3
Ryes 14....33 E 3

S

Saâcy-sur-Marne 77....60 A 2
Saales 67....96 C 4
Saales Col de 67....96 C 4
Saâne-Saint-Just 76....20 A 3
Saasenheim 67....97 G 5
Sabadel-Latronquière 46....261 G 2
Sabadel-Lauzès 46....260 C 4
Sabaillan 32....316 C 2
Sabalos 65....315 F 4
Sabarat 09....335 H 1
Sabarros 65....315 H 4
Sabazan 32....295 E 3
Sablé-sur-Sarthe 72....129 E 2
Les Sables-d'Olonne 85....182 A 2
Sables-d'Or-les-Pins 22....79 E 2
Sablet 84....285 G 3
Les Sablettes 83....328 A 5
Sablières 07....265 H 4
Sablonceaux 17....219 E 1
Sablonnières 77....60 B 3
Sablons 33....238 C 3
Sablons 38....231 E 5
Sablons-sur-Huisne 61....85 E 4
Sabonnères 31....317 E 2
La Sabotterie 08....26 D 5
Sabran 30....284 C 3
Sabres 40....273 F 3
Saccourville 31....334 A 4
Sacé 53....106 A 2
Sacey 50....80 D 2
Saché 37....151 G 4
Sachin 62....7 G 4
Sachy 08....27 G 4
Sacierges-Saint-Martin 36....188 B 2
Saclas 91....87 F 5
Saclay 91....58 B 5
Saconin-et-Breuil 02....40 A 3
Sacoué 65....334 A 2
Le Sacq 27....56 A 3
Sacquenay 21....139 G 5
Sacqueville 27....56 A 1
Sacy 51....41 G 4
Sacy 89....136 D 4
Sacy-le-Grand 60....38 D 3
Sacy-le-Petit 60....39 E 3
Sadeillan 32....315 H 3
Sadillac 24....257 H 2
Sadirac 33....255 H 1
Sadournin 65....315 H 4
Sadroc 19....242 C 1
Saessolsheim 67....68 C 5
Saffais 54....95 E 2
Saffloz 39....179 H 5
Saffré 44....147 G 1
Saffres 21....159 F 2
Sagelat 24....259 E 1
Sagnat 23....188 D 5
Sagnes-et-Goudoulet 07....266 A 1
Sagone 2A....348 B 1
Sagonne 18....173 H 3
Sagy 71....196 A 1
Sagy 95....57 H 1
Sahorre 66....342 A 3
Sahune 26....268 A 5
Sahurs 76....36 A 2
Sai 61....54 B 4
Saignes 15....226 C 5
Saignes 46....261 E 1
Saigneville 80....11 F 3
Saignon 84....306 A 4
Saiguède 31....297 F 5
Sail-les-Bains 42....193 E 5
Sail-sous-Couzan 42....229 F 1
Sailhan 65....333 G 4
Saillac 19....242 C 4
Saillac 46....278 D 1
Saillagouse 66....341 F 4
Saillans 26....267 H 2
Saillans 33....238 B 4
Saillant 63....229 F 4
Saillat-sur-Vienne 87....204 D 4
Saillé 44....145 H 4
Saillenard 71....178 D 5
Sailly 08....27 G 4
Sailly 52....93 E 3
Sailly 71....194 C 2
Sailly 78....57 G 1
Sailly-Achâtel 57....66 B 3
Sailly-au-Bois 62....13 F 4
Sailly-en-Ostrevent 62....13 H 2
Sailly-Flibeaucourt 80....11 G 2

Sailly-Labourse 62....8 A 4
Sailly-Laurette 80....23 E 1
Sailly-le-Sec 80....22 D 1
Sailly-lez-Cambrai 59....14 B 3
Sailly-lez-Lannoy 59....9 E 2
Sailly-Saillisel 80....13 H 5
Sailly-sur-la-Lys 62....8 B 2
Sain-Bel 69....212 C 5
Saincaize-Meauce 58....174 B 3
Sainghin-en-Mélantois 59....9 E 3
Sainghin-en-Weppes 59....8 C 3
Sainneville 76....18 D 5
Sains-du-Nord 59....15 H 4
Sains-en-Amiénois 80....22 C 2
Sains-en-Gohelle 62....8 A 4
Sains-lès-Fressin 62....7 E 4
Sains-lès-Marquion 62....14 A 3
Sains-Morainvillers 60....22 D 5
Sains-Richaumont 02....25 E 2
Le Saint 56....100 D 2
Saint-Aaron 22....78 D 3
Saint-Abit 64....314 B 5
Saint-Abraham 56....102 D 5
Saint-Acheul 80....12 C 3
Saint-Adjutory 16....203 H 4
Saint-Adrien 22....77 G 2
Saint-Adrien Roches de 76....36 B 2
Saint-Affrique 12....300 D 1
Saint-Affrique-les-Montagnes 81....299 G 5
Saint-Agathon 22....73 F 5
Saint-Agil 41....109 E 4
Saint-Agnan 02....60 D 1
Saint-Agnan 58....158 B 3
Saint-Agnan 71....193 F 2
Saint-Agnan 81....298 C 4
Saint-Agnan 89....89 E 5
Saint-Agnan-de-Cernières 27....55 E 2
Saint-Agnan-en-Vercors 26....250 B 4
Saint-Agnan-le-Malherbe 14....53 E 1
Saint-Agnan-sur-Erre 61....84 D 5
Saint-Agnan-sur-Sarthe 61....84 B 2
Saint-Agnant 17....200 D 4
Saint-Agnant-de-Versillat 23....188 C 5
Saint-Agnant-près-Crocq 23....208 B 5
Saint-Agnant-sous-les-Côtes 55....64 D 4
Saint-Agne 24....258 B 1
Saint-Agnet 40....294 C 4
Saint-Agnin-sur-Bion 38....231 H 3
Saint-Agoulin 63....209 H 2
Saint-Agrève 07....248 B 4
Saint-Aignan 08....27 E 4
Saint-Aignan 33....238 B 4
Saint-Aignan 41....153 E 4
Saint-Aignan 56....77 H 5
Saint-Aignan 72....108 A 2
Saint-Aignan 82....277 F 5
Saint-Aignan-de-Couptrain 53....82 D 3
Saint-Aignan-de-Cramesnil 14....33 H 5
Saint-Aignan-des-Gués 45....134 A 2
Saint-Aignan-des-Noyers 18....173 H 4
Saint-Aignan-Grandlieu 44....147 G 5
Saint-Aignan-le-Jaillard 45....134 B 4
Saint-Aignan-sur-Roë 53....127 G 2
Saint-Aignan-sur-Ry 76....36 D 1
Saint-Aigny 36....187 H 1
Saint-Aigulin 17....238 D 2
Saint-Ail 54....45 F 5
Saint-Albain 71....195 E 3
Saint-Alban 01....214 B 1
Saint-Alban 22....78 D 2
Saint-Alban 31....297 H 4
Saint-Alban-Auriolles 07....266 A 5
Saint-Alban-d'Ay 07....248 B 3
Saint-Alban-d'Hurtières 73....234 A 3
Saint-Alban-de-Montbel 73....233 E 2
Saint-Alban-de-Roche 38....231 H 2
Saint-Alban-des-Villards 73....233 H 5
Saint-Alban-du-Rhône 38....231 E 4
Saint-Alban-en-Montagne 07....265 F 2
Saint-Alban-les-Eaux 42....211 F 3
Saint-Alban-Leysse 73....233 F 2
Saint-Alban-sur-Limagnole 48....264 B 1

Saint-Albin-de-Vaulserre 38....232 D 3
Saint-Alexandre 30....284 D 2
Saint-Algis 02....25 E 1
Saint-Allouestre 56....102 B 4
Saint-Alpinien 23....207 H 3
Saint-Alyre-d'Arlanc 63....228 D 5
Saint-Alyre-ès-Montagne 63....227 G 5
Saint-Amadou 09....336 C 1
Saint-Amancet 81....319 F 2
Saint-Amand 23....207 H 4
Saint-Amand 50....52 C 1
Saint-Amand 62....13 E 4
Saint-Amand-de-Belvès 24....259 E 4
Saint-Amand-de-Coly 24....241 G 3
Saint-Amand-de-Vergt 24....240 C 4
Saint-Amand-des-Hautes-Terres 27....36 A 4
Saint-Amand-en-Puisaye 58....156 B 1
Saint-Amand-Jartoudeix 23....206 C 4
Saint-Amand-le-Petit 87....206 D 5
Saint-Amand-les-Eaux 59....9 F 4
Saint-Amand-Longpré 41....131 G 4
Saint-Amand-Magnazeix 87....205 H 1
Saint-Amand-Montrond 18....173 F 5
Saint-Amand-sur-Ornain 55....93 F 1
Saint-Amand-sur-Sèvre 79....167 E 3
Saint-Amandin 15....227 E 5
Saint-Amans 09....336 A 1
Saint-Amans 11....318 D 5
Saint-Amans 48....264 C 3
Saint-Amans-de-Pellagal 82....277 F 3
Saint-Amans-des-Cots 12....262 D 2
Saint-Amans-du-Pech 82....276 D 2
Saint-Amans-Soult 81....320 A 2
Saint-Amans-Valtoret 81....320 A 2
Saint-Amant-de-Boixe 16....203 F 5
Saint-Amant-de-Bonnieure 16....203 G 4
Saint-Amant-de-Graves 16....220 D 2
Saint-Amant-de-Montmoreau 16....221 F 4
Saint-Amant-de-Nouère 16....203 E 5
Saint-Amant-Roche-Savine 63....228 D 3
Saint-Amant-Tallende 63....227 H 2
Saint-Amarin 68....120 C 5
Saint-Ambreuil 71....177 H 5
Saint-Ambroix 18....172 C 3
Saint-Ambroix 30....284 A 2
Saint-Amé 88....119 H 4
Saint-Amour 39....196 A 3
Saint-Amour-Bellevue 71....194 D 5
Saint-Anastaise 63....227 G 4
Saint-Andelain 58....156 A 3
Saint-Andéol 26....268 A 1
Saint-Andéol 38....250 C 4
Saint-Andéol-de-Berg 07....266 C 4
Saint-Andéol-de-Clerguemort 48....283 F 2
Saint-Andéol-de-Fourchades 07....266 A 1
Saint-Andéol-de-Vals 07....266 B 2
Saint-Andéol-le-Château 69....230 D 2
Saint-Andeux 21....158 B 2
Saint-Andiol 13....305 E 2
Saint-Andoche 70....140 B 4
Saint-André 16....219 H 1
Saint-André 31....316 D 4
Saint-André 32....296 D 5
Saint-André 66....343 F 3
Saint-André 73....252 C 1
Saint-André 81....300 A 1
Saint-André Chapelle 46....259 G 3
Saint-André-Capcèze 48....265 G 5
Saint-André-d'Allas 24....241 F 5
Saint-André-d'Apchon 42....211 F 2
Saint-André-de-Bâgé 01....195 F 4
Saint-André-de-Bœge 74....198 A 5
Saint-André-de-Bohon 50....32 A 3
Saint-André-de-Briouze 61....53 G 4
Saint-André-de-Buèges 34....302 B 2
Saint-André-de-Chalencon 43....247 G 1
Saint-André-de-Corcy 01....213 F 2
Saint-André-de-Cruzières 07....284 A 1
Saint-André-de-Cubzac 33....237 H 4
Saint-André-de-Double 24....239 G 2

Saint-André-de-la-Marche 49....148 C 5
Saint-André-de-la-Roche 06....309 H 2
Saint-André-de-Lancize 48....283 F 2
Saint-André-de-l'Épine 50....32 B 4
Saint-André-de-l'Eure 27....56 C 3
Saint-André-de-Lidon 17....219 F 2
Saint-André-de-Majencoules 30....282 D 5
Saint-André-de-Messei 61....53 F 5
Saint-André-de-Najac 12....279 F 3
Saint-André-de-Roquelongue 11....338 D 1
Saint-André-de-Roquepertuis 30....284 C 2
Saint-André-de-Rosans 05....268 C 5
Saint-André-de-Sangonis 34....302 A 4
Saint-André-de-Seignanx 40....292 B 4
Saint-André-de-Valborgne 30....283 E 3
Saint-André-de-Vézines 12....282 A 3
Saint-André-d'Embrun 05....270 C 3
Saint-André-des-Eaux 22....79 H 5
Saint-André-des-Eaux 44....146 B 2
Saint-André-d'Hébertot 14....34 D 3
Saint-André-d'Huiriat 01....195 F 5
Saint-André-d'Olérargues 30....284 C 3
Saint-André-du-Bois 33....256 C 3
Saint-André-en-Barrois 55....63 H 1
Saint-André-en-Bresse 71....178 B 5
Saint-André-en-Morvan 58....157 H 2
Saint-André-en-Royans 38....250 A 3
Saint-André-en-Terre-Plaine 89....158 B 1
Saint-André-en-Vivarais 07....248 B 3
Saint-André-et-Appelles 33....257 F 1
Saint-André-Farivillers 60....22 B 5
Saint-André-Goule-d'Oie 85....166 B 3
Saint-André-la-Côte 69....230 C 2
Saint-André-Lachamp 07....265 H 4
Saint-André-le-Bouchoux 01....213 G 1
Saint-André-le-Coq 63....210 A 3
Saint-André-le-Désert 71....194 C 2
Saint-André-le-Gaz 38....232 C 2
Saint-André-le-Puy 42....230 A 2
Saint-André-les-Alpes 04....288 C 5
Saint-André-les-Vergers 10....90 D 5
Saint-André-lez-Lille 59....8 D 2
Saint-André-sur-Cailly 76....20 C 5
Saint-André-sur-Orne 14....33 G 5
Saint-André-sur-Sèvre 79....167 F 4
Saint-André-sur-Vieux-Jonc 01....213 G 1
Saint-André-Treize-Voies 85....165 H 2
Saint-André-Val-de-Fier 74....215 E 3
Saint-Androny 33....237 F 1
Saint-Ange-et-Torçay 28....56 B 5
Saint-Angeau 16....203 G 4
Saint-Angel 03....191 E 4
Saint-Angel 19....225 H 3
Saint-Angel 63....209 F 3
Saint-Anthème 63....229 F 3
Saint-Anthot 21....159 F 3
Saint-Antoine 05....252 C 5
Saint-Antoine 13....326 D 2
Saint-Antoine 15....262 B 2
Saint-Antoine 25....180 C 3
Saint-Antoine 29....71 H 4
Saint-Antoine 32....276 D 5
Saint-Antoine 33....237 H 3
Saint-Antoine-Cumond 24....239 F 1
Saint-Antoine-d'Auberoche 24....241 E 1
Saint-Antoine-de-Breuilh 24....257 E 1
Saint-Antoine-de-Ficalba 47....276 C 1
Saint-Antoine-du-Queyret 33....256 D 1
Saint-Antoine-du-Rocher 37....151 H 1
Saint-Antoine-la-Forêt 76....19 E 5
Saint-Antoine-l'Abbaye 38....249 H 4
Saint-Antoine-sur-l'Isle 33....239 E 3
Saint-Antonin 06....289 G 5
Saint-Antonin 32....296 C 3
Saint-Antonin-de-Lacalm 81....299 G 3
Saint-Antonin-de-Sommaire 27....55 F 3

Saint-Antonin-du-Var 83....307 H 5
Saint-Antonin-Noble-Val 82....278 D 3
Saint-Antonin-sur-Bayon 13....306 B 5
Saint-Aoustrille 36....172 B 2
Saint-Août 36....172 B 5
Saint-Apollinaire 05....270 B 3
Saint-Apollinaire 21....160 B 3
Saint-Apollinaire-de-Rias 07....248 D 5
Saint-Appolinaire 69....212 B 3
Saint-Appolinard 38....250 A 2
Saint-Appolinard 42....230 D 5
Saint-Aquilin 24....239 H 2
Saint-Aquilin-d'Augerons 27....55 E 2
Saint-Aquilin-de-Corbion 61....55 E 5
Saint-Aquilin-de-Pacy 27....56 D 1
Saint-Araille 31....317 E 3
Saint-Arailles 32....295 H 4
Saint-Arcons-d'Allier 43....246 C 3
Saint-Arcons-de-Barges 43....265 F 1
Saint-Arey 38....251 E 5
Saint-Armel 35....104 B 4
Saint-Armel 56....124 C 4
Saint-Armou 64....314 B 2
Saint-Arnac 66....338 A 5
Saint-Arnoult 14....34 B 3
Saint-Arnoult 41....131 F 4
Saint-Arnoult 60....21 G 5
Saint-Arnoult 76....35 G 1
Saint-Arnoult-des-Bois 28....85 H 3
Saint-Arnoult-en-Yvelines 78....87 E 2
Saint-Arroman 32....316 A 2
Saint-Arroman 65....333 H 2
Saint-Arroumex 82....277 E 5
Saint-Astier 24....239 H 2
Saint-Astier 47....257 F 2
Saint-Auban 04....287 G 4
Saint-Auban 06....308 C 1
Saint-Auban-d'Oze 05....269 F 4
Saint-Auban-sur-l'Ouvèze 26....286 B 1
Saint-Aubert 59....14 C 3
Saint-Aubert-sur-Orne 61....53 G 4
Saint-Aubin 02....40 A 1
Saint-Aubin 10....90 A 3
Saint-Aubin 21....177 G 2
Saint-Aubin 36....172 B 3
Saint-Aubin 39....178 C 1
Saint-Aubin 40....293 G 3
Saint-Aubin 47....258 D 5
Saint-Aubin 59....15 G 3
Saint-Aubin 62....6 B 4
Saint-Aubin 91....58 A 5
Saint-Aubin-Celloville 76....36 B 2
Saint-Aubin-Château-Neuf 89....135 H 3
Saint-Aubin-d'Appenai 61....84 A 3
Saint-Aubin-d'Arquenay 14....33 H 3
Saint-Aubin-d'Aubigné 35....80 B 5
Saint-Aubin-de-Baubigné 79....167 F 2
Saint-Aubin-de-Blaye 33....237 G 1
Saint-Aubin-de-Bonneval 61....54 D 2
Saint-Aubin-de-Branne 33....256 C 1
Saint-Aubin-de-Cadelech 24....257 H 2
Saint-Aubin-de-Courteraie 61....84 B 2
Saint-Aubin-de-Crétot 76....19 F 5
Saint-Aubin-de-Lanquais 24....258 B 1
Saint-Aubin-de-Locquenay 72....83 G 5
Saint-Aubin-de-Luigné 49....149 F 3
Saint-Aubin-de-Médoc 33....237 F 5
Saint-Aubin-de-Nabirat 24....259 G 2
Saint-Aubin-de-Scellon 27....35 E 4
Saint-Aubin-de-Terregatte 50....81 E 2
Saint-Aubin-d'Écrosville 27....36 A 5
Saint-Aubin-des-Bois 14....52 A 3
Saint-Aubin-des-Bois 28....86 A 3
Saint-Aubin-des-Châteaux 44....126 D 3
Saint-Aubin-des-Chaumes 58....157 G 2
Saint-Aubin-des-Coudrais 72....108 C 3
Saint-Aubin-des-Grois 61....84 C 5
Saint-Aubin-des-Hayes 27....55 G 1
Saint-Aubin-des-Landes 35....105 G 3
Saint-Aubin-des-Ormeaux 85....166 C 1
Saint-Aubin-des-Préaux 50....51 F 3
Saint-Aubin-du-Cormier 35....80 D 5
Saint-Aubin-du-Désert 53....83 E 5
Saint-Aubin-du-Pavail 35....104 C 4

Saint-Aubin-du-Perron 50....31 H 4
Saint-Aubin-du-Plain 79....167 G 2
Saint-Aubin-du-Thenney 27....55 E 1
Saint-Aubin-en-Bray 60....37 G 2
Saint-Aubin-en-Charollais 71....193 H 2
Saint-Aubin-Épinay 76....36 B 2
Saint-Aubin-Fosse-Louvain 53....81 H 3
Saint-Aubin-la-Plaine 85....183 G 2
Saint-Aubin-le-Cauf 76....20 B 2
Saint-Aubin-le-Cloud 79....167 H 5
Saint-Aubin-le-Dépeint 37....130 B 5
Saint-Aubin-le-Guichard 27....55 G 1
Saint-Aubin-le-Monial 03....191 G 2
Saint-Aubin-le-Vertueux 27....55 F 1
Saint-Aubin-Lébizay 14....34 B 4
Saint-Aubin-lès-Elbeuf 76....36 A 3
Saint-Aubin-les-Forges 58....156 C 5
Saint-Aubin-Montenoy 80....21 H 2
Saint-Aubin-Rivière 80....21 G 2
Saint-Aubin-Routot 76....34 D 1
Saint-Aubin-sous-Erquery 60....38 D 2
Saint-Aubin-sur-Aire 55....64 C 5
Saint-Aubin-sur-Algot 14....34 B 5
Saint-Aubin-sur-Gaillon 27....36 C 5
Saint-Aubin-sur-Loire 71....193 E 2
Saint-Aubin-sur-Mer 14....33 G 3
Saint-Aubin-sur-Mer 76....19 H 2
Saint-Aubin-sur-Quillebeuf 27....35 F 1
Saint-Aubin-sur-Scie 76....20 B 2
Saint-Aubin-sur-Yonne 89....113 G 5
Saint-Augustin 03....174 B 4
Saint-Augustin 17....218 C 1
Saint-Augustin 19....225 E 4
Saint-Augustin 77....59 H 4
Saint-Augustin-des-Bois 49....149 E 1
Saint-Aulaire 19....241 H 1
Saint-Aulais-la-Chapelle 16....220 D 4
Saint-Aulaye-Puymangou 24....239 E 2
Saint-Aunès 34....303 E 4
Saint-Aunix-Lengros 32....295 E 5
Saint-Aupre 38....232 D 4
Saint-Austremoine 43....246 B 3
Saint-Auvent 87....205 E 5
Saint-Avaugourd-des-Landes 85....182 C 1
Saint-Avé 56....124 C 3
Saint-Aventin 31....334 A 4
Saint-Avertin 37....152 A 3
Saint-Avit 16....239 E 1
Saint-Avit 26....249 F 2
Saint-Avit 40....273 H 5
Saint-Avit 41....109 E 4
Saint-Avit 47....257 F 4
Saint-Avit 47....258 D 4
Saint-Avit 63....208 C 4
Saint-Avit 81....319 F 2
Saint-Avit-de-Soulège 33....257 E 1
Saint-Avit-de-Tardes 23....207 H 4
Saint-Avit-de-Vialard 24....240 D 5
Saint-Avit-Frandat 32....276 B 5
Saint-Avit-le-Pauvre 23....207 F 3
Saint-Avit-les-Guespières 28....109 H 2
Saint-Avit-Rivière 24....258 D 2
Saint-Avit-Saint-Nazaire 33....239 F 5
Saint-Avold 57....67 E 1
Saint-Avre 73....234 A 4
Saint-Ay 45....132 D 2
Saint-Aybert 59....9 H 4
Saint-Aygulf 83....329 G 1
Saint-Babel 63....228 A 2
Saint-Baldoph 73....233 F 2
Saint-Bandry 02....40 A 2
Saint-Baraing 39....178 D 2
Saint-Barbant 87....204 D 1
Saint-Bard 23....208 B 4
Saint-Bardoux 26....249 F 3
Saint-Barnabé 22....102 B 2
Saint-Barthélemy 38....231 G 5
Saint-Barthélemy 40....292 B 5
Saint-Barthélemy 50....52 C 5
Saint-Barthélemy 56....101 H 4
Saint-Barthélemy 70....142 A 2
Saint-Barthélemy 77....60 B 4
Saint-Barthélemy-d'Agenais 47....257 G 4
Saint-Barthélemy-d'Anjou 49....149 G 1
Saint-Barthélemy-de-Bellegarde 24....239 F 3
Saint-Barthélemy-de-Bussière 24....222 C 2

Saint-Barthélemy-de-Séchilienne *38* ... **251** E 3
Saint-Barthélemy-de-Vals *26* ... **249** F 2
Saint-Barthélemy-Grozon *07* ... **248** D 4
Saint-Barthélemy-le-Meil *07* ... **248** C 5
Saint-Barthélemy-le-Plain *07* ... **249** E 3
Saint-Barthélemy-Lestra *42* ... **230** A 1
Saint-Basile *07* ... **248** C 4
Saint-Baslemont *88* ... **118** C 2
Saint-Baudel *18* ... **172** D 4
Saint-Baudelle *53* ... **82** B 5
Saint-Baudille-de-la-Tour *38* ... **214** A 5
Saint-Baudille-et-Pipet *38* ... **269** E 1
Saint-Bauld *37* ... **152** A 5
Saint-Baussant *54* ... **65** E 3
Saint-Bauzeil *09* ... **336** B 1
Saint-Bauzély *30* ... **303** G 1
Saint-Bauzile *07* ... **266** D 2
Saint-Bauzile *48* ... **264** C 5
Saint-Bauzille-de-la-Sylve *34* ... **302** B 4
Saint-Bauzille-de-Montmel *34* ... **303** E 3
Saint-Bauzille-de-Putois *34* ... **302** C 1
Saint-Bazile *87* ... **222** D 1
Saint-Bazile-de-la-Roche *19* ... **243** F 2
Saint-Bazile-de-Meyssac *19* ... **242** D 3
Saint-Béat *31* ... **334** B 3
Saint-Beaulize *12* ... **301** F 1
Saint-Beauzeil *82* ... **276** D 1
Saint-Beauzély *12* ... **281** G 3
Saint-Beauzile *81* ... **279** E 5
Saint-Beauzire *43* ... **246** A 1
Saint-Beauzire *63* ... **209** H 5
Saint-Bénézet *30* ... **283** H 5
Saint-Bénigne *01* ... **195** F 3
Saint-Benin *59* ... **14** D 5
Saint-Benin-d'Azy *58* ... **175** E 2
Saint-Benin-des-Bois *58* ... **157** E 5
Saint-Benoist-sur-Mer *85* ... **182** D 3
Saint-Benoist-sur-Vanne *10* ... **114** B 2
Saint-Benoît *04* ... **289** E 5
Saint-Benoît *11* ... **337** F 2
Saint-Benoît *28* ... **109** F 4
Saint-Benoît *86* ... **186** B 2
Saint-Benoît-de-Carmaux *81* ... **279** G 5
Saint-Benoît-des-Ombres *27* ... **35** F 4
Saint-Benoît-des-Ondes *35* ... **50** D 5
Saint-Benoît-d'Hébertot *14* ... **34** D 3
Saint-Benoît-du-Sault *36* ... **188** B 3
Saint-Benoit-en-Diois *26* ... **268** A 2
Saint-Benoît-en-Woëvre *55* ... **65** E 2
Saint-Benoît-la-Chipotte *88* ... **95** H 4
Saint-Benoît-la-Forêt *37* ... **151** E 4
Saint-Benoît-sur-Loire *45* ... **134** A 3
Saint-Benoît-sur-Seine *10* ... **90** D 4
Saint-Bérain *43* ... **246** D 4
Saint-Berain-sous-Sanvignes *71* ... **176** D 5
Saint-Bérain-sur-Dheune *71* ... **177** F 3
Saint-Bernard *01* ... **212** D 3
Saint-Bernard *21* ... **160** A 5
Saint-Bernard *38* ... **233** F 5
Saint-Bernard *57* ... **46** B 4
Saint-Bernard *68* ... **143** E 2
Saint-Béron *73* ... **232** D 3
Saint-Berthevin *53* ... **105** H 3
Saint-Berthevin-la-Tannière *53* ... **81** G 4
Saint-Bertrand-de-Comminges *31* ... **334** A 2
Saint-Biez-en-Belin *72* ... **130** A 2
Saint-Bihy *22* ... **77** H 3
Saint-Blaise *06* ... **291** E 5
Saint-Blaise *74* ... **215** G 2
Saint-Blaise *Fouilles de 13* ... **325** G 3
Saint-Blaise-du-Buis *38* ... **232** C 4
Saint-Blaise-la-Roche *67* ... **96** C 3
Saint-Blancard *32* ... **316** B 3
Saint-Blimont *80* ... **11** E 3
Saint-Blin *52* ... **93** G 5
Saint-Boès *64* ... **293** F 5
Saint-Bohaire *41* ... **132** A 5
Saint-Boil *71* ... **177** G 5
Saint-Boingt *54* ... **95** F 3
Saint-Bois *01* ... **232** C 1
Saint-Bomer *28* ... **109** E 2

Saint-Bômer-les-Forges *61* ... **53** E 5
Saint-Bon *51* ... **60** C 5
Saint-Bon-Tarentaise *73* ... **234** C 3
Saint-Bonnet *16* ... **220** D 3
Saint-Bonnet *Signal de 69* ... **212** C 2
Saint-Bonnet-Avalouze *19* ... **243** E 1
Saint-Bonnet-Briance *87* ... **224** B 1
Saint-Bonnet-de-Bellac *87* ... **205** E 1
Saint-Bonnet-de-Chavagne *38* ... **250** A 2
Saint-Bonnet-de-Chirac *48* ... **264** A 4
Saint-Bonnet-de-Condat *15* ... **245** E 1
Saint-Bonnet-de-Cray *71* ... **193** H 5
Saint-Bonnet-de-Four *03* ... **191** F 4
Saint-Bonnet-de-Joux *71* ... **194** B 2
Saint-Bonnet-de-Montauroux *48* ... **265** E 1
Saint-Bonnet-de-Mure *69* ... **231** G 1
Saint-Bonnet-de-Rochefort *03* ... **209** H 1
Saint-Bonnet-de-Salendrinque *30* ... **283** F 5
Saint-Bonnet-de-Salers *15* ... **244** C 2
Saint-Bonnet-de-Valclérieux *26* ... **249** H 1
Saint-Bonnet-de-Vieille-Vigne *71* ... **193** H 2
Saint-Bonnet-des-Bruyères *69* ... **194** B 5
Saint-Bonnet-des-Quarts *42* ... **211** E 1
Saint-Bonnet-du-Gard *30* ... **304** A 1
Saint-Bonnet-Elvert *19* ... **243** E 2
Saint-Bonnet-en-Bresse *71* ... **178** B 3
Saint-Bonnet-en-Champsaur *05* ... **269** G 2
Saint-Bonnet-la-Rivière *19* ... **241** H 1
Saint-Bonnet-le-Bourg *63* ... **228** D 4
Saint-Bonnet-le-Chastel *63* ... **228** D 4
Saint-Bonnet-le-Château *42* ... **229** G 4
Saint-Bonnet-le-Courreau *42* ... **229** F 2
Saint-Bonnet-le-Froid *43* ... **248** B 2
Saint-Bonnet-le-Troncy *69* ... **212** B 2
Saint-Bonnet-l'Enfantier *19* ... **242** B 1
Saint-Bonnet-lès-Allier *63* ... **228** A 1
Saint-Bonnet-les-Oules *42* ... **230** A 3
Saint-Bonnet-les-Tours-de-Merle *19* ... **243** G 3
Saint-Bonnet-près-Bort *19* ... **226** B 3
Saint-Bonnet-près-Orcival *63* ... **227** F 1
Saint-Bonnet-près-Riom *63* ... **209** H 4
Saint-Bonnet-sur-Gironde *17* ... **219** F 5
Saint-Bonnet-Tronçais *03* ... **190** D 1
Saint-Bonnot *58* ... **156** D 4
Saint-Bouize *18* ... **156** A 4
Saint-Brancher *89* ... **158** A 2
Saint-Branchs *37* ... **152** A 4
Saint-Brandan *22* ... **78** A 4
Saint-Brès *30* ... **284** A 2
Saint-Brès *32* ... **296** C 2
Saint-Brès *34* ... **303** E 4
Saint-Bresson *30* ... **302** B 1
Saint-Bresson *70* ... **119** G 5
Saint-Bressou *46* ... **261** F 2
Saint-Brevin-les-Pins *44* ... **146** C 3
Saint-Brevin-l'Océan *44* ... **146** C 3
Saint-Briac-sur-Mer *35* ... **50** B 5
Saint-Brice *16* ... **220** B 1
Saint-Brice *33* ... **256** C 2
Saint-Brice *50* ... **51** H 4
Saint-Brice *53* ... **128** D 2
Saint-Brice *61* ... **82** B 2
Saint-Brice *77* ... **89** G 2
Saint-Brice-Courcelles *51* ... **41** G 3
Saint-Brice-de-Landelles *50* ... **81** F 2
Saint-Brice-en-Coglès *35* ... **80** D 3
Saint-Brice-sous-Forêt *95* ... **58** C 2
Saint-Brice-sous-Rânes *61* ... **53** H 5
Saint-Brice-sur-Vienne *87* ... **205** E 4
Saint-Brieuc *22* ... **78** B 3
Saint-Brieuc-de-Mauron *56* ... **103** E 3
Saint-Brieuc-des-Iffs *35* ... **80** A 5
Saint-Bris-des-Bois *17* ... **201** H 5
Saint-Bris-le-Vineux *89* ... **136** C 3
Saint-Brisson *58* ... **158** B 4
Saint-Brisson-sur-Loire *45* ... **134** C 5
Saint-Broing *70* ... **161** F 1
Saint-Broing-les-Moines *21* ... **138** D 4
Saint-Broingt-le-Bois *52* ... **139** H 3
Saint-Broingt-les-Fosses *52* ... **139** G 3
Saint-Broladre *35* ... **51** E 5

Saint-Bueil *38* ... **232** D 3
Saint-Cado *56* ... **123** G 3
Saint-Calais *72* ... **108** D 5
Saint-Calais-du-Désert *53* ... **83** E 3
Saint-Calez-en-Saosnois *72* ... **84** A 5
Saint-Cannat *13* ... **305** H 4
Saint-Caprais *03* ... **191** E 2
Saint-Caprais *18* ... **172** D 2
Saint-Caprais *32* ... **296** C 5
Saint-Caprais *46* ... **259** F 3
Saint-Caprais-de-Blaye *33* ... **219** G 5
Saint-Caprais-de-Bordeaux *33* ... **255** H 1
Saint-Caprais-de-Lerm *47* ... **276** C 3
Saint-Capraise-de-Lalinde *24* ... **258** B 1
Saint-Capraise-d'Eymet *24* ... **257** H 2
Saint-Caradec *22* ... **102** A 1
Saint-Caradec-Trégomel *56* ... **101** E 3
Saint-Carné *22* ... **79** G 4
Saint-Carreuc *22* ... **78** B 4
Saint-Cassien *24* ... **258** D 2
Saint-Cassien *38* ... **232** C 5
Saint-Cassien *86* ... **168** D 3
Saint-Cassin *73* ... **233** F 2
Saint-Cast-le-Guildo *22* ... **50** A 5
Saint-Castin *64* ... **314** B 3
Saint-Célerin *72* ... **108** B 3
Saint-Céneré *53* ... **106** B 3
Saint-Céneri-le-Gérei *61* ... **83** F 4
Saint-Céols *18* ... **155** G 4
Saint-Céré *46* ... **261** E 1
Saint-Cergues *74* ... **197** H 5
Saint-Cernin *15* ... **244** B 3
Saint-Cernin *46* ... **260** C 4
Saint-Cernin-de-Labarde *24* ... **258** B 1
Saint-Cernin-de-Larche *19* ... **241** H 3
Saint-Cernin-de-l'Herm *24* ... **259** E 3
Saint-Cernin-de-Reilhac *24* ... **241** E 4
Saint-Césaire *17* ... **201** H 5
Saint-Césaire *30* ... **303** H 2
Saint-Césaire-de-Gauzignan *30* ... **284** A 5
Saint-Cézaire *Grottes de 06* ... **308** D 3
Saint-Cézaire-sur-Siagne *06* ... **308** D 3
Saint-Cézert *31* ... **297** G 3
Saint-Chabrais *23* ... **207** H 1
Saint-Chaffrey *05* ... **252** C 4
Saint-Chamant *15* ... **244** C 3
Saint-Chamant *19* ... **243** E 3
Saint-Chamarand *46* ... **260** B 3
Saint-Chamas *13* ... **305** F 5
Saint-Chamassy *24* ... **241** E 5
Saint-Chamond *42* ... **230** C 4
Saint-Champ *01* ... **214** D 5
Saint-Chaptes *30* ... **284** A 5
Saint-Charles *54* ... **45** E 1
Saint-Charles-de-Percy *14* ... **52** D 2
Saint-Charles-la-Forêt *53* ... **106** B 5
Saint-Chartier *36* ... **189** G 1
Saint-Chartres *86* ... **168** C 3
Saint-Chef *38* ... **232** A 2
Saint-Chels *46* ... **260** D 4
Saint-Chély-d'Apcher *48* ... **264** A 1
Saint-Chély-d'Aubrac *12* ... **263** F 4
Saint-Chély-du-Tarn *48* ... **282** B 1
Saint-Chéron *51* ... **62** C 5
Saint-Chéron *91* ... **87** F 3
Saint-Chéron-des-Champs *28* ... **86** A 2
Saint-Chinian *34* ... **321** E 3
Saint-Christaud *17* ... **317** F 5
Saint-Christaud *32* ... **295** G 5
Saint-Christo-en-Jarez *42* ... **230** C 3
Saint-Christol *07* ... **248** B 5
Saint-Christol *34* ... **303** F 3
Saint-Christol *84* ... **286** C 4
Saint-Christol-de-Rodières *30* ... **284** C 2
Saint-Christol-lès-Alès *30* ... **283** H 4
Saint-Christoly-de-Blaye *33* ... **237** G 2
Saint-Christoly-Médoc *33* ... **219** E 5
Saint-Christophe *03* ... **210** C 1
Saint-Christophe *16* ... **239** E 1
Saint-Christophe *17* ... **200** D 1
Saint-Christophe *23* ... **207** E 2
Saint-Christophe *28* ... **110** A 3
Saint-Christophe *69* ... **194** C 5
Saint-Christophe *81* ... **279** F 3

Saint-Christophe *86* ... **139** F 3
Saint-Christophe-à-Berry *02* ... **40** A 2
Saint-Christophe-d'Allier *43* ... **235** E 1
Saint-Christophe-de-Chaulieu *61* ... **52** D 4
Saint-Christophe-de-Double *33* ... **238** D 3
Saint-Christophe-de-Valains *35* ... **30** D 4
Saint-Christophe-des-Bardes *33* ... **238** C 5
Saint-Christophe-des-Bois *35* ... **105** E 2
Saint-Christophe-Dodinicourt *10* ... **91** H 4
Saint-Christophe-du-Bois *49* ... **166** D 1
Saint-Christophe-du-Foc *50* ... **28** D 4
Saint-Christophe-du-Jambet *72* ... **107** G 2
Saint-Christophe-du-Ligneron *85* ... **165** E 3
Saint-Christophe-du-Luat *53* ... **106** C 3
Saint-Christophe-en-Bazelle *36* ... **153** H 5
Saint-Christophe-en-Boucherie *36* ... **172** C 5
Saint-Christophe-en-Bresse *71* ... **178** A 4
Saint-Christophe-en-Brionnais *71* ... **193** H 5
Saint-Christophe-en-Champagne *72* ... **107** E 5
Saint-Christophe-en-Oisans *38* ... **251** H 4
Saint-Christophe-et-le-Laris *26* ... **249** G 1
Saint-Christophe-la-Couperie *49* ... **148** B 3
Saint-Christophe-la-Grotte *73* ... **233** E 3
Saint-Christophe-le-Chaudry *18* ... **190** B 1
Saint-Christophe-le-Jajolet *61* ... **54** B 5
Saint-Christophe-les-Gorges *15* ... **243** H 3
Saint-Christophe-sur-Avre *27* ... **55** H 5
Saint-Christophe-sur-Condé *27* ... **35** F 3
Saint-Christophe-sur-Dolaison *43* ... **247** E 4
Saint-Christophe-sur-Guiers *38* ... **233** E 4
Saint-Christophe-sur-le-Nais *37* ... **130** C 5
Saint-Christophe-sur-Roc *79* ... **135** E 3
Saint-Christophe-Vallon *12* ... **252** B 5
Saint-Cibard *33* ... **238** D 4
Saint-Cierge-la-Serre *07* ... **256** D 1
Saint-Cierge-sous-le-Cheylard *07* ... **248** B 5
Saint-Ciergues *52* ... **139** G 2
Saint-Ciers-Champagne *17* ... **220** B 4
Saint-Ciers-d'Abzac *33* ... **238** B 3
Saint-Ciers-de-Canesse *33* ... **237** G 3
Saint-Ciers-du-Taillon *17* ... **219** F 4
Saint-Ciers-sur-Bonnieure *16* ... **203** G 4
Saint-Ciers-sur-Gironde *33* ... **219** G 5
Saint-Cirgue *81* ... **299** H 1
Saint-Cirgues *43* ... **246** D 2
Saint-Cirgues *46* ... **261** G 2
Saint-Cirgues-de-Jordanne *15* ... **244** D 4
Saint-Cirgues-de-Malbert *15* ... **244** B 3
Saint-Cirgues-de-Prades *07* ... **266** A 3
Saint-Cirgues-en-Montagne *07* ... **265** H 2
Saint-Cirgues-la-Loutre *19* ... **243** G 3
Saint-Cirgues-sur-Couze *63* ... **227** H 3
Saint-Cirice *82* ... **276** D 4
Saint-Cirq *24* ... **241** E 5
Saint-Cirq *82* ... **278** C 4
Saint-Cirq-Lapopie *46* ... **260** C 5
Saint-Cirq-Madelon *46* ... **259** H 1
Saint-Cirq-Souillaguet *46* ... **260** B 2
Saint-Civran *36* ... **188** B 2
Saint-Clair *07* ... **248** D 1
Saint-Clair *46* ... **259** H 2
Saint-Clair *82* ... **277** E 3

Saint-Clair *83* ... **329** E 4
Saint-Clair *86* ... **168** C 3
Saint-Clair-d'Arcey *27* ... **55** F 1
Saint-Clair-de-Halouze *61* ... **53** E 5
Saint-Clair-de-la-Tour *38* ... **232** B 2
Saint-Clair-du-Rhône *38* ... **231** E 4
Saint-Clair-sur-Epte *95* ... **37** F 4
Saint-Clair-sur-Galaure *38* ... **249** H 1
Saint-Clair-sur-l'Elle *50* ... **32** B 4
Saint-Clair-sur-les-Monts *76* ... **19** H 5
Saint-Clar *32* ... **296** C 1
Saint-Clar-de-Rivière *31* ... **317** G 2
Saint-Claud *16* ... **203** H 4
Saint-Claude *39* ... **197** E 3
Saint-Claude-de-Diray *41* ... **132** B 5
Saint-Clément *02* ... **25** G 3
Saint-Clément *03* ... **210** D 2
Saint-Clément *07* ... **248** A 4
Saint-Clément *15* ... **244** D 4
Saint-Clément *19* ... **224** D 5
Saint-Clément *30* ... **303** E 2
Saint-Clément *50* ... **52** C 5
Saint-Clément *54* ... **95** G 2
Saint-Clément *89* ... **113** G 2
Saint-Clément-à-Arnes *08* ... **42** B 3
Saint-Clément-de-la-Place *49* ... **149** F 1
Saint-Clément-de-Régnat *63* ... **210** A 3
Saint-Clément-de-Rivière *34* ... **302** D 4
Saint-Clément-de-Valorgue *63* ... **229** F 3
Saint-Clément-de-Vers *69* ... **194** B 5
Saint-Clément-des-Baleines *17* ... **182** C 5
Saint-Clément-des-Levées *49* ... **150** B 3
Saint-Clément-les-Places *69* ... **212** B 5
Saint-Clément-sur-Durance *05* ... **270** C 2
Saint-Clément-sur-Guye *71* ... **194** C 1
Saint-Clément-sur-Valsonne *69* ... **212** B 4
Saint-Clémentin *79* ... **167** G 2
Saint-Clet *22* ... **73** E 4
Saint-Cloud *92* ... **58** B 3
Saint-Cloud-en-Dunois *28* ... **110** A 4
Saint-Colomb-de-Lauzun *47* ... **257** H 3
Saint-Colomban *44* ... **165** G 1
Saint-Colomban-des-Villards *73* ... **233** H 5
Saint-Côme *30* ... **256** C 5
Saint-Côme *Chapelle de 29* ... **75** G 5
Saint-Côme-de-Fresné *14* ... **33** E 2
Saint-Côme-d'Olt *12* ... **263** F 4
Saint-Côme-du-Mont *50* ... **31** H 4
Saint-Côme-et-Maruéjols *30* ... **303** G 2
Saint-Congard *56* ... **125** F 2
Saint-Connan *22* ... **77** H 3
Saint-Connec *22* ... **102** A 1
Saint-Constant-Fournoulès *15* ... **261** H 3
Saint-Contest *14* ... **33** G 4
Saint-Corneille *72* ... **108** A 4
Saint-Cornier-des-Landes *61* ... **52** D 4
Saint-Cosme *68* ... **142** D 2
Saint-Cosme-en-Vairais *72* ... **84** B 5
Saint-Couat-d'Aude *11* ... **320** B 5
Saint-Couat-du-Razès *11* ... **337** F 2
Saint-Coulitz *29* ... **75** H 2
Saint-Coulomb *35* ... **50** C 4
Saint-Coutant *16* ... **203** H 3
Saint-Coutant *79* ... **185** H 5
Saint-Coutant-le-Grand *17* ... **201** F 3
Saint-Créac *32* ... **296** C 1
Saint-Créac *65* ... **333** E 1
Saint-Crépin *05* ... **270** D 1
Saint-Crépin *17* ... **201** F 2
Saint-Crépin-aux-Bois *60* ... **39** G 4
Saint-Crépin-d'Auberoche *24* ... **240** D 3
Saint-Crépin-de-Richemont *24* ... **222** B 4
Saint-Crépin-et-Carlucet *24* ... **241** G 4
Saint-Crépin-Ibouvillers *60* ... **38** A 4
Saint-Crespin *14* ... **34** B 5
Saint-Crespin *76* ... **20** B 3
Saint-Crespin-sur-Moine *49* ... **148** G 5
Saint-Cricq *32* ... **297** E 3
Saint-Cricq-Chalosse *40* ... **293** G 4
Saint-Cricq-du-Gave *40* ... **293** E 5
Saint-Cricq-Villeneuve *40* ... **294** B 1

Saint-Cybardeaux *16* ... **202** D 5
Saint-Cybranet *24* ... **259** G 1
Saint-Cyprien *19* ... **241** H 1
Saint-Cyprien *24* ... **241** F 5
Saint-Cyprien *42* ... **230** A 3
Saint-Cyprien *46* ... **277** G 2
Saint-Cyprien *66* ... **343** F 3
Saint-Cyprien-Plage *66* ... **343** F 2
Saint-Cyprien-sur-Dourdou *12* ... **262** B 4
Saint-Cyr *07* ... **249** E 1
Saint-Cyr *39* ... **179** G 2
Saint-Cyr *50* ... **29** F 4
Saint-Cyr *71* ... **177** H 5
Saint-Cyr *86* ... **169** F 5
Saint-Cyr *87* ... **205** E 5
Saint-Cyr *Mont 46* ... **260** B 5
Saint-Cyr-au-Mont-d'Or *69* ... **213** E 3
Saint-Cyr-de-Favières *42* ... **211** G 3
Saint-Cyr-de-Salerne *27* ... **35** G 4
Saint-Cyr-de-Valorges *42* ... **212** A 4
Saint-Cyr-des-Gâts *85* ... **183** H 1
Saint-Cyr-du-Bailleul *50* ... **82** A 2
Saint-Cyr-du-Doret *17* ... **183** H 5
Saint-Cyr-du-Gault *41* ... **131** G 4
Saint-Cyr-du-Ronceray *14* ... **54** D 1
Saint-Cyr-en-Arthies *95* ... **57** F 1
Saint-Cyr-en-Bourg *49* ... **150** C 4
Saint-Cyr-en-Pail *53* ... **83** E 2
Saint-Cyr-en-Retz *44* ... **165** E 1
Saint-Cyr-en-Talmondais *85* ... **183** E 2
Saint-Cyr-en-Val *45* ... **133** F 3
Saint-Cyr-la-Campagne *27* ... **36** A 4
Saint-Cyr-la-Lande *79* ... **168** B 1
Saint-Cyr-la-Rivière *91* ... **87** F 5
Saint-Cyr-la-Roche *19* ... **241** H 1
Saint-Cyr-la-Rosière *61* ... **84** C 5
Saint-Cyr-le-Chatoux *69* ... **212** C 2
Saint-Cyr-le-Gravelais *53* ... **105** G 4
Saint-Cyr-l'École *78* ... **58** A 4
Saint-Cyr-les-Champagnes *24* ... **223** H 5
Saint-Cyr-les-Colons *89* ... **136** C 3
Saint-Cyr-les-Vignes *42* ... **230** A 1
Saint-Cyr-sous-Dourdan *91* ... **87** F 2
Saint-Cyr-sur-le-Rhône *69* ... **231** E 3
Saint-Cyr-sur-Loire *37* ... **151** H 2
Saint-Cyr-sur-Menthon *01* ... **195** G 4
Saint-Cyr-sur-Mer *83* ... **327** G 4
Saint-Cyr-sur-Morin *77* ... **60** A 3
Saint-Cyran-du-Jambot *36* ... **170** D 2
Saint-Dalmas-de-Tende *06* ... **291** H 2
Saint-Dalmas-le-Selvage *06* ... **289** F 1
Saint-Dalmas-Valdeblore *06* ... **291** E 2
Saint-Daunès *46* ... **277** G 1
Saint-Denis *11* ... **319** G 4
Saint-Denis *30* ... **284** A 2
Saint-Denis *79* ... **185** E 2
Saint-Denis *93* ... **58** C 2
Saint-Denis-Catus *46* ... **259** H 4
Saint-Denis-Combarnazat *63* ... **210** A 3
Saint-Denis-d'Aclon *76* ... **20** A 3
Saint-Denis-d'Anjou *53* ... **128** D 3
Saint-Denis-d'Augerons *27* ... **55** E 2
Saint-Denis-d'Authou *28* ... **85** F 5
Saint-Denis-de-Cabanne *42* ... **211** H 1
Saint-Denis-de-Gastines *72* ... **81** H 4
Saint-Denis-de-Jouhet *36* ... **189** F 2
Saint-Denis-de-l'Hôtel *45* ... **133** G 2
Saint-Denis-de-Mailloc *14* ... **34** D 5
Saint-Denis-de-Méré *14* ... **53** F 3
Saint-Denis-de-Palin *18* ... **173** F 2
Saint-Denis-de-Pile *33* ... **238** C 4
Saint-Denis-de-Vaux *71* ... **177** G 4
Saint-Denis-de-Villenette *61* ... **82** B 3
Saint-Denis-des-Coudrais *72* ... **108** B 3
Saint-Denis-des-Monts *27* ... **35** H 4
Saint-Denis-des-Murs *87* ... **206** C 5
Saint-Denis-des-Puits *28* ... **85** G 4
Saint-Denis-d'Oléron *17* ... **200** A 2
Saint-Denis-d'Orques *72* ... **106** D 4
Saint-Denis-du-Béhélan *27* ... **56** A 3
Saint-Denis-du-Maine *53* ... **106** B 5
Saint-Denis-du-Payré *85* ... **183** E 3
Saint-Denis-du-Pin *17* ... **201** H 3
Saint-Denis du Tertre *Chapelle 72* ... **108** A 4
Saint-Denis-en-Bugey *01* ... **214** A 3
Saint-Denis-en-Margeride *48* ... **264** C 2
Saint-Denis-en-Val *45* ... **133** F 2

A B C D E F G H I J K L M N O P Q R S T U V W X Y Z

Saint-Denis-la-Chevasse 85..... 166 A 3
Saint-Denis-le-Ferment 27..... 37 F 3
Saint-Denis-le-Gast 50..... 51 H 2
Saint-Denis-le-Thiboult 76..... 36 D 1
Saint-Denis-le-Vêtu 50..... 51 G 1
Saint-Denis-lès-Bourg 01..... 195 H 5
Saint-Denis-lès-Martel 46..... 242 C 5
Saint-Denis-les-Ponts 28..... 109 H 4
Saint-Denis-lès-Rebais 77..... 60 A 3
Saint-Denis-lès-Sens 89..... 113 G 2
Saint-Denis-Maisoncelles 14..52..... 35 H 4
Saint-Denis-sur-Coise 42..... 230 B 2
Saint-Denis-sur-Huisne 61..... 84 B 3
Saint-Denis-sur-Loire 41..... 132 B 5
Saint-Denis-sur-Ouanne 89.135 G 3
Saint-Denis-sur-Sarthon 61....83 F 3
Saint-Denis-sur-Scie 76..... 20 B 4
Saint-Deniscourt 60..... 21 G 5
Saint-Denœux 62..... 6 D 4
Saint-Denoual 22..... 79 E 3
Saint-Derrièn 29..... 71 F 5
Saint-Désert 71..... 177 G 4
Saint-Désir 14..... 34 C 5
Saint-Désirat 07..... 249 E 1
Saint-Désiré 03..... 190 B 2
Saint-Dézery 19..... 226 B 3
Saint-Dézéry 30..... 284 A 5
Saint-Didier 21..... 158 C 3
Saint-Didier 35..... 104 D 3
Saint-Didier 39..... 179 E 5
Saint-Didier 58..... 157 F 3
Saint-Didier 84..... 285 H 5
Saint-Didier-au-Mont-d'Or 69..... 213 E 5
Saint-Didier-d'Allier 43..... 246 D 4
Saint-Didier-d'Aussiat 01..... 195 G 4
Saint-Didier-de-Bizonnes 38..... 232 A 3
Saint-Didier-de-Formans 01..... 213 E 3
Saint-Didier-de-la-Tour 38..... 232 B 2
Saint-Didier-des-Bois 27..... 36 A 4
Saint-Didier-en-Bresse 71..... 178 B 3
Saint-Didier-en-Brionnais 71..... 193 H 4
Saint-Didier-en-Donjon 03..... 193 E 3
Saint-Didier-en-Velay 43..... 248 A 1
Saint-Didier-la-Forêt 03..... 192 B 5
Saint-Didier-sous-Aubenas 07..... 266 B 3
Saint-Didier-sous-Écouves 61..... 83 F 2
Saint-Didier-sous-Riverie 69..... 230 C 2
Saint-Didier-sur-Arroux 71..... 176 B 4
Saint-Didier-sur-Beaujeu 69..... 212 C 1
Saint-Didier-sur-Chalaronne 01..... 213 E 1
Saint-Didier-sur-Doulon 43..... 246 C 1
Saint-Didier-sur-Rochefort 42..... 211 E 5
Saint-Dié-des-Vosges 88..... 96 B 3
Saint-Dier-d'Auvergne 63..... 228 C 1
Saint-Diéry 63..... 227 G 3
Saint-Dionisy 30..... 303 G 2
Saint-Disdier 05..... 269 F 1
Saint-Divy 29..... 75 F 2
Saint-Dizant-du-Bois 17..... 219 G 4
Saint-Dizant-du-Gua 17..... 219 F 4
Saint-Dizier 52..... 63 F 5
Saint-Dizier-en-Diois 26..... 268 C 4
Saint-Dizier-la-Tour 23..... 207 G 1
Saint-Dizier-les-Domaines 23..... 189 G 4
Saint-Dizier-l'Évêque 90..... 142 C 3
Saint-Dizier-Leyrenne 23..... 206 D 3
Saint-Dolay 56..... 125 G 5
Saint-Domet 23..... 207 H 2
Saint-Domineuc 35..... 80 A 4
Saint-Donan 22..... 78 A 3
Saint-Donat 63..... 227 E 4
Saint-Donat Église de 04..... 287 G 4
Saint-Donat-sur-l'Herbasse 26..... 249 G 2
Saint-Dos 64..... 292 D 5
Saint-Doulchard 18..... 173 E 1
Saint-Drézéry 34..... 303 E 3
Saint-Dyé-sur-Loire 41..... 132 B 4
Saint-Eble 43..... 246 C 4
Saint-Ébremond-de-Bonfossé 50..... 32 A 5
Saint-Edmond 71..... 193 H 5
Saint-Égrève 38..... 250 D 1
Saint-Élier 27..... 56 A 2
Saint-Éliph 28..... 85 F 4

Saint-Élix-d'Astarac 32..... 316 C 2
Saint-Élix-le-Château 31..... 317 F 4
Saint-Élix-Séglan 31..... 316 D 5
Saint-Élix-Theux 32..... 316 A 2
Saint-Ellier 49..... 149 H 3
Saint-Ellier-du-Maine 53..... 81 G 4
Saint-Ellier-les-Bois 61..... 83 F 3
Saint-Éloi 01..... 213 H 3
Saint-Éloi 22..... 72 D 4
Saint-Éloi 23..... 207 E 2
Saint-Éloi 58..... 174 C 2
Saint-Éloi-de-Fourques 27..... 35 H 4
Saint-Éloy 29..... 75 H 3
Saint-Éloy-d'Allier 03..... 190 B 3
Saint-Éloy-de-Gy 18..... 155 E 5
Saint-Éloy-la-Glacière 63..... 228 G 3
Saint-Éloy-les-Mines 63..... 209 F 1
Saint-Éloy-les-Tuileries 19..... 223 H 4
Saint-Éman 28..... 85 G 5
Saint-Émiland 71..... 177 E 3
Saint-Émilien-de-Blain 44..... 147 F 1
Saint-Émilion 33..... 238 C 5
Saint-Ennemond 03..... 175 E 5
Saint-Épain 37..... 151 G 5
Saint-Epvre 57..... 66 C 2
Saint-Erblon 35..... 104 B 4
Saint-Erblon 53..... 127 G 2
Saint-Erme-Outre-et-Ramecourt 02..... 41 F 1
Saint-Escobille 91..... 87 E 4
Saint-Esteben 64..... 311 F 4
Saint-Estèphe 16..... 221 E 2
Saint-Estèphe 24..... 222 C 2
Saint-Estèphe 33..... 237 E 1
Saint-Estève 66..... 343 E 2
Saint-Estève 84..... 286 A 3
Saint-Estève-Janson 13..... 305 H 3
Saint-Étienne 42..... 230 B 4
Saint-Étienne-à-Arnes 08..... 42 B 3
Saint-Étienne-au-Mont 62..... 6 B 2
Saint-Étienne-au-Temple 51..... 62 B 1
Saint-Étienne-aux-Clos 19..... 226 C 3
Saint-Étienne-Cantalès 15..... 243 H 5
Saint-Étienne-Cantalès Barrage de 15..... 243 H 5
Saint-Étienne-d'Albagnan 34..... 300 D 5
Saint-Étienne-de-Baïgorry 64..... 330 B 1
Saint-Étienne-de-Boulogne 07..... 266 C 2
Saint-Étienne-de-Brillouet 85..... 183 G 4
Saint-Étienne-de-Carlat 15..... 244 D 5
Saint-Étienne-de-Chigny 37..... 151 G 3
Saint-Étienne-de-Chomeil 15..... 226 D 5
Saint-Étienne-de-Crossey 38..... 232 D 4
Saint-Étienne-de-Cuines 73..... 234 A 4
Saint-Étienne-de-Fontbellon 07..... 266 D 2
Saint-Étienne-de-Fougères 47..... 258 B 5
Saint-Étienne-de-Fursac 23..... 206 B 1
Saint-Étienne-de-Gourgas 34..... 301 H 3
Saint-Étienne-de-Lisse 33..... 238 C 5
Saint-Étienne-de-l'Olm 30..... 284 A 4
Saint-Étienne-de-Lugdarès 07..... 265 G 3
Saint-Étienne-de-Maurs 15..... 261 H 2
Saint-Étienne-de-Mer-Morte 44..... 165 F 2
Saint-Étienne-de-Montluc 44..... 147 F 2
Saint-Étienne-de-Puycorbier 24..... 239 G 3
Saint-Étienne-de-Saint-Geoirs 38..... 232 A 5
Saint-Étienne-de-Serre 07..... 266 C 1
Saint-Étienne-de-Tinée 06..... 289 F 1
Saint-Étienne-de-Tulmont 82..... 278 B 5
Saint-Étienne-de-Valoux 07.249 E 1
Saint-Étienne-de-Vicq 03..... 210 C 1
Saint-Étienne-des-Champs 63..... 208 D 5
Saint-Étienne-des-Guérets 41..... 131 G 5

Saint-Étienne-des-Oullières 69..... 212 D 2
Saint-Étienne-des-Sorts 30..285 E 3
Saint-Étienne-d'Orthe 40..... 292 C 4
Saint-Étienne-du-Bois 01..... 196 A 4
Saint-Étienne-du-Bois 85..... 165 G 3
Saint-Étienne-du-Grès 13..... 304 C 2
Saint-Étienne-du-Gué-de-l'Isle 22..... 102 C 2
Saint-Étienne-du-Rouvray 76..... 36 B 2
Saint-Étienne-du-Valdonnez 48..... 264 C 5
Saint-Étienne-du-Vauvray 27..36 C 4
Saint-Étienne-du-Vigan 43..... 265 F 1
Saint-Étienne-en-Bresse 71..... 178 A 5
Saint-Étienne-en-Coglès 35...81 E 4
Saint-Étienne-en-Dévoluy 05..... 269 F 2
Saint-Étienne-Estréchoux 34..... 301 F 4
Saint-Étienne-la-Cigogne 79..... 201 H 1
Saint-Étienne-la-Geneste 19..... 226 B 4
Saint-Étienne-la-Thillaye 14..34 C 3
Saint-Étienne-la-Varenne 69..... 212 C 2
Saint-Étienne-l'Allier 27..... 35 F 3
Saint-Étienne-Lardeyrol 43..247 G 3
Saint-Étienne-le-Laus 05..... 269 H 4
Saint-Étienne-le-Molard 42..... 229 G 1
Saint-Étienne-les-Orgues 04..... 287 E 4
Saint-Étienne-lès-Remiremont 88..... 119 H 4
Saint-Étienne-Roilaye 60..... 39 H 3
Saint-Étienne-sous-Bailleul 27..... 36 D 5
Saint-Étienne-sous-Barbuise 10..... 91 E 3
Saint-Étienne-sur-Blesle 43..... 245 H 1
Saint-Étienne-sur-Chalaronne 01..... 213 E 1
Saint-Étienne-sur-Reyssouze 01..... 195 F 3
Saint-Étienne-sur-Suippe 51..... 41 H 2
Saint-Étienne-sur-Usson 63..... 228 B 3
Saint-Étienne-Vallée-Française 48..... 283 F 3
Saint-Eugène 02..... 60 C 1
Saint-Eugène 17..... 220 B 3
Saint-Eugène 71..... 176 C 5
Saint-Eulien 51..... 63 E 5
Saint-Euphraise-et-Clairizet 51..... 41 F 4
Saint-Euphrône 21..... 158 C 4
Saint-Eusèbe 71..... 177 E 5
Saint-Eusèbe 74..... 215 F 3
Saint-Eusèbe-en-Champsaur 05..... 269 G 1
Saint-Eustache 74..... 215 G 4
Saint-Eustache Col de 2A..349 E 5
Saint-Eustache-la-Forêt 76..... 19 E 5
Saint-Eutrope 16..... 221 E 4
Saint-Eutrope-de-Born 47..... 258 C 4
Saint-Évroult-de-Montfort 61..54 D 4
Saint-Évroult-Notre-Dame-du-Bois 61..... 55 E 1
Saint-Exupéry 33..... 256 C 3
Saint-Exupéry-les-Roches 19..... 226 B 3
Saint-Fargeau 89..... 135 F 5
Saint-Fargeau-Ponthierry 77..88 D 2
Saint-Fargeol 03..... 208 D 1
Saint-Faust 64..... 314 A 4
Saint-Félicien 07..... 248 D 3
Saint-Féliu-d'Amont 66..... 342 D 2
Saint-Féliu-d'Avall 66..... 342 D 2
Saint-Félix 03..... 192 C 5
Saint-Félix 16..... 220 D 5
Saint-Félix 17..... 201 G 2
Saint-Félix 46..... 261 G 3
Saint-Félix 60..... 38 B 3
Saint-Félix 74..... 215 F 4
Saint-Félix-de-Bourdeilles 24..... 222 B 4
Saint-Félix-de-Foncaude 33..... 256 C 3
Saint-Félix-de-l'Héras 34..... 301 G 2
Saint-Félix-de-Lodez 34..... 302 A 4
Saint-Félix-de-Lunel 12..... 262 C 4

Saint-Félix-de-Montceau Ancienne Abbaye de 34..... 323 E 3
Saint-Félix-de-Pallières 30..283 G 5
Saint-Félix-de-Reillac-et-Mortemart 24..... 241 E 4
Saint-Félix-de-Rieutord 09..336 B 2
Saint-Félix-de-Sorgues 12..... 301 E 1
Saint-Félix-de-Tournegat 09..... 336 C 1
Saint-Félix-de-Villadeix 24..... 240 C 5
Saint-Félix-Lauragais 31..... 318 D 2
Saint-Fergeux 08..... 25 H 5
Saint-Ferjeux 70..... 141 H 5
Saint-Ferme 33..... 257 E 2
Saint-Ferréol 31..... 316 C 3
Saint-Ferréol 31..... 319 E 2
Saint-Ferréol 74..... 216 A 5
Saint-Ferréol-d'Auroure 43..230 A 5
Saint-Ferréol-des-Côtes 63.228 D 3
Saint-Ferréol-Trente-Pas 26.268 A 5
Saint-Ferriol 11..... 337 G 4
Saint-Fiacre 22..... 77 H 2
Saint-Fiacre 56..... 100 D 3
Saint-Fiacre 77..... 59 G 2
Saint-Fiacre-sur-Maine 44..... 147 H 5
Saint-Fiel 23..... 207 E 1
Saint-Firmin 05..... 269 G 1
Saint-Firmin 54..... 94 D 3
Saint-Firmin 58..... 175 E 1
Saint-Firmin 71..... 177 E 3
Saint-Firmin-des-Bois 45..... 112 D 5
Saint-Firmin-des-Prés 41..... 131 H 2
Saint-Firmin-sur-Loire 45..... 134 D 5
Saint-Flavy 10..... 90 B 4
Saint-Florent 45..... 134 B 4
Saint-Florent 79..... 184 D 4
Saint-Florent 2B..... 345 F 4
Saint-Florent-des-Bois 85..... 183 E 1
Saint-Florent-le-Vieil 49..... 148 C 2
Saint-Florent-sur-Auzonnet 30..... 283 H 2
Saint-Florent-sur-Cher 18..... 172 D 2
Saint-Florentin 36..... 171 H 1
Saint-Florentin 89..... 114 B 5
Saint-Floret 63..... 227 H 3
Saint-Floris 62..... 7 H 2
Saint-Flour 15..... 245 H 4
Saint-Flour 63..... 228 C 1
Saint-Flour-de-Mercoire 48..... 265 F 2
Saint-Flovier 37..... 170 C 2
Saint-Floxel 50..... 29 G 4
Saint-Folquin 62..... 3 E 3
Saint-Fons 69..... 231 E 1
Saint-Forgeot 71..... 176 D 2
Saint-Forget 78..... 57 H 5
Saint-Forgeux 69..... 212 B 4
Saint-Forgeux-Lespinasse 42..... 211 F 1
Saint-Fort 53..... 128 B 3
Saint-Fort-sur-Gironde 17..219 F 3
Saint-Fort-sur-le-Né 16..... 220 B 2
Saint-Fortunat-sur-Eyrieux 07..... 266 D 1
Saint-Fraigne 16..... 203 E 3
Saint-Fraimbault 61..... 82 A 3
Saint-Fraimbault-de-Prières 53..... 82 B 4
Saint-Frajou 31..... 316 D 3
Saint-Franc 73..... 232 D 3
Saint-Franchy 58..... 157 E 5
Saint-François-de-Sales 73..... 233 G 1
Saint-François-Lacroix 57..... 46 C 3
Saint-François-Longchamp 73..... 234 A 4
Saint-Frégant 29..... 70 D 4
Saint-Fréjoux 19..... 226 B 3
Saint-Frézal-d'Albuges 48..265 E 4
Saint-Frézal-de-Ventalon 48..... 283 F 2
Saint-Frichoux 11..... 320 A 4
Saint-Frion 23..... 207 H 4
Saint-Fromond 50..... 32 B 4
Saint-Front 16..... 203 G 4
Saint-Front 43..... 247 H 4
Saint-Front-d'Alemps 24..... 222 D 5
Saint-Front-de-Pradoux 24..239 G 3
Saint-Front-la-Rivière 24..... 222 C 4
Saint-Front-sur-Lémance 47..... 259 E 4
Saint-Front-sur-Nizonne 24..... 222 B 4
Saint-Froult 17..... 200 C 3
Saint-Fulgent 85..... 166 B 3
Saint-Fulgent-des-Ormes 61..84 B 5
Saint-Fuscien 80..... 22 C 2

Saint-Gabriel Chapelle 13..... 304 C 2
Saint-Gabriel-Brécy 14..... 33 F 3
Saint-Gal 48..... 264 B 3
Saint-Gal-sur-Sioule 63..... 209 G 2
Saint-Galmier 42..... 230 A 2
Saint-Gand 70..... 140 C 5
Saint-Ganton 35..... 126 A 3
Saint-Gatien-des-Bois 14..... 34 C 2
Saint-Gaudens 31..... 334 C 1
Saint-Gaudent 86..... 203 G 1
Saint-Gaudéric 11..... 337 E 1
Saint-Gault 53..... 105 H 5
Saint-Gaultier 36..... 188 C 1
Saint-Gauzens 81..... 298 D 3
Saint-Gayrand 47..... 275 G 1
Saint-Gein 40..... 294 B 2
Saint-Gelais 79..... 185 E 3
Saint-Gelven 22..... 77 G 5
Saint-Gély-du-Fesc 34..... 302 D 3
Saint-Génard 79..... 202 D 1
Saint-Gence 87..... 205 F 4
Saint-Généroux 79..... 168 B 3
Saint-Genès-Champanelle 63..... 227 G 1
Saint-Genès-Champespe 63..... 227 E 4
Saint-Genès-de-Blaye 33..... 237 F 2
Saint-Genès-de-Castillon 33..... 238 D 5
Saint-Genès-de-Fronsac 33..... 238 B 3
Saint-Genès-de-Lombaud 33..... 255 H 1
Saint-Genès-du-Retz 63..... 210 A 2
Saint-Genès-la-Tourette 63..... 228 C 3
Saint-Genest 03..... 190 D 5
Saint-Genest 88..... 95 G 4
Saint-Genest-d'Ambière 86..... 169 F 4
Saint-Genest-de-Beauzon 07..... 265 H 5
Saint-Genest-de-Contest 81..... 299 F 3
Saint-Genest-Lachamp 07..266 B 1
Saint-Genest-Lerpt 42..... 230 A 4
Saint-Genest-Malifaux 42..230 B 5
Saint-Genest-sur-Roselle 87..... 224 B 1
Saint-Geneys-près-Saint-Paulien 43..... 247 E 2
Saint-Gengoulph 02..... 40 A 5
Saint-Gengoux-de-Scissé 71..... 194 D 2
Saint-Gengoux-le-National 71..... 194 D 1
Saint-Geniès 24..... 241 G 4
Saint-Geniès-Bellevue 31..... 298 A 4
Saint-Geniès-de-Comolas 30..... 285 E 4
Saint-Geniès-de-Fontedit 34..... 321 G 2
Saint-Geniès-de-Malgoirès 30..... 303 G 1
Saint-Geniès-de-Varensal 34..... 301 E 4
Saint-Geniès-des-Mourgues 34..... 303 E 3
Saint-Geniez 04..... 287 G 2
Saint-Geniez-d'Olt-et-d'Aubrac 12..... 263 G 5
Saint-Geniez-ô-Merle 19..... 243 G 3
Saint-Genis 05..... 269 E 5
Saint-Genis 38..... 251 E 5
Saint-Genis-de-Blanzac 16.221 E 4
Saint-Genis-de-Saintonge 17..... 219 G 3
Saint-Génis-des-Fontaines 66..... 343 F 3
Saint-Genis-d'Hiersac 16..203 E 5
Saint-Genis-du-Bois 33..... 256 C 2
Saint-Genis-l'Argentière 69..... 230 C 1
Saint-Genis-Laval 69..... 231 E 1
Saint-Genis-les-Ollières 69.212 D 5
Saint-Genis-Pouilly 01..... 197 F 5
Saint-Genis-sur-Menthon 01..... 195 F 4
Saint-Genix-sur-Guiers 73..232 C 2
Saint-Genou 36..... 171 E 3
Saint-Genouph 37..... 151 H 2
Saint-Geoire-en-Valdaine 38..... 232 D 3
Saint-Geoirs 38..... 232 A 5
Saint-Georges 15..... 245 H 4
Saint-Georges 16..... 203 G 3
Saint-Georges 32..... 296 D 3

Saint-Georges 33..... 238 C 5
Saint-Georges 47..... 259 E 5
Saint-Georges 57..... 67 G 5
Saint-Georges 62..... 7 E 5
Saint-Georges 82..... 278 C 3
Saint-Georges Gorges de 11..... 337 G 5
Saint-Georges-Armont 25..... 163 E 2
Saint-Georges-Blancaneix 24..... 239 G 5
Saint-Georges-Buttavent 53..82 A 5
Saint-Georges-d'Annebecq 61..... 53 H 5
Saint-Georges-d'Aunay 14..53 E 1
Saint-Georges-d'Aurac 43..246 C 2
Saint-Georges-d'Hurtières 73..... 234 A 3
Saint-Georges-de-Baroille 42..... 211 H 4
Saint-Georges-de-Bohon 50..31 H 3
Saint-Georges-de-Chesné 35..... 81 E 5
Saint-Georges-de-Commiers 38..... 250 D 3
Saint-Georges-de-Cubillac 17..... 219 H 3
Saint-Georges-de-Didonne 17..... 218 D 2
Saint-Georges-de-Gréhaigne 35..... 80 C 2
Saint-Georges-de-la-Couée 72..... 130 D 2
Saint-Georges-de-la-Rivière 50..... 31 E 2
Saint-Georges-de-Lévéjac 48..... 282 A 2
Saint-Georges-de-Livoye 50..52 A 4
Saint-Georges-de-Longuepierre 17..... 202 B 2
Saint-Georges-de-Luzençon 12..... 281 G 4
Saint-Georges-de-Mons 63.209 F 4
Saint-Georges-de-Montaigu 85..... 166 A 2
Saint-Georges-de-Montclard 24..... 240 B 5
Saint-Georges-de-Noisné 79.185 F 2
Saint-Georges-de-Pointindoux 85..... 165 F 5
Saint-Georges-de-Poisieux 18..... 173 F 5
Saint-Georges-de-Reintembault 35..... 81 E 2
Saint-Georges-de-Reneins 69..... 212 D 2
Saint-Georges-de-Rex 79..184 C 4
Saint-Georges-de-Rouelley 50..... 82 A 2
Saint-Georges-d'Elle 50..... 32 C 4
Saint-Georges-des-Agoûts 17..... 219 F 4
Saint-Georges-des-Coteaux 17..... 201 F 5
Saint-Georges-des-Gardes 49..... 149 E 5
Saint-Georges-des-Groseillers 61..... 53 E 4
Saint-Georges-des-Sept-Voies 49..... 150 A 3
Saint-Georges-d'Espéranche 38..... 231 G 2
Saint-Georges-d'Oléron 17..200 A 3
Saint-Georges-d'Orques 34..... 302 C 4
Saint-Georges-du-Bois 17..201 F 1
Saint-Georges-du-Bois 49..150 A 1
Saint-Georges-du-Bois 72..107 G 5
Saint-Georges-du-Mesnil 27..35 F 4
Saint-Georges-du-Rosay 72..... 108 B 2
Saint-Georges-du-Vièvre 27..35 F 4
Saint-Georges-en-Auge 14..54 B 1
Saint-Georges-en-Couzan 42..... 229 F 1
Saint-Georges-Haute-Ville 42..... 229 H 3
Saint-Georges-la-Pouge 23.207 F 3
Saint-Georges-Lagricol 43..247 F 1
Saint-Georges-le-Fléchard 53..... 106 B 4
Saint-Georges-le-Gaultier 72.83 F 5
Saint-Georges-lès-Baillargeaux 86..... 169 F 5
Saint-Georges-les-Bains 07..... 249 E 5
Saint-Georges-les-Landes 87..... 188 B 4

Saint-Georges-Montcocq 50..32 B 5
Saint-Georges-Motel 27.........56 D 4
Saint-Georges-Nigremont 23................207 H 5
Saint-Georges-sur-Allier 63.228 A 1
Saint-Georges-sur-Arnon 36................172 C 2
Saint-Georges-sur-Baulche 89...........136 B 3
Saint-Georges-sur-Cher 41.152 D 3
Saint-Georges-sur-Erve 53.106 D 2
Saint-Georges-sur-Eure 28....85 H 4
Saint-Georges-sur-Fontaine 76...........20 B 5
Saint-Georges-sur-la-Prée 18.............154 B 4
Saint-Georges-sur-l'Aa 59.....3 F 3
Saint-Georges-sur-Layon 49...............149 H 4
Saint-Georges-sur-Loire 49.149 E 2
Saint-Georges-sur-Moulon 18.............155 E 5
Saint-Georges-sur-Renon 01...............213 G 1
Saint-Geours-d'Auribat 40...293 F 2
Saint-Geours-de-Maremne 40............292 C 3
Saint-Gérand 56.............102 A 2
Saint-Gérand-de-Vaux 03...192 B 4
Saint-Gérand-le-Puy 03...192 C 5
Saint-Gérard 47.............257 E 3
Saint-Géraud-de-Corps 24................239 F 4
Saint-Géréon 44............148 G 2
Saint-Germain 07............266 C 4
Saint-Germain 10............114 D 2
Saint-Germain 54.............95 E 3
Saint-Germain 70............141 H 3
Saint-Germain 86............187 G 2
Saint-Germain Ermitage de 74...........215 H 4
Saint-Germain-au-Mont-d'Or 69..........213 E 4
Saint-Germain-Beaupré 23.................188 D 4
Saint-Germain-Chassenay 58.............175 E 4
Saint-Germain-d'Anxure 53................106 A 2
Saint-Germain-d'Arcé 72.130 A 5
Saint-Germain-d'Aunay 61....54 D 2
Saint-Germain-de-Belvès 24..............259 F 1
Saint-Germain-de-Calberte 48............283 E 3
Saint-Germain-de-Clairefeuille 61.......54 C 5
Saint-Germain-de-Confolens 16..........204 C 2
Saint-Germain-de-Coulamer 53............83 E 5
Saint-Germain-de-Fresney 27..............56 C 2
Saint-Germain-de-Grave 33................256 B 3
Saint-Germain-de-Joux 01...196 D 5
Saint-Germain-de-la-Coudre 61............84 C 5
Saint-Germain-de-la-Grange 78............57 H 3
Saint-Germain-de-la-Rivière 33...........238 B 4
Saint-Germain-de-Livet 14....34 C 5
Saint-Germain-de-Longue-Chaume 79...167 H 5
Saint-Germain-de-Lusignan 17...........219 H 4
Saint-Germain-de-Marencennes 17.......201 F 2
Saint-Germain-de-Martigny 61.............84 A 4
Saint-Germain-de-Modéon 21.............158 B 2
Saint-Germain-de-Montbron 16............221 H 4
Saint-Germain-de-Montgommery 14......54 C 4
Saint-Germain-de-Pasquier 27.............36 A 4
Saint-Germain-de-Prinçay 85..............166 C 4
Saint-Germain-de-Salles 03................210 A 1
Saint-Germain-de-Tallevende-la-Lande-Vaumont 14.....52 C 3
Saint-Germain-de-Tournebut 50...........29 G 4

Saint-Germain-de-Varreville 50.............29 H 5
Saint-Germain-de-Vibrac 17................220 B 4
Saint-Germain-d'Ectot 14......32 D 5
Saint-Germain-d'Elle 50.......32 C 5
Saint-Germain-des-Angles 27..............36 B 5
Saint-Germain-des-Bois 18.173 F 3
Saint-Germain-des-Bois 58.157 F 3
Saint-Germain-des-Champs 89.............158 A 2
Saint-Germain-des-Essourts 76............36 C 1
Saint-Germain-des-Fossés 03..............210 B 1
Saint-Germain-des-Grois 61..85 E 4
Saint-Germain-des-Prés 24.223 E 5
Saint-Germain-des-Prés 45.112 D 5
Saint-Germain-des-Prés 49.149 E 2
Saint-Germain-des-Prés 81.299 F 5
Saint-Germain-des-Vaux 50...28 C 4
Saint-Germain-d'Esteuil 33.219 E 5
Saint-Germain-d'Étables 76...20 B 2
Saint-Germain-du-Bel-Air 46..............260 B 3
Saint-Germain-du-Corbéis 61...............83 G 4
Saint-Germain-du-Crioult 14..53 E 3
Saint-Germain-du-Pert 14......32 B 2
Saint-Germain-du-Pinel 35..105 F 4
Saint-Germain-du-Plain 71..178 A 5
Saint-Germain-du-Puch 33..238 B 5
Saint-Germain-du-Puy 18...173 F 1
Saint-Germain-du-Salembre 24............239 H 2
Saint-Germain-du-Seudre 17...............219 F 3
Saint-Germain-du-Teil 48...263 H 5
Saint-Germain-du-Val 72...129 G 4
Saint-Germain-en-Brionnais 71............194 A 4
Saint-Germain-en-Coglès 35................81 E 4
Saint-Germain-en-Laye 78...58 A 3
Saint-Germain-en-Montagne 39............179 H 4
Saint-Germain-et-Mons 24..258 B 1
Saint-Germain-la-Blanche-Herbe 14......33 G 4
Saint-Germain-la-Campagne 27............55 E 1
Saint-Germain-la-Chambotte 73...........215 E 5
Saint-Germain-la-Gâtine 28...86 A 3
Saint-Germain-la-Montagne 42............212 A 1
Saint-Germain-la-Poterie 60...37 H 2
Saint-Germain-la-Ville 51.....62 B 3
Saint-Germain-l'Aiguiller 85...............166 D 5
Saint-Germain-Langot 14......53 G 2
Saint-Germain-Laprade 43..247 G 3
Saint-Germain-Laval 42....211 G 5
Saint-Germain-Laval 77.......89 E 4
Saint-Germain-Lavolps 19...225 H 2
Saint-Germain-Laxis 77.......88 B 2
Saint-Germain-le-Châtelet 90..............142 C 2
Saint-Germain-le-Fouilloux 53............105 H 3
Saint-Germain-le-Gaillard 28..85 H 4
Saint-Germain-le-Gaillard 50..28 D 4
Saint-Germain-le-Guillaume 53...........105 H 2
Saint-Germain-le-Rocheux 21.............138 B 3
Saint-Germain-le-Vasson 14..53 G 1
Saint-Germain-le-Vieux 61....84 A 2
Saint-Germain-Lembron 63.228 A 4
Saint-Germain-lès-Arlay 39.179 E 4
Saint-Germain-lès-Arpajon 91..............87 G 2
Saint-Germain-les-Belles 87..............224 B 2
Saint-Germain-lès-Buxy 71.177 G 5
Saint-Germain-lès-Corbeil 91..............88 A 2
Saint-Germain-les-Paroisses 01..........214 C 5
Saint-Germain-lès-Senailly 21............137 G 5
Saint-Germain-les-Vergnes 19............242 C 1
Saint-Germain-Lespinasse 42.............211 F 2

Saint-Germain-l'Herm 63.....228 C 4
Saint-Germain-près-Herment 63..............226 D 1
Saint-Germain-sous-Cailly 76.................20 C 5
Saint-Germain-sous-Doue 77..................60 A 3
Saint-Germain-sur-Avre 27....56 C 4
Saint-Germain-sur-Ay-Plage 50...............31 F 3
Saint-Germain-sur-Bresle 80..21 F 2
Saint-Germain-sur-Eaulne 76.21 E 3
Saint-Germain-sur-École 77...88 A 3
Saint-Germain-sur-Ille 35.....80 B 5
Saint-Germain-Nuelles 69...212 C 4
Saint-Germain-sur-Meuse 55..................93 H 1
Saint-Germain-sur-Moine 49..................148 B 5
Saint-Germain-sur-Morin 77...59 G 3
Saint-Germain-sur-Renon 01..................213 G 2
Saint-Germain-sur-Rhône 74..................215 E 2
Saint-Germain-sur-Sarthe 72..................83 G 5
Saint-Germain-sur-Sèves 50..31 H 3
Saint-Germain-sur-Vienne 37.................150 D 4
Saint-Germain-Village 27.....35 E 3
Saint-Germainmont 08.........41 H 1
Saint-Germé 32.................294 D 3
Saint-Germer-de-Fly 60........37 G 2
Saint-Germier 31...............318 C 2
Saint-Germier 32...............297 E 4
Saint-Germier 79...............185 G 3
Saint-Germier 81...............299 G 4
Saint-Géron 43..................228 A 5
Saint-Gérons 15................243 H 5
Saint-Gervais 16................203 G 3
Saint-Gervais 30................284 D 3
Saint-Gervais 33................237 H 3
Saint-Gervais 38................250 B 1
Saint-Gervais 85................164 D 2
Saint-Gervais 95.................37 G 5
Saint-Gervais-d'Auvergne 63................209 E 3
Saint-Gervais-de-Vic 72......131 E 2
Saint-Gervais-des-Sablons 61................54 B 2
Saint-Gervais-du-Perron 61..83 H 2
Saint-Gervais-en-Belin 72...130 A 2
Saint-Gervais-en-Vallière 71................178 A 2
Saint-Gervais-la-Forêt 41....132 A 5
Saint-Gervais-les-Bains 74..216 D 3
Saint-Gervais-les-Trois-Clochers 86.......169 F 3
Saint-Gervais-sous-Meymont 63............228 D 1
Saint-Gervais-sur-Couches 71...............177 F 2
Saint-Gervais-sur-Mare 34..301 E 4
Saint-Gervais-sur-Roubion 26...............267 F 3
Saint-Gervasy 30...............304 A 1
Saint-Gervazy 63...............228 A 4
Saint-Géry 24...................239 G 4
Saint-Géry 46...................260 C 5
Saint-Géry Château de 81...298 C 2
Saint-Geyrac 24................241 E 3
Saint-Gibrien 51.................62 A 2
Saint-Gildas 22..................77 H 3
Saint-Gildas Pointe de 44...146 B 4
Saint-Gildas-de-Rhuys 56...124 B 5
Saint-Gildas-des-Bois 44....125 H 5
Saint-Gilles 30..................304 A 4
Saint-Gilles 35..................104 A 2
Saint-Gilles 36..................188 C 3
Saint-Gilles 50...................32 A 5
Saint-Gilles 51...................40 D 3
Saint-Gilles 71..................177 F 3
Saint-Gilles-Croix-de-Vie 85.............164 D 4
Saint-Gilles-de-Crétot 76.....19 F 5
Saint-Gilles-de-la-Neuville 76............19 E 5
Saint-Gilles-des-Marais 61...82 A 2
Saint-Gilles-du-Mené 22.....102 C 1
Saint-Gilles-les-Bois 22.......73 F 4
Saint-Gilles-les-Forêts 87...224 C 2
Saint-Gilles-Pligeaux 22.......77 H 3
Saint-Gilles-Vieux-Marché 22.............77 H 5
Saint-Gineis-en-Coiron 07...266 C 3
Saint-Gingolph 74.............198 D 3
Saint-Girod 73..................215 F 5

Saint-Girons 09................335 F 2
Saint-Girons-d'Aiguevives 33.............237 G 2
Saint-Girons-en-Béarn 64...293 F 5
Saint-Girons-Plage 40.......272 A 5
Saint-Gladie-Arrive-Munein 64...........311 H 4
Saint-Glen 22...................78 D 5
Saint-Goazec 29................76 B 5
Saint-Gobain 02................24 B 5
Saint-Gobert 02................25 E 3
Saint-Goin 64..................313 G 4
Saint-Gondon 45..............134 B 4
Saint-Gondran 35..............80 A 5
Saint-Gonéry Chapelle 22....73 E 2
Saint-Gonlay 35...............103 G 3
Saint-Gonnery 56.............102 A 2
Saint-Gor 40...................274 B 4
Saint-Gorgon 56...............125 F 4
Saint-Gorgon 88................95 H 4
Saint-Gorgon-Main 25........180 C 1
Saint-Gouéno 22..............102 C 1
Saint-Gourgon 41.............131 G 4
Saint-Gourson 16.............203 G 3
Saint-Goussaud 23............206 C 2
Saint-Gratien 80................22 C 1
Saint-Gratien 95................58 B 2
Saint-Gratien-Savigny 58...175 G 3
Saint-Gravé 56.................125 F 3
Saint-Grégoire 35.............104 B 2
Saint-Grégoire 81.............299 G 1
Saint-Grégoire-d'Ardennes 17...............219 H 3
Saint-Grégoire-du-Vièvre 27..35 F 4
Saint-Grièbe 32................294 D 3
Saint-Groux 16.................203 F 4
Saint-Guen 22..................102 A 1
Saint-Guénolé 29...............99 F 5
Saint-Guilhem-le-Désert 34.302 B 3
Saint-Guillaume 38...........250 C 4
Saint-Guinoux 35...............80 A 2
Saint-Guiraud 34..............302 A 4
Saint-Guyomard 56...........124 D 2
Saint-Haon 43.................265 E 1
Saint-Haon-le-Châtel 42.....211 F 2
Saint-Haon-le-Vieux 42......211 F 2
Saint-Héand 42................230 B 3
Saint-Hélen 22..................79 H 4
Saint-Hélier 21................159 F 2
Saint-Hellier 76.................20 B 3
Saint-Herblain 44.............147 F 4
Saint-Herblon 44..............148 C 2
Saint-Herbot 29.................76 B 3
Saint-Hérent 63...............227 H 4
Saint-Hernin 29.................76 C 5
Saint-Hervé 22..................78 A 5
Saint-Hilaire 03................191 G 2
Saint-Hilaire 11................337 H 1
Saint-Hilaire 16................220 C 4
Saint-Hilaire 25................162 B 2
Saint-Hilaire 31................317 G 3
Saint-Hilaire 38................233 F 5
Saint-Hilaire 43................228 B 5
Saint-Hilaire 46................261 G 2
Saint-Hilaire 63................208 D 2
Saint-Hilaire 91.................87 F 4
Saint-Hilaire-au-Temple 51...62 B 1
Saint-Hilaire-Bonneval 87...223 H 1
Saint-Hilaire-Cottes 62.........7 G 3
Saint-Hilaire-Cusson-la-Valmitte 42......229 G 5
Saint-Hilaire-de-Beauvoir 34..............303 E 3
Saint-Hilaire-de-Brens 38....232 A 1
Saint-Hilaire-de-Brethmas 30.............283 H 4
Saint-Hilaire-de-Briouze 61...53 G 4
Saint-Hilaire-de-Chaléons 44..............147 E 5
Saint-Hilaire-de-Clisson 44..166 A 1
Saint-Hilaire-de-Court 18....154 B 5
Saint-Hilaire-de-Gondilly 18..............174 A 1
Saint-Hilaire-de-la-Côte 38................232 A 4
Saint-Hilaire-de-la-Noaille 33.............256 D 3
Saint-Hilaire-de-Lavit 48....283 F 2
Saint-Hilaire-de-Loulay 85..166 A 1
Saint-Hilaire-de-Lusignan 47..............275 H 3
Saint-Hilaire-de-Riez 85....164 D 4
Saint-Hilaire-de-Villefranche 17..........201 G 4
Saint-Hilaire-de-Voust 85...184 C 1
Saint-Hilaire-des-Landes 35..80 D 4
Saint-Hilaire-des-Loges 85..184 C 2

Saint-Hilaire-d'Estissac 24..239 H 4
Saint-Hilaire-d'Ozilhan 30...284 D 5
Saint-Hilaire-du-Bois 17.....219 H 4
Saint-Hilaire-du-Bois 33.....256 D 2
Saint-Hilaire-du-Bois 49.....149 G 5
Saint-Hilaire-du-Bois 85.....166 D 5
Saint-Hilaire-du-Harcouët 50..81 F 2
Saint-Hilaire-du-Maine 53...105 G 2
Saint-Hilaire-du-Rosier 38...250 A 2
Saint-Hilaire-en-Lignières 18.............172 D 5
Saint-Hilaire-en-Morvan 58.176 A 1
Saint-Hilaire-en-Woëvre 55...64 D 1
Saint-Hilaire-Foissac 19....225 G 5
Saint-Hilaire-Fontaine 58...175 G 4
Saint-Hilaire-la-Croix 63....209 G 2
Saint-Hilaire-la-Forêt 85....182 C 2
Saint-Hilaire-la-Gérard 61....83 G 2
Saint-Hilaire-la-Gravelle 41.109 G 5
Saint-Hilaire-la-Palud 79....184 B 5
Saint-Hilaire-la-Plaine 23...207 F 2
Saint-Hilaire-la-Treille 87...188 B 5
Saint-Hilaire-le-Château 23...............207 E 3
Saint-Hilaire-le-Châtel 61....84 B 2
Saint-Hilaire-le-Grand 51....42 B 4
Saint-Hilaire-le-Lierru 72...108 B 3
Saint-Hilaire-le-Petit 51.....42 B 3
Saint-Hilaire-le-Vouhis 85...166 B 5
Saint-Hilaire-les-Andrésis 45.............113 E 4
Saint-Hilaire-les-Courbes 19.............225 E 2
Saint-Hilaire-les-Monges 63..............208 D 5
Saint-Hilaire-les-Places 87..223 G 2
Saint-Hilaire-lez-Cambrai 59..14 C 3
Saint-Hilaire-Luc 19..........225 H 5
Saint-Hilaire-Petitville 50....32 A 3
Saint-Hilaire-Peyroux 19....242 C 2
Saint-Hilaire-Saint-Florent 49............150 B 4
Saint-Hilaire-Saint-Mesmin 45............133 E 2
Saint-Hilaire-sous-Charlieu 42...........211 H 1
Saint-Hilaire-sous-Romilly 10.............90 B 3
Saint-Hilaire-sur-Benaize 36..............187 H 2
Saint-Hilaire-sur-Erre 61....84 D 5
Saint-Hilaire-sur-Helpe 59...15 G 4
Saint-Hilaire-sur-Puiseaux 45............134 C 2
Saint-Hilaire-sur-Risle 61...55 E 4
Saint-Hilaire-sur-Yerre 28..109 H 4
Saint-Hilaire-Taurieux 19...243 E 3
Saint-Hilarion 78...............86 C 2
Saint-Hilliers 77................89 G 2
Saint-Hippolyte 12............262 D 2
Saint-Hippolyte 15............245 E 2
Saint-Hippolyte 17............201 E 3
Saint-Hippolyte 25............163 G 2
Saint-Hippolyte 33............238 C 5
Saint-Hippolyte 37............170 C 1
Saint-Hippolyte 63............209 G 4
Saint-Hippolyte 66............339 E 5
Saint-Hippolyte 68.............97 E 5
Saint-Hippolyte-de-Caton 30.................284 A 4
Saint-Hippolyte-de-Montaigu 30.............284 C 5
Saint-Hippolyte-du-Fort 30...................283 F 5
Saint-Hippolyte-le-Graveyron 84............285 H 3
Saint-Honorat Île 06..........309 F 5
Saint-Honoré 38...............251 E 4
Saint-Honoré 76................20 B 3
Saint-Honoré-les-Bains 58..175 H 3
Saint-Hostien 43..............247 G 3
Saint-Hubert 57.................46 B 4
Saint-Hubert 78.................57 G 5
Saint-Huruge 71...............194 C 1
Saint-Hymer 14.................34 C 4
Saint-Hymetière 39...........196 C 3
Saint-Igeaux 22.................77 G 4
Saint-Igest 12..................261 G 5
Saint-Ignan 31.................316 B 5
Saint-Ignat 63..................210 A 4
Saint-Igneuc 22.................79 E 4
Saint-Igny-de-Roche 71.....212 A 1
Saint-Igny-de-Vers 69.......194 B 5
Saint-Illide 15..................244 B 3
Saint-Illiers-la-Ville 78.......57 E 2
Saint-Illiers-le-Bois 78.......57 E 2
Saint-Ilpize 43..................246 B 2

Saint-Imoges 51.................41 G 5
Saint-Inglevert 62................2 C 4
Saint-Isidore 06................309 G 2
Saint-Isle 53...................105 H 3
Saint-Ismier 38................251 E 1
Saint-Izaire 12.................281 E 5
Saint-Jacques 04..............288 B 5
Saint-Jacques 06..............309 E 3
Saint-Jacques-d'Aliermont 76...............20 C 2
Saint-Jacques-d'Ambur 63.209 E 4
Saint-Jacques-d'Atticieux 07................230 D 5
Saint-Jacques-de-la-Lande 35..............104 B 3
Saint-Jacques-de-Néhou 50..29 E 5
Saint-Jacques-de-Thouars 79...............168 A 2
Saint-Jacques-des-Arrêts 69...............194 C 5
Saint-Jacques-des-Blats 15.................245 E 3
Saint-Jacques-des-Guérets 41.............131 E 3
Saint-Jacques-en-Valgodemard 05........269 G 1
Saint-Jacques-sur-Darnétal 76..............36 C 2
Saint-Jacut-de-la-Mer 22....50 A 5
Saint-Jacut-du-Mené 22......78 D 5
Saint-Jacut-les-Pins 56.....125 G 3
Saint-Jal 19....................224 C 5
Saint-James 50..................81 E 2
Saint-Jammes 64..............314 C 3
Saint-Jans-Cappel 59...........4 A 5
Saint-Jean 06..................309 E 4
Saint-Jean 31..................298 A 4
Saint-Jean Chapelle 27........36 D 2
Saint-Jean Chapelle 29........75 F 2
Saint-Jean Col 04..............270 B 5
Saint Jean Église 2B...........347 E 4
Saint-Jean-aux-Amognes 58............174 D 2
Saint-Jean-aux-Bois 08........26 A 3
Saint-Jean-aux-Bois 60........39 G 3
Saint-Jean-Balanant 29........70 D 5
Saint-Jean-Baptiste Chapelle de 2A..............349 E 5
Saint-Jean-Bonnefonds 42..............230 B 4
Saint-Jean-Brévelay 56......102 B 5
Saint-Jean-Cap-Ferrat 06...309 H 2
Saint-Jean-Chambre 07......248 C 5
Saint-Jean-d'Abbetot 76......35 E 1
Saint-Jean-d'Aigues-Vives 09..........336 D 3
Saint-Jean-d'Alcapiès 12....301 E 1
Saint-Jean-d'Angély 17......201 H 3
Saint-Jean-d'Angle 17........200 D 4
Saint-Jean-d'Ardières 69....212 D 1
Saint-Jean-d'Arves 73........252 A 1
Saint-Jean-d'Arvey 73........233 F 2
Saint-Jean-d'Assé 72.........107 G 3
Saint-Jean-d'Ataux 24.......239 H 2
Saint-Jean-d'Aubrigoux 43..229 E 5
Saint-Jean-d'Aulps 74........198 C 4
Saint-Jean-d'Avelanne 38...232 D 3
Saint-Jean-de-Barrou 11....338 D 3
Saint-Jean-de-Bassel 57......67 G 4
Saint-Jean-de-Beauregard 91...........58 A 5
Saint-Jean-de-Belleville 73..234 B 3
Saint-Jean-de-Beugné 85...183 G 2
Saint-Jean-de-Blaignac 33..256 C 1
Saint-Jean-de-Bœuf 21......159 G 4
Saint-Jean-de-Boiseau 44...147 F 4
Saint-Jean-de-Bonneval 10.114 D 3
Saint-Jean-de-Bournay 38..231 H 3
Saint-Jean-de-Braye 45.....133 F 2
Saint-Jean-de-Buèges 34...302 B 2
Saint-Jean-de-Ceyrargues 30..........284 A 4
Saint-Jean-de-Chevelu 73..233 E 1
Saint-Jean-de-Côle 24.......222 D 4
Saint-Jean-de-Corcoué 44..165 G 1
Saint-Jean-de-Cornies 34...303 E 3
Saint-Jean-de-Couz 73......233 E 3
Saint-Jean-de-Crieulon 30..283 G 5
Saint-Jean-de-Cuculles 34..302 D 3
Saint-Jean-de-Daye 50........32 A 3
Saint-Jean-de-Duras 47.....257 G 2
Saint-Jean-de-Folleville 76...35 E 1
Saint-Jean-de-Fos 34........302 B 3
Saint-Jean-de-Gonville 01...197 F 5
Saint-Jean-de-la-Blaquière 34.........301 H 3
Saint-Jean-de-la-Croix 49...149 G 2

Saint-Jean-de-la-Forêt 61 ......84 C 4
Saint-Jean-de-la-Haize 50......51 H 4
Saint-Jean-de-la-Léqueraye 27 ......35 F 4
Saint-Jean-de-la-Motte 72 ...129 H 3
Saint-Jean-de-la-Neuville 76...19 E 5
Saint-Jean-de-la-Porte 73 ...233 G 2
Saint-Jean-de-la-Rivière 50......31 E 2
Saint-Jean-de-la-Ruelle 45...133 E 2
Saint-Jean-de-Laur 46......261 E 5
Saint-Jean-de-Lier 40 ......293 F 2
Saint-Jean-de-Linières 49 ...149 F 1
Saint-Jean-de-Liversay 17 ...183 H 4
Saint-Jean-de-Livet 14 ......34 C 5
Saint-Jean-de-Losne 21 ......160 C 5
Saint-Jean-de-Luz 64 ......310 B 3
Saint-Jean-de-Marcel 81 ......279 H 5
Saint-Jean-de-Marsacq 40......292 C 4
Saint-Jean-de-Maruéjols-et-Avéjan 30 ......284 A 2
Saint-Jean-de-Maurienne 73 ......234 A 5
Saint-Jean-de-Minervois 34 ......320 D 3
Saint-Jean-de-Moirans 38 ......232 C 5
Saint-Jean-de-Monts 85 ......164 C 3
Saint-Jean-de-Muzols 07 ....249 E 3
Saint-Jean-de-Nay 43 ......246 D 3
Saint-Jean-de-Niost 01 ......213 H 4
Saint-Jean-de-Paracol 11 ......337 F 3
Saint-Jean-de-Pourcharesse 07 ......265 H 5
Saint-Jean-de-Rebervilliers 28 ......85 H 2
Saint-Jean-de-Rives 81 ......298 C 3
Saint-Jean-de-Sauves 86 ......168 D 3
Saint-Jean-de-Savigny 50......32 B 4
Saint-Jean-de-Serres 30 ......283 H 5
Saint-Jean-de-Sixt 74 ......216 A 3
Saint-Jean-de-Soudain 38 ......232 B 2
Saint-Jean-de-Tholome 74...216 A 1
Saint-Jean-de-Thouars 79 ...168 A 2
Saint-Jean-de-Thurac 47 ......276 C 3
Saint-Jean-de-Thurigneux 01 ......213 E 3
Saint-Jean-de-Touslas 69 ...230 D 2
Saint-Jean-de-Trézy 71 ......177 F 3
Saint-Jean-de-Valériscle 30 ......283 H 2
Saint-Jean-de-Vals 81 ......299 G 4
Saint-Jean-de-Vaulx 38 ......251 E 3
Saint-Jean-de-Vaux 71 ......177 G 4
Saint-Jean-de-Védas 34 ......302 D 5
Saint-Jean-de-Verges 09 ......336 B 2
Saint-Jean-Delnous 12 ......280 C 5
Saint-Jean-des-Baisants 50...32 C 5
Saint-Jean-des-Bois 61 ......52 D 4
Saint-Jean-des-Champs 50...51 G 4
Saint-Jean-des-Échelles 72 ......108 D 3
Saint-Jean-des-Essartiers 14 ......52 D 1
Saint-Jean-des-Mauvrets 49 ......149 H 2
Saint-Jean-des-Ollières 63...228 B 2
Saint-Jean-des-Vignes 69 ...212 D 4
Saint-Jean-d'Estissac 24 ......239 H 4
Saint-Jean-d'Étreux 39 ......196 A 3
Saint-Jean-devant-Possesse 51 ......63 E 3
Saint-Jean-d'Eyraud 24 ......239 H 4
Saint-Jean-d'Hérans 38 ......251 E 5
Saint-Jean-d'Heurs 63 ......210 B 5
Saint-Jean-d'Illac 33 ......255 E 1
Saint-Jean-d'Ormont 88 ......96 B 4
Saint-Jean-du-Bois 72 ......129 G 2
Saint-Jean-du-Bouzet 82 ......276 D 4
Saint-Jean-du-Bruel 12 ......282 B 5
Saint-Jean-du-Cardonnay 76...36 H 4
Saint-Jean-du-Castillonnais 09 ......334 D 3
Saint-Jean-du-Corail 50 ...52 C 5
Saint-Jean-du-Corail-des-Bois 50 ......52 A 4
Saint-Jean-du-Doigt 29 ...72 A 3
Saint-Jean-du-Falga 09 ...336 B 1
Saint-Jean-du-Gard 30 ......283 F 4
Saint-Jean-du-Marché 88 ...119 H 2
Saint-Jean-du-Pin 30 ......283 G 4
Saint-Jean-du-Thenney 27 ...55 E 1
Saint-Jean-en-Royans 26 ...250 A 3
Saint-Jean-en-Val 63 ......228 B 3
Saint-Jean-et-Saint-Paul 12 ......301 E 1
Saint-Jean-Froidmentel 41 ...109 H 5
Saint-Jean-Kerdaniel 22 ...73 F 4
Saint-Jean-Kourtzerode 57 ...67 H 4

Saint-Jean-la-Bussière 69 ...212 A 3
Saint-Jean-la-Fouillouse 48 .264 D 2
Saint-Jean-la-Poterie 56 ...125 G 4
Saint-Jean-la-Rivière 06......291 E 4
Saint-Jean-la-Vêtre 42 ......211 E 5
Saint-Jean-Lachalm 43 ......247 E 4
Saint-Jean-Lagineste 46 ......261 E 1
Saint-Jean-Lasseille 66 ......343 E 3
Saint-Jean-le-Blanc 14 ......53 E 2
Saint-Jean-le-Blanc 45 ......133 F 2
Saint-Jean-le-Centenier 07 ...266 C 3
Saint-Jean-le-Comtal 32 ......296 A 5
Saint-Jean-le-Priche 71 ......195 H 4
Saint-Jean-le-Thomas 50......51 F 4
Saint-Jean-le-Vieux 01 ......214 A 2
Saint-Jean-le-Vieux 38 ......251 F 1
Saint-Jean-le-Vieux 64 ......330 C 1
Saint-Jean-lès-Buzy 55 ......44 D 5
Saint-Jean-les-Deux-Jumeaux 77 ......59 H 2
Saint-Jean-lès-Longuyon 54 ...44 B 2
Saint-Jean-Lespinasse 46......261 E 1
Saint-Jean-Lherm 31 ......298 B 3
Saint-Jean-Ligoure 87 ......223 H 1
Saint-Jean-Mirabel 46 ......261 G 3
Saint-Jean-Pied-de-Port 64 .330 C 1
Saint-Jean-Pierre-Fixte 28 ...85 E 5
Saint-Jean-Pla-de-Corts 66 ......343 E 4
Saint-Jean-Poudge 64 ......294 C 5
Saint-Jean-Poutge 32 ......295 H 3
Saint-Jean-Rohrbach 57 ......67 F 1
Saint-Jean-Roure 07 ......248 B 4
Saint-Germain 37 ......170 C 1
Saint-Jean-Saint-Gervais 63 ......228 B 4
Saint-Jean-Saint-Maurice-sur-Loire 42 ......211 G 3
Saint-Jean-Saint-Nicolas 05......270 A 2
Saint-Jean-Saverne 67 ......68 B 4
Saint-Jean-Soleymieux 42...229 G 3
Saint-Jean-sur-Couesnon 35 ......80 D 5
Saint-Jean-sur-Erve 53 ......106 C 4
Saint-Jean-sur-Mayenne 53 106 A 3
Saint-Jean-sur-Moivre 51......62 C 2
Saint-Jean-sur-Reyssouze 01 ......195 G 3
Saint-Jean-sur-Tourbe 51......42 D 5
Saint-Jean-sur-Veyle 01 ......195 F 5
Saint-Jean-sur-Vilaine 35 ...104 D 3
Saint-Jean-Trolimon 29 ......99 F 4
Saint-Jeannet 04 ......287 H 5
Saint-Jeannet 06 ......309 F 2
Saint-Jeanvrin 18 ......190 A 1
Saint-Jeoire 74 ......216 B 1
Saint-Jeoire-Prieuré 73 ......233 F 2
Saint-Jeure-d'Andaure 07 ...248 B 3
Saint-Jeure-d'Ay 07 ......248 C 2
Saint-Jeures 43 ......247 H 3
Saint-Joachim 44 ......146 B 2
Saint-Jodard 42 ......211 H 4
Saint-Joire 55 ......93 F 2
Saint-Jores 50 ......31 G 3
Saint-Jorioz 74 ......215 G 4
Saint-Jory 31 ......297 H 3
Saint-Jory-de-Chalais 24 ...222 D 3
Saint-Jory-las-Bloux 24 ...223 E 5
Saint-Joseph 42 ......230 D 3
Saint-Joseph 50 ......29 F 4
Saint-Joseph-de-Rivière 38 .232 G 4
Saint-Joseph-des-Bancs 07 ......266 B 2
Saint-Josse 62 ......6 B 4
Saint-Jouan-de-l'Isle 22 ......103 F 1
Saint-Jouan-des-Guérets 35 ......50 C 5
Saint-Jouin 14 ......34 B 4
Saint-Jouin-Bruneval 76 ......18 C 4
Saint-Jouin-de-Blavou 61 ...84 B 4
Saint-Jouin-de-Marnes 79 ...168 B 3
Saint-Jouin-de-Milly 79 ......167 F 4
Saint-Jouvent 87 ......205 G 3
Saint-Juan 25 ......162 C 3
Saint-Judoce 22 ......79 H 5
Saint-Juéry 12 ......300 C 1
Saint-Juéry 48 ......263 H 4
Saint-Juéry 81 ......299 G 1
Saint-Juire-Champgillon 85 .183 G 4
Saint-Julia 31 ......318 D 2
Saint-Julia-de-Bec 11 ......337 G 4
Saint-Julien 21 ......160 B 2
Saint-Julien 22 ......78 B 3
Saint-Julien 34 ......301 E 5
Saint-Julien 39 ......196 B 3

Saint-Julien 56......123 H 5
Saint-Julien 69......212 D 2
Saint-Julien 70......140 B 3
Saint-Julien 88......118 B 4
Saint-Julien-aux-Bois 19 ...243 G 3
Saint-Julien-Beychevelle 33 ......237 F 2
Saint-Julien-Boutières 07 ...248 B 4
Saint-Julien-Chapteuil 43 ...247 G 4
Saint-Julien-d'Ance 43 ......247 F 1
Saint-Julien-d'Armagnac 40 ......274 C 2
Saint-Julien-d'Arpaon 48 ...282 D 2
Saint-Julien-d'Asse 04 ......287 H 5
Saint-Julien-de-Bourdeilles 24 ......222 B 5
Saint-Julien-de-Briola 11 ...319 E 5
Saint-Julien-de-Cassagnas 30 ......284 A 3
Saint-Julien-de-Chédon 41 .152 D 2
Saint-Julien-de-Civry 71 ...193 H 4
Saint-Julien-de-Concelles 44 ......148 A 3
Saint-Julien-de-Coppel 63 ...228 A 1
Saint-Julien-de-Crempse 24 ......239 H 4
Saint-Julien-de-Gras-Capou 09 ......336 D 2
Saint-Julien-de-Jonzy 71 ...193 H 5
Saint-Julien-de-Jordanne 15 ......244 D 3
Saint-Julien-de-la-Liègue 27 ...36 C 5
Saint-Julien-de-la-Nef 30 ...283 E 5
Saint-Julien-de-Lampon 24 .259 H 1
Saint-Julien-de-l'Escap 17 ...201 H 3
Saint-Julien-de-l'Herms 38 .231 G 4
Saint-Julien-de-Mailloc 14 ...34 D 5
Saint-Julien-de-Peyrolas 30 ......284 D 2
Saint-Julien-de-Raz 38 ......232 D 5
Saint-Julien-de-Toursac 15 .261 H 1
Saint-Julien-de-Vouvantes 44 ......127 F 4
Saint-Julien-des-Chazes 43 ......246 D 3
Saint-Julien-des-Landes 85 .165 F 5
Saint-Julien-des-Points 48 .283 E 2
Saint-Julien-d'Eymet 24 ......257 H 2
Saint-Julien-d'Oddes 42 ......211 G 4
Saint-Julien-du-Gua 07 ......266 B 1
Saint-Julien-du-Pinet 43 ...247 G 2
Saint-Julien-du-Puy 81 ......299 F 3
Saint-Julien-du-Sault 89 ......113 G 4
Saint-Julien-du-Serre 07 ...266 B 3
Saint-Julien-du-Terroux 53 ...82 C 3
Saint-Julien-du-Tournel 48 .264 D 5
Saint-Julien-du-Verdon 04 .288 D 5
Saint-Julien-en-Beauchêne 05 ......269 E 3
Saint-Julien-en-Born 40 ...272 B 4
Saint-Julien-en-Champsaur 05 ......269 H 4
Saint-Julien-en-Genevois 74 ......215 G 1
Saint-Julien-en-Jarez 42 ...230 C 4
Saint-Julien-en-Quint 26 ...250 A 5
Saint-Julien-en-Saint-Alban 07 ......266 D 2
Saint-Julien-en-Vercors 26 .250 B 3
Saint-Julien-Gaulène 81 ...280 B 5
Saint-Julien-la-Geneste 63 .209 E 4
Saint-Julien-la-Genête 23 ...208 C 1
Saint-Julien-Labrousse 07 .248 C 5
Saint-Julien-l'Ars 86 ......186 D 2
Saint-Julien-le-Châtel 23 ...207 H 2
Saint-Julien-le-Faucon 14 ...54 B 1
Saint-Julien-le-Montagnier 83 ......307 E 3
Saint-Julien-le-Pèlerin 19 .243 G 4
Saint-Julien-le-Petit 87 ...206 D 5
Saint-Julien-le-Roux 07 ...248 D 5
Saint-Julien-le-Vendômois 19 ......223 H 4
Saint-Julien-lès-Gorze 54 ...65 F 2
Saint-Julien-lès-Metz 57 ......45 H 5
Saint-Julien-lès-Montbéliard 25 ......142 B 4
Saint-Julien-les-Rosiers 30 .283 H 3
Saint-Julien-lès-Russey 25 .163 F 4
Saint-Julien-les-Villas 10 ...91 E 5
Saint-Julien-Maumont 19 .242 D 4
Saint-Julien-Molhesabate 43 ......248 B 2
Saint-Julien-Molin-Molette 42 ......230 D 5
Saint-Julien-Mont-Denis 73 .234 B 5

Saint-Julien-près-Bort 19 ...226 B 4
Saint-Julien-Puy-Lavèze 63 ......226 D 2
Saint-Julien-sous-les-Côtes 55 ......64 D 4
Saint-Julien-sur-Bibost 69 .212 C 5
Saint-Julien-sur-Calonne 14 .34 C 3
Saint-Julien-sur-Cher 41 ...153 H 4
Saint-Julien-sur-Dheune 71. 177 F 4
Saint-Julien-sur-Garonne 31 ......317 F 5
Saint-Julien-sur-Reyssouze 01 ......195 G 3
Saint-Julien-sur-Sarthe 61 ..84 A 3
Saint-Julien-sur-Veyle 01 ...195 F 5
Saint-Julien-Vocance 07 ...248 C 2
Saint-Junien 87 ......205 E 4
Saint-Junien-la-Bregère 23 ......206 D 4
Saint-Junien-les-Combes 87 ......205 F 2
Saint-Jure 57 ......65 H 3
Saint-Jurs 04 ......307 G 1
Saint-Just 01 ......195 H 5
Saint-Just 15 ......246 A 5
Saint-Just 18 ......173 F 2
Saint-Just 24 ......221 H 5
Saint-Just 27 ......36 D 5
Saint-Just 34 ......303 F 4
Saint-Just 35 ......126 A 2
Saint-Just 63 ......229 E 4
Saint-Just-Chaleyssin 38 ...231 G 2
Saint-Just-d'Ardèche 07 ...284 D 2
Saint-Just-d'Avray 69 ......212 B 3
Saint-Just-de-Bélengard 11 ......337 E 1
Saint-Just-de-Claix 38 ......250 A 3
Saint-Just-en-Bas 42 ......229 F 1
Saint-Just-en-Brie 77 ......89 E 2
Saint-Just-en-Chaussée 60 ...38 C 1
Saint-Just-en-Chevalet 42 ...211 E 4
Saint-Just-et-le-Bézu 11 ...337 G 4
Saint-Just-et-Vacquières 30 ......284 A 4
Saint-Just-Ibarre 64 ......330 D 1
Saint-Just-la-Pendue 42 ...212 A 4
Saint-Just-le-Martel 87 ...205 H 4
Saint-Just-Luzac 17 ......200 D 5
Saint-Just-Malmont 43 ...230 A 5
Saint-Just-près-Brioude 43 .246 B 1
Saint-Just-Saint-Rambert 42 ......230 A 3
Saint-Just-Sauvage 51 ......90 B 2
Saint-Just-sur-Dive 49 ......150 B 5
Saint-Just-sur-Viaur 12 ...280 B 4
Saint-Justin 32 ......315 F 2
Saint-Justin 40 ......274 B 5
Saint-Juvat 22 ......79 G 5
Saint-Juvin 08 ......43 F 3
Saint-Lactencin 36 ......171 F 3
Saint-Lager 69 ......212 D 1
Saint-Lager-Bressac 07 ...267 E 2
Saint-Lamain 39 ......179 F 4
Saint-Lambert 14 ......53 F 2
Saint-Lambert 78 ......57 H 5
Saint-Lambert-des-Levées 49 ......150 B 3
Saint-Lambert-du-Lattay 49 ......149 F 3
Saint-Lambert-et-Mont-de-Jeux 08 ......42 C 1
Saint-Lambert-la-Potherie 49 ......149 F 1
Saint-Lambert-sur-Dive 61 ...54 B 3
Saint-Langis-lès-Mortagne 61 ......84 B 3
Saint-Lanne 65 ......294 D 4
Saint-Laon 86 ......168 C 2
Saint-Lary 09 ......334 D 3
Saint-Lary 32 ......296 A 3
Saint-Lary-Boujean 31 ......316 C 5
Saint-Lary-Soulan 65 ......333 G 4
Saint-Lattier 38 ......249 H 3
Saint-Launeuc 22 ......103 E 1
Saint-Laure 63 ......210 A 4
Saint-Laurent 08 ......26 D 3
Saint-Laurent 18 ......154 D 4
Saint-Laurent 22 ......73 E 4
Saint-Laurent 23 ......207 F 1
Saint-Laurent 31 ......316 C 4
Saint-Laurent 47 ......275 G 2
Saint-Laurent 74 ......216 A 2
Saint-Laurent-Blangy 62 ......13 G 2
Saint-Laurent-Bretagne 64 ......314 C 3
Saint-Laurent-Chabreuges 43 ......246 B 1

Saint-Laurent-d'Agny 69 ...230 D 2
Saint-Laurent-d'Aigouze 30 ......303 G 4
Saint-Laurent-d'Andenay 71 ......177 E 4
Saint-Laurent-d'Arce 33 ...237 H 3
Saint-Laurent-de-Belzagot 16 ......221 E 4
Saint-Laurent-de-Brèvedent 76 ......18 D 5
Saint-Laurent-de-Carnols 30 ......284 C 3
Saint-Laurent-de-Cerdans 66 ......342 C 5
Saint-Laurent-de-Céris 16 .203 H 3
Saint-Laurent-de-Chamousset 69 ......230 B 1
Saint-Laurent-de-Cognac 16 ......219 H 1
Saint-Laurent-de-Condel 14 .53 G 1
Saint-Laurent-de-Cuves 50 .52 A 4
Saint-Laurent-de-Gosse 40. 292 C 5
Saint-Laurent-de-Jourdes 86 ......186 D 3
Saint-Laurent-de-la-Barrière 17 ......201 F 2
Saint-Laurent-de-la-Cabrerisse 11 ......338 C 1
Saint-Laurent-de-la-Côte 73 ......234 B 3
Saint-Laurent-de-la-Mer 22 .73 H 5
Saint-Laurent-de-la-Plaine 49 ......149 E 3
Saint-Laurent-de-la-Prée 17 ......200 D 3
Saint-Laurent-de-la-Salanque 66 ......339 E 5
Saint-Laurent-de-la-Salle 85 ......183 H 1
Saint-Laurent-de-Lévézou 12 ......281 G 3
Saint-Laurent-de-Lin 37 ...151 E 1
Saint-Laurent-de-Mure 69 .231 G 1
Saint-Laurent-de-Muret 48 .264 A 3
Saint-Laurent-de-Neste 65 .334 A 1
Saint-Laurent-de-Terregatte 50 ......81 E 2
Saint-Laurent-de-Trèves 48 ......282 D 2
Saint-Laurent-de-Vaux 69 .230 D 1
Saint-Laurent-de-Veyrès 48 ......263 H 2
Saint-Laurent-des-Arbres 30 ......285 E 4
Saint-Laurent-des-Autels 49 ......148 B 2
Saint-Laurent-des-Bâtons 24 ......240 C 4
Saint-Laurent-des-Bois 27 ...56 C 3
Saint-Laurent-des-Bois 41 .132 B 2
Saint-Laurent-des-Combes 16 ......221 E 5
Saint-Laurent-des-Combes 33 ......238 C 5
Saint-Laurent-des-Hommes 24 ......239 F 4
Saint-Laurent-des-Mortiers 53 ......128 C 3
Saint-Laurent-des-Vignes 24 ......257 H 1
Saint-Laurent-d'Oingt 69 ...212 C 3
Saint-Laurent-d'Olt 12 ......263 H 5
Saint-Laurent-d'Onay 26 ...249 G 2
Saint-Laurent-du-Bois 33 ...256 C 3
Saint-Laurent-du-Cros 05 ...269 H 2
Saint-Laurent-du-Mont 14 ...34 B 5
Saint-Laurent-du-Mottay 49 ......148 D 2
Saint-Laurent-du-Pape 07 .267 E 1
Saint-Laurent-du-Plan 33 .256 C 3
Saint-Laurent-du-Pont 38 .232 D 4
Saint-Laurent-du-Tencement 27 ......55 E 3
Saint-Laurent-du-Var 06 ...309 G 3
Saint-Laurent-du-Verdon 04 ......307 F 3
Saint-Laurent-en-Beaumont 38 ......251 F 5
Saint-Laurent-en-Brionnais 71 ......194 A 5
Saint-Laurent-en-Caux 76 ...19 H 4
Saint-Laurent-en-Gâtines 37 ......131 E 5
Saint-Laurent-en-Grandvaux 39 ......197 E 1
Saint-Laurent-en-Royans 26 ......250 A 3

Saint-Laurent-la-Conche 42 ......229 H 1
Saint-Laurent-la-Gâtine 28 ...57 E 5
Saint-Laurent-la-Roche 39 ..196 B 1
Saint-Laurent-la-Vallée 24 .259 F 2
Saint-Laurent-la-Vernède 30 ......284 C 4
Saint-Laurent-l'Abbaye 58 .156 B 3
Saint-Laurent-le-Minier 30 .302 B 1
Saint-Laurent-les-Bains 07 ......265 G 3
Saint-Laurent-les-Églises 87 ......206 B 3
Saint-Laurent-les-Tours 46 .243 E 5
Saint-Laurent-Lolmie 46 ...277 G 2
Saint-Laurent-Médoc 33 ...237 E 2
Saint-Laurent-Nouan 41 ...132 C 4
Saint-Laurent-Rochefort 42 ......211 F 5
Saint-Laurent-sous-Coiron 07 ......266 C 3
Saint-Laurent-sur-Gorre 87. 205 E 5
Saint-Laurent-sur-Manoire 24 ......240 C 3
Saint-Laurent-sur-Mer 14 ...32 C 2
Saint-Laurent-sur-Othain 55. 44 C 3
Saint-Laurent-sur-Oust 56 .125 F 2
Saint-Laurent-sur-Saône 01 ......195 E 4
Saint-Laurent-sur-Sèvre 85 .166 D 2
Saint-Laurs 79 ......184 C 2
Saint-Léger 06 ......289 F 4
Saint-Léger 17 ......219 G 2
Saint-Léger 47 ......275 G 2
Saint-Léger 50 ......51 G 3
Saint-Léger 53 ......106 C 3
Saint-Léger 62 ......13 G 3
Saint-Léger 73 ......234 B 4
Saint-Léger 77 ......60 A 3
Saint-Léger Pont de 06 ...289 F 4
Saint-Léger-aux-Bois 60 ......39 G 1
Saint-Léger-aux-Bois 76 ......21 E 2
Saint-Léger-Bridereix 23 ...188 B 3
Saint-Léger-de-Balson 33 ...255 G 5
Saint-Léger-de-Fougeret 58 ......176 A 1
Saint-Léger-de-la-Martinière 79 ......185 G 3
Saint-Léger-de-Montbrillais 86 ......168 C 1
Saint-Léger-de-Montbrun 79 ......168 B 2
Saint-Léger-de-Peyre 48 ...264 A 4
Saint-Léger-de-Rôtes 27 ......35 F 5
Saint-Léger-des-Aubées 28 .86 C 4
Saint-Léger-des-Bois 49 ...149 F 1
Saint-Léger-des-Prés 35 ......80 B 4
Saint-Léger-des-Vignes 58 ..175 E 4
Saint-Léger-du-Bois 71 ......177 E 1
Saint-Léger-du-Bourg-Denis 76 ......36 B 2
Saint-Léger-du-Gennetey 27 .35 G 2
Saint-Léger-du-Malzieu 48 .246 A 2
Saint-Léger-Dubosq 14 ......34 A 4
Saint-Léger-en-Bray 60 ......37 H 2
Saint-Léger-en-Yvelines 78 ...57 G 5
Saint-Léger-la-Montagne 87 ......206 B 3
Saint-Léger-le-Guérétois 23 ......207 E 4
Saint-Léger-le-Petit 18 ...156 B 5
Saint-Léger-lès-Authie 80 ...13 E 4
Saint-Léger-lès-Domart 80 ...12 B 5
Saint-Léger-les-Mélèzes 05 ......269 H 2
Saint-Léger lès Paray 71 ...193 G 2
Saint-Léger-Magnazeix 87 ..188 B 3
Saint-Léger-près-Troyes 10 ......115 E 2
Saint-Léger-sous-Beuvray 71 ......176 B 3
Saint-Léger-sous-Brienne 10 ......91 H 4
Saint-Léger-sous-Cholet 49 ......148 D 5
Saint-Léger-sous-la-Bussière 71 ......194 C 4
Saint-Léger-sous-Margerie 10 ......91 H 3
Saint-Léger-sur-Bonneville 14 ......34 D 5
Saint-Léger-sur-Bresle 80 ....21 F 2
Saint-Léger-sur-Dheune 71. 177 G 2
Saint-Léger-sur-Roanne 42. 211 G 2

A B C D E F G H I J K L M N O P Q R S T U V W X Y Z

Saint-Léger-sur-Sarthe 61....84 A 3
Saint-Léger-sur-Vouzance 03....193 F 3
Saint-Léger-Triey 21....160 D 3
Saint-Léger-Vauban 89....158 B 2
Saint-Léomer 86....187 G 3
Saint-Léon 03....192 D 3
Saint-Léon 31....318 A 3
Saint-Léon 33....256 B 1
Saint-Léon 47....275 F 2
Saint-Léon-d'Issigeac 24....258 C 2
Saint-Léon-sur-l'Isle 24....239 H 3
Saint-Léon-sur-Vézère 24....241 F 4
Saint-Léonard 32....296 C 2
Saint-Léonard 51....41 H 4
Saint-Léonard 62....6 B 2
Saint-Léonard 76....18 D 3
Saint-Léonard 88....96 B 5
Saint-Léonard-de-Noblat 87....206 B 5
Saint-Léonard-des-Bois 72....83 F 4
Saint-Léonard-des-Parcs 61....54 D 5
Saint-Léonard-en-Beauce 41....132 B 3
Saint-Léons 12....281 G 3
Saint-Léopardin-d'Augy 03....174 C 5
Saint-Léry 56....103 F 3
Saint-Leu-d'Esserent 60....38 C 4
Saint-Leu-la-Forêt 95....58 B 1
Saint-Lézer 65....315 F 3
Saint-Lézin 49....149 E 4
Saint-Lieux-Lafenasse 81....299 G 3
Saint-Lieux-lès-Lavaur 81....298 C 3
Saint-Liguaire 79....184 D 4
Saint-Lin 79....185 F 2
Saint-Lions 04....288 B 4
Saint-Lizier 09....335 F 2
Saint-Lizier-du-Planté 32....317 E 3
Saint-Lô 50....32 B 5
Saint-Lô-d'Ourville 50....31 F 2
Saint-Lon-les-Mines 40....292 D 4
Saint-Longis 72....84 A 5
Saint-Lormel 22....79 F 3
Saint-Lothain 39....179 F 3
Saint-Loube 32....317 E 2
Saint-Loubert 33....256 C 4
Saint-Loubès 33....237 H 4
Saint-Loubouer 40....294 A 3
Saint-Louet-sur-Seulles 14....33 E 5
Saint-Louet-sur-Vire 50....52 B 1
Saint-Louis 57....67 H 5
Saint-Louis 68....143 H 3
Saint-Louis-de-Montferrand 33....237 G 4
Saint-Louis-en-l'Isle 24....239 G 3
Saint-Louis-et-Parahou 11....337 H 4
Saint-Louis-lès-Bitche 57....68 A 2
Saint-Loup 03....192 B 4
Saint-Loup 17....201 G 3
Saint-Loup 23....207 H 1
Saint-Loup 39....178 C 1
Saint-Loup 50....51 H 5
Saint-Loup 51....61 F 4
Saint-Loup 58....156 B 2
Saint-Loup 69....212 B 4
Saint-Loup 82....276 D 4
Saint-Loup Pic 34....302 D 3
Saint-Loup-Cammas 31....298 A 4
Saint-Loup-de-Buffigny 10....90 A 4
Saint-Loup-de-Fribois 14....34 B 5
Saint-Loup-de-Gonois 45....112 D 4
Saint-Loup-de-Naud 77....89 F 3
Saint-Loup-de-Varennes 71....177 H 5
Saint-Loup-des-Chaumes 18....173 E 4
Saint-Loup-des-Vignes 45....111 H 4
Saint-Loup-d'Ordon 89....113 F 4
Saint-Loup-du-Dorat 53....128 D 2
Saint-Loup-du-Gast 53....82 B 4
Saint-Loup-en-Champagne 08....41 H 1
Saint-Loup-en-Comminges 31....316 A 4
Saint-Loup-Géanges 71....177 H 2
Saint-Loup-Hors 14....33 E 3
Saint-Loup-Lamairé 79....168 B 4
Saint-Loup-Nantouard 70....161 F 2
Saint-Loup-sur-Aujon 52....139 G 2
Saint-Loup-sur-Cher 41....154 A 4
Saint-Loup-sur-Semouse 70....119 E 5
Saint-Loup-Terrier 08....26 C 5
Saint-Loyer-des-Champs 61....54 B 5
Saint-Lubin-de-Cravant 28....56 B 5
Saint-Lubin-de-la-Haye 28....57 E 4

Saint-Lubin-des-Joncherets 28....56 B 4
Saint-Lubin-en-Vergonnois 41....131 H 5
Saint-Luc 27....56 C 2
Saint-Lucien 28....57 E 5
Saint-Lucien 76....36 D 1
Saint-Lumier-en-Champagne 51....62 D 4
Saint-Lumier-la-Populeuse 51....63 E 4
Saint-Lumine-de-Clisson 44....148 A 5
Saint-Lumine-de-Coutais 44....147 F 5
Saint-Lunaire 35....50 B 5
Saint-Luperce 28....85 H 4
Saint-Lupicin 39....196 D 3
Saint-Lupien 10....90 B 5
Saint-Lyé 10....90 D 5
Saint-Lyé-la-Forêt 45....111 E 4
Saint-Lyphard 44....146 B 1
Saint-Lys 31....317 F 2
Saint-Macaire 33....256 B 4
Saint-Macaire-du-Bois 49....150 A 5
Saint-Macaire-en-Mauges 49....148 C 5
Saint-Maclou 27....35 E 2
Saint-Maclou-de-Folleville 76....20 B 4
Saint-Maclou-la-Brière 76....19 E 4
Saint-Macoux 86....203 F 1
Saint-Maden 22....79 G 5
Saint-Magne 33....255 F 4
Saint-Magne-de-Castillon 33....238 D 5
Saint-Maigner 63....208 D 2
Saint-Maigrin 17....220 B 4
Saint-Maime 04....306 D 1
Saint-Maime-de-Péreyrol 24....240 B 4
Saint-Maixant 23....207 H 3
Saint-Maixant 33....256 B 3
Saint-Maixent 72....108 C 4
Saint-Maixent-de-Beugné 79....184 C 2
Saint-Maixent-l'École 79....185 F 3
Saint-Maixent-sur-Vie 85....165 E 4
Saint-Maixme-Hauterive 28....85 G 2
Saint-Malo 35....50 C 5
Saint-Malo-de-Beignon 56....103 F 4
Saint-Malo-de-Guersac 44....146 C 2
Saint-Malo-de-la-Lande 50....31 F 5
Saint-Malo-de-Phily 35....104 A 5
Saint-Malo-des-Trois-Fontaines 56....102 D 3
Saint-Maló-du-Bois 85....166 D 2
Saint-Malo-en-Donziois 58....156 D 3
Saint-Malon-sur-Mel 35....103 G 3
Saint-Mamert 38....231 F 4
Saint-Mamert 66....194 C 5
Saint-Mamert-du-Gard 30....303 G 1
Saint-Mamet 31....334 B 5
Saint-Mamet-la-Salvetat 15....261 H 1
Saint-Mammès 77....88 C 4
Saint-Mandé 94....58 C 3
Saint Mandé-sur-Brédoire 17....202 B 2
Saint-Mandrier-sur-Mer 83....328 A 5
Saint-Manvieu-Bocage 14....52 B 3
Saint-Manvieu-Norrey 14....33 F 4
Saint-Marc 44....146 B 3
Saint-Marc-à-Frongier 23....207 G 4
Saint-Marc-à-Loubaud 23....207 F 5
Saint-Marc-du-Cor 41....109 E 5
Saint-Marc-Jaumegarde 13....306 E 5
Saint-Marc-la-Lande 79....185 E 2
Saint-Marc-le-Blanc 35....80 D 4
Saint-Marc-sur-Couesnon 35....80 D 5
Saint-Marc-sur-Seine 21....138 B 4
Saint-Marcan 35....51 E 5
Saint-Marceau 08....26 D 3
Saint-Marceau 72....107 G 2
Saint-Marcel 08....26 C 3
Saint-Marcel 27....36 D 5
Saint-Marcel 36....188 C 1
Saint-Marcel 54....65 F 1
Saint-Marcel 56....120 C 2
Saint-Marcel 70....140 C 2
Saint-Marcel 71....177 H 4
Saint-Marcel 73....234 C 2
Saint-Marcel 81....279 E 4
Saint-Marcel-Bel-Accueil 38....231 H 1
Saint-Marcel-d'Ardèche 07....284 D 1

Saint-Marcel-de-Careiret 30....284 C 3
Saint-Marcel-de-Félines 42....211 H 4
Saint-Marcel-du-Périgord 24....240 C 5
Saint-Marcel-d'Urfé 42....211 F 4
Saint-Marcel-en-Dombes 01....213 F 3
Saint-Marcel-en-Marcillat 03....208 D 1
Saint-Marcel-en-Murat 03....191 G 4
Saint-Marcel-l'Éclairé 69....212 B 4
Saint-Marcel-lès-Annonay 07....248 D 1
Saint-Marcel-lès-Sauzet 26....267 E 3
Saint-Marcel-lès-Valence 26....249 F 4
Saint-Marcel-Paulel 31....298 B 4
Saint-Marcel-sur-Aude 11....321 E 5
Saint-Marcelin-de-Cray 71....194 C 1
Saint-Marcellin 38....250 A 2
Saint-Marcellin-de-Vars 05....270 D 2
Saint-Marcellin-en-Forez 42....229 H 3
Saint-Marcellin-lès-Vaison 84....285 H 2
Saint-Marcet 31....316 C 5
Saint-Marcory 24....259 E 2
Saint-Marcouf 14....32 C 3
Saint-Marcouf 50....29 G 5
Saint-Mard 02....40 D 2
Saint-Mard 17....201 F 2
Saint-Mard 54....95 E 2
Saint-Mard 77....59 E 1
Saint-Mard 80....23 F 4
Saint-Mard-de-Réno 61....84 C 3
Saint-Mard-de-Vaux 71....177 G 4
Saint-Mard-lès-Rouffy 51....61 H 2
Saint-Mard-sur-Auve 51....62 D 1
Saint-Mard-sur-le-Mont 51....63 E 2
Saint-Mards 76....20 A 3
Saint-Mards-de-Blacarville 27....35 E 2
Saint-Mards-de-Fresne 27....55 E 1
Saint-Mards-en-Othe 10....114 C 3
Saint-Marien 23....190 A 3
Saint-Mariens 33....237 H 2
Saint-Mars-de-Coutais 44....147 F 5
Saint-Mars-de-Locquenay 72....108 B 5
Saint-Mars-d'Égrenne 61....82 A 2
Saint-Mars-d'Outillé 72....130 B 2
Saint-Mars-du-Désert 44....147 H 2
Saint-Mars-du-Désert 53....83 E 5
Saint-Mars-en-Brie 77....60 B 4
Saint-Mars-la-Brière 72....108 A 4
Saint-Mars-la-Jaille 44....127 F 5
Saint-Mars-la-Réorthe 85....166 D 3
Saint-Mars-sous-Ballon 72....107 H 3
Saint-Mars-sur-Colmont 53....82 A 4
Saint-Mars-sur-la-Futaie 53....81 G 3
Saint-Marsal 66....342 C 3
Saint-Marsault 79....167 F 4
Saint-Martial 07....248 A 5
Saint-Martial 15....245 G 5
Saint-Martial 16....221 E 5
Saint-Martial 17....201 H 2
Saint-Martial 30....283 E 5
Saint-Martial 33....256 C 3
Saint-Martial-d'Albarède 24....223 F 5
Saint-Martial-d'Artenset 24....239 F 4
Saint-Martial-de-Gimel 19....243 E 1
Saint-Martial-de-Mirambeau 17....219 G 4
Saint-Martial-de-Nabirat 24....259 G 2
Saint-Martial-de-Valette 24....222 C 3
Saint-Martial-de-Vitaterne 17....219 H 4
Saint-Martial-Entraygues 19....243 F 3
Saint-Martial-le-Mont 23....207 G 2
Saint-Martial-le-Vieux 23....225 H 2
Saint-Martial-sur-Isop 87....204 D 1
Saint-Martial-sur-Né 17....220 B 2
Saint-Martial-Viveyrol 24....221 G 5
Saint-Martin 32....295 H 5
Saint-Martin 50....51 F 2
Saint-Martin 54....95 H 1
Saint-Martin 65....315 E 5
Saint-Martin 66....338 A 5
Saint-Martin 67....96 D 4
Saint Martin Casella 2B....347 F 4
Saint-Martin-au-Bosc 76....21 F 2
Saint-Martin-aux-Arbres 76....19 H 4
Saint-Martin-aux-Bois 60....38 D 1
Saint-Martin-aux-Buneaux 76....19 F 2
Saint-Martin-aux-Champs 51....62 C 3

Saint-Martin-aux-Chartrains 14....34 C 3
Saint-Martin-Belle-Roche 71....195 E 3
Saint-Martin-Bellevue 74....215 G 3
Saint-Martin-Boulogne 62....2 B 5
Saint-Martin-Cantalès 15....243 H 3
Saint-Martin-Château 23....207 E 5
Saint-Martin-Chennetron 77....89 H 2
Saint-Martin-Choquel 62....6 D 2
Saint-Martin-d'Abbat 45....133 H 2
Saint-Martin-d'Ablois 51....61 F 1
Saint-Martin-d'Août 26....249 G 1
Saint-Martin-d'Arberoue 64....311 F 4
Saint-Martin-d'Arc 73....252 B 1
Saint-Martin-d'Arcé 49....129 F 5
Saint-Martin-d'Ardèche 07....284 D 2
Saint-Martin-d'Armagnac 32....294 D 3
Saint-Martin-d'Arrossa 64....311 E 5
Saint-Martin-d'Ary 17....238 C 1
Saint-Martin-d'Aubigny 50....31 H 4
Saint-Martin-d'Audouville 50....29 G 4
Saint-Martin-d'Auxigny 18....155 E 5
Saint-Martin-d'Auxy 71....177 F 5
Saint-Martin-de-Bavel 01....214 D 4
Saint-Martin-de-Beauville 47....276 D 3
Saint-Martin-de-Belleville 73....234 B 4
Saint-Martin-de-Bernegoue 79....185 E 5
Saint-Martin-de-Bienfaite 14....54 D 1
Saint-Martin-de-Blagny 14....32 C 3
Saint-Martin-de-Bonfossé 50....32 A 5
Saint-Martin-de-Boscherville 76....36 A 2
Saint-Martin-de-Bossenay 10....90 B 4
Saint-Martin-de-Boubaux 48....283 F 3
Saint-Martin-de-Bréthencourt 78....87 E 3
Saint-Martin-de-Brômes 04....307 E 2
Saint-Martin-de-Caralp 09....336 A 2
Saint-Martin-de-Castillon 84....306 A 1
Saint-Martin-de-Cenilly 50....51 H 1
Saint-Martin-de-Clelles 38....250 D 5
Saint-Martin-de-Commune 71....177 E 3
Saint-Martin-de-Connée 53....107 E 2
Saint-Martin-de-Cornas 69....230 D 2
Saint-Martin-de-Coux 17....238 D 2
Saint-Martin-de-Crau 13....304 D 4
Saint-Martin-de-Curton 47....274 D 1
Saint-Martin-de-Fenollar Chapelle de 66....343 E 4
Saint-Martin-de-Fontenay 14....33 G 5
Saint-Martin-de-Fraigneau 85....184 B 3
Saint-Martin-de-Fresnay 14....54 B 2
Saint-Martin-de-Fressengeas 24....222 D 4
Saint-Martin-de-Fugères 43....247 F 5
Saint-Martin-de-Goyne 32....275 H 5
Saint-Martin-de-Gurson 24....239 E 4
Saint-Martin-de-Hinx 40....292 C 4
Saint-Martin-de-Juillers 17....202 B 3
Saint-Martin-de-Jussac 87....205 E 4
Saint-Martin-de-la-Brasque 84....306 B 2
Saint-Martin-de-la-Cluze 38....250 D 4
Saint-Martin-de-la-Coudre 17....201 G 2
Saint-Martin-de-la-Lieue 14....34 C 5
Saint-Martin-de-la-Mer 21....158 C 4
Saint-Martin-de-la-Place 49....150 B 3
Saint-Martin-de-la-Porte 73....252 B 1
Saint-Martin-de-Lamps 36....171 G 2
Saint-Martin-de-Landelles 50....81 F 2
Saint-Martin-de-Lansuscle 48....283 E 3
Saint-Martin-de-l'Arçon 34....301 E 5
Saint-Martin-de-Laye 33....238 C 3
Saint-Martin-de-Lenne 12....263 G 5
Saint-Martin-de-Lerm 33....256 D 3
Saint-Martin-de-Lixy 71....211 H 1
Saint-Martin-de-Londres 34....302 C 2
Saint-Martin-de-Mâcon 79....168 B 1
Saint-Martin-de-Mailloc 14....34 D 5
Saint-Martin-de-Mieux 14....53 H 3
Saint-Martin-de-Nigelles 28....86 B 2
Saint-Martin-de-Pallières 83....306 D 4
Saint-Martin-de-Peille Église 06....291 G 5

Saint-Martin-de-Queyrières 05....252 C 5
Saint-Martin-de-Ré 17....182 D 5
Saint-Martin-de-Ribérac 24....239 G 1
Saint-Martin-de-Saint-Maixent 79....185 F 3
Saint-Martin-de-Salencey 71....194 B 2
Saint-Martin-de-Sallen 14....53 F 2
Saint-Martin-de-Sanzay 79....168 A 1
Saint-Martin-de-Seignanx 40....292 B 5
Saint-Martin-de-Sescas 33....256 C 3
Saint-Martin-de-Tallevende 14....52 C 3
Saint-Martin-de-Valamas 07....248 B 5
Saint-Martin-de-Valgalgues 30....283 H 3
Saint-Martin-de-Varreville 50....29 H 5
Saint-Martin-de-Vaulserre 38....232 D 3
Saint-Martin-de-Vers 46....260 C 4
Saint-Martin-de-Villeréal 47....258 D 3
Saint-Martin-de-Villereglan 11....337 G 1
Saint-Martin-d'Écublei 61....55 G 4
Saint-Martin-d'Entraigues 79....202 D 1
Saint-Martin-d'Entraunes 06....289 E 3
Saint-Martin-des-Besaces 14....52 C 1
Saint-Martin-des-Bois 41....131 E 4
Saint-Martin-des-Champs 18....156 A 5
Saint-Martin-des-Champs 29....71 H 4
Saint-Martin-des-Champs 50....51 H 5
Saint-Martin-des-Champs 77....60 B 4
Saint-Martin-des-Champs 78....57 F 3
Saint-Martin-des-Champs 89....135 F 4
Saint-Martin-des-Combes 24....240 B 4
Saint-Martin-des-Entrées 14....33 E 3
Saint-Martin-des-Fontaines 85....183 H 1
Saint-Martin-des-Lais 03....175 G 5
Saint-Martin-des-Landes 61....83 E 2
Saint-Martin-des-Monts 72....108 C 3
Saint-Martin-des-Noyers 85....166 B 4
Saint-Martin-des-Olmes 63....229 E 3
Saint-Martin-des-Pézerits 61....55 E 5
Saint-Martin-des-Plains 63....228 A 4
Saint-Martin-des-Prés 22....78 A 5
Saint-Martin-des-Puits 11....338 B 2
Saint-Martin-des-Tilleuls 85....166 C 2
Saint-Martin-d'Estréaux 42....211 E 1
Saint-Martin-d'Hardinghem 62....7 E 3
Saint-Martin-d'Hères 38....251 E 1
Saint-Martin-d'Heuille 58....174 D 1
Saint-Martin-d'Ollières 63....228 B 4
Saint-Martin-Don 14....52 C 2
Saint-Martin-d'Oney 40....273 G 5
Saint-Martin-d'Ordon 89....113 F 4
Saint-Martin-d'Oydes 09....318 A 5
Saint-Martin-du-Bec 76....18 C 5
Saint-Martin-du-Bois 33....238 B 3
Saint-Martin-du-Bois 49....128 B 4
Saint-Martin-du-Boschet 77....60 C 4
Saint-Martin-du-Canigou Abbaye de 66....342 A 4
Saint-Martin-du-Clocher 16....203 F 2
Saint-Martin-du-Fouilloux 49....149 F 2
Saint-Martin-du-Fouilloux 79....185 G 1
Saint-Martin-du-Frêne 01....214 C 1
Saint-Martin-du-Lac 71....193 G 5
Saint-Martin-du-Limet 53....127 H 2
Saint-Martin-du-Manoir 76....18 D 5
Saint-Martin-du-Mesnil-Oury 14....54 C 1
Saint-Martin-du-Mont 01....214 A 1
Saint-Martin-du-Mont 21....159 G 2
Saint-Martin-du-Mont 71....195 H 1
Saint-Martin-du-Puy 33....256 D 2
Saint-Martin-du-Puy 58....157 H 3
Saint-Martin-du-Tartre 71....194 C 1
Saint-Martin-du-Tertre 89....113 G 2
Saint-Martin-du-Tertre 95....38 C 5
Saint-Martin-du-Tilleul 27....35 F 5
Saint-Martin-du-Touch 31....297 H 5
Saint-Martin-du-Var 06....291 E 5
Saint-Martin-du-Vieux-Bellême 61....84 B 4

Saint-Martin-du-Vivier 76....36 B 1
Saint-Martin-d'Uriage 38....251 E 2
Saint-Martin-en-Bière 77....88 A 4
Saint-Martin-en-Bresse 71....178 A 4
Saint-Martin-en-Campagne 76....10 C 5
Saint-Martin-en-Coailleux 42....230 C 4
Saint-Martin-en-Gâtinois 71....178 A 2
Saint-Martin-en-Haut 69....230 C 1
Saint-Martin-en-Vercors 26....250 B 3
Saint-Martin-Gimois 32....296 C 5
Saint-Martin-la-Campagne 27....56 A 1
Saint-Martin-la-Garenne 78....57 F 1
Saint-Martin-la-Méanne 19....243 F 2
Saint-Martin-la-Patrouille 71....194 C 1
Saint-Martin-la-Plaine 42....230 C 3
Saint-Martin-la-Sauveté 42....211 F 5
Saint-Martin-Labouval 46....260 D 5
Saint-Martin-Lacaussade 33....237 F 2
Saint-Martin-Laguépie 81....279 F 4
Saint-Martin-l'Aiguillon 61....83 E 2
Saint-Martin-Lalande 11....319 E 4
Saint-Martin-l'Ars 86....186 D 5
Saint-Martin-Lars-en-Sainte-Hermine 85....183 G 1
Saint-Martin-l'Astier 24....239 G 3
Saint-Martin-le-Beau 37....152 B 3
Saint-Martin-le-Bouillant 50....52 A 3
Saint-Martin-le-Châtel 01....195 G 4
Saint-Martin-le-Colonel 26....250 A 4
Saint-Martin-le-Gaillard 76....10 D 5
Saint-Martin-le-Gréard 50....29 E 4
Saint-Martin-le-Hébert 50....29 E 4
Saint-Martin-le-Mault 87....188 A 4
Saint-Martin-le-Nœud 60....38 A 2
Saint-Martin-le-Pin 24....222 B 3
Saint-Martin-le-Redon 46....259 E 4
Saint-Martin-le-Supérieur 07....266 D 3
Saint-Martin-le-Vieil 11....319 F 4
Saint-Martin-le-Vieux 87....223 F 1
Saint-Martin-le-Vinoux 38....250 D 1
Saint-Martin-les-Eaux 04....306 C 1
Saint-Martin-lès-Langres 52....139 G 2
Saint-Martin-lès-Melle 79....185 F 5
Saint-Martin-lès-Seyne 04....270 A 5
Saint-Martin-lez-Tatinghem 62....3 F 5
Saint-Martin-Lestra 42....230 A 1
Saint-Martin-l'Heureux 51....42 B 4
Saint-Martin-l'Hortier 76....20 D 3
Saint-Martin-l'Inférieur 07....266 D 3
Saint-Martin-Longueau 60....39 E 3
Saint-Martin-Lys 11....337 G 4
Saint-Martin-Osmonville 76....20 C 4
Saint-Martin-Petit 47....257 E 4
Saint-Martin-Rivière 02....14 D 5
Saint-Martin-Saint-Firmin 27....35 F 3
Saint-Martin-Sainte-Catherine 23....206 C 3
Saint-Martin-Sepert 19....224 B 4
Saint-Martin-sous-Montaigu 71....177 G 4
Saint-Martin-sous-Vigouroux 15....245 E 5
Saint-Martin-sur-Armançon 89....137 F 2
Saint-Martin-sur-Arve 74....216 C 3
Saint-Martin-sur-Cojeul 62....13 G 3
Saint-Martin-sur-Ecaillon 59....14 D 3
Saint-Martin-sur-la-Chambre 73....234 A 4
Saint-Martin-sur-la-Renne 52....116 C 3
Saint-Martin-sur-le-Pré 51....62 A 2
Saint-Martin-sur-Nohain 58....156 B 3
Saint-Martin-sur-Ocre 45....134 C 4
Saint-Martin-sur-Ocre 89....135 H 3
Saint-Martin-sur-Oreuse 89....89 G 5
Saint-Martin-sur-Ouanne 89....135 F 2
Saint-Martin-sur-Oust 56....125 F 3
Saint-Martin-Terressus 87....206 B 4
Saint-Martin-Valmeroux 15....244 B 3
Saint-Martin-Vésubie 06....291 E 2
Saint-Martinien 03....190 C 4
Saint-Martory 31....334 D 1
Saint-Mary 16....203 H 5
Saint-Mary-le-Plain 15....245 H 2
Saint-Masmes 51....42 A 3
Saint-Mathieu 87....222 C 1

A B C D E F G H I J K L M N O P Q R S T U V W X Y Z

Saint-Mathieu *Pointe de 29*....**74** C 3
Saint-Mathieu-
de-Tréviers *34*..........**302** D 3
Saint-Mathurin *85*..........**182** B 1
Saint-Mathurin-
Léobazel *19*..........**243** F 4
Saint-Mathurin-sur-Loire *49*..**150** A 2
Saint-Matré *46*..........**277** F 1
Saint-Maudan *22*..........**102** B 2
Saint-Maudez *22*..........**79** F 4
Saint-Maugan *35*..........**103** G 2
Saint-Maulvis *80*..........**11** G 5
Saint-Maur *18*..........**190** A 1
Saint-Maur *32*..........**315** H 2
Saint-Maur *36*..........**171** G 4
Saint-Maur *39*..........**196** C 1
Saint-Maur *60*..........**21** H 5
Saint-Maur-de-Glanfeuil
Abbaye de 49..........**150** A 2
Saint-Maur-des-Bois *50*....**52** A 3
Saint-Maur-des-Fossés *94*....**58** D 4
Saint-Maur-sur-le-Loir *28*......**110** A 3
Saint-Maurice *52*..........**139** H 2
Saint-Maurice *58*..........**175** F 1
Saint-Maurice *63*..........**228** A 2
Saint-Maurice *67*..........**97** E 4
Saint-Maurice *94*..........**58** C 4
Saint-Maurice-
aux-Forges *54*..........**96** A 3
Saint-Maurice-
aux-Riches-Hommes *89*....**89** H 5
Saint-Maurice-
Colombier *25*..........**142** A 5
Saint-Maurice-Crillat *39*......**197** E 1
Saint-Maurice-
d'Ardèche *07*..........**266** B 4
Saint-Maurice-
de-Beynost *01*..........**213** F 4
Saint-Maurice-
de-Cazevieille *30*..........**284** A 5
Saint-Maurice-
de-Gourdans *01*..........**213** H 5
Saint-Maurice-
de-Laurençanne *17*..........**219** H 5
Saint-Maurice-
de-Lestapel *47*..........**258** B 4
Saint-Maurice-
de-Lignon *43*..........**247** H 1
Saint-Maurice-
de-Rémens *01*..........**214** A 3
Saint-Maurice-
de-Rotherens *73*..........**232** D 2
Saint-Maurice-
de-Satonnay *71*..........**195** E 3
Saint-Maurice-
de-Tavernole *17*..........**219** H 3
Saint-Maurice-
de-Ventalon *48*..........**283** F 1
Saint-Maurice-
des-Champs *71*..........**194** C 1
Saint-Maurice-
des-Lions *16*..........**204** C 3
Saint-Maurice-
des-Noues *85*..........**184** B 1
Saint-Maurice-d'Ételan *35*......**35** F 1
Saint-Maurice-d'Ibie *07*......**266** C 4
Saint-Maurice-du-Désert *61*..**82** D 2
Saint-Maurice-
en-Chalencon *07*..........**248** D 5
Saint-Maurice-
en-Cotentin *50*..........**28** D 5
Saint-Maurice-
en-Gourgois *42*..........**229** H 4
Saint-Maurice-
en-Quercy *46*..........**261** F 2
Saint-Maurice-
en-Rivière *71*..........**178** A 3
Saint-Maurice-
en-Trièves *38*..........**268** D 1
Saint-Maurice-
en-Valgodemard *05*..........**269** G 1
Saint-Maurice-
la-Clouère *86*..........**186** C 4
Saint-Maurice-Etusson *79*......**167** G 1
Saint-Maurice-
la-Souterraine *23*..........**206** B 1
Saint-Maurice-le-Girard *85*..**167** E 5
Saint-Maurice-le-Vieil *89*......**135** H 3
Saint-Maurice-
les-Brousses *87*..........**223** G 1
Saint-Maurice-
lès-Charencey *61*....**55** G 5
Saint-Maurice-
lès-Châteauneuf *71*......**193** H 5
Saint-Maurice-
lès-Couches *71*..........**177** F 3
Saint-Maurice-l'Exil *38*......**231** E 4

Saint-Maurice-
Montcouronne *91*..........**87** F 2
Saint-Maurice-
Navacelles *34*..........**302** A 2
Saint-Maurice-
près-Crocq *23*..........**208** B 4
Saint-Maurice-
près-Pionsat *63*..........**208** D 2
Saint-Maurice-
Saint-Germain *28*..........**85** F 3
Saint-Maurice-
sous-les-Côtes *55*..........**64** D 2
Saint-Maurice-
sur-Adour *40*..........**294** A 2
Saint-Maurice-
sur-Aveyron *45*..........**135** E 2
Saint-Maurice-
sur-Dargoire *69*..........**230** D 2
Saint-Maurice-
sur-Eygues *26*..........**285** G 1
Saint-Maurice-
sur-Fessard *45*..........**112** B 5
Saint-Maurice-sur-Huisne *61*..**84** D 4
Saint-Maurice-
sur-Mortagne *88*..........**95** G 4
Saint-Maurice-
sur-Moselle *88*..........**120** A 5
Saint-Maurice-
sur-Vingeanne *21*..........**139** H 5
Saint-Maurice-
Thizouaille *89*..........**135** H 2
Saint-Maurin *47*..........**276** D 3
Saint-Max *54*..........**65** H 5
Saint-Maxent *80*..........**11** F 4
Saint-Maximin *30*..........**284** C 5
Saint-Maximin *38*..........**233** G 4
Saint-Maximin *60*..........**38** D 4
Saint-Maximin-
la-Sainte-Baume *83*..........**327** H 1
Saint-Maxire *79*..........**184** D 3
Saint-May *26*..........**268** A 5
Saint-Mayeux *22*..........**77** H 5
Saint-Méard *87*..........**224** C 2
Saint-Méard-de-Drône *24*......**239** H 1
Saint-Méard-de-Gurçon *24*..**239** F 5
Saint-Médard *16*..........**220** C 3
Saint-Médard *17*..........**220** B 4
Saint-Médard *23*..........**207** G 2
Saint-Médard *31*..........**334** D 1
Saint-Médard *32*..........**316** A 2
Saint-Médard *36*..........**170** D 4
Saint-Médard *46*..........**294** A 1
Saint-Médard *46*..........**259** G 4
Saint-Médard *57*..........**66** D 4
Saint-Médard *64*..........**293** H 5
Saint-Médard *79*..........**185** F 5
Saint-Médard-d'Aunis *17*......**200** D 1
Saint-Médard-
de-Guizières *33*..........**238** D 4
Saint-Médard-
de-Mussidan *24*..........**239** G 3
Saint-Médard-
de-Presque *46*..........**261** E 1
Saint-Médard-des-Prés *85*..**184** B 2
Saint-Médard-
d'Excideuil *24*..........**223** F 5
Saint-Médard-d'Eyrans *33*..**255** G 2
Saint-Médard-en-Forez *42*..**230** B 2
Saint-Médard-en-Jalles *33*..**237** F 5
Saint-Médard-
Nicourby *46*..........**261** F 2
Saint-Médard-sur-Ille *35*......**80** B 5
Saint-Méen *29*..........**71** E 4
Saint-Méen-le-Grand *35*......**103** F 2
Saint-Melaine *35*..........**104** D 3
Saint-Melaine-
sur-Aubance *49*..........**149** G 2
Saint-Mélany *07*..........**265** H 4
Saint-Méloir-des-Bois *22*......**79** F 4
Saint-Méloir-des-Ondes *35*......**50** C 5
Saint-Même-le-Tenu *44*......**165** E 1
Saint-Même-
les-Carrières *16*..........**220** C 2
Saint-Memmie *51*..........**62** B 2
Saint-Menge *88*..........**94** C 5
Saint-Menges *08*..........**27** E 3
Saint-Menoux *03*..........**191** H 1
Saint-Merd-de-Lapleau *19*..**243** G 1
Saint-Merd-la-Breuille *23*..**226** B 1
Saint-Merd-
les-Oussines *19*..........**225** F 2
Saint-Méry *77*..........**88** C 2
Saint-Meslin-du-Bosc *27*......**35** H 4
Saint-Mesmes *77*..........**59** E 2
Saint-Mesmin *10*..........**90** C 4
Saint-Mesmin *21*..........**159** F 3
Saint-Mesmin *24*..........**223** G 5

Saint-Mesmin *85*..........**167** E 4
Saint-Mexant *19*..........**242** C 1
Saint-Mézard *32*..........**275** H 5
Saint-M'Hervé *35*..........**105** F 2
Saint-M'Hervon *35*..........**103** G 1
Saint-Micaud *71*..........**177** F 5
Saint-Michel *02*..........**25** H 1
Saint-Michel *09*..........**336** A 1
Saint-Michel *16*..........**221** E 2
Saint-Michel *31*..........**317** F 5
Saint-Michel *32*..........**315** H 2
Saint-Michel *34*..........**301** H 2
Saint-Michel *45*..........**111** H 4
Saint-Michel *52*..........**139** G 3
Saint-Michel *64*..........**330** C 1
Saint-Michel *82*..........**277** E 5
Saint-Michel-Chef-Chef *44*..**146** C 4
Saint-Michel-d'Aurance *07*..**248** C 5
Saint-Michel-
de-Bannières *46*..........**242** D 4
Saint-Michel-
de-Boulogne *07*..........**266** B 2
Saint-Michel-
de-Castelnau *33*..........**274** C 2
Saint-Michel-
de-Chabrillanoux *07*..........**266** D 1
Saint-Michel-
de-Chaillol *05*..........**269** H 2
Saint-Michel-
de-Chavaignes *72*..........**108** C 4
Saint-Michel-de-Cuxa
Abbaye de 66..........**342** A 3
Saint-Michel-de-Dèze *48*..**283** F 2
Saint-Michel-de-Double *24*..**239** G 3
Saint-Michel-de-Feins *53*..**128** C 3
Saint-Michel-de-Frigolet
Abbaye 13..........**304** C 1
Saint-Michel-
de-Fronsac *33*..........**238** B 4
Saint-Michel-
de-la-Pierre *50*..........**31** H 4
Saint-Michel-de-la-Roë *53*..**105** F 5
Saint-Michel-de-Lanès *11*..**318** C 4
Saint-Michel-
de-Lapujade *33*..........**257** E 3
Saint-Michel-de-Livet *14*......**54** C 1
Saint-Michel-de-Llotes *66*..**342** C 2
Saint-Michel-
de-Maurienne *73*..........**252** B 1
Saint-Michel-
de-Montaigne *24*..........**238** D 5
Saint-Michel-de-Montjoie *50*..**52** B 4
Saint-Michel-de-Mourcairol
Château de 34..........**301** F 5
Saint-Michel-de-Plélan *22*..**79** F 4
Saint-Michel-
de-Rieufret *33*..........**255** H 3
Saint-Michel-de-Rivière *34*..**238** D 2
Saint-Michel-
de-Saint-Geoirs *38*..........**232** A 5
Saint-Michel-de-Vax *81*......**278** D 4
Saint-Michel-de-Veisse *23*..**207** G 3
Saint-Michel-
de-Villadeix *24*..........**240** C 4
Saint-Michel-
de-Volangis *18*..........**155** F 5
Saint-Michel-
des-Andaines *61*..........**82** C 2
Saint-Michel-des-Loups *50*..**51** F 4
Saint-Michel-d'Euzet *30*......**284** C 3
Saint-Michel-
d'Halescourt *76*..........**21** H 5
Saint-Michel-
en-Beaumont *38*..........**251** F 5
Saint-Michel-en-Brenne *36*..**170** D 4
Saint-Michel-en-Grève *22*..**72** B 3
Saint-Michel-en-l'Herm *85*..**183** E 3
Saint-Michel-l'Escalus *40*..**292** C 1
Saint-Michel-
et-Chanveaux *49*..........**127** G 4
Saint-Michel-Labadié *81*......**280** C 5
Saint-Michel-le-Cloucq *85*..**184** B 2
Saint-Michel-l'Écluse-
et-Léparon *24*..........**239** E 2
Saint-Michel-les-Portes *38*..**250** C 5
Saint-Michel-
l'Observatoire *04*..........**306** C 1
Saint-Michel-Loubéjou *46*..**243** E 1
Saint-Michel-
Mont-Mercure *85*..........**166** D 3
Saint-Michel-Peyresq *04*......**288** D 4
Saint-Michel-sous-Bois *62*......**6** D 4
Saint-Michel-sur-Loire *37*..**151** F 3
Saint-Michel-
sur-Meurthe *88*..........**96** B 4
Saint-Michel-sur-Orge *91*..**87** G 2
Saint-Michel-sur-Rhône *42*..**231** E 4

Saint-Michel-
sur-Savasse *26*..........**249** H 2
Saint-Michel-sur-Ternoise *62*..**7** G 5
Saint-Michel-Tubœuf *61*......**55** G 4
Saint-Mihiel *55*..........**64** C 3
Saint-Mitre-
les-Remparts *13*..........**325** G 3
Saint-Molf *44*..........**145** H 3
Saint-Momelin *59*..........**3** F 5
Saint-Mont *32*..........**294** D 4
Saint-Montan *07*..........**266** D 5
Saint-Moré *89*..........**136** D 5
Saint-Moreil *23*..........**206** D 5
Saint-Morel *08*..........**42** D 3
Saint-Morillon *33*..........**255** G 3
Saint-Mury-
Monteymond *38*..........**251** F 1
Saint-Myon *63*..........**209** H 3
Saint-Nabor *67*..........**97** E 3
Saint-Nabord *88*..........**119** G 3
Saint-Nabord-sur-Aube *10*..**91** F 3
Saint-Nauphary *82*..........**297** H 1
Saint-Nazaire *30*..........**284** D 3
Saint-Nazaire *33*..........**239** G 5
Saint-Nazaire *44*..........**146** B 3
Saint-Nazaire *66*..........**343** F 2
Saint-Nazaire *Pont de 44*..**146** C 2
Saint-Nazaire *Site de 19*..**226** B 4
Saint-Nazaire-d'Aude *11*..**320** D 5
Saint-Nazaire-
de-Ladarez *34*..........**321** F 2
Saint-Nazaire-
de-Pézan *34*..........**303** F 4
Saint-Nazaire-
de-Valentane *82*..........**277** E 3
Saint-Nazaire-
des-Gardies *30*..........**283** G 5
Saint-Nazaire-
en-Royans *26*..........**250** A 3
Saint-Nazaire-le-Désert *26*..**268** A 3
Saint-Nazaire-
les-Eymes *38*..........**251** E 1
Saint-Nazaire-
sur-Charente *17*..........**200** C 3
Saint-Nectaire *63*..........**227** G 2
Saint-Nexans *24*..........**258** B 1
Saint-Nic *29*..........**75** G 4
Saint-Nicodème *22*..........**77** F 3
Saint-Nicodème
Chapelle 56..........**101** H 4
Saint-Nicolas *62*..........**13** G 2
Saint-Nicolas *Cascade 68*..**120** B 5
Saint-Nicolas *Chapelle 56*..**101** E 3
Saint-Nicolas-aux-Bois *02*..**24** C 5
Saint-Nicolas-aux-Bois
Abbaye de 02..........**24** C 5
Saint-Nicolas-Courbefy *87*..**223** F 2
Saint-Nicolas-
d'Aliermont *76*..........**20** C 2
Saint-Nicolas-d'Attez *27*......**55** H 4
Saint-Nicolas-
de-Bliquetuit *76*..........**35** G 1
Saint-Nicolas-
de-Bourgueil *37*..........**150** D 3
Saint-Nicolas-de-Brem *85*..**165** E 5
Saint-Nicolas-
de-la-Balerme *47*..........**276** C 4
Saint-Nicolas-
de-la-Grave *82*..........**277** E 4
Saint-Nicolas-de-la-Haie *76*..**19** F 5
Saint-Nicolas-de-la-Taille *76*..**35** E 1
Saint-Nicolas-
de-Macherin *38*..........**232** C 4
Saint-Nicolas-
de-Pierrepont *50*..........**31** F 2
Saint-Nicolas-de-Port *54*..**95** E 1
Saint-Nicolas-de-Redon *44*..**125** H 4
Saint-Nicolas-
de-Sommaire *61*..........**55** F 4
Saint-Nicolas-
de-Véroce *74*..........**216** D 4
Saint-Nicolas-des-Biefs *03*..**211** E 2
Saint-Nicolas-des-Bois *50*..**52** A 4
Saint-Nicolas-des-Bois *61*..**83** G 3
Saint-Nicolas-des-Eaux *56*..**101** H 4
Saint-Nicolas-des-Laitiers *61*..**55** E 3
Saint-Nicolas-
des-Motets *37*..........**131** G 5
Saint-Nicolas-du-Bosc *27*..**35** H 4
Saint-Nicolas-
du-Bosc-l'Abbé *27*..........**55** F 1
Saint-Nicolas-du-Pélem *22*..**77** G 4
Saint-Nicolas-du-Tertre *56*..**125** G 2
Saint-Nicolas-en-Forêt *57*..**45** G 3
Saint-Nicolas-la-Chapelle *10*..**89** H 3
Saint-Nicolas-
la-Chapelle *73*..........**216** B 4

Saint-Nicolas-
lès-Cîteaux *21*..........**160** A 5
Saint-Nizier-d'Azergues *69*..**212** B 2
Saint-Nizier-de-Fornas *42*..**229** G 4
Saint-Nizier-
du-Moucherotte *38*..........**250** D 2
Saint-Nizier-
le-Bouchoux *01*..........**195** G 2
Saint-Nizier-le-Désert *01*..**213** G 2
Saint-Nizier-
sous-Charlieu *42*..........**211** H 1
Saint-Nizier-sur-Arroux *71*..**176** C 4
Saint-Nolff *56*..........**124** C 3
Saint-Nom-la-Bretèche *78*......**57** H 3
Saint-Offenge-Dessous *73*..**215** F 5
Saint-Offenge-Dessus *73*..**215** F 5
Saint-Omer *14*..........**53** F 2
Saint-Omer *44*..........**147** E 1
Saint-Omer *62*..........**3** F 5
Saint-Omer-Capelle *62*..........**3** E 3
Saint-Omer-en-Chaussée *60*..**37** H 1
Saint-Ondras *38*..........**232** C 3
Saint-Onen-la-Chapelle *35*..**103** F 2
Saint-Oradoux-
de-Chirouze *23*..........**226** B 1
Saint-Oradoux-
près-Crocq *23*..........**208** B 4
Saint-Orens *32*..........**296** D 3
Saint-Orens-
de-Gameville *31*..........**298** A 5
Saint-Orens-Pouy-Petit *32*..**295** H 1
Saint-Ost *32*..........**316** A 3
Saint-Osvin *50*..........**51** H 4
Saint-Ouen *17*..........**200** C 3
Saint-Ouen *41*..........**131** G 3
Saint-Ouen *80*..........**12** B 5
Saint-Ouen *93*..........**58** C 3
Saint-Ouen-d'Aunis *17*..........**183** G 5
Saint-Ouen-de-la-Cour *61*..**84** C 4
Saint-Ouen-de-Mimbré *72*..**83** G 5
Saint-Ouen-de-Pontcheuil *27*..**36** A 4
Saint-Ouen-
de-Sécherouve *61*..........**84** B 2
Saint-Ouen-
de-Thouberville *27*..........**35** H 2
Saint-Ouen-des-Alleux *35*..**80** D 4
Saint-Ouen-des-Besaces *14*..**52** C 1
Saint-Ouen-des-Champs *27*..**35** F 2
Saint-Ouën-des-Toits *53*..**105** H 3
Saint-Ouen-des-Vallons *53*..**106** B 2
Saint-Ouen-Domprot *51*..**91** G 2
Saint-Ouen-du-Breuil *76*..**20** A 4
Saint-Ouen-
du-Mesnil-Oger *14*..........**34** A 5
Saint-Ouen-du-Tilleul *27*..**36** A 3
Saint-Ouen-en-Belin *72*..**130** A 2
Saint-Ouen-en-Brie *77*..**88** D 2
Saint-Ouen-
en-Champagne *72*..........**107** E 5
Saint-Ouen-la-Rouërie *35*..**80** D 3
Saint-Ouen-la-Thène *17*..**202** C 4
Saint-Ouen-l'Aumône *95*..**58** A 1
Saint-Ouen-le-Brisoult *61*..**82** D 3
Saint-Ouen-le-Houx *14*..**54** C 2
Saint-Ouen-le-Mauger *76*..**20** A 3
Saint-Ouen-le-Pin *14*..........**34** B 5
Saint-Ouen-lès-Parey *88*..**118** A 2
Saint-Ouen-les-Vignes *37*..**152** C 2
Saint-Ouen-Marchefroy *28*..**57** E 3
Saint-Ouen-sous-Bailly *76*..**10** C 5
Saint-Ouen-
sur-Gartempe *87*..........**205** F 1
Saint-Ouen-sur-Iton *61*..**55** G 4
Saint-Ouen-sur-Loire *58*..**174** D 3
Saint-Ouen-sur-Maire *61*..**53** H 5
Saint-Ouen-sur-Morin *77*..**60** A 3
Saint-Oulph *10*..........**90** C 3
Saint-Ours *63*..........**209** F 5
Saint-Ours *73*..........**215** F 5
Saint-Outrille *18*..........**154** A 5
Saint-Oyen *73*..........**234** B 3
Saint-Oyen-Montbellet *71*..**195** E 2
Saint-Pabu *29*..........**70** C 4
Saint-Paër *27*..........**37** F 3
Saint-Paër *76*..........**35** H 1
Saint-Pair *14*..........**33** H 4
Saint-Pair-du-Mont *14*..........**34** B 5
Saint-Pair-sur-Mer *50*..........**51** F 3
Saint-Pal-de-Chalencon *43*..**229** F 4
Saint-Pal-de-Mons *43*..**248** A 1
Saint-Pal-de-Senouire *43*..**246** D 1
Saint-Palais *03*..........**190** A 3
Saint-Palais *18*..........**155** E 4
Saint-Palais *33*..........**219** G 5
Saint-Palais *64*..........**311** G 4
Saint-Palais-
de-Négrignac *17*..........**238** C 1
Saint-Palais-de-Phiolin *17*..**219** G 3

Saint-Palais-du-Né *16*..........**220** B 3
Saint-Palais-sur-Mer *17*..........**218** C 1
Saint-Pancrace *04*..........**306** C 2
Saint-Pancrace *06*..........**309** G 2
Saint-Pancrace *24*..........**222** C 4
Saint-Pancrace *73*..........**234** A 5
Saint-Pancrace *2B*..........**346** D 4
Saint-Pancrasse *38*..........**233** E 5
Saint-Pancré *54*..........**44** D 1
Saint-Pandelon *40*..........**292** D 3
Saint-Pantaléon *46*..........**277** G 1
Saint-Pantaléon *71*..........**176** D 2
Saint-Pantaléon *84*..........**305** G 1
Saint-Pantaléon-
de-Lapleau *19*..........**225** H 5
Saint-Pantaléon-
de-Larche *19*..........**242** B 2
Saint-Pantaléon-
les-Vignes *26*..........**267** G 5
Saint-Pantaly-d'Ans *24*..........**241** E 1
Saint-Pantaly-
d'Excideuil *24*..........**223** E 5
Saint-Papoul *11*..........**319** E 4
Saint-Pardon-
de-Conques *33*..........**256** C 4
Saint-Pardoult *17*..........**201** H 3
Saint-Pardoux *63*..........**209** G 2
Saint-Pardoux *79*..........**185** E 1
Saint-Pardoux *87*..........**205** H 2
Saint-Pardoux-Corbier *19*..**224** B 4
Saint-Pardoux-d'Arnet *23*..**208** A 4
Saint-Pardoux-
de-Drône *24*..........**239** H 1
Saint-Pardoux-du-Breuil *47*..**257** F 5
Saint-Pardoux-et-Vielvic *24*..**259** E 1
Saint-Pardoux-Isaac *47*..**257** E 3
Saint-Pardoux-
la-Croisille *19*..........**243** F 1
Saint-Pardoux-
la-Rivière *24*..........**222** C 3
Saint-Pardoux-le-Neuf *19*..**226** B 2
Saint-Pardoux-le-Neuf *23*..**207** H 4
Saint-Pardoux-le-Vieux *19*..**225** H 2
Saint-Pardoux-
les-Cards *23*..........**207** G 2
Saint-Pardoux-l'Ortigier *19*..**242** C 1
Saint-Pardoux-
Morterolles *23*..........**207** E 4
Saint-Pargoire *34*..........**302** A 5
Saint-Parize-en-Viry *58*..**175** E 4
Saint-Parize-le-Châtel *58*..**174** C 3
Saint-Parres-aux-Tertres *10*..**91** E 5
Saint-Parres-
lès-Vaudes *10*..........**115** F 3
Saint-Parthem *12*..........**262** B 3
Saint-Pastour *47*..........**258** B 5
Saint-Pastous *65*..........**332** D 2
Saint-Paterne *72*..........**83** G 4
Saint-Paterne-Racan *37*..**130** C 5
Saint-Pathus *77*..........**59** F 1
Saint-Patrice *37*..........**151** E 3
Saint-Patrice-de-Claids *50*..**31** G 3
Saint-Patrice-du-Désert *61*..**82** D 2
Saint-Paul *19*..........**243** E 2
Saint-Paul *33*..........**237** G 2
Saint-Paul *60*..........**37** H 2
Saint-Paul *61*..........**53** E 4
Saint-Paul *65*..........**334** A 1
Saint-Paul *73*..........**233** E 1
Saint-Paul *87*..........**224** B 1
Saint-Paul *88*..........**94** B 4
Saint-Paul-aux-Bois *02*..........**40** A 1
Saint-Paul-Cap-de-Joux *81*..**299** E 4
Saint-Paul-de-Baïse *32*..**295** H 2
Saint-Paul-de-Fenouillet *66*..**338** A 4
Saint-Paul-de-Fourques *27*..**35** H 4
Saint-Paul-de-Jarrat *09*..**336** B 3
Saint-Paul-
de-Loubressac *46*..........**278** B 2
Saint-Paul-de-Salers *15*..**244** C 3
Saint-Paul-de-Serre *24*..**240** B 3
Saint-Paul-de-Tartas *43*..**265** F 1
Saint-Paul-de-Varax *01*..**213** G 4
Saint-Paul-de-Varces *38*..**250** D 3
Saint-Paul-de-Vence *06*..**309** F 2
Saint-Paul-de-Vern *46*..**261** F 1
Saint-Paul-de-Vézelin *42*..**211** G 4
Saint-Paul-des-Landes *15*..**244** B 5
Saint-Paul-d'Espis *82*..**277** E 3
Saint-Paul-d'Izeaux *38*..**232** B 5
Saint-Paul-d'Oueil *31*..**334** A 4
Saint-Paul-du-Bois *49*..**167** G 1
Saint-Paul-du-Vernay *14*..**32** D 4
Saint-Paul-d'Uzore *42*..**229** G 1
Saint-Paul-en-Born *40*..**272** C 2
Saint-Paul-en-Chablais *74*..**198** C 3
Saint-Paul-en-Cornillon *42*..**230** A 4

Saint-Paul-en-Forêt *83* **308** C 4
Saint-Paul-en-Gâtine *79* **167** F 5
Saint-Paul-en-Jarez *42* **230** C 3
Saint-Paul-en-Pareds *85* **166** C 3
Saint-Paul-et-Valmalle *34* **302** C 4
Saint-Paul-Flaugnac *46* **277** H 2
Saint-Paul-la-Coste *30* **283** G 3
Saint-Paul-la-Roche *24* **223** E 4
Saint-Paul-le-Froid *48* **264** D 1
Saint-Paul-le-Gaultier *72* **83** F 5
Saint-Paul-le-Jeune *07* **283** H 1
Saint-Paul-lès-Dax *40* **292** D 3
Saint-Paul-lès-Monestier *38* **250** D 4
Saint-Paul-lès-Romans *26* **249** H 3
Saint-Paul-lez-Durance *13* **306** C 3
Saint-Paul-Lizonne *24* **221** G 5
Saint-Paul-Mont-Penit *85* **165** F 3
Saint-Paul-sur-Isère *73* **234** B 2
Saint-Paul-sur-Risle *27* **35** F 3
Saint-Paul-sur-Save *31* **297** G 3
Saint-Paul-sur-Ubaye *04* **271** E 3
Saint-Paul-Trois-Châteaux *26* **285** E 1
Saint-Paulet *11* **318** D 3
Saint-Paulet-de-Caisson *30* **284** D 2
Saint-Paulien *43* **247** E 2
Saint-Pavace *72* **107** H 4
Saint-Pé-d'Ardet *31* **334** B 2
Saint-Pé-de-Bigorre *65* **332** C 1
Saint-Pé-de-Léren *64* **292** D 4
Saint-Pé-Delbosc *31* **316** B 4
Saint-Pé-Saint-Simon *47* **275** E 5
Saint-Pée-sur-Nivelle *64* **310** C 4
Saint-Pellerin *50* **32** A 3
Saint-Péran *35* **103** G 3
Saint-Péravy-Épreux *45* **111** E 2
Saint-Péravy-la-Colombe *45* **110** C 5
Saint-Péray *07* **249** F 4
Saint-Perdon *40* **293** H 1
Saint-Perdoux *24* **258** B 2
Saint-Perdoux *46* **261** F 3
Saint-Père *35* **50** C 5
Saint-Père *58* **156** A 2
Saint-Père *89* **157** G 2
Saint-Père-en-Retz *44* **146** D 4
Saint-Père-sur-Loire *45* **134** A 3
Saint-Péreuse *58* **175** H 1
Saint-Pern *35* **103** H 1
Saint-Perreux *56* **125** G 3
Saint-Péver *22* **77** H 2
Saint-Pey-d'Armens *33* **238** C 5
Saint-Pey-de-Castets *33* **256** D 1
Saint-Phal *10* **114** D 3
Saint-Philbert-de-Bouaine *85* **165** G 1
Saint-Philbert-de-Grand-Lieu *44* **165** G 1
Saint-Philbert-des-Champs *14* **34** D 4
Saint-Philbert-du-Peuple *49* **150** C 2
Saint-Philbert-du-Pont-Charrault *85* **166** C 5
Saint-Philbert-en-Mauges *49* **148** C 5
Saint-Philbert-sur-Boissey *27* **35** G 4
Saint-Philbert-sur-Orne *61* **53** G 3
Saint-Philbert-sur-Risle *27* **35** F 3
Saint-Philibert *21* **160** A 4
Saint-Philibert *56* **124** A 4
Saint-Philibert-d'Entremont *38* **233** E 4
Saint-Philippe-d'Aiguille *33* **238** D 5
Saint-Philippe-du-Seignal *33* **257** F 1
Saint-Piat *28* **86** B 3
Saint-Pierre *04* **289** G 5
Saint-Pierre *15* **226** B 5
Saint-Pierre *31* **298** B 4
Saint-Pierre *39* **197** E 1
Saint-Pierre *51* **62** A 2
Saint-Pierre *67* **97** F 3
Saint-Pierre-à-Arnes *08* **42** B 3
Saint-Pierre-à-Champ *79* **167** H 1
Saint-Pierre-Aigle *02* **40** A 3
Saint-Pierre-Avez *05* **287** E 2
Saint-Pierre-Azif *14* **34** B 3
Saint-Pierre-Bellevue *23* **207** G 5
Saint-Pierre-Bénouville *76* **20** A 3
Saint-Pierre-Bois *67* **97** E 4

Saint-Pierre-Brouck *59* **3** F 3
Saint-Pierre-Canivet *14* **53** F 3
Saint-Pierre-Chérignat *23* **206** C 3
Saint-Pierre-Colamine *63* **227** G 3
Saint-Pierre-d'Albigny *73* **233** H 4
Saint-Pierre-d'Allevard *38* **233** G 4
Saint-Pierre-d'Alvey *73* **232** D 1
Saint-Pierre-d'Amilly *17* **201** G 1
Saint-Pierre-d'Argençon *05* **268** D 4
Saint-Pierre-d'Arthéglise *50* **28** D 5
Saint-Pierre-d'Aubézies *32* **295** F 4
Saint-Pierre-d'Aurillac *33* **256** C 3
Saint-Pierre-d'Autils *27* **36** D 5
Saint-Pierre-de-Bailleul *27* **36** D 5
Saint-Pierre-de-Bat *33* **256** B 2
Saint-Pierre-de-Belleville *73* **233** H 3
Saint-Pierre-de-Bœuf *42* **231** E 4
Saint-Pierre-de-Bressieux *38* **232** A 5
Saint-Pierre-de-Buzet *47* **275** F 2
Saint-Pierre-de-Caubel *47* **258** B 5
Saint-Pierre-de-Cernières *27* **55** E 2
Saint-Pierre-de-Chandieu *69* **231** G 2
Saint-Pierre-de-Chartreuse *38* **233** E 5
Saint-Pierre-de-Chérennes *38* **250** B 2
Saint-Pierre-de-Cheville *72* **130** B 4
Saint-Pierre-de-Chignac *24* **240** D 3
Saint-Pierre-de-Clairac *47* **276** C 3
Saint-Pierre-de-Côle *24* **222** D 5
Saint-Pierre-de-Colombier *07* **266** A 2
Saint-Pierre-de-Cormeilles *27* **35** E 4
Saint-Pierre-de-Coutances *50* **51** G 1
Saint-Pierre-de-Curtille *73* **215** E 5
Saint-Pierre-de-Frugie *24* **223** E 3
Saint-Pierre-de-Fursac *23* **206** B 1
Saint-Pierre-de-Genebroz *73* **232** D 3
Saint-Pierre-de-Jards *36* **172** B 1
Saint-Pierre-de-Juillers *17* **202** B 3
Saint-Pierre-de-la-Fage *34* **302** A 2
Saint-Pierre-de-Lages *31* **298** B 5
Saint-Pierre-de-Lamps *36* **171** F 2
Saint-Pierre-de-l'Île *17* **201** H 2
Saint-Pierre-de-Maillé *86* **170** A 5
Saint-Pierre-de-Mailloc *14* **54** D 1
Saint-Pierre-de-Manneville *76* **36** A 2
Saint-Pierre-de-Méaroz *38* **251** E 5
Saint-Pierre-de-Mésage *38* **251** E 4
Saint-Pierre-de-Mézoargues *13* **304** B 1
Saint-Pierre-de-Mons *33* **256** B 4
Saint-Pierre-de-Nogaret *48* **263** H 5
Saint-Pierre-de-Plesguen *35* **79** H 4
Saint-Pierre-de-Rivière *09* **336** A 3
Saint-Pierre-de-Salerne *27* **35** F 4
Saint-Pierre-de-Semilly *50* **32** B 5
Saint-Pierre-de-Soucy *73* **233** G 3
Saint-Pierre-de-Trivisy *81* **300** A 3
Saint-Pierre-de-Varengeville *76* **36** A 1
Saint-Pierre-de-Varennes *71* **177** E 3
Saint-Pierre-de-Vassols *84* **285** H 4
Saint-Pierre-dels-Forcats *66* **341** G 4
Saint-Pierre-d'Entremont *38* **233** E 4
Saint-Pierre-d'Entremont *61* **53** E 3
Saint-Pierre-d'Entremont *73* **233** E 4
Saint-Pierre-des-Bois *72* **107** E 5
Saint-Pierre-des-Champs *11* **338** B 2
Saint-Pierre-des-Corps *37* **152** A 2
Saint-Pierre-des-Échaubrognes *79* **167** E 1
Saint-Pierre-des-Fleurs *27* **36** A 4
Saint-Pierre-des-Ifs *14* **34** C 5
Saint-Pierre-des-Ifs *27* **35** F 3
Saint-Pierre-des-Jonquières *76* **20** D 2
Saint-Pierre-des-Landes *53* **81** G 5
Saint-Pierre-des-Loges *61* **55** E 4
Saint-Pierre-des-Nids *53* **83** F 4
Saint-Pierre-des-Ormes *72* **84** A 5
Saint-Pierre-des-Tripiers *48* **282** A 3
Saint-Pierre-d'Exideuil *86* **203** G 1

Saint-Pierre-d'Extravache *73* **253** E 1
Saint-Pierre-d'Eyraud *24* **257** G 1
Saint-Pierre-d'Irube *64* **292** A 5
Saint-Pierre-d'Oléron *17* **200** B 3
Saint-Pierre-du-Bosguérard *27* **35** H 4
Saint-Pierre-du-Bû *14* **53** H 3
Saint-Pierre-du-Champ *43* **247** F 1
Saint-Pierre-du-Chemin *85* **167** F 5
Saint-Pierre-du-Fresne *14* **52** D 1
Saint-Pierre-du-Jonquet *14* **34** A 4
Saint-Pierre-du-Lorouër *72* **130** C 3
Saint-Pierre-du-Mesnil *27* **55** F 2
Saint-Pierre-du-Mont *14* **32** C 2
Saint-Pierre-du-Mont *40* **294** A 1
Saint-Pierre-du-Mont *58* **157** E 2
Saint-Pierre-du-Palais *17* **238** C 2
Saint-Pierre-du-Perray *91* **88** A 2
Saint-Pierre-du-Regard *61* **53** F 3
Saint-Pierre-du-Val *27* **34** D 2
Saint-Pierre-du-Vauvray *27* **36** C 4
Saint-Pierre-Église *50* **29** G 2
Saint-Pierre-en-Faucigny *74* **216** A 1
Saint-Pierre-en-Port *76* **19** E 2
Saint-Pierre-en-Val *76* **10** D 4
Saint-Pierre-en-Vaux *21* **177** E 1
Saint-Pierre-es-Champs *60* **37** F 2
Saint-Pierre-Eynac *43* **247** G 3
Saint-Pierre-la-Bourlhonne *63* **229** E 1
Saint-Pierre-la-Bruyère *61* **84** D 5
Saint-Pierre-la-Cour *53* **105** G 3
Saint-Pierre-la-Garenne *27* **36** D 5
Saint-Pierre-la-Noaille *42* **211** G 1
Saint-Pierre-la-Palud *69* **212** C 5
Saint-Pierre-la-Rivière *61* **54** C 3
Saint-Pierre-la-Roche *07* **266** D 3
Saint-Pierre-la-Vieille *14* **53** E 2
Saint-Pierre-Lafeuille *46* **260** B 4
Saint-Pierre-Langers *50* **51** G 3
Saint-Pierre-Laval *03* **211** E 1
Saint-Pierre-Lavis *76* **19** F 4
Saint-Pierre-le-Bost *23* **190** A 3
Saint-Pierre-le-Chastel *63* **209** F 5
Saint-Pierre-le-Déchausselat *07* **265** H 5
Saint-Pierre-le-Moûtier *58* **174** C 4
Saint-Pierre le Potier *53* **106** A 4
Saint-Pierre-le-Vieux *71* **194** C 5
Saint-Pierre-le-Vieux *76* **19** H 2
Saint-Pierre-le-Vieux *85* **184** B 3
Saint-Pierre-le-Viger *76* **19** H 2
Saint-Pierre-les-Aubagne *13* **327** F 2
Saint-Pierre-lès-Bitry *60* **39** H 2
Saint-Pierre-les-Bois *18* **190** A 1
Saint-Pierre-lès-Elbeuf *76* **36** A 4
Saint-Pierre-les-Étieux *18* **173** G 5
Saint-Pierre-lès-Franqueville *02* **25** E 2
Saint-Pierre-lès-Nemours *77* **112** B 2
Saint-Pierre-Montlimart *49* **148** C 3
Saint-Pierre-Quiberon *56* **123** H 5
Saint-Pierre-Roche *63* **227** F 1
Saint-Pierre-sur-Dives *14* **54** A 1
Saint-Pierre-sur-Doux *07* **248** B 2
Saint-Pierre-sur-Dropt *47* **257** F 3
Saint-Pierre-sur-Erve *53* **106** C 4
Saint-Pierre-sur-Orthe *53* **107** E 2
Saint-Pierre-sur-Vence *08* **26** D 4
Saint-Pierre-Tarentaine *14* **52** D 2
Saint-Pierre-Toirac *46* **261** F 4
Saint-Pierremont *02* **25** F 3
Saint-Pierremont *08* **43** F 1
Saint-Pierremont *88* **95** G 3
Saint-Pierreville *07* **266** C 1
Saint-Pierrevillers *55* **44** D 3
Saint-Plaisir *03* **191** H 4
Saint-Plancard *31* **316** A 5
Saint-Planchers *50* **51** F 4
Saint-Plantaire *36* **189** E 3
Saint-Point *71* **194** C 4
Saint-Point-Lac *25* **180** C 4
Saint-Pois *50* **52** B 4
Saint-Poix *53* **105** G 5
Saint-Pol-de-Léon *29* **71** G 3
Saint-Pol-sur-Mer *59* **3** G 2
Saint-Pol-sur-Ternoise *62* **7** G 5
Saint-Polgues *42* **211** F 4
Saint-Polycarpe *11* **337** G 2
Saint-Pompain *79* **184** D 3
Saint-Pompon *24* **259** F 2

Saint-Poncy *15* **245** H 2
Saint-Pons *04* **270** D 5
Saint-Pons *07* **266** D 3
Saint-Pons *Parc de 13* **327** G 2
Saint-Pons-de-Mauchiens *34* **302** A 5
Saint-Pons-de-Thomières *34* **320** C 2
Saint-Pons-la-Calm *30* **284** D 4
Saint-Pont *03* **210** A 1
Saint-Porchaire *17* **201** E 4
Saint-Porquier *82* **277** F 5
Saint-Pôtan *22* **79** F 3
Saint-Pouange *10* **114** D 2
Saint-Pourçain-sur-Besbre *03* **192** D 3
Saint-Pourçain-sur-Sioule *03* **192** A 4
Saint-Prancher *88* **94** C 4
Saint-Préjet-Armandon *43* **246** C 1
Saint-Préjet-d'Allier *43* **246** D 5
Saint-Prest *28* **86** B 3
Saint-Preuil *16* **220** C 2
Saint-Priest *07* **266** C 2
Saint-Priest *23* **208** B 2
Saint-Priest *69* **231** F 1
Saint-Priest-Bramefant *63* **210** B 3
Saint-Priest-d'Andelot *03* **209** H 2
Saint-Priest-de-Gimel *19* **243** E 1
Saint-Priest-des-Champs *63* **209** E 3
Saint-Priest-en-Jarez *42* **230** B 4
Saint-Priest-en-Murat *03* **191** F 4
Saint-Priest-la-Feuille *23* **206** C 1
Saint-Priest-la-Marche *18* **190** A 3
Saint-Priest-la-Plaine *23* **206** C 1
Saint-Priest-la-Prugne *42* **211** E 3
Saint-Priest-la-Roche *42* **211** G 4
Saint-Priest-la-Vêtre *42* **211** E 5
Saint-Priest-le-Betoux *87* **205** G 1
Saint-Priest-les-Fougères *24* **223** E 3
Saint-Priest-Ligoure *87* **223** H 2
Saint-Priest-Palus *23* **206** C 4
Saint-Priest-sous-Aixe *87* **205** F 5
Saint-Priest-Taurion *87* **205** H 4
Saint-Prim *38* **231** E 4
Saint-Privat *07* **266** B 3
Saint-Privat *19* **243** G 3
Saint-Privat *34* **301** H 3
Saint-Privat-d'Allier *43* **246** D 4
Saint-Privat-de-Champclos *30* **284** B 2
Saint-Privat-de-Vallongue *48* **283** F 2
Saint-Privat-des-Prés *24* **239** F 1
Saint-Privat-des-Vieux *30* **283** H 3
Saint-Privat-du-Dragon *43* **246** B 2
Saint-Privat-du-Fau *48* **246** B 5
Saint-Privat-la-Montagne *57* **45** G 5
Saint-Privé *71* **177** F 5
Saint-Privé *89* **135** F 4
Saint-Prix *03* **192** D 5
Saint-Prix *07* **248** C 4
Saint-Prix *71* **176** B 2
Saint-Prix *95* **58** B 1
Saint-Prix-lès-Arnay *21* **159** E 5
Saint-Projet *15* **262** B 3
Saint-Projet *82* **278** D 2
Saint-Projet-de-Salers *15* **244** C 3
Saint-Projet-Saint-Constant *16* **221** G 1
Saint-Prouant *85* **166** D 4
Saint-Pryvé-Saint-Mesmin *45* **133** E 2
Saint-Puy *32* **296** A 1
Saint-Python *59* **14** D 3
Saint-Quantin-de-Rançanne *17* **219** G 3
Saint-Quay-Perros *22* **72** C 2
Saint-Quay-Portrieux *22* **73** H 4
Saint-Quentin *02* **24** B 2
Saint-Quentin-au-Bosc *76* **10** C 5
Saint-Quentin-de-Baron *33* **256** B 1
Saint-Quentin-de-Blavou *61* **84** B 3
Saint-Quentin-de-Caplong *33* **257** E 1
Saint-Quentin-de-Chalais *16* **239** E 1
Saint-Quentin-des-Isles *27* **55** F 1
Saint-Quentin-des-Prés *60* **37** G 1
Saint-Quentin-du-Dropt *47* **258** B 2
Saint-Quentin-en-Mauges *49* **148** D 3

Saint-Quentin-en-Tourmont *80* **11** E 1
Saint-Quentin-en-Yvelines *78* **57** H 4
Saint-Quentin-Fallavier *38* **231** G 2
Saint-Quentin-la-Chabanne *23* **207** G 4
Saint-Quentin-la-Motte-Croix-au-Bailly *80* **10** D 4
Saint-Quentin-la-Poterie *30* **284** C 4
Saint-Quentin-la-Tour *09* **336** D 2
Saint-Quentin-le-Petit *08* **25** G 5
Saint-Quentin-le-Verger *51* **90** B 2
Saint-Quentin-les-Anges *53* **128** A 3
Saint-Quentin-lès-Beaurepaire *49* **129** F 5
Saint-Quentin-les-Chardonnets *61* **52** D 4
Saint-Quentin-les-Marais *51* **62** D 4
Saint-Quentin-lès-Troo *41* **131** E 3
Saint-Quentin-sur-Charente *16* **204** C 5
Saint-Quentin-sur-Coole *51* **62** A 3
Saint-Quentin-sur-Indrois *37* **152** C 4
Saint-Quentin-sur-Isère *38* **232** C 5
Saint-Quentin-sur-le-Homme *50* **51** H 5
Saint-Quentin-sur-Nohain *58* **156** B 3
Saint-Quentin-sur-Sauxillanges *63* **228** B 3
Saint-Quintin-sur-Sioule *63* **209** G 2
Saint-Quirc *09* **318** A 4
Saint-Quirin *57* **96** C 1
Saint-Rabier *24* **241** F 2
Saint-Racho *71* **194** A 5
Saint-Rambert-d'Albon *26* **249** E 1
Saint-Rambert-en-Bugey *01* **214** B 3
Saint-Rambert-l'Île-Barbe *69* **213** E 5
Saint-Raphaël *24* **241** F 1
Saint-Raphaël *83* **329** H 1
Saint-Régis-du-Coin *42* **248** B 1
Saint-Règle *37* **152** C 2
Saint-Remèze *07* **284** C 1
Saint-Remimont *54* **95** E 2
Saint-Remimont *88* **94** B 5
Saint-Rémy *01* **195** H 5
Saint-Rémy *12* **279** F 1
Saint-Rémy *14* **53** F 2
Saint-Rémy *19* **225** H 2
Saint-Rémy *21* **137** G 5
Saint-Rémy *24* **239** F 4
Saint-Rémy *70* **141** E 2
Saint-Rémy *71* **177** H 4
Saint-Rémy *79* **184** D 3
Saint-Remy *88* **96** A 4
Saint-Rémy-au-Bois *62* **6** C 5
Saint-Rémy-aux-Bois *54* **95** H 1
Saint-Rémy-Blanzy *02* **40** B 4
Saint-Rémy-Boscrocourt *76* **10** D 4
Saint-Rémy-Chaussée *59* **15** G 3
Saint-Rémy-de-Blot *63* **209** F 2
Saint-Rémy-de-Chargnat *63* **228** A 3
Saint-Rémy-de-Chaudes-Aigues *15* **263** G 2
Saint-Rémy-de-Maurienne *73* **233** H 4
Saint-Rémy-de-Provence *13* **304** D 2
Saint-Rémy-de-Salers *15* **244** C 3
Saint-Rémy-de-Sillé *72* **107** F 2
Saint-Rémy-des-Landes *50* **31** F 3
Saint-Rémy-des-Monts *72* **84** A 5
Saint-Rémy-du-Nord *59* **15** G 3
Saint-Rémy-du-Plain *35* **80** C 4
Saint-Rémy-du-Val *72* **83** H 5
Saint-Rémy-en-Bouzemont-Saint-Genest-et-Isson *51* **62** D 5
Saint-Rémy-en-l'Eau *60* **38** C 1
Saint-Rémy-en-Mauges *49* **148** C 3
Saint-Rémy-en-Montmorillon *86* **187** G 5
Saint-Rémy-en-Rollat *03* **210** B 1
Saint-Rémy-la-Vanne *77* **60** A 4
Saint-Rémy-la-Varenne *49* **150** A 2
Saint-Rémy-le-Petit *08* **42** A 2
Saint-Rémy-lès-Chevreuse *78* **58** A 5
Saint-Rémy-l'Honoré *78* **57** G 4
Saint-Rémy-sous-Barbuise *10* **91** E 3
Saint-Remy-sous-Broyes *51* **61** E 5
Saint-Rémy-sur-Avre *28* **56** C 4

Saint-Remy-sur-Bussy *51* **62** C 1
Saint-Rémy-sur-Creuse *86* **169** H 2
Saint-Rémy-sur-Durolle *63* **210** C 4
Saint-Renan *29* **74** D 2
Saint-René *22* **78** C 3
Saint-Restitut *26* **285** E 1
Saint-Révérend *85* **165** E 4
Saint-Révérien *58* **157** F 4
Saint-Rieul *22* **79** E 4
Saint-Rigomer-des-Bois *72* **83** H 4
Saint-Rimay *41* **131** F 3
Saint-Riquier *80* **11** H 3
Saint-Riquier-en-Rivière *76* **21** E 2
Saint-Riquier-ès-Plains *76* **19** G 2
Saint-Rirand *42* **211** E 2
Saint-Rivoal *29* **76** A 3
Saint-Robert *19* **241** H 1
Saint-Robert *47* **276** C 2
Saint-Roch *37* **151** G 2
Saint-Roch-sur-Égrenne *61* **82** A 2
Saint-Rogatien *17* **200** C 1
Saint-Romain *16* **239** F 1
Saint-Romain *21* **177** G 2
Saint-Romain *63* **229** F 3
Saint-Romain *86* **186** C 5
Saint-Romain *Mont 71* **194** D 2
Saint-Romain-au-Mont-d'Or *69* **213** E 4
Saint-Romain-d'Ay *07* **248** D 2
Saint-Romain-de-Benet *17* **219** E 1
Saint-Romain-de-Colbosc *76* **18** D 5
Saint-Romain-de-Jalionas *38* **213** H 5
Saint-Romain-de-Lerps *07* **249** E 4
Saint-Romain-de-Monpazier *24* **258** D 2
Saint-Romain-de-Popey *69* **212** C 4
Saint-Romain-de-Surieu *38* **231** F 4
Saint-Romain-des-Îles *71* **213** E 1
Saint-Romain-d'Urfé *42* **211** E 4
Saint-Romain-en-Gal *69* **231** E 3
Saint-Romain-en-Gier *69* **230** D 2
Saint-Romain-en-Jarez *42* **230** C 3
Saint-Romain-en-Viennois *84* **285** H 2
Saint-Romain-et-Saint-Clément *24* **222** D 4
Saint-Romain-la-Motte *42* **211** F 2
Saint-Romain-la-Virvée *33* **237** H 4
Saint-Romain-Lachalm *43* **248** A 1
Saint-Romain-le-Noble *47* **276** C 3
Saint-Romain-le-Preux *89* **113** G 5
Saint-Romain-le-Puy *42* **229** H 3
Saint-Romain-les-Atheux *42* **230** B 5
Saint-Romain-sous-Gourdon *71* **194** B 3
Saint-Romain-sous-Versigny *71* **193** H 1
Saint-Romain-sur-Cher *41* **153** F 3
Saint-Romain-sur-Gironde *17* **219** F 4
Saint-Roman *26* **268** B 2
Saint-Roman *Abbaye de 30* **304** B 2
Saint-Roman-de-Bellet *06* **309** G 2
Saint-Roman-de-Codières *30* **283** E 5
Saint-Roman-de-Malegarde *84* **285** G 2
Saint-Romans *38* **250** A 2
Saint-Romans-des-Champs *79* **185** E 5
Saint-Romans-lès-Melle *79* **185** F 5
Saint-Rome *31* **318** B 3
Saint-Rome-de-Cernon *12* **281** G 5
Saint-Rome-de-Dolan *48* **282** A 2
Saint-Rome-de-Tarn *12* **281** F 5
Saint-Romphaire *50* **52** B 1
Saint-Rouin *Ermitage de 55* **63** F 1
Saint-Rustice *31* **297** H 2
Saint-Saëns *76* **20** C 4
Saint-Saire *76* **21** E 4
Saint-Salvadou *12* **279** G 5
Saint-Salvadour *19* **224** D 5
Saint-Salvi-de-Carcavès *81* **300** B 2
Saint-Salvy *47* **275** H 2
Saint-Salvy-de-la-Balme *81* **299** H 5
Saint-Samson *14* **34** A 4
Saint-Samson *53* **83** E 3
Saint-Samson-de-Bonfossé *50* **32** A 5
Saint-Samson-de-la-Roque *27* **35** E 2

A B C D E F G H I J K L M N O P Q R S T U V W X Y Z

A B C D E F G H I J K L M N O P Q R S T U V W X Y Z

Saint-Samson-la-Poterie *60* ... **21** F 5
Saint-Samson-sur-Rance *22* .. *79* G 3
Saint-Sandoux *63* ... **227** H 2
Saint-Santin *12* ... **261** H 3
Saint-Santin-Cantalès *15* ... **243** H 4
Saint-Santin-de-Maurs *15* ... **261** H 3
Saint-Sardos *47* ... **275** H 1
Saint-Sardos *82* ... **297** F 1
Saint-Sardos-de-Laurenque *47* ... **258** D 4
Saint-Satur *18* ... **156** A 3
Saint-Saturnin *15* ... **245** E 1
Saint-Saturnin *16* ... **221** E 1
Saint-Saturnin *18* ... **190** A 2
Saint-Saturnin *48* ... **282** A 1
Saint-Saturnin *51* ... **90** C 2
Saint-Saturnin *63* ... **227** H 2
Saint-Saturnin *72* ... **107** G 4
Saint-Saturnin-de-Lenne *12* ... **263** G 5
Saint-Saturnin-de-Lucian *34* ... **302** A 4
Saint-Saturnin-du-Bois *17* ... **201** G 1
Saint-Saturnin-du-Limet *53* . **127** G 2
Saint-Saturnin-lès-Apt *84* ... **286** B 5
Saint-Saturnin-lès-Avignon *84* ... **285** G 5
Saint-Saturnin-sur-Loire *49* . **149** H 2
Saint-Saud-Lacoussière *24* . **222** D 3
Saint-Sauflieu *80* ... **22** B 3
Saint-Saulge *58* ... **175** F 1
Saint-Saulve *59* ... **9** G 5
Saint-Saury *15* ... **261** G 1
Saint-Sauvant *17* ... **201** H 5
Saint-Sauvant *86* ... **185** H 4
Saint-Sauves-d'Auvergne *63* ... **226** D 2
Saint-Sauveur *05* ... **270** C 3
Saint-Sauveur *21* ... **160** D 2
Saint-Sauveur *29* ... **76** A 2
Saint-Sauveur *31* ... **297** H 3
Saint-Sauveur *33* ... **237** E 1
Saint-Sauveur *38* ... **250** A 2
Saint-Sauveur *54* ... **96** B 2
Saint-Sauveur *60* ... **39** F 3
Saint-Sauveur *70* ... **141** G 2
Saint-Sauveur *79* ... **167** H 3
Saint-Sauveur *80* ... **22** B 1
Saint-Sauveur Chapelle *64* ... **330** D 2
Saint-Sauveur-Camprieu *30* ... **282** C 4
Saint-Sauveur-d'Aunis *17* .. **183** H 5
Saint-Sauveur-de-Bergerac *24* ... **240** B 5
Saint-Sauveur-de-Carrouges *61* ... **83** F 2
Saint-Sauveur-de-Chaulieu *50* ... **52** C 4
Saint-Sauveur-de-Cruzières *07* ... **284** D 2
Saint-Sauveur-de-Flée *49* ... **128** A 3
Saint-Sauveur-de-Ginestoux *48* ... **264** D 2
Saint-Sauveur-de-Landemont *49* ... **148** B 3
Saint-Sauveur-de-Meilhan *47* ... **256** D 5
Saint-Sauveur-de-Montagut *07* ... **266** C 1
Saint-Sauveur-de-Peyre *48* . **264** A 3
Saint-Sauveur-de-Pierrepont *50* ... **31** F 2
Saint-Sauveur-de-Puynormand *33* ... **238** D 4
Saint-Sauveur-d'Émalleville *76* ... **18** D 5
Saint-Sauveur-des-Landes *35* ... **81** E 4
Saint-Sauveur-en-Diois *26* . **267** H 2
Saint-Sauveur-en-Puisaye *89* ... **135** G 5
Saint-Sauveur-en-Rue *42* ... **248** C 1
Saint-Sauveur-Gouvernet *26* ... **286** B 1
Saint-Sauveur-la-Pommeraye *50* ... **51** G 3
Saint-Sauveur-la-Sagne *63* . **228** D 5
Saint-Sauveur-la-Vallée *46* . **260** C 3
Saint-Sauveur-Lalande *24* . **239** F 4
Saint-Sauveur-le-Vicomte *50* ... **31** G 2
Saint-Sauveur-Lendelin *50* ... **31** G 4
Saint-Sauveur-les-Bains *65* . **333** E 4
Saint-Sauveur-lès-Bray *77* ... **89** F 4
Saint-Sauveur-Levasville *28* . **85** H 2
Saint-Sauveur-sur-École *77* ... **88** A 3

Saint-Sauveur-sur-Tinée *06* ... **289** H 3
Saint-Sauvier *03* ... **190** B 4
Saint-Sauvy *32* ... **296** D 3
Saint-Savin *33* ... **237** H 2
Saint-Savin *38* ... **232** A 2
Saint-Savin *65* ... **332** D 2
Saint-Savin *86* ... **187** F 2
Saint-Savinien *17* ... **201** F 4
Saint-Saviol *86* ... **203** G 1
Saint-Savournin *13* ... **327** F 1
Saint-Sébastien *23* ... **188** D 4
Saint-Sébastien *38* ... **251** E 5
Saint-Sébastien Chapelle *29* ... **75** H 4
Saint-Sébastien-d'Aigrefeuille *30* ... **283** G 4
Saint-Sébastien-de-Morsent *27* ... **56** B 1
Saint-Sébastien-de-Raids *50* . **31** H 4
Saint-Sébastien-sur-Loire *44* ... **147** H 4
Saint-Secondin *86* ... **186** D 4
Saint-Ségal *29* ... **75** H 4
Saint-Séglin *35* ... **103** G 5
Saint-Seine *58* ... **175** H 5
Saint-Seine-en-Bâche *21* ... **160** D 5
Saint-Seine-l'Abbaye *21* ... **159** G 2
Saint-Seine-sur-Vingeanne *21* ... **160** D 1
Saint-Selve *33* ... **255** G 2
Saint-Senier-de-Beuvron *50* .. *81* E 2
Saint-Senier-sous-Avranches *50* ... **51** H 4
Saint-Senoch *37* ... **170** B 1
Saint-Senoux *35* ... **104** A 5
Saint-Sériès *34* ... **303** F 3
Saint-Sernin *07* ... **266** B 4
Saint-Sernin *11* ... **318** C 5
Saint-Sernin *47* ... **257** F 2
Saint-Sernin-du-Bois *71* ... **177** E 3
Saint-Sernin-du-Plain *71* ... **177** F 3
Saint-Sernin-lès-Lavaur *81* . **299** E 5
Saint-Sernin-sur-Rance *12* . **300** B 1
Saint-Sérotin *89* ... **113** F 2
Saint-Servais *22* ... **77** E 3
Saint-Servais *29* ... **71** E 5
Saint-Servan-sur-Mer *35* ... **50** C 5
Saint-Servant *56* ... **102** C 5
Saint-Setiers *19* ... **225** G 1
Saint-Seurin-de-Bourg *33* . **237** G 3
Saint-Seurin-de-Cadourne *33* ... **219** E 5
Saint-Seurin-de-Cursac *33* . **237** F 2
Saint-Seurin-de-Palenne *17* ... **219** G 2
Saint-Seurin-de-Prats *24* . **257** E 1
Saint-Seurin-d'Uzet *17* ... **219** E 3
Saint-Seurin-sur-l'Isle *33* ... **238** D 4
Saint-Sève *33* ... **256** D 3
Saint-Sever *40* ... **293** H 2
Saint-Sever-Calvados *14* ... **52** B 3
Saint-Sever-de-Rustan *65* . **315** G 3
Saint-Sever-de-Saintonge *17* ... **219** H 1
Saint-Sever-du-Moustier *12* ... **300** C 3
Saint-Séverin *16* ... **221** F 5
Saint-Séverin-d'Estissac *24* ... **239** H 3
Saint-Séverin-sur-Boutonne *17* ... **201** H 2
Saint-Siffret *30* ... **284** C 5
Saint-Sigismond *45* ... **110** C 5
Saint-Sigismond *49* ... **148** D 1
Saint-Sigismond *74* ... **216** C 1
Saint-Sigismond *85* ... **184** B 4
Saint-Sigismond-de-Clermont *17* ... **219** G 4
Saint-Silvain-Bas-le-Roc *23* ... **190** A 4
Saint-Silvain-Bellegarde *23* . **207** H 3
Saint-Silvain-Montaigut *23* ... **190** D 1
Saint-Silvain-sous-Toulx *23* . **190** A 5
Saint-Siméon *27* ... **35** F 3
Saint-Siméon *61* ... **82** A 3
Saint-Siméon *77* ... **60** A 4
Saint-Siméon-de-Bressieux *38* ... **232** A 5
Saint-Simeux *16* ... **220** D 2
Saint-Simon *02* ... **24** A 3
Saint-Simon *15* ... **244** C 4
Saint-Simon *16* ... **220** D 2
Saint-Simon *46* ... **261** E 2
Saint-Simon-de-Bordes *17* ... **219** H 4
Saint-Simon-de-Pellouaille *17* ... **219** F 2

Saint-Sixt *74* ... **216** A 2
Saint-Sixte *42* ... **211** G 5
Saint-Sixte *47* ... **276** C 4
Saint-Solen *22* ... **79** H 4
Saint-Solve *19* ... **241** H 1
Saint-Sorlin *69* ... **230** D 2
Saint-Sorlin-d'Arves *73* ... **251** H 1
Saint-Sorlin-de-Conac *17* ... **219** F 5
Saint-Sorlin-de-Morestel *38* ... **232** B 2
Saint-Sorlin-de-Vienne *38* ... **231** F 3
Saint-Sorlin-en-Bugey *01* ... **214** A 4
Saint-Sorlin-en-Valloire *26* . **231** F 5
Saint-Sornin *03* ... **191** G 3
Saint-Sornin *16* ... **221** H 1
Saint-Sornin *17* ... **200** D 5
Saint-Sornin *85* ... **182** D 2
Saint-Sornin-la-Marche *87* . **205** E 1
Saint-Sornin-Lavolps *19* ... **223** H 5
Saint-Sornin-Leulac *87* ... **205** H 1
Saint-Soulan *32* ... **316** D 2
Saint-Souplet *59* ... **14** D 5
Saint-Souplet-sur-Py *51* ... **42** B 4
Saint-Soupplets *77* ... **59** F 1
Saint-Sozy *46* ... **242** C 5
Saint-Stail *88* ... **96** C 3
Saint-Suliac *35* ... **79** H 3
Saint-Sulpice *01* ... **195** G 4
Saint-Sulpice *46* ... **260** D 4
Saint-Sulpice *49* ... **149** H 2
Saint-Sulpice *53* ... **106** A 5
Saint-Sulpice *58* ... **174** D 1
Saint-Sulpice *60* ... **38** A 3
Saint-Sulpice *63* ... **226** D 2
Saint-Sulpice *70* ... **141** H 5
Saint-Sulpice *73* ... **233** E 2
Saint-Sulpice-d'Arnoult *17* . **201** E 5
Saint-Sulpice-de-Cognac *16* ... **202** B 5
Saint-Sulpice-de-Faleyrens *33* ... **238** C 5
Saint-Sulpice-de-Favières *91* . *87* G 3
Saint-Sulpice-de-Grimbouville *27* ... **35** E 2
Saint-Sulpice-de-Guilleragues *33* ... **257** E 3
Saint-Sulpice-de-Mareuil *24* ... **221** H 4
Saint-Sulpice-de-Pommeray *41* ... **132** A 5
Saint-Sulpice-de-Pommiers *33* ... **256** C 2
Saint-Sulpice-de-Roumagnac *24* ... **239** G 2
Saint-Sulpice-de-Royan *17* . **218** D 1
Saint-Sulpice-de-Ruffec *16* ... **203** G 3
Saint-Sulpice-des-Landes *35* ... **126** C 3
Saint-Sulpice-des-Landes *44* ... **127** F 5
Saint-Sulpice-des-Rivoires *38* ... **232** C 4
Saint-Sulpice-d'Excideuil *24* ... **223** E 5
Saint-Sulpice-en-Pareds *85* ... **183** H 1
Saint-Sulpice-et-Cameyrac *33* ... **237** H 5
Saint-Sulpice-la-Forêt *35* ... **104** C 2
Saint-Sulpice-la-Pointe *81* . **298** B 3
Saint-Sulpice-le-Dunois *23* . **189** E 5
Saint-Sulpice-le-Guérétois *23* ... **207** E 1
Saint-Sulpice-le-Verdon *85* . **165** H 2
Saint-Sulpice-les-Bois *19* ... **225** G 2
Saint-Sulpice-les-Champs *23* ... **207** F 3
Saint-Sulpice-les-Feuilles *87* ... **188** B 4
Saint-Sulpice-sur-Lèze *31* ... **317** H 4
Saint-Sulpice-sur-Risle *61* ... **55** F 4
Saint-Supplet *54* ... **44** D 3
Saint-Sylvain *14* ... **53** H 1
Saint-Sylvain *19* ... **243** E 2
Saint-Sylvain *76* ... **19** G 2
Saint-Sylvain-d'Anjou *49* ... **149** H 1
Saint-Sylvestre *07* ... **249** E 4
Saint-Sylvestre *74* ... **215** F 4
Saint-Sylvestre-Cappel *59* ... **3** H 5
Saint-Sylvestre-de-Cormeilles *27* ... **35** H 4
Saint-Sylvestre-Pragoulin *63* ... **210** B 2
Saint-Sylvestre-sur-Lot *47* ... **276** D 1

Saint-Symphorien *04* ... **287** G 2
Saint-Symphorien *18* ... **173** E 4
Saint-Symphorien *27* ... **35** E 3
Saint-Symphorien *33* ... **255** G 5
Saint-Symphorien *35* ... **80** A 5
Saint-Symphorien *37* ... **151** H 2
Saint-Symphorien *48* ... **264** D 1
Saint-Symphorien *72* ... **107** F 4
Saint-Symphorien *79* ... **184** D 5
Saint-Symphorien-d'Ancelles *71* ... **194** D 5
Saint-Symphorien-de-Lay *42* ... **211** H 3
Saint-Symphorien-de-Mahun *07* ... **248** C 2
Saint-Symphorien-de-Marmagne *71* ... **176** D 3
Saint-Symphorien-de-Thénières *12* ... **263** E 2
Saint-Symphorien-des-Bois *71* ... **194** A 4
Saint-Symphorien-des-Bruyères *61* ... **55** F 2
Saint-Symphorien-des-Monts *50* ... **81** G 2
Saint-Symphorien-d'Ozon *69* ... **231** E 2
Saint-Symphorien-le-Valois *50* ... **31** F 3
Saint-Symphorien-les-Buttes *50* ... **52** C 1
Saint-Symphorien-sous-Chomérac *07* ... **267** E 2
Saint-Symphorien-sur-Coise *69* ... **230** B 2
Saint-Symphorien-sur-Couze *87* ... **205** G 2
Saint-Symphorien-sur-Saône *21* ... **160** C 5
Saint-Thégonnec-Loc-Eguiner *29* ... **71** G 5
Saint-Théodorit *30* ... **303** F 1
Saint-Théoffrey *38* ... **251** E 4
Saint-Thibaud-de-Couz *73* . **233** E 3
Saint-Thibault *10* ... **115** E 2
Saint-Thibault *18* ... **156** A 3
Saint-Thibault *21* ... **159** E 2
Saint-Thibault *60* ... **21** G 4
Saint-Thibault-des-Vignes *77* ... **59** E 3
Saint-Thibaut *02* ... **40** D 3
Saint-Thibéry *34* ... **322** C 4
Saint-Thiébaud *39* ... **179** H 2
Saint-Thiébault *52* ... **117** H 2
Saint-Thierry *51* ... **41** G 3
Saint-Thois *29* ... **76** A 5
Saint-Thomas *02* ... **41** E 1
Saint-Thomas *31* ... **297** F 5
Saint-Thomas Col de *42* ... **211** E 4
Saint-Thomas-de-Conac *17* ... **219** F 4
Saint-Thomas-de-Courceriers *53* ... **82** D 5
Saint-Thomas-en-Argonne *51* ... **43** E 4
Saint-Thomas-en-Royans *26* ... **250** A 3
Saint-Thomas-la-Garde *42* . **229** G 3
Saint-Thomé *07* ... **266** B 4
Saint-Thonan *29* ... **70** D 5
Saint-Thual *35* ... **79** H 5
Saint-Thurial *35* ... **103** H 4
Saint-Thuriau *56* ... **101** H 3
Saint-Thurien *27* ... **35** F 2
Saint-Thurien *29* ... **100** C 3
Saint-Thurin *42* ... **211** F 5
Saint-Thyrse Chapelle *04* ... **308** A 1
Saint-Tricat *62* ... **2** C 3
Saint-Trimoël *22* ... **78** D 4
Saint-Trinit *84* ... **286** C 3
Saint-Trivier-de-Courtes *01* . **195** G 2
Saint-Trivier-sur-Moignans *01* ... **213** F 2
Saint-Trojan *33* ... **237** G 3
Saint-Trojan-les-Bains *17* ... **200** B 4
Saint-Tropez *83* ... **329** G 2
Saint-Tugdual *56* ... **101** E 2
Saint-Tugen *29* ... **98** D 2
Saint-Ulphace *72* ... **108** D 3
Saint-Ulrich *68* ... **143** E 3
Saint-Uniac *35* ... **103** G 2
Saint-Urbain *29* ... **75** G 2
Saint-Urbain *85* ... **164** D 2
Saint-Urbain-sur-Marne *52* ... **93** E 4
Saint-Urcisse *47* ... **276** D 3
Saint-Urcisse *81* ... **298** B 1

Saint-Urcize *15* ... **263** G 2
Saint-Ursin *50* ... **51** G 3
Saint-Usage *10* ... **116** A 3
Saint-Usage *21* ... **160** C 5
Saint-Usuge *71* ... **178** C 5
Saint-Utin *51* ... **91** H 2
Saint-Uze *26* ... **249** F 2
Saint-Vaast-de-Longmont *60* .. **39** F 3
Saint-Vaast-d'Équiqueville *76* ... **20** C 2
Saint-Vaast-Dieppedalle *76* ... **19** G 3
Saint-Vaast-du-Val *76* ... **20** A 4
Saint-Vaast-en-Auge *14* ... **34** B 3
Saint-Vaast-en-Cambrésis *59* ... **14** C 3
Saint-Vaast-en-Chaussée *80* . **22** B 1
Saint-Vaast-la-Hougue *50* ... **29** H 3
Saint-Vaast-lès-Mello *60* ... **38** C 4
Saint-Vaast-sur-Seulles *14* ... **33** E 5
Saint-Vaize *17* ... **201** G 5
Saint-Valbert *70* ... **142** B 3
Saint-Valentin *36* ... **172** A 2
Saint-Valérien *85* ... **183** H 2
Saint-Valérien *89* ... **113** E 3
Saint-Valery *60* ... **21** F 3
Saint-Valery-en-Caux *76* ... **19** G 2
Saint-Valery-sur-Somme *80* ... **11** F 2
Saint-Vallerin *71* ... **177** G 5
Saint-Vallier *16* ... **238** D 1
Saint-Vallier *26* ... **249** E 2
Saint-Vallier *71* ... **194** A 1
Saint-Vallier *88* ... **95** E 5
Saint-Vallier-de-Thiey *06* ... **308** D 2
Saint-Vallier-sur-Marne *52* ... **139** H 2
Saint-Varent *79* ... **168** A 3
Saint-Vaury *23* ... **206** D 1
Saint-Venant *62* ... **7** H 2
Saint-Venec Chapelle *29* ... **75** H 5
Saint-Vénérand *43* ... **246** D 5
Saint-Vérain *58* ... **156** B 1
Saint-Véran *05* ... **271** F 1
Saint-Vérand *38* ... **250** A 2
Saint-Vérand *69* ... **212** C 4
Saint-Vérand *71* ... **194** D 5
Saint-Vert *43* ... **228** C 5
Saint-Viance *19* ... **242** B 2
Saint-Viâtre *41* ... **154** B 1
Saint-Viaud *44* ... **146** D 3
Saint-Victeur *72* ... **83** G 5
Saint-Victor *03* ... **190** D 4
Saint-Victor *07* ... **248** D 3
Saint-Victor *15* ... **243** H 4
Saint-Victor *24* ... **239** H 1
Saint-Victor-de-Buthon *28* ... **85** F 4
Saint-Victor-de-Cessieu *38* ... **232** B 3
Saint-Victor-de-Chrétienville *27* ... **55** E 1
Saint-Victor-de-Malcap *30* ... **284** A 2
Saint-Victor-de-Morestel *38* . **232** B 1
Saint-Victor-de-Réno *61* ... **84** D 3
Saint-Victor-d'Épine *27* ... **35** F 4
Saint-Victor-des-Oules *30* ... **284** C 4
Saint-Victor-en-Marche *23* .. **207** E 2
Saint-Victor-et-Melvieu *12* ... **281** F 5
Saint-Victor-la-Coste *30* ... **284** D 4
Saint-Victor-la-Rivière *63* ... **227** F 3
Saint-Victor-l'Abbaye *76* ... **20** B 4
Saint-Victor-Malescours *43* . **248** A 1
Saint-Victor-Montvianeix *63* ... **210** D 4
Saint-Victor-Rouzaud *09* ... **336** A 1
Saint-Victor-sur-Arlanc *43* ... **229** E 5
Saint-Victor-sur-Avre *27* ... **55** H 5
Saint-Victor-sur-Loire *42* ... **230** A 4
Saint-Victor-sur-Ouche *21* ... **159** C 3
Saint-Victor-sur-Rhins *42* ... **212** F 5
Saint-Victoret *13* ... **326** A 1
Saint-Victour *19* ... **226** C 3
Saint-Victurnien *87* ... **205** D 4
Saint-Vidal *43* ... **247** C 3
Saint-Vigor *27* ... **56** G 2
Saint-Vigor-des-Mézerets *14* ... **53** E 2
Saint-Vigor-des-Monts *50* ... **52** B 2
Saint-Vigor-d'Ymonville *76* ... **34** D 1
Saint-Vigor-le-Grand *14* ... **33** E 3
Saint-Vincent *31* ... **318** C 2
Saint-Vincent *43* ... **247** F 2
Saint-Vincent *63* ... **227** H 3
Saint-Vincent *64* ... **314** C 5
Saint-Vincent *82* ... **278** B 3
Saint-Vincent-Bragny *71* ... **193** H 2
Saint-Vincent-Cramesnil *76* ... **34** D 1
Saint-Vincent-de-Barbeyrargues *34* ... **302** D 3
Saint-Vincent-de-Barrès *07* . **267** E 3

Saint-Vincent-de-Boisset *42* ... **211** H 3
Saint-Vincent-de-Connezac *24* ... **239** H 2
Saint-Vincent-de-Cosse *24* . **259** F 1
Saint-Vincent-de-Durfort *07* . **266** D 1
Saint-Vincent-de-Lamontjoie *47* ... **275** H 4
Saint-Vincent-de-Mercuze *38* ... **233** F 4
Saint-Vincent-de-Paul *33* ... **237** H 4
Saint-Vincent-de-Paul *40* ... **293** E 2
Saint-Vincent-de-Pertignas *33* ... **256** C 1
Saint-Vincent-de-Reins *69* .. **212** B 2
Saint-Vincent-de-Salers *15* . **244** C 2
Saint-Vincent-de-Tyrosse *40* ... **292** B 3
Saint-Vincent-des-Bois *27* ... **56** D 1
Saint-Vincent-des-Landes *44* ... **126** D 4
Saint-Vincent-des-Prés *71* .. **194** C 2
Saint-Vincent-des-Prés *72* ... **84** A 5
Saint-Vincent-d'Olargues *34* ... **300** D 5
Saint-Vincent-du-Boulay *27* ... **35** E 5
Saint-Vincent-du-Lorouër *72* ... **130** C 2
Saint-Vincent-du-Pendit *46* . **261** E 1
Saint-Vincent-en-Bresse *71* ... **178** B 5
Saint-Vincent-Jalmoutiers *24* ... **239** F 2
Saint-Vincent-la-Châtre *79* .. **185** G 5
Saint-Vincent-la-Commanderie *26* ... **249** H 4
Saint-Vincent-le-Paluel *24* ... **241** G 5
Saint-Vincent-les-Forts *04* ... **270** B 4
Saint-Vincent-Lespinasse *82* ... **277** E 4
Saint-Vincent-Puymaufrais *85* ... **183** F 1
Saint-Vincent-Rive-d'Olt *46* ... **259** G 5
Saint-Vincent-Sterlanges *85* ... **166** C 4
Saint-Vincent-sur-Graon *85* ... **182** D 2
Saint-Vincent-sur-Jabron *04* ... **287** E 3
Saint-Vincent-sur-Jard *85* ... **182** C 3
Saint-Vincent-sur-l'Isle *24* ... **240** D 1
Saint-Vincent-sur-Oust *56* ... **125** G 3
Saint-Vinnemer *89* ... **137** F 2
Saint-Vit *25* ... **161** G 4
Saint-Vital *73* ... **234** A 1
Saint-Vite *47* ... **259** E 5
Saint-Vitte *18* ... **190** C 2
Saint-Vitte-sur-Briance *87* ... **224** C 2
Saint-Vivien *17* ... **200** D 2
Saint-Vivien *24* ... **239** E 5
Saint-Vivien-de-Blaye *33* ... **237** G 2
Saint-Vivien-de-Médoc *33* ... **218** C 4
Saint-Vivien-de-Monségur *33* ... **257** E 3
Saint-Voir *03* ... **192** C 3
Saint-Vougay *29* ... **71** F 4
Saint-Vrain *51* ... **63** E 5
Saint-Vrain *91* ... **87** H 3
Saint-Vran *22* ... **102** D 1
Saint-Vulbas *01* ... **214** A 4
Saint-Waast *59* ... **15** F 2
Saint-Wandrille-Rançon *76* ... **35** G 1
Saint-Witz *95* ... **58** D 1
Saint-Xandre *17* ... **183** F 5
Saint-Yaguen *40* ... **293** G 1
Saint-Yan *71* ... **193** G 3
Saint-Ybard *19* ... **224** B 4
Saint-Ybars *09* ... **317** H 5
Saint-Ylie *39* ... **178** D 1
Saint-Yon *91* ... **87** G 2
Saint-Yorre *03* ... **210** C 2
Saint-Yrieix-la-Montagne *23* ... **207** F 4
Saint-Yrieix-la-Perche *87* ... **223** G 3
Saint-Yrieix-le-Déjalat *19* ... **225** F 4
Saint-Yrieix-les-Bois *23* ... **207** F 2
Saint-Yrieix-sous-Aixe *87* ... **205** F 4
Saint-Yrieix-sur-Charente *16* ... **221** E 1
Saint-Ythaire *71* ... **194** C 1
Saint-Yvi *29* ... **100** A 3
Saint-Yvoine *63* ... **228** A 2
Saint-Yzan-de-Soudiac *33* .. **237** H 2
Saint-Yzans-de-Médoc *33* ... **219** E 5
Saint-Zacharie *83* ... **327** G 1

Sainte-Adresse 76..............34 B 1
Sainte-Agathe 63..........210 D 5
Sainte-Agathe-
d'Aliermont 76............20 C 2
Sainte-Agathe-
en-Donzy 42............212 A 5
Sainte-Agathe-
la-Bouteresse 42..........229 G 1
Sainte-Agnès 06..........291 G 5
Sainte-Agnès 38..........251 F 1
Sainte-Agnès 39..........196 B 1
Sainte-Alauzie 46..........277 H 2
Sainte-Alvère 24..........240 D 5
Sainte-Anastasie 15..........245 G 2
Sainte-Anastasie 30..........303 H 1
Sainte-Anastasie-
sur-Issole 83..........328 C 2
Sainte-Anne 04..........271 E 4
Sainte-Anne 25..........180 A 2
Sainte-Anne 32..........297 E 3
Sainte-Anne 41..........131 G 3
Sainte-Anne-d'Auray 56..........124 A 3
Sainte-Anne-d'Evenos 83..........327 H 4
Sainte-Anne-
du-Castellet 83..........327 H 3
Sainte-Anne-
la-Condamine 04..........271 E 4
Sainte-Anne-la-Palud 29..........75 G 5
Sainte-Anne-
Saint-Priest 87..........224 D 1
Sainte-Anne-sur-Brivet 44..........146 D 1
Sainte-Anne-
sur-Gervonde 38..........231 H 3
Sainte-Anne-sur-Vilaine 35..........126 B 3
Sainte-Aulde 77............60 A 2
Sainte-Aurence-Cazaux 32..........315 H 3
Sainte-Austreberthe 62..........7 E 5
Sainte-Austreberthe 76..........20 A 5
Sainte-Avoye 56..........124 A 3
Sainte-Barbe 57............46 B 5
Sainte-Barbe 88............95 H 3
Sainte-Barbe
Alignements de 56..........100 D 3
Sainte-Barbe-
sur-Gaillon 27............36 C 5
Sainte-Baume
Gorge de la 07..........266 D 5
La Sainte-Baume
Massif de 93..........327 G 2
Sainte-Bazeille 47..........257 E 4
Sainte-Beuve-
en-Rivière 76............21 E 3
Sainte-Blandine 38..........232 B 2
Sainte-Blandine 79..........185 F 5
Sainte-Brigitte 56............77 G 5
Sainte-Camelle 11..........318 C 4
Sainte-Catherine 62............13 G 2
Sainte-Catherine 63..........228 C 4
Sainte-Catherine 69..........230 C 2
Sainte-Catherine-
de-Fierbois 37..........151 H 5
Sainte-Cécile 36..........153 H 5
Sainte-Cécile 50............52 A 3
Sainte-Cécile 71..........194 C 3
Sainte-Cécile 85..........166 B 4
Sainte-Cécile-
d'Andorge 30..........283 G 2
Sainte-Cécile-
du-Cayrou 81..........278 D 5
Sainte-Cécile-
les-Vignes 84..........285 F 2
Sainte-Céronne-
lès-Mortagne 61............84 B 2
Sainte-Cérotte 72..........130 D 2
Sainte-Christie 32..........296 B 3
Sainte-Christie-
d'Armagnac 32..........295 E 2
Sainte-Christine 49..........149 E 3
Sainte-Christine 63..........209 F 2
Sainte-Christine 85..........184 C 4
Sainte-Christine
Chapelle 29............75 F 3
Sainte-Colombe 05..........286 D 1
Sainte-Colombe 16..........203 G 5
Sainte-Colombe 17..........238 B 1
Sainte-Colombe 25..........180 C 2
Sainte-Colombe 33..........238 D 5
Sainte-Colombe 35..........104 C 5
Sainte-Colombe 40..........293 H 3
Sainte-Colombe 46..........261 F 2
Sainte-Colombe 50............29 F 5
Sainte-Colombe 69..........231 E 3
Sainte-Colombe 76............19 G 3
Sainte-Colombe 77............89 G 3
Sainte-Colombe 89..........137 E 5
Sainte-Colombe-
de-Duras 47..........257 E 2

Sainte-Colombe-
de-la-Commanderie 66..........342 D 3
Sainte-Colombe-
de-Peyre 48..........264 A 2
Sainte-Colombe-
de-Villeneuve 47..........276 B 1
Sainte-Colombe-
des-Bois 58..........156 C 3
Sainte-Colombe-
en-Auxois 21..........159 E 2
Sainte-Colombe-
en-Bruilhois 47..........275 H 3
Sainte-Colombe-
la-Commanderie 27............36 A 5
Sainte-Colombe-
près-Vernon 27............36 C 5
Sainte-Colombe-
sur-Gand 42..........212 A 4
Sainte-Colombe-
sur-Guette 11..........337 G 5
Sainte-Colombe-
sur-l'Hers 11..........337 E 3
Sainte-Colombe-
sur-Loing 89..........135 G 5
Sainte-Colombe-
sur-Seine 21..........138 A 2
Sainte-Colome 64..........332 A 1
Sainte-Consorce 69..........212 D 5
Sainte-Croix 01..........213 G 4
Sainte-Croix 02............41 E 1
Sainte-Croix 12..........261 F 5
Sainte-Croix 24..........258 D 2
Sainte-Croix 26..........268 A 1
Sainte-Croix 46..........277 F 1
Sainte-Croix 71..........195 H 1
Sainte-Croix 81..........279 G 5
Sainte-Croix
Barrage de 83..........307 F 2
Sainte-Croix Prieuré de 60............39 G 2
Sainte-Croix-à-Lauze 04..........306 B 1
Sainte-Croix-aux-Mines 68..........96 D 5
Sainte-Croix-
de-Caderle 30..........283 F 4
Sainte-Croix-de-Mareuil 24..........221 H 4
Sainte-Croix-
de-Quintillargues 34..........302 D 3
Sainte-Croix-du-Mont 33..........256 B 3
Sainte-Croix-du-Verdon 04..........307 F 2
Sainte-Croix-en-Jarez 42..........230 D 3
Sainte-Croix-en-Plaine 68..........121 E 3
Sainte-Croix-
Grand-Tonne 14............33 F 4
Sainte-Croix-Hague 50............28 D 3
Sainte-Croix-sur-Aizier 27............35 F 2
Sainte-Croix-sur-Buchy 76............20 D 5
Sainte-Croix-sur-Mer 14............33 F 3
Sainte-Croix-sur-Orne 61............53 G 4
Sainte-Croix-
Vallée-Française 48..........283 E 3
Sainte-Croix-Volvestre 09..........335 F 1
Sainte-Dode 32..........315 H 2
Sainte-Eanne 79..........185 G 3
Sainte-Engrâce 64..........331 F 3
Sainte-Enimie 48..........282 D 1
Sainte-Eugénie-
de-Villeneuve 43..........246 D 2
Sainte-Euglenne 50............51 H 4
Sainte-Eulalie 07..........265 H 1
Sainte-Eulalie 11..........319 G 5
Sainte-Eulalie 15..........244 B 3
Sainte-Eulalie 33..........237 H 5
Sainte-Eulalie 48..........264 C 1
Sainte-Eulalie-d'Ans 24..........241 E 1
Sainte-Eulalie-
de-Cernon 12..........281 H 5
Sainte-Eulalie-d'Eymet 24..........257 G 2
Sainte-Eulalie-d'Olt 12..........263 G 5
Sainte-Eulalie-en-Born 40..........272 C 2
Sainte-Eulalie-
en-Royans 26..........250 A 3
Sainte-Euphémie 01..........213 E 3
Sainte-Euphémie-
sur-Ouvèze 26..........286 B 1
Sainte-Eusoye 60............22 B 5
Sainte-Fauste 36..........172 A 3
Sainte-Féréole 19..........242 C 1
Sainte-Feyre 23..........207 E 1
Sainte-Feyre-
la-Montagne 23..........207 H 4
Sainte-Flaive-
des-Loups 85..........165 G 5
Sainte-Florence 33..........256 D 1
Sainte-Florence 85..........166 B 3
Sainte-Florine 43..........228 A 4
Sainte-Foi 09..........336 D 1
Sainte-Fortunade 19..........242 D 2
Sainte-Foy 40..........294 B 1

Sainte-Foy 71..........193 H 5
Sainte-Foy 76............20 B 3
Sainte-Foy 85..........182 B 1
Sainte-Foy-
d'Aigrefeuille 31..........298 B 5
Sainte-Foy-de-Belvès 24..........259 E 2
Sainte-Foy-de-Longas 24..........240 C 5
Sainte-Foy-
de-Montgommery 14............54 C 2
Sainte-Foy-
de-Peyrolières 31..........317 F 2
Sainte-Foy-
des-Vignes 24..........239 H 5
Sainte-Foy-la-Grande 33..........257 F 1
Sainte-Foy-la-Longue 33..........256 C 3
Sainte-Foy-l'Argentière 69..........230 B 1
Sainte-Foy-lès-Lyon 69..........231 E 1
Sainte-Foy-
Saint-Sulpice 42..........211 H 5
Sainte-Foy-Tarentaise 73..........235 E 1
Sainte-Gauburge 61............84 C 5
Sainte-Gauburge-
Sainte-Colombe 61............55 E 5
Sainte-Gemme 17..........201 E 5
Sainte-Gemme 32..........296 C 2
Sainte-Gemme 33..........257 E 3
Sainte-Gemme 36..........171 E 3
Sainte-Gemme 51............40 D 5
Sainte-Gemme 79..........168 A 3
Sainte-Gemme 81..........279 H 4
Sainte-Gemme-
en-Sancerrois 18..........155 H 2
Sainte-Gemme-
la-Plaine 85..........183 F 2
Sainte-Gemme-
Martaillac 47..........275 E 1
Sainte-Gemme-Moronval 28............56 D 4
Sainte-Gemmes 41..........132 A 3
Sainte-Gemmes-
d'Andigné 49..........128 A 4
Sainte-Gemmes-
le-Robert 53..........106 D 2
Sainte-Gemmes-
sur-Loire 49..........149 G 2
Sainte-Geneviève 02............25 G 3
Sainte-Geneviève 50............29 G 3
Sainte-Geneviève 54............65 G 3
Sainte-Geneviève 60............38 B 3
Sainte-Geneviève 76............20 D 4
Sainte-Geneviève-
des-Bois 45..........134 D 3
Sainte-Geneviève-
des-Bois 91............87 H 2
Sainte-Geneviève-
lès-Gasny 27............57 E 1
Sainte-Geneviève-
sur-Argence 12..........263 E 1
Sainte-Hélène 33..........236 D 4
Sainte-Hélène 48..........264 D 4
Sainte-Hélène 56..........123 G 2
Sainte-Hélène 71..........177 F 4
Sainte-Hélène 88............95 H 5
Sainte-Hélène-
Bondeville 76............19 E 3
Sainte-Hélène-du-Lac 73..........233 G 3
Sainte-Hélène-sur-Isère 73..........234 A 1
Sainte-Hermine 85..........183 G 1
Sainte-Honorine-
de-Ducy 14............32 D 5
Sainte-Honorine-
des-Pertes 14............32 D 2
Sainte-Honorine-du-Fay 14............33 F 5
Sainte-Honorine-
la-Chardonne 61............53 F 3
Sainte-Honorine-
la-Guillaume 61............53 G 4
Sainte-Innocence 24..........257 G 2
Sainte-Jalle 26..........286 A 1
Sainte-Jamme-
sur-Sarthe 72..........107 H 3
Sainte-Julie 01..........214 A 4
Sainte-Juliette 82..........277 F 2
Sainte-Juliette-
sur-Viaur 12..........280 C 3
Sainte-Léocadie 66..........341 F 5
Sainte-Lheurine 17..........220 B 3
Sainte-Livière 51............92 B 2
Sainte-Livrade 31..........297 F 4
Sainte-Livrade-sur-Lot 47..........276 B 1
Sainte-Lizaigne 36..........172 B 2
Sainte-Luce 38..........251 F 5
Sainte-Luce-sur-Loire 44..........147 H 3
Sainte-Lucie-
de-Porto-Vecchio 2A..........349 G 5
Sainte-Lucie-de-Tallano 2A..........349 E 5
Sainte-Lunaise 18..........173 E 3
Sainte-Magnance 89..........158 B 2

Sainte-Marguerite 43..........246 D 2
Sainte-Marguerite 88............96 B 5
Sainte-Marguerite Île 06..........309 F 4
Sainte-Marguerite
Presqu'île de 29............70 C 4
Sainte-Marguerite-
de-Carrouges 61............83 E 2
Sainte-Marguerite-
de-l'Autel 27............55 H 3
Sainte-Marguerite-
de-Viette 14............54 B 1
Sainte-Marguerite-d'Elle 14............32 B 4
Sainte-Marguerite-
des-Loges 14............54 C 1
Sainte-Marguerite-
en-Ouche 27............55 F 1
Sainte-Marguerite-
Lafigère 07..........265 G 5
Sainte-Marguerite-
sur-Duclair 76............35 H 1
Sainte-Marguerite-
sur-Fauville 76............19 F 4
Sainte-Marguerite-sur-Mer 76..........10 A 5
Sainte-Marie 05..........268 C 4
Sainte-Marie 08............42 D 2
Sainte-Marie 15..........245 F 5
Sainte-Marie 16..........239 E 1
Sainte-Marie 25..........142 B 4
Sainte-Marie 32..........296 D 4
Sainte-Marie 35..........125 H 3
Sainte-Marie 44..........146 C 5
Sainte-Marie 58..........175 E 1
Sainte-Marie 65..........334 B 2
Sainte-Marie Col de 88............96 C 5
Sainte-Marie-à-Py 51............42 C 4
Sainte-Marie-au-Bosc 76............18 C 4
Sainte-Marie-aux-Anglais 14............54 B 1
Sainte-Marie-aux-Chênes 57............45 F 5
Sainte-Marie-aux-Mines 68............96 D 5
Sainte-Marie-Cappel 59............3 H 5
Sainte-Marie-d'Alloix 38..........233 F 4
Sainte-Marie-d'Alvey 73..........232 D 2
Sainte-Marie-d'Attez 27............56 A 4
Sainte-Marie-
de-Campan 65..........333 F 2
Sainte-Marie-
de-Chignac 24..........240 D 2
Sainte-Marie-de-Cuines 73..........234 A 5
Sainte-Marie-de-Gosse 40..........292 C 4
Sainte-Marie-de-Ré 17..........200 B 1
Sainte-Marie-de-Vars 05..........270 D 3
Sainte-Marie-
de-Vatimesnil 27............37 E 4
Sainte-Marie-de-Vaux 87..........205 F 4
Sainte-Marie-
des-Champs 76............19 G 5
Sainte-Marie-
des-Chazes 43..........246 D 3
Sainte-Marie-du-Bois 50............81 H 2
Sainte-Marie-du-Bois 53............82 C 1
Sainte-Marie-
du-Lac-Nuisement 51............92 B 2
Sainte-Marie du Ménez-Hom
Chapelle 29............75 G 4
Sainte-Marie-du-Mont 38..........233 F 4
Sainte-Marie-du-Mont 50............32 A 2
Sainte-Marie-
en-Chanois 70..........141 H 2
Sainte-Marie-en-Chaux 70..........141 G 2
Sainte-Marie-Kerque 62............3 E 3
Sainte-Marie-
la-Blanche 21..........177 H 2
Sainte-Marie-la-Mer 66..........339 E 5
Sainte-Marie-la-Robert 61............53 H 5
Sainte-Marie-
Lapanouze 19..........226 B 4
Sainte-Marie-Laumont 14............52 C 2
Sainte-Marie-Outre-l'Eau 14............52 B 2
Sainte-Marie-
sur-Ouche 21..........159 G 3
Sainte-Marine 29............99 G 4
Sainte-Marthe 27............55 H 2
Sainte-Marthe 47..........257 E 5
Sainte-Maure-
de-Peyriac 47..........275 E 5
Sainte-Maure-
de-Touraine 37..........151 H 5
Sainte-Maxime 83..........329 G 2
Sainte-Même 17..........201 H 4
Sainte-Menéhould 51............43 E 5
Sainte-Merie 32..........276 B 5
Sainte-Mère-Église 50............29 G 5
Sainte-Mesme 78............87 E 3
Sainte-Mondane 24..........259 H 1
Sainte-Montaine 18..........155 E 1
Sainte-Nathalène 24..........241 G 5

Sainte-Néomaye 79..........185 F 3
Sainte-Odile Mont 67............97 E 3
Sainte-Olive 01..........213 F 2
Sainte-Opportune 61............53 F 4
Sainte-Opportune-
du-Bosc 27............35 H 5
Sainte-Opportune-
la-Mare 27............35 G 4
Sainte-Orse 24..........241 F 2
Sainte-Osmane 72..........130 D 2
Sainte-Ouenne 79..........184 D 3
Sainte-Pallaye 89..........136 C 5
Sainte-Paule 69..........212 C 3
Sainte-Pazanne 44..........147 E 5
Sainte-Pexine 85..........183 F 1
Sainte-Pezenne 79..........184 D 4
Sainte-Pience 50............51 H 4
Sainte-Pôle 54............96 A 2
Sainte-Preuve 02............25 F 5
Sainte-Radegonde 12..........280 D 1
Sainte-Radegonde 17..........201 E 4
Sainte-Radegonde 24..........258 C 2
Sainte-Radegonde 32..........296 B 2
Sainte-Radegonde 33..........256 D 1
Sainte-Radegonde 71..........176 B 5
Sainte-Radegonde 79..........168 A 3
Sainte-Radégonde 86..........187 E 1
Sainte-Radégonde-
des-Noyers 85..........183 G 3
Sainte-Ramée 17..........219 F 4
Sainte-Reine 70..........161 G 1
Sainte-Reine 73..........233 G 2
Sainte-Reine-
de-Bretagne 44..........146 C 1
Sainte-Restitude 2B..........346 C 2
Sainte-Roseline
Chapelle 83..........308 B 5
Sainte-Ruffine 57............65 G 1
Sainte-Sabine 21..........159 F 4
Sainte-Sabine 24..........258 C 2
Sainte-Sabine-
sur-Longève 72..........107 G 3
Sainte-Savine 10............90 D 5
Sainte-Scolasse-
sur-Sarthe 61............84 A 2
Sainte-Segrée 80............21 H 3
Sainte-Sève 29............71 H 5
Sainte-Sévère 16..........202 C 5
Sainte-Sévère-sur-Indre 36..........189 H 3
Sainte-Sigolène 43..........248 A 1
Sainte-Solange 18..........155 F 5
Sainte-Soline 79..........185 H 5
Sainte-Souline 16..........220 D 5
Sainte-Soulle 17..........183 G 5
Sainte-Suzanne 09..........317 H 5
Sainte-Suzanne 25..........142 B 4
Sainte-Suzanne 64..........313 F 2
Sainte-Suzanne-
en-Bauptois 50............31 G 3
Sainte-Suzanne-
et-Chammes 53..........106 D 3
Sainte-Suzanne-sur-Vire 50............32 B 5
Sainte-Terre 33..........256 C 1
Sainte-Thérence 03..........190 C 5
Sainte-Thorette 18..........172 D 1
Sainte-Tréphine 22............77 G 4
Sainte-Trie 24..........241 G 1
Sainte-Tulle 04..........306 C 2
Sainte-Valière 11..........320 D 4
Sainte-Vaubourg 08............42 C 1
Sainte-Verge 79..........168 A 1
Sainte-Vertu 89..........137 E 3
Sainteny 50............31 H 3
Saintes 17..........201 G 5
Saintes-Maries-
de-la-Mer 13..........324 C 3
Saintines 60............39 F 3
Saintry-sur-Seine 91............88 A 2
Saints 77............59 H 4
Saints-en-Puisaye 89..........135 H 5
Saints-Geosmes 52..........139 G 2
Sainville 28............86 D 4
Saires 86..........169 E 3
Saires-la-Verrerie 61............53 F 5
Saisies Col des 73..........216 B 5
Saissac 11..........319 F 4
Saisseval 80............22 A 2
Saisy 71..........177 F 2
Saivres 79..........185 F 3
Le Saix 05..........269 F 4
Saïx 81..........299 G 5
Saix 86..........150 C 5
Saizenay 39..........179 H 2
Saizerais 54............65 G 4
Saizy 58..........157 G 3
Sajas 31..........317 G 3
Salagnac 24..........241 G 1

Salagnon 38..........232 A 1
Salaise-sur-Sanne 38..........231 E 5
Salasc 34..........301 H 4
Salaunes 33..........237 E 4
Salavas 07..........284 B 1
Salavre 01..........196 A 3
Salazac 30..........284 C 2
Salbris 41..........154 C 2
Les Salces 48..........263 H 4
Saléchan 65..........334 B 3
Saleich 31..........335 H 1
Saleignes 17..........202 C 3
Saleilles 66..........343 F 2
Les Salelles 07..........265 H 5
Les Salelles 48..........264 A 5
Salency 60............23 H 5
Salenthal 67............68 B 5
Saléon 05..........287 E 1
Salérans 05..........287 E 2
Salerm 31..........316 C 4
Salernes 83..........307 G 4
Salers 15..........244 C 3
Sales 74..........215 F 4
Saleschen 59............15 E 3
La Salette-Fallavaux 38..........251 G 5
Salettes 26..........267 G 4
Salettes 43..........247 G 5
Saleux 80............22 B 2
Salève Mont 74..........215 G 1
Salice 2A..........348 C 1
Saliceto 2B..........347 G 1
Saliès 81..........299 F 1
Salies-de-Béarn 64..........311 H 3
Salies-du-Salat 31..........334 D 1
Salignac 04..........287 C 2
Salignac 33..........237 H 3
Salignac-de-Mirambeau 17..........219 H 5
Salignac-Eyvigues 24..........241 H 4
Salignac-sur-Charente 17..........219 H 1
Saligney 39..........161 F 4
Saligny 85..........165 H 3
Saligny 89..........113 G 2
Saligny-le-Vif 18..........173 H 1
Saligny-sur-Roudon 03..........193 E 3
Saligos 65..........332 D 3
Salin-de-Badon 13..........324 D 3
Salin-de-Giraud 13..........325 E 3
Salindres 30..........283 H 3
Saline Royale d'Arc-
et-Cenans 25..........179 G 1
Salinelles 30..........303 F 2
Salins 15..........244 E 3
Salins 77............89 E 4
Les Salins-d'Hyères 83..........328 C 4
Salins-les-Bains 39..........179 H 2
Salins-Fontaine 73..........234 C 3
Salives 21..........138 D 5
Sallagriffon 06..........289 F 5
Sallanches 74..........216 C 3
Sallaumines 62............8 C 5
La Salle 71..........195 E 3
La Salle 88............96 A 4
La Salle-de-Vihiers 49..........149 F 5
La Salle-en-Beaumont 38..........251 F 5
La Salle-
et-Chapelle-Aubry 49..........148 D 3
La Salle-les-Alpes 05..........252 C 4
La Salle-Prunet 48..........282 D 2
Sallebœuf 33..........237 H 5
Sallèdes 63..........228 A 4
Sallèles-Cabardès 11..........319 H 4
Sallèles-d'Aude 11..........321 E 4
Sallen 14............32 C 5
Sallenelles 14............33 H 3
Sallenôves 74..........215 F 2
Sallertaine 85..........164 D 2
Les Salles 33..........238 D 5
Salles 33..........254 D 4
Les Salles 42..........211 E 5
Salles 47..........258 D 4
Salles 65..........332 D 2
Salles 79..........185 G 3
Salles 81..........279 F 4
Salles-Adour 65..........315 E 5
Salles-Arbuissonnas-
en-Beaujolais 69..........212 D 2
Salles-Courbatiès 12..........261 G 5
Salles-Curan 12..........281 E 3
Salles-d'Angles 16..........220 B 2
Salles-d'Armagnac 32..........295 E 2
Salles-d'Aude 11..........321 F 5
Salles-de-Barbezieux 16..........220 C 4
Salles-de-Belvès 24..........259 E 2
Salles-de-Villefagnan 16..........203 F 3
Les Salles-du-Gardon 30..........283 G 3
Salles-en-Toulon 86..........187 E 2

Salles-et-Pratviel 31 .... 334 B 4
Salles-la-Source 12 .... 262 C 5
Salles-Lavalette 16 .... 221 F 5
Les Salles-Lavauguyon 87 .... 222 C 1
Salles-lès-Aulnay 17 .... 202 B 2
Salles-Mongiscard 64 .... 293 F 5
Salles-sous-Bois 26 .... 267 E 4
Salles-sur-Garonne 31 .... 317 F 4
Salles-sur-l'Hers 11 .... 318 C 4
Salles-sur-Mer 17 .... 200 D 1
Les Salles-sur-Verdon 83 .... 307 G 2
Sallespisse 64 .... 293 G 5
Salmagne 55 .... 64 B 5
Salmaise 21 .... 159 F 1
Salmbach 67 .... 69 G 1
Salmiech 12 .... 280 D 3
Salomé 59 .... 8 B 3
Salon 10 .... 61 G 5
Salon 24 .... 240 C 4
Salon-de-Provence 13 .... 305 F 4
Salon-la-Tour 19 .... 224 B 3
Salonnes 57 .... 66 C 4
Salornay-sur-Guye 71 .... 194 C 2
Salouël 80 .... 22 B 2
Salperwick 62 .... 3 F 5
Salsein 09 .... 335 E 3
Salses-le-Château 66 .... 339 E 4
Salsigne 11 .... 319 H 4
Salt-en-Donzy 42 .... 230 A 1
Les Salvages 81 .... 299 G 4
Salvagnac 81 .... 298 C 1
Salvagnac-Cajarc 12 .... 261 E 5
Salvagnac-Saint-Loup 12 .... 261 F 4
La Salvetat-Belmontet 82 .... 298 A 1
La Salvetat-Lauragais 31 .... 298 C 5
La Salvetat-Peyralès 12 .... 279 H 3
La Salvetat-Saint-Gilles 31 .... 297 G 5
La Salvetat-sur-Agout 34 .... 300 C 5
Salvezines 11 .... 337 H 5
Salvi *Col de* 2B .... 346 C 2
Salviac 46 .... 259 G 3
Salvizinet 42 .... 212 A 5
Salza 11 .... 338 A 2
Salzuit 43 .... 246 C 2
Samadet 40 .... 294 A 4
Saman 31 .... 316 C 5
Samara 80 .... 22 B 1
Samaran 32 .... 316 A 3
Samatan 32 .... 316 D 2
Samazan 47 .... 257 E 5
Sambin 41 .... 153 E 2
Sambourg 89 .... 137 E 3
Le Sambuc 13 .... 304 C 5
Saméon 59 .... 9 F 4
Samer 62 .... 6 C 2
Samerey 21 .... 160 D 5
Sames 64 .... 292 C 5
Sammarçolles 86 .... 168 D 1
Sammeron 77 .... 59 H 2
Samoëns 74 .... 216 D 1
Samognat 01 .... 196 C 5
Samogneux 55 .... 44 B 4
Samois-sur-Seine 77 .... 88 C 4
Samonac 33 .... 237 G 3
Samoreau 77 .... 88 C 4
Samouillan 31 .... 316 D 4
Samoussy 02 .... 25 E 5
Sampans 39 .... 160 D 5
Sampigny 55 .... 64 C 4
Sampigny-lès-Maranges 71 .... 177 F 3
Sampolo 2A .... 349 E 3
Sampzon 07 .... 266 B 5
Samson 25 .... 179 H 1
Samsons-Lion 64 .... 314 D 2
Samuran 65 .... 334 B 4
San Cervone *Col de* 2B .... 347 F 4
San-Damiano 2B .... 347 G 3
San-Gavino-d'Ampugnani 2B .... 347 G 3
San-Gavino-di-Carbini 2A .... 349 F 5
San-Gavino-di-Fiumorbo 2B .... 349 F 2
San-Gavino-di-Tenda 2B .... 345 F 5
San-Giovanni-di-Moriani 2B .... 347 H 3
San-Giuliano 2B .... 347 H 3
San-Lorenzo 2B .... 347 F 3
San-Martino-di-Lota 2B .... 345 G 4
San Michele de Murato *Église* 2B .... 345 F 5
San-Nicolao 2B .... 347 H 3
San-Peïre-sur-Mer 83 .... 329 G 2
San-Pellegrino 2B .... 347 H 2
San Quilico *Chapelle de* 2A .... 351 F 3
San Quilico de Cambia *Chapelle* 2B .... 347 F 3

San Stefano *Col de* 2B .... 345 F 5
Sana 31 .... 317 E 5
Sanadoire *Roche* 63 .... 227 F 2
Sanary-sur-Mer 83 .... 327 H 4
Sancé 71 .... 195 E 4
Sancergues 18 .... 156 A 5
Sancerre 18 .... 155 H 3
Sancey 25 .... 163 E 3
Sancey-le-Long 25 .... 163 E 3
Sancheville 28 .... 110 B 3
Sanchey 88 .... 119 F 2
Sancoins 18 .... 174 A 4
Sancourt 27 .... 37 F 3
Sancourt 59 .... 14 B 3
Sancourt 80 .... 23 H 3
Sancy 54 .... 45 F 3
Sancy 77 .... 59 G 3
Sancy *Puy de* 63 .... 227 E 3
Sancy-les-Cheminots 02 .... 40 C 2
Sancy-lès-Provins 77 .... 60 C 5
Sand 67 .... 97 G 3
Sandarville 28 .... 85 H 5
Sandaucourt 88 .... 94 B 5
Sandillon 45 .... 133 F 2
Sandouville 76 .... 34 D 1
Sandrans 01 .... 213 E 2
Sangatte 62 .... 2 C 3
Sanghen 62 .... 2 D 5
Sanguinaires *Îles* 2A .... 348 A 4
Sanguinet 40 .... 254 C 4
Sanilhac 07 .... 266 A 4
Sanilhac-Sagriès 30 .... 284 C 5
Sannat 23 .... 208 B 2
Sannerville 14 .... 33 H 4
Sannes 84 .... 306 A 2
Sannois 95 .... 58 B 2
Sanous 65 .... 315 E 3
Sanry-lès-Vigy 57 .... 45 H 5
Sanry-sur-Nied 57 .... 66 B 1
Sans-Vallois 88 .... 118 D 2
Sansa 66 .... 341 G 3
Sansac-de-Marmiesse 15 .... 244 B 5
Sansac-Veinazès 15 .... 262 C 2
Sansais 79 .... 184 C 5
Sansan 32 .... 296 B 5
Sanssac-l'Église 43 .... 247 E 3
Sanssat 03 .... 192 C 5
Santa-Lucia-di-Mercurio 2B .... 347 F 4
Santa-Lucia-di-Moriani 2B .... 347 H 3
Santa-Maria 2B .... 345 G 3
Santa-Maria-di-Lota 2B .... 345 G 4
Santa-Maria-Figaniella 2A .... 349 E 5
Santa-Maria-Poggio 2B .... 347 F 3
Santa-Maria-Poggio 2B .... 347 H 4
Santa-Maria-Sicché 2A .... 348 D 4
Santa-Reparata-di-Balagna 2B .... 344 C 5
Santa-Reparata-di-Moriani 2B .... 347 G 3
Sant'Andréa-di-Bozio 2B .... 347 F 4
Sant'Andréa-di-Cotone 2B .... 347 H 4
Sant'Andréa-d'Orcino 2A .... 348 C 2
Santans 39 .... 179 F 1
Sant'Antonino 2B .... 346 C 2
Sant'Appiano *Cathédrale* 2A .... 348 B 1
Santeau 45 .... 111 F 4
Santec 29 .... 71 G 3
Santenay 21 .... 177 G 3
Santenay 41 .... 131 H 5
Santeny 94 .... 58 D 5
Santes 59 .... 8 C 3
Santeuil 28 .... 86 C 4
Santeuil 95 .... 37 H 5
Santigny 89 .... 137 F 5
Santilly 28 .... 110 D 3
Santilly 71 .... 194 D 1
Santo-Pietro-di-Tenda 2B .... 345 F 5
Santo-Pietro-di-Venaco 2B .... 347 E 5
Santoche 25 .... 162 D 1
Santosse 21 .... 177 F 1
Santranges 18 .... 155 H 1
Sanvensa 12 .... 279 F 2
Sanvignes-les-Mines 71 .... 176 D 5
Sanxay 86 .... 185 H 2
Sanzay 79 .... 167 H 2
Sanzey 54 .... 65 E 5
Saon 14 .... 32 D 3
Saône 25 .... 162 A 4
Saonnet 14 .... 32 C 3
Saorge 06 .... 291 H 3
Saosnes 72 .... 83 H 5
Saou 26 .... 267 G 3
Le Sap-André 61 .... 54 D 3
Le Sap-en-Auge 61 .... 54 D 3
Le Sapey 38 .... 251 E 3

Sapignicourt 51 .... 63 E 5
Sapignies 62 .... 13 G 4
Sapogne-et-Feuchères 08 .... 27 E 4
Sapogne-sur-Marche 08 .... 27 H 5
Sapois 39 .... 179 H 5
Sapois 88 .... 120 A 4
Saponay 02 .... 40 C 2
Saponcourt 70 .... 118 C 5
Le Sappey 74 .... 215 G 1
Le Sappey-en-Chartreuse 38 .... 251 E 1
Saramon 32 .... 296 C 5
Saran 45 .... 110 D 5
Saraz 25 .... 179 H 1
Sarbazan 40 .... 274 A 5
Sarcé 72 .... 130 A 4
Sarceaux 61 .... 54 A 4
Sarcelles 95 .... 58 C 2
Sarcenas 38 .... 233 E 5
Sarcey 52 .... 117 F 4
Sarcey 69 .... 212 C 4
Sarcicourt 52 .... 116 D 3
Sarcos 32 .... 316 B 3
Sarcus 60 .... 21 G 4
Sarcy 51 .... 41 F 4
Sardan 30 .... 303 E 1
Sardent 23 .... 207 E 2
Sardieu 38 .... 231 H 5
Sardon 63 .... 210 A 3
Sardy-lès-Épiry 58 .... 157 G 5
Sare 64 .... 310 C 4
Sargé-lès-le-Mans 72 .... 107 H 4
Sargé-sur-Braye 41 .... 109 E 5
Sari-d'Orcino 2A .... 348 C 2
Sari-Solenzara 2A .... 349 G 4
Sariac-Magnoac 65 .... 316 A 4
Sarlabous 65 .... 333 G 1
Sarlande 24 .... 223 F 4
Sarlat-la-Canéda 24 .... 241 G 5
Sarliac-sur-l'Isle 24 .... 240 D 1
Sarniguet 65 .... 315 E 3
Sarnois 60 .... 21 H 4
Saron-sur-Aube 51 .... 90 B 2
Sarp 65 .... 334 A 2
Sarpourenx 64 .... 313 G 2
Sarragachies 32 .... 294 D 3
Sarrageois 25 .... 180 B 4
Sarraguzan 32 .... 315 G 3
Les Sarraix 63 .... 210 D 4
Sarralbe 57 .... 67 G 2
Sarraltroff 57 .... 67 G 4
Sarran 19 .... 225 F 4
Sarrance 64 .... 331 H 2
Sarrancolin 65 .... 333 H 2
Sarrans *Barrage de* 12 .... 263 E 1
Sarrant 32 .... 296 D 3
Sarras 07 .... 249 E 2
Sarrazac 24 .... 223 E 4
Sarrazac 46 .... 242 C 4
Sarraziet 40 .... 294 A 3
Sarre-Union 67 .... 67 H 2
Sarrebourg 57 .... 67 G 4
Sarrecave 31 .... 316 B 5
Sarreguemines 57 .... 47 G 5
Sarreinsberg 57 .... 68 B 2
Sarreinsming 57 .... 67 H 1
Sarremezan 31 .... 316 B 5
Sarrewerden 67 .... 67 H 2
Sarrey 52 .... 117 G 4
Sarriac-Bigorre 65 .... 315 F 3
Sarrians 84 .... 285 G 4
Sarrigné 49 .... 149 H 1
Sarrogna 39 .... 196 C 2
Sarrola-Carcopino 2A .... 348 C 2
Sarron 40 .... 294 C 4
Sarron 60 .... 39 E 3
Sarrouilles 65 .... 315 F 4
Sarroux 19 .... 226 C 4
Sarry 51 .... 62 B 2
Sarry 71 .... 193 G 4
Sarry 89 .... 137 F 4
Le Sars 62 .... 13 G 5
Sars-et-Rosières 59 .... 9 F 4
Sars-le-Bois 62 .... 12 D 2
Sars-Poteries 59 .... 15 H 3
Le Sart 59 .... 15 F 5
Sartène 2A .... 350 D 2
Sartes 88 .... 94 A 5
Sartilly-Baie-Bocage 50 .... 51 G 4
Sarton 62 .... 12 D 4
Sartrouville 78 .... 58 A 2
Sarzay 36 .... 189 F 1
Sarzeau 56 .... 124 B 5
Sasnières 41 .... 131 F 4
Sassangy 71 .... 177 F 5
Sassay 41 .... 153 F 2
Sassegnies 59 .... 15 F 3

Sassenage 38 .... 250 D 1
Sassenay 71 .... 177 H 3
Sassetot-le-Malgardé 76 .... 19 H 3
Sassetot-le-Mauconduit 76 .... 19 F 2
Sasseville 76 .... 19 G 3
Sassey 27 .... 56 C 1
Sassey-sur-Meuse 55 .... 43 G 2
Sassierges-Saint-Germain 36 .... 172 A 4
Sassis 65 .... 332 D 3
Sassy 14 .... 54 A 1
Sathonay-Camp 69 .... 213 E 5
Sathonay-Village 69 .... 213 F 4
Satillieu 07 .... 248 D 2
Satolas-et-Bonce 38 .... 231 G 1
Saturargues 34 .... 303 F 3
Saubens 31 .... 317 H 2
Saubion 40 .... 292 B 3
Saubole 64 .... 314 D 3
Saubrigues 40 .... 292 B 4
Saubusse 40 .... 292 C 3
Saucats 33 .... 255 F 2
Saucède 64 .... 313 G 4
La Saucelle 28 .... 85 F 2
Sauchay 76 .... 10 C 5
Sauchy-Cauchy 62 .... 14 A 3
Sauchy-Lestrée 62 .... 14 A 3
Sauclières 12 .... 282 B 5
Saucourt-sur-Rognon 52 .... 93 E 5
Saudemont 62 .... 14 A 3
Saudoy 51 .... 61 E 5
Saudron 52 .... 93 F 3
Saudrupt 55 .... 63 G 5
Saugeot 39 .... 196 D 1
Saugnac-et-Cambran 40 .... 293 E 3
Saugnacq-et-Muret 40 .... 255 E 5
Saugnieu 69 .... 231 G 1
Saugon 33 .... 237 G 2
Saugues 43 .... 246 C 4
Sauguis-Saint-Étienne 64 .... 331 E 1
Saugy 18 .... 172 C 2
Saujac 12 .... 261 E 5
Saujon 17 .... 218 D 1
La Saulce 05 .... 269 G 5
Saulce-sur-Rhône 26 .... 267 E 2
Saulces-Champenoises 08 .... 42 B 1
Saulces-Monclin 08 .... 26 B 5
Saulcet 03 .... 192 A 4
Saulchery 02 .... 60 B 2
Le Saulchoy 60 .... 22 A 5
Saulchoy 62 .... 11 G 1
Saulchoy-sous-Poix 80 .... 21 H 3
Saulcy 10 .... 92 B 5
Le Saulcy 88 .... 96 C 3
Saulcy-sur-Meurthe 88 .... 96 B 5
Saules 25 .... 162 B 5
Saules 71 .... 177 G 5
Saulgé 86 .... 187 G 4
Saulgé-l'Hôpital 49 .... 149 H 3
Saulges 53 .... 106 C 5
Saulgond 16 .... 204 D 3
Sauliac-sur-Célé 46 .... 260 D 4
Saulieu 21 .... 158 C 4
Saulles 52 .... 140 A 3
Saulmory-Villefranche 55 .... 43 G 1
Saulnay 36 .... 171 E 3
Saulnes 54 .... 45 E 1
Saulnières 28 .... 56 C 5
Saulnières 35 .... 104 B 5
Saulnot 70 .... 142 A 4
Saulny 57 .... 45 G 5
Saulon-la-Chapelle 21 .... 160 B 4
Saulon-la-Rue 21 .... 160 A 4
La Saulsotte 10 .... 89 H 3
Sault 84 .... 286 B 4
Sault-Brénaz 01 .... 214 B 4
Sault-de-Navailles 64 .... 293 G 5
Sault-lès-Rethel 08 .... 42 A 1
Sault-Saint-Remy 08 .... 41 H 2
Saultain 59 .... 15 E 2
Saulty 62 .... 13 E 3
Saulx 70 .... 141 F 3
Saulx-en-Barrois 55 .... 64 C 5
Saulx-en-Woëvre 55 .... 64 D 1
Saulx-le-Duc 21 .... 139 E 5
Saulx-les-Chartreux 91 .... 58 B 5
Saulx-Marchais 78 .... 57 G 3
Saulxerotte 54 .... 94 B 3
Saulxures 52 .... 117 H 5
Saulxures 67 .... 96 C 3
Saulxures-lès-Bulgnéville 88 .... 118 B 2
Saulxures-lès-Nancy 54 .... 66 B 5
Saulxures-lès-Vannes 54 .... 94 A 2
Saulxures-sur-Moselotte 88 .... 120 A 4

Saulzais-le-Potier 18 .... 190 C 1
Saulzet 03 .... 210 A 1
Saulzet-le-Chaud 63 .... 227 G 1
Saulzet-le-Froid 63 .... 227 F 2
Saulzoir 59 .... 14 D 3
Saumane 04 .... 287 E 4
Saumane 30 .... 283 E 4
Saumane-de-Vaucluse 84 .... 305 F 1
Sauméjan 47 .... 274 D 2
Saumeray 28 .... 109 H 2
Saumont 47 .... 275 H 4
Saumont-la-Poterie 76 .... 21 F 5
Saumos 33 .... 236 C 4
Saumur 49 .... 150 B 4
Saunay 37 .... 131 F 5
La Saunière 23 .... 207 F 1
Saunières 71 .... 178 B 3
Sauqueuse-Saint-Lucien 60 .... 38 A 1
Sauqueville 76 .... 20 B 2
Saurais 79 .... 185 G 1
Saurat 09 .... 336 A 4
Sauret-Besserve 63 .... 209 E 3
Saurier 63 .... 227 G 3
Sausheim 68 .... 143 F 1
Saussan 34 .... 302 C 5
Saussay 28 .... 56 D 3
Saussay 76 .... 20 A 4
Saussay-la-Campagne 27 .... 37 E 3
La Saussaye 27 .... 36 A 4
Saussemesnil 50 .... 29 F 4
Saussenac 81 .... 279 H 5
Saussens 31 .... 298 C 5
Sausses 04 .... 289 E 4
Sausset-les-Pins 13 .... 325 H 4
Sausseuzemare-en-Caux 76 .... 18 D 4
Saussey 21 .... 177 F 1
Saussey 50 .... 51 G 1
Saussignac 24 .... 257 G 1
Saussines 34 .... 303 F 3
Saussy 21 .... 159 H 1
Saut de la Mounine 12 .... 261 E 5
Saut des Cuves 88 .... 120 B 3
Sautel 09 .... 336 C 3
Sauternes 33 .... 255 H 4
Sautet *Barrage du* 38 .... 251 F 5
Sauteyrargues 34 .... 302 D 2
Sauto 66 .... 341 G 4
Sautron 44 .... 147 F 3
Sauvage-Magny 52 .... 92 B 4
La Sauvagère 61 .... 53 F 5
Les Sauvages 69 .... 212 B 4
Sauvagnac 16 .... 222 C 1
Sauvagnas 47 .... 276 C 2
Sauvagnat 63 .... 208 D 5
Sauvagnat-Sainte-Marthe 63 .... 228 A 2
Sauvagney 25 .... 161 H 3
Sauvagnon 64 .... 314 B 2
Sauvagny 03 .... 191 E 3
Sauvain 42 .... 229 F 1
Sauvan *Château de* 04 .... 287 E 5
Sauvat 15 .... 244 C 1
Sauve 30 .... 303 E 1
La Sauve 33 .... 256 B 1
Sauvelade 64 .... 313 G 2
Sauverny 01 .... 197 G 4
Sauvessanges 63 .... 229 F 5
La Sauvetat 32 .... 296 A 2
La Sauvetat 43 .... 265 F 1
La Sauvetat 63 .... 227 H 2
La Sauvetat-de-Savères 47 .... 276 C 3
La Sauvetat-du-Dropt 47 .... 257 G 3
La Sauvetat-sur-Lède 47 .... 258 C 5
Sauveterre 30 .... 285 E 5
Sauveterre 32 .... 316 D 2
Sauveterre 65 .... 315 F 2
Sauveterre 81 .... 320 A 2
Sauveterre 82 .... 277 G 2
Sauveterre-de-Béarn 64 .... 311 H 3
Sauveterre-de-Comminges 31 .... 334 B 2
Sauveterre-de-Guyenne 33 .... 256 D 2
Sauveterre-de-Rouergue 12 .... 280 B 3
Sauveterre-la-Lémance 47 .... 259 E 4
Sauveterre-Saint-Denis 47 .... 276 C 3
Sauviac 32 .... 315 H 3
Sauviac 33 .... 256 C 5
Sauvian 34 .... 321 G 4
Sauviat 63 .... 228 C 1
Sauviat-sur-Vige 87 .... 206 C 4
Sauvignac 16 .... 238 D 1
Sauvigney-lès-Gray 70 .... 161 F 1
Sauvigney-lès-Pesmes 70 .... 161 E 3
Sauvigny 55 .... 94 A 3
Sauvigny-le-Beuréal 89 .... 158 B 1
Sauvigny-le-Bois 89 .... 158 A 1

Sauvigny-les-Bois 58 .... 174 D 2
Sauville 08 .... 27 E 5
Sauville 88 .... 118 A 2
Sauvillers-Mongival 80 .... 22 D 4
Sauvimont 32 .... 317 E 2
Sauvoy 55 .... 93 H 1
Saux 46 .... 277 F 1
Saux-et-Pomarède 31 .... 316 C 5
Sauxillanges 63 .... 228 B 3
Le Sauze 04 .... 270 D 5
Sauze 06 .... 289 F 3
Le Sauze-du-Lac 05 .... 270 A 4
Sauzé-Vaussais 79 .... 203 E 1
Sauzelle 17 .... 200 B 3
Sauzelles 36 .... 170 C 5
Sauzet 26 .... 267 E 3
Sauzet 30 .... 284 A 5
Sauzet 46 .... 259 G 5
La Sauzière-Saint-Jean 81 .... 298 B 1
Sauzon 56 .... 144 B 3
Savagna 39 .... 179 E 5
Savarthès 31 .... 334 C 1
Savas 07 .... 230 D 5
Savas-Mépin 38 .... 231 G 3
Savasse 26 .... 267 E 3
Savenay 44 .... 146 D 2
Savenès 82 .... 297 G 2
Savennes 23 .... 207 E 2
Savennes 63 .... 226 C 2
Savennières 49 .... 149 F 2
Saverdun 09 .... 318 B 5
Savères 31 .... 317 F 3
Saverne 67 .... 68 B 4
Saverne *Col de* 67 .... 68 A 4
Saveuse 80 .... 22 B 2
Savianges 71 .... 177 F 5
Savières 10 .... 90 D 4
Savigna 39 .... 196 C 3
Savignac 12 .... 279 F 1
Savignac 33 .... 256 C 4
Savignac-de-Duras 47 .... 257 F 2
Savignac-de-l'Isle 33 .... 238 B 4
Savignac-de-Miremont 24 .... 241 E 4
Savignac-de-Nontron 24 .... 222 C 3
Savignac-Lédrier 24 .... 223 G 5
Savignac-les-Églises 24 .... 241 E 1
Savignac-les-Ormeaux 09 .... 336 C 5
Savignac-Mona 32 .... 317 E 2
Savignac-sur-Leyze 47 .... 258 C 5
Savignargues 30 .... 283 H 5
Savigné 86 .... 203 G 1
Savigné-l'Évêque 72 .... 108 A 4
Savigné-sous-le-Lude 72 .... 129 H 5
Savigné-sur-Lathan 37 .... 151 F 2
Savigneux 01 .... 213 E 3
Savigneux 42 .... 229 G 2
Savignies 60 .... 37 H 1
Savigny 50 .... 31 H 5
Savigny 52 .... 140 B 3
Savigny 69 .... 212 C 5
Savigny 74 .... 215 F 2
Savigny 88 .... 95 E 4
Savigny-en-Revermont 71 .... 178 D 5
Savigny-en-Sancerre 18 .... 155 H 2
Savigny-en-Septaine 18 .... 173 F 1
Savigny-en-Terre-Plaine 89 .... 158 B 1
Savigny-en-Véron 37 .... 150 D 4
Savigny-le-Sec 21 .... 160 A 2
Savigny-le-Temple 77 .... 88 B 2
Savigny-le-Vieux 50 .... 81 G 2
Savigny-lès-Beaune 21 .... 177 H 1
Savigny-Lévescault 86 .... 186 C 2
Savigny-Poil-Fol 58 .... 175 H 4
Savigny-sous-Faye 86 .... 169 E 3
Savigny-sous-Mâlain 21 .... 159 G 3
Savigny-sur-Aisne 08 .... 42 D 2
Savigny-sur-Ardres 51 .... 41 E 4
Savigny-sur-Braye 41 .... 131 E 2
Savigny-sur-Clairis 89 .... 113 E 4
Savigny-sur-Grosne 71 .... 194 D 1
Savigny-sur-Orge 91 .... 58 C 5
Savigny-sur-Seille 71 .... 195 G 1
Savilly 21 .... 158 C 5
Savine *Col de la* 39 .... 197 F 1
Savines-le-Lac 05 .... 270 B 3
Savins 77 .... 89 F 3
Savoillan 84 .... 286 B 3
Savoisy 21 .... 137 H 3
Savolles 21 .... 160 C 2
Savonnières 37 .... 151 G 3
Savonnières-devant-Bar 55 .... 63 H 4
Savonnières-en-Perthois 55 .... 92 D 2
Savonnières-en-Woëvre 55 .... 64 D 3
Savouges 21 .... 160 A 4
Savournon 05 .... 269 E 5
Savoyeux 70 .... 140 B 5
Savy 02 .... 24 A 2

Savy-Berlette 62 — 7 H 5
Saxel 74 — 198 A 4
Saxi-Bourdon 58 — 175 E 1
Saxon-Sion 54 — 94 C 3
Sayat 63 — 209 G 5
Saze 30 — 304 C 1
Sazeray 36 — 189 H 3
Sazeret 03 — 191 G 4
Sazilly 37 — 151 F 5
Sazos 65 — 332 D 3
Scaër 29 — 100 C 3
Les Scaffarels 04 — 289 E 5
Scata 2B — 347 G 3
Sceau-Saint-Angel 24 — 222 C 4
Sceautres 07 — 266 D 3
Sceaux 89 — 158 A 1
Sceaux 92 — 58 B 4
Sceaux-d'Anjou 49 — 128 C 5
Sceaux-du-Gâtinais 45 — 112 B 4
Sceaux-sur-Huisne 72 — 108 C 3
Scey-en-Varais 25 — 162 A 5
Scey-sur-Saône-et-Saint-Albin 70 — 140 D 4
Schaeferhof 57 — 68 A 5
Schaeffersheim 67 — 97 G 1
Schaffhouse-près-Seltz 67 — 69 G 2
Schaffhouse-sur-Zorn 67 — 68 C 4
Schalbach 67 — 67 H 3
Schalkendorf 67 — 68 C 3
Scharrachbergheim 67 — 97 F 1
Scheibenhard 67 — 69 G 1
Scherlenheim 67 — 68 C 4
Scherwiller 67 — 97 E 4
Schillersdorf 67 — 68 C 3
Schiltigheim 67 — 97 H 1
Schirmeck 67 — 96 D 2
Schirrhein 67 — 69 F 3
Schirrhoffen 67 — 69 F 3
Schleithal 67 — 69 G 1
Schlierbach 68 — 143 G 2
Schlucht Col de la 88 — 120 C 3
Schmittviller 57 — 67 H 1
Schneckenbusch 57 — 67 H 5
Schnepfenried 68 — 120 C 4
Schnersheim 67 — 68 C 5
Schœnau 67 — 97 G 5
Schœnbourg 67 — 68 A 3
Schœneck 57 — 47 F 4
Schœnenbourg 67 — 69 F 2
Schopperten 67 — 67 G 2
Schorbach 57 — 48 C 5
Schwabwiller 67 — 69 E 2
Schweighouse 68 — 120 D 4
Schweighouse-sur-Moder 67 — 68 D 3
Schweighouse-Thann 68 — 143 E 1
Schwenheim 67 — 68 B 5
Schwerdorff 57 — 46 D 3
Schweyen 57 — 48 C 5
Schwindratzheim 67 — 68 C 4
Schwoben 68 — 143 F 3
Schwobsheim 67 — 97 G 5
Sciecq 79 — 184 D 3
Scientrier 74 — 216 A 1
Scieurac-et-Flourès 32 — 295 F 3
Sciez 74 — 198 A 3
Scillé 79 — 184 D 1
Scionzier 74 — 216 B 1
Scolca 2B — 347 G 2
Scorbé-Clairvaux 86 — 169 F 4
Scoury 36 — 188 B 1
Scrignac 29 — 76 C 2
Scrupt 51 — 63 E 4
Scy-Chazelles 57 — 65 G 1
Scye 70 — 141 E 4
Séailles 32 — 295 F 3
La Séauve-sur-Semène 43 — 248 A 1
Sébazac-Concourès 12 — 280 D 1
Sébécourt 27 — 55 H 2
Sébéville 50 — 31 H 2
Seboncourt 02 — 24 C 1
Sebourg 59 — 15 E 2
Sébouville 45 — 111 F 3
Sébrazac 12 — 262 D 4
Séby 64 — 314 B 2
Secenans 70 — 142 A 4
Séchault 08 — 42 D 3
Sécheras 07 — 249 E 2
Sécheval 08 — 26 C 2
Le Séchier 05 — 269 G 1
Séchilienne 38 — 251 E 3
Séchin 25 — 162 C 2
Seclin 59 — 8 D 3
Secondigné-sur-Belle 79 — 202 B 1
Secondigny 79 — 185 E 1
Secourt 57 — 66 B 2
Secqueville-en-Bessin 14 — 33 F 4
Sedan 08 — 27 F 3

Sédeilhac 31 — 316 A 5
Séderon 26 — 286 C 2
Sedze-Maubecq 64 — 314 D 3
Sedzère 64 — 314 C 3
Seebach 67 — 69 G 1
Sées 61 — 83 H 2
Segonzac 16 — 220 C 2
Segonzac 19 — 241 G 1
Segonzac 24 — 239 H 2
Ségos 32 — 294 C 4
Ségoufielle 32 — 297 F 4
Segré 49 — 128 A 4
Ségreville 31 — 318 C 2
Ségrie 72 — 107 G 2
Ségrie-Fontaine 61 — 53 G 3
Segrois 21 — 159 H 5
Ségry 36 — 172 C 3
La Séguinière 49 — 166 D 1
Ségur 12 — 281 F 2
Le Ségur 81 — 279 G 4
Ségur-le-Château 19 — 223 H 4
Ségur-les-Villas 15 — 245 F 2
Ségura 09 — 336 B 2
Séguret 84 — 285 G 3
Ségus 65 — 332 D 1
Seich 65 — 334 A 2
Seichamps 54 — 66 A 4
Seichebrières 45 — 111 G 5
Seicheprey 54 — 65 E 3
Seiches-sur-le-Loir 49 — 128 D 5
Seignalens 11 — 337 E 1
Seigné 17 — 202 C 3
Seignelay 89 — 136 B 2
Seigneulles 55 — 63 H 4
Seignosse 40 — 292 B 3
Seigny 21 — 138 A 5
Seigy 41 — 153 F 4
Seilh 31 — 297 H 4
Seilhac 19 — 224 D 5
Seilhan 31 — 334 A 2
Seillac 41 — 152 D 1
Seillans 83 — 308 C 4
Seillonnaz 01 — 214 B 5
Seillons-Source-d'Argens 83 — 306 D 5
Sein Île de 29 — 98 B 2
Seine Sources de la 21 — 159 G 1
Seine-Port 77 — 88 A 3
Seingbouse 57 — 47 F 5
Seissan 32 — 316 B 2
Seix 09 — 335 F 4
Le Sel-de-Bretagne 35 — 104 B 5
Selaincourt 54 — 94 C 3
Selens 02 — 40 A 1
Sélestat 67 — 97 F 5
Séligné 79 — 202 B 1
Séligney 39 — 179 E 2
Selincourt 80 — 21 H 2
La Selle-Craonnaise 53 — 127 G 2
La Selle-en-Coglès 35 — 81 E 3
La Selle-en-Hermoy 45 — 112 D 5
La Selle-en-Luitré 35 — 81 F 5
La Selle-Guerchaise 35 — 105 F 5
La Selle-la-Forge 61 — 53 F 4
La Selle-sur-le-Bied 45 — 112 D 4
Selles 27 — 35 E 3
Selles 51 — 42 A 3
Selles 62 — 6 D 2
Selles 62 — 13 E 5
Selles-Saint-Denis 41 — 154 B 3
Selles-sur-Cher 41 — 153 G 4
Selles-sur-Nahon 36 — 171 F 2
Sellières 39 — 179 E 3
Selommes 41 — 131 H 3
Seloncourt 25 — 142 C 5
Selongey 21 — 139 F 5
Selonnet 04 — 270 A 5
Seltz 67 — 69 G 2
La Selve 02 — 25 G 5
La Selve 12 — 280 C 4
Selvigny 59 — 14 C 5
Sem 09 — 336 A 5
Sémalens 81 — 299 F 5
Semallé 61 — 83 H 3
Semarey 21 — 159 F 4
Sembadel 43 — 246 D 1
Sembadel-Gare 43 — 247 E 1
Sembas 47 — 276 B 1
Semblançay 37 — 151 G 1

Sembleçay 36 — 153 H 4
Semboués 32 — 315 F 2
Séméac 65 — 315 F 4
Séméacq-Blachon 64 — 294 D 5
Sémécourt 57 — 45 G 5
Sémelay 58 — 175 H 3
Sémène 43 — 230 A 5
Semens 33 — 256 B 3
Sementron 89 — 135 H 5
Sémeries 59 — 15 H 4
Semerville 41 — 110 A 5
Semezanges 21 — 159 H 4
Semide 08 — 42 C 3
Semillac 17 — 219 G 4
Semilly 52 — 93 G 5
Semmadon 70 — 140 C 3
Semnoz Montagne du 74 — 215 G 5
Semoine 10 — 61 H 5
Semond 21 — 138 B 4
Semondans 25 — 142 B 4
Semons 38 — 231 H 4
Semousies 59 — 15 G 3
Semoussac 17 — 219 G 4
Semoutiers 52 — 116 D 4
Semoy 45 — 111 E 5
Sempigny 60 — 23 G 5
Sempy 62 — 6 C 4
Semur-en-Auxois 21 — 158 D 1
Semur-en-Brionnais 71 — 193 G 5
Semur-en-Vallon 72 — 108 C 4
Semussac 17 — 218 D 2
Semuy 08 — 42 D 1
Le Sen 40 — 273 H 4
Sénac 65 — 315 F 3
Senaide 88 — 118 B 4
Sénaillac-Latronquière 46 — 261 G 1
Sénaillac-Lauzès 46 — 260 C 3
Senailly 21 — 137 G 5
Senan 89 — 135 H 2
Sénanque Abbaye de 84 — 305 G 1
Senantes 28 — 57 E 5
Senantes 60 — 37 G 1
Sénarens 31 — 317 E 3
Senargent 70 — 141 H 5
Senarpont 80 — 21 F 2
Sénart 11 — 88 A 2
Sénas 13 — 305 F 3
Senaud 39 — 196 A 3
Senaux 81 — 300 B 3
Sencenac-Puy-de-Fourches 24 — 222 C 5
Senconac 09 — 336 C 5
Sendets 33 — 256 C 5
Sendets 64 — 314 C 4
Séné 56 — 124 C 4
Sène Mont de 71 — 177 G 2
Sénéchas 30 — 283 G 1
Sénèque Tour de 2B — 345 F 2
Sénergues 12 — 262 C 3
Senesse-de-Senabugue 09 — 336 D 2
Sénestis 47 — 257 F 5
Séneujols 43 — 247 E 4
Senez 04 — 288 B 5
Sénezergues 15 — 262 B 2
Sengouagnet 31 — 334 C 2
Séniergues 46 — 260 B 2
Senillé 86 — 169 H 4
Senillé-Saint-Sauveur 86 — 169 H 4
Seninghem 62 — 7 E 2
Senlecques 62 — 6 D 2
Senlis 60 — 39 E 4
Senlis 62 — 7 E 3
Senlis-le-Sec 80 — 13 E 5
Senlisse 78 — 57 H 5
Sennecé-lès-Mâcon 71 — 195 E 4
Sennecey-le-Grand 71 — 177 H 5
Sennecey-lès-Dijon 21 — 160 B 3
Sennely 45 — 133 G 4
Sennevières 37 — 170 C 1
Senneville-sur-Fécamp 76 — 19 E 3
Sennevoy-le-Bas 89 — 137 G 3
Sennevoy-le-Haut 89 — 137 G 3
Senon 55 — 44 D 4
Senonches 28 — 85 F 2
Senoncourt 70 — 141 E 2
Senoncourt-les-Maujouy 55 — 64 B 2
Senones 88 — 96 B 3
Senonges 88 — 118 C 2
Senonnes 53 — 127 F 2
Senonville 55 — 64 D 3
Senots 60 — 37 H 4
Senouillac 81 — 299 E 1
Sénoville 50 — 28 D 5

Senozan 71 — 195 E 3
Sens 89 — 113 G 2
Sens-Beaujeu 18 — 155 H 3
Sens-de-Bretagne 35 — 80 C 4
Sens-sur-Seille 71 — 178 C 4
Sentein 09 — 334 D 4
Sentelie 80 — 22 A 3
Sentenac-de-Sérou 09 — 335 F 4
Sentenac-d'Oust 09 — 335 F 4
Sentheim 68 — 142 D 1
La Sentinelle 59 — 9 G 5
Sentous 65 — 315 H 4
Senuc 08 — 43 E 3
Senven-Léhart 22 — 77 H 3
La Séoube 65 — 333 G 2
Sépeaux-Saint-Romain 89 — 113 F 5
Sepmeries 59 — 14 D 2
Sepmes 37 — 169 H 1
Seppois-le-Bas 68 — 143 E 4
Seppois-le-Haut 68 — 143 E 4
Sept-Fons Abbaye de 03 — 192 D 2
Sept-Forges 61 — 82 B 3
Sept-Frères 14 — 52 B 3
Sept-Meules 76 — 10 D 5
Sept-Saulx 51 — 42 A 5
Sept-Sorts 77 — 59 H 2
Sept-Vents 14 — 32 D 5
Septème 38 — 231 F 3
Septèmes-les-Vallons 13 — 326 D 1
Septeuil 78 — 57 F 3
Septfonds 82 — 278 C 3
Septfonds 89 — 135 F 4
Septfontaines 25 — 180 B 1
Septmoncel 39 — 197 E 3
Septmonts 02 — 40 B 3
Septsarges 55 — 43 G 3
Septvaux 02 — 24 B 5
Sepvigny 55 — 93 H 2
Sepvret 79 — 165 G 4
Sepx 31 — 316 D 5
Sequedin 59 — 8 C 2
Sequehart 02 — 24 B 1
Le Sequestre 81 — 259 F 1
Serain 02 — 14 C 5
Seraincourt 08 — 25 H 5
Seraincourt 95 — 57 G 1
Sérandon 19 — 226 B 5
Séranon 06 — 308 C 2
Serans 60 — 37 G 4
Serans 61 — 54 A 4
Séranvillers-Forenville 59 — 14 B 4
Seraucourt 55 — 63 H 2
Seraucourt-le-Grand 02 — 24 A 3
Seraumont 88 — 93 H 3
Serazereux 28 — 86 A 2
Serbannes 03 — 210 B 2
Serbonnes 89 — 89 F 5
Serches 02 — 40 C 3
Sercœur 88 — 95 G 5
Sercus 59 — 7 H 2
Sercy 71 — 194 D 1
Serdinya 66 — 342 A 3
Sère 32 — 316 B 3
Sère-en-Lavedan 65 — 332 D 2
Sère-Lanso 65 — 333 E 1
Sère-Rustaing 65 — 315 G 4
Serécourt 88 — 118 B 4
Séreilhac 87 — 205 F 5
Sérémange-Erzange 57 — 45 G 3
Sérempuy 32 — 296 D 3
Sérénac 81 — 299 H 1
Sérent 56 — 124 D 2
Sérévillers 60 — 22 C 4
Séreyrède Col de la 30 — 282 C 4
Serez 27 — 56 D 2
Sérézin-de-la-Tour 38 — 232 A 2
Sérézin-du-Rhône 69 — 231 E 2
Sergeac 24 — 241 F 4
Sergenaux 39 — 179 E 3
Sergenon 39 — 178 D 2
Sergines 89 — 89 E 5
Sergy 01 — 197 F 4
Sergy 02 — 40 D 4
Séricourt 62 — 12 D 2
Sériers 15 — 245 G 4
Sérifontaine 60 — 37 G 3
Sérignac 16 — 239 E 1
Sérignac 46 — 259 F 5
Sérignac 82 — 297 E 1
Sérignac-Péboudou 47 — 257 H 3
Sérignac-sur-Garonne 47 — 275 H 3
Sérignan 34 — 321 G 4
Sérignan-du-Comtat 84 — 285 F 3
Sérignan-Plage 34 — 321 H 4
Sérigné 85 — 183 H 2

Sérigny 61 — 84 C 4
Sérigny 86 — 169 F 3
Seringes-et-Nesles 02 — 40 C 4
Séris 41 — 132 B 3
Serley 71 — 178 C 4
Sermages 58 — 175 H 1
Sermaise 49 — 150 B 1
Sermaise 91 — 87 F 3
Sermaises 45 — 87 G 5
Sermaize 60 — 23 G 5
Sermaize-les-Bains 51 — 63 F 4
Sermamagny 90 — 142 C 2
Sermange 39 — 161 F 4
Sermano 2B — 347 F 4
Sermentizon 63 — 228 C 1
Sermentot 14 — 33 E 5
Sermérieu 38 — 232 B 1
Sermersheim 67 — 97 F 4
Sermesse 71 — 178 B 3
Sermiers 51 — 41 G 5
Sermizelles 89 — 157 H 1
Sermoise 02 — 40 C 3
Sermoise-sur-Loire 58 — 174 C 2
Sermoyer 01 — 195 F 2
Sermur 23 — 208 B 3
Sernhac 30 — 304 B 1
Serocourt 88 — 118 B 3
Séron 65 — 314 D 3
Serpaize 38 — 231 F 3
La Serpent 11 — 337 E 3
Serques 62 — 3 F 5
Serqueux 52 — 118 A 4
Serqueux 76 — 21 E 5
Serquigny 27 — 35 G 5
Serra-di-Ferro 2A — 348 C 5
Serra-di-Fiumorbo 2B — 349 G 2
Serra-di-Pigno 2B — 345 G 4
Serra-di-Scopamène 2A — 349 E 5
Serrabone Prieuré de 66 — 342 C 3
Serralongue 66 — 342 C 5
La Serre 12 — 300 C 1
Serre Col de 15 — 245 E 3
La Serre-Bussière-Vieille 23 — 208 B 2
Serre-Chevalier 05 — 252 C 4
Serre-les-Moulières 39 — 161 F 4
Serre-les-Sapins 25 — 161 H 4
Serre-Nerpol 38 — 250 B 1
Serre-Ponçon Barrage et Lac de 93 — 270 A 4
Serres 05 — 269 E 5
Serres 11 — 337 H 3
Serres 54 — 66 C 5
Serres-Castet 64 — 314 B 3
Serres-et-Montguyard 24 — 257 H 2
Serres-Gaston 40 — 294 A 4
Serres-Morlaàs 64 — 314 C 3
Serres-Sainte-Marie 64 — 313 H 3
Serres-sur-Arget 09 — 336 A 3
Serreslous-et-Arribans 40 — 293 H 3
Serriera 2A — 346 B 5
Serrières 07 — 231 E 5
Serrières 71 — 194 D 4
Serrières-de-Briord 01 — 214 B 5
Serrières-en-Chautagne 73 — 215 E 4
Serrigny 89 — 137 G 2
Serrigny-en-Bresse 71 — 178 B 3
Serris 77 — 59 F 3
Serrouville 54 — 45 F 3
Serruelles 18 — 173 E 3
Sers 16 — 221 G 2
Sers 65 — 333 E 3
Serval 02 — 41 E 3
Servance 70 — 142 A 1
Servanches 24 — 239 F 2
Servant 63 — 209 F 1
Servas 01 — 213 H 1
Servas 30 — 284 A 3
Servaville-Salmonville 76 — 36 C 1
Serverette 48 — 264 B 2
Serves-sur-Rhône 26 — 249 E 2
Servian 34 — 321 H 2
Servières 48 — 264 B 4
Servières-le-Château 19 — 243 F 3
Serviers-et-Labaume 30 — 284 B 5
Serviès 81 — 299 G 5
Serviès-en-Val 11 — 338 A 1
Servignat 01 — 195 G 3
Servigney 25 — 162 C 1
Servigney 70 — 141 H 2
Servigny 50 — 31 G 5

Servigny-lès-Raville 57 — 66 C 1
Servigny-lès-Sainte-Barbe 57 — 45 H 5
Serville 28 — 56 D 4
Servilly 03 — 192 C 5
Servin 25 — 162 D 3
Servins 62 — 8 A 5
Servion 08 — 26 B 3
Servon 50 — 51 G 5
Servon 77 — 59 E 5
Servon-Melzicourt 51 — 43 E 4
Servon-sur-Vilaine 35 — 104 C 3
Servoz 74 — 216 D 3
Séry 08 — 26 A 5
Séry 89 — 136 C 5
Séry-lès-Mézières 02 — 24 C 3
Séry-Magneval 60 — 39 F 4
Serzy-et-Prin 51 — 41 E 4
Sessenheim 67 — 69 F 3
Sète 34 — 323 E 4
Les Settons 58 — 158 B 4
Seudre Pont de la 17 — 200 C 4
Seugy 95 — 38 C 5
Seuil 08 — 42 B 1
Seuillet 03 — 210 C 1
Seuilly 37 — 150 D 5
Seur 41 — 153 E 1
Le Seure 17 — 202 B 1
Seurre 21 — 178 B 1
Seux 80 — 22 A 2
Seuzey 55 — 64 C 2
Sevelinges 42 — 212 A 2
Sevenans 90 — 142 C 3
Sévérac 44 — 125 G 5
Sévérac d'Aveyron 12 — 281 H 2
Sévérac-l'Église 12 — 281 F 1
Seveux 70 — 140 B 5
Sevi Col de 2A — 346 C 5
Sévignac 22 — 79 E 5
Sévignacq 64 — 314 C 2
Sévignacq-Meyracq 64 — 332 A 1
Sévigny 61 — 54 A 4
Sévigny-la-Forêt 08 — 26 B 1
Sévigny-Waleppe 08 — 25 G 5
Sévis 76 — 20 B 4
Sevrai 61 — 53 H 5
Sevran 93 — 58 D 2
Sèvres 92 — 58 B 4
Sèvres-Anxaumont 86 — 186 C 1
Sevrey 71 — 177 H 4
Sevrier 74 — 215 G 4
Sévry 18 — 155 H 5
Sewen 68 — 142 C 1
Sexcles 19 — 243 F 4
Sexey-aux-Forges 54 — 94 C 1
Sexey-les-Bois 54 — 65 G 5
Sexfontaines 52 — 116 D 2
Seychalles 63 — 210 B 5
Seyches 47 — 257 G 4
Seyne 04 — 270 B 5
La Seyne-sur-Mer 83 — 328 A 5
Seynes 30 — 284 A 4
Seynod 74 — 215 G 3
Seyre 31 — 318 B 3
Seyresse 40 — 292 D 3
Seyssel 01 — 215 E 3
Seyssel 74 — 215 E 3
Seysses 31 — 317 G 2
Seysses-Savès 32 — 317 E 2
Seyssinet-Pariset 38 — 250 D 2
Seyssins 38 — 250 D 2
Seyssuel 38 — 231 E 3
Seythenex 74 — 216 A 5
Seytroux 74 — 198 C 4
Sézanne 51 — 61 E 5
Sézéria 39 — 196 C 2
Siarrouy 65 — 315 E 3
Siaugues-Saint-Romain 43 — 246 D 3
Sibiril 29 — 71 G 3
Sibiville 62 — 12 D 2
La Sicaudais 44 — 146 D 4
Siccieu-Saint-Julien-et-Carisieu 38 — 214 A 5
Sichamps 58 — 156 A 5
Sickert 68 — 142 C 1
Sideville 50 — 29 E 3
Sidiailles 18 — 190 B 2
Siecq 17 — 202 C 4
Siegen 67 — 69 G 1
Siersthal 57 — 68 A 1
Sierville 76 — 20 A 5
Siest 40 — 292 D 3

A B C D E F G H I J K L M N O P Q R S T U V W X Y Z

Sieurac 81 ... **299** F 2
Sieuras 09 ... **317** H 5
Siévoz 38 ... **251** E 5
Siewiller 67 ... **67** H 3
Sigale 06 ... **289** G 5
Sigalens 33 ... **256** D 5
Sigean 11 ... **339** E 2
Sigean
  Réserve africaine de 11 ... **339** E 2
Sigloy 45 ... **133** H 3
Signac 31 ... **334** B 3
Signes 83 ... **327** H 2
Signéville 52 ... **93** F 5
Signy-l'Abbaye 08 ... **26** B 4
Signy-le-Petit 08 ... **26** A 1
Signy-Montlibert 08 ... **27** H 5
Signy-Signets 77 ... **59** H 2
Sigogne 16 ... **220** C 1
Sigolsheim 68 ... **121** E 2
Sigonce 04 ... **287** F 5
Sigottier 05 ... **268** D 5
Sigoulès 24 ... **257** G 2
Sigournais 85 ... **166** C 5
Sigoyer 04 ... **287** G 1
Sigoyer 05 ... **269** G 4
Siguer 09 ... **336** A 5
Sigy 77 ... **89** F 3
Sigy-en-Bray 76 ... **21** E 5
Sigy-le-Châtel 71 ... **194** C 2
Silfiac 56 ... **101** G 2
Silhac 07 ... **248** D 5
Sillans 38 ... **232** B 5
Sillans-la-Cascade 83 ... **307** G 4
Sillars 86 ... **187** F 3
Sillas 33 ... **274** D 1
Sillé-le-Guillaume 72 ... **107** E 2
Sillé-le-Philippe 72 ... **108** A 3
Sillegny 57 ... **65** H 2
Sillery 51 ... **41** H 4
Silley-Amancey 25 ... **180** B 1
Silley-Bléfond 25 ... **162** C 2
Sillingy 74 ... **215** F 3
Silly-en-Gouffern 61 ... **54** B 4
Silly-en-Saulnois 57 ... **66** B 2
Silly-la-Poterie 02 ... **40** A 4
Silly-le-Long 60 ... **39** F 5
Silly-sur-Nied 57 ... **46** B 5
Silly-Tillard 60 ... **38** A 3
Silmont 55 ... **63** H 4
Siltzheim 67 ... **67** G 1
Silvacane *Ancienne*
  Abbaye de 13 ... **305** H 3
Silvareccio 2B ... **347** G 3
Silvarouvres 52 ... **116** B 4
Simacourbe 64 ... **314** C 2
Simandre 71 ... **195** F 1
Simandre-sur-Suran 01 ... **196** A 5
Simandres 69 ... **231** F 2
Simard 71 ... **178** B 5
Simencourt 62 ... **13** F 3
Simeyrols 24 ... **241** H 5
Simiane-Collongue 13 ... **327** E 1
Simiane-la-Rotonde 04 ... **286** D 5
Simorre 32 ... **316** C 2
Simplé 53 ... **105** H 5
Le Simserhof *Fort* 57 ... **68** B 1
Sin-le-Noble 59 ... **8** D 5
Sinard 38 ... **250** D 4
Sinceny 02 ... **24** A 5
Sincey-lès-Rouvray 21 ... **158** B 2
Sindères 40 ... **272** D 4
Singles 63 ... **226** C 3
Singleyrac 24 ... **257** H 2
Singly 08 ... **26** D 4
Singrist 67 ... **68** B 5
Sinsat 09 ... **336** B 5
Sinzos 65 ... **315** F 5
Sion 32 ... **295** E 3
Sion 54 ... **94** C 3
Sion-les-Mines 44 ... **126** C 3
Sion-sur-l'Océan 85 ... **164** D 4
Sioniac 19 ... **243** E 4
Sionne 88 ... **93** H 4
Sionviller 54 ... **95** G 1
Siorac-de-Ribérac 24 ... **239** G 2
Siorac-en-Périgord 24 ... **259** E 1
Siouville-Hague 50 ... **28** C 3
Sirac 32 ... **297** E 3
Siracourt 62 ... **7** F 5
Siradan 65 ... **334** B 2
Siran 15 ... **243** G 5
Siran 34 ... **320** B 4
Siran *Château* 33 ... **237** F 3
Sireix 65 ... **332** C 2
Sireuil 16 ... **221** E 2
Sireuil 24 ... **241** F 5
Sirod 39 ... **180** A 4

Siros 64 ... **314** A 3
Sisco 2B ... **345** G 2
Sissonne 02 ... **25** F 5
Sissy 02 ... **24** C 3
Sistels 82 ... **276** C 4
Sisteron 04 ... **287** G 2
Sivergues 84 ... **305** H 2
Sivignon 71 ... **194** B 3
Sivry 54 ... **65** H 4
Sivry-Ante 51 ... **63** E 1
Sivry-Courtry 77 ... **88** C 3
Sivry-la-Perche 55 ... **43** H 5
Sivry-lès-Buzancy 08 ... **43** F 2
Sivry-sur-Meuse 55 ... **43** H 3
Six-Fours-les-Plages 83 ... **327** H 5
Sixt-Fer-à-Cheval 74 ... **216** D 1
Sixt-sur-Aff 35 ... **125** H 2
Sizun 29 ... **75** H 2
Smarves 86 ... **186** B 2
Smermesnil 76 ... **20** D 2
Soccia 2A ... **348** C 1
Sochaux 25 ... **142** C 4
Socoa 64 ... **310** B 3
Socx 59 ... **3** G 3
Sode 31 ... **334** B 4
Sœurdres 49 ... **128** C 3
Sognes 89 ... **89** H 5
Sognolles-en-Montois 77 ... **89** F 3
Sogny-aux-Moulins 51 ... **62** B 2
Sogny-en-l'Angle 51 ... **63** E 3
Soignolles 14 ... **53** H 1
Soignolles-en-Brie 77 ... **59** E 5
Soilly 51 ... **60** D 1
Soindres 78 ... **57** F 2
Soing 70 ... **140** C 5
Soings-en-Sologne 41 ... **153** G 2
Soirans 21 ... **160** C 4
Soissons 02 ... **40** B 2
Soissons-sur-Nacey 21 ... **160** D 3
Soisy-Bouy 77 ... **89** G 3
Soisy-sous-Montmorency 95 ... **58** B 2
Soisy-sur-École 91 ... **88** A 3
Soisy-sur-Seine 91 ... **58** D 5
Soize 02 ... **25** G 4
Soizé 28 ... **109** E 3
Soizy-aux-Bois 51 ... **61** E 4
Solaize 69 ... **231** E 2
Solaro 2B ... **349** G 3
Solbach 67 ... **96** D 3
Soleilhas 04 ... **308** B 1
Solemont 25 ... **163** F 2
Solente 60 ... **23** G 4
Solenzara 2A ... **349** G 4
Le Soler 66 ... **342** D 2
Solérieux 26 ... **285** F 1
Solers 77 ... **59** F 5
Solesmes 59 ... **14** D 3
Solesmes 72 ... **129** E 2
Soleymieu 38 ... **232** A 1
Soleymieux 42 ... **229** G 3
Solférino 40 ... **273** E 3
Solgne 57 ... **66** B 2
Soliers 14 ... **33** H 5
Solignac 87 ... **223** G 1
Solignac-sous-Roche 43 ... **247** G 1
Solignac-sur-Loire 43 ... **247** F 4
Solignat 63 ... **227** H 3
Soligny-la-Trappe 61 ... **84** B 2
Soligny-les-Étangs 10 ... **89** H 4
Sollacaro 2A ... **348** D 5
Sollières-Sardières 73 ... **235** E 5
Solliès-Pont 83 ... **328** B 3
Solliès-Toucas 83 ... **328** B 3
Solliès-Ville 83 ... **328** B 4
Sologny 71 ... **194** D 4
Solomiac 32 ... **296** D 2
Solre-le-Château 59 ... **15** H 3
Solrinnes 59 ... **15** H 3
Solterre 45 ... **134** D 2
Solutré-Pouilly 71 ... **194** D 4
Somain 59 ... **9** E 5
Sombacour 25 ... **180** C 2
Sombernon 21 ... **159** G 3
Sombrin 62 ... **13** E 3
Sombrun 65 ... **315** E 2
Somloire 49 ... **167** F 1
Sommaing 59 ... **14** D 3
Sommaisne 55 ... **63** G 2
Sommancourt 52 ... **92** D 3
Sommant 71 ... **176** C 1
Sommauthe 08 ... **43** F 1
Somme-Bionne 51 ... **42** D 5
Somme-Suippe 51 ... **42** C 5
Somme-Tourbe 51 ... **42** D 5
Somme-Vesle 51 ... **62** C 1
Somme-Yèvre 51 ... **62** D 2

Sommecaise 89 ... **135** G 2
Sommedieue 55 ... **64** C 1
Sommeilles 55 ... **63** F 2
Sommelans 02 ... **40** B 5
Sommelonne 55 ... **63** G 5
Sommepy-Tahure 51 ... **42** C 4
Sommerance 08 ... **43** F 3
Sommereux 60 ... **21** H 4
Sommervieu 14 ... **33** E 3
Sommerviller 54 ... **95** E 1
Sommery 76 ... **20** D 5
Sommesnil 76 ... **19** G 4
Sommesous 51 ... **61** H 4
Sommet-Bucher 05 ... **271** E 1
La Sommette 25 ... **162** D 4
Sommette-Eaucourt 02 ... **23** H 3
Sommeval 10 ... **114** D 3
Sommeville 52 ... **92** D 2
Sommevoire 52 ... **92** B 4
Sommières 30 ... **303** F 2
Sommières-du-Clain 86 ... **186** B 5
Somport *Col du* 64 ... **331** H 4
Sompt 79 ... **202** D 1
Sompuis 51 ... **62** B 5
Somsois 51 ... **91** H 2
Son 08 ... **26** A 5
Sonac 46 ... **261** E 2
Sonchamp 78 ... **86** D 2
Soncourt 88 ... **94** B 4
Soncourt-sur-Marne 52 ... **116** D 2
Sondernach 68 ... **120** C 4
Sondersdorf 68 ... **143** F 4
La Sône 38 ... **250** A 2
Songeons 60 ... **21** G 5
Songeson 39 ... **179** G 5
Songieu 01 ... **214** D 3
Songy 51 ... **62** C 4
Sonnac 12 ... **261** G 4
Sonnac 17 ... **202** B 4
Sonnac-sur-l'Hers 11 ... **337** E 2
Sonnay 38 ... **231** F 5
Sonnaz 73 ... **233** F 1
Sonneville 16 ... **202** D 5
Sons-et-Ronchères 02 ... **24** D 3
Sonthonnax-
  la-Montagne 01 ... **196** B 5
Sonzay 37 ... **151** G 1
Soorts-Hossegor 40 ... **292** B 3
Sophia-Antipolis 06 ... **309** F 3
Soppe-le-Bas 68 ... **142** D 2
Soppe-le-Haut 68 ... **142** D 2
Sor 09 ... **335** E 3
Sorans-lès-Breurey 70 ... **162** A 2
Sorba *Col de* 2B ... **349** F 1
Sorbais 02 ... **25** F 1
Sorbets 32 ... **295** E 3
Sorbets 40 ... **294** B 4
Sorbey 55 ... **44** C 3
Sorbey 57 ... **66** B 1
Sorbier 03 ... **192** D 4
Sorbiers 05 ... **268** C 5
Sorbiers 42 ... **230** B 3
Sorbo-Ocagnano 2B ... **347** G 2
Sorbollano 2A ... **349** E 5
Sorbon 08 ... **26** A 5
Sorbs 34 ... **301** H 1
Sorcy-Bauthémont 08 ... **26** C 5
Sorcy-Saint-Martin 55 ... **64** D 5
Sorde-l'Abbaye 40 ... **292** D 5
Sore 40 ... **273** G 1
Soréac 65 ... **315** F 4
Sorède 66 ... **343** F 3
Sorel 80 ... **14** A 5
Sorel-en-Vimeu 80 ... **11** H 4
Sorel-Moussel 28 ... **56** D 3
Sorèze 81 ... **319** F 2
Sorgeat 09 ... **336** D 5
Sorges-et-Ligueux
  -en-Périgord 24 ... **240** D 1
Sorgues 84 ... **285** F 5
Sorigny 37 ... **151** H 4
Les Sorinières 44 ... **147** G 4
Sorio 2B ... **345** F 5
Sormery 89 ... **114** B 4
Sormonne 08 ... **26** C 2
Sornac 19 ... **225** H 2
Sornay 70 ... **161** F 3
Sornay 71 ... **195** G 1
Sornéville 54 ... **66** C 5
Sorquainville 76 ... **19** F 4
Sorrus 62 ... **6** B 4
Sort-en-Chalosse 40 ... **293** E 3
Sortosville 50 ... **29** F 5
Sortosville-en-Beaumont 50 ... **28** D 5

Sos 47 ... **275** E 4
Sospel 06 ... **291** G 4
Sossais 86 ... **169** F 3
Sost 65 ... **334** A 3
Sotta 2A ... **351** F 3
Sottevast 50 ... **29** E 4
Sotteville 50 ... **28** D 4
Sotteville-lès-Rouen 76 ... **36** B 1
Sotteville-sous-le-Val 76 ... **36** B 3
Sotteville-sur-Mer 76 ... **19** H 2
Soturac 46 ... **259** E 5
Sotzeling 57 ... **66** D 3
Souain-Perthes-
  lès-Hurlus 51 ... **42** C 4
Soual 81 ... **299** F 5
Souancé-au-Perche 28 ... **109** E 2
Souanyas 66 ... **341** H 3
Souastre 62 ... **13** E 4
Soubès 34 ... **301** H 3
Soubise 17 ... **200** D 3
Soublecause 65 ... **295** E 5
Soubran 17 ... **219** G 5
Soubrebost 23 ... **207** E 3
Soucé 53 ... **82** B 3
Soucelles 49 ... **128** D 5
La Souche 07 ... **265** H 5
Souché 79 ... **184** D 4
Souchez 62 ... **8** B 5
Soucht 57 ... **68** A 2
Soucia 39 ... **196** D 1
Soucieu-en-Jarrest 69 ... **230** D 1
Soucirac 46 ... **260** B 2
Souclin 01 ... **214** B 4
Soucy 02 ... **39** H 3
Soucy 89 ... **113** G 2
Soudaine-Lavinadière 19 ... **224** D 3
Soudan 44 ... **127** E 3
Soudan 79 ... **185** G 3
Soudat 24 ... **222** B 2
Souday 41 ... **109** E 4
Soudé 51 ... **62** A 4
Soudeilles 19 ... **225** G 4
Soudorgues 30 ... **283** F 4
Soudron 51 ... **61** H 3
Soueich 31 ... **334** C 2
Soueix-Rogalle 09 ... **335** G 3
Souel 81 ... **279** F 5
Soues 65 ... **315** F 5
Soues 80 ... **22** A 1
Souesmes 41 ... **154** D 2
Souffelweyersheim 67 ... **69** E 5
Soufflenheim 67 ... **69** F 3
Souffrignac 16 ... **221** H 2
Sougé 36 ... **171** F 2
Sougé 41 ... **131** E 3
Sougé-le-Ganelon 72 ... **83** F 5
Sougéal 35 ... **80** C 2
Sougères-en-Puisaye 89 ... **156** D 1
Sougères-sur-Sinotte 89 ... **136** B 2
Sougraigne 11 ... **337** H 3
Sougy 45 ... **110** D 4
Sougy-sur-Loire 58 ... **175** E 3
Les Souhesmes 55 ... **43** H 5
Souhey 21 ... **158** D 1
Le Souich 62 ... **12** D 3
Souilhanels 11 ... **318** D 3
Souilhe 11 ... **318** D 3
Souillac 46 ... **242** B 5
Souillé 72 ... **107** H 3
Souilly 55 ... **63** H 1
Souilly 77 ... **59** E 2
Soula 09 ... **336** B 3
Soulac-sur-Mer 33 ... **218** C 3
Soulages 15 ... **246** A 3
Soulce-Cernay 25 ... **163** G 2
Soulgé-sur-Ouette 53 ... **106** B 4
Le Soulié 34 ... **300** C 5
Soulières 51 ... **61** F 3
Soulièvres 79 ... **168** B 3
Soulignac 33 ... **256** B 2
Souligné-Flacé 72 ... **107** F 5
Souligné-sous-Ballon 72 ... **107** H 3
Soulignonne 17 ... **201** E 5

Souligny 10 ... **114** D 2
Soulitré 72 ... **108** B 4
Soullans 85 ... **164** D 3
Soulles 50 ... **52** A 1
Soulom 65 ... **332** D 2
Soulomès 46 ... **260** C 3
Soulor *Col du* 65 ... **332** C 2
Soulosse-
  sous-Saint-Élophe 88 ... **94** A 4
Soultz-Haut-Rhin 68 ... **120** D 5
Soultz-les-Bains 67 ... **97** F 1
Soultz-sous-Forêts 67 ... **69** E 2
Soultzbach-les-Bains 68 ... **120** D 3
Soultzeren 68 ... **120** C 3
Soultzmatt 68 ... **120** D 4
Soulvache 44 ... **126** D 2
Soumaintrain 89 ... **114** C 4
Soumans 23 ... **190** B 5
Soumensac 47 ... **257** G 2
Souméras 17 ... **219** H 5
Soumont 34 ... **301** H 3
Soumont-Saint-Quentin 14 ... **53** H 2
Soumoulou 64 ... **314** C 4
Soupex 11 ... **318** D 3
Soupir 02 ... **40** D 2
Souppes-sur-Loing 77 ... **112** C 3
Souprosse 40 ... **293** G 2
Le Souquet 40 ... **272** C 5
Souraïde 64 ... **310** D 4
Sourans 25 ... **142** A 5
La Source 45 ... **133** F 3
Source-Seine 21 ... **159** F 1
Sourcieux-les-Mines 69 ... **212** D 5
Le Sourd 02 ... **25** E 2
Sourdeval 50 ... **52** C 4
Sourdeval-les-Bois 50 ... **51** H 2
Sourdon 80 ... **22** C 4
Sourdun 77 ... **89** G 3
Le Sourn 56 ... **101** H 3
Sournia 66 ... **338** A 5
Sourniac 15 ... **244** B 1
Sourribes 04 ... **287** G 3
Sours 28 ... **86** B 4
Soursac 19 ... **243** H 1
Sourzac 24 ... **239** G 3
Sous-la-Tour 22 ... **78** B 3
Sous-Parsat 23 ... **207** F 2
Sousceyrac-en-Quercy 46 ... **243** F 5
Sousmoulins 17 ... **220** B 5
Souspierre 26 ... **267** G 4
Soussac 33 ... **256** D 2
Soussans 33 ... **237** F 3
Soussey-sur-Brionne 21 ... **159** E 3
Soustelle 30 ... **283** G 3
Soustons 40 ... **292** B 2
Sousville 38 ... **251** E 4
Souternon 42 ... **211** G 4
La Souterraine 23 ... **188** C 5
Soutiers 79 ... **185** F 1
Souvans 39 ... **179** E 1
Souvignargues 30 ... **303** F 2
Souvigné 16 ... **203** E 3
Souvigné 37 ... **151** F 1
Souvigné 79 ... **185** F 3
Souvigné-sur-Même 72 ... **108** C 2
Souvigné-sur-Sarthe 72 ... **128** D 2
Souvigny 03 ... **191** H 2
Souvigny-de-Touraine 37 ... **152** C 2
Souvigny-en-Sologne 41 ... **133** G 5
Souyeaux 65 ... **315** F 4
Souzay-Champigny 49 ... **150** C 4
Souzy 69 ... **230** B 1
Souzy-la-Briche 91 ... **87** F 3
Soveria 2B ... **347** E 4
Soyans 26 ... **267** G 3
Soyaux 16 ... **221** F 2
Soye 25 ... **162** D 1
Soye-en-Septaine 18 ... **173** F 2
Soyécourt 80 ... **23** F 2
Soyers 52 ... **140** B 2
Soyons 07 ... **249** F 5
Spada 55 ... **64** C 3
Sparsbach 67 ... **68** B 3
Spay 72 ... **107** G 5
Spechbach 68 ... **143** E 2
Spechbach-le-Bas 68 ... **143** E 2
Speloncato 2B ... **346** D 2
Spelunca *Gorges de* 2A ... **346** B 5
Spéracèdes 06 ... **308** D 3
Spézet 29 ... **76** C 5
Spicheren 57 ... **47** F 4
Spin'a Cavallu
  Pont génois 2A ... **350** D 2
Spincourt 57 ... **44** D 3
Sponville 54 ... **65** E 1
Spoy 10 ... **116** A 2

Spoy 21 ... **160** B 1
Spycker 59 ... **3** G 3
Squiffiec 22 ... **73** E 4
Staffelfelden 68 ... **121** E 5
Stains 93 ... **58** C 2
Stainville 55 ... **63** H 5
Stangala *Site du* 29 ... **99** H 2
Staple 59 ... **3** H 5
Stattmatten 67 ... **69** F 3
Stazzona 2B ... **347** G 3
Steenbecque 59 ... **7** H 2
Steene 59 ... **3** G 3
Steenvoorde 59 ... **3** H 4
Steenwerck 59 ... **8** B 2
Steige 67 ... **96** D 4
Steinbach 68 ... **143** E 1
Steinbourg 67 ... **68** B 4
Steinbrunn-le-Bas 68 ... **143** F 2
Steinbrunn-le-Haut 68 ... **143** F 2
Steinseltz 67 ... **69** F 1
Steinsoultz 68 ... **143** F 3
Stella-Plage 62 ... **6** A 4
Stenay 55 ... **43** G 1
Sternenberg 68 ... **142** D 2
Stetten 68 ... **143** G 3
Stigny 89 ... **137** G 3
Still 67 ... **97** E 1
Stiring-Wendel 57 ... **47** F 4
Stival 56 ... **101** H 2
Stonne 08 ... **27** F 5
Storckensohn 68 ... **120** B 5
Stosswihr 68 ... **120** C 3
Stotzheim 67 ... **97** F 3
Strasbourg 67 ... **97** H 1
Strazeele 59 ... **4** A 5
Strenquels 46 ... **242** C 4
Strueth 68 ... **143** E 3
Struth 67 ... **68** A 3
Stuckange 57 ... **45** H 3
Stundwiller 67 ... **69** F 2
Sturzelbronn 57 ... **68** C 1
Stutzheim-Offenheim 67 ... **68** D 5
Suarce 90 ... **142** D 3
Suaucourt-et-Pisseloup 70 ... **140** B 4
Suaux 16 ... **203** H 4
Le Subdray 18 ... **172** D 2
Sublaines 37 ... **152** C 4
Subles 14 ... **32** D 3
Subligny 18 ... **155** H 2
Subligny 50 ... **51** H 4
Subligny 89 ... **113** F 3
Suc-au-May 19 ... **225** E 4
Suc-et-Sentenac 09 ... **336** A 5
Succieu 38 ... **232** A 3
Sucé-sur-Erdre 44 ... **147** H 2
Sucy-en-Brie 94 ... **58** D 4
Suèvres 41 ... **132** B 4
Sugères 63 ... **228** B 2
Sugny 08 ... **42** D 2
Suhescun 64 ... **311** F 5
Suilly-la-Tour 58 ... **156** B 3
Suin 71 ... **194** B 3
Suippes 51 ... **42** C 5
Suisse 57 ... **66** D 2
Suizy-le-Franc 51 ... **61** E 2
Sulignat 01 ... **213** F 1
Sully 14 ... **32** D 3
Sully 60 ... **21** G 5
Sully 71 ... **177** E 2
Sully-la-Chapelle 45 ... **111** G 5
Sully-sur-Loire 45 ... **134** A 3
Sulniac 56 ... **124** D 3
Sumène 30 ... **283** E 5
Sundhoffen 68 ... **121** F 3
Sundhouse 67 ... **97** G 5
Super-Barèges 65 ... **333** F 3
Super-Besse 63 ... **227** F 3
Super-Bolquère 66 ... **341** G 4
Super-Lioran 15 ... **245** E 3
Super-Sauze 04 ... **270** D 5
Superbagnères 31 ... **334** A 5
Superdévoluy 05 ... **269** F 2
Supeyres *Col des* 63 ... **229** E 2
Supt 39 ... **179** H 3
Le Suquet 06 ... **291** E 4
Surat 63 ... **210** A 4
Surba 09 ... **336** B 4
Surbourg 67 ... **69** E 2
Surcamps 80 ... **12** B 5
Surdoux 87 ... **224** C 2
Suré 61 ... **84** A 4
Suresnes 92 ... **58** B 3
Surfonds 72 ... **108** B 5
Surfontaine 02 ... **24** C 3
Surgères 17 ... **201** F 1
Surgy 58 ... **157** F 1
Suriauville 88 ... **118** B 2

Surin 79 — 184 D 2
Surin 86 — 203 H 2
Suris 16 — 204 C 4
Surjoux 01 — 215 E 2
Surmont 25 — 163 E 3
Surques 62 — 2 D 5
Surrain 14 — 32 C 2
Surtainville 50 — 28 D 5
Surtauville 27 — 36 A 4
Survie 61 — 54 C 3
Surville 14 — 34 C 3
Surville 27 — 36 B 4
Surville 50 — 31 F 3
Survilliers 95 — 38 D 5
Sury 08 — 26 C 3
Sury-aux-Bois 45 — 111 H 5
Sury-en-Vaux 18 — 155 H 3
Sury-ès-Bois 18 — 155 H 2
Sury-le-Comtal 42 — 229 H 3
Sury-près-Léré 18 — 156 A 1
Surzur 56 — 124 C 4
Sus 64 — 313 F 3
Sus-Saint-Léger 62 — 12 D 3
Suscinio *Château de* 56 — 124 C 5
Susmiou 64 — 313 F 3
Sussac 87 — 224 C 2
Sussargues 34 — 303 E 3
Sussat 03 — 209 G 1
Sussey 21 — 158 H 2
Susville 38 — 251 E 4
Sutrieu 01 — 214 C 3
Suzan 09 — 335 H 2
Suzanne 08 — 42 C 1
Suzanne 80 — 23 F 1
Suzannecourt 52 — 93 E 3
Suzay 27 — 37 E 3
Suze 26 — 267 H 1
Suze-la-Rousse 26 — 285 F 2
La Suze-sur-Sarthe 72 — 129 G 2
Suzette 84 — 285 H 1
Suzoy 60 — 23 G 5
Suzy 02 — 24 C 5
Sy 08 — 43 E 1
Syam 39 — 179 H 5
Sylvains-les-Moulins 27 — 56 B 2
Sylvanès 12 — 301 E 2
Le Syndicat 88 — 119 H 4

T

Tabaille-Usquain 64 — 311 H 4
Tabanac 33 — 255 H 2
La Table 73 — 233 H 3
Le Tablier 85 — 183 E 1
Tabre 09 — 336 D 2
La Tâche 16 — 203 G 4
Tachoires 32 — 316 B 2
Tacoignières 78 — 57 F 3
Taconnay 58 — 157 E 3
Taden 22 — 79 H 4
Tadousse-Ussau 64 — 294 C 5
Taglio-Isolaccio 2B — 347 G 3
La Tagnière 71 — 176 C 4
Tagnon 08 — 42 A 2
Tagolsheim 68 — 143 F 2
Tagsdorf 68 — 143 F 3
Tailhac 43 — 246 C 4
Taillades 84 — 305 F 2
Le Taillan-Médoc 33 — 237 F 5
Taillancourt 55 — 94 A 2
Taillant 17 — 201 G 4
Taillebois 61 — 53 F 3
Taillebourg 17 — 201 G 4
Taillebourg 47 — 257 F 5
Taillecavat 33 — 257 E 3
Taillecourt 25 — 142 C 4
La Taillée 85 — 183 H 3
Taillefontaine 02 — 39 H 3
Taillepied 50 — 31 F 2
Taillet 66 — 342 C 4
Taillette 08 — 26 B 1
Tailleville 14 — 33 G 3
Taillis 35 — 105 E 2
Tailly 08 — 43 G 1
Tailly 21 — 177 H 2
Tailly 80 — 11 H 5
Tain-l'Hermitage 26 — 249 E 3
Taingy 89 — 136 A 5
Taintrux 88 — 96 B 5
Taisnières-en-Thiérache 59 — 15 H 4
Taisnières-sur-Hon 59 — 15 F 2
Taisnil 80 — 22 A 3
Taissy 51 — 41 H 4
Taïx 81 — 279 G 5
Taizé 71 — 194 D 2
Taizé 79 — 168 B 2
Taizé-Aizie 16 — 203 G 2
Taizy 08 — 42 A 1

Tajan 65 — 315 H 5
Talairan 11 — 338 B 2
Talais 33 — 218 C 3
Talange 57 — 45 H 4
Talant 21 — 160 A 3
Talasani 2B — 347 H 3
La Talaudière 42 — 230 B 4
Talazac 65 — 315 E 3
Talcy 41 — 132 B 3
Talcy 89 — 137 F 5
Talence 33 — 255 G 1
Talencieux 07 — 249 E 1
Talensac 35 — 103 H 3
Talissieu 01 — 214 D 4
Talizat 15 — 245 G 3
Tallans 25 — 162 C 1
Tallard 05 — 269 G 4
Tallenay 25 — 162 A 3
Tallende 63 — 227 H 2
Taller 40 — 292 D 1
Talloires-Montmin 74 — 215 H 4
Tallone 2B — 347 G 5
Le Tallud 79 — 185 F 1
Tallud-Sainte-Gemme 85 — 166 D 5
Talmas 80 — 12 D 5
Talmay 21 — 160 D 2
Talmont-Saint-Hilaire 85 — 182 B 2
Talmont-sur-Gironde 17 — 218 D 3
Talmontiers 60 — 37 F 2
Taloire 04 — 308 A 1
Talon 58 — 157 F 3
Talus-Saint-Prix 51 — 61 E 3
Taluyers 69 — 230 D 2
Tamaris-sur-Mer 83 — 328 A 5
La Tamarissière 34 — 322 C 5
Tamerville 50 — 29 F 4
Tamié *Abbaye de* 73 — 234 A 1
Tamnay-en-Bazois 58 — 175 G 1
Tamniès 24 — 241 F 4
Tanavelle 15 — 245 G 4
Tancarville 76 — 35 E 1
Tancarville *Pont de* 76 — 35 E 1
Tancoigné 49 — 149 H 4
Tancon 71 — 212 A 1
Tanconville 54 — 96 B 1
Tancrou 77 — 59 H 2
Tangry 62 — 7 G 4
La Tania 73 — 234 C 3
Taninges 74 — 216 C 1
Tanis 50 — 51 G 5
Tanlay 89 — 137 F 2
Tannay 08 — 27 E 5
Tannay 58 — 157 F 3
Tanneron 83 — 308 D 4
Tannerre-en-Puisaye 89 — 135 G 4
La Tannière 53 — 81 G 4
Tannières 02 — 40 D 3
Tannois 55 — 63 H 4
Tanques 61 — 54 A 5
Tantonville 54 — 94 D 3
Le Tanu 50 — 51 H 3
Tanus 81 — 280 B 4
Tanville 61 — 83 F 2
Tanzac 17 — 219 G 2
Taponas 69 — 213 E 1
Taponnat-Fleurignac 16 — 203 H 5
Tappa *Site préhistorique* 2A — 351 F 3
Tarabel 31 — 318 B 2
Taradeau 83 — 308 A 5
Tarare 69 — 212 B 4
Tarascon 13 — 304 B 2
Tarascon-sur-Ariège 09 — 336 B 4
Tarasteix 65 — 315 E 3
Tarbes 65 — 315 E 4
Tarcenay 25 — 162 A 4
Tardais 28 — 85 F 2
Tardes 23 — 208 B 1
Tardets-Sorholus 64 — 331 F 1
La Tardière 85 — 167 E 5
Tardinghen 62 — 2 B 4
Tarentaise 42 — 230 C 5
Tarentaise *Belvédère de la* 73 — 235 F 3
Tarerach 66 — 342 B 2
Targassonne 66 — 341 F 4
Targé 86 — 169 G 4
Target 03 — 191 G 5
Targon 33 — 256 B 2
Tarnac 19 — 225 F 1
Tarnès 33 — 237 H 4
Tarnos 40 — 292 A 5
Taron-Sadirac-Viellenave 64 — 294 C 5
Tarquimpol 57 — 67 E 4

Tarrano 2B — 347 G 4
Tarsac 32 — 294 D 4
Tarsacq 64 — 313 H 3
Tarsul 21 — 160 A 1
Tart-l'Abbaye 21 — 160 C 4
Tart-le-Bas 21 — 160 C 4
Tart-le-Haut 21 — 160 B 4
Tartaras 42 — 230 D 3
Tartas 40 — 293 F 2
Tartécourt 70 — 140 D 2
Tartiers 02 — 40 A 2
Tartigny 60 — 22 C 5
Tartonne 04 — 288 B 4
Le Tartre 71 — 178 D 4
Le Tartre-Gaudran 78 — 57 E 5
Tarzy 08 — 26 A 2
Tasdon 17 — 200 C 1
Tasque 32 — 295 E 4
Tassé 72 — 129 F 2
Tassenières 39 — 179 E 2
Tassillé 72 — 107 F 4
Tassin-la-Demi-Lune 69 — 213 E 5
Tasso 2A — 349 E 3
Tatinghem 62 — 3 F 5
Taugon 17 — 183 H 4
Taulanne 04 — 308 A 1
Taulé 29 — 71 H 4
Taulignan 26 — 267 G 5
Taulis 66 — 342 C 4
Taupont 56 — 102 D 4
Tauriac 33 — 237 G 3
Tauriac 46 — 242 D 5
Tauriac 81 — 298 B 1
Tauriac-de-Camarès 12 — 301 E 3
Tauriac-de-Naucelle 12 — 279 H 3
Tauriers 07 — 266 A 4
Taurignan-Castet 09 — 335 F 2
Taurignan-Vieux 09 — 335 F 2
Taurinya 66 — 342 B 3
Taurize 11 — 338 A 1
Taussac 12 — 262 D 1
Taussac-la-Billière 34 — 301 F 4
Taussat 33 — 254 C 2
Tautavel 66 — 338 C 4
Tauves 63 — 226 D 3
Tauxières-Mutry 51 — 41 H 5
Tauxigny 37 — 152 A 4
Tavaco 2A — 348 D 2
Tavant 37 — 151 F 3
Tavaux 39 — 178 D 1
Tavaux-et-Pontséricourt 02 — 25 F 3
Tavel 30 — 285 E 5
Tavera 2A — 348 D 2
Tavernay 71 — 176 C 1
Tavernes 83 — 307 E 4
Taverny 95 — 58 B 1
Tavers 45 — 132 C 3
Tavey 70 — 142 B 4
Taxat-Senat 03 — 209 H 1
Taxenne 39 — 161 F 4
Tayac 33 — 238 D 4
Taybosc 32 — 296 C 2
Tayrac 12 — 279 H 3
Tayrac 47 — 276 D 3
Tazilly 58 — 176 A 4
Le Tech 66 — 342 B 5
Tèche 38 — 250 B 2
Técou 81 — 299 E 2
Teghime *Col de* 2B — 345 G 4
Le Teich 33 — 254 C 3
Teigny 58 — 157 G 2
Le Teil 07 — 266 D 4
Teilhède 63 — 209 G 4
Teilhet 09 — 336 C 1
Teilhet 63 — 209 E 2
Teillay 35 — 126 D 2
Teillay-le-Gaudin 45 — 111 E 3
Teillay-Saint-Benoît 45 — 111 F 3
Teillé 44 — 148 A 1
Teillé 72 — 107 H 2
Teillet 81 — 299 H 2
Teillet-Argenty 03 — 190 C 5
Le Teilleul 50 — 81 H 2
Teillots 24 — 241 G 1
Teissières-de-Cornet 15 — 244 B 4
Teissières-lès-Bouliès 15 — 262 C 1
Télégraphe *Col du* 73 — 252 B 1
Telgruc-sur-Mer 29 — 75 F 4
Tellancourt 54 — 44 D 1
Tellecey 21 — 160 C 3
Tellières-le-Plessis 61 — 84 A 2
Teloché 72 — 130 A 2
Le Temple 33 — 236 C 5
Le Temple 41 — 109 E 5
Le Temple 79 — 167 E 2
Le Temple-de-Bretagne 44 — 147 F 2

Temple-Laguyon 24 — 241 F 1
Le Temple-sur-Lot 47 — 275 H 1
Templemars 59 — 8 D 3
La Templerie 35 — 81 F 5
Templeuve 59 — 9 E 4
Templeux-la-Fosse 80 — 23 H 1
Templeux-le-Guérard 80 — 24 A 1
Tenaille *Ancienne Abbaye de la* 17 — 219 G 4
Tenay 01 — 214 B 3
Tence 43 — 248 A 3
Tencin 38 — 233 F 5
Tende 06 — 291 H 2
Tende *Col de* 06 — 291 H 2
Tendon 88 — 119 H 2
Tendron 18 — 174 A 2
Tendu 36 — 188 D 1
Teneur 62 — 7 F 4
Tennie 72 — 107 F 3
Tenteling 57 — 47 F 5
Tercé 86 — 186 D 2
Tercillat 23 — 189 H 3
Tercis-les-Bains 40 — 292 D 3
Terdeghem 59 — 3 H 5
Térénez 29 — 71 H 3
Térénez *Pont de* 29 — 75 G 4
Tergnier 02 — 24 B 4
Terjat 03 — 208 D 1
Termes 08 — 43 E 3
Termes 11 — 338 B 2
Termes 48 — 263 H 1
Termes-d'Armagnac 32 — 295 E 4
Termignon 73 — 235 E 5
Terminiers 28 — 110 C 4
Ternand 69 — 212 C 3
Ternant 17 — 201 G 3
Ternant 21 — 159 H 4
Ternant 58 — 175 H 4
Ternant-les-Eaux 63 — 227 H 4
Ternas 62 — 12 D 2
Ternat 52 — 117 E 5
Ternay 41 — 131 E 4
Ternay 69 — 231 E 2
Ternay 86 — 168 C 1
Les Ternes 15 — 245 G 4
Ternuay-Melay-et-Saint-Hilaire 70 — 142 A 1
Terny-Sorny 02 — 40 B 2
Terramesnil 80 — 12 D 4
Terrans 71 — 178 C 3
La Terrasse 38 — 233 F 5
Terrasse *Panorama de la* 69 — 212 C 1
La Terrasse-sur-Dorlay 42 — 230 C 4
Terrasson-Lavilledieu 24 — 241 H 3
Terrats 66 — 342 D 4
Terraube 32 — 296 A 1
Terre-Clapier 81 — 299 G 2
Terrebasse 31 — 317 E 5
Terrefondrée 21 — 138 D 3
Terrehault 72 — 108 A 2
Terrenoire 42 — 230 B 4
Les Terres-de-Chaux 25 — 163 F 2
La Terrisse 12 — 263 F 2
Terroles 11 — 337 H 2
Terron-sur-Aisne 08 — 42 D 1
Terrou 46 — 261 F 1
Tersanne 26 — 249 G 1
Tersannes 87 — 187 H 5
Terssac 81 — 299 F 1
Le Tertre Rouge *Parc zoologique* 72 — 129 G 4
Le Tertre-Saint-Denis 78 — 57 E 2
Tertry 80 — 23 H 2
Terves 79 — 167 G 4
Terville 57 — 45 G 3
Tessancourt-sur-Aubette 78 — 57 H 1
Tessé-Froulay 61 — 82 C 2
Tessé-la-Madeleine 61 — 82 C 2
Tessel 14 — 33 E 4
Tessens 73 — 234 C 2
Tesson 17 — 219 F 2
Tessonnière 79 — 168 A 4
La Tessoualle 49 — 167 E 1
Tessy Bocage 50 — 52 B 1
La Teste-de-Buch 33 — 254 B 3
Tétaigne 08 — 27 G 4
Tête des Cuveaux 88 — 119 H 3
Téteghem-Coudekerque-Village 59 — 3 G 2
Téterchen 57 — 46 D 4
Téthieu 40 — 293 E 2
Teting-sur-Nied 57 — 66 D 1
Teuillac 33 — 237 G 3
Teulat 81 — 298 C 4
Le Teulet 19 — 243 G 4

Teurthéville-Bocage 50 — 29 G 3
Teurthéville-Hague 50 — 28 D 3
Teyjat 24 — 222 B 2
Teyran 34 — 303 E 4
Teyssières 26 — 267 H 5
Teyssieu 46 — 243 F 5
Teyssode 81 — 298 D 4
Thaas 51 — 61 F 5
Thaims 17 — 219 E 2
Thairé 17 — 200 D 2
Thaix 58 — 175 G 3
Thal-Drulingen 67 — 67 H 3
Thal-Marmoutier 67 — 68 B 5
Thalamy 19 — 226 C 3
Thann 68 — 142 D 1
Thannenkirch 68 — 97 E 5
Thanvillé 67 — 97 E 4
Thaon 14 — 33 F 3
Thaon-les-Vosges 88 — 95 F 5
Tharaux 30 — 284 B 2
Tharoiseau 89 — 157 H 2
Tharon-Plage 44 — 146 C 4
Tharot 89 — 157 H 1
Thaumiers 18 — 173 G 4
Thauron 23 — 207 E 3
Thauvenay 18 — 156 A 3
Thèbe 65 — 334 A 3
Théding 57 — 47 F 5
Thédirac 46 — 259 H 3
Thégra 46 — 260 D 1
Théhillac 56 — 125 G 5
Le Theil 03 — 191 H 4
Le Theil 15 — 244 C 3
Le Theil 23 — 206 C 3
Le Theil 50 — 29 F 3
Le Theil 61 — 108 C 2
Le Theil-Bocage 14 — 52 D 2
Le Theil-de-Bretagne 35 — 104 D 5
Le Theil-en-Auge 14 — 34 D 3
Le Theil-Nolent 27 — 35 F 5
Theil-Rabier 16 — 203 E 2
Theil-sur-Vanne 89 — 113 H 3
Theillay 41 — 154 B 3
Theillement 27 — 35 H 3
Theix-Noyalo 56 — 124 C 4
Theizé 69 — 212 C 3
Thel 69 — 212 B 1
Théligny 72 — 108 D 3
Thélis-la-Combe 42 — 230 C 5
Thélod 54 — 94 C 2
Thelonne 08 — 27 F 4
Thélus 62 — 8 B 5
Théméricourt 95 — 57 H 1
Thémines 46 — 261 E 2
Théminettes 46 — 261 E 2
Thénac 17 — 219 F 1
Thénac 24 — 257 G 2
Thenailles 02 — 25 F 2
Thenay 36 — 188 C 1
Thenay 41 — 153 E 2
Thenelles 02 — 24 C 2
Thénésol 73 — 216 A 5
Theneuil 37 — 169 F 1
Theneuille 03 — 191 F 1
Thénezay 79 — 168 C 5
Thénioux 18 — 154 B 4
Thenissey 21 — 159 F 1
Thénisy 77 — 89 F 3
Thennelières 10 — 91 E 5
Thennes 80 — 22 D 3
Thenon 24 — 241 F 2
Thénorgues 08 — 43 F 2
Théoule-sur-Mer 06 — 309 E 5
Therdonne 60 — 38 A 2
Théret *Château du* 23 — 207 F 2
Thérines 60 — 21 H 5
Thermes-Magnoac 65 — 316 B 5
Thérondels 12 — 245 E 5
Thérouanne 62 — 7 F 2
Thérouldeville 76 — 19 F 3
Thervay 39 — 161 F 4
Thésée 41 — 153 E 3
Thésy 39 — 179 H 2
Theuley 70 — 140 C 4
Théus 05 — 269 H 4
Theuville 28 — 86 B 5
Theuville 95 — 38 A 5
Theuville-aux-Maillots 76 — 19 F 3
Theuvy-Achères 28 — 85 H 2
Thevet-Saint-Julien 36 — 189 H 1
Théville 50 — 29 G 3
Thevray 27 — 55 G 2
They-sous-Montfort 88 — 118 C 2
They-sous-Vaudemont 54 — 94 C 4
Theys 38 — 233 F 5
Théza 66 — 343 F 2
Thézac 17 — 219 E 1

Thézac 47 — 259 E 5
Thézan-des-Corbières 11 — 338 C 1
Thézan-lès-Béziers 34 — 321 F 3
Thèze 04 — 287 F 1
Thèze 64 — 314 B 2
Thézey-Saint-Martin 54 — 66 B 3
Théziers 30 — 304 B 1
Thézillieu 01 — 214 C 4
Thézy-Glimont 80 — 22 C 3
Thiais 94 — 58 C 4
Thiancourt 90 — 142 D 4
Thianges 58 — 175 F 3
Thiant 59 — 14 D 2
Thiat 87 — 187 G 5
Thiaucourt-Regniéville 54 — 65 F 3
Thiaville-sur-Meurthe 54 — 96 A 3
Thiberville 27 — 35 E 5
Thibie 51 — 62 A 2
Thibivillers 60 — 37 H 3
Thibouville 27 — 35 G 5
Thicourt 57 — 66 D 2
Thiébauménil 54 — 95 G 1
Thiéblemont-Farémont 51 — 62 D 5
Thiébouhans 25 — 163 G 3
Thieffrain 10 — 115 G 2
Thieffrans 70 — 141 G 5
Thiéfosse 88 — 120 A 4
Thiel-sur-Acolin 03 — 192 C 2
Thiembronne 62 — 7 E 3
Thiénans 70 — 162 B 1
Thiennes 59 — 7 H 2
Thiepval 80 — 13 F 5
Thiergeville 76 — 19 E 3
Thiernu 02 — 25 E 3
Thiers 63 — 210 C 4
Thiers-sur-Thève 60 — 38 D 5
Thierville 27 — 35 G 4
Thierville-sur-Meuse 55 — 44 B 5
Thiéry 06 — 289 G 4
Thiescourt 60 — 23 G 5
Thiétreville 76 — 19 F 3
Le Thieulin 28 — 85 G 4
Thieulloy-la-Ville 80 — 21 H 3
Thieulloy-l'Abbaye 80 — 21 H 2
Thieuloy-Saint-Antoine 60 — 21 H 4
La Thieuloye 62 — 7 G 5
Thieux 60 — 38 C 1
Thieux 77 — 59 E 1
Thiéville 14 — 54 A 1
Thièvres 62 — 13 E 4
Thiézac 15 — 244 D 4
Thignonville 45 — 111 G 2
Thil 01 — 213 G 5
Thil 10 — 92 B 5
Le Thil 27 — 37 E 3
Thil 31 — 297 F 3
Thil 51 — 41 G 3
Thil 54 — 45 F 2
Thil-la-Ville 21 — 158 D 2
Thil-Manneville 76 — 20 A 2
Le Thil-Riberpré 76 — 21 E 4
Thil-sur-Arroux 71 — 176 B 4
Thilay 08 — 27 E 2
Le Thillay 95 — 58 D 2
Thilleux 52 — 92 B 4
Les Thilliers-en-Vexin 27 — 37 E 4
Thillois 51 — 41 G 4
Thillombois 55 — 64 B 3
Thillot 55 — 64 D 2
Le Thillot 88 — 120 A 5
Thilouze 37 — 151 G 4
Thimert 28 — 85 H 2
Thimonville 57 — 66 B 2
Thimory 45 — 134 C 2
Thin-le-Moutier 08 — 26 B 3
Thines 07 — 265 G 5
Thiolières 63 — 228 D 2
Thionne 03 — 192 C 3
Thionville 57 — 45 H 3
Thionville-sur-Opton 78 — 57 E 4
Thiouville 76 — 19 F 4
Thiraucourt 88 — 94 C 5
Thiré 85 — 183 G 1
Thiron Gardais 28 — 85 F 5
This 08 — 26 C 3
Thise 25 — 162 A 3
Thivars 28 — 86 A 4
Thivencelle 59 — 9 H 4
Thiverny 60 — 38 C 4
Thiverval-Grignon 78 — 57 H 3
Thivet 52 — 117 F 4
Thiviers 24 — 223 E 4
Thiville 28 — 110 A 4
Thizay 36 — 172 B 3
Thizay 37 — 150 D 5
Thizy-les-Bourgs 69 — 212 A 2
Thizy 89 — 137 F 5

A B C D E F G H I J K L M N O P Q R S T U V W X Y Z

A B C D E F G H I J K L M N O P Q R S T U V W X Y Z

Treillières 44 — 147 G 2
Treix 52 — 117 E 3
Treize-Arbres Les 74 — 215 G 1
Treize-Septiers 85 — 166 B 1
Treize-Vents 85 — 166 D 2
Tréjouls 82 — 277 G 2
Trélans 48 — 263 H 5
Trélazé 49 — 149 H 1
Trélechamp 74 — 217 E 2
Trélévern 22 — 72 D 2
Trelins 42 — 229 G 1
Trélissac 24 — 240 D 2
Trélivan 22 — 79 G 4
Trelly 50 — 51 G 1
Trélon 59 — 15 H 5
Trélou-sur-Marne 02 — 60 D 1
Trémaouézan 29 — 71 E 5
Trémargat 22 — 77 F 4
Trémauville 76 — 19 F 4
Trémazan 29 — 70 B 4
La Tremblade 17 — 200 C 5
Tremblay 35 — 80 D 3
Le Tremblay 49 — 127 H 4
Tremblay-en-France 93 — 58 D 2
Le Tremblay-les-Villages 28 — 86 A 2
Le Tremblay-Omonville 27 — 35 H 5
Le Tremblay-sur-Mauldre 78 — 57 G 4
Tremblecourt 54 — 65 F 4
Le Tremblois 70 — 161 E 2
Tremblois-lès-Carignan 08 — 27 H 4
Tremblois-lès-Rocroi 08 — 26 B 2
Trémeheuc 35 — 80 B 3
Trémel 22 — 72 B 4
Tréméloir 22 — 73 G 5
Trémentines 49 — 149 E 5
Trémeoc 29 — 99 G 4
Tréméreuc 22 — 79 G 3
Trémery 57 — 45 H 4
Trémeur 22 — 79 F 5
Tréméven 22 — 73 H 4
Tréméven 29 — 100 D 4
Trémilly 52 — 92 B 4
Tréminis 38 — 269 E 1
Trémoins 70 — 142 B 4
Trémolat 24 — 240 D 5
Trémons 47 — 276 D 1
Trémont 49 — 149 H 5
Trémont 61 — 84 A 2
Trémont-sur-Saulx 55 — 63 G 4
Trémonzey 88 — 119 E 4
Trémorel 22 — 103 E 1
Trémouille 15 — 226 D 5
Trémouille-Saint-Loup 63 — 226 C 4
Trémouilles 12 — 280 D 2
Trémoulet 09 — 336 C 1
Trémuson 22 — 78 A 3
Trenal 39 — 179 E 5
Trensacq 40 — 273 F 2
Trentels 47 — 258 D 5
Tréogan 22 — 76 D 5
Tréogat 29 — 99 F 3
Tréon 28 — 56 C 5
Tréouergat 29 — 70 B 5
Trépail 51 — 41 H 5
Trépassés Baie des 29 — 98 C 2
Trépied 62 — 6 B 4
Le Tréport 76 — 10 D 4
Trépot 25 — 162 B 4
Tréprel 14 — 53 G 2
Trept 38 — 232 A 1
Trésauvaux 55 — 64 D 1
Tresbœuf 35 — 104 C 5
Trescault 62 — 14 A 4
Treschenu-Creyers 26 — 268 C 2
Trescléoux 05 — 287 E 1
Trésilley 70 — 162 A 1
Treslon 51 — 41 F 4
Tresnay 58 — 174 C 5
Trespoux-Rassiels 46 — 277 H 1
Tresques 30 — 284 D 4
Tressaint 22 — 79 G 4
Tressan 34 — 302 A 5
Tressandans 25 — 162 C 1
Tressange 57 — 45 F 2
Tressé 35 — 80 A 3
Tresserre 66 — 343 E 3
Tresserve 73 — 233 E 1
Tresses 33 — 237 H 5
Tressignaux 22 — 73 G 5
Tressin 59 — 9 E 3
Tresson 72 — 130 D 2
Treteau 03 — 192 C 4
La Trétoire 77 — 60 A 3
Trets 13 — 327 G 1
Treux 80 — 23 E 1
Treuzy-Levelay 77 — 112 C 2
Trévans 04 — 288 A 5

Trévé 22 — 102 B 1
Trévenans 90 — 142 C 4
Tréveneuc 22 — 73 G 4
Tréveray 55 — 93 F 1
Trévérec 22 — 73 F 4
Tréverien 35 — 79 H 5
Trèves 30 — 282 B 4
Trèves 69 — 230 D 3
Trèves-Cunault 49 — 150 B 3
Trevey 70 — 141 F 2
Trévezel Roc 29 — 76 A 2
Trévien 81 — 279 G 4
Trévières 14 — 32 C 3
Trévignin 73 — 233 F 1
Trévillach 66 — 342 B 2
Tréville 11 — 319 E 3
Trévillers 25 — 163 G 3
Trévilly 89 — 158 B 1
Trevol 03 — 192 A 1
Trévou-Tréguignec 22 — 72 D 2
Trévoux 01 — 213 E 3
Le Trévoux 29 — 100 C 4
Trévron 22 — 79 G 4
Trézelles 03 — 192 C 4
Trézény 22 — 72 D 3
Trézien Phare de 29 — 74 C 2
Tréziers 11 — 337 E 2
Trézilidé 29 — 71 F 4
Trézioux 63 — 228 C 1
Triac-Lautrait 16 — 220 D 1
Le Triadou 34 — 302 D 3
Triaize 85 — 183 F 3
Triaucourt-en-Argonne 55 — 63 G 1
Tribehou 50 — 32 A 4
La Tricherie 86 — 169 F 5
Trichey 89 — 115 E 5
Triconville 55 — 64 B 5
Tricot 60 — 23 E 5
Trie-Château 60 — 37 G 3
Trie-la-Ville 60 — 37 G 3
Trie-sur-Baïse 65 — 315 H 4
Triel-sur-Seine 78 — 57 H 2
Triembach-au-Val 67 — 97 E 4
Trieux 54 — 45 F 3
Trigance 83 — 308 A 2
Trigavou 22 — 79 G 3
Trignac 44 — 146 C 2
Trigny 51 — 41 F 3
Triguères 45 — 113 E 5
Trilbardou 77 — 59 F 2
Trilla 66 — 338 A 5
Trilport 77 — 59 G 2
Trimbach 67 — 69 F 2
Trimer 35 — 79 H 5
Trimouns
   Carrière de talc de 09 — 336 C 4
Trinay 45 — 111 E 4
La Trinitat 15 — 263 G 2
La Trinité 06 — 309 H 2
La Trinité 27 — 56 C 2
La Trinité 50 — 51 H 3
La Trinité 73 — 233 H 3
Trinité Chapelle de la 29 — 99 E 3
Trinité Ermitage de la 2A — 351 F 4
La Trinité-de-Réville 27 — 55 E 2
La Trinité-de-Thouberville 27 — 35 H 2
La Trinité-des-Laitiers 61 — 54 D 4
La Trinité-du-Mont 76 — 19 F 5
La Trinité-Langonnet 56 — 77 E 5
La Trinité-Porhoët 56 — 102 C 2
La Trinité-sur-Mer 56 — 123 H 4
La Trinité-Surzur 56 — 124 D 4
Triors 26 — 249 H 3
Le Trioulou 15 — 261 H 3
Tripleville 41 — 110 A 5
Triquerville 76 — 35 F 1
Triqueville 27 — 35 E 3
Trith-Saint-Léger 59 — 14 D 2
Tritteling-Redlach 57 — 66 D 1
Trivy 71 — 194 B 3
Trizac 15 — 244 C 1
Trizay 17 — 201 E 4
Trizay-Coutretot-
   Saint-Serge 28 — 85 E 5
Trizay-lès-Bonneval 28 — 109 H 2
Troarn 14 — 33 H 4
Troche 19 — 224 B 5
Trochères 21 — 160 C 3
Trocy-en-Multien 77 — 59 G 1
Troësnes 02 — 40 A 4
Troguéry 22 — 73 E 3
Trogues 37 — 151 G 5
Trois Communes
   Pointe des 06 — 291 G 4
Les Trois-Épis 68 — 120 D 2
Trois-Fonds 23 — 190 A 5

Trois-Fontaines-l'Abbaye 51 — 63 F 4
Trois-Maisons 57 — 68 A 4
Trois-Monts 14 — 53 F 1
Les Trois-Moutiers 86 — 168 C 1
Trois-Palis 16 — 221 E 2
Les Trois-Pierres 76 — 19 E 5
Trois Termes Pic des 66 — 343 F 4
Trois-Vèvres 58 — 175 E 3
Trois-Villes 64 — 331 F 1
Troischamps 52 — 139 H 2
Troisfontaines 52 — 92 D 2
Troisfontaines 57 — 67 H 5
Troisgots 50 — 52 B 1
Troissereux 60 — 38 A 1
Troissy 51 — 61 E 1
Troisvaux 62 — 7 G 5
Troisvilles 59 — 14 D 4
Tromarey 70 — 161 F 3
Tromborn 57 — 46 D 4
Tronçais Forêt de 03 — 191 E 1
Troncens 32 — 315 G 2
La Tronche 38 — 250 D 1
Le Tronchet 35 — 80 A 2
Le Tronchet 72 — 107 G 2
Tronchoy 52 — 117 F 5
Tronchoy 80 — 21 G 2
Tronchy 71 — 178 B 4
Le Troncq 27 — 35 H 4
Trondes 54 — 65 E 5
Tronget 03 — 191 G 3
Tronjoly Château de 29 — 71 F 3
Le Tronquay 14 — 32 D 4
Le Tronquay 27 — 36 D 2
Tronsanges 58 — 174 B 1
Tronville 54 — 65 F 1
Tronville-en-Barrois 55 — 63 H 2
Troo 41 — 131 E 3
Trosly-Breuil 60 — 39 G 2
Trosly-Loire 02 — 40 A 1
Trouans 10 — 62 A 5
Troubat 65 — 334 A 2
La Trouche 88 — 96 A 3
Trouhans 21 — 160 C 5
Trouhaut 21 — 159 G 2
Trouillas 66 — 343 E 3
Trouley-Labarthe 65 — 315 G 4
Troumouse Cirque de 65 — 333 E 5
Troussencourt 60 — 22 B 5
Troussey 55 — 64 D 5
Troussures 60 — 37 H 2
Trouvans 25 — 162 C 1
Trouville 76 — 19 F 5
Trouville-la-Haule 27 — 35 F 2
Trouville-sur-Mer 14 — 34 B 2
Trouy 18 — 173 E 2
Troye-d'Ariège 09 — 336 D 2
Troyes 10 — 91 E 5
Troyon 55 — 64 C 2
La Truchère 71 — 195 F 2
Truchtersheim 67 — 68 D 5
Trucy 02 — 40 D 1
Trucy-l'Orgueilleux 58 — 157 E 2
Trucy-sur-Yonne 89 — 136 C 5
Le Truel 12 — 281 E 5
Trugny 21 — 178 B 2
Truinas 26 — 267 H 3
Trumilly 60 — 39 F 4
Trun 61 — 54 B 3
Trungy 14 — 32 D 4
Truttemer-le-Grand 14 — 52 D 4
Truttemer-le-Petit 14 — 52 D 4
Truyes 37 — 152 A 4
Tubersent 62 — 6 B 4
Tuchan 11 — 338 C 4
Tucquegnieux 54 — 45 F 4
Tudeils 19 — 242 D 4
Tudelle 32 — 295 G 4
Tuffé-Val-de-
   la Chéronne 72 — 108 B 3
Tugéras-Saint-Maurice 17 — 219 H 5
Tugny-et-Pont 02 — 24 A 3
La Tuilière 42 — 211 G 2
La Tuilière 42 — 211 B 3
Tuilière Roche 63 — 227 E 2
Tulette 26 — 285 F 2
Tulle 19 — 242 D 1
Tullins 38 — 232 B 5
Tully 80 — 11 E 3
Tupigny 02 — 24 D 1
Tupin-et-Semons 69 — 231 E 3
La Turballe 44 — 145 G 4
La Turbie 06 — 309 H 5
Turcey 21 — 159 G 2
Turckheim 68 — 121 E 3
Turenne 19 — 242 C 3

Turgon 16 — 203 H 3
Turgy 10 — 114 D 4
Turini Col de 06 — 291 F 3
Turny 89 — 114 B 4
Turquant 49 — 150 C 4
Turquestein-Blancrupt 57 — 96 C 1
Turqueville 50 — 29 H 5
Turretot 76 — 18 C 5
Turriers 04 — 269 H 5
Tursac 24 — 241 F 4
Tusson 16 — 203 E 3
Tuzaguet 65 — 333 H 1
Le Tuzan 33 — 255 G 5
Tuzie 16 — 203 F 3

U

Uberach 67 — 68 D 3
Ubexy 88 — 95 E 4
Ubraye 04 — 239 E 5
Ucciani 2A — 348 D 2
Ucel 07 — 256 B 3
Uchacq-et-Parentis 40 — 293 H 1
Uchaud 30 — 303 G 3
Uchaux 84 — 285 E 3
Uchentein 09 — 335 E 3
Uchizy 71 — 195 E 2
Uchon 71 — 176 C 4
Uchon Signal d' 71 — 176 C 4
Uckange 57 — 45 G 4
Ueberkumen 68 — 143 E 2
Ueberstrass 68 — 143 E 4
Uffheim 68 — 143 G 2
Uffholtz 68 — 143 E 1
Ugine 73 — 216 A 5
Uglas 65 — 333 H 1
Ugnouas 65 — 315 F 3
Ugny 54 — 44 D 2
Ugny-le-Gay 02 — 24 A 4
Ugny-l'Équipée 80 — 23 H 2
Ugny-sur-Meuse 55 — 94 A 1
Uhart-Cize 64 — 330 C 1
Uhart-Mixe 64 — 311 G 5
Uhlwiller 67 — 68 D 3
Uhrwiller 67 — 68 C 3
Ulcot 79 — 167 H 1
Les Ulis 91 — 58 B 5
Ully-Saint-Georges 60 — 38 B 3
Les Ulmes 49 — 150 B 4
Umpeau 28 — 86 C 3
Unac 09 — 336 C 5
Uncey-le-Franc 21 — 159 F 3
Unchair 51 — 41 E 3
Ungersheim 68 — 121 E 5
Unias 42 — 229 H 2
Unienville 10 — 91 H 5
Unieux 42 — 230 A 4
L'Union 31 — 298 A 4
Untermuhthal 57 — 68 C 2
Unverre 28 — 109 G 2
Unzent 09 — 318 A 5
Upaix 05 — 287 F 1
Upie 26 — 267 G 1
Ur 66 — 341 E 4
Urau 31 — 334 D 2
Urbalacone 2A — 348 D 4
Urbanya 66 — 341 H 2
Urbeis 67 — 96 D 4
Urbeis Col d' 67 — 96 D 4
Urbès 68 — 120 B 5
Urbise 42 — 193 F 5
Urçay 03 — 190 D 1
Urcel 02 — 40 D 1
Urcerey 90 — 142 B 3
Urciers 36 — 189 H 2
Urcuit 64 — 292 B 5
Urcy 21 — 159 H 4
Urdens 32 — 296 C 2
Urdès 64 — 313 H 2
Urdos 64 — 331 H 4
Urepel 64 — 330 A 2
Urgons 40 — 294 A 4
Urgosse 32 — 295 E 3
Uriage-les-Bains 38 — 251 E 2
Uriménil 88 — 119 F 3
Urmatt 67 — 97 E 2
Urost 64 — 314 D 3
Urou-et-Crennes 61 — 54 B 4
Urrugne 64 — 310 B 3
Urs 09 — 336 C 5
Urschenheim 68 — 121 F 2
Urt 64 — 292 B 5
Urtaca 2B — 345 E 5
Urtière 25 — 163 G 3
Uruffe 54 — 94 A 2
Urval 24 — 259 E 1
Urville 10 — 116 A 3
Urville 14 — 53 G 1

Urville 50 — 29 F 5
Urville 88 — 118 A 2
Urville-Nacqueville 50 — 28 D 2
Urvillers 02 — 24 B 3
Ury 77 — 88 B 5
Urzy 58 — 174 C 1
Us 95 — 37 H 5
Usclades-et-Rieutord 07 — 265 H 1
Usclas-d'Hérault 34 — 302 A 5
Usclas-du-Bosc 34 — 301 H 3
Usinens 74 — 215 E 2
Ussac 19 — 242 B 2
Ussat 09 — 336 B 4
Ussé Château d' 37 — 151 E 4
Usseau 79 — 201 G 1
Usseau 86 — 169 G 3
Ussel 15 — 245 F 3
Ussel 19 — 226 B 3
Ussel 46 — 260 B 4
Ussel-d'Allier 03 — 209 H 1
Usson 63 — 228 B 3
Usson-du-Poitou 86 — 186 D 5
Usson-en-Forez 42 — 229 F 5
Ussy 14 — 53 H 2
Ussy-sur-Marne 77 — 59 H 2
Ustaritz 64 — 310 D 3
Ustou 09 — 335 G 5
Utelle 06 — 291 E 4
Utelle Madone d' 06 — 291 E 4
Uttenheim 67 — 97 G 3
Uttenhoffen 67 — 68 D 2
Uttwiller 67 — 68 C 3
Uvernet-Fours 04 — 270 D 5
Uxeau 71 — 176 B 5
Uxegney 88 — 119 F 2
Uxelles 39 — 196 D 1
Uxem 59 — 3 H 2
Uz 65 — 332 D 2
Uza 40 — 272 B 4
Uzan 64 — 314 A 2
Uzay-le-Venon 18 — 173 F 4
Uzech 46 — 259 H 4
Uzein 64 — 314 A 2
Uzel 22 — 78 A 5
Uzelle 25 — 162 D 1
Uzemain 88 — 119 F 2
Uzer 07 — 266 B 4
Uzer 65 — 333 F 1
Uzerche 19 — 224 C 4
Uzès 30 — 284 B 5
Uzeste 33 — 256 B 5
Uzos 64 — 314 B 5

V

Vaas 72 — 130 B 4
Vabre 81 — 299 H 4
Vabre-Tizac 12 — 279 G 2
Vabres 15 — 246 A 4
Vabres 30 — 283 F 5
Vabres-l'Abbaye 12 — 300 D 1
Vacherauville 55 — 44 B 5
Vachères 04 — 286 D 5
Vachères-en-Quint 26 — 268 A 1
Vacheresse 74 — 198 C 3
La Vacheresse-
   et-la-Rouillie 88 — 118 A 2
Vacheresses-les-Basses 28 — 86 B 2
La Vacherie 27 — 36 B 5
Vacognes 14 — 33 F 5
Vacon 55 — 93 H 1
La Vacquerie 14 — 32 C 5
Vacquerie 80 — 12 C 4
La Vacquerie-et-Saint-Martin-
   de-Castries 34 — 302 A 4
Vacquerie-le-Boucq 62 — 12 C 2
Vacqueriette-Erquières 62 — 12 B 2
Vacqueville 54 — 96 A 2
Vacqueyras 84 — 285 G 3
Vacquières 34 — 303 E 2
Vacquiers 31 — 298 A 3
Vadans 39 — 179 F 2
Vadans 70 — 161 G 2
Vadelaincourt 55 — 43 H 5
Vadenay 51 — 62 B 1
Vadencourt 02 — 24 D 1
Vadencourt 80 — 13 E 5
Vadonville 55 — 64 C 4
Vagnas 07 — 284 B 1
Vagney 88 — 119 H 4
Vahl-Ebersing 57 — 67 E 1
Vahl-lès-Bénestroff 57 — 67 E 3
Vahl-lès-Faulquemont 57 — 66 D 1
Vaiges 53 — 106 C 4
Vailhan 34 — 301 H 5
Vailhauquès 34 — 302 C 4
Vailhourles 12 — 279 E 2
Vaillac 46 — 260 B 3

Vaillant 52 — 139 F 4
Vailly 10 — 91 E 4
Vailly 74 — 198 B 4
Vailly-sur-Aisne 02 — 40 C 2
Vailly-sur-Sauldre 18 — 155 G 2
Vains 50 — 51 G 4
Vairé 85 — 165 E 5
Vaire-Arcier 25 — 162 B 3
Vaire-le-Petit 25 — 162 B 3
Vaire-sous-Corbie 80 — 22 D 1
Vaires-sur-Marne 77 — 59 E 3
Vaison-la-Romaine 84 — 285 H 2
Vaïssac 82 — 278 C 5
Vaite 70 — 140 B 5
La Vaivre 70 — 119 F 5
Vaivre-et-Montoille 70 — 141 E 4
Le Val 83 — 328 B 1
Val Château de 15 — 226 C 4
Le Val-André 22 — 78 D 2
Val-Claret 73 — 235 E 3
Le Val-d'Ajol 88 — 119 G 5
Val-d'Auzon 10 — 91 G 4
Le Val-David 27 — 56 C 2
Val-de-Bride 57 — 67 E 4
Val-de-Chalvagne 04 — 289 F 5
Val-de-Fier 74 — 215 E 3
Le Val-de-Gouhenans 70 — 141 H 4
Le Val-de-Guéblange 57 — 67 G 2
Val-de-la-Haye 76 — 36 A 2
Val-de-Mercy 89 — 136 B 4
Val-de-Reuil 27 — 36 C 3
Val-de-Roulans 25 — 162 B 2
Val-de-Saâne 76 — 20 A 4
Val-de-Vesle 51 — 41 H 4
Val-de-Vière 51 — 62 D 3
Val-d'Épy 39 — 196 A 3
Val-des-Prés 05 — 252 D 4
Val d'Esquières 83 — 329 G 2
Val-d'Isère 73 — 235 F 3
Val-d'Izé 35 — 105 E 2
Val-et-Châtillon 54 — 96 B 2
Val-Louron 65 — 333 H 4
Val-Maravel 26 — 268 C 3
Le Val-Saint-Éloi 70 — 141 F 3
Le Val-Saint-Germain 91 — 87 F 2
Le Val-Saint-Père 50 — 51 G 5
Val-Sainte-Marie 25 — 162 A 5
Val-Suzon 21 — 159 H 2
Val-Thorens 73 — 234 C 5
Valady 12 — 262 B 5
Valailles 27 — 35 F 5
Valaire 41 — 153 E 2
Valanjou 49 — 149 G 4
Valaurie 26 — 267 F 5
Valavoire 04 — 287 H 1
Valay 70 — 161 F 3
Valbeleix 63 — 227 G 4
Valbelle 04 — 287 F 3
Valberg 06 — 289 G 3
Valbonnais 38 — 251 F 5
La Valbonne 01 — 213 G 4
Valbonne 06 — 309 E 3
Valbonne Ancienne
   Chartreuse de 30 — 284 C 2
Valcabrère 31 — 334 A 2
Valcanville 50 — 29 G 3
Valcebollère 66 — 341 F 5
Valchevrière
   Calvaire de 38 — 250 C 3
Valcivières 63 — 229 E 2
Valcourt 52 — 92 C 2
Valdahon 25 — 162 C 4
Valdampierre 60 — 38 A 3
Valdeblore 06 — 291 E 2
Le Valdécie 50 — 29 E 5
Valdelancourt 52 — 116 D 3
Valderiès 81 — 279 H 5
Valderoure 06 — 308 C 1
Valdieu-Lutran 68 — 142 D 3
Valdivienne 86 — 187 E 2
Valdoie 90 — 142 C 2
Valdrôme 26 — 268 D 4
Valdurenque 81 — 299 H 5
Valeille 42 — 230 A 1
Valeilles 82 — 276 D 1
Valeins 01 — 213 E 1
Valempoulières 39 — 179 H 3
Valençay 36 — 153 G 5
Valence 16 — 203 G 4
Valence 26 — 249 F 4
Valence-d'Agen 82 — 276 D 4
Valence-d'Albigeois 81 — 280 B 5
Valence-en-Brie 77 — 88 D 4
Valence-sur-Baïse 32 — 295 H 1
Valenciennes 59 — 9 G 5
Valencin 38 — 231 G 2
Valencogne 38 — 232 C 3

Valennes 72 .... 108 D 5
Valensole 04 .... 307 E 1
Valentigney 25 .... 142 C 5
La Valentine 13 .... 327 F 1
Valentine 31 .... 334 B 1
Valenton 94 .... 58 D 4
Valergues 34 .... 303 F 4
Valernes 04 .... 287 G 2
Valescourt 60 .... 38 C 1
Valescure 83 .... 308 D 5
Valette 15 .... 244 D 1
La Valette 38 .... 251 F 4
La Valette 42 .... 212 A 5
La Valette-du-Var 83 .... 328 A 4
Valeuil 24 .... 222 B 5
Valeyrac 33 .... 218 D 4
Valezan 73 .... 234 D 2
Valferrière Col de 06 .... 308 C 2
Valff 67 .... 97 F 3
Valfin-lès-Saint-Claude 39 .... 197 E 2
Valfin-sur-Valouse 39 .... 196 B 3
Valflaunès 34 .... 302 D 2
Valfleury 42 .... 230 C 3
Valframbert 61 .... 83 G 3
Valfréjus 73 .... 252 D 1
Valfroicourt 88 .... 118 D 2
Valgorge 07 .... 265 H 4
Valhey 54 .... 66 C 5
Valhuon 62 .... 7 G 5
Valiergues 19 .... 225 H 4
Valigny 03 .... 173 H 5
Valines 80 .... 11 F 4
Valjouffrey 38 .... 251 G 5
Valjouze 15 .... 245 G 2
La Valla-en-Gier 42 .... 230 C 4
La Valla-sur-Rochefort 42 .... 211 F 5
Vallabrègues 30 .... 304 B 2
Vallabrix 30 .... 284 C 4
Vallan 89 .... 136 B 3
Vallangoujard 95 .... 38 A 5
Vallans 79 .... 184 C 5
Vallant-Saint-Georges 10 .... 90 C 3
Vallauris 06 .... 309 F 4
Valle-d'Alesani 2B .... 347 G 4
Valle-di-Campoloro 2B .... 347 H 4
Valle-di-Mezzana 2A .... 348 C 2
Valle-di-Rostino 2B .... 347 F 3
Valle-d'Orezza 2B .... 347 G 3
Vallecalle 2B .... 345 F 5
La Vallée 17 .... 201 E 4
Vallée Étang de la 45 .... 111 G 5
La Vallée-au-Blé 02 .... 25 E 2
Vallée d'Avérole 73 .... 235 G 4
La Vallée-Mulâtre 02 .... 14 D 5
Vallègue 31 .... 318 C 3
Valleiry 74 .... 215 F 1
Vallenay 18 .... 173 E 4
Vallentigny 10 .... 91 H 3
Vallerange 57 .... 67 E 2
Vallérargues 30 .... 284 B 4
Valleraugue 30 .... 282 D 4
Vallères 37 .... 151 G 3
Valleret 52 .... 92 C 3
Vallereuil 24 .... 239 H 3
Vallerois-le-Bois 70 .... 141 F 5
Vallerois-Lorioz 70 .... 141 E 5
Valleroy 25 .... 162 A 2
Valleroy 52 .... 140 B 4
Valleroy 54 .... 45 F 5
Valleroy-aux-Saules 88 .... 94 D 5
Valleroy-le-Sec 88 .... 118 C 2
Vallery 89 .... 113 E 2
Vallerysthal 57 .... 67 H 5
Vallesvilles 31 .... 298 B 5
Vallet 17 .... 220 B 5
Vallet 44 .... 148 A 4
Valletot 27 .... 35 F 2
Vallica 2B .... 346 D 2
Vallière 23 .... 207 F 4
Vallières 10 .... 115 E 5
Vallières 74 .... 215 F 3
Vallières-les-Grandes 41 .... 152 D 2
Valliguières 30 .... 284 D 5
Valliquerville 76 .... 19 G 5
Valloire 73 .... 252 B 1
Valloires Abbaye de 80 .... 11 G 1
Vallois 54 .... 95 G 3
Les Vallois 88 .... 118 D 2
Vallon-en-Sully 03 .... 190 D 2
Vallon-Pont-d'Arc 07 .... 266 B 5
Vallon-sur-Gée 72 .... 107 F 5
Vallorcine 74 .... 217 E 1
Vallouise 05 .... 252 C 5
Valmagne Abbaye de 34 .... 322 D 3
Valmanya 66 .... 342 B 3
Valmascle 34 .... 301 H 5

Valmeinier 73 .... 252 B 1
Valmestroff 57 .... 45 H 3
Valmigère 11 .... 337 H 2
Valmondois 95 .... 38 B 5
Valmont 57 .... 67 E 1
Valmont 76 .... 19 F 3
Valmorel 73 .... 234 B 3
Valmunster 57 .... 46 C 4
Valmy 51 .... 43 E 5
Valognes 50 .... 29 F 4
Valojoulx 24 .... 241 F 4
Valonne 25 .... 163 E 2
Valoreille 25 .... 163 F 3
Valouse 26 .... 267 H 5
Valprionde 46 .... 277 F 1
Valprivas 43 .... 229 G 5
Valpuiseaux 91 .... 87 H 4
Valras-Plage 34 .... 321 H 5
Valréas 84 .... 267 G 5
Valros 34 .... 321 H 3
Valroufié 46 .... 260 B 4
Vals 09 .... 336 C 1
Vals-le-Chastel 43 .... 246 C 1
Vals-les-Bains 07 .... 266 B 3
Vals-près-le-Puy 43 .... 247 F 4
Valsaintes 04 .... 286 D 5
Valsemé 14 .... 34 B 4
Valsenestre 38 .... 251 G 4
Valserres 05 .... 269 H 4
Valsonne 69 .... 212 B 3
Le Valtin 88 .... 120 C 3
Valuéjols 15 .... 245 F 3
Valvignères 07 .... 266 D 4
Valz-sous-Châteauneuf 63 .... 228 B 4
Valzergues 12 .... 261 H 5
Van Pointe du 29 .... 98 C 2
Vanault-le-Châtel 51 .... 62 D 3
Vanault-les-Dames 51 .... 63 E 3
Vançais 79 .... 185 H 4
Vancé 72 .... 130 D 2
La Vancelle 67 .... 97 E 4
Vanclans 25 .... 162 C 5
Vandeins 01 .... 195 G 5
Vandelainville 54 .... 65 F 2
Vandelans 70 .... 162 B 2
Vandeléville 54 .... 94 C 3
Vandélicourt 60 .... 39 F 1
Vandenesse 58 .... 175 H 3
Vandenesse-en-Auxois 21 .... 159 F 4
Vandeuil 51 .... 41 E 3
Vandières 51 .... 41 E 5
Vandières 54 .... 65 G 2
Vandœuvre-lès-Nancy 54 .... 94 D 1
Vandoncourt 25 .... 142 C 5
Vandré 17 .... 201 F 2
Vandrimare 27 .... 36 D 2
Vandy 08 .... 42 D 1
Les Vanels 48 .... 282 D 3
Vanlay 10 .... 114 D 4
Vannaire 21 .... 115 H 5
Vanne 70 .... 140 C 4
Le Vanneau-Irleau 79 .... 184 C 4
Vannecourt 57 .... 66 D 3
Vannecrocq 27 .... 35 E 3
Vannes 56 .... 124 C 3
Vannes-le-Châtel 54 .... 94 A 2
Vannes-sur-Cosson 45 .... 133 H 4
Vannoz 39 .... 179 H 4
Vanosc 07 .... 248 C 1
Les Vans 07 .... 283 H 1
Vantoux 57 .... 45 H 5
Vantoux-et-Longevelle 70 .... 161 G 1
Vanves 92 .... 58 B 4
Vanvey 21 .... 138 B 2
Vanville 77 .... 89 E 2
Vany 57 .... 45 H 5
Vanzac 17 .... 220 B 5
Vanzay 79 .... 186 A 5
Vanzy 74 .... 215 E 2
Vaour 81 .... 278 D 4
Varacieux 38 .... 250 A 1
Varades 44 .... 148 C 2
Varages 83 .... 307 E 4
Varaignes 24 .... 222 B 2
Varaire 46 .... 278 D 1
Varaize 17 .... 201 H 3
Varambon 01 .... 214 A 2
Varanges 21 .... 160 B 4
Varangéville 54 .... 95 E 1
Varaville 14 .... 34 A 3
Varces-Allières-
  et-Risset 38 .... 250 D 3
Vareilles 23 .... 188 C 5
Vareilles 71 .... 194 A 4
Vareilles 89 .... 113 H 3
Varen 82 .... 279 E 3

Varengeville-sur-Mer 76 .... 10 A 5
Varenguebec 50 .... 31 G 2
La Varenne 49 .... 148 A 3
Varenne-l'Arconce 71 .... 193 H 4
Varenne-Saint-Germain 71 .... 193 G 3
La Varenne-Saint-Hilaire 94 .... 58 D 4
Varennes 24 .... 258 C 1
Varennes 31 .... 318 B 2
Varennes 37 .... 170 B 1
Varennes 80 .... 13 E 5
Varennes 82 .... 298 A 1
Varennes 86 .... 168 D 4
Varennes 89 .... 136 D 2
Varennes-Changy 45 .... 134 C 2
Varennes-en-Argonne 55 .... 43 F 4
Varennes-Jarcy 91 .... 58 D 5
Varennes-le-Grand 71 .... 177 H 5
Varennes-lès-Mâcon 71 .... 195 E 5
Varennes-lès-Narcy 58 .... 156 B 4
Varennes-Saint-Honorat 43 .... 246 D 2
Varennes-
  Saint-Sauveur 71 .... 195 H 2
Varennes-sous-Dun 71 .... 194 A 5
Varennes-sur-Allier 03 .... 192 B 4
Varennes-sur-Amance 52 .... 117 H 5
Varennes-sur-Fouzon 36 .... 153 G 4
Varennes-sur-Loire 49 .... 150 C 4
Varennes-sur-Morge 63 .... 209 H 4
Varennes-sur-Seine 77 .... 88 D 5
Varennes-sur-Tèche 03 .... 192 D 4
Varennes-sur-Usson 63 .... 228 A 3
Varennes-Vauzelles 58 .... 174 C 1
Varès 47 .... 257 G 5
Varesnes 60 .... 23 H 5
Varessia 39 .... 196 B 1
Varetz 19 .... 242 B 2
Varilhes 09 .... 336 B 2
Varinfroy 60 .... 39 H 5
Variscourt 02 .... 41 G 2
Varize 28 .... 110 B 4
Varize 57 .... 46 C 5
Varmonzey 88 .... 95 E 4
Varnéville 55 .... 64 D 3
Varneville-Bretteville 76 .... 20 A 4
Varney 55 .... 63 G 3
Varogne 70 .... 141 F 3
Varois-et-Chaignot 21 .... 160 B 3
Varouville 50 .... 29 G 2
Varrains 49 .... 150 C 4
Varreddes 77 .... 59 G 2
Vars 05 .... 270 D 2
Vars 16 .... 203 F 5
Vars 70 .... 140 A 5
Vars Col de 05 .... 270 D 3
Vars-sur-Roseix 19 .... 241 H 1
Varsberg 57 .... 46 D 5
Varvinay 55 .... 64 D 3

Vaucelles-et-Beffecourt 02 .... 40 D 1
Vauchamps 25 .... 162 B 3
Vauchamps 51 .... 60 D 3
Vauchassis 10 .... 114 D 2
Vauchelles 60 .... 23 G 5
Vauchelles-lès-Authie 80 .... 13 E 4
Vauchelles-lès-Domart 80 .... 12 B 5
Vauchelles-les-Quesnoy 80 .... 11 H 3
Vauchignon 21 .... 177 F 2
Vauchonvilliers 10 .... 115 H 2
Vauchoux 70 .... 140 D 4
Vauchrétien 49 .... 149 G 3
Vauciennes 51 .... 61 F 1
Vauciennes 60 .... 39 H 4
Vauclaix 58 .... 157 H 4
Vauclerc 51 .... 62 D 5
Vaucluse 25 .... 163 F 3
Vauclusotte 25 .... 163 F 3
Vaucogne 10 .... 91 G 3
Vauconcourt-Nervezain 70 .... 140 C 4
Vaucottes-sur-Mer 76 .... 18 D 3
Vaucouleurs 55 .... 93 H 1
Vaucourt 54 .... 67 E 5
Vaucourtois 77 .... 59 G 3
Vaucresson 92 .... 58 A 3
Vaudancourt 60 .... 37 G 4
Vaudebarrier 71 .... 194 A 3
Vaudelnay 49 .... 150 A 5
Vaudeloges 14 .... 54 B 2
Vaudemange 51 .... 42 A 5
Vaudémont 54 .... 94 C 3
Vaudémont Signal de 54 .... 94 C 3
Vaudes 10 .... 115 F 3
Vaudesincourt 51 .... 42 B 4
Vaudesson 02 .... 40 C 1
Vaudeurs 89 .... 114 A 3
Vaudevant 07 .... 248 D 3
Vaudeville 54 .... 94 D 3
Vaudéville 88 .... 95 G 5
Vaudeville-le-Haut 55 .... 93 H 3
Vaudherland 95 .... 58 D 2
Vaudigny 54 .... 94 D 3
Le Vaudioux 39 .... 179 H 5
Vaudoncourt 55 .... 44 D 4
Vaudoncourt 57 .... 46 C 5
Vaudoncourt 88 .... 118 B 2
Le Vaudoué 77 .... 88 A 5
Vaudoy-en-Brie 77 .... 59 H 5
Vaudreching 57 .... 46 C 4
Vaudrecourt 52 .... 117 H 2
Vaudrémont 52 .... 116 C 3
Le Vaudreuil 27 .... 36 C 4
Vaudreuille 31 .... 319 E 3
Vaudreville 50 .... 29 G 4
Vaudrey 39 .... 179 F 2
Vaudricourt 62 .... 8 A 4
Vaudricourt 80 .... 11 E 3
Vaudrimesnil 50 .... 31 G 4
Vaudringhem 62 .... 7 E 2
Vaudrivillers 25 .... 162 D 3
Vaudry 14 .... 52 G 2
Vaufrey 25 .... 163 G 2
Vaugines 84 .... 305 H 2
Vaugneray 69 .... 230 D 1
Vaugrigneuse 91 .... 87 F 2
Vauhallan 91 .... 58 B 5
Vaujany 38 .... 251 G 2
Vaujours 93 .... 58 D 2
Vaulandry 49 .... 129 G 5
Le Vaulmier 15 .... 244 D 2
Vaulnaveys-le-Bas 38 .... 251 E 2
Vaulnaveys-le-Haut 38 .... 251 E 2
Vaulry 87 .... 205 F 3
Vault-de-Lugny 89 .... 157 H 1
Vaulx 62 .... 12 B 2
Vaulx 74 .... 215 F 3
Vaulx-en-Velin 69 .... 213 F 5
Vaulx-Milieu 38 .... 231 H 4
Vaulx-Vraucourt 62 .... 13 H 4
Le Vaumain 60 .... 37 G 3
Vaumas 03 .... 192 D 3
Vaumeilh 04 .... 287 G 1
Vaumoise 60 .... 39 G 4
Vaumort 89 .... 113 H 3
Vaunac 24 .... 222 D 5
Vaunaveys-la-Rochette 26 .... 267 G 1
Vaunoise 61 .... 84 B 5
La Vaupalière 76 .... 36 A 1
Vaupillon 28 .... 85 F 3
Vaupoisson 10 .... 91 F 3
Vauquois 55 .... 43 G 4
Vauréal 95 .... 57 H 1
Vaureilles 12 .... 261 H 5
Vaurezis 02 .... 40 B 2
Le Vauroux 60 .... 37 H 2
Vausse Prieuré de 89 .... 137 F 5
Vausseroux 79 .... 185 G 2

Vautebis 79 .... 185 G 2
Vauthiermont 90 .... 142 D 2
Vautorte 53 .... 81 H 5
Vauvenargues 13 .... 306 B 5
Vauvert 30 .... 303 G 3
Vauville 14 .... 34 B 3
Vauville 50 .... 28 C 3
Vauvillers 70 .... 118 D 5
Vauvillers 80 .... 23 E 2
Vaux 03 .... 190 D 3
Vaux 31 .... 318 D 2
Vaux 57 .... 65 G 1
Vaux 86 .... 186 A 4
Vaux 89 .... 136 B 3
Vaux Château de 49 .... 128 C 3
Vaux-Andigny 02 .... 14 D 5
Vaux-Champagne 08 .... 42 C 1
Vaux-devant-Damloup 55 .... 44 C 5
Vaux-en-Amiénois 80 .... 22 B 1
Vaux-en-Beaujolais 69 .... 212 C 2
Vaux-en-Bugey 01 .... 214 A 3
Vaux-en-Dieulet 08 .... 43 F 1
Vaux-en-Pré 71 .... 194 C 1
Vaux-en-Vermandois 02 .... 23 H 2
Vaux-et-Chantegrue 25 .... 180 C 3
Vaux-la-Douce 52 .... 140 B 2
Vaux-la-Grande 55 .... 93 G 1
Vaux-la-Petite 55 .... 93 G 1
Vaux-Lavalette 16 .... 221 F 4
Vaux-le-Moncelot 70 .... 161 H 1
Vaux-le-Pénil 77 .... 88 B 3
Vaux-le-Vicomte
  Château de 77 .... 88 C 2
Vaux-lès-Mouron 08 .... 43 E 3
Vaux-lès-Mouzon 08 .... 27 G 4
Vaux-lès-Palameix 55 .... 64 C 2
Vaux-lès-Prés 25 .... 161 H 4
Vaux-lès-Rubigny 08 .... 25 H 4
Vaux-lès-Saint-Claude 39 .... 196 D 3
Vaux-Marquenneville 80 .... 11 G 5
Vaux-Montreuil 08 .... 26 C 5
Vaux-Rouillac 16 .... 202 D 5
Vaux-Saules 21 .... 159 G 1
Vaux-sous-Aubigny 52 .... 139 G 4
Vaux-sur-Aure 14 .... 33 E 3
Vaux-sur-Blaise 52 .... 92 C 3
Vaux-sur-Eure 27 .... 56 C 1
Vaux-sur-Lunain 77 .... 112 D 2
Vaux-sur-Mer 17 .... 218 C 1
Vaux-sur-Poligny 39 .... 179 G 3
Vaux-sur-Risle 27 .... 55 G 3
Vaux-sur-Saint-Urbain 52 .... 93 E 4
Vaux-sur-Seine 78 .... 57 H 2
Vaux-sur-Seulles 14 .... 33 E 3
Vaux-sur-Somme 80 .... 22 D 1
Vaux-sur-Vienne 86 .... 169 G 3
Vaux-Villaine 08 .... 26 B 3
Vauxaillon 02 .... 40 C 1
Vauxbons 52 .... 139 F 2
Vauxbuin 02 .... 40 B 3
Vauxcéré 02 .... 40 D 3
Vauxrenard 69 .... 194 D 5
Vauxtin 02 .... 40 D 3
Vavincourt 55 .... 63 H 3
Vavray-le-Grand 51 .... 62 D 4
Vavray-le-Petit 51 .... 62 D 3
Vaxainville 54 .... 95 H 2
Vaxoncourt 88 .... 95 F 5
Vaxy 57 .... 66 D 3
Vay 44 .... 126 B 5
Vaychis 09 .... 336 C 5
Vaylats 46 .... 278 C 1
Vayrac 46 .... 242 D 5
Vayres 33 .... 238 B 5
Vayres 87 .... 204 D 5
Vayres Château de 86 .... 169 F 5
Vayres-sur-Essonne 91 .... 87 H 4
Vazeilles-Limandre 43 .... 246 D 3
Vazeilles-près-Saugues 43 .... 246 D 5
Vazerac 82 .... 277 G 3
Veauce 03 .... 209 G 1
Veauche 42 .... 230 A 3
Veauchette 42 .... 230 A 3
Veaugues 18 .... 155 H 4
Veaunes 26 .... 249 F 3
Veauville-lès-Baons 76 .... 19 G 4
Veauville-lès-Quelles 76 .... 19 G 3
Vèbre 09 .... 336 C 5
Vebret 15 .... 226 C 5
Vebron 48 .... 282 D 2
Vecchio Pont du 2B .... 347 E 5
Veckersviller 57 .... 67 H 3
Vecoux 88 .... 119 H 4
Vecquemont 80 .... 22 D 2
Vecqueville 52 .... 92 D 3

Vedène 84 .... 285 F 5
Védrines-Saint-Loup 15 .... 246 A 3
Véel 55 .... 63 G 4
Végennes 19 .... 242 D 4
Vého 54 .... 95 H 1
Veigné 37 .... 152 A 4
Veigy-Foncenex 74 .... 197 H 4
Veilhes 81 .... 298 D 4
Veillac 15 .... 226 C 4
Veilleins 41 .... 153 H 2
Veilly 21 .... 159 F 5
Veix 19 .... 225 E 3
Velaine-en-Haye 54 .... 65 G 5
Velaine-sous-Amance 54 .... 66 B 5
Velaines 55 .... 64 B 5
Velanne 38 .... 232 D 3
Velars-sur-Ouche 21 .... 159 H 3
Velaux 13 .... 305 G 5
Velennes 60 .... 38 B 1
Velennes 80 .... 22 A 3
Velesmes 70 .... 161 F 2
Velesmes-Essarts 25 .... 161 H 4
Velet 70 .... 161 E 2
Vélieux 34 .... 320 C 3
Vélines 24 .... 239 E 5
Vélizy-Villacoublay 78 .... 58 B 4
Velle-le-Châtel 70 .... 141 E 4
Velle-sur-Moselle 54 .... 95 E 2
Vellèches 86 .... 169 G 2
Vellechevreux-
  et-Courbenans 70 .... 141 H 5
Velleclaire 70 .... 161 G 1
Vellefaux 70 .... 141 E 5
Vellefrey-et-Vellefrange 70 .... 161 G 1
Vellefrie 70 .... 141 F 3
Velleguindry-
  et-Levrecey 70 .... 141 E 5
Velleminfroy 70 .... 141 G 4
Vellemoz 70 .... 161 G 1
Velleron 84 .... 285 G 5
Vellerot-lès-Belvoir 25 .... 163 E 2
Vellerot-lès-Vercel 25 .... 162 D 3
Velles 36 .... 171 G 5
Velles 52 .... 140 B 2
Vellescot 90 .... 142 D 3
Vellevans 25 .... 162 D 3
Vellexon-Queutrey-
  et-Vaudey 70 .... 140 C 5
Velloreille-lès-Choye 70 .... 161 F 2
Velluire 85 .... 183 H 3
Velogny 21 .... 159 E 2
Velone-Orneto 2B .... 347 H 3
Velorcey 70 .... 141 F 2
Velosnes 55 .... 44 B 1
Velotte-et-Tatignécourt 88 .... 94 D 5
Vélu 62 .... 13 H 4
Velving 57 .... 46 C 4
Vélye 51 .... 61 H 3
Velzic 15 .... 244 C 4
Vémars 95 .... 58 D 1
Venables 27 .... 36 C 4
Venaco 2B .... 347 E 5
Venansault 85 .... 165 G 5
Venanson 06 .... 291 E 2
Venarey-les-Laumes 21 .... 159 E 1
Venarsal 19 .... 242 C 2
Venas 03 .... 191 E 3
Venasque 84 .... 285 H 5
Vence 06 .... 309 F 2
Vence Col de 06 .... 309 F 2
Vendargues 34 .... 303 E 4
Vendat 03 .... 210 B 1
Vendays-Montalivet 33 .... 218 C 5
Vendegies-au-Bois 59 .... 15 E 3
Vendegies-sur-Écaillon 59 .... 14 D 2
Vendeix Roche 63 .... 227 E 3
Vendel 35 .... 81 E 5
La Vendelée 50 .... 31 G 5
Vendelles 02 .... 23 H 1
Vendémian 34 .... 302 B 5
Vendenesse-
  lès-Charolles 71 .... 194 A 3
Vendenesse-sur-Arroux 71 .... 193 G 1
Vendenheim 67 .... 68 D 5
Vendes 14 .... 33 E 5
Vendes 15 .... 244 B 1
Vendeuil 02 .... 24 B 4
Vendeuil-Caply 60 .... 22 B 5
Vendeuvre 14 .... 54 A 1
Vendeuvre-du-Poitou 86 .... 169 E 5
Vendeuvre-sur-Barse 10 .... 115 H 2
Vendeville 59 .... 8 D 3
Vendhuile 02 .... 14 B 5
Vendières 02 .... 60 C 3
Vendin-le-Vieil 62 .... 8 C 4
Vendin-lès-Béthune 62 .... 8 A 3
Vendine 31 .... 298 C 5

Vendœuvres 36 — 171 E 4
Vendoire 24 — 221 G 4
Vendôme 41 — 131 G 3
Vendranges 42 — 211 H 3
Vendrennes 85 — 166 B 3
Vendresse 08 — 27 E 5
Vendresse-Beaulne 02 — 40 D 2
Vendrest 77 — 59 H 1
La Vendue-Mignot 10 — 115 E 3
Vénéjan 30 — 284 D 3
Venelles 13 — 306 A 4
Vénérand 17 — 201 G 5
Venère 70 — 161 F 2
Vénérieu 38 — 232 A 1
Vénérolles 02 — 24 D 1
Venerque 31 — 317 H 2
Vénès 81 — 299 G 3
Venesmes 18 — 173 E 4
Vénestanville 76 — 19 H 3
Venette 60 — 39 F 2
Veneux-les-Sablons 77 — 88 C 5
Vénevelles *Manoir de* 72 — 129 H 4
Veney 54 — 96 A 3
Vengeons 50 — 52 C 4
Venise 25 — 162 A 2
Venisey 70 — 140 D 2
Vénissieux 69 — 231 F 1
Venizel 02 — 40 B 2
Venizy 89 — 114 B 4
Vennans 25 — 162 B 2
Vennecy 45 — 111 F 5
Vennes 25 — 163 E 4
Vennezey 54 — 95 F 3
Venon 27 — 36 A 5
Venon 38 — 251 E 2
Venosc 38 — 251 G 3
Venouse 89 — 136 C 2
Venoy 89 — 136 B 3
Vensac 33 — 218 C 4
Vensat 63 — 209 H 2
Ventabren 13 — 305 H 5
Ventadour *Ruines de* 19 — 225 G 5
Ventavon 05 — 269 F 5
Ventelay 51 — 41 E 3
Ventenac 09 — 336 C 2
Ventenac-Cabardès 11 — 319 G 4
Ventenac-en-Minervois 11 — 320 D 5
Venterol 04 — 269 H 4
Venterol 26 — 267 H 5
Les Ventes 27 — 56 B 2
Les Ventes-de-Bourse 61 — 84 A 3
Ventes-Saint-Rémy 76 — 20 C 4
Venteuges 43 — 246 C 4
Venteuil 51 — 61 F 1
Venthon 73 — 234 A 1
Ventiseri 2B — 349 G 3
Ventouse 16 — 203 G 4
Ventoux *Mont* 84 — 286 A 3
Ventron 88 — 120 B 4
La Ventrouze 61 — 84 D 2
Venzolasca 2B — 347 G 2
Ver 50 — 51 G 2
Ver-lès-Chartres 28 — 86 A 4
Ver-sur-Launette 60 — 39 E 5
Ver-sur-Mer 14 — 33 F 3
Vérac 33 — 238 B 4
Véranne 42 — 230 D 5
Vérargues 34 — 303 F 3
Véraza 11 — 337 G 2
Verberie 60 — 39 F 3
Verbiesles 52 — 117 E 4
Vercel-Villedieu-le-Camp 25 — 162 D 4
Verchain-Maugré 59 — 14 D 2
Verchaix 74 — 216 C 1
Vercheny 26 — 268 A 2
Les Verchers-sur-Layon 49 — 150 A 5
Verchin 62 — 7 F 4
Verchocq 62 — 7 E 3
Vercia 39 — 196 B 1
Verclause 26 — 268 B 5
Vercoiran 26 — 286 B 1
Vercourt 80 — 11 F 1
Verdaches 04 — 288 B 1
Verdalle 81 — 319 F 2
Verde *Col de* 2B — 349 F 2
Verdelais 33 — 256 B 3
Verdelles *Château de* 72 — 106 D 5
Verdelot 77 — 60 B 3
Verdenal 54 — 96 A 1
Verderel 60 — 38 A 1
Verderonne 60 — 38 D 3
Verdes 41 — 110 A 5
Verdèse 2B — 347 G 3
Verdets 64 — 313 G 4

Le Verdier 81 — 279 E 5
La Verdière 83 — 307 E 4
Verdigny 18 — 155 H 3
Verdille 16 — 202 B 4
Verdilly 02 — 60 C 1
Verdon 24 — 258 B 1
Verdon 51 — 60 D 2
Verdon *Grand Canyon du* 93 — 307 H 2
Le Verdon-sur-Mer 33 — 218 C 2
Verdonnet 21 — 137 H 3
Verdon 09 — 336 B 5
Verdun 55 — 44 B 5
Verdun-en-Lauragais 11 — 319 E 3
Verdun-sur-Garonne 82 — 297 G 2
Verdun-sur-le-Doubs 71 — 178 A 3
Verdus *Musée de* 07 — 266 C 2
Vereaux 18 — 174 A 3
Verel-de-Montbel 73 — 232 D 2
Verel-Pragondran 73 — 233 F 2
Véretz 37 — 152 A 3
Vereux 70 — 161 F 1
Verfeil 31 — 298 B 4
Verfeil 82 — 279 E 3
Verfeuil 30 — 284 C 3
Vergaville 57 — 67 E 3
Vergéal 35 — 105 E 4
La Vergenne 70 — 141 H 4
Le Verger 35 — 103 H 3
Le Verger *Château* 49 — 128 D 5
Verger-sur-Dive 86 — 168 C 4
Vergeroux 17 — 200 D 3
Verges 39 — 179 F 5
Vergetot 76 — 18 D 4
Vergezac 43 — 247 E 4
Vergèze 30 — 303 G 3
Vergheas 63 — 208 D 3
Vergies 80 — 11 G 5
Vergigny 89 — 114 B 5
Vergio *Col de* 2B — 346 C 2
Vergisson 71 — 194 D 4
Vergné 17 — 201 E 1
Vergoignan 32 — 294 C 3
Vergoncey 50 — 80 D 2
Vergongheon 43 — 228 A 5
Vergonnes 49 — 127 G 3
Vergons 04 — 288 D 5
Vergranne 25 — 162 C 1
Vergt 24 — 240 C 4
Vergt-de-Biron 24 — 258 D 3
Le Verguier 02 — 24 A 1
Véria 39 — 196 A 2
Vérignon 83 — 307 H 3
Vérigny 28 — 85 H 3
Vérin 42 — 231 E 4
Vérines 17 — 183 G 5
Vérissey 71 — 178 B 5
Vérizet 71 — 195 E 3
Verjon 01 — 196 A 4
Verjux 71 — 178 A 3
Verlans 70 — 142 B 4
Verlhac-Tescou 82 — 298 A 1
Verlin 89 — 113 F 4
Verlincthun 62 — 6 B 2
Verlinghem 59 — 8 C 2
Verlus 32 — 294 C 4
Vermand 02 — 24 A 2
Vermandovillers 80 — 23 F 2
Vermelles 62 — 8 B 4
Vermenton 89 — 136 C 4
Vermondans 25 — 163 F 2
Le Vermont 88 — 96 C 3
Vern-sur-Seiche 35 — 104 B 3
Vernais 18 — 173 H 4
Vernaison 69 — 231 E 2
Vernajoul 09 — 336 B 2
Vernancourt 51 — 63 E 3
Vernantes 49 — 150 C 2
Vernantois 39 — 179 F 5
La Vernarède 30 — 283 G 2
Vernas 38 — 214 A 5
Vernassal 43 — 246 D 2
Vernaux 09 — 336 C 5
Vernay 69 — 212 C 1
La Vernaz 74 — 198 C 4
Verne 25 — 162 C 2
Verne *Chartreuse de la* 83 — 329 E 3
Vernègues 13 — 305 G 3
Verneiges 23 — 190 B 5
Le Verneil 73 — 233 H 1
Le Verneil-le-Chétif 72 — 130 A 3
Verneix 03 — 190 D 4
La Vernelle 36 — 153 G 4
Le Vernet 03 — 210 B 2
Le Vernet 04 — 288 B 1
Le Vernet 09 — 318 B 5

Vernet 31 — 317 H 2
Le Vernet 43 — 246 D 4
Vernet-la-Varenne 63 — 228 B 4
Vernet-les-Bains 66 — 342 A 3
Le Vernet-Sainte-Marguerite 63 — 227 G 2
Verneugheol 63 — 208 C 5
Verneuil 16 — 204 C 5
Verneuil 18 — 173 G 4
Verneuil 51 — 40 D 5
Verneuil 58 — 175 F 3
Verneuil-en-Bourbonnais 03 — 192 A 4
Verneuil-en-Halatte 60 — 38 D 4
Verneuil-Grand 55 — 44 B 1
Verneuil-le-Château 37 — 169 F 1
Verneuil-l'Étang 77 — 88 C 2
Verneuil-Moustiers 87 — 187 H 4
Verneuil-Petit 55 — 44 B 1
Verneuil-sous-Coucy 02 — 40 B 1
Verneuil-sur-Avre 27 — 55 H 4
Verneuil-sur-Igneraie 36 — 189 G 1
Verneuil-sur-Indre 37 — 170 C 1
Verneuil-sur-Seine 78 — 57 H 2
Verneuil-sur-Vienne 87 — 205 F 5
Verneusses 27 — 55 E 2
Vernéville 57 — 45 G 5
Vernie 72 — 107 G 2
Vernierfontaine 25 — 162 C 5
Vernines 63 — 227 F 2
Verniolle 09 — 336 B 1
Vernioz 38 — 231 F 4
Vernix 50 — 52 A 4
Vernoil 49 — 150 D 2
Le Vernois 39 — 179 F 4
Vernois-le-Fol 25 — 163 H 2
Vernois-lès-Belvoir 25 — 163 G 2
Vernois-lès-Vesvres 21 — 139 F 4
Vernois-sur-Mance 70 — 140 C 2
Vernols 15 — 245 F 1
Vernon 07 — 266 A 4
Vernon 27 — 57 E 1
Vernon 86 — 186 C 3
Vernonvilliers 10 — 92 A 5
Vernosc-lès-Annonay 07 — 248 D 1
Vernot 21 — 160 A 1
La Vernotte 70 — 161 G 2
Vernou-en-Sologne 41 — 153 H 1
Vernou-la-Celle-sur-Seine 77 88 D 4
Vernou-sur-Brenne 37 — 152 A 2
Vernouillet 28 — 56 D 5
Vernouillet 78 — 57 H 2
Vernoux 01 — 195 G 2
Vernoux-en-Gâtine 79 — 167 G 5
Vernoux-en-Vivarais 07 — 248 D 5
Vernoux-sur-Boutonne 79 — 202 C 1
Le Vernoy 25 — 142 A 4
Vernoy 89 — 113 F 4
Vernusse 03 — 191 G 5
Verny 57 — 65 H 2
Vero 2A — 348 D 2
Véron 89 — 113 G 3
Véronne 26 — 268 A 2
Véronnes 21 — 139 G 5
Verosvres 71 — 194 B 3
Verpel 08 — 43 F 2
La Verpillière 38 — 231 H 2
Verpillières 80 — 23 F 4
Verpillières-sur-Ource 10 — 115 H 4
Verquières 13 — 305 E 2
Verquigneul 62 — 8 A 4
Verquin 62 — 8 A 4
Verrens-Arvey 73 — 234 A 1
La Verrerie *Château de* 18 — 155 F 3
Verreries-de-Moussans 34 — 320 C 2
Verrey-sous-Drée 21 — 159 F 2
Verrey-sous-Salmaise 21 — 159 F 2
Verricourt 10 — 91 G 4
Verrie 49 — 150 B 4
La Verrie 85 — 166 C 2
La Verrière 78 — 57 H 4
Verrières 08 — 43 E 1
Verrières 10 — 115 E 2
Verrières 12 — 281 H 3
Verrières 16 — 220 B 2
Verrières 51 — 63 E 1
Verrières 61 — 84 D 4
Verrières 63 — 227 G 3
Verrières 86 — 186 D 3
Verrières-de-Joux 25 — 180 D 2
Verrières-du-Grosbois 25 — 162 C 4
Verrières-en-Forez 42 — 229 G 3
Verrières-le-Buisson 91 — 58 B 4
Verrines-sous-Celles 79 — 185 F 5
Verrue 86 — 168 D 3
Verruyes 79 — 185 F 2

Vers 46 — 260 C 5
Vers 71 — 195 E 1
Vers 74 — 215 F 1
Vers-en-Montagne 39 — 179 H 3
Vers-Pont-du-Gard 30 — 284 C 5
Vers-sous-Sellières 39 — 179 E 3
Vers-sur-Méouge 26 — 286 C 2
Vers-sur-Selles 80 — 22 B 2
Versailles 78 — 58 A 4
Versailleux 01 — 213 G 3
Versainville 14 — 53 H 2
La Versanne 42 — 230 C 5
Versaugues 71 — 193 G 4
Verseilles-le-Bas 52 — 139 G 3
Verseilles-le-Haut 52 — 139 G 3
Versigny 02 — 24 C 4
Versigny 60 — 39 F 5
Versols-et-Lapeyre 12 — 301 E 1
Verson 14 — 33 F 4
Versonnex 01 — 197 G 4
Versonnex 74 — 215 F 3
Le Versoud 38 — 251 E 2
Vert 40 — 273 G 4
Vert 78 — 57 F 2
Le Vert 79 — 202 B 1
Vert *Lac* 74 — 216 D 3
Vert-Bois 17 — 200 B 4
Vert-en-Drouais 28 — 56 C 4
Vert-la-Gravelle 51 — 61 F 3
Vert-le-Grand 91 — 87 H 2
Vert-le-Petit 91 — 87 H 3
Vert-Saint-Denis 77 — 88 B 2
Vertain 59 — 14 D 3
Vertaizon 63 — 210 A 5
Vertamboz 39 — 196 D 1
Vertault 21 — 115 G 5
Verte *Île* 13 — 327 C 5
Verteillac 24 — 221 G 5
Verteuil-d'Agenais 47 — 257 G 5
Verteuil-sur-Charente 16 — 203 F 3
Verthemex 73 — 233 E 1
Vertheuil 33 — 237 E 1
Vertilly 89 — 89 G 5
Vertolaye 63 — 228 D 2
Verton 62 — 6 B 5
Vertou 44 — 147 H 4
Vertrieu 38 — 214 A 4
Vertuzey 55 — 61 G 2
Les Vertus 76 — 20 B 2
Vervant 16 — 203 F 5
Vervant 17 — 201 H 4
Vervezelle 88 — 95 H 5
Vervins 02 — 25 F 2
Véry 55 — 43 G 3
Verzé 71 — 194 D 3
Verzeille 11 — 337 H 1
Verzenay 51 — 41 H 5
Verzy 51 — 41 H 5
Vesaignes-sous-Lafauche 52 — 93 G 5
Vesaignes-sur-Marne 52 — 117 F 4
Vesancy 01 — 197 G 3
Vesc 26 — 267 H 4
Vescemont 90 — 142 C 2
Vescheim 57 — 68 A 4
Vescles 39 — 196 C 3
Vescours 01 — 195 F 2
Vescovato 2B — 347 G 2
Vésigneul-sur-Marne 51 — 62 B 3
Vésines 01 — 195 E 4
Vesles-et-Caumont 02 — 25 E 4
Veslud 02 — 41 E 1
Vesly 27 — 37 F 4
Vesly 50 — 31 G 3
Vesoul 70 — 141 E 4
La Vespière-Friardel 14 — 55 E 1
Vesseaux 07 — 266 B 3
Vessey 50 — 80 D 2
Vestric-et-Candiac 30 — 303 G 3
Vesvres 21 — 159 E 2
Vesvres-sous-Chalancey 52 — 139 F 4
Vétheuil 95 — 57 F 1
Vétraz-Monthoux 74 — 197 H 5
Vétrigne 90 — 142 C 2
Veuil 36 — 153 G 5
Veuilly-la-Poterie 02 — 60 A 1
Veules-les-Roses 76 — 19 H 2
Veulettes-sur-Mer 76 — 19 F 2
Le Veurdre 03 — 174 B 5
Veurey-Voroize 38 — 250 C 1
La Veuve 51 — 62 A 1
Veuves 41 — 152 D 2

Veuvey-sur-Ouche 21 — 159 G 4
Veuxhaulles-sur-Aube 21 — 116 E 5
Vevy 39 — 179 F 5
Vexaincourt 88 — 96 C 2
Le Vey 14 — 53 F 2
Veynes 05 — 269 E 4
Veyrac 87 — 205 F 4
Veyras 07 — 266 C 2
Veyre-Monton 63 — 227 H 2
Veyreau 12 — 282 A 3
Veyrier-du-Lac 74 — 215 H 4
Veyrières 15 — 226 B 5
Veyrières 19 — 226 B 4
Veyrignac 24 — 259 H 1
Veyrines 07 — 248 C 2
Veyrines-de-Domme 24 — 259 F 1
Veyrines-de-Vergt 24 — 240 C 4
Veyrins 38 — 232 C 2
Les Veys 50 — 32 A 2
Veyssilieu 38 — 231 H 1
Veyziat 01 — 196 C 4
Vez 60 — 39 H 4
Vézac 15 — 244 C 5
Vézac 24 — 259 F 1
Vézannes 89 — 136 D 2
Vézaponin 02 — 40 A 1
Vèze 15 — 245 G 1
La Vèze 25 — 162 A 4
Vézelay 89 — 157 G 2
Vézelise 54 — 94 C 3
Vézelois 90 — 142 C 3
Vezels-Roussy 15 — 262 D 1
Vézénobres 30 — 283 H 4
Vézeronce-Curtin 38 — 232 B 1
Vezet 70 — 140 C 5
Vézézoux 43 — 228 B 5
Le Vézier 51 — 60 C 4
Vézières 86 — 168 D 1
Vézillon 27 — 36 D 4
Vézilly 02 — 41 E 4
Vezin-le-Coquet 35 — 104 A 3
Vézinnes 89 — 137 E 2
Vezins 49 — 149 F 5
Vezins 50 — 51 H 5
Vezins *Barrage de* 50 — 81 E 2
Vézins-de-Lévézou 12 — 281 G 2
Vezot 72 — 84 A 5
Vezou *Belvédère du* 15 — 245 F 5
Vezzani 2B — 347 F 5
Via 66 — 341 F 4
Viabon 28 — 110 C 2
Viala-du-Pas-de-Jaux 12 — 301 F 1
Viala-du-Tarn 12 — 281 F 4
Vialas 48 — 283 F 1
Vialer 64 — 294 C 5
Viam 19 — 225 E 2
Viane 81 — 300 B 3
Vianges 21 — 158 D 5
Vianne 47 — 275 G 3
Viâpres-le-Grand 10 — 90 D 2
Viâpres-le-Petit 10 — 90 D 2
Viarmes 95 — 38 C 5
Vias 34 — 322 C 5
Viaur *Viaduc du* 12 — 280 B 4
Viazac 46 — 261 G 3
Le Vibal 12 — 281 E 2
Vibersviller 57 — 67 F 3
Vibeuf 76 — 19 H 4
Vibrac 16 — 220 D 2
Vibrac 17 — 220 B 5
Vibraye 72 — 108 D 4
Vic 09 — 335 G 4
Vic 36 — 189 G 1
Vic *Roche de* 19 — 242 D 3
Vic-de-Chassenay 21 — 158 C 1
Vic-des-Prés 21 — 159 F 5
Vic-en-Bigorre 65 — 315 E 3
Vic-Fezensac 32 — 295 G 3
Vic-la-Gardiole 34 — 323 F 3
Vic-le-Comte 63 — 228 A 2
Vic-le-Fesq 30 — 303 F 1
Vic-sous-Thil 21 — 158 D 3
Vic-sur-Aisne 02 — 39 H 2
Vic-sur-Cère 15 — 244 D 4
Vic-sur-Seille 57 — 66 D 4
Vicdessos 09 — 336 A 5
Le Vicel 50 — 29 G 3
Vichel 63 — 228 A 4
Vichel-Nanteuil 02 — 40 B 4
Vichères 28 — 109 E 2
Vicherey 88 — 94 B 4
Vichy 03 — 210 B 2
Vico 2A — 348 C 1
La Vicogne 80 — 12 D 5
La Vicomté-sur-Rance 22 — 79 H 3
Vicq 03 — 209 H 1
Vicq 52 — 117 H 5

Vicq 59 — 9 H 5
Vicq 78 — 57 G 4
Vicq-d'Auribat 40 — 293 F 2
Vicq-Exemplet 36 — 189 H 1
Vicq-sur-Breuilh 87 — 223 H 2
Vicq-sur-Gartempe 86 — 170 A 5
Vicq-sur-Nahon 36 — 171 G 1
Vicques 14 — 54 A 2
Victoire *Abbaye de la* 60 — 39 E 4
Victot-Pontfol 14 — 34 B 4
Vidai 61 — 84 A 3
Vidaillac 46 — 279 E 1
Vidaillat 23 — 207 E 3
Vidauban 83 — 329 E 1
Videcosville 50 — 29 G 4
Videix 87 — 204 C 5
Videlles 91 — 87 H 4
Vidou 65 — 315 G 4
Vidouville 50 — 32 C 5
Vidouze 65 — 314 D 2
Viefvillers 60 — 22 A 5
Vieil-Armand 68 — 120 D 5
Le Vieil-Baugé 49 — 150 B 1
Le Vieil-Dampierre 51 — 63 E 1
Le Vieil-Évreux 27 — 56 C 1
Vieil-Hesdin 62 — 7 E 5
Vieil-Moutier 62 — 6 D 2
Vieille-Brioude 43 — 246 B 1
Vieille-Chapelle 62 — 8 A 3
Vieille-Église 62 — 3 E 3
Vieille-Église-en-Yvelines 78 — 57 G 5
La Vieille-Loye 39 — 179 F 1
La Vieille-Lyre 27 — 55 G 2
Vieille-Toulouse 31 — 298 A 5
Vieilles-Maisons-sur-Joudry 45 — 134 B 2
Vieillespesse 15 — 245 H 3
Vieillevie 15 — 262 B 3
Vieillevigne 31 — 318 B 3
Vieillevigne 44 — 165 H 1
Vieilley 25 — 162 A 2
Vieilmoulin 21 — 159 F 3
Viel-Arcy 02 — 40 D 2
Viel-Saint-Remy 08 — 26 B 4
Viella 32 — 294 D 4
Viella 65 — 333 E 3
Vielle-Adour 65 — 315 F 5
Vielle-Aure 65 — 333 G 4
Vielle-Louron 65 — 333 H 4
Vielle-Saint-Girons 40 — 272 A 5
Vielle-Soubiran 40 — 274 C 4
Vielle-Tursan 40 — 294 A 3
Viellenave-d'Arthez 64 — 314 A 2
Viellenave-de-Navarrenx 64 — 313 F 3
Viellenave-sur-Bidouze 64 — 311 G 3
Vielleségure 64 — 313 G 3
Vielmanay 58 — 156 C 4
Vielmur-sur-Agout 81 — 299 F 4
Vielprat 43 — 265 G 1
Viels-Maisons 02 — 60 C 3
Vielverge 21 — 160 D 3
Viennay 79 — 168 A 5
Vienne 38 — 231 F 3
Vienne-en-Arthies 95 — 57 F 1
Vienne-en-Bessin 14 — 33 E 3
Vienne-en-Val 45 — 133 G 3
Vienne-la-Ville 51 — 43 E 4
Vienne-le-Château 51 — 43 E 4
Viens 84 — 306 B 1
Vienville 88 — 120 A 2
Vier-Bordes 65 — 332 D 2
Viersat 23 — 190 B 5
Vierville 28 — 87 E 4
Vierville 50 — 32 A 2
Vierville-sur-Mer 14 — 32 C 2
Vierzon 18 — 154 C 4
Vierzy 02 — 40 B 3
Viesly 59 — 14 D 4
Viessoix 14 — 52 D 3
Viéthorey 25 — 162 D 1
Vieu 01 — 214 D 4
Vieu-d'Izenave 01 — 214 B 2
Vieugy 74 — 215 G 4
Vieure 03 — 191 F 2
Vieussan 34 — 301 E 5
Vieuvicq 28 — 109 G 2
Vieuvy 53 — 81 H 3
Vieux 14 — 33 G 5
Vieux 81 — 279 E 5
Vieux-Berquin 59 — 8 A 2
Vieux-Boucau-les-Bains 40 — 292 B 2
Vieux-Bourg 14 — 34 D 3
Le Vieux-Bourg 22 — 77 H 3
Le Vieux-Cérier 16 — 203 H 3
Vieux Chambord *Château du* 03 — 192 C 4

A B C D E F G H I J K L M N O P Q R S T U V W X Y Z

Vieux-Champagne 77 — 89 F 2
Vieux-Charmont 25 — 142 C 4
Vieux-Château 21 — 158 B 1
Le Vieux Château 85 — 164 A 4
Vieux-Condé 59 — 9 G 4
Vieux-Ferrette 68 — 143 F 4
Vieux-Fumé 14 — 54 A 1
Vieux-lès-Asfeld 08 — 41 H 1
Vieux-Lixheim 57 — 67 H 4
Vieux-Maisons 77 — 60 B 5
Vieux-Manoir 76 — 20 C 5
Le Vieux-Marché 22 — 72 C 4
Vieux-Mareuil 24 — 221 H 4
Vieux-Mesnil 59 — 15 G 2
Vieux-Moulin 60 — 39 G 2
Vieux-Moulin 88 — 96 B 3
Vieux-Moulins 52 — 139 G 2
Vieux-Pierrefeu 06 — 289 H 5
Vieux-Pont 61 — 53 H 5
Vieux-Pont-en-Auge 14 — 54 B 1
Vieux-Port 27 — 35 F 2
Vieux-Reng 59 — 15 H 2
Vieux-Rouen-sur-Bresle 76 — 21 F 2
La Vieux-Rue 76 — 36 C 1
Vieux-Ruffec 16 — 203 H 3
Vieux-Thann 68 — 143 E 1
Vieux-Viel 35 — 80 C 2
Vieux-Villez 27 — 36 C 5
Vieux-Vy-sur-Couesnon 35 — 80 C 4
Vieuzos 65 — 315 H 4
Viévigne 21 — 160 C 2
Viéville 52 — 117 E 2
Viéville-en-Haye 54 — 65 F 3
Viéville-sous-les-Côtes 55 — 64 D 2
Viévy 21 — 177 E 1
Viévy-le-Rayé 41 — 132 A 2
Viey 65 — 333 E 3
Vif 38 — 250 D 3
Viffort 02 — 60 C 2
Le Vigan 30 — 282 D 5
Le Vigan 46 — 260 B 2
Le Vigean 15 — 244 B 2
Le Vigeant 86 — 187 E 5
Le Vigen 87 — 223 H 1
Vigeois 19 — 224 B 5
Viger 65 — 332 D 1
Vigeville 23 — 207 G 1
Viggianello 2A — 350 D 2
Viglain 45 — 133 H 4
Vignacourt 80 — 12 C 5
Vignage Rochers du 61 — 83 G 3
Vignale 2B — 347 G 2
Vignats 14 — 54 A 3
Le Vignau 40 — 294 C 2
Vignaux 31 — 297 F 4
Les Vigneaux 05 — 252 C 5
Vignec 65 — 333 G 4
Vignely 77 — 59 F 2
Vignemont 60 — 39 F 1
Les Vignères 84 — 305 E 1
Les Vignes 48 — 282 A 2
Vignes 64 — 294 B 5
Vignes 89 — 158 B 1
Vignes-la-Côte 52 — 93 F 5
Vigneul-sous-Montmédy 55 — 43 H 1
Vigneulles 54 — 95 E 2
Vigneulles-lès-Hattonchâtel 55 — 64 D 2
Vigneux-de-Bretagne 44 — 147 F 2
Vigneux-Hocquet 02 — 25 G 3
Vigneux-sur-Seine 91 — 58 C 5
Vignevieille 11 — 338 A 2
Vignieu 38 — 232 B 2
Vignoc 35 — 80 A 5
Vignol 58 — 157 G 3
Vignoles 21 — 177 H 1
Vignolles 16 — 220 D 3
Vignols 19 — 223 H 5
Vignonet 33 — 238 C 5
Vignory 52 — 92 D 5
Vignot 55 — 64 D 5
Vignoux-sous-les-Aix 18 — 155 F 5
Vignoux-sur-Barangeon 18 — 154 C 5
Vigny 57 — 65 H 2
Vigny 95 — 57 H 1
Vigoulant 36 — 189 H 3
Vigoulet-Auzil 31 — 318 A 2
Vigoux 36 — 188 C 2
Vigueron 82 — 297 E 1
Vigy 57 — 46 B 5
Vihiers 49 — 149 G 5
Vijon 36 — 189 H 3
Vilbert 77 — 59 G 5
Vilcey-sur-Trey 54 — 65 F 3
Vildé-Guingalan 22 — 79 F 4
Le Vilhain 03 — 191 E 2
Vilhonneur 16 — 221 H 1

Vilhosc Prieuré de 04 — 287 G 2
Villabé 91 — 88 A 2
Villabon 18 — 173 G 1
Villac 24 — 241 G 2
Villacerf 10 — 90 D 4
Villacourt 54 — 95 E 3
Villadin 10 — 90 B 5
Villafans 70 — 141 H 5
Village-Neuf 68 — 143 H 3
Villaines-en-Duesmois 21 — 138 A 4
Villaines-la-Carelle 72 — 84 A 4
Villaines-la-Gonais 72 — 108 C 3
Villaines-la-Juhel 53 — 82 D 5
Villaines-les-Prévôtes 21 — 137 H 5
Villaines-les-Rochers 37 — 151 H 4
Villaines-sous-Bois 95 — 58 C 1
Villaines-sous-Lucé 72 — 130 C 2
Villaines-sous-Malicorne 72 — 129 F 3
Villainville 76 — 18 D 4
Villalbe 11 — 319 G 5
Villalet 27 — 56 A 2
Villalier 11 — 319 H 4
Villamblain 45 — 110 B 5
Villamblard 24 — 240 B 4
Villamée 35 — 81 E 3
Villampuy 28 — 110 B 4
Villandraut 33 — 255 H 5
Villandry 37 — 151 G 3
Villanière 11 — 319 H 4
Villanova 2A — 348 B 3
Villapourçon 58 — 176 A 2
Villar d'Arêne 05 — 252 A 3
Villar-en-Val 11 — 338 A 1
Villar-Loubière 05 — 251 H 5
Villar-Saint-Anselme 11 — 337 G 2
Villar-Saint-Pancrace 05 — 252 D 5
Villarceaux Château de 95 — 37 F 5
Villard 23 — 189 E 4
Le Villard 48 — 264 A 5
Villard 74 — 198 A 5
Villard-Bonnot 38 — 251 F 1
Villard-de-Lans 38 — 250 C 3
Villard-d'Héry 73 — 233 G 3
Villard-Léger 73 — 233 H 3
Villard-Notre-Dame 38 — 251 G 3
Villard-Reculas 38 — 251 G 2
Villard-Reymond 38 — 251 G 3
Villard-Saint-Christophe 38 — 251 E 4
Villard-Saint-Sauveur 39 — 197 E 3
Villard-Sallet 73 — 233 G 3
Villard-sur-Bienne 39 — 197 E 2
Villard-sur-Doron 73 — 216 B 5
Villardebelle 11 — 337 H 2
Villardonnel 11 — 319 H 4
Villards-d'Héria 39 — 196 D 3
Les Villards-sur-Thônes 74 — 216 A 3
Villarembert 73 — 252 A 1
Villargent 70 — 141 H 5
Villargoix 21 — 158 D 3
Villargondran 73 — 234 A 5
Villariès 31 — 298 A 3
Villarlurin 73 — 234 C 3
Villarodin-Bourget 73 — 252 D 1
Villaroger 73 — 235 E 1
Villaroux 73 — 233 G 3
Villars 24 — 222 C 4
Villars 28 — 110 B 2
Villars 42 — 230 A 4
Le Villars 71 — 195 F 2
Villars 84 — 305 H 1
Villars Grottes de 24 — 222 D 4
Villars-Colmars 04 — 288 D 2
Villars-en-Azois 52 — 116 B 4
Villars-en-Pons 17 — 219 G 2
Villars-et-Villenotte 21 — 158 D 1
Villars-Fontaine 21 — 159 H 5
Villars-le-Pautel 70 — 118 C 5
Villars-le-Sec 90 — 142 D 5
Villars-lès-Blamont 25 — 163 G 2
Villars-les-Bois 17 — 201 H 5
Villars-les-Dombes 01 — 213 G 3
Villars-Saint-Georges 25 — 161 G 5
Villars-Saint-Marcellin 52 — 118 B 5
Villars-Santenoge 52 — 139 E 3
Villars-sous-Dampjoux 25 — 163 F 2
Villars-sous-Écot 25 — 142 B 5
Villars-sur-Var 06 — 289 H 5
Villarzel-Cabardès 11 — 320 A 4
Villarzel-du-Razès 11 — 337 G 1
Villasavary 11 — 319 E 4
Villate 31 — 317 H 2
Villaudric 31 — 297 H 2
Villautou 11 — 336 D 1
Villavard 41 — 131 F 3
Villaz 74 — 215 H 3

Ville 60 — 23 G 5
Villé 67 — 97 E 4
La Ville 69 — 212 A 1
Ville-au-Montois 54 — 45 E 2
Ville-au-Val 54 — 65 G 4
La Ville-aux-Bois 10 — 92 A 4
La Ville-aux-Bois-lès-Dizy 02 — 25 G 4
La Ville-aux-Bois-lès-Pontavert 02 — 41 F 2
La Ville-aux-Clercs 41 — 131 G 2
La Ville-aux-Dames 37 — 152 A 2
La Ville-aux-Nonains 28 — 85 F 2
Ville-d'Avray 92 — 58 B 3
Ville-devant-Belrain 55 — 64 B 4
Ville-devant-Chaumont 55 — 44 B 4
Ville-di-Paraso 2B — 346 D 2
Ville-di-Pietrabugno 2B — 345 G 4
La Ville-Dieu-du-Temple 82 — 277 G 5
Ville-Dommange 51 — 41 F 4
La Ville-du-Bois 91 — 58 B 5
Ville-du-Pont 25 — 180 D 1
Ville-en-Blaisois 52 — 92 C 3
Ville-en-Sallaz 74 — 216 A 1
Ville-en-Selve 51 — 41 G 5
Ville-en-Tardenois 51 — 41 E 4
Ville-en-Vermois 54 — 95 E 1
Ville-en-Woëvre 55 — 64 D 1
La Ville-ès-Nonais 35 — 79 H 3
Ville-Houdlémont 54 — 44 D 1
Ville-Issey 55 — 64 D 5
Ville-la-Grand 74 — 197 H 5
Ville-Langy 58 — 175 F 2
Ville-le-Marclet 80 — 12 B 5
Ville-Saint-Jacques 77 — 88 D 5
Ville-Savoye 02 — 40 D 3
Ville-sous-Anjou 38 — 231 F 5
Ville-sous-la-Ferté 10 — 116 B 3
La Ville-sous-Orbais 51 — 61 E 2
Ville-sur-Ancre 80 — 23 E 1
Ville-sur-Arce 10 — 115 G 3
Ville-sur-Cousances 55 — 43 G 5
Ville-sur-Illon 88 — 119 E 2
Ville-sur-Jarnioux 69 — 212 C 3
Ville-sur-Lumes 08 — 26 D 3
Ville-sur-Retourne 08 — 42 B 2
Ville-sur-Saulx 55 — 63 G 4
Ville-sur-Terre 10 — 92 B 5
Ville-sur-Tourbe 51 — 43 E 4
Ville-sur-Yron 54 — 65 F 1
Villeau 28 — 110 B 2
Villebadin 61 — 54 C 4
Villebarou 41 — 132 A 5
Villebaudon 50 — 52 A 1
Villebazy 11 — 337 H 2
Villebéon 77 — 112 D 2
Villebernier 49 — 150 C 4
Villeberny 21 — 159 F 2
Villebichot 21 — 160 A 5
Villeblevin 89 — 89 E 5
Villebois 01 — 214 B 4
Villebois-Lavalette 16 — 221 G 3
Villebois-les-Pins 26 — 286 D 1
Villebon 28 — 85 G 4
Villebon-sur-Yvette 91 — 58 B 5
Villebougis 89 — 113 F 2
Villebourg 37 — 130 C 4
Villebout 41 — 109 G 5
Villebramar 47 — 257 H 4
Villebret 03 — 190 D 5
Villebrumier 82 — 298 A 1
Villecelin 18 — 172 D 4
Villecerf 77 — 88 D 5
Villecey-sur-Mad 54 — 65 F 2
Villechantria 39 — 196 B 3
Villechauve 41 — 131 F 4
Villechenève 69 — 212 B 5
Villechétif 10 — 91 E 5
Villechétive 89 — 114 A 4
Villechien 50 — 81 G 2
Villecien 89 — 113 G 5
Villécloye 55 — 44 B 1
Villecomtal 12 — 262 D 4
Villecomtal-sur-Arros 32 — 315 F 3
Villecomte 21 — 160 A 1
Villeconin 91 — 87 F 3
Villecourt 80 — 23 G 3
Villecresnes 94 — 58 D 5
Villecroze 83 — 307 H 4
Villedaigne 11 — 320 D 5
Villedieu 15 — 245 G 4
La Villedieu 17 — 202 B 2
Villedieu 21 — 115 G 5
La Villedieu 23 — 225 E 1
Les Villedieu 25 — 180 C 4
La Villedieu 48 — 264 C 2
Villedieu 84 — 285 G 2

La Villedieu-du-Clain 86 — 186 C 3
La Villedieu-en-Fontenette 70 — 141 F 3
Villedieu-la-Blouère 49 — 148 C 5
Villedieu-le-Château 41 — 130 D 4
Villedieu-lès-Bailleul 61 — 54 B 3
Villedieu-les-Poêles-Rouffigny 50 — 52 A 3
Villedieu-sur-Indre 36 — 171 G 3
Villedômain 37 — 171 E 1
Villedômer 37 — 152 B 1
Villedoux 17 — 183 G 5
Villedubert 11 — 319 H 5
Villefagnan 16 — 203 E 3
Villefargeau 89 — 136 A 3
Villefavard 87 — 205 G 1
Villeferry 21 — 159 E 2
Villefloure 11 — 337 H 1
Villefollet 79 — 202 C 1
Villefontaine 38 — 231 H 2
Villefort 11 — 337 E 3
Villefort 48 — 265 F 5
Villefranche 32 — 316 C 2
Villefranche-d'Albigeois 81 — 299 H 1
Villefranche-d'Allier 03 — 191 F 4
Villefranche-de-Conflent 66 — 342 A 3
Villefranche-de-Lauragais 31 — 318 C 2
Villefranche-de-Lonchat 24 — 239 E 4
Villefranche-de-Panat 12 — 281 E 4
Villefranche-de-Rouergue 12 — 279 F 1
Villefranche-du-Périgord 24 — 259 F 3
Villefranche-du-Queyran 47 — 275 F 2
Villefranche-le-Château 26 — 286 C 2
Villefranche-Saint-Phal 89 — 113 F 5
Villefranche-sur-Cher 41 — 153 H 4
Villefranche-sur-Mer 06 — 309 H 2
Villefranche-sur-Saône 69 — 212 D 3
Villefrancœur 41 — 131 H 4
Villefrancon 70 — 161 F 2
Villefranque 64 — 310 D 3
Villefranque 65 — 295 E 5
Villegagnon 77 — 60 A 5
Villegailhenc 11 — 319 H 4
Villegardin 89 — 113 E 3
Villegats 16 — 203 F 3
Villegats 27 — 56 D 2
Villegaudin 71 — 178 B 4
Villegenon 18 — 155 G 2
Villegly 11 — 320 A 4
Villegongis 36 — 171 G 3
Villegouge 33 — 238 B 4
Villegouin 36 — 171 E 2
Villegruis 77 — 89 F 3
Villegusien 52 — 139 G 3
Villehardouin 10 — 91 G 4
Villeherviers 41 — 154 A 3
Villejésus 16 — 203 F 3
Villejoubert 16 — 203 F 3
Villejuif 94 — 58 C 4
Villejust 91 — 58 B 5
Villelaure 84 — 306 A 3
Villeloin-Coulangé 37 — 152 D 5
Villelongue 65 — 332 D 2
Villelongue-d'Aude 11 — 337 F 2
Villelongue-de-la-Salanque 66 — 339 E 5
Villelongue-dels-Monts 66 — 343 E 4
Villeloup 10 — 90 C 5
Villemade 82 — 277 G 4
Villemagne 11 — 319 F 3
Villemagne-l'Argentière 34 — 301 F 4
Villemain 79 — 202 D 2
Villemandeur 45 — 112 C 5
Villemanoche 89 — 89 F 5
Villemardy 41 — 131 H 4
Villemaréchal 77 — 112 D 2
Villemareuil 77 — 59 G 2
Villematier 31 — 298 A 2
Villemaur-sur-Vanne 10 — 114 B 2
Villembits 65 — 315 G 4
Villembray 60 — 37 G 1
Villemer 77 — 88 C 5
Villemer 89 — 136 A 2
Villemereuil 10 — 115 E 2
Villemervry 52 — 139 E 2
Villemeux-sur-Eure 28 — 56 D 5
Villemoirieu 38 — 231 H 1
Villemoiron-en-Othe 10 — 114 B 2
Villemoisan 49 — 148 D 1
Villemoisson-sur-Orge 91 — 58 C 5
Villemolaque 66 — 343 E 3
Villemomble 93 — 58 D 3

Villemontais 42 — 211 F 3
Villemontoire 02 — 40 B 3
Villemorien 10 — 115 F 4
Villemorin 17 — 202 B 3
Villemoron 52 — 139 F 4
Villemort 86 — 187 G 2
Villemotier 01 — 196 A 4
Villemoustaussou 11 — 319 H 4
Villemoutiers 45 — 112 A 5
Villemoyenne 10 — 115 F 3
Villemur 65 — 316 A 4
Villemur-sur-Tarn 31 — 298 A 2
Villemurlin 45 — 134 A 4
Villemus 04 — 306 C 1
Villenauxe-la-Grande 10 — 90 A 2
Villenauxe-la-Petite 77 — 89 G 4
Villenave 40 — 273 E 5
Villenave-de-Rions 33 — 256 B 2
Villenave-d'Ornon 33 — 255 G 1
Villenave-près-Béarn 65 — 314 D 3
Villenave-près-Marsac 65 — 315 E 3
Villenavotte 89 — 113 F 2
Villeneuve 01 — 213 E 2
Villeneuve 04 — 306 D 1
Villeneuve 09 — 335 E 3
Villeneuve 12 — 261 F 5
La Villeneuve 23 — 208 B 4
Villeneuve 33 — 237 F 3
La Villeneuve 71 — 178 B 2
La Villeneuve-au-Châtelot 10 — 90 A 3
La Villeneuve-au-Chemin 10 — 114 C 4
La Villeneuve-au-Chêne 10 — 115 G 2
La Villeneuve-Bellenoye-et-la-Maize 70 — 141 F 3
Villeneuve-d'Allier 43 — 246 B 2
Villeneuve-d'Amont 25 — 180 A 2
Villeneuve d'Ascq 59 — 9 E 2
Villeneuve-d'Aval 39 — 179 G 2
Villeneuve-de-Berg 07 — 266 C 4
Villeneuve-de-Duras 47 — 257 F 2
Villeneuve-de-la-Raho 66 — 343 F 2
Villeneuve-de-Marc 38 — 231 G 3
Villeneuve-de-Marsan 40 — 294 B 1
Villeneuve-de-Mézin 47 — 275 F 5
Villeneuve-de-Rivière 31 — 334 B 1
Villeneuve-d'Entraunes 06 — 289 E 2
Villeneuve-des-Escaldes 66 — 341 G 4
Villeneuve-d'Olmes 09 — 336 D 3
Villeneuve-du-Bosc 09 — 336 B 2
Villeneuve-du-Latou 09 — 317 H 5
Villeneuve-du-Paréage 09 — 336 B 1
La Villeneuve-en-Chevrie 78 — 57 E 1
Villeneuve-en-Montagne 71 — 177 F 4
Villeneuve-Frouville 41 — 132 A 3
Villeneuve-la-Comptal 11 — 318 D 4
Villeneuve-la-Comtesse 17 — 201 H 1
Villeneuve-la-Dondagre 89 — 113 F 3
Villeneuve-la-Garenne 92 — 58 C 2
Villeneuve-la-Guyard 89 — 89 E 5
Villeneuve-la-Lionne 51 — 60 C 4
Villeneuve-la-Rivière 66 — 343 E 2
Villeneuve-la-Salle 05 — 252 C 4
Villeneuve-l'Archevêque 89 — 114 A 2
Villeneuve-le-Comte 77 — 59 F 4
Villeneuve-le-Roi 94 — 58 C 5
Villeneuve-Lécussan 31 — 316 A 5
Villeneuve-Lembron 63 — 227 H 4
Villeneuve-lès-Avignon 30 — 285 E 5
Villeneuve-lès-Béziers 34 — 321 G 4
Villeneuve-lès-Bordes 77 — 89 E 3
Villeneuve-lès-Bouloc 31 — 297 H 3
Villeneuve-les-Cerfs 63 — 210 A 3
La Villeneuve-lès-Charleville 51 — 61 E 4
Villeneuve-lès-Charnod 39 — 196 B 4
La Villeneuve-les-Convers 21 — 138 B 5
Villeneuve-les-Corbières 11 — 338 C 3
Villeneuve-les-Genêts 89 — 135 F 4
Villeneuve-les-Lavaur 81 — 298 C 5
Villeneuve-lès-Maguelone 34 — 302 D 5
Villeneuve-lès-Montréal 11 — 319 F 5
Villeneuve-les-Sablons 60 — 38 A 4
Villeneuve-Loubet 06 — 309 F 4
Villeneuve-Loubet-Plage 06 — 309 G 3
Villeneuve-Minervois 11 — 320 A 4
Villeneuve-Renneville-Chevigny 51 — 61 G 2
Villeneuve-Saint-Denis 77 — 59 F 4

Villeneuve-Saint-Georges 94 — 58 D 5
Villeneuve-Saint-Germain 02 — 40 B 2
Villeneuve-Saint-Nicolas 28 — 86 B 5
Villeneuve-Saint-Salves 89 — 136 C 2
Villeneuve-Saint-Vistre-et-Villevotte 51 — 90 B 2
Villeneuve-sous-Charigny 21 — 158 D 2
Villeneuve-sous-Dammartin 77 — 59 E 1
Villeneuve-sous-Pymont 39 — 179 E 1
La Villeneuve-sous-Thury 60 — 39 H 5
Villeneuve-sur-Allier 03 — 192 A 1
Villeneuve-sur-Auvers 91 — 87 G 3
Villeneuve-sur-Bellot 77 — 60 B 3
Villeneuve-sur-Cher 18 — 172 D 2
Villeneuve-sur-Conie 45 — 110 C 4
Villeneuve-sur-Fère 02 — 40 C 5
Villeneuve-sur-Lot 47 — 258 C 5
Villeneuve-sur-Tarn 81 — 300 A 1
Villeneuve-sur-Verberie 60 — 39 E 4
Villeneuve-sur-Vère 81 — 279 H 5
La Villeneuve-sur-Vingeanne 21 — 139 H 5
Villeneuve-sur-Yonne 89 — 113 G 4
Villeneuve-Tolosane 31 — 297 H 5
Villeneuvette 34 — 301 H 4
Villennes-sur-Seine 78 — 57 H 2
Villenouvelle 17 — 201 H 4
Villenouvelle 31 — 318 B 2
Villenoy 77 — 59 G 2
Villentrois 36 — 153 F 5
Villeny 41 — 132 D 5
Villepail 53 — 82 D 4
Villeparisis 77 — 59 E 2
Villeparois 70 — 141 F 4
Villeperdrix 26 — 268 A 5
Villeperdue 37 — 151 H 4
Villeperrot 89 — 113 F 2
Villepinte 11 — 319 F 4
Villepinte 93 — 58 D 2
Villeporcher 41 — 131 G 5
Villepot 44 — 127 F 3
Villepreux 78 — 57 H 3
Villequier 76 — 35 G 5
Villequier-Aumont 02 — 24 A 4
Villequiers 18 — 173 H 1
Viller 57 — 66 D 2
Villerable 41 — 131 G 3
Villerbon 41 — 132 A 4
Villeréal 47 — 258 C 3
Villereau 45 — 111 E 4
Villereau 59 — 15 E 3
Villeret 02 — 24 A 1
Villeret 10 — 91 H 3
Villereversure 01 — 196 A 5
Villermain 41 — 132 C 2
Villeromain 41 — 131 H 4
Villeron 91 — 58 D 1
Villerouge-la-Crémade 11 — 338 C 5
Villerouge-Termenès 11 — 338 B 2
Villeroy 77 — 59 F 2
Villeroy 80 — 11 F 5
Villeroy 89 — 113 F 3
Villeroy-sur-Méholle 55 — 93 H 1
Villers 42 — 211 H 4
Villers 88 — 94 C 5
Villers-Agron-Aiguizy 02 — 41 E 5
Villers-Allerand 51 — 41 G 5
Villers-au-Bois 62 — 8 A 5
Villers-au-Flos 62 — 13 H 5
Villers-au-Tertre 59 — 14 B 2
Villers-aux-Bois 51 — 61 F 2
Villers-aux-Érables 80 — 22 D 3
Villers-aux-Nœuds 51 — 41 G 4
Villers-aux-Vents 55 — 63 F 3
Villers-Bocage 14 — 33 E 5
Villers-Bocage 80 — 12 D 5
Villers-Bouton 70 — 161 H 1
Villers-Bretonneux 80 — 22 D 2
Villers-Brûlin 62 — 7 H 5
Villers-Buzon 25 — 161 G 4
Villers-Campsart 80 — 21 G 2
Villers-Canivet 14 — 53 H 2
Villers-Carbonnel 80 — 23 G 2
Villers-Cernay 08 — 27 F 3
Villers-Châtel 62 — 8 A 5
Villers-Chemin-et-Mont-lès-Étrelles 70 — 161 G 1
Villers-Chief 25 — 162 D 4
Villers-Cotterêts 02 — 39 H 4
Villers-devant-Dun 55 — 43 G 2
Villers-devant-le-Thour 08 — 41 G 1
Villers-devant-Mouzon 08 — 27 F 4

Villers-Écalles 76 ... 19 H 5
Villers-en-Argonne 51 ... 63 F 1
Villers-en-Arthies 95 ... 57 F 1
Villers-en-Cauchies 59 ... 14 C 3
Villers-en-Haye 54 ... 65 G 4
Villers-en-Ouche 61 ... 55 E 3
Villers-en-Prayères 02 ... 40 D 2
Villers-en-Vexin 27 ... 37 E 4
Villers-Farlay 39 ... 179 G 1
Villers-Faucon 80 ... 23 H 1
Villers-Franqueux 51 ... 41 F 3
Villers-Grélot 25 ... 162 B 2
Villers-Guislain 59 ... 14 B 5
Villers-Hélon 02 ... 40 A 4
Villers-la-Chèvre 54 ... 44 D 1
Villers-la-Combe 25 ... 162 D 3
Villers-la-Faye 21 ... 159 H 5
Villers-la-Montagne 54 ... 45 E 2
Villers-la-Ville 70 ... 141 H 5
Villers-le-Château 51 ... 62 A 2
Villers-le-Lac 25 ... 163 F 5
Villers-le-Rond 54 ... 44 C 2
Villers-le-Sec 02 ... 24 C 3
Villers-le-Sec 51 ... 63 E 3
Villers-le-Sec 55 ... 93 F 1
Villers-le-Sec 70 ... 141 F 4
Villers-le-Tilleul 08 ... 26 D 4
Villers-le-Tourneur 08 ... 26 C 4
Villers-les-Bois 39 ... 179 E 2
Villers-lès-Cagnicourt 62 ... 14 A 3
Villers-lès-Guise 02 ... 24 D 1
Villers-lès-Luxeuil 70 ... 141 F 2
Villers-lès-Mangiennes 55 ... 44 C 2
Villers-lès-Moivrons 54 ... 65 H 4
Villers-lès-Nancy 54 ... 94 D 1
Villers-les-Ormes 36 ... 171 G 3
Villers-les-Pots 21 ... 160 D 4
Villers-lès-Roye 80 ... 23 F 4
Villers-l'Hôpital 62 ... 12 C 3
Villers-Marmery 51 ... 41 H 5
Villers-Outréaux 59 ... 14 C 5
Villers-Pater 70 ... 162 B 1
Villers-Patras 21 ... 115 H 5
Villers-Plouich 59 ... 14 A 5
Villers-Pol 59 ... 15 E 2
Villers-Robert 39 ... 179 E 2
Villers-Rotin 21 ... 160 D 5
Villers-Saint-Barthélemy 60 ... 37 H 2
Villers-Saint-Christophe 02 ... 23 H 3
Villers-Saint-Frambourg 60 ... 39 E 4
Villers-Saint-Genest 60 ... 39 G 5
Villers-Saint-Martin 25 ... 162 D 2
Villers-Saint-Paul 60 ... 38 D 3
Villers-Saint-Sépulcre 60 ... 38 B 3
Villers-Semeuse 08 ... 26 D 3
Villers-Sir-Simon 62 ... 13 E 2
Villers-Sire-Nicole 59 ... 15 H 2
Villers-sous-Ailly 80 ... 11 H 4
Villers-sous-Chalamont 25 ... 180 A 2
Villers-sous-Châtillon 51 ... 41 E 5
Villers-sous-Foucarmont 76 ... 21 E 2
Villers-sous-Montrond 25 ... 162 A 5
Villers-sous-Pareid 55 ... 65 E 1
Villers-sous-Prény 54 ... 65 G 3
Villers-sous-Saint-Leu 60 ... 38 C 4
Villers-Stoncourt 57 ... 66 C 1
Villers-sur-Auchy 60 ... 37 G 1
Villers-sur-Authie 80 ... 11 F 1
Villers-sur-Bar 08 ... 27 E 4
Villers-sur-Bonnières 60 ... 37 H 1
Villers-sur-Coudun 60 ... 39 F 1
Villers-sur-Fère 02 ... 40 C 4
Villers-sur-le-Mont 08 ... 26 D 4
Villers-sur-le-Roule 27 ... 36 C 4
Villers-sur-Mer 14 ... 34 B 3
Villers-sur-Meuse 55 ... 64 B 2
Villers-sur-Nied 57 ... 66 D 3
Villers-sur-Port 70 ... 141 E 3
Villers-sur-Saulnot 70 ... 142 A 4
Villers-sur-Trie 60 ... 37 G 3
Villers-Tournelle 80 ... 22 D 4
Villers-Vaudey 70 ... 140 B 4
Villers-Vermont 60 ... 21 G 4
Villers-Vicomte 60 ... 22 B 4
Villerserine 39 ... 179 F 3
Villersexel 70 ... 141 H 5
Villerupt 54 ... 45 E 1
Villerville 14 ... 34 C 2
Villery 10 ... 114 D 3
Villes 01 ... 214 D 1
Villes-sur-Auzon 84 ... 286 A 4
Villesalem *Ancien Prieuré de* 86 ... 187 G 2
Villeselve 60 ... 23 H 4
Villeseneux 51 ... 61 H 3
Villesèque 46 ... 277 H 1

Villesèque-des-Corbières 11 ... 338 D 2
Villesèquelande 11 ... 319 G 5
Villesiscle 11 ... 319 F 5
Villespassans 34 ... 320 D 3
Villespy 11 ... 319 F 4
Villetaneuse 93 ... 58 C 2
La Villetelle 23 ... 208 B 4
Villetelle 34 ... 303 F 3
Villethierry 89 ... 113 E 2
Villeton 47 ... 275 F 1
Villetoureix 24 ... 239 G 1
Villetritouls 11 ... 338 A 1
La Villette 14 ... 53 F 2
Villette 54 ... 44 C 2
Villette 73 ... 234 C 2
Villette 78 ... 57 F 2
Villette-d'Anthon 38 ... 213 G 5
Villette-de-Vienne 38 ... 231 F 2
Villette-lès-Arbois 39 ... 179 G 2
Villette-lès-Dole 39 ... 179 E 1
Villette-sur-Ain 01 ... 213 H 3
Villette-sur-Aube 10 ... 91 E 3
Villettes 27 ... 36 A 5
Les Villettes 43 ... 247 H 1
Villeurbanne 69 ... 213 F 5
Villevallier 89 ... 113 G 4
Villevaudé 77 ... 59 E 2
Villevenard 51 ... 61 E 3
Villevêque 49 ... 128 D 5
Villeveyrac 34 ... 322 D 3
Villevieille 04 ... 289 E 5
Villevieille 30 ... 303 F 2
Villevieux 39 ... 179 E 4
Villevocance 07 ... 248 C 1
Villevoques 45 ... 112 B 4
Villexanton 41 ... 132 B 4
Villexavier 17 ... 219 H 5
Le Villey 39 ... 179 E 3
Villey-le-Sec 54 ... 94 C 1
Villey-Saint-Étienne 54 ... 65 G 5
Villey-sur-Tille 21 ... 139 F 5
Villez-sous-Bailleul 27 ... 36 D 5
Villez-sur-le-Neubourg 27 ... 35 H 5
Villié-Morgon 69 ... 212 D 1
Villiers 36 ... 170 D 3
Villiers 86 ... 168 D 5
Villiers-Adam 95 ... 58 B 1
Villiers-au-Bouin 37 ... 130 A 5
Villiers-aux-Bois 52 ... 92 C 2
Villiers-aux-Chênes 52 ... 92 C 4
Villiers-aux-Corneilles 51 ... 90 B 2
Villiers-Charlemagne 53 ... 106 A 5
Villiers-Couture 17 ... 202 C 3
Villiers-en-Bière 77 ... 88 B 3
Villiers-en-Bois 79 ... 202 B 1
Villiers-en-Désœuvre 27 ... 56 D 2
Villiers-en-Lieu 52 ... 63 F 5
Villiers-en-Morvan 21 ... 158 C 5
Villiers-en-Plaine 79 ... 184 D 3
Villiers-Fossard 50 ... 32 B 4
Villiers-Herbisse 10 ... 61 H 5
Villiers-le-Bâcle 91 ... 58 A 5
Villiers-le-Bel 95 ... 58 C 1
Villiers-le-Bois 10 ... 115 F 5
Villiers-le-Duc 21 ... 138 B 2
Villiers-le-Mahieu 78 ... 57 F 3
Villiers-le-Morhier 28 ... 86 B 2
Villiers-le-Pré 50 ... 80 D 2
Villiers-le-Roux 16 ... 203 E 2
Villiers-le-Sec 14 ... 33 F 3
Villiers-le-Sec 52 ... 116 D 3
Villiers-le-Sec 58 ... 157 E 3
Villiers-le-Sec 95 ... 58 C 1
Villiers-lès-Aprey 52 ... 139 F 3
Villiers-les-Hauts 89 ... 137 F 4
Villiers-Louis 89 ... 113 H 3
Villiers-Saint-Benoît 89 ... 135 G 3
Villiers-Saint-Denis 02 ... 60 B 2
Villiers-Saint-Frédéric 78 ... 57 G 4
Villiers-Saint-Georges 77 ... 60 C 5
Villiers-Saint-Orien 28 ... 110 A 3
Villiers-sous-Grez 77 ... 88 B 5
Villiers-sous-Mortagne 61 ... 84 C 3
Villiers-sous-Praslin 10 ... 115 H 4
Villiers-sur-Chizé 79 ... 202 B 2
Villiers-sur-Loir 41 ... 131 G 3
Villiers-sur-Marne 52 ... 93 E 5
Villiers-sur-Marne 94 ... 58 D 4
Villiers-sur-Morin 77 ... 59 E 2
Villiers-sur-Orge 91 ... 58 B 5
Villiers-sur-Seine 77 ... 89 G 4
Villiers-sur-Suize 52 ... 117 E 5
Villiers-sur-Tholon 89 ... 135 H 2
Villiers-sur-Yonne 58 ... 157 F 2
Villiers-Vineux 89 ... 114 C 5

Villiersfaux 41 ... 131 G 3
Villieu-Loyes-Mollon 01 ... 213 H 3
Villing 57 ... 46 D 4
Villognon 16 ... 203 E 4
Villon 89 ... 137 G 2
Villoncourt 88 ... 95 G 5
Villons-les-Buissons 14 ... 33 G 4
Villorceau 45 ... 132 C 3
Villosanges 63 ... 208 D 4
Villotran 60 ... 37 H 3
Villotte 88 ... 118 A 3
La Villotte 89 ... 135 H 3
Villotte-devant-Louppy 55 ... 63 G 2
Villotte-Saint-Seine 21 ... 159 G 2
Villotte-sur-Aire 55 ... 64 B 4
Villotte-sur-Ource 21 ... 138 B 2
Villouxel 88 ... 93 H 4
Villuis 77 ... 89 G 4
Villy 08 ... 27 H 5
Villy 89 ... 136 C 2
Villy-Bocage 14 ... 33 E 5
Villy-en-Auxois 21 ... 159 F 2
Villy-en-Trodes 10 ... 115 G 2
Villy-le-Bois 10 ... 115 E 3
Villy-le-Bouveret 74 ... 215 G 2
Villy-le-Maréchal 10 ... 115 E 2
Villy-le-Moutier 21 ... 178 A 1
Villy-le-Pelloux 74 ... 215 G 2
Villy-lez-Falaise 14 ... 54 A 2
Villy-sur-Yères 76 ... 10 D 5
Vilory 70 ... 141 F 3
Vilosnes 55 ... 43 H 2
Vilsberg 57 ... 68 A 4
Vimarcé 53 ... 107 E 2
Vimenet 12 ... 281 F 1
Viménil 88 ... 95 H 5
Vimines 73 ... 233 E 2
Vimont 14 ... 33 H 5
Vimory 45 ... 112 B 5
Vimoutiers 61 ... 54 C 2
Vimpelles 77 ... 89 F 4
Vimy 62 ... 8 B 5
Vinaigre *Mont* 83 ... 308 D 5
Vinantes 77 ... 59 F 1
Vinassan 11 ... 321 F 5
Vinax 17 ... 202 C 2
Vinay 38 ... 250 B 1
Vinay 51 ... 61 F 1
Vinça 66 ... 342 B 2
Vincelles 39 ... 196 B 1
Vincelles 51 ... 40 D 5
Vincelles 71 ... 178 C 5
Vincelles 89 ... 136 B 4
Vincelottes 89 ... 136 C 4
Vincennes 94 ... 58 C 3
Vincent 39 ... 179 E 4
Vincey 88 ... 95 E 4
Vincly 62 ... 7 F 3
Vincy-Manœuvre 77 ... 59 G 1
Vincy-Reuil-et-Magny 02 ... 25 G 4
Vindecy 71 ... 193 G 4
Vindefontaine 50 ... 31 G 2
Vindelle 16 ... 221 E 1
Vindey 51 ... 61 E 5
Vindrac-Alayrac 81 ... 279 E 4
Vinets 10 ... 91 F 3
Vineuil 36 ... 171 G 3
Vineuil 41 ... 132 B 5
Vineuil-Saint-Firmin 60 ... 38 D 4
La Vineuse 71 ... 194 C 2
Vinezac 07 ... 266 B 4
Vingrau 66 ... 338 C 4
Vingt-Hanaps 61 ... 83 H 3
Vinnemerville 76 ... 19 F 2
Vinneuf 89 ... 89 F 5
Vinon 18 ... 155 H 4
Vinon-sur-Verdon 83 ... 306 D 3
Vins-sur-Caramy 83 ... 328 C 1
Vinsobres 26 ... 285 G 1
Le Vintrou 81 ... 300 A 5
Vinzelles 63 ... 210 B 4
Vinzelles 71 ... 194 D 5
Vinzier 74 ... 198 C 3
Vinzieux 07 ... 230 D 5
Viocourt 88 ... 94 B 4
Viodos-Abense-de-Bas 64 ... 313 F 4
Violaines 62 ... 8 B 3
Violay 42 ... 212 A 4
Violès 84 ... 285 G 3
Violot 52 ... 139 H 3
Viols-en-Laval 34 ... 302 C 3
Viols-le-Fort 34 ... 302 C 3
Vioménil 88 ... 118 D 3
Vion 07 ... 249 E 2
Vion 72 ... 129 E 2
Vions 73 ... 215 E 4

Viozan 32 ... 316 A 3
Viplaix 03 ... 190 B 3
Vira 09 ... 336 C 2
Vira 66 ... 337 H 5
Virac 81 ... 279 F 5
Virandeville 50 ... 28 D 3
Virargues 15 ... 245 F 3
Virazeil 47 ... 257 F 4
Vire 14 ... 52 C 3
Viré 71 ... 195 E 3
Viré-en-Champagne 72 ... 106 D 5
Vire-sur-Lot 46 ... 259 F 5
Vireaux 89 ... 137 F 3
Virecourt 54 ... 95 E 3
Virelade 33 ... 255 H 2
Viremont 39 ... 196 C 3
Vireux-Molhain 08 ... 17 E 4
Vireux-Wallerand 08 ... 17 E 4
Virey 50 ... 81 F 2
Virey 70 ... 161 G 2
Virey-le-Grand 71 ... 177 H 3
Virey-sous-Bar 10 ... 115 F 3
Virginy 51 ... 42 D 4
Viriat 01 ... 195 H 5
Viricelles 42 ... 230 B 2
Virieu 38 ... 232 B 3
Virieu-le-Grand 01 ... 214 C 4
Virieu-le-Petit 01 ... 214 D 3
Virigneux 42 ... 230 A 1
Virignin 01 ... 214 D 5
Viriville 38 ... 231 H 5
Virlet 63 ... 209 E 1
Virming 57 ... 67 E 2
Viroflay 78 ... 58 B 4
Virollet 17 ... 219 F 2
Vironchaux 80 ... 11 G 1
Vironvay 27 ... 36 C 4
Virsac 33 ... 237 H 3
Virson 17 ... 201 E 1
Virville 76 ... 18 D 5
Viry 39 ... 196 D 4
Viry 71 ... 194 A 2
Viry 74 ... 215 F 1
Viry-Châtillon 91 ... 58 C 5
Viry-Noureuil 02 ... 24 A 5
Vis-en-Artois 62 ... 13 H 3
Visan 84 ... 285 G 1
Viscomtat 63 ... 210 D 5
Viscos 65 ... 332 D 3
Le Viseney 39 ... 179 F 3
Viserny 21 ... 137 G 5
Visker 65 ... 315 E 5
Vismes-au-Val 80 ... 11 F 4
Visoncourt 70 ... 141 G 3
Vissac-Auteyrac 43 ... 246 D 3
Vissec 30 ... 302 A 1
Vissec *Cirque de* 30 ... 302 A 1
Visseiche 35 ... 105 E 5
Viterbe 81 ... 298 D 4
Viterne 54 ... 94 C 2
Vitot 27 ... 35 H 5
Vitrac 15 ... 252 B 1
Vitrac 24 ... 259 G 1
Vitrac 63 ... 209 F 3
Vitrac-en-Viadène 12 ... 263 F 1
Vitrac-Saint-Vincent 16 ... 203 H 5
Vitrac-sur-Montane 19 ... 225 F 5
Vitrai-sous-l'Aigle 61 ... 55 G 5
Vitray 03 ... 190 D 1
Vitray-en-Beauce 28 ... 110 A 2
Vitray-sous-Brézolles 28 ... 56 B 5
Vitré 35 ... 105 E 3
Vitré 79 ... 185 F 4
Vitreux 39 ... 161 F 4
Vitrey 54 ... 94 C 3
Vitrey-sur-Mance 70 ... 140 B 2
Vitrimont 54 ... 95 F 1
Vitrolles 05 ... 269 G 5
Vitrolles 13 ... 326 C 1
Vitrolles-en-Luberon 84 ... 306 B 2
Vitry-aux-Loges 45 ... 111 G 5
Vitry-en-Artois 62 ... 13 H 2
Vitry-en-Charollais 71 ... 193 G 3
Vitry-en-Montagne 52 ... 139 E 2
Vitry-en-Perthois 51 ... 62 D 4
Vitry-la-Ville 51 ... 62 B 3
Vitry-Laché 58 ... 157 F 4
Vitry-le-Croisé 10 ... 115 H 3
Vitry-le-François 51 ... 62 C 4
Vitry-lès-Cluny 71 ... 194 C 2
Vitry-lès-Nogent 52 ... 117 F 4
Vitry-sur-Loire 71 ... 175 G 5
Vitry-sur-Orne 57 ... 45 G 4
Vitry-sur-Seine 94 ... 58 C 4
Vittarville 55 ... 44 B 3
Vitteaux 21 ... 159 E 2
Vittefleur 76 ... 19 F 2

Vittel 88 ... 118 C 2
Vittersbourg 57 ... 67 G 2
Vittoncourt 57 ... 66 C 2
Vittonville 54 ... 65 G 2
Vitz-sur-Authie 80 ... 12 B 3
Viuz-en-Sallaz 74 ... 198 A 5
Viuz-la-Chiésaz 74 ... 215 G 4
Vivaise 02 ... 24 D 5
Vivans 42 ... 211 F 1
Vivario 2B ... 349 E 1
Viven 64 ... 314 B 2
Viverols 63 ... 229 F 4
Vivès 66 ... 342 D 4
Vivey 52 ... 139 E 3
Le Vivier 66 ... 338 A 5
Vivier-au-Court 08 ... 27 E 3
Le Vivier-sur-Mer 35 ... 50 D 5
Vivières 02 ... 39 H 3
Viviers 07 ... 266 D 5
Viviers 57 ... 66 C 3
Viviers 89 ... 137 E 3
Viviers-du-Lac 73 ... 233 F 1
Viviers-le-Gras 88 ... 118 C 3
Viviers-lès-Lavaur 81 ... 298 C 4
Viviers-lès-Montagnes 81 ... 299 F 5
Viviers-lès-Offroicourt 88 ... 94 C 5
Viviers-sur-Artaut 10 ... 115 H 3
Viviers-sur-Chiers 54 ... 44 D 2
Vivès 09 ... 336 C 2
Viviez 12 ... 261 H 4
Viville 16 ... 221 F 1
Vivoin 72 ... 107 G 2
Vivonne 86 ... 186 B 3
Vivy 49 ... 150 C 3
Vix 21 ... 138 A 2
Vix 85 ... 183 H 3
Vizille 38 ... 251 E 3
Vizos 65 ... 333 E 3
Vizzavona 2B ... 349 E 1
Vizzavona *Col de* 2B ... 349 E 1
Vocance 07 ... 248 C 2
Vodable 63 ... 227 H 3
Vœgtlinshofen 68 ... 121 E 3
Vœlfling-lès-Bouzonville 57 ... 46 D 3
Vœllerdingen 67 ... 67 H 2
Vœuil-et-Giget 16 ... 221 F 2
Vogelgrun 68 ... 121 G 3
Voglans 73 ... 233 E 1
Vogüé 07 ... 266 B 4
Voharies 02 ... 25 E 3
Void 55 ... 93 H 1
Le Voide 49 ... 149 G 5
Voigny 10 ... 116 B 2
Voile de la Mariée *Cascade du* 05 ... 252 A 5
Voile de la Mariée *Cascade du* 2A ... 349 E 2
Voilemont 51 ... 63 E 1
Voillans 25 ... 162 C 2
Voillecomte 52 ... 92 B 3
Voimhaut 57 ... 66 C 2
Voinémont 54 ... 94 D 2
Voingt 63 ... 208 C 5
Voinsles 77 ... 59 H 5
Voipreux 51 ... 61 G 2
Voires 25 ... 162 B 5
Voiron 38 ... 232 C 4
Voiscreville 27 ... 35 G 3
Voise 28 ... 86 B 4
Voisenon 77 ... 88 B 2
Voisey 52 ... 118 A 5
Voisines 52 ... 139 F 2
Voisines 89 ... 113 H 2
Voisins-le-Bretonneux 78 ... 58 A 4
Voissant 38 ... 232 D 3
Voissay 17 ... 201 G 3
Voiteur 39 ... 179 F 4
La Voivre 70 ... 141 H 2
La Voivre 88 ... 96 B 4
Les Voivres 88 ... 119 E 4
Voivres-lès-le-Mans 72 ... 107 G 5
Volckerinckhove 59 ... 3 G 4
Volesvres 71 ... 193 H 3
Volgelsheim 68 ... 121 G 3
Volgré 89 ... 135 H 2
Volksberg 67 ... 68 A 2
Vollore-Montagne 63 ... 210 D 5
Vollore-Ville 63 ... 210 D 5
Volmerange-lès-Boulay 57 ... 46 C 5
Volmerange-les-Mines 57 ... 45 G 2
Volmunster 57 ... 48 B 5
Volnay 21 ... 177 G 2
Volnay 72 ... 108 B 5
Volon 70 ... 140 B 4
Volonne 04 ... 287 G 3
Volpajola 2B ... 347 G 2

Volstroff 57 ... 45 H 3
Volvent 26 ... 268 A 4
Volvic 63 ... 209 G 4
Vomécourt 88 ... 95 G 4
Vomécourt-sur-Madon 88 ... 94 D 4
Voncourt 52 ... 140 B 3
Voncq 08 ... 42 D 1
Vonges 21 ... 160 D 3
Vongnes 01 ... 214 D 4
Vongy 74 ... 198 B 3
Vonnas 01 ... 195 F 5
Voray-sur-l'Ognon 70 ... 162 A 2
Voreppe 38 ... 232 B 5
Vorey 43 ... 247 F 2
Vorges 02 ... 40 D 1
Vorges-les-Pins 25 ... 161 H 4
Vorly 18 ... 173 F 2
Vornay 18 ... 173 G 2
Vors 12 ... 280 C 2
Vosbles 39 ... 196 B 4
Vosne-Romanée 21 ... 160 A 5
Vosnon 10 ... 114 C 3
Vou 37 ... 170 B 1
Vouarces 51 ... 90 C 2
Vouciennes 51 ... 62 B 3
Voudenay 21 ... 176 D 1
Voué 10 ... 91 E 3
Vouécourt 52 ... 93 E 5
Vouël 02 ... 24 B 4
Vougécourt 70 ... 118 C 5
Vougeot 21 ... 160 A 5
Vouglans 39 ... 196 C 3
Vouglans *Barrage et lac de* 39 ... 196 C 3
Vougrey 10 ... 115 F 4
Vougy 42 ... 211 F 2
Vougy 74 ... 216 B 1
Vouharte 16 ... 203 E 5
Vouhé 17 ... 201 E 1
Vouhé 79 ... 185 F 2
Vouhenans 70 ... 141 H 4
Vouillé 79 ... 185 E 4
Vouillé 86 ... 186 A 1
Vouillé-les-Marais 85 ... 183 G 3
Vouillers 51 ... 63 E 5
Vouillon 36 ... 172 B 4
Vouilly 14 ... 32 B 3
Voujeaucourt 25 ... 142 B 2
Voulaines-les-Templiers 21 ... 138 C 2
Voulangis 77 ... 59 G 3
Voulême 86 ... 203 F 2
Voulgézac 16 ... 221 E 3
Voulmentin 79 ... 167 G 2
Voulon 86 ... 186 B 4
Voulpaix 02 ... 25 E 2
La Voulte-sur-Rhône 07 ... 267 E 1
Voultegon 79 ... 167 G 2
Voulton 77 ... 89 G 2
Voulx 77 ... 112 D 2
Vouneuil-sous-Biard 86 ... 186 B 1
Vouneuil-sur-Vienne 86 ... 169 G 5
Vourey 38 ... 232 C 5
Vourles 69 ... 231 E 1
Voussac 03 ... 191 G 4
Voutenay-sur-Cure 89 ... 136 D 5
Voutezac 19 ... 242 B 1
Vouthon 16 ... 221 H 1
Vouthon-Bas 55 ... 93 H 3
Vouthon-Haut 55 ... 93 H 3
Voutré 53 ... 106 D 3
Vouvant 85 ... 184 B 1
Vouvray 37 ... 152 A 2
Vouvray-sur-Huisne 72 ... 108 B 4
Vouvray-sur-Loir 72 ... 130 C 4
Vouxey 88 ... 94 B 4
Vouzailles 86 ... 168 D 5
Vouzan 16 ... 221 G 2
Vouzeron 18 ... 154 D 4
Vouziers 08 ... 42 D 2
Vouzon 41 ... 133 G 5
Vouzy 51 ... 61 H 2
La Vove *Manoir de* 61 ... 84 C 4
Voves 28 ... 110 B 2
Vovray-en-Bornes 74 ... 215 G 1
Voyenne 02 ... 25 E 3
Voyennes 80 ... 23 H 2
Voyer 57 ... 67 H 5
La Vraie-Croix 56 ... 124 D 3
Vraignes-en-Vermandois 80 ... 23 H 2
Vraignes-lès-Hornoy 80 ... 21 H 2
Vraincourt 52 ... 116 D 2
Vraiville 27 ... 36 A 4
Vrasville 50 ... 29 G 2
Vraux 51 ... 62 A 1

A B C D E F G H I J K L M N O P Q R S T U V W X Y Z

424

Vrécourt 88 ......118 A 2
Vred 59 ......9 E 5
Vregille 70 ......161 H 3
Vregny 02 ......40 C 2
Vrély 80 ......23 E 3
Le Vrétot 50 ......28 D 5
Vriange 39 ......161 E 4
Vrigne-aux-Bois 08 ......27 E 3
Vrigne-Meuse 08 ......27 E 3
Vrigny 45 ......111 G 4
Vrigny 51 ......41 F 4
Vrigny 61 ......54 A 5
La Vrine 25 ......180 C 1
Vritz 44 ......127 G 5
Vrizy 08 ......42 D 2
Vrocourt 60 ......37 G 1
Vroil 51 ......63 F 3
Vron 80 ......11 G 1
Vroncourt 54 ......94 C 3
Vroncourt-la-Côte 52 ......117 G 3
Vroville 88 ......94 D 5
Vry 57 ......46 B 5
Vue 44 ......147 E 4
Vuillafans 25 ......162 B 5
Vuillecin 25 ......180 C 2
Vuillery 02 ......40 B 2
Vulaines 10 ......114 A 2
Vulaines-lès-Provins 77 ......89 F 2
Vulaines-sur-Seine 77 ......88 C 4
Vulbens 74 ......215 F 1
Vulmont 57 ......66 B 3
Vulvoz 39 ......196 D 4
Vy-le-Ferroux 70 ......140 D 4
Vy-lès-Filain 70 ......141 F 5
Vy-lès-Lure 70 ......141 H 4
Vy-lès-Rupt 70 ......140 C 4
Vyans-le-Val 70 ......142 B 4
Vyt-lès-Belvoir 25 ......163 E 2

W

Waben 62 ......6 B 5
Wackenbach 67 ......96 D 2
Wacquemoulin 60 ......39 E 1
Wacquinghen 62 ......2 B 5
Wadelincourt 08 ......27 F 4
Wadimont 08 ......25 H 4
Wadonville-en-Woëvre 55 ......64 D 1
Wagnon 08 ......26 B 4
Wahagnies 59 ......8 D 4
Wahlbach 68 ......143 F 3
Wahlenheim 67 ......68 D 4
Wail 62 ......12 B 2
Wailly 62 ......13 G 3
Wailly 80 ......22 A 3
Wailly-Beaucamp 62 ......6 B 5
Walbach 68 ......120 D 3
Walbourg 67 ......69 E 2
La Walck 67 ......68 C 3
Waldersbach 67 ......96 D 3
Waldhambach 67 ......67 H 2
Waldhouse 57 ......48 C 5
Waldighofen 68 ......143 F 3
Waldolwisheim 67 ......68 B 4
Waldweistroff 57 ......46 C 1
Waldwisse 57 ......46 C 2
Walheim 68 ......143 F 3

Walibi Rhône-Alpes
  Parc d'attractions 38 ......232 C 2
Walibi-Schtroumpf 57 ......45 H 4
Walincourt 59 ......14 C 5
Wallers 59 ......9 F 5
Wallers-Trélon 59 ......16 A 5
Wallon-Cappel 59 ......3 H 5
Walschbronn 57 ......48 C 5
Walscheid 57 ......67 H 5
Waltembourg 57 ......67 H 4
Waltenheim 68 ......143 G 2
Waltenheim-sur-Zorn 67 ......68 D 4
Waly 55 ......63 G 1
Wambaix 59 ......14 C 4
Wambercourt 62 ......7 E 5
Wambez 60 ......37 G 1
Wambrechies 59 ......8 D 2
Wamin 62 ......7 E 5
Wanchy-Capval 76 ......20 D 2
Wancourt 62 ......13 H 3
Wandignies-Hamage 59 ......9 F 5
Wanel 80 ......11 H 4
Wangen 67 ......97 F 1
Wangenbourg 67 ......96 D 1
Wannehain 59 ......9 E 3
Wanquetin 62 ......13 F 2
La Wantzenau 67 ......69 E 5
Warcq 02 ......26 D 3
Warcq 08 ......44 D 5
Wardrecques 62 ......7 G 2
Wargemoulin-Hurlus 51 ......42 D 5
Wargnies 80 ......12 C 5
Wargnies-le-Grand 59 ......15 E 2
Wargnies-le-Petit 59 ......15 E 2
Warhem 59 ......3 H 3
Warlaing 59 ......9 F 5
Warlencourt-Eaucourt 62 ......13 G 4
Warlincourt-lès-Pas 62 ......13 E 4
Warloy-Baillon 80 ......13 E 5
Warluis 60 ......38 A 2
Warlus 62 ......13 F 2
Warlus 80 ......11 H 5
Warluzel 62 ......13 E 3
Warmeriville 51 ......41 H 3
Warnécourt 08 ......26 C 3
Warneton 59 ......4 C 5
Warsy 80 ......23 E 4
Warvillers 80 ......23 E 3
Wasigny 08 ......26 A 4
Wasnes-au-Bac 59 ......14 B 2
Wasquehal 59 ......8 D 2
Wasselonne 67 ......68 B 5
Wasserbourg 68 ......120 D 4
Wassigny 02 ......15 E 5
Wassy 52 ......92 C 3
Watigny 02 ......25 H 1
Watronville 55 ......64 C 1
Watten 59 ......3 F 4
Wattignies 59 ......8 D 3
Wattignies-la-Victoire 59 ......15 H 3
Wattrelos 59 ......9 E 2
Wattwiller 68 ......120 D 5
Wavignies 60 ......22 C 5
Waville 54 ......65 F 2
Wavrans-sur-l'Aa 62 ......7 E 2

Wavrans-sur-Ternoise 62 ......7 F 5
Wavrechain-
  sous-Denain 59 ......14 D 2
Wavrechain-sous-Faulx 59 ......14 C 2
Wavrille 55 ......44 B 3
Wavrin 59 ......8 C 3
Waziers 59 ......8 D 5
Wé 08 ......27 G 4
Weckolsheim 68 ......121 F 3
Wegscheid 68 ......142 C 1
Weinbourg 67 ......68 B 3
Weislingen 67 ......68 A 2
Weitbruch 67 ......69 E 4
Weiterswiller 67 ......68 B 3
Welles-Pérennes 60 ......22 D 5
Wemaers-Cappel 59 ......3 G 4
Wentzwiller 68 ......143 G 3
Werentzhouse 68 ......143 G 4
Wervicq-Sud 59 ......4 D 5
West-Cappel 59 ......3 H 3
Westbécourt 62 ......3 E 5
Westhalten 68 ......120 D 4
Westhoffen 67 ......97 E 1
Westhouse 67 ......97 G 3
Westhouse-Marmoutier 67 ......68 B 5
Westrehem 62 ......7 G 3
Wettolsheim 68 ......121 E 3
Weyer 67 ......67 H 3
Weyersheim 67 ......69 E 4
Wickerschwihr 68 ......121 F 2
Wickersheim 67 ......68 C 4
Wicquinghem 62 ......6 D 3
Wicres 59 ......8 B 3
Widehem 62 ......6 B 3
Widensolen 68 ......121 F 3
Wiège-Faty 02 ......25 E 2
Wiencourt-l'Équipée 80 ......23 E 2
Wierre-au-Bois 62 ......6 C 2
Wierre-Effroy 62 ......2 C 5
Wiesviller 57 ......67 H 1
Wignehies 59 ......15 H 5
Wignicourt 08 ......26 C 5
Wihr-au-Val 68 ......120 D 3
Wihr-en-Plaine 68 ......121 F 2
Wildenstein 68 ......120 B 4
Wildersbach 67 ......96 D 3
Willeman 62 ......12 B 2
Willems 59 ......9 E 2
Willencourt 62 ......12 B 3
Willer 68 ......143 F 3
Willer-sur-Thur 68 ......120 C 5
Willeroncourt 55 ......64 B 5
Willerval 62 ......8 B 5
Willerwald 57 ......67 G 1
Willgottheim 67 ......68 C 5
Williers 08 ......27 H 4
Willies 59 ......15 H 4
Wilshausen 67 ......68 C 4
Wilwisheim 67 ......68 C 4
Wimereux 62 ......2 B 5
Wimille 62 ......2 B 5
Wimmenau 67 ......68 B 2
Wimy 02 ......25 G 1
Windstein 67 ......68 D 1
Windstein
  Château de 67 ......68 D 1

Wingen 67 ......69 E 1
Wingen-sur-Moder 67 ......68 B 2
Wingersheim-les-
  Quatre-Bans 67 ......68 D 4
Wingles 68 ......8 B 4
Winkel 68 ......143 F 5
Winnezeele 59 ......3 H 4
Wintersbourg 57 ......67 H 4
Wintershouse 67 ......68 D 4
Wintzenbach 67 ......69 G 2
Wintzenheim 68 ......121 E 3
Wintzenheim-
  Kochersberg 67 ......68 C 5
Wintzfelden 68 ......120 D 4
Wirwignes 62 ......6 C 2
Wiry-au-Mont 80 ......11 G 5
Wisches 67 ......96 D 2
Wisembach 88 ......96 C 5
Wiseppe 55 ......43 G 1
Wismes 62 ......7 E 2
Wisques 62 ......3 F 5
Wissant 62 ......2 B 4
Wissembourg 67 ......69 F 1
Wissignicourt 02 ......40 C 1
Wissous 91 ......58 C 5
Witry-lès-Reims 51 ......41 H 3
Wittelsheim 68 ......143 E 1
Wittenheim 68 ......143 F 1
Witternesse 62 ......7 G 3
Witternheim 67 ......97 G 4
Wittersdorf 68 ......143 F 3
Wittersheim 67 ......68 D 4
Wittes 62 ......7 G 2
Wittisheim 67 ......97 G 4
Wittring 57 ......67 H 1
Wiwersheim 67 ......68 D 5
Wizernes 62 ......7 F 2
Woël 55 ......65 E 2
Wœlfling-
  lès-Sarreguemines 57 ......67 H 1
Wœllenheim 67 ......68 C 5
Wœrth 67 ......68 D 2
Woignarue 80 ......11 E 3
Woimbey 55 ......64 C 2
Woincourt 80 ......11 E 4
Woinville 55 ......64 D 3
Woippy 57 ......45 H 5
Woirel 80 ......11 G 5
Wolfersdorf 68 ......143 E 3
Wolfgantzen 68 ......121 F 3
Wolfisheim 67 ......97 G 1
Wolfskirchen 67 ......67 G 3
Wolschheim 67 ......68 B 5
Wolschwiller 68 ......143 G 4
Wolxheim 67 ......97 F 1
Wormhout 59 ......3 H 4
Woustviller 57 ......67 G 1
Wuenheim 68 ......120 D 5
Wuisse 57 ......66 D 3
Wulverdinghe 59 ......3 F 4
Wy-dit-Joli-Village 95 ......37 G 5
Wylder 59 ......3 H 3

X

Xaffévillers 88 ......95 G 3
Xaintrailles 47 ......275 F 3

Xaintray 79 ......184 D 2
Xambes 16 ......203 E 5
Xammes 54 ......65 F 2
Xamontarupt 88 ......119 H 2
Xanrey 57 ......66 D 5
Xanton-Chassenon 85 ......184 B 2
Xaronval 88 ......94 D 4
Xermaménil 54 ......95 F 2
Xertigny 88 ......119 F 3
Xeuilley 54 ......94 C 2
Xirocourt 54 ......94 D 3
Xivray-et-Marvoisin 55 ......65 E 4
Xivry-Circourt 54 ......45 E 3
Xocourt 57 ......66 B 3
Xonrupt-Longemer 88 ......120 B 3
Xonville 54 ......65 E 1
Xouaxange 57 ......67 G 5
Xousse 54 ......95 H 1
Xures 54 ......67 E 3

Y

Y 80 ......23 G 3
Yainville 76 ......35 H 1
Yaucourt-Bussus 80 ......11 H 3
Le Yaudet 22 ......72 C 3
Ychoux 40 ......272 D 1
Ydes 15 ......226 C 5
Yébleron 76 ......19 F 4
Yèbles 77 ......88 C 2
Yenne 73 ......232 D 1
Yermenonville 28 ......86 B 3
Yerres 91 ......58 D 5
Yerville 76 ......19 H 4
Yeu Ile d' 85 ......164 A 4
Yèvre-la-Ville 45 ......111 H 3
Yèvre-le-Châtel 45 ......111 H 3
Yèvres 28 ......109 G 2
Yèvres-le-Petit 10 ......91 H 3
Yffiniac 22 ......78 C 3
Ygos-Saint-Saturnin 40 ......273 F 5
Ygrande 03 ......191 F 2
Ymare 76 ......36 B 3
Ymeray 28 ......86 C 3
Ymonville 28 ......110 C 2
Yolet 15 ......244 C 5
Yoncq 08 ......27 F 5
Yonval 80 ......11 G 3
Youx 63 ......209 E 1
Yport 76 ......18 D 3
Ypreville-Biville 76 ......19 F 4
Yquebeuf 76 ......20 C 5
Yquelon 50 ......51 F 3
Yquem Château 33 ......256 B 4
Yronde-et-Buron 63 ......228 A 2
Yrouerre 89 ......137 E 3
Yssac-la-Tourette 63 ......209 H 4
Yssandon 19 ......241 H 2
Yssandon Puy d' 19 ......241 H 2
Yssingeaux 43 ......247 H 2
Ysson Puy d' 63 ......227 H 3
Ytrac 15 ......244 B 5
Ytres 62 ......13 H 5
Yutz 57 ......45 H 3
Yvecrique 76 ......19 H 4
Yversay 86 ......169 E 5

Yves 17 ......200 D 2
Les Yveteaux 61 ......53 G 5
Yvetot 76 ......19 G 5
Yvetot-Bocage 50 ......29 F 4
Yvias 22 ......73 F 3
Yviers 16 ......238 D 1
Yvignac-la-Tour 22 ......79 F 5
Yville-sur-Seine 76 ......35 H 2
Yvoire 74 ......197 H 3
Yvoy-le-Marron 41 ......133 E 5
Yvrac 33 ......237 H 5
Yvrac-et-Malleyrand 16 ......221 H 1
Yvrandes 61 ......52 D 4
Yvré-le-Pôlin 72 ......129 H 3
Yvré-l'Évêque 72 ......107 H 4
Yvrench 80 ......11 H 2
Yvrencheux 80 ......11 H 2
Yzengremer 80 ......11 E 4
Yzernay 49 ......167 F 1
Yzeron 69 ......230 C 1
Yzeure 03 ......192 B 2
Yzeures-sur-Creuse 37 ......170 B 4
Yzeux 80 ......22 A 1
Yzosse 40 ......293 E 3

Z

Zaessingue 68 ......143 G 3
Zalana 2B ......347 G 4
Zarbeling 57 ......67 E 3
Zegerscappel 59 ......3 G 4
Zehnacker 67 ......68 B 5
Zeinheim 67 ......68 C 5
Zellenberg 68 ......121 E 2
Zellwiller 67 ......97 F 3
Zermezeele 59 ......3 H 4
Zérubia 2A ......349 E 5
Zetting 57 ......67 H 1
Zévaco 2A ......349 E 3
Zicavo 2A ......349 E 3
Zigliara 2A ......348 D 4
Zilia 2B ......346 C 2
Zilling 57 ......68 A 4
Zillisheim 68 ......143 F 2
Zimmerbach 68 ......120 D 3
Zimmersheim 68 ......143 G 2
Zimming 57 ......46 D 5
Zincourt 88 ......95 F 5
Zinswiller 67 ......68 C 2
Zipitoli
  Pont génois de 2A ......348 D 3
Zittersheim 67 ......68 A 3
Zœbersdorf 67 ......68 C 4
Zollingen 67 ......67 G 3
Zommange 57 ......67 F 4
Zonza 2A ......349 F 5
Zoteux 62 ......6 C 3
Zouafques 62 ......3 E 4
Zoufftgen 57 ......45 G 2
Zoza 2A ......349 E 5
Zudausques 62 ......3 E 5
Zutkerque 62 ......3 E 4
Zutzendorf 67 ......68 C 3
Zuydcoote 59 ......3 H 2
Zuytpeene 59 ......3 G 5

Plans

Curiosités
Bâtiment intéressant
Édifice religieux intéressant : catholique - protestant

Voirie
Autoroute - Double chaussée de type autoroutier
Échangeurs numérotés : complet - partiels
Grande voie de circulation
Rue réglementée ou impraticable
Rue piétonne - Tramway
Parking - Parking Relais
Tunnel
Gare et voie ferrée
Funiculaire, voie à crémaillère
Téléphérique, télécabine

Signes divers
Information touristique
Mosquée - Synagogue
Tour - Ruines
Moulin à vent
Jardin, parc, bois
Cimetière

Stade - Golf - Hippodrome
Piscine de plein air, couverte
Vue - Panorama
Monument - Fontaine
Port de plaisance
Phare
Aéroport - Station de métro
Gare routière
Transport par bateau :
passagers et voitures, passagers seulement

Bureau principal de poste restante - Hôpital
Marché couvert
Gendarmerie - Police
Hôtel de ville
Université, grande école
Bâtiment public repéré par une lettre :
Musée
Théâtre

Town plans

Sights
Place of interest
Interesting place of worship:
Church - Protestant church

Roads
Motorway - Dual carriageway
Numbered junctions: complete, limited
Major thoroughfare
Unsuitable for traffic or street subject to restrictions
Pedestrian street - Tramway
Car park - Park and Ride
Tunnel
Station and railway
Funicular
Cable-car

Various signs
Tourist Information Centre
Mosque - Synagogue
Tower - Ruins
Windmill
Garden, park, wood
Cemetery

Stadium - Golf course - Racecourse
Outdoor or indoor swimming pool
View - Panorama
Monument - Fountain
Pleasure boat harbour
Lighthouse
Airport - Underground station
Coach station
Ferry services:
passengers and cars - passengers only

Main post office with poste restante - Hospital
Covered market
Gendarmerie - Police
Town Hall
University, College
Public buildings located by letter:
Museum
Theatre

Stadtpläne

Sehenswürdigkeiten
Sehenswertes Gebäude
Sehenswerter Sakralbau:Katholische - Evangelische Kirche

Straßen
Autobahn - Schnellstraße
Nummerierte Voll - bzw. Teilanschlussstellen
Hauptverkehrsstraße
Gesperrte Straße oder mit Verkehrsbeschränkungen
Fußgängerzone - Straßenbahn
Parkplatz - Park-and-Ride-Plätze
Tunnel
Bahnhof und Bahnlinie
Standseilbahn
Seilschwebebahn

Sonstige Zeichen
Informationsstelle
Moschee - Synagoge
Turm - Ruine
Windmühle
Garten, Park, Wäldchen
Friedhof

Stadion - Golfplatz - Pferderennbahn
Freibad - Hallenbad
Aussicht - Rundblick
Denkmal - Brunnen
Yachthafen
Leuchtturm
Flughafen - U-Bahnstation
Autobusbahnhof
Schiffsverbindungen:
Autofähre, Personenfähre
Hauptpostamt (postlagernde Sendungen) - Krankenhaus
Markthalle
Gendarmerie - Polizei
Rathaus
Universität, Hochschule
Öffentliches Gebäude, durch einen Buchstaben
gekennzeichnet:
Museum
Theater

Plattegronden

Bezienswaardigheden
Interessant gebouw
Interessant kerkelijk gebouw: Kerk - Protestantse kerk

Wegen
Autosnelweg - Weg met gescheiden rijbanen
Knooppunt / aansluiting: volledig, gedeeltelijk
Hoofdverkeersweg
Onbegaanbare straat, beperkt toegankelijk
Voetgangersgebied - Tramlijn
Parkeerplaats - P & R
Tunnel
Station, spoorweg
Kabelspoor
Tandradbaan

Overige tekens
Informatie voor toeristen
Moskee - Synagoge
Toren - Ruïne
Windmolen
Tuin, park, bos
Begraafplaats

Stadion - Golfterrein - Renbaan
Zwembad: openlucht, overdekt
Uitzicht - Panorama
Gedenkteken, standbeeld - Fontein
Jachthaven
Vuurtoren
Luchthaven - Metrostation
Busstation
Vervoer per boot:
Passagiers en auto's - uitsluitend passagiers

Hoofdkantoor voor poste-restante - Ziekenhuis
Overdekte markt
Marechaussee / rijkswacht - Politie
Stadhuis
Universiteit, hogeschool
Openbaar gebouw, aangegeven met een letter::
Museum
Schouwburg

Piante

Curiosità
Edificio interessante
Costruzione religiosa interessante: Chiesa - Tempio

Viabilità
Autostrada - Doppia carreggiata tipo autostrada
Svincoli numerati: completo, parziale
Grande via di circolazione
Via regolamentata o impraticabile
Via pedonale - Tranvia
Parcheggio - Parcheggio Ristoro
Galleria
Stazione e ferrovia
Funicolare
Funivia, cabinovia

Simboli vari
Ufficio informazioni turistiche
Moschea - Sinagoga
Torre - Ruderi
Mulino a vento
Giardino, parco, bosco
Cimitero

Stadio - Golf - Ippodromo
Piscina: all'aperto, coperta
Vista - Panorama
Monumento - Fontana
Porto turistico
Faro
Aeroporto - Stazione della metropolitana
Autostazione
Trasporto con traghetto:
passeggeri ed autovetture - solo passeggeri

Ufficio centrale di fermo posta - Ospedale
Mercato coperto
Carabinieri - Polizia
Municipio
Università, scuola superiore
Edificio pubblico indicato con lettera:
Museo
Teatro

Planos

Curiosidades
Edificio interessante
Edificio religioso interessante: católica - protestante

Vías de circulación
Autopista - Autovía
Enlaces numerados: completo, parciales
Via importante de circulación
Calle reglamentada o impracticable
Calle peatonal - Tranvía
Aparcamiento - Aparcamientos «P+R»
Túnel
Estación y línea férrea
Funicular, línea de cremallera
Teleférico, telecabina

Signos diversos
Oficina de Información de Turismo
Mezquita - Sinagoga
Torre - Ruinas
Molino de viento
Jardín, parque, madera
Cementerio

Estadio - Golf - Hipódromo
Piscina al aire libre, cubierta
Vista parcial - Vista panorámica
Monumento - Fuente
Puerto deportivo
Faro
Aeropuerto - Estación de metro
Estación de autobuses
Transporte por barco:
pasajeros y vehículos, pasajeros solamente

Oficina de correos - Hospital
Mercado cubierto
Policía National - Policía
Ayuntamiento
Universidad, escuela superior
Edificio público localizado con letra :
Museo
Teatro

Plans de ville
Town plans / Stadtpläne / Stadsplattegronden
Piante di città / Planos de ciudades

- Aix-en-Provence 428
- Ajaccio 476
- Amiens 429
- Angers 430
- Annecy 476
- Arles 476
- Avignon 431
- Bastia 476
- Bayonne 476
- Besançon 432
- Biarritz 476
- Blois 476
- Bordeaux 433
- Bourges 434
- Caen 435
- Calais 436
- Cannes 437
- Carcassonne 476
- Châlons-en-Champagne 476
- Chalon-sur-Saône 476
- Chambéry 476
- Chartres 476
- Clermont-Ferrand 438
- Colmar 439
- Dijon 440
- Grenoble 441
- Le Havre 442
- Lille 443
- Limoges 446
- Lorient 476
- Lyon 444
- Le Mans 447
- Marseille 448
- Metz 449
- Monaco 476
- Montpellier 450
- Mulhouse 451
- Nancy 452
- Nantes 453
- Nevers 476
- Nice 454
- Nîmes 456
- Orléans 457
- Paris (environs) 458
- Paris 462
- Pau 464
- Perpignan 465
- Poitiers 466
- Reims 467
- Rennes 468
- La Rochelle 469
- Rouen 470
- Saint-Étienne 471
- Strasbourg 472
- Toulon 473
- Toulouse 474
- Tours 475
- Troyes 476

Comment utiliser les QR Codes ?
1) Téléchargez gratuitement (ou mettez à jour) une application de lecture de QR Codes sur votre smartphone
2) Lancez l'application et visez le code souhaité
3) Le plan de la ville désirée apparaît automatiquement sur votre smartphone
4) Zoomez / Dézoomez pour faciliter votre déplacement !

How to use the QR Codes
1) Download (or update) the free QR Code reader app on your smartphone
2) Launch the app and point your smartphone at the required code
3) A map of the town/city will appear automatically on your smartphone
4) Zoom in/out to help you move around

Wie verwendet man QR Codes ?
1. Laden Sie eine Applikation zum Lesen von QR Codes (oder ein Update) kostenlos auf Ihr Smartphone herunter.
2. Starten Sie die Applikation und lesen Sie den gewünschten Code.
3. Der gewünschte Stadtplan erscheint automatisch auf Ihrem Smartphone.
4. Vergrößern/Verkleinern Sie den Zoom, um Ihre Fahrt zu erleichtern.

Hoe moet u de QR Codes gebruiken?
1. Download (of update) gratis een app om QR codes op uw smartphone te lezen
2. Start de app en selecteer de gewenste code
3. De gewenste stadsplattegrond verschijnt automatisch op uw smartphone
4. Zoom in of uit om uw verplaatsing beter te kunnen zien!

Come si usano i codici QR ?
1. Scarica gratuitamente (o aggiorna) un'applicazione di lettura di codici QR sul tuo smartphone
2. Lancia l'applicazione e punta il codice desiderato
3. La pianta della città desiderata appare automaticamente sul tuo smartphone
4. Zooma/dezooma per spostarti più facilmente!

Cómo utilizar los códigos QR
1. Descargue (o actualice) gratuitamente una aplicación de lectura de códigos QR para su smartphone
2. Abra la aplicación y seleccione el código deseado
3. El plano de ciudad deseado aparece automáticamente en su smartphone
4. Haga zoom adelante/atrás para facilitar el desplazamiento

- **Amiens** - *plan de ville + QR Code*
- **Ajaccio** - *QR Code*

428
AIX-EN-PROVENCE
AIX-EN-PROVENCE
ATELIER CÉZANNE
Cathédrale
Musée des Tapisseries
Cloître St-Sauveur
VIEIL AIX
Tour de l'Horloge
Pl. de l'Hôtel-de-Ville
Palais Monclar
Madeleine
Muséum d'histoire naturelle
Palais de Justice
Maison natale de Cézanne
Granet 20 Siecle
Cours Mirabeau
Caumont Centre d'Art
QUARTIER MAZARIN
Hôtel de Marignane
Fontaine des 4 Dauphins
Saint-Jean-de-Malte
Hôtel de Gallifet
Musée Granet
Conservatoire Darius Milhaud
ALLÉES PROVENÇALES
Grand Théatre de Provence
Fontaine de la Rotonde
PAVILLON NOIR
Cité du Livre
Pavillon de Vendôme
Tourreluque
Thermes Sextius
JAS DE BOUFFAN, FONDATION VASARELY
MARSEILLE
MANOSQUE
NICE, TOULON
CARRIÈRES DE BIBEMUS, VAUVENARGUES
ARLES, AVIGNON
150 m

Apt
Lacoste
Bonnieux
Enclos des Bories
Lourmarin
Cadenet
Abb. de Silvacane
La Roque-d'Anthéron
Lambesc
St-Cannat
Rognes
Le Puy-Ste-Réparade
Château la Coste
Pertuis
Peyrolles-en-Provence
Meyrargues
Jouques
Venelles
Éguilles
Ventabren
Coudoux
Velaux
AIX-EN-PROVENCE
Montagne Ste-Victoire
La Croix de Provence
Vauvenargues
Puyloubier
Le Tholonet
St-Antonin
Aqueduc de Roquefavour
Meyreuil
Châteauneuf-le-Rouge
Rousset
Rognac
Vitrolles
Bouc-Bel-Air
Gardanne
Fuveau
Peynier
Trets
Cabriès
Les Pennes-Mirabeau
Gréasque
Belcodène

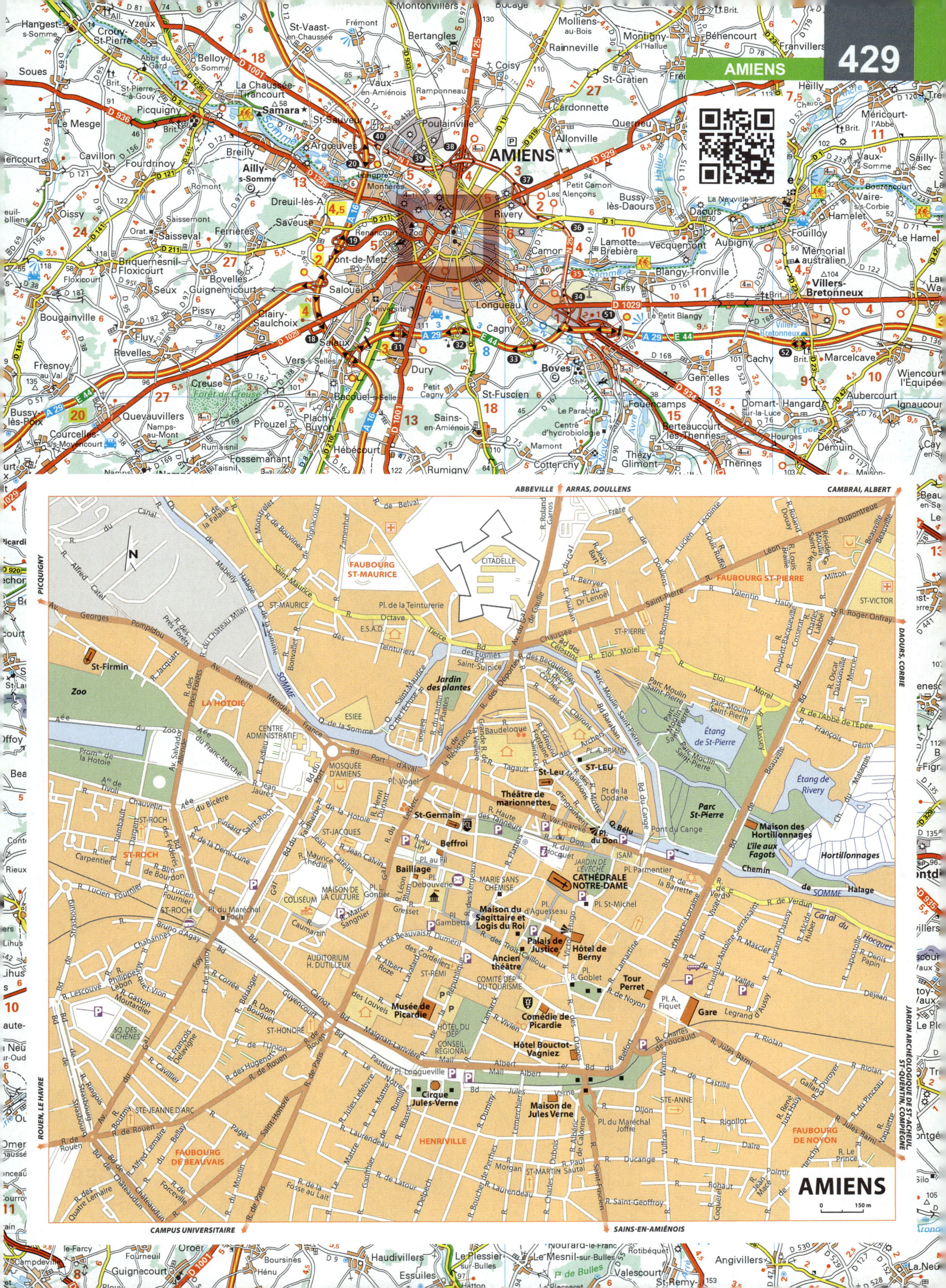

AMIENS
429

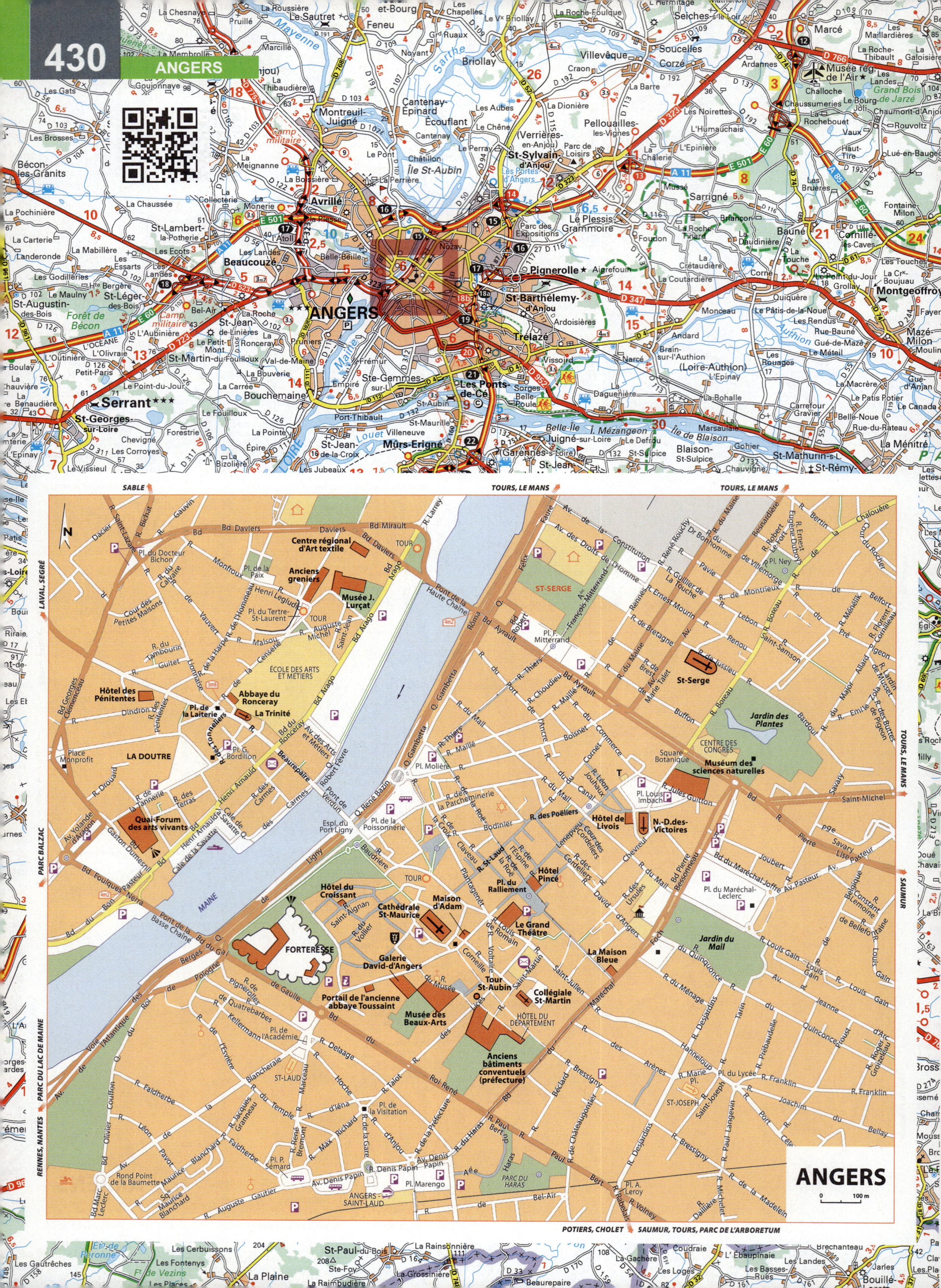
430
ANGERS
ANGERS
SABLE
TOURS, LE MANS
TOURS, LE MANS
LAVAL, SEGRÉ
RENNES, NANTES
PARC DU LAC DE MAINE
PARC BALZAC
POTIERS, CHOLET
SAUMUR, TOURS, PARC DE L'ARBORETUM
SAUMUR
Centre régional d'Art textile
Anciens greniers
Musée J. Lurçat
ÉCOLE DES ARTS ET MÉTIERS
Hôtel des Pénitentes
Abbaye du Ronceray
La Trinité
LA DOUTRE
Quai-Forum des arts vivants
Hôtel du Croissant
Cathédrale St-Maurice
Maison d'Adam
FORTERESSE
Galerie David-d'Angers
Portail de l'ancienne abbaye Toussaint
Musée des Beaux-Arts
Tour St-Aubin
Le Grand Théâtre
Collégiale St-Martin
La Maison Bleue
Hôtel du DEPARTEMENT
Anciens bâtiments conventuels (préfecture)
ST-SERGE
St-Serge
Jardin des Plantes
CENTRE DES CONGRÈS
Muséum des sciences naturelles
Hôtel de Livois
N.-D.-des-Victoires
Hôtel Pincé
Pl. du Ralliement
Jardin du Mail
ST-JOSEPH
PARC DU HARAS
ANGERS SAINT-LAUD
0   100 m

AVIGNON
431
AVIGNON
N
100 m
Pont St-Bénezet
St-Nicolas
TOUR DU CHÂTELET
PORTE DU RHÔNE
PORTE DU ROCHER
TOUR DES CHIENS
POTERNE DE LA BANASTERIE
PORTE DE LA LIGNE
PORTE ST-JOSEPH
ESPACE J. LAURENT
Rocher des Doms
Les Pénitents Noirs
Petit Palais
Cathédrale N.-D.-des-Doms
La Manutention
POTERNE ST-LAZARE
PORTE ST-LAZARE
Pl. du Palais
PALAIS DES PAPES
Cloître St-Symphorien
Hôtel des Monnaies
PORTE DE L'OULLE
Carré du Palais
Musée du Mont-de-Piété et de la Condition des soies
Pl. des Carmes
Clocher des Augustins
Pl. Crillon
Pl. de l'Horloge
Hôtel d'Adhémar de Cransac
Maison Jean-Vilar
St-Agricol
St-Pierre
Palais du Roure
Préfecture
Hôtel de Rascas
Pl. St-Jean-le-Vieux
La Visitation
PORTE ST-DOMINIQUE
Musée Louis-Vouland
Hôtel de Sade
Musée Calvet
St-Didier
Museum Requien
Hôtel Salvador
Hôtel de Salvan Isoard
Médiathèque Ceccano
Ensemble d'Hôtels
Mon. du Roi René
Ancienne Aumône générale
Musée Angladon
Musée lapidaire
Collection Lambert
Les Pénitents gris
POTERNE RASPAIL
Bd Raspail
PORTE ST-ROCH
Hospice St-Louis
Pl. des Corps-Saints
Couvent des Célestins
PORTE LIMBERT
Rte de Montfavet
PORTE MAGNANEN
CITÉ ADMINISTRATIVE
POTERNE MONCLAR
PORTE ST-MICHEL
PORTE DE LA RÉPUBLIQUE
RHÔNE
CARPENTRAS, ORANGE
MONTFAVET, APT
NÎMES, BAGNOLS-S-CÈZE
ARLES
VILLENEUVE-LÈS-AVIGNON
ROQUEMAURE
ARLES / BARBENTANE
APT, AIX-EN-PROVENCE
Villeneuve-lès-Avignon
Les Angles
Rochefort-du-Gard
Sorgues
Le Pontet
Vedène
Pernes-les-Fontaines
L'Isle-sur-la-Sorgue
Le Thor
Châteauneuf-de-Gadagne
Caumont-sur-Durance
Morières-lès-A.
Montfavet
Jonquerettes
St-Saturnin-lès-Avignon
Velleron
Barbentane
Rognonas
Châteaurenard
Noves
Chartreuse de Bonpas
Cabannes
Cavaillon
Graveson
Boulbon
Aramon
Montfrin
Remoulins
Domazan
Tavel
Pujaut
Monteux
Entraigues-sur-la-Sorgue
RÉGIONAL

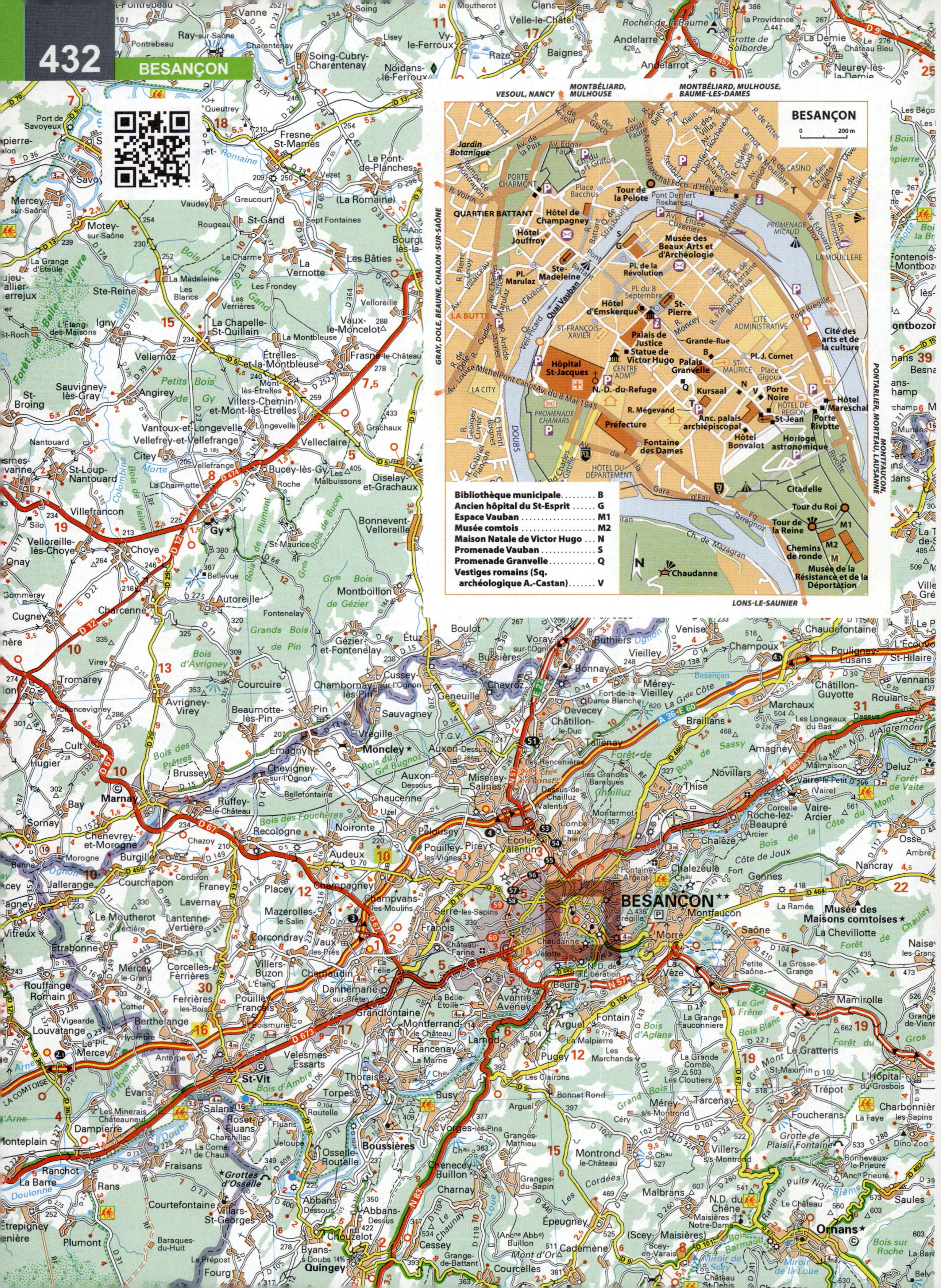

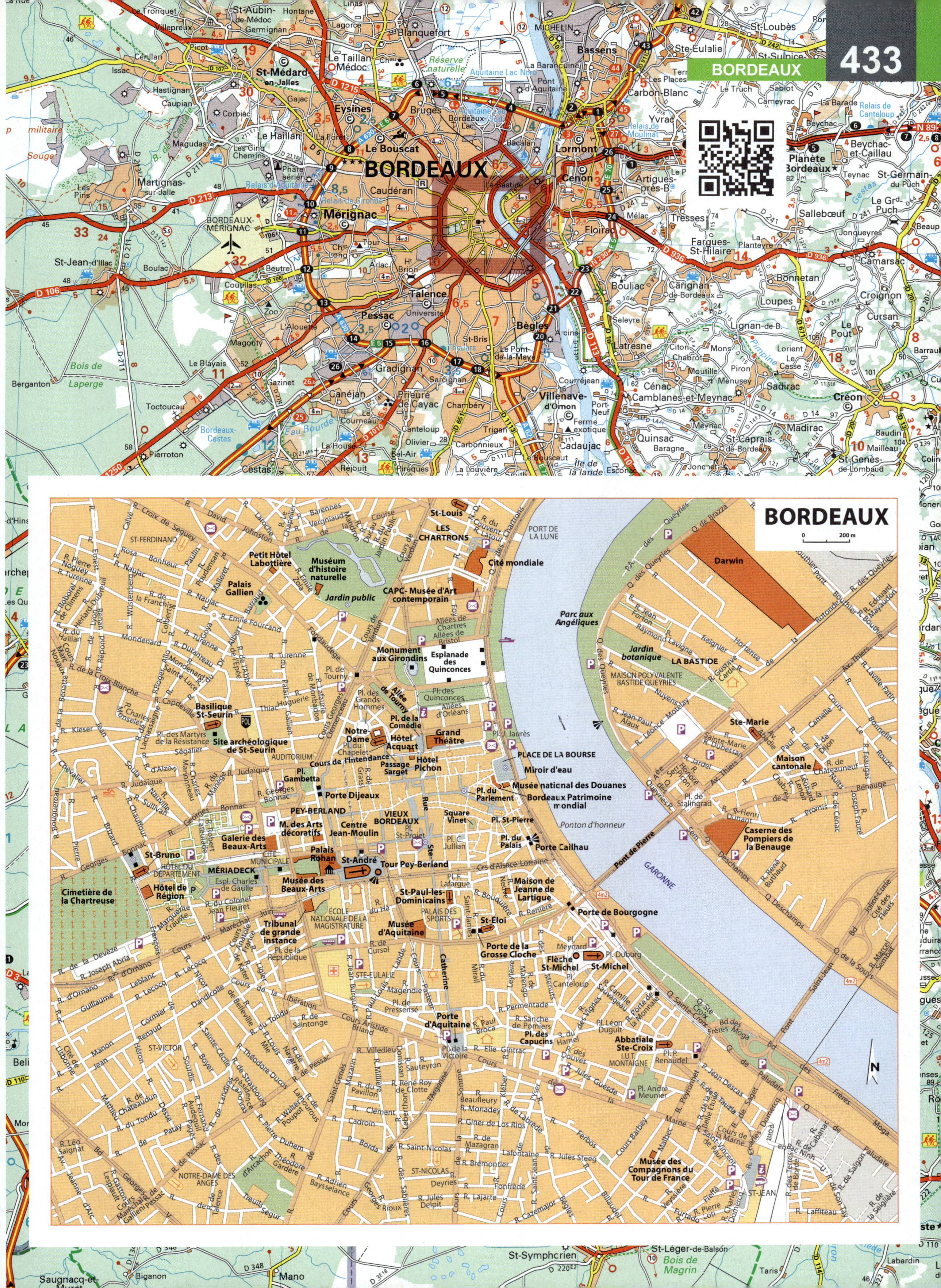
433
BORDEAUX
BORDEAUX
St-Aubin-de-Médoc
Germignan
St-Médard-en-Jalles
Eysines
Le Bouscat
Bruges
Bordeaux-Lac
Lormont
Cenon
Bassens
Carbon-Blanc
St-Eulalie
St-Loubès
St-Sulpice
Planète Bordeaux
Beychac-et-Caillau
Le Haillan
Mérignac
Cauderan
Artigues-près-B.
Floirac
Fargues-St-Hilaire
Tresses
BORDEAUX-MÉRIGNAC
St-Jean-d'Illac
Talence
Pessac
Bouliac
Carignan-de-Bordeaux
Latresne
Loupes
Croignon
Cursan
Gradignan
Bègles
Le Pont-de-la-Maye
St-Bris
Camblanes-et-Meynac
Cénac
Créon
Villenave-d'Ornon
Cadaujac
Quinsac
Madirac
Cestas
Canéjan
Chambéry
Sadirac
Saucats
St-Symphorien
Mano
BORDEAUX
200 m
N
St-Louis
LES CHARTRONS
Cité mondiale
PORT DE LA LUNE
Darwin
ST-FERDINAND
Petit Hôtel Labottière
Muséum d'histoire naturelle
Palais Gallien
Jardin public
CAPC- Musée d'Art contemporain
Parc aux Angéliques
Jardin botanique
LA BASTIDE
Monument aux Girondins
Esplanade des Quinconces
Allées de Chartres
Allées de Bristol
MAISON POLYVALENTE BASTIDE QUEYRIES
Ste-Marie
Basilique St-Seurin
Site archéologique de St-Seurin
Pl. des Martyrs de la Résistance
AUDITORIUM
Notre-Dame
Hôtel Acquart
Grand Théâtre
Pl. de la Comédie
Allées d'Orléans
PLACE DE LA BOURSE
Maison cantonale
Pl. Gambetta
Cours de l'Intendance
Hôtel Pichon
Passage Sarget
Miroir d'eau
Porte Dijeaux
Pl. du Parlement
Musée national des Douanes
Bordeaux Patrimoine mondial
Ponton d'honneur
PEY-BERLAND
M. des Arts décoratifs
VIEUX BORDEAUX
Square Vinet
Pl. St-Pierre
Galerie des Beaux-Arts
Centre Jean-Moulin
Pl. Jullian
Pl. du Palais
Porte Cailhau
Caserne des Pompiers de la Benauge
St-Bruno
HÔTEL DU DÉPARTEMENT
Palais Rohan
St-André
Tour Pey-Berland
GARONNE
Cimetière de la Chartreuse
MÉRIADECK
Espl. Charles de Gaulle
Musée des Beaux-Arts
PALAIS DES SPORTS
Maison de Jeanne de Lartigue
Porte de Bourgogne
Hôtel de Région
Bd du Colonel Jean Fleuret
St-Eloi
Tribunal de grande instance
ÉCOLE NATIONALE DE LA MAGISTRATURE
Musée d'Aquitaine
Porte de la Grosse Cloche
Flèche St-Michel
St-Michel
Pl. Duburg
Pl. de la République
ST-EULALIE
Porte d'Aquitaine
Pl. des Capucins
Abbatiale Ste-Croix
I.U.T. MONTAIGNE
ST-VICTOR
Pl. de la Victoire
NOTRE-DAME DES ANGES
ST-NICOLAS
Musée des Compagnons du Tour de France
St-Jean

434
BOURGES
BOURGES
Jardin des Prés-Fichaux
Les Marais
N
Notre-Dame
Hôtel des Échevins
Halle St-Bonnet
St-Bonnet
R. Mirebeau
Maison de Pelvoysin
Musée Estève
Place Gordaine
Hôtel Cujas Musée du Berry
R. Coursarlon
R. Joyeuse
M1
Palais Jacques-Coeur
Place Berry
Place de 4-Piliers
Rempart gallo-romain
Rue Bourbonnoux
St-Pierre-le-Guillard
Grange des Dîmes
Maison dite de Jacques-Coeur
CATHÉDRALE ST-ÉTIENNE
Place Étienne-Dolet
Musée des Meilleurs Ouvriers de France
Jardins de l'Archevêché
CITÉ ADMINISTRATIVE
PARC DES EXPOSITIONS
MAISON DE LA CULTURE
Muséum d'histoire naturelle
PALAIS DES CONGRÈS
MÉDIATHÈQUE
Hôtel Lallement - Musée des Arts décoratifs M1
Station de radioastronomie
Vierzon
Mehun-sur-Yèvre
Quincy
St-Doulchard
BOURGES
Charost
St-Florent-sur-Cher
Trouy

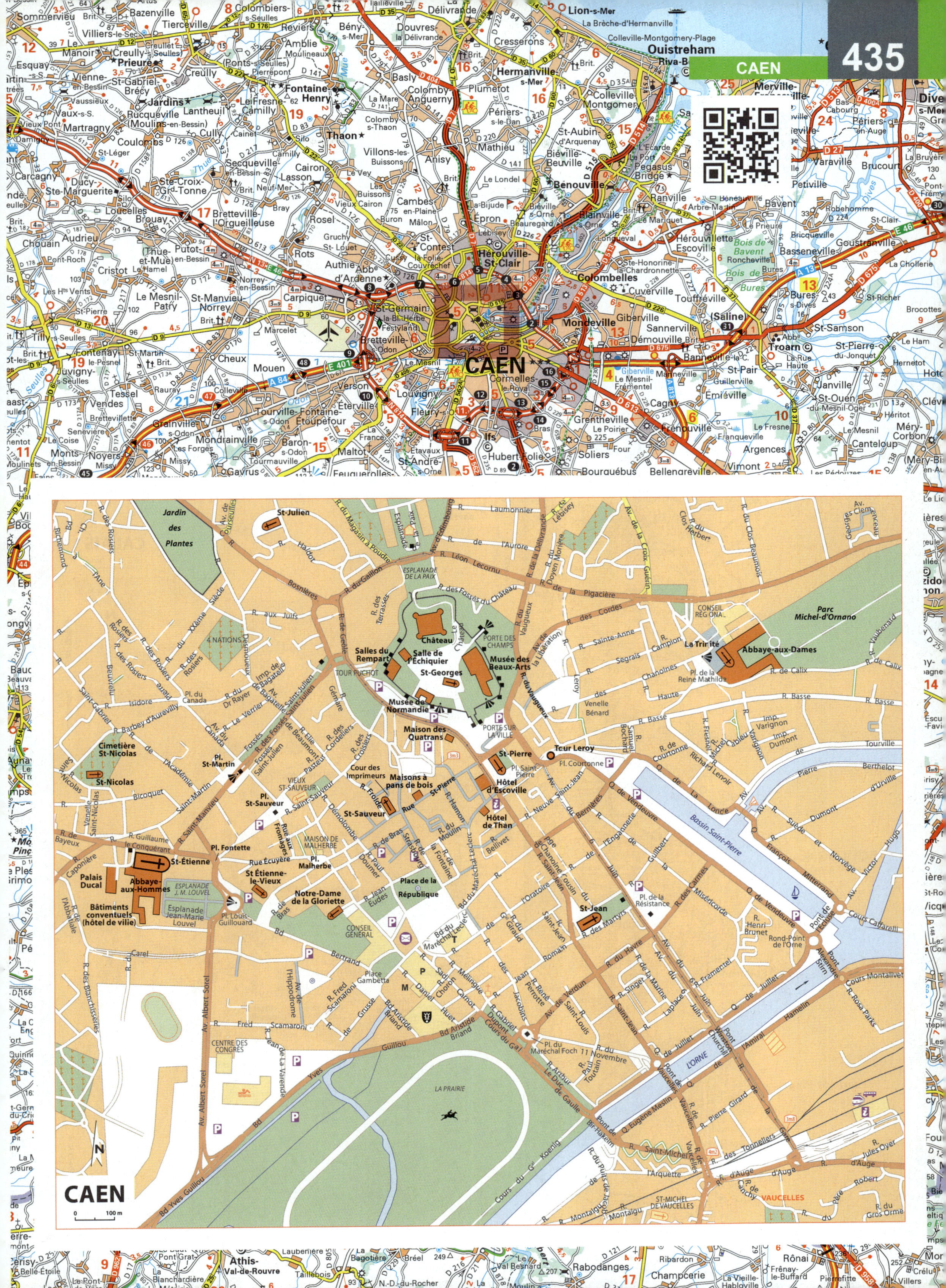

435
CAEN
Ouistreham
Riva-B.
Lion-s-Mer
La Brèche-d'Hermanville
Colleville-Montgomery-Plage
Hermanville-s-Mer
Colleville
Montgomery
Langrune-s-Mer
St-Aubin
d'Arquenay
Bernières
Pegasus
Bridge
Bénouville
Ranville
Hérouvillette
Escoville
Amfreville
Sallenelles
Merville
Franceville
Cabourg
Dives
s-Mer
Varaville
Petiville
Brucourt
Robehomme
Bavent
Bures
s-Dives
St-Samson
St-Pierre
du-Jonquet
Troarn
Colombelles
Mondeville
Giberville
Sannerville
Démouville
Cuverville
Touffréville
Banneville-la-C.
Escoville
Cagny
Emiéville
St-Ouen
du-Mesnil-Oger
Grentheville
Grünouville
Frénouville
Argences
CAEN
Cormelles
le-Royal
Fleury
Louvigny
Eterville
Verson
Mouen
Cheux
Carpiquet
Bretteville
l'Orgueilleuse
Authie
Rots
St-Germain
Hérouville
St-Clair
Epron
Cambes-en-Plaine
Anisy
Mathieu
Thaon
Cairon
Lasson
Secqueville
Rosel
Cully
Lantheuil
Creully
Fontaine
Henry
Villons-les-Buissons
Périers-s-le-Dan
Bénouville
Bieville-Beuville
Mondrainville
Tourville-Fontaine
Baron
Maltot
St-André
St-Hubert-Folie
Soliers
Bourguébus
Bellengreville
Ifs
Bras
Feuguerolles
Etavaux
Tessel
Vendes
Grainville-s-Odon
Tourmauville
La France
Rauray
Fontenay
St-Martin
Le Pesnel
Juvigny-Seulles
Tilly-s-Seulles
Audrieu
Cristot
Le Mesnil-Patry
Norrey-en-Bessin
St-Manvieu-Norrey
Marcelet
Bretteville-s-Odon
Ouistreham
Plumetot
Douvres-la-Délivrande
Luc-s-Mer
Cresserons
Basly
Reviers
Bény-s-Mer
Amblie
Creully
Ponts
Crépon
Bazenville
Tierceville
Colombiers-s-Seulles
Villiers-le-Sec
Sommervieu
Manoir
Esquay
Vienne-en-Bessin
Rucqueville
Coulombs
St-Léger
Ducy-Ste-Marguerite
Loucelles
Brouay
Putot-en-Bessin
Ste-Croix-Grand-Tonne
Le Fresne-Camilly
Camilly
Martragny
Vaux-s-Seulles
Jardins
Prieuré
St-Gabriel-Brécy
Cainet
Coulombs
Chouain
Carcagny
Audrieu
Bretteville
Vaucelles

CAEN
Jardin
des
Plantes
St-Julien
R. du Magasin à Poudre
Esplanade
ESPLANADE
DE LA PAIX
R. des Fossés du Château
de la Pigacière
CONSEIL
REGIONAL
Parc
Michel-d'Ornano
Château
Salle de
l'Échiquier
Salles du
Rempart
St-Georges
Musée des
Beaux-Arts
Abbaye-aux-Dames
Pl. de la
Reine Mathilde
La Trinité
TOUR PUCHOT
Musée de
Normandie
PORTE DES
CHAMPS
PORTE SUR
LA VILLE
Maison des
Quatrans
St-Pierre
Tcur Leroy
Fl. Courtonne
Cimetière
St-Nicolas
Pl.
St-Martin
St-Nicolas
VIEUX
ST-SAUVEUR
Cour des
Imprimeurs
Pl. Saint-Pierre
Hôtel
d'Escoville
Bassin Saint-Pierre
Pl.
St-Sauveur
St-Sauveur
Maisons à
pans de bois
Hôtel
de Than
MAISON DE
MALHERBE
Pl. Fontette
St-Étienne
le-Vieux
St-Étienne
Pl.
Malherbe
Place de la
République
Pl. de la
Résistance
St-Jean
Palais
Ducal
Abbaye-
aux-Hommes
ESPLANADE
J. M. LOUVEL
Notre-Dame
de la Gloriette
St-Jean
R. des Martyrs
Bâtiments
conventuels
(hôtel de ville)
Esplanade
Jean-Marie
Louvel
Pl. Louis
Guillouard
CONSEIL
GÉNÉRAL
Pl. du
Maréchal Foch
11 Novembre
Henri
Brunet
Rond-Point
de l'Orne
L'ORNE
Place
Gambetta
Pont de
Vaucelles
CENTRE DES
CONGRÈS
LA PRAIRIE
ST-MICHEL
DE VAUCELLES
VAUCELLES
CAEN
0   100 m
N

CALAIS
Tunnel sous la Manche
d'Opale
PAS DE CALAIS
Côte
Cap Blanc-Nez
Cap Gris-Nez
Wissant
Audinghen
Audresselles
Ambleteuse
Wimereux
BOULOGNE-SUR-MER
Le Portel
Outreau
Équihen-Plage
Hardelot-Plage
Neufchâtel-Hardelot
Ste-Cécile-Plage
St-Gabriel-Plage
Pointe de Lornel
Côte d'Opale
TERMINAL TRANSMANCHE
Blériot-Plage
Sangatte
Coquelles
Marck
Offekerque
Guemps
Nouvelle Église
Coulogne
Guînes
DOVER
CALAIS
0   200 m
BASSIN A MARÉE
POSTE 6   POSTE 7   POSTE 8
CAPITAINERIE   POSTE 5
TERMINAL TRANSMANCHE
Plage
POSTE 1
POSTE 2
AVANT PORT   POSTE 3
Fort Risban   POSTE 4
BASE DE VOILE
Colonne Louis-XVIII
COURGAIN
Phare de Calais
BASSIN DES CHASSES
BASSIN OUEST
BASSIN DU PARADIS
Place d'Armes
BASSIN CARNOT
SQUARE VAUBAN
Tour du Guet
CASINO
Place des Fusillés
Musée des Beaux-Arts
Notre-Dame
STADE DU SOUVENIR
PARC RICHELIEU
BASSIN DE LA BATTELLERIE
Musée Mémoire 1939-1945
Cimetière Nord
PARC ST-PIERRE
Hôtel de ville
Cercle aquariophile du Calaisis
Monument des Bourgeois de Calais
Cité de la dentelle et de la mode
TERMINAL TUNNEL, BOULOGNE
CÔTE D'OPALE, WISSANT
GRAVELINES, DUNKERQUE
BOULOGNE-SUR-MER   ST-OMER
DUNKERQUE

CANNES
MER MÉDITERRANÉE
LE VIEUX PORT
LE SUQUET
N.-D. d'Espérance
Musée de la Castre
Quai Max Laubeuf
Palais des Festivals et des Congrès
CASINO
GARE MARITIME
N.-D. DE BON VOYAGE
Malmaison
Boulevard de la Croisette
ESPACE MIRAMAR
MARTINEZ
CARLTON
MAJESTIC
SPLENDID
Rue Meynadier
Rue d'Antibes
Allées de la Liberté
MARCHÉ FORVILLE
HÔTEL DE VILLE ANNEXE
CHAPELLE DU SOUVENIR
SQ. R. HAHN
0   150 m
N
GRASSE
NICE
NICE CÔTE D'AZUR
Cagnes-s-M.
St-Laurent-du-Var
Cros-de-Cagnes
Villeneuve-Loubet
Villeneuve-Loubet-Plage
St-Paul-de-Vence
La Colle-sur-Loup
Le Bar-sur-Loup
Châteauneuf-Grasse
Opio
Valbonne
Sophia-Antipolis
Biot
Marineland
Aquasplash
ANTIBES
Cap d'Antibes
Juan-les-Pins
Golfe-Juan
Vallauris
Le Cannet
CANNES
Mandelieu-la-Napoule
La Napoule
Théoule-sur-Mer
Golfe de la Napoule
Île Ste-Marguerite
Île St-Honorat
Îles de Lérins
Cap Gros
Cap d'Antibes
Mougins
Mouans-Sartoux
La Roquette-sur-Siagne
Pégomas
Auribeau-sur-Siagne
Tanneron
Massif du Tanneron
St-Cézaire-sur-Siagne
Le Tignet
Spéracèdes
Cabris
St-Vallier-de-Thiey
Montauroux
Lac de St-Cassien
Massif de l'Estérel
Les Adrets-de-l'Estérel
Pic de l'Ours
N.-D. de Jérusalem
Agay
Anthéor
St-Raphaël
Valescure
Pic du Cap Roux
Le Trayas
Miramar
Pte de l'Esquillon
MER MÉDITERRANÉE
Baie des Anges
D'AZUR

438
CLERMONT-FERRAND
CLERMONT-FERRAND

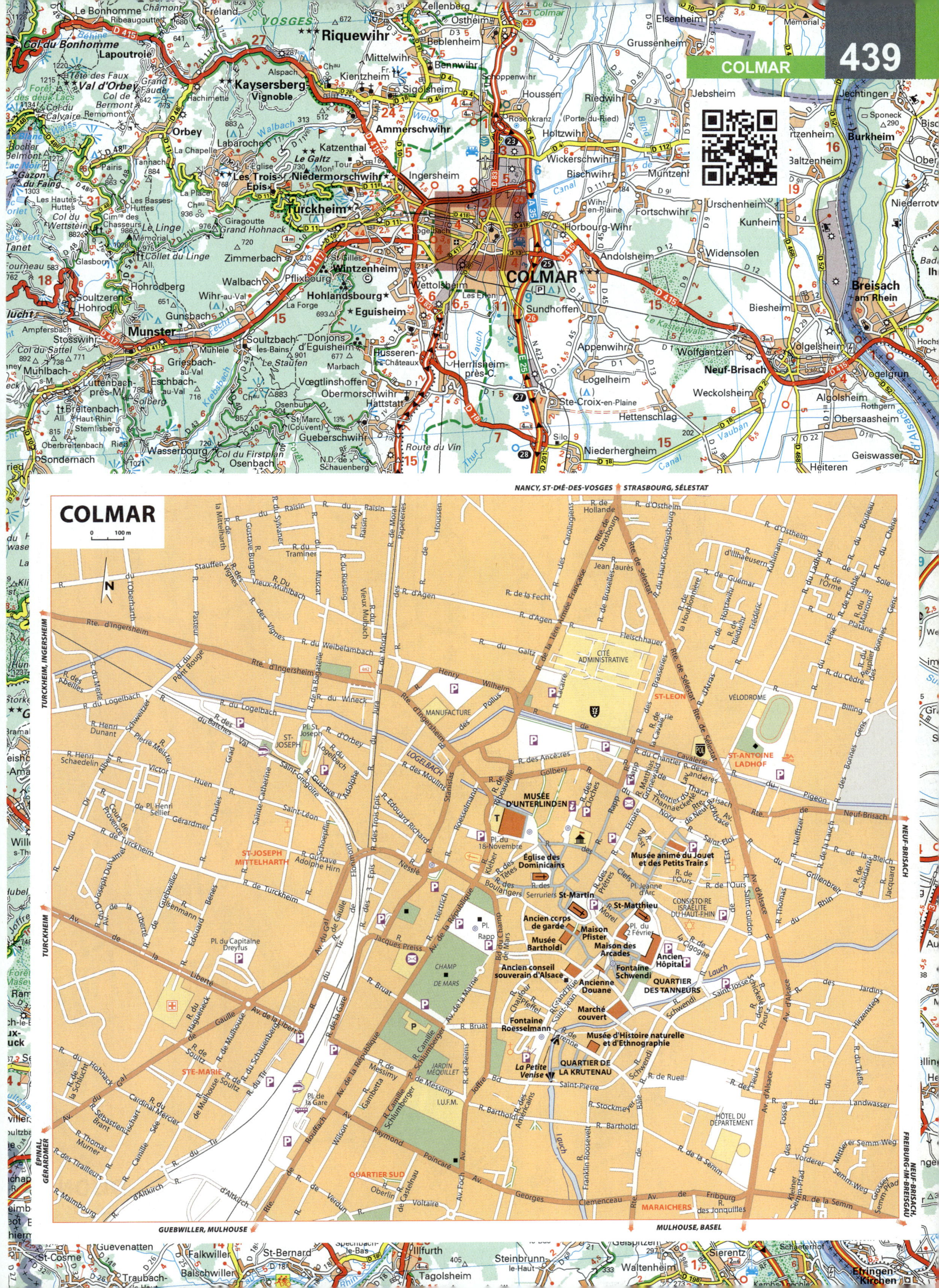
439
COLMAR
COLMAR

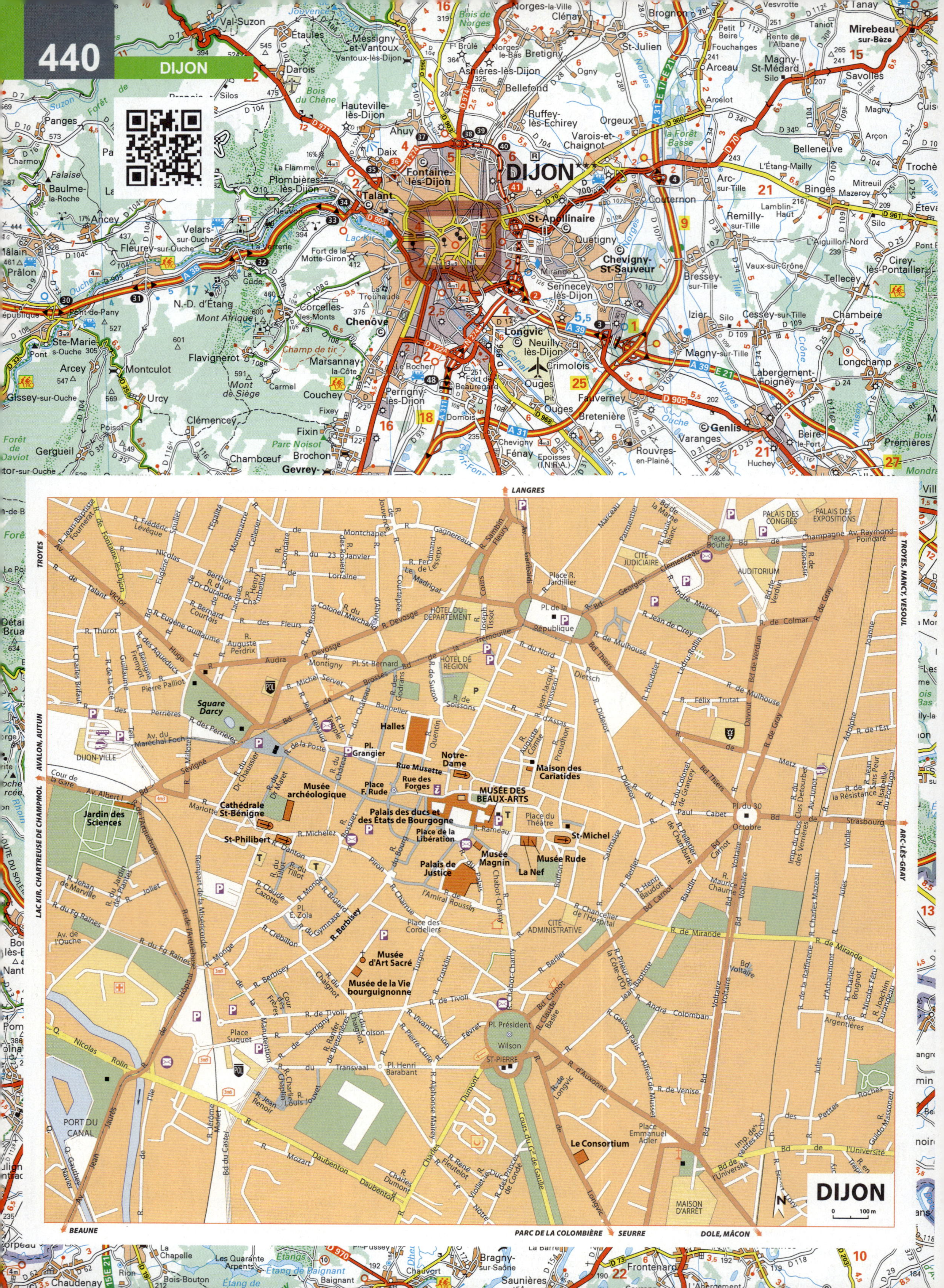

440
DIJON
DIJON
LANGRES
TROYES
TROYES, NANCY, VESOUL
BEAUNE
PARC DE LA COLOMBIÈRE   SEURRE   DOLE, MÂCON
LAC KIR, CHARTREUSE DE CHAMPMOL   AVALON, AUTUN
ARC-LÈS-GRAY
Square Darcy
Jardin des Sciences
DIJON-VILLE
Musée archéologique
Cathédrale St-Bénigne
St-Philibert
Halles
Notre-Dame
Rue Musette
Rue des Forges
Place F. Rude
Palais des ducs et des États de Bourgogne
Place de la Libération
MUSÉE DES BEAUX-ARTS
Maison des Cariatides
St-Michel
Palais de Justice
Musée Magnin
Musée Rude
La Nef
Musée d'Art Sacré
Musée de la Vie bourguignonne
ST-PIERRE
Pl. Président Wilson
Le Consortium
Place Emmanuel Adler
MAISON D'ARRET
PALAIS DES CONGRÈS
PALAIS DES EXPOSITIONS
AUDITORIUM
CITÉ JUDICIAIRE
CITÉ ADMINISTRATIVE
HÔTEL DU DÉPARTEMENT
HÔTEL DE RÉGION
Place de la République
N
0   100 m

GRENOBLE
441

LYON, VALENCE
LA CASAMAURES
ST-MARTIN-LE-VINOUX,
LA TRONCHE
MUSÉE HÉBERT

Musée des Troupes de montagne
Porte St-Laurent
CCSTI - La Casemate
Musée archéologique Grenoble St-Laurent
L'ÎLE VERTE
Parc Guy-Pape
Fort de La Bastille
ST-LAURENT
FORT RABOT
Musée Dauphinois
Pont de la Citadelle
TOUR DE L'ISLE
MUSÉE DE GRENOBLE
ST-ROCH
Esplanade
SYNCHROTRON
Pl. A. Briand
Jardin des Dauphins
Hôtel d'Ornacieux
SABLONS
ISÈRE
Anc. palais du Parlement du Dauphiné
Musée de l'Ancien Évêché
Pont de la Porte de France
Pont M. Gontard
Hôtel de Lesdiguières
Jardin de ville
Place N.-Dame
N.-Dame
CITÉ ADMINISTRATIVE
ALBERTVILLE
CHAMBÉRY
SACRÉ-CŒUR
St-André
Musée Stendhal
Gde-Rue
Place Grenette
Halles Ste-Claire
Couvent Ste-Cécile
Musée de la Résistance et de la Déportation
ST-BRUNO
ST-LOUIS
Lycée Stendhal
MJC
Place Jean Moulin
Muséum d'histoire naturelle
Place Victor-Hugo
Place de la Liberté
Pl. de l'Étoile
Place de Verdun
Jardin des Plantes
Hôtel du Département
LANCEY CHAMROUSSE
ST-JOSEPH
Stade des Alpes
Hôtel de Ville
Jardin Hoche
Place A. Malraux
Parc Paul-Mistral
PALAIS DES SPORTS
Tour Perret
Pl. P. Mistral
ANNEAU DE VITESSE
Caserne de Bonne
ST-JACQUES
BRIANÇON, SISTERON
VIZILLE
GRENOBLE
0   300 m
N

442
LE HAVRE
** LE HAVRE
PORT 2000
Honfleur
Pont de Normandie
Pont de Tancarville
Octeville-sur-Mer
Ste-Adresse
Cap de la Hève
Montivilliers
Harfleur
Gonfreville-l'Orcher
Bolbec
Lillebonne
St-Romain-de-Colbosc
SEINE
Réserve naturelle de l'Estuaire de la Seine
FORT DE STE-ADRESSE
Les Jardins suspendus
SANVIC
SAINT-MARIE
FORT DE TOURNEVILLE
LE TETRIS
ST-JEANNE D'ARC
PLAGE
PORTE OCÉANE
DIGUE NORD
PORT DE PLAISANCE
ANSE DE JOINVILLE
ANSE DES RÉGATES
DIGUE-PROMENADE
ST-VINCENT-DE-PAUL
ST-MICHEL
SQUARE ST-ROCH
Hôtel de ville
Théâtre
Pl. de l'Hôtel-de-Ville
Avenue Foch
Appartement-témoin Auguste-Perret
St-Joseph
Espace Oscar-Niemeyer
QUARTIER MODERNE
Muséum d'histoire naturelle
Notre-Dame
Musée d'Art moderne André-Malraux (MuMa)
Sémaphore
CAPITAINERIE
AVANT PORT
ANSE FRASCATI
BASSIN DE LA MANCHE
DIGUE SUD
PORT
ESPACE COTY
STE-ANNE
CASINO
BASSIN DU COMMERCE
SAINT-FRANÇOIS
Hôtel Dubocage de Bléville
Bassin de la Barre
Maison de l'Armateur
TERMINAL DE GRANDE-BRETAGNE CAR FERRIES
Bassin de la Citadelle
CENTRE DE COMMERCE INT.
CENTRE DE LA MER ET DU DÉV DURABLE (EN CONSTRUCTION)
CENTRE ADMINISTRATIF DU PORT AUTONOME
ÉCOLE NATIONALE DE MUSIQUE ET D'ART DRAMATIQUE
CHAMP DE FOIRE
DOUANES
BASSIN VAUBAN
Docks Vauban
DOCKS OCÉANE
DOCKS CAFÉ
BASSIN PAUL-VATINE
BASSIN DE L'EURE
Pont des Docks
Les Bains des Docks
L'EURE
Jardin fluvial
PARC DE L'ESCAUT
PRIEURÉ DE GRAVILLE, HARFLEUR, HONFLEUR
PARC DE MONGEON
LE HAVRE
0   150 m
ÉTRETAT, OCTEVILLE-SUR-MER
STE-ADRESSE, ÉTRETAT

LILLE
LILLE (RIJSEL)
TOURCOING
ROUBAIX
ARMENTIÈRES
TOURNAI (DOORNIK)
Citadelle
Zoo de Lille
Porte royale
CHAMP DE MARS
Jardin Vauban
Parc de loisirs de la Citadelle
VIEUX LILLE
Musée de l'Hospice Comtesse
Ste-Catherine
Cathédrale Notre-Dame-de-la-Treille
Musée des Canonniers sédentaires
Porte de Gand
STE-MARIE MADELEINE
LA MADELEINE
NOTRE-DAME DE LOURDES
PARC MONCEAU
ST-MAURICE PELLEVOISIN
Cimetière de l'Est
HÔTEL DE LA COMMUNAUTÉ URBAINE
ST-MAURICE DES CHAMPS
Opéra
Place du Théâtre
Vieille Bourse
St-Maurice
Tour de Lille
Centre Euralille
LILLE-EUROPE
LILLE-FLANDRES
Gare Lille Flandres
St-Étienne
CENTRE
Hôtel de ville
Porte de Paris
PALAIS DES BEAUX ARTS
Chapelle du Réduit
Lille Grand Palais
ZÉNITH
HÔTEL DU DÉPARTEMENT DU NORD
Mairie de Lille
Gare St-Sauveur
Parc J.-B.-Lebas
Marché de Wazemmes
St-Pierre St-Paul
Maison Folie Wazemmes
Centre d'arts plastiques et visuels
WAZEMMES
Cité philanthropique
MOULINS
Porte de Valenciennes
Porte de Douai
FAUBOURG DE DOUAI
FAUBOURG DE BÉTHUNE
NOTRE-DAME DES VICTOIRES
ST-CURÉ D'ARS
JARDIN DES PLANTES
VAUBAN-ESQUERMES
BOIS BLANCS
CANAL DE LA DEÛLE
LAMBERSART
LE CANON D'OR
LE CHAMP DE COURSES
CANTELEU
NOTRE-DAME DE FATIMA
ST-SÉPULCRE
GENT, ARMENTIÈRES
IEPER (YPRES)
OOSTENDE
ROUBAIX, TOURCOING
GENT, ROUBAIX, TOURCOING
VILLENEUVE D'ASCQ
PARIS, VALENCIENNES
SECLIN
CENTRE HOSPITALIER
DUNKERQUE BÉTHUNE
HAUBOURDIN
0   250 m

444
LYON

LYON
0   200 m
Parc archéologique
de Fourvière .... K
ST-CÔME ET ST-DAMIEN
ST-ROMAIN
ST-CAMILLE
CALUIRE
CUIRE
STE-BERNADETTE
FORT DE MONTESSUY
PARC J. CORBEL
LE RHÔNE
PARC NATUREL URBAIN DE LA FEYSSINE
ST-CLA R
Cité internationale
Musée d'Art Contemporain
PALAIS DES CONGRÈS
SALLE 3000
PL. DE LA CITÉ
VÉLODROME
UNIVERSITÉ CLAUDE BERNARD LYON I
INTERPOL
Ateliers de Soierie vivante
ST-DENIS
ST-EUCHER
Roseraie de concours
Île du Souvenir
ST-ELISABETH
Mur des Canuts
LA CROIX ROUSSE
ST-AUGUSTIN
Maison des Canuts
JARDIN ZOOLOGIQUE
Parc de la Tête d'Or
VILLEURBANNE
ST-CHARLES
Pl. des Tapis
Gros Caillou
ST-BERNARD
STE-MADELEINE
FORT ST-JEAN
ÉCOLE NAT. DES BEAUX-ARTS
BON PASTEUR
Croix Paquet
ST-JOSEPH
ST-BRUNO
St-Polycarpe
Amphithéâtre des Trois-Gaules
Pl. Chardonnet
LA CROIX-ROUSSE
REDEMPTION
CONSERVATOIRE NATIONAL DE MUSIQUE
Quai Saint-Vincent
R. de la Martinière
Pl. des Terreaux
Opéra
LES BROTTEAUX
ST-POTHIN
ST-NOM-DE-JÉSUS
N.-D. DE BELLECOMBE
Montée des Carmes-Déchaussés
St-Paul
ST-VINCENT
MUSÉE DES BEAUX-ARTS
Théâtre Le Guignol de Lyon
St-Nizier
Musée de l'Imprimerie
FOURVIÈRE
VIEUX LYON
R. Juiverie
Musées Gadagne
Pl. du Change
St-Bonaventure
Halles de Lyon-Paul Bocuse
TOUR OXYGÈNE
N.-D. de Fourvière
HÔTEL DU DÉPARTEMENT
TOUR PART DIEU
PART DIEU
Montée St-Barthélemy
St-Jean
CITÉ ADMINISTRATIVE D'ÉTAT
Musée gallo-romain de Lyon-Fourvière
IMMACULÉE CONCEPTION
Pl. Guichard
Aqueducs Romains
Théâtres romains
Odéon
Hôtel-Dieu
PART DIEU
Place Bellecour
ST-SACREMENT
ST-JUST
PRESQU'ÎLE
ST-FRANÇOIS
Musée des Automates
Place Raspail
ST-JACQUES
Musée des Arts Décoratifs
St-Martin d'Ainay
Musée des Tissus
STE-CROIX
Musée des Moulages
J. MOULIN LYON II
Place Carnot
Musée Africain
STE-MARIE GUILLOTIÈRE
PERRACHE
LUMIÈRE LYON III
N.-D. ST-LOUIS
Pl. de Stalingrad
LA GUILLOTIÈRE
PRISON MONTLUC
Centre d'histoire de la Résistance et de la Déportation
ST-MICHEL
PARC SERGENT BLANDAN
STE-BLANDINE
LYON LA CONFLUENCE
Hôtel de Région
Jean Macé
CIMETIÈRE DE LA GUILLOTIÈRE
SAÔNE
LE RHÔNE
N
N.-D. DES ANGES

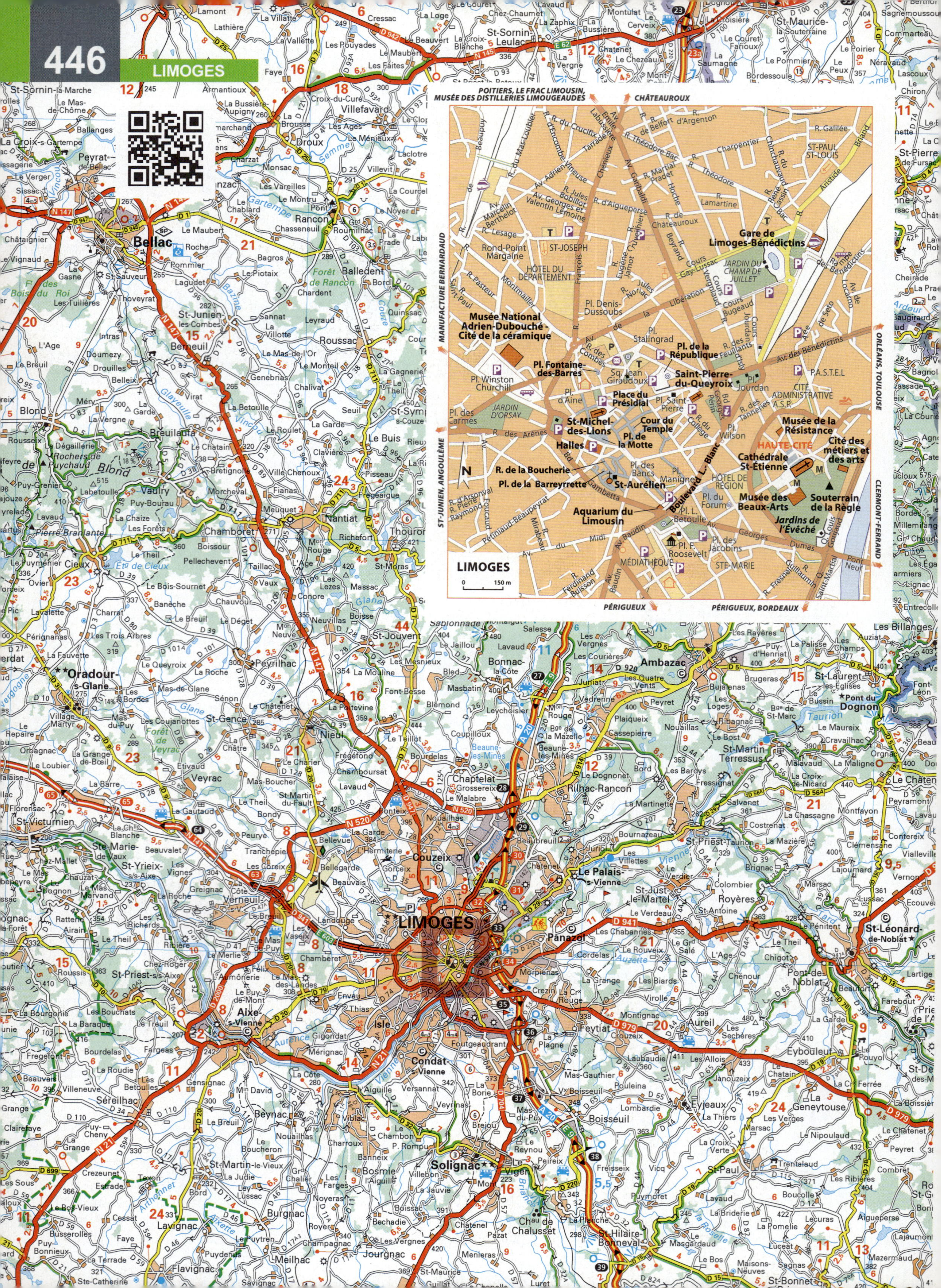

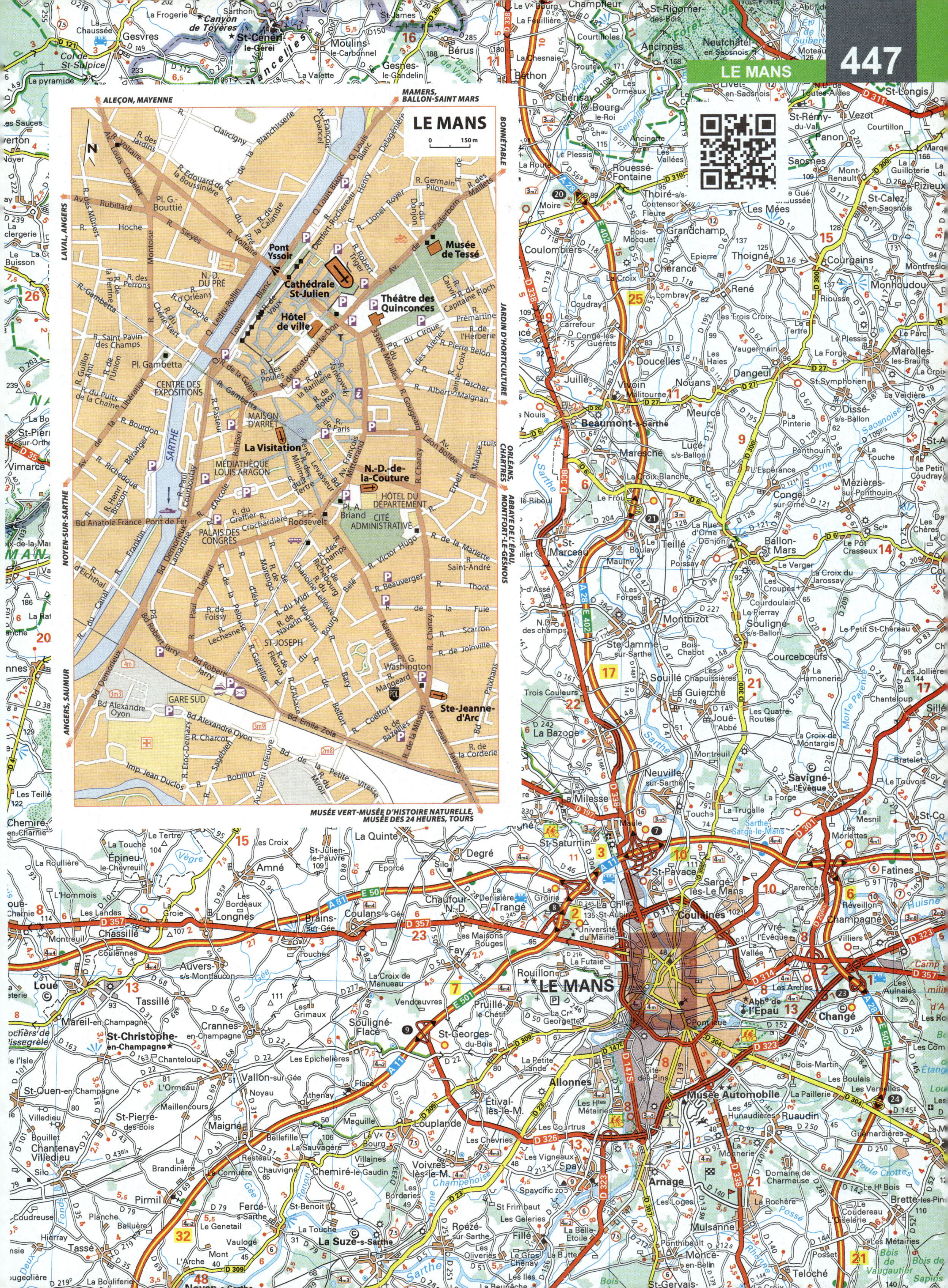

MARSEILLE

DIRECTION DU PORT
Docks de la Joliette
FRAC
Pl. de la Joliette
BASSIN DE LA GRANDE JOLIETTE
GARE MARITIME
Ancienne Cath. de la Major
Cathédrale de la Major
Centre de la Vieille Charité
Porte d'Aix
GARE ST-CHARLES
Gare St-Charles
Palais Longchamp
Musée des Beaux-arts
Muséum d'histoire naturelle
Longchamp
ST-PIERRE ST-PAUL
Boulevard de la Libération
Musée Regards de Provence
Villa Méditerranée
Mucem
Rue du Panier
LE PANIER
Montée des Accoules
Pl. de Lenche
St-Laurent
Hôtel-Dieu
Musée des Docks romains
Pavillon Daviel
Maison diamantée
Hôtel de Cabre
Musée d'Histoire de Marseille
Alcazar
NOAILLES
ST-VINCENT de Paul
Mémorial de la Marseillaise
CITE DE LA MUSIQUE
ST-THEODORE
Fort St-Jean
Mémorial des camps de la mort
Quai du Port
Port antique
CENTRE BOURSE
St-Ferréol
Pl. du Marché des Capucins
PALAIS DES ARTS
Pl. J. Jaurès
Vieux-Port-Hôtel de Ville
Q. de la Fraternité
Pl. Thiars les Arcenaulx
Opéra
VIEUX-PORT
Ferry Boat
Palais du Pharo
Parc du Pharo
Q. de Rive Neuve
Théâtre de la Criée
Cours Honoré d'Estienne-d'Orves
ST-CANNAT
ST-CHARLES
STE-TRINITÉ
Musée Cantini
Fort St-Nicolas
M⁰ de Santons Marcel Carbonel
Basilique St-Victor
Jardin P. Puget
N.-D. du Mont Cours Julien
N.-D. DU MONT
ST-LAMBERT
PRÉFECTURE
ST-SACREMENT
N.-D. DE LOURDES
ST-JOSEPH
Pl. Castellane
Notre-Dame de la Garde
ROUCAS-BLANC
ST-FRANÇOIS D'ASSISE
ST-JEAN-BAPTISTE
SACRÉ-CŒUR
PARC DU 26E CENTENAIRE
MARSEILLE
0   300 m
Palais de la Bourse-Musée de la Marine et de l'Economie de Marseille ... M1

METZ
449
MOSELLE
St-Vincent
Théâtre
Préfecture
Musée de la Cour d'Or
Sq. du Luxembourg
Pl. de la Comédie
ST-ÉTIENNE
Temple Neuf
Hôtel St-Livier-FRAC Lorraine
CITÉ ADMINISTRATIVE
Moyen Pont
Marché couvert
Pl. d'Armes
Pl. Ste-Croix
Ancien couvent des Récollets
Pl. de la Cathédrale
CITÉ UNIVERSITAIRE
En Fournirue
St-Eucaire
Maison natale de Paul Verlaine
Palais de Justice
CENTRE ST-JACQUES
Porte des Allemands
Plan d'Eau
Jardin des Régates
N.-D.-de l'Assomption
St-Maximin
Lac aux Cygnes
Esplanade
Pl. St-Louis
St-Pierre aux Nonnains
Pl. de la République
St-Martin-aux-Champs
Chapelle des Templiers
L'Arsenal
Pl. Mazelle
Palais du Gouverneur
Citadelle
Porte Serpenoise
Tour Camoufle
Avenue Foch
Pl. Mondon
Château d'Eau
Pl. du Roi-George
Pl. du Gén.-de-Gaulle
Parc de la Seille
Gare de Metz
CENTRE POMPIDOU-METZ
LES ARÈNES

450
MONTPELLIER
MONTPELLIER

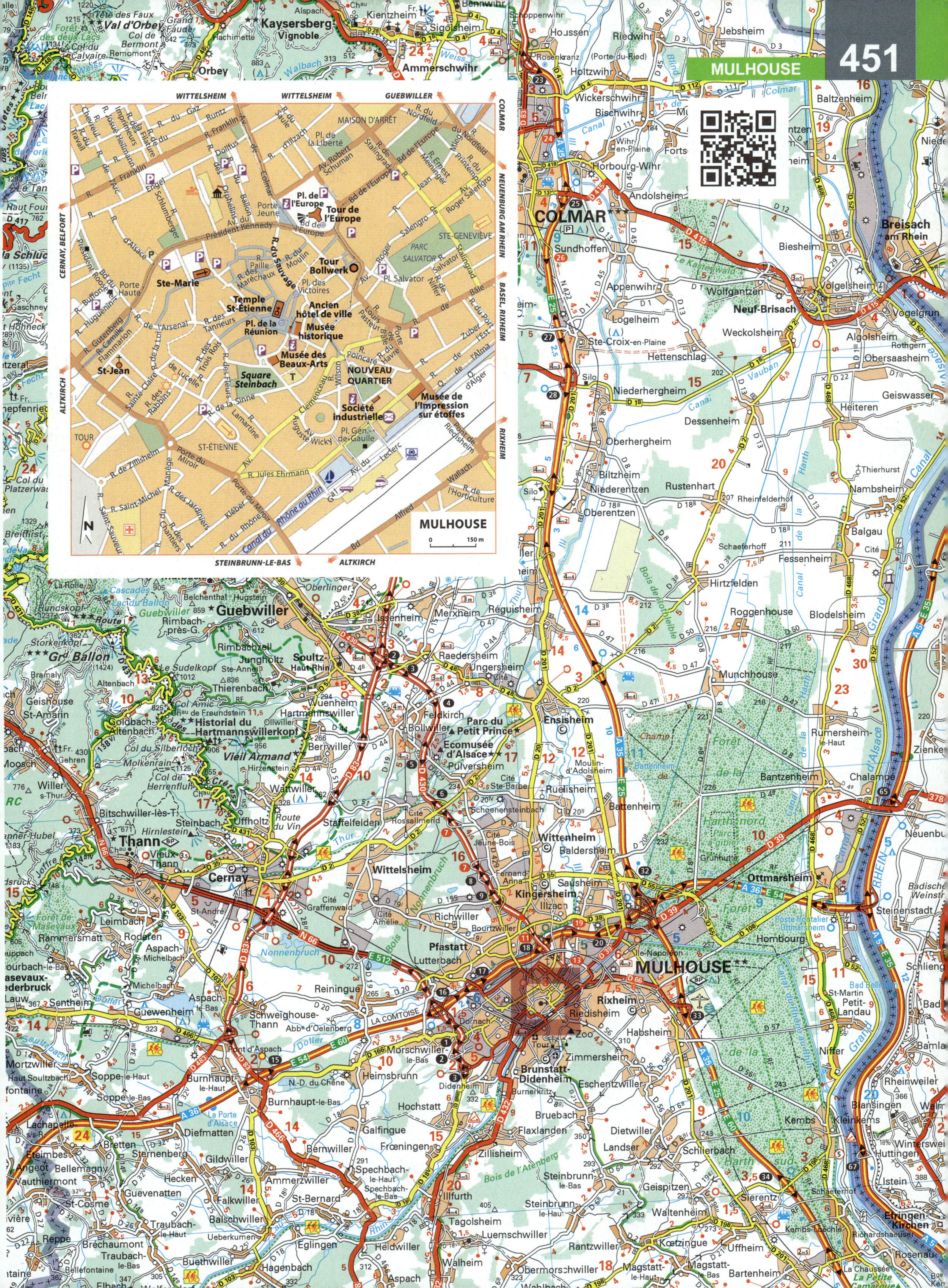

MULHOUSE
451
MULHOUSE
WITTELSHEIM
WITTELSHEIM
GUEBWILLER
MAISON D'ARRÊT
COLMAR
NEUENBURG AM RHEIN
BASEL, RIXHEIM
CERNAY, BELFORT
ALTKIRCH
RIXHEIM
Pl. de la Liberté
R. du Nordfeld
R. Franklin
R. du Runz
Dollfus
Schuman
Av. Robert Schuman
Pl. de l'Europe
Porte Jeune
Tour de l'Europe
PARC SALVATOR
STE-GENEVIÈVE
Ste-Marie
Tour Bollwerk
Pl. des Victoires
Pl. Salvator
Temple St-Étienne
Ancien hôtel de ville
Pl. de la Réunion
Musée historique
St-Jean
Musée des Beaux-Arts
NOUVEAU QUARTIER
Square Steinbach
Société industrielle
Musée de l'Impression sur étoffes
Pl. Gén. de-Gaulle
ST-ÉTIENNE
Porte du Miroir
R. Jules Ehrmann
Leclerc
Canal du Rhône au Rhin
R. de l'Horticulture
TOUR
Porte Haute
MULHOUSE
0   150 m
STEINBRUNN-LE-BAS
ALTKIRCH
Val d'Orbey
Kaysersberg
Vignoble
Alspach
Kientzheim
Sigolsheim
Bennwihr
Ostheim
Houssen
Riedwihr
Jebsheim
Kaysersberg
Col de Bermont
Remomont
Hachimette
Orbey
Ammerschwihr
Weiss
Rosenkranz
(Porte-du-Ried)
Holtzwihr
Wickerschwihr
Bischwihr
Colmar
Baltzenheim
Niede
Wihr-en-Plaine
Forts
Horbourg-Wihr
Andolsheim
COLMAR
Breisach am Rhein
Sundhoffen
Biesheim
Appenwihr
Wolfgantzen
Vogelsheim
Neuf-Brisach
Vogelsgrün
Logelheim
Algolsheim
Rothgern
Ste-Croix-en-Plaine
Obersaasheim
Weckolsheim
Hettenschlag
Niederhergheim
Heiteren
Dessenheim
Wasser
Oberhergheim
Balgau
Cité
Niederentzen
Rustenhart
Thierhurst
Nambsheim
Oberentzen
Rheinfelderhof
Schaeferhoff
Fessenheim
Silo
Hirtzfelden
Roggenhouse
Blodelsheim
Guebwiller
Oberlinger
Issenheim
Merxheim
Réguisheim
Munchhouse
Rimbach-près-G.
Rimbachzell
Soultz Haut-Rhin
Raedersheim
Ungersheim
Rumersheim-le-Haut
Jungholtz Ste-Anne
Thierenbach
Feldkirch
Bollwiller
Parc du Petit Prince
Ensisheim
Bantzenheim
Wuenheim
Hartmannswiller
Écomusée d'Alsace
Moulin d'Adolshein
Chalampé
Goldbach-Altenbach
Historial du Hartmannswillerkopf
Berrwiller
Pulversheim
Vieil Armand
Hirzenstein
Ruelisheim
Battenheim
Molkenrain
Col de Herrenfluh
Wattwiller
Cité Ste-Barbe
Harth nord
Néuenbu
Uffholtz
Steinbach
Cité Rossalmend
Schoenensteinbach
Wittenheim
Ottmarsheim
Thann
Vieux-Thann
Staffelfelden
Cité Jeune-Bois
Baldersheim
Steinental
Cernay
St-André
Wittelsheim
Richwiller
Sausheim
Kingersheim
Illzach
MULHOUSE
Cité Graffenwald
Cité Amélie
Pfastatt
Lutterbach
Bourtzwiller
Rixheim
Hombourg
Reiningue
Dornach
Rixheim
Riedisheim
Habsheim
Zoo
Schweighouse-Thann
Abb. d'Oelenberg
LA COMTOISE
Niffer
Rammersmatt
Roderen
Aspach-le-Haut
Michelbach
Morschwiller-le-Bas
Brunstatt-Didenheim
Zimmersheim
Eschentzwiller
Reiningue
Burnhaupt-le-Haut
Heimsbrunn
Didenheim
Burnkirch
Brueback
Dietwiller
Kembs
Kleinkems
Soppe-le-Haut
N.-D. du Chêne
Hochstatt
Flaxlanden
Landser
Schlierbach
Blansingen
Soppe-le-Bas
La Porte d'Alsace
Burnhaupt-le-Bas
Galfingue
Froeningen
Zillisheim
Winkel
Huttingen
Lachapelle
Diefmatten
Bernwiller
Spechbach-le-Haut
Steinbrunn-le-Haut
Geispitzen
Sierentz
Istein
Bretten
Gildwiller
Ammerzwiller
Spechbach-le-Bas
Steinbrunn-le-Bas
Waltenheim
Kirchen
Bellemagny
Hecken
Falkwiller
St-Bernard
Illfurth
Magstatt-le-Haut
Étringen
Guevenatten
Balschwiller
Heidwiller
Luemschwiller
Rantzwiller
Uffheim
Traubach-le-Haut
Walheim
Obermorschwiller
Magstatt-le-Bas
Bartenheim
St-Cosme
Ueberkumen
Eglingen
Aspach
Koetzingue
La Chaussée
Bréchaumont
Traubach-le-Bas
Buethwiller
Hagenbach
Walbach
Bellefontaine

452
NANCY

NANCY
Porte de la Citadelle
Porte de la Craffe
Les Cordeliers
Palais ducal
Statue Rodin
Palais du Gouvernement
Pl. de la Carrière
Arc de triomphe
PL. STANISLAS
Opéra
Jardin d'eau
Muséum-aquarium de Nancy
Jardin Godron
Musée des Beaux-Arts
Hôtel de ville
Maison des Adam
Cathédrale
PORTE STE-CATHERINE
CITÉ ADMINISTRATIVE
PORTE ST-GEORGES
PORTE STANISLAU
PRINTEMPS
St-Sébastien
ST-SÉBASTIEN
ST-NICOLAS
PORTE ST-NICOLAS
PALAIS DES CONGRÈS
COMMUNAUTÉ URBAINE
Maison Bergeret
Pl. St-Epvre
St-Epvre
E.N.S.I.C.
PARC ZOOLOGIQUE
ST-FIACRE
Pl. St-Léon
ST-LÉON

Pont-à-Mousson
Dieulouard
Blénod
Jezainville
Maidières
Montauville
Griscourt
Villers-en-Haye
Belleville
Marbache
Custines
Malleloy
Faulx
Montenoy
Pompey
Frouard
Liverdun
Aingeray
Champigneulles
Maxéville
St-Max
Laxou
NANCY
Villers
Vandœuvre-lès-N.
Jarville-la-Malgrange
Tomblaine
Essey-lès-N.
Pulnoy
Seichamps
Saulxures-lès-Nancy
Art-s-Meurthe
Laneuveville-devant-N.
St-Nicolas-de-Port
Dombasle
Varangéville
Neuves-Maisons
Pont-St-Vincent
Chaligny
Ludres
Messein
Richardménil
Flavigny-s-Moselle
Lunéville
Blainville-sur-l'Eau
Damelevières
Rosières-aux-Salines

Sillegny
Verny
Louvigny
Cheminot
Pournoy-la-Chétive
Marly
Pouilly
Chesny
Sorbey
Mécleuves
Lemud
Ancerville
Vittonville
Lorry-Mardigny
Champey-s-Moselle
Bouxières-s/s-Froidmont
St-Jure
Pagny-lès-Goin
Nomeny
Clémery
Rouves
Mailly-s-Seille
Éply
Morville-s-Seille
Sivry
Belleau
Leyr
Bratte
Amance
Laître-s/s-Amance
Dommartin-s/s-Amance
Laneuvelotte
Velaine-s-Amance
Champenoux
Sornéville
Erbéviller-sur-Amezule
Réméréville
Courbesseaux
Valhey
Crévic
Maixe
Einville-au-Jard
Bauzemont
Anthelupt
Hudiviller
Flainval
Sommerviller
Deuxville

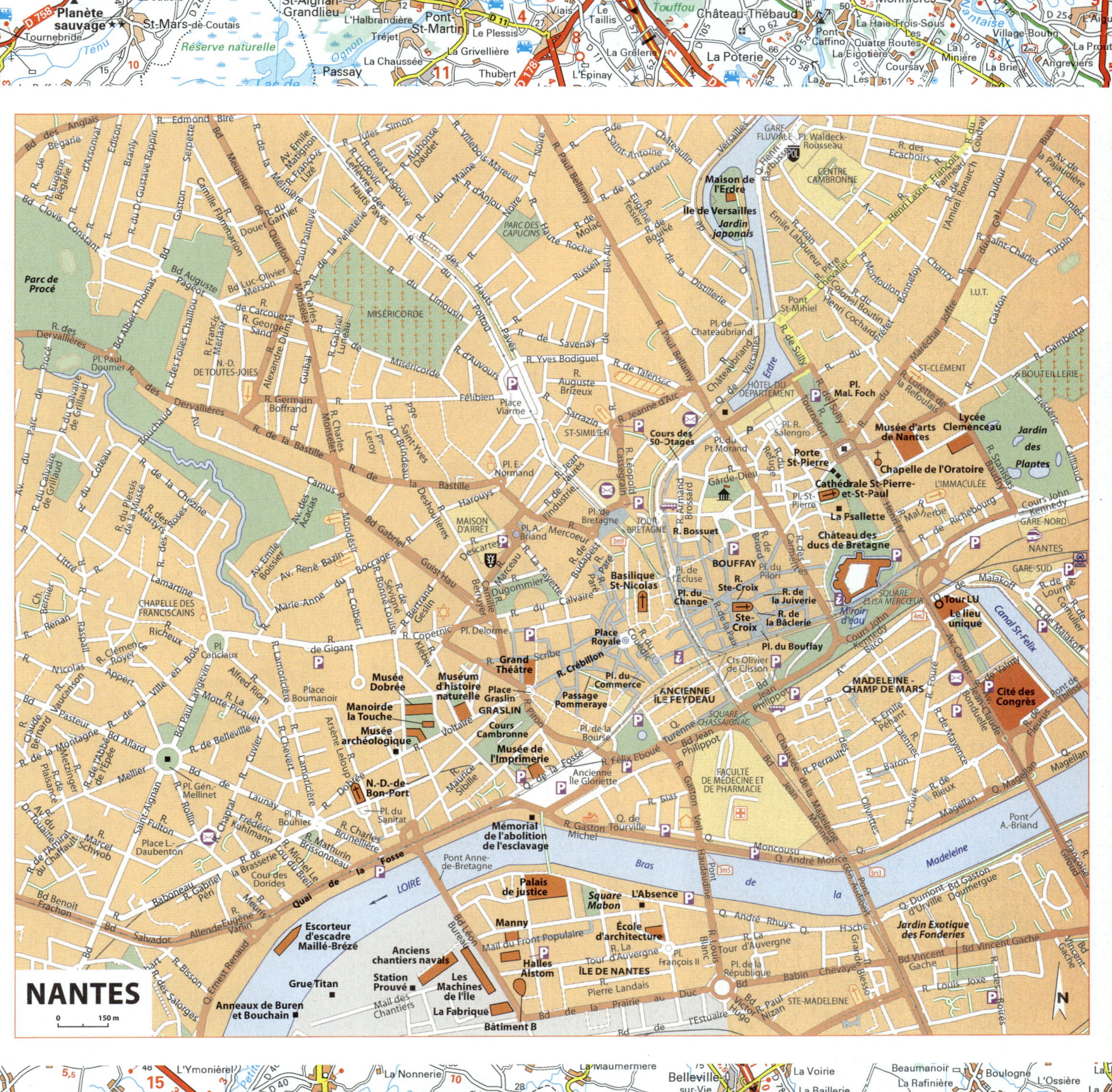

453
NANTES
***NANTES
LOIRE
NANTES
0   150 m

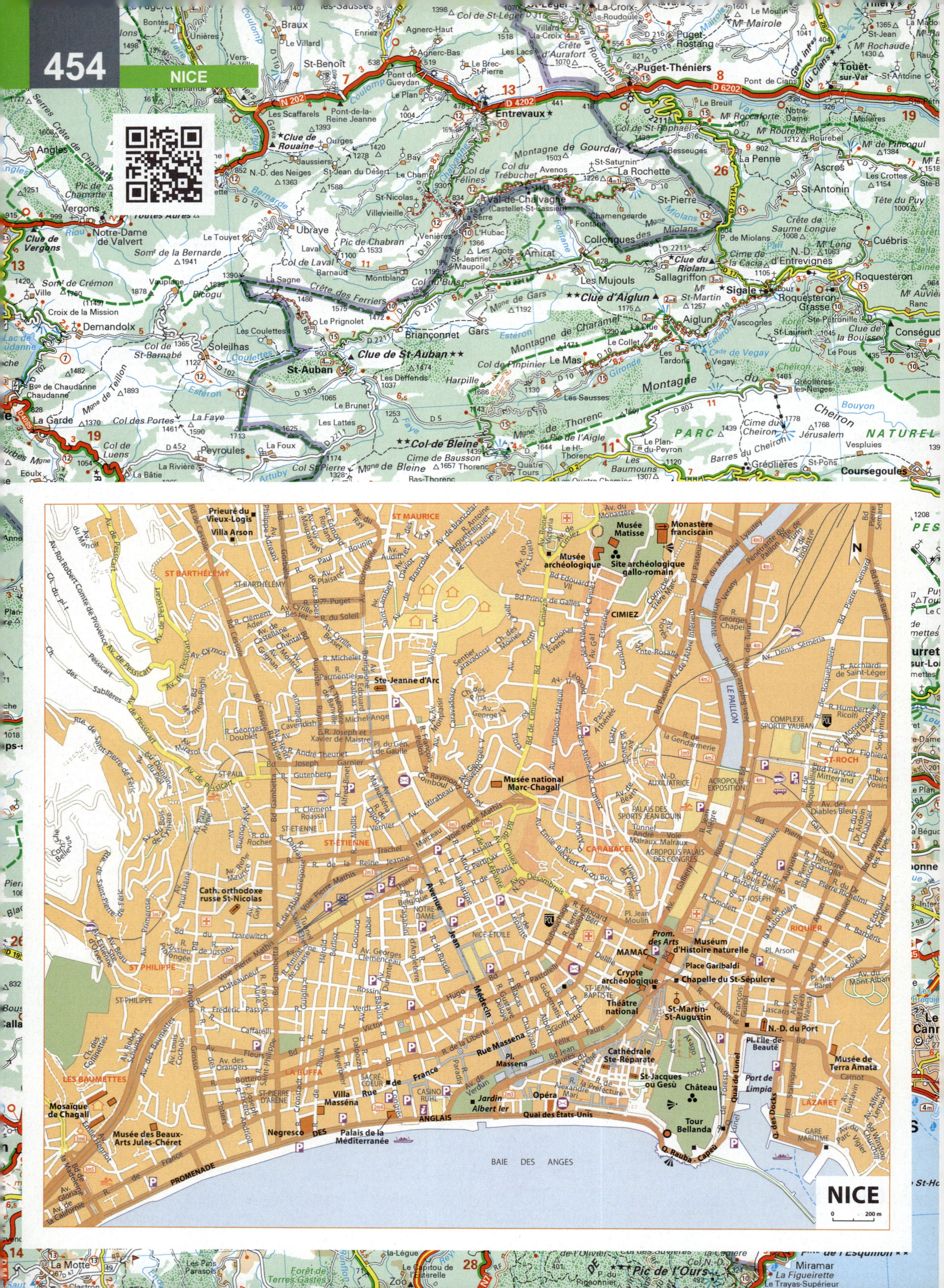

454
NICE
NICE
0   200 m
N
BAIE DES ANGES

NICE ***
MENTON **
MONTE-CARLO ***
MONACO ***
ANTIBES **
Villefranche-sur-Mer *
Beaulieu-sur-Mer *
St-Jean-Cap-Ferrat *
Cagnes-s.-M. **
St-Paul-de-Vence **
Vence
Vallauris
Golfe-Juan
Juan-les-Pins *
Biot *
Cros-de-Cagnes
St-Laurent-du-Var
Villeneuve-Loubet
Cap d'Ail
Roquebrune
La Turbie
Peille
Peillon *
Contes
Coaraze *
Levens
Tourrette-Levens
Aspremont
Carros
Gattières
Colomars
Falicon
Gilette
Bonson
Bendejun
L'Escarène
Lucéram *
Peira-Cava 24
Sospel *
St-Roch
Col de Braus
Col de Castillon
Ste-Agnès *
Gorbio *
L'Annonciade
Cap-Martin *
Beausoleil
Cap Martin **
Cap Ferrat **
La Californie
Marineland *
Aquasplash *
Sophia-Antipolis
Eden-Roc
Cap d'Antibes *
Cap Gros
Plage de la Garoupe
Pte Bacon
Île Ste-Marguerite
Îles de Lérins **
Plateau du Milieu
Monastères
Golfe Juan
Palm Beach
Pte de la Croisette
La Gaude
La Colle-sur-Loup
Pont du Loup
Villeneuve-Loubet-Plage
Bouches-du-Loup
Notre-Dame
Logis-du-Loup
Bois Fleuri
Le Colombier
Fort Carré
La Brague
La Fontonne
Super-Antibes
Musée
St-Pierre
Parc national d'Activités
La Croix-Rouge
St-Maymes
St-Jean
La Madone d'Utelle
Utelle *
La Tour
Tournefort
Massoins
Villars-sur-Var
Malaussène
Toudon
Mt Vial
Revest-les-Roches
Tourette-du-Château
Vieux-Pierrefeu
Pierrefeu
Mt St-Michel
Les Ferres
Bouyon
Le Broc
Les Moulins
Bézaudun-les-Alpes
Coursegoules
Mt Cheiron
Gréolières
Baou de St-Jeannet
St-Jeannet
Col de Vence
D'AZUR
RÉGIONAL
Bois du Chiers
Mane du Chiers
Mouton d'Anou
La Clapière
Les Selves
Mt Bégude
Carros-Village
St-Blaise
St-Martin-du-Var
Les Condamines
La Roquette-s-Var
Plan-du-Var
Pont-Durandy
Duranus
St-Jean-la-Rivière
St-Pierre
St-Michel
La Villette
Gorges de la Vésubie
Pélasque
St-André
Roussillon
St-Jean
Brec d'Utelle
Figaret d'Utelle
Suc de Cabagne
Col de Rocca-Seira
Cime de Cabane
Pion
Col de l'Orme
Col St-Roch
Col de la Porte
Cime du Savel
Berre-les-Alpes
Les Rochettes
Le Vignal
Châteauneuf-Villevieille
Blausasc
Drap
La Grave
Mt Agel
Mt Ours
Col de la Madone
Col de Braus
Col de Brouis
Moulinet
St-Sébastien
Turini **
Cime de Peira-Cava
N.-D. de la Menour
Mt Gros
Col de Turini
Col de Madone
Col du Pérus
Mt Grazian
Breil-sur-Roya
Fanghetto
Olivetta-San-Michele
Airole
Collabassa
Castillon
Viaduc du Caramel
Castellar
Mortola Sup.
Mortola Inf.
Capo Mortola
Grimaldi
Ponte San Ludovico
Gorbio
Col de Treitore
Cime de Restaud
Sant'Antonio
Séglia
Séborga
Mont Razet
Pc de Baudon
Ste-Madeleine
Mt Agaisen
Mt Razet
Mt Méras
Mt Farguet
Touët-de-l'Escarène
L'Ariane
Astrorama
Observatoire
La Trinité
Drap
La Colle
Châteauneuf-de-Contes
Cauvini
La Pointe de Contes
Ste-Thecla
Borghéas
Pte de Peille
La Peille
Cantaron
Mt Macaron
Mt de l'Ibac
Ste-Claire
Col de la Croix
Mt Castello
Le Plan Marlet
Col Segra
Viaduc du Caramel
Tête de Pin
Champ de Tir
Laghet
Eze-Bord-de-Mer
Eze *
Col des Quatre Chemins
Col d'Eze
La Condamine
Beausoleil
La Californie
NICE CÔTE-D'AZUR
Baie des Anges
Golfe de St-Hospice
Zoo
Ste-Hélène
CÔTE D'AZUR
Cimiez
Madeleine
Magnan
Mt Boron
Mt Chauve
Gairaut
St-Pancrace
St-Roman-de-Bellet
St-Sylvestre
Bellet
Carras
Mt Leuze
Ingisterre
Baumettes
St-Antoine
La Croix-de-Fer
St-Isidore
La Manda
Castagniers
Anc. Village
Tourrette
Les Moulins
Les Cognas
Cap d'Antibes

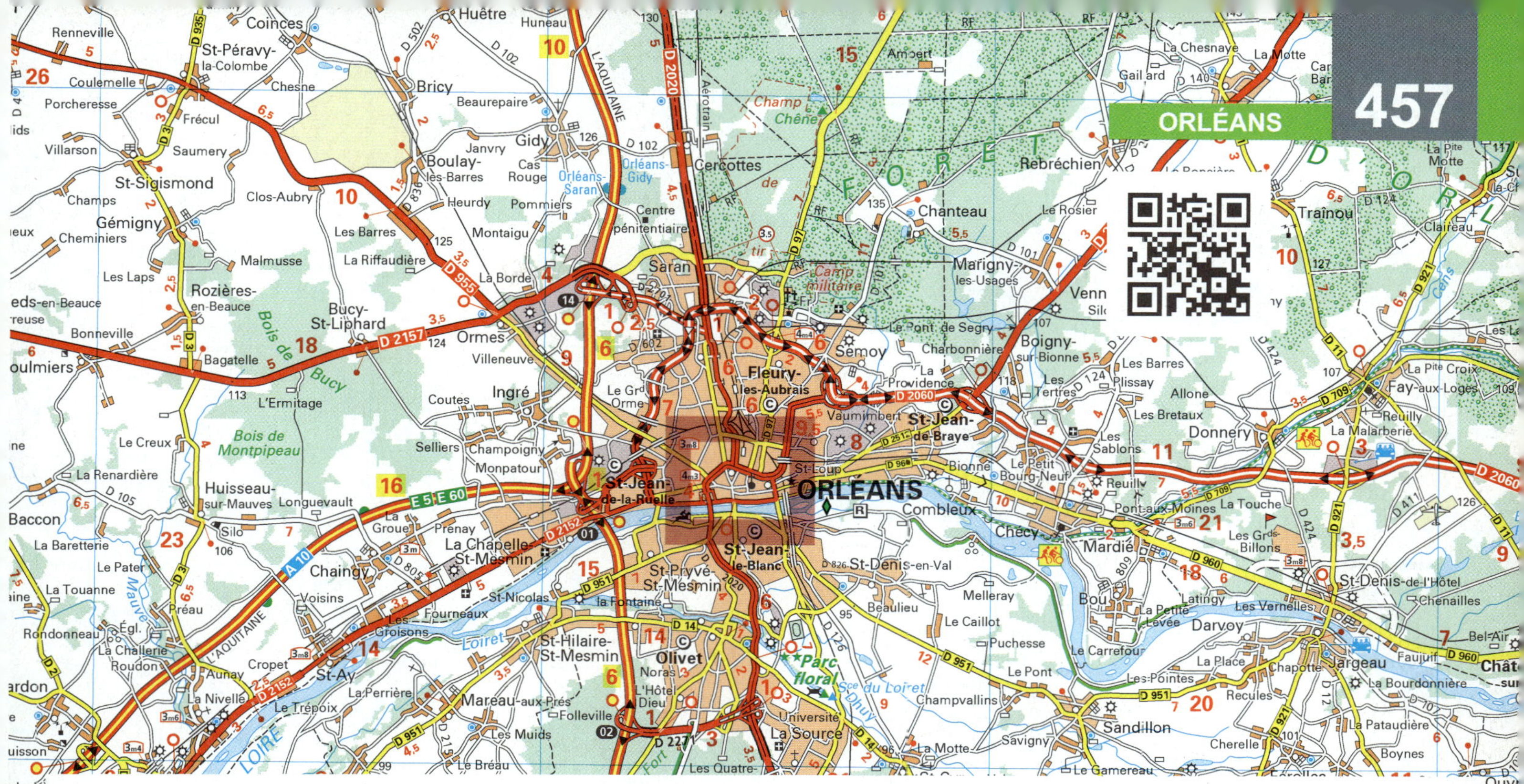

ORLÉANS
N
0   100 m
LOIRE

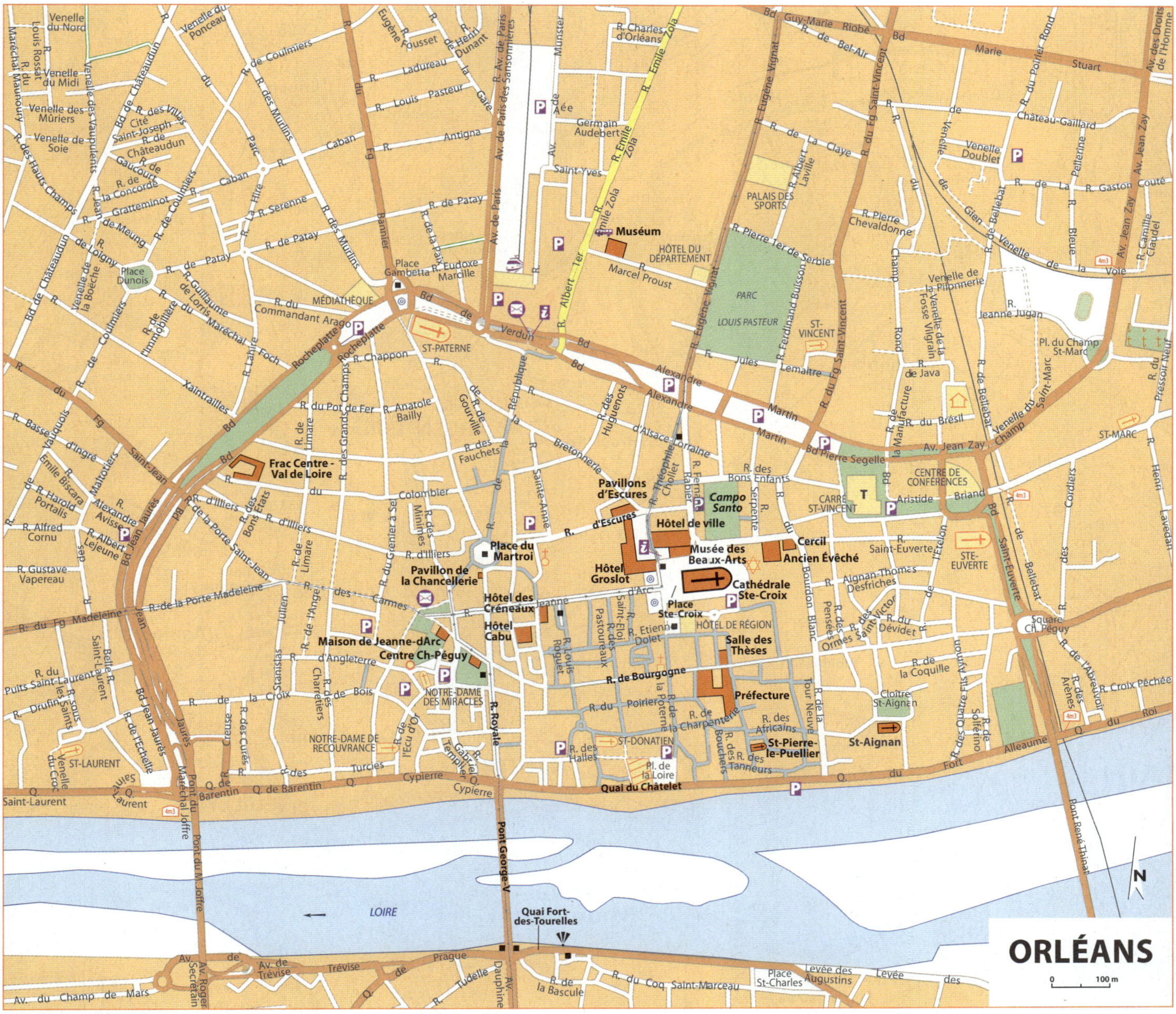

458
ENVIRONS DE PARIS
l'Isle-Adam
Valmondois
Butry-s-Oise
Auvers-s-Oise
Ennery
Méry-s-Oise
Villiers-Adam
Nerville-la-Forêt
Mafliers
Montsoult
Baillet-en-France
PONTOISE
Osny
Cergy
CERGY PONTOISE
St-Ouen-l'Aumône
Bessancourt
Béthemont-la-Forêt
Chauvry
Domont
Neuville-s-Oise
Eragny
Pierrelaye
Taverny
St-Leu-la-Forêt
St-Prix
Montlignon
Andilly
Margency
FORÊT DE MONTMORENCY
Beauchamp
le Plessis-Bouchard
Ermont
Eaubonne
Soisy-s-Montmorency
Montmorency
Conflans-Ste H.
Herblay
Montigny-les-Cormeilles
Franconville
Sannois
St-Gratien
Deuil-la-Barre
Andrésy
la Frette-s-Seine
Cormeilles-en-Parisis
le Val d'Argenteuil
Enghien-les-Bains
Epinay
Achères
FORÊT DE ST GERMAIN
Maisons-Laffitte
Sartrouville
ARGENTEUIL
Port de Gennevilliers
Villeneuve-la-Garenne
Bezons
Gennevilliers
Houilles
Colombes
Bois-Colombes
Asnières
Clichy
Montesson
Carrières-s-Seine
la Garenne-Colombes
le Vésinet
SEINE
NANTERRE
Courbevoie
Levallois-Perret
GERMAIN-EN-LAYE
le Pecq
Chatou
LA DÉFENSE
NEUILLY-S.
Croissy-s-Seine
Puteaux
Suresnes
Marly-le-Roi
Louveciennes
Bougival
Rueil-Malmaison
Mémorial du Mt Valérien
Bagatelle
ARC DE TRIOMPHE
Bois de Boulogne
Forêt de la Malmaison
La Celle-St-Cloud
Marly-Marly
PSA PEUGEOT CITROEN
INVALIDES

ENVIRONS DE PARIS
459
Bellefontaine
Fosses
le Plateau
St Witz
Val Montmélian
Trianon
Gascourt
Lassy
Moussy
Épinay
Belloy-en-France
le Plessis-Luzarches
le Beau Jay
Villiers-le Sec
Marly-la-Ville
Vémars
le Village
Villaines-s/s-Bois
Épinay-Champlâtreux
Mareil-en-France
Jagny-s/s-Bois
Choisy-aux-Bœufs
la Croix-Verte
N 104
Chênevières-lès-Louvres
Moussy-le-Viel
Attainville
Châtenay-en-France
Puiseux-en-France
Villeron
Moisselles
Fontenay-en-Parisis
Épiais-lès-Louvres
Mauregard
le Mesnil-Aubry
le Bois Bleu
le Plessis-Gassot
N 104
Louvres
Ézanville
E.D.F.
les Noues
Bouqueval
Goussainville
le Mesnil-A
Écouen
Vieux Pays
la Tanouse
Aéroport de Paris-Charles de Gaulle
Forêt MUSÉE d'Écouen
le Thillay
Roissy-en-France
Terminal 1
Terminal 3
Terminal 2
St-Brice-s/s-Forêt
Villiers-le-Bel
Vaudherland
Piscop
Sarcelles
Gonesse
Tremblay-Vieux-Pays
Groslay
Arnouville
la Patte d'Oie de Gonesse
Montmagny
Garges-lès-Gonesse
Bonneuil-en-France
Villepinte
la Villette aux-Aulnes
Villetaneuse
Pierrefitte-s/Seine
PARIS-EST
Parc des Expositions de PARIS-NORD-VILLEPINTE
Stains
AÉROPORT DE PARIS-LE BOURGET
GARONOR
PARIS-NORD
PSA PEUGEOT CITROËN
Tremblay-en-France
Mitry-le-Neuf
UNIVERSITÉ
Dugny
MUSÉE DE L'AIR
le Blanc-Mesnil
St Denis
la Courneuve
le Bourget
Aulnay-s/s-Bois
Sevran
Villeparisis
STADE DE FRANCE
Drancy
AULNAY
Freinville
le Vert-Galant
Vaujours
Aubervilliers
les 4 Routes
BONDY Nord
Livry-Gargan
Coubron
Courtry
la Plaine
BOBIGNY
les 4 Chemins
BOBIGNY
Bondy
les Pavillons-s/s-Bois
N.D. des Anges
Clichy-s/B.
les Coudreaux
St Ouen
Pantin
BONDY (RN 3)
Montfermeil
Pte de Clignancourt
Pte de la Chapelle
Pte de la Villette
Romainville
Noisy-le-Sec
Villemomble
le Raincy
Franceville
Chelles
SACRÉ-CŒUR
de Pantin
le Pré St-Gervais
Gagny
les Lilas
Pte des Lilas
Rosny-s/s-B.
République
Bagnolet
MUSÉE
Neuilly-Plaisance
Gournay-s/Marne
Champs-s/Marne
Pte de Bagnolet
Montreuil
Neuilly-s-M.
Hôp. Dépt de la Haute-Ile
Vincennes
Fontenay-s/s-Bois
NOTRE-DAME
BASTILLE
NATION

460
ENVIRONS DE PARIS
VERSAILLES
St-Cloud
BOULOGNE
BILLANCOURT
Sèvres
Meudon
Clamart
Chatillon
Bagneux
Montrouge
Malakoff
Vanves
Issy-les-Moulineaux
Fontenay-aux-Roses
Bourg-la-Reine
Sceaux
Antony
Fresnes
Châtenay-Malabry
le Plessis-Robinson
Massy
Palaiseau
Orsay
Bures-s-Yvette
Gif-s-Yvette
les Ulis
Villebon-s-Yvette
Longjumeau
Champlan
Ste Geneviève-des-Bois
Longpont
Montlhéry
Marcoussis
Nozay
Ballainvilliers
Saulx-les-Chartreux
Villejust
Épinay-s-Orge
Villiers-s-Orge
St Michel-s-Orge
Linas
Janvry
Limours-en-Hurepoix
Forges-les-Bains
les Molières
Gometz-la-Ville
Gometz-le-Châtel
St Jean de Beauregard
St Rémy-lès-Chevreuse
St Aubin
Milon-la-Chapelle
Châteaufort
Toussus le-Noble
Saclay
Vauhallan
Igny
Bièvres
Verrières-le-Buisson
Villiers-le-Bâcle
Magny-les-Hameaux
Guyancourt
Buc
Jouy-en-Josas
les Loges-en-Josas
Vélizy-Villacoublay
Viroflay
Vaucresson
Garches
Marnes-la-Coquette
Ville-d'Avray
Chaville
le Chesnay
Rocquencourt
St Cyr-l'École
Bailly
Bougival
La Celle-St-Cloud
Louveciennes
Forêt de la Malmaison
Parc de St-Cloud
Forêt de Meudon
Forêt de Verrières
Bois de Boulogne
Montparnasse
Pte de Versailles
Pte de Chatillon
Arboretum
Camp de Satory
Boullay-les-Troux
Chaumusson
Briis-s-Forges
Fontenay-lès-Briis
Mulleron
Bligny

461
ENVIRONS DE PARIS
Bagnolet
Pte de Bagnolet
RÉPUBLIQUE
Montreuil
Pte de Montreuil
Vincennes
Fontenay-s/s-Bois
Neuilly-Plaisance
Noisy-le-Grd
PORTE DE PARIS
MARNE
NOTRE-DAME
BASTILLE
NATION
Pte de Vincennes
Nogent-s-M.
le Perreux-s-M.
Bry-s-M.
Villiers-s-M.
Malnoue
LYON
Pte Dorée
St Mandé
Bois de Vincennes
Austerlitz
Pte de Charenton
Pte de Bercy
Q. d'Ivry
Charenton
le Pont
St Maurice
Joinville-le-Pont
la Fourchette
Champigny-s-M.
Cœuilly
le Plessis-Trévise
Orléans
Pte de Choisy
Ivry-s-Seine
Maisons-Alfort
Bois l'Abbé
Gentilly
le Kremlin-Bicêtre
Alfortville
St Maur-des-Fossés
Chennevières-s-Marne
Pince-Vent
Combault
la Fontaine des Bordes
les Marnières
Pontault-Combault
Villejuif
Vitry-s-Seine
la Varenne-St-Hilaire
la Queue-en-Brie
Maison Blanche
l'Haÿ-les-Roses
CRÉTEIL
Mont Mesly
Port de Bonneuil
Ormesson-sur-Marne
Noiseau
Forêt de Notre-Dame
Lésigny
Chevilly-Larue
RUNGIS
Carref. Pompadour
BASE DE LOISIRS
Bonneuil-s-M.
Sucy-en-Brie
les Bruyères
les Marmousets
Thiais
Choisy-le-Roi
STATION D'ÉPURATION
le Bois-Clary
Boissy-St-Léger
Orly
Villeneuve-le-Roi
Brévannes
Valenton
Grosbois
Marolles-en-Brie
Santeny
Wissous
ORLY-OUEST
ORLY-SUD
Limeil-Brévannes
Villecresnes
Villemenon
Servon
Aéroport de Paris-Orly
Ablon-s-Seine
Forêt de la Grange
la Grange
Villeneuve-St-Georges
Yerres
Paray-Vieille-Poste
Athis-Mons
Crosne
Réveillon
Morangis
Juvisy-sur-Orge
Vigneux-s-Seine
Montgeron
Val d'Yerres
Mandres-les-Roses
Périgny
Savigny-sur-Orge
Draveil
Brunoy
Epinay-s-Sénart
Boussy-St-Antoine
Vieux Pont
Moulin de Jarcy
Viry-Châtillon
Mainville
la Pyramide
FORÊT DE SÉNART
Varennes-Jarcy
Quincy-s/s-Sénart
Carref. du Chêne-d'Antin
Car ref. d'Orléans
Carref. de la Souche
Morsang-s-Orge
Grigny
BASE NAUTIQUE
l'Ermitage
Carref. du Chêne Prieur
Champrosay
Soisy-s-Seine
Croix de Villeroy
Combs-la-Ville
Egrenay
Ris-Orangis
Étiolles
Tigery
Lieusaint
Chanteloup
SÉNART (Ville Nouvelle)
Fleury-Mérogis
Parc de St Eutrope
LA FRANCILIENNE
ÉVRY
Villepècle
Moissy-Cra...
Agglomération d'Evry
St Germain-lès-Corbeil
Carré

Paris

COURBEVOIE
LA DÉFENSE
PUTEAUX
SEINE
CAEN ROUEN
NEUILLY-S-SEINE
LEVALLOIS-PERRET
PORTE DE CLICHY
PORTE DE ST-OUEN
PORTE BOUCHET
CLICHY
PORTE D'ASNIÈRES
PORTE DE CHAMPERRET
BATIGNOLLES
17E
PORTE DE COURCELLES
GARE ST-LAZARE
PORTE DE VILLIERS
PORTE DES TERNES
TERNES
PARC MONCEAU
STE-MARIE-MADELEINE
PORTE DE NEUILLY
PORTE DES SABLONS
PALAIS DES CONGRÈS
PORTE ST-JAMES
PORTE DE BAGATELLE
PORTE MAILLOT
ARC DE TRIOMPHE
ÉTOILE
8E
GRAND PALAIS
PETIT PALAIS
OBÉLISQUE
PORTE DE MADRID
PORTE DAUPHINE
JARDIN DES TUILERIES
BOIS DE BOULOGNE
Champs Élysées
ASSEMBLÉE NATIONALE
MUSÉE D'ORSAY
ST-GERMAIN DES PRÉS
PORTE DE LA MUETTE
LA MUETTE
16E
TROCADÉRO
PALAIS DE CHAILLOT
PALAIS DE TOKYO
MUSÉE DU QUAI BRANLY J. CHIRAC
PORTE DE PASSY
PASSY
TOUR EIFFEL
HÔTEL DES INVALIDES
CHAMP DE MARS
ÉCOLE MILITAIRE
7E
MAISON DE LA RADIO
PORTE D'AUTEUIL
ROLAND GARROS
AUTEUIL
BEAUGRENELLE
STADE JEAN BOIN
15E
VAUGIRARD
TOUR
PARC DES PRINCES
GARE MONTPARNASSE
MONTPARNASSE
PORTE MOLITOR
PORTE DE ST-CLOUD
DENFERT ROCHEREAU
BOULOGNE-BILLANCOURT
PORTE DU POINT DU JOUR
QUAI D'ISSY
PORTE DE SÈVRES
PORTE D'ISSY LES-MOULINEAUX
PORTE DE VERSAILLES
PORTE DE PLAISANCE
ALÉSIA
ST PIERRE DE MONTROU
14E
Ile de St-Germain
Ile de Billancourt
PORTE DE LA PLAINE
PORTE BRANCION
PORTE DE VANVES
PORTE DIDOT
PORTE DE MONTROUGE
PARIS EXPO
VANVES
PÉRIPHÉRIQUE
PORTE DE CHÂTILLON
ISSY-LES-MOULINEAUX
MALAKOFF
PORTE D'ORLÉANS
MONTROUGE
0   1 km

ST-OUEN
ST-DENIS
LILLE
AUBERVILLIERS
PORTE DE LA CHAPELLE
PORTE D'AUBERVILLIERS
PORTE DE LA VILLETTE
PORTE MONTMARTRE
PORTE DE CLIGNANCOURT
PORTE DES POISSONNIERS
BOULEVARD PÉRIPHÉRIQUE
PANTIN
Bd Ney
Bd Ney
Bd Macdonald
Bd Macdonald
CITÉ DES SCIENCES ET DE L'INDUSTRIE
Canal de l'Ourcq
PARC DE LA VILLETTE
ZÉNITH
GRANDE HALLE
PORTE DE PANTIN
LE PRÉ-ST-GERVAIS
18E
SACRÉ-CŒUR
MONTMARTRE
PIGALLE
Bd de Clichy
Bd de Rochechouart
GARE DU NORD
Av. de Flandre
Bassin de la Villette
Av. Jean Jaurès
PORTE DE CHAUMONT
PORTE BRUNET
PORTE DU PRÉ ST GERVAIS
LES LILAS
19E
Pl. de la Bataille de Stalingrad
BUTTES CHAUMONT
9E
GARE DE L'EST
LA VILLETTE
BELLEVILLE
PORTE DES LILAS
OPÉRA GARNIER
BOURSE
10E
PORTE DE MÉNILMONTANT
BAGNOLET
2E
SENTIER
RÉPUBLIQUE
MÉNILMONTANT
PORTE DE BAGNOLET
PALAIS ROYAL
ST EUSTACHE
LES HALLES
FORUM LA CANOPÉE
BEAUBOURG
CENTRE POMPIDOU
3E
11E
PÈRE LACHAISE
20E
CHARONNE
LILLE
MUSÉE DU LOUVRE
1ER
CHÂTELET
HÔTEL DE VILLE
Rivoli
BASTILLE
PORTE DE MONTREUIL
MONTREUIL
CONCIERGERIE
NOTRE-DAME
4E
OPÉRA BASTILLE
Pl. de la Nation
NATION
PORTE DE VINCENNES
ODÉON
SÉNAT
6E
LUXEMBOURG
PANTHÉON
QUARTIER LATIN
5E
JARDIN DES PLANTES
MUSEUM
GARE DE LYON
GARE D'AUSTERLITZ
12E
PORTE DE ST-MANDÉ
PORTE DE MONTEMPOIVRE
ST-MANDÉ
ACCORHOTELS ARENA
BERCY
PORTE DE REUILLY
BIBLIOTHÈQUE NATIONALE DE FRANCE
PORTE DORÉE
BOIS DE VINCENNES
ITALIE
13E
PORTE DE CHARENTON
PORTE DE VITRY
QUAI D'IVRY
PORTE DE BERCY
PORTE D'ARCUEIL
STADE CHARLÉTY
POTERNE DES PEUPLIERS
PORTE DE CHOISY
PORTE D'IVRY
CHARENTON-LE-PONT
METZ, NANCY
SEINE
MARNE
PORTE DE GENTILLY
PORTE D'ITALIE
IVRY-S-SEINE
Pont de Charenton
GENTILLY
LE KREMLIN-BICÊTRE
LYON
LYON

Paris

PAU

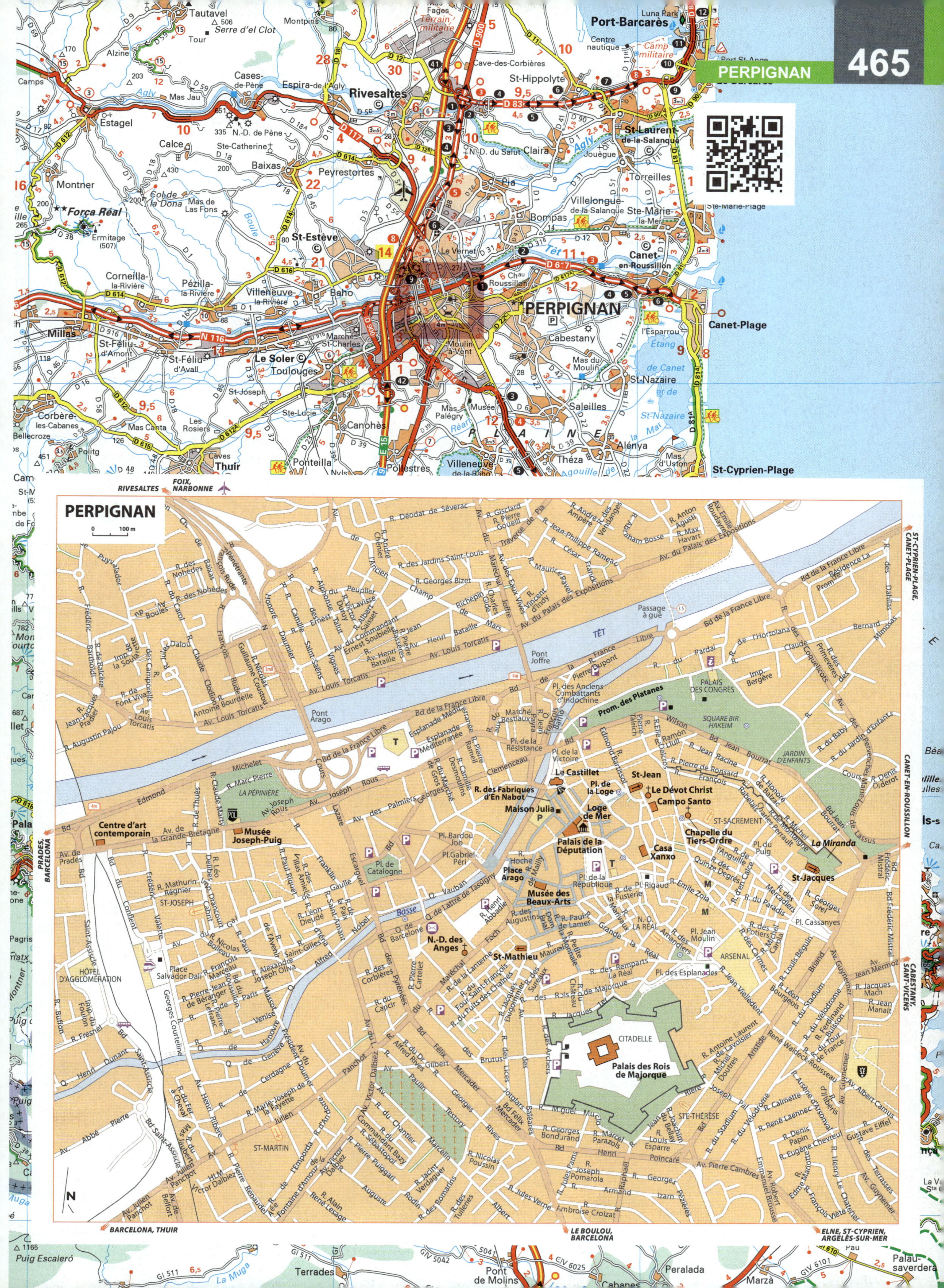
PERPIGNAN
465
Port-Barcarès
PERPIGNAN

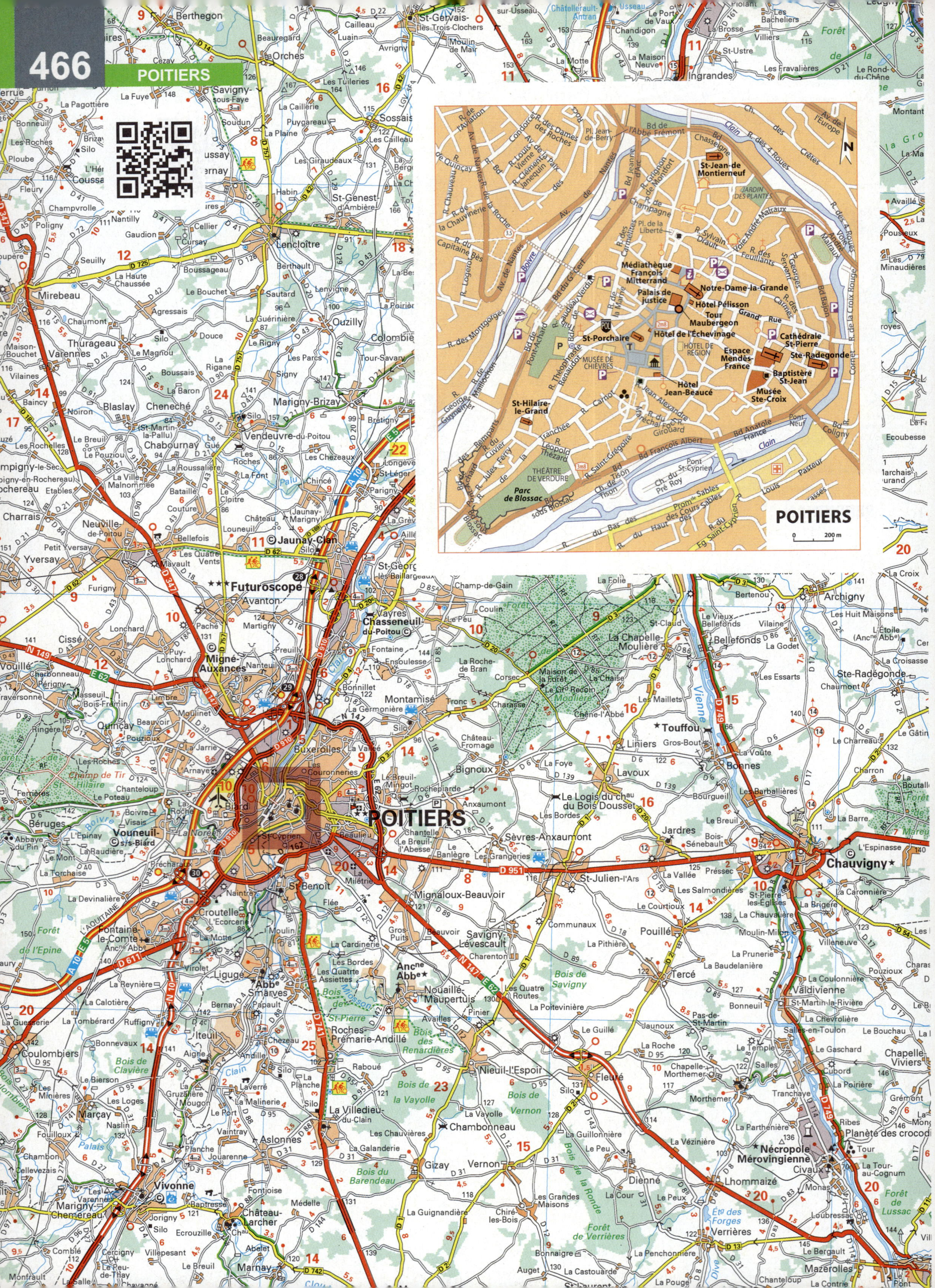

POITIERS

REIMS
467
REIMS

468
RENNES

RENNES

Théâtre du Vieux-St-Étienne
Bonne Nouvelle
N.-D.-en St-Melaine
Parc du Thabor
HÔTEL DE RÉGION
Pl. Ste-Anne
VIEUX RENNES
Parlement de Bretagne
Palais St-Georges
Pl. des Lices
Portes Mordelaises
Cathédrale St-Pierre
St-Yves
Opéra
St-Germain
Place de l'Hôtel-de-Ville
Lycée Émile-Zola
Théâtre national de Bretagne
Palais du Commerce
Musée des Beaux-Arts
La Criée
TEMPLE PROTESTANT
HALLES CENTRALES
PALAIS OMNISPORT DE LA LIBERTÉ
CITÉ ADMINISTRATIVE
Esplanade du Général de Gaulle
Cours des Alliés
Les Champs Libres
CHAPELLE STE-FAMILLE
CENTRE PÉNITENTIAIRE

FRAC BRETAGNE, ST-MALO, DINAN
PARC DES GAYEULLES, ALENÇON, FOUGÈRES
FOUGÈRES
LORIENT, VANNES, BREST
ST-BRIEUC, BREST
LOUDÉAC
VITRÉ, LAVAL
ANGERS
ANGERS
CHÂTEAUGIRON, CHÂTEAU DU BOIS-ORCAN
ÉCOMUSÉE DU PAYS DE RENNES, NANTES

RENNES
0   150 m

N

Montreuil-le-Gast
La Mézière
Montgermont
St-Grégoire
Betton
Chevaigné
St-Sulpice-la-Forêt
Liffré
Dourdain
Champeaux
Cesson-Sévigné
Thorigné Fouillard
Acigné
Noyal-sur-Vilaine
Châteaubourg
St-Jean-s-Vilaine
Chantepie
Écomusée
Domloup
Bois-Orcan
Domagné
Louvigné-de-Bais
St-Jacques-de-la-Lande
Noyal-Châtillon-s-Seiche
Vern-s-Seiche
Châteaugiron
Nouvoitou
St-Aubin-du-Pavail
Chaumeré
Chancé
Bruz
Chartres-de-Bretagne
St-Erblon
St-Armel
Laillé
Corps-Nuds
Chanteloup
Guichen
Pont-Réan
Bourg-des-Comptes
Crevin
Saulnières
La Bosse-de-Bretagne
Le Sel-de-Bretagne
Poligné
Pancé
Bain-de-Bretagne

LA ROCHELLE
469

LA ROCHELLE

ÎLE DE RÉ   ESNANDES   ST-GEMME-LA-PLAINE

0   150 m

LA TROMPETTE
JÉRICHO

CITÉ ADMINISTRATIVE
CHASSELOUP-LAUBAT

ESPLANADE
DES PARCS

Champ
de Mars

Museum
d'histoire
naturelle
Jardin des
Plantes

L'Oratoire

CITÉ
ADMINISTRATIVE
DUPERRE

R. du Minage
Pl. de Verdun

Café de
la Paix
Musée des
Beaux-Arts
Fontaine du Pilori
Pl. du
Marché
PORTE
ROYALE

Ancien hôtel
de l'Intendance
Cathédrale St-Louis
Orbigny-Bernon
Museum
Maison
Venette

Maison
Henri II
Bunker

Temple et
Musée protestant

Hôtel de la Bourse
Porte de la
Grosse-Horloge
St-Sauveur
Duperré

Parc
Charruyer

Cours des
Dames
La Coursive
PORT
VIEUX

BASSIN
DE
RETENUE

R. Sur
les Murs
Tour de la
Lanterne
Tour de
la Chaîne
Tour St-Nicolas
LE GABUT
BASSIN
À FLOT

PORTE DES
DEUX MOULINS
AVANT PORT
BASSIN DES
CHALUTIERS

Musée des
Modèles réduits
MÉDIATHÈQUE
LA VILLE EN BOIS
Musée des
Automates
ESPACE
ENCAN
Aquarium
Musée
maritime
France I

PORT DES MINIMES
ST-JEAN-D'ANGÉLY,
ROCHEFORT

Musée du Nouveau Monde . . M
Palais de Justice . . . . J

SAINTES
NIORT
ROCHEFORT

La Tranche-sur-Mer
PARC D'ORBIGNY,
ALLÉE DU MAIL

LA PALLICE

La Rivanière
La Magny
Bessay
Les Mottes
St-Jean-de-Beugné
St-Aubin-la-Plaine
Cargois
Ste-Gemme-la-Plaine
Les Quatre Chemins
Chevrette
La Chauvetterie
Moreilles
Champagné
Vacherie
Canal des Cinq Abbés
Chaillé-les-Marais
Puyravault
Aisne
Champagné-les-Marais
Pointe-Herbes
Le Sableau
Ste-Radegonde-des-Noyers
L'Île-Bernard
La Manoire
Port-des-Grands-Greniers
La Prée-Mizottière
Pont-du-Brault
La Briand
Bourg-Chapon
Port-du-Pavé
Marans
Charron
Les Palles
La Chauvillière
Beauséjour
Sérigny
La Cabane-des-Bois
Esnandes
Villedoux
Andilly
St-Ouen-d'Aunis
Longèves
Marsilly
Nieul-s-Mer
St-Xandre
La Sauzaie
Le Breuil
Dompierre-s-Mer
St-Médard-d'Aunis
Périgny
Aytré
L'Houmeau
Lagord
Puilboreau
Bourgneuf
Clavette
St-Rogatien
Montroy
L'Aubretière
Croix-Chapeau
La Jarrie
Aigrefeuille-d'Aunis
Salles-s-Mer
Angoulins
St-Jean-des-Sables
Châtelaillon-

St-Martin-de-Ré
Citadelle
La Flotte
Abbé des Châteliers
Fort de la Prée
Le Bois-Plage-en-Ré
La Gollandière
Gros-Jonc
Les Grenettes
Rivedoux-Plage
Pont de l'Île de Ré
Sablanceaux
Pte de Sablanceaux
Sablanceaux-Plage
Ste-Marie-de-Ré
Pte de Chauveau
Phare de Chauveau
Tour du Lavardin
LA ROCHELLE
Les Minimes
Port-Neuf
La Pallice
Laleu
Pte du chef de Baie
La Noue

Rade de St-Martin
Fosse de Loix
Pte du Grouin
Coup-de-Vague
La Pelle
La Prée-aux-Boeufs
Lauzières
Pte du Plomb

PERTUIS BRETON
PERTUIS D'ANTIOCHE
Tour d'Antioche
E RÉ

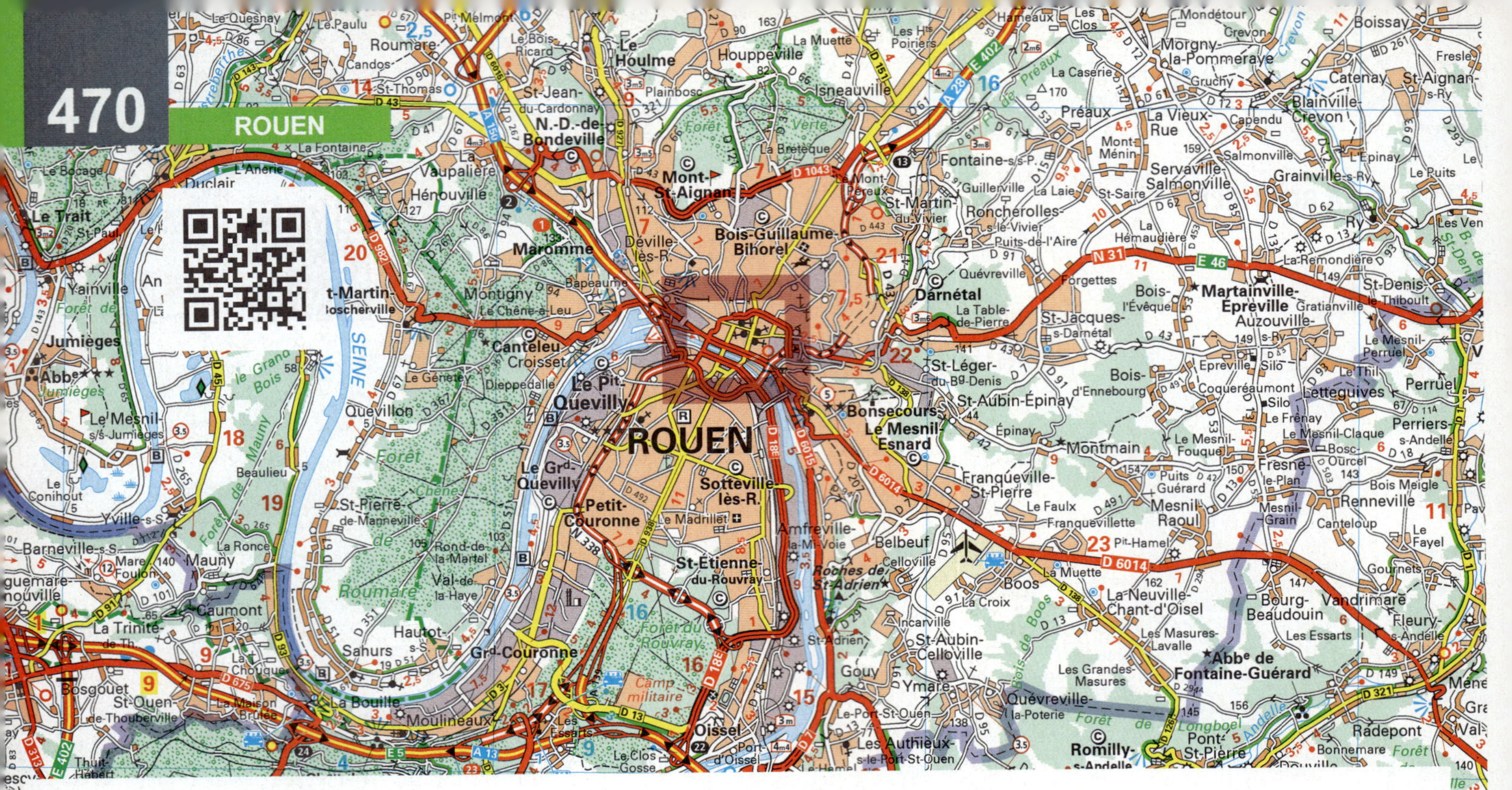

ROUEN

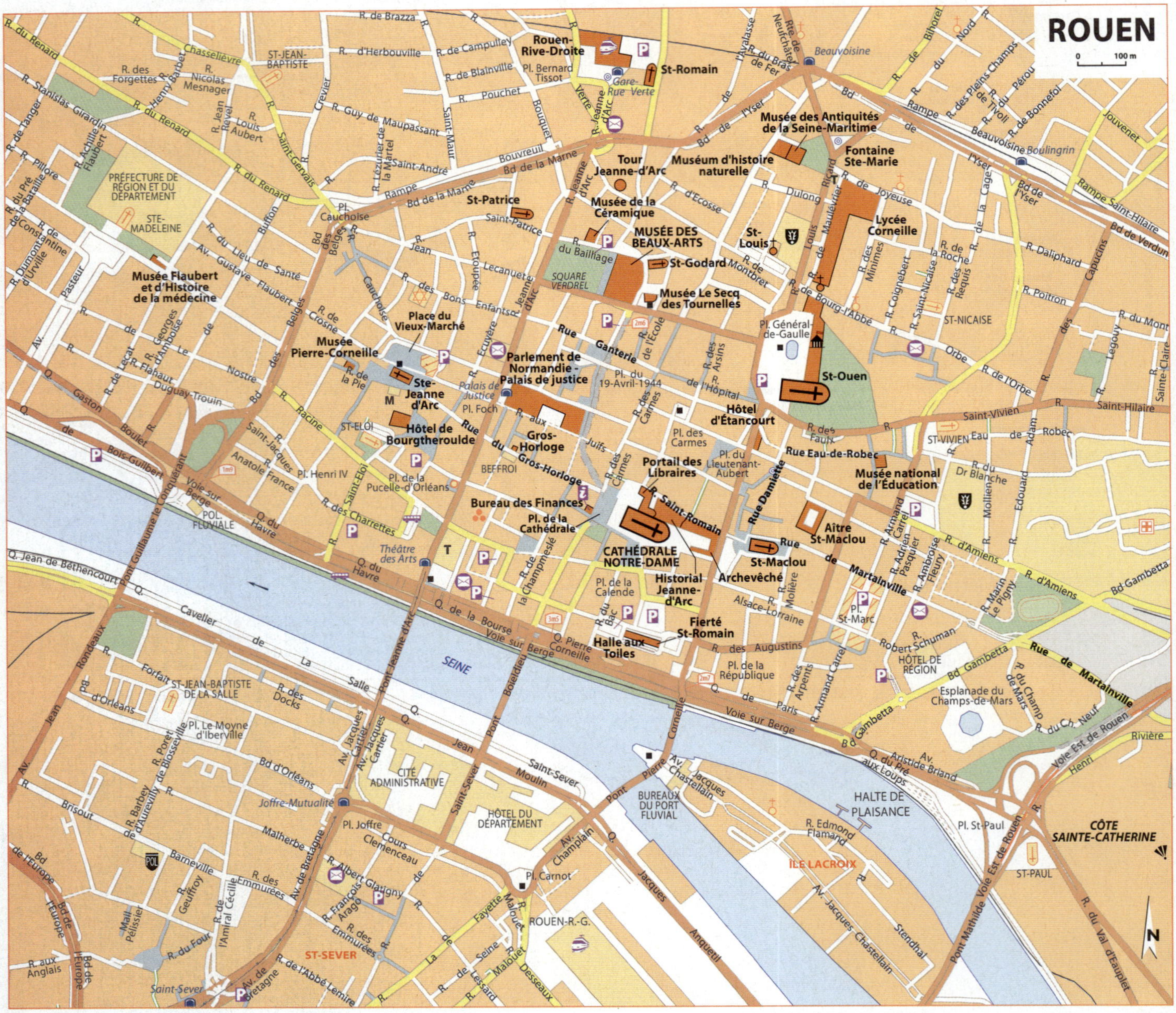

0 — 100 m

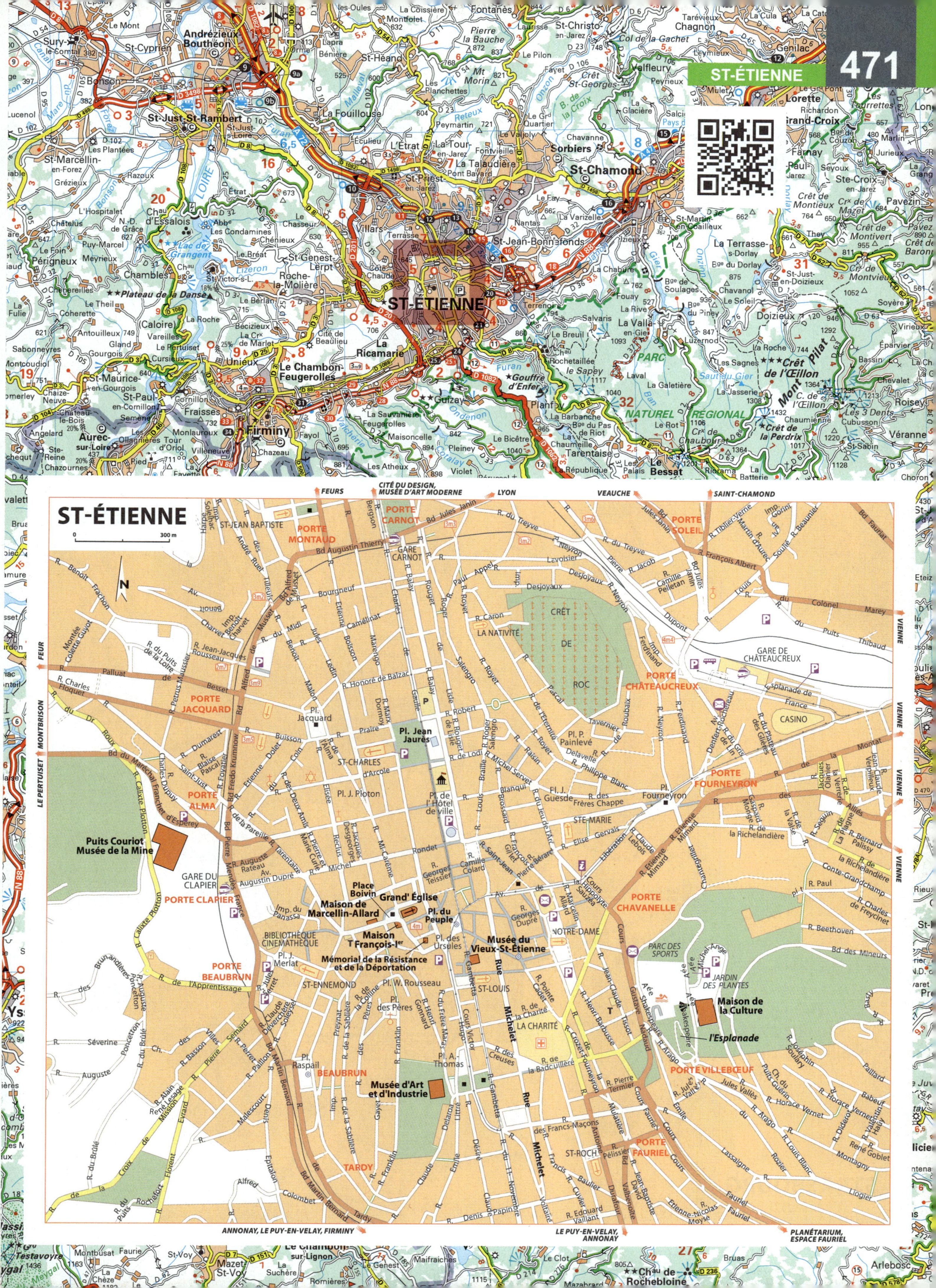
ST-ÉTIENNE
471
300 m
N
CITÉ DU DESIGN, MUSÉE D'ART MODERNE
FEURS
LYON
VEAUCHE
SAINT-CHAMOND
PORTE MONTAUD
PORTE CARNOT
PORTE SOLEIL
PORTE JACQUARD
PORTE CHÂTEAUCREUX
GARE DE CHÂTEAUCREUX
CASINO
PORTE ALMA
PORTE FOURNEYRON
Puits Couriot Musée de la Mine
GARE DU CLAPIER
PORTE CLAPIER
PORTE CHAVANELLE
Maison de Marcellin-Allard
Grand'Église
Place Boivin
Pl. du Peuple
Musée du Vieux-St-Étienne
NOTRE-DAME
PARC DES SPORTS
JARDIN DES PLANTES
Maison T François-Ier
BIBLIOTHÈQUE CINÉMATHÈQUE
Maison des Ursules
Mémorial de la Résistance et de la Déportation
PORTE BEAUBRUN
ST-ENNEMOND
Pl. W. Rousseau
ST-LOUIS
Maison de la Culture
l'Esplanade
LA CHARITÉ
BEAUBRUN
Pl. A. Thomas
PORTE VILLEBŒUF
Musée d'Art et d'Industrie
ST-ROCH
PORTE FAURIEL
TARDY
ANNONAY, LE PUY-EN-VELAY, FIRMINY
LE PUY-EN-VELAY, ANNONAY
PLANÉTARIUM, ESPACE FAURIEL

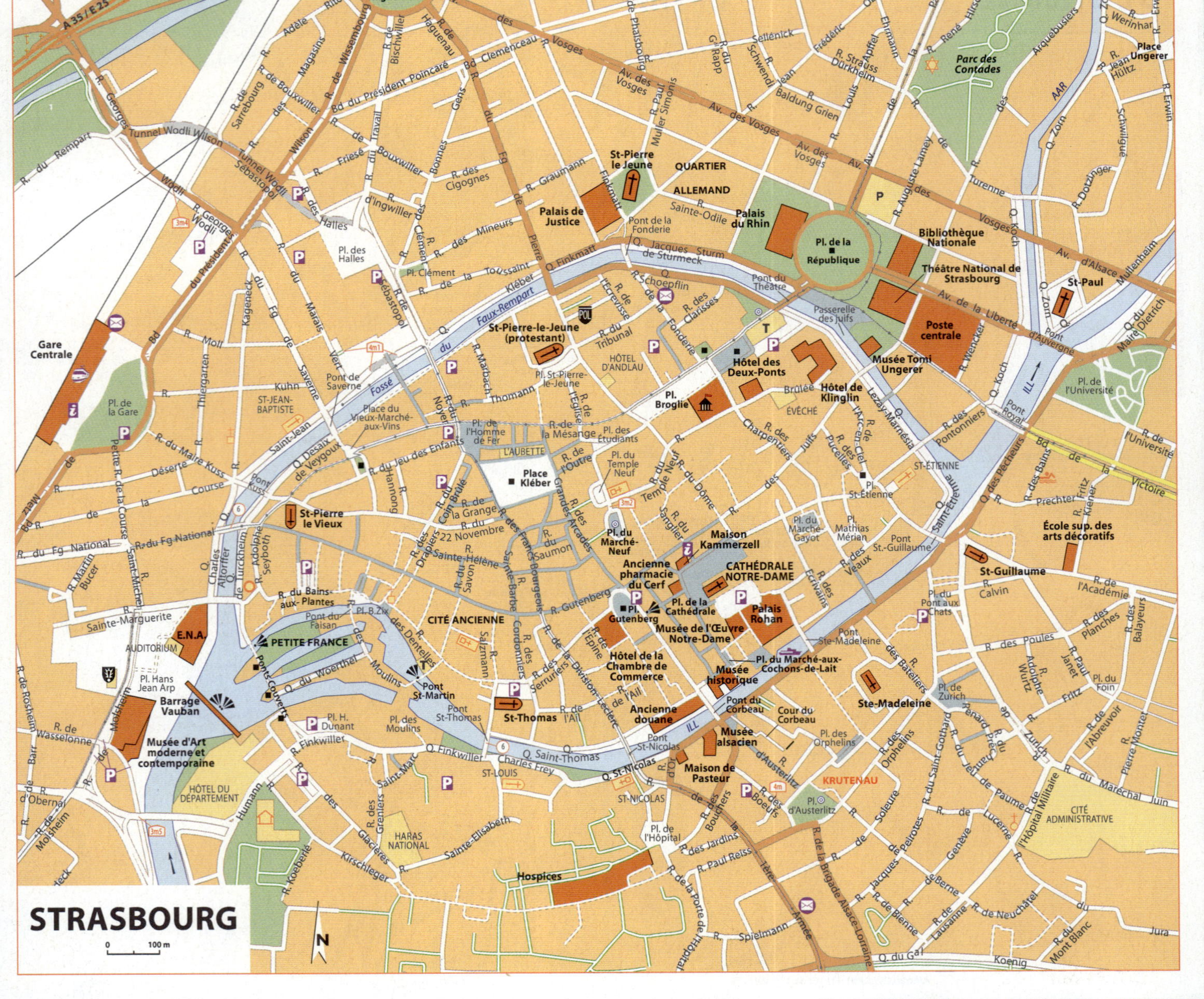

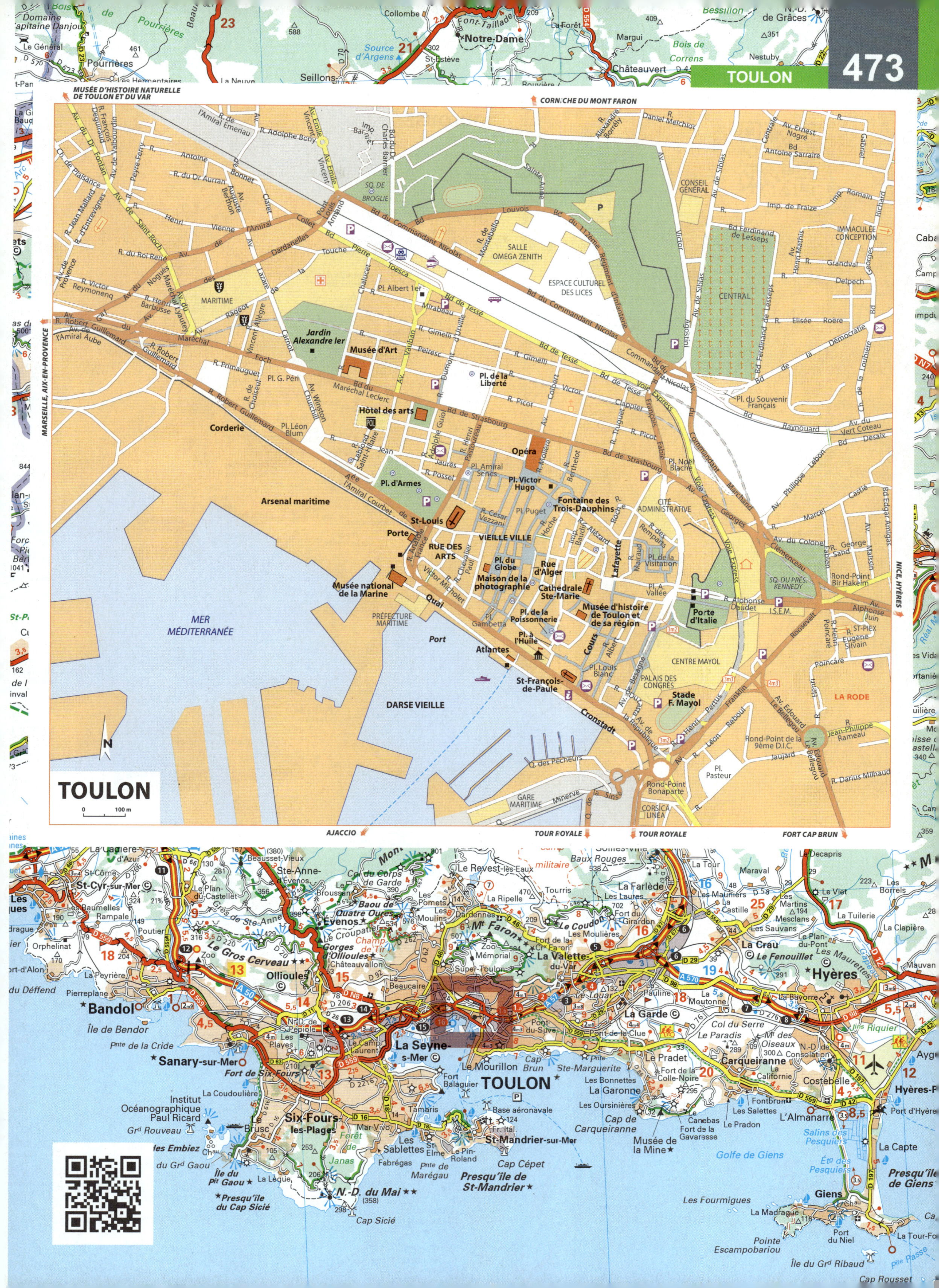
TOULON
MER MÉDITERRANÉE
DARSE VIEILLE
Arsenal maritime
Corderie
Musée national de la Marine
Porte
St-Louis
RUE DES ARTS
VIEILLE VILLE
Pl. du Globe
Maison de la photographie
Rue d'Alger
Cathédrale Ste-Marie
Musée d'histoire de Toulon et de sa région
Pl. de la Poissonnerie
Pl. à l'Huile
Atlantes
St-François-de-Paule
Opéra
Pl. Victor Hugo
Fontaine des Trois-Dauphins
Hôtel des arts
Musée d'Art
Jardin Alexandre Ier
Pl. de la Liberté
Pl. d'Armes
SALLE OMEGA ZENITH
ESPACE CULTUREL DES LICES
CONSEIL GÉNÉRAL
IMMACULÉE CONCEPTION
CENTRAL
CITÉ ADMINISTRATIVE
CENTRE MAYOL
Stade F. Mayol
PALAIS DES CONGRÈS
Porte d'Italie
LA RODE
Rond-Point Bonaparte
GARE MARITIME
CORSICA LINEA
PRÉFECTURE MARITIME
MARITIME
Port
Cours Lafayette
Bd de Strasbourg
Bd de Tessé
Bd du Commandant Nicolas
Bd du Maréchal Leclerc
Av. de l'Amiral Courbet
Quai Cronstadt
MUSÉE D'HISTOIRE NATURELLE DE TOULON ET DU VAR
CORNICHE DU MONT FARON
MARSEILLE, AIX-EN-PROVENCE
NICE, HYÈRES
AJACCIO
TOUR ROYALE
FORT CAP BRUN
Bandol
Sanary-sur-Mer
Six-Fours-les-Plages
La Seyne-s-Mer
Ollioules
Évenos
Le Revest-les-Eaux
La Valette-du-Var
La Garde
Le Pradet
Carqueiranne
Hyères
La Crau
St-Mandrier-sur-Mer
Presqu'île de St-Mandrier
Presqu'île du Cap Sicié
N.-D. du Mai
Cap Sicié
Cap Cépet
Golfe de Giens
Presqu'île de Giens
Giens
St-Cyr-sur-Mer
Le Gros Cerveau
Mt Faron
Pourrières
Seillons
Châteauvert
Notre-Dame

TOULOUSE

0 — 150 m

MATABIAU

BASILIQUE ST-SERNIN
Musée St-Raymond
Bibliothèque
Collège de l'Esquila
Chapelle des Carmélites
N.-D.-du-Taur
Hôtel Le Grand Balcon
Capitole
Pl. du Capitole
Les Jacobins
Théâtre du Capitole
Pl. Salengro
St-Jérôme
R.J.-Chalande
Hôtel de Bernuy
Musée du Vieux-Toulouse
Tour Pierre-Séguy
Tour de Serta
Pl. de la Daurade
R. Cujas
R. des Changes
Pl. de la Bourse
Esquirol
N.-D.-de-la-Daurade
HÔTEL D'ASSÉZAT
American Cosmograph
Pl. St-Georges
Musée des Augustins
Pl. St-Étienne
Hôtel de Fumel
R. Croix-Baragnon
Préfecture
Cathédrale St-Étienne
Pont Neuf
GARONNE
R. Malcousinat
Place de la Trinité
Carmes
Musée Paul-Dupuy
N.-D.-la-Dalbade
Hôtel de Clary
Hôtel Béringuier-Maynier
R. de la Dalbade
Jardin Royal
Grand Rond
Palais de Justice
Jardin des Plantes
Muséum d'histoire naturelle
Monument de la Résistance
Pont St-Michel

TOULOUSE ***

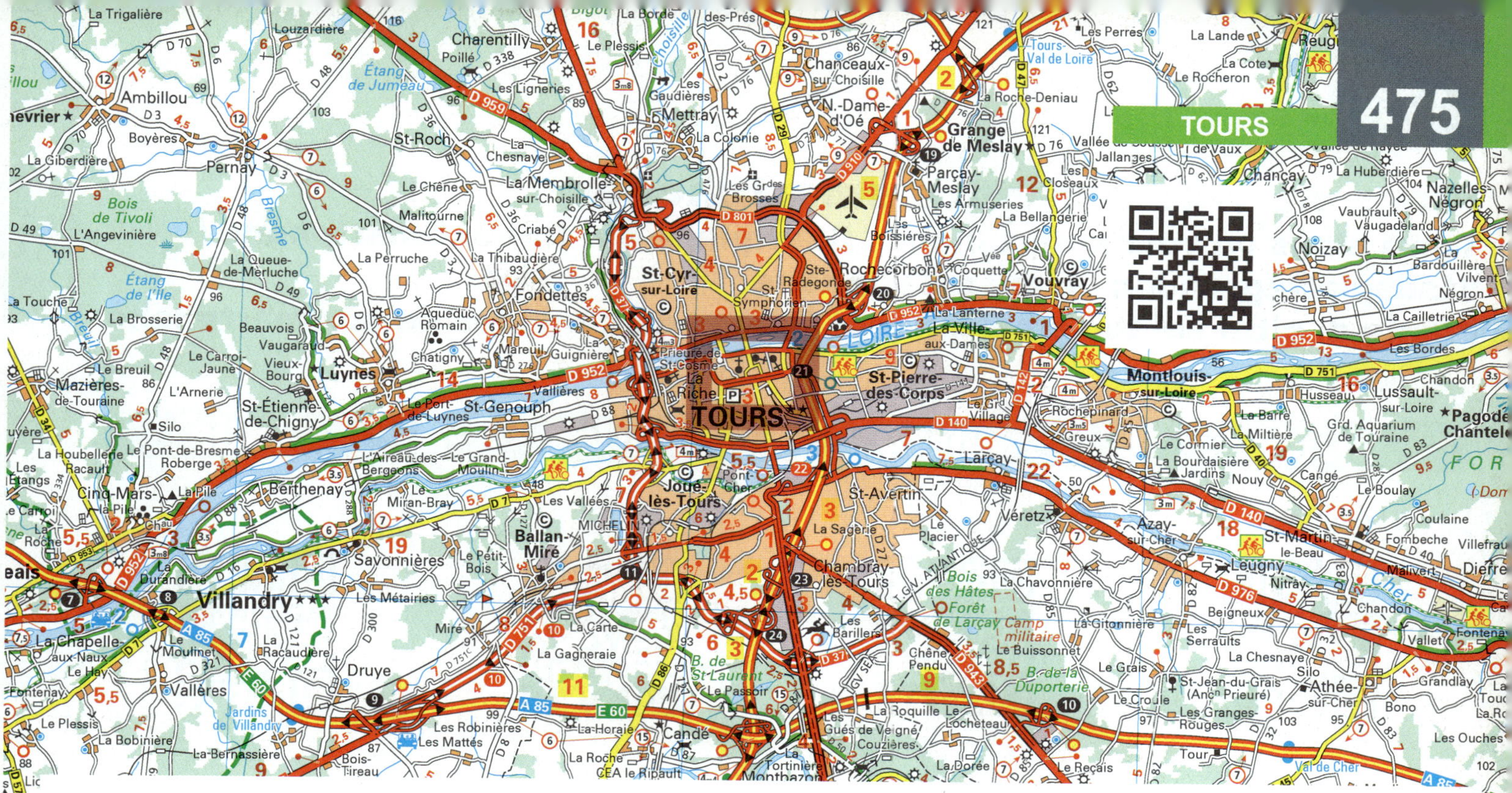

TOURS
475
TOURS
LOIRE
ANGERS LE MANS
CHARTRES
AMBOISE
POITIERS
CHÂTELLERAULT
SAUMUR
BLOIS
BORDEAUX
PRIEURÉ DE ST-COSME
JARDIN BOTANIQUE
LA RICHE
ÎLE SIMON
Pont Wilson
BIBLIOTHÈQUE
Château
Logis des Gouverneurs
Psalette
Cathédrale St-Gatien
Musée des Beaux-Arts
Pl. Grégoire-de-Tours
Petite Bourdaisière St-Michel
ARCHIVES DÉPARTEMENTALES
PARC MIRABEAU
Maison de Tristan
Musée du Compagnonnage
Porte de Loire
St-Julien
Hôtel Beaune-Semblançay
Hôtel Goüin
Palais du Commerce
Pl. Foire-le-Roi
CCC OD
ST-SATURNIN
Pl. St-Pierre-le-Puellier
Pl. Plumereau
Rue du Grand-Marché
Logis des ducs de Touraine
Ancienne église St-Denis
Tour Charlemagne
Basilique St-Martin
Tour de l'Horloge
Musée St-Martin
GRAND THÉÂTRE
Hôtel Mame
HÔTEL DU DÉPARTEMENT
Centre International de congrès Vinci
SQUARE DE LA PRÉFECTURE
JARDIN DU VINCI
Pl. Jean Jaurès
Gare de Tours
CENTRE ADMINISTRATIF
Pl. Jean Meunier
JARDIN DES PRÉBENDES-D'OÉ
STE-JEANNE D'ARC

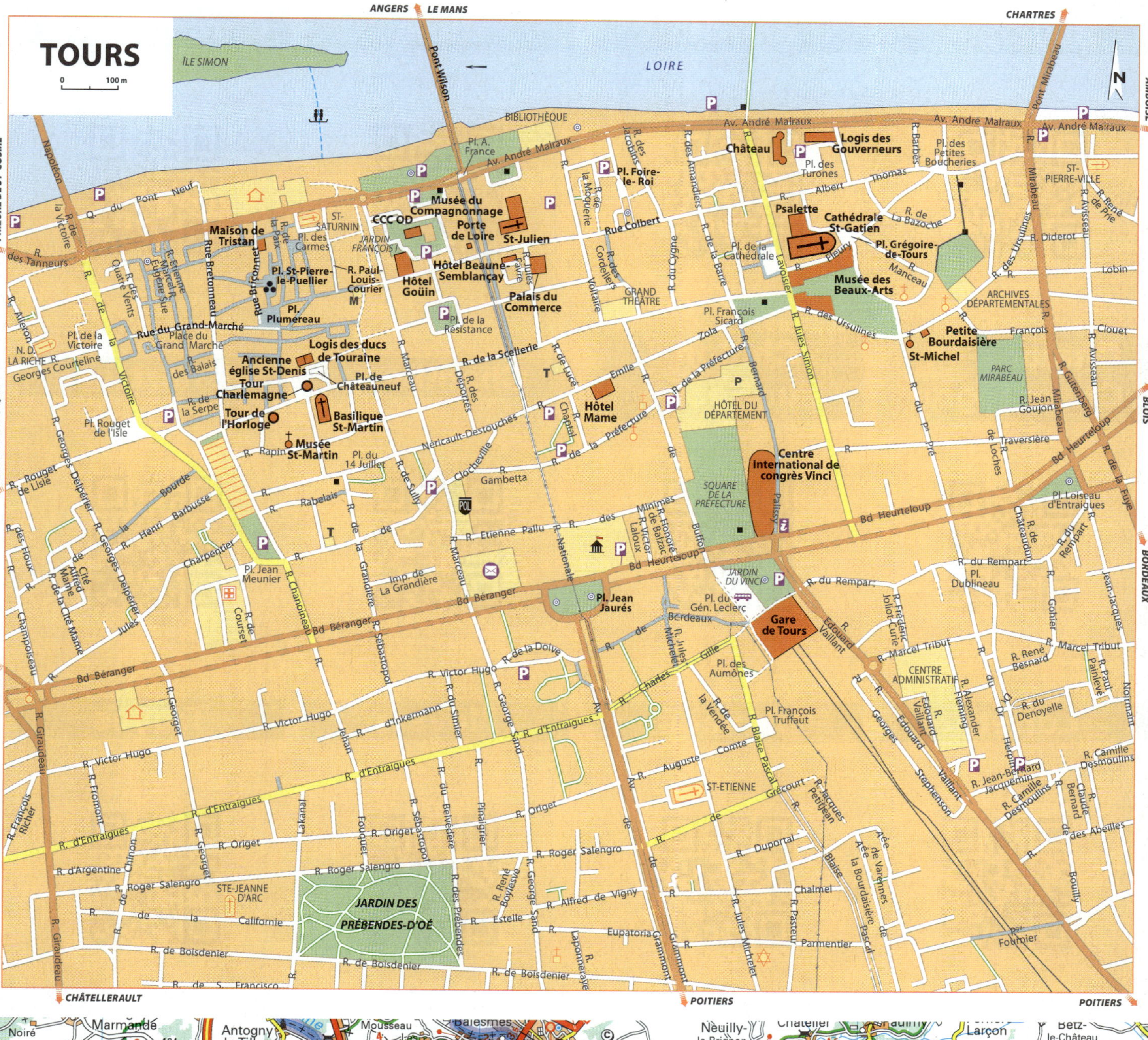

Plans de ville sur votre smartphone
**Town plans on your smartphone / Stadtpläne auf Ihrem Smartphone /
Stadsplattegronden op uw smartphone
Piante di città sul tuo smartphone / Planos de ciudades en su smartphone**

| Ajaccio | Annecy | Arles | Bastia |

| Bayonne | Biarritz | Blois | Carcassonne |

| Châlons-en-Champagne | Châlon-sur-Saône | Chambéry | Chartres |

| Lorient | Monaco | Nevers | Troyes |

France 1/1 200 000
Frankreich - 1: 1 200 000 / Frankrijk - 1: 1 200 000
Francia - 1: 1 200 000

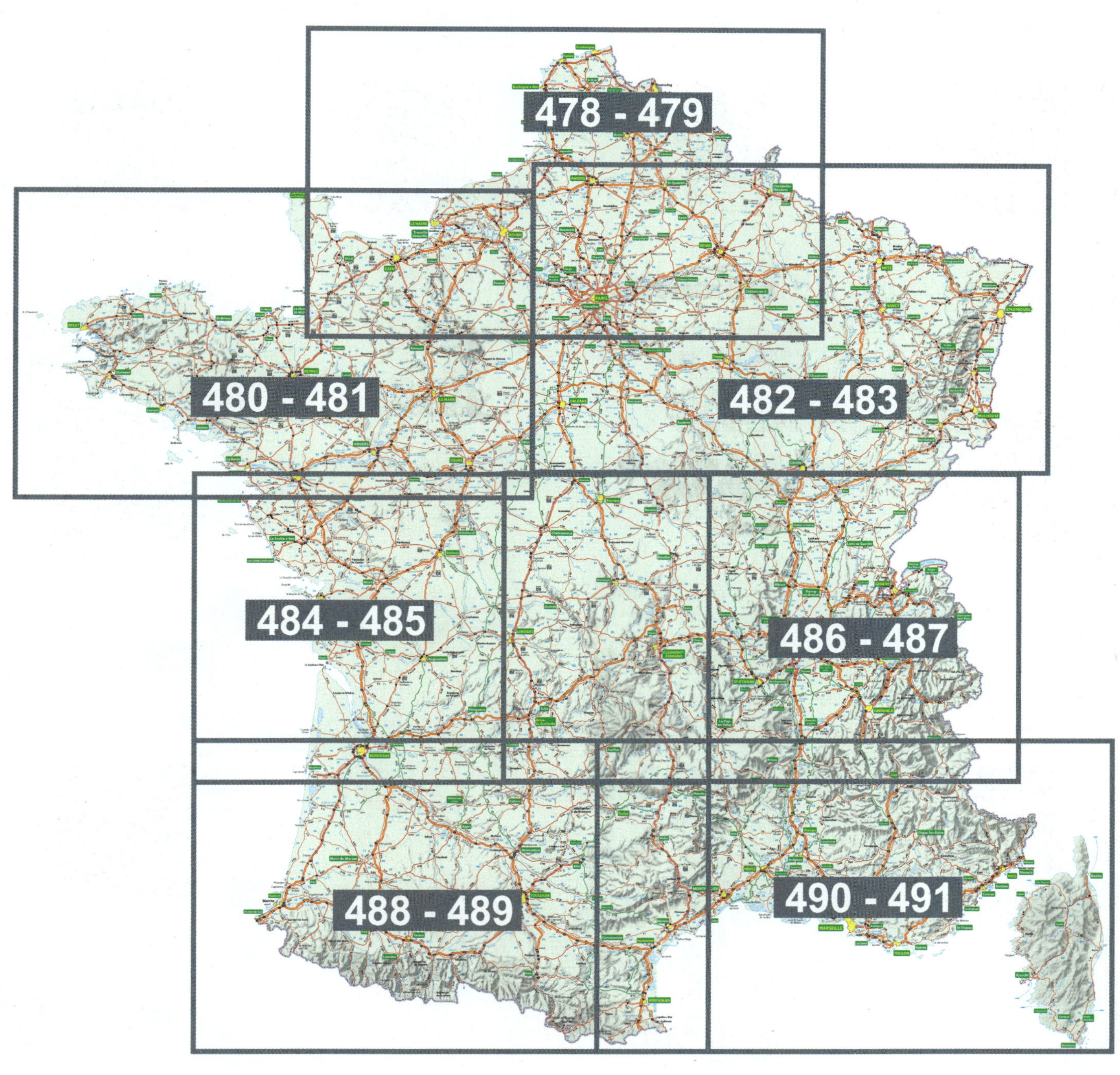

478
Dover
Folkestone
Tunnel sous la Manche
Calais
Boulogne-s-Mer
Étaples
Le Touquet-Paris-Plage
Montreuil
Berck-sur-Mer
Hesd
Le Crotoy
St-Valery-s-Somme
Abbeville
La Baie de Somme
Le Tréport-Eu
Dieppe
Translay
Fécamp
Neufchâtel-en-Bray
Étretat
Haudric
Tôtes
Maucomble
Bosc Mesnil
Marseille-en-Beauvaisis
St-Romain-de-Colbosc
Bolleville
Yvetot
Bolbec
Lillebonne
Le Havre
Gournay-en-Bray
Beauv
St-Jean du Cardonnay
P. de Normandie
P. de Tancarville
Honfleur
Trouville Deauville
Bourneville
Rouen
Bosgouet
Barfleur
Valognes
Ste-Mère-Église
Courseulles-s-Mer
Ouistreham Riva-Bella
Cabourg
Beuzeville
Pont-Audemer
Elbeuf
Gisors
Les Andelys
Carentan
Bayeux
Dozulé
Bernay
Louviers
Heudebouville
Vernon
Cerg Pont
St-Lô
Villers-Bocage
Lisieux
Livarot-Pays-d'Auge
Mantes-la-Jolie
Meulan
Coutances
Caen
Torigny-s-Vire
Rosny-s-Seine Buchelay
Morainvilliers
Vire
Falaise
Gacé
Les Haras
Évreux
La Vallée de la Vire
Villedieu-les-Poêles-Rouffigny
Rônai
Flers
Argentan
L'Aigle
Verneuil-s-Avre
Dreux
Avranches
Pays d'Argentan
Rambouillet
Ducey
Domfront-en-Poiraie
St-Hilaire-du-Harcouët
Sées
Tourouvre-au-Perche
Nogent-le-Roi
Châteauneuf-en-Thymerais
Le Mont-St-Michel
Le Mêle-s-Sarthe
Mortagne-au-Perche
Chartres-Gasville
Chartres-Bois-Paris
Fougères
Alençon
Chartres
Mayenne
Mamers
Ernée
Nogent-le-Rotrou
Les Manoirs-du-Perche
Plaines-de-Beauce
Val-Neuvy
Vitré
Laval
La Ferté-Bernard
Brou-Dampierre

479
Oostende
BRUGGE
GENT
ANTWERPEN
Mechelen
Leuven
Wavre
BRUXELLES/BRUSSEL
Namur
Dinant
Veurne
Dunkerque
Ieper
Kortrijk
Menen
Tourcoing
Roubaix
Tournai
St-Amand-les-Eaux
Mons
CHARLEROI
Steenvoorde
Bailleul
Armentières
St-Omer
Hazebrouck
LILLE
Béthune
Bruay-la-Buissière
St-Pol-s-Ternoise
Lens
Douai
Denain
Valenciennes
Maubeuge
Doullens
Arras
Bapaume
Cambrai
Le Quesnoy
Le Cateau-Cambrésis
Avesnes-s-Helpe
Fumay
Givet
AMIENS
Péronne
Guise
La Capelle
Hirson
Rocroi
Charleville-Mézières
Sedan
Stenay
Montmédy
Montdidier
Breteuil
St-Quentin
Vermand
Ham
Crécy-s-Serre
Vervins
Launois-s-Vence
Rethel
Vouziers
Clermont
Noailles
Creil
Chantilly
Senlis
Nesle
Roye
Noyon
Chauny
Tergnier
Laon
Vic-s-Aisne
Compiègne
Soissons
Villers-Cotterêts
REIMS
Ormes
Courcy
Ste-Menehould
Verdun
Versailles
PARIS
Évry
Meaux
La Ferté-sous-Jouarre
Château-Thierry
Épernay
Châlons-en-C.
Bar-le-Duc
Montmirail
Dormans
Fère-Champenoise
Suippes
Vitry-le-François
St-Dizier
Ligny
Joinville
Corbeil-Essonnes
Melun
Fontainebleau
Coulommiers
Fontenay-Trésigny
Provins
Nogent-s-Seine
Sézanne
Arcis-s-Aube
Brienne-le-Château
Étampes
Dourdan
Montereau-Fault-Yonne
Moret-s-Loing
Pont-s-Yonne
Troyes
Bar-s-Aube
Angerville
Pithiviers
Nemours
Sens
Villeneuve-l'Archevêque
Chaumont

Guernsey
St Peter Port
Jersey
St-Helier
Cherbourg-en-Co
Perros-Guirec
Roscoff
Paimpol
Lannion
Cancale
St-Malo
Le St-
Dinard
Guingamp
St-Brieuc
St-Thégonnec
Morlaix
Dol-de-Bretagne
BREST
Belle-Isle-en-Terre
Landivisiau
Lamballe
Jugon-les-Lacs
Dinan
Tinténiac
Broons
Crozon
Carhaix-Plouguer
Corlay
Merdrignac
Châteaulin
Rostrenen
Loudéac
St-Méen-le-Grand
Bedée
Douarnenez
Gourin
Plélan-le-Grd
Quimper
Pontivy
Josselin
Ploërmel
Audierne
Quimperlé
Locminé
Pont-l'Abbé
Concarneau
Lorient
Auray
Grand-Fougeray
Elven
Redon
Vannes
Muzillac
La Roche-Bernard
Quiberon
Belle-Île
La Baule
Le Croisic
St-Nazaire
Pornic
Bourgneuf-en-Retz
Noirmoutier-en-l'Île
Rocheservière
Challans

Dieppe
Fécamp
Étretat
LE HAVRE
Trouville
Deauville
Honfleur
P. DE NORMANDIE
Neufchâtel-en-Bray
Tôtes
Bolbec
Lillebonne
Yvetot
Gournay-en-Bray
ROUEN
Elbeuf
Louviers
Les Andelys
Vernon
Gisors
Pont-Audemer
Beuzeville
Bernay
Évreux
Verneuil-s-Avre
Dreux
Nogent-le-Roi
Barfleur
Valognes
Ste-Mère-Église
Carentan
Bayeux
Courseulles-s-Mer
Ouistreham Riva-Bella
Cabourg
Dozulé
Lisieux
Livarot-Pays-d'Auge
Gacé
L'Aigle
Les Haras
Châteauneuf-en-Thymerais
Chartres
St-Lô
Villers-Bocage
CAEN
Falaise
Rânes
Argentan
Sées
Tourouvre-au-Perche
Mortagne-au-Perche
Coutances
Vire
Villedieu-les-Poêles-Rouffigny
Flers
Pays d'Argentan
Le Mêle-s-Sarthe
Mamers
Nogent-le-Rotrou
Mont-St-Michel
Avranches
Ducey
St-Hilaire-du-Harcouët
Domfront-en-Poiraie
Alençon
La Ferté-Bernard
St-Brice-en-Coglès
Fougères
Mayenne
Ernée
Brou-Dampierre
Châteaudun
Cloyes-s-le-Loir
RENNES
Vitré
Erbrée
La-Gravelle
Laval
Mondevert
St-Denis-d'Orques
Sarthe-Sargé-le-Mans
Villaines-la-Gonais
Châteaubriant
Craon
Château-Gontier
Sablé-s-Sarthe
LE MANS
Vendôme
Meung-s-Loire
Beaugency
Pouancé
Segré
La Flèche
Le Lude
Château-du-Loir
Château-Renault
Blois
Candé
ANGERS
Corzé
Longué-les-Cossonnières
Neuillé-Pont-Pierre
Monnaie Tours-Val-de-Loire
Contres
Ancenis
Yarades-Pays-de-la-Loire
Beaulieu-sur-Layon
Longué-la-Couaille
TOURS
Amboise
St-Aignan
Romorantin
NANTES
Basse Goulaine
Doué-la-Fontaine
Saumur
Restigné
Veigné
Ste-Maure-de-Touraine
Sorigny
La Fontaine-Colette
Valençay
Clisson
Chinon
Loches
Cholet
Trémentines
Montreuil-Bellay
Ste-Maure-de-Touraine
Châtillon-s-Indre
Montaigu
Thouars
Loudun
Descartes
Mauléon
Les Herbiers
Chavagnes-en-Paillers

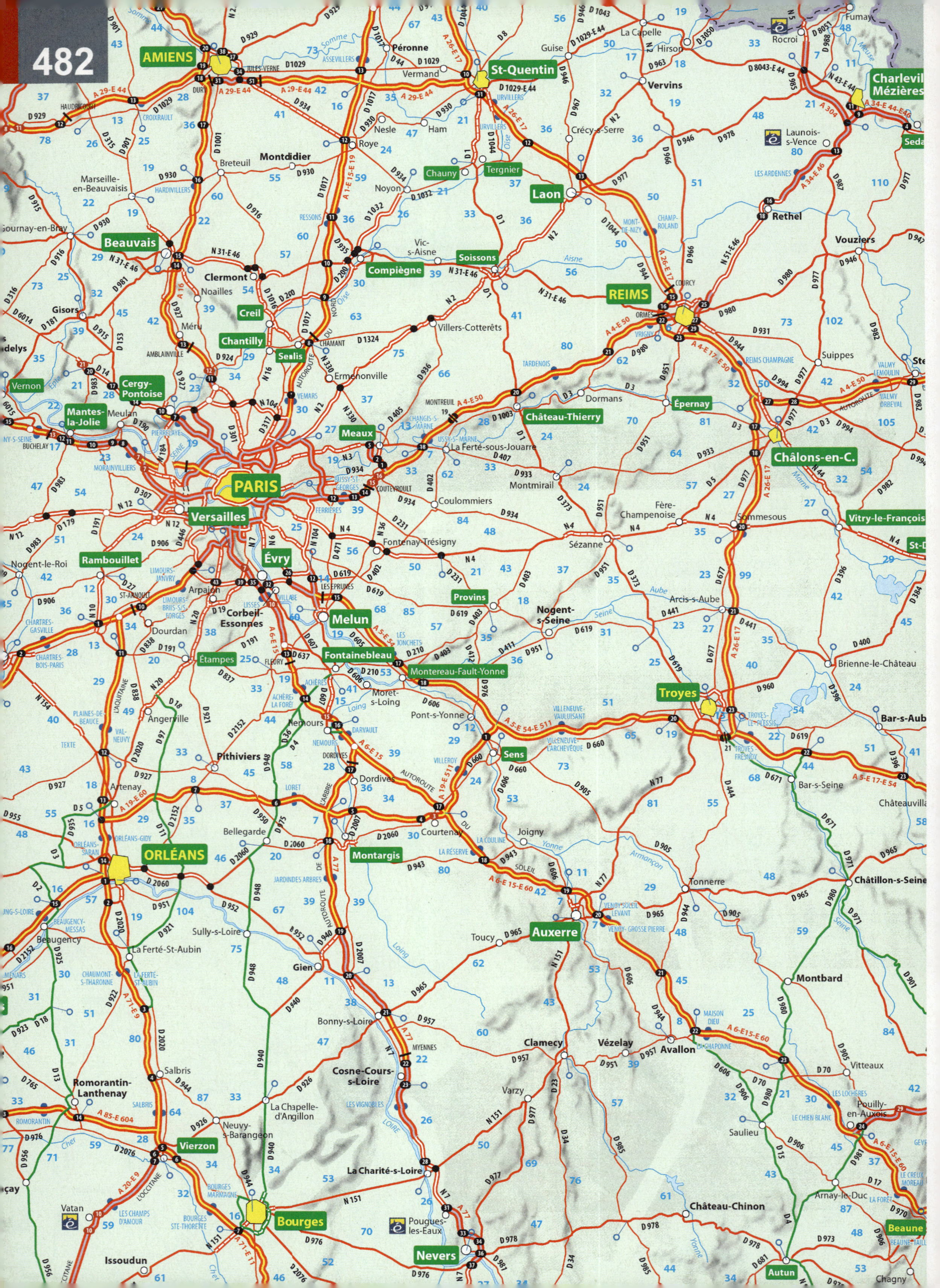

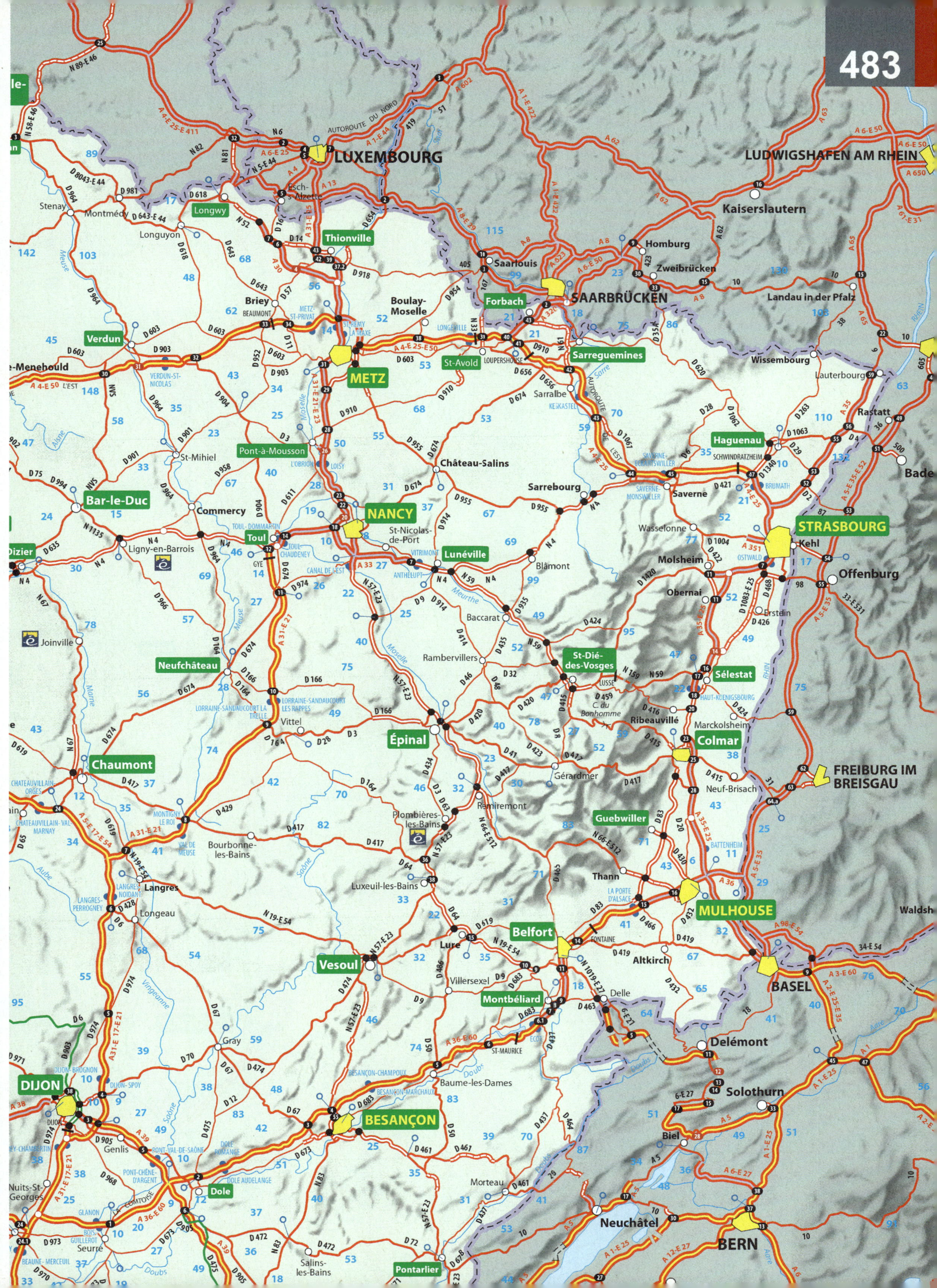

LUXEMBOURG
LUDWIGSHAFEN AM RHEIN
Kaiserslautern
Longwy
Thionville
Stenay
Montmédy
Longuyon
Homburg
Zweibrücken
Landau in der Pfalz
SAARBRÜCKEN
Saarlouis
Forbach
Briey
Boulay-Moselle
Verdun
St-Avold
Sarreguemines
Wissembourg
Lauterbourg
Rastatt
METZ
Château-Salins
Sarrebourg
Haguenau
Schwindratzheim
St-Mihiel
Pont-à-Mousson
Saverne
Bade
Bar-le-Duc
Commercy
NANCY
St-Nicolas-de-Port
Wasselonne
Molsheim
STRASBOURG
Kehl
Toul
Lunéville
Obernai
Offenburg
Ligny-en-Barrois
Blâmont
Erstein
Gye
Baccarat
Joinville
Rambervillers
St-Dié-des-Vosges
Sélestat
Neufchâteau
Lusse
Haut-Kœnigsbourg
Ribeauvillé
Marckolsheim
Vittel
Lorraine-Sandaucourt les Rappes
Épinal
Colmar
Gérardmer
Neuf-Brisach
Chaumont
Châteauvillain-Orges
Remiremont
Guebwiller
FREIBURG IM BREISGAU
Plombières-les-Bains
Montigny-le-Roi
Bourbonne-les-Bains
Thann
LA PORTE D'ALSACE
Langres
Luxeuil-les-Bains
MULHOUSE
Longeau
Belfort
Fontaine
Lure
Altkirch
BASEL
Vesoul
Villersexel
Delle
Delémont
Montbéliard
Gray
St-Maurice
Solothurn
DIJON
Genlis
Besançon-Marchaux
Baume-les-Dames
BESANÇON
Biel
Nuits-St-Georges
Dole
Dole Audelange
Morteau
Neuchâtel
BERN
Seurre
Salins-les-Bains
Pontarlier

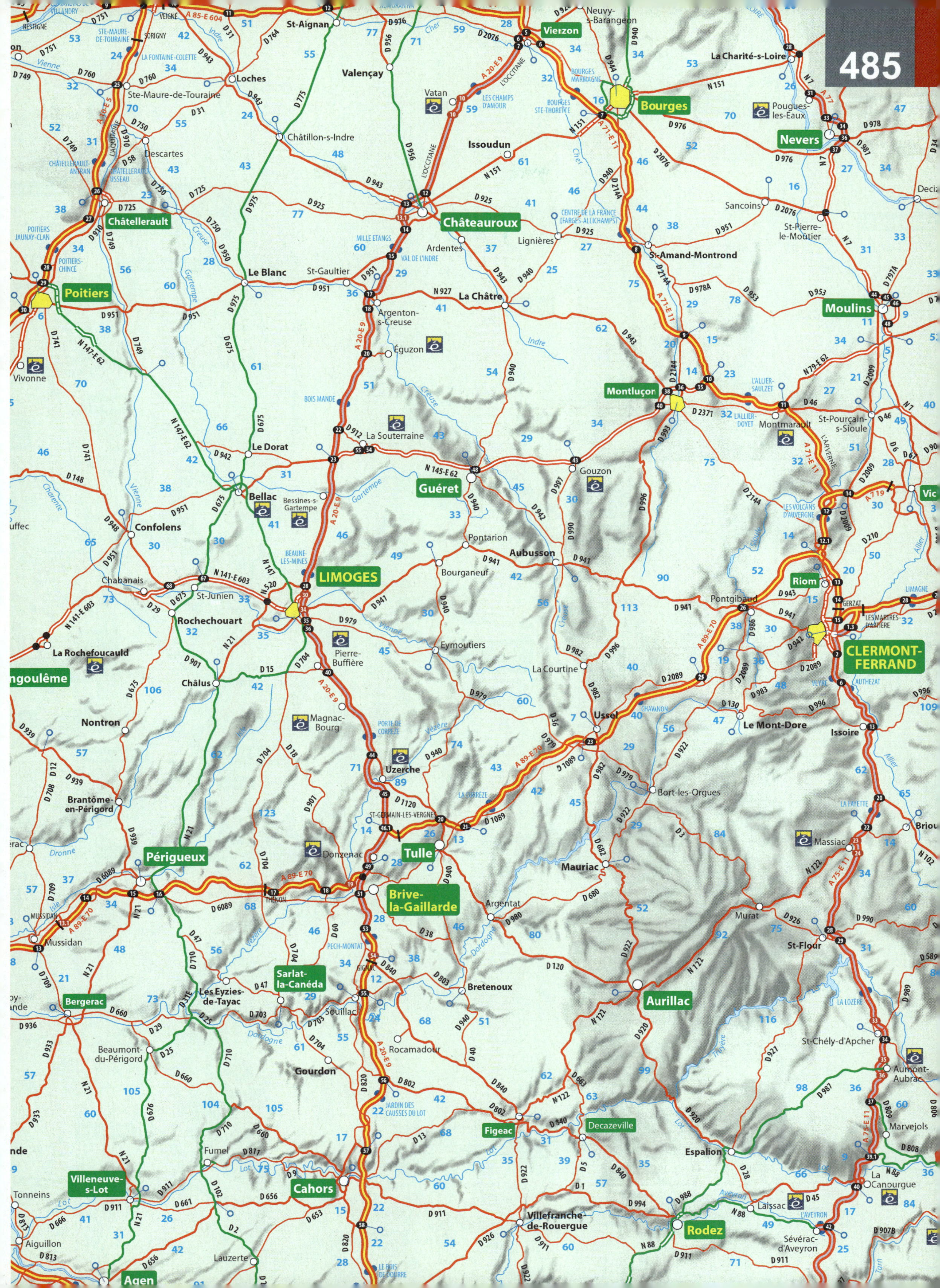

485
St-Aignan
Vierzon
La Charité-s-Loire
Bourges
Nevers
Moulins
Châteauroux
La Châtre
St-Amand-Montrond
Montluçon
Montmarault
St-Pourçain-s-Sioule
Poitiers
Châtellerault
Le Blanc
St-Gaultier
Argenton-s-Creuse
Éguzon
La Souterraine
Le Dorat
Guéret
Gouzon
Aubusson
Pontarion
Bourganeuf
Vic
Riom
Limoges
Pontgibaud
CLERMONT-FERRAND
Gerzat
Confolens
Chabanais
St-Junien
Rochechouart
Châlus
Eymoutiers
La Courtine
La Rochefoucauld
Angoulême
Nontron
Magnac-Bourg
Pierre-Buffière
Le Mont-Dore
Issoire
Ussel
Uzerche
Bort-les-Orgues
St-Germain-les-Vergnes
Tulle
Brive-la-Gaillarde
Argentat
Mauriac
Murat
St-Flour
Massiac
Brantôme-en-Périgord
Périgueux
Thenon
Donzenac
Les Eyzies-de-Tayac
Sarlat-la-Canéda
Bretenoux
Aurillac
Mussidan
Bergerac
Souillac
Rocamadour
St-Chély-d'Apcher
Aumont-Aubrac
Marvejols
Beaumont-du-Périgord
Gourdon
Figeac
Decazeville
Espalion
La Canourgue
Villeneuve-s-Lot
Fumel
Cahors
Villefranche-de-Rouergue
Rodez
Sévérac-d'Aveyron
Aiguillon
Lauzerte
Agen
Valençay
Loches
Ste-Maure-de-Touraine
Châtillon-s-Indre
Issoudun
Ardentes
Lignières
Vatan
Poitiers Jaunay-Clan
Vivonne
Ruffec
Bellac
Bessines-s-Gartempe
Beaune-les-Mines
Sancoins
St-Pierre-le-Moûtier
Pouges-les-Eaux
Neuvy-s-Barangeon
Sancerre
Murat

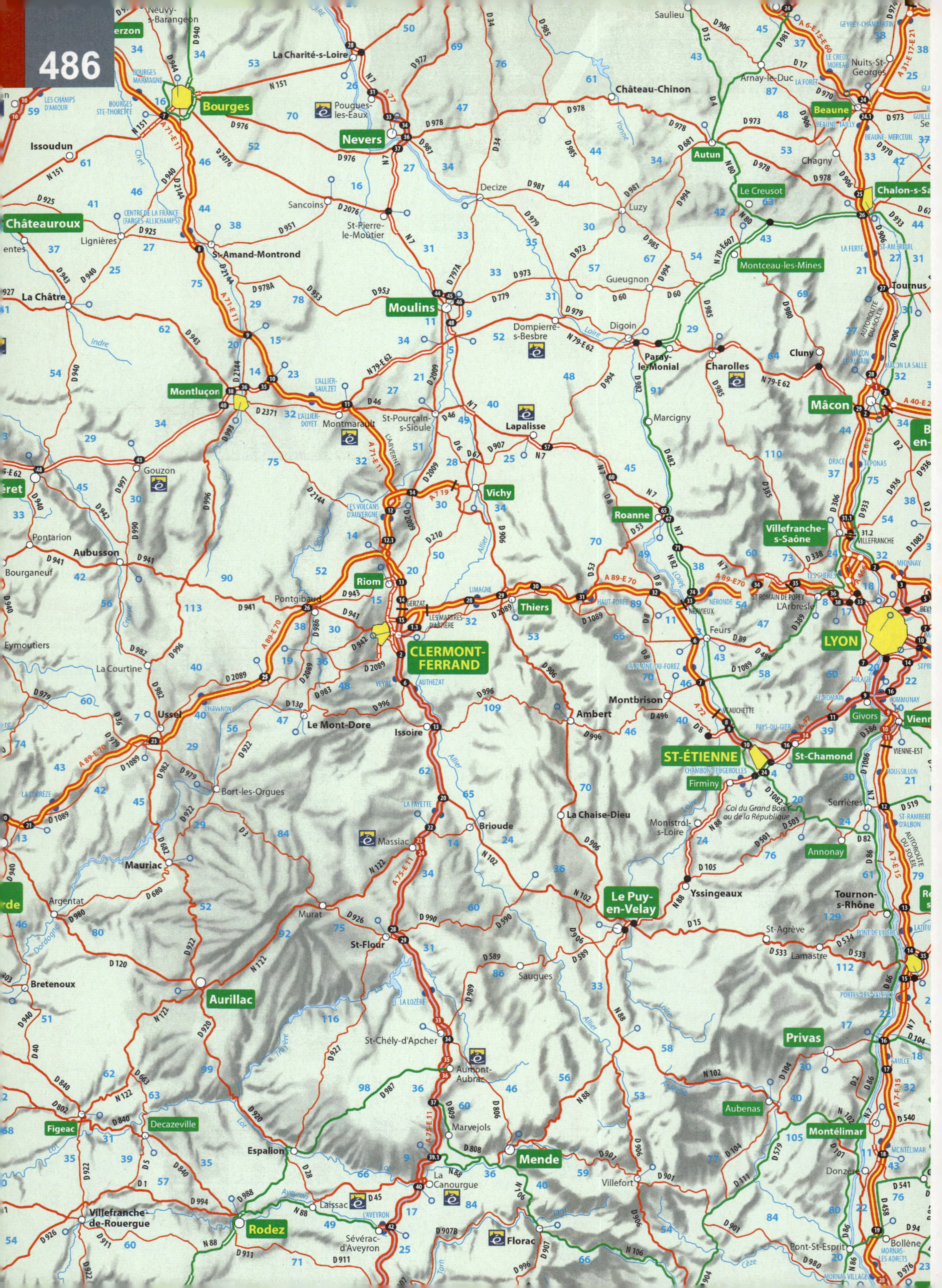

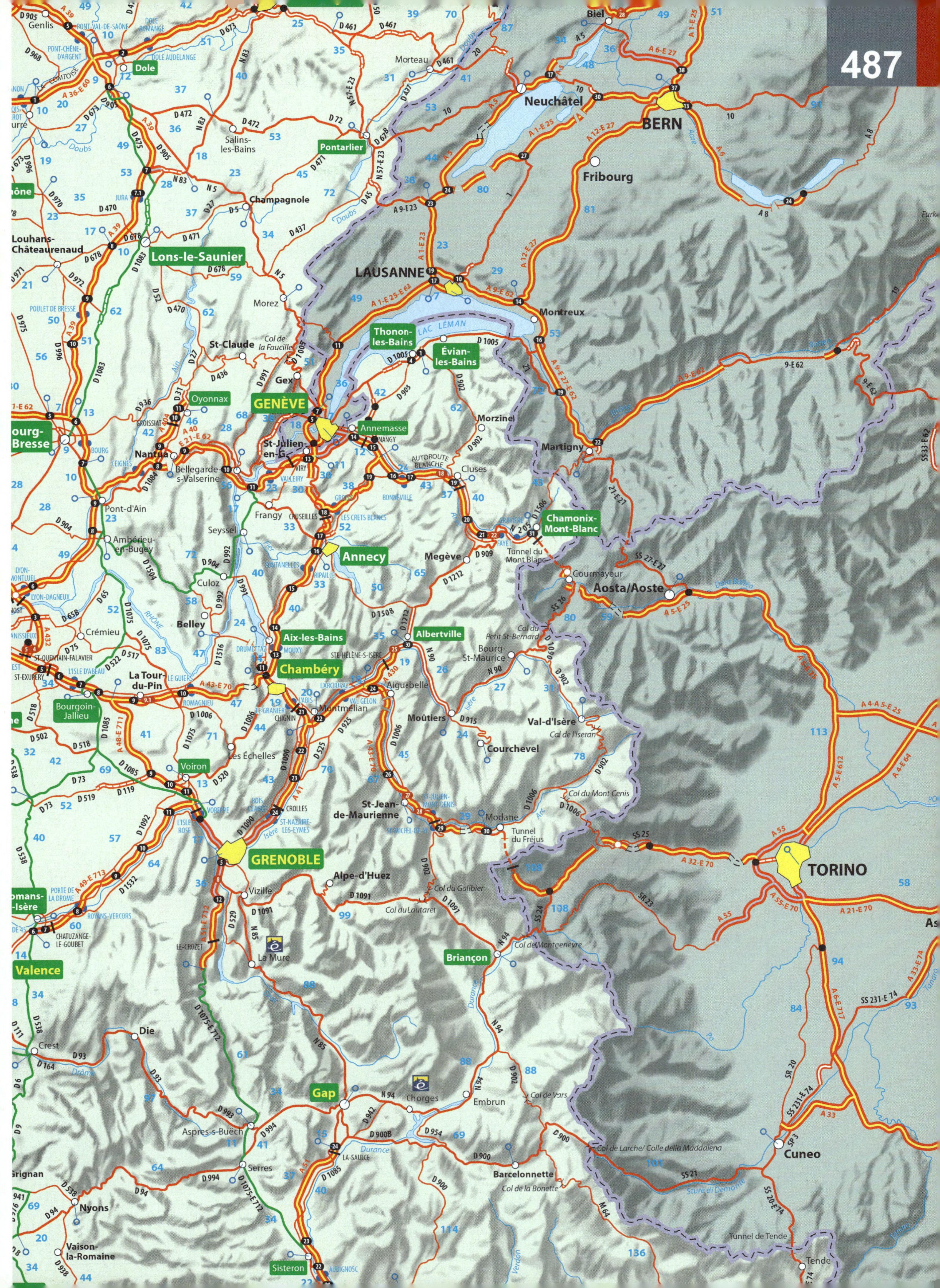

Lesparre-Médoc
Lamarque
Blaye
Lacanau-Océan
St-André-de-Cubzac
Libourne
Relais de Chanteloup
Arveyres
Relais de Moulinat
Relais d'Aquitaine
BORDEAUX
Aquitaine-Lac
Palombières
Montlieu-la-Garde
Ribérac
Montpon-Ménestérol
Mussidan
Ste-Foy-la-Grande
Bergerac
Ares
Bordeaux-Cestas
Arcachon
Thouars
Sauveterre-de-Guyenne
Cap Ferret
St-Selve
Terres des Graves
St-Selve
La Réole
Langon
Marmande
Villeneuve-s-Lot
Biscarrosse
La Porte des Landes
Saugnac-et-Muret
Bazas
Autoroute des Deux-Mers
Tonneins
Sore
Casteljaloux
Le Queyran
Aiguillon
Mimizan
Coeur d'Aquitaine
Agen Porte d'Aquitaine
L'Océan
Nérac
Roquefort
Castets
Castets
Mont-de-Marsan
Condom
Hossegor
Dax
Capbreton
Aire-s-l'Adour
L'Adour
Nogaro
Bénesse-Maremme
Labenne-Ouest
Labenne-Est
Peyrehorade
Bayonne
Sames
Biarritz
Biarritz Bidart Ouest
Orthez
Mirande
Bidart Est
Hastingues
Lacq-Audejos
La Pyrénéenne
DONOSTIA-SAN SEBASTIÁN
St-Jean-de-Luz
Biriatou
Cambo-les-Bains
Pau
Tarbes
Castelnau-Magnoac
Oloron-Ste-Marie
Lannemezan
St-Jean-Pied-de-Port
Comminges
Lourdes
Montréjeau
Argelès-Gazost
Bagnères-de-Bigorre
Pamplona
Cauterets
St-Lary-Soulan
Tunnel du Somport
Tunnel d'Aragnouet-Bielsa
Bagnères-de-Luchon

490
Le Puy-en-Velay
Yssingeaux
Tournon-s-Rhône
Romans-s-Isère
PORTE DE LA DROME
ROVANS-VERCORS
Alpe-d'Huez
Vizille
Col du Lautaret
La Mure
St-Agrève
Lamastre
LATITUDE 4
CHATUZANGE-LE-GOUBET
LE-CROZET
Sauges
Privas
Valence
PORTES-LES-VALENCE
Die
Gap
Chorges
Aubenas
Crest
Montélimar
Aspres-s-Buëch
Serres
LA-SAULCE
Mende
Villefort
Montélimar
Grignan
Donzère
La Canourgue
Marvejols
Nyons
Vaison-la-Romaine
Florac
Pont-St-Esprit
Bollène
MORNAS-LES ADRETS
Sisteron
ABRIGNOSC
Dign
Le Vigan
Alès
Bagnols-s-Cèze
MORNAS VILLAGE
Orange
Carpentras
Forcalquier
Uzès
Remoulins
Sorgue
Mörières
Manosque
Riez
Le Caylar
NÎMES
MARGUERITTES
Avignon
Apt
Le Caylar
Tarascon
Cavaillon
Beaucaire
St-Rémy-de-Provence
MONTPELLIER
Clermont-l'Hérault
AMBRUSSUM
Arles
St-Martin-de-Crau
Salon-de-P.
Meyrargues
MEYRARGUES-FONTBELLE
MEYRARGUES
Lançon
Aix-en-Provence
ROUSSET
St-Maximin-la-Ste-Baume
Brignoles
Dra
LA PROVEN
CAMBARETTE
Pézenas
FABRÈGUES
Palavas-les-Flots
La Grande-Motte
Miramas
Istres
LA CHAMPOUSE
LES CHABAUDS
PEYPIN
AURIOL
BAUME-DE-MARRON
CAMBARETTE
Aubagne
Puget-Ville
Sète
Agde
Stes-Maries-de-la-Mer
Port-St-Louis-du-Rhône
Fos-s-Mer
Martigues
VITROLLES
LA MERTHE
PONT-DE-L'ÉTOILE
St-Augustin
Le Cap-d'Agde
Valras-Plage
MARSEILLE
LA POMME
LES PLAINES
Cassis
La Ciotat
Bandol
LE LIOUQUET
La Bigue
Hyères
TOULON
Mer
ure

491
TORINO
Asti
Briançon
Col de Montgenèvre
Col du Galibier
Embrun
Col de Vars
Barcelonnette
Col de la Bonette
Cuneo
Col de Larche/ Colle della Maddalena
Tunnel de Tende
Tende
-les-Bains
Castellane
Grasse
Antibes
Cannes
NICE
Monaco
Monte-Carlo-
Menton
San Remo
La Turbie
St-Isidore
St-Tropez
Ste-Maxime
Grimaud
Le Lavandou
Fréjus
St-Raphaël
Le Capitou
Le Canavel
Vidauban
guignan
Cargèse
Porto
Calvi
L'Île-Rousse
Ponte Leccia
Corte
Bastia
Aléria
Ajaccio
Propriano
Sartène
Porto-Vecchio
Bonifacio